Vahlens Handbücher
der Wirtschafts- und Sozialwissenschaften

Technik des betrieblichen Rechnungswesens

Buchführung · Kostenrechnung · Sonderbilanzen

von

Dr. Wolfgang Eisele

ord. Professor für Betriebswirtschaftslehre
an der Universität Hohenheim, Stuttgart

4., überarbeitete und erweiterte Auflage

Verlag Franz Vahlen München

CIP-Titelaufnahme der Deutschen Bibliothek

Eisele, Wolfgang:
Technik des betrieblichen Rechnungswesens :
Buchführung – Kostenrechnung – Sonderbilanzen / von
Wolfgang Eisele. – 4., überarb. und erw. Aufl. –
München : Vahlen, 1990
(Vahlens Handbücher der Wirtschafts- und Sozial-
wissenschaften)
ISBN 3 8006 1451 0

ISBN 3 8006 1451 0

Satz und Druck der C. H. Beck'schen Buchdruckerei, Nördlingen

Vorwort zur 4. Auflage

Die Neuauflage der „Technik" behandelt das gesamte Stoffgebiet nach dem Rechtsstand, wie er ab 1990 maßgebend ist. Berücksichtigt sind vor allem das **Steuerreformgesetz 1990** vom 25. 7. 1988 mit dem Änderungsgesetz vom 30. 6. 1989 und dem Ergänzungsgesetz vom 22. 12. 1989 (ind. sog. Restantengesetz zur Steuerreform). Mehr als die Hälfte des Buches ist von den Änderungen betroffen; zum Teil ist eine völlige Neubearbeitung, wie im Abschnitt Personalaufwand, erforderlich geworden. Erweitert ist die Neufauflage um ein Kapitel zur bilanziellen Behandlung von **Wertpapieren** und **Finanzinnovationen,** wobei der Vielfalt der bei letzteren anzutreffenden Erscheinungsformen durch Schwerpunktbildung Rechnung zu tragen war. Die mit dem im Januar 1990 verabschiedeten **Finanzmarktförderungsgesetz** beabsichtigte Abschaffung der Steuern auf den Kapitalverkehr, der Börsenumsatzsteuer zum 1. 1. 1991 sowie der Gesellschaftsteuer und der Wechselsteuer zum 1. 1. 1992, hat allerdings noch keine Berücksichtigung gefunden; hierzu wird die zu gegebener Zeit zutreffende Rechtslage abgewartet.

Die **didaktisch bewährte Grundkonzeption** des Buches blieb unverändert: Alle den Lehr- und Lernstoff unterstützenden Abbildungen und Übersichten, Beispiele und Aufgaben sind **aktualisiert** und wo notwendig **ergänzt** worden; Literatur sowie einschlägige Urteile und Erlasse entsprechen dem **neuesten Stand,** das Stichwortverzeichnis hat eine entsprechende Ausweitung erfahren.

Durch **anwendungsbezogenes Grundlagenwissen** die Fähigkeit zur selbständigen Problemlösung zu fördern, ist das besondere Anliegen dieses Lehr- und Handbuches. Es wendet sich deshalb wie bisher schon sowohl an die **Lehrenden** und **Lernenden** der Wirtschaftswissenschaften an Universitäten, Fachhochschulen und Akademien als auch an die **Praktiker** aus Wirtschaft, Beratung und Verwaltung, die Kenntnisse auf dem Gebiet des externen und internen betrieblichen Rechnungswesens erwerben, vertiefen und auf den neuesten Stand bringen wollen.

Mein Dank gehört allen, die durch kritische Anregungen zur Verbesserung des Buchinhalts beigetragen haben. Das trifft zu allererst auf meine Mitarbeiter am Lehrstuhl für Rechnungswesen und Finanzierung, die Herren Dipl. oec. *Jürgen Seyfried,* Dipl. oec. *Thomas Thiel,* Dipl.-Kfm. *Norbert Kratz* und Dipl. oec. *Hansjörg Flassak* zu; sie vor allem haben diese Neuauflage mit Sachverstand begleitet und mit Erfahrungswissen bereichert. Meiner Sekretärin, Frau *Martha Geiger,* danke ich für die zuverlässige Erledigung angefallener Schreibarbeiten.

Stuttgart-Hohenheim, im Februar 1990 *Wolfgang Eisele*

Vorwort zur 3. Auflage

Die große Resonanz, die die ,,Technik des betrieblichen Rechnungswesens" erfahren hat, macht bereits nach drei Jahren eine Neuauflage erforderlich. Auch wenn die Grundkonzeption des Buches in seiner bewährten Struktur beibehalten wird, stellt die dritte Auflage wiederum eine völlige Neubearbeitung dar. Dies resultiert zum einen daraus, daß wertvolle Anregungen zur Verbesserung realisiert werden konnten, zum anderen ist die vollständige Umarbeitung insbesondere als Konsequenz der **Fortentwicklung** und der **materiellen Neugestaltung des Bilanzrechts** zu sehen. Schon in der zweiten Auflage waren die wesentlichen Änderungen durch die Transformation der 4. EG-Richtlinie berücksichtigt worden. Gleichwohl hat das endgültig verabschiedete Bilanzrichtlinien-Gesetz vom 19. Dezember 1985 noch zu beträchtlichen Änderungen gegenüber dem damaligen Stand geführt, so daß nicht nur der Text, sondern auch die Beispiele, Übungsbeispiele und Übungsaufgaben den Neuerungen entsprechend angepaßt, ergänzt oder ersetzt wurden. Darüber hinaus trägt zur Aktualität des Buches auch die Einarbeitung der erst kürzlich verabschiedeten Einkommensteuer-Änderungsrichtlinien 1987 bei.

Schwerpunktmäßig sind folgende Modifizierungen in **Teil A** besonders herauszuheben:

- Rechtsänderungen, wie das 5. Vermögensbildungsgesetz oder die Sachbezugsverordnung 1987, haben eine Neugestaltung sämtlicher Beispiele zum **Personalaufwand** veranlaßt. Die zunehmend an Bedeutung gewinnenden alternativen Entlohnungsformen, wie Überlassung von Betriebs-Pkw zur privaten Nutzung oder Direktversicherungen, sind nunmehr explizit berücksichtigt.
- Der **Steuerabgrenzung** (latente Steuern) ist jetzt ein eigenständiger Abschnitt gewidmet. Dabei werden auch die spezifischen Probleme bei Verlustvor- und -rückträgen sowie bei gespaltenem Körperschaftsteuersatz in die Ausführungen einbezogen.
- Die buchtechnische Behandlung von Zuschreibungen **(Wertaufholungen)** ist neu aufgenommen.
- Änderungen des Umfangs und der inhaltlichen Ausprägung von **Rückstellungen** und (steuerfreien) **Rücklagen** sind erfaßt.
- Das Kapitel zum **Eigenkapitalausweis** und zur **Ergebnisverwendung** ist neu strukturiert.
- Umfassend überarbeitet sind die Ausführungen zur Organisation der Buchführung, wobei ein besonderer Schwerpunkt auf die **computergestützte Finanzbuchführung** gelegt ist. Die vielfältigen Anwendungsmöglichkeiten der elektronischen Datenverarbeitung werden durch eine aktuelle Übersicht zum Leistungsangebot von Standard-Anwendersoftware unterlegt.
- Die wichtigsten **Vorschriften beim Übergang** auf das neue HGB werden anhand einer Übungsaufgabe demonstriert.

Die Änderungen in **Teil B** beziehen sich auf folgende Problembereiche:

- Die Anpassung der **Kontenrahmen** an die neuen Rechnungslegungsvorschriften (IKR 1986) führt zur Neuordnung sämtlicher Beispiele der industriellen Abrechnung.
- Die Ausführungen zur **Bewertung** und zu den **Bewertungsmaßstäben** des Anlage- und Umlaufvermögens sind entsprechend den neuen Vorschriften umgearbeitet.
- Die kostenrechnerischen Voraussetzungen von **Gesamt-** und **Umsatzkostenverfahren** werden mit den jeweiligen handelsrechtlichen Ausweispflichten konfrontiert.

Überarbeitungen zu **Teil C** fanden schwerpunktmäßig in folgenden Abschnitten statt:

- Erhebliche handels- und steuerrechtliche Änderungen haben die Neufassung der **Gründungsbilanzen** initiiert; insbesondere die Auswirkungen der Vorschriften zu den Bilanzierungshilfen auf die Gründungskosten werden diskutiert.
- Steuerrechtsänderungen und die neuere BFH-Rechtsprechung haben zum Ausbau der entscheidungsorientierten Dimension bei der **Umwandlung** geführt.
- Geänderte handelsrechtliche Bewertungskriterien und die Konsequenzen steuerrechtlicher Abwicklungsregelungen auf der Gesellschafts- bzw. Gesellschafterebene (Auskehrproblematik) haben eine Ausweitung des Kapitels **Liquidationsbilanzen** nach sich gezogen. Darüber hinaus wurde ein Praxisbeispiel hinzugefügt.
- Auch die **Konkursbilanzen** sind um ein Beispiel aus der Praxis bereichert worden.

Die mit dem Buch verfolgten Ziele sind unverändert die in den früheren Vorworten beschriebenen; sein bisheriger Erfolg läßt auf einen guten Zielerreichungsgrad schließen. Das verdanke ich nicht zuletzt den zahlreichen Hinweisen, die aus der praktischen Arbeit mit diesem Buch resultieren. Vor allem meine Mitarbeiter Dipl.-Kfm. *Manfred Kühn,* Dr. *Paul Bäuerle,* Dr. *Ralph Rentschler* und Dipl. oec. *Jürgen Menges* haben das Buch ständig an ihrer eigenen Anwendungserfahrung gemessen und so an vielen Stellen zu inhaltlichen wie didaktischen Verbesserungen beigetragen; ihnen ganz besonders gehört mein Dank. Für die beim Schreiben der oft nur schwer durchschaubaren Manuskriptteile aufgebrachte Geduld danke ich meiner Sekretärin, Frau *Martha Geiger.* Dem Lektor des Verlags, Herrn Dipl.-Vw. *Dieter Sobotka* bin ich für die bewährte Zusammenarbeit und sein Augenmerk bei der Drucklegung des Buches dankbar.

Stuttgart-Hohenheim, im Februar 1988 *Wolfgang Eisele*

Vorwort zur 2. Auflage

Nach wie vor weisen Unternehmensanalysen das Rechnungswesen als betrieblichen Schwachstellen-Schwerpunkt Nummer Eins aus. Demgegenüber erscheint es nur konsequent, wenn die Praxis dem Rechnungswesen beständig eine dominante Position im Rahmen ihrer personellen Bedarfsskala einräumt. Diesem Befund trägt auch die Forderung Rechnung, dieses traditionell der Allgemeinen Betriebswirtschaftslehre zugerechnete Gebiet an den Hochschulen als eigenständiges Vertiefungsfach anzubieten und folglich mit stärkerem Gewicht als bisher auszustatten. Als besonders tragfähig erscheint dieses Vorhaben, wenn daraus ein von Wissenschaft und Praxis gemeinsam entwickeltes Anforderungsprofil resultiert, wie es die vor kurzem von der *Schmalenbach Gesellschaft / Deutsche Gesellschaft für Betriebswirtschaft* zum Rechnungswesen veröffentlichten Empfehlungen zum Ausdruck bringen (ZfbF 1981). Wichtige Bestandteile dieses Anforderungsprofils werden von diesem Buch abgedeckt.

Auch die zweite Auflage will einen anforderungsgerechten Beitrag im Sinne einer gerade auf den Gebieten des externen und des internen Rechnungswesens erforderlichen praxisnahen Aus- und Fortbildung leisten. Unverändert geblieben sind deshalb auch die mit dem Lehrbuch verfolgten Ziele:

- Vermittlung eines breiten **Grundlagenwissens** bezüglich der Methoden und der Instrumente der betriebswirtschaftlichen Rechnungstechnik;
- **Anwendungsbezogene** Schulung und Beurteilung der vermittelten Techniken durch umfangreiche Übungsteile;
- Entwicklung und Förderung der Fähigkeiten zu **selbständiger Problemlösung** über Vertiefungs- und Spezialisierungshinweise;
- Verdeutlichung der engen **inhaltlichen Verflechtungen** des betrieblichen Abrechnungssystems durch eine Vielzahl von Verweisen.

Selbstverständlich ist, daß das Buch den aktuellen Gesetzesstand repräsentiert. Die wichtigsten, sich eher punktuell auswirkenden Neuerungen waren durch die Haushaltsbegleitgesetze 1983 und 1984, das Haushaltsstrukturgesetz 1982, das Steuerentlastungsgesetz 1984, das zum 1. 1. 1981 novellierte GmbH-Gesetz, das zur Durchführung der dritten EG-Richtlinie am 25. 10. 1982 in Kraft getretene Verschmelzungsrichtlinie-Gesetz und nicht zuletzt durch das inzwischen über mehrere Rechtsänderungen fortgebildete neue Umsatzsteuergesetz von 1980 veranlaßt. Alle Lehrbuchteile berührende Ergänzungen wurden durch die Einarbeitung der Perspektiven des Bilanzrichtlinie-Gesetzes erforderlich; diese sind überall dort in den Text eingefügt worden, wo Änderungen durch das künftige Recht zu erwarten sind. Die dadurch notwendig gewordene Überarbeitung des gesamten Buches hat zu einer Neufassung eines erheblichen Teils des Lehrstoffes geführt. Schwerpunkte bei der Neubearbeitung von **Teil A** wurden insbesondere bei den folgenden Abschnitten gesetzt:

- Kontenformalismus: Der sich für den Anfänger als zu stringent erwiesene Einstieg in die Systemgrundlagen der Buchungstechnik ist didaktisch aufgelockert und inhaltlich erweitert worden.

- Personalaufwand: Durch eine Reihe gesetzlicher Änderungen (Viertes Vermögensbildungsgesetz, Sachbezugsverordnung) waren vor allem die Beispiele zu aktualisieren. Die Sozialabgabenneuregelung für einmalig gezahltes Arbeitsentgelt hat darüber hinaus eine ausführlichere Beschäftigung mit der gesetzlichen Sozialversicherung angeregt.
- Steuern und Zuwendungen: Die Ausweitung dieses Abschnitts trägt der zunehmenden Bedeutung fiskalischer Eingriffe in die Unternehmenspolitik Rechnung. Darüber hinaus wurde die buchtechnische Problematik des durch europäisches Bilanzrecht eingeführten und vom Bilanzrichtlinie-Gesetz übernommenen Begriffs der latenten Steuern aufgenommen.
- Leasing: Unter besonderer Berücksichtigung der steuerlichen Bilanzierungskriterien bei Leasinggeschäften ist dieser Abschnitt neu eingefügt worden.
- Vorbereitender Abschluß: Durch die mit dem Bilanzrichtlinie-Gesetz zu erwartende Ausweitung des Rückstellungsbegriffs waren erhebliche Ergänzungen bei den Rückstellungen vorzunehmen. Bedingt durch die Änderungen des Haushaltsstrukturgesetzes 1982 war zudem die Konzeption der steuerfreien Rücklagen zu überarbeiten.
- Erfolgsverbuchung und Rechtsform: Eigenkapitalausweis und Ergebnisverwendung nach dem Bilanzrichtlinie-Gesetz wurden einbezogen. Dem dient auch die Ausweitung des Anlagenteils um eine weitere, die Ausweisvorschriften des Bilanzrichtlinie-Gesetzes berücksichtigende Aufgabe.
- EDV-Buchführung: Die völlige Neufassung dieses Abschnittes trägt der Tatsache Rechnung, daß Praxisbedarf und Ausbildungsstand auf diesem Gebiet noch viel zu stark divergieren. Der hohen Praxisrelevanz der computergestützten Organisation der Buchführung entsprechend werden nunmehr die Systemgrundlagen hierzu geschaffen.

In **Teil B** sind die folgenden Schwerpunkte Gegenstand der Neubearbeitung:

- Geschäftsbuchführung im Industriebetrieb: Die industriebetrieblichen Besonderheiten auf den Gebieten der Materialwirtschaft (Vorratsbewertung) und der Anlagenwirtschaft (Abschreibungsverfahren) sind erheblich vertieft und erweitert worden.
- Betriebsbuchführung des Industriebetriebs: Gegenüber der Erstauflage ist die Entscheidungsorientierung der Kosten- und Leistungsrechnung stärker in den Vordergrund gerückt worden. Gänzlich neu gefaßt wurden deshalb die Abschnitte zur mehrstufigen Deckungsbeitragsrechnung, zur relativen Einzelkostenrechnung und zur Plankostenrechnung. Ihrer betriebspraktischen Bedeutung wegen ist nunmehr der kurzfristigen Erfolgsrechnung ein eigener Abschnitt zuerkannt. Ein ebenfalls neu eingefügter Abschnitt macht mit den Besonderheiten einer die Kostenrechnung ergänzenden Leistungsrechnung vertraut.

Die Schwerpunkte der Neubearbeitung bei **Teil C** beruhen zunächst auf einer gegenüber der Erstauflage veränderten Systematik:

- Ihrer Zwecksetzung gemäß werden die Sonderbilanzen nunmehr in Fortführungs- und Auflösungsbilanzen unterschieden. Damit wird es möglich, dem Stand der Diskussion zur Insolvenzrechtsreform gerecht zu werden. Entsprechend werden Sanierung und Vergleich nunmehr zusammen behandelt, das gesetzlich vorgesehene Vergleichsverfahren als gerichtliche Sanierung in den Maßnahmenkatalog der Sanierung mit einbezogen. Der neu eingebrachte Überblick über die Fortführungsgesellschaften soll zudem die Breite der Gestaltungsmöglichkeiten bei Sanierungen verdeutlichen. Diesem Zweck dient auch die Ergänzung des bisherigen Praxisbeispiels um die Chronologie eines weiteren konkreten Sanierungsfalles.

- Verstärkt war im Abschnitt Umwandlungsbilanzen auf die steuerlichen Konsequenzen abzustellen. Das kommt vor allem in einer Ausweitung des davon betroffenen Übungsteils zum Ausdruck. Neu einbezogen wurden Einzelprobleme zur Anwachsung von Gesellschaftsanteilen beim Ausscheiden von Gesellschaftern und zu den steuerlichen Ergänzungsbilanzen.
- Der Abschnitt Fusions-(Verschmelzungs-)bilanzen wurde vor allem durch das Verschmelzungsrichtlinie-Gesetz, aber auch durch die Novellierung des GmbH-Gesetzes tangiert.
- Der Abschnitt Liquidationsbilanz ist vor allem um die steuerlichen Konsequenzen bei der Unternehmensauflösung erweitert worden.

Wertvolle Hinweise zur Verbesserung der Erstauflage habe ich aus Wissenschaft und Praxis erfahren, und ich verbinde den Dank dafür mit dem Wunsch, dies möge ebenso für die Neuauflage gelten. Mein ganz besonderer Dank gehört aber meinen Mitarbeitern am Lehrstuhl, vor allem den Herren Dipl. oec. *Paul Bäuerle* und Dipl.-Kfm. *Manfred Kühn;* sie haben mich in der ständigen Bereitschaft, dieses Buch auch um ihre eigenen Anwendungserfahrungen zu bereichern, in wertvoller Weise unterstützt. Engagierte Hilfeleistungen habe ich auch von den Herren Dr. *Günther Bär,* Dipl. oec. *Heinz Fischer,* Dipl. oec. *Günther Grossmann,* und Dipl. oec. *Roland Schlipf* erfahren. Die Last der umfangreichen und oft mühsamen Arbeit beim Schreiben des Manuskripts trug meine Sekretärin Frau *Martha Geiger;* ihr danke ich ebenso wie Frl. cand. oec. *Sigrid Weegmann* für ihre stete Bereitschaft zur engpaßüberwindenden Schreibhilfe.

Stuttgart-Hohenheim, im Februar 1985 *Wolfgang Eisele*

Vorwort zur 1. Auflage

Mit einem Umfang von lediglich zwei Semesterwochenstunden ist das Gebiet der ,,Technik des betrieblichen Rechnungswesens“ heute in einer ganzen Reihe von Studienplänen und Prüfungsordnungen deutscher Universitäten stark unterrepräsentiert. Der zu geringe Stundenumfang geht dabei überwiegend zu Lasten des bei der Vermittlung dieser Stoffinhalte unerläßlichen anwendungsbezogenen Lernens. Die häufig beträchtlichen Lücken bei Absolventen wirtschaftswissenschaftlicher Studiengänge gerade auf diesem Gebiet werden aber spätestens beim Übergang in die Berufspraxis sichtbar, und sie sind besonders dort mit empfindlichen Konsequenzen verbunden, wo eine Berührung mit Fragen des Rechnungswesens und der Rechnungslegung unvermeidlich ist. Unter diesen Umständen erscheint die zum Erwerb der erforderlichen Mindestkenntnisse notwendige intensive und selbständige Beschäftigung mit der einschlägigen Literatur auf diesem Gebiet unabdingbar.

Die Rechtfertigung für die Erweiterung der Palette der zum Gebiet des betrieblichen Rechnungswesens bereits vorliegenden Schriften um ein weiteres Buch leitet sich aus den mit diesem verfolgten **Lernzielen** ab:

(1) Erarbeitung und Vermittlung eines breiten **Grundwissens** hinsichtlich der Methoden und Instrumente, vor allem aber auch der rechtlichen Rahmenbedingungen zur betriebswirtschaftlichen Rechnungstechnik.

Zur Erreichung dieses Lernziels kommen in diesem Lehrbuch die zentralen Rechnungsgebiete **Buchführung** (Teil A), **Kostenrechnung** (Teil B) und **Sonderbilanzierung** (Teil C) in umfassender und geschlossener Form zur Darstellung. Die hierfür gewählte inhaltliche Dreiteilung setzt bei den Grundlagen der Buchführungstechnik und ihrem formellen wie materiellen Gestaltungsrahmen an und führt über die Abschlußtechnik beim Handels- und Fertigungsbetrieb zur industriellen Kosten- und Leistungsrechnung. Die sich daran anschließende Behandlung der Sonderbilanzen weitet den Anwendungsbereich der Buchungstechnik auf die bei außerordentlichen Entwicklungsphasen der Unternehmung auftretenden Spezialfälle der Finanzierung aus.

(2) **Anwendungsbezogene** Schulung und Beurteilung der vermittelten Methoden und Techniken vor dem Hintergrund der formellen und materiellen Kriterien zur Ordnungsmäßigkeit der Rechnungslegung.

Tragendes Element dieses Lernzieles sind die besonders umfangreich gestalteten **Übungsteile** des Buches, die je nach Funktion und Integration in den Textteil durch Beispiele, Übungsbeispiele und Übungsaufgaben strukturiert sind. Die **Beispiele** knüpfen ohne explizite Aufgabenformulierung unmittelbar an die Textaussage an; sie haben deshalb illustrierenden und erklärenden Charakter. Den **Übungsbeispielen** liegen Aufgabenstellungen mit angeschlossener Lösung zugrunde; sie dienen nicht nur der Textinterpretation, sondern auch der Textergänzung, wobei sie sich inhaltlich jeweils auf den vorausgehenden Abschnitt beziehen und primär die Einübung des zuvor Erlernten verfolgen. Die **Übungsaufgaben** besitzen grundsätzlich abschnittsübergreifenden Charakter; sie sind mit umfassender, in der Regel mehrere Lehreinheiten einbeziehender Lernkontrollabsicht konzipiert. Der mit ihnen praktizierten Demonstration des Buchabschlusses wegen sind sie als geschlossene Aufgabensammlung mit Lösungen dem Teil A angefügt. Der Stoff zur Rechnungstechnik wird dadurch in spezifisch lernunterstützender Aufmachung angeboten mit der Absicht, nicht nur die methodische Sicherheit im Umgang mit dem erlernten Instrumentarium zu gewährleisten, sondern zugleich auch den Einblick in die praktische Relevanz der jeweiligen Aufgabenstellung zu vermitteln. Trotz der im Vordergrund stehenden abrechnungstechnischen Orientierung bleiben damit stets die Bezüge zur handels- und steuerrechtlichen sowie der betriebswirtschaftlichen Problembehandlung gewahrt.

(3) Entwicklung sowie Förderung der Fähigkeit zur selbständigen Vertiefung und Spezialisierung durch detaillierte und spezifizierte Hinweise auf **ergänzende und weiterführende Literatur** zu den einzelnen Abschnitten und Unterabschnitten des Buches.

Insbesondere in der **integrativen** Bewältigung dieser Lernziele besteht eine Lücke, zu deren Schließung dieses Buch beitragen will. Jüngste empirische Untersuchungen (u. a. RKW-Beratungsdienst) machen zudem deutlich, daß der Funktionsbereich **„Finanz- und Rechnungswesen"** nach wie vor den Schwerpunkt der Schwachstellenortung in den Unternehmen bildet. Mit der hier beabsichtigten Symbiose aus kompakter und didaktisch aufbereiteter Stoffdarbietung wird deshalb dem Anfänger ein **Lehrbuch** an die Hand gegeben, das ihm die Grundlagen der betrieblichen Rechnungstechnik bei angemessenem Stoffumfang vermittelt, während dem Fortgeschrittenen sowie dem Berufspraktiker ein **Handbuch** zur Verfügung steht, das ein gezieltes Aufarbeiten, eine effektive Prüfungsvorbereitung und das Vertiefen von Einzelfragen oder ganzen Teilgebieten erlaubt. Das Buch kann dementsprechend auch als Nachschlagewerk und praktischer Wegweiser herangezogen werden. Obwohl schwerpunktmäßig an den Erfordernissen des wirtschaftlichen Grundstudiums orientiert, stellt das Buch eine Aus- und Fortbildungsgrundlage für jeden dar, der umfassende Kenntnisse und Sicherheit auf den Gebieten Buchführung und Abschluß, Kostenrechnung und Sonderbilanzierung anstrebt.

Ein solches Buch entsteht nicht ohne Mithilfe Dritter. Mein Dank gehört deshalb meinen früheren und gegenwärtigen Assistenten am Lehrstuhl, vor allem den Herren Dipl.-Kfm. *M. Kühn,* Dipl.-Kfm. *H. Leypoldt* und Dipl.-Volksw. *Ch. Schug,* aber auch Frl. Dipl.-Ökonom *D. Stangelmeyer,* Herrn cand. oec. *W. Steffl* und Herrn Dipl.-Kfm. Ing. grad. *N. Täuber.* Sie alle standen mir stets mit Rat und Tat zur Seite und haben das Entstehen dieser Schrift mit konstruktivem Engagement begleitet. Zu danken habe ich auch meiner Sekretärin, Frau *H. Bock,* welche die Hauptlast der Schreibarbeit getragen hat. Mein Dank gebührt schließlich dem Vahlen-Verlag, besonders Herrn Dipl.-Volksw. *D. Sobotka,* für Geduld und Einsatzbereitschaft bei der Drucklegung des Buches.

Stuttgart-Hohenheim, im September 1979 *Wolfgang Eisele*

Inhaltsverzeichnis

Einleitung
Grundsachverhalte des betrieblichen Rechnungswesens

Teil A
Finanz-(Geschäfts-)Buchführung und Abschluß

Teil C
Sonderfälle der Finanzierung – Sonderbilanzen

Einleitung

Grundsachverhalte des betrieblichen Rechnungswesens

1. Der Unternehmensprozeß als Abrechnungsgegenstand des betrieblichen Rechnungswesens

Das betriebliche Rechnungswesen ist zentraler Bestandteil des **Informationssystems** eines Unternehmens. Es ist daher institutionell in Form eines Subsystems in die Gesamtorganisation des Unternehmens eingebunden. Durch einen Komplex funktional ausgerichteter, zielorientierter Abbildungsprozesse sollen die innerbetrieblichen ökonomischen Prozesse und die wirtschaftlich relevanten Beziehungen des Unternehmens zu seiner Umwelt **quantitativ erfaßt, dokumentiert, aufbereitet** und **ausgewertet** werden. Die Qualität der daraus resultierenden Informationen ist von der realitätsnahen Abbildungsfähigkeit der Wirtschaftsabläufe und Wirtschaftstatbestände abhängig. Das Rechnungswesen ist demzufolge als ein System zu begreifen, das in zweckdienlicher Form **Informationen als Entscheidungshilfen für Bedarfsträger** liefert. Neben die **Informationsfunktion** tritt somit die **Kommunikationsfunktion** des Rechnungswesens i. S. einer **zweckorientierten Rechnungslegung.**

Das Unternehmensgeschehen in einer arbeitsteiligen Wirtschaft ist durch einen interdependenten **Umsatzprozeß** charakterisiert: Den güterwirtschaftlichen Beschaffungs-, Erzeugungs- und Absatzvorgängen stehen die Zahlungsströme aus dem Erwerb bzw. dem Verkauf der Güter gegenüber, so daß der reale Unternehmensprozeß auch durch dessen komplementäre monetäre Ströme abgebildet werden kann. Das Rechnungswesen ist jedoch nur dann in der Lage, das Unternehmensgeschehen realitätsgetreu zu erfassen, wenn es der zeitlichen und funktionalen Struktur des Unternehmensprozesses, also der Wertbewegung innerhalb jeder einzelnen Prozeßphase, zu folgen vermag. Der Grundvorgang des Beziehungszusammenhangs zwischen den einzelnen **Prozeßphasen** stellt sich wie folgt dar:

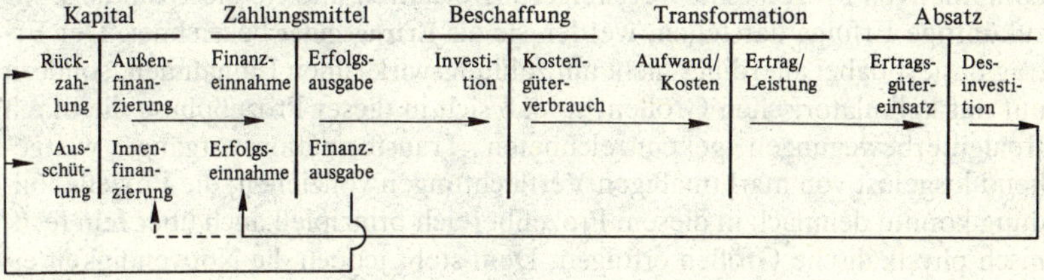

Rechentechnische Phasenverkettung des Unternehmensprozesses

Phase 1: Zahlungsmittelbeschaffung

Ausstattung des Unternehmens mit Zahlungsmitteln über den Kapital- bzw. Geldmarkt: Die liquiden Mittel schlagen sich dabei als konkreter Geldvermögensbestand nieder. Erfolgt dieser Zugang als Geldbetrag, wird auch von einer **Einzahlung** gesprochen. Umfassender ist jedoch der Terminus **Einnahme,** denn er umfaßt das gesamte Geldvermögen, also auch Forderungen und Bankguthaben. Darüber hinaus wird durch die Spezifizierung zur **Finanzeinnahme** aufgezeigt, daß dieser Zufluß über den Geld- bzw. Kapitalmarkt erfolgt. Die Geldmehrung beruht somit nicht auf im Unternehmen erwirtschafteten Erfolgen, sondern auf reiner **Außenfinanzierung.**

Neben dem Niederschlag als konkreter Geldbestand wird im System der doppelten Buchführung (Doppik) der Zahlungsmittelzufluß ein zweites Mal aufgezeichnet. Die Finanzeinnahme spiegelt sich im Kapital des Unternehmens wider. Hier übernimmt die Position die Funktion einer abstrakten Kontrollziffer. Sie dokumentiert die Herkunft der finanziellen Mittel, zeigt also die Ansprüche an das Vermögen des Unternehmens auf. Dabei werden die Ansprüche der Unternehmenseigner im Eigenkapital, die der Gläubiger im Fremdkapital erfaßt.

Phase 2: Zahlungsmittelverwendung

Erwerb der zum Produktions- bzw. Transformationsprozeß (Wertschöpfung) erforderlichen Einsatz- (Produktions-)faktoren über den Beschaffungsmarkt: Die durch Außenfinanzierung aufgebrachten Zahlungsmittel werden für Fundierungs- und Gebrauchsgüter (Anlagen), Verbrauchsgüter (Stoffe) und Dienstleistungen verwendet. Es handelt sich hierbei um eine **Vermögensumschichtung:** Dem Nominalgutabfluß steht der Zugang an Realgütern gegenüber. Dieser Vorgang wird auch als **Investition** bezeichnet. Rechentechnisch entspricht diese Umschichtung einer **Erfolgsausgabe.** Damit wird zugleich deutlich, daß die Zahlungsmittelverwendung durch die unmittelbare Anbindung an den Transformationsprozeß den Erfolg, also den Gewinn oder den Verlust der Unternehmung, beeinflußt.

Phase 3: Transformationsprozeß (Wertschöpfung)

Kombinativer Einsatz der beschafften **Einsatzfaktoren** im betrieblichen Transformationsprozeß (Kostengüterverbrauch) zur Erstellung von überwiegend für den Absatz bestimmten Fertigerzeugnissen. Da diese Produkte durch den kombinativen Prozeß eine Wertsteigerung erfahren und sie die Grundlage für zukünftige Erfolge darstellen, werden sie als **Ertragsgüter** bezeichnet. Der Ertrag basiert dabei allerdings nicht auf zahlungswirksamen Einnahmen, sondern nur auf kalkulatorischen Größen, so daß sich in dieser Prozeßphase die durch Realgüterbewegungen gekennzeichneten Transformationsvorgänge weitgehend losgelöst von marktmäßigen Verflechtungen vollziehen; die Prozeßabbildung könnte demnach in diesem Prozeßbereich prinzipiell auch über rein technisch-physikalische Größen erfolgen. Dem steht jedoch die Notwendigkeit einer verursachungsgerechten Zurechnung der Einsatzfaktorenverbräuche auf die Ertragsgüter entgegen: Diese erfordert eine einheitliche Recheneinheit, die über eine grundsätzlich marktorientierte Bewertung erreicht wird. Die Geldstromanalyse findet damit auch Eingang in den Innenbereich der Unternehmung: Nutzung und Verbrauch von Gütern und Diensten finden abrechnungstechnisch in **Aufwand** bzw. **Kosten** ihren wertmäßigen Niederschlag. Dabei unterscheiden sich Aufwand und Kosten dadurch, daß die Kosten nur jenen Wertverzehr beinhalten, der zur Erstellung und Vermarktung der betrieblichen Leistungen und zur Erhaltung der Leistungsbereitschaft dient. Dagegen wird im Aufwand darüber hinaus auch der Wertverzehr erfaßt, der nicht unmittelbar mit der betrieblichen Leistungserstellung zusammenhängt (z. B. Aufwendungen für die Betriebskantine). Die Dienstleistungs- und Gütererzeugung spiegelt sich wertmäßig im **Ertrag** bzw. in der Leistung wider. Analog zu den Kosten bezieht sich die Leistung unmittelbar auf den Erzeugungsvorgang; sie wird deshalb auch als Betriebsertrag bezeichnet. Der Ertrag erstreckt sich zudem auch auf Wertzuwächse nichtbetrieblicher Art (z. B. Beteiligungserträge). Der bei der Transformation erzielte Wertzuwachs ist die **Wertschöpfung.**

Phase 4: Zahlungsmittelfreisetzung

Verwertung der Ertragsgüter auf dem Absatzmarkt: Durch den realen Leistungsabgang der **Desinvestition** fließen dem Unternehmen liquide Mittel zu, die abrechnungstechnisch als **Erfolgseinnahmen** zu spezifizieren sind. Der Terminus Erfolgseinnahme bringt dabei zum Ausdruck, daß diese, im Gegensatz zu Finanzeinnahmen, die vom Geld- bzw. Kapitalmarkt kommen, aus dem Unternehmen heraus durch den Transformationsprozeß erwirtschaftet werden. Sie sind zunächst zur Deckung des Kostengütereinsatzes (Erfolgsausgaben-[Investitions-] rückfluß) heranzuziehen; der übersteigende Teil entspricht dem **Desinvestitionserfolg** (Erfolgsausgaben-[Investitions-] überschuß), der dem Kapitalbereich als innenfinanzierter Verpflichtungszugang gegenüber Eignern (Rücklagen, Gewinn) und Gläubigern (Rückstellungen) zuwächst. Zugleich wird über den Vorgang der Erfolgseinnahmenzuteilung die enge rückkoppelnde Verbindung zwischen der vierten und der zweiten Prozeßphase hergestellt.

Phase 5: Ablösung der finanziellen Verpflichtungen

Erschöpft sich die Unternehmenstätigkeit in einem einmaligen Ablauf des Unternehmensprozesses, so erfolgt die geldliche Abführung der über den Umsatzprozeß erlangten Zuflüsse einschließlich der Erstfinanzierungen an den Geld- bzw. Kapitalmarkt. Als rechentechnische **Finanzausgabe** hat dieser Vorgang einen kapitalmäßigen Verpflichtungsabgang zur Folge, der als Rückzahlung einen außenfinanzierten, als Gewinnausschüttung einen innenfinanzierten Kapitalabgang charakterisiert.

Der Funktionsablauf des wirtschaftlichen Unternehmensprozesses ist also vornehmlich durch zwei **Nominal-Realgüter-Tauschakte** (Investition und Desinvestition) sowie einen **Transformationsprozeß** gekennzeichnet. Darüber hinaus sind jedoch auch isolierte Nominalgüterbewegungen zu erfassen, so daß das Wirtschaftsgeschehen der Unternehmung mit Hilfe des Phasenschemas vollständig beschrieben und abrechnungstechnisch durch **fünf zentrale Verrechnungsbereiche** (Kontenreihen) abgebildet werden kann:

- Verrechnungsstellen für das **Kapital** zur Abwicklung der Verpflichtungstatbestände;
- Verrechnungsstellen für die **Zahlungsmittel,** die Erfolgseinnahmen und Erfolgsausgaben aus dem Umsatzprozeß sowie erfolgsunwirksame Finanzeinnahmen und Finanzausgaben aus der Verbindung mit dem Kapitalbereich aufzeichnen;
- Verrechnungsstellen zur bestandsmäßigen Registrierung der **Beschaffungs- bzw. Investitionstätigkeit,** differenziert nach Realvermögen (Fundierungs-,

Gebrauchs- und Verbrauchsgüter) und Forderungsvermögen (als „Rückflußgüter“ aus Zweckmäßigkeitsgründen auch dem Zahlungsbereich zurechenbar);

- Verrechnungsstellen für den **Transformationsprozeß** zur Erfassung des Kostengütereinsatzes (Aufwand bzw. Kosten) und der Ertragsgütererstellung (wertmäßige Leistung bzw. Betriebsertrag);
- Verrechnungsstellen für die **Absatz- bzw. Desinvestitionstätigkeit** mit der Aufgabe der Erfolgsermittlung aus der Gegenüberstellung der Erfolgsquellen, insbesondere von Verwertungserlösen und Selbstkosten.

Da Unternehmen regelmäßig auf unbestimmte Zeit errichtet werden (**going-concern-Grundsatz**), ist die Realität durch eine kontinuierliche Wiederholung des Unternehmensprozesses gekennzeichnet, die die betriebliche Abrechnungstechnik erheblich kompliziert. Bei einer einmaligen Schlußrechnung am Ende der Unternehmenstätigkeit (Totalperiode) würde das Rechnungswesen seiner Funktion als aktuelles Informationsinstrument nicht gerecht werden können. Es sind daher **Zeitabschnitts- (Teilperioden-) rechnungen** durchzuführen, die dann zwangsläufig zu Überschneidungen und Überlappungen in der zeitlichen Struktur des betrieblichen Phasenschemas führen und damit erhebliche Abrechnungs- und Zuordnungsprobleme aufwerfen.

Da die Bewegung der Mittel ihrem Wesen nach die Bindung der Mittel in den einzelnen Prozeßphasen erfordert, kommt der Umsatzprozeß in einer laufenden mengen- und wertmäßigen Veränderung einzelner Vermögens- und Kapitalbestände zum Ausdruck. **Bestände** lassen sich somit ablaufanalytisch betrachtet als durch die Periodizität der Abrechnung bedingte, notwendige Stauungen im Fluß der (Zahlungs-)Ströme charakterisieren.

2. Aufbau, Gliederung und Aufgaben des betrieblichen Rechnungswesens

Eine Vielzahl **interner** und **externer** Anlässe erzwingt die rechnerische Erfassung des Unternehmensprozesses. Unabhängig davon, ob damit den Anforderungen an die gesetzlichen Rechnungslegungspflichten – und damit den Ansprüchen bestimmter **Rechnungslegungsadressaten** – oder aber dem **Eigeninteresse** der Unternehmensführung zur Erfüllung von Planungs-, Kontroll- und Steuerungsaufgaben entsprochen werden soll, bleibt der grundsätzliche Aufbau des Rechnungswesens mit den aufgezeigten fünf Verrechnungsbereichen des Unternehmensprozesses stets gleich. Allerdings nimmt, wie die folgende Abbildung eröffnet, das betriebliche Umsystem erheblichen Einfluß auf den Abrechnungsverlauf. Dies wird besonders deutlich, wenn zur übersichtlicheren Darstellung die Verrechnungsstellen der Zahlungsmittel und des Kapitals doppelt aufgeführt werden:

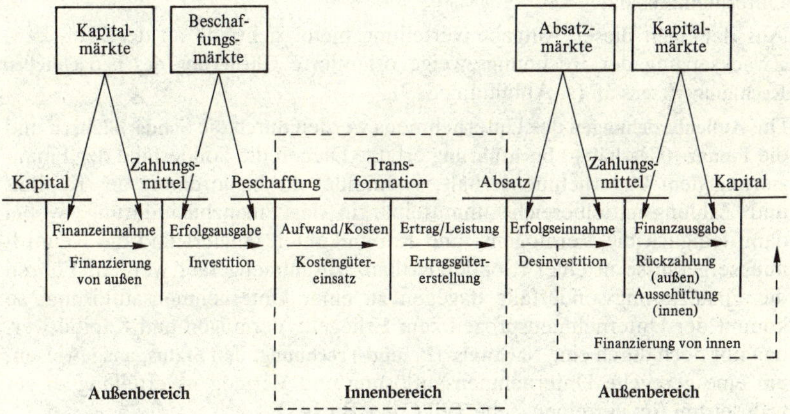

Abrechnungs- und Umsystem der Unternehmung

Die Abbildung zeigt, daß offenbar nur ein Teil der betrieblichen Verrechnungsstellen in unmittelbarem Kontakt mit den Märkten (betriebliches Umsystem) steht, auf denen das Unternehmen agiert. Diese Verrechnungsstellen gehören somit zum **Außenbereich** des Abrechnungssystems, das damit die Aufgaben der **externen Rechnungslegung** übernimmt. Die keine oder keine direkte Marktverbindung aufweisenden, da die betriebsinternen Abläufe abbildenden Verrechnungsstellen bzw. Verrechnungsstellenseiten machen den **Innenbereich** des Abrechnungssystems aus; sie haben demgemäß die der **internen Rechnungslegung** zugewiesenen Aufgaben zu erfüllen.

Dementsprechend können sich die durch den Einfluß des Umsystems ausgelösten abrechnungstechnischen Konsequenzen auch nur in der externen Rechnungslegung auswirken. Beide **Teilsysteme** sind allerdings in enger Abhängigkeit zu sehen: So wirken sich Störungen im Bereich der betrieblichen Außenbeziehungen etwa dergestalt auf den Innenbereich aus, als auftretende Liquiditätsengpässe an sich erforderliche Investitionen verhindern können und somit der Transformationsprozeß beschnitten oder gar lahmgelegt wird; umgekehrt sind Unwirtschaftlichkeiten des Innenbereichs als Ursache einer unrentablen Gütervermarktung denkbar, die alsbald Zahlungsschwierigkeiten und schließlich Kapitalschnitte (Verluste an Eigenkapital) zur Folge haben. Da gestörte Beziehungen zu den Beschaffungs- und Absatzmärkten – zumindest mittelfristig – regelmäßig auch Divergenzen im Bereich der Geld- und Kapitalmarktbeziehungen nach sich ziehen, wird sich das Unternehmen immer dann notwendiger Eingriffe im Zahlungs- und Kapitalbereich nicht entziehen können, wenn das Überleben von Anpassungsmaßnahmen an geänderte Marktgegebenheiten abhängig ist. Dem wird durch Umwandlungen, Fusionen, Sanierungen oder aber, wenn das Weiterbestehen des Unternehmens wirtschaftlich nicht mehr vertretbar erscheint, durch freiwillige oder zwangsweise (Konkurs) Liquidation Rechnung getragen. Die Rechnungslegung des Außenbereichs ist daher zur Erfassung dieser **Sonderfälle der Finanzierung** um spezifische, außerordentliche Rechnungslegungsinstrumente, die **Sonderbilanzen,** zu ergänzen. Diese stellen dann häufig den Ausgangspunkt für ein neugeordnetes Rechnungssystem des Unternehmens dar.

Aus der Sicht dieser Aufgabenverteilung bietet sich eine an der Ziel- bzw. Zwecksetzung der Rechnungszweige orientierte **Gliederung des betrieblichen Rechnungswesens** an (s. Abbildung S. 9).

Die **Außenbeziehungen** des Unternehmens werden durch die **Sonderbilanzen** und die **Finanz- (Geschäfts-) buchführung** erfaßt. Dienen die Sonderfälle der Finanzierung dem Unternehmenserhalt, so mündet die Neuordnung des Kapital- und Zahlungsmittelbereichs unmittelbar in der Finanzbuchführung, wobei dann lediglich die Vermögens- und Kapitalkonten tangiert und die Neuordnungsergebnisse in einer (Sonder-) Bilanz zusammengefaßt werden. Führen die Finanzierungssonderfälle dagegen zu einer Unternehmensauflösung, so kommt der Unternehmensprozeß zum Erliegen: Vermögen und Kapital werden nur noch durch eine **Nachweis- (Befund-) rechnung,** den **Status,** ausgewiesen, um eine geregelte Unternehmensauflösung und Vermögensverteilung zu gewährleisten (im einzelnen siehe Teil C des Buches).

Dagegen wird der laufende, ordentliche Unternehmensprozeß, die Regelbeziehung des Unternehmens zu seiner Umwelt, auf den Kapital-, Vermögens-, Aufwands- und Ertragskonten erfaßt und über einen regelmäßigen jährlichen Abschluß zur **Bilanz** und **Gewinn- und Verlustrechnung** verdichtet. Bilanz und Gewinn- und Verlustrechnung bilden den **Jahresabschluß.** Darüber hinaus zählt bei Kapitalgesellschaften ein die Ansätze in Bilanz und GuV erläuternder **Anhang** zum Jahresabschluß. Diese drei Bestandteile dienen einschließlich eines den Geschäftsverlauf und die Lage der Kapitalgesellschaft darstellenden **Lageberichts** als Instrument **externer, finanzieller Rechnungslegung** der Erfüllung der mit der Übernahme von Vermögensverwaltungsaufgaben durch die Unternehmensleitung begründeten Rechenschaftspflicht gegenüber außenstehenden Adressaten der Rechnungslegung und als Grundlage für deren Entscheidungen. An das Informationspotential des Jahresabschlusses ist deshalb auch

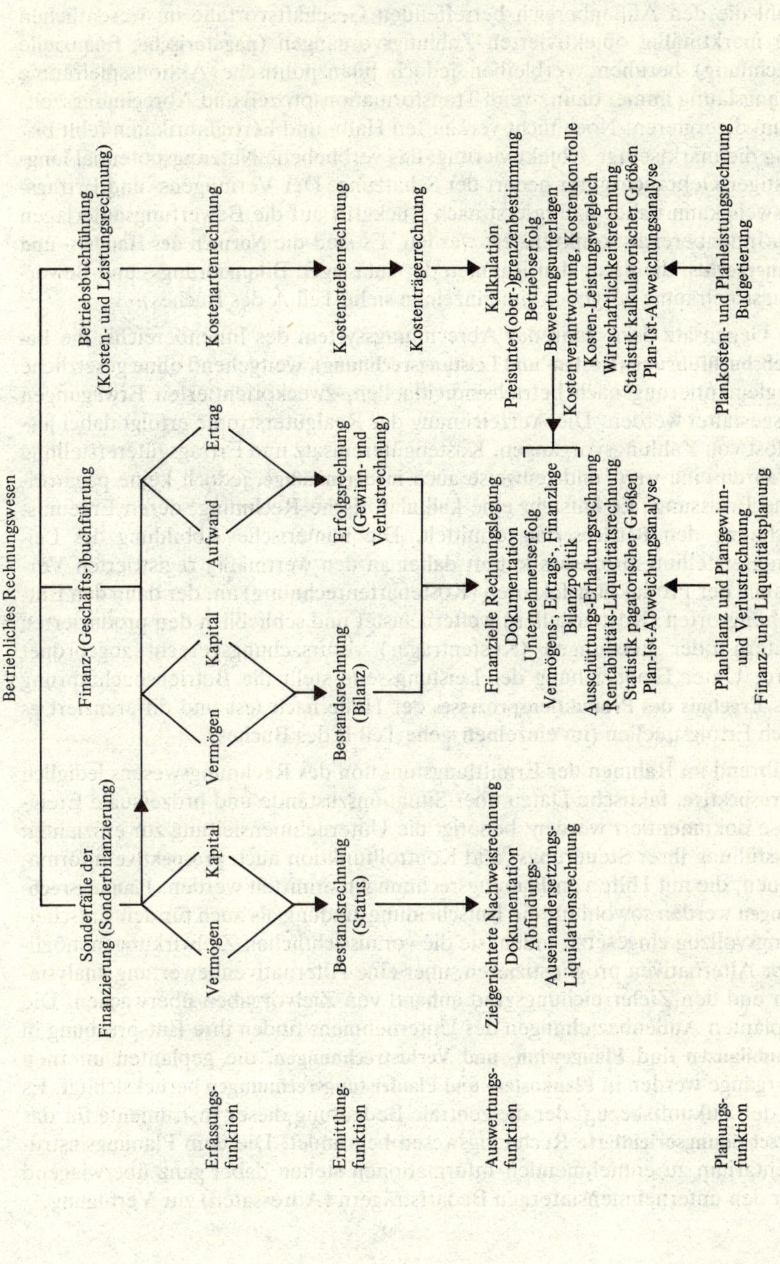

Systematik des betrieblichen Rechnungswesens

grundsätzlich die Forderung nach einer vom Ermessen des zur Rechnungslegung Verpflichteten weitestgehend unabhängigen Rechnung zu stellen. Obwohl die den Außenbereich betreffenden Geschäftsvorfälle im wesentlichen auf marktmäßig objektivierten Zahlungsvorgängen (**pagatorische,** finanzielle Rechnung) beruhen, verbleiben jedoch bilanzpolitische Aktionsspielräume zwangsläufig immer dann, wenn Transformationsprozeß und Abrechnungszeitraum divergieren: Noch nicht verkauften Halb- und Fertigfabrikaten fehlt bislang die marktseitige Objektivierung; das verbliebene Nutzungspotential langfristiger Gebrauchsgüter bedarf der Schätzung. Der Vermögens- und Ertragsausweis kann daher häufig erst nach Rückgriff auf die Bewertungsunterlagen des Innenbereichs konkretisiert werden. Es sind die **Normen des Handels- und Steuerrechts,** die dafür den Rahmen der zulässigen Bilanzierungs- und Bewertungsspielräume vorgeben (im einzelnen siehe Teil A des Buches).

Im Gegensatz dazu kann das Abrechnungssystem des Innenbereichs, die **Betriebsbuchführung (Kosten- und Leistungsrechnung),** weitgehend ohne gesetzliche Reglementierung nach betriebsindividuellen, zweckorientierten Erwägungen ausgestaltet werden. Die Aufzeichnung der Realgüterströme erfolgt dabei losgelöst von Zahlungsvorgängen. Kostengütereinsatz und Ertragsgütererstellung erfahren eine **wert-** und teilweise auch **mengenmäßige,** jedoch keine pagatorische Erfassung. Es entsteht eine kalkulatorische Rechnung, deren Ergebnisrechnung den **Betriebserfolg** ermittelt. Die numerische Abbildung des Leistungserstellungsprozesses knüpft daher an den wertmäßig registrierten Verbrauch der Produktionsfaktoren (Kostenartenrechnung) an, der dann den Entstehungsorten (Kostenstellen) weiterbelastet und schließlich den produzierten Gütern oder Leistungen (Kostenträger) verursachungsgerecht zugeordnet wird. Unter Einbeziehung der Leistungsseite stellt die Betriebsbuchführung das **Ergebnis des Produktionsprozesses** der Höhe nach fest und differenziert es nach Erfolgsquellen (im einzelnen siehe Teil B des Buches).

Während im Rahmen der Ermittlungsfunktion des Rechnungswesens lediglich **retrospektive,** faktische Daten über Situationszustände und prozessuale Ereignisse dokumentiert werden, benötigt die Unternehmensleitung zur effizienten Ausfüllung ihrer Steuerungs- und Kontrollfunktion auch **prospektive** Informationen, die mit Hilfe von Planungsrechnungen ermittelt werden. **Planungsrechnungen** werden sowohl für die Entscheidungsfindung als auch für den Entscheidungsvollzug eingesetzt, indem sie die voraussichtlichen Zielwirkungen möglicher Alternativen prognostizieren, über eine Alternativenbewertung analysieren und den Zielerreichungsgrad anhand von Zielvorgaben überwachen. Die geplanten Außenbeziehungen des Unternehmens finden ihre Entsprechung in **Planbilanzen** und **Plangewinn- und Verlustrechnungen,** die geplanten internen Vorgänge werden in **Plankosten- und Planleistungsrechnungen** berücksichtigt. Es ist der Zukunftsbezug, der die zentrale Bedeutung dieser Instrumente für das **entscheidungsorientierte** Rechnungswesen begründet. Die dem Planungsinstrumentarium zu entnehmenden Informationen stehen dabei ganz überwiegend nur den unternehmensinternen Bedarfsträgern (Adressaten) zur Verfügung.

Ergänzende Literatur zu: Grundsachverhalte des betrieblichen Rechnungswesens

Chmielewicz, Rechnungswesen 1, S. 13–16
Eisele, Kapitaltheorie, S. 31–34
Eisele, Rechnungswesen, S. 189–196
Engelhardt/Raffée, Buchhaltung, S. 11–16
Kloock/Sieben/Schildbach, Kosten- und Leistungsrechnung, S. 1–22
Kosiol, Pagatorische Bilanz, S. 33–65
Lechner, Rechnungstheorie, Sp. 1502–1510
Menrad, Rechnungswesen, S. 19–53
Ruchti, Abschreibung, S. 24–28
Virkkünen, Rechnungswesen, S. 11–15, 36–62
Weber, Rechnungswesen 1, S. 1–23

Teil A

Finanz- (Geschäfts-) Buchführung und Abschluß

1. Grundlagen der Buchführung

1.1 Wesen und Zweck der Buchführung

Als quantitatives Beschreibungs- bzw. Ermittlungsmodell wird die Buchführung von Maßgrößen, Definitionen, Axiomen und Rechenregeln bestimmt. Ihr **Wesen** besteht im Sammeln, Registrieren und Systematisieren realer, d.h. durch Beobachtung wahrnehmbarer und faktisch existenter Tatbestände der Zustands- und Vorgangserscheinungen (*Schweitzer,* Struktur, S. 28f. und 32f.). Die **Buchführung verzeichnet demnach chronologisch, systematisch, lückenlos und ordnungsmäßig alle in Zahlenwerten festgehaltenen, wirtschaftlich bedeutsamen Vorgänge (Geschäftsvorfälle),** die sich im Zeitablauf zwischen Gründung und Liquidation der Unternehmung ereignen. Wirtschaftlich bedeutsam sind dabei alle Vorgänge, welche die Höhe und/oder die Zusammensetzung des Vermögens und des Kapitals eines Betriebes ändern.

Die Finanzbuchführung ist zuvorderst eine **Zeitabschnittsrechnung,** die prinzipiell am Anschaffungswert orientiert ist und im Jahresabschluß mündet. Für eine Abrechnungsperiode erfaßt sie neben den unmittelbar mit Zahlungsvorgängen verbundenen Geschäftsvorfällen den Zugang und Abgang von Leistungsgütern bzw. Leistungswerten, also Aufwand und Ertrag. Die Gegenüberstellung von Aufwand und Ertrag geschieht in der **Erfolgsrechnung** (Gewinn- und Verlustrechnung); sie ist zeitraumbezogen und ermittelt durch Saldierung den Erfolg der Periode (Gewinn oder Verlust). Die Bestände des Betriebes an Vermögen und Kapital werden für einen bestimmten Stichtag in der **Bilanz** (Bestandsrechnung) erfaßt; auch sie ermittelt indirekt den Erfolg, indem die periodische Veränderung der Differenz zwischen Vermögens- und Fremdkapitalteilen berechnet wird (s. dazu S. 42f.). Bilanz und Erfolgsrechnung zusammen bilden – gegebenenfalls nach Erweiterung um den Anhang bei Kapitalgesellschaften – den **Jahresabschluß** der Unternehmung.

Buchführung und Jahresabschluß verarbeiten rationale Zahlen in einem formalen und geschlossenen System bestimmten Inhalts. Die Abgrenzung gegenüber anderen wirtschaftlichen Rechenwerken läßt sich demzufolge auch meßtheoretisch, d.h. aus dem diesem Ermittlungsmodell eigenen **Formalismus** vornehmen (*Stützel,* Bemerkungen, S. 314ff.; *Stehli,* Mathematische Betrachtungen, S. 13f.; *Eisele,* Kontentheorien, Sp. 342ff.):

- Als Rechenoperationen im geschlossenen Rechnungskreis der Buchführung kommen nur **Additionen** und **Subtraktionen** vor, also Rechenarten 1. Stufe.
- Buchführung und Jahresabschluß verzeichnen Geldgrößen, **„Währungsbeträge** gleicher Währung", in zweifacher Ausprägung: Zeitpunktorientierte Bestandsgrößen werden in Geldeinheiten, zeitraumbezogene Strom- bzw. Leistungsgrößen in Geldeinheiten pro Zeiteinheit (pro Abrechnungsperiode) gemessen.

- Hinsichtlich Herkunft und Bestimmtheit der in Buchführung und Jahresabschluß eingehenden Währungsbeträge ist zu unterscheiden zwischen:

  (1) Währungsbeträgen, die sich als einfache **Abzählergebnisse** darstellen wie Kassenbestände oder Kassenumsätze;

  (2) Währungsbeträgen, die allein durch **Rechtsgeschäft** entstehen, und die vorwiegend dem Bereich der abstrakten Kontrollgrößen der Kapitalseite zugeordnet sind und

  (3) Währungsbeträgen, die als Ergebnis von **Bewertungsmaßnahmen** zustandekommen, und die vorwiegend im Bereich des Vermögens zu den sog. ausgewiesenen Werten (Buchwerten) führen.

  Meßtheoretisch entsprechen dieser Klassifizierung unterschiedliche Genauigkeitsgrade der Geldgrößenerfassung.

- Die Aufzeichnung der Währungsbeträge erfolgt in Buchführung und Jahresabschluß ausschließlich für nach **rechtlichen** Kriterien abzugrenzende Gebilde, also Unternehmen bzw. Rechtspersonen und Haftungssubjekte.

Der Buchführung und Bilanz innewohnende Formalismus läßt grundsätzlich unterschiedliche Vorgehensweisen bei der Aufzeichnung von Geschäftsvorfällen zu. Die dem Bereich der **Buchführungsorganisation** zuzuordnenden Systeme oder Stile der Buchführung werden an anderer Stelle und in Verbindung mit den **Buchführungsformen** zu behandeln und gegenüberzustellen sein (vgl. Abschn. 12, S. 328ff.). Der überragenden praktischen Bedeutung des Systems der **doppelten** Buchführung (Doppik) wegen folgen die weiteren Ausführungen zur buchtechnischen Erfassung des Buchungsstoffes dem Formalismus einer doppelten Niederschrift jedes Buchungstatbestandes. Jede Aufzeichnung erfolgt demnach paarweise als Doppelbuchung, an der Sollposten und Habenposten mit gleichem absoluten Betrag beteiligt sind.

1.2 Die gesetzlichen Bestimmungen zur Buchführung

1.21 Handels- und steuerrechtliche Vorschriften

Dokumentation und Rechenschaftslegung gegenüber einem breiten Interessentenkreis erfordern einheitliche Regelungen hinsichtlich Erfassung und Darstellung des Buchungsstoffes sowie Vorschriften über dessen Sicherung gegen Verlust und Verfälschung. Insbesondere sind es die Interessenlagen von Gläubigern und Fiskus, die schwerpunktmäßig in den gesetzlichen Regelungen zur Buchführung in Handels- und Steuerrecht berücksichtigt sind (*Leffson/Baetge,* Buchführungsvorschriften, Sp. 314ff.; *Bea,* Bewertung, Sp. 821ff.).

Grundlegende Buchführungsvorschriften enthalten in erster Linie das **Handelsgesetzbuch (HGB)** in den §§ 238–263 und die **Abgabenordnung (AO)** in den §§ 140–147. Die Buchführungspflicht bestimmt § 238, Abs. 1 HGB: „Jeder Kaufmann ist verpflichtet, Bücher zu führen und in diesen seine Handelsgeschäfte und die Lage seines Vermögens nach den Grundsätzen ordnungsmäßiger Buchführung ersichtlich zu machen"; ferner wird gemäß §§ 240, Abs. 1

und 2; 242, Abs. 1 und 2 HGB eine jährliche Bestandsaufnahme, die Aufstellung einer Bilanz und einer Gewinn- und Verlustrechnung gefordert. Diese Regelung gilt für Kaufleute im Sinne der §§ 1–3 und 6 HGB. Danach knüpft die Kaufmannseigenschaft grundsätzlich an eines der in § 1, Abs. 2 HGB abschließend aufgezählten Grundhandelsgewerbe an (Vollkaufmann). Betreibt der Unternehmer jedoch kein Grundhandelsgewerbe, benötigt aber zur Ausübung seiner gewerblichen Tätigkeit einen nach Art und Umfang in kaufmännischer Weise eingerichteten Betrieb (z. B. Großhandwerker), so ist er verpflichtet, eine Handelsregistereintragung zu erwirken, um die Kaufmannseigenschaft zu erlangen (Sollkaufmann § 2 HGB). Darüber hinaus sind Handelsgesellschaften (Offene Handelsgesellschaften, Kommanditgesellschaften, GmbH, AG und KGaA) kraft ihrer Rechtsform Kaufleute (Formkaufmann § 6 HGB) und haben daher eine Handelsregistereintragung herbeizuführen. Dagegen sind die handelsrechtlichen Buchführungspflichten nicht auf Minderkaufleute (§ 4 HGB) anzuwenden. Sie betreiben zwar ein Grundhandelsgewerbe, verfügen aber nicht über einen nach Art und Umfang in kaufmännischer Weise eingerichteten Betrieb (Kleingewerbetreibende).

Umfang und Qualität der handelsrechtlichen Buchführung sind unmittelbar von der **Rechtsform** des Unternehmens abhängig. Während für Einzelkaufleute und Personalgesellschaften von den Vorschriften über Handelsbücher im dritten Buch des HGB nur der erste Abschnitt (§§ 238–263 HGB) Bedeutung erlangt, sind für Kapitalgesellschaften darüber hinaus auch die ergänzenden Vorschriften des zweiten Abschnitts des dritten Buches des HGB (§§ 264 ff. HGB) anzuwenden. Danach besteht der Jahresabschluß nicht nur aus Bilanz und GuV; als dritter gleichberechtigter Bestandteil tritt der erläuternde Anhang hinzu (§ 264 HGB). Zusätzlich ist dieser Jahresabschluß um einen Lagebericht, aus dem der Geschäftsverlauf und die Lage der Gesellschaft hervorgehen, zu erweitern (§§ 264, 289 HGB).

Von besonderer Bedeutung für die Ausgestaltung der Buchführung von Kapitalgesellschaften sind die dezidierten Gliederungs- und Ausweisvorschriften zur Bilanz und GuV (§§ 266, 275 HGB), die wesentlich eingeschränkten Bilanzierungs- und Bewertungswahlrechte sowie die Vorschriften über die Offenlegung und Prüfung des Jahresabschlusses. Um aber die Rechnungslegungsanforderungen, insbesondere im Hinblick auf die vielen kleinen GmbHs, nicht über Gebühr auszuweiten, hat der Gesetzgeber abgestufte größenabhängige Erleichterungen geschaffen. Nach § 267 HGB findet eine Unterscheidung in kleine, mittelgroße und große Kapitalgesellschaften statt. Die Abgrenzungsmerkmale und die an die Größenklasseneinteilung angeknüpften Rechnungslegungs-, Offenlegungs- und Prüfungspflichten sind der folgenden Übersicht zu entnehmen (s. Abbildung S. 18). Maßgebend für die Größenklasseneinteilung ist, daß jeweils zwei der drei Abgrenzungsmerkmale an zwei aufeinanderfolgenden Abschlußstichtagen über- bzw. unterschritten werden (§ 267, Abs. 4 HGB).

Die Buchführungspflicht des Handelsrechts übernimmt das Steuerrecht in § 140 AO (sog. **allgemeine** oder **derivative Buchführungspflicht**); darüber hinaus erweitert es den Kreis der Buchführungspflichtigen unabhängig von der Kaufmannseigenschaft aus Gründen der Gerechtigkeit (Gleichmäßigkeit und Ver-

Unternehmenskategorien	kleine Kapitalgesellschaft	mittelgroße Kapitalgesellschaft	große Kapitalgesellschaft
Abgrenzungsmerkmale			
– Bilanzsumme	$\leqq$ 3,9 Mio. DM	$\leqq$ 15,5 Mio. DM	$>$ 15, 5 Mio. DM
– Umsatzerlöse	$\leqq$ 8,0 Mio. DM	$\leqq$ 32,0 Mio. DM	$>$ 32,0 Mio. DM
– Arbeitnehmer	$\leqq$ 50	$\leqq$ 250	$>$ 250
Rechnungslegungserfordernisse			
– Jahresabschluß			
• Bilanz	verkürzte Form	verkürzte Form, aber gesonderte Angabe bestimmter Posten in Bilanz oder Anhang	ungekürzte Form
• Gewinn- und Verlustrechnung	verkürzte Form	verkürzte Form	ungekürzte Form
• Anhang	verkürzte Form	ungekürzte Form	ungekürzte Form
– Lagebericht	ungekürzte Form	ungekürzte Form	ungekürzte Form
– Aufstellungsfristen	6 Monate	3 Monate	3 Monate
– Prüfungspflicht	keine	uneingeschränkt	uneingeschränkt
– Offenlegungspflichten			
• Bestandteile	Bilanz, Anhang	Jahresabschluß, Lagebericht	Jahresabschluß, Lagebericht
• Publizitätsorgan	Registergericht	Registergericht	Bundesanzeiger
• Fristen	12 Monate	9 Monate	9 Monate

Unternehmensgrößenabhängige Rechnungslegungspflichten der Kapitalgesellschaften

hältnismäßigkeit) der Besteuerung um solche Unternehmer und Unternehmen, die im Veranlagungszeitraum **eines** der folgenden Merkmale erfüllen (§ 141, Abs. 1 AO):

- Gesamtumsatz im Kalenderjahr von mehr als 500.000 DM
- Betriebsvermögen von mehr als 125.000 DM
- Wirtschaftswert (Einheitswert der landwirtschaftlich genutzten Fläche ohne Wohngebäude, § 46 Bewertungsgesetz) von mehr als 40.000 DM
- Gewinn aus Gewerbebetrieb im Wirtschaftsjahr von mehr als 36.000 DM
- Gewinn aus Land- und Forstwirtschaft im Kalenderjahr von mehr als 36.000 DM

Diese Grenzwerte beziehen sich auf den einzelnen Betrieb i. S. d. EStG, d. h. im wesentlichen auf einen Betrieb gemäß §§ 14, 16 EStG bzw. § 7, Abs. 1 EStDV (BFH v. 13. 10. 1988, BStBl. II 1989, S. 7ff.). Der Kreis der steuerrechtlich zur Buchführung Verpflichteten ist damit exakt bestimmt: Soweit nicht bereits eine Buchführungspflicht nach Handelsrecht besteht (derivative, d. h. außerhalb des Steuerrechts vorgeschriebene Buchführungsverpflichtung), begründet das Vorliegen **einer** dieser Voraussetzungen eine originäre steuerliche Verpflichtung zur Führung von Büchern und zur Aufstellung regelmäßiger Abschlüsse (sog. **besondere** oder **originäre Buchführungspflicht**). Hiervon sind gewerbliche Unternehmer, insbesondere die Minderkaufleute, sowie Land- und Forstwirte betroffen, bei denen die steuerliche Verpflichtung zur Buchführung auch die **Art der Gewinnermittlung** bestimmt. Gewerbetreibende, die aufgrund genannter Voraussetzungen verpflichtet sind, Bücher zu führen oder dies freiwillig tun, müssen ihren Gewinn durch einen **vollständigen Betriebsvermögensvergleich** (Reinvermögensvergleich, Eigenkapitalvergleich) feststellen (§ 5, Abs. 1 EStG); hierbei ist das Betriebsvermögen anzusetzen, das sich aufgrund handelsrechtlicher Grundsätze und der steuerspezifischen Modifikationen des § 5, Abs. 2–5 EStG ergibt. Buchführungspflichtige oder freiwillig buchführende Land- und Forstwirte ermitteln dagegen ihren Gewinn gemäß § 4, Abs. 1 EStG über einen **Teilbetriebsvermögensvergleich,** der anders als der vollständige Betriebsvermögensvergleich ausschließlich steuerlichen Vorschriften genügen muß. Diese Regelung gilt auch für die von der Buchführungspflicht grundsätzlich befreiten freiberuflich Tätigen, sofern sie freiwillig eine Buchführung betreiben; sie ist darüber hinaus auch dann bei nicht buchführungspflichtigen Gewerbetreibenden anzuwenden, wenn der Gewinn wegen nicht ordnungsmäßiger Buchführung nach § 162 AO geschätzt werden muß.

Neben den Vermögensvergleichen nach § 4, Abs. 1 und § 5 EStG sieht das Steuerrecht eine vereinfachte Gewinnermittlung für solche Steuerpflichtige vor, die weder Bücher führen noch verpflichtet sind, jährliche Bestandsaufnahmen zu erstellen. Dazu zählen die Angehörigen der freien Berufe, nicht buchführungspflichtige Gewerbetreibende sowie nicht buchführungspflichtige Land- und Forstwirte, welche die Grenzen des § 13a, Abs. 1, Nr. 2 und 3 EStG überschreiten. Hiernach ergibt sich der Gewinn als Überschuß der Betriebseinnahmen über die Betriebsausgaben (sog. **Überschußrechnung** nach § 4, Abs. 3 EStG). Diese Gewinnermittlungsart in Anspruch nehmende Unternehmer unterliegen deshalb der Pflicht zur Aufzeichnung ihrer betrieblichen Einnahmen und Ausgaben.

Für Land- und Forstwirte, die nicht buchführungspflichtig sind und die Größenkriterien des § 13a, Abs. 1, Nr. 2 und 3 EStG nicht überschreiten, ist der Gewinn – sofern nicht Gewinnermittlung nach § 4, Abs. 1 bzw. § 4, Abs. 3 EStG beantragt wird – nach **Durchschnittssätzen** festzustellen (§ 13a EStG). Sie sind damit von fast allen Aufzeichnungspflichten entbunden.

Neben die Buchführungs- und Aufzeichnungspflichten der Gewinnermittlungsvorschriften treten die Aufzeichnungspflichten einzelner Steuergesetze und Verordnungen. Dabei handelt es sich teilweise um Vorschriften von allgemeiner Bedeutung, zum Teil stellen diese auch auf spezifische Tatbestände ab, wie auf die Zugehörigkeit zu einer bestimmten Berufsgruppe (so z.B. die auf Vorschriften des Einkommensteuergesetzes EStG, der Einkommensteuerrichtlinien EStR und der Abgabenordnung AO beruhenden Aufzeichnungsbesonderheiten für Angehörige der freien Berufe) oder auf die besondere Art von Geschäftsvorfällen (so z.B. die besonderen Aufzeichnungspflichten im Handel mit gebrauchten Waren, Edelmetallen und im Kleinhandel mit Schrott gemäß landesrechtlicher Verordnungen). Die Mehrzahl dieser Bestimmungen stellen Vorschriften im Sinne einer gesetzlichen Pflicht dar; einige schaffen aber auch nur Pflichten gegen die Person des Betroffenen, deren Unterlassen für diesen steuerliche Nachteile zur Folge hat.

Aus der Vielzahl der Aufzeichnungspflichten begründenden Gesetze und Verordnungen seien lediglich diejenigen erwähnt, die maßgeblich auch die Technik der Buchführung beeinflussen (*Wöhe,* Steuerlehre I/2, S. 77f.):

- Aufzeichnungspflichten nach dem **Einkommensteuergesetz** EStG und der **Einkommensteuerdurchführungsverordnung** EStDV (z.B. Aufzeichnungspflichten bei sog. Überschußeinkünften gemäß § 2, Abs. 1, Nr. 4–7 EStG; Aufzeichnung von Betriebsausgaben, die die Lebensführung berühren, nach § 4, Abs. 6 EStG; Aufzeichnungspflichten bei Steuervergünstigungen nach § 6, Abs. 2 EStG, § 6b EStG, § 7a, Abs. 8 EStG u.a.; Eintragungen bei der Führung von Lohnkonten gemäß § 7 Lohnsteuerdurchführungsverordnung LStDV).
- Aufzeichnungspflichten nach dem **Umsatzsteuergesetz** UStG (Mehrwertsteuergesetz) und der **Umsatzsteuer-Durchführungsverordnung** UStDV (vor allem § 22 UStG und §§ 63–68 UStDV). Die Aufzeichnungen sind unabhängig vom Bestehen oder Nichtbestehen einer Buchführungspflicht nach sonstigen handels- oder steuerrechtlichen Vorschriften vorzunehmen. Allein entscheidend ist, ob es sich um einen Unternehmer oder ein Unternehmen im Sinne des § 2, Abs. 1 UStG handelt.
- Aufzeichnungspflichten des **Warenein- und -ausgangs** nach der **Abgabenordnung** AO. Ein wichtiges Kontrollmittel zur steuerlichen Überprüfung des Buchführungsergebnisses sind die gesonderten Aufzeichnungen über den Warenein- und -ausgang. Aus diesem Grunde schreibt § 143 AO vor, daß gewerbliche Unternehmer alle zur Weiterveräußerung oder zum Verbrauch bestimmte Waren, unabhängig ihres entgeltlichen oder unentgeltlichen Erwerbs, aufzuzeichnen haben. § 143 AO wendet sich dabei insbesondere an nicht buchführende Unternehmer, da buchführungspflichtige Gewerbetreibende ihre Aufzeichnungspflichten im Rahmen der handelsrechtlichen Vorschriften erfüllen. Die Aufzeichnungen müssen gemäß § 143, Abs. 3 AO

bestimmte Mindestangaben enthalten; sie können aber auch, trotz unterschiedlich weitgefaßter Anforderungen, mit umsatzsteuerlichen Aufzeichnungspflichten (§ 22 UStG) gemeinsam erfolgen, sofern die Aufzeichnungen den jeweiligen gesetzlichen Bestimmungen genügen.

Zur gesonderten Aufzeichnung des Warenausgangs sind nach § 144 AO nur solche gewerbliche Unternehmer verpflichtet, die nach der Art ihres Geschäftsbetriebes Waren regelmäßig an andere gewerbliche Unternehmer zur Weiterveräußerung oder zum Verbrauch als Hilfsstoffe liefern. Mit Hilfe der in § 144, Abs. 3 AO geforderten Angaben ist zum einen die Überwachung der Betriebsvorgänge beim aufzeichnungspflichtigen Unternehmer gewährleistet, zum anderen ermöglichen diese Angaben auch eine Überprüfung der vollständigen Erfassung des Wareneingangs beim Abnehmer des Unternehmers durch Belegzwang (Abs. 4) und Verpflichtung zur Angabe von Namen und Anschrift des Abnehmers (Abs. 3, Nr. 2). Um die Kontrolle beim gewerblichen Handel mit land- und forstwirtschaftlichen Produkten ebenfalls sicherzustellen, dehnt § 144, Abs. 5 AO die Bestimmungen zur Aufzeichnung des Warenausgangs auch auf jene Land- und Forstwirte aus, die nach § 141 AO buchführungspflichtig sind.

Beide Bücher können nach § 239, Abs. 4 HGB und § 146, Abs. 5 AO auch als **geordnete Belegablage** geführt werden: Das Wareneingangsbuch als geordnete Ablage der Eingangsrechnungen, das Warenausgangsbuch als geordnete Belegablage der Ausgangsrechnungen für Warenverkäufe.

- Weitere Sonderbestimmungen zur Aufstellung des Jahresabschlusses sind im Bereich des Gesellschaftsrechts zu beachten: Hierzu gehören Vorschriften des HGB zur Offenen Handelsgesellschaft und Kommanditgesellschaft (§§ 120, 161, Abs. 2), des HGB zu den Kapitalgesellschaften (§§ 264–289), des Aktiengesetzes (AktG §§ 58, 91, 150, 152, 158, 270, 286), des Einführungsgesetzes zum Handelsgesetzbuche (EGHGB Art. 1–28), des Einführungsgesetzes zum AktG (EGAktG §§ 14, 17, 23), des Gesetzes betreffend die Gesellschaften mit beschränkter Haftung (GmbHG § 42), des Gesetzes betreffend die Erwerbs- und Wirtschaftsgenossenschaften (GenG §§ 33, 73), des Gesetzes über die Rechnungslegung von bestimmten Unternehmen und Konzernen (PublG § 5) und des Gesetzes über das Kreditwesen (KWG §§ 25a, 26a).
- Wenn auch nicht als Rechtsnormen bzw. im Sinne der „anderen Gesetze" des § 140 AO zu verstehende rechtliche Vorschriften, so gelten doch die **Empfehlungen, Erlasse** und **Gutachten** von Behörden und Verbänden als wegweisende, für die Organisation und sachinhaltliche Gestaltung der Buchführung maßgebende Richtlinien. Diese verfolgen vorwiegend die Absicht, das betriebliche Rechnungswesen durch einheitliche und neuzeitliche Orientierung auch für überbetriebliche Zwecke nutzbar zu machen. Hierzu gehören vor allem:

(1) Die im Erlaß vom 11. 11. 1937 über „Grundsätze für Buchführungsrichtlinien der gewerblichen Wirtschaft" enthaltenen **„Richtlinien zur Organisation der Buchführung"** (abgedruckt bei: *Fischer/Heß/Seebauer*, Buchführung, S. 382–387). Diese bezeichnen die Grundaufgaben des Rechnungswesens und stellen Anforderungen an die Organisation der Buchführung und

den Kontenrahmen. Aus der als klassisch zu bezeichnenden Vierteilung des Rechnungswesens in Buchführung und Bilanz (Zeitrechnung), Selbstkostenrechnung (Kalkulation, Stückrechnung), Statistik (Vergleichsrechnung) und Planung (betriebliche Vorschaurechnung) wird die Buchführung als „die ursprünglichste und wichtigste Form des Rechnungswesens" hervorgehoben.

(2) Die **„Gemeinschafts-Richtlinien für die Buchführung (GRB)"** mit einem **„Gemeinschaftskontenrahmen industrieller Verbände (GKR)"** von 1949. Diese unverbindlichen Richtlinien, die die vor 1945 ergangenen Vorschriften ablösten, wurden 1951 als Teil I der „Grundsätze und Gemeinschafts-Richtlinien für das Rechnungswesen, Ausgabe Industrie (GRB)", vom Bundesverband der Deutschen Industrie (BDI) übernommen und in der Folge durch die von anderen Wirtschaftsgruppen erarbeiteten Buchführungsrichtlinien und Kontenrahmen ergänzt bzw. spezifiziert.

(3) Die Empfehlungen des **„Industriekontenrahmens (IKR)"** von 1971, die aus der Sicht der neueren, nicht zuletzt der internationalen Entwicklung eine Überarbeitung der aus dem Jahre 1951 stammenden Richtlinien zum Gegenstand haben.

1.22 Die Grundsätze ordnungsmäßiger Buchführung

Trotz der Vielzahl an Rechtsvorschriften, welche das Führen von Büchern und die Aufstellung des Jahresabschlusses reglementieren, verbleibt ein Spielraum der Auslegung und der Verfahrensweise im allgemeinen und für den speziellen Fall. Dieser ist durch Interpretationen auszufüllen, die als abgeleitete, gesetzesergänzende Postulate Rechtswirkung erfahren und als **Grundsätze ordnungsmäßiger Buchführung und Bilanzierung** (GoB) die Gesamtheit der betriebswirtschaftlichen Grundsätze für Buchführung und Abschluß umfassen. Ihre Ableitung kann sowohl durch deduktives als auch durch induktives Vorgehen erfolgen: **Deduktiv** aus der Überlegung, wie ein ordentlicher und gewissenhafter Kaufmann verfahren **soll, induktiv** bei Ausrichtung an Verkehrsauffassung und Handelsbrauch, also der Art und Weise wie Kaufleute **tatsächlich** verfahren (*Leffson,* Buchführung, Sp. 307ff.; *Schildbach,* Jahresabschluß, S. 81f.).

Nach heute vorherrschender Ansicht in Rechts- und Verwaltungspraxis (BFH v. 26. 3. 1968, BStBl. II 1968, S. 529) hat sich die von der Wissenschaft empfohlene deduktive Erfassung durchgesetzt, wobei die tatsächliche Übung der Kaufleute als Erkenntnisquelle neben Gesetz, Rechtsprechung und einschlägiger, insbesondere betriebswirtschaftlicher Fachliteratur heranzuziehen ist. Die GoB stehen in ihrer Gesamtheit neben dem gesetzten Recht mit der Funktion eines außergesetzlichen Orientierungs- und Wertmaßstabes (vgl. §§ 238, Abs. 1; 243, Abs. 1; 264, Abs. 2 HGB, 5 EStG u. a.), und sie besitzen dort den Charakter von Rechtsnormen, wo sie in Gesetzen oder Verordnungen niedergelegt sind (z. B. §§ 252 HGB, 146 und 147 AO).

Das Handelsrecht macht die GoB zur Grundlage jeder kaufmännischen Buchführung. Die wichtigsten Grundsätze wurden deshalb in den §§ 243, 246, 252

HGB kodifiziert, trotzdem fehlt eine umfassende Umschreibung der handelsrechtlichen GoB. Auch die Steuergesetze kennen keine speziellen steuerrechtlichen GoB; sie beziehen sich vielmehr auf die handelsrechtlichen Grundsätze (vgl. § 5, Abs. 1 EStG). Gesetzliche Vorschriften und GoB schreiben **kein bestimmtes Buchführungssystem** vor. Nach einer sehr weiten Definition entspricht eine Buchführung jedoch dann den GoB, wenn sie so beschaffen ist, daß sie einem **sachverständigen Dritten innerhalb angemessener Zeit einen Überblick über die Geschäftsvorfälle und über die Vermögenslage des Unternehmens vermitteln kann und sich die Geschäftsvorfälle in ihrer Entstehung und sachlichen Zuordnung** (Abwicklung) **verfolgen lassen** (§ 145, Abs. 1 AO, Abschnitt 29 EStR, § 238, Abs. 1 HGB). In dieser Umschreibung sind die GoB als **unbestimmter Rechtsbegriff** zu verstehen, der von Rechtsprechung und Verwaltung jeweils für den Einzelfall auszulegen und anzuwenden ist. Eine vollständige Kodifizierung erscheint aber auch schon deshalb nicht sinnvoll, weil die GoB einem dauernden Wandel und damit ständigen Anpassungsvorgängen vor allem im Bereich der Mechanisierung und Automatisierung der Buchungsarbeit sowie hinsichtlich der Bewältigung eines immer umfangreicher werdenden Buchungsstoffes unterliegen. Um dem durch Rationalisierungsmaßnahmen Rechnung tragen zu können, wurde die Lose-Blatt-Buchführung ebenso zugelassen, wie die Wiedergabe der aufzubewahrenden Geschäftsunterlagen – mit Ausnahme der Jahresabschlüsse und Eröffnungsbilanz, die im Original aufzubewahren sind – durch Bildträger (Fotokopien, Mikrofilm) oder EDV-Speichermedien (Lochkarten, Lochstreifen, Magnetbänder, Plattenspeicher) erfolgen kann (§§ 257, Abs. 3 HGB und 147, Abs. 2 AO; zu den Grundsätzen ordnungsmäßiger Datenverarbeitung s. Teil A, S. 379ff.). Der Auslegungsspielraum der GoB muß hier weit genug sein, um sich aufdrängenden neuen Verhältnissen anpassen zu können, ohne dabei jedoch die grundlegende Funktion eines Wertmaßstabes in Frage zu stellen. Denn auch weiterhin wird eine Buchführung nur dann den GoB entsprechen, wenn sichergestellt bleibt, daß sie auch bei Einsatz neuer technischer Rationalisierungshilfen hinsichtlich ihrer Aussage- und Beweiskraft nicht hinter den bisher anerkannten und üblichen Buchführungsmethoden zurückbleibt, ohne hierfür Methoden und Maßnahmen im einzelnen vorzuschreiben.

1.221 Dokumentation

Als wichtigste Zwecke von Buchführung und Abschluß gelten die **Dokumentation** der Geschäftsvorfälle und die **Rechenschaftslegung** des Kaufmanns im eigenen und fremden Interesse (*Leffson,* Buchführung, Sp. 310; *Schneider,* Betriebswirtschaftslehre, S. 93ff.). Beide zentralen Aufgaben sind zugleich Ausgangspunkt der Ableitung und Systematisierung der GoB in formelle und materielle Aspekte der Ordnungsmäßigkeit. Die Voraussetzungen für die **formelle** Ordnungsmäßigkeit der Buchführung sind Klarheit und Übersichtlichkeit, die **materielle** Ordnungsmäßigkeit hat grundsätzlich Vollständigkeit und Richtigkeit zur Voraussetzung. Der Dokumentationsaufgabe dienen vorwiegend formale Grundsätze („hinter der Entwicklung der doppelten Buchhaltung steht das Bemühen um formelle Ordnungsmäßigkeit", *Schneider,* Betriebswirtschaftslehre, S. 97), die sich auf die Eröffnungsbilanz, die laufenden Buchungen, die Aufstellung des Inventars und die Abschlußgewinnung erstrecken.

Solche **Dokumentationsgrundsätze** sind (*Leffson/Baetge,* Buchführungsvorschriften, Sp. 315ff.):

(1) Das **Prinzip des systematischen Aufbaus der Buchführung.** Hierzu gehören die Organisation und das vorhandene System der Buchführung (Buchführungswerk), die Art der geführten Bücher und die Anwendung eines allgemeinen Kontenrahmens zur Aufstellung eines systematischen Kontenplans. Die Buchführung muß **insgesamt** gesehen ordnungsgemäß (übersichtlich) sein.

(2) Das **Prinzip der vollständigen und verständlichen Aufzeichnung.** Dazu gehören sowohl der Grundsatz der Einzelaufzeichnung aller Geschäftsvorfälle gemäß §§ 239, Abs. 2; 246, Abs. 1 HGB (BFH v. 12. 5. 1966, BStBl. III 1966, S. 372) und deren geordnete Verbuchung unmittelbar nach ihrem Anfall (zeitgerecht) und in ihrer zeitlichen Reihenfolge (chronologisch) als auch die Vorschriften formellen Inhalts zur Buchführung nach § 244 und § 239, Abs. 1 und 3 HGB, die die Aufstellung des Jahresabschlusses in deutscher Sprache und in Deutscher Mark sowie die Buchführungsaufzeichnungen in einer lebenden Sprache fordern, die Unkenntlichmachungen und Rasuren ursprünglicher Eintragungen verbieten und Berichtigungen nur in Form von Stornobuchungen zulassen. Hinsichtlich des Geltungsbereiches erweitert das Steuerrecht in § 146 AO diese Formvorschriften noch bezüglich des Umfangs der Buchführungspflichtigen und der Aufzeichnungsform.

(3) **Das Belegprinzip.** Als grundlegendes Erfordernis für die formale und sachliche Richtigkeit der Buchführung bildet der Buchungsbeleg die Grundlage einer jeden Buchung. **Keine Buchung** darf **ohne Beleg** erfolgen, denn nicht die Bucheintragungen als solche, sondern erst die Verbindung von buchmäßiger Aufzeichnung und zugrundeliegendem Beleg genügen der geforderten Ordnungsmäßigkeit. Die Zusammengehörigkeit von Buchung und Beleg muß überdies überprüfbar und jederzeit durch gegenseitige Verweisungen (z. B. bei der Vorkontierung durch Buchungsstempel oder Vordrucke mit Beleg- und Kontennummern) nachvollziehbar sein. Sofern keine **Originalbelege** (Urbelege, natürliche Belege) vorliegen, wie z. B. Rechnungen, Bankauszüge, Quittungen, Gutschrifts- und Belastungsanzeigen des Außenverkehrs oder Lohnlisten, Akkordzettel, Materialentnahme- und Materialrückgabescheine des Innenverkehrs, sind **interne Belege** (Eigenbelege, künstliche Belege) zum Zwecke der erstmaligen Übernahme eines Vorgangs in der Buchführung anzufertigen; hierzu gehören z. B. Anweisungen über erforderliche Umbuchungen, Stornierungen (Rück- bzw. Ausbuchungen), Verrechnungsbuchungen, Abschlußbuchungen. Im einzelnen haben die Belege folgenden formellen und materiellen Anforderungen der Ordnungsmäßigkeit zu genügen (*IdW,* WP-Handbuch 85/86 I, S. 948).

- rechnerische Richtigkeit;
- unmißverständlicher Belegtext bei hinreichender Erklärung des Geschäftsvorfalles;
- Zeichnung zumindest der Kassen- und internen Buchungsbelege durch Anweisungsberechtigte (Inhaber, Buchhalter, verantwortlicher Sachbearbeiter). Bei behördlichen Verwaltungen gilt der Grundsatz der Belegabzeichnung in Form von Anweisungen für alle Belege;
- fortlaufende (durchgehende) Numerierung und vollständige (lückenlose)

Aufbewahrung (eine diesem Ordnungsprinzip Rechnung tragende Aufzeichnung bildet die Voraussetzung der Offene-Posten-Buchführung);
- Ausstellungs- oder Eingangsdatum;
- gegenseitiges (retrogrades, von der Buchung ausgehendes, und progressives, vom Beleg ausgehendes) Verweisprinzip.

(4) **Aufbewahrungsfristen** der buchhalterischen Unterlagen. Die Einhaltung bestimmter gesetzlicher Aufbewahrungsfristen verlangen § 257 HGB und § 147, Abs. 3 AO: **6 Jahre** für empfangene und Wiedergaben abgesandter Handelsbriefe sowie für Buchungsbelege, wie z. B. Abschreibungsunterlagen, Auftragszettel, Auftragsbücher, Ausfuhrunterlagen, Bankbelege, Bestandsaufnahmezettel, Betriebskostenrechnungen, Debitoren- und Kreditorenlisten, Gehaltslisten, Versicherungsunterlagen, Gutschrift- und Lastschriftbelege des Postscheckamtes oder der Bank, Hauptabschlußübersichten, Kassenberichte und Kassenzettel, Lohnabrechnungsunterlagen, Nachnahmekarten, Provisionsabrechnungen, Quittungen, Rechnungen, Teilzahlungsbelege; **10 Jahre** für Handelsbücher, insbesondere Hauptbücher, Journale, Memoriale, Verkaufs- und Einkaufsbücher, Kontokorrentbücher, Wareneingangs- und sonstige Nebenbücher sowie den Jahresabschluß einschließlich Inventar und Lagebericht. Bestimmte Steuergesetze sehen Aufbewahrungsfristen von 3 bzw. 5 Jahren (z. B. Wechselsteuerbelege) für die Buchführungsunterlagen vor. Zu beachten ist jedoch, daß die Aufbewahrungsfristen nicht enden, bevor die Festsetzungsfrist für die Steuern abgelaufen ist, für die die Unterlagen von Bedeutung sind (§ 147, Abs. 3, Satz 2 AO).

Einer ebenfalls 10-jährigen Aufbewahrungsfrist unterliegen auch die zum Verständnis der Unterlagen erforderlichen Arbeitsanweisungen und sonstigen Organisationsbeschreibungen. Bei der Buchführung mittels elektronischer Datenverarbeitung sind demzufolge Programmierungs- und Kodierungsunterlagen (Ablauf-, Block-, Maschinendiagramme) als wesentliche Bestandteile der Buchführung ebenfalls 10 Jahre aufzubewahren (s. auch Teil A, Abschn. 12.554.2, S. 379 ff.). Der Aufbewahrungszeitraum beginnt jeweils am Schluß des Kalenderjahres, in dem der Beleg existent, das Inventar aufgestellt, die Eröffnungsbilanz oder der Jahresabschluß festgestellt oder der Handelsbrief empfangen bzw. abgesandt wurde (§ 257, Abs. 5 HGB, § 147, Abs. 4 AO). Wie bereits erwähnt, ist mit Ausnahme der Eröffnungsbilanz und der Jahresabschlüsse die Aufbewahrung sämtlicher übrigen Buchführungsunterlagen auch als Wiedergaben auf einem Bildträger (nicht Tonträger!) oder auf einem anderen Datenträger zulässig, wenn dies den GoB entspricht und sichergestellt ist, daß die Wiedergabe und die Daten nach ihrer innerhalb angemessener Frist zu bewerkstelligenden Lesbarmachung (Ausdruck, Reproduktion) mit den Unterlagen bildlich bzw. inhaltlich übereinstimmen. Die bildliche Wiederherstellung der Urschrift wird wegen ihrer Beweisfunktion nur bei den empfangenen Handelsbriefen und den Buchungsbelegen gefordert; in allen anderen Fällen genügt die inhaltlich richtige und vollständige Wiedergabe der Unterlagen während der Dauer ihrer Aufbewahrungsfrist. Demgemäß können Unterlagen, die bereits in Urschrift auf Datenträgern geführt werden, in dieser Form aufbewahrt werden; sie dürfen darüber hinaus auf einen anderen Datenträger übertragen werden und brauchen nicht auf dem Datenträger aufbewahrt zu werden, auf dem sie ursprünglich entstanden sind. Ausdrücklich läßt das Gesetz in § 257, Abs. 3, Satz 2 HGB sowie in § 147, Abs. 2, Satz 2 AO im Falle der Datenspeicherung anstelle der Urschrift auf dem Datenträger auch die Aufbewahrung eines entsprechenden Datenausdrucks zu. Die Nutzung der jeweils zweckmäßigsten Aufbewahrungsform wird somit handels- wie steuerrechtlich zur Disposition gestellt.

1.222 Rechenschaftslegung

Neben den Grundsätzen der Dokumentation sind in Verbindung mit den GoB Vorschriften zur **Rechenschaftslegung** (Rechenschaftsvorschriften) zu beachten, die grundsätzlich auch die Buchführung selbst, vorwiegend jedoch die Gestaltung und Aufstellung des Jahresabschlusses betreffen und überwiegend materiellen, aber auch formellen Charakter besitzen. Durch die Novellierung des HGB im Zuge der Umsetzung der 4. EG-Richtlinie sind die wichtigsten Grundsätze zur Rechnungslegung nunmehr in § 252 HGB kodifiziert. Darüber hinaus besitzen Detailregelungen in speziellen Gesetzen für bestimmte Rechtsformen ergänzenden Charakter. Hierzu zählen insbesondere die Regelungen des AktG in den §§ 150, 152 und 158, des GmbHG in § 42, des KWG in § 26a. Die Verpflichtung, Rechenschaft zu legen, d. h. gegenüber bestimmten Adressaten nachprüfbares Wissen zu liefern, hat zu den folgenden Grundsätzen der Buchführung und Bilanzierung geführt (*Adler/Düring/Schmaltz,* Rechnungslegung, Anm. 1 ff. zu § 252 HGB; *Mellerowicz/Brönner,* Rechnungslegung, S. 65 ff.; *Steinbach,* Rechnungslegungsvorschriften, S. 61; *Streim,* Bilanzierung, S. 74 ff.; *IdW,* WP-Handbuch 85/86 I, S. 535 ff.):

(1) **Der Grundsatz der Klarheit.** Entsprechend diesem Grundsatz, der in § 243, Abs. 2 HGB kodifiziert ist, hat der Jahresabschluß bestimmten formalen (äußerlichen) Gliederungs- und Gestaltungsprinzipien zu entsprechen. Klarheit erstreckt sich sowohl auf das Gesamtbild des Jahresabschlusses (Postulat der **Übersichtlichkeit**) als auch auf dessen Details. Bezüglich der einzelnen Positionen bedeutet Klarheit:

- klare Postengliederung innerhalb und zwischen den Bestands- und Erfolgsgrößen;
- zutreffende und eindeutige Postenbenennung durch Anwendung der gesetzlichen Bezeichnungen;
- Beachtung des Brutto-Prinzips durch grundsätzliches Saldierungs- bzw. Verrechnungsverbot;
- Einzelbewertung der Wirtschaftsgüter.

Diese Forderungen sind teilweise gesetzlich fixiert. Für alle Rechtsformen verbindlich müssen die Vorschriften der §§ 246, Abs. 2; 252, Abs. 1, Nr. 3 HGB angewendet werden. Kapitalgesellschaften haben zusätzlich die Vorschriften der §§ 265, 266, 268, 272, 275, 277 HGB zu beachten.

(2) **Der Grundsatz der Wahrheit.** Darunter wird das Prinzip der materiellen Ordnungsmäßigkeit des Jahresabschlusses verstanden. Es bezieht sich sowohl auf dessen Inhalt als auch auf den Wert der einzelnen Abschlußpositionen. Der Wahrheitsgrundsatz verlangt im einzelnen, daß der Jahresabschluß **vollständig,** und die Bilanz unter Beachtung der Bewertungsvorschriften **fachgerecht** aufzustellen ist.

Das häufig auch als eigenständiger Grundsatz aus dem System der GoB hervorgehobene und aus § 246, Abs. 1 HGB abgeleitete **Vollständigkeitsprinzip** trägt in Zweifelsfällen zur Klärung offener Fragen bezüglich Bilanzierungsfähigkeit oder Bilanzierungspflicht bei (*Leffson,* Grundsätze, S. 219ff.). Es postuliert die Erfassung grundsätzlich aller Vermögens- und Schuldposten sowie der Aufwendungen und Erträge und läßt Aktivierungs- und Passivierungswahlrechte nur in rechtlich besonders sanktionierten Fällen zu; es verbietet die Aufnahme fiktiver Posten und orientiert die Bilanzierungspflicht primär an der wirtschaftlichen Zugehörigkeit eines Wirtschaftsgutes und weniger an dessen rechtlichem Eigentum (*Freericks,* Bilanzierungsfähigkeit, S. 164ff.).

Hinsichtlich der Bewertung der Bilanzpositionen kann das Wahrheitspostulat nicht als absoluter Grundsatz aufgefaßt werden. Das Fehlen eindeutiger Beurteilungskriterien und damit eines objektiven Maßstabes impliziert vielmehr zwangsläufig dessen Relativierung im Hinblick auf eine geeignete Bezugsbasis, die in den geltenden Bestimmungen zur Bewertung zu sehen ist. Der durch die Bewertungsvorschriften eingeräumte Wertansatzspielraum ist insoweit an einer subjektiven Wahrheit ausgerichtet (*Heinen,* Handelsbilanzen, S. 181f.).

Die Postulate der Wahrheit und Vollständigkeit erfahren auch durch den Grundsatz der **Wesentlichkeit** (**Materiality**) ihre Einschränkung: Demgemäß ist bei der Rechnungslegung jeweils von Bedeutung, welche Informationen für den Adressaten wesentlich, unwesentlich oder gar verwirrend sein können. Der Wesentlichkeitsgrundsatz, der sowohl als Minimal- als auch als Maximalforderung an Jahresabschlußinformationen angesehen werden kann, bleibt jedoch insofern unbestimmt, als er keine exakten Maßstäbe und Grenzwerte für die Relevanz von Bilanzinformationen liefert.

(3) **Der Grundsatz der Kontinuität.** Dieser Grundsatz postuliert Gestaltungsregeln zum Verhältnis einzelner Jahresabschlüsse zueinander. Hierbei ist regelmäßig zu unterscheiden zwischen der formellen und der materiellen Bilanzkontinuität (Bilanzverknüpfung).

Voraussetzung für ein wahrheitsgetreues Rechnungswesen ist zunächst die sich für die Handelsbilanzen aus den GoB (§§ 243, Abs. 1; 264, Abs. 2 HGB), der allgemein gültigen Vorschrift des § 252, Abs. 1, Nr. 1 HGB und den nur für Kapitalgesellschaften geltenden Spezialvorschriften der §§ 264, Abs. 1 und 265, Abs. 1 HGB ergebende **formelle Bilanzkontinuität** (im Steuerrecht vgl. hierzu § 4, Abs. 1 EStG). Diese fordert:

- die vollkommene ziffernmäßige Übereinstimmung zwischen der Eröffnungsbilanz der laufenden Periode und der Schlußbilanz der Vorperiode (**Bilanzidentität**);
- die Beibehaltung der Gliederungsschemata und -prinzipien (inhaltliche Abgrenzung der Positionen, Postenbenennung, Abschreibungsform) im Zeitablauf;
- die Abschlußerstellung in jeder Abrechnungsperiode zum gleichen Zeitpunkt.

Der Grundsatz der Bilanzidentität soll das Verschwinden oder die Neuaufnahme von Bilanzposten bzw. unkontrollierbare Bewertungsvorgänge zwischen Buchabschluß und Bucheröffnung verhindern. Die Kontinuität in Aufbau und

Erstellung bezweckt primär die Vergleichbarkeit von aufeinanderfolgenden Jahresabschlüssen.

Materiell beinhaltet der Grundsatz der Kontinuität:

- die Beibehaltung der gewählten Bewertungsgrundsätze für aufeinanderfolgende Schlußbilanzstichtage (**Bewertungsstetigkeit**);
- die Wahrung des Wertzusammenhangs durch Wertfortführung für ein- und dasselbe Wirtschaftsgut bei im übrigen unveränderten Wertverhältnissen über mehrere Abrechnungsperioden (**Wertstetigkeit,** Wertkontinuität).

Die materielle Bilanzkontinuität ist in erster Linie auf die Sicherung der Vergleichbarkeit des Erfolgsausweises gerichtet. Die immense Bedeutung dieses Grundsatzes für die Aussagefähigkeit des Jahresabschlusses hat zu einer Kodifizierung für alle Unternehmen in § 252, Abs. 1, Nr. 1 und 6 HGB geführt. Damit sind ausschließlich bilanzpolitisch motivierte Durchbrechungen der Bewertungs- und Ausweismethoden ausgeschlossen; sachlich begründete Änderungen können bzw. müssen weiterhin vorgenommen werden (§ 252, Abs. 2 HGB). Allerdings erwächst für Kapitalgesellschaften in diesem Fall eine Erläuterungspflicht im Anhang, wobei die Einflüsse der Änderungen auf die Vermögens-, Finanz- und Ertragslage darzustellen sind (§ 284, Abs. 2, Nr. 3 HGB).

Bewertungskontinuität verlangt auch der Grundsatz der Unternehmensfortführung (**Going-Concern-Prinzip**; § 252, Abs. 1, Nr. 2 HGB), der den Ansatz von Liquidationswerten im regulären Jahresabschluß grundsätzlich ausschließt.

Steuerrechtlich galt für Wirtschaftsgüter des Anlagevermögens, die der Abnutzung unterliegen, ein **uneingeschränkter Wertzusammenhang,** d. h. der letzte Bilanzansatz durfte grundsätzlich nicht überschritten werden. Allerdings mußte der uneingeschränkte Wertzusammenhang zwingend aufzugeben werden, wenn außerplanmäßige, auf steuerlichen Vorschriften beruhende Abschreibungen bei Wegfall der Abschreibungsgründe in der Handelsbilanz zu einer Wertaufholung führten (§ 6, Abs. 3 EStG a. F.).

Seit dem 1. 1. 1990 gilt für alle Wirtschaftsgüter, die bereits am Schluß des vorangegangenen Wirtschaftsjahres zum Betriebsvermögen der Steuerpflichtigen gehört haben, ein **eingeschränkter Wertzusammenhang,** d. h. Wertaufholungen dürfen bis maximal zu den Anschaffungs- bzw. Hertstellungskosten vorgenommen werden (§ 6, Abs. 1, Nr. 1 und 2 EStG n. F., vgl. im einzelnen zur Wertaufholung Teil A, Abschn. 10.4, S. 235 ff.).

(4) **Der Grundsatz der Vorsicht.** Als ein übergeordneter Grundsatz ordnungsmäßiger Buchführung und Bilanzierung gebietet der in § 252, Abs. 1, Nr. 4 HGB kodifizierte Grundsatz der Vorsicht eine zurückhaltende Abschätzung der mit der Geschäftstätigkeit verbundenen Chancen und Risiken. Dies entspricht der Vorstellung, die Gefahr eines zu hohen Erfolgsausweises dadurch zu vermeiden, daß die Wertansätze im Bereich der Vermögensposten tendenziell nach unten, die Wertansätze im Bereich der Schulden tendenziell nach oben korrigiert werden.

Das Vorsichtsprinzip ist demzufolge Ausfluß des Kernproblems jeder Bilanzierung: Es ist inhaltlich auf den Tatbestand fixiert, daß die Entscheidung über die Bilanzierungs- (Buchungs-) fähigkeit unsicherer (schwebender) Geschäfte sowie der stets subjektive Bewertungsakt bei nichtpagatorischen Bilanzgrößen ein erhebliches **Erfolgsbeeinflussungspotential** des Bilanzierenden beinhaltet, das unmittelbar den **Gläubigerschutz** (Ausschüttungssperre) und die **Eigentümerinteressen** (Mindestausschüttung) berührt. Die evidente Verknüpfung des Vorsichtsprinzips mit dem Problem der stillen Reserven rechtfertigt allerdings nicht einen Bewertungsspielraum für unbegründete oder rein subjektive Risiken; vielmehr ist die Wertfindung an der vernünftigen kaufmännischen Beurteilung (§ 253, Abs. 4 HGB) zu orientieren (*Adler/Düring/Schmaltz,* Rechnungslegung, Anm. 61 ff. zu § 252 HGB). Da es ein besonderes Anliegen der 4. EG-Richtlinie war, die Bewertungsspielräume von Kapitalgesellschaften einzuschränken, gilt § 253, Abs. 4 HGB für diese Rechtsformen nicht (§ 279, Abs. 1 HGB).

Inhaltlich konkretisiert wird der Vorsichtsgrundsatz vor allem durch das Realisations- und das Imparitätsprinzip. Das **Realisationsprinzip** bringt zum Ausdruck, daß Erfolge (Gewinne und Verluste) erst dann ausgewiesen werden dürfen, wenn sie durch Umsätze verwirklicht, also in Erscheinung getreten sind. Die Vorsichtsüberlegung beruht demnach in der Negierung von bloßen Erfolgsmöglichkeiten beim Absatz und zugleich im Ausschluß von Wertsteigerungen bei Vermögenswerten, die über die Anschaffungsausgaben oder Herstellungskosten hinausgehen. Der Zeitpunkt der Realisation ist bei Barverkäufen mit dem Zahlungseingang bestimmt; bei Zielverkäufen gilt der Zeitpunkt der Rechnungserteilung bzw. der Zeitpunkt der Lieferung und Leistung als dem Vorsichtsprinzip entsprechender Realisationstermin (*Leffson,* Grundsätze, S. 247 ff.).

Das **Imparitätsprinzip** (Prinzip der Verlustantizipation) schränkt das Realisationsprinzip bei erwarteten Verlusten ein und besagt, daß zum Zeitpunkt der Bilanzerstellung bereits absehbare oder erst zwischen dem Abschlußstichtag und dem Tag der Aufstellung des Jahresabschlusses bekanntgewordene, jedoch noch nicht realisierte negative Erfolge (= Verluste) als Aufwand im Jahresabschluß zu berücksichtigen sind. Da Ertragsantizipationen unzulässig, Aufwandsantizipationen jedoch vorzunehmen sind, werden unrealisierte, aus bereits eingeleiteten Dispositionen erwartete Gewinne und Verluste ungleich behandelt; das Realisationsprinzip gilt also nur mehr für Gewinne. Grundgedanke des Imparitätsprinzips ist folglich die Verhinderung eines zu hohen Gewinnausweises mit der Gefahr ungerechtfertigter Ausschüttung und Besteuerung; es dient primär dem Gläubigerschutz und ist gesetzlich im **Niederstwertprinzip** (§§ 253, Abs. 2 und 3; 279 HGB) und dem **Grundsatz der verlustfreien Bewertung** (§ 253 Abs. 3 HGB) verankert.

Sowohl Realisations- als auch Imparitätsprinzip sind maßgebend für den Zeitpunkt der Erfassung von Erträgen und Aufwendungen (**Grundsatz der Periodisierung**; § 252, Abs. 1, Nr. 5 HGB): Für die Zwecke der periodengerechten Erfolgsermittlung sind Aufwendungen und Erträge unabhängig vom Zeitpunkt der korrespondierenden Ausgabe bzw. Einnahme zu erfassen.

Die Grundsätze ordnungsmäßiger Bilanzierung lassen sich weder einheitlich definieren noch stehen diese gleichberechtigt nebeneinander. Ihre mögliche Unvereinbarkeit (Vorsichtsprinzip versus Wahrheitsgrundsatz) kann vielmehr zu Kompromißlösungen führen, welche die Rechenschaftslegung beeinträchtigen. Andererseits ist zu berücksichtigen, daß eine vorsichtige Bilanzierung ohne Bilanzwahrheit letztlich nicht denkbar ist: Erst die möglichst sichere Kenntnis der wirtschaftlichen und rechtlichen Tatbestände eines buchungs- bzw. bilanzierungspflichtigen Sachverhalts läßt ein wohlabgewogenes Verhalten im Sinne des Vorsichtsprinzips zu und ermöglicht erst eine „vernünftige kaufmännische Beurteilung" (§ 253, Abs. 4 HGB, der jedoch gemäß § 279 HGB nicht für Kapitalgesellschaften gilt). Die weitgehende Übereinstimmung der Auffassungen bezüglich der inhaltlichen Aussage der Grundsätze erlaubt jedoch keine Schlußfolgerungen hinsichtlich des Umfangs ihrer konkreten Beachtung und Verwirklichung im Einzelfall.

1.3 Fehlerhafte Buchführung und deren Rechtsfolgen

Die Buchführung kann formelle und materielle Mängel aufweisen. **Formelle** Buchführungsmängel resultieren aus der Nichtbeachtung oder nicht ausreichenden Berücksichtigung vor allem der Formvorschriften der §§ 238ff. HGB, § 146 und § 147 AO. Die Mängel betreffen dann den Aufbau bzw. die äußerliche Beschaffenheit des Rechnungswesens und/oder sind im zeitlichen Buchungsablauf und bei der Belegordnung zu sehen. **Materielle** Mängel enthält eine Buchführung, wenn diese den Wahrheitsgehalt, die Vollständigkeit oder die sachliche Richtigkeit der Buchführung berühren. Solche Mängel liegen vor, wenn z. B. Geschäftsvorfälle falsch, unvollständig oder überhaupt nicht aufgezeichnet sind oder wenn erhebliche Teile der Vermögens- oder Kapitalposten in der Bilanz ohne Ausweis bleiben.

Die **Folgen bei Verstößen** gegen die Buchführungspflichten hängen von der Art und Schwere der Fehler ab (*Leffson/Baetge,* Buchführungsvorschriften, Sp. 318):

- Nach **Handelsrecht** sind erkannte Fehler auf der Grundlage von Belegen oder sonstigen Unterlagen zu berichtigen. Für bereits rechtswirksam aufgestellte Abschlüsse ist die Korrektur zugunsten oder zu Lasten der Periode der Fehlerentdeckung vorzunehmen. Von den Umständen des Einzelfalles hängt es ab, ob eine Beeinträchtigung der Ordnungsmäßigkeit der Buchführung vorliegt; diese ist allerdings im HGB lediglich für Kapitalgesellschaften durch eine unmittelbare Bußgeld- oder Strafandrohung gesichert. Zudem wird nur noch bei prüfungspflichtigen Unternehmen die Einhaltung der handelsrechtlichen Buchführungsvorschriften regelmäßig überwacht: So hat der Abschlußprüfer bei nicht ordnungsmäßiger Buchführung und/oder nicht ordnungsmäßigem Abschluß den Bestätigungsvermerk einzuschränken bzw. gegebenenfalls zu versagen (§ 322, Abs. 3 HGB). Ein ordnungswidrig auf- und festgestellter aktienrechtlicher Jahresabschluß kann nach § 256 AktG nichtig sein. In diesem Zusammenhang gemachte falsche Angaben oder unrichtige Darstellungen ziehen für das vertretungsberechtigte Organ (z. B. Vorstand) und den Aufsichtsrat einer Kapitalgesellschaft gegebenenfalls auch Straffolgen nach sich (§§ 399ff. AktG; 331ff. HGB).

  Neben diesen Straftatbeständen verfügt das HGB durch Einfügung des Art. 4 des ersten Gesetzes zur Bekämpfung der Wirtschaftskriminalität (1. WiKG v. 29. 7. 1976, BGBl. I 1976, S. 2034ff.) über weitere Sanktionsmöglichkeiten (§§ 130b und 177a HGB). Mit dieser Gesetzesänderung soll ein präventiver Schutz vor kriminellem Verhalten bereits im Vorfeld des Strafrechts auch für die nicht prüfungspflichtigen und zudem überwiegend nicht publizitätspflichtigen Unternehmen in der Rechtsform der OHG bzw. KG erreicht werden.

Strafrechtliche Konsequenzen bei Verletzung der Buchführungspflicht als Folge von **Wirtschaftsstraftaten** in Verbindung mit einem **Konkurs** ergeben sich aus § 283b StGB (§§ 239 bis 243 KO aufgehoben und durch Art. 1 des 1. WiKG in veränderter Fassung in das StGB §§ 283, 283a bis d übernommen). Danach wird der zahlungsunfähige Schuldner zu Freiheits- oder Geldstrafe herangezogen, wenn er Handelsbücher, zu deren Führung er gesetzlich verpflichtet ist, überhaupt nicht oder unordentlich führt, diese verfälscht, verheimlicht oder vernichtet oder Bilanzen unübersichtlich oder entgegen dem Handelsrecht verspätet aufstellt. Diese Strafbestimmungen bei Verletzung von Buchführungspflichten sollen verhindern, daß der Schuldner den Nachweis seines gläubigerschädigenden Verhaltens vereitelt oder erschwert. Buchführung, Inventare und Bilanzen sollen Beweise sichern, um ein gläubigerschädigendes Verhalten des Schuldners aufdecken zu können (Begründung zu § 283b StGB, BT-Drucksache 7/3441 v. 1. 4. 1975, S. 38).

- Auch das **Steuerrecht** verpflichtet bei Verletzung von Buchführungsvorschriften zur Fehlerberichtigung. Zunächst besteht jedoch für eine formell ordnungsmäßige Buchführung die Vermutung auch ihrer sachlichen Richtigkeit mit der Konsequenz, daß sich die Beweislast bei Vorliegen von Zweifeln von seiten der Finanzbehörde auf diese verlagert (Beweiskraft der Buchführung nach § 158 AO). Liegen formelle Mängel vor, ist die stets nach objektiven Gesichtspunkten zu beurteilende Ordnungsmäßigkeit der Buchführung dann nicht zu beanstanden, wenn sie den Grundsätzen des Handelsrechts entspricht und das sachliche Buchführungsergebnis dadurch nicht beeinflußt wird (Abschn. 29, Abs. 2, Nr. 5 EStR). Eine formell nicht ordnungsmäßige Buchführung kann also sachlich in Ordnung sein; dagegen hat umgekehrt sachliche Mangelhaftigkeit in der Regel formelle Nichtordnungsmäßigkeit zur Folge (*Peter/von Bornhaupt/Körner,* Ordnungsmäßigkeit, S. 318).

Im Hinblick auf die Konsequenzen einer fehlerhaften Buchführung kann steuerlich unterschieden werden zwischen **korrigierbaren** und **nicht korrigierbaren** Mängeln. Anhand von Belegen und sonstigen Unterlagen vollständig vornehmbare Fehlerberichtigungen gelten als **unschädlich** für die Anerkennung einer ordnungsmäßigen Buchführung, wenn sie auf das Gesamtbild der Buchführung keinen wesentlichen Einfluß ausüben (z. B. formelle und sachliche Mängel geringen Umfangs und unerheblicher Tragweite, geringfügige Abstimmungsdifferenzen, Fehler im Bereich menschlicher Unzulänglichkeiten). Im Sinne der Steuervergünstigungsvorschriften **schädliche Berichtigungen** liegen dagegen vor, wenn trotz vollständig möglicher Fehlerkorrektur erhebliche Mängel von Buchführung und Bilanz aufgrund einer Betriebsprüfung zu berichtigen sind (z. B. Falschbuchungen, Nichtaktivierungen). Die Buchführung gilt dann als nicht ordnungsmäßig (Abschn. 29, Abs. 2, Nr. 6 EStR). Grund für den Wegfall von Steuervergünstigungen ist allerdings seit 1. 1. 1975 nicht mehr der Mangel einer nichtordnungsmäßigen Buchführung, sondern das Nichtvorliegen bestimmter Aufzeichnungen bzw. Buchnachweise (sog. Ersatztatbestände wie das Führen besonderer Verzeichnisse für geringwertige Wirtschaftsgüter nach § 6, Abs. 2 EStG oder bei erhöhten Absetzungen und Sonderabschreibungen nach § 7a, Abs. 8 EStG u. a.).

Sind die Mängel infolge ihrer nachträglich nicht mehr einwandfreien Feststellung oder Erfassung unkorrigierbar, so lassen sich bei nicht erheblichen, nach dem Gesamtbild als belanglos einzustufenden Mängeln die fehlerhaften Angaben durch steuerlich unschädliche **ergänzende Schätzung (Zuschätzung)** berichtigen (z. B. Schätzung des privaten Nutzungsanteils eines betrieblichen Pkw; Privatanteile an Telefon-, Strom-, Heizungskosten). Liegen jedoch schwerwiegende materielle Mängel der Buchführung (z. B. unvollständiges oder falsches Inventar) oder schwere Formfehler (z. B. ungeordnete oder unvollständige Belegablage oder -aufbewahrung) vor, und erscheint insbesondere die Erfolgsermittlung aus diesem Grunde unmöglich, so ist die Buchführung zu verwerfen und das gesamte Ergebnis durch die Steuerbehörde unter Verwendung der Buchführungsunterlagen zu schätzen (**Voll- oder Totalschätzung** § 162 AO). Diese **schädliche Schätzung** hat sich stets nach den Umständen des Einzelfalls zu richten; sie bedeutet für den Buchführungspflichtigen neben dem Verlust von Steuervergünstigung meist eine für ihn ungünstige Festsetzung der Steuerbemessungsgrundlage.

Strafrechtliche Konsequenzen von **Steuerstraftaten** ergeben sich aus den §§ 369ff. AO. Für Steuerstraftaten gelten die allgemeinen Gesetze über das Strafrecht, soweit die Strafvorschriften der Steuergesetze nichts anderes bestimmen (§ 369, Abs. 2 AO). Die Steuerstrafvorschriften sehen Freiheits- oder Geldstrafen für Steuerhinterziehung (§ 370 AO), Bannbruch (§ 372 AO) und Steuerhehlerei (§ 374 AO) vor; dabei ist bereits der Versuch strafbar (§ 370, Abs. 2 AO). Für besonders schwere Fälle der Steuerhinterziehung, bei Schmuggel und gewerbsmäßiger Steuerhehlerei ist ausschließlich Freiheitsstrafe vorgesehen (§§ 370, Abs. 3; 373; 374 AO).

Außer den Steuerstrafvorschriften enthält die Abgabenordnung bei Vorliegen von **Steuerordnungswidrigkeiten** Bestimmungen zur Verhängung von Bußgeldern (§§ 377ff. AO). Eine bußgeldpflichtige Verletzung von Buchführungspflichten liegt dann vor, wenn vorsätzlich oder leichtfertig Belege ausgestellt werden, die in tatsächlicher Hinsicht unrichtig sind, inhaltlich also bezüglich Leistung, Preis, Orts- oder Zeitangabe und dergleichen nicht den Tatsachen entsprechen (z. B. Gefälligkeitsbelege), oder wenn nach Gesetz buchungs- oder aufzeichnungspflichtige Geschäftsvorfälle vorsätzlich oder leichtfertig nicht oder unrichtig verbucht werden, um dadurch eine Verkürzung von Steuern oder ungerechtfertigte Steuervorteile zu erreichen (Steuergefährdung nach § 379 AO).

1.4 Mindesterfordernisse der Buchführung

Die generelle Buchführungspflicht aller Kaufleute ergibt sich aus der grundlegenden Norm des § 238, Abs. 1 HGB; sie verpflichtet die Kaufleute zugleich zur Befolgung der handelsrechtlichen Grundsätze ordnungsmäßiger Buchführung. Aus dieser Vorschrift leitet sich auch das entscheidende Merkmal für den

Umfang der Buchführung ab: Sie hat sich anzupassen an die von Ausdehnung und Geschäftsgang des Betriebes abhängigen Anforderungen an die Sichtbarmachung der Handelsgeschäfte und der Vermögenslage. Damit wird aber weder eine bestimmte Organisationsform der Buchführung vorgeschrieben, noch folgt daraus eine rechtliche Fixierung bestimmter Mindestansprüche an die Buchführung (vgl. dazu auch Teil A, Abschn. 12, S. 328ff.). Verbindlichkeit können Mindestgrundsätze nur insoweit erfahren, als diese Handelsbrauch zum Inhalt haben. In diesem Sinne ist die Mindestbuchführung ihrem Wesen nach eine doppelte Buchführung unter Beschränkung der Zahl der Konten und bei Vereinfachung des Buchungsverfahrens. Wesentliche **Grundlagen der Mindestbuchführung** sind (*Falterbaum/Beckmann*, Buchführung, S. 223ff.):

- Kassenberichte über den täglichen (§ 146, Abs. 1 AO) Kassenverkehr (**Kassenbuch**). Die Tageseinnahmen und Tagesausgaben sind dabei grundsätzlich einzeln aufzuzeichnen. Nur ausnahmsweise können diese auch als durch Kassenzettel oder Registrierstreifen belegte Tagessummen in das Kassenbuch übernommen werden (z.B. Barverkauf an unbekannte Kunden im Einzelhandel). Die Übernahme in das Kassen-Sachkonto hat dagegen lediglich zeitgerecht zu erfolgen.

- **Tagebuch** oder **Journal** zur fortlaufenden, zeitnahen und chronologischen Aufzeichnung sämtlicher Geschäftsvorfälle einschließlich der zugehörigen Belegsammlung. Die im Interesse der Umsatzbesteuerung erforderlichen Aufzeichnungen (umsatzsteuerpflichtige Einnahmen und deren Aufteilung nach Steuersätzen) sind durch Vorspalten zu berücksichtigen.

- **Wareneingangsbuch** (§ 143, Abs. 1 AO) und **Warenausgangsbuch** (§ 144, Abs. 1 AO) als neben dem Grundbuch zu führendes, selbständiges Buch mit eigenen Aufgaben, soweit keine Befreiung vorliegt.

- **Kontokorrentbuch** bei laufendem, nicht nur gelegentlichem unbaren Geschäftsverkehr mit Geschäftsfreunden (Geschäftsfreundebuch) neben der Erfassung der Kreditgeschäfte im Grundbuch. Bei verhältnismäßig geringer Zahl der Kreditgeschäfte genügen Grundbuchaufzeichnungen der unbaren Geschäftsvorfälle und die Erstellung von Personenübersichten über die am Bilanzstichtag bestehenden Debitoren und Kreditoren. Für Einzelhändler und Handwerker können der Vermerk der Forderungen in einer Kladde, die Aufzeichnung der Schulden in einer besonderen Spalte des Wareneingangsbuches sowie die Aufstellung von Personenübersichten für den Bilanzstichtag ausreichen (Abschn. 29, Abs. 2, Nr. 4a und 4b EStR). Das Kontokorrentbuch kann als **Offene-Posten-Buchführung** oder als **kontenlose Buchführung** in Form einer geordneten Ablage der unbeglichenen Rechnungen geführt werden (§ 239, Abs. 4 HGB, § 146, Abs. 5 AO).

- Jährliche Bestandsaufnahme (Inventur) mit **Inventarverzeichnis** und Abschluß (Bilanzbuch bzw. die gesammelten Bilanzen) zum Bilanzstichtag (§ 240 HGB).

- **Bestandsverzeichnis** (Anlagenkartei) für das bewegliche Anlagevermögen (BFH v. 14. 12. 1966, BStBl. III 1967, S. 247).

Mit Ausnahme des tägliche Aufzeichnungen erfordernden baren Zahlungsverkehrs sind die übrigen Bücher **zeitgerecht** zu führen (§ 239, Abs. 2 HGB, § 146,

Abs. 1 AO). Zeitgerechte Erfassung beinhaltet die Vornahme der Verbuchung in möglichst nahem Anschluß an den Geschäftsvorfall: Die Frist von einem Monat wird als zulässig angesehen, sofern organisatorische Vorkehrungen den zwischenzeitlichen Verlust der Buchführungsunterlagen ausschließen (Abschn. 29, Abs. 2, Nr. 2 EStR; zur Organisation der Buchführung vgl. auch: Abschn. 12, S. 328ff.).

Ergänzende Literatur zu: 1. Grundlagen der Buchführung

Adler/Düring/Schmaltz, Rechnungslegung, Anm. zu den §§ 252, 257, 258, 259, 260, 261, 262 HGB
Falterbaum/Beckmann, Buchführung, S. 223–229
Freericks, Bilanzierungsfähigkeit, S. 53–57, 93–114
Heinen, Handelsbilanzen, S. 153–180
IdW, WP-Handbuch 85/86 II, S. 33, 34, 42, 43, 72–77
Körner, Bilanzsteuerrecht, S. 15–60
Leffson, Buchführung, Sp. 307–314
Leffson, Grundsätze, S. 157–492
Leffson/Baetge, Buchführungsvorschriften, Sp. 314–319
Mellerowicz/Brönner, Rechnungslegung, S. 65–81
Peter/von Bornhaupt/Körner, Ordnungsmäßigkeit, S. 106–138, 172–208, 314–350
Schildbach, Jahresabschluß, S. 80–97
Schneider, Betriebswirtschaftslehre, S. 93–106
Steinbach, Rechnungslegungsvorschriften, S. 60–66; 81–88
Wöhe, Bilanzierung, S. 156–210
Wöhe, Steuerlehre I/2, S. 73–89

2. System und Technik der doppelten Buchführung

Primäre Funktion der Buchführung ist die Erfassung der Gesamtheit aller Güter- und Geldbewegungen des komplexen Unternehmensprozesses. Dabei werden wirtschaftlich bedeutsame Vorgänge (**Geschäftsvorfälle**) systematisch und lückenlos nach bestimmten Regeln und Ordnungskriterien **wertmäßig** aufgezeichnet. Die Finanzbuchführung erbringt damit den vollständigen Nachweis über **Vermögens-** und **Kapitalveränderungen** und liefert als rechnerisches Ermittlungsmodell unter Beachtung der Rechtsvorschriften periodische Jahresabschlüsse. Ziel der doppelten Buchführung ist die Entwicklung einer Vermögens- (**Bilanz**) und Erfolgsübersicht (**Gewinn- und Verlustrechnung**) unter dem systembildenden Leitgedanken einer **zweifachen Erfolgsermittlung.** Der Weg zu diesem Ziel führt über das Konto und das geschlossene Kontensystem der doppelten Buchführung (Doppik).

2.1 Inventur und Inventar

Ausgangspunkt für die Eröffnungsbilanz zu Beginn eines Handelsgewerbes und damit Grundlage für die doppelte Buchführung ist das **Inventar** (§ 240, Abs. 1 HGB). Es handelt sich dabei um ein unabhängig von der Buchführung zu erstellendes vollständiges, detailliertes mengen- und wertmäßiges Verzeichnis aller Vermögensgegenstände und Schulden zu einem Stichtag. Aber nicht nur zur Eröffnung der Buchführung, auch zur Ableitung von Jahresabschlußbilanzen ist ein Inventar notwendig (§ 240, Abs. 2 HGB). Erst durch die eigenständige Erfassung sämtlicher Wirtschaftsgüter wird eine wirksame Kontrolle und damit die Abgleichung der Buchführung mit den tatsächlichen Beständen ermöglicht.

Der **Vollständigkeitsgrundsatz** des § 246, Abs. 1 HGB erfordert die Inventarisierung sämtlicher Wirtschaftsgüter. Hieraus resultieren jedoch gewichtige Abgrenzungsprobleme in zeitlicher, räumlicher, rechtlicher und wirtschaftlicher Hinsicht. Dabei sind für die Inventarerfassung prinzipiell nicht die juristischen, sondern die wirtschaftlichen Verhältnisse maßgebend (§ 39, Abs. 2 AO). Solange z.B. bei Lieferungen unter Eigentumsvorbehalt oder bei Sicherungsübereignungen die zugehörige Verbindlichkeit im Inventar aufgeführt wird, ist auch der Vermögensgegenstand inventarisierungspflichtig. Erst wenn mit einer tatsächlichen Inanspruchnahme des Sicherungsrechts gerechnet werden muß, erlangen die juristischen Eigentumszurechnungsvorschriften Dominanz, so daß sich eine weitere Inventarisierung verbietet (zu den speziellen Zuordnungskriterien beim Leasing vgl. Teil A, Abschn. 9, S. 193ff.). Für die Erstellung lückenloser Inventare ist auch der Ansatz sog. Merk-(Erinnerungs-)posten notwendig, damit ein Nachweis über Vermögensgegenstände geführt werden kann, die wegen Ablauf der wirtschaftlichen Nutzungsdauer (abgeschriebene Anlagegüter) oder wegen der Einbüßung ihrer Marktfähigkeit (Ladenhüter) keinen Buchwert mehr besitzen. Bei Wirtschaftsgütern, die sich am Abschlußstichtag weder im Lager des Käufers noch des Verkäufers befinden (z. B. rollende oder schwimmende Ware) gilt als Inventarisierungskriterium grundsätzlich der Gefahrenübergang nach den §§ 446 (Kauf- und Werklieferungsvertrag), 447 (Versendungsverkauf), 644 (Werkvertrag) BGB. Ein Zwang zur Inventarisierung besteht beim Käufer allerdings erst mit der endgültigen Eigentumsübertragung.

Die zur Erstellung des Inventars erforderliche Tätigkeit wird **Inventur** genannt. Sie hat grundsätzlich den Charakter einer **körperlichen Bestandsaufnahme.** Die Feststellung der Mengenkomponenten erfolgt daher durch Messen, Zählen und Wiegen. Nur bei nichtkörperlichen Wirtschaftsgütern (immaterielle Wirtschaftsgüter, Forderungen, Schulden) und – als Ausnahme – bei Anlagegegenständen, die in speziellen Anlagekarteien erfaßt sind, sowie bei Vorräten, die am Stichtag nicht zugänglich sind (z. B. Seefracht), ist eine **Buchinventur** zulässig. Allerdings sind diese Wirtschaftsgüter durch zugehörige Bankauszüge, Saldenbestätigungen oder Vertragsunterlagen nachzuweisen.

Der eigentliche Zweck des Inventars besteht allerdings nicht in der Erfassung der Mengenkomponenten, sondern in der Bestimmung der Wertkomponenten. Insofern erweist sich die **Bewertung** als das Zentralproblem der Inventur. Dabei ist das Bewertungsproblem besonders diffizil ausgestaltet, weil der Wert eines Wirtschaftsgutes unmittelbar von der subjektiven Einschätzung des Bilanzierenden abhängig ist. Das Handelsrecht versucht diesen Konflikt zu lösen, indem es durch generelle Bewertungsgrundsätze wie das Prinzip der Vorsicht, das Stetigkeitsprinzip, das Prinzip der Unterstellung der Unternehmensfortführung und das Einzelbewertungsprinzip (§ 252, Abs. 1 HGB) oder durch spezielle, an den Anschaffungs- oder Herstellungskosten orientierte Regelungen (§§ 253, 255 HGB) den Ermessensspielraum einschränkt; trotzdem verbleibt eine bilanzpolitische Manövriermasse, insbesondere im Hinblick auf den Erhaltungszustand und die Verwertbarkeit der Vermögensbestände.

Der **Inventurstichtag** fällt mit dem Beginn des Handelsgewerbes zusammen. Da die nächste Inventur spätestens nach 12 Monaten zu erfolgen hat, stimmen Wirtschafts-(Geschäfts-)jahr und Kalenderjahr nur in Ausnahmefällen oder nach Zwischenschaltung eines kürzeren Rumpfgeschäftsjahres überein. Während das Inventar grundsätzlich für den Abschlußstichtag zu erstellen ist, braucht die Inventur jedoch nicht zwingend am Abschlußstichtag durchgeführt zu werden. Auch für die **Stichtagsinventur** (§ 240, Abs. 1 und 2 HGB) wird nur eine **zeitnahe** Durchführung innerhalb einer Zehntagesfrist vor oder nach Stichtag verlangt, wenn gesichert ist, daß zwischenzeitliche Bestandsveränderungen **mengen-** und **wertmäßig** fortgeschrieben bzw. rückgerechnet werden können (Abschn. 30, Abs. 1 EStR). Eine völlige Lösung vom Inventurstichtag vollziehen die **permanente Inventur** (§ 241, Abs. 2 HGB) und die **zeitlich verlegte Inventur** (§ 241, Abs. 3 HGB). Bei der permanenten Inventur verteilt sich die körperliche Aufnahme sukzessiv auf das ganze Jahr, so daß sich die Zeitpunkte mit den geringsten Beständen (evtl. Lagerräumung) zur Erfassung anbieten. Die Zu- bzw. Abgänge bis zum Inventurstichtag sind in Lagerkarteien festzuhalten, das Inventar mengen- und wertmäßig fortzuschreiben. Die zeitlich verlegte Inventur kann in einem Zeitraum von 3 Monaten vor oder 2 Monaten nach dem Abschlußstichtag erfolgen und auch als permanente Inventur durchgeführt werden (Abschn. 30, Abs. 3 EStR). Eine Fortschreibung oder Rückrechnung der erfaßten Mengen entfällt jedoch bei diesem Inventursystem, es ist lediglich eine **Korrektur des Gesamtwertes** des Bestandes vorzunehmen. Aus diesem Grund fallen hierbei Bilanzstichtag und Inventurstichtag auseinander.

Die Anwendung der permanenten und der zeitlich verlegten Inventur ist jedoch ausgeschlossen, wenn die Wirtschaftsgüter – abgestellt auf die Verhältnisse des betreffenden Unternehmens – besonders wertvoll sind oder unkontrollierte, ins Gewicht fallende Abgänge durch Schwund, Verdunsten, Verderb, Zerbrechlichkeit usw. eintreten, ohne daß hierfür Erfahrungssätze vorliegen (Abschn. 30, Abs. 4 EStR). Unabhängig vom jeweiligen Inventursystem dürfen Menge und Wert eines Bestandes auch mit Hilfe **anerkannter statistischer Methoden** oder **Stichproben** ermittelt werden, sofern der Aussagewert eines derartigen Inventars nicht hinter dem eines durch körperliche Bestandsaufnahme ermittelten Inventars zurückbleibt (§ 241, Abs. 1 HGB). Darüber hinaus gestattet das Handelsgesetz zur Inventurvereinfachung in den abschließend geregelten Fällen der **Gruppenbewertung** (§ 240, Abs. 4 HGB), der **Festbewertung** (§ 240, Abs. 3 HGB) und der **Sammelbewertung** (Abschn. 36, Abs. 3 EStR; § 256 HGB) eine Abweichung vom Einzelbewertungsgrundsatz (zu den einzelnen Methoden s. Teil B, Abschn. 3.122, S. 467 ff.).

Beispiel: Inventar

Inventar (verkürzt) der Firma Karl Götz, Elektroeinzelhandel, Stuttgart, Seelgasse 4, für den 31. 12. 19..

I. Vermögenswerte		
1. Fuhrpark		
1 VW-Kleinbus, Baujahr 19..	8.000	
1 Pkw Ford Taunus, Baujahr 19..	6.800	14.800
2. Büroeinrichtung		
4 Stabilo-Kombi Schreibtische, Anschaffung 19..	1.900	
4 Behr-Stahlrohrsessel, Anschaffung 19..	400	
2 Aktenschränke, Anschaffung 19..	800	
2 Schreibmaschinen, Marke Adler, Anschaffung 19..	1.200	
1 Buchungsautomat Vital, Anschaffung 19..	3.100	7.400
3. Warenvorräte		
a) Haushaltsgeräte		
4 Waschmaschinen, Marke Miele, Einkaufsrechnungen Nummer (ER-Nr.)...	3.800	
7 Geschirrspüler, Marke Bosch, ER-Nr....	7.500	
6 Gefriertruhen, Marke Senator, ER-Nr....	6.300	
10 Kühlschränke, Marke BBC, ER-Nr....	7.200	
b) Küchengeräte		
10 Küchenmaschinen, Marke Braun, ER-Nr....	4.200	
8 Handmixer, Marke Siemens, ER-Nr....	600	
2 Grillgeräte, Marke Rowa, ER-Nr....	400	
c) Beleuchtungseinrichtungen		
4 Kristalleuchter „antik“, Lieferant Trauma, ER-Nr....	3.200	

8 Deckenleuchten Haloga, Lieferant Ossra, ER-Nr. ...	900	
12 Stehlampen, Marke Asco, Lieferant Varta, ER-Nr. ...	1.300	
10 Arbeitslampen, Fabrikat Kuli, Lieferant Hermes, Er-Nr. ...	600	36.000
4. Kundenforderungen		
Alfons Laue, Stuttgart, Hegelplatz 5	4.440	
Franz Schmidt, Fellbach, Hochsitz 17	3.520	
Tanja Mayer, Degerloch, Spitzweg 34	4.740	
Heinz Weber, Bernhausen, Hauptstr. 1	5.300	18.000
5. Bankguthaben		
Kreissparkasse Fellbach, Kto.-Nr. ..., lt. Kontoauszug vom ...	2.100	
Dresdner Bank, Filiale Stuttgart, Kto.-Nr. ..., lt. Kontoauszug vom ...	700	2.800
6. Kassenbestand lt. Aufnahme (Anlage 1)		8.200
		87.200
II. Schulden		
1. Lieferantenschulden		
Fa. Braun AG, Frankfurt	700	
Fa. Bosch GmbH, Stuttgart	6.800	
Fa. Quelle KG, Nürnberg	5.900	13.400
2. Bankschulden		
Darlehen Dresdner Bank, Stuttgart, Kto.-Nr. ...	9.800	
Darlehen Lieferant BBC vom 15. 12. 19..	6.000	15.800
		29.200
III. Reinvermögen		
Summe der Vermögenswerte		87.200
Summe der Schulden		29.200
= Eigenkapital (Reinvermögen)		58.000

Der Aufbau des Inventars entspricht der **Staffelform:** Zuerst werden die Vermögenswerte (Rohvermögensteile) mit zunehmender Liquidierbarkeit nach Art, Menge und Wert aufgeführt; hierauf folgen die Schulden (Verbindlichkeiten) des Unternehmens, die nach Art und Wert mit abnehmender Fälligkeit in das Verzeichnis übernommen werden. Seinen Abschluß findet das Inventar gewöhnlich in einer Übersicht, die das Reinvermögen (Eigenkapital) als Differenz aus dem Gesamt-(Brutto-)vermögen und den Schulden erkennen läßt.

2.2 Bilanz

Zwischen Inventur, Inventar, Buchführung und Bilanz besteht folgender Zusammenhang:

§ 240, Abs. 1 HGB	Inventur → Inventar → Eröffnungsbilanz
§ 238, Abs. 1 HGB	Erfassung der Geschäftsvorfälle → vorläufiger Bücherabschluß

§ 240, Abs. 2 HGB Inventur → Inventar → Bücherberichtigung → Jahresabschluß

Inventar und Bilanz lassen sich jedoch nicht unmittelbar ineinander überführen. Um eine Bilanz herzuleiten, sind nicht nur formale Transaktionen durchzuführen wie:

- Zusammenfassung der einzelnen, nach Art, Menge und Wert aufgegliederten Positionen des Inventars zu **Gruppen,** so daß nur noch Wert- und keine Mengenangaben mehr erfolgen (Verdichtung der Informationen; Verbesserung der Übersichtlichkeit);
- **Ausweis des Eigenkapitals,** sofern nicht bereits im Inventar geschehen;
- Gegenüberstellen der Vermögenswerte und Schulden in der **Form** eines **Kontos;**

sondern es werden materiell regelmäßig dann auch Wertkorrekturen vorzunehmen sein, wenn die Inventarwerte und die endgültigen Bilanzwerte nicht übereinstimmen (z. B. Abzinsung der Nennwerte [Inventarwerte] von unverzinslichen Forderungen). Insofern geht die Bücherberichtigung über die einfache Anpassung der Buch-(Soll-)bestände an die Inventar-(Ist-)bestände hinaus.

Die **(Schluß-)Bilanz** ist daher statistisch, d. h. außerhalb des Kontenzusammenhangs aus den berichtigten Bücherabschlüssen unter Berücksichtigung bestimmter **Gliederungsprinzipien,** abzuleiten. Verbindliche Gliederungskriterien für Jahresabschlußbilanzen existieren allerdings nur für Kapitalgesellschaften (§ 266, Abs. 2 und 3 HGB). Die Struktur der Bilanz soll daher anhand des Gliederungsschemas des § 266, Abs. 2 und 3 HGB aufgezeigt werden (s. S. 40).

Die Vermögenswerte oder **Aktiva** sind wie im Inventar nach zunehmender Geldnähe angeordnet. Das begründet die Einteilung der Aktivseite in **Anlagevermögen,** das seiner Zwecksetzung nach dem Geschäftsbetrieb auf **Dauer** (mehrperiodisch) zu dienen bestimmt ist, und **Umlaufvermögen,** das sich im Umsatzprozeß des Unternehmens laufend umschlägt. Die **Passivseite** der Bilanz zeigt das zur Finanzierung der Vermögenswerte notwendige Kapital, unterteilt nach der **Herkunft** der Mittel in **Eigen-** und **Fremdkapital.** Die Anordnung des Kapitals erfolgt damit prinzipiell nach zunehmender Fälligkeit, also nach der Dringlichkeit der Verpflichtung. Obwohl sich eine direkte Beziehung zwischen einzelnen Vermögens- und Kapitalteilen nur in wenigen Ausnahmefällen (z. B. bei dinglichen Sicherungen) herstellen läßt, erlaubt dieses Gliederungsschema doch aussagekräftige Einblicke in die Vermögens- und die Kapitalstruktur eines Unternehmens (zu anderen Gliederungsmöglichkeiten der Bilanz s. *Eisele,* Systematik, Sp. 205 ff.).

Gliederung der Bilanz nach dem Bilanzrichtlinien-Gesetz gem. § 266 HGB für große und mittelgroße Kapitalgesellschaften:

Aktiva — Bilanz — Passiva

Aktiva

A. Anlagevermögen:

I. Immaterielle Vermögensgegenstände:
1. Konzessionen, gewerbliche Schutzrechte und ähnliche Rechte und Werte sowie Lizenzen an solchen Rechten und Werten;
2. Geschäfts- oder Firmenwert;
3. geleistete Anzahlungen;

II. Sachanlagen:
1. Grundstücke, grundstücksgleiche Rechte und Bauten einschließlich der Bauten auf fremden Grundstücken;
2. technische Anlagen und Maschinen;
3. andere Anlagen, Betriebs- und Geschäftsausstattung;
4. geleistete Anzahlungen und Anlagen im Bau;

III. Finanzanlagen:
1. Anteile an verbundenen Unternehmen;
2. Ausleihungen an verbundene Unternehmen;
3. Beteiligungen;
4. Ausleihungen an Unternehmen, mit denen ein Beteiligungsverhältnis besteht;
5. Wertpapiere des Anlagevermögens;
6. sonstige Ausleihungen.

B. Umlaufvermögen:

I. Vorräte:
1. Roh-, Hilfs- und Betriebsstoffe;
2. unfertige Erzeugnisse, unfertige Leistungen;
3. fertige Erzeugnisse und Waren;
4. geleistete Anzahlungen;

II. Forderungen und sonstige Vermögensgegenstände:
1. Forderungen aus Lieferungen und Leistungen;
2. Forderungen gegen verbundene Unternehmen;
3. Forderungen gegen Unternehmen, mit denen ein Beteiligungsverhältnis besteht;
4. sonstige Vermögensgegenstände;

III. Wertpapiere:
1. Anteile an verbundenen Unternehmen;
2. eigene Anteile;
3. sonstige Wertpapiere;

IV. Schecks, Kassenbestand, Bundesbank- und Postgiroguthaben, Guthaben bei Kreditinstituten.

C. Rechnungsabgrenzungsposten.

Passiva

A. Eigenkapital:

I. Gezeichnetes Kapital;

II. Kapitalrücklage;

III. Gewinnrücklagen:
1. gesetzliche Rücklage;
2. Rücklage für eigene Anteile;
3. satzungsmäßige Rücklagen;
4. andere Gewinnrücklagen;

IV. Gewinnvortrag/Verlustvortrag;

V. Jahresüberschuß/Jahresfehlbetrag.

B. Rückstellungen:

1. Rückstellungen für Pensionen und ähnliche Verpflichtungen;
2. Steuerrückstellungen;
3. sonstige Rückstellungen.

C. Verbindlichkeiten:

1. Anleihen,
davon konvertibel;
2. Verbindlichkeiten gegenüber Kreditinstituten;
3. erhaltene Anzahlungen auf Bestellungen;
4. Verbindlichkeiten aus Lieferungen und Leistungen;
5. Verbindlichkeiten aus der Annahme gezogener Wechsel und der Ausstellung eigener Wechsel;
6. Verbindlichkeiten gegenüber verbundenen Unternehmen;
7. Verbindlichkeiten gegenüber Unternehmen, mit denen ein Beteiligungsverhältnis besteht;
8. sonstige Verbindlichkeiten,
davon aus Steuern,
davon im Rahmen der sozialen Sicherheit.

D. Rechnungsabgrenzungsposten.

Beispiel: Überführung des Inventars aus Abschn. 2.1 in eine Bilanz

Aktiva — Bilanz der Fa. K. Götz zum 31. 12. 19.. — Passiva

Aktiva		Passiva	
A. Anlagevermögen		A. Eigenkapital	58.000
Betriebs- und Geschäftsausstattung (BGA)	22.200	B. Fremdkapital	
B. Umlaufvermögen		Darlehensschuld	15.800
Warenvorräte	36.000	Lieferantenverbindlichkeiten	13.400
Kundenforderungen	18.000		
Bankguthaben	2.800		
Kasse	8.200		
	87.200		87.200

Stuttgart, 10. 1. 19.. gez. Karl Götz

Die Verpflichtung des Kaufmanns zur Unterzeichnung des Jahresabschlusses unter Angabe des Datums ergibt sich aus § 245 HGB.

Die Gesamtheit aller in einem Unternehmen eingesetzten Werte schlägt sich in der Bilanz **zweifach** nieder: zum einen auf der **Passivseite (Kapitalseite)**, wo die Summe der von Eigentümer(n) und von Dritten (Gläubigern) zur Verfügung gestellten Mittel als abstrakte Kontrollziffer die Ansprüche an das Vermögen des Unternehmens repräsentiert, und zum anderen auf der **Aktivseite (Vermögensseite)**, wo die Verwendung der zur Verfügung gestellten Mittel in den Formen konkreter Vermögenswerte ausgewiesen werden. Im Normalfall deckt das Vermögen in seiner Gesamtheit die Summe der Ansprüche von Eigentümern und Gläubigern, d.h. es gilt die Bilanzgleichung:

$$\textbf{Aktiva} = \textbf{Passiva}$$
$$\text{Vermögen} = \text{Eigenkapital} + \text{Fremdkapital}.$$

Aber auch im Fall der Überschuldung, d.h. bei völliger Aufzehrung des Eigenkapitals, verliert diese Gleichung ihre Gültigkeit nicht, es gilt nunmehr:

$$\text{Vermögen} + \text{Verlust} = \text{Fremdkapital}.$$

Geschäftsvorfälle verändern die Bilanz zwar in ihrer Struktur, lassen die Bilanzgleichung jedoch unangetastet. Dabei sind 4 **Grundtypen von Bilanzveränderungen** zu unterscheiden:

Aktivtausch, d.h. bei unveränderter Bilanzsumme finden Umschichtungen innerhalb der Vermögenspositionen statt;

Passivtausch, d.h. bei unveränderter Bilanzsumme finden Umschichtungen innerhalb des Kapitals statt;

Aktiv-Passiv-Mehrung (Bilanzverlängerung), d.h. durch Zunahme von Vermögens- und Kapitalpositionen um den gleichen Betrag vergrößert sich die Bilanzsumme;

Aktiv-Passiv-Minderung (Bilanzverkürzung), d.h. durch Abnahme von Vermögens- und Kapitalpositionen um den gleichen Betrag verkleinert sich die Bilanzsumme.

Solange bei Geschäftsvorfällen Leistung und Gegenleistung wertmäßig übereinstimmen, resultieren daraus lediglich Bestandsveränderungen ohne Erfolgswirkung (**erfolgsunwirksame** Geschäftsvorfälle, z.B. Barabhebung von der

Bank). Fallen dagegen Leistung und Gegenleistung wertmäßig auseinander (z.B. Verkauf von Ware über/unter Einstandspreis), so besitzen die Geschäftsvorfälle zugleich Erfolgswirkung (**erfolgswirksame** Geschäftsvorfälle). Charakteristisch für letztere ist die zwingende Verbindung zum Eigenkapital: Wird z.B. Ware über dem Einkaufspreis veräußert, dann nimmt die Position Ware um einen kleineren Betrag ab als die Position Kasse zunimmt; da dieser Vorgang aber das Fremdkapital nicht berührt, muß die Mehrung der Vermögenswerte entsprechend der Bilanzgleichung dem Eigenkapital zuwachsen. Aus zeitlich asynchron verlaufenden Leistungsprozessen können zudem temporär wirksame Erfolgsniederschläge resultieren: Ein Verbrauch von Heizöl hat eine Abnahme des Heizölbestandes zur Folge, ohne daß dadurch eine andere Vermögensposition unmittelbar zunimmt. Eine entsprechende Abnahme des Fremdkapitals ist durch diesen Vorgang ebenfalls nicht angezeigt, so daß wiederum das Eigenkapital als Residualgröße aus Vermögen und Fremdkapital die Differenz absorbiert. Somit können sich die Bilanzveränderungen Passivtausch, Aktiv-Passiv-Mehrung und Aktiv-Passiv-Minderung sowohl erfolgswirksam als auch erfolgsneutral auswirken; nur dem Aktivtausch fehlt die Verbindung zum Eigenkapital, er bleibt daher immer erfolgsunwirksam.

Beispiel:

Die Schlußbilanz der Firma K. Götz zum 31. 12. 19.. (s.S. 41) bildet die Grundlage für Buchungen in der Folgeperiode.

1. Aktivtausch
   Kauf einer Bürorechenmaschine gegen Barzahlung 1.200
2. Passivtausch
   (a) Lieferant wandelt Forderung in Darlehen um (erfolgsunwirksam) 4.000
   (b) Rückstellungsbildung für Garantiefälle (erfolgswirksam) 1.700
3. Bilanzverlängerung
   (a) Zielkauf von Warenvorräten (erfolgsunwirksam) 3.600
   (b) Bankgutschrift über Zinserträge (erfolgswirksam) 1.000
4. Bilanzverkürzung
   (a) Überweisung einer Lieferantenverbindlichkeit (erfolgsunwirksam) 2.000
   (b) Barzahlung von Miete (erfolgswirksam) 800

Aktiva — Bilanz — Passiva

Ausgangswerte		Fall 1	Fall 3	Fall 4	Ausgangswerte		Fall 2	Fall 3	Fall 4
BGA	22.200	+ 1.200			Eigenkap.	58.000	(b) − 1.700	(b) + 1.000	(b) − 800
Waren	36.000		(a) + 3.600		Garantie-				
Ford.	18.000				rückstellg.	–	(b) + 1.700		
Bank	2.800		(b) + 1.000	(a) − 2.000	Darlehen	15.800	(a) + 4.000		
Kasse	8.200	− 1.200		(b) − 800	Lieferanten-				
					verbindl.	13.400	(a) − 4.000	(a) + 3.600	(a) − 2.000
	87.200	87.200	(a) 90.800	(a) 85.200		87.200	(a) 87.200	(a) 90.800	(a) 85.200
			(b) 88.200	(b) 86.400			(b) 87.200	(b) 88.200	(b) 86.400

Da alle erfolgswirksamen Vorgänge ihren wertmäßigen Niederschlag im Eigenkapital finden, kann durch **Vergleich des Eigenkapitals** am Ende (EK_e) mit dem Eigenkapital am Anfang (EK_a) der Erfolg (G) der Abrechnungsperiode bestimmt werden, wenn zusätzlich die erfolgsneutralen Eigenkapitalveränderungen (Privatentnahmen [PE], Privateinlagen [PL]) ausgeschieden werden:

$$G = EK_e - EK_a + PE - PL$$

Diese Vorgehensweise ist mit der Gewinnermittlung des § 4, Abs. 1 EStG ([Rein-]**Vermögensvergleich**) identisch. Zwar verlangt das Gesetz einen Vergleich des Reinvermögens am Ende der Periode (RV_{e_n}) mit dem Reinvermögen am Ende der Vorperiode ($RV_{e_{n-1}}$); wegen des Grundsatzes der Bilanzidentität müssen $RV_{e_{n-1}}$ und RV_{a_n} jedoch übereinstimmen, so daß auch hier gilt:

$$G = RV_e - RV_a + PE - PL$$

2.3 Bestandskonten

Jeder Geschäftsvorfall ändert das Gefüge der Bilanz; es wäre aus Wirtschaftlichkeitserwägungen jedoch unzweckmäßig, dafür jeweils gesonderte bilanzielle Abschlüsse zu erstellen. Deshalb werden die Geschäftsvorfälle auf besonderen Verrechnungsstellen erfaßt. Das rechnerische Darstellungsmittel dazu ist das **Konto** in der empirischen Erscheinungsform einer zweiseitigen Aufstellung (T-Konto; Kontenkreuz). Dabei werden Zugänge getrennt von den Abgängen erfaßt, so daß die beiden Kontenseiten im mathematischen Sinne entgegengesetzt wirken und jederzeit eine rechnerische Feststellung des aktuellen Bestandes als Differenz bzw. **Saldo** möglich ist.

Die Überschriften **„Soll“** auf der linken und **„Haben“** auf der rechten Seite des T-Kontos erklären sich nur mehr historisch. Zurückgehend auf die ältesten Konten der Schuldverhältnisse (sog. personalistische Kontentheorie; zu Buchhaltungs- und Kontentheorien vgl. *Eisele,* Kontentheorien, Sp. 347ff.) bestimmt die Konvention, daß auf der Sollseite die Beträge „belastet“ werden, die der Kunde noch zahlen soll (Debet, Lastschrift), während auf der rechten Seite „erkannt“ wird, welchen Betrag der Kunde gut hat (Kredit, Gutschrift). Mit der Übertragung auf die verschiedensten Konten haben diese Bezeichnungen jedoch ihren ursprünglichen Wortsinn verloren.

Die aus den Vermögens- und Kapitalbeständen der Bilanz abgeleiteten Konten werden als **Bestandskonten** bezeichnet; sie sind der jeweiligen Bilanzseite entsprechend in **Aktiv-** und **Passivkonten** unterteilt. Die Festlegung des Kontenin-

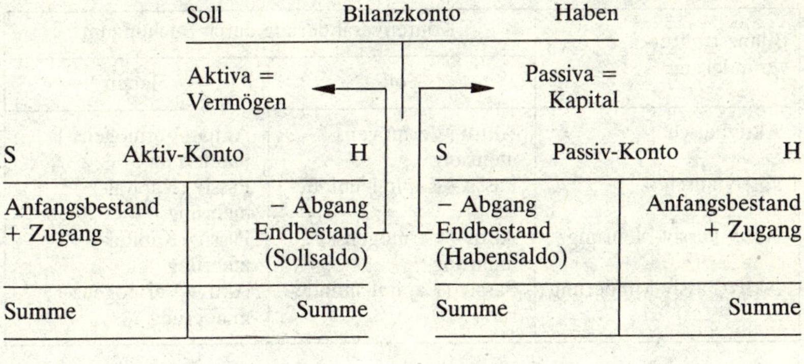

halts erfolgt mit der Eintragung des Anfangsbestandes. Da die Konten jedoch primär der Fortschreibung der Bestände und der laufenden Aufzeichnung der Umsätze dienen, ist ihr Aufbau und ihre Axiomatik nicht auf die Eröffnungsbilanz, sondern auf die Abschlußrechnung, d. h. das den Endbestand aufnehmende Bilanzkonto, zugeschnitten.

Formal rechnen die Aktivkonten von links nach rechts; die Eröffnung dieser Konten erfolgt demgemäß der Anordnung des Bestandes in der (Eröffnungs-) Bilanz entsprechend auf der Sollseite, während der Endbestand zum Rechnungsabschluß auf der Habenseite festgestellt wird. Folgerichtig werden Zugänge als Bestandsmehrungen auf der Sollseite, Abgänge als Bestandsminderungen auf der Habenseite erfaßt. Bei den Passivkonten geschieht dies genau umgekehrt, denn sie rechnen formal von rechts nach links.

Seinen rechnerischen Ausgleich erfährt das Konto durch **Saldierung.** Dazu werden der Anfangsbestand und die Zugänge addiert und die Abgänge subtrahiert:

Saldo: Endbestand (EB) = Anfangsbestand (AB) + Zugang (Z) − Abgang (A)

Der **Saldo** wird stets nach der größeren Kontenseite, zu deren Ausgleich er dient, bzw. nach der Seite, auf die er im Bilanzkonto übernommen wird, bezeichnet.

Aus der obigen Gleichung sind **zwei Schlußfolgerungen** zu ziehen:

(1) Die Ermittlung des Endbestandes durch Saldierung sorgt zwingend für eine Übereinstimmung der Wertsumme der Sollseite (linke Seite) mit der Wertsumme der Habenseite (rechte Seite):

$$AB + Z = A + EB$$

Soll = Haben

Die Geschlossenheit des doppischen Systems bewirkt zugleich, daß bei Übernahme der Salden der Aktiv- und Passivkonten in das Bilanzkonto gilt:

Summe der Sollsalden = Summe der Habensalden.

Damit lebt die unzerstörbare Bilanzgleichung:

Aktiva = Passiva

als Basis des doppischen Systems auch im Konto fort. Die aufgezeigten grundlegenden **Bilanzstrukturveränderungen** führen dabei zu jeweils zwei Kontenbewegungen:

Bilanzstrukturveränderung	Kontenveränderung durch Buchung im	
	Soll	Haben
Aktivtausch	Aktiv-(Vermögens-) mehrung	Aktiv-(Vermögens-) minderung
Passivtausch	Passiv-(Kapital-)minderung	Passiv-(Kapital-) mehrung
Aktiv-Passiv-Mehrung	Aktiv-(Vermögens-) mehrung	Passiv-(Kapital-) mehrung
Aktiv-Passiv-Minderung	Passiv-(Kapital-)minderung	Aktiv-(Vermögens-) minderung

(2) Die oben genannte Gleichung zur Endbestandsermittlung macht zudem deutlich, daß jede Bestandsrechnung auch zwingend mit der zahlenmäßigen Erfassung des Umsatzprozesses als **Bewegungsvorgang** verknüpft ist. Die Differenz der auf jeder Kontoseite aufsummierten einzelnen Kontenumsätze (Zu- bzw. Abgänge) entspricht der Bestandsveränderung. Somit gelten die Beziehungen:

$$AB \pm \text{Veränderung} = EB$$

oder

$$\pm \text{Veränderung} = \text{Beständedifferenz} = EB - AB.$$

Die Bilanzbestände weisen sich demnach als das Ergebnis stattgehabter Bewegungsvorgänge (Umsatzakte) aus.

Dem Formalismus der Doppik entsprechend, erfolgt jede Aufzeichnung eines Geschäftsvorfalls als **Doppelbuchung** (im Soll und im Haben), und zwar auf den entgegengesetzten Seiten mindestens zweier Konten (Buchung und Gegenbuchung, Lastschrift und Gutschrift), wobei die Summe der im Soll gebuchten Beträge jener im Haben gebuchten Summe entspricht. Aus dieser notwendigen Bedingung hat sich eine Konvention zur ersten Aufzeichnung eines Geschäftsvorfalls herausgebildet: Die chronologische Erfassung der Geschäftsvorgänge im Grundbuch (vgl. Teil A, Abschn. 12.22, S. 332f.) erfolgt durch den **Buchungssatz** (Kontenanruf, Kontenbenennung), indem zuerst der/die Sollposten und dann der/die Habenposten unter Benennung des Betrages x mit dem Wort „an" verbunden werden. Die Kontennennungen können auch durch „von" oder „per" eingeleitet werden. Die allgemeine Form lautet daher bei

- einfachen Buchungssätzen:
  (von) Konto Soll x_1 **an** Konto Haben x_1
- zusammengesetzten Buchungssätzen:
  (von) Konto Soll x_1
  (und) Konto Soll x_2 **an** Konto Haben x_3
  (und) Konto Haben x_4; mit $x_1 + x_2 = x_3 + x_4$.

Übungsbeispiel: Bilden und Deuten von Buchungssätzen

Bei der Buchungssatzbildung sollte die Aufgabenlösung folgende gedankliche Vorgehensweise berücksichtigen:
a) Welche Konten werden durch den Geschäftsvorgang berührt?
b) Handelt es sich dabei um Aktiv- oder Passivkonten?
c) Erfolgt eine Mehrung (Zugang) oder Minderung (Abgang) auf dem betreffenden Konto?
d) Wie lautet demnach der Buchungssatz?

Einfache Buchungssätze (zwei Konten werden berührt):

1) Barabhebung von der Bank
2) Verkauf von Waren gegen Barzahlung
3) Barkauf eines Firmenwagens
4) Zielkauf von Ware
5) Aufnahme eines Darlehens
6) Banküberweisung eines Kunden
7) Rücksendung noch nicht bezahlter Waren an Lieferanten
8) Kauf von Büroeinrichtung auf Ziel

9) Abschluß eines langfristigen Liefervertrages mit einem Lieferanten
10) Tilgung einer Hypothekenschuld durch Banküberweisung
11) Nachträglich gewährter Preisnachlaß gegenüber Kunden
12) Ziehen eines Wechsels auf einen Kunden
13) Einräumung eines Bankkredits durch die Hausbank
14) Umwandlung einer Lieferantenforderung in ein Darlehen
15) Akzepthingabe an einen Lieferanten
16) Baranzahlung eines Kunden aufgrund einer langfristigen Liefervereinbarung

Zusammengesetzte Buchungssätze (betreffen mehr als zwei Konten):

1) Wareneinkauf gegen Barzahlung 500 und Banküberweisung 300
2) Kauf eines Gebäudes 50.000 einschließlich darauf lastender Hypothek 32.000 bei Kreditierung der Restsumme
3) Kauf eines Kraftfahrzeuges 8.500 gegen Inzahlunggabe eines gebrauchten Kraftfahrzeugs zum Buchwert; Restüberweisung 5.300
4) Barauszahlung eines aufgenommenen Darlehens 40.000 mit 92%

Deuten von Buchungssätzen:

1)	Waren	**an**	Verbindlichkeiten
2)	Bank	**an**	Forderungen
3)	Darlehen	**an**	Hypotheken
4)	Besitzwechsel	**an**	Geschäftsausstattung
5)	Lieferantenverbindlichkeiten	**an**	Bankschulden
6)	Eigenkapital	**an**	Waren
7)	Akzept	**an**	Kasse
8)	Grund und Boden	**an**	Eigenkapital
9)	Lieferantenverbindlichkeiten	**an**	Waren
10)	Sonstige Forderungen Bank Hypothekenverbindlichkeiten	**an**	Grundstücke und Gebäude

Lösung:
Einfache Buchungssätze:

1)	Kasse	**an**	Bank (Aktivtausch)
2)	Kasse	**an**	Waren (Aktivtausch)
3)	Fuhrpark	**an**	Kasse (Aktivtausch)
4)	Waren	**an**	Lieferantenverbindlichkeiten (Bilanzverlängerung)
5)	Kasse	**an**	Darlehensverbindlichkeiten (Bilanzverlängerung)
6)	Bank	**an**	Kundenforderungen (Aktivtausch)
7)	Lieferantenverbindlichkeiten	**an**	Waren (Bilanzverkürzung)
	Bei Rücksendung bezahlter Waren würde der Buchungssatz lauten:		
	Sonstige Forderungen	**an**	Waren (Aktivtausch)

8) Betriebs- und Geschäftsausstattung	**an**	Sonstige Verbindlichkeiten (Bilanzverlängerung)
9) Schwebendes Geschäft – keine Verbuchung		
10) Hypothekenverbindlichkeiten	**an**	Bank (Bilanzverkürzung; wenn Bankverbindlichkeiten: Passivtausch)
11) Waren	**an**	Kundenforderungen (Bilanzverkürzung)
12) Besitzwechsel	**an**	Kundenforderungen (Aktivtausch)
13) Keine Buchung; erst Kreditinanspruchnahme löst Buchung aus		
14) Lieferantenverbindlichkeiten	**an**	Darlehensschulden (Passivtausch)
15) Lieferantenverbindlichkeiten	**an**	Schuldwechsel (Passivtausch)
16) Kasse	**an**	Erhaltene Anzahlungen bzw. Sonstige Verbindlichkeiten (Bilanzverlängerung)

Zusammengesetzte Buchungssätze:

1) Waren	800	**an**	Kasse	500
			Bank	300
2) Grundstücke und Gebäude	50.000	**an**	Hypothekenverbindlichkeiten	32.000
			Sonstige Verbindlichkeiten	18.000
3) Fuhrpark (BGA)	8.500	**an**	Fuhrpark (BGA)	3.200
			Bank	5.300
4) Kasse	36.800			
Damnum	3.200	**an**	Darlehensschulden	40.000

Deuten von Buchungssätzen:

1) Kauf von Ware auf Ziel
2) Banküberweisung eines Kunden
3) Umschuldung: Darlehens- in Hypothekenschuld
4) Verkauf von Geschäftseinrichtung gegen Besitzwechsel
5) Begleichung von Kreditoren durch Bankkreditinanspruchnahme
6) Warenentnahme vom Lager für den Eigenbedarf
7) Bareinlösung eines Schuldwechsels
8) Einbringung eines unbebauten Grundstücks in das Betriebsvermögen
9) Rücksendung nicht bezahlter Ware an den Lieferanten
10) Veräußerung eines hypothekenbelasteten Gebäudes bei teilweiser Bezahlung des Kaufpreises durch Banküberweisung; der Rest wird kreditiert

2.4 Eröffnungs- und Abschlußkonten

Das Prinzip der Doppik, das auf dem Postulat beruht, daß keine Buchung ohne entsprechende Gegenbuchung erfolgen darf, gilt auch für die Konteneröffnung und den Kontenabschluß. Durch die **Eröffnungsbuchungen** werden die Bestände der Eröffnungs-(Anfangs-, Gründungs-)bilanz auf die aktiven und passiven Bestandskonten übertragen. Die Bilanz scheidet jedoch für die Aufnahme der Gegenbuchung aus, weil sie statistisch, also außerhalb des Kontensystems, erstellt wird. Für die Aufzeichnung der Gegenbuchung muß deshalb ein technisches Hilfskonto, das **Eröffnungsbilanzkonto,** eingerichtet werden. Das Eröffnungsbilanzkonto nimmt daher die Form einer seitenverkehrten Bilanz an. Der praktische Zweck dieses Hilfskontos beruht auf der Kontrolle der vollständigen Bestandsübernahme in die neue Rechnungsperiode. Das gilt besonders im Falle längerfristiger Abschlußarbeiten, z.B. bei der zeitlich nachverlegten Inventur, weil dann die laufenden Buchungen ohne Kenntnis der Eröffnungsbestände durchgeführt werden müssen. Eine Buchführung verliert jedoch nicht ihre Ordnungsmäßigkeit, wenn auf die Einrichtung des Hilfskontos verzichtet wird. Die Bilanzgleichung sorgt auch im Fall der einfachen Übernahme der Bestände in die Konten dafür, daß die Summe der Eintragungen im Soll der Summe der Eintragungen im Haben entspricht.

Statt der Buchungssätze:

Verschiedene Aktivkonten **an** Eröffnungsbilanzkonto

Eröffnungsbilanzkonto **an** Verschiedene Passivkonten,

erfolgt die Einbuchung durch die Reduktion auf einen Buchungssatz:

Verschiedene Aktivkonten **an** Verschiedene Passivkonten.

Die Buchungen auf den Abschlußkonten wahren ebenfalls den Grundsatz der Doppik. Die Salden der aktiven und passiven Bestandskonten finden ihre Gegenbuchung im **(Schluß-)Bilanzkonto.** Da Aktivkonten stets mit einem Sollsaldo schließen, erfolgt ihr Abschluß durch die Buchung:

(Schluß-)Bilanzkonto **an** Verschiedene Aktivkonten;

Passivkonten weisen dagegen immer einen Habensaldo aus, so daß der Buchungssatz gilt:

Verschiedene Passivkonten **an** (Schluß-)Bilanzkonto.

Im (Schluß-)Bilanzkonto kommen Vermögen und Kapital auf der gleichen Seite wie in der Schlußbilanz zum Ansatz. Schlußbilanz und (Schluß-)Bilanzkonto sind jedoch nicht zwingend identisch: Während das (Schluß-)Bilanzkonto im wesentlichen formfrei nach betrieblichen und abrechnungstechnischen Gesichtspunkten aufgebaut sein darf, sind in der Schlußbilanz die Form- und Gliederungsvorschriften der einschlägigen Handelsgesetze einzuhalten (vgl. Teil A, Abschn. 2.2, S. 38ff.).

2.5 Eigenkapitalunterkonten

Der Umsatzprozeß läßt sich mit Hilfe der aktiven und passiven Bestandskonten bereits vollständig abbilden. Trotzdem erscheint eine Beschränkung auf Bestandskonten unzweckmäßig, weil der wichtigste Indikator für den Erfolg bzw. Mißerfolg der unternehmerischen Aktivität, der **Gewinn** bzw. **Verlust,** nicht unmittelbar aus den Bestandskonten abgeleitet werden kann. Das Eigenkapital nimmt vielmehr in unübersichtlicher und lediglich chronologischer Anordnung die erfolgswirksamen Geschäftsvorfälle auf. Daneben finden zudem noch die erfolgsneutralen Privateinlagen und -entnahmen Eingang in das Konto. Zur Trennung der erfolgswirksamen und der erfolgsneutralen Eigenkapitalveränderungen werden deshalb zwei **Unterkonten** eingerichtet, das Erfolgskonto (**Gewinn- und Verlustkonto**) und das **Privatkonto.** Das Eigenkapitalkonto wird auf diese Weise zu einem ruhenden Konto, das erst zum Geschäftsjahresschluß die Salden der Unterkonten aufnimmt.

2.51 Erfolgskonten

Da die Erfolgskonten dem Eigenkapitalkonto nachgebildet sind, müssen sie auch dessen Kontenformalismus, also den eines passiven Bestandskontos, annehmen. Das **Gewinn- und Verlustkonto** erfaßt demgemäß erfolgswirksame Eigenkapitalmehrungen (= **Erträge**) im „Haben" und erfolgswirksame Eigenkapitalminderungen (= **Aufwendungen**) im „Soll". Ein solches Konto würde jedoch die Aufwendungen und Erträge nur in zeitlicher Reihenfolge aufzeichnen; der Gesetzgeber verlangt handelsrechtlich (§ 242, Abs. 2 HGB) und steuerrechtlich (§ 60, Abs. 2 EStDV, sofern die doppelte Buchführung Verwendung findet) aber eine nach sachlichen Gesichtspunkten strukturierte Gewinn- und Verlustrechnung (GuV). Dies wird anhand der **GuV-Gliederungen** des Handelsgesetzbuches demonstriert. Diese Gliederungen müssen zwar nur von Kapitalgesellschaften angewendet werden, sie sind aber weitgehend rechtsformunabhängig aufgebaut und vermögen darüber hinaus durch ihre speziellen Strukturen vertiefte Einblicke in die **Erfolgslage** eines Unternehmens zu gewähren (s. S. 50f.).

Beide in § 275 HGB angesprochenen Gliederungsschemata entsprechen formal allerdings nicht der **Kontoform,** sondern der **Staffelform.** Der Vorteil einer Staffelrechnung besteht in der Möglichkeit, Zwischensummen mit Erklärungsgehalt für die Ertragskraft des Unternehmens bilden zu können. Da die GuV-Rechnung, ebenso wie die Bilanz, letztendlich statistisch aus der Buchführung abgeleitet wird, kann allerdings innerhalb des Buchführungssystems weiterhin mit einem GuV-Konto abgerechnet werden.

Dagegen bedingen die unterschiedlichen Ansätze nach dem Gesamtkosten- (Bruttoproduktionsrechnung) und dem Umsatzkostenverfahren (vgl. zu den Verfahren im einzelnen Teil B, Abschn. 4.8, S. 652ff.) auch unterschiedliche Abrechnungsmethoden: Beim **Gesamtkostenverfahren** werden sämtliche Ertragsbeiträge, die gemäß der zweckbestimmten Leistungserstellung des Betriebes in einer Periode erwirtschaftet wurden, ausgewiesen. Dazu zählen neben der wichtigsten Erfolgskomponente Umsatzerlöse (Pos. 1) also auch die in der Periode auf Lager produzierten oder die vom Lager verkauften, aber in einer Vorperiode produzierten Halb- und Fertigfabrikate (Pos. 2), die selbsterstellten, im Produktionsprozeß eingesetzten Güter (Pos. 3) sowie die sonstigen betrieblichen Erträge (Pos. 4). Dementsprechend werden im Gesamtkostenverfahren alle für diese Leistungserstellung eingesetzten Aufwendungen, d.h. die Wertverbräuche an Gütern und Dienstleistungen (Pos. 5–8) in Abzug gebracht. Die Differenz hieraus entspricht dem Investitionserfolg (Betriebsergebnis) im eigenen Unternehmen.

	Gesamtkostenverfahren
Betriebsertrag (durch Investitionen im Unternehmen erzielt)	1. Umsatzerlöse 2. Erhöhung oder Verminderung des Bestands an fertigen und unfertigen Erzeugnissen 3. andere aktivierte Eigenleistungen 4. sonstige betriebliche Erträge
./. Betriebsaufwand (durch Investitionen im Unternehmen verursacht)	5. Materialaufwand: a) Aufwendungen für Roh-, Hilfs- und Betriebsstoffe und für bezogene Waren b) Aufwendungen für bezogene Leistungen 6. Personalaufwand: a) Löhne und Gehälter b) soziale Abgaben und Aufwendungen für Altersversorgung und für Unterstützung, davon für Altersversorgung 7. Abschreibungen: a) auf immaterielle Vermögensgegenstände des Anlagevermögens und Sachanlagen sowie auf aktivierte Aufwendungen für die Ingangsetzung und Erweiterung des Geschäftsbetriebs b) auf Vermögensgegenstände des Umlaufvermögens, soweit diese die in der Kapitalgesellschaft üblichen Abschreibungen überschreiten 8. sonstige betriebliche Aufwendungen
+ Finanzertrag (durch Investitionen außerhalb des Unternehmens erzielt)	9. Erträge aus Beteiligungen, davon aus verbundenen Unternehmen 10. Erträge aus anderen Wertpapieren und Ausleihungen des Finanzanlagevermögens, davon aus verbundenen Unternehmen 11. sonstige Zinsen und ähnliche Erträge, davon aus verbundenen Unternehmen
./. Finanzaufwand (durch Investitionen außerhalb des Unternehmens und Investitionen Unternehmensfremder im Unternehmen verursacht)	12. Abschreibungen auf Finanzanlagen und auf Wertpapiere des Umlaufvermögens 13. Zinsen und ähnliche Aufwendungen, davon an verbundene Unternehmen
= Betriebs- + Finanzergebnis	14. Ergebnis der gewöhnlichen Geschäftstätigkeit
+ / ./. außerhalb der üblichen Geschäftstätigkeit erzieltes Ergebnis	15. außerordentliche Erträge 16. außerordentliche Aufwendungen 17. außerordentliches Ergebnis
./. Steueraufwand	18. Steuern vom Einkommen und vom Ertrag 19. sonstige Steuern
= Periodenergebnis	20. Jahresüberschuß/Jahresfehlbetrag

Gliederung der Gewinn- und Verlustrechnung bei Anwendung des Gesamtkostenverfahrens gemäß § 275, Abs. 2 HGB

Umsatzkostenverfahren

1. Umsatzerlöse	Rohertrag
	./.
2. Herstellungskosten der zur Erzielung der Umsatzerlöse erbrachten Leistungen	Rohaufwand (primäre Kosten)
3. Bruttoergebnis vom Umsatz	= Rohgewinn(-verlust)
	+
4. Vertriebskosten 5. allgemeine Verwaltungskosten 6. sonstige betriebliche Erträge	sekundäre Erträge
	./.
7. sonstige betriebliche Aufwendungen	sekundäre Kosten
	+
8. Erträge aus Beteiligungen, davon aus verbundenen Unternehmen 9. Erträge aus anderen Wertpapieren und Ausleihungen des Finanzanlagevermögens, davon aus verbundenen Unternehmen 10. sonstige Zinsen und ähnliche Erträge, davon aus verbundenen Unternehmen	Finanzertrag (durch Investitionen außerhalb des Unternehmens erzielt)
	./.
11. Abschreibungen auf Finanzanlagen und auf Wertpapiere des Umlaufvermögens 12. Zinsen und ähnliche Aufwendungen, davon an verbundene Unternehmen	Finanzaufwand (durch Investitionen außerhalb des Unternehmens und Investitionen Unternehmensfremder im Unternehmen verursacht)
13. Ergebnis der gewöhnlichen Geschäftstätigkeit	= Betriebs- + Finanzergebnis
	+ / ./.
14. außerordentliche Erträge 15. außerordentliche Aufwendungen 16. außerordentliches Ergebnis	außerhalb der üblichen Geschäftstätigkeit erzieltes Ergebnis
	./.
17. Steuern vom Einkommen und vom Ertrag 18. sonstige Steuern	Steueraufwand
19. Jahresüberschuß/Jahresfehlbetrag	= Periodenergebnis

Gliederung der Gewinn- und Verlustrechnung bei Anwendung des Umsatzkostenverfahrens gemäß § 275, Abs. 3 HGB

Das **Umsatzkostenverfahren** schlägt zur Errechnung des Investitionserfolgs einen anderen Weg ein: Es wird nicht der gesamte Betriebsertrag erfaßt; der Ausweis beschränkt sich vielmehr auf die Umsatzerlöse (Pos. 1) und die sonstigen betrieblichen Erträge (Pos. 6). In Abzug werden nur jene Aufwendungen gebracht, die für den erzielten Umsatz eingesetzt wurden. Das Umsatzkostenverfahren erfordert somit also auch eine Erfassung sämtlicher betriebsbedingter Aufwendungen, die dann aber in einen umsatzbedingten und einen nichtumsatzbedingten (Lageraufbau, aktivierte Eigenleistungen) Anteil zerlegt werden müssen. Der nichtumsatzbedingte Anteil der Aufwendungen mündet schließlich erfolgsneutral in den entsprechenden Aktiva der Bilanz (z.B. mit dem Herstellungsaufwand bewertete Vorratsbestände). Diese Aufteilung ist jedoch regelmäßig mit dem Instrumentarium der Finanzbuchführung nicht zu bewerkstelligen. Die Verteilung der Aufwandsarten auf die ausgewiesenen Bereiche Herstellung, Vertrieb und allgemeine Verwaltung erfordert Daten der Kostenstellenrechnung. Die dann folgende Zuordnung der Kostenbereiche zum zugehörigen Umsatz kann wie bei der Bewertung der Bestände an Halb- und Fertigfabrikaten nur über die Kostenträgerrechnung erfolgen.

Ab der Pos. 9 des Gesamtkostenverfahrens bzw. Pos. 8 des Umsatzkostenverfahrens sind die beiden GuV-Rechnungen nunmehr identisch aufgebaut. Es wird zunächst das Finanzergebnis ermittelt (Pos. 9–13 bzw. 8–12), indem die Finanzerträge (Pos. 9–11 bzw. 8–10) und -aufwendungen (Pos. 12 und 13 bzw. 11 und 12), die durch Investitionen in fremden Unternehmen erzielt bzw. verursacht wurden, und die Kapitalkosten für Investitionen Dritter (Pos. 13 bzw. 12) im Unternehmen verrechnet werden. Die Zusammenfassung von Finanz- und Betriebsergebnis in der Zwischensumme der Pos. 14 bzw. 13 zeigt den **Erfolg**, den das Unternehmen seiner Zweckbestimmung gemäß, d.h. aus der **gewöhnlichen** Geschäftstätigkeit in der betreffenden Periode erwirtschaftet hat.

In Abgrenzung dazu steht das **außerordentliche** Ergebnis (Pos. 15 + 16 = 17 bzw. 14 + 15 = 16). Dabei handelt es sich um Erfolgsbestandteile, die nicht aus der eigentlichen Geschäftstätigkeit herrühren, also von wenig beständiger Natur sind. Daran schließt sich der Steueraufwand (Pos. 18 und 19 bzw. 17 und 18) an, so daß mit dem **Erfolgssaldo** (Pos. 20 bzw. 19) das Periodenergebnis (Jahresüberschuß/Jahresfehlbetrag) ausgewiesen wird. Die Ermittlung des Periodenerfolgs geschieht also durch **Aufwands- und Ertragsvergleich:**

$$\text{Erfolg} = \text{Ertrag} - \text{Aufwand}$$
$$\text{Ertrag} > \text{Aufwand} \Rightarrow \text{Gewinn}$$
$$\text{Ertrag} < \text{Aufwand} \Rightarrow \text{Verlust}$$

Die Gewinn- und Verlustrechnung ist damit in der Lage, die **Erfolgsquellen** des Unternehmens offenzulegen. Die Einsicht in die Ursachen des Erfolges vermag wiederum wichtige Steuerungsgrundlagen für die Erlöspolitik des Unternehmens zu liefern.

Um die Struktur der Gewinn- und Verlustrechnung verwirklichen zu können, sind jedoch für jede Aufwands- und Ertragsart **gesonderte Konten** einzurichten, die die entsprechenden Erträge und Aufwendungen während der Abrechnungsperiode erfassen. Aus dem Bild der Erfolgs-(Gewinn- und Verlust-)rechnung ergibt sich für die zugehörigen Erfolgskonten somit die folgende Formaleinteilung:

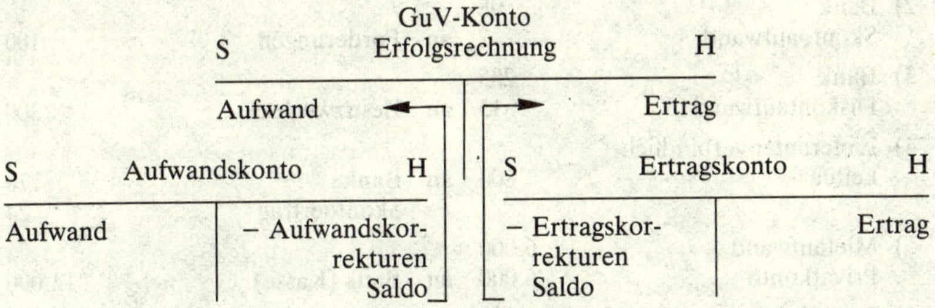

Das GuV-Konto wird auf diese Weise wie das Eigenkapitalkonto zum ruhenden Konto. Chronologisch betrachtet, werden also in der Buchführung zuerst die einzelnen Aufwands- und Ertragskonten eröffnet. Am Ende des Wirtschaftsjahres, zum Jahresabschluß, werden die Salden der Erfolgskonten als Aufwand und Ertrag in die Erfolgsrechnung übernommen:

GuV-Konto	**an**	Aufwandskonto
Ertragskonto	**an**	GuV-Konto.

Der Saldo des GuV-Kontos wird schließlich in das Eigenkapitalkonto übertragen:

bei Gewinn: GuV-Konto	**an**	Eigenkapitalkonto;
bei Verlust: Eigenkapitalkonto	**an**	GuV-Konto.

Übungsbeispiel: Bilden und Deuten von Buchungssätzen

Buchungssätze:

1) Überweisung von Arbeitslohn (Gehalt) 1.500
2) Kunde begleicht ausstehende Rechnung über 100 unter Abzug von 2% Skonto
3) Diskontierung eines Wechsels über 300 bei der Bank; Diskont 15
4) Begleichung einer Lieferantenrechnung 800 durch Banküberweisung unter Einbehalt von 3% Skonto
5) Mietzahlung 12.000 für ein zur Hälfte betrieblich genutztes Gebäude
6) Eine in der Vorperiode gebildete Prozeßrückstellung 2.500 wird durch rechtskräftiges Urteil nur zu 1.500 in Anspruch genommen
7) Überweisung der Jahresbelastung (Annuität) 3.000 für ein Darlehen an die Hausbank, Zinsanteil 2.400

Deuten von Buchungssätzen:

1)	Sonstige Forderungen	**an**	Steueraufwand
2)	Rückstellungen	**an**	Sonstiger betr. Ertrag
3)	Sonstiger betr. Aufwand	**an**	Kasse
4)	Bank Sonstiger betr. Aufwand	**an**	Betriebs- und Geschäftsausstattung
5)	Mietaufwand Aktive Rechnungsabgrenzung	**an**	Privat-(einlagen-)konto

Lösung:

1)	Lohn- und Gehaltskonto	1.500	**an**	Bank	1.500
2)	Bank	98			
	Skontoaufwand	2	**an**	Forderungen	100
3)	Bank	285			
	Diskontaufwand	15	**an**	Besitzwechsel	300
4)	Lieferantenverbindlichkeiten	800	**an**	Bank	776
				Skontoertrag	24
5)	Mietaufwand	6.000			
	Privatkonto	6.000	**an**	Bank (Kasse)	12.000
6)	Prozeßrückstellungen	2.500	**an**	Bank (Kasse)	1.500
				Sonstiger betr. Ertrag	1.000
7)	Zinsaufwand	2.400			
	Darlehensschuld	600	**an**	Bank	3.000

Deuten von Buchungssätzen:

1) Der Steuerbescheid des Finanzamts weist eine Überzahlung aus
2) Auflösung einer in der (den) Vorperiode(n) überhöht gebildeten Rückstellung
3) Kassenfehlbetrag
4) Verkauf von Büroeinrichtung unter Buchwert
5) (Teilweise) Mietvorauszahlung für Geschäftsräume aus Privatmitteln

2.52 Privatkonten

Die erfolgsunwirksamen Veränderungen des Eigenkapitals betreffen regelmäßig die private Sphäre der Unternehmenseigner. Es handelt sich dabei um **Einlagen** (Eigenkapitalerhöhungen) und um **Privatentnahmen** (Eigenkapitalherabsetzungen, z. B. Barentnahmen, Privatsteuern der Eigner, privatgenutzte Wirtschaftsgüter des Unternehmens wie Geschäftswagen, Grundstücke oder Wohnungen). Diese Veränderungen werden ebenfalls, der Übersichtlichkeit des Eigenkapitalkontos wegen, auf einem gesonderten Konto, dem Privatkonto, erfaßt.

Als Unterkonto des Eigenkapitals genügt es dem Rechenformalismus eines passiven Bestandskontos, d. h. Eigenkapitalminderungen (Privatentnahmen) werden im „Soll“, Eigenkapitalmehrungen (Einlagen) dagegen im „Haben“ verbucht. Zum Jahresabschluß erfolgt die Übertragung des Saldos auf das Eigenkapitalkonto:

bei Einlagenüberschuß:
Privatkonto **an** Eigenkapitalkonto;

bei Entnahmeüberschuß:
Eigenkapitalkonto **an** Privatkonto.

Beispiel: Bilden von Buchungssätzen

1) Privatentnahme des Geschäftsinhabers in bar
2) Bareinlage des Inhabers
3) Überweisung von Einkommensteuer des Geschäftsinhabers

Lösung:

1)	Privat-(entnahme-)konto	**an**	Kasse (Bilanzverkürzung)
2)	Kasse	**an**	Privatkonto (Bilanzverlängerung)
3)	Privatkonto	**an**	Bank (Bilanzverkürzung)

2.6 Gemischte Konten

Mit Bestandskonten wird das Ziel verfolgt, Bestandsveränderungen zu erfassen; sie weisen demgemäß einheitlich als Salden Endbestände aus. Erfolgskonten dienen dagegen der Aufzeichnung der Erfolgsveränderungen und errechnen als Salden Erfolgsbestandteile. Darüber hinaus existieren jedoch auch Kontengruppen, die keinen einheitlichen (reinen), sondern einen gemischten Konteninhalt abrechnen, da sie sowohl mit den Bestands- als auch mit den Erfolgskonten korrespondieren; ihre Salden entziehen sich damit einer eindeutigen Klassifizierung. Rechentechnische Probleme ergeben sich mit diesen Konten daher nicht bei der Erfassung der Konteninhalte, sondern erst beim Abschluß der Konten.

Dabei sind grundsätzlich zwei Arten von gemischten Konten zu unterteilen:

a) Bestandskonten mit Erfolgsanteil,
b) Erfolgskonten mit Bestandsanteil.

Bei den **Bestandskonten mit Erfolgsanteil** überwiegt der Bestandscharakter. Diese Konten erfassen im Laufe des Geschäftsjahres die (wertmäßigen) Zu- und Abgänge. Die Salden, d. h. die Endbestände, lassen sich jedoch erst ermitteln, wenn der Erfolgsteil der Konten eingebucht wurde. Besonders deutlich tritt dieser Zusammenhang bei den Anlagekonten für abnutzbare Wirtschaftsgüter hervor:

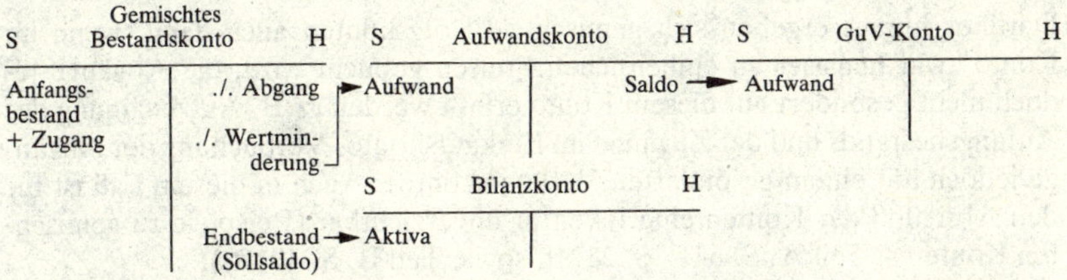

Wirtschaftsgüter des Anlagevermögens (Potentialfaktoren) geben ihre Nutzung über mehrere Perioden verteilt ab. So kann ein Kraftfahrzeug in aller Regel über mehrere Perioden betrieblich in Anspruch genommen werden. Durch die Leistungsabgabe erleidet das Kraftfahrzeug aber auch einen Wertverlust. Der Restwert (Endbestand) des Wirtschaftsgutes läßt sich daher erst nach der Einbuchung der Wertminderung (Erfolgsteil) in das gemischte Konto errechnen:

Aufwandskonto **an** Gemischtes Bestandskonto

(Schluß-)Bilanzkonto **an** Gemischtes Bestandskonto.

Hiermit wird auch einsichtig, warum der Gesetzgeber bei Führung einer **Anlagenkartei** auf eine körperliche Bestandsaufnahme verzichtet (s. Teil A, Abschn. 2.1, S. 36). Der Nachweis über die Mengenkomponente ist zweifelsfrei über die Kartei erbracht, die Wertkomponente (Restwert) kann dagegen erst durch die Saldierung des gemischten Bestandskontos ermittelt werden.

Bei den **Erfolgskonten mit Bestandsanteil** dominiert eindeutig der Erfolgscharakter. Diese Konten erfassen zwar auch die laufenden Zu- und Abgänge wie ein Bestandskonto, verrechnen aber die Bestandsveränderungen mit **uneinheitlichen Preisen** (Inhomogenität des Preisgerüsts). Für die Zugänge werden in der Regel die Anschaffungspreise oder die Herstellungskosten in Ansatz gebracht, während die Abgänge mit den Verkaufspreisen bewertet werden (z. B. gemischtes Warenkonto, gemischtes Wertpapierkonto, gemischtes Devisenkonto, Verkauf von Anlagevermögen über dem Buchwert).

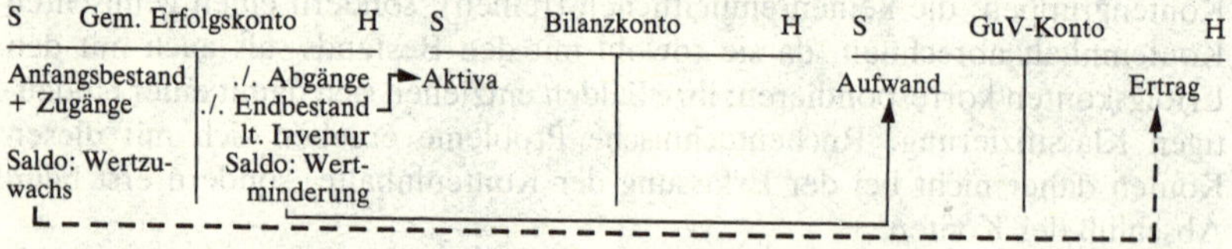

Zur Abrechnung dieser Konten ist zunächst der Endbestand der Wirtschaftsgüter, bewertet zum Einkaufspreis, durch Inventur zu ermitteln:

(Schluß-)Bilanzkonto **an** Gemischtes Erfolgskonto

Mit der Saldierung wird der Erfolgsteil in das GuV-Konto übertragen:

bei Ertrag:

Gemischtes Erfolgskonto **an** GuV-Konto

bei Aufwand:

GuV-Konto **an** Gemischtes Erfolgskonto.

Darüber hinaus ergeben sich gemischte Erfolgskonten auch dann, wenn im Konto zwar **homogen** zu einheitlichen Preisen gebucht wird, die Abgänge jedoch nicht gesondert auf diesem Konto erfaßt werden (z. B. Aufzeichnung des Anfangsbestands und der Zugänge im Einkaufskonto, Verbuchung der Abgänge jedoch auf einem gesonderten Verkaufskonto). Auch in diesem Fall ist für den Abschluß der Konten eine Inventur unverzichtbar (Beispiele zu gemischten Konten s. Teil A, S. 64f., S. 212ff. sowie Teil B, S. 484ff.).

2.7 Das Kontensystem

Obwohl die einzelnen Kontenarten wirtschaftliche Größen völlig verschiedenen Charakters, nämlich Real- und Nominalgüter als Aktiva (Vermögen), ab-

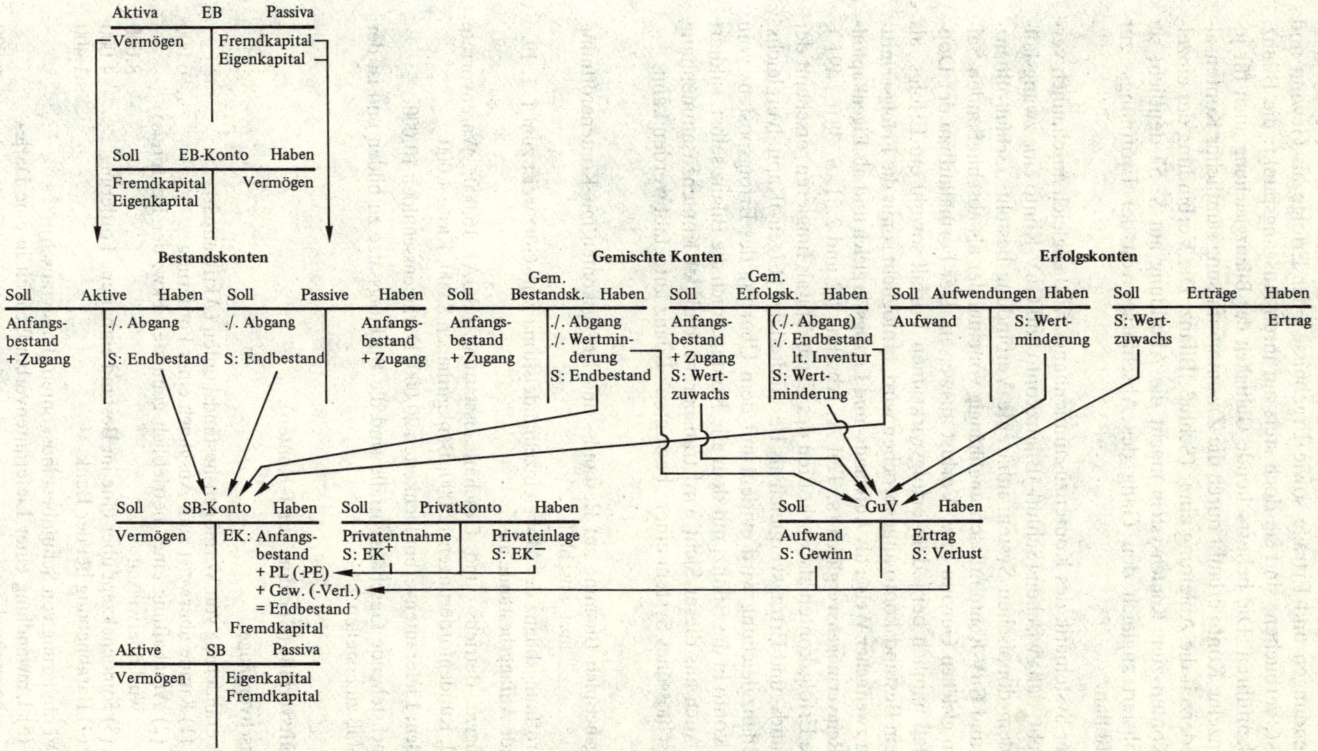

(Symbole: EB = Eröffnungsbilanz; SB = Schlußbilanz; GuV = Gewinn- und Verlustrechnung (Erfolgsrechnung); V = Vermögen; FK = Fremdkapital; EK = Eigenkapital; PE = Privatentnahme; PL = Privateinlage; S = Saldo)

Systematik des Kontenzusammenhangs

strakte Wertbestände als Passiva (Kapital), Erfolgsvorgänge als periodisierte Aufwendungen und Erträge sowie Ergebnisse oder Erfolge als Gewinn und Verlust, verbuchen, sind sie doch stets auf ihren Ausgangspunkt, die Bilanz, zurückzuführen. Die beherrschende **Gültigkeit der Bilanzgleichung** auch für jedes einzelne Konto erlaubt durch die Zusammenfassung sämtlicher Kontensalden jederzeit die Ableitung einer (Schluß-)Bilanz. Die Verbindung der einzelnen Konten zum **Kontensystem** macht die Abbildung auf S. 57 deutlich; sie symbolisiert zugleich den Gang des Abschlusses von der Eröffnungs- zur Schlußbilanz.

Mit der Systematik des Kontenzusammenhangs wird zugleich anschaulich verdeutlicht, daß zwischen (Schluß-)Bilanzkonto und GuV-Konto eine zwangsläufige, dem doppischen System inhärente Verbindung besteht. **(Schluß-)Bilanzkonto** und **GuV-Konto** müssen **unabhängig** voneinander als abschließenden Saldo den **gleichen** Gewinn bzw. Verlust ausweisen. Der Formalaufbau der Doppik, daß nämlich bei jedem erfolgswirksamen Vorfall sowohl ein Erfolgs- als auch ein Bestandskonto angesprochen wird, ermöglicht somit die **Erfolgsermittlung** in **zweifacher Weise:** als **Aufwands- und Ertragsvergleich** und als **Eigenkapital- bzw. Reinvermögensvergleich** (s. Teil A, Abschn. 2.2 und 2.51, S. 38ff., 49f.). Da die Erfolgskonten als Vorkonten des Eigenkapitals fungieren, erscheint der Aufwands- und Ertragsvergleich als Bestandteil des (Eigen-)Kapitalvergleichs. Die Bilanzgleichung wird evident mit dem Übertrag des Erfolgspostens vom GuV-Konto in die Bilanz, mit dem alle Konten, auch die Bilanz selbst, saldiert sind. Auch aus dieser Sicht wird transparent, daß der Kontenzusammenhang als geschlossenes System einer „bewegten" Bilanz aufgefaßt werden kann.

Übungsbeispiel: Buchung auf Bestands- und Erfolgskonten mit Konteneröffnung und -abschluß

Die Eröffnungsbilanz der Möbeleinzelhandelsfirma Karl Götz weist zum 1. 1. 19. . folgende **Anfangsbestände** aus:

Vermögen: Betriebs- und Geschäftsausstattung (BGA) 16.000; Warenvorräte 40.000; Kundenforderungen 12.000; Bankguthaben 8.000; Kasse 4.000

Schulden: Lieferantenverbindlichkeiten 20.000; Darlehensschulden 10.000.

Für nachstehende Geschäftsvorfälle sind die Buchungssätze zu bilden und ist der Abschluß zu erstellen.

Geschäftsvorfälle (Buchung auf T-Konten):

1. Tauschvorgänge

a) Veränderung von Vermögensbestandskonten (Aktivtausch):

(1) Kunde überweist zum Ausgleich einer Forderung	6.000
(2) Anschaffung eines betrieblich genutzten Pkw; der Kaufpreis wird überwiesen	8.600
(3) Kundenakzept über eine im Bestand enthaltene Forderung	4.000
(4) Barabhebung bei der Bank	1.400

b) Veränderung von Schuldbestandskonten (Passivtausch):

(5) Umwandlung einer Lieferantenverbindlichkeit in eine Darlehensschuld	6.000
(6) Akzept über eine bestehende Lieferantenverbindlichkeit	2.000

2. Bilanzverlängerung – Bilanzverkürzung

a) Erfolgsunwirksame Vorgänge:

(7) Kauf von Waren auf Ziel	14.600
(8) Überweisung an Lieferanten	3.200
(9) Überweisung des Tilgungsanteils eines Darlehens	200
(10) Bareinlösung des Akzepts aus Geschäftsvorfall (6)	2.000
(11) Abhebung durch Geschäftsinhaber für Eigenbedarf	2.600
(12) Erstattung zuviel bezahlter Einkommensteuer durch Überweisung vom Finanzamt	800

b) Erfolgswirksame Vorgänge:

(13) Überweisung der Geschäftsmiete	2.800
(14) Barauszahlung von Gehalt	3.100
(15) Überweisung des Zinsanteils eines Darlehens	700
(16) Verkauf von Waren auf Ziel	30.000
(17) Diskontierung von Besitzwechsel, Geschäftsvorfall (3); Diskont	100
(18) Kundenüberweisung für Forderung über unter Abzug von 5% Skonto	14.000
(19) Ausgleich von Lieferantenverbindlichkeiten über unter Abzug von 3% Skonto	10.000
(20) Verkauf von Waren gegen Barzahlung	8.000

Abschlußangaben

Inventurbestand Waren	36.000
Inventurbestand Kasse	8.200
Abschreibungen auf Betriebs- und Geschäftsausstattung	2.400

Alle übrigen Inventurbestände stimmen mit den Buchbeständen überein.

Lösung: Buchungssätze

1. Eröffnungsbuchungen

(a) Betriebs- und Geschäftsausstattung (BGA)	16.000	**an**	Eröffnungsbilanzkonto (EBK)	16.000
(b) Warenvorräte	40.000	**an**	EBK	40.000
(c) Forderungen	12.000	**an**	EBK	12.000
(d) Bank	8.000	**an**	EBK	8.000
(e) Kasse	4.000	**an**	EBK	4.000
(f) EBK	50.000	**an**	Eigenkapital (EK)	50.000
(g) EBK	10.000	**an**	Darlehen	10.000
(h) EBK	20.000	**an**	Lieferantenverbindlichkeiten	20.000

2. Laufende Buchungen

(1) Bank	6.000	**an**	Forderungen	6.000
(2) BGA	8.600	**an**	Bank	8.600
(3) Besitzwechsel	4.000	**an**	Forderungen	4.000
(4) Kasse	1.400	**an**	Bank	1.400

(5) Lieferantenverbindlichkeiten	6.000	**an**	Darlehen	6.000
(6) Lieferantenverbindlichkeiten	2.000	**an**	Schuldwechsel	2.000
(7) Warenvorräte (Wareneinkauf)	14.600	**an**	Lieferantenverbindlichkeiten	14.600
(8) Lieferantenverbindlichkeiten	3.200	**an**	Bank	3.200
(9) Darlehen	200	**an**	Bank	200
(10) Schuldwechsel	2.000	**an**	Kasse	2.000
(11) Privatkonto	2.600	**an**	Bank	2.600
(12) Bank	800	**an**	Privatkonto	800
(13) Mietaufwand	2.800	**an**	Bank	2.800
(14) Gehalt (Löhne)	3.100	**an**	Kasse	3.100
(15) Zinsaufwand	700	**an**	Bank	700
(16) Forderungen	30.000	**an**	(Waren-)Verkaufserlöse	30.000
(17) Bank	3.900			
Diskontaufwand	100	**an**	Besitzwechsel	4.000
(18) Bank	13.300			
Skontoaufwand	700	**an**	Forderungen	14.000
(19) Lieferantenverbindlichkeiten	10.000	**an**	Bank	9.700
			Skontoertrag	300
(20) Kasse	8.000	**an**	(Waren-)Verkaufserlöse	8.000

3. Abschlußbuchungen

a) Abschluß der gemischten Konten

(a_1) Schlußbilanzkonto (SBK)	36.000	**an**	Warenvorräte (lt. Inventur)	36.000
(a_2) Gewinn- und Verlustkonto (GuV)	18.600	**an**	Warenvorräte (Bruttoabschluß)	18.600
(a_3) SBK	8.200	**an**	Kasse (lt. Inventur)	8.200
(a_4) GuV (sonst. betr. Aufwand aus Kassenfehlbetrag)	100	**an**	Kasse	100
(a_5) GuV (Abschreibungen auf BGA)	2.400	**an**	BGA	2.400
(a_6) SBK	22.200	**an**	BGA	22.200

b) Abschluß der reinen Erfolgskonten

(b_1) GuV	2.800	**an**	Mietaufwand	2.800
(b_2) GuV	3.100	**an**	Lohn und Gehalt	3.100
(b_3) GuV	800	**an**	Diskont- und Zinsaufwand	800

(b_4) GuV	700	**an**	Skontoaufwand	700
(b_5) Verkaufserlöse	38.000	**an**	GuV (Bruttoabschluß)	38.000
(b_6) Skontoertrag	300	**an**	GuV	300
c) Abschluß des GuV-Kontos und des Privatkontos				
(c_1) GuV	9.800	**an**	Eigenkapital	9.800
(c_2) Eigenkapital	1.800	**an**	Privat	1.800
d) Abschluß der reinen Bestandskonten				
(d_1) SBK	18.000	**an**	Forderungen	18.000
(d_2) SBK	2.800	**an**	Bank	2.800
(d_3) Eigenkapital	58.000	**an**	SBK	58.000
(d_4) Darlehen	15.800	**an**	SBK	15.800
(d_5) Lieferantenverbindlichkeiten	13.400	**an**	SBK	13.400

(Kontendarstellung vgl. S. 62f.)

Da ein gemischtes Warenkonto in der Praxis üblicherweise nicht vorkommt und dieses auch theoretisch wenig sinnvoll erscheint, wurden Wareneinkauf und Warenverkauf auf getrennten Konten erfaßt (vgl. dazu Teil A, Abschn. 3.1 und 3.2, S. 64ff.).

Die aus dem Schlußbilanzkonto außerhalb des Kontenzusammenhangs abzuleitende **Schlußbilanz** zum 31. 12. 19.. zeigt das am Gliederungsprinzip des § 266 HGB orientierte Bild des Bilanzausweises auf S. 40. Der **Erfolg** wird zweifach ermittelt:

Durch **Aufwands- und Ertragsvergleich** der Erfolgsrechnung:

$$\text{Ertrag } 38.300 - \text{Aufwand } 28.500 = \text{Gewinn } 9.800,$$

sowie durch **Bestands-(Vermögens-, Eigenkapital-)vergleich** der Bilanz:

$$EK_e\ 58.000 - EK_a\ 50.000 + PE\ 2.600 - PL\ 800 = G\ 9.800$$

Der Inhalt des Eigenkapitalkontos wird zur Aufzeichnung der (Eigen-)**Kapitalentwicklung** auch in Staffelform dargestellt und meist in einer Vorspalte der Bilanz ausgewiesen (Steuerbilanz). Die Kapitalentwicklung laut vorstehendem Beispiel stellt sich wie folgt dar:

$$EK_a\ 50.000 - PE\ 2.600 + PL\ 800 + G\ 9.800 = EK_e\ 58.000$$

Ergänzende Literatur zu: 2. System und Technik der doppelten Buchführung

Coenenberg, Jahresabschluß, S. 5–8; 49–59
Efferoth/Horváth, Einführung I, S. 13–88
Eisele, Kontentheorien, Sp. 340–354
Eisele, Systematik, Sp. 205–215
Engelhardt/Raffée, Buchhaltung, S. 27–46
Falterbaum/Beckmann, Buchführung, S. 42–56, 61–123
Flasse/Gräve/Hanschmann/Heßhaus, Buchhaltung 1, S. 14–69
Kafitz/Lindner, Buchführung, S. 23–33
Kosiol, Buchhaltung, S. 113–134
Kosiol, Pagatorische Bilanz, S. 66–83
Scharnweber, Buchführung, S. 29–39
Schmidt, Buchführung, S. 32–44
Stehli, Mathematische Betrachtungen, S. 19–30; 35–55
Wöhe, Bilanzierung, S. 70–79

Lösung: Hauptbuch (T-Konten)

Eröffnungs- und Abschlußkonten

Aktiva	Eröffnungsbil. z. 1.1.19..		Passiva
BGA	16.000	Eigenkap.	50.000
Waren	40.000	Darlehen	10.000
Ford.	12.000	Verbindl.	20.000
Bank	8.000		
Kasse	4.000		
	80.000		80.000

Soll	EBK		Haben
(f) Eigenkap.	50.000	BGA	16.000 (a)
(g) Darlehen	10.000	Waren	40.000 (b)
(h) Verbindl.	20.000	Ford.	12.000 (c)
		Bank	8.000 (d)
		Kasse	4.000 (e)
	80.000		80.000

Aufwand	GuV		Ertrag
(a_2) Wa.-Einsatz	18.600	Verk.-Erlös	38.000 (b_5)
(a_4) sonst. betr. Aufw.	100	Skonto	300 (b_6)
(a_5) Abschr.	2.400		
(b_1) Miete	2.800		
(b_2) Lohn u. Geh.	3.100		
(b_3) Zins u. Disk.	800		
(b_4) Skonto	700		
(c_1) Gew. (EK)	9.800		
	38.300		38.300

Soll	SBK z. 31.12.19..		Haben
(a_1) Waren	36.000	Eigenkap.	58.000 (d_3)
(a_3) Kasse	8.200	Darlehen	15.800 (d_4)
(a_6) BGA	22.200	Verbindl.	13.400 (d_5)
(d_1) Ford.	18.000		
(d_2) Bank	2.800		
	87.200		87.200

Bestandskonten

Aktivkonten

S	BGA		H
(a) EBK	16.000	GuV	2.400 (a_5)
(2) Bank	8.600	SBK	22.200 (a_6)
	24.600		24.600

S	Waren		H
(b) EBK	40.000	SBK	36.000 (a_1)
(7) Verbindl.	14.600	GuV	18.600 (a_2)
	54.600		54.600

S	Forderungen		H
(c) EBK	12.000	Bank	6.000 (1)
(16) Verk.-Erl.	30.000	Bes.-Wechsel	4.000 (3)
		Bank u. Skonto	14.000 (18)
		SBK	18.000 (d_1)
	42.000		42.000

S	Bank		H
(d) EBK	8.000	BGA	8.600 (2)
(1) Ford.	6.000	Kasse	1.400 (4)
(12) Privat	800	Verbindl.	3.200 (8)
(17) Bes.-Wechsel	3.900	Darlehen	200 (9)
(18) Ford.	13.300	Privat	2.600 (11)
		Miete	2.800 (13)
		Zins	700 (15)
		Verbindl.	9.700 (19)
		SBK	2.800 (d_2)
	32.000		32.000

S	Kasse		H
(e) EBK	4.000	Schu.-Wechsel	2.000 (10)
(4) Bank	1.400	Lohn u. Geh.	3.100 (14)
(20) Verk.-Erl.	8.000	SBK	8.200 (a_3)
		GuV	100 (a_4)
	13.400		13.400

S	Besitzwechsel		H
(3) Ford.	4.000	Bank u. Diskont	4.000 (17)
	4.000		4.000

Bestandskonten

Passivkonten

S	Eigenkapital		H
(c_2) Privat	1.800	EBK	50.000 (f)
(d_3) SBK	58.000	GuV	9.800 (c_1)
	59.800		59.800

S	Darlehen		H
(9) Bank	200	EBK	10.000 (g)
(d_4) SBK	15.800	Verbindl.	6.000 (5)
	16.000		16.000

S	Lieferantenverbindlichkeiten		H
(5) Darlehen	6.000	EBK	20.000 (h)
(6) Schu.-Wechsel	2.000	Waren	14.600 (7)
(8) Bank	3.200		
(19) Bank u. Skonto	10.000		
(d_5) SBK	13.400		
	34.600		34.600

S	Schuldwechsel (Akzepte)		H
(10) Kasse	2.000	Verbindl.	2.000 (6)
	2.000		2.000

S	Privat		H
(11) Bank	2.600	Bank	800 (12)
		Eigenkapital	1.800 (c_2)
	2.600		2.600

Erfolgskonten

Aufwandskonten

S	Miete		H
(13) Bank	2.800	GuV	2.800 (b_1)
	2.800		2.800

S	Lohn und Gehalt		H
(14) Kasse	3.100	GuV	3.100 (b_2)
	3.100		3.100

S	Zins und Diskont		H
(15) Bank	700	GuV	800 (b_3)
(17) Bes.-Wechsel	100		
	800		800

S	Skontoaufwand		H
(18) Ford.	700	GuV	700 (b_4)
	700		700

Ertragskonten

S	Umsatzerlöse (Verkaufsertrag)		H
(b_5) GuV	38.000	Ford.	30.000 (16)
		Kasse	8.000 (20)
	38.000		38.000

S	Skontoertrag		H
(b_6) GuV	300	Verbindl.	300 (19)
	300		300

3. Die Verbuchung des Warenverkehrs

Der Ein- und Verkauf von Waren ist die Hauptaktivität jedes Handelsunternehmens und damit dessen Geschäftsgrundlage. Dementsprechend steht die Verbuchung des Warenverkehrs im Zentrum der Buchführung eines Handelsbetriebes. Im folgenden sollen zunächst die Grundsachverhalte der Verbuchung des Warenverkehrs für das ungeteilte und das getrennte Warenkonto aufgezeichnet werden. Da die Umsätze regelmäßig der Umsatzbesteuerung (Mehrwertsteuer = MwSt) unterliegen, wird die Behandlung der Umsatzsteuer in der Buchführung an dieser Stelle angeschlossen; die Verbuchung der Umsatzkorrekturen kann dann bereits unter Einschluß der umsatzsteuerlichen Konsequenzen erfolgen. Die in Abschnitt 4 zusammengefaßten Sonderfälle des Warenverkehrs stellen die Besonderheiten beim Kommissions-, Partizipations-, Abzahlungs- und Nachnahmegeschäft heraus.

3.1 Das ungeteilte (einheitliche, gemischte) Warenkonto

Wird ein einziges Konto zur Abrechnung des Warenverkehrs geführt, dann sind die Geschäftsvorfälle dem Kontenformalismus eines Aktivkontos entsprechend zu verbuchen: der Anfangsbestand und die Zugänge (Einkäufe) im Soll, die Abgänge (Verkäufe) und der Endbestand im Haben.

Da Ein- und Verkaufspreise derselben Ware in der Regel verschieden hoch sind, kann der Saldo des Warenkontos nur dann den Erfolg angeben, wenn zum Zeitpunkt des Kontenabschlusses kein Warenbestand mehr vorhanden ist, und folglich Warenanfangsbestand und Warenzugänge in der Abrechnungsperiode in vollem Umfange umgesetzt worden sind.

Beispiel:

(ME = Mengeneinheiten; GE = Geldeinheiten)

Soll	Warenkonto		Haben
Anfangsbestand 100 ME zu 2 GE	200	Verkauf 150 ME zu 3 GE	450
Einkauf 50 ME zu 2 GE	100		
Rohgewinn (Saldo)	150		
	450		450

Der Saldo in Höhe von 150 ist der **Warenbruttoerfolg** oder **Warenrohgewinn** (Saldo Habenseite = Rohverlust); er bringt die Preisdifferenz zwischen den Warenanschaffungskosten und dem Warenverkaufspreis zum Ausdruck, sofern alle Waren veräußert sind. Das Warenkonto erscheint unter diesen Voraussetzungen als reines Erfolgskonto. Der Begriff Brutto- bzw. Rohgewinn

(Rohverlust) deutet an, daß dieser nur Teil des endgültigen Erfolges sein kann und noch durch weitere Aufwendungen (häufig wenig exakt auch als sog. Unkosten bezeichnet) und Erträge korrigiert werden muß.

Regelmäßig werden am Abschlußstichtag jedoch Warenvorräte auf Lager liegen. Wäre der Verkaufserlös (Umsatz) von 450 im Beispiel durch den Absatz von lediglich 130 ME der Ware erzielt worden, so würde der Saldo des Warenkontos eine nicht aussagefähige Mischung aus Erfolgs- und Bestandsgrößen ausweisen **(gemischtes Konto).** Erst der durch Inventur ermittelte, zu den Anschaffungskosten bewertete und auf der Habenseite des Warenkontos eingesetzte Endbestand erlaubt den isolierten Ausweis des **Roherfolgs.** Zum Abschluß des Warenkontos werden also in der Regel zwei Buchungen erforderlich: Eine Gegenbuchung im Schlußbilanzkonto (SBK **an** Warenkonto) und eine Gegenbuchung im GuV-Konto (Warenkonto **an** GuV-Konto):

Soll		Warenkonto	Haben
Anfangsbestand	200	Verkauf	450
Zugänge	100	Endbestand (Inventur)	40 → SBK
GuV ← Rohgewinn (Saldo)	190		
	490		490

Da der Warenverkehr auch durch Geschäftsvorfälle gekennzeichnet ist, die in Form von Warenrücksendungen bzw. Preisnachlässen sowohl gegenüber der Kunden- als auch gegenüber der Liefererseite Stornobuchungen auslösen, erscheint die Heterogenität und Überlastung des Warenkonteninhalts vollkommen (Kundenretouren werden wie Einkäufe, Lieferantenretouren wie Verkäufe gebucht). Die Kontenseiten sind dann nicht mehr aussagefähig, da im Soll und im Haben Buchungen unterschiedlicher Wertebenen vorgenommen werden, und die Ermittlung des Wareneinsatzes und des Warenumsatzes nur über umfangreiche Nebenrechnungen durchgeführt werden kann. Das ungeteilte Warenkonto zeigt folgenden Inhalt:

(EP = Einkaufspreis; VP = Verkaufspreis)

Soll		Ungeteiltes (einheitliches) Warenkonto	Haben
Anfangsbestand zum	EP	Warenverkäufe zum	VP
Wareneinkäufe zum	EP	Warenrücksendungen an Lieferanten zum	EP
Warenrücksendungen der Kunden zum	VP	Preisnachlässe der Lieferanten zum	EP
Preisnachlässe gegenüber Kunden zum	VP	Warenentnahmen zum	EP
Saldo: Rohgewinn		Endbestand zum	EP

3.2 Das Wareneinkaufs- und Warenverkaufskonto (getrenntes Warenkonto)

Die Forderung nach Übersichtlichkeit der Buchführung führt zur Trennung des Warenkontos in ein Einkaufs- und ein Verkaufskonto. Das **Wareneinkaufskonto** erfaßt ausschließlich die Geschäftsvorfälle mit den Lieferanten, wobei auf beiden Kontenseiten jeweils nur zu Einkaufspreisen gebucht wird. Wie beim ungeteilten Warenkonto ist allerdings auch beim Abschluß des Wareneinkaufskontos eine Saldenisolierung durch vorausgehende Inventur immer dann erforderlich, wenn eine laufende Verbuchung der **einzelnen** Warenabgänge zu Einkaufspreisen nicht erfolgt oder nicht erfolgen kann. Der ungetrennte Saldo enthält dann neben dem Warenbestand den Wareneinsatz und damit einen Erfolgsteil. Das Wareneinkaufskonto ist demzufolge zwar wieder ein gemischtes, jedoch ein homogenes Konto, da ausschließlich zu Einkaufspreisen geführt (ebenso: *Falterbaum/Beckmann,* Buchführung, S. 145f.; *Bähr/Fischer-Winkelmann,* Buchführung, S. 64; *Wöhe,* Bilanzierung, S. 100f.; anderer Ansicht: *Engelhardt/Raffée,* Buchhaltung, S. 66; *Vormbaum,* Grundlagen, S. 93). Der durch Inventur ermittelte Warenbestand wird an das Schlußbilanzkonto abgegeben; der verbleibende Saldo zeigt den Umsatz bewertet zu Einstandspreisen, also den **Bezugswert der verkauften Ware** (Befundrechnung). Damit liefert das Wareneinkaufskonto unmittelbar eine zentrale Größe der Warenkalkulation. Da Warenentnahmen zum Zwecke des Eigenverbrauchs regelmäßig zu Einkaufspreisen (steuerlich: Teilwert) erfolgen, werden sie im Haben des Wareneinkaufskontos gebucht. Den Inhalt des Wareneinkaufskontos bringt folgendes Kontenschema zum Ausdruck:

Soll — Wareneinkaufskonto (zu EP geführt) — Haben

Soll	Haben
Anfangsbestand	Rücksendungen
Zugänge (Wareneinkäufe)	Preisnachlässe
	Warenentnahmen für Eigenverbrauch
	Endbestand (Inventur)
	Saldo: Wareneinsatz

Das **Warenverkaufskonto** repräsentiert den Warenverkehr mit den Kunden und wird ausschließlich zu Verkaufspreisen geführt. Da es keine Bestände enthält, besitzt es den Charakter eines reinen Erfolgskontos. Als Saldo aus Verkaufserlösen (Warenumsätzen zum Rechnungsbetrag) und Umsatzkorrekturen (Erlösschmälerungen) verbleibt der reine Verkaufserlös der veräußerten Waren. Auch dieses Konto liefert somit unmittelbar Unterlagen für die Handelskalkulation. Den Inhalt des Warenverkaufskontos zeigt folgendes Bild:

Soll	Warenverkaufskonto (zu VP geführt) Haben
Rücksendungen	Warenverkäufe
Preisnachlässe	
Saldo: Verkaufserlös	

Aus Gründen der Übersichtlichkeit und der Kontrolle werden die in Verbindung mit den Warenumsätzen anfallenden Rücksendungen, Gutschriften, Nachlässe und Bezugsaufwendungen regelmäßig auf besonderen Unterkonten festgehalten, deren Salden beim Abschluß auf das jeweilige Warenkonto zu übertragen sind (vorbereitende Abschlußbuchungen).

3.3 Der Warenkontenabschluß

Der Abschluß der getrennten Warenkonten kann in zweifacher Weise erfolgen: als Nettoabschluß und als Bruttoabschluß. Beim **Nettoverfahren** werden beide Warenkonten miteinander abgeschlossen, indem der Saldo des Wareneinkaufskontos, der Wareneinsatz, auf das Warenverkaufskonto übertragen wird (vorbereitende Abschlußbuchung: Warenverkaufs- **an** Wareneinkaufskonto). Als Saldo des Warenverkaufskontos erscheint der Warenbruttoerfolg als Rohgewinn (Habensaldo) oder Rohverlust (Sollsaldo), der auf das GuV-Konto zu übertragen ist. Auf das obige Beispiel bezogen zeigt der Nettoabschluß das folgende Bild, wenn die übrigen Aufwendungen mit 110 anzusetzen und keine Umsatzkorrekturen angefallen sind:

S	Wareneinkauf		H
Anfangsbestand	200	Endbestand	40
Zugang	100	Wareneinsatz	260
	300		300

S	Warenverkauf		H
Wareneinsatz	260	Verkauf	450
Rohgewinn	190		
	450		450

S	GuV		H
Übrige Aufwendungen	110	Rohgewinn	190
Reingewinn	80		
	190		190

Nach dem **Bruttoverfahren** erfolgt eine unmittelbare und getrennte Überleitung der Salden beider Warenkonten direkt in die GuV-Rechnung. Damit werden im GuV-Konto die Umsätze sichtbar, die zur Erzielung des Roherfolgs erforderlich waren. Der Bruttoabschluß ist insoweit aussagefähiger als der lediglich die bereits saldierte Größe Roherfolg ausweisende Nettoabschluß. Die Buchungssätze lauten: GuV-Konto **an** Wareneinkauf, Warenverkauf **an** GuV-Konto.

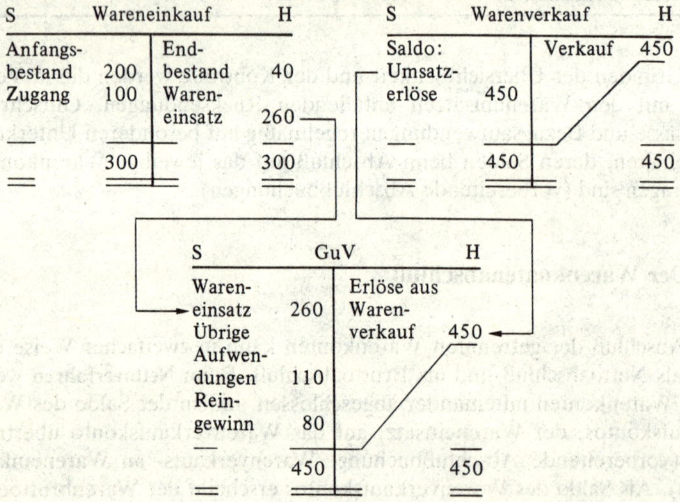

Beide Verfahren des Warenkontenabschlusses lassen die Bedeutung des Inventurergebnisses für den Erfolgsausweis erkennen: Beständeerfassung und vor allem Beständebewertung beeinflussen unmittelbar die Höhe des Roherfolgs. Das gilt auch für Inventurdifferenzen infolge nicht bestimmungsgemäßen Verbrauchs (Verderb, Schwund, Diebstahl), die als Warenabgang dem Verkaufs- oder GuV-Konto belastet werden, um den Ausweis eines zu hohen Rohgewinns zu verhindern.

Trotz des höheren Informationsgehalts ist der Bruttoabschluß nur für große und mittelgroße (§ 267 HGB) Kapitalgesellschaften und publizitätspflichtige Unternehmen verbindlich anzuwenden (§ 275, Abs. 2 und 3; § 276 HGB; § 5, Abs. 1 PublG). Dabei sind im Interesse der besseren Periodenvergleichbarkeit ausnahmslos die endgültig zustandegekommenen Warenverkäufe, d. h. die um Erlösschmälerungen bereinigten Umsatzerlöse, auszuweisen.

3.4 Warenverkehr und Umsatzsteuer

3.41 Grundlagen der geltenden Umsatzbesteuerung (Mehrwertsteuer)

Bei den allgemeinen Buchungsfällen zum Warenverkehr wurde bisher vernachlässigt, daß alle Warenbewegungen zwischen Beschaffungsmarkt und Betrieb einerseits und Absatzmarkt und Betrieb andererseits eine **Umsatzsteuerpflicht** auslösen. Nach § 1, Abs. 1 UStG unterliegen folgende Umsätze der Umsatzbesteuerung (sog. steuerbare Umsätze):

a) jede Lieferung und sonstige Leistung, die ein Unternehmer im Inland gegen Entgelt im Rahmen seines Unternehmens ausführt;
b) der Eigenverbrauch, d. h. die Entnahme oder der Gebrauch von Gegenständen durch einen Unternehmer für Zwecke, die außerhalb des Unternehmens liegen sowie nicht abzugsfähige Aufwendungen im Sinne des § 4, Abs. 5, Satz 1, Nr. 1 bis 7 oder Abs. 7 oder § 12, Nr. 1 EStG (außer Geldgeschenken und Bewirtungsaufwendungen, soweit der Abzug von 20% der angemessenen und nachgewiesenen Aufwendungen ausgeschlossen ist);
c) die unentgeltlichen Lieferungen und Leistungen von Körperschaften und Personenvereinigungen i. S. d. § 1, Abs. 1, Nr. 1 bis 5 KStG, nicht rechtsfähigen Personenvereinigungen sowie Gemeinschaften an ihre Anteilseigner, Gesellschafter, Mitglieder, Teilhaber oder diesen nahestehenden Personen (Gesellschafterverbrauch);
d) die Einfuhr von Gegenständen in das Zollgebiet (Einfuhrumsatzsteuer).

Von der Umsatzbesteuerung ausgenommen sind Ausfuhrlieferungen (§ 4, Nr. 1 UStG) und die sonstigen in § 4 UStG bezeichneten, zwar grundsätzlich steuerbaren, jedoch auf Grund dieser Sonderregelung steuerbefreiten Lieferungen, sonstigen Leistungen und Eigenverbräuche.

Rechtstechnisch ist die Umsatzsteuer eine Verkehrsteuer, da sie an Tauschvorgänge des Wirtschaftsverkehrs anknüpft. **Verfahrensmäßig** ist sie eine Veranlagungsteuer, da sie für einen abgeschlossenen Zeitraum, normalerweise das Kalenderjahr, erhoben wird (Besteuerungszeitraum § 16, Abs. 1 UStG). Die Berechnung von Vorauszahlungen und ihre Entrichtung an das Finanzamt hat binnen 10 Tagen nach Ablauf jedes Kalendermonats für diesen zu erfolgen (Voranmeldungszeitraum § 18, Abs. 1 UStG; Voranmeldungszeitraum ist das Kalendervierteljahr, wenn die Umsatzsteuer im vorangegangenen Kalenderjahr weniger als DM 6.000 betrug, § 18, Abs. 2 UStG). **Wirtschaftlich** ist die Umsatzsteuer eine Verbrauchsteuer mit ausschließlicher Belastung des Endverbrauchers (Steuerdestinatar), während der Unternehmer (Steuerschuldner) unbelastet bleibt. Dies wird dadurch erreicht, daß die Steuer auf jeder Produktions- und Handelsstufe des Warenwegs lediglich von dem aus Bruttoumsatz abzüglich Vorumsatz ermittelten Nettoumsatz (**Allphasen-Nettoumsatzsteuer**) erhoben wird. Tatsächlich wird dadurch nur die Wertschöpfung (sog. Mehrwert) auf jeder einzelnen Umsatzstufe besteuert. Da die aus Kundenumsätzen vergütete Umsatzsteuer an das Finanzamt abzuführen und die für Lieferantenumsätze gezahlte Vorsteuer als Forderung gegenüber dem Finanzamt geltend zu machen ist, wirkt die Umsatzsteuer wie ein durchlaufender Posten. Die Unternehmung selbst bleibt umsatzsteuerfrei.

Im folgenden **Beispiel** eines 3-stufigen Warenwegs wird mit einem Umsatzsteuersatz von 10% gerechnet. Aus Gründen der rechnerischen Vereinfachung, und um die Zahlenbeispiele möglichst übersichtlich zu gestalten, wird auch **künftig stets mit 10% Umsatzsteuer gerechnet.** Der Regelsteuersatz beträgt gegenwärtig 14%, der ermäßigte Steuersatz für bestimmte Lieferungen und Leistungen (Waren des täglichen Bedarfs, Leistungen bestimmter Berufsgruppen u. a. nach Anlage 1 zu § 12, Abs. 2, Nr. 1 UStG) 7% der Bemessungsgrundlage (§ 12, Abs. 1 und Abs. 2 UStG). Diese Steuersätze gelten für alle steuerpflichtigen Umsätze, die nach dem 30. 6. 1983 ausgeführt werden, auch dann, wenn sie auf Verträgen beruhen, die vor diesem Termin abgeschlossen wurden (z. B. Bauleistungen, Kfz-Bestellungen). Da die Steuersatzanhebung bei zahlreichen Vertragsabschlüssen noch nicht voraussehbar war, erwächst aus Verträgen, die vor dem 1. 3. 1983 geschlossen wurden, für den Unternehmer, der die Leistung erbringt, ein gesetzlicher Ausgleichsanspruch gegenüber seinem Vertragspartner in Höhe der Steuersatzveränderung. Unberührt davon bleiben Verträge, deren Abschluß nach dem 1. 3. 1983 liegt (BdF v. 29. 4. 1983, DB 1983, Beilage 12/83). Darüber hinaus rechtfertigt die auch nach dem 1. 7. 1983 weiterhin aktuell bleibende Steuersatzdiskussion – insbesondere im Hinblick auf die Harmonisierungsbestrebungen innerhalb der Europäischen Gemeinschaft – den ausschließlich der rechnerischen Vereinfachung dienenden und folglich den weiteren Ausführungen zugrunde gelegten Steuersatz von 10%.

Umsatzstufen	Fakturierung (Ausgangsrechnung)		Mehrwert	USt	Vorsteuer	Zahllast an Finanzamt
Herstellung	Warenwert + 10% USt	5.000 500	5.000	500	–	500
	Brutto-Rechnungsbetrag	5.500				
Großhandel	Warenwert + 10% USt	7.000 700	2.000	700	500	200
	Brutto- Rechnungsbetrag	7.700				
Einzelhandel	Warenwert + 10% USt	10.000 1.000	3.000	1.000	700	300
Endverbraucher	Brutto- Rechnungsbetrag	11.000				
	Probe:		10.000 Wertschöpfung	2.200 USt-Schuld	1.200 Steuerforderung	1.000 Abzuführende MwSt

Der Endverbraucher bezahlt im Bruttorechnungsbetrag genau den Betrag an Umsatzsteuer, den die vorangegangenen Unternehmensstufen des Warenweges **zusammen** an das Finanzamt abgeführt haben. Dabei betrug die zu entrichtende Mehrwertsteuerschuld (Zahllast) auf jeder **einzelnen** Umsatzstufe jeweils 10% der Wertschöpfung. Die beabsichtigte Besteuerung der Wertschöpfung (Mehrwert) wird also über das **Vorsteuerverfahren** erreicht, das die Aufrechnung von Umsatzsteuerschuld und Umsatzsteuerforderung gegenüber dem Finanzamt auf jeder Stufe des Warenwegs vorsieht (§ 16, Abs. 2 UStG). Der Unternehmer ist selbst Endverbraucher, wenn er dem Betrieb Waren zum persönlichen Gebrauch entnimmt **(Eigenverbrauch).** Die Umsatzsteuer fällt an, um die für diese Waren bei Lieferung in Rechnung gestellten und durch den Vorsteuerabzug gegenüber dem Finanzamt geltend gemachten Umsatzsteuerbeträge wieder rückgängig zu machen.

Bemessungsgrundlage der Umsatzsteuer ist das **Entgelt,** d. h. alles, was der Empfänger einer Lieferung oder sonstigen Leistung aufzuwenden hat, um den **Nettowert** der Lieferung zu erhalten (§ 10, Abs. 1 UStG). Nicht zum Entgelt gehört damit die Umsatzsteuer selbst; sie wird vom Nettorechnungsbetrag erhoben und gehört - soweit der Betrieb ausschließlich umsatzsteuerpflichtige Leistungen tätigt – nicht zu den Anschaffungskosten (§ 9b EStG). Das Entgelt schließt jedoch neben dem Nettowert auch anfallenden Auslagenersatz mit ein. Allerdings dürfen Zahlungszuschläge, z.B. wegen verspäteter Zahlung (Verzugszinsen), nicht der Umsatzsteuer unterworfen werden, weil sie kein Teil des Entgelts sind, sondern Schadensersatz darstellen (Abschn. 3, Abs. 3 und Abschn. 149, Abs. 3 UStR). Grundsätzlich muß aber jede (nachträgliche) Änderung der Bemessungsgrundlage für einen steuerpflichtigen Umsatz (z.B. durch Skonti, Boni, Rücksendungen, Preisnachlässe, Gutschriften) zu einer Berichtigung der Umsatzsteuerkonten sowohl beim Lieferanten als auch beim Empfänger (Kunden) der Lieferung bzw. Leistung führen (§ 17 UStG).

Im Regelfall wird die Umsatzsteuer nach den **vereinbarten** bzw. verlangten Entgelten (Solleinnahmen) berechnet (**Sollbesteuerung,** § 16, Abs. 1 UStG). Gegenüber dem Finanzamt entsteht die Umsatzsteuerschuld mit Ablauf des Voranmeldungszeitraums, in dem die Leistungen ausgeführt wurden, unabhängig vom Zeitpunkt des Zahlungseingangs (§ 13, Abs. 1, Nr. 1, Buchstabe a UStG). Aufgrund der damit verbundenen Umsatzsteuervorauszahlungen (§ 18, Abs. 1 und Abs. 2 UStG) können die sich ergebenden Liquiditäts- und Finanzierungswirkungen im Einzelfall von besonderer Bedeutung sein. Andererseits kann auch beim Warenbezug die von Lieferanten in Rechnung gestellte Umsatzsteuer, unabhängig von deren Begleichung beim Lieferanten, als Vorsteuer zum nächsten Voranmeldungszeitraum in Anrechnung gebracht werden. Anstelle der Sollbesteuerung kann auf Antrag bzw. muß bei Anzahlungen ab DM 10.000 (§ 13, Abs. 1, Nr. 1, Buchstabe a UStG) die Besteuerung nach **vereinnahmten** Entgelten (**Istbesteuerung**) erfolgen. Einen Antrag können jedoch nur Unternehmer stellen, deren Umsatz im letzten Kalenderjahr DM 250.000 nicht überschritten hat oder die nach § 148 AO von der Buchführungs- und Jahresabschlußpflicht befreit sind (§ 20, Abs. 1, Nr. 1 und 2 UStG). Des weiteren ist eine Istbesteuerung möglich, wenn die Umsätze aus einer Tätigkeit als Angehöriger eines freien Berufes im Sinne des § 18, Abs. 1, Nr. 1 EStG stammen (§ 20, Abs. 1, Nr. 3 UStG).

Die **Besteuerung von Kleinunternehmern** wird in den Vorschriften des § 19 UStG geregelt. Absatz 1 bezieht sich auf „Kleinst"-Unternehmer, deren Gesamtumsatz, bereinigt um Umsätze von Wirtschaftsgütern des Anlagevermögens, aber einschließlich der auf den Umsatz entfallenden Umsatzsteuer, im vergangenen Kalenderjahr DM 25.000 nicht überstiegen hat und im laufenden Jahr voraussichtlich DM 100.000 nicht übersteigen wird und die deshalb umsatzsteuerfrei gestellt sind. Sie dürfen dann aber weder einen Vorsteuerabzug durchführen noch ihren Kunden die Steuer gesondert in Rechnung stellen. Im Falle der erstmaligen Verwendung eines Wirtschaftsgutes vor Beginn des Zeitraums der Steuerbefreiung ist jedoch gegebenenfalls (bei Änderung der für den Vorsteuerabzug maßgebenden Verhältnisse) eine Vorsteuerkorrektur nach § 15a UStG vorzunehmen. Allerdings wird in § 19, Abs. 2 ein Optionsrecht eingeräumt, das Kleinunternehmern die Möglichkeit eröffnet, umsatzsteuerrechtlich wie größere Unternehmen behandelt zu werden. Dadurch erlangt der Unternehmer die Berechtigung zum Vorsteuerabzug, ist aber auch mindestens 5 Jahre an diese Entscheidung gebunden (§ 19, Abs. 2 UStG).

Bis 31. 12. 1989 bestand nach Ausübung des oben genannten Optionsrechts eine weitere Sonderregelung für Kleinunternehmer. Unternehmen i. S. d. § 19, Abs. 3 UStG, die nicht dem Abs. 1 unterlagen und deren Umsatz unter Einbeziehung von Umsätzen außerhalb des Erhebungsgebietes im laufenden Kalenderjahr unter DM 60.000 lag, wurde eine degressiv gestaffelte Steuerermäßigung gewährt. Der Steuerabzugsbetrag bei der Umsatzsteuerzahllast betrug bei einem Umsatz bis DM 20.500 im laufenden Jahr 80 v. H., sank dann für jede weitere DM 500 um einen Prozentpunkt und endete bei einem Jahresumsatz zwischen DM 59.500 und DM 60.000 mit 1 v. H. Ansonsten behielten die Vorschriften zur Umsatzsteuerpflicht, zum Vorsteuerabzug und zur Rechnungserteilung uneingeschränkte Gültigkeit. Diese Begünstigung wurde durch das Steuerreformgesetz 1990, trotz der fünfjährigen Bindungsdauer, ohne Übergangsregelung aufgehoben. Da der BFH in seinem Urteil vom 18. 8. 1988 (BStBl. II 1989, S. 306 ff.) eine Ausdehnung der Kleinunternehmer-Option des UStG 1967 auf das UStG 1980 verneint hat, ist zu erwarten, daß auch beim Wegfall des § 19, Abs. 3 UStG die Bindungswirkung der von einem Kleinunternehmer erklärten Option zur Regelbesteuerung entfällt.

Neben den Vereinfachungsmöglichkeiten des § 19 UStG kann für bestimmte Gruppen von Unternehmern die Umsatzbesteuerung mit Hilfe branchenspezifischer Vor- und Umsatzsteuerdurchschnittssätze erfolgen (§§ 23 und 24 UStG).

3.42 Wareneinkauf und Warenverkauf mit Umsatzsteuer

Die konsequente Anwendung des Vorsteuerabzugsverfahrens stellt strenge Anforderungen an die im umsatzsteuerrechtlichen Sinne ordnungsmäßige Fakturierung. Nach § 14 UStG ist der Lieferant auf Verlangen des Kunden zum gesonderten Ausweis des Steuerbetrags auf der Rechnung verpflichtet, wenn dieser Unternehmer ist. Eine Ausnahme von dieser Regelung gilt nur für Kleinbetragsrechnungen bis zu einem Betrag von DM 200 einschließlich Umsatzsteuer sowie für Fahrausweise und Belege im Reisegepäckverkehr; bei diesen Rechnungen genügt die Angabe des enthaltenen Steuersatzes für die Aufteilung des Rechnungsbetrages in Entgelt und Steuerbetrag (§§ 33 und 34 UStDV; zur Trennung des Bruttobetrages s. S. 76 f.). Bei Änderungen der Bemessungsgrundlage sind Belege zu erteilen, aus denen die Verteilung der Entgeltänderungen auf unterschiedlich besteuerte Umsätze hervorgeht (§ 17, Abs. 4 UStG).

Die **Aufzeichnungspflichten** zur Feststellung der Steuer und der Grundlagen ihrer Berechnung ergeben sich aus § 22 UStG und den §§ 63 bis 68 der UStDV. Erleichterungen bei Erfüllung dieser Pflichten sind vor allem der UStDV sowie Finanzministererlassen zu entnehmen.

Die getrennte Erfassung und Aufzeichnung von Netto-Rechnungsbetrag und Umsatzsteuer wirkt sich zwangsläufig auf die Kontenführung und Buchungstechnik aus. Im Sinne einer Mindestgliederung sind hauptsächlich folgende **umsatzsteuerbezogene Kontenbereiche** zu unterscheiden:

a) Erlöskonten
b) Umsatzsteuerkonten (im folgenden als Mehrwertsteuerkonten gekennzeichnet)
c) Vorsteuerkonten
d) Umsatzsteueraufwandskonten

Zu a) Die **Erlöskontengliederung** hat entsprechend der nach Steuersätzen getrennten Ermittlung der Umsatzsteuer zu erfolgen. Daraus ergibt sich die getrennte Aufzeichnung der Entgelte nach folgenden Gesichtspunkten:

- Erlöskonto für Lieferungen und Leistungen zum Regelsteuersatz;
- Erlöskonto für Lieferungen und Leistungen zum ermäßigten Steuersatz;
- Erlöskonto für umsatzsteuerfreie Leistungen, die zum Vorsteuerabzug berechtigen (z. B. Ausfuhr);
- Erlöskonto für umsatzsteuerfreie Leistungen, die den Vorsteuerabzug ausschließen (z. B. Kreditgeschäfte; Vermietung und Verpachtung an Nichtunternehmer);
- Erlöskonto für umsatzsteuerfreie Leistungen mit der Möglichkeit des Verzichts auf Steuerbefreiung nach § 9 UStG (z. B. bei Umsätzen aus Vermietung und Verpachtung gewerblich genutzter Objekte an Unternehmer).

Aufzuzeichnen ist jeweils das umsatzsteuerliche Entgelt, d. h. der Nettopreis ohne Umsatzsteuer (§ 22 UStG). Der Unternehmer kann seinen Aufzeichnungspflichten **vereinfachend** auch dadurch nachkommen, daß er Entgelt und Umsatzsteuer in einer Summe ausweist und erst am Ende des Voranmeldungszeitraumes die Aufschlüsselung der Summe nach Entgelt und Umsatzsteuer vornimmt (§ 63, Abs. 3 UStDV).

Zu b) Im **Ausgangsbereich** der Umsatzsteuer ist mindestens das Konto „(berechnete, fällige) **Umsatzsteuer**“ bzw. **„Mehrwertsteuer (MwSt)“** zu führen. Regelmäßig ist auch ein gesondertes Konto für „unberechtigt ausgewiesene Umsatzsteuer“ zu errichten. Der allgemeine Inhalt des Mehrwertsteuerkontos ergibt sich aus folgendem Kontenbild:

S — Mehrwertsteuerkonto (MwSt)	H
Berichtigung für: Rücksendungen von Kunden	**Steuerbeträge** für in Ausgangsrechnungen ausgewiesene USt-Schuld
Gutschriften an Kunden	
Kundenskonti	
Kundenboni	
Saldo: Verbindl. an FA	

Das Mehrwertsteuerkonto wird als passivisches Bestandskonto im Bereich der Finanzkonten geführt: In den herkömmlichen Kontenrahmen des Groß- und Einzelhandels unter den **Sonstigen Verbindlichkeiten** der Kontenklasse 1 (z. B. Konto 194 Mehrwertsteuer) und in den industriellen Kontenrahmen entweder in Kontenklasse 1 (z. B. Konto 175) wie beim Gemeinschaftskontenrahmen GKR oder in Kontenklasse 4 (z. B. Konto 4821) wie beim Industriekontenrahmen IKR (vgl. hierzu die als Anlage zu Teil A und Teil B beigefügten Kontenrahmen, besonders den des Großhandels auf dem Faltblatt am Schluß des Buches).

Auf dem Mehrwertsteuerkonto (Umsatzsteuer-Schuldkonto) ist auch die auf den **Eigenverbrauch** entfallende Umsatzsteuer zu buchen. Die Bemessungsgrundlage in den Fällen des Eigen- oder Gesellschafterverbrauchs ergibt sich aus § 10, Abs. 4 UStG: Sie richtet sich bei Entnahmen von Gegenständen (z.B. von Waren) nach deren Einkaufspreis zuzüglich der Nebenkosten oder, wenn ein Einkaufspreis nicht existiert, nach den Selbstkosten, bei Inanspruchnahme von sonstigen Leistungen (z.B. private Kfz-Nutzung, private Telefonnutzung) nach den auf die unternehmensfremde Verwendung entfallenden Kosten und bei nicht abzugsfähigen Aufwendungen im Sinne des § 4, Abs. 5, Satz 1, Nr. 1 bis 7 oder Abs. 7 oder § 12, Nr. 1 EStG (z.B. Aufwendungen für Geschenke, Gästehäuser u.a.) nach diesen Aufwendungen (im einzelnen vgl. hierzu unter Teil A, Abschnitt 10.1 auf S. 208ff.). Die Ermittlung des Einkaufspreises zuzüglich der Nebenkosten bzw. der Selbstkosten bezieht sich jeweils auf den Zeitpunkt des Umsatzes und umfaßt alles, was der Unternehmer für die Erlangung der Verfügungsmacht bzw. die Schaffung der Verfügungsmöglichkeit aufwenden muß. Buchungstechnisch ist es zweckmäßig, die Bemessungsgrundlagen für Eigenverbrauchstatbestände vor Übernahme in das Privatkonto auf besonderen Vorkonten oder Voraufzeichnungen zum Privatkonto zu erfassen (getrennte Erfassung der Bemessungsgrundlagen). Die auf den Eigenverbrauch entfallende Umsatzsteuer ist dann für den Voranmeldungszeitraum zu berechnen, dem Privatkonto unmittelbar (Umsatzsteuer gehört nicht zur Bemessungsgrundlage) zu belasten und dem Mehrwertsteuerkonto gutzuschreiben (Umsatzsteuer gehört einkommensteuerlich zu den nicht abzugsfähigen Ausgaben, § 12, Nr. 3 EStG).

Zu c) Im **Eingangsbereich** der Umsatzsteuer hat die gesonderte Aufzeichnung der Netto-Vorumsätze und der auf diese entfallenden Umsatzsteuer (Vorsteuer) zu erfolgen. Abzugsfähige Umsatzsteuer fällt nicht nur beim Einkauf von Waren bzw. Vorräten an, sondern auch anläßlich des Entstehens von Aufwendungen im Zuge der allgemeinen Verwaltung (z.B. Aufwendungen für Büromaterial, Reiseaufwendungen) und bei Investitionen. Zur Ermittlung der Vorsteuerbeträge sind je nach Bedarf ein oder mehrere (z.B. getrennt nach verschiedenen Steuersätzen; für Einfuhrumsatzsteuer; für Kürzungsbeträge nach dem Berlinförderungsgesetz) **Vorsteuerkonten** einzurichten, deren Inhalt im wesentlichen die folgenden Tatbestände umfaßt:

S Vorsteuerkonto H

S	H
Steuerbeträge für in Eingangsrechungen gesondert ausgewiesene Vorsteuern	**Berichtigungen** für: Rücksendungen an Lieferanten
	Gutschriften von Lieferern
	Lieferantenskonti
	Lieferantenboni
	Saldo: Forderung an FA

Das Vorsteuerkonto ist ein aktivisches Bestandskonto und weist im Saldo einen Erstattungsanspruch gegenüber dem Finanzamt aus. Wie das Mehrwertsteuerkonto werden auch die Vorsteuerkonten im allgemeinen im Bereich der Kontenklasse 1 – Finanzkonten – der Kontenrahmen geführt. Die spezifische Saldenzuordnung erfolgt zu den **Sonstigen Forderungen** bzw. Sonstigen Vermögensgegenständen. Der Großhandelskontenrahmen weist die Vorsteuer unter der Kontennummer 114, der Gemeinschaftskontenrahmen GKR unter 155 und der Industriekontenrahmen IKR – bei Zuordnung zur Kontenklasse 2 – unter 2621 aus (vgl. Anlagen der Kontenrahmen auf den Faltblättern am Schluß des Buches).

Zu d) Mehrwertsteuer- und Vorsteuerkonten sind Bestandskonten und erscheinen als solche in der Bilanz. Die Umsatzsteuer kann aber auch im Aufwandsbereich in Erscheinung treten und besitzt dann nicht mehr den Charakter eines durchlaufenden Postens. Besondere **Umsatzsteueraufwandskonten** sind dann einzurichten, wenn nicht abziehbare Vorsteuer anfällt, z. B. für Lieferungen und Leistungen, die zur Ausführung steuerfreier Umsätze Verwendung finden (§ 15, Abs. 2 UStG). Handelt es sich dabei um Anlagenbeschaffungen, so geht die Vorsteuer in die Anschaffungskosten ein, sofern nicht wegen Geringfügigkeit die Vereinfachungsregelung des § 9b EStG eintritt. Besitzt die Umsatzsteuer Aufwandscharakter, dann ist entweder auf demselben Konto zu buchen, auf dem die Vorsteuer verursachende Leistung (Anschaffung) erfaßt wird, oder aber auf einem besonderen Konto „Nichtabziehbare Vorsteuer". Je nach der Zweckbestimmung der dem Umsatz zugrunde liegenden Leistungsart gehört die Umsatzsteuer in den Bereich der betrieblichen oder neutralen Aufwendungen.

Beispiel:

Ein Arzt kauft ein medizinisches Gerät für 10.000 + 10% USt und Verbandsmaterial für 500 + 10% USt. Ärzte sind nach § 15, Abs. 2, Nr. 1 UStG i. V. m. § 4, Nr. 14 UStG nicht vorsteuerabzugsberechtigt. Die Umsatzsteuer, die auf das medizinische Gerät entfällt, ist in die Anschaffungskosten einzubeziehen (Abschn. 86, Abs. 1 EStR) und unterliegt der planmäßigen Abschreibung. Dementsprechend wird die Umsatzsteuer auf das Verbandsmaterial in voller Höhe als betriebliche Aufwendung behandelt.

Die Aufzeichnungsvorschriften zur Umsatzsteuer sind vom Nettowertprinzip beherrscht. Dennoch sind buchungstechnisch zwei Vorgehensweisen bei der Verbuchung auf dem Vorsteuer- und Mehrwertsteuerkonto zu unterscheiden: Das (sofortige) Nettoverfahren und das (vorläufige) Bruttoverfahren. Bei der **Nettoverbuchung** erfolgt die Trennung von Entgelt und Umsatzsteuer unmittelbar und für jeden einzelnen Buchungsfall; bei der **Bruttoverbuchung** dagegen werden Entgelt einschließlich Steuerbetrag zunächst in einer Summe aufgezeichnet und erst zum Schluß jedes Voranmeldungszeitraumes rechnerisch getrennt (§ 63, Abs. 3 und 5 UStDV).

Beispiel:

Warenvorfälle eines Monats (Voranmeldungszeitraum):
– Wareneinkauf auf Ziel
(Buchungsbeleg Eingangsrechnung Nr. . . .) 4.000 + 10% USt

– Warenverkauf auf Ziel
(Buchungsbeleg Ausgangsrechnung Nr. . . .) 6.000 + 10% USt

1) Nettoverbuchung

– beschaffungsmarktbezogene Buchungen (1):

Wareneinkauf	4.000			
Vorsteuer	400	**an**	Kreditoren	4.400

– absatzmarktbezogene Buchungen (2):

Debitoren	6.600	**an**	Warenverkauf	6.000
			Mehrwertsteuer	600

Wareneinkauf

Soll	Haben
(1) 4.000	

Debitoren

Soll	Haben
(2) 6.600	

Vorsteuer

Soll	Haben
(1) 400	

Mehrwertsteuer

Soll	Haben
	600 (2)

Kreditoren

Soll	Haben
	4.400 (1)

Warenverkauf

Soll	Haben
	6.000 (2)

2) Bruttoverbuchung:

Buchungssätze **während** des Voranmeldungszeitraumes:

– beschaffungsmarktbezogen:

Wareneinkauf	4.400	**an**	Kreditoren	4.400

– absatzmarktbezogen:

Debitoren	6.600	**an**	Warenverkauf	6.600

Buchungssätze am **Monatsende:**

– beschaffungsmarktbezogen:

Vorsteuer	400	**an**	Wareneinkauf	400

– absatzmarktbezogen:

Warenverkauf	600	**an**	Mehrwertsteuer	600

Die Herausrechnung der Umsatzsteuer aus der Summe der aufgezeichneten Bruttoentgelte erfolgt beim Bruttoverfahren am Ende des Voranmeldungszeitraumes auf der Ein- und der Ausgangsseite durch Anwendung eines Multiplikators bzw. Divisors auf den Bruttorechnungsbetrag. Für die den Beispielen zugrunde gelegten und für die aktuellen Umsatzsteuersätze sind die Umrechnungsfaktoren der folgenden Tabelle zu entnehmen:

	Regelsteuersatz		ermäßigter Steuersatz	
Steuersatz	10%	14%	5%	7%
Multiplikator Divisor	0,091 11,00	0,1228 8,143	0,048 21,00	0,0654 15,286

Beispiel: Umsatzsteuersatz 10%

Bruttobetrag × Multiplikator = Umsatzsteuer
165 × 0,091 = 15

oder: $$\frac{\text{Bruttobetrag}}{\text{Divisor}} = \text{Umsatzsteuer}$$

$$\frac{165}{11} = 15$$

Indem die Buchung der Umsatzsteuer erst am Monatsende in einem Rechengang erfolgen kann, bewirkt das Bruttoverfahren eine gesetzlich zulässige Vereinfachung besonders dort, wo Abnehmer nicht umsatzsteuerpflichtig sind (Endverbraucher) und folglich kein Interesse an einem getrennten Entgelt- und Steuerausweis besteht. Das trifft besonders für den Einzelhandel zu, wo üblicherweise keine Rechnungen ausgestellt werden, und der Bruttoausweis auf Kassenzetteln, Bons oder ähnlichen Belegen genügt. Gleichermaßen kommt das Bruttoverfahren bei sog. Kleinbetragsrechnungen bis zu einem Betrag von DM 200 (§ 33 UStDV) zur Anwendung, in denen die Angaben über Entgelt und Steuerbetrag in einer Summe zum Ausweis gelangen. Ebenso dürfen nachträgliche Entgeltänderungen (z.B. Preisnachlässe, Boni, Gutschriften), nach unterschiedlichen Steuersätzen getrennt aufgezeichnet, brutto verbucht werden. Die Trennung in steuerliches Nettoentgelt und Umsatzsteuer hat jedoch analog spätestens zum Schluß eines jeden Voranmeldungszeitraumes zu erfolgen. Eine Kombination von Brutto- und Nettoverfahren wird sich außer im Falle der Lieferung sowohl an mehrwertsteuerpflichtige Abnehmer als auch an Endverbraucher besonders dort empfehlen, wo zahlreiche Entgeltänderungen laufende Steuerkorrekturen bedingen.

Für den Voranmeldungszeitraum hat auch die Ermittlung der Höhe von Schuld oder Forderung an das Finanzamt zu erfolgen. Die monatliche **Umsatzsteuerzahllast** errechnet sich aus der für Lieferungen, Leistungen und Eigenverbrauch in diesem Zeitraum zu zahlenden Steuer abzüglich der nach § 15 UStG verrechenbaren und im Veranlagungszeitraum angefallenen Vorsteuerbeträge. Dies geschieht durch Aufrechnung der Einzelsalden der umsatzsteuerrelevanten Konten, speziell durch Übertragung des Vorsteuerkontensaldos auf das Mehrwertsteuerkonto (Umsatzsteuer-Schuldkonto). Im obigen Beispiel wird unter der Voraussetzung, daß in dem betreffenden Voranmeldungszeitraum keine weiteren Vorgänge mit umsatzsteuerlicher Wirkung (Vor- und Mehrwertsteuer) angefallen sind, der Betrag von 400 für Vorsteuer bis zum 10. des folgenden Monats über das Mehrwertsteuerkonto abgeschlossen (= Vorsteuerabzug) und der Saldo des Mehrwertsteuerkontos (= Zahllast) durch Überweisung an das Finanzamt ausgeglichen (s. Abbildung auf S. 78).

Übersteigen die Vorsteuerbeträge die Mehrwertsteuerbeträge eines Voranmeldungszeitraumes, dann entsteht ein Erstattungsanspruch (Sollsaldo des MwSt-Kontos) gegenüber dem Finanzamt. Die Zahllast des dem Jahresabschluß vorangehenden Monats ist als **Sonstige Verbindlichkeit,** ein Vorsteuerüberschuß als **Sonstige Forderung** (Sonstige Vermögensgegenstände) zu bilanzieren. Auch ein getrennter Ausweis von Vorsteuerguthaben und Mehrwertsteuerschuld in der Schlußbilanz ist denkbar.

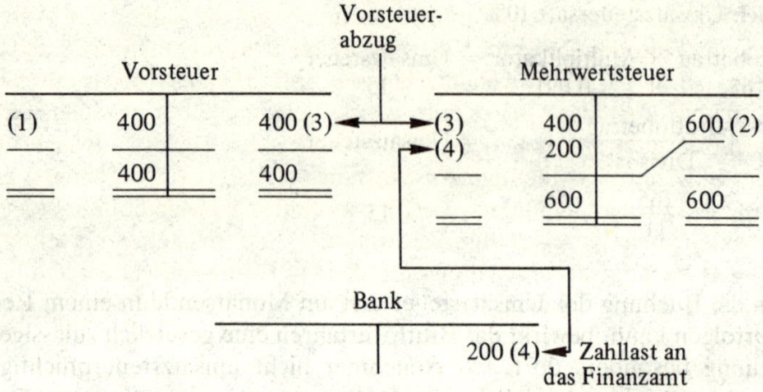

Erfolgt die buchmäßige Verrechnung der Umsatzsteuerkonten erst zum Jahresabschluß, dann werden die monatlich errechneten und abgeführten Umsatzsteuervorauszahlungen auf einem zusätzlichen **Übergangskonto** „Umsatzsteuer-Zahlungen an Finanzamt" festgehalten und am Jahresende mit verrechnet. Ist zur buchmäßigen Abwicklung und Ermittlung der monatlichen Zahllast die Saldenzusammenführung mehrerer Vorsteuer- und Mehrwertsteuerkonten erforderlich, so kann sich auch ein zwischengeschaltetes **Umsatzsteuer-Verrechnungskonto** als zweckmäßig erweisen.

3.5 Warenbezugsaufwand, Verpackungsaufwand, Einstandspreis- und Erlöskorrekturen

3.51 Die Verbuchung des Bezugsaufwands

Beim Bezug von Waren und Stoffen entstehen Aufwendungen wie z.B. Eingangsfrachten, Verpackungsspesen, Rollgelder, Speditionsgebühren, Wagenstandgelder, Postgebühren, Provisionen, Transportversicherungen und Einfuhrzölle, die direkt mit diesen Vorratsgütern verbunden sind und folglich zum wirtschaftlichen Wareneinsatz gehören. Diese Aufwendungen erhöhen als Nebenkosten des Erwerbs (**Anschaffungsnebenkosten**) die reinen Einkaufspreise der Waren bzw. Stoffe und sind demnach dem Wareneinkaufskonto zu belasten. Einkaufspreise einschließlich Bezugsaufwendungen ergeben die **Einstandspreise,** die gleich den Anschaffungskosten sind.

Um die Bezugsaufwendungen überschau- und kontrollierbar zu halten und um den Einblick in die Zusammensetzung der Anschaffungskosten zu verbessern, werden diese in der Praxis in aller Regel auf besonderen Unterkonten des Wareneinkaufskontos (**Warenvorkonten**) gebucht. Eine Speditionsrechnung für angelieferte Handelsware zum Bruttorechnungsbetrag über 440 spricht demnach folgende Konten an:

Bezugsaufwand für Waren (Eingangsfrachten)	400			
Vorsteuer	40	**an**	Warenverbindlichkeiten	440

Da der Bezugsaufwand den Warenwert erhöht, sind die Salden der Warenvorkonten am Periodenende über die zuständigen Wareneinkaufskonten abzuschließen **(vorbereitende Abschlußbuchungen).** Ein offener Ausweis durch direkten Abschluß über das GuV-Konto würde demgegenüber zu einem sachlich ungerechtfertigten, zu hohen Aufwandsausweis für Bezugsaufwand führen, weil der bilanzierungspflichtige Anschaffungswert alle Aufwendungen enthalten muß, die zur Erlangung und Verfügbarkeit der Waren verausgabt wurden. Dazu zählen auch die **Anschaffungsnebenkosten.** Dadurch gehen korrekterweise nur die auf die abgesetzten Waren entfallenden Bezugsaufwendungen bei Saldierung des Wareneinkaufskontos in den Wareneinsatz ein und erscheinen beim Bruttoabschluß der Warenkonten in der GuV-Rechnung.

Beispiel:

(Unter Verzicht auf USt; sämtliche Beträge = Nettowerte)
Eine Großhandelsfirma kauft in einer Periode für 20.000 Handelsware. Die beim Bezug anfallenden Frachtkosten betragen insgesamt 400. Am Periodenende befindet sich noch ¼ der gekauften Ware auf Lager; die Bezugsaufwendungen verteilen sich gleichmäßig auf alle Einkäufe.

Bezugsaufwand (Fracht)

Zugang	400	Saldo	400 (1)
	400		400

Wareneinkauf (WE)

AB	0	EB	5.000
Zugang	20.000	Wareneinsatz	15.000 (2)
	20.000		20.000

GuV-Konto

(1) Fracht	400	Saldo	15.400
(2) Wareneinsatz	15.000		
	15.400		15.400

Bei direkter Übernahme der Frachtkosten in die GuV-Rechnung entsteht ein Aufwand von 15.400. Die vorgeschriebene Bewertung des Warenendbestands hat in der Bilanz (Schlußbilanzkonto) jedoch einschließlich der anteiligen Frachtkosten zu erfolgen, also zu 5.100. Damit erweist sich der Abschluß des Bezugsaufwands in der GuV-Rechnung als nicht richtig. Korrekt wäre demnach zu buchen:

Schlußbilanzkonto	5.100	**an**	Wareneinkauf	5.000
			Fracht	100

und bei direktem Abschluß des Bezugsaufwands über die GuV:

GuV-Rechnung	300	**an**	Fracht	300

Als Aufwand erscheint dann nur der Teil der Fracht, der auf die veräußerte Ware entfällt.

Um dieses im Sinne einer verursachungsgerechten Periodenrechnung korrekte Ergebnis zu erhalten, müssen auf dem Wareneinkaufskonto die Endbestände einschließlich anteiliger Frachtaufwendungen verbucht werden. Daraus folgt aber, daß auch auf der Sollseite des Wareneinkaufskontos **Einstands**preise erfaßt werden müssen, damit im Saldo der richtige Wareneinsatz (einschließlich Frachtanteil) zum Ausdruck kommt; der Bezugsaufwand muß also über das Wareneinkaufskonto abgeschlossen werden:

Bezugsaufwand (Fracht)

Zugang	400	Saldo an WE	400 (1)
	400		400

Wareneinkauf (WE)

AB	0	EB	5.100 (Inventur!)
Zugang	20.000	Wareneinsatz	15.300 (2)
(1) Fracht	400		
	20.400		20.400

GuV-Konto

(2) Wareneinsatz	15.300	Saldo	15.300
	15.300		15.300

Die anteilige Bezugsaufwandsaktivierung erfolgt in der Praxis häufig durch prozentualen Zuschlag auf den (Netto-)Inventurwert, da die Ermittlung des Bezugsaufwands besonders bei vielfältigem Warensortiment und differenzierten Wertgrundlagen sehr arbeitsaufwendig bzw. unmöglich ist. Die Bezugsaufwendungen werden dann direkt über das GuV-Konto abgeschlossen. Unter Verzicht auf die konsequente Anwendung einer verursachungsgerechten Periodenrechnung zugunsten praktikabler Lösungen gilt dies auch für eine Reihe weiterer Aufwandsarten, wobei zudem das Vorsichtsprinzip die sofortige Aufwandsverbuchung unterstützt. Für den Abschluß der Bezugsaufwandskonten direkt über die GuV-Rechnung spricht auch der dadurch verbesserte Einblick in die Aufwandsstruktur und die somit erhöhte Aussagefähigkeit der Erfolgsrechnung selbst.

3.52 Die Verbuchung des Verpackungsaufwands

Grundsätzlich ist zu unterscheiden zwischen Verpackungsmaterialien, die unmittelbar als Vertriebsaufwand behandelt werden und solchen, die wie Fertigungsmaterial zu aktivieren sind. Verpackungsmittel, die nur geringen Wert besitzen (z.B. Kartons, Packpapier etc.), können sofort bei der Beschaffung als Aufwand verbucht werden. Buchungssatz:

Verpackungsmittel(-aufwand) **an** Lieferantenverbindlichkeiten

Verpackungsaufwendungen, die anfallen, um die Güter überhaupt absatzreif zu machen, sog. **Hüllkosten** (z.B. Dosen bei Konserven, Verpackungen von

Markenartikeln wie Schokolade, Zigaretten), und die den Abnehmern in aller Regel nicht gesondert in Rechnung gestellt werden, sind dagegen als Herstellungskosten zu aktivieren.

Bilanzierungspflichtig sind Verpackungsmittel dann, wenn sie einen höheren Wert besitzen bzw. in größeren Mengen vorrätig gehalten werden (z.B. Gasflaschen, Sicherheitsbehälter, Fässer, Kisten); sie werden auf dem besonderen Bestandskonto „Emballagen“ (Verpackungsmittel) geführt.

Aktivierte Verpackungsmittel, die **ohne Berechnung** an den Kunden abgegeben werden, belasten das Konto Verpackungsmittel. Buchungssatz:

Verpackungsmittel(-aufwand)	**an**	Emballagen

Bei leihweiser Überlassung der Verpackung wird diese nur in einer Emballagenkartei festgehalten und überwacht.

Wird die Verpackung dem Kunden jedoch **in Rechnung gestellt,** dann löst dies folgende Buchung aus:

Kundenforderungen	**an**	Emballagen
		Mehrwertsteuer

Ist in diesem Falle eine Rücksendung der höherwertigen Verpackungsmittel vorgesehen, dann wird bei deren ordnungsgemäßer Rücklieferung häufig eine Gutschrift an den Abnehmer erteilt, die allerdings meist nur einen Teil des ursprünglich berechneten Betrages umfaßt. Die Umsatzsteuer muß dann ebenfalls korrigiert werden. Buchungssatz:

Emballagen		
Mehrwertsteuer	**an**	Kundenforderungen

Fallen die Auslagen für Verpackung im Zusammenhang mit Umsätzen an, die unterschiedlichen Steuersätzen unterliegen, so teilen sie wie alle in Rechnung gestellten Nebenleistungen das umsatzsteuerliche Schicksal der Hauptleistung und müssen zutreffend untergliedert aufgezeichnet werden.

Bei leihweiser Überlassung hochwertiger Verpackungsmittel werden dem Abnehmer auch häufig **Pfandbeträge** in Rechnung gestellt. Diese Beträge werden auf besonderen Konten gebucht, die bei Rückgabe der Emballagen wieder entlastet werden. Erfolgt die beabsichtigte Rücklieferung nicht, so bucht der Lieferer den Pfandbetrag über Warenverkauf oder Verpackungserlöse, der Abnehmer über Wareneinkauf oder Emballagenaufwand aus. Erfolgt die Berechnung und der Ausweis als Forderung, so ist eine Rückstellung in Höhe des Pfandgeldes zu bilden.

Problematisch erscheint die **umsatzsteuerliche** Behandlung der Pfandbeträge, die nach § 10, Abs. 1 UStG Teile des Lieferungsentgelts sind und als unselbständige Nebenleistungen der Umsatzsteuer unterliegen. Bei Rücknahme der Verpackung und anschließender Gutschrift des Pfandbetrags liegt eine Entgeltminderung vor, so daß die Umsatzsteuer korrigiert werden muß. Aus Vereinfachungsgründen braucht bei der Verbuchung des Verpackungsaufwandes nur der Differenzbetrag zwischen geliefertem und zurückgenommenem Leergut der Umsatzsteuer unterworfen zu werden (BMWF-Schreiben v. 3. 11. 1971, BStBl. I 1971, S. 548 i. V.m. BdF-Erlaß v. 17. 9. 1968, BStBl. I 1968, S. 1121).

Der BdF-Erlaß vom 17. 9. 1968 ermöglicht auch, daß das Finanzamt dem Unternehmer auf Antrag folgendes Verfahren genehmigt: Die bei den Warenlieferungen in Rechnung gestellten Pfandbeträge und Rückgewährungen bleiben zunächst bei der laufenden Umsatzbesteuerung unberücksichtigt. Spätestens am Ende jedes Kalenderjahres ist der sich aus Pfandinrechnungstellung und Pfandrückgewähr ergebende Pfandbetragssaldo für jeden Abnehmer zu ermitteln. Dieser Saldo ist der Umsatzsteuer zu unterwerfen und an das Finanzamt abzuführen; der Abnehmer kann die auf den Pfandbetragssaldo entfallende, gesondert in Rechnung gestellte Steuer als Vorsteuer abziehen. Voraussetzung dafür ist eine eindeutige, fortlaufende und leicht nachprüfbare Aufzeichnung der Pfandbeträge (§ 63 UStDV, § 146 AO).

3.53 Die Verbuchung von Einstandspreis- und Erlöskorrekturen

Die im Zuge des Warenverkehrs anfallenden vielfältigen Umsatzkorrekturen sind zweckmäßigerweise auf gesonderten Konten zu erfassen. Die Wareneingangsbuchführung ist deshalb durch ein oder mehrere Unterkonten zur Aufnahme der Einstandspreiskorrekturen, die Warenausgangsbuchführung durch ein oder mehrere Unterkonten zur Aufnahme der Erlöskorrekturen gekennzeichnet. **Einstandspreiskorrekturen** umfassen sämtliche nachträglich von Lieferanten eingeräumten Preisänderungen, insbesondere Preisnachlässe, da diese die Anschaffungskosten mindern und nicht als Ertrag verbucht werden dürfen. Hierzu gehören u. a.: nachträglich gewährte Rabatte (im wesentlichen Mengen- bzw. Treuerabatte), Boni, Skonti, Preisminderungen z. B. wegen Qualitätsmängeln. Da Einstandspreiskorrekturen Entgeltänderungen zur Folge haben, ist damit stets auch eine Vorsteuerberichtigung erforderlich. Der Standardbuchungssatz für Einstandspreiskorrekturen lautet deshalb:

Lieferantenverbindlichkeiten	**an**	Einstandspreiskorrekturen für Waren Vorsteuer

Erlöskorrekturen (Erlösschmälerungen) auf der Ausgangsseite des Warenverkehrs umfassen sämtliche Preisminderungen, Preisnachlässe und Abzüge wie nachträglich gegenüber Kunden gewährte Rabatte, Boni, Skonti und Gutschriften. Auch Erlöskorrekturen haben stets eine Berichtigung der Umsatzsteuerschuld, also des Mehrwertsteuerkontos, zur Folge. Der Standardbuchungssatz für Erlöskorrekturen lautet:

Erlöskorrekturen für Waren Mehrwertsteuer	**an**	Kundenforderungen

Beide Unterkontenbereiche sind grundsätzlich über die zugehörigen Warenkonten abzuschließen (**vorbereitende Abschlußbuchungen**).

3.531 Rabatte

Von den nachträglich gewährten und folglich zu Einstandspreis- bzw. zu Erlöskorrekturen führenden Rabatten zu unterscheiden sind **sofortige** Preisnachlässe (sog. **Fakturarabatte**). Die am häufigsten in Erscheinung tretenden und als absoluter Betrag oder als vom Hundertsatz ausgedrückten Rabattformen sind:

- Barzahlungsrabatte, z. B. im Einzelhandel nach dem Rabattgesetz;
- Funktions- oder Handelsrabatte, auch als Wiederverkäuferrabatte bekannt und den nachgelagerten Handelsstufen gewährt;
- Exportrabatte im Exportgeschäft;
- Sonderrabatte, z. B. als Einführungs-, Sonderverkaufs-, Saisonrabatte;
- Mengenrabatte bei Abnahme bestimmter Mindestmengen;
- Treuerabatte für langdauernde Geschäftsbeziehungen.

Fakturarabatte werden regelmäßig buchhalterisch nicht erfaßt; sie mindern die Rechnungsbeträge und kürzen somit den Einstandspreis beim Warenbezug bzw. den Verkaufspreis beim Warenverkauf. Gebucht wird nur der Nettorechnungsbetrag, der zugleich die Bemessungsgrundlage für die Umsatzsteuer darstellt; sofortige Rabatte bewirken also eine Kürzung des umsatzsteuerpflichtigen Entgelts.

Beispiel einer Kundenrechnung:

Listenpreis	500
– 20% Mengenrabatt	100
Netto-Rechnungsbetrag	400
+ 10% USt	40
Brutto-Rechnungsbetrag	440

Buchungssatz:

Kundenforderungen	440	**an**	Warenverkauf	400
			Mehrwertsteuer	40

Vereinzelt wird auch eine Verbuchung des Listenpreises auf dem Erlöskonto und die Behandlung der gewährten Rabatte als über das Warenverkaufs- bzw. GuV-Konto abzuschließende Erlösschmälerungen erwähnt (Bruttoverbuchung). Eine derartige Behandlung von Fakturarabatten ist jedoch mit dem Anschaffungswertprinzip nicht in Einklang zu bringen. Eine Ausnahme davon stellt die Rabattgewährung durch Rabattmarken im Einzelhandel dar, wo die Verkäufe zunächst brutto verbucht und die Einlösung der Rabattbücher auf einem besonderen Erlösschmälerungskonto gesammelt wird.

Naturalrabatte, die dem Abnehmer bei Bezug einer bestimmten Warenmenge in Warenform gewährt werden (z. B.: ab Kauf einer Kiste Wein zu 15 Flaschen 1 Flasche gratis), führen zum gleichen Ergebnis; hier vermindert sich der durchschnittliche Stückpreis.

Wie bereits erwähnt, sind **nachträglich** eingeräumte bzw. erhöhte oder verminderte Rabatte als Einstandspreis- bzw. Erlöskorrekturen zu behandeln, die auch die Berichtigung der Umsatzsteuerkonten (Vorsteuer oder Mehrwertsteuer) nach sich ziehen.

Beispiel:

Ein Kunde bezahlt seine Rechnung unter Abzug von nachträglich zugestandenem Rabatt in Höhe von 25%; Bruttorechnungsbetrag 2.200. Buchungssatz:

Erlöskorrekturen bzw. Warenerlöse	500			
Mehrwertsteuer	50			
Bank	1.650	**an**	Kundenforderungen	2.200

3.532 Boni

Im Gegensatz zu Fakturarabatten stehen Boni nicht bereits zum Zeitpunkt der Rechnungserteilung fest; diese sind vielmehr von der Erfüllung bestimmter Bedingungen abhängige, **nachträglich** gewährte bzw. erhaltene Nachlässe auf den Kaufpreis. Da die Boni häufig nach der in einer bestimmten Periode erzielten Umsatzhöhe (Mindestumsätze) gestaffelt sind, werden sie auch als **Umsatzvergütungen** bezeichnet. Auch Treueboni für regelmäßige Warenabnahme und langjährige Geschäftsbeziehungen sind üblich. Insofern sind die Boni eine Art nachträglich gewährter Rabatt.

Die an Kunden gewährten Boni werden über das Aufwandskonto Kundenboni, die von Lieferanten erhaltenen und gutgeschriebenen Boni über das Ertragskonto Lieferantenboni, verbucht. Die Zuordnung und Abschlußbehandlung dieser Konten wird in den Kontenrahmen nicht einheitlich vorgenommen: Im Großhandelskontenrahmen wird den Boni wohl wegen ihrer besonderen Bedeutung auf dieser Stufe des Warenwegs zusammen mit den Skonti eine eigene Kontenklasse zugestanden (Kontenklasse 4, Kontengruppen 40 und 47), und ihr Abschluß erfolgt direkt über das GuV-Konto; der Einzelhandelskontenrahmen erfaßt die Boni innerhalb der Kontenklasse der Wareneinkaufskonten im Sinne von Nachlässen bzw. Erlösschmälerungen (Kontenklasse 3, Kontengruppe 38; Kontenklasse 8, Kontengruppe 89) und schließt diese über die Warenkonten ab (vgl. Anlagen 2 und 3, S. 430f. und 432f.). Der Gemeinschaftskontenrahmen der Industrie (GKR) behandelt die Boni als neutrale Aufwendungen und Erträge (Kontenklasse 2) und bucht sie über das Nebenergebnis (Abgrenzungssammelkonto, Klasse 9); der Industriekontenrahmen (IKR) behandelt sie als Erlösberichtigungen und bucht sie über die Umsatzerlöse (Kontengruppe 50; vgl. hierzu Faltblätter am Schluß des Buches).

Obwohl der Abschluß der Bonikonten über die GuV-Rechnung zur Klarheit und Übersichtlichkeit des Ausweises beiträgt, sind gewisse Verfälschungen des Wareneinsatzes durch die Nichtberücksichtigung der Bonikonten bei den Warenanschaffungskosten angezeigt. Um die Abweichungen in engen Grenzen zu halten, wird deshalb häufig ein geschätzter Pauschalbetrag vom Inventurbestandswert der Waren abgesetzt. Der oben beschriebene gegenläufige Effekt bei den Bezugsaufwendungen trägt ebenfalls zur Neutralisierung dieses Fehlers bei.

Unter dem Gesichtspunkt einer periodengerechten Gewinnermittlung sind die Boni in der Periode ihrer wirtschaftlichen Zugehörigkeit als Aufwand bzw. Ertrag zu erfassen. **Rechtsverbindlich** zugesagte Boni sind der Periode ihres Entstehens zuzurechnen, d.h. am Periodenende noch zu erhaltende (ausstehende) Boni sind als Ertrag (Sonstige Forderungen bzw. sonstige Vermögensgegenstände **an** Bonierträge), noch zu gewährende Boni als Aufwand zu verbuchen (Boniaufwand **an** Sonstige Verbindlichkeiten). Die spätere Zahlung bzw. Gutschrift löst dann eine erfolgsneutrale Buchung aus. Wird die Gewährung der Boni (des Bonus) jedoch vom Ergebnis der Geschäftsperiode abhängig gemacht und liegt demzufolge **keine Rechtsverbindlichkeit** der Zusage vor, so entfällt ihre bilanzielle Erfassung.

Boni ändern die Bemessungsgrundlage der Umsatzsteuer; sie führen wirtschaftlich zu Minderungen des Einstandspreises bzw. Schmälerungen des Erlöses und lösen demzufolge bei Gutschrifterteilung eine Steuerberichtigung aus. Der unmittelbare Bezug zu den Warenkonten wird daraus sichtbar. Um übereinstimmende Korrekturen der Umsatzsteuer zu gewährleisten, hat der Lieferer dem Abnehmer die aus Jahresboni (Jahresrückvergütungen) resultierenden Entgeltänderungen in ihrer Verteilung auf unterschiedlich besteuerte Umsätze durch Belege anzuzeigen (§ 17, Abs. 4 UStG). Die Berichtigung gilt nicht rückwirkend, sondern ist für den Veranlagungszeitraum vorzunehmen, in dem die Entgeltänderung (Gutschrifterteilung) eingetreten ist (§ 17, Abs. 1, Satz 3 UStG).

Beispiel:

Warenkäufe während einer Periode in Höhe von 22.000 brutto. Buchungssatz:

(1) Wareneinkauf	20.000			
Vorsteuer	2.000	**an**	Lieferantenverbindlichkeiten	22.000

Gewährung eines 5%-igen Bonus am Jahresende. Buchungssatz:

(2) Lieferantenverbindlichkeiten	1.100	**an**	Lieferantenboni	1.000
			Vorsteuer	100

Wareneinkauf

Soll		Haben	
(1)	20.000		

Lieferantenverbindlichkeiten

Soll		Haben	
(2)	1.100	22.000	(1)

Vorsteuer

Soll		Haben	
(1)	2.000	100	(2)

Lieferantenboni

Soll		Haben	
		1.000	(2)

Bei rechtsverbindlich zugesagten, am Bilanzstichtag aber noch nicht beglichenen Boni, ist die Umsatzsteuer bereits im Zeitpunkt der Begründung der Bonusverbindlichkeit, also im abgelaufenen Geschäftsjahr zu berichtigen. Für die Steuerberichtigung ist kein Belegaustausch erforderlich, falls die Vertragspartner die Höhe der Entgeltminderung kennen.

Beispiel:

Ein Elektrogroßhändler hat einem Installationsbetrieb auf Grund rechtsverbindlichen Vertrags Boni zu gewähren, die am Bilanzstichtag 2.750 brutto betragen. Die Gutschrift folgt in der darauffolgenden Periode.

Buchungen am Bilanzstichtag (ohne Abschlußbuchungen):

(1) Kundenboni	2.500			
MwSt	250	**an**	Sonstige Verbindlichkeiten	2.750

Buchungen bei Gutschrifterteilung:

(2) Sonstige Verbindlichkeiten	2.750	**an**	Kundenforderungen	2.750

Neben dem jede einzelne Umsatzsteuer-Korrektur unmittelbar erfassenden Nettoverfahren kann auch die Bruttoverbuchung vorgenommen werden. Die angefallenen Bonibeträge sind dann zunächst einschließlich ihres Steueranteils (brutto) auf dem Konto für Boni aufzuzeichnen, während erst am Ende der Periode für die gesamte Bonisumme die umsatzsteuerliche Korrektur erfolgt.

Als besonders problematisch erweist sich die Umsatzsteuerberichtigung bei nachträglichen Entgeltsänderungen, wenn sich der Steuersatz im Laufe des Jahres ändert (z.B. am 1. 7. 1983 von 13% auf 14%), denn dann müßten die Erlösschmälerungen auf die unterschiedlichen Steuersätze aufgeteilt werden. Zur Vereinfachung dürfen daher die Entgeltsminderungen nach dem Verhältnis der steuerpflichtigen Umsätze in den Halbjahren aufgeteilt oder von vornherein die Erlösschmälerungen nur dem Steuersatz des ersten Halbjahres (13%) unterworfen werden (BdF-Schreiben v. 29. 4. 1983, DB 1983, Beilage 12/83).

3.533 Skonti

Die Praxis des Warenverkehrs ist vor allem durch Käufe und Verkäufe auf Ziel gekennzeichnet. Zielumsätze beinhalten auf der Kundenseite die Inanspruchnahme, auf der Lieferantenseite die Gewährung von Kredit. Die Preisstellung erfolgt demgemäß unter der Annahme der Rechnungsbegleichung erst nach Ablauf der vereinbarten Kreditfrist.

Um einen Anreiz zur Nichtinanspruchnahme des Kredits und damit zur Barzahlung zu geben, wird dem Käufer bei Zahlung innerhalb einer angegebenen (kurzen) Frist ein Preisabzug gewährt, der als **Skonto** bezeichnet wird. Der Skonto erscheint damit als Zins, der für die Kreditierung einer Kaufsumme im Preis der Ware in Rechnung gestellt wird und für den Fall der Inanspruchnahme des Zahlungsziels und folglich Ausnutzung des Skontos auch zu entrichten ist. Diese Interpretation ist allerdings zu ergänzen um die absatz- und speziell preispolitische Funktion, die der Skonto auch als Instrument der Markteinflußnahme erfahren kann. Weiter impliziert der Skonto eine Prämie für Einsparung von Verwaltungsaufwand und Risikominderung bei Barzahlung gegenüber Zielumsätzen (Überwachung des Zahlungsziels, eventuelle Mahngebühren, Kredit- und Ausfallrisiken etc.).

Die Skonti aus dem Warengeschäft werden während des Abrechnungszeitraumes i.d.R. auf zwei getrennten Erfolgskonten „Lieferantenskonti" und „Kundenskonti" erfaßt. Der vom Lieferanten gewährte **Lieferantenskonto** hat eine Minderung der Schulden aus Warenlieferungen und Leistungen zur Folge und stellt buchtechnisch deshalb einen Ertrag dar; der dem Kunden eingeräumte **Kundenskonto** reduziert die Forderungen des Betriebes und wird demgemäß als Aufwand, zum Teil auch als Erlösschmälerung, behandelt. Abzuschließen sind die Skontikonten wie die Bonikonten nach dem Großhandelskontenrahmen unmittelbar über die GuV-Rechnung (Kontengruppen 41 und 48), nach dem Einzelhandelskontenrahmen über die Warenkonten (Kontengruppen 38 und 89; vgl. Anlagen 2 und 3, S. 430f. und 432f.). Die Industriekontenrahmen sehen für die Behandlung der Skonti die Kontenklassen 2 (neutrale Aufwendungen und Erträge) und 9 (Abgrenzungssammelkonto) beim GKR und die Kontenklassen 2 (Skontoerlöse im Bereich der Stoffe und Warenbeschaffung) sowie 5 (Erlösberichtigungen) beim IKR vor (vgl. Faltblätter am Schluß des Buches).

Dem Abschluß der Skontikonten über die Warenkonten entspricht auch deren **steuerliche Behandlung.** Ein in Anspruch genommener Skonto bewirkt danach eine Minderung der Anschaffungskosten (Einstandspreisminderung) und stellt unmittelbar keinen Zinsertrag dar. Bei Gegenständen des abnutzbaren Anlagevermögens würde ein Ertrag somit erst über die um den anteiligen Skontoabzug niedrigeren Abschreibungen in Erscheinung treten. Selbst eine spätere freiwillige Rückzahlung eines zunächst in Anspruch genommenen Skontos ist ohne Einfluß auf die Höhe der Anschaffungskosten (z.B. zur Erlangung von Investitionszulagen; BFH v. 12. 3. 1976, BStBl. II 1976, S. 524ff.). Andererseits ist die 800 DM-Grenze der sofortigen Absetzbarkeit der Anschaffungsausgaben bei den sog. geringwertigen Wirtschaftsgütern nach § 6, Abs. 2 EStG abhängig von einem Skontoabzug, da die tatsächlich durch die Beschaffung entstandenen Ausgaben maßgebend sind.

Die Inanspruchnahme von Skonto mindert die Bemessungsgrundlage der Umsatzsteuer und erfordert deshalb beim leistenden Unternehmer eine Berichtigung der Steuerschuld und beim Leistungsempfänger eine Korrektur der abgezogenen Vorsteuer. Erforderliche Berichtigungen sind in dem Veranlagungszeitraum durchzuführen, in dem die Entgeltänderung eingetreten ist. Dabei ist von den jeweiligen Vereinbarungen der Geschäftspartner über die Art der Skontoberechnung auszugehen: Der Skontoabzug wird entweder vom Gesamtrechnungsbetrag (Entgelt zuzüglich Steuer) oder nur vom Entgelt (Nettorechnungsbetrag) vorgenommen; beide Verfahren führen zu dem gleichen Ergebnis.

Beispiel:

Netto-Rechnungsbetrag	4.000	Netto-Rechungsbetrag	4.000
+ 10% USt	400	– 3% Skonto	120
Brutto-Rechnungsbetrag	4.400	Netto-Zahlungsbetrag	3.880
– 3% Skonto	132	+ 10% USt	388
Zahlungsbetrag	4.268	Brutto-Zahlungsbetrag	4.268
Skontobetrag wird aufgeteilt in:		Umsatzsteuerkürzung:	
		Ausgewiesene Vorsteuer	400
Netto-Rechnungsbetragskürzung	120	– Bezahlte Vorsteuer	388
Vorsteuerkorrektur	12	Vorsteuerkorrektur	12

Nimmt der Leistungsempfänger jedoch den Skontoabzug nicht in Anspruch und entrichtet den vollen Kaufpreis erst mit Ablauf der Zahlungsfrist, so bewirkt der Unternehmer umsatzsteuerlich keine Kreditleistung (BdF v. 1. 4. 1986, BStBl. I 1986, S. 150). Wird also im obigen Beispiel die Möglichkeit zum Skontoabzug von 3% nicht genützt und der Brutto-Rechnungsbetrag von 4.400 durch den Leistungsempfänger erst mit Ablauf der Kreditfrist gezahlt, so ist es nicht zulässig, daß der leistende Unternehmer seine Leistung in eine umsatzsteuerpflichtige Warenlieferung in Höhe von 4.268 incl. MWSt und eine steuerfreie Kreditleisung von 132 aufteilt.

Bei der Verbuchung der Skonti kann aus **umsatzsteuerlicher** Sicht sowohl das Netto- als auch das Bruttoverfahren angewandt werden. Beim **Nettoverfahren** wird jeder einzelne Skontobetrag bei seinem Anfall jeweils nach Herausrechnung und Korrektur der Vorsteuer bzw. Mehrwertsteuer (netto) verbucht. Das verursacht insbesondere bei unterschiedlich besteuerten Umsätzen umfangreiche Berechnungen und aufwendige Buchungsarbeit.

Wird das **Beispiel** zur Warenverbuchung auf S. 75f. (Wareneinkauf auf Ziel 4.000 + 10% USt; Warenverkauf auf Ziel 6.000 + 10% USt) mit folgenden Änderungen versehen:

- Bezahlung der Wareneinkäufe im selben Voranmeldungszeitraum mit 3% Skontoabzug;
- Banküberweisung von 2.156 auf ein Drittel der Forderungen aus Warenverkäufen nach Abzug von 2% Skonto,

dann fallen, unter Verwendung der **Bruttomethode** der Skontobehandlung und des **Nettoverfahrens,** auf Wareneingangs- und Warenausgangsseite die folgenden Buchungen an:

Bei Rechnungseingang:

(1) Wareneinkauf	4.000			
Vorsteuer	400	**an**	Lieferantenverbindlichkeiten (Kreditoren)	4.400

Bei Rechnungsausgang:

(2) Kundenforderungen (Debitoren)	6.600	**an**	Warenverkauf	6.000
			Mehrwertsteuer	600

Bei Bezahlung der Eingangsrechnung unter Abzug von 3% Skonto:

(3) Kreditoren	4.400	**an**	Bank	4.268
			Skontoertrag	120
			Vorsteuer	12

Bei Bezahlung von ⅓ der Ausgangsrechnung unter Abzug von 2% Skonto:

(4) Bank	2.156			
Skontoaufwand	40			
Mehrwertsteuer	4	**an**	Debitoren	2.200

Bei Ermittlung der Zahllast für den Voranmeldungszeitraum:

(5) Mehrwertsteuer	388	**an**	Vorsteuer	388

Bei Abführung der Zahllast an das Finanzamt:

(6) Mehrwertsteuer	208	**an**	Bank	208

Beschaffungsmarktbezogene Buchungen		Absatzmarktbezogene Buchungen	
Wareneinkauf		**Warenverkauf**	
(1) 4.000			6.000 (2)
Kreditoren		**Debitoren**	
(3) 4.400	4.400 (1)	(2) 6.600	2.200 (4)

Skontoertrag

Soll		Haben	
		120	(3)

Skontoaufwand

Soll		Haben	
(4)	40		

Vorsteuer

Soll		Haben	
(1)	400	12	(3)
		388	(5)
	400	400	

Mehrwertsteuer

Soll		Haben	
(4)	4	600	(2)
(5)	388		
(6)	208		
	600	600	

Bank

Soll		Haben	
(4)	2.156	4.268	(3)
		208	(6)

Eingeräumte und gewährte Skonti werden beim umsatzsteuerlichen **Bruttoverfahren** zunächst einschließlich Umsatzsteuer verbucht und erst zum Ende des Voranmeldungszeitraumes in (Netto-)Skontobetrag und Vor- bzw. Mehrwertsteuerberichtigung getrennt. Dieses Verfahren stellt damit eine wesentliche Vereinfachung der Buchungsarbeit dar.

Beispiel:

Bezahlung der Eingangsrechnung unter Skontoabzug:

(1) Kreditoren	4.400	**an**	Bank	4.268
			Skontoertrag	132

Vorsteuerkorrektur der **gesamten** Skontierträge in Höhe von z. B. 2.310 am Ende des Voranmeldungszeitraums:

Bruttobetrag:	110% = 2.310
Skontoertrag:	100% = 2.100
Vorsteuer-Berichtigung:	10% = 210

Umbuchung:

(2) Skontoertrag	210	**an**	Vorsteuer	210

Bezahlung der Ausgangsrechnung unter Skontoabzug:

(3) Bank	2.156			
Skontoaufwand	44	**an**	Debitoren	2.200

Mehrwertsteuerkorrektur der **gesamten** Skontiaufwendungen in Höhe von z. B. 1.309 am Ende des Voranmeldungszeitraums:

Bruttobetrag:	110% = 1.309
Skontoaufwand:	100% = 1.190
MwSt-Berichtigung:	10% = 119

Umbuchung:

(4) Mehrwertsteuer	119	**an**	Skontoaufwand	119

Die soeben behandelte Unterscheidung in Brutto- und Nettoverbuchung der Skonti war aus **umsatzsteuerlicher** Sicht zu verstehen. Bei der Frage, nach welcher Methode der Skonto zu berechnen ist, handelt es sich aber prinzipiell um kein umsatzsteuerliches Problem, sondern um eine **betriebswirtschaftliche** Interpretation des Wesens dieser Erscheinung. So wird in der Literatur mit dem Argument des zutreffenden Erlösausweises die Behandlung des Kundenskontos nicht als Aufwand, sondern als Erlösschmälerung gefordert. Das materielle Buchführungsergebnis wird davon aber nicht berührt.

Dasselbe gilt auch für die auf der **Zins**interpretation beruhende Wesenserklärung des Skontos, die den Rechnungsbetrag in zwei Preiskomponenten aufteilt, die auch getrennt verbucht werden: In einen Warenpreis und einen Preis für die Kreditleistung. Entsprechend wird zwischen der Brutto- und Nettomethode der Skontoverbuchung mit den Fällen der Inanspruchnahme des Kredits (= Nichtausnutzung des Skontos) und der Nichtinanspruchnahme des Kredits (= Abzug des Skontos) unterschieden. Während die **Bruttomethode** die in der Praxis der Skontobehandlung übliche und oben im einzelnen beschriebene Methode darstellt, sprechen für die **Nettomethode** vor allem betriebswirtschaftliche Argumente der korrekten Periodenabgrenzung (*Wöhe,* Bilanzierung, S. 109; *Engelhardt/Raffée,* Buchhaltung, S. 84ff.). Indem die Nettomethode bereits beim Rechnungseingang einen Skontoaufwand verbucht (Wareneinkauf und Skontoaufwand **an** Kreditoren) und unmittelbar beim Rechnungsausgang einen Skontoertrag ausweist (Debitoren **an** Warenverkauf und Skontoertrag), wird der Periodenerfolg wohl nicht in seiner Höhe, jedoch hinsichtlich der Struktur seiner Komponenten beeinflußt: Bei Nichtausnutzung des Skontos erhält man den niedrigeren Warenrohgewinn der Bruttomethode bei der Nettomethode durch Ansatz des zusätzlichen Skontoaufwands bzw. wird der gegenüber der Bruttomethode niedrigere Warenverkaufserlös der Nettomethode durch den Skontoertrag für die erbrachte Kreditleistung ergänzt. Wird die Kreditleistung dagegen nicht in Anspruch genommen, also vorzeitig gezahlt, so storniert die Nettomethode den Skontoaufwand der Eingangsrechnung bzw. den Skontoertrag der Ausgangsrechnung: Der niedrigere Warenrohgewinn der Bruttomethode wird dann durch den Skontoertrag der Bruttomethode ergänzt bzw. der höhere Warenverkaufserlös der Bruttomethode wird durch den Skontoaufwand der Bruttomethode ausgeglichen.

Beispiel (Zahlen wie oben):

1. Nettoverbuchung:

Bei Rechnungseingang:

Wareneinkauf	3.880			
Skontoaufwand	120			
Vorsteuer	400	**an**	Kreditoren	4.400

Bei Bezahlung innerhalb der Skontofrist:

Kreditoren	4.400	**an**	Bank	4.268
			Skontoaufwand	120
			Vorsteuer	12

Bei Bezahlung nach Ablauf der Skontofrist:

Kreditoren	4.400	**an**	Bank	4.400

2. Bruttoverbuchung:

Bei Rechnungseingang:

Wareneinkauf	4.000			
Vorsteuer	400	**an**	Kreditoren	4.400

Bei Bezahlung innerhalb der Skontofrist:

Kreditoren	4.400	**an**	Bank	4.268
			Skontoertrag	120
			Vorsteuer	12

Bei Bezahlung nach Ablauf der Skontofrist:

Kreditoren	4.400	**an**	Bank	4.400

Der vorsorglich für den Lieferantenkredit gebuchte Zins (Skontoaufwand) wird bei der Nettomethode storniert, sofern die Zahlung unter Skontoabzug erfolgt. Wird dagegen die Zahlungsfrist ausgeschöpft, bleibt das Konto Skontoaufwand unausgeglichen und ist über das Gewinn- und Verlust-Konto (Großhandel) abzuschließen. Demgegenüber führt die Bezahlung innerhalb der Skontofrist bei der Bruttomethode zu einem Skontoertrag, der auf das Gewinn- und Verlust-Konto (Großhandel) übernommen wird, während die Inanspruchnahme des Lieferantenkredits keine Skontobuchung auslöst.

Der Nettomethode gebührt betriebswirtschaftlich vor allem unter dem Aspekt der einwandfreien Periodenabgrenzung der Vorzug. Reichen nämlich die Kreditzeiträume über den Abschlußstichtag hinaus, dann ist korrekterweise eine Abgrenzung auch der Skontikonten nach periodenanteiliger Existenz von Ertrag und Aufwand erforderlich. Der Periodenerfolg wird in diesem Falle nicht nur in der Struktur seiner Komponenten, sondern auch in seiner Höhe beeinflußt.

Aus pragmatischen Gründen wird jedoch im folgenden stets die Bruttomethode der Skontiverbuchung gewählt, da einerseits die relativ unbedeutenden Ungenauigkeiten bei der Periodenabgrenzung zugunsten der einfacheren Handhabung zurückzustehen haben, und andererseits der ausschließliche Zinscharakter des Skontos umstritten ist. Die buchhalterische Praxis wendet überwiegend die Bruttoverbuchung an.

3.534 Retouren und Nachlässe

Werden im Geschäftsverkehr mangelhafte, unbrauchbare oder falsche Waren geliefert, so kann der Käufer Rückgängigmachung des Kaufes (Wandelung) oder Herabsetzung des Kaufpreises (Minderung) verlangen (§ 462 BGB).

Bei der **Wandelung** wird die empfangene Ware an den Lieferanten zurückgegeben, und die Verpflichtung zur Zahlung des Kaufpreises erlischt. **Warenrücksendungen** (Retouren) an Lieferanten werden über das Wareneinkaufskonto, Warenrücksendungen (Retouren) von Kunden über das Warenverkaufskonto gebucht. Die Erfassung von Kundenretouren geschieht häufig auf einem Unterkonto Erlösschmälerungen, ehe diese von den entsprechenden Erlöskonten übernommen werden. In allen Fällen hat eine Vorsteuer- bzw. Mehrwertsteuerberichtigung zu erfolgen. Die Buchungssätze lauten:

Für Rücksendungen an Lieferanten:

Lieferantenverbindlichkeiten	**an**	Wareneinkauf Vorsteuer

Für Rücksendungen von Kunden:

Warenverkauf Mehrwertsteuer	**an**	Kundenforderungen

Dieselben Buchungssätze werden von der **Minderung** ausgelöst: Der Käufer behält hier die Ware, jedoch wird ihm aufgrund der verminderten Gebrauchsfähigkeit ein **Preisnachlaß** aufgrund einer Mängelrüge gewährt. Solche Nachlässe werden nicht selten auch ohne besondere rechtliche Verpflichtung gegeben: Als Beispiel dafür kann die sich auf die Behauptung des billigeren Konkurrenzbezugs stützende und mit der Drohung des Abbruchs der Geschäftsbeziehung verbundene Forderung nach entsprechender Preisreduzierung gelten.

3.6 Warenentnahmen und Eigenverbrauch

Warenentnahmen für private Zwecke sind dem Privatkonto zu belasten und dem Wareneinkaufskonto gutzuschreiben (vgl. S. 66f.). **Einkommensteuerlich** haben die Entnahmen zum **Teilwert** zu erfolgen (§ 6, Abs. 1, Nr. 4 EStG). Der Teilwert ist der Betrag, den ein Erwerber des ganzen Betriebes im Rahmen des Gesamtkaufpreises für das einzelne Wirtschaftsgut ansetzen würde, wenn von einer Fortführung des Betriebes ausgegangen wird (§ 6, Abs. 1, Nr. 1, Satz 3 EStG). Demgemäß orientiert sich die Wertobergrenze für Entnahmen erworbener Waren an deren Anschaffungskosten (Wiederbeschaffungskosten), bei selbsterstellten Erzeugnissen an deren Herstellungskosten einschließlich anteiliger Verwaltungskosten. Als untere Wertgrenze des Teilwerts kommt der bei Einzelveräußerung des Wirtschaftsguts erzielbare Verkaufspreis in Frage. Die Teilwertbewertung bei Entnahmen gilt ertragsteuerlich für alle Gewinneinkünfte (Land- und Forstwirtschaft, Gewerbebetrieb, selbständige Tätigkeit) ohne Rücksicht auf die angewandte Gewinnermittlungsart (Reinvermögensvergleich oder Einnahmen-Überschußrechnung).

Da der Teilwert nicht mit den Anschaffungskosten der entnommenen Waren übereinzustimmen braucht, können **Wertdifferenzen** auftreten, die auf ein gesondertes Wertdifferenzenkonto zu buchen sind, wenn der Wareneinsatz auf dem Wareneinkaufskonto korrekt ausgewiesen werden soll. Auf den Reingewinn bleibt die gesonderte Verbuchung einer derartigen Wertdifferenz ohne Einfluß, da sie beim Abschluß den Warenrohgewinn in der GuV-Rechnung entsprechend korrigiert (**vorbereitende Abschlußbuchung**).

Im Gegensatz zur einkommensteuerlichen Behandlung von Entnahmen wird die Bemessungsgrundlage für den **umsatzsteuerlichen** Eigenverbrauch nach Umsetzung der 6. EG-Richtlinie zur Harmonisierung der Umsatzsteuer durch den Einkaufspreis zuzüglich der Nebenkosten bzw. mangels eines Einkaufspreises durch die Selbstkosten determiniert (§ 10, Abs. 4, Nr. 1 UStG).

Die Wertermittlung hat sich auf die Wirtschaftsstufe des entnehmenden Unternehmers zu beziehen und schließt die Umsatzsteuer bei Regelbesteuerung (nichtabziehbare Vorsteuern gehören dagegen zu den Selbstkosten bzw. dem Einkaufspreis) aus der Bemessungsgrundlage aus. Zur **vereinfachten Ermittlung der Bemessungsgrundlagen** werden bei Vorliegen eines ständigen, durch die Art der erstellten Ware bedingten Eigenverbrauchs (z.B. Bäcker, Metzger, Gastwirt usw.) von den Oberfinanzdirektionen Jahrespauschsätze bekanntgegeben, bei deren Anwendung die Erfassung und Bewertung der Entnahmen im einzelnen unterbleiben kann.

Um die vorgeschriebene buchmäßige Trennung von den übrigen Umsätzen zu erreichen und zum Nachweis der Bemessungsgrundlage des Eigenverbrauchs (§ 22, Abs. 2, Nr. 3 UStG), werden umsatzsteuerlich Warenentnahmen für private Zwecke in der Regel auf einem besonderen Warenentnahmekonto (bei Anwendung unterschiedlicher Steuersätze auch auf mehreren Warenentnahmekonten) gebucht. Das Konto erhält somit den Charakter eines Erlöskontos für Umsätze mit dem Unternehmer selbst; es soll die Konsumbelastung auch der unternehmerischen Privatsphäre durch die Umsatzsteuer gewährleisten. Die auf den Eigenverbrauch entfallende, nach § 12, Nr. 3 EStG nicht abzugsfähige Umsatzsteuer, ist unabhängig von ihrer Zahlung spätestens zum Ende des Voranmeldungszeitraumes dem Privatkonto zu belasten und dem Mehrwertsteuerkonto gutzuschreiben. Der Abschluß des Warenentnahmekontos kann über das Wareneinkaufs- oder das GuV-Konto erfolgen.

Buchungssatz:

Privatkonto	**an**	Warenentnahmen Mehrwertsteuer

3.7 Unfreiwillige Dezimierung von Warenvorräten

Ein unfreiwilliger, nicht durch Verkauf begründeter Abbau des Vorratslagers liegt z.B. bei Schwund, Verderb oder Diebstahl von Waren vor. Um den korrekten Ausweis des Wareneinsatzes und damit des Warenrohgewinns zu gewährleisten, muß diese Minderung der Vorratshaltung im Wareneinkaufskonto berücksichtigt und ausgebucht werden. Dies geschieht über die Konten sonstiger betrieblicher Aufwand und Wareneinkauf, kann aber auch indirekt durch die Zwischenschaltung eines Unterkontos zum Wareneinkaufskonto erfolgen.

Buchungssatz:

Sonstiger betrieblicher Aufwand	**an**	Wareneinkauf (eingetretene Wagnisse)

Sind die Verluste im einzelnen nur mit hohem Arbeitsaufwand oder gar nicht ermittelbar, dann führt ein um den sonstigen betrieblichen Aufwand zu hoch ausgewiesener Wareneinsatz zwar zu einem entsprechend verfälschten Rohgewinnergebnis, der Reingewinn wird davon aber nicht beeinflußt, weil durch die Inventur stets auch unfreiwillige Warenverbräuche erfaßt werden.

Beim Jahresabschluß auftretende, aus unfreiwilliger Dezimierung des Warenlagers resultierende **größere** Differenzbeträge dürfen steuerlich nicht ohne weiteres erfolgswirksam, also gewinnmindernd, ausgebucht werden. Insbesondere in Fällen, wo es an der erforderlichen Wahrscheinlichkeit des tatsächlichen Hergangs fehlt, kann es zu einer Anwendung der steuerrechtlichen Grundsätze für eine ergänzende Ergebnisschätzung kommen (§ 162, Abs. 1 und 2 AO). Dabei ist die Frage der nicht unerheblichen Höhe des Differenzbetrages im Einzelfall zu würdigen (vgl. auch vorbereitende Abschlußbuchungen S. 211f.).

Umsatzsteuerliche Regelungen werden durch Warendezimierung infolge Schwund, Verderb, Verlust, Untergang oder Diebstahl jedoch nicht berührt, da eine gegen den Willen des Unternehmers erfolgte Warenentnahme nicht als Leistung betrachtet werden kann. Insbesondere der Vorsteuerabzug bleibt erhalten, denn dieser steht in keinem sachlichen Zusammenhang mit dem weiteren Schicksal des betreffenden Umsatzgutes. Für die Geltendmachung eines Vorsteuerabzugs kommt es demnach nicht darauf an, was mit der Ware (oder Dienstleistung) innerhalb des Unternehmens geschieht.

Übungsbeispiel: Warenverkehr und Umsatzsteuer

Fall A (ohne Warenumsatzkorrekturen):

Der Unternehmer K. Ziegler betreibt einen Lebensmittelgroß- und Einzelhandel mit angeschlossener Non-Food Abteilung. Zur Verbuchung der folgenden Geschäftsvorfälle sind die Buchungssätze unter Verwendung der Kontenziffern des Großhandelskontenrahmens anzugeben (vgl. Faltblatt am Schluß des Buches).

1) Anlieferung von 100 Kaffeemaschinen am 1. 6. im Gesamtwert von 8.000 + 10% USt durch den Elektrokonzern Atlas; Bezahlung der Rechnung am 20. 6. ohne Abzug durch Banküberweisung.
2) Die Einkaufsabteilung hat Waren im Nettowert von 150.000 geordert, die mit Rechnung vom 3. 6. eingehen. Darin enthalten sind Lebensmittel zum Warenwert von 100.000 (begünstigter Steuersatz). Am 27. 6. wird der Gesamtrechnungsbetrag in Höhe von 160.000 mit Verrechnungsscheck beglichen.
3) Die Mai-Abrechnung der Barverkäufe an Endverbraucher, die über Registrierkassen mit nach Steuersätzen getrennten Zählwerken abgewickelt werden, weist einen Bruttoerlös von 530.000 aus, die den Aufzeichnungen entsprechend wie folgt zu versteuern sind:

   420.000 steuerbegünstigte Lebensmittel
   110.000 regelbesteuerte Non-Food Artikel
4) Lieferung steuerbegünstigter Lebensmittel am 4. 6. an Einzelhändler Friedrich zum Nettowert von 10.000 unter Berechnung eines Versandkostenanteils von 100; Rechnungsausgleich durch Friedrich am 22. 6. per Bankscheck.
5) Zur Abgabe der Umsatzsteuer-Voranmeldung für den Monat Mai wird die USt-Zahllast ermittelt, der zum Monatsende folgende Kontensummen zugrundeliegen:

1140	Vorsteuer 5%	30.000
1141	Vorsteuer 10%	15.000
800	Warenverkauf Food	800.000
810	Warenverkauf Non-Food	200.000
1940	Mehrwertsteuer 5%	40.000
1941	Mehrwertsteuer 10%	20.000

   Die USt-Voranmeldung wird unter Angabe der Umsatzerlöse (Formular) am 9. 6. abgegeben und die Zahllast an das Finanzamt überwiesen.
6) Ziegler entnimmt am 10. 6. dem Warenlager steuerbegünstigte Lebensmittel für private Zwecke; Einkaufspreis inclusive Nebenkosten 600.

7) Ein zum Betriebsvermögen gehörendes Wohn- und Geschäftshaus, das im Erdgeschoß vermietete Einzelhandelsgeschäftsräume und in den Obergeschossen an eigene Beschäftigte vermietete Wohnungen sowie die von Ziegler selbst bewohnte Atelierwohnung beherbergt, erbringt folgende Mieteinnahmen, die aus Vereinfachungsgründen am 1. 7. für das ganze Jahr gebucht werden. Hinsichtlich der an andere Unternehmer erfolgten Vermietung optiert Ziegler für Steuerpflicht (§ 9 UStG i. V. m. § 4, Nr. 12 UStG).
   - Jahresmiete für an Einzelhändler vermietete Geschäftsräume brutto 55.000 durch Banküberweisung;
   - Jahresmiete für an Arbeitnehmer vermietete Wohnungen 20.000;
   - Mietwert der eigenen Atelierwohnung vom Finanzamt auf 10.000 festgesetzt.
8) Die Firma Heizungsbau KG berechnet am 10. 7. für die Instandsetzung der defekten Heizungsanlage des vermieteten Wohn- und Geschäftshauses 8.000 + 10% USt (für steuerfreie Umsätze entfällt der Vorsteuerabzug bei Vorleistungen (§ 15, Abs. 4 UStG); deshalb darf gemäß § 15, Abs. 4 UStG nur für einen Teil des Rechnungsbetrags die zugehörige Vorsteuer abgezogen werden).
9) Einige Arbeitnehmer besuchen im betrieblichen Interesse einen Weiterbildungskurs der Wirtschaftsakademie. Die Hörergebühr in Höhe von 600 wird am 20. 7. überwiesen (steuerbefreite Leistung nach § 4, Nr. 22 UStG; Betrag also ohne USt). Für diesen Kurs werden gegen Kasse Fachbücher im Wert von brutto 210 angeschafft.
10) Ziegler hat zur Erquickung von Geschäftsfreunden eine Segeljacht gemietet; der am 30. 7. fällige Mietbetrag in Höhe von 2.500 wird über Bankkonto beglichen (§ 1, Abs. 1, Nr. 2, Buchstabe c UStG: Eigenverbrauch durch Veranlassung von nicht abzugsfähigen Aufwendungen nach § 4, Abs. 5, Nr. 4 EStG; § 10, Abs. 4, Nr. 3 UStG: Bemessungsgrundlage Aufwendungen).
11) Für Ziegler verlief der Segelausflug sehr erfolgreich. Er erhielt von einem Geschäftsfreund einen Auftrag zur Einrichtung einer neuen Hotelküche im Wert von 40.000 + 10% USt. Aufgrund vertraglicher Vereinbarungen erhält Ziegler an zwei Zeitpunkten Abschlagszahlungen, deren Höhe sich nach dem Fortschreiten seiner erbrachten Leistung richtet.

    Zahlungsvorgänge:

20. 8. Abschlagszahlung	brutto 9.900
1. 9. Abschlagszahlung	netto 15.000
15. 9. Restzahlung (Gesamtabrechnung)	netto 16.000

12) Ziegler kauft ein neues Betriebsfahrzeug in Höhe von 12.000. Der Pkw wird von seiner Tochter zu 20% für private Zwecke benutzt.

Fall B (mit Warenumsatzkorrekturen):

Der Buchhalter des Elektrogroßhändlers U. Fischer hat folgende Geschäftsvorfälle und interne Belege zu verbuchen (Buchungssätze unter Verwendung des Großhandelskontenrahmens; vgl. hierzu Faltblatt am Schluß des Buches).

1) Eingangsrechnung Lieferant Knecht über 20 Kühlschränke im Wert von 10.200 + 10% USt. Darin enthalten ist ein Frachtkostenanteil in Höhe von 200. Rechnungsausgleich unter Abzug von 3% Skonto mit Verrechnungsscheck.
2) Ausgangsrechnung Einzelhändler Maier: Warenwert 12.000, Verpackung 100 + 10% USt. Maier zieht 2% Skonto ab und überweist den Restbetrag auf das Bankkonto.
3) Eingangsrechnung des Spediteurs Stein über 440 brutto für Eingangsfrachten, die durch Überweisung beglichen wird.

4) Ausgangsrechnung an den Elektroinstallateur Kunze: Warenwert 8.000 netto; die berechneten Verpackungskosten in Höhe von 120 netto werden bei Rückgabe der Paletten zu ⅔ gutgeschrieben. Kunze gibt die Paletten zurück, verrechnet die erhaltene Gutschrift und bezahlt den Restbetrag unter Abzug von 2% Skonto mit Scheck.
5) Eingangsrechnung des Kabellieferanten Schmitt über 30.000 m Stromkabel verschiedener Qualitäten im Gesamtwarenwert von 20.000 + 10% USt. Die 5 Kabeltrommeln werden als Leihverpackung mit 1.000 netto berechnet, die bei Rückgabe der Trommeln gutgeschrieben werden. Die Rechnung wird nach Abzug von 3% Skonto per Überweisung beglichen. Über die Rückgabe der Kabeltrommeln erfolgt eine Gutschrift.
6) Eingangsrechnung der Firma Kellermann über diverses Kleinmaterial im Wert von 1.000 + 10% USt. Bei der Rechnungsprüfung wird festgestellt, daß Kellermann den vertraglich vereinbarten Rabatt in Höhe von 30% nicht berücksichtigt hat. Nach erfolgter Reklamation erteilt Kellermann eine entsprechende Gutschrift. Die Rechnung wird ohne Skontoabzug mit Bankscheck bezahlt.
7) Die Elektrogerätefabrik Pamir erteilt uns eine Gutschrift über netto 2.000 als 2%-igen Bonus für den im abgelaufenen Jahr getätigten Umsatz in Höhe von 100.000, auf den jedoch kein rechtlicher Anspruch bestand.
8) Auf Grund einer berechtigten Mängelrüge wird dem Elektroinstallateur Kunze ein Bruttobetrag von 550 gutgeschrieben.
9) Fischer entnimmt diverse Waren im Wert von 600 aus dem Lager, die er zum Umbau seiner Privatwohnung verwendet. Außerdem schenkt er seiner verheirateten Tochter einen Klopfsauger im Wert von 300, den er ebenfalls dem Lager entnimmt.
10) Eingangsrechnung der Elektrogerätefabrik Pamir über Elektrokleingeräte im Warenwert von 40.000. Außerdem wird die Verpackung mit 300 und die Zufuhr mit 200 netto berechnet. Bei der Wareneingangsprüfung wird festgestellt, daß Waren im Wert von 5.000 falsch geliefert wurden, die umgehend zurückgeschickt werden. Pamir erteilt daraufhin eine entsprechende Gutschrift, die bei der Bezahlung der Rechnung per Scheck neben dem 3%igen Skonto abgezogen wird.
11) Fischer hat seinen zum Betriebsvermögen gehörenden Pkw während des Wirtschaftsjahres ständig zu etwa 30% privat genutzt. Die angefallenen Kraftfahrzeugkosten einschließlich der Abschreibung für Abnutzung in Höhe von 5.000 betragen 9.000.
12) Der zum Privatvermögen gehörende Pkw wird für eine Geschäftsreise benutzt. Die darauf entfallenden Benzin- und Ölkosten in Höhe von 275 sind von Fischer bezahlt worden und werden durch Kleinbetragsrechnungen, die jeweils den Steuersatz von 10% erkennen lassen, nachgewiesen.
13) Fischer stellte den auf seinen Namen erworbenen und zugelassenen Pkw dem Betrieb für 6 Monate zu mehr als 50% (notwendiges Betriebsvermögen) ohne besondere Vergütung zur Verfügung, um einen Fuhrparkengpaß zu überbrükken. Der Betrieb trägt alle in dieser Zeit angefallenen Kosten der betrieblichen Nutzung (z. B. Treib- und Schmierstoffe) in Höhe von brutto 3.300 sowie die Inspektionskosten von brutto 660, die an das Autohaus überwiesen werden. Auch die festen Kosten (Kraftfahrzeugsteuer in Höhe von 150 und Haftpflichtversicherung in Höhe von 350) werden vom Betrieb in voller Höhe getragen, jedoch von Fischer aufgrund der auf seinen Namen erfolgten Zulassung geschuldet und bezahlt.
14) Ein zum Betriebsvermögen gehörendes Gebäude wird je zur Hälfte gewerblich und privat genutzt. Die vergleichbare Jahresmiete für die Privatwohnung beträgt 9.600. Die bereits bezahlten und dem Konto Haus- und Grundstücksaufwendungen belasteten Rechnungen für Schönheitsreparaturen der Privatwoh-

nung in Höhe von 1.500 + 10% USt sind umzubuchen, während bei den ebenfalls gebuchten Reparaturkosten für einen Wasserrohrbruch in Höhe von 4.000 netto die nicht abzugsfähige Vorsteuer zu korrigieren ist.

15) Durch teilweise Bestandsaufnahme wird festgestellt, daß Elektrogeräte im Wert von 5.000 wahrscheinlich durch Diebstahl abhanden gekommen sind.

16) Fischer hat für das laufende Jahr eine Einkommensteuervorauszahlung in Höhe von 20.000 zu leisten, die zusammen mit der Gewerbesteuervorauszahlung in Höhe von 10.000 an das Finanzamt überwiesen wird.

17) An den Angelsportverein wird der Jahresbeitrag für die Mitgliedschaft Fischers in Höhe von 300 und eine Spende in Höhe von 200, für die eine Spendenbescheinigung ausgestellt wird, überwiesen.

18) Der einzige kaufmännische Lehrling der Firma wird vereinbarungsgemäß im Haushalt des Inhabers verköstigt. Zu diesem Zweck entnimmt Frau Fischer der Betriebskasse 600, wovon 200 zu Verpflegungseinkäufen für den Lehrling ausgegeben werden.

Lösung: Buchungssätze Fall A

1)	1. 6.:	310	Wareneinkauf Non-Food	8.000				
		1141	Vorsteuer 10%	800	**an**	17	Verbindlichkeiten	8.800
	20. 6.:	17	Verbindlichkeiten	8.800	**an**	13	Bank	8.800
2)	3. 6.:	300	Wareneinkauf Food	100.000				
		310	Wareneinkauf Non-Food	50.000				
		1140	Vorsteuer 5%	5.000				
		1141	Vorsteuer 10%	5.000	**an**	17	Verbindlichkeiten	160.000
	27. 6.:	17	Verbindlichkeiten	160.000	**an**	13	Bank	160.000
3)		150	Kasse	530.000	**an**	800	Warenverkauf Food	400.000
						810	Warenverkauf Non-Food	100.000
						1940	Mehrwertsteuer 5%	20.000
						1941	Mehrwertsteuer 10%	10.000
4)	4. 6.:	100	Forderungen	10.605	**an**	800	Warenverkauf Food	10.000
						56	Transportkosten	100
						1940	Mehrwertsteuer 5%	505
	22. 6.:	13	Bank	10.605	**an**	100	Forderungen	10.605

5)	9. 6.:	1940	Mehrwertsteuer 5%	30.000	**an**	1140	Vorsteuer 5%	30.000
		1941	Mehrwertsteuer 10%	15.000	**an**	1141	Vorsteuer 10%	15.000
		1940	Mehrwertsteuer 5%	10.000				
		1941	Mehrwertsteuer 10%	5.000	**an**	13	Bank	15.000
6)	10. 6.:	160	Privat	630	**an**	805	Warenentnahmen	600
						1940	Mehrwertsteuer 5%	30

Bei Nettobetragsaufzeichnung des Eigenverbrauchs auch:

		160	Privat	600	**an**	300	Wareneinkauf	600
		160	Privat	30	**an**	1940	Mehrwertsteuer 5%	30
7)	1. 7.:	13	Bank	75.000	**an**	290	Steuerpfl. Mieterträge	50.000
						1941	Mehrwertsteuer 10%	5.000
						291	Steuerfreie Mieterträge	20.000
		160	Privat	10.000	**an**	291	Steuerfreie Mieterträge	10.000
8)	10. 7.:	23	Haus- und Grundstücks-aufwendungen	8.000				
		1141	(verrechenbare) Vorsteuer 10%	500				
		1142	Nicht verrechen-bare Vorsteuer	300	**an**	17	Verbindlich-keiten	8.800

Die umsatzsteuerlich nicht aufrechnungsfähige Vorsteuer wird auf das zugehörige Aufwandskonto umgebucht:

		23	Haus- und Grundstücks-aufwendungen	300	**an**	1142	Nicht verrechen-bare Vorsteuer	300

Nicht als Betriebsausgaben abzugsfähig wären Aufwendungen für Schönheitsreparaturen der Privatwohnung, da für diese kein Mietwertansatz erfolgt. Die hierfür in Rechnung gestellte Vorsteuer wäre auf Privatkonto zu buchen.

9)	20. 7.:	508	Freiwillige Soziale Aufwendungen	600	**an**	13	Bank	600
		58	Allgemeine Ver-waltungskosten	200				
		1140	Vorsteuer 5%	10	**an**	150	Kasse	210

10)	30. 7.:	205	Nicht-abzugsfähige Aufwendungen	2.500				
		160	Privat	250	**an**	13	Bank	2.500
						1941	Mehrwertsteuer 10%	250

Die nichtabzugsfähigen Aufwendungen sind beim Abschluß über Privatkonto auszubuchen.

11)	20. 8.:	13	Bank	9.900	**an**	190	Anzahlungen	9.900
	1. 9.:	13	Bank	16.500	**an**	190	Anzahlungen	16.500
		222	USt-Aufwand	1.500	**an**	1941	Mehrwertsteuer 10%	1.500
	15. 9.:	13	Bank	17.600				
		190	Anzahlungen	26.400	**an**	810	Warenverkauf Non-Food	40.000
						222	USt-Aufwand	1.500
						1941	Mehrwertsteuer	2.500
12)		022	Fuhrpark	12.000				
		1141	Vorsteuer	1.200	**an**	13	Bank	13.200

Da der Pkw zu mehr als 10% betrieblich genutzt wird, ist er umsatzsteuerlich vollständig dem Betriebsvermögen zuzuordnen. Die Vorsteuer bleibt daher voll abzugsfähig. Die anteilige private Nutzung muß am Jahresende ermittelt werden und ist erst dann der Umsatzsteuer zu unterwerfen (*Rau/Dürrwächter/Flick/Geist*, Umsatzsteuergesetz III, Anm. 253ff. zu § 15 UStG).

Lösung: Buchungssätze Fall B

1) a) Verbuchung der Eingangsrechnung:

300	Wareneinkauf	10.000				
304	Eingangsfrachten	200				
114	Vorsteuer	1.020	**an**	17	Verbindlichkeiten	11.220

b) Verbuchung der Zahlung:

17	Verbindlichkeiten	11.220	**an**	13	Bank	10.883,40
				48	Lieferantenskonti	306
				114	Vorsteuer	30,60

2) a) Verbuchung der Ausgangsrechnung:

100	Kundenforderungen	13.310	**an**	800	Warenverkauf	12.000
				891	Verpackungserlöse	100
				194	Mehrwertsteuer	1.210

b) Verbuchung der Zahlung:

13	Bank	13.043,80				
41	Kundenskonti	242				
194	Mehrwertsteuer	24,20	**an**	100	Kundenforderungen	13.310

3) a) Verbuchung der Eingangsrechnung:

304	Eingangsfrachten	400				
114	Vorsteuer	40	**an**	17	Verbindlichkeiten	440

b) Verbuchung der Zahlung:

17	Verbindlichkeiten	440	**an**	13	Bank	440

4) a) Verbuchung der Ausgangsrechnung:

100	Kundenforderungen	8.932	**an**	800	Warenverkauf	8.000
				891	Verpackungserlöse	120
				194	Mehrwertsteuer	812

b) Verbuchung der Gutschrift:

891	Verpackungserlöse	80				
194	Mehrwertsteuer	8	**an**	100	Kundenforderungen	88

c) Verbuchung der Zahlung:

13	Bank	8.667,12				
41	Kundenskonti	160,80				
194	Mehrwertsteuer	16,08	**an**	100	Kundenforderungen	8.844

5) a) Verbuchung der Eingangsrechnung:

300	Wareneinkauf	20.000				
306	Leihemballagen	1.000				
114	Vorsteuer	2.100	**an**	17	Verbindlichkeiten	23.100

b) Verbuchung der Zahlung:

17	Verbindlichkeiten	23.100	**an**	13	Bank	22.407
				48	Lieferantenskonti	630
				114	Vorsteuer	63

c) Verbuchung der Gutschrift:

17	Verbindlichkeiten	1.067				
48	Lieferantenskonti	30	**an**	306	Leihemballagen	1.000
				114	Vorsteuer	97

Da die Gutschrift mit weiteren bestehenden Verbindlichkeiten gegenüber dem Lieferanten Schmitt verrechnet werden soll, erfolgt die Buchung auf Konto Verbindlichkeiten. Ansonsten: Sonstige Forderungen.

6) a) Verbuchung der Eingangsrechnung:

300	Wareneinkauf	1.000				
114	Vorsteuer	100	**an**	17	Verbindlichkeiten	1.100

b) Verbuchung der Gutschrift:

	17	Verbindlichkeiten	330	**an**	300	Wareneinkauf	300
					114	Vorsteuer	30

c) Verbuchung der Zahlung:

	17	Verbindlichkeiten	770	**an**	13	Bank	770

7)	17	Verbindlichkeiten	2.200	**an**	47	Lieferantenboni	2.000
					114	Vorsteuer	200
8)	800	Warenverkauf	500				
	194	Mehrwertsteuer	50	**an**	100	Kundenforderungen	550
9)	160	Privatentnahmen	990	**an**	300	Wareneinkauf	900
					194	Mehrwertsteuer	90

10) a) Verbuchung der Eingangsrechnung:

	300	Wareneinkauf	40.000				
	304	Eingangsfrachten	200				
	305	Verpackungsspesen	300				
	114	Vorsteuer	4.050	**an**	17	Verbindlichkeiten	44.550

b) Verbuchung der Gutschrift:

	17	Verbindlichkeiten	5.500	**an**	300	Wareneinkauf	5.000
					114	Vorsteuer	500

c) Verbuchung der Zahlung:

	17	Verbindlichkeiten	39.050	**an**	13	Bank	37.878,50
					48	Lieferantenskonti	1.065
					114	Vorsteuer	106,50

11)	16	Privat	2.970	**an**	57	Fuhrparkkosten	1.200
					590	Abschreibungen auf Anlagevermögen	1.500
					194	Mehrwertsteuer	270
12)	57	Fuhrparkkosten	250				
	114	Vorsteuer	25	**an**	16	Privat	275
13)	5231	Kfz-Steuern	150				
	571	Kfz-Versicherungen	350				
	572	Kfz-Betriebskosten	3.000				
	573	Kfz-Wartungskosten	600				
	114	Vorsteuer	360	**an**	13	Bank	3.960
					16	Privat	500

Die Vorsteuern, die bei der betrieblichen Nutzung des Pkw anfallen, kann die Firma abziehen, da sie Leistungsempfängerin ist und die Umsätze für das Unternehmen bestimmt sind (§ 15, Abs. 1, Nr. 1 UStG).

14)	16	Privat	9.600	**an**	291	Steuerfreie Mieterträge	9.600
	16	Privat	1.650	**an**	23	Haus- und Grundstücksaufwendungen	1.500
					114	Vorsteuer	150
	23	Haus- und Grundstücksaufwendungen	200	**an**	114	Vorsteuer	200
15)	204	Sonstige betriebliche Aufwendungen	5.000	**an**	300	Wareneinkauf	5.000
16)	16	Privat	20.000				
	520	Gewerbesteuer	10.000	**an**	13	Bank	30.000
17)	16	Privat	300				
	204	Sonstige betriebliche Aufwendungen	200	**an**	13	Bank	500
18)	16	Privat	400				
	503	Gehalt (Sachbezüge)	200	**an**	150	Kasse	600

Die USt wird im vorliegenden Fall der Warenbeschaffung aus privaten Mitteln (Haushaltsgeld) beim Einkauf bezahlt.

Ergänzende Literatur zu: 3. Die Verbuchung des Warenverkehrs

Bähr/Fischer-Winkelmann, Buchführung, S. 63–82
Bea, Umsatzsteuern, S. 31–33
Engelhardt/Raffée, Buchhaltung, S. 63–92
Falterbaum/Beckmann, Buchführung, S. 124–129; 142–149; 154–165
Falterbaum, Mehrwertsteuerbuchungen, S. 7–66
Geissler/Breul, Mehrwertsteuer, S. 2–10; 22f.; 198–201; 229–265
Greifzu, Der praktische Fall, S. 107–110
Haase, Finanzbuchhaltung, S. 33–52
Klimmer, Buchführung, S. 171–191; 216–223; 310–329
Sauerland, Umsatzsteuer, S. 19–37; 143–159; 292–299; 331–379
Schiederer, Buchführung, S. 91–119
Schmidt, Buchführung, S. 54–67
Schöttler/Spulak, Rechnungswesen, S. 67–87; 107–120
Vormbaum, Grundlagen, S. 91–103
Wöhe, Bilanzierung, S. 99–110
Wöhe/Bieg, Grundzüge, S. 100–118

4. Sonderfälle des Warenverkehrs

Im Zentrum der handelsbetrieblichen Buchführung steht die Erfassung des Warenverkehrs. Dieser weist in der Praxis über die bisher behandelten „Normalfälle“ des Ein- und Verkaufs von Waren hinaus eine ganze Reihe von Besonderheiten auf, deren buchmäßiger Niederschlag teilweise eine Sonderbehandlung verlangt. Zu diesen als Sonderfälle des Warenverkehrs bezeichneten Erscheinungsformen werden das **Kommissions-**, das **Partizipations-,** das **Abzahlungs-** und das **Nachnahmegeschäft** gerechnet. Dabei sind es insbesondere die Grundsätze ordnungsmäßiger Buchführung, die neben der rechtlichen Konstruktion, die Kriterien für deren Buchung und Bilanzierung abgeben. Vor allem die Kommissionsgeschäfte nehmen in der Praxis des Warenein- und –verkaufs eine bedeutende Stellung ein.

4.1 Kommissionsgeschäfte

Kommissionsgeschäfte (rechtliche Einzelheiten §§ 383–406 HGB) sind dadurch gekennzeichnet, daß ein Beauftragter (**Kommissionär**) gegenüber Dritten im eigenen Namen, jedoch im Auftrag und für Rechnung eines anderen (**Kommittenten**), gewerbsmäßig Waren (auch Wertpapiere) ein- oder verkauft (Einkaufs- bzw. Verkaufskommission). Der Kommissionär ist Beauftragter oder Vermittler eines oder mehrerer Auftraggeber; er tritt jedoch im Außenverhältnis selbst als Lieferant oder Abnehmer in Erscheinung. Regelmäßig wird seine Tätigkeit auf Provisionsbasis honoriert: Er erhält von der Auftragssumme eine mit dem Auftraggeber vereinbarte Vergütung (Provision) sowie Ersatz für angefallene Aufwendungen. Die zusätzliche Beteiligung an Mehrerlösen aus günstigem, das Preislimit bei Verkäufen über-, bei Einkäufen unterschreitendem Vertragsabschluß kann als besonderer Anreiz zu Provision und Aufwandsersatz hinzukommen. Für die Inkassohaftung des Kommissionärs als besonderer Leistung ist regelmäßig eine Delkredereprovision vereinbart.

Umsatzsteuerlich wird der Kommissionär wie ein Eigenhändler behandelt: Die Entgelte der Lieferungen zwischen Kommittent und Kommissionär unterliegen folglich der Umsatzbesteuerung, und Kommissionsrechnungen gelten als Rechnungen i. S. v. § 14, Abs. 1 UStG, soweit die dort angeführten Voraussetzungen zutreffen. Damit sind vom Lieferer erhaltene bzw. an den Abnehmer getätigte Lieferungen zu versteuern, was den jeweiligen Abnehmer zum Vorsteuerabzug berechtigt. Bei der Verkaufskommission gilt der Kommissionär, bei der Einkaufskommission der Kommittent als Abnehmer (§ 3, Abs. 3 UStG).

Bis 1986 war in diesem Zusammenhang der **Zeitpunkt,** an dem die Lieferung des Kommittenten an den Kommissionär umsatzsteuerpflichtig wird strittig. Nach Auffassung der Finanzverwaltung galt die Leistung mit der Auslieferung und Fakturierung an den Kommissionär als erfüllt. Das hat zur Konsequenz, daß die Umsatzsteuer zu diesem Zeitpunkt unabhängig davon fällig wird, ob die gelieferte Ware schon weiterverkauft wurde oder nicht. Stellt sich im nachhinein heraus, daß die Waren unverkäuflich sind, dann muß der Kommittent die Umsatzsteuer und der Kommissionär die Vorsteuer gemäß § 17, Abs. 1 UStG korrigieren. Dem stand die Ansicht gegenüber (*Bolk/Reiß,* Kommissionsgeschäft, S. 386f.; *Rau/Dürrwächter/Flick/Geist,* Umsatzsteuergesetz I, Anm. 266 zu § 3 UStG), daß die Leistung des Kommittenten erst in dem Zeitpunkt umsatzsteuerlich erfolgt, an dem der Kommissionär seinerseits weiterveräußert, denn erst nach Vertragsabschluß mit einem Dritten steht definitiv fest, daß die Ware aus dem Vermögen des Kommittenten ausscheidet. Eine Umsatzsteuerkorrektur ist damit bei einer Rücklieferung an den Kommittenten nicht notwendig.

Der BFH hat sich nun der zweiten Ansicht angeschlossen, d. h. daß die Übergabe und Fakturierung des Kommissionsgutes an den Verkaufskommissionär noch keine umsatzsteuerlich relevante Leistung darstellt (BFH v. 25. 11. 1986, BStBl. II 1986, S. 278). Die Finanzverwaltung hat daraufhin ihre bisherige Auffassung korrigiert (Abschn. 24, Abs. 2 UStR). Eine der Verkaufskommission entsprechende Problematik entsteht bei der Einkaufskommission nicht, da der Kommittent als Abnehmer sofort feststeht.

Die Kommissionswaren werden beim Kommissionär im allgemeinen auf besonderen Konten erfaßt, um die Trennung der eigenen und fremden Lagerhaltung zu gewährleisten und wertmäßig jederzeit bestimmbar zu halten.

4.11 Die Einkaufskommission

Einkaufskommissionen bieten sich immer dann an, wenn beim Warenbezug spezielle Kenntnisse notwendig bzw. von Vorteil sind oder der Einkauf nur an speziellen Markt- oder Börsenplätzen (z. B. Übersee) möglich ist. Der Einkaufskommissionär übernimmt dann den Einkauf der Kommissionsgüter für Rechnung des Auftraggebers. Da er nach außen im eigenen Namen kauft, wird der Kommissionär beim Erwerb der Ware zunächst juristischer Eigentümer. Durch die Verpflichtung, das Eigentum an den Auftraggeber weiterzugeben, entfällt für ihn jedoch die **wirtschaftliche** Zugehörigkeit der Kommissionsware: Sie gehört nicht zu den verwertbaren Vorräten des Einkaufskommissionärs und ist ab dem Zeitpunkt des Kaufs (Erwerb) durch den Kommissionär dem wirtschaftlichen Eigentum des Kommittenten zuzurechnen (Erhalt der Verfügungsgewalt) und folglich bei diesem zu bilanzieren. Für den Fall, daß die Ware zudem direkt vom Lieferanten an den Kommittenten und folglich nicht über das Lager des Kommissionärs geliefert wird **(Streckengeschäft),** entfällt die Einrichtung eines besonderen Kommissionswarenkontos sowohl beim Kommissionär als auch beim Kommittenten. An dessen Stelle tritt das Kontokorrentkonto, das die Geschäftsbeziehungen der Kommissionspartner aufnimmt und mit dem Provisionsanspruch und der Umsatzsteuer aus der Lieferung Kommissionär-Kommittent belastet wird.

Findet die Ware zunächst im Lager des Kommissionärs Aufnahme, dann ist das **Kommissionswarenkonto** mit dem Nettoeinkaufspreis zu belasten und die Vorsteuer auf das Vorsteuerkonto zu buchen. Bei Lieferung der Ware an den

Kommittenten wird das Kommissionswarenkonto entlastet und der Warenwert einschließlich (zu berechnender) Mehrwertsteuer, Provision und Auslagenersatz auf das **Kontokorrentkonto** gebucht. Ist der Kommissionär für verschiedene Auftraggeber tätig, so muß er jeweils gesonderte Kommissionswaren- und Kontokorrentkonten führen.

Beispiel:

Der Großhändler G ist **Einkaufskommissionär** für den Kommittenten K. G hat den Auftrag, Waren gegen eine Provision von 8%, berechnet auf den Warenwert, preisgünstig für K einzukaufen.

Geschäftsvorfälle:

1) K überweist einen Vorschuß in Höhe von 10.000
2) G kauft Kommissionsware auf Ziel für 30.000 + 10% USt
3) G zahlt Frachtgebühren in Höhe von 500 + 10% USt mit Scheck
4) G sendet die Ware an den Kommittenten K und berechnet:

Warenwert	30.000
Frachtgebühren	500
8% Provision	2.400
Netto-Rechnungsbetrag	32.900
10% Umsatzsteuer	3.290
Brutto-Rechnungsbetrag	36.190

5) K bezahlt den Restbetrag durch Banküberweisung
6) G überweist an seinen Lieferanten 33.000

A) Buchungen **beim Kommissionär** mit Kommissionswarenkonto:

1) Bank	10.000	**an**	Kommittent K	10.000
2) Kommissionsware K	30.000			
Vorsteuer	3.000	**an**	Lieferantenverbindlichk.	33.000
3) Frachtgebühren K	500			
Vorsteuer	50	**an**	Bank	550
4) Kommittent K	36.190	**an**	Kommissionsware K	30.000
			Frachtgebühren K	500
			Provision	2.400
			Mehrwertsteuer	3.290
5) Bank	26.190	**an**	Kommittent K	26.190
6) Lieferantenverbindlichkeiten	33.000	**an**	Bank	33.000

Kommittent K

Soll		Haben	
(4)	36.190	10.000	(1)
		26.190	(5)

Lieferantenverbindlichkeiten

Soll		Haben	
(6)	33.000	33.000	(2)

Kommissionsware K

Soll		Haben	
(2)	30.000	30.000	(4)

Bank

Soll		Haben	
(1)	10.000	550	(3)
(5)	26.190	33.000	(6)

Frachtgebühren K

Soll		Haben	
(3)	500	500	(4)

Provision

Soll		Haben	
		2.400	(4)

Vorsteuer

Soll		Haben	
(2)	3.000		
(3)	50		

Mehrwertsteuer

Soll		Haben	
		3.290	(4)

B) Buchungen **beim Kommittenten:**

Beim Kommittenten werden nur durch die Geschäftsvorfälle (1), (4) und (5) Buchungsvorgänge ausgelöst:

(1) Kommissionär G	10.000	**an**	Bank	10.000
(4) Wareneinkauf	32.900			
Vorsteuer	3.290	**an**	Kommissionär G	36.190
(5) Kommissionär G	26.190	**an**	Bank	26.190

Kommissionär G

Soll		Haben	
(1)	10.000	36.190	(4)
(5)	26.190		

Bank

Soll		Haben	
		10.000	(1)
		26.190	(5)

Wareneinkauf

Soll		Haben	
(4)	32.900		

Vorsteuer

Soll		Haben	
(4)	3.290		

Die Frachtgebühren und Einkaufsprovisionen werden als Bestandteile der Anschaffungskosten (Anschaffungsnebenkosten) auf das Wareneinkaufskonto gebucht; sie können jedoch auch zunächst auf besonderen Aufwandskonten erfaßt und dann über das Wareneinkaufskonto abgeschlossen werden.

4.12 Die Verkaufskommission

Der Verkaufskommissionär übernimmt im eigenen Namen und für Rechnung des Kommittenten den Verkauf von Waren (auch Wertpapieren) an einen Dritten. Auch hier besteht die Möglichkeit des Streckengeschäfts, indem die Ware ohne Zwischenschaltung des Vermittlerlagers direkt vom Kommittenten an den Käufer geliefert wird. Im Gegensatz zur Einkaufskommission erwirbt der Verkaufskommissionär jedoch auch dann kein Eigentum an der Ware, wenn diese bereits vor Verkauf in seinen Einflußbereich gelangt ist; diese bleibt vielmehr bis zum Verkauf im juristischen **und** wirtschaftlichen Eigentum des Auftraggebers. In Kommission gegebene Waren sind folglich beim Kommittenten unter Waren und nicht als Debitoren auszuweisen. Entsprechend sind in Kommission genommene Waren, da sie dem Kommissionär wirtschaftlich nicht zuzurechnen sind, bei ihm nicht aktivierbar.

Um den Lagerbestand an Kommissionsware jederzeit zweifelsfrei feststellen zu können, hat der Verkaufskommissionär jedoch den Warendurchlauf entweder auf einem **Kommissionswarenkonto** oder in einem **Nebenbuch** zu erfassen (auch zusätzliche Kartei oder besondere Kennzeichnung der Lagerbuchführung). Wird ein eigenes Kommissionswarenkonto geführt, dann wird dieses bei Erhalt der zu verkaufenden Ware mit dem aus der Pro-forma-Rechnung des Kommittenten ersichtlichen Betrag belastet. Das **Kontokorrentkonto Kommittent** wird entsprechend erkannt und im Soll durch beanspruchte Provisionen und Auslagen sowie sonstige Korrekturen belastet. Als Saldo weist das Kontokorrentkonto die Schuld des Kommissionärs gegenüber dem Kommittenten aus.

In der Buchführung des Kommittenten ist die an den Vermittler gelieferte Ware vom Warenkonto auf ein **Konsignations-** oder Kommissionswarenkonto umzubuchen.

Da noch nicht realisierte Gewinne nicht ausgewiesen werden dürfen, hat diese Umbuchung zu Einstands- bzw. Herstellungswerten zu erfolgen. Entstehen beim Verkauf der Ware Gewinne, kommen diese auf dem mit dem Verkaufswert erkannten **Konsignationswarenkonto** zum Ausweis. Als Gegenkonto wird das **Kontokorrentkonto Kommissionär** belastet, das damit die Forderung einschließlich Umsatzsteuer gegenüber dem Kommissionär zum Ausdruck bringt. Mit dieser Forderung werden Provisionen, verauslagte Spesen sowie Geldeingänge von seiten des Kommissionärs durch Buchung auf der Habenseite des Kontokorrentkontos aufgerechnet.

Beispiel:

Der Großhändler G ist **Verkaufskommissionär** für den Kommittenten K. G verkauft Waren vom Konsignationslager, das K regelmäßig beliefert, und erhält dafür eine Provision in Höhe von 7% des von K festgelegten Verkaufspreises.

Geschäftsvorfälle:

1) K liefert Kommissionsware an seinen Vermittler G. Die Pro-forma-Rechnung (Kommissionsrechnung) lautet:

Warenpreis	50.000
7% Provision	3.500
Netto-Rechnungsbetrag	46.500
10% USt	4.650
Brutto-Rechnungsbetrag	51.150

Der Einstandspreis des Kommittenten K beträgt 30.000

2) K zahlt Frachtgebühren in Höhe von 1.000 + 10% USt durch Banküberweisung

3) Der Kommissionär G verkauft den ganzen Posten auf Ziel:

Warenwert	50.000
10% USt	5.000
Rechnungsbetrag	55.000

4) Der Kunde überweist an den Kommissionär G 55.000

5) G überweist an den Kommittenten K 51.150

A) Buchungen **beim Kommissionär** mit Kommissionswarenkonto:

1) Kommissionsware K	50.000	**an**	Kommittent K	50.000

2) Keine Buchung

3) a) Kundenforderungen				
Kommissionsware (KW)	55.000	**an**	Kommissionsware K	50.000
			Mehrwertsteuer	5.000
3) b) Vorsteuer	4.650	**an**	Provisionen	3.500
			Kommittent K	1.150

Die umsatzsteuerliche Erfassung der Provisionsansprüche wird entsprechend der Pro-forma-Rechnung durch Kürzung der Vorsteuer berücksichtigt.

4) Bank	55.000	**an**	Kundenforderungen (KW)	55.000
5) Kommittent K	51.150	**an**	Bank	51.150

Kommissionsware K

(1)	50.000	50.000	(3a)

Kommittent K

(5)	51.150	50.000	(1)
		1.150	(3b)

Kundenforderungen KW

(3a)	55.000	55.000	(4)

Provision

		3.500	(3b)

Bank

(4)	55.000	51.150	(5)

Mehrwertsteuer

		5.000	(3a)

Vorsteuer

(3b)	4.650		

B) Buchungen **beim Kommittenten:**

1) Konsignationsware bei G	30.000	**an**	Warenkonto	30.000

Die Umbuchung des Warenwertes erfolgt zu Einstandspreisen. Die Provision wird noch nicht gebucht, da noch kein Provisionsanspruch des G besteht.

2) Frachtkosten	1.000			
Vorsteuer	100	**an**	Bank	1.100
3) Kommissionär G	51.150			
Erlösminderung-Provisionen	3.500	**an**	Konsignationsware bei G	50.000
			Mehrwertsteuer	4.650

4) Keine Buchung

5) Bank	51.150	**an**	Kommissionär G	51.150

Warenkonto

AB	100.000	30.000	(1)

Konsignationsware bei G

(1)	30.000	50.000	(3)

Bank

(5)	51.150	1.100	(2)

Kommissionär G

(3)	51.150	51.150	(5)

Frachtkosten

Soll	Haben
(2) 1.000	

Mehrwertsteuer

Soll	Haben
	4.650 (3)

Vorsteuer

Soll	Haben
(2) 100	

Provisionen

Soll	Haben
(3) 3.500	

Würde der Kommissionär auf ein besonderes Kommissionswarenkonto verzichten, dann kämen auf dem Kontokorrentkonto des vorstehenden Beispiels (Kommittent K) die Kommissionswaren erst nach Verkauf zum Ausweis. Deshalb müssen die vom Kommittenten gelieferten und vom Kommissionär auf Lager gehaltenen Kommissionswaren in einem Nebenbuch (Nebenbuchhaltung) verzeichnet werden, um deren inventurmäßige Überprüfung zu gewährleisten.

Der Inhalt des Konsignationswarenkontos beim Kommittenten entspricht dem des gemischten Warenkontos: Es enthält vor allem bei zu Limitpreisen belieferten Kommissionären Preisdifferenzen zwischen Wareneingang und Warenausgang. Aus Gründen der Übersichtlichkeit kann es deshalb zweckmäßig sein, Bestands- und Erfolgskomponenten entsprechend der Führung getrennter Warenkonten in ein **Konsignations- bzw. Kommissionswareneingangs- und -verkaufskonto** zu trennen.

Diese Form der buchmäßigen Aufzeichnung zeigt das nachstehende Beispiel, das darüber hinaus auf eine zweite Möglichkeit der umsatzsteuerlichen und buchungstechnischen Behandlung der Verkaufsprovision des Kommissionärs hinweisen soll. So besteht bei Ausstellung der Pro-forma-Rechnung über gelieferte Kommissionsware auch die Möglichkeit, die Provision bei der Umsatzsteuerbemessung nicht als wertmindernd zu berücksichtigen, sondern vielmehr die dem Verkaufswert entsprechende Umsatzsteuer in Ansatz zu bringen. Das hat zur Folge, daß der Kommissionär beim Kommissionswarenverkauf der von ihm verrechneten Provision Umsatzsteuer hinzurechnen muß, wodurch der erhöhten Vorsteuer die auf die Provision bezogene Umsatzsteuer gegenübersteht. Damit bleibt die Zahllast an das Finanzamt gegenüber der oben beschriebenen Vorgehensweise sowohl beim Kommittenten als auch beim Kommissionär unverändert.

Beispiel:

Verkaufskommission mit **getrennten** Konsignationswarenkonten und umsatzbesteuertem Provisionsanspruch (WE = Wareneinkauf; WV = Warenverkauf; KW = Kommissionsware)

Geschäftsvorfälle:

1) Kommittent K sendet Kommissionsware im Wert von 20.000 + 10% USt an seinen Kommissionär G.
   Der Einstandspreis des Kommittenten K beträgt 15.000
2) Kommissionär G zahlt Frachtkosten in Höhe von 200 + 10% USt bar an den Spediteur, die weiterberechnet werden

3) Kommissionär G verkauft die Kommissionsware auf Ziel zu 22.000 + 10% USt
4) Kommissionär G zahlt Versandspesen bar: 300 + 10% USt, die ebenfalls weiterberechnet werden
5) Die Forderung aus dem Kommissionsgeschäft wird mit Bankscheck beglichen
6) Kommissionär G berechnet die Verkaufsprovision in Höhe von 5% und rechnet mit dem Kommittenten ab

A) Buchungen **beim Kommissionär:**

1) Kommissions-WE	20.000	**an**	Kommittent K	20.000
2) Kommissions-WV	200			
Vorsteuer	20	**an**	Kasse	220
Kommittent K	20	**an**	Mehrwertsteuer	20
3) Kundenford.-KW	24.200	**an**	Kommissions-WV	22.000
			Mehrwertsteuer	2.200
Vorsteuer	2.200	**an**	Kommittent K	2.200
4) Kommissions-WV	300			
Vorsteuer	30	**an**	Kasse	330
Kommittent K	30	**an**	Mehrwertsteuer	30
5) Bank	24.200	**an**	Kundenford.-KW	24.200
6) – Provision:				
a) Kommissions-WV	1.100	**an**	Provision	1.100
b) Kommittent K	110	**an**	Mehrwertsteuer	110
– Abschluß der Kommissionswarenkonten:				
c) Kommissions-WV	20.000	**an**	Kommissions-WE	20.000
d) Kommissions-WV	400	**an**	Kommittent K	400
– Bezahlung der Kommissionsware:				
e) Kommittent K	22.440	**an**	Bank	22.440

Kommissions-WE

(1)	20.000	20.000	(6c)
	20.000	20.000	

Kommissions-WV

(2)	200	22.000	(3)
(4)	300		
(6a)	1.100		
(6c)	20.000		
(6d)	400		
	22.000	22.000	

Kundenforderungen KW

(3)	24.200	24.200	(5)
	24.200	24.200	

Kommittent K

(2)	20	20.000	(1)
(4)	30	2.200	(3)
(6b)	110	400	(6d)
(6e)	22.440		
	22.600	22.600	

Vorsteuer

(2)	20		
(3)	2.200		
(4)	30		

Mehrwertsteuer

		20	(2)
		2.200	(3)
		30	(4)
		110	(6b)

Bank

(5)	24.200	22.440	(6e)

Provisionen

		1.100	(6a)

Kasse

		220	(2)
		330	(4)

B) Buchungen **beim Kommittenten:**

1) Konsignations-WE	15.000	**an**	Wareneinkauf	15.000
2) Konsignations-WV	200			
Vorsteuer	20	**an**	Kommissionär G	220
3) Kommissionär G	24.200	**an**	Konsignations-WV	22.000
			Mehrwertsteuer	2.200
4) Konsignations-WV	300			
Vorsteuer	30	**an**	Kommissionär G	330

5) Keine Buchung

6) – Provision:

a) Konsignations-WV	1.100			
Vorsteuer	110	**an**	Kommissionär G	1.210
– Abschluß der Konsignationswarenkonten:				
b) Konsignations-WV	15.000	**an**	Konsignations-WE	15.000
c) Konsignations-WV	5.400	**an**	GuV	5.400
– Bezahlung der Kommissionsware durch den Kommissionär:				
d) Bank	22.440	**an**	Kommissionär G	22.440

Konsignations-WE

(1)	15.000	15.000	(6b)
	15.000	15.000	

Konsignations-WV

(2)	200	22.000	(3)
(4)	300		
(6a)	1.100		
(6b)	15.000		
(6c)	5.400		
	22.000	22.000	

Kommissionär G

(3)	24.200	220	(2)
		330	(4)
		1.210	(6a)
		22.440	(6d)
	24.200	24.200	

Wareneinkauf

		15.000	(1)

Vorsteuer

(2)	20		
(4)	30		
(6a)	110		

Mehrwertsteuer

		2.200	(3)

Bank

(6d)	22.440		

GuV

		5.400	(6c)

(Vgl. hierzu Anlage 1 zu Teil A: **Übungsaufgabe** 1).

4.2 Partizipationsgeschäfte

Verbinden sich rechtlich und wirtschaftlich selbständige Unternehmen zur zeitlich begrenzten Erfüllung und Bewältigung von Teilaufgaben größerer, den Rahmen eines der beteiligten Unternehmen übersteigender Geschäfte, so kann dies in der Form der **Partizipations- oder Gelegenheitsgesellschaft** erfolgen. Hauptzweck derartiger Partizipationen oder Konsortien ist, neben der dadurch erst möglichen Geschäfts- und Arbeitsteilung, vor allem in der Risikostreuung und der Erweiterung der Kapitalbasis zu sehen; sie sind damit weder auf spezifische Aufgaben noch auf bestimmte Wirtschaftszweige beschränkt und können in allen Branchen wie Handel, Industrie, Banken und Versicherungen auftreten. Dennoch bilden häufig Warengeschäfte den Anlaß zur Begründung solcher Zusammenschlüsse. Der zeitlichen Begrenztheit und der Anforderungen an Vereinbarungsflexibilität sowie Anpassungsfähigkeit solcher Unternehmensverbindungen wegen wird selten die Rechtsform der Personal- oder Kapitalgesellschaft, sondern vielmehr die der Gesellschaft bürgerlichen Rechts gewählt (§§ 705–740 BGB).

4.21 Das Metageschäft

Eine spezielle Form der Partizipation stellt die Metaverbindung dar, bei der sich wenigstens zwei beteiligte Unternehmen, die **Metisten,** zur gemeinsamen Abwicklung einer unbestimmten Anzahl gleichartiger Geschäfte auf gemeinsame Rechnung zusammenfinden. Jeder Metist schließt nach außen Verträge im eigenen Namen ab und erwirbt selbst das Eigentum an den gekauften Waren, so daß kein Gesellschaftsvermögen entsteht. Da die Gesellschaft zudem ohne Betrieb, Firma und eigene Rechtsfähigkeit auskommt, erscheint sie als reine Innengesellschaft mit der Folge, daß die zwischen den Metisten getätigten Umsätze ebenso wie deren Außenumsätze steuerbar sind. Die sich aus den gemeinsam vereinbarten Geschäften ergebenden Aufwendungen und Erträge werden untereinander aufgeteilt, wobei prinzipiell jede den Kapital- und Risikoanteilen entsprechende Zurechnung denkbar und möglich ist.

Die Verbuchung der aus dem Metageschäft resultierenden Geschäftsvorfälle übernimmt normalerweise der federführende Metist (**Metaführer**). Wareneinkäufe und Bezugsaufwendungen aus dem Metageschäft werden dann auf einem **Metawareneinkaufskonto,** Warenverkäufe auf einem **Metawarenverkaufskonto** erfaßt. Ein besonderes **Metaabrechnungskonto** dient sowohl der Verbuchung der durch das Metageschäft verursachten Aufwendungen als auch der Aufnahme des Warenrohgewinns nach Abschluß der Geschäfte. Über dieses Konto erfolgt auch die endgültige Abrechnung der Metisten. Zur Kontrolle der gegenseitigen Schuldverhältnisse unterhält jeder Metist ein **Metisten(Kontokorrent-)konto,** das entweder als Forderungs- oder als Schuldkonto erscheint.

Beispiel:

Die beiden Großhändler X und Y gehen eine Metaverbindung ein, bei der X als Metaführer fungiert. Er erhält dafür vorab 5% des Gewinns; der restliche Gewinn wird im Verhältnis 1 : 1 aufgeteilt.

Geschäftsvorfälle:

1) X kauft Metawaren gegen Bankscheck: 20.000 + 10% USt
2) X bezahlt Frachtkosten bar: 500 + 10% USt
3) Metist Y überweist 10.000 auf das Bankkonto von X
4) X verkauft Metawaren für 15.000 + 10% USt gegen Bankscheck
5) X bezahlt Versandspesen bar: 200 + 10% USt
6) Y verkauft restliche Metawaren für 10.000 + 10% USt
7) X bezahlt für Metaaufwand 300 + 10% USt bar
8) X rechnet ab, teilt den Metaerfolg auf und überweist den Y zustehenden Restbetrag.

Buchungen des **Metaführers X:**

1) Metawareneinkauf	20.000			
Vorsteuer	2.000	an	Bank	22.000
2) Metawareneinkauf	500			
Vorsteuer	50	an	Kasse	550
3) Bank	10.000	an	Metistenkonto	10.000
4) Bank	16.500	an	Metawarenverkauf	15.000
			Mehrwertsteuer	1.500
5) Metaabrechnung	200			
Vorsteuer	20	an	Kasse	220
6) Metistenkonto	11.000	an	Metawarenverkauf	10.000
			Mehrwertsteuer	1.000
7) Metaabrechnung	300			
Vorsteuer	30	an	Kasse	330

8) – Abschluß der Metawarenkonten:

a) Metawarenverkauf	20.500	**an**	Metawareneinkauf	20.500
b) Metawarenverkauf	4.500	**an**	Metaabrechnung	4.500

– Abschluß des Metaabrechnungskontos (Ermittlung des Warenrohgewinns):

Metaabrechnung:		
	Gewinn	4.000
	5% Vorabgewinn	200
	Restgewinn	3.800
	Verteilungsschlüssel 1 : 1	1.900

c) Metaabrechnung	4.000	**an**	GuV	2.100
			Metistenkonto	1.900

– Überweisung des Y zustehenden Restbetrags:

d) Metistenkonto	900	**an**	Bank	900

Metawareneinkauf

(1)	20.000	20.500	(8a)
(2)	500		
	20.500	20.500	

Metawarenverkauf

(8a)	20.500	15.000	(4)
(8b)	4.500	10.000	(6)
	25.000	25.000	

Bank

(3)	10.000	22.000	(1)
(4)	16.500	900	(8d)

Metistenkonto

(6)	11.000	10.000	(3)
(8d)	900	1.900	(8c)
	11.900	11.900	

Metaabrechnung

(5)	200	4.500	(8b)
(7)	300		
(8c)	4.000		
	4.500	4.500	

Kasse

		550	(2)
		220	(5)
		330	(7)

Mehrwertsteuer

		1.500	(4)
		1.000	(6)

Vorsteuer

(1)	2.000		
(2)	50		
(5)	20		
(7)	30		

GuV

		2.100	(8c)

(Vgl. hierzu Anlage 1 zu Teil A: **Übungsaufgabe 2**).

4.22 Das Konsortialgeschäft

Auch der Zusammenschluß mehrerer Unternehmen zu einem Konsortium geschieht zum Zwecke der gemeinsamen Abwicklung einzelner, die Leistungsfähigkeit des einzelnen Unternehmens bezüglich Kapitalausstattung und Risikobereitschaft i. d. R. übersteigender Rechtsgeschäfte oder Vorhaben. Auch hierbei handelt es sich um eine nur vorübergehende Verbindung in Form der meist als BGB-Gesellschaft begründeten **Gelegenheitsgesellschaft.** Bekannt sind diese Zusammenschlüsse vor allem als Emissionskonsortien der Banken und als sog. Arbeitsgemeinschaften mehrerer Bauunternehmen zur Bewältigung umfangreicher Bauprojekte. Die Aufgabenkoordination unter den Gesellschaftsmitgliedern (**Konsorten**) übernimmt ein meist durch seinen Geschäftsanteil prädestinierter **Konsortialführer,** dem neben der allgemeinen Geschäftsführungsfunktion insbesondere das Konsortialrechnungswesen und damit die buchtechnische Geschäftsabwicklung obliegt. Der Konsortialführer erhält für diese zusätzliche Leistung entweder eine Provision oder einen Vorausanteil am Gewinn des Konsortialgeschäfts, der ansonsten nach dem Beteiligungsverhältnis an die Konsorten verteilt wird. Mit dem Abschluß des Konsortialgeschäfts wird das Konsortium aufgelöst.

Obwohl auch Warengeschäfte als Konsortialgeschäfte abgewickelt werden, soll hier der Häufigkeit ihres Auftretens wegen der Fall einer **Aktienemission** in ihrer grundsätzlichen buchtechnischen Behandlung dargestellt werden. Das Konsortium, das gegenüber einer einzelnen Bank ein weitaus differenzierteres Vertriebssystem besitzt, übernimmt dabei die jungen Aktien und bietet diese nach Bezugsrechtsangebot gegenüber den bisherigen Aktionären an der Börse zum Verkauf an. Der Konsortialführer belastet das einzurichtende **Konsortialkonto** mit dem Betrag der übernommenen Aktien einschließlich sonstiger Aufwendungen aus dem Gemeinschaftsgeschäft und erkennt dieses Konto mit den aus dem Aktienverkauf erzielten Erlösen. Der Kontensaldo bringt das Emissionsergebnis zum Ausdruck. Für jeden Beteiligten wird zudem beim Konsortialführer ein **Konsortialanteilskonto** geführt, das den Leistungsaustausch gegenüber dem einzelnen Konsorten ausweist; dieser bucht auf einem entsprechenden Anteilskonto entgegengesetzt. Für die emittierende Aktiengesellschaft wird ein **Kontokorrentkonto** eingerichtet, das im Haben die Beträge für erhaltene Aktien, im Soll die dafür gezahlten Vergütungen aufnimmt.

Beispiel:

Eine Aktiengesellschaft gibt im Rahmen einer Kapitalerhöhung neue Aktien im Nennwert von 2.000.000 aus, deren Übernahmekurs 125% beträgt. Nachdem die Hausbank Aktien im Nennwert von 1.200.000 an die Aktionäre verkauft hat, werden die restlichen Aktien im Nennwert von 800.000 über ein Konsortium, das aus der Hausbank und zwei weiteren Banken besteht, an der Börse angeboten. Die Hausbank, die als Konsortialführer vorab 10% des Reingewinns erhält, ist mit 50%, die Banken C und D sind jeweils mit 25% beteiligt; der Gewinn wird in diesem Verhältnis aufgeteilt. Die Aktien werden zum jeweiligen Kurswert verkauft, von Provisionen und Börsenumsatzsteuer wird aus Vereinfachungsgründen abgesehen.

Geschäftsvorfälle:

1) Übernahme der restlichen jungen Aktien zum Kurswert von 1.000.000
2) Die Konsorten C und D überweisen je 250.000 als Beteiligung
3) Die AG erhält als Vorauszahlung einen Scheck in Höhe von 400.000
4) Die Hausbank verkauft Aktien im Nennwert von 500.000 zum Kurs von 134% gegen Bankscheck
5) Bank C verkauft Aktien im Nennwert von 100.000 zum Kurs von 140%
6) Bank D verkauft Aktien im Nennwert von 200.000 zum Kurs von 138%
7) Die Hausbank überweist Verkaufsspesen in Höhe von 6.600 brutto
8) Die AG erhält eine Überweisung in Höhe des Restbetrages von 600.000
9) Die Hausbank ermittelt die Gewinnanteile, rechnet mit den Geschäftspartnern ab und gleicht die Konsortialanteilskonten aus

Buchungen beim **Konsortialführer:**

1)	Konsortialkonto	1.000.000	**an**	Kontokorrentkonto AG	1.000.000
2)	Bank	500.000	**an**	Konsortialanteilskonto C	250.000
				Konsortialanteilskonto D	250.000
3)	Kontokorrentkonto AG	400.000	**an**	Bank	400.000
4)	Bank	670.000	**an**	Konsortialkonto	670.000
5)	Konsortialanteilskonto C	140.000	**an**	Konsortialkonto	140.000
6)	Konsortialanteilskonto D	276.000	**an**	Konsortialkonto	276.000
7)	Konsortialkonto	6.000			
	Vorsteuer	600	**an**	Bank	6.600
8)	Kontokorrentkonto AG	600.000	**an**	Bank	600.000
9) a)	Konsortialkonto	80.000	**an**	GuV (10% Vorabgewinn)	8.000
				GuV	36.000
				Konsortialanteilskonto C	18.000
				Konsortialanteilskonto D	18.000
b)	Konsortialanteils-konto C	128.000	**an**	Bank	128.000
c)	Forderungen an D	8.000	**an**	Konsortialanteilskonto D	8.000

Konsortialkonto

(1)	1.000.000	670.000	(4)
(7)	6.000	140.000	(5)
(9a)	80.000	276.000	(6)
	1.086.000	1.086.000	

Konsortialanteilskonto C

(5)	140.000	250.000	(2)
(9b)	128.000	18.000	(9a)
	268.000	268.000	

Kontokorrentkonto AG

(3)	400.000	1.000.000	(1)
(8)	600.000		
	1.000.000	1.000.000	

Konsortialanteilskonto D

(6)	276.000	250.000	(2)
		18.000	(9a)
		8.000	(9c)
	276.000	276.000	

Bank

Soll		Haben
(2)	500.000	400.000 (3)
(4)	670.000	6.600 (7)
		600.000 (8)
		128.000 (9b)

Forderungen an D

Soll		Haben
(9c)	8.000	

Vorsteuer

Soll		Haben
(7)	600	

GuV

Soll	Haben
	8.000 (9a)
	36.000 (9a)

4.3 Das Abzahlungs-(Teilzahlungs-)geschäft

Das Abzahlungsgeschäft stellt eine Finanzierungsform mit ausgeprägt akquisitorischer Zwecksetzung dar. Bei Erhalt der Ware hat der Käufer nur eine meist geringe Anzahlung auf den Kaufpreis (Barzahlungspreis) zu leisten, während der erst später fällige Restbetrag in mehreren Raten (Teilzahlungen) im Verlaufe einer bestimmten Kreditdauer beglichen werden kann (Teilzahlungspreis). Der **Teilzahlungspreis** setzt sich zusammen aus dem Gesamtbetrag von Anzahlung und allen vom Käufer zu entrichtenden Teilzahlungsraten einschließlich Zinsen und sonstiger Kosten (§ 1a, Abs. 3 Gesetz betreffend die Abzahlungsgeschäfte, AbzG). Zur Berechnung der effektiven Jahresbelastung des Abzahlungskredits, ausgedrückt als einheitlicher, auf das Jahr bezogener %-Satz, ist die Differenz zwischen Barzahlungs- und Teilzahlungspreis (Zinsen und sonstige vom Käufer zu entrichtende Kosten) auf den Barzahlungspreis abzüglich Anzahlung zu beziehen, wobei Zahl, Fälligkeit und Betrag der Teilzahlungen zu berücksichtigen sind. Weiterhin legt das Abzahlungsgesetz auch die Teilzahlungsformen sowie die rechtlichen Folgen bei unpünktlicher oder ausbleibender Zahlung fest.

Abzahlungsgeschäfte erstrecken sich normalerweise über einen längeren Zeitraum und betreffen einen vielfältigen, ständig wechselnden Kundenkreis. Daraus ergeben sich buchtechnische Besonderheiten, denen am zweckmäßigsten mit spezifischen Buchführungsformen, wie der Loseblattbuchführung oder der Offene-Posten-Buchführung, entsprochen werden kann; dabei sind die jeweils maßgeblichen Anforderungen an deren Ordnungsmäßigkeit zu berücksichtigen (vgl. hierzu Abschn. 12: Die Organisation der Buchführung, S. 328ff.). An dieser Stelle geht es ausschließlich um die kontenmäßige Erfassung und Aufzeichnung des auf Teilzahlungsbasis abzuwickelnden Warengeschäfts, welches von Einzelhändlern bzw. Herstellern selbst finanziert wird.

Zur besseren Überwachung der Fälligkeiten der einzelnen Raten und zur Unterstützung des Mahnwesens wird auf zwei getrennten Abzahlungsforderungskonten gebucht: auf den Konten **„Nicht fällige Forderungen“** und **„Fällige Forderungen“**. Zwischen beiden Konten wird umgebucht, sobald eine Teilzahlungsrate vertragsgemäß fällig wird.

Umsatzsteuerlich erbringt der Verkäufer bei einem Abzahlungsgeschäft im Sinne des § 1a des Abzahlungsgesetzes zwei Leistungen, und zwar einerseits die Warenlieferung und andererseits die Bewilligung der Teilzahlung gegen gesondert vereinbartes und berechnetes Entgelt (BFH vom 18. 12. 1980, BStBl. II 1981, S. 197, BdF vom 1. 4. 1986, BStBl. I 1987, S. 149). Die Zuschläge zum Barzahlungspreis aufgrund der Teilzahlungsvereinbarung sind daher Entgelt für eine gesondert zu beurteilende Kreditleistung und somit nach § 4, Nr. 8 UStG umsatzsteuerfrei (Optionsmöglichkeit nach § 9 UStG).

Beispiel:

Die Firma A verkauft einen Kühlschrank für 770 brutto (Barzahlungspreis) an den Kunden K zu folgenden Zahlungsbedingungen: Die Anzahlung beträgt 170, der Restbetrag wird mit 6% p. a. verzinst, Bearbeitungsgebühr 7, Auslagen für Auskünfte 5, Bezahlung in 6 Monatsraten jeweils am Ersten der folgenden Monate. Werden zwei aufeinanderfolgende Raten nicht bezahlt, so kann A vom Vertrag zurücktreten. Die Abrechnung lautet dann:

Barzahlungspreis (brutto)	770
− Anzahlung	170
Restkaufsumme	600
+ 6% Zins für 6 Monate	18
+ Bearbeitungsgebühr	7
+ Auslagen	5
Teilzahlungsforderung	630
Monatliche Rate	105

Geschäftsvorfälle:

1) Am 1. 4. wird der Kühlschrank geliefert und K bezahlt 170 bar
2) Am 1. 5. wird die Mai-Rate fällig, die K pünktlich bar bezahlt
3) Am 1. 6. und 1. 7. werden die Juni- und Juli-Rate fällig
4) Weil K die fälligen Raten bisher nicht bezahlt hat, wird der gesamte Restbetrag fällig
5a) Am 25. 7. zahlt K den Restbetrag bar

Buchungssätze:

1) Kasse	170			
Nicht fällige Forderungen	630	**an**	Warenverkauf	700
			sonst. Zinsen u. ä. Erträge	18
			sonst. betr. Erträge	12
			Mehrwertsteuer	70
2) Fällige Forderungen	105	**an**	Nicht fällige Forderungen	105
Kasse	105	**an**	Fällige Forderungen	105
3) Fällige Forderungen	105	**an**	Nicht fällige Forderungen	105
Fällige Forderungen	105	**an**	Nicht fällige Forderungen	105
4) Fällige Forderungen	315	**an**	Nicht fällige Forderungen	315
5) a) Kasse	525	**an**	Fällige Forderungen	525

Nicht fällige Forderungen

(1)	630	105 (2)
		105 (3)
		105 (3)
		315 (4)
	630	630

Fällige Forderungen

(2)	105	105 (2)
(3)	105	525 (5)
(3)	105	
(4)	315	
	630	630

Kasse

(1)	170	
(2)	105	
(5)	525	

Warenverkauf

	700 (1)

sonst. Zinsen u. ä. Erträge

	18 (1)

sonst. betr. Erträge

	12 (1)

Mehrwertsteuer

	70 (1)

Bezahlt der Schuldner den Gesamtrestbetrag nicht, und macht die Firma A deshalb wegen Nichterfüllung der dem Käufer obliegenden Verpflichtungen von ihrem **Rücktrittsrecht** aus dem Vertrag Gebrauch, müssen beide Vertragspartner die empfangenen Leistungen zurückgewähren, jedoch darf A eine angemessene Miete fordern, die mit 165 incl. USt veranschlagt wird (§ 1d und § 2 AbzG).

Weitere Geschäftsvorfälle:

5b) K gibt den Kühlschrank zurück
6) A muß an K 275 zurückbezahlen, behält jedoch von diesem Betrag 165 für angefallene Miete ein

Buchungssätze:

5b)	Warenverkauf	700			
	sonst. Zinsen u. ä. Erträge	18			
	sonst. betr. Erträge	12			
	Mehrwertsteuer	70	**an**	Fällige Forderungen	800
6)	Fällige Forderungen	275	**an**	Kasse	110
				sonst. betr. Erträge	150
				Mehrwertsteuer	15

4.4 Das Nachnahmegeschäft

Nachnahmelieferungen sind vor allem im Bereich der Warenzustellung durch den Versandhandel typisch: Dieser liefert die Ware überwiegend im Postversand an private Haushalte, wobei der Kaufpreis durch Nachnahme erhoben wird. Unter Nachnahme ist die gebührenpflichtige Anweisung an den Beförderer der Ware zu verstehen, diese dem Empfänger nur gegen Zahlung des Nachnahmebetrages zu übergeben. Im Bahnverkehr wird die Anweisung durch Eintragung in den Frachtbrief erteilt; bei der Post handelt es sich um ein **Einziehungsverfahren** bei Aushändigung von freigemachtem Postgut (Nachnahmesendung). Dabei haftet die Post dem Absender dafür, daß der Nachnahmebetrag bei der Auslieferung der Sendung eingezogen und ordnungsgemäß übermittelt wird (§ 15 PostG). Jeder Sendung muß zu diesem Zweck eine ausgefüllte Zahlkarte beigefügt werden, für die eine Zahlkartengebühr zu entrichten ist (§ 32, Abs. 4 Postordnung).

Bei einer Nachnahmelieferung hat der Besteller beim Empfang der Sendung neben dem reinen Warenwert auch eine Reihe von Gebühren zu entrichten (**Nachnahmespesen).** Für die Berechnung des Nachnahmebetrages ist ausschlaggebend, wer die entstehenden Versandkosten trägt; in der Regel wird das der Empfänger der Ware (Kunde) sein. Bei einer Paketsendung setzen sich die Nachnahmespesen zusammen aus der bei Aufgabe der Sendung zu entrichtenden Beförderungsgebühr (Paketgebühr), der Nachnahme(post)gebühr (Vorzeigegebühr) sowie der für die Geldüberweisung in Rechnung gestellten Zahlkartengebühr. Außerdem muß der Empfänger (Kunde) die Paketzustellgebühr entrichten, die jedoch nicht im Nachnahmebetrag erscheint. **Umsatzsteuerrechtliches** Entgelt ist der vom Empfänger der Ware (Besteller) entrichtete Nachnahmebetrag, ungeachtet einer Kürzung um die Zahlkarten- oder Postanweisungsgebühr für die Rücküberweisung durch die Post. Das umsatzsteuerliche Entgelt deckt sich also nicht mit dem zivilrechtlichen Preis (BFH v. 13. 12. 1973, BStBl. II 1974, S. 191f.).

Folgende Schritte sind bei der Aufzeichnung durch den Versender (Lieferant) zu unterscheiden:

1) Berechnung des **Nachnahmebetrages** (Kunde trägt Versandkosten):

Warenwert	197
Verpackung	4
Paketporto (Beförderungsgebühr)	6
Nachnahmegebühr	2
Zahlkartengebühr	1
	210
10% USt	21
Betrag auf der Nachnahmekarte	231
Zahlkartenbetrag	230

Der Kunde hat den Betrag auf der Nachnahmekarte zu entrichten; davon wird dem Versender der Betrag von 230 auf dessen Postscheckkonto gutgeschrieben. Die Zahlkartengebühr (Postanweisungsgebühr) erhält die Post für die Geldüberweisung.

2) Verbuchung der Nachnahmesendung:

Zur Kontrolle über die laufenden Nachnahmegeschäfte empfiehlt sich die Einrichtung eines speziellen Forderungskontos **„Nachnahme-Forderungen"**, auf dem die ausgehenden Nachnahmesendungen mit dem Zahlkartenbetrag gebucht werden.

a) Bezahlung der verauslagten Paket- und Nachnahmegebühren:

Versandkosten/Porto	8	**an**	Kasse	8

b) Versendung der Nachnahmelieferung:

Nachnahme-Forderungen	230	**an**	Warenverkauf	197
			Versandkosten	12
			Mehrwertsteuer	21

(Trägt der Verkäufer die Verpackungs- und Versandspesen, dann vermindert sich der Nachnahmebetrag entsprechend; der Verkäufer belastet das Konto Versandkosten mit den ihm entstandenen Kosten.)

Beim **Empfänger** (Kunde) der Ware gehören die Gebühren für Nachnahmesendungen bezüglich Verbuchung und Verrechnung zu den Beschaffungsaufwendungen. Damit sind zwei Möglichkeiten buchtechnischer Erfassung gegeben: Lastschrift Warenwert einschließlich Nachnahmegebühr auf Wareneinkaufskonto oder: Lastschrift Warenwert auf Wareneinkaufskonto und Nachnahmegebühr auf Konto Warenbezugskosten.

3) Einlösung der Nachnahme:

Bei Annahme der Ware und Bezahlung des Nachnahmebetrages durch den Kunden überweist die Post unter Einbehaltung der Zahlkartengebühr den Zahlkartenbetrag an den Absender. Dieser bucht den Zahlungseingang in Höhe von 230 wie folgt:

Postscheck	230	**an**	Nachnahme-Forderungen	230

4) Nichteinlösung der Nachnahme:

Verweigert der Kunde die Annahme der Nachnahmesendung, dann schickt die Post die Ware an den Absender unter Berechnung der Rücksendungskosten zurück, die der Absender zu tragen hat. Das löst folgende Buchung aus (Auslagen für Warenrücksendung: 4):

Warenverkauf	197			
Versandkosten	12			
Mehrwertsteuer	21	**an**	Nachnahme-Forderungen	230
Versandkosten	4	**an**	Kasse	4

Ergänzende Literatur zu: 4. Sonderfälle des Warenverkehrs

Bolk/Reiß, Kommissionsgeschäft, S. 385–391
Falterbaum/Beckmann, Buchführung, S. 282–289
Greifzu, Der praktische Fall, S. 117–120; 123–133
Hahn/Werner, Bilanzsicherheit, Teil A, S. 81–89; 345–357
Juretzek, Umsatzsteuergesetz, S. 10f.
Klimmer, Buchführung, S. 310–313; 313–322; 322–329

Kresse/Püschel, Fallkommentar, S. 10/19; 10/20f.
Lehmann, Konsortial- und Partizipationsgeschäfte, Sp. 827–833
Rau/Dürrwächter/Flick/Geist, Umsatzsteuergesetz I, Anm. 208–287 zu § 3 UStG
Tanski, Kommissionsgeschäften, S. 129–156
Weis, Kommissionsgeschäft, S. 184–188

5. Die Verbuchung der Wechselgeschäfte

5.1 Grundsachverhalte des Wechsels

In Verbindung mit Warengeschäften kommt es häufig vor, daß der Kunde den eingeforderten Rechnungsbetrag nicht sofort bezahlen kann und deshalb eine Kreditierung wünscht. Nur selten kann der Betrieb in diesem Falle die Finanzierungsfunktion durch Einräumung eines längerfristigen Zahlungsziels selbst übernehmen. Üblicherweise wird dann die Warenforderung in eine Wechselforderung transformiert: An das Warengeschäft schließt sich ein Wechselgeschäft an. Dabei finden Wechselgeschäfte ihre Begründung nicht nur aus der Geschäftsverbindung zwischen Betrieb und Kunde **(Besitzwechsel)**, sondern auch zwischen Betrieb und Lieferant **(Schuldwechsel, Akzept)**; letztere dienen dann der Finanzierung der Warenbezüge. Aus dem Wechselverkehr sich ergebende Forderungen und Verbindlichkeiten sind streng von anderen Ansprüchen aus Schuldverhältnissen zu trennen; sie dürfen nicht gegenseitig aufgerechnet werden.

Dem Wesen nach ist der Wechsel ein an besondere Formerfordernisse (Wechselformular) gebundenes, schuldrechtliches Wertpapier, das ein Zahlungsversprechen enthält und in dem der Aussteller des Wechsels den zur Zahlung Verpflichteten (Bezogener oder Wechselschuldner) anweist, eine bestimmte Geldsumme an den Zahlungsempfänger (Wechselnehmer oder Remittent) zu zahlen **(gezogener Wechsel oder Tratte)**. Im Normalfall stellt der Warenlieferant den Wechsel aus, während der Kunde den Wechsel durch seine Unterschrift anerkennt („Querschreiben") und sich dadurch verpflichtet, den Wechsel bei Fälligkeit (regelmäßig 90 Tage nach der Ausstellung) einzulösen, d.h. die Wechselsumme an den Aussteller oder aber an einen bestimmten Dritten zu bezahlen. Der Aussteller haftet beim gezogenen Wechsel, falls er diesen weitergibt, jedoch als Rückgriffschuldner. Zur Verdeutlichung dieser Sachverhalte sind auf der folgenden Seite ein gezogener Wechsel sowie die gesetzlichen Bestandteile nach Art. 1 WG, deren Fehlen den Wechsel unter Umständen nichtig macht („Wechselstrenge"), dargestellt. Verpflichtet sich dagegen der Aussteller selbst zur Zahlung der Wechselsumme, so liegt ein sog. **eigener Wechsel oder Solawechsel** vor. Grundsätzlich hat der Wechselnehmer drei Möglichkeiten, den Wechsel zu verwerten:

- **Aufbewahrung** des Wechsels im Portefeuille und Vorlage zur Zahlung gegenüber dem Bezogenen am Verfalltag;
- **Verkauf** des Wechsels vor Verfall an die Hausbank (Diskontierung) unter Abzug des für die Zeitspanne zwischen Einreichung und Fälligkeit anfallenden Wechselzinses (Diskont);
- **Weitergabe** des Wechsels an einen Lieferanten zur Begleichung eigener Schulden (Indossierung, vgl. hierzu S. 125).

Aus wirtschaftlicher Sicht stellt der Wechsel damit sowohl ein Instrument zur Gewährung und Sicherung kurzfristiger Kredite als auch ein echtes Zahlungs-

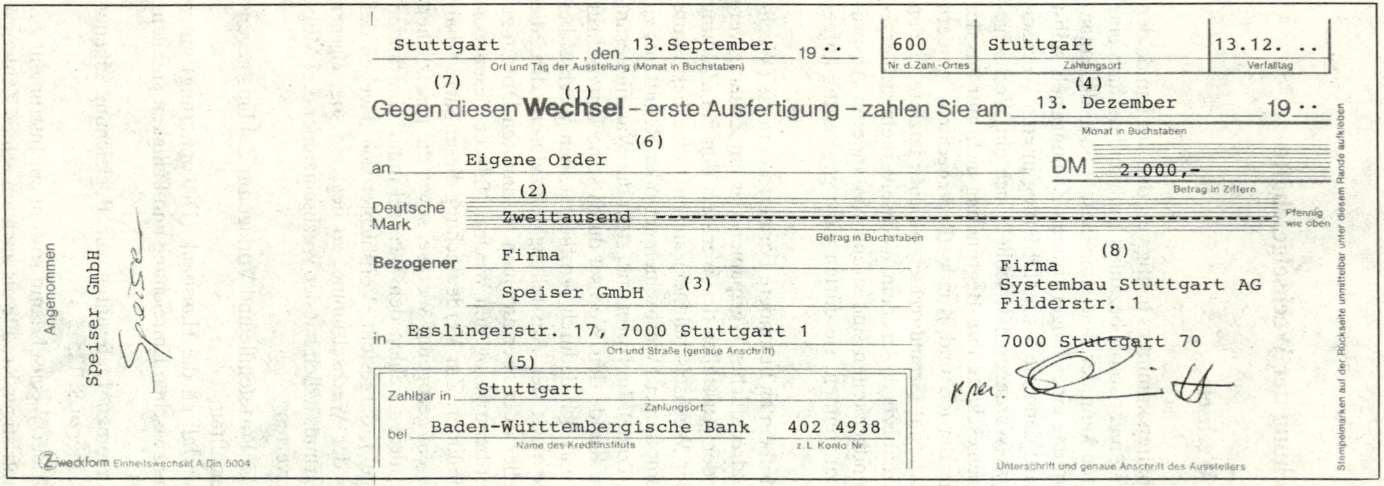
Stuttgart, den 13.September 19..
Ort und Tag der Ausstellung (Monat in Buchstaben)
(7)
600 | Stuttgart | 13.12. ..
Nr. d. Zahl.-Ortes | Zahlungsort | Verfalltag
(1)
(4)
Gegen diesen **Wechsel** – erste Ausfertigung – zahlen Sie am 13. Dezember 19..
Monat in Buchstaben
(6)
an Eigene Order
DM 2.000,–
Betrag in Ziffern
(2)
Deutsche Mark Zweitausend --
Pfennig wie oben
Betrag in Buchstaben
Bezogener Firma
Speiser GmbH (3)
in Esslingerstr. 17, 7000 Stuttgart 1
Ort und Straße (genaue Anschrift)
(5)
Zahlbar in Stuttgart
Zahlungsort
bei Baden-Württembergische Bank 402 4938
Name des Kreditinstituts | z.L. Konto Nr.
(8)
Firma
Systembau Stuttgart AG
Filderstr. 1
7000 Stuttgart 70
Unterschrift und genaue Anschrift des Ausstellers
Angenommen
Speiser GmbH
Stempelmarken auf der Rückseite unmittelbar unter diesem Rande aufkleben
Zweckform Einheitswechsel A Din 5004

Wechselformular

(1) Das Wort „Wechsel“ im Text der Urkunde (Wechselklausel).
(2) Die unbedingte Anweisung, eine bestimmte Geldsumme zu zahlen.
(3) Name der Person oder Firma, die zahlen soll (Bezogener).
(4) Die Verfallzeit gibt an, wann die Wechselsumme gezahlt werden soll.
(5) Angabe des Zahlungsortes, d. h. der Ort, an dem die Zahlung erfolgen soll.
(6) Name des Wechselnehmers (Remittenten), an den oder an dessen Order gezahlt werden soll.
(7) Ausstellungstag und Ausstellungsort.
(8) Unterschrift des Ausstellers (Trassant).

Gesetzliche Bestandteile des Wechsel

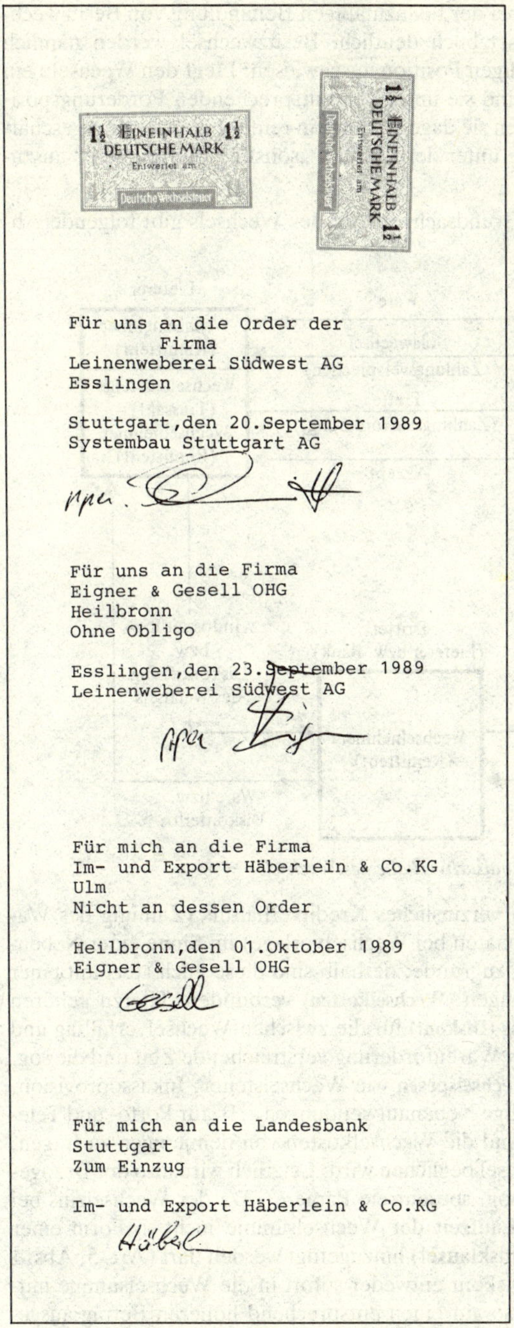

1½ EINEINHALB 1½ DEUTSCHE MARK Entwertet am Deutsche Wechselsteuer 1½ EINEINHALB DEUTSCHE MARK Entwertet am Deutsche Wechselsteuer 1½	Steuermarken
Für uns an die Order der Firma Leinenweberei Südwest AG Esslingen Stuttgart,den 20.September 1989 Systembau Stuttgart AG	Namensindossament oder Vollindossament Der Indossant vermerkt den Namen des Indossatars.
Für uns an die Firma Eigner & Gesell OHG Heilbronn Ohne Obligo Esslingen,den 23.September 1989 Leinenweberei Südwest AG	Angstindossament Die Wechselhaftung wird durch den Vermerk „ohne Obligo“ (ohne Haftung) ausgeschlossen.
Für mich an die Firma Im- und Export Häberlein & Co.KG Ulm Nicht an dessen Order Heilbronn,den 01.Oktober 1989 Eigner & Gesell OHG	Rektaindossament Durch die negative Orderklausel „nicht an dessen Order“ wird die Weitergabe des Wechsels ausgeschlossen. Der Wechsel ist direkt beim Bezogenen einzulösen (recta via, lat. = gerader Weg).
Für mich an die Landesbank Stuttgart Zum Einzug Im- und Export Häberlein & Co.KG	Inkassoindossament Die Bank erwirbt nicht das Eigentum an dem Wechsel. Sie ist lediglich zum Einzug legitimiert.

Beispiel für eine Indossamentenkette auf der Rückseite des Wechsels

mittel dar. Dies wird auch bei der bilanzmäßigen Behandlung von Besitzwechseln nach dem Handelsgesetzbuch deutlich. Besitzwechsel werden nämlich nicht unter einer eigenständigen Position ausgewiesen: Liegt den Wechseln ein Warengeschäft zugrunde, sind sie unter den entsprechenden Forderungspositionen zu erfassen, verbriefen sie dagegen nur ein reines Finanzierungsgeschäft (Finanzwechsel), so sind sie unter der Position „sonstige Wertpapiere" auszuweisen.

Einen Überblick über die Grundsachverhalte des Wechsels gibt folgende Abbildung:

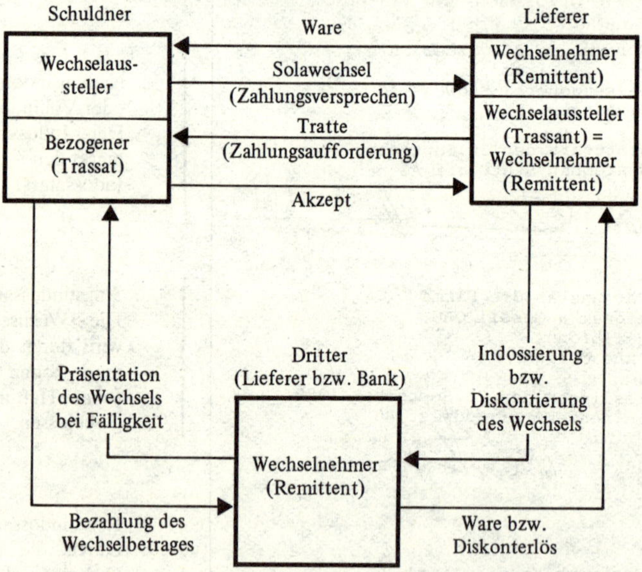

Grundsachverhalte des Wechsels

Wechselgeschäften liegt ein verzinsliches Kreditverhältnis (Zahlung des Warenwertes erst nach drei Monaten bei Wechselvorlage) im Sinne einer Nebenleistung zur Warenlieferung zugrunde; deshalb sind diese auch stets mit einer Reihe von Nebenaufwendungen (**Wechselkosten**) verbunden. Hierzu gehören insbesondere der **Wechselzins (Diskont)** für die zwischen Wechselverfalltag und Fälligkeit der ursprünglichen Warenforderung verstreichende Zeit und die sog. **Wechselumlaufkosten oder Wechselspesen** wie Wechselsteuer, Inkassoprovision, Protestgebühren sowie sonstige Nebenaufwendungen z. B. für Porto- und Telefonauslagen. In der Regel sind die Wechselkosten von demjenigen zu tragen, dessen Schuld mit dem Wechsel beglichen wird: Letztlich wird also der Bezogene damit belastet werden (sog. spesenfreie Papiere). Da der Wechselzins bei Wechseln mit festgelegter Laufzeit der Wechselsumme nicht in Form einer gesonderten Zinsangabe (Zinsklausel) hinzugefügt werden darf (Art. 5, Abs. 1 Wechselgesetz), muß der Diskont entweder sofort in die Wechselsumme miteinbezogen, der Wechsel also auf einen entsprechend höheren Betrag ausgestellt werden, oder es erfolgt eine getrennte Berechnung der Wechselkosten durch den Wechselinhaber und deren gesonderte Einforderung beim Schuldner. Entsprechende Erstattungsansprüche sind in der Bilanz unter Sonstige Vermögensgegenstände auszuweisen.

Umsatzsteuerlich werden die Nebenaufwendungen (Wechselkosten) im Wechselverkehr zwischen Lieferant und Kunde nach der bisherigen Beurteilung durch Rechtsprechung und Verwaltung nicht als Folge einer steuerbefreiten Kreditgewährung im Sinne des § 4, Nr. 8 UStG behandelt. Vielmehr sind Diskont- und Wechselumlaufkosten (Wechselspesen) als **Nebenleistung** und damit Bestandteil der Warenlieferung anzusehen und erhöhen dementsprechend das umsatzsteuerpflichtige Entgelt der Lieferung, das vom Aussteller zu versteuern ist und beim Bezogenen dem Vorsteuerabzug unterliegt (§ 10, Abs. 1 UStG). Die angefallenen Wechselkosten müssen deshalb dem Bezogenen auch mitgeteilt und gesondert in Rechnung gestellt werden (Beleg). Auch die vom Aussteller aufgewandte und in die Wechselumlaufkosten einbezogene Wechselsteuer erhöht bei Zurückforderung vom Bezogenen das Lieferantenentgelt. Die Wechselsteuer stellt somit keinen durchlaufenden Posten im Sinne des § 10, Abs. 1, Satz 4 UStG dar; vielmehr erfüllt der Aussteller mit deren Entrichtung eine eigene Steuerverpflichtung (§ 1, Nr. 1, Buchstabe a Wechselsteuergesetz; BFH v. 15. 1. 1959, BStBl. III 1959, S. 143).

Durch den BFH-Beschluß vom 18. 12. 1980 bezüglich der Abzahlungsgeschäfte nach § 1a AbzG (BStBl. II 1981, S. 197ff.) ist auch bei Wechselgeschäften ein Umdenkungsprozeß über deren umsatzsteuerliche Behandlung in Gang gesetzt worden. Auch die Kreditgewährung mittels Handelswechsel kann als selbständige Leistung anerkannt werden, wenn eine eindeutige Trennung zwischen dem Kreditgeschäft und der Lieferung oder sonstigen Leistung vorgenommen wird. Voraussetzung hierfür ist, daß die Lieferung oder sonstige Leistung und die Kreditgewährung mit den dafür aufzuwendenden Entgelten bei Abschluß des Umsatzgeschäftes gesondert vereinbart wird, in der Vereinbarung über die Kreditgewährung auch der Jahreszins angegeben wird und die Entgelte für die beiden Leistungen gesondert abgerechnet werden (Abschn. 29a, Abs. 2 UStR). Die für die Kreditgewährung gezahlten Entgelte (Zinsen) sind dann nicht Teil des Entgelts für die Warenlieferung, sondern fallen unter die Steuerbefreiung nach § 4, Nr. 8 UStG. Nach § 9 UStG kann allerdings auf die Steuerbefreiung verzichtet werden. Da eine ausdrückliche Klärung der umsatzsteuerlichen Behandlung von Wechselgeschäften noch nicht erfolgt ist, wird bei den nachstehenden Beispielen der bisherigen Auffassung der Finanzverwaltung gefolgt.

5.2 Der Normallauf des Wechsels

Die buchmäßige Existenz eines Wechsels als monetäres Äquivalent eines Warengeschäfts beginnt mit der **Wechselannahme** durch den Kunden. Mit dem Akzept des Kunden ist die Warenforderung des Lieferanten in eine vom zugrunde liegenden Warengeschäft losgelöste **abstrakte Wechselforderung** übergegangen. Die Wechselspesen sind damit Finanzierungskosten des Kaufpreises. Eine Aktivierung der Wechselspesen als Anschaffungsnebenkosten scheidet also aus. (*IdW,* WP-Handbuch 85/86 II, S. 81). Es ist somit ein zusätzlicher buchungspflichtiger Vorgang entstanden.

Beispiel:

Lieferant A hat seinem Kunden B Waren im Wert von 20.000 + 10% USt geliefert. Die entstandene Forderung soll durch einen Wechsel beglichen werden. B akzeptiert den von A ausgestellten Wechsel. A stellt B die folgenden Wechselumlaufspesen gesondert in Rechnung:

Wechselsteuer (0,15 je angefangene 100, § 8, Abs. 1 Wechselsteuergesetz)	33
Spesen für Porto und Telefon	20
	53
Zuzügl. 10% Umsatzsteuer	5,30
Summe	58,30

A bucht:

– Entstehung der Warenforderung:

Kundenforderungen	22.000	**an**	Warenverkauf	20.000
			Mehrwertsteuer	2.000

– Eingang des akzeptierten Wechsels bei A und Bezug der Wechselsteuermarken:

Besitzwechsel	22.000	**an**	Kundenforderungen	22.000
Nebenkosten des Zahlungsverkehrs	53	**an**	Kasse	33
			Sonstige Verbindlichkeiten	20

– Inrechnungstellung der Wechselumlaufspesen:

Sonstige Forderungen	58,30	**an**	Nebenkosten des Zahlungsverkehrs	53
			Mehrwertsteuer	5,30

(Statt auf Konto: Nebenkosten des Zahlungsverkehrs kann hier auch auf ein spezielles Konto: Erträge für Wechselauslagen bzw. Wechselspesen gebucht werden.)

Befindet sich der Besitzwechsel zum Geschäftsjahresschluß noch im Bestand des Unternehmens, so ist er in die Bilanz zu übernehmen. Da aber die Informationsfunktion des Jahresabschlusses bei publizitätspflichtigen Unternehmen erheblich darunter leiden würde, daß aus der abstrakten Wechselforderung das zugrundeliegende Warengeschäft nicht mehr zu erkennen ist, müssen Kapitalgesellschaften entweder einen Ausweis unter der entsprechenden Forderungsposition mit „davon"-Vermerk oder einen geänderten Ausweis im Anschluß an die Forderungsposition vorsehen (*IdW,* WP-Handbuch 85/86 II, S. 165).

B bucht:

– Entstehung der Warenverbindlichkeit und das Akzept:

Wareneinkauf	20.000			
Vorsteuer	2.000	**an**	Verbindlichkeiten	22.000
Verbindlichkeiten	22.000	**an**	Schuldwechsel	22.000

– Zusätzliche Verbindlichkeit aus Wechselumlaufspesen:

Nebenkosten des Zahlungsverkehrs	53			
Vorsteuer	5,30	**an**	Sonstige Verbindlichkeiten	58,30

Bei Bezahlung der Wechselkosten durch B werden die Sonstigen Forderungen bei A und die Sonstigen Verbindlichkeiten bei B storniert. Besteht die Wechselschuld noch zum Geschäftsjahresschluß, so ist bei B ein gesonderter Ausweis unter den Verbindlichkeiten erforderlich.

Behält A den Wechsel bis zum Verfalltag, so ist bei Vorlage und **Einlösung (Inkasso) des Wechsels** durch den Bezogenen wie folgt zu buchen:

Bei A:

Bank	22.000	**an**	Besitzwechsel	22.000

Bei B:

Schuldwechsel	22.000	**an**	Bank	22.000

Verwendet A den Besitzwechsel zum Ausgleich eigener Verbindlichkeiten gegenüber seinem Lieferanten C, so liegt eine **Wechselweitergabe (Indossierung)** vor; C ist durch Übertragungsvermerk nunmehr Wechselnehmer. Stellt C Wechselkosten in Rechnung, so wird A diese Kosten, soweit vereinbart, wiederum seinem Kunden B belasten. Diese Weiterberechnung der Wechselkosten stellt ebenfalls eine umsatzsteuerliche Entgeltänderung dar.

A bucht bei Wechselweitergabe an C:

Verbindlichkeiten	22.000	**an**	Besitzwechsel	22.000

Obwohl damit buchmäßig sowohl die Forderung gegenüber B als auch die Schuld gegenüber C untergegangen ist, bleibt A rechtlich aus dem Wechsel verpflichtet, da dessen Annahme nicht an Zahlungs Statt, sondern nur zahlungshalber erfolgt. Berechnet C seinem Kunden A Wechselumlaufspesen in Höhe von 200 (Zinsen 180, sonstige Spesen 20) zuzüglich Umsatzsteuer 20, so **bucht A:**

Diskontaufwendungen	180			
Nebenkosten des Zahlungsverkehrs	20			
Vorsteuer	20	**an**	Verbindlichkeiten	220
Bei Weiterbelastung an B:				
Sonstige Forderungen	220	**an**	Diskontertrag	180
			Nebenkosten des Zahlungsverkehrs	20
			Mehrwertsteuer	20

Werden Wechseldiskont und Wechselspesen auf einem gemeinsamen Erfolgskonto gebucht, dann erscheint die Weiterbelastung an B als Stornobuchung. Ein Ausgleich der Konten für Wechselkosten erfolgt jedoch nicht, wenn A über die Fremdkosten hinaus auch eigene, mit der erneuten Bearbeitung des Wechsels anfallende Kosten in Rechnung stellt.

Neben Wechseleinlösung am Verfalltag und Wechselweitergabe an einen anderen Wechselnehmer besteht die Möglichkeit des **Wechselverkaufs (Diskontierung)** an eine Bank. Diese berechnet den Diskont für die Zeit vom Ankaufs- bis zum Fälligkeitstag des Wechsels zusätzlich bankküblicher Spesen. Entgeltminderung stellen dabei der Diskontabzug, nicht jedoch die Bankspesen dar. Aus der Entgeltminderung ist die anteilige Umsatzsteuer herauszurechnen und als Steuerkürzung zu verbuchen.

Beispiel:

Verkauft A den von B akzeptierten Wechsel an eine Bank, die bei einer Restlaufzeit von 2 Monaten mit einem Diskontsatz von 6% rechnet und 50 Spesen erhebt, dann hat **A** wie folgt zu buchen:

Bank	21.730			
Diskontaufwand	200			
Mehrwertsteuer	20			
Nebenkosten des Zahlungsverkehrs	50	**an**	Besitzwechsel	22.000

Belastet A die ihm aus der Diskontierung entstandenen Kosten an den Bezogenen B weiter, so **bucht A:**

Sonstige Forderungen	275	**an**	Diskonterträge	200
			Mehrwertsteuer	25
			Nebenkosten des Zahlungsverkehrs	50

Gewährt der Unternehmer im Zusammenhang mit einer Lieferung oder sonstigen Leistung allerdings einen Kredit, der als gesonderte Leistung anzusehen ist (vgl. Abschn. 29 a, Abs. 1 und 2 UStR), und hat er über die zu leistenden Zahlungen Wechsel ausgestellt, die vom Leistungsempfänger akzeptiert werden, so mindert der bei der Weitergabe der Wechsel berechnete Wechseldiskont **nicht** das Entgelt für die Lieferung oder sonstige Leistung (Abschn. 151, Abs. 5 UStR). Die weiterberechneten Wechselkosten sind dann Teil des Entgelts für die nach § 4, Nr. 8 UStG steuerfreie Leistung, weshalb auch insoweit keine Umsatzsteuer anfällt (Optionsmöglichkeit).

5.3 Die Wechselprolongation

Kann ein Wechsel bei Fälligkeit vom Bezogenen nicht eingelöst werden, dann ist zur Verhinderung des Wechselprotests eine Verlängerung der Wechsellaufzeit durch Vermerk auf dem ursprünglichen Wechsel bzw. eine Zurverfügungstellung des fälligen Wechselbetrags durch Ausstellung eines neuen Wechsels (**Prolongationswechsel**) vonnöten. Zur Finanzierung längerfristiger Forderungen können Wechselprolongationen auch zur Geschäftsgrundlage gehören: Um den Bankankauf durch deren Rediskontfähigkeit bei der Bundesbank zu sichern, werden Dreimonatsakzepte von vornherein mit Prolongationsabrede vereinbart.

Der Prolongationswechsel kann durch den Aussteller entsprechend den Möglichkeiten der Wechselverwertung weiterverwendet werden. Fallen für den Prolongationswechsel Wechselkosten an, dann werden diese vom Bezogenen entweder sofort entrichtet oder sie gehen in die (neue) Wechselsumme ein. Die Kosten der Wechselprolongation werden umsatzsteuerlich wie die Kosten eines üblichen Warenwechsels behandelt (Abschn. 151, Abs. 5 UStR).

Ein Austausch des fälligen Wechsels gegen den Prolongationswechsel kann erfolgen, sofern der Aussteller das Akzept noch nicht weitergegeben hat. Werden die Wechselkosten vom Bezogenen unmittelbar erstattet, wird das Besitzwechselkonto bei dem Wechseltausch grundsätzlich nicht berührt.

Beispiel:

A stimmt der Prolongation zu und berechnet für entstehende Wechselkosten 313 (Zinsen 240, Wechselsteuer 33, Spesen 40) zuzüglich 10% Umsatzsteuer; **A bucht** dann bei sofortiger Barerstattung durch B:

Kasse	344,30	**an**	Diskontertrag	240
			Nebenkosten des Zahlungsverkehrs	73
			Mehrwertsteuer	31,30

Zweckmäßig erscheint allerdings die Kenntlichmachung der prolongierten Wechsel aus Kontrollgründen und dementsprechend ihre Umbuchung auf ein besonderes **Prolongationswechselkonto.**

Die Buchung der Wechselkosten beim Bezogenen erfolgt entsprechend seitenverkehrt; durch Diskontierung des Prolongationswechsels kann er die ursprüngliche Wechselschuld tilgen.

Der Austausch des fälligen gegen den prolongierten Wechsel kann dann nicht erfolgen, wenn A den ursprünglichen Wechsel bereits weitergegeben hat. Hier bleibt häufig unklar, wer am Fälligkeitstag den Wechsel zur Einlösung präsentiert. In diesem Falle stellt der Aussteller zur Verhinderung des Wechselprotests den zur Einlösung erforderlichen Betrag gegen Ausstellung eines neuen Wechsels zur Verfügung. Die obige Wechselkostenbuchung ist dann **bei A** zu ergänzen um das Entstehen einer neuen Wechselforderung: Prolongationswechsel **an** Kasse, und **bei B** um die neue Wechselverbindlichkeit gegen Geldeingang: Kasse **an** Schuldwechsel; der Geldbetrag wird zur Begleichung der ursprünglichen Wechselverpflichtung herangezogen.

Wird die Kreditgewährung der Wechselprolongation als gesonderte umsatzsteuerliche Leistung behandelt (Abschn. 29a, Abs. 2, 3 UStR), sind die berechneten Wechselkosten Gegenleistung für die gemäß § 4, Nr. 8 UStG steuerfreie sonstige Leistung. Eine Umsatzsteuerschuld entsteht nicht (Optionsmöglichkeit).

5.4 Wechselprotest und Rückgriff

Wird die Prolongation des Wechsels durch den Aussteller abgelehnt, und besitzt der Bezogene zum Zeitpunkt der Wechselfälligkeit auch sonst keine Möglichkeit, den Wechselbetrag einzulösen, dann geht dieser zu Protest. Der **Wechselprotest** erfolgt durch öffentliche Beurkundung, die bei Beträgen bis 3.000 durch die Post erfolgen kann, darüber hinaus jedoch von einem Gerichtsvollzieher oder Notar vorgenommen werden muß.

Die wechselrechtliche Haftung erstreckt sich nach Protest auf alle durch Eintragung auf der Wechselurkunde in Erscheinung getretene Wechselbeteiligte. Der **Rückgriff (Regreß)** ist dabei nicht an die Reihenfolge der früheren Wechselinhaber gebunden (Reihen- oder Sprungregreß). Letztlich bleibt allerdings der Aussteller bzw. Akzeptant für die Wechseleinlösung haftbar. Wegen ihres erhöhten Risikos sind nicht eingelöste Wechsel von den übrigen Wechselforderungen zu trennen und auf ein gesondertes **Protestwechselkonto (Rückwechselkonto)** umzubuchen.

Umsatzsteuerlich sind die nach Art. 48 und 49 WG im Falle des Rückgriffs zu zahlenden Zinsen, Kosten des Protests und Vergütungen als Schadensersatz zu behandeln (BdF v. 1. 4. 1986, BStBl. I 1986, S. 149) und damit nicht mehr umsatzsteuerpflichtig. Wurde dem jeweiligen Wechselnehmer allerdings im Rahmen der eigenen Kosten auch Umsatzsteuer in Rechnung gestellt, so kann er diese als Vorsteuer geltend machen, da das Abzugsverbot gemäß § 15, Abs. 2 UStG hier nicht anwendbar ist.

Beispiel:

Der von Aussteller A an seinen Lieferanten C weitergegebene Wechsel geht wegen Zahlungsunfähigkeit des B zu Protest. C nimmt A in Regreß und berechnet Protestkosten einschließlich Auslagen und Provision (Nebenkosten des Zahlungsverkehrs) in Höhe von insgesamt 150 (erfolgt die Bestätigung durch einen Notar oder Gerichtsvollzieher, so bemißt sich die Höhe der Wechselprotestgebühr nach den §§ 51, 32 und 149 des Gesetzes über die Kosten in Angelegenheiten der freiwilligen Gerichtsbarkeit [Kostenordnung]).

Regreßnehmer C bucht:

Bei Wechselprotest mangels Zahlung:

Protestwechsel	22.000	**an**	Besitzwechsel	22.000

Bei Rückgriff durch Erteilung der Regreßrechnung:

Sonstige Forderungen (Rückgriffsforderung)	22.150	**an**	Protestwechsel	22.000
			Nebenkosten des Zahlungsverkehrs	150

Regreßpflichtiger A bucht:

Protest(Rück)wechsel	22.000			
Nebenkosten des Zahlungsverkehrs	150	**an**	Sonstige Verbindlichkeiten	22.150

Zwischen C und A lebt das ursprüngliche Schuldverhältnis einschließlich des Erstattungsanspruchs auf die Kosten des Wechselprotests wieder auf. Sieht A seinerseits die Möglichkeit zum Regreß gegenüber B, dann wird er neben dem Wechselbetrag und den Fremdkosten entstandene eigene Kosten (10) in Rechnung stellen; seine Rückgriffsforderung ist dann wie folgt zu buchen:

Sonstige (Rückgriffs-) Forderungen	22.160	**an**	Protestwechsel	22.000
			Nebenkosten des Zahlungsverkehrs	160

5.5 Wechselbilanzierung und Wechselobligo

Zum **bilanziellen Wechselbestand** gehören die im Besitz und im Bankdepot befindlichen Wechsel (Besitzwechsel), die im regelmäßigen Geschäftsverkehr hereingenommen worden sind und normale Laufzeit besitzen sowie die zum Inkasso oder zur Diskontierung versandten Wechsel, soweit Gutschrift oder Diskontierung in neuer Rechnung erfolgt. Nicht bilanziert werden im Wechselbestand befindliche eigene Wechsel (Solawechsel). Der Besitzwechselbestand ist in der Bilanz zum **Barwert (Tageswert)**, also abgezinst um den auf die Restlaufzeit entfallenden Diskont, anzusetzen.

Die aus der Annahme gezogener Wechsel (Akzepte) und aus der Weitergabe eigener Wechsel bestehenden Verbindlichkeiten sind in der Bilanz stets mit dem Betrag der Wechselsumme (Rückzahlungs- bzw. Erfüllungsbetrag) aufzuführen. Nur bei längerer Laufzeit kann entsprechend § 250, Abs. 3 HGB eine Abgrenzung des Diskontbetrages in Betracht kommen; steuerlich ist diese bei einer über den Bilanzstichtag hinausreichenden Wechsellaufzeit zwingend vorzunehmen **(Verfügungsbetrag).**

Solange sich Besitzwechsel im Portefeuille des Wechselinhabers befinden, kann der Bestand an Wechselforderungen, da auch der Ausweis unter der entsprechenden Forderungsposition erfolgt, analog der Handhabung bei anderen Kundenforderungen **abgeschrieben** werden (s. Teil A, Abschn. 10.331 und 10.332, S. 219ff. und 223ff.); dabei ist die Zahlungsfähigkeit aller Wechselverpflichteten (auch Indossanten und Bürgen) zu berücksichtigen. Sind die Wechsel jedoch bereits verkauft (diskontiert) oder weitergegeben (indossiert), dann entfällt infolge der nicht mehr existenten Buchforderung auch die Möglichkeit einer Abschreibung. Mit der fortbestehenden Haftung für begebene und übertragene Wechsel verbleibt jedoch eine Eventualverbindlichkeit aus Inanspruchnahme bei Regreß **(Wechselobligo)**, die in der Bilanz gemäß § 251 HGB (s. auch die Erläuterungspflichten für Kapitalgesellschaften nach § 268, Abs. 7 HGB) gesondert zu vermerken ist. Sobald jedoch eine Inanspruchnahme aus dieser Eventualverbindlichkeit droht, muß dies durch einen Passivposten buch- und bilanzmäßig zum Ausdruck gebracht werden; es ist dann eine **Rückstellung für Wechselobligo** zu bilden, deren wirtschaftlicher Gehalt hinsichtlich Bildung und Auflösung dem des Delkredere entspricht. Bei Gewißheit über die Inanspruchnahme ist eine Sonstige Verbindlichkeit auszuweisen; ein Regreßanspruch ist am Bilanzstichtag zu aktivieren.

Die Höhe des Rückstellungsbetrages richtet sich nach der mutmaßlichen Abdeckung des Ausfallwagnisses; hierbei spielen auf der bisherigen Zahlungsfähigkeit und Zahlungswilligkeit (Bonität) der Akzeptanten beruhende Erfahrungssätze eine besondere Rolle. Aber auch künftige Bearbeitungs-, Prolongations- und Protestauslagen sowie Zinsen können infolge nicht beabsichtigter oder nicht möglicher Weiterberechnung bei der Rückstellungsbildung zum Ansatz kommen. Analoges gilt auch für übernommene Wechselbürgschaften.

Übungsbeispiel:

Die folgenden Geschäftsvorfälle einer Bauzubehör- und Baustoffgroßhandlung sind unter Angabe der Kontennummern des Großhandelskontenrahmens zu kontieren (vgl. hierzu Faltblatt am Schluß des Buches):

1) Lieferung einer Förderanlage an ein Bauunternehmen: Warenwert 15.000 + 10% USt. Der Kunde akzeptiert kurze Zeit später einen Wechsel über 16.500.
2) Anlieferung von 5 Zementmischern durch die Herstellerfirma: Nettorechnungsbetrag 8.000 + 10% USt. Der Lieferant hat einen Wechsel beigefügt, der „quergeschrieben" zurückgesandt wird (Wechselsumme 8.800).
3) An eine Hochbaufirma wurden 20 Tischkreissägen zum empfohlenen Verkaufspreis von je 180 abzüglich 33⅓% Funktionsrabatt verkauft. Die Rechnung wird unter Abzug von 2% Skonto durch Banküberweisung von 787,20, der Rest (1.800) durch Akzept beglichen.
4) Der aus Vorgang 1) hereingenommene Wechsel wird an die Hausbank verkauft. Diese erstellt folgende Abrechnung:

Wechselbetrag	16.500
6% Diskont für 90 Tage	247,50
Wechselprovisionen und -spesen	152,50
Gutschrift auf Bankkonto	16.100

5) Eine Lieferantenverbindlichkeit in Höhe von 2.600 wird in eine Wechselverpflichtung umgewandelt. Die erforderlichen Wechselsteuermarken in Höhe von 3,90 werden bar bezahlt.
6) Der aus Vorgang 3) hereingenommene Wechsel in Höhe von 1.800 wird zur Begleichung einer bereits verbuchten Rechnung einer Lieferfirma über 2.500 weitergegeben. Über den Restbetrag von 700 wird ein Wechsel akzeptiert.
7) Der auf einen Kunden ausgestellte Wechsel über 880 kann von diesem am Verfalltag nicht eingelöst werden. Auf dessen Bitte wird ihm der Betrag durch Banküberweisung zur Verfügung gestellt und gleichzeitig auf ihn ein neuer Wechsel über 902 (880 + 6% Diskont für 90 Tage + Telefon- und Portoauslagen 6,80 + Umsatzsteuer 2) gezogen.
8) Dem Kunden aus Vorgang 1) und 4) werden die Auslagen in Höhe von 377,50 und Telefonkosten von 22,50 + 10% USt in Rechnung gestellt.
9) Ein Lieferant teilt mit, daß er einen von uns akzeptierten Wechsel über 400 zum Diskont gegeben und ihm die Bank dafür 5,50 Diskont berechnet hat. Wegen der Geringfügigkeit verzichtet der Lieferant auf eine Begleichung dieses Betrags.
10) Für Vorgang 2) berechnet die Herstellerfirma für den Wechsel: Diskont 132, Wechselspesen 68 und Umsatzsteuer 20. Bezahlung durch Postscheck.
11) Ein Kunde löst einen Wechsel über 825 ein, der bei uns im Portefeuille lag.
12) Der aus Vorgang 2) stammende Wechsel wird am Verfalltag durch Banküberweisung bezahlt.
13) Der Wechsel aus Vorgang 7) wird zur Abdeckung einer Warenverbindlichkeit an einen Lieferanten weitergegeben (Rechnung über 1.300 + 10% USt). Der Differenzbetrag wird durch Banküberweisung bezahlt.
14) Kurze Zeit später wird der Wechsel zur Zahlung fällig, vom Kunden – Vorgang 7) – aber nicht eingelöst. Der Wechsel geht zu Protest. Der Lieferant – Vorgang 13) – nimmt Regreß und schickt folgende Rechnung:

Wechselbetrag	902
Protestkosten	18
Auslagen und Provision	10
Zinsen	7
Gesamtbelastung	937

15) Wir belasten mit denselben Beträgen den Kunden. Dieser überweist nach einigen Tagen den Betrag von 937 auf das Postscheckkonto. Kurz darauf wird auch der Regreßnehmer von uns durch Banküberweisung befriedigt.

16) Ein Besitzwechsel über 2.500 kann von einem Kunden am Verfalltag nicht eingelöst werden. Der Notar stellt in Rechnung (es erfolgt Postschecküberweisung):

Protestgebühr	7,50
Wegegeld	2,50
10% Umsatzsteuer	1,00
	11,00

17) An den Kunden wird folgende Regreßrechnung verschickt:

Wechselbetrag	2.500
Protestkosten	10
⅓% Provision	8,33
Zinsen	6,67
Regreßbetrag	2.525,00

18) Der Kunde überweist den Betrag von 2.525 auf das Bankkonto.

Lösung: Buchungssätze

1)	100	Kundenforderungen	16.500	an	800	Warenverkauf	15.000
					194	Mehrwertsteuer	1.500
	140	Besitzwechsel	16.500	an	100	Kundenforderungen	16.500
2)	300	Wareneinkauf	8.000				
	114	Vorsteuer	800	an	180	Schuldwechsel	8.800
3)	100	Kundenforderungen	2.640	an	800	Warenverkauf	2.400
					194	Mehrwertsteuer	240
	13	Guthaben bei Kreditinstituten	787,20				
	140	Besitzwechsel	1.800				
	41	Skontoaufwand	48				
	194	Mehrwertsteuer	4,80	an	100	Kundenforderungen	2.640
4)	13	Bank	16.100				
	214	Diskontaufwendungen	225				
	194	Mehrwertsteuer	22,50				
	53	Nebenkosten des Zahlungsverkehrs	152,50	an	140	Besitzwechsel	16.500
5)	17	Verbindlichkeiten	2.600	an	180	Schuldwechsel	2.600
	5230	Wechselsteuer	3,90	an	1500	Hauptkasse	3,90
6)	17	Verbindlichkeiten	2.500	an	140	Besitzwechsel	1.800
					180	Schuldwechsel	700

7)	140	Besitzwechsel	902	**an**	13	Bank	880
					283	Diskonterträge	13,20
					53	Nebenkosten des Zahlungsverkehrs (auch auf besond. Konto: Erträge für Wechselauslagen)	6,80
					194	Mehrwertsteuer	2
8)	112	Sonst. Forderungen	440	**an**	283	Diskonterträge	225
					53	Nebenkosten des Zahlungsverkehrs	175
					194	Mehrwertsteuer	40
9)	214	Diskont-aufwendungen	–,50	**an**	114	Vorsteuer	–,50
10)	214	Diskont-aufwendungen	132				
	53	Nebenkosten des Zahlungsverkehrs	68				
	114	Vorsteuer	20	**an**	151	Postscheckgut-haben	220
11)	1500	Hauptkasse	825	**an**	14	Besitzwechsel	825
12)	180	Schuldwechsel	8.800	**an**	13	Bank	8.800
13)	17	Verbindlichkeiten	1.430	**an**	140	Besitzwechsel	902
					13	Bank	528
14)	142	Protestwechsel	902				
	2141	Zinsaufwand für Protestwechsel	7				
	53	Nebenkosten des Zahlungsverkehrs	28	**an**	193	Sonstige Verbindlichkeiten	937
15)	112	Sonst. Forderungen	937	**an**	142	Protestwechsel	902
					2831	Zinserträge für Pro-testwechsel	7
					53	Nebenkosten des Zahlungsverkehrs	28
	151	Postscheckguthaben	937	**an**	112	Sonst. Forderungen	937
	192	Sonstige Verbindlichkeiten	937	**an**	13	Bank	937
16)	142	Protestwechsel	2.500	**an**	140	Besitzwechsel	2.500
	53	Nebenkosten des Zahlungsverkehrs	10				
	114	Vorsteuer	1	**an**	151	Postscheckgut-haben	11
17)	112	Sonst. Forderungen	2.525	**an**	142	Protestwechsel	2.500
					2831	Zinserträge für Pro-testwechsel	6,67
					53	Nebenkosten des Zahlungsverkehrs	18,33
18)	13	Bank	2.525	**an**	112	Sonst. Forderungen	2.525

Ergänzende Literatur zu: 5. Die Verbuchung der Wechselgeschäfte

Bödefeld/Bolk/Deppe/Peitz, Buchführung, S. 507–510
Däumler, Finanzwirtschaft, S. 204–209
Engelhardt/Raffée, Buchhaltung, S. 97–110
Falterbaum/Beckmann, Buchführung, S. 262–271
Hübner, Wechsel, Sp. 1809–1815
Klimmer, Buchführung, S. 191–206
Schiederer, Buchführung Teil 1, S. 120–133
Splitter/Kropp, Buchführung, 2. Teil, S. 28–38

6. Die Verbuchung von Wertpapieren und Finanzinnovationen

6.1 Die Verbuchung von Wertpapieren

6.11 Grundsachverhalte

Wertpapiere sind Urkunden, die private Vermögensrechte d.h. Eigentums-, Anteils-, Forderungs- oder Bezugsrechte verbriefen. Ohne Urkunde können die Rechte aus ihnen weder ausgeübt noch übertragen werden. Recht und Urkunde sind bei Wertpapieren so eng miteinander verknüpft, daß der Gläubiger nur durch die Vorlage der Urkunde sein Recht geltend machen kann und der Schuldner nur bei Vorlage der Urkunde zur Leistung verpflichtet ist. Der Erwerber dieses verbrieften Rechts, braucht – wenn er die Urkunde besitzt – nicht zu befürchten, daß der Schuldner mit befreiender Wirkung an einen anderen leistet.

Nach der Art des verbrieften Vermögenswertes wird zwischen **Geldwertpapieren** (z.B. Scheck, Wechsel, Zinsschein und Dividendenschein), **Warenwertpapieren** (Konnossement, Lagerschein) sowie **Kapitalwertpapieren** (z.B. Anleihen, Obligationen, Aktien) unterschieden. Neben den nicht vertretbaren Kapitalwertpapieren (z.B. Grundschuldbrief) sind für die buchhalterische Erfassung insbesondere die vertretbaren Kapitalwertpapiere relevant. Vertretbar (fungibel) sind bewegliche Sachen, die von gleicher Beschaffenheit sind und im Verkehr nach Zahl, Maß oder Gewicht bestimmt sind. Auf Kapitalwertpapiere bezogen bedeutet dies einfache und schnelle Bewertbarkeit am Handelsplatz Börse und zudem leichte und rasche Mobilisierbarkeit (Verwertungsfähigkeit) durch gleiche Nennwerte oder gleiche Stückelung. Wertpapiere, die diese Voraussetzungen erfüllen, werden auch als **Effekten** bezeichnet und bestehen grundsätzlich aus Mantel und Bogen. Während der Mantel das Gläubiger- oder Teilhaberrecht verbrieft, also die eigentliche Wertpapierurkunde darstellt, enthält der Bogen die Kupons, d.h. die Zins- oder Gewinnanteilsscheine sowie den Talon (Erneuerungsschein).

Grundsätzlich werden zwei Arten von Effekten unterschieden:

1) **Gläubigerpapiere** (Zinspapiere)
Gläubigerpapiere verbriefen schuldrechtliche Ansprüche auf Verzinsung und Rückzahlung des Anlagebetrags. Es handelt sich überwiegend um festverzinsliche Wertpapiere, wobei der Zins meist jährlich oder halbjährlich zu bestimmten Zinsterminen ausgezahlt wird. Zu Gläubigerpapieren zählen gemäß der Wertpapierstatistik der Deutschen Bundesbank Industrieobligationen, Anleihen der öffentlichen Hand und Bankschuldverschreibungen. Letztere lassen sich differenzieren in Pfandbriefe, Kommunalobligationen, Schuldverschreibungen von Spezialkreditinstituten und sonstige Bankschuldverschreibungen.

2) **Anteilspapiere** (Dividendenpapiere/Aktien)
Anteilspapiere verbriefen Teilhaberrechte, die den Besitzer am Gezeichneten Kapital der Unternehmung sowie an deren Gewinn bzw. Verlust beteiligen.

Die Hauptversammlung der Aktiengesellschaft entscheidet jährlich über die Gewinnverwendung und beschließt die Höhe der Gewinnausschüttung (Dividende).
Von Aktiengesellschaften ausgegebene Schuldverschreibungen können darüberhinaus ein Umtauschrecht in Aktien (Wandelschuldverschreibungen), ein Bezugsrecht von Aktien (Optionsanleihen) oder einen Gewinnanspruch (Gewinnschuldverschreibungen) verbriefen.

Die Abwicklung von Wertpapiertransaktionen übernehmen normalerweise Kreditinstitute in Form von Kommissionsgeschäften. Bei börsengehandelten Wertpapieren beauftragen diese wiederum die zur Durchführung von Börsengeschäften berechtigten Börsenmakler mit der Vermittlung von Kauf- und Verkaufsaufträgen. Über deren Anspruch auf **Maklergebühr** (bei Anteilspapieren 0,08% und bei Gläubigerpapieren 0,075% vom Kurswert) hinaus, fallen als weitere Nebenkosten die **Bankprovision** und derzeit noch die **Börsenumsatzsteuer** an. Je nach Kreditinstitut, werden die Provisionen für Gläubigerpapiere vom Nennwert oder vom Kurswert (i. d. R. 0,5%), für Anteilspapiere immer vom Kurswert (i.d. R. 1%) berechnet. Die zu entrichtende Börsenumsatzsteuer beträgt für Industrieschuldverschreibungen und Aktien 0,25% sowie für sonstige Gläubigerpapiere 0,1% vom Kurswert (§ 24 KVStG).

6.12 Kauf und Verkauf

Wertpapiere werden in Buchhaltung und Bilanz mit ihren Anschaffungskosten erfaßt. Diese setzen sich aus dem Kurswert zuzüglich der angefallenen Nebenkosten, wie Maklergebühren, Provisionen, Spesen und Börsenumsatzsteuer zusammen. Nicht zu den Anschaffungskosten rechnen dagegen Ausgaben, die der Vorbereitung für die Entscheidung über den Erwerb dienen.

Weicht der Kurs zum Zeitpunkt der Veräußerung der Wertpapiere von ihrem Anschaffungswert ab, so ensteht ein Kursgewinn bzw. -verlust. Kurserfolge sind der gewöhnlichen Geschäftstätigkeit zuzurechnen und auf dem Konto sonst. betrieblicher Ertrag bzw. Aufwand zu erfassen.

Beispiel:

1) Kauf von 50 Aktien der X-AG, Nennwert DM 50 zum Kurs von DM 130 am 10. 1. 01.

Abrechnung:

50 Aktien zum Kurs von DM 130	6.500
+ Gebühren 1,33% v. KW	86,45
	6.586,45

Buchungssatz:

Wertpapiere	6.586,45	**an**	Bank	6.586,45

2) Verkauf von 30 Aktien der X-AG am 5. 7. 01 zum Kurs von DM 190

Abrechnung:

30 Aktien zum Kurs von DM 190	5.700
./. Gebühren 1,33% v. KW	75,81
	5.624,19

Buchungssatz:

Bank	5.624,19	**an**	Wertpapiere	3.951,87
			sonst. betriebl. Erträge	1.672,32

Wurden Wertpapiere einer Gattung zu verschiedenen Zeitpunkten bei differierenden Anschaffungskosten erworben, kann es schwierig sein, die einem bestimmten Vermögensgegenstand zuzurechnenden Anschaffungskosten exakt zu ermitteln. Werden zwischenzeitlich Teilverkäufe durchgeführt, können den daraus resultierenden Verkaufserlösen nur dann die tatsächlichen Anschaffungskosten gegenübergestellt werden, wenn die Identität von veräußertem und beschafftem Wertpapier nummernmäßig feststellbar ist. Da jedoch Wertpapiere i. d. R. im Girosammeldepot der depotführenden Bank verwahrt werden, ist eine exakte Zurechnung aus der Reihe der tatsächlichen Anschaffungskosten i. d. R. nicht möglich.

Einem Veräußerungserlös sind deshalb vereinfachend die durchschnittlichen Anschaffungskosten gegenüberzustellen.

Beispiel:

Die X-AG hat zu verschiedenen Zeitpunkten Aktien der Y-AG erworben:

10. 1. 85 50 Aktien zu DM 245 = 12.250
23. 6. 85 100 Aktien zu DM 234 = 23.400
30. 10. 86 50 Aktien zu DM 320 = 16.000

Dementsprechend betragen die gesamten Anschaffungskosten der 200 Aktien DM 51.650 (Durchschnittskurs = DM 258,25). Eine Veräußerung von 124 Anteilen am 9. 9. 89 führt zu folgender Abrechnung (Kurs der Y-AG Aktie DM 315):

Buchungssatz:

Bank	38.540,50	**an**	Wertpapiere des Anlagevermögens	32.023
			sonst. betriebl. Erträge	6.517,50

6.13 Behandlung von Erträgen

6.131 Behandlung der Zinserträge bei Zinspapieren

Beim Kauf von **festverzinslichen** Wertpapieren wird dem Käufer auch der Zinsschein ausgehändigt, der zur Vereinnahmung der **gesamten** Zinsen des folgenden Zinstermins berechtigt. Liegt der Zeitpunkt des Verkaufs zwischen zwei Zinsterminen, so steht dem Verkäufer jedoch noch der Teil der Zinsen zu, die auf den Zeitraum zwischen dem letzten Zinstermin und der Veräußerung entfallen. Der Käufer bezahlt dem Verkäufer deshalb neben dem Kaufpreis für die Wertpapiere sogenannte **Stückzinsen** zur Abgeltung seines Zinsanspruchs und vereinnahmt am Zinstermin die gesamten Zinsen des Zinszahlungszeitraums. Während die Verbuchung des Kaufpreises und der Anschaffungsnebenkosten auf dem Bestandskonto „Wertpapiere“ erfolgt, handelt es sich bei den Stückzinsen um Zinsaufwand, der auf dem entsprechenden Erfolgskonto erfaßt wird. Da Stückzinsen in einem wirtschaftlichen Zusammenhang mit dem Erwerb des Zinsanspruchs stehen, werden sie nicht zu den Anschaffungskosten des Wertpapiers gerechnet.

Bis zum Bilanzstichtag aufgelaufene, noch nicht vereinnahmte Zinsansprüche sind als sonstige Vermögensgegenstände zu aktivieren.

Beispiel:

1) Kauf von 10% Industrieobligationen im Nennwert von DM 50.000 zum Kurs von 98% mit Zinsschein. Kauf am 1. April; Zinstermine 1. Jan./1. Juli.

Bankabrechnung:

Kaufpreis 98% von 50.000		49.000
+ Bankprovision v. NW 0,5%	250	
+ Maklergebühr v. KW 0,075%	36,75	
+ Börsenumsatzsteuer v. KW 0,25%	122,50	
= Anschaffungsnebenkosten		409,25
Zwischensumme		49.409,25
+ Stückzinsen (Zinsscheine) 10% für 3 Monate		1.250
Endsumme		50.659,25

Buchungssatz:

Wertpapiere	49.409,25			
Zinsscheine (sonstige Vermögensgegenstände)	1.250	**an**	Bank	50.659,25

2) Am 1. Juli werden die Zinsen für die Monate 1. Januar – 30. Juni gegen Vorlage des Zinsscheins gutgeschrieben.

Bankabrechnung:

10% Zinsen für 6 Monate bezogen auf 50.000 = 2.500

Buchungssatz:

Bank	2.500	**an**	Zinserträge	1.250
			Zinsscheine (sonst. Vermögensgegenstände)	1.250

Bei Einlösung der Zinsscheine im Laufe des Anschaffungsjahres erfolgt die Ausbuchung der Anschaffungskosten.

3) Am 1. Oktober werden die Obligationen zum Kurswert von 101% mit Zinsschein verkauft.

Bankabrechnung:

Kurswert 101% von 50.000		50.500
./. Bankprovision v. NW	250	
./. Maklergebühr	37,88	
./. Börsenumsatzsteuer	126,25	
= Verkaufskosten		414,13
Zwischensumme		50.085,87

+ Stückzinsen (Zinsscheine) 10% für 3 Monate	1.250
Endsumme	51.335,87

Buchungssatz:

Bank	51.335,87	**an**	Wertpapiere	49.409,25
			sonst. betr. Erträge	676,62
			Zinserträge	1.250

6.132 Verbuchung von Dividenden

Dividendenerträge müssen in der Buchhaltung bereits bei ihrem Entstehen, d.h. mit dem Zeitpunkt des Gewinnausschüttungsbeschlusses erfaßt werden, nicht erst bei ihrem Zufluß. Der Dividendenanspruch wird als sonstige Forderung verbucht. Zusätzlich zu beachten ist jedoch die besondere Art der **Ertragsteuererhebung** bei Aktien. Während nämlich Zinsen aus festverzinslichen Wertpapieren ohne Steuerabzug ausbezahlt werden und erst im Rahmen der jährlichen Einkommensteuer-Veranlagung Berücksichtigung finden, wird bei Kapitalerträgen aus Dividendenzahlungen die Einkommensteuer bereits an der Einkunftsquelle, d.h. bei der Aktiengesellschaft durch Pauschalabzug in Form der **Kapitalertragsteuer** (25%) erhoben. Aus Sicht des Anlegers in Aktien ist dies eine Vorauszahlung, die auf seine Einkommensteuerschuld angerechnet wird.

Um eine Doppelbesteuerung von Erträgen aus Aktien mit **Körperschaftsteuer,** die vom ausschüttenden Unternehmen vorab schon an das Finanzamt abgeführt wurde, und Einkommensteuer zu verhindern, kommt seit 1977 das **körperschaftsteuerliche Anrechnungsverfahren** zur Anwendung. Auf diese Art erhält der Aktionär eine Gutschrift in Höhe der Körperschaftsteuer (36% Körperschaftsteuersatz bei Ausschüttung), die auf seine Dividende entfällt. Diese kann er im Rahmen der Einkommensteuer-Veranlagung, genau wie die gezahlte Kapitalertragsteuer, auf seine Einkommensteuerschuld anrechnen lassen.

Zum Zeitpunkt der Auszahlung der Dividende wird der tatsächliche Auszahlungsbetrag auf dem Bestandskonto „Bank" erfaßt. Die anrechenbare Körperschaftsteuer und die Kapitalertragsteuer werden bei der Einzelunternehmung und bei Personengesellschaften als **Entnahme** behandelt, da sie die persönliche Einkommensteuer-Schuld des Unternehmers betreffen.

Beispiel:

Einzelunternehmung erhält Dividendenzahlung über DM 12 pro Aktie; Aktienbestand 10 Stück;

Dividendenausschüttung	120
./. Kapitalertragsteuer	30
Bankgutschrift	90
Dividendenausschüttung	120
+ anrechenbare Körperschaftsteuer (9/16 von DM 120)	67,50
Gesamtertrag (als Einkünfte aus Kapitalvermögen zu versteuern)	187,50

Steueranrechnung bei Annahme eines persönlichen Steuersatzes von 30%

30% Einkommensteuer auf DM 187,50	56,25
Anrechnung der Kapitalertragsteuer	30
Anrechnung der Körperschaftsteuer	67,50
Erstattung durch das Finanzamt	41,25

Der steuerpflichtige Einzelunternehmer hätte demnach bei einem Einkommensteuersatz von 30% aus den 10 Aktien insgesamt einen Nettoertrag in Höhe von DM 131,25 (Bankgutschrift + Erstattung durch das Finanzamt) erzielt.

Verbuchung:

– bei Dividendenbeschluß durch die Hauptversammlung:

sonstige Forderungen	187,50	**an**	Dividendenerträge	187,50

– bei Gutschrift durch das Kreditinstitut:

Bank	90			
Entnahmen	97,50	**an**	sonst. Forderungen	187,50

Bei Kapitalgesellschaften werden die sonstigen Forderungen gegebenenfalls mit Verbindlichkeiten gegenüber dem Fiskus aufgerechnet.

6.14 Besonderheiten beim Erwerb junger Aktien

Erhöht eine Kapitalgesellschaft ihr Gezeichnetes Kapital durch die Ausgabe neuer Aktien (ordentliche Kapitalerhöhung), so steht den Aktionären ein Bezugsrecht auf die neuen Aktien entsprechend ihrem Anteil am bisherigen Gezeichneten Kapital zu (§ 186, Abs. 1 AktG). Das **Bezugsrecht** dient dazu, die bestehenden Stimmrechtsverhältnisse zu wahren und Vermögensnachteile auszugleichen, die dadurch entstehen, daß der Ausgabekurs der neuen Aktien unter dem Börsenkurs der alten Aktien liegt und sich nach der Kapitalerhöhung ein Mittelkurs bildet, der zwischen dem bisherigen Kurs und dem Emissionskurs notiert. Den Aktionären steht es frei, ihr Bezugsrecht auszuüben und neue Aktien zu erwerben, oder das Bezugsrecht an der Börse zu verkaufen.

Die Anschaffungskosten einer neuen Aktie setzen sich zusammen aus dem Emissionskurs, dem Anschaffungswert der benötigten Bezugsrechte sowie aus Nebenkosten der Anschaffung. Das Recht eines Anteilseigners auf Bezug neuer Anteilsscheine ist grundsätzlich untrennbar mit dem Stammrecht verbunden. Verzichtet ein Anteilseigner im Zusammenhang mit einer Kapitalerhöhung auf dieses Recht, so ist dies als Abgang bei dem Bilanzposten, unter dem das Stammrecht ausgewiesen war, darzustellen. Erwirbt er hingegen neue Bezugsrechte hinzu, so sind diese, bis zu ihrer tatsächlichen Ausübung, als sonstige Vermögensgegenstände im Rahmen des Umlaufvermögens zu betrachten.

Beispiel:

Im Rahmen einer ordentlichen Kapitalerhöhung der Y-AG (Bezugsverhältnis 5:1) hat die X-AG als Anteilseignerin von 20000 Aktien die Möglichkeit, neue Aktien zu einem Emissionskurs von DM 230 zu erwerben.

Nach reiflicher Überlegung kommt man bei der X-AG zu dem Entschluß, 3500 neue Aktien zu erwerben und die verbleibenden Bezugsrechte zu veräußern. Der rechnerische Wert des Bezugsrechts beträgt DM 21,40; es notiert am Verkaufstag zu DM 25,80.

Buchungssätze:

Kauf der Jungaktien:				
Wertpapiere (jung)	1.179.500	**an**	Bank	805.000
			Wertpapiere (alt)	374.500
Verkauf der Bezugsrechte:				
Bank	64.500	**an**	sonst. betriebl. Erträge	11.000
			Wertpapiere (alt)	53.500

Die buchmäßigen Abgänge bei den bereits im Bestand befindlichen Aktien in Höhe von insgesamt DM 428.000 resultieren aus 20000 Bezugsrechten in Höhe des rechnerischen Wertes von DM 21,40. Die sonstigen betrieblichen Erträge sind das Ergebnis der starken Nachfrage nach Bezugsrechten der Y-AG an der Börse, die den tatsächlichen Bezugsrechtskurs hat über den rechnerischen hinaus ansteigen lassen.

Hätte die X-AG sich entschieden, mehr als die mittels Bezugsrechten möglichen 4000 neuen Aktien zu erwerben, wären die neu hinzuzuerwerbenden Bezugsrechte mit ihren tatsächlichen Anschaffungskosten zu erfassen gewesen.

Auf den Ausweis von eigenen Bezugsrechten als Abgang bei den Altanteilen und als Zugang bei den hinzuerworbenen kann aus Vereinfachungsgründen verzichtet werden (*Pankow/Gutike,* Bilanzkomm., Anm. 62 zu § 268 HGB).

6.15 Bilanzielle Behandlung von Wertpapieren

Gemäß ihrer Zweckbestimmung ist es erforderlich, die Wertpapiere entweder dem Anlage- oder Umlaufvermögen gemäß § 266 HGB zuzuordnen. Dienen Wertpapiere nur zur **kurzfristigen** Anlage liquider Mittel, besteht also keine fundierte Dauerbesitzabsicht, erfolgt die Zuordnung zum Umlaufvermögen. Innerhalb des Umlaufvermögens ist für den Ausweis der **Gläubigerrechte** bei den Forderungen, den Wertpapieren oder den sonstigen Vermögensgegenständen des Umlaufvermögens die Art der Verbriefung maßgebend: Unverbriefte Gläubigerrechte gehören zu den sonstigen Vermögensgegenständen, verbriefte Gläubigerrechte zu den Wertpapieren.

Kurzfristig veräußerbare **Anteilsrechte,** die aufgrund der wirtschaftlichen Situation des Unternehmens nicht längerfristig verfügbar sind oder für die keine Dauerbesitzabsicht besteht, sind im Umlaufvermögen entweder als Anteile an verbundenen Unternehmen oder als sonstige Wertpapiere auszuweisen.

Ist der Erwerb der Wertpapiere dagegen dazu bestimmt, dem Geschäftsbetrieb **auf Dauer** zu dienen, wie z. B. bei Vorliegen einer Beteiligungsabsicht nach § 271 HGB, so führt dies zu einem Ausweis unter den Finanzanlagen (§ 266, Abs. 2, A. III HGB). Handelt es sich weder um Anteile an verbundenen Unternehmen noch um eine Beteiligung, so erfolgt die Zuordnung zu den Wertpapieren des Anlagevermögens. Im Gegensatz zum abnutzbaren Sachanlagevermögen sind hier Vermögensgegenstände enthalten, deren Nutzung zeitlich nicht begrenzt ist und deren Wertminderungen nicht zwangsläufig, sondern zufalls- oder marktbedingt sind.

In bezug auf die **Bewertung** des zum Bilanzstichtag erfaßten Inventurbestands hat dies auf der Grundlage der Anschaffungskosten i. S. d. § 255 Abs. 1 HGB zur Konsequenz, daß für Wertpapiere des Umlaufvermögens zwingend das strenge Niederstwertprinzip anzuwenden ist, für Wertpapiere des Finanzanlagevermögens jedoch diesbezüglich ein Wahlrecht besteht (gemildertes Niederstwertprinzip). Das Niederstwertprinzip gebietet dem Kaufmann, am Bilanzstichtag die fortgeführten historischen Anschaffungskosten mit dem aktuellen Stichtagswert zu vergleichen und den niedrigeren Wert in der Bilanz anzusetzen. Ist der aktuelle Stichtagswert niedriger, so ist eine außerplanmäßige Abschreibung erforderlich, d.h.: Sinkt der Börsenkurs unter die Anschaffungskosten oder den letzten Bilanzansatz, so **muß** auf den niedrigeren Wert abgeschrieben werden (§ 253, Abs. 3 HGB). Anzusetzen ist der Betrag, den der Kaufmann am Abschlußstichtag hätte erlösen können; also der Börsenkurs am Bilanzstichtag abzüglich üblicher Verkaufsspesen.

Modifiziert auf das Anlagevermögen, muß dort der niedrigere Stichtagswert nur angesetzt werden, wenn die Wertminderung von Dauer ist (§ 253, Abs. 2 HGB). Ist die Wertminderung dagegen als nur vorübergehend zu beurteilen, so besteht ein Wahlrecht, das für Kapitalgesellschaften allerdings auf das Finanzanlagevermögen beschränkt bleibt (§ 279, Abs. 1, Satz 2 HGB).

Grundsätzliche Bedeutung kommt demnach der Aufgabe des bilanzierenden Kaufmanns zu, die voraussichtliche Dauer der Wertminderung zu schätzen, um die Frage nach Abschreibungszwang oder Abschreibungswahlrecht beantworten zu können. Etwas abgeschwächt wird dieses Problem durch das Auseinanderfallen von Abschlußstichtag und dem tatsächlichen Tag der Erstellung des Jahresabschlusses, wobei das in § 252, Abs. 1, Nr. 4 HGB verankerte **Prinzip der Wertaufhellung** alle sich in der Zwischenzeit ergebenden Erkenntnisse bei der Bewertung zum Abschlußstichtag zu berücksichtigen verlangt.

Beispiel:

Die Unternehmung K. Schmitt KG hat 200 Aktien der Bau- und Boden AG zum Kurs von DM 200 im Wirtschaftsjahr 01 erworben und an Maklergebühren, Provisionen und Börsenumsatzsteuer 1,33% vom Kurswert bezahlt.

Die Kursentwicklung der Aktien stellte sich an den einzelnen Bilanzstichtagen wie folgt dar:

31. 12. 01 = DM 150

31. 12. 02 = DM 180

31. 12. 03 = DM 250

Bei der Bestimmung des Wertansatzes zu den jeweiligen Bilanzstichtagen ist entscheidend, ob die Aktien dem Anlage- oder Umlaufvermögen zugeordnet werden.

1. Bei Zuordnung zum **Anlagevermögen** besteht gemäß § 253, Abs. 2 HGB ein Ansatzwahlrecht, denn außerplanmäßige Abschreibungen können, brauchen aber nicht vorgenommen zu werden; nur bei dauerhafter Wertminderung ist eine Abschreibung zwingend vorgeschrieben (§ 253, Abs. 3 HGB). Wird der Kursrückgang in den Jahren 01 und 02 als nicht dauerhaft angesehen bzw. wird von der Abschreibungsmöglichkeit kein Gebrauch gemacht, so bleibt der Ansatz der Aktien in Höhe von DM 40.532 unverändert, d.h. es ergeben sich keine Erfolgsauswirkungen.

Erfolgt eine Abschreibung zum 31. 12. 01 auf den niedrigeren Börsenkurs, ist folgende **Umbuchung** durchzuführen:

Abschreibungen auf Wertpapiere des Anlagevermögens	10.133	**an**	Wertpapiere	10.133

Wird am folgenden Stichtag 31. 12. 02 eine Zuschreibung durchgeführt (§ 253, Abs. 5 HGB), erfolgt eine erneute **Umbuchung:**

Wertpapiere	6.079,80	**an**	sonst. betriebl. Erträge	6.079,80

Bei einer eventuellen Wertaufholung zum 31.12.03 sind als Höchstgrenze die ursprünglichen Anschaffungskosten zu berücksichtigen:

Wertpapiere	4.053,20	**an**	sonst. betriebl. Erträge	4.053,20

2. Bei Zuordnung der Aktien zum **Umlaufvermögen** besteht eine Abschreibungspflicht gemäß § 253, Abs. 3 HGB. Zum 31. 12. 01 ist deshalb eine Abschreibung in Höhe von DM 10.133 vorzunehmen. In den Folgeperioden muß, wie beim Anlagevermögen, auch im Umlaufvermögen den tatsächlichen Kursanstiegen nicht durch Zuschreibungen Rechnung getragen werden (§ 253, Abs. 5 HGB); – der Wertansatz per 31. 12. 01 DM 30.399 kann also sowohl zum 31. 12. 02 als auch zum 31. 12. 03 beibehalten werden.

Ergänzende Literatur zu: 6.1 Die Verbuchung von Wertpapieren

Bieg, Ermessensentscheidungen, S. 2–16
Bähr/Fischer-Winkelmann, Buchführung und Jahresabschluß, S. 108–117
Bornhofen/Busch, Buchführung 1, S. 293–310
Federmann, Bilanzierung, S. 229–231; 264 f
Falterbaum/Beckmann, Buchführung, S. 273–278
Küting/Weber, Rechnungsauslegung, S. 594 f; 600 f; 625 ff; 846 ff
Perridon/Steiner, Finanzwirtschaft, S. 177–181

6.2 Die Verbuchung von Finanzinnovationen

6.21 Entwicklung der Finanzmärkte

Einer in den 70er Jahren einsetzenden Liberalisierung und Globalisierung der Märkte für Waren und Dienstleistungen sind entsprechende Entwicklungen auf den internationalen und nationalen Finanzmärkten gefolgt. So hat es seit Beginn der achtziger Jahre z. T. drastische Veränderungen gegeben, die eine Fülle neuer Finanzprodukte, sogenannte **Finanzinnovationen,** hervorgebracht haben. Entstanden sind Finanzierungsformen zumeist ohne historische Vorbilder, die sich nicht ohne weiteres normieren lassen und die vorhandene Trennungslinien zwischen Kredit- und Kapitalmärkten sowie zwischen den Märkten verschiedener Währungen zumindest durchbrechen und z. T. beseitigen.

Die Finanzinnovationen ihrerseits haben erheblichen Einfluß auf die Volumina, das Wachstum und die Struktur der internationalen Finanzmärkte genommen, was zu weiteren Wachstumsimpulsen, aber auch zur Eliminierung oder Rückführung gewisser nur kurzlebiger Finanzinnovationen geführt hat.

Auslöser für die beschriebenen Entwicklungen sind neben der hohen Volatilität vieler Währungen und der Schwankungsbreite der Zinsniveaus insbesondere die Internationalisierung der Geschäftsbeziehungen. In den internationalen Leistungsaustausch eingebundene Unternehmen bewirken Zahlungsströme in verschiedenen Währungen zu unterschiedlichen Zeitpunkten. Befristet auftretende Liquiditätsunter- und -überdeckungen sind durch Mittelaufnahmen oder -anlagen an den Geld- oder Kapitalmärkten möglichst kostenoptimal auszugleichen.

Neben dem bekannten klassischen Anlage- und Finanzierungsinstrumentarium entwickelten die Märkte auf **individuelle** Bedürfnisse abgestimmte Kontraktarten. Hinsichtich Laufzeiten, Konditionen, Währungen und Inanspruchnahmen erfolgte bei innovativen Finanzierungsformen eine erhebliche Flexibilisierung. Ein Großteil der neuen Produkte ist dabei dem Wertpapierbereich zuzurechnen. Durch Variation der Ausstattungsmerkmale bestehender Finanzierungsformen, wie Zinssatz, Zinsbindungszeit (Floating Rate Notes), Art des Zinses (Zinsswap), Zahlungszeitpunkte der Zinsen (Zerobonds), Laufzeit, Währung (Währungsswap) oder spezifischer Options- und Wandelrechte ergeben sich neuartige Konstruktionen mit diversifizierten Rendite- und Risikostrukturen. Der betont pragmatischen Entwicklung der neuen Instrumente am US-amerikanischen Markt entspricht deren bisher nahezu ausschließlich finanzwirtschaftliche Beurteilung durch die Literatur. Demgegenüber erscheinen Aspekte der steuerrechtlichen Berücksichtigung, ihre Behandlung durch Bankenaufsicht und Wirtschaftsprüfung oder ihr angemessener bilanzieller Ausweis bisher weder umfassend diskutiert noch abschließend geklärt.

Losgelöst von der Fragestellung, wie lange Produkte und Verfahren wirklich neu sind und dementsprechend zu den Innovationen gezählt werden können, werden im folgenden ausschließlich die am deutschen Kapitalmarkt zugelassenen **Finanzinnovationen im Rahmen der Anleihefinanzierung** betrachtet.

Obwohl am Euro-Markt bereits in den siebziger Jahren herausgebildet, stand deren Einführung am deutschen Kapitalmarkt bis Anfang 1985 ein Agreement zwischen der Deutschen Bundesbank und den Kreditinstituten entgegen. Durch die Aufhebung dieser Vereinbarung (sog. Restliberalisierung) wurde die Palette der DM-Anleihen um neue Anleiheformen auf den Kapitalmärkten erweitert. **Grundformen** in diesem Marktbereich sind die Null-Kupon-Anleihen **(Zerobonds),** die variabel verzinslichen Anleihen **(Floating Rate Notes),** die Doppelwährungsanleihen **(Dual Currency Bonds)** und Anleihen in Verbindung mit **Swapgeschäften.**

6.22 Zerobonds

Eine Sonderform der Schuldverschreibungen bzw. Anleihen sind die Zerobonds. Bereits seit 1981 an den internationalen Finanzmärkten bekannt, können auf DM lautende Zerobonds seit der Restliberalisierung des Kapitalmarktes im Jahre 1985 begeben und genutzt werden.

Diese **Null-Kupon-Anleihen** sind Anleihen, auf die keine periodischen Zinszahlungen geleistet werden, sondern deren Gegenleistung für die Kapitalüberlassung durch einen gegenüber dem Ausgabebetrag erhöhten Rücknahmebetrag am Ende der Laufzeit beglichen wird. Der Anleger erzielt Einkommen nicht durch laufenden Zinsertrag, sondern durch Kapitalzuwachs. Durch den Aufzinsungseffekt ist die Emissionsrendite während der ganzen Laufzeit gesichert; ebenfalls gibt es kein Wiederanlagerisiko für die laufenden Zinszahlungen.

Während diese Form der Auf- bzw. Abzinsung bereits von Sparbriefen oder Bundesschatzbriefen vom Typ B her bekannt sind, stellt die hohe Fungibilität durch Handel am Kapitalmarkt sowie die Flexibilität bei der Laufzeitgestaltung eine Neuentwicklung dar.

Für den Anleger in Zerobonds ergeben sich im Verhältnis zu Normal-Kupon-Anleihen die folgenden prinzipiellen Einzahlungs-(EZ) und Auszahlungsströme (AZ).

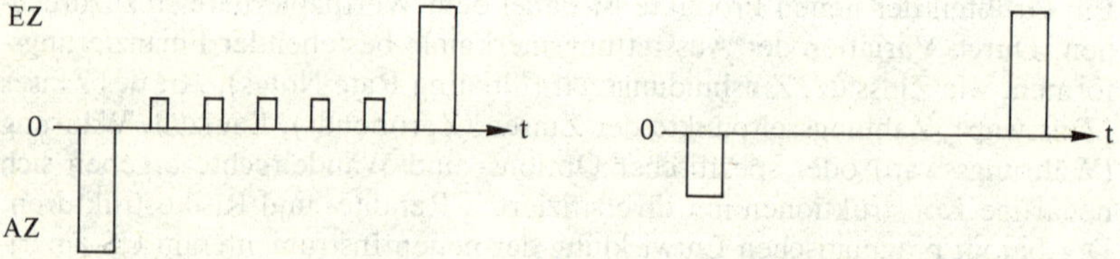

Normal-Kupon-Anleihe *Null-Kupon-Anleihe*

Die Darstellung verdeutlicht, daß das Zinsänderungsrisiko bei einer Null-Kupon-Anleihe auf den Emittenten verlagert wird, der die im Zeitablauf t auflaufenden gegenüber dem Anleger endfälligen Zinsen zunächst reinvestieren muß.

Beispiel:

Die X-AG erwirbt für DM 40.000 einen neuemittierten Zero-Bond der Y-AG zu folgenden Bedingungen:

Emissionskurs (E) am 1. 4. 89 40%
Rücknahmekurs (R) am 31. 3. 99 100%

Buchung: (bei der X-AG)

Wertpapiere 40.000 **an** Bank 40.000

Die X-AG hat damit einen Anspruch auf eine Rückzahlung zum 31. 3. 99 in Höhe von DM 100.000.

Die Emissionsrendite (r) errechnet sich bezogen auf die Laufzeit (n) wie folgt:

$$E \cdot (1 + r)^n = R$$

$$r = \sqrt[n]{(R/E)} - 1$$

$$r = \sqrt[10]{(100000/40000)} - 1$$

$$r = 9{,}6\%$$

Die X-AG hat demnach unter Berücksichtigung des Zinseszinseffektes eine jährliche Rendite vor Steuern in Höhe von 9,6% zu erwarten.

Während die errechnete Emissionsrendite bis zum Einlösungszeitpunkt sicher ist, wirken sich Marktzinsveränderungen bei einer Normalkuponanleihe auf die weitere Verzinsung der intertemporalen Zinseingänge aus. Analog zu festverzinslichen Wertpapieren fällt der Kurs der Null-Kupon-Anleihe, wenn die Marktzinsen nachfragebedingt während der Laufzeit der Papiere steigen. Aufgrund des besonderen Wiederanlagemechanismus, wodurch nicht nur der Emissionswert (Kapitalbetrag), sondern auch die zukünftigen Zinsen mit einem unter dem Marktzins liegenden Zinssatz weiterverzinst werden, wird der Marktwert der Zerobonds jedoch überproportional sinken bzw. bei umgekehrter Marktzinsentwicklung ansteigen. Für den Anleger in Zerobonds ist dieser Sachverhalt dann von Relevanz, wenn er seine Papiere während der Laufzeit erwerben oder veräußern will.

Beispiel:

Der Marktwert des von der Y-AG emittierten Zerobonds beträgt am 1. 4. 90 48%. Bei gegenüber dem Emissionszeitpunkt unverändertem Zinsniveau dürfte der Marktwert jedoch lediglich 43,84% betragen. Der überproportionale Anstieg des Kurswertes des Zerobonds läßt dementsprechend auf einen Rückgang des allgemeinen Marktzinsniveaus schließen. Für den Erwerber per 1. 4. 90 ergibt sich dementsprechend eine Rendite von lediglich 8,5% p.a. ($r = \sqrt[9]{(100/48)} - 1$). Hätte die X-AG ihre Papiere bereits nach einem Jahr veräußert, hätte sie eine effektive Rendite von 20% erzielt.

Verbuchung:

Verkauf durch die X-AG am 31. 3. 90:

Bank	48.000	**an**	Wertpapiere	40.000
			Zinserträge	3.840
			sonst. betriebl. Erträge	4.160

Für die Behandlung im handelsrechtlichen Jahresabschluß stellt sich die Frage, ob die **Zinserträge** bei Zerobonds laufend vereinnahmt werden müssen. Bei strenger Zugrundelegung des Anschaffungskostenprinzips im Hinblick auf das Realisationsprinzip dürfte der Anleger in Zerobonds lediglich zu Anschaffungskosten ohne Aktivierung der anteiligen Zinserträge bilanzieren.

Aus dem Periodisierungsgrundsatz (§ 252, Abs. 1, Nr. 5 HGB) ergibt sich, daß zeitproportional entstehende Erträge, die verspätet oder verfrüht zu Einnahmen führen, pro rata temporis zu periodisieren sind. Der Erwerber wird dementsprechend die jährliche Zinsforderung aktivieren; dabei ist unerheblich, daß der Zahlungsanspruch erst am Ende der Laufzeit entsteht. Durch die Aktivierungspflicht dieser nachträglichen Anschaffungskosten soll sichergestellt werden, daß während der Laufzeit der Anleihe die Vermögens- und Ertragslage des Anleihegläubigers zutreffend i. S. d. § 264, Abs. 2 HGB dargestellt wird. In entsprechender Weise wird inzwischen von der Finanzverwaltung die Aktivierung von Zerobonds auch in der Steuerbilanz vorgeschrieben (BdF v. 5. 3. 1987, BStBl. I 1987, S. 394).

Aufgrund der bei der Emission bereits feststehenden konstanten Effektivrendite steigen die jährlichen Zinserträge infolge des Zinseszinseffektes im Zeitablauf progressiv an. Eine vereinfachend lineare Vereinnahmung widerspräche dementsprechend dem Vorsichtsprinzip.

Die Frage des richtigen **Ansatzes** der Zerobonds ergibt sich aus dem Anschaffungswertprinzip des § 253 HGB und dem § 255, Abs. 1 HGB. Je nach Zuordnung zum Anlage- oder Umlaufvermögen ist sodann bei einem niedrigeren Stichtagskurs eine Abschreibung nach Maßgabe des Niederstwertprinzips durchzuführen (Abschn. 6.15., S. 144f.). Ertragsteuerlich entspricht dem der Ansatz mit den Anschaffungskosten oder dem niedrigeren Teilwert gemäß § 6, Abs. 1, Nr. 2 EStG.

Beispiel:

Die am 1. 4. 89 von der X-AG zu Anschaffungskosten von DM 40.000 (Emissionskurs 40%) erworbenen Zerobonds, die eine Emissionsrendite von 9,6% erwarten lassen, sind zum Bilanzstichtag 31. 12. 89 zu bilanzieren.

Die abgegrenzte Zinsforderung für 9 Monate beträgt DM 2.880.

Verbuchung:

Wertpapiere	2.880	**an**	Zinserträge	2.880

Ansatz der Zerobonds in der Handelsbilanz zu DM 42.880.

Beträgt jedoch der Kurswert der Zerobonds per 31. 12. 89 nur 41%, ist folgendermaßen zu verfahren:

Verbuchung:

Wertpapiere	1.000			
Abschreibungen auf Finanzanlagen	1.880	**an**	Zinserträge	2.880

Bei Erwerb während der Laufzeit – sogenannter Zweiterwerb – ist zu entscheiden, ob die jährlich zuzuschreibenden Zinsansprüche auf der Basis der ursprünglichen Emissionsrendite oder der sich aufgrund der tatsächlichen Anschaffungskosten ergebenden Erwerbsrendite ermittelt werden sollen. Während die tatsächliche Rendite naheliegend erscheint, da so für eine periodengerechte Verteilung des tatsächlichen Unterschiedsbetrages über die gesamte Laufzeit gesorgt ist, wäre bei einem Vergleich mit der Vorgehensweise bei festverzinslichen Wertpapieren die Emissionsrendite angebracht. Zinserträge aus festverzinslichen Wertpapieren werden auf der Grundlage der Nominalverzinsung vereinnahmt; Kapitalmarktzinsveränderungen kommen als Kursgewinne bzw. -verluste zum Ausdruck. Dieser Auffassung hat sich offensichtlich die Finanzverwaltung angeschlossen, die sowohl im betrieblichen Bereich als auch bei der Ermittlung des zu versteuernden Zinsertrages bei Privatpersonen die Emissionsrendite als Zuschreibungssatz vorschreibt (BdF v. 5. 3. 1987, BStBl. I 1987, S. 394).

6.23 Floating Rate Notes

Gemeinsames Kennzeichen dieser in zahlreichen Variationen angebotenen Schuldverschreibungen mit mittlerer bis langer Laufzeit ist die regelmäßige, meist im Drei- oder Sechsmonats-Rhythmus erfolgende Anpassung des Zinssatzes an die Entwicklung der Geldmarktzinsen.

Es handelt sich demnach um Instrumente, deren Kosten nicht im voraus festgesetzt werden, sondern je nach Finanzmarktsituation variieren. Als Basis für die Berechnung der Zinssätze dient dabei meist die „London Interbank Offered

Rate“ (LIBOR), d.h. der Geldmarktsatz zwischen Eurobanken am Bankplatz London. Inzwischen wird dieser **Referenzzinssatz** jedoch auch durch andere – nationale – Geldmarktsätze ersetzt. Insbesondere bei DM-Floatern findet der FIBOR (Frankfurt Interbank Offered Rate), der von der Frankfurter Privatdiskont AG aus dem Durchschnitt der Geldmarktsätze von zwölf deutschen Kreditinstituten ermittelt wird, Anwendung.

Der vom Emittenten zu entrichtende Zins ergibt sich somit aus dem variablen Referenzzins und dem in den Anleihebedingungen fest vereinbarten Zinszuschlag (**Spread**), dessen Höhe von der Bonität des Emittenten abhängig ist. Da i.d.R. nur Unternehmen mit erstklassigem Rating Floating Rate Notes (FRN) emittieren können, ist der vereinbarte Spread häufig relativ niedrig (< 0,25%). Während der Schuldner den Vorteil einer langfristigen Kapitalmarktfinanzierung zu kurzfristen Konditionen hat, bieten FRN dem Anleger den Vorteil einer zinsreagiblen Investitionsmöglichkeit bei weitgehender Ausschaltung von Kursrisiken.

Die **buchhalterische** Behandlung der FRN erfolgt analog der bei festverzinslichen Wertpapieren (Abschn. 6.1, S. 138ff.). Die **Bewertung** ist entsprechend dem Stichtagspostulat am Niederstwertprinzip ausgerichtet. Ein Abschreibungsbedarf wird sich nur bei Zinsschwankungen innerhalb der Zinsanpassungsperiode ergeben. Für die Zinsvereinnahmung müssen die Zinsen auf der Basis des jeweils gültigen Zinssatzes abgegrenzt werden.

Neben der Grundform der Floating Rate Notes, stehen den Emittenten und Anlegern verschiedene **Sonderformen** zur Verfügung. So wird beispielsweise bei den Caps (Zinsobergrenzen), Floors (Zinsuntergrenzen) oder Collars (Zinsbegrenzungen nach oben und nach unten) der an sich variable Zinscoupon festgeschrieben, sofern bestimmte, im voraus vereinbarte Bedingungen eintreten. Beispielsweise kann sich ein Emittent von FRN mittels eines Cap gegen ungewollte erhebliche Zinssteigerungen versichern, indem er – gegen Zahlung einer Risikoprämie – den Stillhalter des Cap dazu verpflichtet, Zinsen, die eine bestimmte Höhe übersteigen, an den Erwerber des Cap zu bezahlen.

6.24 Dual Currency Bonds

Wesentliches Charakteristikum von **Doppelwährungsanleihen** ist, daß die Emission einer langfristigen Festzinsanleihe und deren Rückzahlung in unterschiedlicher Währung erfolgt; Doppelwährungsanleihen stellen somit eine Mischform zwischen reiner Inlands- und reiner Fremdwährungsanleihe dar. Die Zinszahlung kann sowohl in der Einzahlungs- als auch in der Rückzahlungswährung vereinbart sein. Dadurch lassen sich Wechselkursrisiken zwischen Gläubiger und Schuldner umverteilen. Bei einer Doppelwährungsanleihe mit US-Dollar und DM-Komponente können beispielsweise die Einzahlungen des Anlegers in DM, die Zinszahlungen des Emittenten ebenfalls in DM, die Rückzahlung jedoch in US-Dollar erfolgen. Abhängig von der längerfristigen Kurs- bzw. Zinserwartung sowie der grundlegenden Risikobereitschaft des Anlegers wird es dem Anleiheschuldner auf diese Art möglich sein, das Wechselkursrisiko in bezug auf den Kapitalbetrag auf den Anleger, gegen Gewährung einer Risikoprämie, abzuwälzen.

Die Emissionsrendite bei Dual Currency Bonds liegt zwischen den Renditen für Anleihen in den jeweiligen Währungen. Dies ergibt sich aus folgendem Sachverhalt: Ein Emittent könnte prinzipiell eine Anleihe beispielsweise in DM oder in US-$ begeben. Präferiert er jedoch die Mischform Dual Currency Bond, will er das Risiko einer Dollar-Abwertung auf den Anleger verlagern; d. h. er ist bereit, einerseits einen gegenüber dem DM-Kapitalmarkt erhöhten Zins zu bezahlen und darüber hinaus als Risikopuffer für den potentiellen Anleger einen gegenüber dem Emissionsvolumen erhöhten Rückzahlungsbetrag in Kauf zu nehmen. Der Kurswert im Zeitablauf wird sowohl von den Marktzinsentwicklungen der beiden Währungsländer, als auch von der Wechselkursentwicklung zwischen Aufbringungs- und Rückzahlungswährung beeinflußt. Trotz dieser vielgestaltigen Einflußfaktoren wird sich bei Annäherung an den Fälligkeitstermin der Kurs stärker am Renditeniveau der Tilgungswährung orientieren.

Insgesamt betrachtet besteht die ökonomische Funktion der Doppelwährungsanleihe in der Ausnutzung von Zinsdifferenzen zwischen internationalen Märkten durch eine Allokation von Wechselkursrisiken.

Beispiel:

Die X-AG kauft am 1. 7. 89 eine Neuemission der ED-Corporation zu DM 100.000.

Die gesamte Emission mit einem Volumen von DM 150 Mio. hat eine Laufzeit von 8 Jahren mit einem Zinskupon von 9% (Zinstermin jährlich 30.06.). Beim genannten Einzahlungspreis von DM 100.000 sollen am Laufzeitende US-$ 60.000 zurückbezahlt werden. Bei einem Wechselkurs von DM 1,90 = 1 US-$ entspricht dies DM 114.000

Buchungssatz:

Wertpapiere	100.000	**an**	Bank	100.000

Durch die zwischenzeitliche Erhöhung des Dollarkurses notieren die Anleihen am 18. 10. 89 zu 103%. Aus Liquiditätsgründen nimmt die X-AG den Verkauf der Hälfte ihrer Anleihen vor.

Buchungssatz:

Bank	52.850	**an**	Wertpapiere	50.000
			sonst. betriebl. Erträge	1.500
			Stückzinsen	1.350

Aus den im Depot verbleibenden Papieren resultiert somit ein jährlicher Zinsanspruch von DM 4.500. Einen konstanten Wechselkurs bis zum Rückzahlungszeitpunkt vorausgesetzt, würde die X-AG bei einem Rückzahlungsbetrag von DM 57.000 eine Effektivrendite von rd. 10,6% erzielen. Unterstellt man eine DM-Kapitalmarktrendite für Papiere mit vergleichbarer Laufzeit von z. B. 8,5%, so stellt die Differenz das Entgelt des Anlegers dafür dar, daß er im Hinblick auf den Rückzahlungsbetrag das Risiko einer eventuellen Abwertung des Dollars trägt.

Durch den Erwerb von Doppelwährungsanleihen, d.h. durch die Kapitalüberlassung an den Schuldner, erwirbt der Anleger zwei eindeutig getrennte Ansprüche. Während jedoch der Zinsanspruch pro rata temporis mit der Dauer der Kapitalüberlassung entsteht, ergibt sich aus dem Rückzahlungsanspruch in US-$ im Jahresabschluß eine offene, d.h. eine nicht durch ein Währungsgegengeschäft gesicherte Währungsposition für das eingesetzte Kapital. In bezug auf die Stichtagsbewertung sind potentielle Währungskursgewinne aufgrund des Realisationsprinzips nicht zu aktivieren. Im Gegensatz dazu besteht jedoch aufgrund des Vorsichtsprinzips ein Abschreibungsbedarf bei antizipierten Kursverlusten.

6.25 Swaps

Eines der von deutschen Unternehmen bislang am häufigsten eingesetzten innovativen Finanzierungsverfahren ist die Swaptechnik. **Swaps,** d.h. der Austausch von Zahlungsströmen, erfolgen mit dem Hauptziel, die Vorteile, die einer der Vertragspartner aufgrund seiner Position an bestimmten Finanzmärkten genießt, der anderen Partei gegen ein angemessenes Entgelt zugängig zu machen.

Eine Möglichkeit, Swap-Techniken zu systematisieren, bietet die Frage, ob die Swaptransaktion ein Aktivum oder ein Passivum der Bilanz betrifft. Entsprechend läßt sich in Swaps mit Vermögensgegenständen (**Asset-Swaps**) und in Swaps mit Verbindlichkeiten (**Liability-Swaps**) untergliedern. Je nachdem, welche Intention der Swaptransaktion zugrunde liegt, erfolgt ein Austausch von Zinszahlungen (**Zinsswap**), ein Kapitaltausch in unterschiedlichen Währungen (**Währungsswap**) oder eine Kombination von beidem. Allgemein formuliert ist ein Swap somit eine Finanztransaktion, in der zwei Marktteilnehmer vereinbaren, Zahlungsströme (Forderungen oder Verbindlichkeiten) über einen bestimmten Zeitraum auszutauschen. Relative Marktvorteile (**komparative Kostenvorteile**) werden wahrgenommen und dadurch Arbitragevorteile erzielt.

Beispiel:

Die X-AG und die Y-AG, die sich beide am Kapitalmarkt Finanzierungsmittel in Höhe von DM 10 Mio. für 5 Jahre beschaffen wollen, sehen sich folgender Konditionenstruktur gegenüber:

Teilmärkte / Schuldner	zinsvariable Mittel	festverzinsliche Mittel
X-AG	LIBOR+0,5%	7,5%
Y-AG	LIBOR+1,5%	9.0%

Die schwächere Bonität der Y-AG kommt in den von Seiten der Gläubiger geforderten Zinsen zum Ausdruck und wird am Markt für Festsatzmittel offensichtlich stärker gewichtet als am Markt für zinsvariable Mittel. Während jedoch die X-AG an einer zinsvariablen Mittelaufnahme (LIBOR+0,5%) interessiert ist, bevorzugt die Y-AG, um Zinsänderungsrisiken zu vermeiden, die determinierten Zinsen (9%).

Da identische und währungsgleiche Kapitalbeträge aufgenommen werden, kann in dieser Situation ein Zinsswap vorteilhaft sein. Das ist dann der Fall, wenn sich die X-AG, entgegen ihrer Interessenlage, Festsatzmittel zu 7,5% beschafft und sich die Y-AG zu LIBOR+1,5% finanziert.

Um die eigentliche Zielsetzung zu realisieren, schließen X und Y nun einen Zinsswapvertrag, der eine Austauschvereinbarung bezüglich der festen und variablen Zinsverpflichtungen beinhaltet. Die Vorteilhaftigkeit des Zinsswap für beide Unternehmen läßt sich durch folgenden **Kostenvergleich** aufzeigen:

	X-AG	Y-AG	gesamt
ohne Swap:			
Kreditkosten	– (LIBOR+0,5%)	– 9%	– (LIBOR+9,5%)
mit Swap:			
Kreditkosten	– 7,5%	– (LIBOR+1,5%)	
Zufluß durch Swap	+ 7,5%	+ (LIBOR+1,5%)	
Abfluß durch Swap	– (LIBOR+1,5%)	– 7,5%	
Nettokosten	– (LIBOR+1,5%)	– 7,5%	– (LIBOR+9,0%)

Bei dieser Konstellation muß der Swapvertrag eine **Kompensationszahlung** der Y-AG an die X-AG sowie eine Klausel bezüglich der Verteilung des komparativen Kostenvorteils von insgesamt 0,5% beinhalten.

Legt man diese Ausgleichszahlung auf 1,25% p. a. fest, entstehen der X-AG letztendlich jährliche Kreditkosten in Höhe von LIBOR+0,25% und der Y-AG in Höhe von 8,75%. Summa sumarum ergibt sich für beide Unternehmen ein Vorteil aus dem Swapgeschäft in Höhe von 0,25% bzw. DM 25.000 pro Jahr.

Der Sektor des Swapmarktes, der seit Mitte der 80er Jahre die höchsten Zuwachsraten aufweist, ist der Markt für **Asset-Swaps.** Analog zu den Liability-Swaps (vgl. vorstehendes Beispiel) werden auch hierbei Kapitalbeträge und/oder Zinszahlungen getauscht. Allerdings handelt es sich dabei nicht um Zinsverbindlichkeiten aufgrund von Darlehensschulden, sondern um Zinsforderungen, die aus fest oder variabel verzinslichen Anleihen, eventuell auch in unterschiedlichen Währungen resultieren. Als Unterformen existieren **Coupon-Swaps,** wobei eine variable gegen eine feste Verzinsung getauscht wird, sowie **Basis-Swaps,** wobei zwei variable Verzinsungen mit unterschiedlicher Zinsbasis (LIBOR, FIBOR, etc.) getauscht werden.

Mit Hilfe von Asset-Swaps werden Unternehmen in die Lage versetzt, ein aktives Zinsmanagement zu realisieren und dadurch innerhalb eines bestehenden Wertpapierportefeuilles Renditeverbesserungen oder Risikostrukturveränderungen zu erzielen.

Für die Anwendung dieser Swaptechnik ist der Erwerb oder Besitz von Wertpapieren Voraussetzung, aus denen der Investor Zinszahlungen erhält. Die Veränderung der Qualität dieser Zinszahlungsströme läßt sich beispielsweise durch die Umwandlung eines festverzinslichen Wertpapiers in ein variabel verzinsliches und vice versa erreichen. Wirtschaftlich erfolgt dadurch eine Veränderung des Anteils der fest- oder variabel verzinslichen Papiere am Gesamtbestand, ohne daß ein Verkauf der gehaltenen Wertpapiere erfolgen muß. Der Einsatz von Asset-Swaps ermöglicht dadurch ein flexibles Reagieren auf antizipierte Zinsänderungstendenzen ohne zusätzliche Transaktionskosten aus Wertpapierkauf oder -verkauf.

Beispiel:

Die X-AG, die am 1. 7. 88 Floating Rate Notes in Höhe von DM 200. 000 mit vierteljährlicher Zinsanpassung (FIBOR+0,5%) erworben hatte, geht ein Jahr später davon aus, daß das Zinsniveau (FIBOR=6,5%) nicht weiter steigen wird und möchte deshalb eine möglichst günstige Zinsfestschreibung erzielen. Als Swap-Gegenpartei ermittelt sie die Z-AG, die ihrerseits von weiter steigendem Zinsniveau ausgeht und ihre im Depot befindlichen festverzinslichen Wertpapiere (Zinssatz 7,0%, Zinszahlung jeweils zum 1. 4. und 1. 10.) gerne in Floater umtauschen würde.

– Die unterschiedlichen Zukunftserwartungen der X-AG und der Z-AG führen bei Abschluß eines Asset-Swaps zu folgenden Zahlungsströmen:

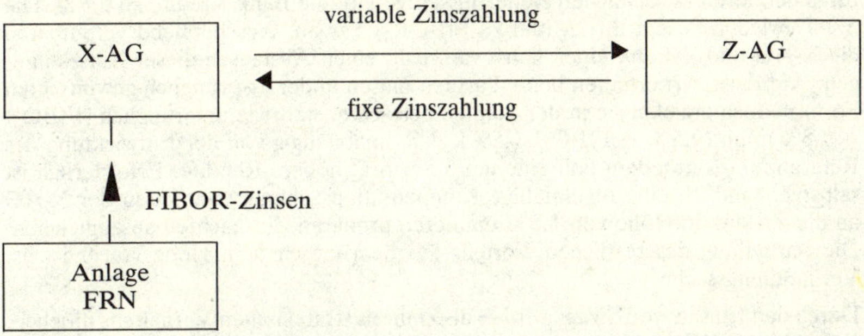

Hätte die X-AG die variabel verzinslichen Papiere verkauft und dafür Festverzinsliche erworben, hätte sie bei einem Kurswert von DM 200. 000 insgesamt rund 1,7% Gebühren (DM 3.400) bezahlt. Dies gilt ebenso für die Z-AG.

Angenommen der FIBOR sei **kontinuierlich** bis Mitte des nächsten Jahres auf 8,0% angestiegen, dann sehen die bis dahin anfallenden Zinszahlungsströme aus Sicht der X-AG folgendermaßen aus:

1. 10. 89	Einzahlung FRN-Zins (7% für 3 Monate)	+ 3500
	Auszahlung FRN-Zins (7% für 3 Monate)	– 3500
	Einzahlung Festzins (7% für 6 Monate)	+ 7000
1. 1. 90	Einzahlung FRN-Zins (7,25% d. h. FIBOR-Anstieg)	+ 3625
	Auszahlung FRN-Zins (7,25% für 3 Monate)	– 3625
1. 4. 90	Einzahlung FRN-Zins (7,5%)	+ 3750
	Auszahlung FRN-Zins (7,5%)	– 3750
	Einzahlung Festzins	+ 7000
1. 7. 90	Einzahlung FRN-Zins (8%)	+ 4000
	Auszahlung FRN-Zins (8%)	– 4000

Aus dieser Darstellung wird deutlich, daß die X-AG durch den Asset-Swap das Zinsänderungsrisiko ausgeschaltet hat, da die Zahlungsströme, die die Floating Rate Notes betreffen, ohne zeitliche Differenzen lediglich eine durchlaufende Position darstellen. Erfolgswirksam bleibt letztendlich die halbjährliche Festzinszahlung.

Während diese Art der Ausgestaltung zunächst beiden Partnern Gebührenersparnisse bringt, geht im weiteren Vertragsverlauf nur noch das Zinskalkül eines der Beteiligten auf. Denkbar sind jedoch auch Situationen, in denen beide Kontraktpartner dauerhafte Vorteile ziehen.

Beispiel:

Die X-AG hat momentan die Möglichkeit, Finanzmittel auf 5 Jahre am Kapitalmarkt zu 7,5% anzulegen. Die Z-Bank als Hausbank der X-AG kann zwar 5-jährige Konsumentenkredite zu einem Zinssatz von 9,5% vergeben, präferiert jedoch derzeit eine eher kurzfristige Disposition am DM-Geldmarkt, wo sie Anlagen zu FIBOR (z. Zt. 7,0%) unterbringen kann. Am selben Markt wären für die X-AG lediglich 5.5%, d. h. FIBOR-1,5% erzielbar.

– Situation ohne Swap:
Die X-AG legt die Mittel festverzinslich an und erwirtschaftet 7,5% p. a.. Die Bank wählt eine Anlage zu FIBOR.

– Einsatz eines **Zins-Asset-Swaps:**
Entgegen ihren tatsächlichen Bedürfnissen vergibt die Bank Kredite zu 9,5%. Die X-AG wiederum legt ihre Mittel zu FIBOR-1,5% an. Anschließend vereinbaren die X-AG und Z-Bank einen Zinsswap, d. h. einen Austausch dieser Zinszahlungen. Auf diese Art erhalten beide Partner Zinsen in der ursprünglich gewünschten Form, jedoch erzielen sie in der Summe betrachtet statt wie ursprünglich (FIBOR + 7,5%) nun (9,5% + FIBOR-1,5%), d. h. unabhängig von der Entwicklung des Referenzzinses in jedem Fall eine um 0,5% p. a. höhere Rendite. Erforderlich ist selbstverständlich eine regelmäßige Kompensationszahlung von Seiten der X-AG an die Z-Bank in Höhe von 1,5% um deren primären Zinsnachteil auszugleichen. Die Aufteilung des restlichen Vorteils aus dem Geschäft in Höhe von 0,5% ist Verhandlungssache.

Durch den Einsatz von Swaps wird es also mittels strategischen Verhaltens möglich, Kapitalmarktdifferenzierungen zum Vorteil beider Kontraktpartner auszunutzen. Selbst marginale Zinsvorteile, wie sie auf Finanzmärkten durchaus üblich sind, können – ein entsprechendes Transaktionsvolumen vorausgesetzt – Anlaß für Swaps sein.

Aufgrund der Tatsache, daß bei Zinsswapgeschäften die Kapitalbeträge nicht ausgetauscht werden, finden weder Asset-Swaps noch Swaps, die das Management von Verbindlichkeiten betreffen, **bilanziellen** Niederschlag.

Kauft ein Unternehmen ein festverzinsliches Wertpapier und wandelt es mit Hilfe eines Asset-Swaps wirtschaftlich in ein variabel verzinsliches Papier um, wird bilanziell als Vermögensposition nur das ursprünglich gekaufte Wertpapier erfaßt. Aufgrund dieser Behandlung kann ein Asset-Swap den Investor, sofern er seinen Wertpapierbestand nicht dem Anlagevermögen zuordnet, nicht vor notwendigen Abschreibungen auf den Wertpapierbestand schützen, obwohl er wirtschaftlich ein variabel verzinsliches Papier besitzt.

Zinsswaps sind ökonomisch darauf ausgerichtet, die sich aus den Grundgeschäften ergebende Mittelverwendung in die nach Zinsgestaltung gewünschte Mittelverwendung zu transformieren. Bei der aufwands- und ertragswirksamen Erfassung der getauschten Zinsforderungen bzw. -verpflichtungen sind deshalb die nur durchlaufenden Erfolgskomponenten zu saldieren.

In der Gewinn- und Verlustrechnung ausgewiesen werden letztendlich nur die tatsächlichen, periodenbezogenen Aufwendungen bzw. Erträge.

Ergänzende Literatur zu: 6.2 Die Verbuchung von Finanzinnovationen

Büschgen, Finanzinnovationen, S. 9–42
Clemm/Nonnenmacher, Bilanzierung von Swapgeschäften, S. 65–79
Demuth, Finanzinnovationen, S. 14–22; 50–55; 121 f
Glogowski, Neue Finanzdienstleistungen, S. 263–296
Kußmaul, Zero-Bonds, S. 15–19
Lerbinger, Zins- und Währungsswaps, S. 34–40; 128–133
Schwarze, Finanzierungsinstrumente, S. 59–64

7. Die Verbuchung des Personalaufwands

7.1 Grundsachverhalte der Arbeitsentlohnung

Der Produktionsfaktor Arbeit wird durch den Betrieb in Form von Lohn- und Gehaltszahlungen für Arbeiter und Angestellte entgolten. **Arbeitslohn** sind dabei alle Einnahmen, die dem Arbeitnehmer im Hinblick auf ein künftiges, aus seinem gegenwärtigen oder einem früheren Arbeits- oder Dienstverhältnis zufließen, egal unter welcher Bezeichnung oder in welcher Form die Einnahmen gewährt werden (§ 2 LStDV). Hierzu gehören insbesondere Gehälter, Löhne, Provisionen, Gratifikationen, Tantiemen, Entschädigungen, Ausgaben für Zukunftssicherung sowie Sachbezüge bzw. geldwerte Vorteile wie freie oder verbilligte Wohnung, Kost und Kleidung. Sämtliche Einnahmen aus einem Dienstverhältnis zählen unabhängig davon, ob es sich um laufendes Entgelt (z.B. Monatslohn bzw. -gehalt) oder einmalige Bezüge (z.B. 13. Monatsgehalt, Jubiläumszuwendungen, Urlaubsgeld, Weihnachtsvergütungen) handelt, zum Arbeitslohn.

Die Arbeitnehmer erhalten jedoch nicht das gesamte tariflich festgelegte oder frei vereinbarte **Bruttoarbeitsentgelt** ausbezahlt, sondern nur einen nach Vornahme bestimmter Abzüge verbleibenden **Nettobetrag.** Die Abzüge sind größtenteils gesetzlich vorgeschrieben; zu ihnen gehören vor allem Steuern und Sozialabgaben. Darüber hinaus sind freiwillige Sozialleistungen dem Arbeitsentgelt zuzurechnen, so daß sich das Nettoentgelt des Arbeitnehmers sowie der gesamte Personalaufwand des Arbeitgebers wie folgt zusammensetzen:

Arbeitnehmer	**Arbeitgeber**
Bruttoarbeitsentgelt	Bruttoarbeitsentgelt
– Lohnsteuer	+ Sozialversicherungsbeitrag (Arbeitgeberanteil)
– Kirchensteuer	+ tarifvertragliche Sozialleistungen
– Sozialversicherungsbeitrag (Arbeitnehmeranteil)	
= Nettoarbeitsentgelt	= vertraglicher und gesetzlicher Personalaufwand
– vermögenswirksame Leistung	+ freiwillige Sozialleistungen
= Auszahlungsbetrag	**= gesamter Personalaufwand**

Zu den **Steuern** und steuerähnlichen Abgaben gehört insbesondere die Einkommensteuer auf den Arbeitslohn (Lohnsteuer) und die Kirchensteuer. Darüber hinaus hatten Lohn- und Gehaltsempfänger mit einer monatlichen Lohnsteuer von über DM 1.250 (bzw. DM 2.500 nach Lohnsteuerklasse III) vom 1. 1. 1983 bis zum 6. 11. 1984 eine rückzahlbare, unverzinsliche **Investitionshilfeabgabe** (Zwangsanleihe) in Höhe von 5% der Lohnsteuer zu entrichten (§§ 3, 4 InvHG). Das Investitionshilfegesetz (§ 1) sah die Erhebung der Zwangsanleihe zwar bis zum 31. 12. 1985 vor; nachdem die Abgabe vom Bundesverfassungsgericht (BVG v. 6. 11. 1984, BB 1984, S. 2047ff.) wegen Überschreitens der Gesetzgebungskompetenz des Bundes jedoch als nicht verfassungskonform erklärt wurde, war die Erhebung zum 6. 11. 1984 einzustellen (zu den verfassungsrechtlichen Bedenken gegen das Investitionshilfegesetz s. *Ritter,* Investitionshilfegesetz, S. 580ff.).

Für Steuerpflichtige, die Einkünfte aus nichtselbständiger Arbeit beziehen, wird die Einkommensteuer durch direkten Abzug vom Arbeitslohn (**Lohnsteuer**) im sog. **Quellenabzugsverfahren** erhoben. Der Arbeitgeber behält dazu die Lohnsteuer für Rechnung des Arbeitnehmers ein und führt sie bis spätestens am zehnten Tag nach Ablauf eines jeden Lohnsteuer-Anmeldungszeitraums an das örtlich zuständige Finanzamt (Betriebstättenfinanzamt) ab (§ 38 EStG). Die Höhe der monatlich einzubehaltenden und abzuführenden Lohnsteuer entspricht dem Teilbetrag der Jahreseinkommensteuer, die ein Arbeitnehmer schuldet, der ausschließlich Einkünfte aus nichtselbständiger Arbeit erzielt (§ 38a EStG). Aus Vereinfachungsgründen sind die Lohnsteuerbeträge vom Bundesministerium für Finanzen in Jahres-, Monats-, Wochen- und Tages-**Lohnsteuertabellen** systematisch tabellarisiert (§ 38c EStG) und richten sich nach dem steuerpflichtigen Entgelt, der jeweiligen Lohnsteuerklasse des Arbeitnehmers (§ 38b EStG) sowie bestimmten Freibeträgen (§ 39a EStG), die sämtlich auf den von der örtlich zuständigen Gemeinde auszustellenden Lohnsteuerkarten eingetragen sein müssen (§ 39 EStG). Im Rahmen des jährlichen Lohnsteuer-Jahresausgleichs bzw. der Einkommensteuererklärung kann dann die unter Berücksichtigung individueller, steuerlich absetzbarer Ausgaben (z. B. Werbungskosten, Sonderausgaben) und anderer Einkünfte zuviel bezahlte Lohnsteuer zurückgefordert werden (§§ 42ff., 46 EStG).

Die **Kirchensteuer**, die von jedem Mitglied einer Religionsgemeinschaft zu entrichten ist, wird ebenfalls im Quellenabzugsverfahren vom Arbeitgeber einbehalten und zusammen mit der Lohnsteuer an das zuständige Finanzamt abgeführt. Bemessungsgrundlage für die Kirchensteuer ist die veranlagte Lohnsteuer; der Kirchensteuersatz beträgt je nach Bundesland 8% bzw. 9%.

Für Teilzeitbeschäftigte und für bestimmte Zukunftssicherungsleistungen kann die Lohnsteuer und die Kirchensteuer auch pauschal erhoben werden. Übersteigen die Leistungen des Arbeitgebers nicht die in den §§ 40a, 40b EStG gesteckten Grenzen, so sind für kurzfristig Beschäftigte 25 vom Hundert, bei Beschäftigung in geringem Umfang und gegen geringen Arbeitslohn sowie für die Zukunftssicherungsleistung 15 vom Hundert als Lohnsteuer und 7 vom Hundert der pauschalen Lohnsteuer als Kirchensteuer (jeweils 3,5% katholische und evangelische) vom Arbeitgeber zu tragen. Die Behandlung der Kirchensteuerpauschalierung folgt hierbei der bisher gängigen Verwaltungspraxis und aktuellen Rechtssprechung.

Zu den **Sozialabgaben** gehören Beiträge zur **Krankenversicherung** (geregelt in den §§ 165ff. RVO), **Rentenversicherung** (§§ 1226ff. RVO bzw. Angestelltenversicherungsgesetz, AVG), **Arbeitslosenversicherung** (§§ 100ff. AFG) und zur **Unfallversicherung** (§§ 537ff. RVO). Auszubildende sind unabhängig von der Höhe ihres Einkommens in allen diesen Zweigen der Sozialversicherung versicherungspflichtig; Angestellte und Arbeiter können sich dagegen bei

Überschreiten der Versicherungspflichtgrenze von DM 4.725 Monatseinkommen bzw. DM 56.700 Jahreseinkommen (für 1990) von der gesetzlichen Krankenversicherungspflicht befreien lassen und privat krankenversichern. Eine geringfügige Beschäftigung (monatliches Entgelt übersteigt nicht ⅐ der monatlichen Bezugsgröße, DM 470 für 1990, und die wöchentliche Arbeitszeit liegt unter 15 Arbeitsstunden) sowie eine nur untergeordnete Beschäftigung von Studenten während der vorlesungsfreien Zeit (eine Beschäftigung außerhalb der vorlesungsfreien Zeit darf 2 Monate nicht überschreiten und muß unter 20 Stunden Wochenarbeitszeit liegen) ist bezüglich der Kranken-, Renten- und Arbeitslosenversicherung beitrags- bzw. versicherungsfrei.

Der Beitrag zu den einzelnen Zweigen der Sozialversicherung bemißt sich nach dem sozialversicherungspflichtigen Arbeitsverdienst (der sich im allgemeinen nach den lohnsteuerlichen Vorschriften errechnet), wobei jedoch der über der **Beitragsbemessungsgrenze** liegende Lohn unberücksichtigt bleibt.

Die Beitragsbemessungsgrenzen betragen für 1990:

- in der Krankenversicherung: DM 4.725 monatlich bzw. 56.700 jährlich
- in der Rentenversicherung: DM 6.300 monatlich bzw. 75.600 jährlich
- in der Arbeitslosenversicherung: DM 6.300 monatlich bzw. 75.600 jährlich.

Seit dem 1. 1. 1984 (Haushaltsbegleitgesetz 1984 vom 22. 12. 1983) sind **Einmalzahlungen** (insbesondere Weihnachtszuwendungen, Abschlußgratifikationen, Tantiemen, Urlaubsgelder) für die Zwecke der Beitragsbemessung gleichmäßig auf das laufende Kalenderjahr zurück zu verteilen, so daß auch die über der jeweiligen Beitragsbemessungsgrenze eines einzelnen Lohnabrechnungszeitraums liegenden einmaligen Zahlungen (teilweise) sozialversicherungspflichtig sind (§§ 385, Abs. 1a und 1400, Abs. 2 RVO; § 122, Abs. 2 AVG; § 175 AFG). Soweit Einmalzahlungen im 1. Quartal eines Jahres (ab 1985) anfallen, werden diese jeweils dem vorangegangenen Jahr zugeordnet.

Beispiel:	Laufender Monatslohn Januar–November 1988	4.500
	Weihnachtszuwendung im November 1988	4.500
	Beitragspflichtiges Entgelt 11 × 4.500	49.500

Somit ist von der Weihnachtszuwendung beitragspflichtig:

– Zur Krankenversicherung:

Bemessungsgrenze (11/12 von 56.700)	51.975
laufendes Entgelt	49.500
Differenz	2.475
beitragspflichtig	2.475

– zur Renten- und Arbeitslosenversicherung:

Bemessungsgrenze (11/12 von 75.600)	69.300
laufendes Entgelt	49.500
Differenz	19.800
beitragspflichtig	4.300

Die Beitragssätze variieren in der Krankenversicherung regional sowie zwischen den einzelnen Versicherungsträgern i. d. R. zwischen 9 und 15%; in der Unfallversicherung sind sie je nach Unfallgefahr in den einzelnen Wirtschaftszweigen unterschiedlich. Die Beiträge für die Rentenversicherung betragen für 1990 bundeseinheitlich 18,7% und für die Arbeitslosenversicherung insgesamt

4,3% des sozialversicherungspflichtigen Arbeitsverdienstes. Die Beiträge zur Sozialversicherung werden, abgesehen von Geringverdienern, je zur Hälfte von Arbeitnehmer (**Arbeitnehmeranteil**) und Arbeitgeber (**Arbeitgeberanteil**) getragen. In vollem Umfang trägt der Arbeitgeber die Beiträge zur Unfallversicherung aller Arbeitnehmer und die Sozialversicherungsbeiträge von Geringverdienern. Die Geringverdienergrenze beträgt ⅐ der monatlichen Bezugsgröße; solange aber dieser Betrag den Grenzwert des Jahres 1989 unterschreitet, gilt die damalige Verdienstgrenze von DM 610 monatlich auch in Zukunft unverändert. Der Arbeitgeber hat den Arbeitnehmeranteil vom Arbeitslohn einzubehalten und zusammen mit dem Arbeitgeberanteil an die zuständige Krankenkasse (AOK oder Ersatzkasse) abzuführen (§ 1396 RVO), die dann die Verteilung auf die einzelnen Sozialversicherungsträger (Krankenkasse, Rentenversicherungsanstalt, Bundesanstalt für Arbeit) vornimmt. Die Beiträge zur Unfallversicherung sind vom Arbeitgeber an die Berufsgenossenschaft abzuführen.

Die **vermögenswirksamen Leistungen** nehmen im System der Arbeitsentlohnung eine Sonderstellung ein, da sie sowohl Zusatzleistungen des Arbeitgebers als auch einzubehaltende Lohnteile beinhalten können. Vermögenswirksame Leistungen sind Leistungen im Sinne des 5. Gesetzes zur Förderung der Vermögensbildung der Arbeitnehmer (5. VermBG), die vom Arbeitgeber nicht ausbezahlt, sondern in den gesetzlich vorgeschriebenen Formen zugunsten des Arbeitnehmers fest angelegt werden (Anlagedauer zwischen 6 und 12 Jahren). Im wesentlichen für vermögenswirksame Leistungen, die nach dem 31. 12. 1989 erbracht werden, teilweise aber auch mit Wirkung für Vertragsabschlüsse nach dem 31. 12. 1988, gilt die aufgrund des Haushaltsbegleitgesetzes 1989 und des Steuerreformgesetzes 1990 geänderte Fassung des 5. Vermögensbildungsgesetzes. § 2 des 5. VermBG sieht als **alternative Anlagearten** insbesondere vor:

- Aufwendungen für den Erwerb von Aktien, Kuxen, Wandel- und Gewinnschuldverschreibungen etc.,
- Aufwendungen im Sinne des Wohnungsbau-Prämiengesetzes (WoPG),
- Aufwendungen zum Bau, Erwerb oder zur Erweiterung eines im Inland gelegenen Wohngebäudes bzw. einer Eigentumswohnung,
- Beiträge zum Kontensparen im Sinne des inzwischen aufgehobenen Spar-Prämiengesetzes (SparPG),
- Beiträge zu Kapitalversicherungen auf den Erlebens- oder Todesfall.

Die vermögenswirksamen Leistungen (steuer- und sozialversicherungspflichtig) können je nach tarifvertraglicher und betriebsindividueller bzw. arbeitsvertraglicher Vereinbarung in voller Höhe vom Arbeitgeber zusätzlich zum Arbeitslohn, vollständig vom Arbeitnehmer aus seinem Arbeitslohn oder teilweise vom Arbeitgeber und Arbeitnehmer bezahlt werden. Unabhängig von der jeweiligen Zahlungsvereinbarung hat der Arbeitgeber die vermögenswirksame Leistung (teilweise) einzubehalten und in voller Höhe für den Arbeitnehmer unmittelbar an den entsprechenden Träger (Bank, Versicherungsgesellschaft, Bausparkasse) abzuführen.

Arbeitnehmer, deren zu versteuerndes Jahreseinkommen DM 27.000 (bzw. DM 54.000 bei Zusammenveranlagung von Ehegatten) nicht übersteigt, erhalten bei Neuverträgen ab 1. 1. 1990 nur noch auf die ersten drei der oben genannten vermögenswirksamen Leistungen eine steuer- und sozialversicherungsfreie Arbeitnehmer-Sparzulage. Die bisherige Aufstockung dieser Einkommensgrenzen für jedes Kind des Arbeitnehmers, für das ein Freibetrag gemäß § 32, Abs. 6 EStG in Anspruch genommen werden kann, entfällt ab 1. 1. 1990. Die Sparzulage beträgt je nach Anlageform 20% bei der Anlage in Aktien, Kuxen etc. bzw. 10% bei Bausparverträgen und diesen ähnlichen Anlageformen der jeweiligen vermögenswirksamen Leistungen, soweit sie insgesamt DM 936 im Kalenderjahr nicht übersteigen (§ 13 des 5. VermBG). Die vermögenswirksamen Leistungen zu Kontenspar- und Kapitalversicherungsverträgen werden ab 1990 grundsätzlich nicht mehr durch Arbeitnehmer-Sparzulagen gefördert. Außerdem entfällt die Erhöhung des Sparzulagensatzes um 10% bei Arbeitnehmern mit drei oder mehr Kindern. Bezüglich der umfangreichen Übergangsregelungen wird hier auf § 17 des 5. VermBG verwiesen. Unabhängig von der Anlageart und der Zulagenhöhe wird die Arbeitnehmer-Sparzulage (steuer- und sozialabgabenfrei) ab 1. 1. 1990 nicht mehr monatlich durch den Arbeitgeber, sondern jährlich nachträglich i. d. R. im Zusammenhang mit dem Lohnsteuer-Jahresausgleich vom zuständigen Finanzamt an den Arbeitnehmer ausgezahlt.

Beispiel:

Monatsgehaltsabrechnung eines Angestellten oder Arbeiters (gerundete Werte):

Bruttogehalt (einschl. Arbeitgeberanteil zur vermögenswirksamen Leistung 25% von 78 = 19,5)		4.800
./. Lohnsteuer (gem. Monatslohnsteuertabelle, Steuerklasse I/0)	977	
./. Kirchensteuer (8% der Lohnsteuer)	78	
./. Krankenversicherung (12% von 4.725), davon Arbeitnehmeranteil	283	
./. Rentenversicherung (18,7% von 4.800), davon Arbeitnehmeranteil	449	
./. Arbeitlosenversicherung (4,3% von 4.800), davon Arbeitnehmeranteil	103	
./. vermögenswirksame Leistung (Bausparvertrag)	78	1.968
Auszahlungsbetrag		2.832

Der Beitrag zur Unfallversicherung beträgt 100

Letztlich fließen daher dem Finanzamt und den Sozialversicherungsträgern folgende, in der Graphik veranschaulichte, Beträge zu (die Verteilerfunktion der Krankenkasse bleibt dabei unberücksichtigt).

Ebenfalls eine Besonderheit im Gehaltsabrechnungssystem stellt die **Direktversicherung** dar. Dabei wird vom Arbeitgeber zugunsten des Arbeitnehmers eine Lebensversicherung abgeschlossen. Der Vorteil dieser Konstruktion liegt in der steuerlichen Begünstigung begründet. Nach § 40b EStG kann die Lohnsteuer für die Beiträge zur Direktversicherung pauschal mit 15 v. H. erfaßt werden. Voraussetzung dazu ist, daß der Erlebensfall nicht vor dem 60. Lebensjahr liegt und eine Kündigung nicht in Betracht kommt. Darüber hinaus dürfen die Beiträge im Kalenderjahr DM 3.000 bzw. DM 4.200, soweit für mehrere Arbeitnehmer ein Direktversicherungsvertrag vorliegt und die durchschnittlichen Beiträge für den Arbeitnehmer DM 3.000 nicht überschreiten. Die Steuer kann vom Arbeitgeber oder Arbeitnehmer getragen werden. Der Zukunftssicherungs-Freibetrag von DM 312 gemäß § 2, Abs. 3, Nr. 2 LStDV ist ab 1990 weggefallen. In Anbetracht der durch das Steuerreformgesetz 1990 vorgenommenen Herabsetzung des Eingangssteuersatzes beim Einkommensteuertarif auf 19%, ist es allerdings insbesondere bei Arbeitnehmern mit kleinen Einkommen zu bezweifeln, ob es für sie vorteilhaft ist, von der Möglichkeit der Gehaltsumwandlung Gebrauch zu machen.

Für die **Sozialversicherungspflicht** muß in Verträge unterschieden werden, die bis zum 31. 12. 1980 und die nach diesem Termin abgeschlossen wurden. Für alle Verträge gilt, daß pauschalbesteuerte Direktversicherungsbeiträge in der Sozialversicherung beitragsfrei sind, wenn sie aus zusätzlichen Leistungen des Arbeitgebers herrühren oder ausschließlich aus Einmalzahlungen finanziert werden; die Höhe der einzelnen monatlichen Beiträge spielt dabei keine Rolle. Werden die pauschalbesteuerten Beiträge aus dem laufenden Arbeitsentgelt erbracht (Gehaltsumwandlungsverträge), so sind diese Beträge nur bei Verträgen, die vor dem 1. 1. 1981 abgeschlossen wurden und auch nur solange die damaligen Vertragsverhältnisse nicht verändert werden, sozialversicherungsfrei. Übernimmt der Arbeitnehmer die pauschale Lohnsteuer, unterliegt der pauschale Steuerbetrag der Sozialversicherungspflicht.

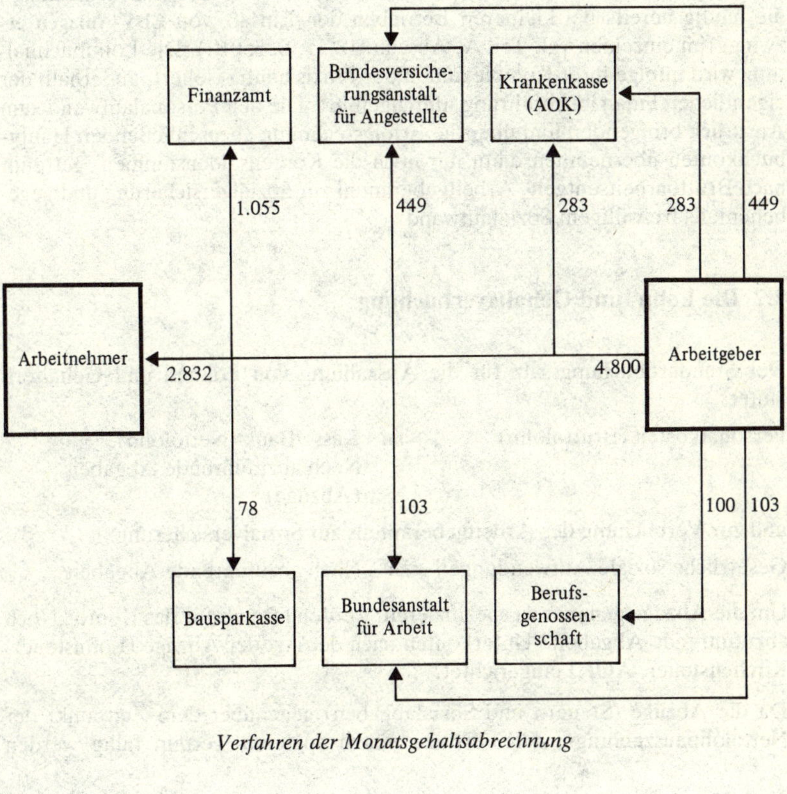

Verfahren der Monatsgehaltsabrechnung

Die **buchtechnische Behandlung** des Personalaufwandes orientiert sich an der Notwendigkeit, sämtliche Bestandteile des Bruttolohns und den Arbeitgeberanteil an den Beiträgen zur Sozialversicherung zu erfassen. Insbesondere die Aufzeichnungserfordernisse beim Lohnsteuerabzug verpflichten den Arbeitgeber zur Führung von **Lohn- und Gehaltskonten** für jeden Arbeitnehmer und jedes Kalenderjahr (§ 41, Abs. 1 EStG). In diese laufenden Konten der einzelnen Arbeitnehmer sind sowohl die Angaben aus der Lohnsteuerkarte über persönliche Verhältnisse des Steuerpflichtigen zu übernehmen, als auch Brutto- und Nettolöhne sowie die darauf entfallenden Abzüge im einzelnen ersichtlich zu machen (§ 4 LStDV). Die Mindestangaben in den Lohnunterlagen für Zwecke der Sozialversicherung ergeben sich aus § 2 Beitragsüberwachungsverordnung (BÜVO v. 22. 5. 89, BGBl. I 1989, S. 992ff.). Hinzu kommen gewöhnlich weitere umfangreiche Aufzeichnungen über sonstige Leistungen, z. B. nach dem 5. Gesetz zur Förderung der Vermögensbildung der Arbeitnehmer (5. VermBG).

Die Vielzahl der zu berücksichtigenden Einzeltatbestände steuerlicher, sozialversicherungsrechtlicher und sozialpolitischer (sparfördernder) Art verursacht erheblichen Verwaltungsaufwand, der noch um das arbeitsaufwendige Gebiet der Vergütungen bei Dienstgängen und Dienstreisen und den dabei anfallenden Auslagenersatz sowie um den Komplex der **freiwilligen** betrieblichen Altersvorsorge erweitert wird. Das Führen der Lohnkonten erfordert deshalb in aller Regel eine **besondere Lohn- und Gehaltsbuchführung (Personalbuchhaltung)**, die häufig bereits bei kleineren Betrieben den Einsatz von **EDV-Anlagen** erzwingt (im einzelnen vgl. Teil A, Abschn. 12.55, S. 350ff.). Die Lohnbuchhaltung wird infolge ihrer Komplexität in der Praxis häufig isoliert, außerhalb der eigentlichen Finanzbuchführung, durchgeführt. Die den Personalaufwand zum Ausdruck bringenden und über die Erfolgsrechnung abzuschließenden Hauptbuchkonten übernehmen dann nur noch die Kontensaldensummen, getrennt nach Bruttoarbeitsentgelt, Arbeitgeberanteil zur Sozialversicherung und gegebenenfalls freiwilligem Sozialaufwand.

7.2 Die Lohn- und Gehaltsverbuchung

Der Standardbuchungssatz für die Auszahlung von Löhnen und Gehältern lautet:

Personalkosten (Bruttolohn)	**an**	Kasse/Bank (Nettolohn) Noch abzuführende Abgaben (Abzüge)

und zur Verbuchung des Arbeitgeberanteils zur Sozialversicherung:

Gesetzliche soziale Aufwendungen	**an**	Noch abzuführende Abgaben

Um die Abzüge genauer zu spezifizieren, werden oftmals für das Konto „Noch abzuführende Abgaben“ Unterkonten nach der Art der Abzüge (Lohnsteuer, Kirchensteuer, AOK) eingerichtet.

Da die Abzüge (Steuern und Sozialabgaben) gegenüber dem Zeitpunkt der Nettolohnauszahlung i. d. R. erst zu einem späteren Termin fällig werden

(Lohnsteuer am 10., Rentenversicherung am 15. des Folgemonats; § 41a EStG, § 1400 RVO), sind diese zum Zwecke der korrekten Aufwandserfassung im Zeitpunkt der Lohnzahlung bis zu ihrer Abführung an das Finanzamt und die Sozialversicherungsträger als Schuld zu behandeln und auf dem Konto: **Noch abzuführende Abgaben** zu sammeln. Ihr bilanzieller Ausweis erfolgt unter den Sonstigen Verbindlichkeiten (antizipative Passiva). In der Regel werden sie bei Fälligkeit durch Banküberweisung und damit eine erfolgsneutrale Buchung beglichen:

Noch abzuführende Abgaben **an** Bank

Die vermögenswirksam angelegten Teile des Arbeitsentgelts sind unmittelbar auf (Prämien-, Bau-, Versicherungs-) Sparkonten zu überweisen.

Bei Vorliegen **freiwilliger sozialer Leistungen** (Beihilfen, Zuschüsse, Unterstützungs- und Fürsorgezahlungen) erfolgt die Belastung auf einem gesonderten Aufwandskonto.

Beispiel:

Monatsgehaltsabrechnung eines Angestellten (angenommene Werte):

Bruttogehalt	3.290
Lohnsteuer	454
Kirchensteuer	36
pausch. Lohnsteuer	37
pausch. Kirchensteuer	3
Sozialversicherungsanteil	575
Vermögenswirksame Leistungen	78
Direktversicherung	250

Der Arbeitnehmer hat mit seinem Arbeitgeber vereinbart, daß sein Gehalt um den Direktversicherungsbeitrag von monatlich DM 250 zuzüglich 15% pauschale Lohnsteuer (DM 37) und die Kirchensteuer von 7% der pauschalen Lohnsteuer (DM 3) gekürzt wird. Da der Vertrag nach dem 31. 12. 1980 abgeschlossen wurde, besteht bei dieser Gehaltsumwandlung also Sozialversicherungspflicht. Die Lohn- und Kirchensteuer ist dann von DM 3.000 zu berechnen, während die Sozialversicherungsbeiträge von dem ungekürzten Arbeitsentgelt in Höhe von DM 3.290 erhoben werden.

Buchungssätze (vgl. auch die Konten auf S. 166):

a) Überweisung an Arbeitnehmer (Betriebsangehörige):

(1) Gehälter	3.290				
Gesetzl. sozialer Aufwand		575	**an**	Bank	1.857
				Noch abzuführende Abgaben (FA, AOK)	1.680
				Verbindl. gegenüber Betriebsangehörigen	328

Dem Personalaufwand und ceteris paribus der Gewinnminderung in der GuV-Rechnung (3.865) entsprechen bilanzmäßig die Bankguthabenreduzierung auf der Vermögensseite (1.857) und die Erhöhung der Sonstigen Verbindlichkeiten auf der Kapitalseite (2.008).

b) Überweisungen auf Prämiensparkonto Arbeitnehmer sowie an Finanzamt und Sozialversicherungsträger bei Fälligkeit:

(2) Verbindl. gegenüber Betriebsangehörigen	328	**an**	Bank	328
(3) Noch abzuführende Abgaben (FA)	530	**an**	Bank	530
(4) Noch abzuführende Abgaben (AOK)	1.150	**an**	Bank	1.150

Bei Vereinbarung von Nettolöhnen bzw. Nettogehältern kann auch ein besonderes Nettolohnkonto zwischengeschaltet werden (**Nettoentgeltverbuchung**). Da der Arbeitgeber dann sämtliche Lohnabzüge zu tragen hat, ist das Bruttoentgelt durch Rückrechnung über die Abzüge zu ermitteln. Buchungstechnische Unterschiede zu oben bestehen nicht: Das Nettolohnkonto hat lediglich die Funktion eines Verrechnungskontos, da als Aufwand in der GuV-Rechnung stets die Bruttoentgelte einschließlich der sozialen Abgaben bzw. Aufwendungen zum Ausweis gelangen.

Abgrenzungsprobleme ergeben sich bei der bilanziellen Erfassung von Verpflichtungen des Arbeitgebers zur Zahlung von Urlaubs- und Weihnachtsgeld, sofern das Kalenderjahr vom Wirtschaftsjahr abweicht. Der Arbeitgeber kann diesbezügliche Zahlungsverpflichtungen dann nur insoweit passivieren, als sie die Zeit vor dem Bilanzstichtag betreffen (BFH v. 26. 6. 1980, BStBl. II, S. 506).

Bank

Soll	Haben
	1.857 (1)
	328 (2)
	530 (3)
	1.150 (4)

Gehälter

Soll	Haben
(1) 3.290	

Ges. sozialer Aufwand

Soll	Haben
(1) 575	

Noch abzuführende Abgaben

Soll	Haben
(3) 530	1.680 (1)
(4) 1.150	
1.680	1.680

Verbindlichkeiten gegenüber Betriebsangehörigen

Soll	Haben
(2) 328	328 (1)

7.3 Die Behandlung von Sachbezügen

Häufig erhalten Arbeitnehmer zusätzlich zum monetären Arbeitsentgelt (Geldlohn) noch **Sachzuwendungen (Naturallohn)** in Form freier oder verbilligter Wohnung und Verpflegung sowie die Möglichkeit des begünstigten oder kostenlosen Warenbezugs. Zu den Einnahmen des Arbeitnehmers, die nicht in Geld bestehen, gehören darüber hinaus **sonstige Sachbezüge** wie die Benutzung eines betriebseigenen Pkws oder Telefonanschlusses sowie die Erledigung privater Arbeiten durch Betriebspersonal. Zum Arbeitsentgelt zählen somit alle laufenden oder einmaligen Zahlungen aus der Beschäftigung, unabhängig davon, ob ein Rechtsanspruch auf diese Einnahmen besteht, unter welcher Bezeichnung oder in welcher Form sie geleistet werden und ob sie unmittelbar oder nur im Zusammenhang mit dem Beschäftigungsverhältnis erzielt werden. Sachzuwendungen und sonstige Leistungen werden daher als **sozialabgabepflichtige** und **lohnsteuerbare** Leistungen behandelt. Als Maßstab für die Bewertung der Sachbezüge gelten grundsätzlich die üblichen Endpreise am jeweiligen Abgabeort (§ 8, Abs. 2 EStG; Abschn. 31, Abs. 2 LStR), d.h. der Preis der gegenüber Letztverbrauchern angegeben wird. Zur vereinfachten Handhabung der steuerlichen Sachbezugsbewertung können die obersten Finanzbehörden der Länder (Finanzministerien) mit Zustimmung des Bundesfinanzministeriums für Sachbezüge der Arbeitnehmer Durchschnittswerte festsetzen, die dann in Tabellenform zur Verfügung stehen.

Zusätzlich ist die Bundesregierung durch § 17, Nr. 3 Sozialgesetzbuch – viertes Buch – ermächtigt, den Wert der Sachbezüge für gewährte **freie Kost und Wohnung** nach dem Verkehrswert im voraus für jedes Kalenderjahr bekanntzugeben. Dies geschieht in der **Sachbezugsverordnung** (SachBezV). Gemäß § 8, Abs. 2, Satz 2 EStG ist dieser Wert dann auch für die Berechnung der Lohnsteuer maßgebend. Die Sachbezugswerte der SachBezV für Kost und Wohnung sind aber auch dann bei der Lohnsteuerberechnung zu verwenden, wenn in einem Tarifvertrag, einer Betriebsvereinbarung oder in einem Arbeitsvertrag für die Sachbezüge höhere oder niedrigere Werte festgesetzt worden sind (Abschn. 31, Abs. 3 LStR). Falls die tatsächlichen Aufwendungen im Einzelfall allerdings höher als die Pauschalbeträge ausfallen, so sind bei der Gewinnermittlung die wirklichen Aufwendungen maßgebend.

Die steuerliche Behandlung von sogenannten Belegschaftsrabatten, d.h. die verbilligte Überlassung von Waren oder Dienstleistungen, die vom Arbeitgeber nicht überwiegend für den Bedarf seiner Arbeitnehmer hergestellt, vertrieben oder erbracht werden, ist durch die Einfügung eines neuen § 8, Abs. 3 EStG erstmalig gesetzlich geregelt worden. Für die Bewertung der geldwerten Vorteile sind nun, abweichend von § 8, Abs. 2 EStG, die um 4 vom Hundert geminderten Endpreise, zu denen der Arbeitgeber oder der dem Abgabeort nächstansässige Abnehmer die Waren oder Dienstleistungen fremden Letztverbrauchern im allgemeinen Geschäftsverkehr anbietet, maßgebend (Geldwert des Sachbezugs). Die Differenz zwischen dem um 4% gekürzten Letztverbraucherpreis und dem vom Arbeitnehmer gezahlten Entgelt bildet dann den geldwerten Vorteil. Soweit von der Steuerbarkeit dieses Vorteils als Arbeitslohn auszugehen ist, bleibt dieser bei dem einzelnen Arbeitnehmer steuerfrei, falls er im Kalenderjahr insgesamt DM 2.400 (Rabattfreibetrag) nicht übersteigt. Der darüber hinausgehende Betrag unterliegt dann der allgemeinen Einkommenbesteuerung, sofern der Arbeitgeber nicht die alternativ mögliche Pauschalbesteuerung nach § 40 EStG wählt, bei der jedoch Preisabschlag und Rabattfreibetrag nicht anzuwenden sind. Die Regelung des § 8, Abs. 3 EStG ist auf Waren- und Dienstleistungen beschränkt, die im Unternehmen des Arbeitgebers hergestellt, vertrieben oder erbracht werden. Sie gilt nicht für Arbeitnehmer von Konzerngesellschaften.

Unentgeltliche Zuwendungen des Unternehmens in Form von Lieferungen oder sonstigen Leistungen an seine Arbeitnehmer sind – außer wenn sie überwiegend aus eigenem betrieblichem Interesse des Arbeitgebers erfolgen, das private Interesse des Arbeitnehmers an diesen Leistungen durch betriebliche Zwecke überlagert wird oder es sich um bloße Aufmerksamkeiten handelt – als Gegenleistung für die Arbeitsleistung und damit als **steuerbarer Umsatz** anzusehen (§ 1, Abs. 1, Nr. 1, Buchstabe b UStG; Abschn. 12, Abs. 1 UStR, BFH v. 11. 3. 1988, BStBl. II 1988, S. 643 ff. und S. 651 ff.). Dabei wird für die Steuerbarkeit dieser (Sach-)Leistungen ein eigentlicher „Leistungsaustausch" nicht für erforderlich gehalten. Die umsatzsteuerliche Bemessungsgrundlage für die unentgeltlichen Zuwendungen richtet sich nach dem Einkaufspreis zuzüglich der Nebenkosten bzw. den Selbstkosten oder den entstandenen Kosten – einschließlich anteiliger Gemeinkosten (§ 10, Abs. 4, Nr. 1 und 2 UStG). Die Ermittlung des Einkaufspreises zuzüglich der Nebenkosten bzw. der Selbstkosten bezieht sich jeweils auf den Zeitpunkt des Umsatzes und umfaßt alles, was der Unternehmer für die Erlangung der Verfügungsmacht bzw. die Schaffung der Verfügungsmöglichkeit aufwenden muß. Inwiefern in Zukunft auch wie bisher lohnsteuerrechtliche Werte (z. B. gemäß Sachbezugsverordnung) der Umsatzbesteuerung zugrunde gelegt werden können, ist Anfang 1990 noch offen. Wenn überhaupt, dann kann dies vermutlich nur noch zulässig sein, falls der Ansatz lohnsteuerrechtlicher Werte eine tatsächliche Vereinfachung darstellt, z. B. wenn die Aufwendungen des Arbeitgebers für die Beschaffung gewährter Sachbezüge von den übrigen betrieblichen Aufwendungen nicht einwandfrei oder nur mit unverhältnismäßig hohen Kosten getrennt werden können. Zur genauen Handhabung dieser Sachverhalte lagen bisher allerdings noch keine offiziellen Äußerungen vor. Bezahlt der Arbeitnehmer für die vom Unternehmen an ihn erbrachten Lieferungen oder sonstigen Leistungen – abgesehen von seiner Arbeitsleistung – ein gesondertes Entgelt, so liegt ein entgeltlicher Leistungsaustausch (§ 1, Abs. 1, Nr. 1, Satz 1 UStG) vor, unabhängig davon, ob der Betrag angemessen ist oder nicht. Sofern der tatsächlich entrichtete Betrag dabei allerdings geringer ist als die Bemessungsgrundlage bei völliger Unentgeltlichkeit, so wird zur Berechnung der Umsatzsteuer die höhere Bemessungsgrundlage nach § 10, Abs. 4 UStG angewendet (Mindestbemessungsgrundlage, § 10, Abs. 5 UStG).

Beispiel:

Der Textilunternehmer U beschäftigt den Angestellten K, dessen Bruttogehalt DM 1.870 im Abrechnungsmonat beträgt. Daneben gewährt ihm der Arbeitgeber freie Unterkunft in einem gemieteten Appartement sowie freie Verpflegung im eigenen Haushalt. Zur Berechnung der Lohnsteuer und der Sozialabgaben werden diese Sachbezüge nach den §§ 1 und 4 der Sachbezugsverordnung 1990 bewertet. Außerdem erhält der Angestellte monatlich für DM 165 (Verkaufspreis incl. MWSt) kostenlos Ware aus dem Betrieb. Die tatsächlichen Bruttoaufwendungen für die Verpflegungs-Zukäufe belaufen sich auf DM 350, die von Arbeitgeber bezahlte Miete beträgt DM 400 im Monat und der Einkaufspreis der unentgeltlich abgegebenen Waren ist DM 110 (brutto). Die Gewährung freier Unterkunft unterliegt nach § 4, Nr. 12 UStG nicht der Umsatzbesteuerung.

Bruttogehalt	1.870
Sachzuwendungen für freie Kost und Wohnung gem. §§ 1 und 4 SachBezV 1990 insgesamt 530.	

Davon entfallen auf:

Wohnung (34%)	180,20		
Heizung (10%)	53,00		
Beleuchtung (2%)	10,60		
	243,80	243,80	
Frühstück (12% abzügl. USt)	57,82		
Mittagessen (21% abzügl. USt)	101,18		
Abendessen (21% abzügl. USt)	101,18		
	260,18		
+ 10% Umsatzsteuer	26,02		
	286,20	286,20	530
Lohnsteuer- und sozialversicherungspflichtiges Gehalt*			2.400

* Die unentgeltliche Überlassung der Ware ist mit ihrem um 4 v. H. geminderten Endpreis zu bewerten, so daß sich ein Arbeitslohn von monatlich 158,40 DM bzw. jährlich 1.900,80 DM ergibt, der im Rahmen des Rabatt-Freibetrags von 2.400 DM aber steuerfrei ist (§ 8, Abs. 3 EStG). Außerdem unterliegen Belegschaftsrabatte zwar der Beitragspflicht zur Sozialversicherung, gleichgültig ob sie individuell oder pauschal versteuert werden; bei der Individualversteuerung sind sie allerdings in Höhe des steuerlichen Freibetrages von 2.400 DM auch beitragsfrei.

K. nimmt vermögenswirksame Leistungen von 78 in Anspruch (Bausparvertrag, Sparzulagen 10%), die jedoch gemäß Tarifvertrag von ihm selbst getragen werden müssen.

Monatsabrechnung K (angenommene Werte):

Lohnsteuer- und sozialversicherungspflichtiges Gehalt	2.400
+ Sachbezüge (Waren)	158,40
./. Lohnsteuer	300
./. Kirchensteuer	24
./. Sozialversicherung	420
./. Vermögenswirksame Leistungen	78

In der Praxis könnte das nach § 41, Abs. 1 EStG geforderte **Lohn- und Gehaltskonto** des Angestellten die auf S. 170 zum Ausdruck kommende Gestalt annehmen.

In der Finanzbuchführung kann und sollte aber möglichst die tatsächliche Höhe der Personalaufwendungen erfaßt werden, um einen zutreffenden Einblick in die Ertragslage des Unternehmens zu ermöglichen. Außerdem würden hierdurch Verbuchungsprobleme aufgrund der unterschiedlichen lohn- und umsatzsteuerlichen Bemessungsgrundlagen verringert.

Buchungssätze:

a) Mietaufwendungen	400	**an**	Bank	400
b) Verpflegungsaufw.	324,97			
Vorsteuer*	25,03	**an**	Privat	350

* Die bei außerbetrieblichem Zukauf bei den Verpflegungsgegenständen anfallende Vorsteuer kann ohne Einzelnachweis mit einem durchschnittlichen Steuersatz von z. Zt. 7,7% berücksichtigt werden. Dementsprechend ist die abziehbare Vor-

Name Kuhn, Heinrich

Wohnort 1000 Überall

Straße Blumenstr. 14 Tel.

Geboren 8.12.1944 in Überall

Staatsangehörigkeit deutsch

Heimatanschrift s.o.

Familienstand ledig / verh. / verw. / gesch. Kinder unter 18 J. / über 18 J.

Religion ev. des Ehegatten

Erlernter Beruf Kaufmann

Lohn-/Gehaltsvereinbarung	ab	ab	ab
Tarifgebiet / Tarifgruppe			I
Tariflohn			
Zeitlohnzulage			
Leistungszulage			
Sonstige Zulage			
Akkord-Ausgleich			
Grund-Lohn			
Du-Schn-Lohn			
Lohnfortzahlung			
Urlaubs-Lohn			

Krank gemeldet

am	vom	bis	bis	bis

Finanzamt Überall

Gemeinde / Stadt Überall

Steuerkarte Nr. 54/3426

Steuerfreibetrag —

ab	im Jahr	i.Monat	wö/tgl.	St-Klasse
				I/0

Hinzurechn.betrag

Krankenkasse AOK

gemeldet	Mitglied Nr.	Gruppe
an „		G
um- „		K
ab- „		M

Konto-Nr.

Bank

VermB-Sparrate mtl. 78,-

Anlage-Institut Bauspar-AG

Vertrags-Nr. 456/4389 1

zu überweisen: Bank Landesbank

Konto-Nr. 15345

Sparzulage 10 %

Berufsgenossenschaft

Personal-Nummer **Jahr**

Abteilung

Beschäftigt als

Ausbildungsvertrag vom bis

Aushilfe / Probezeit vom bis

Kriegsbeschädigt % Zivilbeschädigt % Rentner ja / nein

Urlaubstage

Eintritt Austritt

Datum / Zeitraum / Lohnsatz		Arbeitszeit: a Arb.-Tage / b Samstage / c LFZ-Tage	Steuerpflichtiger Verdienst: Normal-Std. / Feiert.-Std. / LFZ-Std.	Betrag / Betrag / Betrag	Über-Std. / USt-Z. % / Sonder-Url.	Betrag / Betrag / Betrag	Url.-Std./Tg. / " Betrag / Url.-Geld	Akkord-Std. / " Betrag / SoFeiNa-Z	Sachz. / Fahrgeld / VermB	Summe steuerpflichtig / versicherungspfl.	Steuerfr. Verdienst: Soz.-Vers.* / Krank.-*	SoFeiNa-Z / Sachz	Gesamt-Betrag	Gesetzliche Abzüge: Steuern: Lohnst.	KSt. rk. / " ev. / " a.Bek.	Sozial-Versicherungen*: G / K/L / M	H	BEK / DAK / KKH	Gesamt-Abzüge / Netto-Verdienst	Sonstige Abzüge: Abschlag / Abschlag / Vorschuß	Pfändung / Darlehen	Sachz. / VermB	Summe Aus-zahlung
1		2	3		4		5	6	7	8	9	10	11	12	13	14	15	16	17	18	19	20	21
Jan. 90	a	21	168	1870,-					530,-					300,-		144,-			744,-			688,4	
	b									2400,-		*158,40	2558,40		24,-	224,-							
	c															52,-			1814,40			78,-	1048,-
	a																						
	b																						
	c																						
	a																						
	b																						
	c																						

* Sachz. i. S. d. § 8, Abs. 3 EStG (Angabe kann ggf. gemäß § 4, Abs. 3 LStDV unterbleiben).

Lohn- und Gehaltskonto

steuer mit 7,15% des einkommensteuerlich anerkannten Wertes (Bruttobetrag) zu errechnen (Abschn. 192, Abs. 18 UStR; BdF v. 29. 4. 1983, DB 1983, Beilage 12/83).

c) Wareneinsatz*	100	**an**	Wareneinkauf	100

* Verbuchung des Warenabgangs.

d) Löhne und Gehälter	2.730	**an**	Mieterträge	400
			Erträge aus Verpflegung	324,97
			Sonstige Umsatzerlöse	100
			Mehrwertsteuer	35,03
			Noch abzuführende Abgaben	744
			Bank	78
			Kasse	1.048
e) Gesetzl. sozialer Aufwand	420	**an**	Noch abzuführende Abgaben	420

Besondere Probleme treten bei der privaten Überlassung eines betriebseigenen Pkw auf. In diesem Fall ist der Wert des Sachbezugs der nachzuweisenden Privatfahrten mit den tatsächlichen Gesamtkosten je Kilometer oder auf der Grundlage des Kilometersatzes von 0,42 DM je Fahrtkilometer zu ermitteln. Fehlt ein Nachweis der Privatfahrten, so ist der private Nutzwert mit 30–35% der Gesamtkosten des Fahrzeugs bzw. monatlich 1% des auf volle DM 100 abgerundeten Kaufpreises (unverbindliche Preisempfehlung einschließlich Mehrpreis für Sonderausstattung und Umsatzsteuer) zuzüglich des auf der Grundlage des Kilometersatzes von 0,42 DM ermittelten Nutzwertes für die Fahrten zwischen Wohnung und Arbeitsstätte anzusetzen (Abschn. 31, Abs. 7 LStR). Die bisherige Vereinfachungsregel der Versteuerung des um den Kilometerpauschbetrag gekürzten Kilometersatzes wurde nicht in die LStR 1990 übernommen.

Beispiel:

Einem Arbeitnehmer wird der betriebseigene Pkw für Privatfahrten überlassen. Ein Nachweis der Privatfahrten kann nicht erbracht werden. Der Listenpreis des Fahrzeugs beträgt inklusive USt und Extras 30.780 DM. Die Entfernung zwischen Wohnung und Arbeitsstätte beträgt 10 km. Arbeitstage im Monat sind mit 24 Tagen nachgewiesen.

Ermittlung des steuerpflichtigen Sachbezugs pro Monat:

	1% von 30.700	= 307,00
+	Fahrten zwischen Wohnung und Arbeitsstätte 10 km/Tag · 2 · 24 Tage · 0,42	= 201,60
	Steuerpflichtiger Sachbezug	508,60

7.4 Vorschüsse und Abschlagszahlungen

Lohn- bzw. Gehalts**vorschüsse** beinhalten Vorauszahlungen (Antizipationen) künftig fällig werdenden Personalaufwands aus besonderem Anlaß, die durch Verrechnung mit dem laufenden Arbeitsentgelt zu tilgen sind. Anders als bei vertraglich vorgesehenen Abschlagszahlungen werden Vorschüsse **ohne rechtli-**

che Verpflichtung gewährt; ihre Einbehaltung bei der Lohnzahlung ist unabhängig von für die Aufrechnung gegenseitiger Ansprüche geltenden Beschränkungen.

Kurzfristig gewährte Vorschüsse werden in der Praxis häufig bereits mit der Gehalts- oder Lohnzahlung am Monatsende verrechnet und unmittelbar über das Personalaufwandskonto verbucht. Dies birgt bei Erstellung kurzfristiger (z. B. monatlicher) Erfolgsrechnungen die Gefahr unkorrekter Periodenabgrenzung durch Antizipation künftigen Aufwands in sich. Zweckmäßiger erscheint es deshalb, die Vorschüsse auf das Arbeitsentgelt zunächst erfolgsneutral als Forderungen an das Personal zu behandeln und unter Sonstige Forderungen auszuweisen, um diese erst im Zeitpunkt ihrer Verrechnung über das Lohnkonto gewinnmindernd in Ansatz zu bringen. Das gilt uneingeschränkt für **langfristige** Vorschüsse mit mehrperiodischer Tilgung (vgl. Beispiel, Fall c):

Beispiel:

Vorschuß	500
Monatsbruttolohn	2.000
Lohnsteuer	300
Sozialversicherung	320

Buchungssätze:

a) Sofortige Aufwandsverbuchung des Vorschusses:

Personalaufwand	500	**an**	Kasse	500
Personalaufwand	1.500	**an**	Kasse	880
			Noch abzuführende Abgaben	620
Gesetzl. sozialer Aufwand	320	**an**	Noch abzuführende Abgaben	320

b) Erfolgsneutrale Behandlung des Vorschusses bei Fälligkeitstilgung:

Sonst. Forderungen	500	**an**	Kasse	500
Personalaufwand	2.000	**an**	Kasse	880
			Noch abzuführende Abgaben	620
			Sonst. Forderungen	500
Gesetzl. sozialer Aufwand	320	**an**	Noch abzuführende Abgaben	320

c) Erfolgsneutrale Behandlung des Vorschusses bei Ratentilgung (zu je 50):

Sonst. Forderungen	500	**an**	Kasse	500
Personalaufwand	2.000	**an**	Kasse	1.330
			Noch abzuführende Abgaben	620
			Sonst. Forderungen	50
Gesetzl. sozialer Aufwand	320	**an**	Noch abzuführende Abgaben	320

Abschlagszahlungen sind grundsätzlich **vertraglich** vorgesehene Vorwegzahlungen auf den bereits teilweise fällig gewordenen Arbeitslohn zum Zwecke der Arbeitsersparnis in der Lohnbuchführung. Die Arbeitsvereinfachung beruht auf der Möglichkeit, trotz kurzfristiger, nur annähernd dem effektiv verdienten Lohn entsprechender Lohnzahlung (z. B. 1 Woche, 10 Tage), längere Zeiträume (z. B. 1 Monat) für die eigentliche und endgültige Lohnabrechnung zu wählen. Die zwischen der Summe der in einer Lohnabrechnungsperiode gezahlten und i. d. R. nach dem Verdienst des Vormonats bemessenen Abschläge und dem effektiv ermittelten Lohnanspruch verbleibende Differenz (Restlohn) wird an dem der Abrechnung folgenden Zahltag ausgezahlt. Die Häufigkeit der innerhalb einer Abrechnungsperiode zu tätigenden Abschlagszahlungen ist meist durch Tarifvertrag geregelt; sie werden auch als Vorstufe zur bargeldlosen Lohn- und Gehaltszahlung betrachtet.

Die Verbuchung der Abschlagszahlungen kann sowohl unmittelbar über Lohn- und Gehaltskonto wie auch über ein speziell eingerichtetes Konto für Abschlagszahlungen erfolgen. Der Transparenz der interperiodischen Zahlungen und der besseren Übersicht auf dem dann nur die endgültige Lohnsumme des Abrechnungszeitraumes zum Ausdruck bringenden Lohnkonto wegen erscheint die Zwischenschaltung eines besonderen Verrechnungskontos zur Aufnahme der Abschlagszahlungen zweckmäßig.

Beispiel:

Bruttolohnsumme Monat Mai	20.400
Lohnsteuer	2.700
Sozialversicherung	3.200
Abschlagszahlungen 10. und 20. 5. je	5.000

Buchungssätze:

10. 5.: Abschlagszahlungen	5.000	**an**	Kasse	5.000
20. 5.: Abschlagszahlungen	5.000	**an**	Kasse	5.000
30. 5.: Personalaufwand	20.400	**an**	Kasse	4.500
			Noch abzuführende Abgaben	5.900
			Abschlagszahlungen	10.000
Gesetzl. sozialer Aufwand	3.200	**an**	Noch abzuführende Abgaben	3.200

Übungsbeispiel:

In einer Textilgroßhandelsfirma in Stuttgart sind die folgenden Geschäftsvorfälle unter Angabe der Kontennummern des Großhandelskontenrahmens zu verbuchen:

1) Für die im Warenlager tätigen Arbeitskräfte werden die Löhne ausbezahlt. Die Summenzeile der Lohnliste weist folgende Beträge aus:

Bruttolöhne	12.000
Lohnsteuer	2.000
ev. Kirchensteuer	80
rk. Kirchensteuer	80
Sozialversicherungsabzug	1.800
Nettolohnauszahlung	8.040

2) Der Betrieb schuldet Arbeitgeberbeiträge zur Sozialversicherung von 1.800.
3) Der Angestellte Schulze erhält einen baren Gehaltsvorschuß von 1.500, der mit den nächsten 3 Gehältern verrechnet werden soll.
4) Für drei Außendienstmitarbeiter ist die Gehaltsabrechnung erstellt worden:

	Grundvergütung		3.000
	Provisionen		3.900
	Bruttolohn		6.900
Abzüge:	Lohnsteuer	1.000	
	ev. Kirchensteuer	60	
	rk. Kirchensteuer	20	
	Sozialversicherung	1.200	
	Vermögenswirksame Leistungen	234	2.514
	Verbleiben		4.386
	Steuerfreier Spesenersatz		450
	Auszahlungsbetrag = Banküberweisung		4.836

Der Arbeitgeberanteil zur Sozialversicherung beträgt 1.200.

5) Von der Lohnbuchhaltung wird folgende Gehaltsliste vorgelegt:

Name	Steuer-klasse	Brutto-bezug	Sachzu-wendung	LSt	KiSt	Soz. Ver-sicherung	Vermögens-bildung	Vor-schuß	Aus-zahlung
Schulze, G.	I/0	2200	–	251	20	385	78	500	966
Friedrich, S.	III/3	2560	440,60[1]	110	9	525	78	–	1838
May, F.	IV/1	1800	105,60[2]	140	11	315	78	–	1256
Summen		6560	546,20	501	40	1225	234	500	4060

Die Nettogehälter wurden an die Angestellten überwiesen. Der Arbeitgeberbeitrag zur Sozialversicherung entspricht der Höhe nach dem Arbeitnehmerbeitrag.

6) Zur Erledigung eines Terminauftrags mußte kurzfristig eine Aushilfskraft für einen Tag eingestellt werden. Es wurden 80 ausbezahlt, die Lohn- und Kirchensteuer wurde nach § 40a EStG pauschaliert (Steuersatz 25%): 27,30 LSt + 1,91 KiSt.
7) Die von den Arbeitnehmern einbehaltenen vermögenswirksamen Leistungen (468) wurden an die Bausparkassen bzw. Banken durch Banküberweisung abgeführt.
8) Die Sozialversicherungsbeiträge wurden an die AOK überwiesen (8.450).
9) Die Lohn- und Kirchensteuerabzugsbeträge wurden an das Finanzamt per Postscheck bezahlt (3.810,21).
10) Schulze zahlte einen Teilbetrag von 500 seines Gehaltsvorschusses vorzeitig zurück.
11) Für ein Betriebsfest entstanden Aufwendungen in Höhe von 500.

---

[1] Der Angestellte Friedrich wohnt in einer Betriebswohnung. Der Wert des Sachbezugs ergibt sich aus der ortsüblichen Miete dieser Wohnung einschließlich Heizung DM 430 und den Sachbezugswert für die Beleuchtung DM 10,60 (§ 8, Abs. 2 EStG i. V. m. § 1, Abs. 1 und Abs. 5 sowie § 4 SachBezV 1990). Die tatsächlichen anteiligen Grundstücksaufwendungen betragen DM 100.

[2] May hat eine Hose mit einem Verkaufspreis von DM 100 netto aus der eigenen Kollektion kostenlos entnommen. Aufgrund des Rabatt-Freibetrags entfällt hierauf keine Lohnsteuer. Der Bruttoeinkaufspreis der Hose beträgt DM 55.

12) An ehemalige Betriebsangehörige wurde die im Rahmen der betrieblichen Altersversorgung zugesagte Rente von 2.400 über Bank ausbezahlt. In der Bilanz ist ein Passivposten für die Rentenverpflichtung nicht gebildet. Abzüge fallen keine an.

Lösung: Buchungssätze

1)	5020	Löhne für geleistete Arbeitszeit	12.000	an	1500	Hauptkasse	8.040
					1920	Verbindlichkeiten gegenüber Sozialversicherungsträgern	1.800
					1921	Noch abzuführende Lohn- und Kirchensteuer	2.160
2)	5060	Arbeitgeberbeiträge zur Sozialversicherung (Lohnbereich)	1.800	an	1920	Verbindlichkeiten gegenüber Sozialversicherungsträgern	1.800
3)	1121	Forderungen an Belegschaftsmitglieder	1.500	an	1500	Hauptkasse	1.500
4)	505	Gehälter (Außendienstbereich)	6.900				
	543	Reisespesen	450	an	13	Guthaben bei Kreditinstituten	4.836
					1920	Verbindlichkeiten gegenüber Sozialversicherungsträgern	1.200
					1921	Noch abzuführende Lohn- und Kirchensteuer	1.080
					1930	Verbindlichkeiten gegenüber Belegschaftsmitgliedern	234
	5061	Arbeitgeberbeiträge zur Sozialversicherung (Gehaltsbereich)	1.200	an	1920	Verbindlichkeiten gegenüber Sozialversicherungsträgern	1.200
5)	501	Gehälter	6.715	an	13	Guthaben bei Kreditinstituten	4.060
					1930	Verbindlichkeiten gegenüber Belegschaftsmitgliedern	234
					1920	Verbindlichkeiten gegenüber Sozialversicherungsträgern	1.225
					1921	Noch abzuführende Lohn- und Kirchensteuer	541

					290	Erträge aus Vermietung und Verpachtung	100
					89	Sonstige Umsatzerlöse (Lagerverkauf)	50
					194	Mehrwertsteuer	5
					1121	Forderungen an Belegschaftsmitglieder	500
	5061	Arbeitgeberbeiträge zur Sozialversicherung (Gehaltsbereich)	1.225	an	1920	Verbindlichkeiten gegenüber Sozialversicherungsträgern	1.225
6)	504	Löhne für Aushilfskräfte	109,21	an	1500	Hauptkasse	80
					1921	Noch abzuführende Lohn- und Kirchensteuer	29,21
7)	1930	Verbindlichkeiten gegenüber Belegschaftsmitgliedern	468	an	13	Guthaben bei Kreditinstituten	468
8)	1920	Verbindlichkeiten gegenüber Sozialversicherungsträgern	8.450	an	13	Guthaben bei Kreditinstituten	8.450
9)	1921	Noch abzuführende Lohn- und Kirchensteuer	3.810,21	an	151	Postscheckguthaben	3.810,21
10)	1500	Hauptkasse	500	an	1121	Forderungen an Belegschaftsmitglieder	500
11)	5090	Aufwendungen für Belegschaftsveranstaltungen	500	an	1500	Hauptkasse	500
12)	507	Aufwendungen für Altersversorgung	2.400	an	13	Guthaben bei Kreditinstituten	2.400

Ergänzende Literatur zu: 7. Die Verbuchung des Personalaufwands

Adler/Düring/Schmaltz, Rechnungslegung, Anm. 100–123 zu § 275 HGB
Alt, Lohnbuchhalter, S. 53–149
Bähr/Fischer-Winkelmann, Buchführung, S. 103–105
Bödefeld/Bolk/Deppe/Peitz, Buchführung, S. 505–507
Falterbaum/Beckmann, Buchführung, S. 254–262
Flasse/Gräve/Hanschmann/Heßhaus, Buchhaltung 1, S. 111–114
Schiederer, Buchführung, S. 136–149
Schöttler/Spulak, Rechnungswesen, S. 145–151
Schulze, Lohn- und Gehaltsabrechnung, Sp. 1238–1242

8. Steuern und Zuwendungen

8.1 Steueraufwand

Nach § 3, Abs. 1 AO sind **Steuern** Geldleistungen, die keine Gegenleistung für eine besondere Leistung darstellen; sie werden von einem öffentlich-rechtlichen Gemeinwesen zur Erzielung von Einnahmen allen auferlegt, bei denen der Tatbestand zutrifft, an den das Gesetz die Leistungspflicht knüpft. Das Steuerkriterium „keine Gegenleistung für besondere Leistungen" kann zur Abgrenzung der Steuern von anderen Abgaben, wie Gebühren oder Beiträge, herangezogen werden: Bei **Gebühren** stehen sich Leistung und Gegenleistung gleichgewichtig gegenüber, während bei **Beiträgen** Leistung und Gegenleistung sachlich und zeitlich differieren.

Die üblicherweise bei betrieblicher Betätigung zum Ansatz kommenden Steuern lassen sich unter dem Gesichtspunkt ihrer buchmäßigen und handelsbilanziellen Behandlung in Aufwand- und Privatsteuern sowie in durchlaufende Steuern einteilen.

Aufwandsteuern sind durch den Betrieb veranlaßt und wirken deshalb unmittelbar oder mittelbar erfolgsmindernd. Ihre buchtechnische Erfassung erfolgt daher auf spezifischen Steueraufwandskonten (Kontenklasse Großhandelskontenrahmen: 52; GKR: 43 u. 918; IKR: 70, 77 u. 78). Zu den Aufwandsteuern zählen die

- Körperschaftsteuer bei Kapitalgesellschaften
- Gewerbesteuer: Gewerbeertrag- und Gewerbekapitalsteuer
- Grundsteuer für betrieblich genutzte Grundstücke
- Vermögensteuer bei Kapitalgesellschaften
- Kraftfahrzeugsteuer für betrieblich genutzte Kraftfahrzeuge
- Wechselsteuer
- Einfuhrzölle auf nicht aktivierungsfähige Wirtschaftsgüter
- verschiedene Verbrauchsteuern.

Im Gegensatz zu diesen unmittelbar den Gewinn kürzenden Steuerarten stehen jene Steuern, die nicht sofort bei ihrer Bezahlung erfolgsmindernd wirken, sondern als **Anschaffungsnebenkosten** aktiviert, buchtechnisch also auf den aktiven Bestandskonten erfaßt werden und erst in den Folgeperioden durch planmäßige Abschreibung über die Nutzungsdauer bzw. durch außerplanmäßige Abschreibung (Grundstücke) zur Aufwandsverrechnung gelangen. Hierzu gehören die:

- Grunderwerbsteuer für den Erwerb von Betriebsgrundstücken
- Börsenumsatzsteuer für den Erwerb von Wertpapieren
- Umsatzsteuer, die nicht als Vorsteuer abziehbar ist (s. Teil A, Abschn. 3.42, S. 72ff.).
- Einfuhrzölle bei aktivierungsfähigen Wirtschaftsgütern.

Die **Privatsteuern** sind demgegenüber nicht betriebsbedingt; sie knüpfen an die persönliche Leistungsfähigkeit des Inhabers bzw. Gesellschafters an. Als personenbezogene Steuern sind sie demnach vollständig der privaten Sphäre zuzurechnen, so daß die buchtechnische Erfassung über das Privatkonto bzw. das Unterkonto Privatsteuern erfolgt. Die Privatsteuern lassen sich unterteilen in:

- Einkommen- und Kirchensteuer des Unternehmers
- Vermögensteuer bei Personengesellschaften und Einzelfirmen
- Grundsteuer und Kraftfahrzeugsteuer, soweit sie privat genutzte Grundstücke und Kraftfahrzeuge betreffen.

Durchlaufende Steuern wirken weder für das Unternehmen noch für den Inhaber bzw. Gesellschafter erfolgsbelastend. Diese Steuern werden durch das Unternehmen für andere Steuerpflichtige einbehalten und sodann an das Finanzamt abgeführt. Das Unternehmen haftet allerdings für die richtige Einbehaltung der Steuern, daher ist auch ihre gesonderte buchtechnische Erfassung unerläßlich. Als durchlaufende Steuern sind grundsätzlich zu behandeln:

- einbehaltene Lohn- und Kirchensteuer der Arbeitnehmer (s. Teil A, Abschn. 7, S. 158ff.)
- Umsatzsteuer (s. Teil A, Abschn. 3.4, S. 68ff.).

Da mit dem handelsrechtlichen Jahresabschluß letztlich auch das Ziel verfolgt wird, den verteilungsfähigen Gewinn zu ermitteln, sind grundsätzlich alle von der Unternehmung als Steuerschuldner zu entrichtenden Steuern zu erfassen und in der Gewinn- und Verlustrechnung auszuweisen.

Die vollständige Erfassung der endgültig zu erhebenden Steuer führt jedoch zwangsläufig zu abrechnungstechnischen Problemen, wenn die Steuerlast und/oder deren Fälligkeit bei der Erstellung des Jahresabschlusses noch nicht festliegt. In diesen Fällen ist eine Rückstellung zu bilden (z.B. Rückstellungsbildung für eine zu erwartende Steuernachveranlagung anläßlich einer steuerlichen Betriebsprüfung [Betriebsprüfungsrisiko] oder Gewerbesteuerrückstellung; zur Bildung und Auflösung von Rückstellungen vgl. Teil A, Abschn. 10.61, S. 258ff.). In der Steuerbilanz sind **Steuerrückstellungen** allerdings auf den Bereich der als Betriebsausgabe abzugsfähigen Steuern eingeschränkt: Dazu gehören lediglich die Gewerbe- und Grundsteuer sowie eine Reihe von Verbrauchsteuern, nicht jedoch die Einkommen- bzw. Körperschaftsteuer und auch nicht die Vermögensteuer. Eine Rückstellungsbildung zur periodengerechten Steuerabgrenzung ist jedoch von vornherein nicht zielführend, wenn die der Steuerbemessung zugrundeliegende **Gewinnverwendung** geändert wird. Dies kann bei der Körperschaftsteuerermittlung der Aktiengesellschaften der Fall sein. Der zusätzliche Steueraufwand, der sich ergibt, wenn die Hauptversammlung eigenständig Beträge in die Rücklagen einstellt oder auf das nächste Jahr vorträgt, ist zwar bei der Erläuterung der Gewinnverwendung anzugeben, eine Änderung des bereits festgestellten Jahresabschlusses ist jedoch gemäß § 174, Abs. 3 AktG ausgeschlossen. In die Gewinn- und Verlustrechnung des laufenden Jahres kann der zusätzliche Steueraufwand jedoch auch nicht aufgenommen werden, weil dies buchtechnisch nur möglich wäre, wenn gleichzeitig ein entsprechender Vortragsposten aus dem Bilanzgewinn des Vorjahres eingebucht würde. Da ein solcher Posten im Gliederungsschema der Gewinn- und Verlustrechnung aber nicht vorgesehen ist, scheidet diese Alternative aus. Der zusätzliche Steueraufwand ist daher im laufenden Jahr ohne Berührung der Gewinn- und Verlustrechnung lediglich als Verbindlichkeit zu passivieren bzw. gegen einen etwaigen Steuererstattungsanspruch aufzurechnen (*IdW*, WP-Handbuch 85/86 II, S. 215).

Auszuweisen ist nach § 275, Abs. 2, Nr. 18 und 19 bzw. Abs. 3, Nr. 17 und 18 HGB die gesamte Steuerbelastung der Periode, differenziert nach den **Steuern vom Einkommen und vom Ertrag** (Nr. 18 bzw. 17) und nach den **sonstigen Steuern** (Nr. 19 bzw. 18). Eine Spezifizierung der einzelnen Bestandteile verlangt das Gesetz jedoch nicht, es genügt der Ausweis der beiden Summen. Demzufolge sind nur die Einkommen- und Ertragsteuern in einem gesonderten Posten auszuweisen, während die Vermögensteuer in den Posten sonstige Steuern eingeht. Darüber hinaus erfordert § 285, Nr. 6 HGB, daß Kapitalgesellschaften diese Steuern auf das Ergebnis der gewöhnlichen Geschäftstätigkeit und auf das außerordentliche Ergebnis aufteilen.

Der Ausweis der gewinnabhängigen Steuern erweist sich jedoch bei Unternehmen, die nicht der Körperschaftsteuerpflicht unterliegen, als außerordentlich problematisch: Die Berechnung der Einkommensteuer knüpft an die persönliche und soziale Leistungsfähigkeit des Steuerpflichtigen an; ein gesonderter Ausweis dieser Steuern in einem publizitätspflichtigen Jahresabschluß würde die persönlichen Verhältnisse des Steuerpflichtigen offenlegen. Der Gesetzgeber läßt deshalb den Steuerausweis unter den sonstigen Aufwendungen zu (§ 5, Abs. 5, Satz 2 PublG).

Rechtskräftig veranlagte, aber **noch nicht abgeführte Steuern** sind in der Bilanz als sonstige Verbindlichkeiten auszuweisen. Dementsprechend werden **Steuererstattungsansprüche** für die laufende Periode als sonstiger Vermögensgegenstand ausgewiesen. Dagegen werden Rückerstattungen für frühere Perioden als Korrektur zu den Steueraufwendungen (§ 275, Abs. 2, Nr. 18 bzw. 19 bzw. Abs. 3, Nr. 17 bzw. 18 HGB) erfolgswirksam erfaßt. Ausnahmsweise dürfen Erstattungsansprüche für frühere Jahre auch mit Nachforderungen für frühere Jahre verrechnet werden; das gilt auch für nicht mehr benötigte Steuerrückstellungen, sofern sie für die gleiche Steuerart gebildet wurden.

Die Notwendigkeit, Steuerrückerstattungen in der Gewinn- und Verlustrechnung als Korrektur zu den Steuern vom Einkommen und vom Ertrag bzw. zu den sonstigen Steuern zu behandeln, ergibt sich aus der Tatsache, daß § 275 HGB keine Position „Erträge aus der Auflösung von Rückstellungen" kennt. In Frage käme zwar eine Subsumierung von Erträgen aus der Auflösung von Steuerrückstellungen und von Steuerrückerstattungen unter die sonstigen betrieblichen Erträge, allerdings kann dieser Weg deshalb nicht beschritten werden, weil die Steuerbelastung zusammengefaßt sowohl für das Ergebnis der gewöhnlichen Geschäftstätigkeit als auch für das außerordentliche Ergebnis auszuweisen ist. Ein Ausweis als sonstiger betrieblicher Ertrag würde aber steuerliche Tatbestände zum Ergebnis der gewöhnlichen Geschäftstätigkeit zählen. Es bleibt nur die Möglichkeit, Erträge aus der Auflösung von Steuerrückstellungen und Steuerrückerstattungen als Korrekturen zu den Steueraufwendungen anzusehen. Dieser Behandlung steht auch nicht das Saldierungsverbot aus § 246, Abs. 2 HGB entgegen, da § 275 HGB den Terminus Steuern verwendet und damit nicht nur Steueraufwendungen, sondern auch -erträge umfaßt (*Bullinger*, Rechnungslegung, B 338, Tz. 85f.). Gleichwohl erscheint aus internen Gründen eine buchhalterische Trennung der periodenbezogenen Steuern von den periodenfremden Teilen sinnvoll, um ein periodengerechtes Betriebsergebnis ermitteln zu können.

Zuschläge zu den Steuerzahlungen wie z. B. **Säumnis- oder Verspätungszuschläge** (§§ 152, 240 AO) teilen bilanziell und damit auch buchtechnisch das gleiche Schicksal wie die zugrundeliegende Steuer (Abschn. 121, Abs. 1 EStR). Damit dürfen nur die Säumnis- oder Verspätungszuschläge als Steueraufwand verbucht werden, die in Zusammenhang mit einer Aufwandsteuer erhoben werden. Steuerliche **Bußgelder** (§§ 377ff. AO) und **Steuerstrafen** (§§ 385ff. AO) gelten demgegenüber grundsätzlich als privat veranlaßt und sind deshalb auf dem Privatkonto zu erfassen (§ 4, Abs. 5, Nr. 8 EStG; Abschn. 120, Abs. 1 EStR).

8.2 Steuerabgrenzung

Eine Steuerabgrenzung wird immer dann notwendig, wenn die tatsächliche, nach steuerrechtlichen Vorschriften ermittelte Steuerzahlung von der fiktiven, vom Handelsbilanzgewinn ausgehenden Steuerlast abweicht. Tatsächliche Steuerzahlung und handelsbilanzieller Gewinn lassen sich dann nicht mehr in einen sinnvollen Kontext fügen; der Einblick in die Vermögens-, Finanz- und Ertragslage ist damit gestört. Aus dem Grundsatz periodengerechter Abgrenzung (vgl. Teil A, Abschn. 1.222, S. 29) folgt nämlich, daß nur die im Abrechnungszeitraum verursachte, d.h. die vom Handelsbilanzgewinn ausgehende Steuerbelastung als Aufwand in die Abrechnungsperiode einfließen darf. Dementsprechend ist der betragsmäßige Unterschied zwischen realer Steuerzahlung und fiktiver Steuerlast erfolgsneutral zu stellen (wenn Steuerbilanzgewinn > Handelsbilanzgewinn) bzw. erfolgswirksam zu behandeln (wenn Steuerbilanzgewinn < Handelsbilanzgewinn). Die Aussagekraft des Jahresabschlusses kann somit durch eine Steuerabgrenzung (Ausweis latenter Steuern) wieder hergestellt werden. Allerdings gilt dies nur für die steuerbaren Gewinndifferenzen, die sich im Zeitablauf ausgleichen **(timing differences).** Zeitlich unbeschränkte oder sich erst bei der Unternehmensliquidation ausgleichende Unterschiede (**permanent differences**) erfüllen dagegen die Bedingungen für eine Abgrenzung nicht. Zu den zeitlich unbeschränkten Differenzen sind z. B. die Vermögensteuern zu zählen, die zwar Aufwand darstellen, aber steuerrechtlich nicht abzugsfähig sind, während steuerrechtlich nicht absetzbare Abschreibungen auf Grundstücke zu Differenzen führen, die sich im Zweifel erst bei der Liquidation des Unternehmens ausgleichen und somit ebenfalls nicht in die Steuerabgrenzung einbezogen werden. Die Abbildung auf S. 181 gibt die unterschiedlichen Abweichungen des Handelsbilanz- vom Steuerbilanzgewinn für zeitlich begrenzte Differenzen wieder.

Ein zu niedrig ausgewiesener Steueraufwand (Fälle 1 und 2) wird durch die Bildung einer **Rückstellung für latenten Steueraufwand** korrigiert; Kapitalgesellschaften haben eine solche passive Steuerabgrenzung zwingend vorzunehmen und sie in der Bilanz oder im Anhang gesondert anzugeben (§ 274, Abs. 1 HGB). Übersteigt dagegen die Ertragsteuerbelastung aufgrund der Steuerbi-

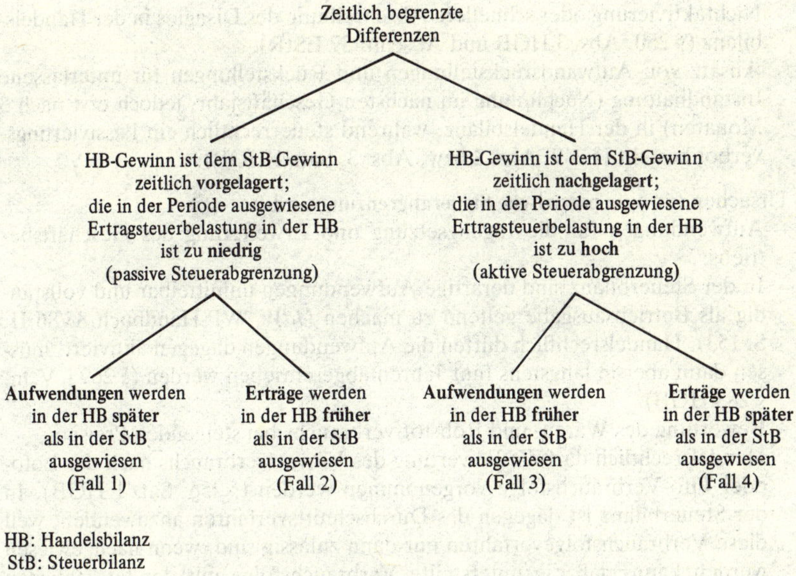

Ursachen zeitlich begrenzter Differenzen bei latenten Steuern

lanz den sich (fiktiv) aus dem Handelsbilanzergebnis ergebenden Steueraufwand (Fälle 3 und 4), so bedarf es einer **aktiven Steuerabgrenzung,** um eine Kongruenz zwischen Handelsbilanzergebnis und in der Handelsbilanz ausgewiesenem Steueraufwand zu erreichen. Für Kapitalgesellschaften sieht § 274, Abs. 2 HGB ein Wahlrecht hinsichtlich des Ansatzes aktiver latenter Steuern vor. Die nicht zwingend vorgeschriebene, sondern lediglich als **Bilanzierungshilfe** gewährte Möglichkeit zur Aktivierung von latenten Steuern ist Ausdruck des Vorsichtsprinzips, denn der Abgrenzungsposten verkörpert eine erst in späteren Perioden auftretende und damit noch nicht realisierte Steuerentlastung. Dies ist auch der Grund, warum im Falle einer aktiven Steuerabgrenzung ein Betrag in Höhe des Abgrenzungspostens ausschüttungsgesperrt bleibt (§ 274, Abs. 2, Satz 3 HGB). Gewinne dürfen daher erst dann wieder ausgeschüttet werden, wenn die jederzeit auflösbaren Gewinnrücklagen zuzüglich eines Gewinnvortrags abzüglich eines Verlustvortrags die aktive Steuerabgrenzung überschreiten.

Wegen des Maßgeblichkeitsprinzips der Handels- für die Steuerbilanz können latente Steueraufwendungen nur in sehr begrenztem Rahmen auftreten. Die wichtigsten **Ursachen** sind auf wenige typische Bilanzierungsvorgänge zurückzuführen, von denen nachfolgend einige beispielhaft genannt sind:

Ursachen einer **aktivischen Steuerabgrenzung** sind:

- Nichtaktivierung oder schnellere Abschreibung des Geschäfts- oder Firmenwertes in der Handelsbilanz (§ 255, Abs. 4 HGB und § 7, Abs. 1, Satz 3 EStG).
- Niedrigerer Ansatz der Herstellungskosten in der Handelsbilanz als in der Steuerbilanz (§ 255, Abs. 2 HGB und Abschn. 33 EStR).

- Nichtaktivierung oder schnellere Abschreibung des Disagios in der Handelsbilanz (§ 250, Abs. 3 HGB und Abschn. 37 EStR).
- Ansatz von Aufwandsrückstellungen und Rückstellungen für unterlassene Instandhaltung (Nachholung im nächsten Geschäftsjahr, jedoch erst nach 3 Monaten) in der Handelsbilanz, während steuerrechtlich ein Passivierungsverbot besteht (§ 249, Abs. 2 bzw. Abs. 3, Satz 1 HGB).

Ursachen für eine **passivische Steuerabgrenzung** sind:

- Aufwendungen für die Ingangsetzung und Erweiterung des Geschäftsbetriebs:
  In der Steuerbilanz sind derartige Aufwendungen unmittelbar und vollständig als Betriebsausgabe geltend zu machen (*IdW,* WP-Handbuch 85/86 II, S. 153). Handelsrechtlich dürfen die Aufwendungen dagegen aktiviert, müssen dann aber in längstens fünf Jahren abgeschrieben werden (§ 269 i. V. m. § 283 HGB).
- Bewertung des Waren- und Rohstoffverbrauchs bei steigenden Preisen:
  Handelsrechtlich darf die Bewertung des Vorratsverbrauchs nach der Lofo- oder Fifo-Verbrauchsfolge vorgenommen werden (§ 256, Satz 1 HGB). In der Steuerbilanz ist dagegen das Durchschnittsverfahren anzuwenden, weil diese Verbrauchsfolgeverfahren nur dann zulässig sind, wenn nachgewiesen werden kann, daß die unterstellte Verbrauchsfolge mit der tatsächlichen übereinstimmt (Abschn. 36, Abs. 3 EStR). Ein Nachweis des Lofo-Verfahrens ist jedoch ausgeschlossen und ein Nachweis des Fifo-Verfahrens nicht immer möglich (im einzelnen s. Teil B, Abschn. 3.122.3, S. 469ff.).
- Preissteigerungsrücklage nach § 74 EStDV:
  Für Roh-, Hilfs- und Betriebsstoffe, halbfertige Erzeugnisse, fertige Erzeugnisse und Waren, die vertretbare Wirtschaftsgüter sind, konnte für Wirtschaftsjahre, die vor dem 1. 1. 1990 endeten, sofern der Börsen- oder Marktpreis (Wiederbeschaffungspreis) am Schluß des Wirtschaftsjahres gegenüber dem Börsen- oder Marktpreis (Wiederbeschaffungspreis) am Schluß des vorangegangenen Wirtschaftsjahres um mehr als 10 v. H. gestiegen war, eine steuerfreie Rücklage in der Steuerbilanz gebildet werden (im einzelnen s. Teil A, Abschn. 10.62, S. 263ff.).
- Zuschreibungen beim abnutzbaren Anlagevermögen in der Handelsbilanz nach § 280, Abs. 1 HGB, in Wirtschaftsjahren, die vor dem 1. 1. 1990 endeten (im einzelnen s. Teil A, Abschn. 10.42, S. 237ff.).

Buchungstechnisch werden latente Steuern wie folgt erfaßt:

1. Aktivische Steuerabgrenzung:

- Zeitpunkt des Entstehens des Differenzbetrages:

Abgrenzungsposten wegen voraussichtlicher Steuerentlastung nachfolgender Geschäftsjahre	**an**	latenter Steuerertrag

- Auflösung des Abgrenzungspostens:

Latenter Steuerertrag	**an**	Abgrenzungsposten wegen voraussichtlicher Steuerentlastung nachfolgender Geschäftsjahre

Beispiel:

Eine Kapitalgesellschaft hat ein Darlehen mit einer Laufzeit von 5 Jahren aufgenommen. Das Disagio in Höhe von 250 wird in der Handelsbilanz sofort als Aufwand verbucht, während es in der Steuerbilanz aktiviert und über die Laufzeit abgeschrieben wird. Der Ertragsüberschuß vor Ertragsteuern beträgt 1.000; der Körperschaftsteuersatz beträgt 50%.

	Handelsbilanz		Steuerbilanz	
	t_1	$t_2 \ldots t_5$	t_1	$t_2 \ldots t_5$
laufende Ertragsüberschüsse	1.000	1.000	1.000	1.000
./. Aufwand/Abschreibungen aus Disagio	250	–	50	50
= Gewinn vor Steuern	750	1.000	950	950
./. Körperschaftsteuer (50%)				
Handelsbilanz (fiktiv)	(375)	(500)		
Steuerbilanz/Steuerzahlung	475	475	475	475
Abgrenzungsposten wegen voraussichtlicher Steuerentlastung	+ 100	./. 25		
= Gewinn nach Körperschaftsteuer	375	500	475	475

Buchungssätze:

t_1: Abgrenzungsposten wegen voraussichtlicher Steuerentlastung nachfolgender Geschäftsjahre 100 **an** Latenter Steuerertrag 100

$t_2 \ldots t_5$: Latenter Steuerertrag 25 **an** Abgrenzungsposten wegen voraussichtlicher Steuerentlastung nachfolgender Geschäftsjahre 25

2. Passivische Steuerabgrenzung:

– Zeitpunkt des Entstehens des Differenzbetrages

Latenter Steueraufwand **an** Rückstellungen für latente Steuern

– Auflösung der Rückstellung

Rückstellungen für latente Steuern **an** Latenter Steueraufwand

Beispiel:

Ein Unternehmen hat Aufwendungen für die Ingangsetzung des Geschäftsbetriebes von 1.000, die über die Periode t_2 bis t_5 linear abgeschrieben werden sollen. Sein Gewinn vor Ertragsteuern beträgt jährlich 5.000. Der Körperschaftsteuersatz beträgt 50%.

	Handelsbilanz		Steuerbilanz	
	t_1	$t_2 \dots t_5$	t_1	$t_2 \dots t_5$
laufende Ertragsüberschüsse	5.000	5.000	5.000	5.000
+ Aktivierung der Kosten der Ingangsetzung	1.000	–	–	–
./. Abschreibung		250	–	–
= Gewinn vor Steuern	6.000	4.750	5.000	5.000
./. Körperschaftsteuer (50%) Handelsbilanz (fiktiv)	(3.000)	(2.375)		
Steuerbilanz/Steuerzahlung	2.500	2.500	2.500	2.500
Rückstellungen für latente Steuern	./. 500	+ 125		
= Gewinn nach Körperschaftsteuer	3.000	2.375	2.500	2.500

Buchungssätze:

t_1: Latenter Steueraufwand 500 **an** Rückstellungen für latente Steuern 500

$t_2 \dots t_5$: Rückstellungen für latente Steuern 125 **an** Latenter Steueraufwand 125

Eine Auflösung des Abgrenzungspostens bzw. der Rückstellung für latente Steuern hat immer dann zu erfolgen, wenn die Steuerentlastung bzw. die höhere Steuerbelastung eintritt oder wenn damit zu rechnen ist, daß es nicht zu einer Steuerentlastung bzw. zu einer höheren Steuerbelastung kommt, d.h. die Steuerabgrenzung ganz oder teilweise zu Unrecht vorgenommen wurde (§ 274, Abs. 1, Satz 2 und Abs. 2, Satz 4 HGB).

Die Zukunftsbezogenheit der Steuerabgrenzung verursacht in der Praxis Probleme bei der Bemessung des Abgrenzungspostens bzw. der Rückstellung. Die Antizipation künftiger Steuerentlastungen bzw. -belastungen erfordert die Verwendung **künftiger Steuersätze** zur Bestimmung des latenten Steuerbetrages. Erschwert wird die Wahl des entsprechenden Steuersatzes zusätzlich durch die Existenz gespaltener Körperschaftssteuersätze. Das Anrechnungsverfahren in Verbindung mit unterschiedlichen Steuersätzen für Ausschüttung und Thesaurierung hat zur Folge, daß die Steuerbelastung einer Periode sowohl vom Zeitpunkt der Ausschüttung als auch von den Teilen des verwendbaren Eigenkapitals, die zur Ausschüttung herangezogen werden, abhängt. Eine exakte Lösung dieser Problematik gibt es nicht; auch der Gesetzgeber schreibt keinen bestimmten Steuersatz zur Ermittlung latenter Steuern vor. Aus Praktikabilitätsgründen und wegen des Ziels, zukünftige Steuerbelastungen bzw. -entlastungen zu ermitteln, liegt es nahe, den Thesaurierungssatz heranzuziehen (*Küting/Weber,* Rechnungslegung, S. 1051). Ebenso sind jedoch auch andere Steuersätze möglich, die sich beispielsweise als Durchschnittswerte aufgrund vergangener und beabsichtigter künftiger Ausschüttungen ergeben können.

Ein weiteres, im Steuerrecht begründetes Problem bei der Bildung latenter Steuern besteht in der **Steuerabgrenzung in Verlustjahren.** Nach § 10d EStG kann ein negativer Gesamtbetrag der Einkünfte bis zu einer Höhe von 10 Mio. DM auf die beiden vorhergehenden Jahre zurückgetragen werden,

d. h. mit dem Gewinn dieser Jahre verrechnet werden. Diejenigen Verluste, die nicht durch den Verlustrücktrag ausgeglichen werden können, dürfen ohne zeitliche Beschränkung auf die folgenden Jahre vorgetragen werden. Da Verlustvor- und -rückträge die Höhe der zeitlichen Differenzen zwischen handelsrechtlichem Ergebnis und dem Steuerbilanzergebnis beeinflussen, ergeben sich Schwierigkeiten hinsichtlich der Steuerabgrenzung, wenn zeitliche Differenzen im Verlustjahr und in der Vortrags- bzw. Rücktragsperiode bestehen. Ein **Verlustrücktrag** führt in Verbindung mit Ergebnisunterschieden im Jahr des Verlustes oder im Rücktragsjahr dazu, daß in vergangenen Jahren gebildete Steuerabgrenzungen, die sich in der Verlustperiode umkehren, aufzulösen sind. Gegenläufig dazu werden häufig Steuerabgrenzungen für neu auftretende zeitliche Differenzen notwendig, so daß eine Vermischung latenter Steuern entsteht. Durch die Korrektur der latenten Steuern aufgrund eines Verlustrücktrages schlägt sich also nicht der steuerliche, sondern der handelsrechtliche Rücktragseffekt in der Gewinn- und Verlustrechnung nieder.

Beispiel:

Eine Kapitalgesellschaft weist in den ersten beiden Perioden ein Handelsbilanzergebnis von 3.000 und ein Steuerbilanzergebnis von 2.000 aus, während in Periode 3 ein Handelsbilanzverlust von 5.000 und ein steuerlicher Verlust von 4.000 entsteht, der steuerrechtlich auf die beiden vorhergehenden Perioden zurückgetragen wird. Der Steuersatz beträgt 50%.

Periode	1	2	3
Handelsbilanzergebnis	3.000	3.000	./. 5.000
Steuerbilanzergebnis	2.000	2.000	./. 4.000
Temporäre Differenz	1.000	1.000	./. 1.000
Kumulierte temporäre Differenz	1.000	2.000	1.000
Steueraufwand			
– fiktiv	1.500	1.500	./. 2.500
– effektiv	1.000	1.000	./. 2.000
– latent	500	500	./. 500
Rückstellung für latente Steuern	500	1.000	500

Die zeitlichen Ergebnisunterschiede in den beiden ersten Perioden führen jeweils zu einer passivischen Steuerabgrenzung von 500. Der steuerliche Verlustrücktrag von 4.000 zusammen mit der Umkehrung der Ergebnisunterschiede im Verlustjahr macht eine Auflösung der Rückstellung für latente Steuern in Höhe von 500 erforderlich.

Während im Falle eines Verlustrücktrages in der Verlustperiode Klarheit darüber herrscht, ob eine Steuerminderung bzw. -rückerstattung eintritt, hängt dies beim **Verlustvortrag** davon ab, ob in den folgenden Perioden tatsächlich ein Steuerbilanzgewinn erzielt wird. Da ein Verlustvortrag die künftige steuerliche Belastung auf zeitliche Differenzen in der Vortragsperiode beeinflußt, wird eine Auflösung des Steuerabgrenzungspostens notwendig, wenn mit einer künftigen Steuerbelastung bzw. -rückerstattung nicht mehr zu rechnen ist.

Hierzu bedarf es einer Differenzierung zwischen aktivischen und passivischen Steuerabgrenzungen (*Küting/Weber,* Rechnungslegung, S. 1054ff.):

Ein **aktiver** Steuerabgrenzungsposten ist **aufzulösen,** wenn sich die zeitlichen Differenzen im Vortragszeitraum umkehren und in den Vortragsperioden mit weiteren Verlusten gerechnet wird. Die künftigen Verluste machen eine künftige Steuerentlastung, die durch die aktiven latenten Steuern repräsentiert wird, unmöglich. Es bedarf deshalb gemäß § 274, Abs. 2, Satz 4 HGB einer Auflösung des aktiven Abgrenzungspostens. Der Abgrenzungsposten braucht hingegen nicht aufgelöst zu werden, wenn in den dem Verlustjahr folgenden Perioden Gewinne erwartet werden, so daß auch mit einem ausreichenden Handelsbilanzergebnis zur Amortisation der Steuerabgrenzung gerechnet werden kann.

Ein **passiver** Steuerabgrenzungsposten ist **aufzulösen,** wenn in den folgenden Perioden voraussichtlich wieder Gewinne erzielt werden und die zeitlichen Differenzen sich umkehren. Die in der Rückstellung für latente Steuern zum Ausdruck kommende zukünftige Steuerbelastung wird in diesem Fall durch den Verlustvortrag neutralisiert, so daß sich handelsrechtlich eine Auflösung der Rückstellung als notwendig erweist. Die Höhe der Rückstellungsauflösung ergibt sich als niedrigerer Wert aus der Steuerentlastung aufgrund des Verlustvortrages und den sich in der Vortragsperiode umkehrenden zeitlichen Differenzen, multipliziert mit dem entsprechenden Steuersatz.

Beispiel:

Eine Kapitalgesellschaft weist in den Perioden 1 und 2 jeweils Gewinne aus, die zu einem am Ende von Periode 2 existierenden Bestand zeitlich beschränkter Differenzen von 3.200 führen. Die daraus resultierende Rückstellung für latente Steuern beträgt somit bei einem angenommenen Steuersatz von 50% am Ende der 2. Periode 1.600. In Periode 3 wird nun ein Handelsbilanzverlust von 9.000 und ein steuerlicher Verlust von 10.000 erwirtschaftet. Steuerlich ist somit ein Verlustrücktrag in Höhe von 2.800 möglich, so daß auf den Verlustvortrag 7.200 entfallen, die mit den in den Perioden 4, 5 und 6 erzielten Gewinnen verrechnet werden.

Periode	1	2	3	4	5	6	7
Handelsbilanzergebnis	4.000	2.000	./. 9.000	2.000	400	2.000	3.600
Steuerbilanzergebnis	2.000	800	./. 10.000	1.000	3.200	4.000	4.000
Temporäre Differenz	2.000	1.200	1.000	1.000	./. 2.800	2.000	./. 400
Kumulierte temporäre Differenz	2.000	3.200	4.200	5.200	2.400	400	–
Steueraufwand							
– fiktiv	2.000	1.000	./. 2.800	–	–	500	1.800
– effektiv	1.000	400	./. 1.400	–	–	500	2.000
– latent	1.000	600	./. 1.400	–	–	–	./. 200
Rückstellung für latente Steuern	1.000	1.600	200	200	200	200	–

Von der am Ende der Periode 2 bestehenden kumulierten temporären Differenz von 3.200 führt aufgrund der in Periode 3 eintretenden Verlustsituation nur der sich in Periode 7 umkehrende Betrag von 400 zu der durch die Steuerrückstellung in Höhe von 1.600 vorweggenommenen künftigen Steuerbelastung; die der restlichen kumulierten temporären Differenz von 2.800 entsprechende zukünftige Steuermehrbelastung wird durch den Verlustvortrag neutralisiert. Die in den Perioden 3 und 4 sich ergebenden temporären Differenzen von jeweils 1.000, die eigentlich zu einer Erhöhung der Rückstellung für latente Steuern von insgesamt 1.000 führen müßten, können sich tatsächlich nicht auf fiktive Steuerbelastungen in den Perioden

3 und 4 auswirken, da die aus der Umkehrung dieser temporären Differenzen resultierenden Steuerwirkungen durch den Verlustvortrag aufgehoben werden. Des weiteren kann auch die Umkehrung der temporären Differenzen in den Perioden 5 und 6 (– 2.800 und – 2.000) nicht zu einem latenten Steuerertrag führen. Daher ist die in Höhe von 1.600 bestehende Rückstellung für latente Steuern um 1.400 erfolgswirksam zu verringern. Zusammen mit dem tatsächlichen Steuerertrag von 1.400 aus dem Verlustrücktrag ergibt sich demnach ein fiktiver Steuerertrag von 2.800 in Periode 3. Lediglich eine Rückstellung von 200 bleibt aufgrund der sich in Periode 7 umkehrenden temporären Differenz von 400 am Ende der Periode 3 bestehen. Erst die in Periode 7 erfolgende Umkehrung temporärer Differenzen führt zu einem latenten Steuerertrag von 200, der aus der Auflösung der bis zur Periode 7 fortgeführten Rückstellung für latente Steuern resultiert.

Der **Ausweis** von Steuerabgrenzungen in der Gewinn- und Verlustrechnung erfolgt unter der Position „Steuern vom Einkommen und vom Ertrag", die damit neben dem effektiven Ertragsteueraufwand auch die latenten Ertragsteueraufwendungen und -erträge sowie Aufwendungen und Erträge aus der Korrektur latenter Steuerposten beinhaltet. Zurechnungsschwierigkeiten treten auf, wenn ein außerordentliches Ergebnis gemäß § 275, Abs. 2, Nr. 17 bzw. Abs. 3, Nr. 16 HGB ausgewiesen wird. In diesem Fall müssen im Anhang darüber Angaben gemacht werden, in welchem Umfange die Steuern vom Einkommen und vom Ertrag das außerordentliche Ergebnis belasten. Zu dieser Angabe bedarf es der Trennung der latenten Steueraufwendungen und -erträge in einen auf das Ergebnis der gewöhnlichen Geschäftstätigkeit entfallenden und einen dem außerordentlichen Ergebnis anzurechnenden Teil.

Der Ausweis latenter Steuern in der Bilanz erfolgt bei passivischen Steuerabgrenzungen entweder gesondert unter den Rückstellungen oder als Angabe im Anhang (§ 274, Abs. 1, Satz 1 HGB). Aktivische Steuerabgrenzungsposten sind dagegen unter den Forderungen und sonstigen Vermögensgegenständen gesondert auszuweisen und im Anhang zu erläutern; möglich erscheint auch ein Ausweis als gesonderter Posten zwischen Umlaufvermögen und Rechnungsabgrenzungsposten.

Treten mehrere zeitliche Ergebnisunterschiede auf, die zum einen eine aktivische Steuerabgrenzung ermöglichen, aber zum anderen auch eine Rückstellung für latente Steuern erfordern, so gebietet § 274 HGB bei wörtlicher Auslegung – trotz der damit verbundenen Einschränkung der Informationsfunktion – eine Saldierung; dementsprechend wird in der Bilanz also nur ein aktivischer **oder** ein passivischer Steuerabgrenzungsposten ausgewiesen.

Übungsbeispiel:

Die folgenden Geschäftsvorfälle sind unter Heranziehung des Großhandelskontenrahmens zu kontieren:

1) Laufende Grundsteuer von 250 für ein Betriebsgrundstück wurde durch LZB-Anweisung bezahlt.
2) An die Stadtkasse wurde Gewerbesteuer in Höhe von 12.000 überwiesen. Zu einem Teilbetrag von 4.500 stellte diese Steuerzahlung eine Nachzahlung auf die Steuerschuld des Vorjahres dar, für die unter Konto: 09220 Gewerbesteuerrückstellung 4.000 ausgewiesen sind. 7.500 waren zur Abdeckung der Gewerbesteuervorauszahlungen für das laufende Jahr bestimmt.

3) Am Ende des Monats wurde das Mehrwert- und Vorsteuerkonto abgeglichen und die anstehende Zahllast an das Finanzamt durch Postscheck überwiesen. Auf den Konten waren folgende Salden ausgewiesen:

	Soll	Haben
114 Vorsteuer	2.500	
194 Mehrwertsteuer		4.750

Die Abgleichung soll auf dem Konto: 1949 Umsatzsteuerverrechnung durchgeführt werden.

4) Für die Besteuerung eines Besitzwechsels wurden Wechselsteuermarken zu 15 bar bezahlt.

5) Die Einkommen- und Kirchensteuernachzahlung für den geschäftsführenden Gesellschafter wurde durch Scheck über 2.400 beglichen.

6) Die Lohn- und Kirchensteuerabzüge von 8.750 (verbucht auf Konto: 1921 Noch abzuführende Lohn- und Kirchensteuer) wurde über LZB dem Finanzamt überwiesen.

7) Ein Grundstück, auf dem ein Erweiterungsbau erstellt werden soll, ist mit folgenden Daten angeschafft worden:

Banküberweisung an Verkäufer	40.000
Übernahme des Hypothekenkredits	40.000
Grunderwerbsteuer (dem Finanzamt über Postscheckkonto überwiesen)	1.600
Anschaffungskosten	81.600

8) Für den Lastkraftwagen wurde die Kraftfahrzeugsteuer in Höhe von 1.000 überwiesen.

9) Für die zu erwartende Gewerbesteuerabschlußzahlung des laufenden Jahres soll eine Rückstellung in Höhe von 3.500 gebildet werden.

10) Für Steuern auf Gebäude sind noch 500 rückständig.

11) Das Unternehmen erhält eine Steuerrückerstattung von 2.000. Davon entfallen 500 auf die in der letzten Periode geleistete Steuerzahlung und 1.500 betreffen die laufende Periode.

12) Beim Kauf von Wertpapieren im Werte von 10.000 sind von der Bank 2,5 ‰ Börsenumsatzsteuer und 20 als Provision berechnet worden.

Lösung: Buchungssätze

1)	5232	Grundsteuer	250	an	153	LZB-Guthaben	250
2)	09220	Gewerbesteuerrückstellung	4.000				
	520	Gewerbesteuer	8.000	an	13	Guthaben bei Kreditinstituten	12.000
3)	1949	Umsatzsteuerverrechnung	2.500	an	114	Vorsteuer	2.500
	194	Mehrwertsteuer	4.750	an	1949	Umsatzsteuerverrechnung	4.750
	1949	Umsatzsteuerverrechnung	2.250	an	151	Postscheckguthaben	2.250
4)	5230	Wechselsteuer	15	an	1500	Hauptkasse	15
5)	160	Privat Geschäftsführer	2.400	an	13	Guthaben bei Kreditinstituten	2.400

6)	1921	Noch abzuführende Lohn- und Kirchensteuer	8.750	an	153	LZB-Guthaben	8.750
7)	01	Unbebaute Grundstücke	81.600	an	13	Guthaben bei Kreditinstituten	40.000
					070	Hypotheken	40.000
					151	Postscheckguthaben	1.600
8)	5231	Kraftfahrzeugsteuer	1.000	an	13	Guthaben bei Kreditinstituten	1.000
9)	520	Gewerbesteuer	3.500	an	09220	Gewerbesteuerrückstellung	3.500
10)	230	Haus- und Grundstückssteuern sowie -abgaben	500	an	192	Noch abzuführende Abgaben (Sonst. Verbindl.)	500
11)	153	LZB-Guthaben	2.000	an	52	Steuern	500
					112	Sonstige kurzfristige Forderungen	1.500
12)	051	Wertpapiere	10.045	an	13	Guthaben bei Kreditinstituten	10.045

8.3 Zuwendungen

Im Rahmen staatlicher Förderungsprogramme gewährt die öffentliche Hand **Subventionen;** das sind **direkte Geldleistungen** (= Ausgaben) des Staates (Finanzhilfen) oder **steuerliche Vergünstigungen** (= staatliche Mindereinnahmen). Mit Subventionen werden vielfältige Zwecke verfolgt: sie dienen beispielsweise dem Schutz der Unternehmen vor in- und ausländischer Konkurrenz, der finanziellen Stärkung von Betrieben bei schwacher Konjunktur bzw. im wirtschaftlichen Strukturwandel, der Anregung bestimmter Unternehmensentscheidungen, dem Ausgleich regionaler Standortnachteile oder der Sicherung einer ausreichenden Selbstversorgung bei wichtigen Rohstoffen und Nahrungsmitteln. Neben dem Unternehmenssektor fließen Subventionen besonders auch dem Wohnungsbau, der Landwirtschaft und in Form der Sparförderung den privaten Haushalten zu. Im einzelnen können Subventionen in **Steuererleichterungen, Zuwendungen, Zuschüssen, Zulagen, Prämien** oder **Beihilfen** bestehen. Während die Bilanzierung von Steuererleichterungen, wie z.B. Sonderabschreibungen oder rückzahlbarer Zuwendungen, keiner buchtechnischen Sonderbehandlung bedarf, da sie abrechnungstechnisch wie andere Abschreibungen oder Verbindlichkeiten behandelt werden (vgl. Teil A, Abschn. 10.3, S. 212ff.), erfordert die Gruppe der nicht oder nur bedingt rückzahlbaren Zuwendungen die Beachtung buchtechnischer Besonderheiten. Unter dem Oberbegriff **finanzielle Zuwendungen** läßt sich diese Gruppe wie auf S. 190 systematisieren.

Zuschüsse, z.B. zur Förderung von Investitionen, sind grundsätzlich **steuerpflichtig.** Dem Bilanzierenden eröffnet sich deshalb in der Steuerbilanz ein **Ansatzwahlrecht.** Zum einen kann die Investition mit den vollen Anschaffungs-

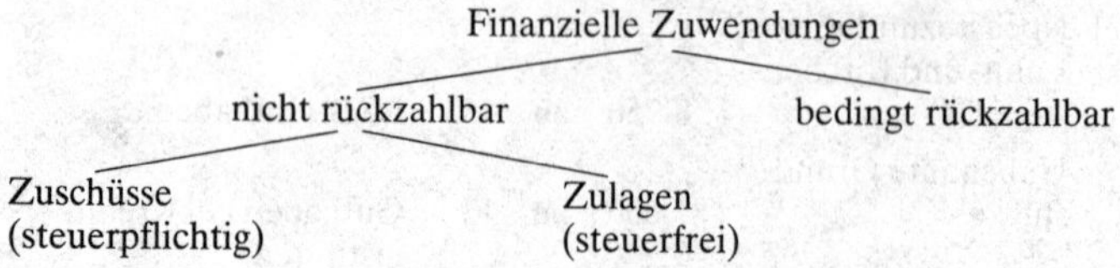

Systematisierung finanzieller Zuwendungen

bzw. Herstellungskosten aktiviert und der Zuschuß sofort als steuerpflichtige Einnahme verbucht werden, zum anderen ist aber auch eine unmittelbare Minderung der Anschaffungs- bzw. Herstellungskosten um den Zuschuß und somit eine Nettoaktivierung möglich. Im zweiten Fall führt die zunächst erfolgsneutrale Vereinnahmung erst über das verringerte Abschreibungspotential des begünstigten Wirtschaftsgutes zur sukzessiven Erfolgswirksamkeit.

Handelsrechtlich erscheint dagegen ein solches Wahlrecht zwischen einer sofortigen erfolgswirksamen Behandlung und einer Minderung der Anschaffungs- bzw. Herstellungskosten nicht in jedem Fall korrekt. Für die Zwecke der Handelsbilanz bedarf es vielmehr einer Differenzierung der Zuschüsse hinsichtlich der angestrebten Wirkung. Gemäß diesem Kriterium kann zwischen Zuschüssen unterschieden werden, bei denen eine Gegenleistung des Empfängers gegenüber dem Geber oder einem Dritten erforderlich ist, und Zuschüssen, die zum Zwecke der allgemeinen Wirtschaftsförderung ohne Gegenleistungsverpflichtung gewährt werden. Sowohl bei Gegenleistungsverpflichtungen, die sich auf einen konkreten Zeitraum beziehen, als auch bei Gegenleistungen, die während der Nutzungsdauer einer geförderten Investition erlangt werden, wird die Bildung eines **passiven Rechnungsabgrenzungspostens** notwendig, da eine Einnahme vorliegt, die Ertrag für eine – im weiten Sinne verstanden – bestimmte Zeit nach dem Abschlußstichtag darstellt. Zuschüsse dagegen, die der allgemeinen Förderung der Wirtschaft dienen und deshalb keine Gegenleistungsverpflichtung begründen, sind erfolgsneutral von den Anschaffungs- oder Herstellungskosten abzusetzen oder erfolgswirksam zu behandeln, d. h. der Gewinn im Jahre der Zuschußgewährung erhöht sich um den entsprechenden Betrag. Die unterschiedliche steuerliche und handelsrechtliche Behandlung soll an folgendem Beispiel veranschaulicht werden:

Beispiel: Kauf einer Maschine für 100.000 unter Gewährung eines staatlichen Zuschusses von 10% der Anschaffungskosten.

Buchungssätze:

Kauf der Maschine, Vereinnahmung des Zuschusses

Maschine	100.000	**an**	Bank	100.000
Bank	10.000	**an**	Zuschüsse	10.000

Verwendung des Zuschusses

a) steuerlich:

– sofortige erfolgswirksame Vereinnahmung des Zuschusses

Zuschüsse	10.000	**an**	Erträge aus Zuschüssen	10.000

oder

– erfolgsneutrale Vereinnahmung durch Anschaffungskostenminderung

Zuschüsse	10.000	**an**	Maschinen	10.000

b) handelsrechtlich:

– mit Gegenleistungsverpflichtung

Zuschüsse	10.000	**an**	Passive RAP	10.000

– ohne Gegenleistungsverpflichtung

Zuschüsse	10.000	**an**	Erträge aus Zuschüssen	10.000
oder				
Zuschüsse	10.000	**an**	Maschinen	10.000

Die Führung eines speziellen **Zuschußkontos** ist aus Nachweisgründen (Art der Zulagenverwendung, Zuwendungsbedingungen) erforderlich. Werden Zuschüsse nicht unmittelbar ihrer bestimmungsgemäßen Verwendung zugeführt, dann dürfen die Zuschußbeträge vorübergehend in eine steuerfreie **Zuschußrücklage** (Abschn. 34, Abs. 3 EStR) eingestellt werden (im einzelnen Teil A, Abschn. 10.62, S. 263ff.).

Zulagen, wie z. B. nach dem Investitionszulagengesetz (dieses Gesetz tritt mit Ablauf des 31. 12. 1989 außer Kraft; Übergangsregelungen in § 8, Abs. 1 InvZulG) oder dem Berlinförderungsgesetz, gehören dagegen **nicht** zu den einkommensteuerlichen Einkünften; sie werden handelsrechtlich zum Zeitpunkt der Vereinnahmung erfolgswirksam erfaßt, so daß eine Erhöhung des Jahresüberschusses eintritt. Handelt es sich dabei um eine Zulage, auf die ein Rechtsanspruch besteht, ist es möglich, die Zulage bereits vor der Bewilligung oder der Vereinnahmung erfolgswirksam anzusetzen. Da es sich um steuerfreie Zuwendungen handelt, erfolgt im Rahmen der Ermittlung des steuerpflichtigen Einkommens eine Korrektur des handelsrechtlichen Jahresüberschusses durch Subtraktion des Zulagenbetrages; die Zulage erhöht damit das EK 02 des verwendbaren Eigenkapitals.

Beispiel:

Aufgrund von durchgeführten begünstigten Berlin-Investitionen stellt das Unternehmen am Ende des Jahres einen Antrag auf eine steuerfreie Zulage in Höhe von 5.000.

Buchungssätze:

Forderungen	5.000	**an**	Zulagen	5.000
Zulagen	5.000	**an**	Erträge aus Zulagen	5.000

Die steuerliche Vereinnahmung **bedingt rückzahlbarer** finanzieller Zuwendungen erfordert keine andere buchtechnische Handhabung als bei nicht rückzahlbaren Zuwendungen. Besonderheiten treten erst dann in Erscheinung, wenn die Bedingungen erfüllt werden, an die die Rückzahlung der Zuwendung geknüpft ist. Fällt z. B. ein Sanierungszuschuß mit Wiedererlangung der Ertragsfähigkeit in Abhängigkeit vom erzielten Gewinn weg, so ist der Rückzahlungsverpflichtung durch die Einbuchung einer **Verbindlichkeit** Rechnung zu tragen. Ist die Rückzahlbarkeit einer Zuwendung, z. B. für Erstinvestitionen, von den Erfolgen des geförderten Projekts abhängig, so sind für die erwarteten Erlöse

Rückstellungen für ungewisse Verbindlichkeiten (Rückzahlungen) zu bilden oder bei bereits realisierten Erlösen die feststehenden Verbindlichkeiten zu passivieren.

Ergänzende Literatur zu: 8. Steuern und Zuwendungen

Adler/Düring/Schmaltz, Rechnungslegung, Anm. 26f. zu § 274 HGB
Bornhofen/Busch, Buchführung, S. 315–321
Coenenberg/Hille, Latente Steuern, S. 601–621
Harms/Küting, Latente Steuern, S. 837–846
Heinhold, Buchführung, S. 142–145
Hofbauer, Zulagen und Zuschüsse, S. 653–661
Küting/Weber, Rechnungslegung, S. 1039–1059
Schiederer, Buchführung, S. 158–161
Schöttler/Spulak, Rechnungswesen, S. 164–167

9. Die Verbuchung von Leasinggeschäften

9.1 Bilanzielle Zurechnungskriterien

Unter dem Begriff „Leasing" werden **miet- oder pachtähnliche Verträge** zwischen Vermieter (**Leasinggeber**) und Mieter (**Leasingnehmer**) über die Nutzung von beweglichen oder unbeweglichen Anlagegegenständen subsumiert. Im Gegensatz zu normalen Mietverträgen nach den §§ 535ff. BGB erwachsen dem Mieter aus Leasingverträgen jedoch oftmals erhebliche Risiken und Pflichten. Charakteristisches Merkmal der meisten Leasingverträge ist nämlich die Gefahrenüberwälzung auf den Leasingnehmer (z.B. Risiko der Fehlinvestition, zufälliger Untergang, technische und wirtschaftliche Überholung), ohne daß dadurch dessen Leistungsverpflichtung, also die Entrichtung der Leasinggebühr, berührt wird. Diese Kriterien nähern den Leasingvertrag einem Kaufvertrag an; eine zweifelsfreie Klassifizierung als Miet- oder Kaufvertrag erscheint damit nur in Ausnahmefällen möglich.

Ebenso umstritten ist die bilanzielle Behandlung derartiger Verträge, weil Mietverhältnisse grundsätzlich nicht bilanzierungsfähig, Kaufverträge dagegen stets aktivierungspflichtig sind. Das bilanzielle Schicksal eines Leasinggegenstandes ist daher immer nach den **Umständen des Einzelfalls,** also nach der Ausgestaltung der Leasingvereinbarungen, zu beurteilen: **Handelsrechtlich** unterliegt ein Vermögensgegenstand der Aktivierungspflicht, wenn er zum **wirtschaftlichen Eigentum** des Bilanzierenden zählt. Eine Aktivierung beim Leasingnehmer kommt damit nur dann in Betracht, wenn bei einem Vertrag mit Kaufoption ein Sachzwang zur Ausübung der Option vorliegt (z.B. Mietkauf-Verträge). Alle anderen Vertragsgestaltungen führen zum Ansatz in der Handelsbilanz des Leasinggebers; dem Leasingnehmer verbleibt die Verbuchung der Leasingraten.

Demgegenüber schlägt der *Hauptfachausschuß des Instituts der Wirtschaftsprüfer* in einer – allerdings noch nicht verabschiedeten – Stellungnahme (1/1973, WPg 1973, S. 101f.) vor, zur Verbesserung des Einblicks in die Vermögens-, Ertrags- und Finanzlage Leasingverträge, die in ihrer Gesamtheit von Bedeutung sind, entweder durch

- Aktivierung und gesonderten Ausweis der Leasinggegenstände und Passivierung der entsprechenden Verbindlichkeiten oder
- Vermerk der Verbindlichkeiten aus Leasingverträgen mit Angabe der vor Ablauf von vier Jahren fälligen Beträge unter der Bilanz

offenzulegen. Diesen Forderungen ist der Gesetzgeber in eingeschränktem Maß bei der Fassung des **Bilanzrichtlinien-Gesetzes** nachgekommen. Zu einer obligatorischen Bilanzierungspflicht für Leasingverträge hat sich der Gesetzgeber allerdings nicht durchringen können. Große und mittelgroße Kapitalgesellschaften müssen jedoch bedeutsame Verpflichtungen aus Miet- und Leasingverträgen im Anhang angeben (§ 285, Nr. 3 HGB).

Für die Bilanzierung in der **Steuerbilanz** ist zwar auch der Einzelfall, also die Ausgestaltung des Leasingvertrages, maßgebendes Kriterium, um aber Gewinnverlagerungen zwischen Leasingnehmer und -geber zu unterbinden, haben Rechtsprechung und Finanzverwaltung die Bilanzierungskriterien für das wirtschaftliche Eigentum an Leasinggegenständen konkretisiert. Dabei ist zum einen nach der **Leasingart,** zum anderen nach den das Leasing typisierenden **Merkmalen** zu unterscheiden. Die unterschiedlichen Leasingarten lassen sich entsprechend der **Verteilung des Investitionsrisikos** zwischen Leasingnehmer und -geber wie folgt systematisieren:

Leasingarten / Leasingkriterien	Operating-Leasing	Financial-Leasing	
		Full-Pay-Out-Verträge	Non-Pay-Out-Verträge
Kündigungsmöglichkeit	vorhanden	festgelegte Grundmietzeit	festgelegte Grundmietzeit
Amortisation der Anschaffungs-, Herstellungs- und Nebenkosten des Leasingobjekts	durch mehrmaliges Vermieten	Amortisation durch Leasingraten während der Grundmietzeit	Teilamortisation durch Leasingraten während der Grundmietzeit, abgesicherte Vollamortisation durch Schlußzahlung
Träger des Investitionsrisikos, der Reparaturkosten etc.	Leasinggeber	Leasingnehmer	Leasingnehmer

Verteilung des Investitionsrisikos bei unterschiedlichen Leasingarten

Wichtigstes Unterscheidungsmerkmal der beiden Grundformen Operating- und Financial-Leasing ist die vertragliche Ausgestaltung der Kündigungsmöglichkeiten. Beim **Operating-Leasing** kann das Vertragsverhältnis kurzfristig oder sogar jederzeit von beiden Vertragsparteien gelöst werden. Der Leasinggegenstand muß bei dieser Leasingart deshalb auch regelmäßig ein von mehreren (potentiellen) Mietern nachgefragtes Wirtschaftsgut sein, so daß sichergestellt werden kann, daß auch bei vorzeitiger Vertragskündigung durch den Leasingnehmer ein Weitervermieten möglich und demgemäß ein vollständiger Rückfluß der Anschaffungs- oder Herstellungskosten an den Leasinggeber gewährleistet ist. Das jederzeitige Kündigungsrecht verlagert das **Investitionsrisiko** vollständig auf den Leasinggeber. Steuerrechtlich ist diese Leasingart daher wie ein **Mietvertrag** zu behandeln. Da juristisches und wirtschaftliches Eigentum beim **Leasinggeber** zusammenfallen, hat dieser das Leasingobjekt zu aktivieren und über die betriebsgewöhnliche Nutzungsdauer abzuschreiben. Der Leasingnehmer verbucht die Leasingrate als Aufwand (abzugsfähige Betriebsausgabe), der Leasinggeber als Ertrag (Betriebseinnahme).

Financial-Leasing-Verträge sind dagegen mit einer festgelegten, unkündbaren **Grundmietzeit** ausgestattet, die im allgemeinen kürzer als die betriebsgewöhnliche Nutzungsdauer vereinbart wird. Erhält der Leasinggeber während der Grundmietzeit den vollen Ersatz seiner Anschaffungs- oder Herstellungskosten und darüber hinaus auch die sonstigen Finanzierungs- und Verwaltungskosten sowie einen angemessenen Gewinnaufschlag vergütet, liegt ein sog. **Full-Pay-Out-Vertrag** (Vollamortisations-Leasing) vor. **Non-Pay-Out-Verträge** (Teilamortisations-Leasing) amortisieren sich durch die Leasingratenzahlungen nur anteilig; eine volle Deckung der Gesamtkosten des Leasinggebers ist jedoch auch hier gewährleistet, weil entweder der Verkaufserlös des Leasingobjektes oder aber eine Schlußzahlung des Leasingnehmers zum Ausgleich noch ausstehender Aufwendungsrückflüsse herangezogen wird. Volle Amortisation und unkündbare Verträge überwälzen daher das **Investitionsrisiko** stets auf den **Leasingnehmer,** der sich seinen Ratenzahlungsverpflichtungen auch bei technischem Untergang des Leasingobjektes oder bei Nutzungseinstellung wegen Überalterung oder Nachfragewandel nicht entziehen kann. Selbst im Konkursfall, wo regelmäßig eine Sicherstellung des Leasinggegenstandes durch den Leasinggeber erfolgt, werden die bis zum Ablauf der Grundmietzeit noch ausstehenden Leasingraten sofort fällig gestellt.

Die ertragsteuerliche Behandlung von Finanzierungsleasingobjekten ist nicht abschließend geregelt. Zur Bestimmung des wirtschaftlichen Eigentums existieren zwar Bundesfinanzhof-Urteile (*BFH* v. 26. 1. 1970, BStBl. II 1970, S. 264 ff.) oder Erlasse der Finanzverwaltung (Mobilienerlaß: *BdF* v. 19. 4. 1971, BStBl. I 1971, S. 264 ff.; Immobilienerlaß: *BdF* v. 21. 3. 1972, BStBl. I 1972, S. 188 f.); sie beziehen sich jedoch ausschließlich auf Full-Pay-Out-Verträge. Teilamortisationsverträge sind daher nach den allgemeinen Grundsätzen über das wirtschaftliche Eigentum zu bilanzieren (*BdF* v. 22. 12. 1975, BB 1976, S. 72 f.).

Die Zurechnung des Leasinggegenstandes erfolgt bei **Vollamortisationsverträgen** nach folgenden Kriterien:

- Verhältnis von betriebsgewöhnlicher Nutzungsdauer zur Grundmietzeit des Leasingobjektes,
- Wahrscheinlichkeit der Inanspruchnahme von Kauf- oder Mietverlängerungsoptionen,
- spezieller Zuschnitt des Leasinggegenstandes auf die Verhältnisse des Leasingnehmers.

Danach werden Leasingobjekte, deren Grundmietzeit weniger als 40 v. H. oder mehr als 90 v. H. der betriebsgewöhnlichen, nach den steuerlichen AfA-Tabellen ermittelten Nutzungsdauer beträgt, wirtschaftlich dem **Leasingnehmer** zugerechnet. Die kurze Amortisationszeit im ersten Fall veranlaßt die Finanzbehörde, prinzipiell einen **Ratenkauf** zu unterstellen, obwohl diese Fiktion nur bei Verträgen mit Kauf- oder Mietverlängerungsfunktion zutreffend erscheint. Im zweiten Fall erfolgt die Zurechnung auf den Leasingnehmer, weil das Nutzungspotential des Leasingobjekts fast erschöpft, der Herausgabeanspruch des Leasinggebers mithin wirtschaftlich wertlos ist.

Leasingobjekte mit einer Grundmietzeit zwischen 40 v. H. und 90 v. H. der betriebsgewöhnlichen Nutzungsdauer werden dagegen grundsätzlich beim

Leasinggeber bilanziert, weil der **Herausgabeanspruch** des Leasinggebers wegen des noch erheblichen Nutzungspotentials von wirtschaftlicher Bedeutung ist. Beinhaltet der Leasingvertrag jedoch eine **Kauf- oder Mietverlängerungsoption,** so kann auch unter diesen Laufzeitbedingungen der Leasingnehmer wirtschaftlicher Eigentümer und damit zur Bilanzierung des Wirtschaftsgutes verpflichtet sein. Allerdings müssen dazu die Optionskonditionen die Ausübung des Rechts wahrscheinlich machen. Dies ist dann der Fall, wenn der vereinbarte Kaufpreis des Leasingobjekts **unter** dem mit Hilfe der linearen Abschreibung ermittelten Restbuchwert beziehungsweise dem niedrigeren gemeinen Wert im Zeitpunkt der Veräußerung liegt. Eine solche Optionsinanspruchnahme kann dagegen nicht von vornherein unterstellt werden, wenn der Leasingnehmer bei Vorliegen eines höheren Kaufpreises keine Vorteile gegenüber einem ganz normalen Erwerb des Wirtschaftsgutes realisieren würde. Wirtschaftlicher Nutznießer wäre dann allein der Leasinggeber, der über die Vollamortisation hinaus auch noch einen marktmäßigen Erlös erzielen könnte. Das Leasinggut ist deshalb bei dieser Ausgestaltung der Kaufoption beim Leasinggeber zu erfassen.

Eine Bilanzierung beim Leasingnehmer kommt auch bei Vorliegen von **Mietverlängerungsoptionen** in Betracht, wenn bei beweglichen Leasinggegenständen die Anschlußmiete niedriger als die lineare Abschreibung auf den Restbuchwert bzw. den niedrigeren gemeinen Wert festgelegt wird, oder wenn bei Gebäuden weniger als 75 v. H. der marktüblichen Miete zu zahlen ist. Der wirtschaftliche Vorteil dieser Konditionen führt nach Ansicht der Finanzverwaltung regelmäßig zu einer Ausübung des Optionsrechts, so daß dem Leasingnehmer das wirtschaftliche Eigentum zukommt. Liegen die Anschlußmieten dagegen über diesen Grenzwerten oder sieht der Mietverlängerungsvertrag ein gegenseitiges Kündigungsrecht vor, so fließen die wirtschaftlichen Vorteile primär dem Leasinggeber zu, er ist dann als wirtschaftlicher Eigentümer anzusehen und damit bilanzierungspflichtig.

Spezialleasinggüter werden grundsätzlich dem Leasingnehmer zugerechnet, da es sich um Sonderanfertigungen handelt, die nach Ablauf der Grundmietzeit nicht mehr anderweitig vermietet werden können. Diese Vermögensgegenstände sind daher für den Leasinggeber wirtschaftlich wertlos. Eine Ausnahme dazu bildet nur das Spezialleasing von Grund und Boden, sofern keine Kaufoption vereinbart wurde. In diesem Fall ist eine Bilanzierung beim Leasinggeber vorgesehen.

Auf **Teilamortisationsverträge** sind die aufgezeigten Bilanzierungskriterien nicht anwendbar, weil die Verwertung der Leasingobjekte nach Ablauf der Grundmietzeit noch vor der vollständigen Deckung der Gesamtkosten des Leasinggebers erfolgt. Die Restamortisation geschieht nämlich erst durch den Verwertungserlös oder eine gesonderte Abschlußzahlung des Leasingnehmers. Die Frage nach der bilanziellen Zurechenbarkeit des Wirtschaftsgutes kann daher nur nach **allgemeinen Grundsätzen** beantwortet werden (*BdF* v. 22. 12. 1975, BB 1976, S. 72f.). Die Finanzbehörde hebt bei der Zurechnungsproblematik besonders die Verteilung eines die Vollamortisation übersteigenden Verkaufserlöses hervor. Danach sind drei typisierende Fälle für Non-Pay-Out-Verträge zu unterscheiden:

- Leasingverträge mit einem Andienungsrecht des Leasinggebers, jedoch ohne Optionsrecht des Leasingnehmers,
- Leasingverträge mit Aufteilung des die Vollamortisation übersteigenden Mehrerlöses,
- kündbare Mietverträge nach Ablauf von 40 v. H. der betriebsgewöhnlichen Nutzungsdauer und Anrechnung von 90 v. H. des Verkaufserlöses auf die zu leistende Abschlußzahlung.

Bei Leasingverträgen mit **Andienungsrecht** kann der Leasinggeber den Leasingnehmer verpflichten, das Wirtschaftsgut nach Ablauf der Grundmietzeit zu einem die Restamortisation deckenden Preis zu kaufen. Der Leasingnehmer hat dagegen kein Recht, das Leasingobjekt zu erwerben. Das Risiko einer außergewöhnlichen Wertminderung trägt damit ausschließlich der Leasingnehmer. Dem Leasinggeber eröffnet sich dagegen die Chance, das Wirtschaftsgut auch zu einem über dem Andienungspreis liegenden Marktwert zu veräußern, weil er von dem Andienungsrecht keinen Gebrauch machen muß. Wirtschaftlicher Eigentümer, und damit zur Bilanzierung verpflichtet, ist deshalb der Leasinggeber.

Auch bei Leasingverträgen mit **Aufteilung des die Vollamortisation übersteigenden Mehrerlöses** wird das Risiko einer außergewöhnlichen Wertminderung vollständig auf den Leasingnehmer abgewälzt, weil dieser, sofern der Verkaufserlös nicht zur Restamortisation der Gesamtkosten ausreicht, zum vollständigen Ausgleich verpflichtet ist. Mehrerlöse sind dagegen stets mit dem Leasinggeber zu teilen. Erhält der Leasinggeber mindestens 25 v. H. des Mehrerlöses, so wird dieser Anteil von der Finanzverwaltung als wirtschaftlich ins Gewicht fallend erachtet; der Leasinggegenstand ist daher beim Leasinggeber zu bilanzieren. Liegt der Anteil des Leasinggebers dagegen unter 25 v. H. des Mehrerlöses, ist das wirtschaftliche Eigentum dem Leasingnehmer zuzurechnen.

Der dritte Vertragstyp (**kündbare Verträge**) zeichnet sich dadurch aus, daß er frühestens nach Ablauf von 40 v. H. der betriebsgewöhnlichen Nutzungsdauer gekündigt werden kann, wobei die Restamortisation durch eine Abschlußzahlung zu decken ist, auf die bis zu 90 v. H. des vom Leasinggeber erzielten Veräußerungserlöses angerechnet werden. Da auch bei diesem Vertrag das Wertminderungsrisiko ausschließlich vom Leasingnehmer getragen wird, während eine realisierte Wertsteigerung des Wirtschaftsguts in vollem Umfang dem Leasinggeber zugute kommt, ist der Leasinggeber nicht nur juristischer, sondern auch wirtschaftlicher Eigentümer des Leasinggegenstandes; die Bilanzierung erfolgt daher beim Leasinggeber.

Zusammenfassend können die **steuerrechtlichen Bilanzierungskriterien für Leasinggegenstände** aus der Übersicht auf S. 198 entnommen werden.

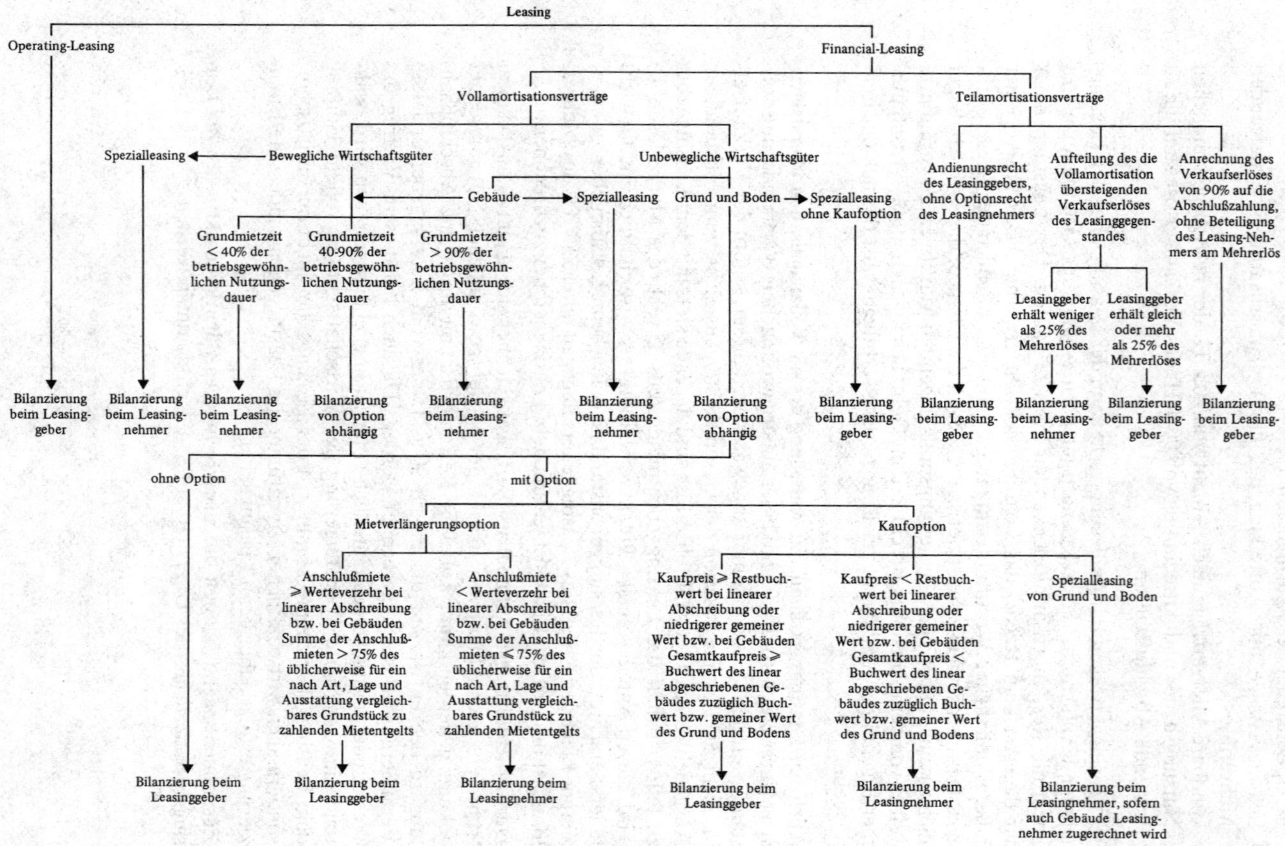

Steuerrechtliche Kriterien zur bilanziellen Zuordnung von Leasinggegenständen

9.2 Buchungstechnik

Die **buchtechnische Behandlung** knüpft an die Zurechnungskriterien des wirtschaftlichen Eigentums an. Ist der **Leasinggeber** zur Bilanzierung des Leasinggegenstandes verpflichtet, so hat er das Wirtschaftsgut in seinen Anlagenkonten zu erfassen und über die betriebsgewöhnliche Nutzungsdauer abzuschreiben. Anschaffungsnebenkosten des Leasinggegenstandes, wie Installationskosten beim Leasingnehmer, führen unmittelbar zu abzugsfähigen Betriebsausgaben. Die bei der Herstellung oder dem Bezug des Vermögensgegenstandes anfallende Umsatzsteuer kann der Leasinggeber, sofern er zum Vorsteuerabzug berechtigt ist, als Vorsteuer in Anrechnung bringen. Die zufließenden Leasingraten sind als Betriebseinnahmen erfolgswirksam zu verbuchen. Da eine Nutzungsüberlassung eine umsatzsteuerbare sonstige Leistung (§ 1, Abs. 1, Nr. 1 und § 3, Abs. 9 UStG) darstellt, sind die Leasingraten der Umsatzsteuer zu unterwerfen.

Der **Leasingnehmer** darf seinerseits die Leasingrate als erfolgswirksame abzugsfähige Betriebsausgabe und die gezahlte Umsatzsteuer als Vorsteuer verbuchen. Damit werden folgende Buchungen ausgelöst (*Schmorleiz,* Bilanzierung, S. 395):

- **Beim Leasinggeber:**

  a) Aktivierung des Leasingobjektes

Anlagenkonto Vorsteuer	**an**	Bank oder Verbindlichkeiten aus Lieferungen und Leistungen

  b) Vereinnahmung der Leasingraten

Leasingforderungen oder Bank	**an**	Leasingmieterträge Mehrwertsteuer

- **Beim Leasingnehmer:**

  Verbuchung der Leasingraten

Leasingmietaufwendungen Vorsteuer	**an**	Leasingverbindlichkeiten oder Bank

Erfolgt die Zurechnung des Leasingobjektes dagegen beim **Leasingnehmer,** so ist der Kauf oder die Herstellung des Wirtschaftsgutes wie im vorhergehenden Fall zu verbuchen. Da der Vermögensgegenstand jedoch wegen des zugrundeliegenden kaufähnlichen Leasingvertrages zum wirtschaftlichen Eigentum des Leasingnehmers zählt, wird die Aktivierung wie bei einer Ware im Umlaufvermögen vorgenommen. Die Lieferung und Übergabe des Leasinggegenstandes erfordert eine Umbuchung aus dem Umlaufvermögenbestandskonto in ein (Leasing-)Kaufpreisforderungskonto. Beim Leasingnehmer ist in gleicher Höhe eine (Leasing-)Kaufpreisverbindlichkeit sowie die Zuführung des Leasinggegenstandes zum Anlagevermögen einzubuchen. Zugleich löst dieser Vorgang eine **Umsatzsteuerpflicht** aus. Da die Finanzbehörde (*BFH* v. 1. 10. 1970, BStBl. II 1971, S. 34) eine Trennung des Leasingvertrages in eine umsatzsteuerbare Lieferung und ein umsatzsteuerfreies Kreditgeschäft nicht zuläßt, das Leasinggeschäft mithin als einheitlichen Vorgang wertet, ist die gesamte Summe der Leasingraten während der Laufzeit des Leasingvertrages und bei Optionsverträgen auch der vereinbarte Kaufpreis bzw. die Summe der vereinbarten Anschlußmieten der Umsatzsteuer zu unterwerfen. Die Umsatzsteuer wird dem Leasingnehmer unabhängig von der Höhe der Leasingraten sofort in Rechnung gestellt, da die Vereinnahmung der Leasingrate selbst keine Umsatzsteuerpflicht nach sich zieht. Die Mehrwertsteuerforderung ist daher auf einem gesonderten Konto zu erfassen.

Da die vereinnahmten **Leasingraten** zum Teil zur Tilgung und damit erfolgsneutralen Verringerung der noch ausstehenden Kaufpreisforderungen bzw. -verbindlichkeiten herangezogen werden, ist eine Aufspaltung der Rate in einen **erfolgsneutralen Tilgungsanteil** und in einen **erfolgswirksamen Zins- und Kostenanteil** notwendig. Der gesamte, einheitlich zu ermittelnde Zins- und Kostenanteil ergibt sich aus der Differenz zwischen der Summe der Leasingraten und den Anschaffungs- oder Herstellungskosten des Leasinggebers. Bei der Aufteilung dieser Differenz auf die jährlichen Zins- und Kostenanteile ist jedoch zu berücksichtigen, daß der konstanten Rate und der laufenden Tilgung wegen der Zinsanteil ständig sinkt. Zur Errechnung des Zinsanteils ist damit ein allgemeiner Zinssatz ungeeignet. Die jährliche Aufteilung hat vielmehr mit Hilfe finanzmathematischer Methoden, der Barwertvergleichs- oder der Zinsstaffelmethode, zu erfolgen (*BdF* v. 13. 12. 1973, DB 1973, S. 2485). Nach der **Barwertvergleichsmethode** wird zunächst der Zinssatz zur Ermittlung des Zinsanteils über die interne Zinsfußmethode ermittelt:

$$(1) \qquad LR \cdot \frac{(1 + \frac{p}{100})^n - 1}{\frac{p}{100} \cdot (1 + \frac{p}{100})^n} - A_o = 0$$

wobei LR = jährliche Leasingrate
A_o = Anschaffungskosten des Leasingobjektes
n = Grundmietzeit in Jahren
p = Zinssatz

Mit Hilfe dieses Zinssatzes kann anschließend der Barwert (BW) der noch ausstehenden Leasingraten errechnet werden:

$$(2) \qquad BW_t = LR \cdot \frac{(1 + \frac{p}{100})^t - 1}{\frac{p}{100} \cdot (1 + \frac{p}{100})^t} \quad \text{für } t = 1 \ldots n$$

Der Tilgungsanteil entspricht der Differenz der aufeinanderfolgenden Barwerte. Durch Verminderung der Leasingrate um den Tilgungsanteil läßt sich der Zins- und Kostenanteil bestimmen.

Die **Zinsstaffelmethode** stellt eine Vereinfachung der exakten, aber aufwendigen Barwertvergleichsmethode dar. Sie teilt die gesamte Leasingrate in Tilgungsanteil einerseits und Zins- und Kostenanteil andererseits auf, indem – ähnlich der digitalen Abschreibung (s. Teil B, Abschn. 3.223.2, S. 490ff.) – der Zins- und Kostenanteil jährlich um einen konstanten Betrag verringert wird:

$$(3) \qquad ZK_t = \frac{\Sigma\, ZKL}{\Sigma\, t} \cdot [(n - t) + 1]$$

ZK = Zins- und Kostenanteil der einzelnen Leasing-Raten
Σ ZKL = Summe der Zins- und Kostenanteile aller Leasing-Raten
t = Periode bzw. Jahresziffer
Σt = Summe der Jahresziffern = $\frac{(1 + n)\, n}{2}$
(n – t) = Anzahl der restlichen Leasing-Raten

Beispiel:

(*Biergans,* Steuerbilanz, S. 205f.; *Falterbaum/Beckmann,* Buchführung, S. 477f.).
Die Anschaffungskosten eines Leasingobjektes betragen für den Leasinggeber 60.000. Die Grundmietzeit beträgt 6 Jahre. Die jährlichen Leasingraten betragen 15.000.

Summe der Leasingraten (6 Raten à 15.000)	90.000
Tilgungsanteil (Anschaffungskosten)	./. 60.000
Gesamter Zins- und Kostenanteil	30.000

Als Zinssatz zur Anwendung der **Barwertvergleichsmethode** ergibt sich aus Gleichung (1) durch lineare Interpolation p = 12,978.

Die 6-jährige Grundmietzeit ergibt bei der **Zinsstaffelmethode** eine Summe aller Jahresziffern von 6 + 5 + 4 + 3 + 2 + 1 = 21. Hieraus resultiert ein Zins- und Kostenanteil gemäß Gleichung (3):

für die erste Leasingrate: $\frac{6}{21}$ 30.000 = 8.571,43

für die zweite Leasingrate: $\frac{5}{21}$ 30.000 = 7.142,86

für die dritte Leasingrate: $\frac{4}{21}$ 30.000 = 5.714,29 usw.

Die folgende Tabelle verdeutlicht die unterschiedlichen Belastungen der Perioden bei alternativer Anwendung der Verteilungsmethoden:

Jahr	Leasing-Raten	Barwertvergleichsmethode			Zinsstaffelmethode	
		Barwerte	Tilgungs-anteile	Zins- und Kostenanteile	Zins- und Kostenanteile	Tilgungs-anteile
0	–	60.000,—	–	–	–	–
1	15.000,—	52.786,80	7.213,20	7.786,80	8.571,43	6.428,57
2	15.000,—	44.637,47	8.149,33	6.850,67	7.142,86	7.857,14
3	15.000,—	35.430,52	9.206,95	5.793,05	5.714,29	9.285,71
4	15.000,—	25.028,70	10.401,82	4.598,18	4.285,71	10.714,29
5	15.000,—	13.276,92	11.751,78	3.248,22	2.857,14	12.142,86
6	15.000,—	0	13.276,92	1.723,08	1.428,57	13.571,43
	90.000,—	–	60.000,—	30.000,—	30.000,—	60.000,—

Die erfolgsneutralen Tilgungsanteile sind beim Leasinggeber bei der ausstehenden (Leasing-)Kaufpreisforderung und beim Leasingnehmer bei der korrespondierenden (Leasing-)Kaufpreisverbindlichkeit zu verbuchen. Die Zins- und Kostenanteile werden dagegen erfolgswirksam als Leasingmietertrag bzw. Leasingmietaufwand erfaßt. Damit ergeben sich folgende Buchungssätze (*Schmorleiz,* Bilanzierung, S. 395):

– **Beim Leasinggeber:**

a) Vorläufige Aktivierung des Leasingobjektes

Anlagenkonto (Umlaufvermögen) Vorsteuer	**an**	Bank oder Verbindlichkeiten aus Lieferungen und Leistungen

b) Übergabe des Leasingobjektes

Kaufpreisforderungen Mehrwertsteuerforderungen	**an**	Mehrwertsteuer Anlagenkonto (Umlaufvermögen)

c) Vereinnahmung der Leasingrate

Leasingforderungen oder Bank	**an**	Kaufpreisforderungen Leasingmieterträge

– **Beim Leasingnehmer:**

a) Aktivierung des Leasingobjektes nach Übergabe

Anlagenkonto Vorsteuer	**an**	Kaufpreisverbindlichkeiten Mehrwertsteuerverbindlichkeiten

b) Verbuchung der Leasingrate

Kaufpreisverbindlichkeiten Leasingmietaufwendungen	**an**	Leasingverbindlichkeiten oder Bank

Übungsbeispiel (Kontenbezeichnungen entsprechend Industriekontenrahmen, vgl. Faltblatt am Ende des Buches):

1) Ein Leasinggeber erwirbt am Ende der Periode 01 ein Leasingobjekt im Wert von 10.000. Zu Beginn der Periode 02 vermietet er den Gegenstand an einen Leasingnehmer für ein jährliches Entgelt von 2.500. Das Leasingobjekt hat eine betriebsgewöhnliche Nutzungsdauer von 5 Jahren und wird linear abgeschrieben. Im Leasingvertrag zwischen Leasinggeber und Leasingnehmer wurde eine Mietzeit von 3 Jahren festgelegt, ohne anschließende Kauf- oder Verlängerungsoption. Die Leasingraten sind vom Leasingnehmer für jede Periode im voraus zu leisten.
2) Der Leasinggeber erwirbt am Jahresanfang eine Maschine für 50.000, die er sofort für 12.000/Jahr an einen Leasingnehmer vermietet. Die Maschine hat eine betriebsgewöhnliche Nutzungsdauer von 10 Jahren und wird linear abgeschrieben. Dem Leasingnehmer wurde vertraglich eingeräumt, den Leasinggegenstand nach 5 Jahren Grundmietzeit für 22.000 zu erwerben.
3) Der Leasinggeber kauft eine Maschine im Wert von 100.000 und vermietet sie an den Leasingnehmer. Das Leasingobjekt hat eine betriebsgewöhnliche Nutzungsdauer von 5 Jahren und ist linear abzuschreiben. Vertraglich wird verein-

bart, daß der Leasinggeber die Maschine nach 3 Jahren veräußert. Eventuelle Mehrerlöse werden 50 : 50 geteilt. Die jährliche Leasingrate beträgt 30.000 + USt. Der Leasinggegenstand verursacht beim Leasinggeber Gesamtkosten in Höhe von 130.000. Nach 3 Jahren veräußert der Leasinggeber die Maschine für 55.000 an einen Dritten.

Lösung: Buchungssätze

1) Die Grundmietzeit entspricht 60% der betriebsgewöhnlichen Nutzungsdauer. Die Zurechnung und die damit verbundene Aktivierung des Leasinggegenstandes erfolgt beim Leasinggeber.

– **Leasinggeber**

Ende 01:

07	Technische Anlagen und Maschinen	10.000				
260	anrechenbare Vorsteuer	1.000	**an**	44	Verbindlichkeiten aus Lieferungen und Leistungen	11.000

Beginn 02:

24	Forderungen aus Lieferungen und Leistungen	2.750	**an**	5401	Leasingmieterträge	2.500
				480	Mehrwertsteuer	250

– **Leasingnehmer**

Beginn 02:

711	Leasingmietaufwendungen	2.500				
260	anrechenbare Vorsteuer	250	**an**	44	Verbindlichkeiten aus Lieferungen und Leistungen	2.750

2) Da der Restbuchwert der Maschine nach 5 Jahren (25.000) größer als der vorgesehene Kaufpreis (22.000) ist, wird der Leasinggegenstand beim Leasingnehmer aktiviert.

– **Leasinggeber**

22	Fertige Erzeugnisse, Waren	50.000				
260	anrechenbare Vorsteuer	5.000	**an**	44	Verbindlichkeiten aus Lieferungen und Leistungen	55.000
242	Kaufpreisforderungen	50.000				
243	Mehrwertsteuerforderungen aus Leasinggeschäften	8.200	**an**	22	Fertige Erzeugnisse, Waren	50.000
				480	Mehrwertsteuer	8.200

Die Mehrwertsteuerforderungen berechnen sich dabei wie folgt:

Summe der Leasingraten während der 5 Jahre Grundmietzeit (5 × 12.000)	60.000
+ Kaufpreis nach 5 Jahren	22.000
Umsatzsteuerbemessungsgrundlage	82.000
Umsatzsteuer (10%)	8.200

Die Aufspaltung der Forderung aus Lieferungen und Leistungen in einen Tilgungsanteil und einen Zins- und Kostenanteil wird nach der Zinsstaffelmethode vorgenommen:

Ermittlung des Zins- und Kostenanteils:

5 Raten à 12.000	60.000
./. Anschaffungskosten (Tilgungsanteil)	50.000
Zins- und Kostenanteil	10.000

Summe der Jahresziffern:
5 + 4 + 3 + 2 + 1 = 15

Perioden	relativer Zins- u. Kostenanteil am Finanzierungsanteil	absoluter Zins- u. Kostenanteil am Finanzierungsanteil	Tilgungsanteil	jährliche Leasingrate
1	5/15	3.333,34	8.666,66	12.000,—
2	4/15	2.666,67	9.333,33	12.000,—
.	.	.	.	.
.	.	.	.	.
.	.	.	.	.
5	1/15	666,66	11.333,34	12.000,—
	15/15	10.000,—	50.000,—	60.000,—

244	Leasingratenforderungen	12.000	**an**	242	Kaufpreisforderungen	8.666,66
				5401	Leasingmieterträge	3.333,34

– **Leasingnehmer**

07	Technische Anlagen und Maschinen	50.000				
260	anrechenbare Vorsteuer	8.200	**an**	4402	Kaufpreisverbindlichkeiten	50.000
				4403	Mehrwertsteuerverbindlichkeiten aus Leasinggeschäften	8.200
4402	Kaufpreisverbindlichkeiten	8.666,66				
711	Leasingmietaufwendungen	3.333,34	**an**	44	Verbindlichkeiten aus Lieferungen und Leistungen	12.000

3) Oben genannter Leasingtyp ist ein Non-Pay-Out-Vertrag. Da der Leasinggeber mehr als 25% eines eventuellen Mehrerlöses beim Verkauf des Leasinggegenstandes erhält, ist er wirtschaftlicher Eigentümer.

Periode 1:

– **Leasinggeber**

07	Technische Anlagen und Maschinen	100.000				
260	anrechenbare Vorsteuer	10.000	**an**	44	Verbindlichkeiten aus Lieferungen und Leistungen	110.000
244	Leasingratenforderungen	33.000	**an**	5401	Leasingmieterträge	30.000
				480	Mehrwertsteuer	3.000

– **Leasingnehmer**

771	Leasingmietaufwendungen	30.000				
260	anrechenbare Vorsteuer	3.000	**an**	44	Verbindlichkeiten aus Lieferungen und Leistungen	33.000

Periode 3:

– Ermittlung des Mehrerlöses:

Verkaufserlös (netto)		50.000
./. Restamortisation		
Gesamtkosten von Leasinggeber	130.000	
./. in der Grundmietzeit erhaltene Leasingraten	90.000	40.000
Mehrerlös		10.000

– **Leasinggeber**

280	Guthaben bei Kreditinstituten	55.000	**an**	07	Technische Anlagen und Maschinen	40.000
				546	Erträge aus dem Abgang von Vermögensgegenständen	10.000
				480	Mehrwertsteuer	5.000

Ausbuchung des Leasingnehmeranteils am Mehrerlös:

546	Erträge aus dem Abgang von Vermögensgegenständen	5.000				
480	Mehrwertsteuer	500	**an**	280	Guthaben bei Kreditinstituten	5.500

– **Leasingnehmer**

280	Guthaben bei Kreditinstituten	5.500	**an**	543	andere sonstige betriebliche Erträge	5.500
				480	Mehrwertsteuer	500

Ergänzende Literatur zu: 9. Leasing

Baetge/Ballwieser, Leasingobjekte, S. 3–19
Biergans, Steuerbilanz, S. 193–207
Bordewin, Leasing, S. 17–105
Falterbaum/Beckmann, Buchführung, S. 472–479
IdW, WP-Handbuch 85/86 II, S. 37–40
Schmorleiz, Bilanzierung, S. 392–396

10. Vorbereitender Abschluß und Abschlußübersicht

Der zum Ende einer Geschäftsperiode zu erstellende **Jahresabschluß** ist aus dem Kontenabschluß der Buchführung durch Saldenbildung zu entwickeln. Bestands-, Erfolgs- und gemischte Konten übertragen ihre durch Aufrechnung der Kontenseiten angezeigten Salden auf das Schlußbilanz- bzw. Gewinn- und Verlustkonto und erfüllen damit die vom Jahresabschluß erwarteten Aufgaben bezüglich **Vermögens- und Schuldenbestandsaufzeichnung** zum Bilanzstichtag sowie **Erfolgsausweis** für die Abrechnungsperiode.

Bevor jedoch die dem Kontenformalismus entsprechende Zusammenfassung der Einzelkonten zum Jahresabschluß erfolgen kann, sind Vorarbeiten zu leisten, die sowohl während des Geschäftsjahres **nicht gebuchte** als auch im Sinne der periodengerechten Gewinnermittlung **nicht richtig gebuchte** Leistungs- und Zahlungsvorgänge betreffen. Charakteristisch für diese den **vorbereitenden Abschluß** ausmachenden Buchungen ist ihr unternehmensinterner Bezug.

Gegenstand des vorbereitenden Abschlusses ist die Berücksichtigung folgender Einzeltatbestände:

- **Korrektur von Erfolgskonten** zur Abgrenzung zwischen Betriebs- und Privatsphäre;
- Ermittlung der Endbestände bei Bestands- und gemischten Konten durch Inventur und buchmäßige Erfassung von gegenüber den Buchbeständen auftretenden **Mengen- und Wertdifferenzen.** Wertmäßige Abweichungen (Wertminderungen) zwischen Kontenausweis und Stichtagsansatz aus technischen (Gebrauch), wirtschaftlichen (technischer Fortschritt, Wiederbeschaffungspreissenkungen) oder monetären (Beurteilung der Zahlungsfähigkeit) Gründen sind durch **Abschreibungen** zu erfassen (Anlagen-, Vorrats-, Forderungsabschreibung);
- Abgrenzung der einer Periode zugehörigen Leistungs- und Zahlungsvorgänge bei Vorliegen **zeitlicher** Diskrepanzen zwischen Zahlungsvorgang und Erfolgswirksamkeit durch **Rechnungsabgrenzungsposten (erfolgsberichtigende Abgrenzung);**
- Abgrenzung zwischen leistungs-(betriebs-)bedingten und unternehmensbezogenen Vorgängen zum Zwecke eines differenzierten Ergebnisausweises **(kalkulatorische Abgrenzung);**
- Antizipationen künftiger Inanspruchnahmen durch **Rückstellungen** von Aufwand mit Begründung in der laufenden Abrechnungsperiode, jedoch mit zeitlich und/oder betragsmäßig unsicherem Anfall erst in späteren Zeitabschnitten.

Zu den vorbereitenden Abschlußbuchungen kann auch die Saldenübertragung von im Verlaufe der Geschäftsperiode auf besonderen Warenvorkonten gebuchten Warenpreiskorrekturen (Fracht, Rabatte, Skonti, Boni) auf das zuständige Warenkonto gerechnet werden. Ebenso ist dann auch der beim Nettoabschluß der Warenkonten erforderliche Übertrag des Wareneinsatzes als den Abschluß vorbereitende Buchung zu werten.

10.1 Die Korrektur von Erfolgskonten

Bei personalen Unternehmensformen (Einzelfirma, Personengesellschaft) haben die Unternehmer im Rahmen der vertraglichen Vereinbarungen das Recht, sowohl finanzielle Mittel aus dem betrieblichen Vermögen abzuziehen (**Privatentnahmen**), um damit ihren persönlichen Lebensunterhalt zu bestreiten, als auch Mittel aus ihrem Privatvermögen in das Betriebsvermögen einzubringen (**Privateinlagen**). Die zwischen dem unternehmerischen Bereich und der Privatsphäre stattfindenden Transaktionen werden auf **Privatkonten** festgehalten. Die Privatkonten stellen Unterkonten des Eigenkapitalkontos dar und sind zum Zwecke der Jahresabschlußerstellung über dieses Konto abzuschließen (vgl. Teil A, Abschn. 2.52, S. 54f.).

Transaktionen zwischen Betriebs- und Privatsphäre liegen auch dann vor, wenn im Verlaufe einer Geschäftsperiode angefallene Aufwendungen für Leistungen oder Nutzungen wohl vom Betrieb getragen, jedoch nicht oder nicht ausschließlich durch ihn veranlaßt sind. Insbesondere für Zwecke der steuerlichen Gewinnermittlung müssen diese Aufwendungen zum Bilanzstichtag auf einen der betrieblichen und einen der privaten Beanspruchung entfallenden Anteil (**Nutzungsanteil**) aufgeteilt werden. Nur der vom Betrieb veranlaßte Aufwandsteil ist steuerlich abzugsfähig (**Betriebsausgabe**) und darf über das entsprechende Erfolgskonto von der GuV-Rechnung übernommen werden. Der den **Aufwendungen für die Lebensführung** zuzurechnende Privatanteil muß dagegen auf das Privatkonto umgebucht werden und ist letztlich vom Eigenkapital zu tragen. Wegen der zum Teil nur schätzungsweise möglichen Privatanteilsbestimmung erscheint eine bereits während des Geschäftsjahres vorzunehmende Entnahmeverbuchung unzweckmäßig oder nicht möglich.

Da bei inländischer Nutzung betrieblicher Gegenstände für außerbetriebliche Zwecke grundsätzlich **Eigenverbrauch** vorliegt, unterliegen die Entnahmen regelmäßig der Umsatzsteuer, die ebenfalls als Privatentnahme zu behandeln ist. Als Bemessungsgrundlage der unternehmensfremden Verwendung kommen in Betracht: Der Einkaufspreis zuzüglich der Nebenkosten bzw. die Selbstkosten oder aber die auf die private Verwendung entfallenden Kosten und die anläßlich bestimmter nicht abzugsfähiger Betriebsausgaben getätigten Aufwendungen (§ 10, Abs. 4 UStG; vgl. Teil A, Abschn. 3.42, S. 74 und Abschn. 3.6, S. 92f.).

Zu den am häufigsten anstehenden Fällen der Erfolgskontenkorrektur zählen:

- **Privatanteilige Kfz-Kosten** bei teilweiser Privatnutzung eines betrieblichen Pkw. In den Privatanteil sind neben den laufenden auch die festen Kosten einschließlich der Abschreibung anteilig einzubeziehen, der Umsatzsteuer zu unterwerfen und dem Privatkonto zu belasten. Sofern kein gesonderter Nachweis über die betrieblich veranlaßten Kosten geführt wird (z.B. Fahrtenbuch), kann regelmäßig von einem privaten Nutzungsanteil von mindestens 30–35% ausgegangen werden.

- **Privatanteilige Haus- und Grundstücksaufwendungen** bei gemischt genutzten, in Höhe des betrieblichen Anteils zum Betriebsvermögen gehörenden Grundstücken (Abschn. 14, Abs. 8; Abschn. 42a, Abs. 5 EStR). Wird ein Grundstück zu über 50% betrieblich genutzt, so darf das gesamte Grundstück als Betriebsvermögen behandelt werden. Ab dem Veranlagungszeitraum 1987 können jedoch Grundstücksteile, die nicht nur vorübergehend eigenen Wohnzwecken dienen oder unentgeltlich zu Wohnzwecken an Dritte überlassen werden, nicht mehr dem Betriebsvermögen zugerechnet werden (Abschn. 14, Abs. 4 EStR). Privatanteilige Haus- und Grundstücksaufwendungen sind zum Bilanzstichtag dann herauszurechnen, wenn – u. a. aus Gründen der Arbeitsersparnis – während der laufenden Geschäftsperiode sämtliche Aufwendungen vom Betrieb getragen und auf einem Konto gesammelt wurden. Die anteilsmäßige Berücksichtigung als Betriebsausgaben kann nur für den zum Betriebsvermögen gehörenden Grundstücksteil erfolgen, während die privatanteiligen Aufwendungen einschließlich darauf entfallender Vorsteuerbeträge als Entnahmen zu behandeln sind; sie können gegebenenfalls im Rahmen der Einkünfte aus Vermietung und Verpachtung als Werbungskosten berücksichtigt werden.

- **Privatanteiliger Mietertrag** bei gemischt genutztem, jedoch voll zum Betriebsvermögen gehörenden Grundstück (§ 21, Abs. 2 EStG). Da Aufwendungen für Grundstücke oder Grundstücksteile, die zum Betriebsvermögen gehören, stets Betriebsausgaben sind, muß der **Mietwert (Nutzungswert)** der Wohnung im eigenen Haus – sofern der Mietwert nicht in bar dem Betrieb zugeführt wird – als betrieblicher Ertrag gebucht und dem Privatkonto als Entnahme belastet werden. Orientierungsgrundlage des Mietwerts ist die Markt- oder Kostenmiete. Die umsatzsteuerlichen Eigenverbrauch darstellende Nutzenentnahme bleibt umsatzsteuerfrei (§ 4, Nr. 12a UStG). Seit dem Veranlagungszeitraum 1987 ist eigengenutztes Wohneigentum gemäß § 10e EStG grundsätzlich steuerfrei gestellt. Haben jedoch im Veranlagungszeitraum 1986 die Voraussetzungen für die Ermittlung des Nutzungswertes als Überschuß des Mietwertes über die Betriebsausgaben vorgelegen, so kann bis einschließlich Veranlagungszeitraum 1998 weiterhin so verfahren werden. Es steht dem Steuerpflichtigen jedoch offen, schon vorher den Übergang auf die steuerfreie Regelung zu beantragen (§ 52, Abs. 21 EStG). Der Steuerpflichtige ist dann aber an diese Entscheidung gebunden, ein Widerrufsrecht besteht nicht. Die Steuerfreiheit bedingt zugleich die Nichtabzugsfähigkeit der durch das privatgenutzte Wohneigentum verursachten Aufwendungen.

- **Nicht abzugsfähige Betriebsausgaben** im Sinne des § 4, Abs. 5 EStG, die bei der Gewinnermittlung auszuscheiden und folglich beim Jahresabschluß vom Privatkonto zu übernehmen sind.

Übungsbeispiel:

Gesellschafter der Firma Schmidt u. Co. sind August Schmidt und seine Tochter Inge Hase, die beide persönlich und unbeschränkt haften. Wie lauten die Buchungssätze für folgende Vorfälle unter Anwendung des Großhandelskontenrahmens (vgl. Faltblatt am Schluß des Buches):

1) Schmidt hat mit dem betrieblichen Personenkraftwagen auch Privatfahrten unternommen. Von den Gesamtkosten, die auf Konto: 57 Kosten des Fuhr- und Wagenparkes verbucht sind, entfällt auf diese Fahrten ein Anteil von 2.000.
2) Die Gesellschafterin Hase hat einen Telefonanschluß in ihrem Wohnhaus, von dem sie neben betrieblich veranlaßten auch private Gespräche führt. Von der Post wurden Telefongebühren von zusammen 1.400 berechnet und über Konto: 582 Telefongebühren in der Geschäftsbuchhaltung verbucht. Der Privatanteil der Telefonkosten wird auf 50% geschätzt.
3) Beiden Gesellschaftern werden die Einkommensteuerbescheide zugeschickt. Schmidt hat eine Nachzahlung von 4.000 für Einkommensteuer + 320 für Kirchensteuer zu leisten; Frau Hase erhält eine Steuererstattung von 500 + 40. Alle Zahlungsvorgänge werden über das betriebliche Bankkonto abgewickelt.
4) Die Hausbank schreibt Dividenden für die im Betriebsvermögen befindlichen Aktien gut:

Dividendenabrechnung:	8% Dividende von 15.000	1.200
	25% Kapitalertragsteuer	300
	Überweisung	900
	Anrechenbare Körperschaftsteuer 9/16 der Dividende (Steuergutschrift)	675

Die Gesellschaft hat eine Gewinnverteilung nach Köpfen vereinbart.
5) Das Haus, in dem Inge Hase wohnt, ist als Betriebsvermögen bilanziert. Würde die Wohnung fremdvermietet, so könnte eine Jahresmiete von 6.000 erzielt werden.
6) Schmidt hat vom eigenen Lager Waren für private Zwecke für 1.500 entnommen und gleichzeitig Waren, die er günstig „unter der Hand" privat gekauft hatte, zum gleichen Wert eingebracht. Er ist der Auffassung, daß sich beide Vorgänge aufheben und eine Verbuchung nicht erfolgen muß.
7) Nehmen Sie an, die in Nr. 1) bis 6) genannten Sachverhalte seien die einzigen privaten Vorgänge in dieser Gesellschaft. In der Eröffnungsbilanz zeigen die Kapitalkonten das folgende Bild:

Eigenkapital August Schmidt	40.000
Eigenkapital Inge Hase	25.000

Wie lauten die Buchungssätze für den Abschluß der Privatkonten und mit welchem Betrag (vor Gewinn- bzw. Verlustverbuchung) gehen die Eigenkapitalkonten in die Schlußbilanz ein?

Lösung: Buchungssätze

1)	160	Privatentnahmen Schmidt	2.200	an	57	Aufwendungen für Fuhrpark	2.000
					194	Mehrwertsteuer	200
2)	162	Privatentnahmen Hase	770	an	582	Telefongebühren	700
					194	Mehrwertsteuer	70

(Die Post ist umsatzsteuerlich nicht als Unternehmer tätig (§ 2 UStG); sie kann deshalb auch kein Vorsteuerguthaben weitergeben. Dennoch stellt die Telefonnutzung umsatzsteuerpflichtigen Eigenverbrauch dar; § 1, Abs. 1, Nr. 2, Buchstabe b UStG.)

3)	160	Privatentnahmen Schmidt	4.320	an	13	Bank	4.320
	13	Bank	540	an	163	Privateinlagen Hase	540

4)	160	Privatentnahmen Schmidt	487,50				
	162	Privatentnahmen Hase	487,50				
	13	Bank	900	**an**	283	Zinsen und Dividenden auf Wertpapiere	1.875

(Als Ertrag ist der Bruttobetrag vor Abzug der Kapitalertragsteuer und einschließlich der körperschaftsteuerlichen Steuergutschrift zu erfassen. Die über das Privatkonto im Sinne einer fingierten Entnahme zu buchende Kapitalertrag- und Körperschaftsteuer wird bei Veranlagung zur Einkommensteuer auf die Steuerschuld der einzelnen Gesellschafter angerechnet; § 36, Abs. 2, Nr. 2 und 3 EStG.)

5)	162	Privatentnahmen Hase	6.000	**an**	29	Haus- und Grundstückserträge	6.000

(Die Vermietung und Verpachtung von Grundstücken ist nach § 4, Nr. 12a UStG von der Umsatzsteuer befreit; deshalb fällt auch beim Eigenverbrauch keine Steuer an.)

6)	160	Privatentnahmen Schmidt	1.650	**an**	805	Umsatzerlöse Eigenverbrauch (Warenentnahmen)	1.500
					194	Mehrwertsteuer	150
	310	Waren	1.500	**an**	161	Privateinlagen Schmidt	1.500
7)	080	Eigenkapital Schmidt	8.657,50	**an**	160	Privatentnahmen Schmidt	8.657,50
	161	Privateinlagen Schmidt	1.500	**an**	080	Eigenkapital Schmidt	1.500
	081	Eigenkapital Hase	7.257,50	**an**	162	Privatentnahmen Hase	7.257,50
	163	Privateinlagen Hase	540	**an**	081	Eigenkapital Hase	540

Eigenkapital Schmidt	32.842,50
Eigenkapital Hase	18.282,50

10.2 Die Behandlung von Wertdifferenzen

Es ist Aufgabe der Inventur, mengen- und wertmäßige Differenzen zwischen tatsächlichen, durch körperliche Bestandsaufnahme festgestellten und buchmäßigen, den Anlage- und Lagerkarteien sowie sonstigen Buchführungsunterlagen entnommenen Endbeständen zum Bilanzstichtag aufzudecken. Es entspricht den Grundsätzen ordnungsmäßiger Buchführung, **nicht aufzuklärende Differenzbeträge** beim Jahresabschluß auszubuchen.

Das gilt uneingeschränkt für **unbedeutende,** nicht ins Gewicht fallende Differenzen, so z. B. bei kleineren Kassenfehlbeträgen oder bei geringfügigen Unstimmigkeiten zwischen Personenkontensaldenliste (Kontokorrentauszug) und Kreditoren- bzw. Debitorensachkonto (Geschäftsfreundekonten). In diesen

Fällen erfolgt die Ausbuchung der Abweichung über ein **Erfolgskonto** entweder durch Lastschrift (sonstiger betrieblicher Aufwand; eingetretene Wagnisse) oder durch Gutschrift (sonstiger betrieblicher Ertrag), wodurch sich der Gewinn entsprechend ermäßigt oder erhöht (**Angleichungsbuchungen**). Allerdings muß durch Kollationierung sichergestellt sein, daß es sich nur um kleine Differenzen und nicht etwa um den Rest einer größeren Differenzenkette oder um zusammenhängende größere Unstimmigkeiten handelt, die sich möglicherweise gegenseitig wieder aufheben.

Führt die Inventur dagegen zu **größeren** Differenzbeträgen, dann ist zumindest aus steuerlicher Sicht eine andere Beurteilung angezeigt: Eine erfolgswirksame Ausbuchung kommt nur dann in Betracht, wenn diese zugleich den steuerrechtlichen Grundsätzen für eine **ergänzende Ergebnisschätzung** entspricht (BFH v. 13. 10. 1976, BStBl. II 1977, S. 260f.). Das bedeutet im Einzelfall, daß beispielsweise eine zum Jahresabschluß anfallende Kreditorenberichtigung in Höhe von 2.373,45 nicht als geringfügig anzusehen ist und folglich auch nicht mit gewinnmindernder Wirkung über das Aufwands- oder Wareneinkaufskonto vorgenommen werden kann. Anzuwenden sind dann vielmehr die für eine schätzungsweise Berichtigung des Ergebnisses maßgebenden steuerrechtlichen Grundsätze (§ 162, Abs. 1 AO; Abschn. 29, Abs. 2, Nr. 6 EStR).

Da die ergänzende Teilschätzung alle Umstände zu berücksichtigen hat, die für die Schätzung von Bedeutung sind, kommt es für die Behandlung des Differenzbetrages wesentlich auf die Wahrscheinlichkeit des tatsächlichen Hergangs, also auf den der Wirklichkeit am nächsten kommenden Sachverhalt, an. Die schätzungsweise Berichtigung kann sich deshalb sowohl zugunsten wie zuungunsten des Steuerpflichtigen auswirken. Damit hängt es nicht zuletzt vom Gesamtzustand einer Buchführung selbst ab, ob aus dem Inventurergebnis angezeigte und ins Gewicht fallende Differenzbeträge zum Bilanzstichtag erfolgswirksame oder erfolgsneutrale Buchungskorrekturen auslösen.

10.3 Die Verbuchung der Abschreibungen

Wertmäßige Differenzen zwischen Buchbestands- und Inventurwerten am Bilanzstichtag mit wertmindernder Wirkung werden auch durch **Abschreibungen** erfaßt; diese sind zum Jahresabschluß vor allem beim Anlage- und Vorratsvermögen sowie bei den Forderungen vorzunehmen. Da Anlagenabschreibungen besonderes Gewicht im Geschäftsbuchführungsbereich des Fertigungsbetriebs zukommt, werden wesentliche Fragen zur Anlagenbuchführung auch in Teil B des Buches behandelt; an dieser Stelle geht es deshalb vorwiegend um deren buchtechnische Handhabung.

10.31 Abschreibungen auf Anlagen

Zu den Anlagen eines Betriebes gehören Vermögensgegenstände dann, wenn sie am Abschlußstichtag dem Geschäftsbetrieb dienen und ihre Nutzungsdauer bestimmungsgemäß über eine Abrechnungsperiode hinausreicht (§ 247, Abs. 2 HGB). Hierzu gehören sowohl der Abnutzung grundsätzlich nicht unterworfene (Grund und Boden, Finanzanlagen) als auch abnutzbare Wirtschaftsgüter (Gebäude, Maschinen, Betriebs- und Geschäftsausstattung, Fahrzeuge, Patente, Konzessionen). **Abnutzbare** Anlagegüter unterliegen der zeitlichen, technischen und wirtschaftlichen Entwertung und sind deshalb durch regelmäßige, jährliche, **planmäßige Abschreibungen** zu mindern (§ 253, Abs. 2, Satz 1 HGB); diese Abschreibungen sind zwingend auch in Verlustjahren vorzunehmen. Darüber hinaus können bzw. müssen Werteinflußfaktoren auch durch **außerplanmäßige** Abschreibungen sowohl bei den abnutzbaren als auch bei den nicht abnutzbaren Anlagegütern berücksichtigt werden (§ 253, Abs. 2, Satz 3 HGB). Der schwierigen Zurechnungs- und Wertfindungsprobleme wegen, aber auch aus Wirtschaftlichkeitserwägungen, kommt eine verursachungsgerechte, an der tatsächlichen Nutzleistungsabgabe orientierte Verteilung der Anschaffungs- bzw. Herstellungskosten auf die einzelnen Perioden der Anlagennutzung im allgemeinen nicht in Betracht. Es kommen zu diesem Zweck vielmehr in Handels- und Steuerrecht normierte Abschreibungsverfahren zur Anwendung, die die Anschaffungs- bzw. Herstellungskosten planmäßig auf die Perioden der Nutzungsdauer verteilen (vgl. hierzu im einzelnen Teil B, Abschn. 3.22, S. 486ff.).

Die vollständige Erfassung des beweglichen Anlagevermögens erfolgt in einem nach den Grundsätzen ordnungsmäßiger Buchführung unabdingbaren Bestandsverzeichnis, das i.d.R. als **Anlagenkartei** geführt wird (Abschn. 31 EStR). Dem Inhalt des Anlagenverzeichnisses ist unter anderem (im einzelnen vgl. hierzu Teil B, Abschn. 4.312.3, S. 528ff.) die jährliche Abschreibungsquote zu entnehmen, so daß am Ende eines Wirtschaftsjahres die zu buchenden Abschreibungsbeträge problemlos ermittelt und im Rahmen des vorbereitenden Abschlusses berücksichtigt werden können. **Buchtechnisch** kann dies auf zweifache Weise geschehen: nach der direkten und nach der indirekten Abschreibungsmethode.

Die **direkte Methode der Abschreibung** belastet das Aufwandskonto Abschreibungen auf Anlagen und erkennt das entsprechende Anlagekonto. Auf dem Schlußbilanzkonto erscheint bei direkter Abschreibung demzufolge nur der jeweilige Restbuchwert der Anlage. Die Berücksichtigung eines Schrottwerts bei der Abschreibungsbemessung führt am Ende der Nutzungsdauer bis zur Veräußerung des Wirtschaftsguts zu dessen Ausweis auf dem Anlagekonto. Im steuerlichen Bestandsverzeichnis ist der Erinnerungswert von DM 1,– bis zum Ausscheiden der Anlage aus dem Leistungsprozeß zu führen.

Beispiel: Lineare Abschreibung auf eine 3 Jahre alte Maschine mit Anschaffungswert 10.000; Nutzungsdauer 10 Jahre; Restbuchwert 8.000.

– Verbuchung bei **direkter** Abschreibung:

(1) Abschreibung auf Anlagen	1.000	**an**	Maschinen	1.000

– Abschlußbuchungen:

(2a) Schlußbilanzkonto	7.000	**an**	Maschinen	7.000
(2b) GuV-Rechnung	1.000	**an**	Abschreibung auf Anlagen	1.000

Maschinen

AB	8.000	1.000	(1)
		7.000	(2a)

Abschreibungen auf Anlagen

(1)	1.000	1.000	(2b)

Schlußbil.-Konto

(2a)	7.000		

GuV

(2b)	1.000		

In der Schlußbilanz kommt der um die Abschreibung reduzierte Buchwert zum Ausweis; die ursprünglichen Anschaffungskosten bleiben unsichtbar. Als buchmäßiger Aufwand ist die Abschreibung bei Fehlen von Ertrag vom Eigenkapital zu tragen (Abschreibung als **Aufwandsfaktor**), bei Vorliegen von Ertrag erscheint sie als Bestandteil der Ertragsverteilung (Abschreibung als **Ertragsfaktor**) und im Falle monetären Ertrags durch die Verhinderung von Ausschüttungen als Mittel der Einnahmenbindung an den Betrieb (Abschreibung als **Finanzierungsfaktor**).

Die **indirekte Methode der Abschreibung** berücksichtigt die Wertminderung der Aktivseite durch Korrekturposten auf der Passivseite. Die Anlagenwerte erscheinen während ihrer gesamten Nutzungsdauer nominell unverändert mit ihren Anschaffungs- oder Herstellungskosten; die dem Aufwandskonto belasteten Abschreibungen werden als **Wertberichtigungen auf Anlagen** in der Schlußbilanz erfaßt.

Beispiel (unter Verwendung der obigen Daten):

- Verbuchung bei **indirekter** Abschreibung:

(1) Abschreibung auf Anlagen	1.000	**an**	Wertberichtigung auf Anlagen	1.000

- Abschlußbuchungen:

(2a) Schlußbilanzkonto	10.000	**an**	Maschinen	10.000
(2b) Wertberichtigung auf Anlagen	3.000	**an**	Schlußbilanzkonto	3.000
(2c) GuV-Rechnung	1.000	**an**	Abschreibung auf Anlagen	1.000

Maschinen

AB	10.000	10.000	(2a)

Abschreibungen auf Anlagen

(1)	1.000	1.000	(2c)

Wertberichtigungen auf Anlagen

(2b)	3.000	AB 2.000	
		1.000	(1)

GuV

(2c)	1.000		

Schlußbilanzkonto

(2a)	10.000	3.000	(2b)

Gegenüber der direkten vermittelt die indirekte Verbuchung der Abschreibung hinsichtlich ursprünglicher Anschaffungs- bzw. Herstellungskosten, kumulierter Abschreibungsbeträge sowie daraus ersichtlicher Restbuchwerte weitergehende Erkenntnisse. Die damit verbundene Bilanzausweitung kann allerdings erheblich sein und darf nicht zu bilanzanalytischen Fehlschlüssen verleiten. Da der Wertberichtigungsansatz regelmäßig eine Vielzahl von Einzelpositionen umfaßt, ist allerdings eine direkte Zuordnung und damit Restbuchwertbestimmung bei **einzelnen** Anlagegütern unmöglich.

Nichtkapitalgesellschaften können Abschreibungen sowohl nach der direkten als auch nach der indirekten Methode vornehmen, während die Anwendung der indirekten Abschreibung für Kapitalgesellschaften grundsätzlich nicht mehr gestattet ist (§ 268, Abs. 2, Satz 3 HGB). Nur in Ausnahmefällen, wenn Abschreibungen in der Handelsbilanz aufgrund steuerlicher Vorschriften vorgenommen werden, ist die Bildung eines Wertberichtigungspostens in Höhe der Differenz zwischen dem handelsrechtlich gebotenen und dem steuerlich zulässigen Wertansatz möglich. Der Ausweis des Unterschiedsbetrages hat dann allerdings unter den **Sonderposten mit Rücklageanteil** zu erfolgen (§ 247, Abs. 3 i. V. m. § 273 HGB). Der verminderten Aussagekraft der direkten Abschreibungsmethode wird durch einen erweiterten **Anlagespiegel** begegnet (§ 268, Abs. 2, Satz 2 HGB). Da dieser von den **ursprünglichen** Anschaffungs- oder Herstellungskosten auszugehen hat, sind aus dem Jahresabschluß die gleichen Erkenntnisse zu ziehen wie bei indirekter Abschreibung (im einzelnen vgl. Teil B, Abschn. 3.21, S. 484ff.). Darüber hinaus wird die Angabe der Periodenabschreibung bei der entsprechenden Bilanzposition bzw. im Anhang gefordert (§ 268, Abs. 2, Satz 3 HGB), so daß der Informationswert sogar eine Steigerung erfährt.

Anlagenabgänge betreffen sowohl das Ausscheiden nach Vollabschreibung und Vollabnutzung als auch die Veräußerung bei noch vorhandenem Restbuch- und Restnutzungswert. Besitzt ein abgeschriebenes Anlagegut **keinen** realisierbaren Restwert (Schrottwert, Veräußerungswert) mehr, dann ist bei direkt gebuchter Abschreibung lediglich eine Korrektur des Bestandsverzeichnisses, bei indirekt vorgenommener Abschreibung die Ausbuchung des Anschaffungswertes durch Übernahme der Wertberichtigung auf das Anlagekonto vorzunehmen.

Besitzt dagegen die Anlage beim **Ausscheiden** noch einen realisierbaren Restwert, der durch den reinen Schrottwert oder das verbliebene Restnutzungspotential repräsentiert wird, so sind drei Möglichkeiten bei Veräußerung oder Entnahme zu unterscheiden: Verkauf zum, über oder unter Buchwert.

Bei Verkauf **zum** Buchwert stimmen buchmäßiger Restwert und (Netto-)Verkaufspreis überein. In der Ex-post-Betrachtung erweisen sich somit die bis zur Veräußerung vorgenommenen Abschreibungen als den tatsächlichen Nutzungsabgaben der Anlage äquivalent. Erfolgt ein Zielverkauf der oben beschriebenen Anlage nach 9 Jahren (Restbuchwert 1.000), dann ist wie folgt zu buchen:

– bei direkter Abschreibung:

Forderungen	1.100	**an**	Maschinen	1.000
			Mehrwertsteuer	100

– bei indirekter Abschreibung:

Wertberichtigung auf Anlagen	9.000	**an**	Maschinen	9.000
Forderungen	1.100	**an**	Maschinen	1.000
			Mehrwertsteuer	100

Um den (wirklichen) Buchwert als Vergleichsgrundlage gegenüber dem Veräußerungserlös zu erhalten, hat bei indirekter Abschreibung zunächst die Auflösung des Wertberichtigungskontos über das Anlagekonto zu erfolgen.

Beim Anlagenverkauf **über** bzw. **unter** Buchwert erfolgt über den Markt eine Ex-post-Korrektur periodenunrichtig bemessener Abschreibungen. **Übersteigt** der (Netto-)Verkaufspreis den zu Buch stehenden Restwert, so impliziert dies für die vergangenen Nutzungsperioden einen zu geringen Gewinnausweis durch Vornahme überhöhter Abschreibungen. Im Jahr der Veräußerung werden diese Gewinne aufgedeckt; die Aufwandsberichtigung erfolgt über die Korrekturgröße des Veräußerungspreises und wird in der laufenden Periode als sonstiger betrieblicher Ertrag behandelt. **Unterschreitet** dagegen der (Netto-)-Veräußerungspreis den Restbuchwert, so sind die in den Vorperioden zu niedrig verrechneten Abschreibungsquoten nachzuholen, indem im Veräußerungsjahr die Differenz als sonstiger betrieblicher Aufwand gebucht wird. Nur die zwischen Restbuchwert und erzieltem Veräußerungspreis angezeigte Differenz ist jeweils erfolgswirksam zu erfassen; ihr Ausweis läßt gewisse Rückschlüsse auf die Abschreibungspolitik des Betriebes zu.

Ist der Barverkaufspreis im obigen Beispiel (Restwert 1.000) netto 1.500, dann sind alternativ folgende Buchungen vorzunehmen:

– bei direkter Abschreibung:

Kasse	1.650	**an**	Maschinen	1.000
			Erträge aus Anlagenverkauf	500
			Mehrwertsteuer	150

– bei indirekter Abschreibung:

Wertberichtigung auf Anlagen	9.000	**an**	Maschinen	9.000
Kasse	1.650	**an**	Maschinen	1.000
			Erträge aus Anlagenverkauf	500
			Mehrwertsteuer	150

Beträgt dagegen der Barverkaufspreis netto nur 800, dann gilt:

– bei direkter Abschreibung:

Kasse	880			
Verluste aus Anlagenverkauf	200	**an**	Maschinen	1.000
			Mehrwertsteuer	80

– bei indirekter Abschreibung:

Wertberichtigung auf Anlagen	9.000	**an**	Maschinen	9.000
Kasse	880			
Verluste aus Anlagenverkauf	200	**an**	Maschinen	1.000
			Mehrwertsteuer	80

10.32 Abschreibungen auf Vorräte

Gegenstände des Vorratsvermögens unterliegen keiner regelmäßigen Wertminderung durch Abnutzung. Weder die Waren des Handelsbetriebs noch die zum Vorratsvermögen des Industriebetriebs gehörenden Roh-, Hilfs- und Betriebsstoffe sowie Halb- und Fertigerzeugnisse (vgl. hierzu auch Teil B, Abschn. 3, S. 457ff.) repräsentieren einen anlageähnlichen, über mehrere Abrechnungsperioden akkumulierten Nutzungsvorrat. Vielmehr handelt es sich um Lagerbestände mit **einmaliger Nutzleistungsabgabe** durch Marktumsatz beim Handel und zusätzlichem Produktionsumsatz bei der Fabrikation. Planmäßige Abschreibungen auf Vorräte kommen deshalb nicht in Betracht.

Eine zu berücksichtigende Wertänderung der Vorräte kann jedoch während der zwischen Anschaffung bzw. Herstellung und Nutzleistungsabgabe verstreichenden Zeitspanne eintreten. Das gilt insbesondere dann, wenn die Wiederbeschaffungs- oder Wiederherstellungswerte gegenüber den ursprünglichen Kosten der Anschaffung oder Herstellung gesunken sind. Gemäß dem für die Vorrätebewertung geltenden **strengen Niederstwertprinzip** (§ 253, Abs. 3, Satz 1 HGB) ist dann der niedrigere Tageswert ohne Rücksicht auf Gründe und Dauer seines Absinkens anzusetzen. Diese Wertkorrekturen werden durch **außerplanmäßige Abschreibungen** erfaßt. Die dadurch bewirkte Verlustantizipation rechnet die Wertminderung, ohne Rücksicht auf deren Realisierung zum Zeitpunkt des Verkaufs, der Entstehungsperiode zu.

Die **Verbuchung** der Abschreibungen auf Vorräte ist analog der Anlagenabschreibung vorzunehmen; sie erfolgt nahezu ausschließlich nach der **direkten Methode** durch Gutschrift auf dem Wareneinkaufskonto.

Beispiel:

Anschaffungskosten eines Warenendbestands	50.000
Wiederbeschaffungskosten am Bilanzstichtag	40.000

Buchungssätze:

– Buchung der Abschreibung:				
Abschreibungen auf Waren	10.000	**an**	Wareneinkauf	10.000
– Abschlußbuchungen:				
Schlußbilanzkonto	40.000	**an**	Wareneinkauf	40.000
GuV-Konto	10.000	**an**	Abschreibungen auf Waren	10.000

Wertminderungen bei den Vorräten sind grundsätzlich nicht als Verluste aus Wertminderungen von Gegenständen des Umlaufvermögens auszuweisen, sondern mit den Materialaufwendungen (Stoffeaufwand, § 275, Abs. 2, Nr. 5a HGB) zu verrechnen bzw. innerhalb der Bestandsveränderungen (§ 275, Abs. 2, Nr. 2 HGB) zu erfassen, sofern es sich nicht um die üblichen Abschreibungen übersteigende Beträge handelt, die dann von Kapitalgesellschaften gesondert auszuweisen sind (§ 275, Abs. 2, Nr. 7b HGB).

10.33 Abschreibungen auf Forderungen

Forderungen aus Lieferungen und Leistungen entstehen durch unbare Transaktionen (Zielverkäufe), die Ansprüche aus gegenseitigen, zunächst jedoch nur einseitig vom Lieferanten erfüllten Verträgen begründen. Bei Bilanzierung der Forderungen mindern Rabatte, Umsatzprämien und Preisnachlässe den Forderungsbetrag; dagegen sind Provisionen der Verkaufsmittler (Vertreter, Kommissionäre, Makler) als Verbindlichkeit oder Rückstellung zu passivieren.

Bei der Aufstellung des Inventars und der Bilanz sind Forderungen, soweit nicht ein niedrigerer Wertansatz geboten ist, höchstens zum Nennwert anzusetzen. Forderungen sind zum Bilanzstichtag also auf ihre **Einbringlichkeit** (Echtheit, Bonität) hin zu überprüfen. Dabei sind alle Umstände zu berücksichtigen, die den Wert der Forderungen nach dem Bilanzstichtag beeinträchtigen (Wertaufhellung); das sind insbesondere Zahlungsfähigkeit und Zahlungswilligkeit der Schuldner, aber auch sonstige Erfahrungen und Aussichten des Zahlungseingangs.

Die **Bonitätsprüfung der Forderungen** führt zu einer Differenzierung der Forderungen nach drei Gruppen:

- **Vollwertige (sichere) Forderungen,** bei denen hinsichtlich Einbringlichkeit weder Einschränkungen noch Zweifel bestehen und die deshalb keine Zahlungsausfälle erwarten lassen. Diese Forderungen verbleiben auf dem Forderungskonto und sind dort mit ihrem **Nominalbetrag** anzusetzen.
- **Zweifelhafte Forderungen,** bei denen begründete Anhaltspunkte für ihre lediglich teilweise Realisierung vorliegen und deren Zahlungseingang folglich als gefährdet einzustufen ist. Forderungen dieser eingeschränkten Bonität **(Dubiose)** sind im Sinne der Bilanzklarheit in voller Höhe **auszusondern** und auf das aktivische **Bestandskonto Zweifelhafte Forderungen** unter Ansatz ihres **wahrscheinlichen Wertes** umzubuchen. Mit der Umbuchung ist zunächst lediglich eine buch- und bilanzmäßige Trennung erreicht worden, die den Erfolg nicht beeinflußt. Der zum Ansatz des wahrscheinlichen Wertes führende Bewertungsvorgang schließt sich an: In Erwartung eines nur teilweisen Zahlungseingangs ist der voraussichtlich uneinbringliche Teil der zweifelhaften Forderung (vermuteter, wahrscheinlicher Forderungsausfall) abzuschreiben. Da eine Änderung (Minderung) der **umsatzsteuerlichen** Bemessungsgrundlage (vereinbartes Entgelt) dadurch nicht bewirkt wird und in Höhe des in der Forderung enthaltenen Umsatzsteuerbetrages kein Ausfallrisiko, sondern vielmehr ein **bei tatsächlichem Forderungsverlust** gegenüber dem Finanzamt realisierbarer **Kürzungsanspruch** besteht, ist der abzuschreibende Betrag von der Nettoforderung (ohne Umsatzsteuer) zu berechnen.

  Anhaltspunkte für die Aussonderung von Forderungen als Dubiose sind u. a. aus den folgenden Sachverhalten abzuleiten: fruchtlos erfolgte Mahnungen, negative Auskünfte über Finanz- und Liquiditätsverhältnisse des Kunden, Zweifel an dessen Kreditwürdigkeit, z. B. infolge Stundungsersuchen oder erheblicher Zahlungszielüberschreitung, Nichteinlösung von Schecks oder Wechseln, Erlaß von Zahlungsbefehlen, schwebende Rechtsstreite sowie Vergleichs- oder Konkursanmeldung. Die auf der Grundlage dieser Anhaltspunkte erforderliche **Schätzung** der Höhe des voraussichtlichen Forderungsausfalls muß allerdings objektiv durch die Verhältnisse des Betriebes gestützt sein und darf nicht nur auf bloßen Vermutungen oder pessimistischer Beurteilung der künftigen Entwicklung beruhen.
- **Uneinbringliche Forderungen,** deren Uneinbringlichkeit feststeht (endgültiger, effektiver Forderungsverlust), sind **in voller Höhe abzuschreiben.** Erst damit tritt die zur Berichtigung des Mehrwertsteuerkontos führende Entgeltänderung ein (§ 17, Abs. 2, Nr. 1 UStG); diese ist deshalb auch unab-

hängig vom Abschlußstichtag vorzunehmen und gehört nicht zu den Abschlußbuchungen. Der endgültige Forderungsausfall wird u. a. folgenden Sachverhalten zu entnehmen sein: festgestellte Illiquidität des Schuldners, Eingang der Konkurs- oder Vergleichsquote, fruchtloser Verlauf der Zwangsvollstreckung, vom Schuldner geleistete eidesstattliche Versicherung über die Vermögenslage oder eigener Forderungsverzicht.

Die Umbewertung der Forderungen wird als **Einzel-** und als **Pauschalabschreibung** vorgenommen; erstere nach direkter und indirekter (Delkredere-Wertberichtigung), letztere häufig nach indirekter Methode (Pauschal- oder Sammelwertberichtigung). Diese Methodenfreiheit besteht allerdings nur für Nichtkapitalgesellschaften. Für Kapitalgesellschaften ist dagegen die direkte Abschreibungsmethode obligatorisch.

Der grundlegende Unterschied der Abschreibungen auf Forderungen gegenüber der Anlagenabschreibung beruht auf ihrer verschiedenen Zwecksetzung: Nicht Anschaffungsausgaben sollen dem Abbau eines Nutzungspotentials entsprechend über mehrere Nutzungsperioden hinweg verteilt werden, sondern aus Zielumsätzen resultierende, nicht realisierbare Zahlungsansprüche werden korrigiert. Die Forderungsabschreibung erfaßt folglich vom Gewinn zu tragende endgültige Umsatzeinbußen, während die Anlagenabschreibung bei Marktvergütung die im Kaufpreis des Erzeugnisses enthaltenen Abschreibungsgegenwerte an den Betrieb bindet.

10.331 Die Einzelabschreibung auf Forderungen

Einzelabschreibungen bzw. Einzelwertberichtigungen beruhen auf einer **individuellen** Risikoprüfung der einzelnen Forderung. Zu rechtfertigen ist diese arbeits- und zeitintensive Vorgehensweise nur bei überschaubarer und damit begrenzter Forderungsanzahl oder aber für eine durch ihre relative Betragshöhe gekennzeichnete Forderungsauswahl. Liegen die Voraussetzungen für eine Bewertung unter Nennwert vor, so kann der Ansatz des wahrscheinlichen Wertes durch Nennwertminderung in Form der **direkten** und für Nichtkapitalgesellschaften grundsätzlich auch der **indirekten** Abschreibungsmethode erfolgen.

Beispiel:

Der (Brutto-)Forderungsbestand beträgt am Bilanzstichtag insgesamt 330.000. Im Rahmen der vorbereitenden Abschlußarbeiten erfolgt die Aussonderung von 22.000 der Forderungen als zweifelhaft. Die Korrespondenz ergibt, daß davon 4.400 mit Sicherheit und 6.600 vermutlich uneinbringlich sind.

Buchungssätze: Direkte Buchung der Abschreibung

– Umbuchung Zweifelhafte Forderungen:

(1) Zweifelhafte Forderungen	22.000	**an**	Forderungen	22.000

– Wahrscheinlicher Forderungsausfall:

(2) Abschreibung auf Ford.	6.000	**an**	Zweifelhafte Forderungen	6.000

– Effektiver Forderungsausfall:

(3) Abschreibung auf Ford.	4.000			
Mehrwertsteuer	400	**an**	Zweifelhafte Forderungen	4.400

– Abschlußbuchungen:

(4) Schlußbilanzkonto (SBK)	319.600	**an**	Forderungen	308.000
			Zweifelhafte Forderungen	11.600
(5) GuV-Konto	10.000	**an**	Abschreibung auf Ford.	10.000

Forderungen

Best.	330.000	22.000 (1)
		308.000 (4)

Zweifelhafte Forderungen

(1)	22.000	6.000 (2)
		4.400 (3)
		11.600 (4)

Abschreibungen auf Forderungen

(2)	6.000	10.000 (5)
(3)	4.000	

Mehrwertsteuer

(3)	400	

Schlußbilanzkonto

(4)	319.600	

GuV

(5)	10.000	

Die **direkte** Forderungsabschreibung weist gewichtige Nachteile auf: Sie verhindert auf der Vermögensseite den Ausweis der vollen, ursprünglichen Rechtsansprüche gegenüber Kunden und läßt den mutmaßlichen Forderungsausfall nicht erkennen. Insofern widerspricht die Direktabschreibung den betriebswirtschaftlichen Grundsätzen der Klarheit und Übersichtlichkeit der Bilanzierung. Erst bei effektiv eingetretenem Forderungsverlust ist die direkte Absetzung zu rechtfertigen. Da eine indirekte Abschreibung für Kapitalgesellschaften nicht in Frage kommt, ist eine zwingende Berichtspflicht für Posten der Bilanz sowie der Gewinn- und Verlustrechnung im **Anhang** vorgesehen, sofern kein den tatsächlichen Verhältnissen entsprechendes Bild der Vermögens-, Finanz- und Ertragslage vermittelt werden kann (§ 264, Abs. 2, Satz 2 HGB). Damit lassen sich jedoch nicht die organisatorischen Schwächen der direkten Abschreibung beheben, denn es wird die Saldenübereinstimmung von Forderungssachkonto und den einzelnen Debitorenkonten des Kontokorrentbuches aufgegeben, sofern die Wertminderungen nicht auch anteilig auf die Personenkonten übertragen werden. Gesichtspunkte der Debitorenüberwachung, der Mahnung und des Anspruchsvorbehalts lassen dies als unzweckmäßig erscheinen. Deshalb werden auch Kapitalgesellschaften die laufenden Aufzeichnungen der Buchführung nach der indirekten Methode vornehmen. Im Rahmen der vorbereitenden Jahresabschlußbuchungen wird das Wertberichtigungskonto über das Forderungskonto abgeschlossen, so daß dem geforderten Nettoausweis in der Handelsbilanz entsprochen werden kann.

Bei **indirekter** Vornahme der Einzelabschreibung auf erwartete und endgültige Forderungsausfälle bleibt dagegen der Wert der (dubiosen) Forderungen nominell unverkürzt erhalten. Die Korrektur erfolgt hier durch ein passivisches Bestandskonto: **Wertberichtigungen auf Forderungen** oder **Delkredere-Wertberichtigung.**

Buchungssätze: Indirekte Buchung der Abschreibung

– Umbuchung Zweifelhafte Forderungen:

(1) Zweifelhafte Forderungen	22.000	**an**	Forderungen	22.000

– Wahrscheinlicher Forderungsausfall:

(2) Abschreibung auf Ford.	6.000	**an**	Wertberichtigung auf Ford. (Delkredere)	6.000

– Effektiver Forderungsausfall:

(3) Abschreibung auf Ford.	4.000			
Mehrwertsteuer	400	**an**	Wertberichtigung auf Ford.	4.400

– Abschlußbuchungen:

(4) Schlußbilanzkonto (SBK)	330.000	**an**	Forderungen	308.000
			Zweifelhafte Forderungen	22.000
(5) Wertberichtigung auf Ford.	10.400	**an**	Schlußbilanzkonto (SBK)	10.400
(6) GuV-Konto	10.000	**an**	Abschreibung auf Ford.	10.000

Forderungen

Best.	330.000	22.000 (1)
		308.000 (4)

Zweifelhafte Forderungen

(1)	22.000	22.000 (4)

Abschreibungen auf Forderungen

(2)	6.000	10.000 (6)
(3)	4.000	

Wertberichtig. a. Ford. (Delkredere)

(5)	10.400	6.000 (2)
		4.400 (3)

Schlußbilanzkonto

(4)	330.000	10.400 (5)

Mehrwertsteuer

(3)	400	

GuV

(6)	10.000	

Unter betriebswirtschaftlicher Beurteilung besitzt die Wertberichtigung auf Forderungen den Charakter einer **Rückstellung,** da die in der Abrechnungsperiode begründete Antizipation künftiger Mindereinnahmen hinsichtlich Eintrittsfälligkeit und Ausfallhöhe am Bilanzstichtag ungewiß ist. Unabhängig von den laufenden Aufzeichnungen der Buchführung ist in der Bilanz die Berücksichtigung von Einzelrisiken allerdings nur durch aktivische Wertkorrektur möglich.

Die ansonsten nicht feststellbare direkte Zuordnung von Positionen der Vermögens- und Kapitalseite der Bilanz ist für die Delkredere-Wertberichtigung typisch: Sie teilt vollkommen das Schicksal der entsprechenden (zweifelhaften) Forderungen und ist bei Eintreten des endgültigen Forderungsausfalls aufzulösen. Dabei sind **2 Fälle der Diskrepanz** und **ein Harmoniefall** zwischen vermutetem (geschätztem) und tatsächlichem Forderungsverlust denkbar:

- Tatsächlicher Forderungsausfall und geschätzter Forderungsverlust stimmen überein (**Harmoniefall**).

Beispiel:

Der vermutete Forderungsausfall in Höhe von 6.600 wird durch Zahlungseingang von insgesamt 11.000 bestätigt.

Direkte Verbuchung:

Bank	11.000			
Mehrwertsteuer	600	**an**	Zweifelhafte Forderungen	11.600

Indirekte Verbuchung:

Bank	11.000			
Mehrwertsteuer	600			
Wertberichtigung auf Ford.	10.400	**an**	Zweifelhafte Forderungen	22.000

Die Realisierung des erwarteten Forderungsausfalls ist erfolgsunwirksam. Da die Aufwandsverbuchung in der Vorperiode zum Nettobetrag vorzunehmen war, erfolgt nunmehr die Mehrwertsteuerkorrektur in Höhe des tatsächlichen Umsatzsteuerausfalls. Bei indirekter Verbuchung ist die Wertberichtigung in voller Höhe aufzulösen.

- Tatsächlicher Forderungsausfall und geschätzter Forderungsverlust stimmen nicht überein (**Diskrepanzfälle**). Der tatsächliche Forderungsausfall ist geringer (höher) als der ursprünglich geschätzte; es entstehen Über- bzw. Unterdeckungen.

Beispiel:

Die Debitoren überweisen die Summe von 13.200 (7.700), so daß die Differenz in Höhe von 2.200 (3.300) den Forderungsausfall mindert (erhöht).

Bei **zu hoher** Einschätzung der Forderungsverluste:

Direkte Verbuchung:

Bank	13.200			
Mehrwertsteuer	400	**an**	Zweifelhafte Forderungen	11.600
			Sonstige betriebliche Erträge aus Forderungen	2.000

Indirekte Verbuchung:

Bank	13.200			
Mehrwertsteuer	400			
Wertberichtigung auf Ford.	10.400	**an**	Zweifelhafte Forderungen	22.000
			Sonstige betriebliche Erträge aus Forderungen	2.000

Bei **zu geringer** Einschätzung der Forderungsverluste:

Direkte Verbuchung:

Bank	7.700			
Mehrwertsteuer	900			

Sonstige betriebliche Aufwendungen aus Forderungen	3.000	**an**	Zweifelhafte Forderungen	11.600

Indirekte Verbuchung:

Bank	7.700			
Mehrwertsteuer	900			
Sonstige betriebliche Aufwendungen aus Forderungen	3.000			
Wertberichtigung auf Ford.	10.400	**an**	Zweifelhafte Forderungen	22.000

Die Diskrepanzfälle lösen zusätzlich erfolgswirksame Vorgänge aus: Bei **zu hoch** geschätztem Forderungsverlust (Überdeckung) werden die in den zweifelhaften Forderungen durch zu hohe Aufwandsbemessung entstandenen stillen Reserven in der Folgeperiode durch die Zahlung aufgedeckt und als sonstiger betrieblicher Ertrag aufgelöst. Der Zahlungseingang in Höhe von 13.200 hat zur Folge, daß der erwartete Ausfallbetrag von 6.600 nur zu 4.400 realisiert wird, ein sonstiger betrieblicher Ertrag von 2.000 entsteht und folglich auch nur eine Mehrwertsteuerberichtigung von 400 vorzunehmen ist.

Bei **zu gering** geschätztem Forderungsverlust (Unterdeckung) sind die zu niedrig vorgenommenen Abschreibungen in der Folgeperiode nachzuholen. Mit dem Geldeingang von 7.700 steht der realisierte Verlust in Höhe von 9.900 der Schätzgröße von 6.600 gegenüber; es zeigt sich für die Zahlungsperiode ein sonstiger betrieblicher Aufwand in Höhe von 3.000. Die aufgrund der nunmehr feststehenden Entgeltänderung vorzunehmende Mehrwertsteuerberichtigung beträgt 900.

In diesem Zusammenhang zeigt sich eine Schwäche der gesetzlichen Regelung für Kapitalgesellschaften: Zwar verlangt das Gliederungsschema der Gewinn- und Verlustrechnung (vgl. Teil A, Abschn. 2.51, S. 50f.) den gesonderten Ausweis eines außerordentlichen Ergebnisses, das aber nur außerhalb des üblichen Geschäftsverkehrs anfallende Geschäftsvorgänge erfaßt. Für periodenfremde Aufwendungen und Erträge ist daher kein Raum, die Korrekturen der Abweichungen von Forderungsverlusten müssen somit im ordentlichen Ergebnis als sonstige betriebliche Aufwendungen bzw. Erträge aufgefangen werden.

10.332 Die Pauschalwertberichtigung zu Forderungen

Die Erfassung der dem Forderungsbestand inhärenten Wagnisse als Einzelrisiken **(spezielles Kreditrisiko)** kann auch pauschal und zusätzlich zu der für einzelne Forderungen getrennt vorgenommenen Einzelrisikoberücksichtigung erfolgen. Das gilt insbesondere dann, wenn sich umfangreiche Forderungsbestände aus zahlreichen, betragsmäßig wenig ins Gewicht fallenden Einzelforderungen zusammensetzen. Die pauschale Berücksichtigung spezieller Risiken geschieht meist vereinfacht durch einen nach Erfahrungswerten der Branche und individuellen Verhältnissen des Unternehmens bemessenen prozentualen Abschlag vom Nennbetrag der Forderungen. Da die speziellen Kreditrisiken auch bei pauschal ermittelten Abschlägen je nach der Bonität des **einzelnen** Schuldners verschieden hoch einzuschätzen sind, handelt es sich materiell um individuelle Wertkorrekturen, die bilanziell wie die Einzelabschreibung nicht passivisch, sondern aktivisch zu berücksichtigen sind. Die Möglichkeit, diese Abschreibungen in den laufenden Aufzeichnungen direkt oder indirekt zu erfassen, bleibt davon, zumindest für Nichtkapitalgesellschaften, unberührt.

Eine weitere Möglichkeit, in der Abrechnungsperiode begründete, drohende Forderungsausfälle am Bilanzstichtag zu berücksichtigen, besteht im Ansatz von **Pauschal- oder Sammelwertberichtigungen.** Diese dürfen nur zur Erfassung allgemeiner Risiken (**allgemeines Kreditrisiko**) gebildet werden und sind deshalb nicht mit den pauschal errechneten Wertberichtigungen aufgrund spezieller Risiken zu verwechseln. Das durch Pauschalwertberichtigungen zu Forderungen abzusichernde allgemeine Kreditrisiko umfaßt eine Vielzahl von mit Zielverkäufen üblicherweise verbundenen Unwägbarkeiten, deren Berücksichtigung letztlich im allgemeinen Grundsatz kaufmännischer Vorsicht seine Begründung findet. Auch die einwandfreien (guten) Forderungen werden deshalb in die Pauschalwertberichtigung einbezogen, denn ihre Rechtfertigung beruht gerade auf **unbekannten** Zahlungsschwierigkeiten der Kunden. Zudem werden die Pauschalwertberichtigungen zu Forderungen generell nur zum Geschäftsjahresende im Rahmen der Abschlußbuchungen auf ein passivisches Bestandskonto gebucht bzw. aktivisch von den Forderungen abgesetzt und nicht schon bei Existenz des tatsächlichen Forderungsausfalls. Zu den wesentlichen, das allgemeine Kreditrisiko betreffenden Risikofaktoren gehören: das allgemeine Ausfallrisiko bei Konjunkturrückgang, Währungsumstellung und nicht vorhersehbarer struktureller Krise, die erhöhten Wagnisse bei Auslandsforderungen in Form der Transfer-, Enteignungs- und Abwertungsrisiken und die nicht erkennbaren Bonitätsrisiken, welche vor allem bei Umsatzausweitungen einen überproportionalen Anstieg aufweisen können.

Die Pauschalwertberichtigung ist nach **Erfahrungswerten** der Vergangenheit zu bemessen. Der aufgrund ausgefallener Forderungen früherer Perioden ermittelte Durchschnittssatz wird nach Abzug der als uneinbringlich feststehenden Forderungen (Forderungsverluste) auf den verbleibenden Forderungsbestand bezogen und als Pauschalbetrag für wahrscheinliche Ausfälle gebucht. Die **steuerlich** durch objektiv nachprüfbare Tatsachen abzustützende Pauschalsatzhöhe bleibt i.d.R. im Intervall zwischen 3% und 7% unbeanstandet. Um Manipulationen des Jahresergebnisses zu verhindern, sind Erhöhungen eines einmal zugrundegelegten Wertberichtigungssatzes nur unter Nachweis wesentlich veränderter Verhältnisse durchsetzbar (Grundsatz der Bewertungsstetigkeit, § 252, Abs. 1, Nr. 6 HGB).

Nichtkapitalgesellschaften können sowohl einen passivischen Ausweis der Pauschalwertberichtigung vornehmen, als auch die Wertberichtigung direkt vom Forderungskonto absetzen; für Kapitalgesellschaften dagegen ist die direkte Methode verbindlich vorgeschrieben. Bei der direkten Absetzung der Pauschalwertberichtigung reduzieren sich die Buchungsvorgänge am Ende der Periode auf die Auflösung der nicht in Anspruch genommenen Wertberichtigung als sonstiger betrieblicher Ertrag. Eine eventuelle Unterdeckung wird wie bei der indirekten Verbuchung gehandhabt. Wie im Falle der Berücksichtigung der Einzelrisiken dient als Bemessungsgrundlage bei Bildung der Pauschalwertberichtigung der Nettobetrag der Forderungen, da erst der tatsächliche Forderungsausfall die Umsatzsteuerkorrektur auslöst.

Beispiel:

Bildung der Pauschalwertberichtigung zu Forderungen. Das allgemeine Kreditrisiko beträgt gemäß langfristigem, betrieblichen Erfahrungssatz 5%. Der Forderungsbestand weist am Bilanzstichtag nach Bereinigung um die uneinbringlichen Forderungen den Betrag von 220.000 einschließlich Umsatzsteuer aus.

Buchungssätze:

Direkte Verbuchung:

– Buchung der Delkredere-Wertberichtigung:

Abschreibung auf Ford.	10.000	**an**	Forderungen	10.000

– Abschlußbuchungen:

Schlußbilanzkonto	210.000	**an**	Forderungen	210.000
GuV-Konto	10.000	**an**	Abschreibung auf Ford.	10.000

Indirekte Verbuchung:

– Buchung der Delkredere-Wertberichtigung:

Abschreibung auf Ford.	10.000	**an**	Wertberichtigung auf Ford.	10.000

– Abschlußbuchungen:

Schlußbilanzkonto	220.000	**an**	Forderungen	220.000
Wertberichtigung auf Ford.	10.000	**an**	Schlußbilanzkonto	10.000
GuV-Konto	10.000	**an**	Abschreibung auf Ford.	10.000

Bei vollständigem oder teilweisem Forderungsausfall werden bei der direkten Methode die entsprechenden Forderungen ausgebucht; eine eventuell auftretende Differenz zwischen Forderungseingang und zu Buche stehender Forderung wird als sonstiger betrieblicher Ertrag im Falle einer Überdeckung bzw. als sonstiger betrieblicher Aufwand im Falle einer Unterdeckung erfolgswirksam behandelt. Für die **Auflösung** des Delkrederekontos bei Anwendung der indirekten Methode läßt die buchtechnische Behandlung der während der Periode realisierten Forderungsausfälle mehrere Möglichkeiten der Delkrederekorrektur zu:

1. Alle die Leistungen der Vorperiode betreffenden Forderungsverluste werden **bereits während der laufenden Periode** auf dem Wertberichtigungskonto gebucht; Buchungssatz: Wertberichtigungen auf Forderungen und Mehrwertsteuerkonto **an** Forderungen. Erweisen sich die effektiven Forderungsverluste beim Abschluß gegenüber dem in die Eröffnungsbilanz übernommenen Delkredere als niedriger (höher), so erfolgt am Periodenende die Korrektur durch Berücksichtigung der Differenz als sonstiger betrieblicher Ertrag (sonstiger betrieblicher Aufwand). Die Abweichungsermittlung wird für die Summe der Forderungen durch Saldierung des Wertberichtigungskontos zum Geschäftsjahresende vorgenommen.

Beispiel:

Von den in die Eröffnungsbilanz übernommenen Forderungsbeständen in Höhe von 220.000, auf die zum Bilanzstichtag ein Delkredere von 5% (10.000) gebildet wurde, gehen im Laufe der Periode 214.500 ein; 5.500 sind als endgültiger Forderungsverlust anzusehen.

Buchungssätze:

– Buchung der Zahlungseingänge:

Bank	214.500	**an**	Forderungen	214.500

– Buchung des endgültigen Forderungsausfalls:

Wertberichtigung auf Ford.	5.000			
Mehrwertsteuer	500	**an**	Forderungen	5.500

– Umbuchung des sonstigen betrieblichen Ertrags:

Wertberichtigung auf Ford.	5.000	**an**	Sonstiger betrieblicher Ertrag	5.000

Die **Überdeckung** der Wertberichtigung und das damit um die Abweichung gegenüber dem endgültigen Forderungsausfall zu geringe Ergebnis des Vorjahres wird im Folgejahr durch Ausweis eines sonstigen betrieblichen Ertrages korrigiert.

Werden dagegen in der laufenden Periode nur 198.000 der Forderungen vereinnahmt und entstehen tatsächliche Forderungsverluste in Höhe von 22.000 brutto, dann sind davon 10.000 infolge der **Unterdeckung** durch die Wertberichtigung als sonstiger betrieblicher Aufwand (Forderungsverluste) der laufenden Periode zuzurechnen. Der zu hohe Ergebnisausweis der Vorperiode wird in der laufenden Periode korrigiert.

Buchungssätze:

– Buchung der Zahlungseingänge:

Bank	198.000	**an**	Forderungen	198.000

– Buchung des effektiven Forderungsausfalls:

Wertberichtigung auf Ford.	20.000			
Mehrwertsteuer	2.000	**an**	Forderungen	22.000

– Umbuchung des sonstigen betrieblichen Aufwands:

Sonstiger betrieblicher Aufwand aus Ford.	10.000	**an**	Wertberichtigung auf Ford.	10.000

2. Die Verbuchung realisierter, den Anfangsbestand der Forderungen des Wirtschaftsjahrs betreffende Verluste kann auch in der Weise erfolgen, daß Ausfälle dem Delkrederekonto **nur bis zur Höhe** des Wertberichtigungspostens belastet werden, während über diesen Rückstellungsbetrag hinausgehende Einbußen direkt auf dem Aufwandskonto für sonstigen betrieblichen Aufwand aus Forderungen erfaßt werden. Im Falle der Unterdeckung gelten nach obigem Beispiel folgende

Buchungssätze:

– Buchung der Zahlungseingänge:

Bank	198.000	**an**	Forderungen	198.000

– Buchung des effektiven Forderungsausfalls:

Wertberichtigung auf Ford.	10.000			
Sonstiger betrieblicher Aufwand aus Ford.	10.000			
Mehrwertsteuer	2.000	**an**	Forderungen	22.000

3. Sämtliche Forderungsausfälle werden ohne Rücksicht auf die Periodenzugehörigkeit der ihnen zugrunde liegenden Forderungen auf einem **besonderen**

Forderungsverlustkonto gesammelt. Das Wertberichtigungskonto wird dann nur im Rahmen der Abschlußarbeiten angesprochen, was seinem Wesen als passivisches Bestandskonto auch entspricht. Beim Abschluß werden dann Forderungsverluste und Delkredere entweder im Sinne des **Nettoabschlusses** miteinander verrechnet oder aber, bei Bevorzugung des übersichtlicheren **Bruttoabschlusses,** in der GuV-Rechnung die Summe der Forderungsverluste auf der Aufwandseite der über die Ertragseite aufgelösten Wertberichtigung aus der Eröffnungsbilanz gegenübergestellt. Dieses Verfahren entspricht auch dem Vereinfachungsbestreben der Buchführungspraxis.

Beispiel:

Für eine Personengesellschaft, die zur Wertberichtigung von Forderungen die indirekte Methode anwendet, liegen folgende Daten vor:

Forderungsbestand und Wertberichtigungsposten aus der Schlußbilanz der Vorperiode betragen 220.000 bzw. 10.000. Während des laufenden Wirtschaftsjahres gingen 214.500 der Außenstände ein, 5.500 fielen endgültig aus. Die Zielverkäufe der laufenden Periode betrugen 880.000 brutto, wovon 836.000 bezahlt wurden und 4.400 als Forderungsverluste feststehen. Der Restbetrag von 39.600 steht noch aus.

Buchungssätze (vgl. auch die Konten auf S. 228):

(Gegenbuchungen nur, soweit Vorgänge an dieser Stelle von Interesse)

– Buchung der gesamten Zahlungseingänge:

(1 a) Bank	214.500	**an**	Forderungen	214.500
(1 b) Bank	836.000	**an**	Forderungen	836.000

– Buchung der effektiven Forderungsausfälle:

(2) Forderungsverluste	5.000			
(2) Forderungsverluste	4.000			
(2) Mehrwertsteuer	900	**an**	Forderungen	9.900

– Abschlußbuchungen:

(3 a) Wertberichtigung auf Ford.	10.000	**an**	GuV-Konto	10.000
(3 b) GuV-Konto	9.000	**an**	Forderungsverluste	9.000
(3 c) Schlußbilanzkonto	39.600	**an**	Forderungen	39.600
(3 d) Abschreibung auf Ford.	1.800	**an**	Wertberichtigung auf Ford.	1.800

(Restaußenstände netto: $39.600 \times \frac{100}{110} = 36.000$; darauf Pauschalabschreibung 5%)

(3 e) Wertberichtigung auf Ford.	1.800	**an**	Schlußbilanzkonto	1.800
(3 f) GuV-Konto	1.800	**an**	Abschreibung auf Ford.	1.800

Aus der Gegenüberstellung der Forderungsverluste und der aus der Vorperiode stammenden, zum Geschäftsjahresende aufgelösten Wertberichtigung (Bruttomethode) in der GuV-Rechnung wird die Über- bzw. Unterdeckung der eingetretenen Forderungsausfälle sichtbar. Die Aufwandsbelastung der Periode beträgt insgesamt nur 800, da die Überdeckung aufzurechnen ist und somit in der laufenden Periode die Erfolgskorrektur der Vorperiode stattfindet.

Forderungen

AB	220.000	214.500	(1a)
Zug.	880.000	836.000	(1b)
		9.900	(2)
		39.600	(3c)
	1.100.000	1.100.000	

Wertberichtigungen auf Forderungen

(3a)	10.000	AB 10.000	
(3e)	1.800	1.800	(3d)
	11.800	11.800	

Bank

(1a)	214.500		
(1b)	836.000		

Mehrwertsteuer

(2)	900		

Forderungsverluste

(2)	5.000	9.000	(3b)
(2)	4.000		
	9.000	9.000	

Abschreibungen auf Forderungen

(3d)	1.800	1.800	(3f)

Schlußbilanzkonto

(3c)	39.600	1.800	(3e)

GuV

(3b)	9.000	10.000	(3a)
(3f)	1.800		

Über- und Unterdeckungen der tatsächlich in einer Periode angefallenen Forderungsverluste durch Wertberichtigungen der Vorperiode bleiben dagegen ohne Ausweis, wenn Auflösung und Neubildung der Pauschalwertberichtigung derart **kombiniert** werden, daß diese in jedem Jahr lediglich um die Differenz korrigiert wird, um die sich der bei Anwendung des pauschalen Durchschnittssatzes auf Forderungsanfangs- und Forderungsendbestand ergebende Betrag unterscheidet. Die Anpassung des Wertberichtigungskontos an den entsprechenden Forderungsbestand erfolgt dann jeweils nur durch eine einzige Buchung, die häufig auf das Abschreibungskonto verzichtet und direkt das GuV-Konto anspricht: Bei gegenüber dem Anfangsbestand höherem Forderungsendbestand (Fehlbetrag der Wertberichtigung) erfolgt eine dem Differenzbetrag entsprechende Belastung (Aufwand), bei im Vergleich zum Periodenanfangsbestand geringerem Forderungsendbestand (Überschuß der Wertberichtigung) erfolgt eine entsprechende Gutschrift (Ertrag) auf dem GuV-Konto. Bei der indirekten Methode stellt das Delkrederekonto damit ein **gemischtes Konto** dar, dessen Erfolgsteil beim Abschluß erst durch Einstellung des am Forderungsnennbetrag orientierten und durch Erfahrungssatz berechneten Endbestands ermittelt werden kann.

Buchungstechnisch erscheint diese Vorgehensweise gegenüber der isolierten Auflösung des Delkredere wohl einfacher, jedoch durch die Möglichkeit der

Verrechnung von Neubildung in der laufenden Periode mit dem verbleibenden Differenzbetrag (Rest- bzw. Fehlbetrag) der Vorperiode zugleich unübersichtlicher. Nach beiden Vorgehensweisen ergibt sich derselbe Periodengewinn, allerdings infolge der Schätzkomponenten bei der Delkrederebemessung in nicht korrekter Abgrenzung; der Unterschied liegt damit in periodenfremden Beträgen begründet.

Im obigen **Beispiel** geschieht die Anpassung des Wertberichtigungskontos an den neuen Forderungsbestand bei **kombiniertem Verfahren** durch folgende Buchung:

Wertberichtigung auf Ford.	8.200	**an**	GuV-Konto	8.200

GuV-Konto

Soll		Haben	
Ford.-Verl.	9.000	WB auf Ford.	8.200

Wertberichtig. auf Forderungen

Soll		Haben	
GuV	8.200	AB	10.000
SBK	1.800		
	10.000		10.000

Die Aufwandsbelastung der Periode beträgt wie beim isolierten Verfahren 800; der Einblick in die Periodenzuordnung der Erfolgskomponenten wird jedoch wesentlich erschwert.

Letzteres gilt besonders auch dann, wenn das Wertberichtigungskonto nicht nur zum Jahresabschluß an den jeweiligen Forderungsbestand angepaßt, sondern bereits während der Geschäftsperiode durch laufende Buchung der anfallenden Forderungsverluste bewegt wird. Weist das Delkrederekonto unter diesen Voraussetzungen beim Abschluß z.B. einen Habensaldo auf, dann erscheint der Betrag der neu zu bildenden Wertberichtigung um den Betrag der gebuchten Forderungsverluste gekürzt; eine Auflösung als Ertrag in Höhe des Differenzbetrages entfällt somit überhaupt.

Obiges **Beispiel** auf die hier interessierenden Vorgänge verkürzt:

Vorjahresausweis Delkredere 10.000; effektive Forderungsausfälle während der Periode 9.900 brutto. Zum Abschluß ist die Wertberichtigung auf 5% des Forderungsendbestandes von brutto 39.600 einzustellen.

Buchungssätze (vgl. auch die Konten auf S. 230):

– **Laufende** Buchungen:

Wertberichtigung auf Ford.	9.000			
Mehrwertsteuer	900	**an**	Forderungen	9.900

– **Abschluß**buchungen:

GuV-Konto	800	**an**	Wertberichtigung auf Ford.	800
Wertberichtigung auf Ford.	1.800	**an**	Schlußbilanzkonto	1.800

Die Erfolgsrechnung läßt bei laufender Abbuchung der Forderungsverluste vom Delkrederekonto ebenso wie bei der direkten Methode weder Rückschlüsse auf deren Größenordnung zu, noch zeigt sie den Betrag der periodischen Wertberichtigungsbildung. Im Vergleich der Erfolgsrechnungen ist letztere am ungünstigsten zu beurteilen: Sie verdeckt wesentliche Einsichten in Struktur und Zusammensetzung der Erfolgsquellen.

GuV-Konto

WB auf Ford.	800		

Wertberichtig. auf Forderungen

Ford.-Verl.	9.000	AB	10.000
SBK	1.800	GuV	800
	10.800		10.800

Einzel- und Pauschalwertberichtigungen zu Forderungen kommen regelmäßig nebeneinander zur Anwendung **(gemischtes Verfahren).** Die Forderungen werden dann zunächst individuell auf ihre Vollwertigkeit hin geprüft und – soweit als dubios erkannt – einzelwertberichtigt. Der verbleibende Bestand einwandfreier Forderungen wird zusätzlich pauschalwertberichtigt, wobei aufgrund der gegenseitigen Ausschließlichkeit der beiden Vorgehensweisen die bereits durch Einzelabschreibungen abgedeckten hohen Risiken bei der Bemessung des Durchschnittssatzes zu berücksichtigen sind. Das Mischverfahren kommt immer dann zur Anwendung, wenn einzelne, betragsmäßig ins Gewicht fallende Forderungen größere Ausfälle erwarten lassen und für den Bestand der übrigen Forderungen das allgemeine Kreditrisiko Berücksichtigung finden soll.

Beispiel:

Im Forderungsbestand von insgesamt 1.100.000 sind zwei als dubios zu kennzeichnende Forderungen im Betrag von 220.000 und 110.000 enthalten. Der Forderungsausfall der Dubiosen wird auf je 20% geschätzt. Auf den verbleibenden Restbetrag ist ein Delkredere von 2% zu bilden.

Buchungssätze:

– Umbuchung der zweifelhaften Forderungen:

Zweifelhafte Forderungen	330.000	**an**	Forderungen	330.000

– Buchung der Einzelwertberichtigung:

Abschreibung auf Ford.	60.000	**an**	Zweifelhafte Forderungen	60.000

– Buchung der Pauschalwertberichtigung:

GuV-Konto (auch: Abschreibung auf Forderungen)	14.000	**an**	Wertberichtigung auf Ford. (bzw. bei direkter Verbuchung: Forderungen)	14.000

Übungsbeispiel:

(Benutzen Sie dazu den Großhandelskontenrahmen auf dem Faltblatt am Schluß des Buches.)

1) Der Lebensmittelgroßhandel Pracht oHG hat am 17. 2. eine Verpackungsmaschine gekauft, die mit 250.000 aktiviert wurde. Die betriebsgewöhnliche Nutzungsdauer, die mit der geschätzten wirtschaftlichen Nutzungsdauer übereinstimmt, beträgt 10 Jahre. Pracht schreibt diese Maschine unter Anwendung der direkten Abschreibung linear ab. Wie ist die Abschreibung und wie beim Abschluß zu buchen?
2) Prachts Geschäftsausstattung besitzt einen Anschaffungswert von 100.000; die Abschreibung beträgt 8.100. Die Wertberichtigung auf Geschäftsausstattung

weist in der Eröffnungsbilanz der Abrechnungsperiode 19.000 aus. Nach Vornahme der Abschreibung sind die dazugehörigen Abschlußbuchungen anzugeben.

3) Ein Pkw, der im Verkaufsmonat bis auf 2.000 direkt abgeschrieben ist, wird für 2.750 brutto gegen Bankscheck verkauft. Welche Buchungsvorgänge werden ausgelöst?

4) Der im Juli 1977 gekaufte Gabelstapler, dessen Anschaffungswert 10.000 und dessen erwartete Nutzungsdauer 10 Jahre beträgt, wird infolge Reparaturanfälligkeit im Januar 1984 für 3.300 brutto für den Kauf eines neuen in Zahlung gegeben. Der als Ersatz gekaufte Stapler kostet brutto 17.600; weder Anschaffungspreisminderungen noch Anschaffungsnebenkosten müssen berücksichtigt werden. Die Abschreibung erfolgt unter Zugrundelegung einer achtjährigen Nutzungsdauer wie bereits bisher linear und indirekt. Neben der Verbuchung des Anlageabgangs und der Ersatzinvestition ist am Jahresende die Abschreibung des neuen Staplers vorzunehmen.

5) Im Juli 1983 tritt an einer 8 Jahre alten Maschine ein Totalschaden auf, so daß die Maschine infolge nicht lohnender Reparatur verschrottet wird. Der Buchwert der Maschine betrug noch 10.000; davon sind für 1983 zeitanteilig 3.500 regulär abzuschreiben, während der Restbetrag als sonstiger betrieblicher Aufwand behandelt wird. Als Ersatz wird im September 1983 eine neue Maschine gekauft, die 129.800 brutto kostet und deren Nutzungsdauer auf 10 Jahre festgelegt wird. Vor Inbetriebnahme fallen noch 2.200 Montagekosten an, die zusammen mit dem Kaufpreis unter Abzug von 2% Skonto an den Hersteller überwiesen werden. Im Rahmen der Abschlußarbeiten wird die lineare Abschreibung (1/2 Jahr) nach der direkten Methode erfaßt und die den gesamten Vorgang betreffenden Abschlußbuchungen durchgeführt.

6) Bei der Inventur werden 1.000 Dosen Gemüsekonserven aufgenommen, die Mitte des Jahres für 0,90 das Stück eingekauft wurden. Am Bilanzstichtag ist der Beschaffungspreis auf 0,75 pro Einheit gesunken, so daß ein Wertabschlag vorgenommen werden muß.

7) Eine Forderung an den Einzelhändler Gross in Höhe von 22.000 wird auf Grund ungünstiger Auskünfte als zweifelhaft eingestuft und zu 30% als uneinbringlich angesehen. In der darauffolgenden Periode einigen sich die Gläubiger auf einen Vergleich mit einer Quote von 50%. Gross überweist 11.000; der Rest wird als uneinbringlich ausgebucht. Die Verbuchung ist direkt vorzunehmen.

8) Einer unserer Kunden hat Konkurs angemeldet, so daß unsere Forderung in Höhe von 55.000 zweifelhaft geworden ist. Der Ausfall wird auf 80% geschätzt. Beim Abschluß des Konkursverfahrens ergibt sich überraschenderweise eine Konkursquote von 40%; der entsprechende Betrag geht auf unserem Bankkonto ein. Wie ist bei indirekter Verbuchung vorzugehen?

9) Am 15. 10. 1982 haben wir für unsere Forderung in Höhe von 660 an den Schuldner Klose die Zwangsvollstreckung beantragt, die jedoch nach Mitteilung vom 20. 12. 1982 fruchtlos verlaufen ist. Daraufhin wird die Forderung im Rahmen der Jahresabschlußarbeiten ausgebucht.

10) Einer unserer Schuldner beantragt am 20. 11. 1982 die Eröffnung des Vergleichsverfahrens, so daß unsere Forderung von 5.500 zweifelhaft wird. Aus diesem Grunde werden 50% als uneinbringlich abgeschrieben. Am 31. 1. 1983 bekommen wir eine Mitteilung, daß das Vergleichsverfahren eingestellt wurde und der Anschlußkonkurs eröffnet worden ist; wir schreiben weitere 20% der ursprünglichen Forderung ab. Am 23. 11. 1983 erfahren wir, daß die vorläufige Konkursquote auf 20% festgesetzt wurde; wir berichtigen erneut den Abschreibungsbetrag. Die Schlußabrechnung erfolgt am 25. 1. 1984 und teilt uns einen Betrag von 1.650 zu, der unserem Bankkonto gutgeschrieben wird.

11) Das Versandhaus Wunder bewertet seinen Forderungsbestand pauschal, da die Vielzahl der Forderungen jeweils nur geringe Einzelwerte repräsentieren und außerdem keine Information über die finanziellen Verhältnisse der einzelnen Abnehmer vorliegen. Der Erfahrungssatz von 6% ist von der Finanzbehörde anerkannt, so daß auf den gesamten Forderungsbestand in Höhe von 550.000 ein Wertberichtigungsposten gebildet wird. Im Laufe der folgenden Periode fallen Forderungen in Höhe von insgesamt 30.800 aus, die dem Konto Forderungsverluste belastet werden. Am Ende der Folgeperiode ist das Delkrederekonto unter Heranziehung des neuen Forderungsbestands von 660.000 richtigzustellen.

12) Das Delkrederekonto, auf dem im Laufe der Periode die endgültigen Ausfälle verbucht wurden, weist am Ende der Periode einen Sollsaldo von 7.000 aus. Der Forderungsbestand, auf den eine 5%-ige Wertberichtigung vorgenommen wird, beläuft sich auf 880.000. Welche Buchungsvarianten sind möglich?

13) Das Konto Forderungen weist am Jahresende einen Bestand von insgesamt 2.200.000 aus. Darin sind mehrere größere Posten im Gesamtwert von 550.000 enthalten, auf die ein Uneinbringlichkeitsabschlag von 30% vorgenommen wird. Die restlichen Forderungen unterliegen dem allgemeinen Kreditrisiko, das mit einer Pauschalwertberichtigung von 4% abgedeckt werden soll.

Lösung: Buchungssätze
(BGA = Betriebs- u. Geschäftsausstattung; GA = Geschäftsausstattung; BA = Betriebsausstattung)

1) Direkte Abschreibung:

260	Bilanzielle Abschreibungen	25.000	**an**	020	Maschinen	25.000

Abschlußbuchungen:

941	Schlußbilanzkonto	225.000	**an**	020	Maschinen	225.000
93	GuV-Konto	25.000	**an**	260	Bilanzielle Abschreibungen	25.000

2) Indirekte Abschreibung:

260	Bilanzielle Abschreibungen	8.100	**an**	902	Wertber. a. GA	8.100

Abschlußbuchungen:

941	Schlußbilanzkonto	100.000	**an**	031	GA	100.000
0902	Wertber. a. GA	27.100	**an**	941	Schlußbilanzkonto	27.100
93	GuV-Konto	8.100	**an**	260	Bilanzielle Abschreibungen	8.100

3)

13	Bank	2.750	**an**	022	Fuhrpark	2.000
				272	Erträge a. Anl.-Verk. (sonst. betriebl. Ertrag)	500
				194	Mehrwertsteuer	250

4) Anlagenabgang:

0901	Wertber. a. BA	6.500	**an**	030	BA	6.500
110	Sonst. Forderungen	3.300				
203	Verluste a. Anlageverk. u. Schadens-					

	fällen (sonst. betriebl. Aufwand)	500	an	030	BA	3.500
				194	Mehrwertsteuer	300
Neuanschaffung:						
030	BA	16.000				
114	Vorsteuer	1.600	an	110	Sonst. Forderungen	3.300
				170	Verbindlichkeiten	14.300
Indirekte Abschreibung:						
260	Bilanzielle Abschreibungen	2.000	an	0901	Wertber. a. BA	2.000

5) Anlagenabgang unter Berücksichtigung der Abschreibung der laufenden Periode:

260	Bilanzielle Abschreibungen	3.500				
203	Verluste a. Anlageverk. u. Schadensfällen (sonst. betriebl. Aufwand)	6.500	an	020	Maschinen	10.000
Eingangsrechnung neue Maschine:						
020	Maschinen	118.000				
114	Vorsteuer	11.800	an	170	Verbindlichkeiten	129.800
Montagerechnung:						
020	Maschinen	2.000				
114	Vorsteuer	200	an	170	Verbindlichkeiten	2.200
Zahlung:						
170	Verbindlichkeiten	132.000	an	13	Bank	129.360
				020	Maschinen (Skontoertrag)	2.400
				114	Vorsteuer	240
Abschreibung:						
260	Bilanzielle Abschreibungen	5.880	an	020	Maschinen	5.880
Abschlußbuchungen:						
941	Schlußbilanzkonto	111.720	an	020	Maschinen	111.720
93	GuV-Konto	15.880	an	260	Bilanzielle Abschreibungen	9.380
				203	Verluste a. Anlageverkauf u. Schadensfällen (sonstiger betrieblicher Aufwand)	6.500

6) Wertminderung:

593	Abschr. a. Vorräte	150	an	300	Wareneinkauf	150
Abschlußbuchungen:						
941	Schlußbilanzkonto	750	an	300	Wareneinkauf	750
93	GuV-Konto	150	an	593	Abschr. a. Vorräte	150

7) Umbuchung Dubiose:

101	Zweifelhafte Ford.	22.000	an	100	Forderungen	22.000
Geschätzter Verlust:						
594	Abschr. a. Ford.	6.000	an	101	Zweifelhafte Ford.	6.000

Zahlung und endgültiger Forderungsausfall:

13	Bank	11.000				
194	Mehrwertsteuer	1.000				
202	Sonstiger betrieblicher Aufwand aus Forderungen	4.000	**an**	101	Zweifelhafte Ford.	16.000

8) Umbuchung zweifelhafte Forderungen:

101	Zweifelhafte Ford.	55.000	**an**	100	Forderungen	55.000

Erwarteter Ausfall:

594	Abschr. a. Ford.	40.000	**an**	091	Wertber. a. Ford.	40.000

Zahlung und endgültiger Forderungsausfall:

13	Bank	22.000				
194	Mehrwertsteuer	3.000				
091	Wertber. a. Forderungen	40.000	**an**	101	Zweifelhafte Ford.	55.000
				273	Sonstiger betrieblicher Ertrag aus Forderungen	10.000

9) Umbuchung zweifelhafte Forderungen:

101	Zweifelhafte Ford.	660	**an**	100	Forderungen	660

Forderungsausfall:

594	Abschr. a. Ford.	600				
194	Mehrwertsteuer	60	**an**	101	Zweifelhafte Ford.	660

10) 20. 11. 82: Umbuchung zweifelhafte Forderungen:

101	Zweifelhafte Ford.	5.500	**an**	100	Forderungen	5.500

20. 11. 82: Direkte Verbuchung erwarteter Forderungsausfall:

594	Abschr. a. Ford.	2.500	**an**	101	Zweifelhafte Ford.	2.500

31. 1. 83: Weiterer Ausfall:

202	Sonstiger betrieblicher Aufwand aus Forderungen	1.000	**an**	101	Zweifelhafte Ford.	1.000

23. 11. 83: Berücksichtigung vorläufige Konkursausfallquote:

202	Sonstiger betrieblicher Aufwand aus Forderungen	500	**an**	101	Zweifelhafte Ford.	500

25. 1. 84: Schlußabrechnung und Zahlung:

13	Bank	1.650				
194	Mehrwertsteuer	350	**an**	101	Zweifelhafte Ford.	1.500
				273	Sonstiger betrieblicher Ertrag aus Forderungen	500

11) Pauschalwertberichtigung:

594	Abschr. a. Ford.	30.000	**an**	091	Wertber. a. Ford.	30.000

Forderungsausfälle:

202	Sonstiger betrieblicher Aufwand aus Forderungen	28.000				
194	Mehrwertsteuer	2.800	**an**	100	Forderungen	30.800

Neubildung Wertberichtigung:

594	Abschr. a. Ford.	6.000	**an**	091	Wertber. a. Ford.	6.000

12) a) **Isolierte** Berichtigung und Neubildung des Delkredere

Berichtigung Delkredere:

202	Sonstiger betrieblicher Aufwand aus Forderungen	7.000	**an**	091	Wertber. a. Ford.	7.000

Neubildung Delkredere:

594	Abschr. a. Ford.	40.000	**an**	091	Wertber. a. Ford.	40.000

b) **Kombinierte** Berichtigung und Neubildung des Delkredere

594	Abschr. a. Ford.	47.000	**an**	091	Wertber. a. Ford.	47.000

13) Umbuchung zweifelhafte Forderungen:

101	Zweifelhafte Ford.	550.000	**an**	100	Forderungen	550.000

Direkte Abschreibung:

594	Abschr. a. Ford.	150.000	**an**	101	Zweifelhafte Ford.	150.000

Pauschalwertberichtigung:

594	Abschr. a. Ford.	60.000	**an**	091	Wertber. a. Ford.	60.000

Ergänzende Literatur zu: 10.3 Die Verbuchung der Abschreibungen

Engelhardt/Raffée, Buchhaltung, S. 114–129; 129–135
Falterbaum/Beckmann, Buchführung, S. 622–628
Ruchti, Abschreibungen, Sp. 4–11
Wöhe, Bilanzierung, S. 118–127
Wörner, Handels- und Steuerbilanz, S. 52–61

10.4 Die Verbuchung von Zuschreibungen (Wertaufholungen)

Wird der Wertansatz einer Bilanzposition gegenüber dem Stand des Vorjahres ausschließlich aufgrund eines rein buchmäßigen Bewertungsaktes erhöht, so wird dieser Vorgang als Zuschreibung oder Aufwertung bezeichnet. Eine **Wertaufholung** setzt dagegen immer eine vorhergehende Abwertung voraus; sie ist damit als Korrektiv vorausgegangener Abschreibungen aufzufassen. Dabei dienen Zuschreibungen prinzipiell dazu, daß in der Bilanz ein zutreffender Wertansatz der Vermögens- bzw. Schuldposition erfolgen kann, um ein den tatsächlichen Verhältnissen entsprechendes Bild der Vermögens-, Finanz- und Ertragslage zu ermöglichen. Eine richtige Beurteilung der Erfolgslage, ohne die Spaltung der Erfolgskomponenten in planmäßige und außerplanmäßige Bestandteile, schließt sich aus. Ein expliziter Ausweis von Zuschreibungsgewinnen würde somit die Aussagekraft des Jahresabschlusses beträchtlich erhöhen.

Während Wertaufholungen zur Korrektur **planmäßiger** Abschreibungen bei einer zu kurzen Einschätzung der Nutzungsdauer vom Gesetzgeber nicht ausdrücklich geregelt werden und damit die Bandbreite der Meinungen von einem Zuschreibungsverbot (*Moxter,* Bilanzlehre, S. 60) bis zu einem -wahlrecht (*Siegel,* Rechnungslegung, B 169 Anm. 27) variiert, hat die Wertaufholung **außerplanmäßiger** oder **rein steuerlich verursachter Abschreibungen** bei Wegfall der Abschreibungsgründe eine dezidierte gesetzliche Normierung erfahren. Dabei muß wegen gesonderter handelsgesetzlicher Regelungen nach Einzelkaufleuten und Personengesellschaften einerseits und Kapitalgesellschaften andererseits differenziert werden. Aufgrund des Maßgeblichkeitsprinzips der Handelsbilanz für die Steuerbilanz erlangen darüber hinaus auch steuerrechtliche Regelungen für die Handelsbilanz Relevanz.

10.41 Zuschreibungen (Wertaufholungen) bei Einzelkaufleuten und Personengesellschaften

Da das Handelsgesetzbuch für Einzelkaufleute und Personengesellschaften die Legung stiller Reserven ausdrücklich zuläßt, besteht für alle außerplanmäßigen Abschreibungen (§§ 253, Abs. 2, Satz 3; Abs. 3 und 4, 254 HGB), deren Abschreibungsgrund entfallen ist, ein **Beibehaltungswahlrecht** (§ 253, Abs. 5 HGB). Im Fall der Aufwertung stellen die – ggfs. um die zwischenzeitlich angefallenen planmäßigen Abschreibungen korrigierten – Anschaffungs- oder Herstellungskosten die Zuschreibungsobergrenze dar. Ob dann allerdings eine Zuschreibungspflicht bis zu dieser Höchstgrenze anzunehmen ist, erscheint fraglich. Zum einen eröffnet sich durch eine Teilzuschreibung für die Unternehmen ein nicht unbeträchtliches bilanzpolitisches Potential, zumal unterlassene Zuschreibungen zu jedem späteren Zeitpunkt nachgeholt werden können, zum anderen löst aber ein Zwischenwertansatz stille Reserven auf, so daß dieser Wert gegenüber dem Beibehalten die tatsächlichen Verhältnisse des Unternehmens besser widerspiegelt. Auf die Möglichkeit einer Teilzuschreibung kann daher nicht verzichtet werden (*Harms/Küting/Weber,* Wertaufholungskonzeption, S. 658; *Siegel,* Rechnungslegung, B 169 Anm. 25).

Steuerrechtlich schlägt der in der Handelsbilanz gewählte Ansatz über das Maßgeblichkeitsprinzip der Handelsbilanz für die Steuerbilanz (§ 5, Abs. 1 EStG) immer dann auf das steuerliche Ergebnis durch, wenn steuerlich ebenfalls ein Wertaufholungs**wahlrecht** in Anspruch genommen werden kann. Damit unterliegen Wirtschaftsgüter, für die der eingeschränkte Wertzusammenhang gilt, einem steuerlichen Zuschreibungswahlrecht. Dagegen ist der handelsbilanzielle Ansatz nicht bindend, wenn steuerlich ein Zuschreibungsverbot **(Prinzip des uneingeschränkten Wertzusammenhangs)** besteht. Während bis zum 31. 12. 89 der uneingeschränkte Wertzusammenhang für Wirtschaftsgüter des abnutzbaren Anlagevermögens gültig war und somit diese Wirtschaftsgüter einem steuerlichen Zuschreibungsverbot unterlagen, gilt seit 1. 1. 90 für alle Wirtschaftsgüter der **eingeschränkte Wertzusammenhang** (§ 6, Abs. 1, Nr. 1, Satz 4 und Nr. 2, Satz 3 EStG), so daß der Handelsbilanzansatz grundsätzlich auch für die Steuerbilanz Gültigkeit besitzt.

Buchtechnisch erfolgt die Wertaufholung über das Konto „Erträge aus Zuschreibungen". Da für Einzelkaufleute und Personengesellschaften eine GuV-Gliederung gesetzlich nicht vorgeschrieben ist, kann das Konto über das neutrale Ergebnis abgeschlossen, oder – wie im Fall der Kapitalgesellschaften – unter der GuV-Position „Sonstige betriebliche Erträge" ausgewiesen werden.

10.42 Zuschreibungen (Wertaufholungen) bei Kapitalgesellschaften

Dem Ansinnen des EG-Richtlinien-Gesetzgebers entsprechend, der willkürlichen Legung stiller Reserven bei Kapitalgesellschaften entgegenzutreten, wandelt § 280, Abs. 1 HGB das grundsätzliche Wertaufholungswahlrecht des § 253, Abs. 5 HGB in ein **Wertaufholungsgebot.** Danach hat eine Wertaufholung immer dann zu erfolgen, wenn die Gründe für die vorausgegangene außerplanmäßige Abschreibung entfallen sind oder nie bestanden haben. Allerdings läßt das Handelsgesetz eine Durchbrechung des Wertaufholungsgebotes aus Gründen der Steuerneutralität zu, wenn Unterbewertungen steuerlich erzwungen werden (§ 280, Abs. 2 HGB). Das Wertaufholungsgebot wird damit auch für Kapitalgesellschaften faktisch zu einem Wertaufholungs**wahlrecht,** wenn der niedrigere Wertansatz in der Steuerbilanz nur unter der Voraussetzung beibehalten werden darf, daß dieser Wert auch in der Handelsbilanz angesetzt wurde (sog. **umgekehrte Maßgeblichkeit**).

Die Abbildung auf S. 238f. systematisiert die **handels- und steuerrechtliche Wertaufholungskonzeption bei Kapitalgesellschaften** anhand der Kriterien Abschreibungsart und Vermögensgegenstand, wobei sowohl die bis zum 31. 12. 89 geltende Regelung als auch die aufgrund der **Steuerreform 1990** geänderte Rechtslage dargestellt wird.

Wie die Abbildung zeigt, besteht für das Umlaufvermögen und das nicht abnutzbare Anlagevermögen sowohl nach alter als auch nach neuer Rechtslage steuerlich durch das Prinzip des eingeschränkten Wertzusammenhangs in der Regel ein Zuschreibungswahlrecht. Infolgedessen greift in diesen Fällen die Ausnahmevorschrift des § 280, Abs. 2 HGB. Dagegen bestand bis zum 31. 12. 89 bei Wirtschaftsgütern des abnutzbaren Anlagevermögens aufgrund des formulierten uneingeschränkten Wertzusammenhangs ein steuerliches Zuschreibungsverbot, so daß eine handelsrechtliche Zuschreibung ohne steuerliche Konsequenzen blieb. Es galt daher grundsätzlich ein **Wertaufholungsgebot.** Hiervon abweichend mußten jedoch Zuschreibungen auch in der Steuerbilanz vorgenommen werden, wenn handelsbilanziell die in § 6, Abs. 3, Satz 1 EStG genannten **Steuervergünstigungen** rückgängig gemacht wurden (§ 6, Abs. 3, Satz 2 EStG). Obwohl diese Zuschreibung als Aufwertungspflicht ausgestaltet war, konnte sie faktisch jedoch als Aufwertungswahlrecht angesehen werden, da es im Entscheidungsbereich des Bilanzierenden lag, die Voraussetzungen hierfür, nämlich die handelsrechtliche Zuschreibung, zu realisieren. Dabei erstreckte sich diese Regelung von erhöhten Absetzungen über Sonderabschreibungen, Vollabschreibungen geringwertiger Wirtschaftsgüter bis zur Übertragung stiller Reserven nach § 6b EStG sowie Abschn. 35 EStR, nicht jedoch auf Teilwertabschreibungen, da diese wirtschaftlich bedingt sind.

Eine andere Situation ergibt sich durch die **Aufhebung** des Prinzips des uneingeschränkten Wertzusammenhangs bei Wirtschaftsgütern des abnutzbaren Anlagevermögens im Rahmen der **Steuerreform 1990**. Somit ist seit 1. 1. 90 steuerlich auch beim abnutzbaren Anlagevermögen ein Überschreiten des letzten Bilanzansatzes möglich (§ 6, Abs. 1, Nr. 1, Satz 4 EStG). Handelsrechtlich hat dies zur Folge, daß beim Wegfall der Gründe für eine außerplanmäßige Abschreibung wie beim nicht abnutzbaren Anlagevermögen und Umlaufvermö-

Abschreibungsart	Vermögensgegenstand	Handelsbilanz		Steuerbilanz	
		bis 31. 12. 89	ab 01. 01. 90	bis 31. 12. 89	ab 01. 01. 90
Abschreibungen auf den niedrigeren beizulegenden Wert (§ 253, Abs. 2, Satz 3, Abs. 3, Satz 2 HGB)	abnutzbares Anlagevermögen	Aufwertungsgebot (§ 280, Abs. 1 HGB)	faktisches Wahlrecht (§ 280, Abs. 2 HGB)	Aufwertungsverbot (§ 6, Abs. 1, Nr. 1, Satz 4 EStG a. F.)	faktisches Wahlrecht (§ 6, Abs. 1, Nr. 1, Satz 4 EStG n. F.)
	Umlaufvermögen, nicht abnutzbares Anlagevermögen	faktisches Wahlrecht (§ 280, Abs. 2 HGB)	faktisches Wahlrecht (§ 280, Abs. 2 HGB)	faktisches Wahlrecht (§ 6, Abs. 1, Nr. 2, Satz 3 EStG a. F.)	faktisches Wahlrecht (§ 6, Abs. 1, Nr. 2, Satz 3 EStG n. F.)
Abschreibungen auf den niedrigeren Börsen- oder Marktpreis (§ 253, Abs. 3, Satz 1 HGB)	Umlaufvermögen	faktisches Wahlrecht (§ 280, Abs. 2 HGB)	faktisches Wahlrecht (§ 280, Abs. 2 HGB)	faktisches Wahlrecht (§ 6, Abs. 1, Nr. 2, Satz 3 EStG a. F.)	faktisches Wahlrecht (§ 6, Abs. 1, Nr. 2, Satz 3 EStG n. F.)
Abschreibungen auf den niedrigeren Zukunftswert bei Vermögensgegenständen, die starken Wertschwankungen unterliegen (§ 253, Abs. 3, Satz 3 HGB)	Umlaufvermögen	faktisches Wahlrecht (§ 280, Abs. 2 HGB)	faktisches Wahlrecht (§ 280, Abs. 2 HGB)	faktisches Wahlrecht (§ 6, Abs. 1, Nr. 2, Satz 3 EStG a. F.)	faktisches Wahlrecht (§ 6, Abs. 1, Nr. 2, Satz 3 EStG n. F.)

Abschreibungen auf den niedrigeren steuerrechtlich zulässigen Wert (§ 254, Satz 1 i. V. m. § 279 HGB)	bei Inanspruchnahme von Steuervergünstigungen	Anlage- und Umlaufvermögen	Freiwillige Zuschreibung	faktisches Wahlrecht (§ 280, Abs. 2 HGB)	faktisches Wahlrecht (§ 280, Abs. 2 HGB)	faktisches Wahlrecht (§ 6, Abs. 3, Satz 2 EStG a. F.)	faktisches Wahlrecht (§ 6, Abs. 1, Nr. 1 und 2 i. V. m. 5, Abs. 1, Satz 2 EStG n. F.)
			Nichtanerkennung der Abschreibung	Aufwertungsgebot (§ 280, Abs. 1 HGB)	Aufwertungsgebot (§ 280, Abs. 1 HGB)	Zwang zur Wertkorrektur	Zwang zur Wertkorrektur
	sonstige Fälle (auch Teilwertabschreibungen)	abnutzbares Anlagevermögen		Aufwertungsgebot (§ 280, Abs. 1 HGB)	faktisches Wahlrecht (§ 280, Abs. 2 HGB	Aufwertungsverbot (§ 6, Abs. 1, Nr. 1, Satz 4 EStG a. F.)	faktisches Wahlrecht (§ 6, Abs. 1, Nr. 1, Satz 4 EStG n. F.)
		Umlaufvermögen, nicht abnutzbares Anlagevermögen		faktisches Wahlrecht (§ 280, Abs. 2 HGB)	faktisches Wahlrecht (§ 280, Abs. 2 HGB)	faktisches Wahlrecht (§ 6, Abs. 1, Nr. 2, Satz 3 EStG a. F.)	faktisches Wahlrecht (§ 6, Abs. 1, Nr. 2, Satz 3 EStG n. F.)
Abschreibungen auf den nach vernünftiger kaufmännischer Beurteilung zulässigen Wert (§ 253, Abs. 4 HGB)		Anlage- und Umlaufvermögen		Unzulässige Abschreibungsart nach § 279, Abs. 1 HGB			

Systematisierung der handels- und steuerrechtlichen Wertaufholungskonzeption bei Kapitalgesellschaften

gen die Ausnahmevorschrift des § 280, Abs. 2 HGB zum tragen kommt und damit auch beim abnutzbaren Anlagevermögen ein **Wertaufholungswahlrecht** besteht. Im Ergebnis wird damit das durch die 4. EG-Richtlinie verbindlich vorgesehene Wertaufholungsgebot für Kapitalgesellschaften aufgrund steuerrechtlicher Bewertungsvorschriften in ein Wertaufholungswahlrecht transformiert.

Die Anwendung des **Wertaufholungsgebots** beschränkt sich nunmehr vor allem auf diejenigen Sachverhalte, bei denen in der Handelsbilanz **rein steuerlich** begründete Abschreibungen vorgenommen wurden (§ 254 i. V. m. 279, Abs. 2 HGB), deren Voraussetzungen aber zwischenzeitlich weggefallen sind oder von Anfang an nicht bestanden haben. In diesen Fällen sind die Bewertungsvergünstigungen rückwirkend zu versagen, mit der Konsequenz eines steuerlichen Zwangs zur Wertkorrektur. Damit kann jedoch auch handelsrechtlich nicht auf die Relativierung des Wertaufholungsgebots verwiesen werden, so daß auch in der Handelsbilanz zugeschrieben werden muß.

Außerdem kann von dem aus § 280, Abs. 2 HGB abgeleiteten Wertaufholungswahlrecht nur dann Gebrauch gemacht werden, wenn der handelsbilanzielle Wertansatz dem steuerlichen Mindestwert gleicht bzw. diesen überschreitet. Liegt der Handelsbilanzwert dagegen unter dem steuerlich niedrigst möglichen Wertansatz, so gilt bis zum Erreichen des steuerlichen Wertes ein Wertaufholungsgebot.

Beispiel:

Die X-AG vertreibt Handelswaren, die steuerlich nach der Durchschnittsmethode, handelsrechtlich dagegen nach der Fifo-Methode bewertet werden (zu den Methoden im einzelnen, s. Teil B, Abschn. 3.122.3, S. 469 ff.). Im Laufe des Jahres 01 werden dabei folgende Zu- und Abgänge festgehalten:

	Eröffnungsbestand	01.01.01	50 ME à 21,– = 1.050
+	Zugang	06.01.01	50 ME à 22,– = 1.100
+	Zugang	20.06.01	100 ME à 24,– = 2.400
./.	Abgang	28.09.01	50 ME

Am 31.12.01 beträgt der Börsenwert der Handelswaren 20/ME.

Bewertung des Endbestandes:

Steuerbilanz		Handelsbilanz	
Durchschnittspreis/Mengeneinheit =		Der Endbestand setzt sich zusammen aus:	
$\frac{4.550}{200}$	= 22,75/ME	100 ME à 24,–	2.400,–
		50 ME à 22,–	1.100,–
Wert des Endbestandes:		Wert des Endbestandes:	3.500,–
150 ME à 22,75/ME = 3.412,50			

Sowohl in der Handelsbilanz als auch in der Steuerbilanz ist auf den niedrigeren Börsenwert abzuschreiben.

Im Jahr 02 wird nur ein Abgang am 15.02.02 in Höhe von 50 ME verzeichnet. Am Jahresende steigt der Börsenwert auf 25/ME.

Bewertung des Endbestandes:

Steuerbilanz		Handelsbilanz	
Eröffnungs-bestand	150 ME à 20 = 3.000	Eröffnungs-bestand	150 ME à 20 = 3.000
Abgang	50 ME à 20 = 1.000	Abgang	50 ME à 22 = 1.100
Wert des End-bestandes:	100 ME à 20 = 2.000	Wert des Endbestandes:	1.900

Steuerlich liegt die Wertuntergrenze damit bei 2.000, die Wertobergrenze bei den durchschnittlichen Anschaffungskosten von 2.275. Handelsrechtlich muß daher zwingend auf 2.000 zugeschrieben werden. Eine darüber hinausgehende Wertaufholung ist bis zu einem Wert des Bestandes von 2.400 fakultativ möglich, wobei dann steuerlich der Wert des Bestandes bei 2.275 angehalten werden müßte.

Durch dieses Beispiel wird zugleich eine weitere Problematik der Zuschreibungsregelung offensichtlich: Mit dem Anknüpfen der Wertaufholung an wegfallende Abschreibungsgründe wird gleichzeitig die Identität des betreffenden Vermögensgegenstandes impliziert. Ist dieser Nachweis im abnutzbaren Anlagevermögen noch regelmäßig möglich, so kann bei gleichen oder gleichartigen Vermögensgegenständen des Umlaufvermögens die Beweisführung nur in den seltensten Fällen erfolgen. Vermengungen gleichartiger Güter, fehlende physische Identität und kaum belegbare Verbrauchsfolgefiktionen stehen einem korrekten Identitätsnachweis im Wege. Zumindest für die als identisch **geltenden** Güter, die nach einer Verbrauchsfolgefiktion bestimmt wurden, ist der Identitätsnachweis aufgrund der handelsrechtlichen Legitimation der Verbrauchsfolgefiktionen (§ 256 HGB) als erbracht anzusehen (*Budde/Karig,* Bilanzkommentar, S. 1064).

Beruht die außerplanmäßige Abschreibung eines Vermögensgegenstandes auf mehr als einer Ursache, so kann die Zuschreibung bereits erfolgen, wenn der Wegfall **einer** der Gründe zu einer ausreichenden Werterhöhung des Vermögens führt. Schwieriger hingegen gestaltet sich der Fall, wenn die außerplanmäßige Abschreibung zwar auf einen Grund zurückzuführen, dieser Grund aber nur **teilweise** weggefallen ist. Die Regelung des § 280, Abs. 1 HGB läßt nämlich offen, ob der Differenzbetrag zwischen den tatsächlich vorgenommenen planmäßigen und außerplanmäßigen Abschreibungen und den planmäßigen Abschreibungen, die ohne außerplanmäßige Abwertung erfolgt wären, oder aber der gesamte Betrag der außerplanmäßigen Abschreibung unter der Beachtung der Zuschreibungsobergrenzen mit der Zuschreibungsquote multipliziert werden soll. Die Zuschreibungsquote ergibt sich dabei aus der anteiligen Werterhöhung des Vermögensgegenstandes, die aus dem teilweisen Wegfall des Abschreibungsgrundes resultiert (*Glade,* Bilanzkommentar, S. 1588).

Beispiel:

Eine Kunststoff-Gußform mit Anschaffungskosten von 100.000 und einer 10-jährigen betriebsgewöhnlichen Nutzungsdauer wird degressiv mit 30% abgeschrieben. Nach einer Produktionsänderung im Jahr 05 werden diese Kunststoffteile nicht mehr benötigt. Die Gußform wird daher zu 90% abgeschrieben. Im Jahr 06 wird die Produktion dieser Teile in einer kleineren Serie wieder aufgenommen, die Gußform wird zu 50% genutzt. Der Zeitwert beträgt 20.000; eine Zuschreibung soll vorgenommen werden.

Hieraus ergibt sich folgende Wertentwicklung, wobei die Werte nach Zuschreibung im Jahr 06 in Abhängigkeit von der angewandten Zuschreibungsmethode divergieren:

Jahr	fortgeschriebene Anschaffungs- oder Herstellungskosten		Buchwert bei außerplanmäßiger Abschreibung und Zuschreibung					
	Abschreibung	Buchwert	planmäßige Abschreibung	außerplanmäßige Abschreibung	Buchwert vor Zuschreibung	Zuschreibung Alternative I	Zuschreibung Alternative II	Buchwert 31. 12. . .
01	30.000	70.000	30.000		70.000			70.000
02	21.000	49.000	21.000		49.000			49.000
03	14.700	34.300	14.700		34.300			34.300
04	10.290	24.010	10.290		24.010			24.010
05	7.203	16.807	7.203	15.127	1.680			1.680
06	5.042	11.764	504		1.176	5.294	7.564	(I) 6.470 (II) 8.740
07	3.529	8.235	(I) 1.941 (II) 2.622		(I) 4.529 (II) 6.118			(I) 4.529 (II) 6.118

Der Zuschreibungsbetrag der ersten Alternative (I) ermittelt sich wie folgt:

(kumulierte tatsächlich vorgenommene planmäßige und außerplanmäßige Abschreibungen ./. kumulierte planmäßige Abschreibungen ohne Berücksichtigung der außerplanmäßigen Abschreibungsgründe) · Zuschreibungsquote

(98.824 ./. 88.236) · 0,5

= 5.294

Bei der zweiten Alternative (II) ergibt sich dieser aus:

$$15.127 \cdot 0{,}5 = 7.564$$

Zur Überprüfung der Zulässigkeit der zweiten Alternative sind zusätzlich die Zuschreibungsobergrenzen heranzuziehen:

(1) Die planmäßig fortgeschriebenen Anschaffungs- oder Herstellungskosten dürfen nicht überschritten werden:

$$1.176 + 7.564 \leqq 11.764$$

(2) Die Zuschreibung darf die außerplanmäßige Abschreibung nicht überschreiten:

$$7.564 \leqq 15.127$$

Für beide Alternativen ist zu beachten, daß der Zeitwert des Vermögensgegenstandes ebenfalls nicht überschritten werden darf:

$$\text{(I) } 1.176 + 5.294 \leqq 20.000$$
$$\text{(II) } 1.176 + 7.564 \leqq 20.000$$

Im Beispielfall sind dementsprechend sowohl Alternative I als auch Alternative II zulässig.

Das Zuschreibungsgebot des § 280, Abs. 1 HGB erfordert, daß spätestens am Schluß des Geschäftsjahres geprüft wird, ob außerplanmäßige Abschreibungsgründe weggefallen sind. Entfällt ein Abschreibungsgrund offensichtlich bereits innerhalb des Geschäftsjahres, so muß eine Zuschreibung auch schon zu diesem Zeitpunkt vorgenommen werden. Dabei ergibt sich beim abnutzbaren Anlagevermögen jedoch das Problem, ob die planmäßigen Abschreibungen vom Buchwert vor oder nach der Zuschreibung zu ermitteln sind oder aber eine zeitlich exakte Abgrenzung des Zuschreibungsbetrags (pro rata temporis) zu erfolgen hat.

Beispiel:

Ein zum 01. 01. 01 für 100.000 angeschaffter Vermögensgegenstand des abnutzbaren Anlagevermögens mit einer Nutzungsdauer von 10 Jahren wird planmäßig linear abgeschrieben. Zum 31. 12. 02 erfolgt eine Abwertung auf den niedrigeren beizulegenden Wert von 50.000. Per 01. 07. 03 entfallen die Gründe für die außerplanmäßige Abschreibung. Eine Wertaufholung wird vorgenommen.

Im Jahr 03 ergeben sich somit 3 Alternativen:

1) Die planmäßige Abschreibung wird auf der Grundlage des alten Restbuchwertes ermittelt, erst anschließend erfolgt die Ermittlung des Zuschreibungsbetrags.
2) Die planmäßige Abschreibung ermittelt sich aus dem um die Zuschreibung erhöhten Betrag.
3) Bei der zeitlich exakten Methode wird pro rata temporis abgeschrieben; die Zuschreibungsbeträge ergeben sich als Differenzgröße.

Zum 31. 12. 02 ergibt sich folgender Endbestand:

Anschaffungskosten 1. 1. 01	100.000
./. planmäßige Abschreibung 01	10.000
Endbestand 31. 12. 01	90.000
./. planmäßige Abschreibung 02	10.000
	80.000
./. außerplanmäßige Abschreibung 02	30.000
Endbestand 31. 12. 02	50.000

Hieraus resultieren in Abhängigkeit vom gewählten Vorgehen folgende Abschreibungs- und Zuschreibungsbeträge:

Alternative	planmäßige Abschreibung 03	Zuschreibung per 31. 12. 03	Restbuchwert
1	6.250	26.250	70.000
2	10.000	30.000	70.000
3	8.125	28.125	70.000

Die Werte für Alternative 3 ermitteln sich bei zeitlich exakter Zuordnung wie folgt:

Endbestand 31. 12. 02		50.000
./. planmäßige Abschreibung 1. 1.–31. 6.03	$\frac{6}{12} \times \frac{50.000}{8 \text{ Jahre}}$	3.125
		46.875
+ Zuschreibung		28.125
		75.000
./. planmäßige Abschreibung 1. 7.–31. 12. 03	$\frac{6}{12} \times \frac{75.000}{7{,}5 \text{ Jahre}}$	5.000
		70.000

Das Beispiel zeigt, daß alle Zuschreibungsverfahren zu demselben Schlußbilanzansatz führen. Den Einblick in die tatsächlichen Verhältnisse des Unternehmens vermag die zeitlich exakte Methode durch die richtige Aufspaltung in planmäßige und außerplanmäßige Komponenten am ehesten zu vermitteln. Andererseits steht dieser Wert außerhalb jeglicher Vergleichbarkeit. Weder mit der Vor- noch mit der Folgeperiode ist Kontinuität gegeben. Insofern sind die verwaltungstechnisch wesentlich weniger aufwendigen Verfahren 1 und 2 durchaus zu akzeptieren.

Darüber hinaus wäre für einen zutreffenden Ausweis der Ertragslage ohnehin ein getrennter Ansatz der Zuschreibungen in der GuV-Rechnung erforderlich. Statt dessen gehen diese mit einer Reihe andersartiger Erträge in der Sammelposition „Sonstige betriebliche Erträge“ unter. Dieser Makel wird wohl für das Anlagevermögen, nicht jedoch für das Umlaufvermögen, durch den nach § 268, Abs. 2 HGB vorgeschriebenen Ausweis der Zuschreibungen im Anlagespiegel wieder geheilt (im einzelnen s. Teil B, Abschn. 3.21, S. 484ff.). Da aber der Anlagespiegel über keinen Ausweis kumulierter Zuschreibungen verfügt, fehlt schon in der Folgeperiode die Information über früher vorgenommene Zuschreibungen. Eine Horizontaladdition im Anlagespiegel zur Ermittlung des Endbestandes ist damit nicht mehr möglich, der Endbetrag der kumulierten Abschreibung übersteigt die ursprünglichen Anschaffungs- oder Herstellungskosten. Es erscheint daher sinnvoll, in den Folgeperioden die Zuschreibungen von den kumulierten Abschreibungen abzusetzen.

Da Erträge aus Zuschreibungen nur auf **buchmäßigen** Bewertungsakten beruhen, gewährt § 58, Abs. 2a AktG und § 29, Abs. 4 GmbHG der Geschäftsführung – ggfs. mit Zustimmung des Aufsichtsrats bzw. der Gesellschafter – die Kompetenz, den **Eigenkapitalanteil** einer Zuschreibung vorab den anderen Gewinn**rücklagen** zuzuführen. Da ab 1. 1. 90 die Wertaufholung sowohl in der Handels- als auch in der Steuerbilanz erfolgen muß, ergibt sich der Eigenkapitalanteil aus der Differenz zwischen Zuschreibung und tatsächlichem Steueraufwand. Dagegen konnten vor dem 1. 1. 90 zeitlich begrenzte Differenzen zwischen dem handelsbilanziellen und dem steuerbilanziellen Ergebnis entstehen, wenn die Zuschreibung nur in der Handelsbilanz erfolgte. Nach § 274 HGB war in diesem Fall zwingend eine Rückstellung für latenten Steueraufwand zu bilden (im einzelnen s. Teil A, Abschn. 8.2, S. 180ff.). Der Eigenkapitalanteil leitete sich dann aus der Differenz zwischen Zuschreibung und latentem Steueraufwand ab. Nicht ausgeschöpfte Zuführungen zu den anderen Gewinnrücklagen dürfen **nicht** zu einem späteren Zeitpunkt nachgeholt werden.

Weder GmbHG noch AktG beinhalten Regelungen zur **Auflösung** der Wertaufholungsrücklage. Sie unterliegt damit grundsätzlich den Verfügungskompetenzen der Geschäftsführungsorgane. Eine zwangsweise Auflösung bei Amortisation der Zuschreibungen durch Abschreibungen oder Abgang der Vermögensgegenstände scheidet daher aus (*Küting/Weber,* Rechnungslegung, S. 1718). Gleichwohl kann aus dem Zweck der Rücklagenbildung, durch Thesaurierung ein Äquivalent für die nach früherem Handelsrecht mögliche Beibehaltung stiller Reserven zu schaffen, abgeleitet werden, daß eine parallel zu den Abschreibungen erfolgende Auflösung der Wertaufholungsrücklage zu befürworten ist.

Die **buchtechnische** Abwicklung von Zuschreibungen erfolgt über das Konto „Sonstiger betrieblicher Ertrag". Gegebenenfalls ist ein Unterkonto „Zuschreibungen" einzurichten, das dann im Zuge vorbereitender Abschlußbuchungen über das Konto „Sonstiger betrieblicher Ertrag" abgeschlossen wird. Als Gegenkonto kommt das jeweilige Vermögenskonto oder, falls die vorausgegangene außerplanmäßige Abschreibung auf rein steuerlichen Vorschriften beruhte, die zu indirekter Abschreibung mit Ausweis unter den Sonderposten mit Rücklageanteil führte, der Sonderposten mit Rücklageanteil in Frage.

Buchungssatz:

Vermögenskonto bzw. Sonderposten mit Rücklageanteil	**an**	Sonstige betriebliche Erträge (Zuschreibungen)

Eine Wertaufholungsrücklage ist zu Lasten des Gewinnverwendungskontos zu bilden.

Buchungssatz:

Gewinnverwendungskonto	**an**	Andere Gewinnrücklagen

Falls darüber hinaus passive latente Steuern angefallen sind, erfolgte die Bildung der Rückstellung erfolgswirksam über das Steuerkonto.

Buchungssatz:

Steuern	**an**	Rückstellung für latente Steuern

Sollen in den Folgeperioden bei Amortisation der Zuschreibungen durch Abgang oder Abschreibung des Vermögensgegenstandes die Steuerabgrenzung und ggfs. die Wertaufholungsrücklage aufgelöst werden, so erfolgt dies durch Umkehrung der Buchungssätze.

Machen große und mittelgroße Kapitalgesellschaften von dem Beibehaltungswahlrecht des § 280, Abs. 2 HGB Gebrauch, so muß gemäß §§ 280, Abs. 3; 285, Nr. 5 HGB der Betrag der unterlassenen Zuschreibung, der Grund für die Beibehaltung und das Ausmaß der daraus resultierenden Ergebnisbeeinflussung im Anhang angegeben werden. Unter diese Erläuterungspflicht fallen auch nicht zugeschriebene Beträge bei nur teilweiser Wertaufholung. Kleine Kapitalgesellschaften dürfen dagegen auf diese Erläuterungen verzichten.

Allerdings bestehen Meinungsunterschiede über den genauen Inhalt und somit Zweifel bezüglich der Aussagekraft dieser Angabepflichten. Es ist z. B. nicht zweifelsfrei erkennbar, ob nach § 280, Abs. 3 HGB nur der Betrag der unterlassenen Zuschreibungen des laufenden Geschäftsjahres oder auch die Beträge aus früheren Geschäftsjahren, welche bisher noch nicht nachgeholt wurden, in die Berichtspflicht einzubeziehen sind. Zur Erhöhung der Aussagefähigkeit des Jahresabschlusses wäre eine freiwillige Veröffentlichung eines Zuschreibungsspiegels, entsprechend dem Schema auf S. 246 zu begrüßen (*Haeger*, Zuschreibungen, S. 386ff.).

	Kumulierte unterlassene Zuschreibungen				
	Stand 1. 1.	Zugänge	Umbuchungen	Abgänge	Stand 31. 12.
Anlagevermögen Umlaufvermögen Gesamt					

Zuschreibungsspiegel

Übungsbeispiel: (Benutzen Sie den Großhandelskontenrahmen am Schluß des Buches)

Die X-AG schreibt ein Spezialaggregat wegen Konstruktionsmängeln im Jahr 1987 außerplanmäßig um 300.000 ab. Es ergibt sich somit zum 31. 12. 1987 ein Restbuchwert von 200.000. Die Herstellungskosten betrugen 1.000.000. Es ist von einer 10-jährigen Nutzungsdauer und linearer Abschreibung auszugehen.

Im Jahr 1989 kann der Fehler behoben werden, der Grund für die außerplanmäßige Abschreibung entfällt, so daß eine Zuschreibung geboten ist. Die Geschäftsleitung verfolgt das Ziel, eine höchstmögliche Rücklagenzuweisung vorzunehmen. (Körperschaftsteuersatz bei Thesaurierung = 50%, Gewerbesteuer-Hebesatz = 300%).

Lösung:

Buchwert per 31. 12. 1987	200.000
./. Abschreibung 1988(Restnutzungsdauer 5 Jahre)	40.000
./. Abschreibung 1989	40.000
+ Zuschreibung	180.000
Buchwert per 31. 12. 1989	300.000

Bei abnutzbarem Anlagevermögen mußte nach der in 1989 geltenden Rechtslage in der Handelsbilanz zugeschrieben werden, in der Steuerbilanz galt jedoch ein Zuschreibungsverbot (§ 6, Abs. 1, Nr. 1, Satz 4 EStG). Dies führte zwingend zur Bildung einer Rückstellung für latente Steuern in Höhe der Ertragsteuerbelastung.

Zuschreibung (Gewerbesteuerbemessungsgrundlage)	180.000
./. Gewerbesteuer 13,04% (Hebesatz 300%; vgl. Teil A, Abschn. 11.312, S. 314)	23.480
Körperschaftsteuerbemessungsgrundlage	156.520
Körperschaftsteuer (50%)	78.260
Rückstellung für latente Steuern	101.740
Zuschreibung	180.000
./. Rückstellung für latente Steuern	101.740
Wertaufholungsrücklage	78.260

Buchungssätze:

2601	Planmäßige bilanzielle Abschreibungen	40.000	**an**	020	Maschinen	40.000
020	Maschinen	180.000	**an**	276	Zuschreibungen	180.000

931	Gewinnverwendungskonto	78.260	**an**	08324	Andere Gewinnrücklagen	78.260
52	Steuern	101.740	**an**	09222	Rückstellungen für latente Steuern	101.740

In den Folgejahren 1990–1992 wird die Rückstellung für latente Steuern aufgelöst und linear verteilt. Die Auflösung wird wie folgt verbucht:

09222	Rückstellungen für latente Steuern	33.913	**an**	52	Steuern	33.913

Die Auflösung der Rückstellung für latente Steuern wirkt als Korrekturgröße zum tatsächlichen Steueraufwand erfolgserhöhend. Um das Ziel der möglichst hohen Rücklagenbildung durchzusetzen, verzichtet der Vorstand auf eine Auflösung der Wertaufholungsrücklage.

Ergänzende Literatur zu: 10.4 Die Verbuchung von Zuschreibungen (Wertaufholungen)

Budde/Karig, Bilanzkommentar, S. 1062–1076
Ellerich, Wertaufholung, S. 26–31
Federmann, Bilanzierung, S. 311–318
Fluri, Wertaufholungsgebot, S. 1146–1150
Haeger, Zuschreibungen, S. 386–393
Harms, Fälle, S. 68–74
Harms/Küting, Wertaufholungskonzeption, S. 653–661
Küting/Haeger, Steuerreformgesetz, S. 591–601
Küting/Weber, Rechnungslegung, S. 1219–1237

10.5 Die Rechnungsabgrenzung

10.51 Zeitliche (erfolgsberichtigende) Abgrenzung

Der wirkliche Erfolg ist nur als Einnahmen-Ausgabendifferenz der Totalperiode und damit als Ex-post-Größe ermittelbar. Durch den Zwang zur periodischen Rechnungslegung wird dagegen die Totalperiode in einzelne Abrechnungsabschnitte geteilt und somit eine Teilperiodenerfolgsermittlung in Form der Ertrags-Aufwandsdifferenz notwendig. Wesentliche Aufgabe von Geschäftsbuchführung und Jahresabschluß ist deshalb die Ermittlung eines auf die Abrechnungsperiode abgegrenzten, **periodengerechten** Erfolgs. Ähnlich den Abschreibungen und Rückstellungen übernehmen diese Funktion periodengerechter Verteilung von Vermögensänderungen und damit der zeitlich richtigen Erfolgsermittlung die sog. **Posten der Rechnungsabgrenzung.** Als rechentechnisches Mittel zur Durchführung der erfolgsberichtigenden Abgrenzung sind Rechnungsabgrenzungsposten regelmäßig dann zu bilden, wenn am Abschlußstichtag **zeitliche Diskrepanzen** zwischen Ausgaben und Aufwendungen bzw. Einnahmen und Erträgen vorliegen und demzufolge Zahlungsvorgang und Erfolgswirkung durch einen Jahresabschluß getrennt werden.

Im Rahmen des vorbereitenden Abschlusses hat deshalb eine Prüfung der Aufwands- und Ertragsposten der Buchführung daraufhin zu erfolgen, ob ihre

Erfolgswirksamkeit in spätere Perioden hineinreicht oder ob in späteren Perioden anfallende Ausgaben bzw. Einnahmen erfolgsmäßig in die abzurechnende Periode gehören. Dementsprechend werden **transitorische** (Zahlungsvorgang **vor** Erfolgswirkung) und **antizipative** (Zahlungsvorgang **nach** Erfolgswirkung) Rechnungsabgrenzungsposten unterschieden. Die Übersicht auf S. 249 systematisiert nach den zugrunde liegenden Zahlungsvorgängen.

Während das frühere Handelsrecht und das vor 1965 geltende Aktienrecht den Ausweis antizipativer Rechnungsabgrenzungsposten zuließ, engt das geltende Handelsrecht den Bilanzansatz grundsätzlich auf transitorische Fälle ein, die also Zahlungsvorgänge vor dem Abschlußstichtag voraussetzen (§ 250, Abs. 1, Satz 1 und Abs. 2 HGB). Antizipative Vorgänge sind dagegen aus Gründen der Bilanzklarheit unter **Sonstige Forderungen** (Sonstige Vermögensgegenstände bei Kapitalgesellschaften) bzw. **Sonstige Verbindlichkeiten** zu bilanzieren, da sie weitgehend den Charakter echter, noch nicht fälliger Forderungen oder ähnlicher Ansprüche bzw. Verbindlichkeiten besitzen. Eine Ausnahme hiervon bilden nur die in § 250, Abs. 1, Satz 2 HGB genannten antizipativen Positionen. Um eine Anpassung der Handels- an die Steuerbilanz zu ermöglichen, müssen die nach § 5, Abs. 4, Satz 2 EStG statthaften antizipativen Rechnungsabgrenzungsposten auch in die Handelsbilanz übernommen werden. Es handelt sich dabei um aktive Abgrenzungsposten, die (1) für als Aufwand berücksichtigte Zölle und Verbrauchsteuern, soweit sie auf am Abschlußstichtag auszuweisende Vermögensgegenstände des Vorratsvermögens entfallen, und (2) für als Aufwand berücksichtigte Umsatzsteuer auf am Abschlußstichtag auszuweisende oder von den Vorräten offen abgesetzte Anzahlungen zu bilden sind.

Für Rechnungsabgrenzungsposten besteht nach dem Grundsatz der Vollständigkeit **Bilanzierungspflicht** (Ausnahme: Disagio, Bagatellfälle). Sie dürfen jedoch nur dann gebildet werden, wenn die Erfolgswirksamkeit der periodenübergreifenden Zahlung einem kalendermäßig **bestimmbaren Zeitabschnitt** nach dem Abschlußstichtag zugeordnet werden kann. Die damit erreichte Einengung der zulässigen Rechnungsabgrenzungsposten schließt insbesondere alle jene Vorgänge aus, für deren zeitliche Erfolgswirkung Anfang und Ende nicht eindeutig bestimmbar sind. Das gilt z. B. für alle transitorischen Posten im weiteren Sinne, wie für nicht regelmäßig wiederkehrende Werbemaßnahmen, für Forschungs- und Entwicklungsausgaben oder für zeitlich nicht abgrenzbare Rationalisierungsvorhaben; in diesen Fällen fehlt das Merkmal der pro Zeiteinheit berechenbaren Zahlung mit der Konsequenz, daß die erfolgswirksame Aufwandsverbuchung in voller Höhe vorzunehmen ist. Das Merkmal der exakt bestimmbaren Zeit der künftigen Erfolgswirkung des Zahlungsvorgangs ist darüber hinaus ebenso wie ihre betragsmäßige Fixierung geeignet, die Rechnungsabgrenzung von der ebenfalls der zeitlichen Abgrenzung dienenden **Rückstellung** zu unterscheiden. Typische transitorische Abgrenzungsposten liegen deshalb bei Vorauszahlungen von Miete, Pacht, Versicherungsprämien, Kfz-Steuern, Beiträgen, Zinsen, Honoraren, Löhnen und Gehältern sowie Provisionen vor. Regelmäßig werden den Rechnungsabgrenzungsposten demnach gegenseitige Verträge zugrundeliegen, bei denen Leistung und Gegenleistung zwar zeitlich auseinanderfallen, die ihrer Natur nach jedoch streng zeitbezogen sind.

	Aktive Abgrenzung (Gewinnerhöhung in der abzurechnenden Periode)	**Passive Abgrenzung** (Gewinnminderung in der abzurechnenden Periode)
transitorisch, d. h. der Zahlungsvorgang liegt **vor** dem Abschlußzeitpunkt (Beleg alte Periode)	Ausgabe vor dem Abschlußzeitpunkt, Aufwand nach dem Abschlußzeitpunkt. Beispiel: **im voraus bezahlte** Versicherungsprämien. Bilanzposten: Aktiver Rechnungsabgrenzungsposten (Transitorisches Aktivum)	Einnahme vor dem Abschlußzeitpunkt, Ertrag nach dem Abschlußzeitpunkt. Beispiel: **vorschüssig erhaltene** Lizenzgebühren. Bilanzposten: Passiver Rechnungsabgrenzungsposten (Transitorisches Passivum)
antizipativ, d. h. der Zahlungsvorgang liegt **nach** dem Abschlußzeitpunkt (Beleg neue Periode)	Einnahme nach dem Abschlußzeitpunkt, Ertrag vor dem Abschlußzeitpunkt. Beispiel: **noch zu erhaltende** Miete. Bilanzposten: Sonstige Vermögensgegenstände (Antizipatives Aktivum)	Ausgabe nach dem Abschlußzeitpunkt, Aufwand vor dem Abschlußzeitpunkt. Beispiel: **nachschüssig zu zahlende** Zinsen. Bilanzposten: Sonstige Verbindlichkeiten (Antizipatives Passivum)

Die Erfüllung der ausschließlich periodenabgrenzenden Aufgabe der transitorischen Posten zum Jahresabschluß wird auch durch die unmittelbar mit der Konteneröffnung zu Beginn der Folgeperiode vorzunehmenden Auflösungsbuchungen deutlich: die transitorischen Aktiva (im voraus geleistete Ausgaben) werden wiederum von den entsprechenden Aufwandskonten, die transitorischen Passiva (im voraus erhaltene Einnahmen) von den betreffenden Ertragskonten mit Erfolgswirkung in der neuen Abrechnungsperiode übernommen. Die unter den Sonstigen Forderungen (Sonstige Vermögensgegenstände) bzw. Sonstigen Verbindlichkeiten geführten antizipativen Abgrenzungen werden demgegenüber durch ein Finanzkonto, also erfolgsunwirksam, ausgeglichen.

Die **steuerrechtliche** Behandlung der Rechnungsabgrenzungsposten weist gegenüber der geltenden handelsrechtlichen Handhabung keine Abweichungen auf. Da die Umsatzsteuer grundsätzlich erfolgsneutrale Wirkung besitzt, bleibt sie im allgemeinen bei der Rechnungsabgrenzung unberücksichtigt. Es kann allerdings zweckmäßig sein, für noch nicht geschuldete Mehrwertsteuer bzw. noch nicht verrechenbare Vorsteuer besondere Zwischen- oder Vorkonten einzurichten, wenn bei abzugrenzenden Vorgängen Umsatzsteuer anfällt, diese aber noch nicht entstanden (Mehrwertsteuer) bzw. noch nicht verrechenbar (Vorsteuer) ist (§ 13, Abs. 1 UStG). In den folgenden Übungsbeispielen bleiben diese Umsatzsteuervorkonten unberücksichtigt.

Übungsbeispiel:

In einem Großhandelsbetrieb der Fahrzeugbranche in der Rechtsform einer AG sind folgende Geschäftsvorfälle noch nicht gebucht. Anzugeben sind die Buchungssätze für den Tag des Geschäftsvorfalls und für den vorbereitenden Abschluß unter Berücksichtigung des Großhandelskontenrahmens (vgl. Faltblatt am Ende des Buches).

1) Die Gebäudebrandversicherung in Höhe von 1.200 wurde am 1. 9. für ein halbes Jahr im voraus durch Banküberweisung bezahlt.
2) An einen Zuliefererbetrieb ist eine Anlage für 500/Monat zuzügl. 50 Umsatzsteuer vermietet. Der Gesamtbetrag für Dezember geht erst im neuen Jahr ein.
3) Die Löhne für Transport- u. Lagerarbeiten für die Lohnwoche vom 29. 12. bis 2. 1. werden erst im neuen Jahr bezahlt.

Bruttolöhne	12.000
Lohnsteuer	1.600
Kirchensteuer	120
Sozialversicherung	1.800
Nettoauszahlungen im neuen Jahr	8.480

Arbeitnehmer- und Arbeitgeberanteil zur Sozialversicherung entsprechen sich. Arbeitstage waren der 29. und 30. 12. sowie der 2. 1. Es erfolgt eine gesonderte Erfassung des Personalaufwands für geleistete Arbeitszeiten und andere (Feiertags-, Urlaubs-) Zeiten.
4) Die Zinsen für ein hingegebenes Darlehen gingen am 1. 7. für ein Jahr im voraus ein. Darlehensbetrag 20.000, Zinssatz 6% p. a.
5) Für einen Werbefeldzug, der Anfang des kommenden Jahres gestartet werden soll, wurde an die Werbeagentur ein Vorschuß in Höhe von 5.000 bezahlt.
6) Die Vertreter haben einen Anspruch auf 2% Provision aus den Dezemberumsätzen von 800.000. Die Auszahlung erfolgt Mitte Januar.
7) Die Zinsen in Höhe von 900 für ein Darlehen werden am 31. 3. des nächsten Jahres für 6 Monate nachschüssig fällig.
8) Am 3. 1. geht die Stromrechnung für das abgelaufene Jahr mit 7.000 ein.
9) Am 1. 3. wurde ein hypothekarisch gesichertes Darlehen zum Nennbetrag von 100.000 aufgenommen. Unter Einbehalt eines Darlehensabgelds (Disagio) von 2.000 und Zinsen für das 1. Jahr von 6.000 hat die Bank 92.000 ausbezahlt. Die Laufzeit beträgt 5 Jahre.

Lösung: Buchungssätze
(RAP = Rechnungsabgrenzungsposten)

1) am 1. 9.:

2310	Vers.-Prämien Gebäude	1.200	**an**	13	Bank	1.200

zum Jahresabschluß:

093	Aktive RAP	400	**an**	2310	Vers.-Prämien Gebäude	400

im neuen Jahr:

2310	Vers.-Prämien Gebäude	400	**an**	093	Aktive RAP	400

2) zum Jahresabschluß:

112	Sonst. Forderungen	550	**an**	274	Erträge a. Vermietung und Verpachtung	500
				194	(entstandene) Mehrwertsteuer	50

im neuen Jahr:

13	Bank	550	**an**	112	Sonst. Forderungen	550

3) zum Jahresabschluß:

5020	Löhne f. geleist. Arbeitszeit	4.800				
5021	Löhne f. andere Zeit (Feiertagslöhne)	2.400	**an**	193	Sonst. Verbindl.	7.200
5060	Arbeitgeberanteil zur Sozialvers. (Lohnbereich)	1.080	**an**	193	Sonst. Verbindl.	1.080

im neuen Jahr:

5020	Löhne f. geleist. Arbeitszeit	2.400				
5021	Löhne f. andere Zeit (Feiertagslöhne)	2.400				
193	Sonst. Verbindl.	7.200	**an**	1500	Hauptkasse	8.480
				1921	Noch abzuführende Abgaben (Lohn- u. Ki.-Steuer)	1.720
				1920	Noch abzuführende Abgaben (Verbindl. geg. Sozialvers.-träger)	1.800
5060	Arbeitgeberanteil zur Sozialvers. (Lohnbereich)	720				
193	Sonst. Verbindl.	1.080	**an**	1920	Noch abzuführende Abgaben (Verbindl. geg. Sozialvers.-träger)	1.800

4) am 1. 7.:

13	Bank	1.200	**an**	280	Zinsen aus langfrist. Forderungen	1.200

zum Jahresabschluß:

280	Zinsen aus langfrist. Forderungen	600	**an**	094	Passive RAP	600

im neuen Jahr:

094	Passive RAP	600	**an**	280	Zinsen aus langfrist. Forderungen	600

5) im alten Jahr:

112	Sonst. Forderungen	5.000	**an**	13	Bank	5.000

(Rechnungsabgrenzung nur möglich, wenn Vorauszahlung für eine regelmäßig wiederkehrende Werbemaßnahme oder Miete von Werbeträger für exakt bestimmten Zeitraum. Vorauszahlungen für in der Folgeperiode zu liefernde Werbekataloge wären Anzahlungen)

im neuen Jahr:

540	Werbung und Public-Relationsaufwand	5.000	**an**	112	Sonst. Forderungen	5.000

(Nach § 248, Abs. 1 HGB ist eine Aktivierung nicht möglich)

6) im alten Jahr:

550	Provisionen für Vertreter	16.000	**an**	193	Sonst. Verbindl.	16.000

im neuen Jahr:						
193	Sonst. Verbindl.	16.000	**an**	13	Bank	16.000
7) beim Jahresabschluß:						
210	Zinsen für Kredite	450	**an**	193	Sonst. Verbindl.	450
im neuen Jahr:						
210	Zinsen für Kredite	450				
193	Sonst. Verbindl.	450	**an**	13	Bank	900
8) im alten Jahr:						
511	Energiekosten	7.000	**an**	193	Sonst. Verbindl.	7.000
im neuen Jahr:						
193	Sonst. Verbindl.	7.000	**an**	13	Bank	7.000
9) am 1. 3.:						
13	Bank	92.000				
0931	Disagio	2.000				
210	Zinsen f. Kredite	6.000	**an**	071	Verbindl. gegenüber Kreditinstituten, durch Grundpfandrechte gesichert	100.000
zum Jahresabschluß:						
093	Aktive RAP	1.000	**an**	210	Zinsen f. Kredite	1.000
216	Sonstige Zinsen u. ähnliche Aufwendungen	333	**an**	0931	Disagio	333
(Abschreibung des Disagio mit 20% linear für 10 Monate)						
im neuen Jahr:						
210	Zinsen für Kredite	1.000	**an**	093	Aktive RAP	1.000

10.52 Sachinhaltliche (kalkulatorische) Abgrenzung

Die Periodisierung von Vermögensänderungen führt zu Aufwand und Ertrag mit periodenerfolgsbestimmender Wirkung. Nach dem Grundsatz der vollständigen Erfassung aller buchungspflichtigen Vorfälle (Wertsteigerungen und Wertminderungen) sind **erfolgsberichtigende** Abgrenzungsposten immer dann zu bilden, wenn Zahlungs- und Erfolgsvorgang am Abschlußstichtag hinsichtlich ihres **zeitlichen** Anfalls divergieren und folglich periodenbezogene Korrekturen durch Transition oder Antizipation der Erfolgswirkung vorzunehmen sind.

Demgegenüber geht die **kalkulatorische** Rechnungsabgrenzung vom Kriterium der Leistungsbezogenheit der erfolgswirksamen Vorgänge aus. Aufwendungen und Erträge sind hierbei sachinhaltlich daraufhin zu überprüfen, ob sie unmittelbar **leistungsverbunden** oder ob sie gegenüber der Verfolgung des eigentlichen Betriebszwecks als **neutral** einzustufen sind. Sachinhaltliche Divergenzen führen dementsprechend zur Unterscheidung von **Aufwand** und **Kosten** sowie **Ertrag** und **Leistung** und zur Trennung des neutralen vom Betriebs-(Leistungs-) erfolg. In dieser kontroll- und dispositionsorientierten **Ergebnisaufspaltung** liegt letztlich die Bedeutung der kalkulatorischen Abgrenzung; sie trägt demzufolge vorwiegend rechnungs**interne** Züge und wird deshalb wesensmäßig der Betriebsbuchführung bzw. Kosten- und Leistungsrechnung zugeordnet (vgl. im einzelnen Teil B, Abschn. 4.22, S. 512ff.). An dieser Stelle kommen dementsprechend auch nur die typisch handelsbetrieblichen Merkmale kalkulatorischer Abgrenzung zur Sprache wie sie von der Aufgabe und dem Inhalt her durch die Kontenklasse 2 des Einzel- bzw. Großhandelskontenrahmens repräsentiert sind.

Die kalkulatorische Abgrenzung erfüllt im wesentlichen folgende **Aufgaben:**

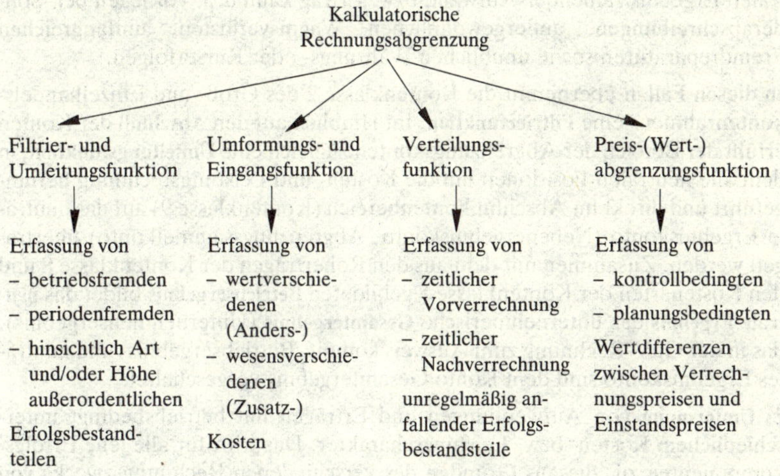

Aufgaben der kalkulatorischen Rechnungsabgrenzung

1. **Aussonderung** der neutralen Aufwendungen und Erträge aus dem Gesamtanfall der (unternehmens-)erfolgswirksamen Vorfälle einer Periode. Das betrifft sowohl die **betriebsfremden** Aufwendungen und Erträge, wie z.B. Spenden, Schenkungen, Lotteriegewinne, Zins- und Diskonterträge auf Wertpapiere, Spekulationsverluste, Haus- und Grundstücksaufwendungen bzw. -erträge für außerbetrieblichen Zwecken dienende Objekte, Unterhaltsaufwendungen für Kantine oder Freizeitanlagen, nicht betriebliche Steuern wie Einkommen- und Vermögensteuer, als auch die zwar leistungsbedingten, wegen ihres außerhalb des normalen Geschäftsverlaufs liegenden Anfalls jedoch von der Betriebsabrechnung der laufenden Abrechnungsperiode ferngehaltenen Aufwendungen und Erträge. Letztere sind entweder wegen ihrer Periodenfremdheit oder wegen ihrer Art oder Höhe nicht zum Betriebsergebnis zu rechnen. Dabei darf das Betriebsergebnis jedoch nicht mit dem „Ergebnis der gewöhnlichen Geschäftstätigkeit" verwechselt werden (§ 275, Abs. 2, Nr. 14; Abs. 3, Nr. 13 HGB), in dem alle betrieblichen Aufwendungen und Erträge, unabhängig von der zeitlichen Struktur, erfaßt werden. Das Betriebsergebnis grenzt dagegen perioden- und sachbezogen ab. Es besitzt daher grundsätzlich einen höheren Informationswert. Für interne Zwecke ist daher diese Abgrenzung unerläßlich, auch wenn handelsrechtlich eine andere Zusammenstellung erforderlich ist.

Zu den **periodenfremden** Aufwendungen und Erträgen gehören u. a.: Lohn- und Gehaltsnachzahlungen, Steuernach- und Steuerrückzahlungen, nachzuholende

Abschreibungen sowie Sonderboni für frühere Wirtschaftsjahre; zu den der **Art** nach nicht zum Betriebsergebnis gehörenden Aufwendungen und Erträgen rechnen insbesondere: Verluste bzw. Erträge aus Anlageverkäufen, Warenverluste durch Preisherabsetzung und Modewechsel, Forderungsverluste, Zuschreibungen zu Sach- und Finanzanlagen, Verluste bzw. Gewinne aus Wertpapierverkäufen, Aufwendungen oder Erträge aus Inventurdifferenzen sowie Verluste aus nicht fremdabgedeckten Schadensfällen; der **Höhe** nach zum neutralen Ergebnis zählender Aufwand bzw. Ertrag kann u. a. vorliegen bei: Sonderabschreibungen, außergewöhnlichen Wagnisverlusten, umfangreichen Fremdreparaturen sowie unüblichen Währungs- oder Kurserfolgen.

In diesen Fällen übernimmt die Kontenklasse 2 des Groß- und Einzelhandelskontenrahmens eine **Filtrierfunktion.** Im Hinblick auf den **Abschluß** der Konten erfüllt der Bereich der Abgrenzungskonten zugleich eine **Umleitungsfunktion,** in dem alle neutralen Positionen um die Kosten- und Leistungsrechnung herumgeführt und direkt im Abschlußkontenbereich (Kontenklasse 9) auf das neutrale Ergebniskonto (Nebenergebniskonto, Abgrenzungssammelkonto) übertragen werden. Zusammen mit dem aus den Roherträgen der Kontenklasse 8 und den Kostenarten der Kontenklasse 5 gebildeten **Betriebsergebnis** bildet das **neutrale Ergebnis** das unternehmerische **Gesamtergebnis** (Unternehmensergebnis), das in der GuV-Rechnung zum Ausweis kommt. Betriebsergebnis- und neutrales Ergebniskonto sind dem Konto Gesamtergebnis vorgeschaltet.

2. **Umformung** von Aufwendungen und Erträgen mit betriebsbedingt unterschiedlichem Kosten- bzw. Leistungscharakter. Das trifft für alle jene Erfolgskomponenten zu, die aus Gründen des verschiedenen Rechnungszwecks von Finanzbuchführung (Unternehmungsrechnung) und Kosten- und Leistungsrechnung (Betriebsrechnung) betragsmäßig keinen identischen Ansatz erfahren (**wertverschiedene Kosten, Anderskosten;** s. hierzu Teil B, Abschn. 4.22, S. 514f.). Zu diesen Erfolgsgrößen werden insbesondere die Abschreibungen, die Zinsen und die Wagnisse gerechnet.

Beispiel:

Anschaffungskosten einer Verpackungsanlage 10.000. **Bilanzielle** (steuerlich zulässige) Abschreibung jährlich linear 20%; **verbrauchsbedingte,** in die Produktselbstkosten eingerechnete kalkulatorische Abschreibung 15%.

Buchungssätze:

– Buchung der **bilanziellen** Abschreibung:

(1) Bilanzielle Abschr.	2.000	**an**	Betriebsmaschinen	2.000

– Buchung der **kalkulatorischen** Abschreibung:

(2) Kalkulatorische Abschr.	1.500	**an**	Verrechnete kalk. Abschr.	1.500

– Kontenabschluß:

(3) Neutrales Ergebniskonto	2.000	**an**	Bilanzielle Abschr.	2.000
(4) Verrechnete kalk. Abschr.	1.500	**an**	Neutrales Ergebniskonto	1.500
(5) Betriebsergebniskonto	1.500	**an**	Kalkulatorische Abschr.	1.500
(6) GuV-Konto	500	**an**	Neutrales Ergebniskonto	500
(7) GuV-Konto	1.500	**an**	Betriebsergebniskonto	1.500

020 Maschinen

AB	10.000	2.000 (1)

260 Bilanzielle Abschreibungen

(1)	2.000	2.000 (3)

90 Neutrales Ergebnis

(3)	2.000	1.500 (4)
		Saldo: 500 (6)

261 Verrechnete kalk. Abschreibgn.

(4)	1.500	1.500 (2)

590 Kalk. Abschreibungen

(2)	1.500	1.500 (5)

91 Betriebsergebnis

(5)	1.500	Saldo: 1.500 (7)

93 GuV-Konto

(6) NE	500	
(7) BE	1.500	

In der Unternehmensrechnung (GuV-Konto) kommt **allein** die bilanzielle Abschreibung zum Ausdruck. Das hat für den Fall eines gegenüber dem bilanziellen Wert höheren kalkulatorischen Ansatzes zur Folge, daß der Differenzbetrag zwischen bilanzieller und kalkulatorischer Abschreibung in der GuV-Rechnung als Ertrag in Erscheinung tritt. Das zeigt auch bereits der Ertragsausweis auf der Habenseite des Kontos der verrechneten kalkulatorischen Abschreibungen. Die Aufrechnung der Salden aus neutralem Ergebniskonto und Betriebsergebniskonto bringt wiederum nur den bilanziellen Ansatz unternehmenserfolgswirksam zum Ausdruck. Buchtechnisch in gleicher Weise wie die Abschreibungen sind kalkulatorische Zinsen und kalkulatorische Wagnisse zu behandeln. Die Kontenklasse 2 erfüllt damit eine **Umformungsfunktion.**

Übernahme solcher Kostenarten in die Finanzbuchführung, denen überhaupt kein Aufwand bzw. Ertrag gegenübersteht (**wesensverschiedene Kosten, Zusatzkosten;** s. hierzu Teil B, Abschn. 4.22, S. 514f.). Hierzu gehören der kalkulatorische Unternehmerlohn bei personalen Unternehmensformen und der kalkulatorische Mietwert für betriebsinhabereigene Geschäftsräume. In diesen Fällen übernimmt die Kontenklasse 2 eine **(Kosten-)Eingangsfunktion.** Da hier dem kalkulatorischen Ansatz kein bilanzieller Wert gegenübersteht, bleibt die GuV-Rechnung davon unberührt.

3. **Verteilung** von unregelmäßig und stoßweise anfallenden Aufwands- und Ertragsvorgängen durch **Vor- und Nachverrechnung** ihrer zeitlichen Kosten- bzw. Leistungsauswirkung. Die dafür besonders im Aufwandsbereich einzurichtenden Verrechnungskonten stellen Ausgleichskonten zur anteiligen Übernahme von betrieblichem Aufwand in die Kostenrechnung dar. Die vom Standpunkt der Kostenrechnung kalkulatorische Abgrenzung erfolgt hier mit intertemporärer Wirkung; sie führt dann zu bilanziellen Rechnungsabgrenzungsposten, wenn Bilanzstichtage den Rhythmus der Aufwands-Kostenverrechnung früherer Zahlungsvorgänge unterbrechen. Vor- und Nachleistungen liegen z. B. vor

bei Urlaubslöhnen, deren ferienzeitbedingte, punktuelle Belastung kostenrechnerisch durch gleichmäßige Verteilung über die Gesamtabrechnungsperiode nivelliert wird; analoges gilt u. a. für Versicherungsprämien, umfangreiche Reparaturen, Umsatzprovisionen, Mieten, Werbekosten, Steuern. Die Kontenklasse 2 erfüllt in diesem Zusammenhang eine **Verteilungsfunktion.**

Beispiel:

Am 1. 9. wird die Kraftfahrzeugsteuer für den firmeneigenen Lieferwagen fällig; der Halbjahresbetrag in Höhe von 1.800 wird überwiesen.

Buchungssätze:

(SBK = Schlußbilanzkonto; EBK = Eröffnungsbilanzkonto)

– Zahlungsvorgang:

(1) 1.9.:	Verrechnete Kfz-Steuer	1.800	**an**	Bank	1.800

– Innerbetriebliche Verrechnung während der laufenden Periode:

(2a) 1.9.:	Kfz-Steuer	300	**an**	Verrechnete Kfz-Steuer	300
(2b) 1.10.:	Kfz-Steuer	300	**an**	Verrechnete Kfz-Steuer	300
(2c) 1.11.:	Kfz-Steuer	300	**an**	Verrechnete Kfz-Steuer	300
(2d) 1.12.:	Kfz-Steuer	300	**an**	Verrechnete Kfz-Steuer	300

– Jahresabschluß:

(3) 31.12.:	SBK (Aktive Rechn.-Abgrenzung)	600	**an**	Verrechnete Kfz-Steuer	600

– Konteneröffnung Folgeperiode:

(4) 1.1.:	Verrechnete Kfz-Steuer	600	**an**	EBK	600

– Innerbetriebliche Verrechnung Folgeperiode:

(5a) 1.1.:	Kfz-Steuer	300	**an**	Verrechnete Kfz-Steuer	300
(5b) 1.2.:	Kfz-Steuer	300	**an**	Verrechnete Kfz-Steuer	300

265 Verrechnete Kfz-Steuer

Soll		Haben
(1) 1.9.:	1.800	1. 9.: 300 (2a)
		1.10.: 300 (2b)
		1.11.: 300 (2c)
		1.12.: 300 (2d)
		31.12.: 600 (3)
(4) 1.1.:	600	1. 1.: 300 (5a)
		1. 2.: 300 (5b)

5231 Kfz-Steuer

Soll		Haben
(2a) 1. 9.:	300	
(2b) 1.10.:	300	
(2c) 1.11.:	300	
(2d) 1.12.:	300	
(5a) 1. 1.:	300	
(5b) 1. 2.:	300	

13 Bank

Soll	Haben
	1.9.: 1.800 (1)

941 SBK

Soll	Haben
(3) 31.12.: 600	

940 EBK

Soll	Haben
	1.1.: 600 (4)

4. **Abfangen** von **Wertdifferenzen** zum Zwecke der innerbetrieblichen Ausschaltung von Preisschwankungen beim Wareneinkauf, aber auch beim Bezug und Verbrauch von Stoffen wie z.B. Energie und sonstiger Sachleistungen durch Ansatz fester, am Preisdurchschnitt orientierter **Verrechnungspreise** (vgl. Teil B, Abschn. 4.324.4, S. 575f.). Im Gegensatz zu den bei Inventur in Erscheinung tretenden unaufklärbaren Wertabweichungen (vgl. S. 93f.) handelt es sich hierbei um **bewußt** aus innerbetrieblichen Kontrollabsichten in Anspruch genommene Wertdifferenzen. Das zur Aufnahme der zwischen tatsächlichen Einstandspreisen und kalkulatorischen Verrechnungspreisen bestehenden Differenzen einzurichtende Wertabgrenzungskonto (**Preisdifferenzenkonto**) weist im Saldo einen zunächst vom neutralen Ergebniskonto zu übernehmenden und schließlich von der GuV-Rechnung zu tragenden neutralen Erfolg aus. Die Kontenklasse 2 übernimmt in diesem Falle eine **Preis-(Wert-)abgrenzungsfunktion,** die allerdings weniger für den Handelsbetrieb als vielmehr für den industriellen Fertigungsbetrieb typisch ist; sie wird der Vollständigkeit der Aufgaben kalkulatorischer Abgrenzung wegen jedoch auch an dieser Stelle erwähnt.

Beispiel:

Die Warengruppe I (Zement einer Hoch- und Tiefbaufirma) weist im Monat September folgende Bewegungen auf:

Warenbestand	am 1.9.:	10 Tonnen à 180
Zugänge:	am 8.9.:	12 Tonnen à 200
	am 14.9.:	15 Tonnen à 150
	am 24.9.:	20 Tonnen à 170
Abgänge:	am 7.9.:	10 Tonnen
	am 26.9.:	14 Tonnen
	am 27.9.:	11 Tonnen

Aus innerbetrieblichen Kontrollgründen sollen Zu- und Abgänge mit einem festen Verrechnungspreis angesetzt werden; dieser wird mit 180 je Tonne festgelegt. Die Zugänge werden durch Banküberweisung bezahlt.

Buchungssätze (vgl. auch die Konten auf S. 258):

– Buchung Warenzugänge:

(1) 8.9.:	Warengruppe I	2.160			
	Preisdifferenzenkonto I	240	**an**	Bank	2.400
(2) 14.9.:	Warengruppe I	2.700	**an**	Bank	2.250
				Preisdifferenzenkonto I	450
(3) 24.9.:	Warengruppe I	3.600	**an**	Bank	3.400
				Preisdifferenzenkonto I	200

– Die Buchung der Warenabgänge erfolgt zum Verrechnungspreis über Konten des Stoffeverbrauchs. Das Warenkonto ist unter diesen Voraussetzungen als ausschließlich innerbetriebliches Verrechnungskonto zu verstehen.

13 Bank

Soll	Haben
	8.9.: 2.400 (1)
	14.9.: 2.250 (2)
	24.9.: 3.400 (3)

269 Preisdiff.-Konto

Soll			Haben	
(1)	8.9.:	240	14.9.:	450 (2)
NE	30.9.:	410	24.9.:	200 (3)
		650		650

300 Warengruppe I

Soll			Haben	
AB	1.9.:	1.800		
(1)	8.9.:	2.160	7.9.:	1.800
(2)	14.9.:	2.700	16.9.:	2.520
(3)	24.9.:	3.600	27.9.:	1.980
			SB 30.9.:	3.960
		10.260		10.260

Die Bestandskontrolle läßt sich aus dem Saldo des Warengruppenkontos nach Division mit dem Verrechnungspreis herleiten: 3960 : 180 = 22 Tonnen Lagerbestand. Aus der üblichen Wertrechnung des Kontos wird nach Ansatz fester Verrechnungspreise auf Warenzu- und Warenabgangsseite eine verkappte **Mengenrechnung,** die eine unmittelbare Lagerbestandskontrolle ermöglicht. Die Betriebsabrechnung bleibt frei von Beschaffungspreisschwankungen. Als Konsequenz der kalkulatorisch erwünschten gleichmäßigen Kostenbelastung hat das Preisdifferenzenkonto die erfolgswirksamen Preisabweichungen aufzunehmen. Insgesamt ist es damit die **Kanalisierungsfunktion** der Kontenklasse 2, die Wesen und Inhalt der kalkulatorischen Rechnungsabgrenzung ausmacht (vgl. Übungsbeispiel zur kalkulatorischen Abgrenzung Teil B, S. 537f.).

Ergänzende Literatur zu: 10.5 Die Rechnungsabgrenzung

Coenenberg, Jahresabschluß, S. 245–248
Engelhardt/Raffée, Buchhaltung, S. 137–145
Falterbaum/Beckmann, Buchführung, S. 179–190
Kresse, Schule des Bilanzbuchhalters I, S. 79–86; 94–96
Scharnweber, Buchführung, S. 79–85
Wöhe, Bilanzierung, S. 8–27; 128–132; 419–422

10.6 Rückstellungen und (steuerfreie) Rücklagen

10.61 Rückstellungen

Analog der erfolgsberichtigenden Rechnungsabgrenzung dienen auch **Rückstellungen** der zeitgerechten Erfolgsermittlung: Sie stellen am Bilanzstichtag noch nicht exakt bestimmbaren Aufwand dar, dessen Ursache wirtschaftlich infolge dem **Grunde** nach entstandener Zahlungsverpflichtung der abgelaufenen Geschäftsperiode zuzurechnen ist, dessen **Fälligkeit** und/oder **Betragsumfang** jedoch beim Abschluß noch unbekannt ist und erst in der Zukunft genau feststehen wird. Durch Einstellen eines Passivpostens in die Bilanz werden zeitlich nach dem Abschlußstichtag zu leistende Ausgaben der **Verursachungsperiode** zugerechnet. Rückstellungen unterscheiden sich folglich von der antizipativen (Aufwand vor Ausgabe) Rechnungsabgrenzung durch ihre **Ungewißheit** hinsichtlich Höhe und Fälligkeit; sie unterscheiden sich von den Verbindlichkeiten, denen sie bilanziell und juristisch zugeordnet werden, durch ihre **Schätzungsbedürftigkeit.** Im Gegensatz zu den für unbekannte, noch nicht existente Deckungsnotwendigkeiten gebildeten Rücklagen dürfen Rückstellungen nur vorgenommen werden, wenn die Verbindlichkeit dem Grunde nach besteht, also **konkrete** Tatsachen auf eine Inanspruchnahme hinweisen; ein allgemeines Geschäfts- bzw. Unternehmerrisiko reicht zu ihrer Bildung dagegen nicht aus. Da Rückstellungen ein selbständiges, auf rechtlicher oder sittlicher Verpflichtung beruhendes **negatives Wirtschaftsgut** darstellen, mindern sie das betriebliche Reinvermögen; ihre Bildung vermindert im Gegensatz zu den Eigenkapital repräsentierenden Rücklagen den steuerpflichtigen Gewinn.

Rückstellungen entspringen dem Grundsatz der Vorsicht, insofern ist grundsätzlich von einer **Passivierungspflicht** für Rückstellungen auszugehen (zu den Ausnahmen vgl. die nachstehenden Ausführungen bezüglich der Rückstellungsarten). Rückstellungen **müssen** bei Vorliegen der Rückstellungsvoraussetzungen gebildet werden, auch wenn im Einzelfall ausreichende stille Reserven zur Deckung des Rückstellungsbedarfs oder gleichwertige Rückgriffsrechte vorhanden sind. Ihre Höhe ist nach **vernünftiger kaufmännischer Beurteilung,** die sich auf die tatsächlichen wirtschaftlichen Verhältnisse des Betriebes stützt, zu bemessen (§ 253, Abs. 1, Satz 2 HGB). Dabei sind wertaufhellende Umstände auch noch nach dem Bilanzstichtag im Umfang des bis zur Bilanzauf- bzw. Bilanzfeststellung gewonnenen Sach- und Erkenntnisstandes zu berücksichtigen (BFH v. 24. 9. 1974, BStBl. II 1975, S. 78f.). Rückstellungen sind bei Wegfall der Voraussetzungen, die ihre Bildung veranlaßt haben, erfolgswirksam **aufzulösen;** bei Inanspruchnahme erfolgt eine Bilanzverkürzung, ohne daß die Erfolgsrechnung davon berührt wird. In früheren Wirtschaftsperioden unterlassene Rückstellungen müssen in der Handelsbilanz nachgeholt werden. Sofern der fehlende Ansatz zur Nichtigkeit des Jahresabschlusses führt, sind sogar Rückwärtsberichtigungen bis zur eigentlichen Fehlerquelle erforderlich. Ansonsten genügt eine Nachholung im letzten noch nicht festgestellten Jahresabschluß (*Clemm/Nonnenmacher,* Bilanzkommentar, S. 246f.).

Das HGB regelt in § 249 HGB die Zulässigkeit der Bildung von Rückstellungen für alle Kaufleute; § 274, Abs. 1 HGB beinhaltet darüber hinaus noch eine Rückstellungsart, die nur von Kapitalgesellschaften zu bilden ist. Die Übersicht auf S. 260 zeigt die Zwecke, für die Rückstellungen gebildet werden dürfen, und gibt die jeweilige Ansatzregelung an.

Die Passivierungsregelung in der **Steuerbilanz** ist am Maßgeblichkeitsprinzip des § 5, Abs. 1 EStG ausgerichtet: Danach ist nach ständiger Rechtsprechung des BFH (BFH v. 20. 3. 1980, BStBl. II 1980, S. 297ff.) in der Steuerbilanz nur zu passivieren, was auch in der Handelsbilanz passiviert werden muß.

Zwecke, für die Rückstellungen gebildet werden dürfen (§ 249 und § 274, Abs. 1 HGB)	Ansatzregelung
1. Rückstellungen für ungewisse Verbindlichkeiten (umfassen auch Pensionsrückstellungen) (§ 249, Abs. 1, Satz 1)	Passivierungspflicht
2. Rückstellungen für drohende Verluste aus schwebenden Geschäften (§ 249, Abs. 1, Satz 1)	Passivierungspflicht
3. Rückstellungen für im Geschäftsjahr unterlassene Aufwendungen für Instandhaltung, die im folgenden Geschäftsjahr innerhalb von drei Monaten nachgeholt werden (§ 249, Abs. 1, Satz 2, Nr. 1);	Passivierungspflicht
wenn die Instandhaltung nach Ablauf der Frist, aber innerhalb des Geschäftsjahres nachgeholt wird (§ 249, Abs. 1, Satz 3)	Passivierungswahlrecht
4. Rückstellungen für Abraumbeseitigung, die im folgenden Geschäftsjahr nachgeholt werden (§ 249, Abs. 1, Satz 2, Nr. 1)	Passivierungspflicht
5. Rückstellungen für ihrer Eigenart nach genau umschriebene, dem Geschäftsjahr oder einem früheren Geschäftsjahr zuzuordnende Aufwendungen, die am Abschlußstichtag wahrscheinlich oder sicher, aber hinsichtlich ihrer Höhe oder des Zeitpunkts ihres Eintritts unbestimmt sind (§ 249, Abs. 2)	Passivierungswahlrecht
6. Rückstellungen für latenten Steueraufwand (§ 274, Abs. 1)	Passivierungspflicht

Passivierungskriterien für Rückstellungen nach Handelsrecht

Zu den häufigsten Rückstellungsfällen gehören:

- **Pensionsrückstellungen,** für die eine Passivierungspflicht besteht, sofern es sich um Pensionszusagen nach dem 31. 12. 1986 handelt; für Pensionszusagen vor diesem Zeitpunkt ergibt sich aus den Übergangsvorschriften zum Bilanzrichtlinien-Gesetz ein Passivierungswahlrecht. Für die steuerliche Anerkennung ist eine unbedingte und nur unter bestimmten Voraussetzungen widerrufbare (im einzelnen s. Abschn. 41, Abs. 3 EStR; s. auch Teil C, Abschn. 2.4, S. 780ff.) Pensionszusage Voraussetzung;
- **Garantierückstellungen** wegen ungewisser Inanspruchnahme (Verbindlichkeit) aus Gewährleistungs**pflicht** nach Vertrag oder Gesetz (§§ 459ff. und 633ff. BGB);
- **Prozeßkostenrückstellungen** für drohende Verluste aus schwebenden Gerichtsverfahren;

- **Steuerrückstellungen** für abzugsfähige, am Bilanzstichtag hinsichtlich Fälligkeit und genauer Höhe noch ungewisse Betriebssteuerschulden (z. B. Gewerbesteuerabschlußzahlung, Abschn. 22, Abs. 2 EStR) sowie für Steuernachzahlungen infolge finanzamtlicher Betriebsprüfung bei Vorliegen konkreter Anhaltspunkte;

- **Rückstellungen für latenten Steueraufwand** (im einzelnen vgl. Teil A, Abschn. 8.2, S. 180ff.) sind von Kapitalgesellschaften immer dann zu bilden, wenn das Handelsbilanzergebnis höher als das Ergebnis in der Steuerbilanz ausfällt. In diesem Falle unterschreitet der Steueraufwand gemäß der Steuerbilanz den sich aufgrund der Handelsbilanz (fiktiv) ergebenden Steueraufwand. Um eine Kongruenz zwischen dem handelsbilanziellen Ergebnis und dem in der Handelsbilanz ausgewiesenen Steueraufwand zu erhalten, verlangt § 274, Abs. 1 HGB die Bildung einer Rückstellung für latenten Steueraufwand in Höhe der Differenz zwischen dem (fiktiven) Steueraufwand auf das Handelsbilanzergebnis und der tatsächlich zu entrichtenden Steuerzahlung. Voraussetzung für die Bildung einer solchen Rückstellung ist jedoch, daß sich der zu niedrige Steueraufwand in späteren Geschäftsjahren voraussichtlich ausgleicht (sog. timing difference);

- **Rückstellungen für Jahresabschlußkosten,** soweit sie aus einer öffentlich-rechtlichen Verpflichtung resultieren (gesetzlicher Prüfungszwang), aber nur in dem Umfang, wie sie Verbindlichkeiten gegenüber Dritten (z. B. anfallendes Honorar) zum Ausdruck bringen (sog. externe Jahresabschlußkosten). Im Unternehmen selbst anfallende Prüfungskosten (sog. interne Jahresabschlußkosten) sind nur hinsichtlich der variablen Kosten (Einzelkosten, z. B. Gehälter der Buchhalter) rückstellungsfähig. Das gleiche gilt auch für die Rückstellungsbildung aufgrund der Verpflichtung zur Erstellung der die **Betriebs**steuern (insbes. Umsatzsteuer und Gewerbesteuer) des abgelaufenen Jahres betreffenden **Steuererklärungen** (BFH v. 23. 7. 1980, BStBl. II 1981, S. 62f. und v. 24. 11. 1983, BStBl. II 1984, S. 301ff.);

- **Garantierückstellungen** aus freiwilliger Gewährleistungszusage (Kulanzrückstellungen), die ebenfalls eine Eigenverpflichtung des Betriebes beinhalten, unterliegen gemäß § 249, Abs. 1, Satz 2, Nr. 2 HGB einer Passivierungspflicht. In der Steuerbilanz besteht ebenfalls eine Ansatzpflicht, soweit eine sittliche oder wirtschaftliche Verpflichtung vorliegt, der sich der Unternehmer nicht entziehen kann;

- **Verlustrückstellungen aus schwebenden Geschäften,** die z. B. infolge Bindung an langfristige, gegenüber der Marktentwicklung preisungünstige Lieferverträge zu bilden sind; dies gilt bereits im Falle einer noch nicht bilanzierungsfähigen Geschäftsgrundlage;

- **Rückstellungen für Eventualverbindlichkeiten,** soweit sich konkrete Zahlungsverpflichtungen abzeichnen und damit ungewisse Verbindlichkeiten vorliegen (Bürgschaftsleistungen, Wechselobligo, Garantieleistungen für Einzelobjekte);

- **Rückstellungen** für in der Periode nicht in Anspruch genommene **Urlaubslöhne,** für **Tantiemenzusagen, Gratifikationen** und **Gewinnbeteiligungen,** wobei im Falle der gewinnabhängigen Vergütungen das Vorliegen einer sittlich-moralischen Verpflichtung die Rückstellungsbildung rechtfertigt;

- **Instandhaltungs- und Abraumbeseitigungsrückstellungen,** die eine Verpflichtung des Betriebes gegen sich selbst zum Ausdruck bringen und für die **handelsrechtlich** eine Bilanzierungspflicht besteht, sofern die unterlassene Instandhaltung im folgenden Geschäftsjahr innerhalb von drei Monaten nachgeholt wird bzw. die Abraumbeseitigung im folgenden Geschäftsjahr vorgenommen wird (§ 249, Abs. 1, Satz 2, Nr. 1 HGB); für unterlassene Aufwendungen für Instandhaltung, die im folgenden Geschäftsjahr nach Ablauf von drei Monaten nachgeholt werden, besteht ein Passivierungs**wahlrecht** (§ 249, Abs. 1, Satz 3 HGB). In der **Steuerbilanz** besteht über das Maßgeblichkeitsprinzip für die in § 249, Abs. 1, Satz 2, Nr. 1 HGB genannten Fälle eine Passivierungspflicht, wohingegen für den in § 249, Abs. 1, Satz 3 HGB angesprochenen Fall ein Passivierungs**verbot** besteht (BFH v. 23. 11. 1983, FR 1984, S. 148 ff.);
- **Aufwandsrückstellungen** dürfen darüber hinaus nur gebildet werden, wenn es sich um ihrer Eigenschaft nach genau umschriebene, dem Geschäftsjahr oder einem früheren Geschäftsjahr zuzuordnende Aufwendungen handelt, die am Abschlußstichtag wahrscheinlich oder sicher, aber hinsichtlich ihrer Höhe oder des Zeitpunkts ihres Eintritts unbestimmt sind (§ 249, Abs. 2 HGB). Der Zweck der Bildung von Aufwandsrückstellungen (z. B. für Generalüberholungen und zukünftige Zustandhaltungen) besteht in der Ermittlung eines periodengerechten Erfolgsausweises. Aufgrund des Passivierungswahlrechtes in der Handelsbilanz dürfen solche Aufwandsrückstellungen in der Steuerbilanz nicht angesetzt werden.

Die **buchtechnische Behandlung** der Bildung und Auflösung von Rückstellungen ist einfach:

Die **Rückstellungszuführung** erfolgt zu Lasten derjenigen Aufwandsart, die bei Inanspruchnahme und Abrechnung bereits im laufenden Geschäftsjahr berührt worden wäre. Bei noch nicht erkennbarer Aufwandszuordnung wird auf das Konto Sonstige Aufwendungen gebucht. Als passivisches Bestandskonto ist das Konto Rückstellungen über das Schlußbilanzkonto abzuschließen.

Die **Auflösung** von Rückstellungen erfolgt über ein Finanzkonto: Bei (zufälliger) Identität zwischen Rückstellungsbildung und tatsächlicher Inanspruchnahme ist der Rückstellungsbetrag erfolgsunwirksam durch Gutschrift auf dem Finanzkonto auszubuchen; bei Divergenz entsteht ein sonstiger betrieblicher Aufwand im Falle der Unterdeckung (Fehlbetrag), ein sonstiger betrieblicher Ertrag im Falle der Überdeckung der effektiven Zahlung durch die Rückstellung. Nicht in Anspruch genommene Rückstellungen sind in Ermangelung einer eigenständigen Position in der GuV gemäß § 275, Abs. 2, Nr. 4 bzw. Abs. 3, Nr. 6 HGB unter den sonstigen betrieblichen Erträgen auszuweisen. Eine Saldierung freigewordener Beträge mit dem für die Rückstellungsbildung belasteten Aufwandskonto ist unzulässig.

Beispiel:

Die Großhandelsfirma Zahn OHG hat im Jahr 1987 Gewerbesteuervorauszahlungen in Höhe von insgesamt 36.800 geleistet. Die endgültige Jahressteuerschuld wird auf 44.500 geschätzt. Am 10. 10. 1988 geht der Gewerbesteuerbescheid ein;

die Veranlagung erfolgt mit 7.900. Der Betrag wird am 15. 11. 1988 überwiesen. Die für 1987 und 1988 erforderlichen Buchungen sind vorzunehmen.

Buchungssätze 1987:

– Buchung der laufenden Gewerbesteuerzahlungen (summarisch):

GewSt-Aufwand	36.800	**an**	Bank	36.800

– Vorbereitende Abschlußbuchung:

GewSt-Aufwand	7.700	**an**	GewSt-Rückstellung	7.700

– Abschlußbuchung:

GewSt-Rückstellung	7.700	**an**	SBK	7.700
GuV-Konto	44.500	**an**	GewSt-Aufwand	44.500

Buchungssätze 1988:

– Konteneröffnung:

EBK	7.700	**an**	GewSt-Rückstellung	7.700

– Überweisung am 15. 11.:

GewSt-Rückstellung	7.700			
sonstiger betrieblicher Aufwand	200	**an**	Bank	7.900

Erfolgsbelastend wirkt 1988 nur die Unterdeckung. Würde der Betrag erst am 10. 1. 1989 an das Finanzamt überwiesen, so müßte die Rückstellung zum 31. 12. 1988 aufgelöst werden, da Höhe und Fälligkeit der Gewerbesteuerschuld am Bilanzstichtag feststehen:

GewSt-Rückstellung	7.700			
sonstiger betrieblicher Aufwand	200	**an**	GewSt-Schuld (Sonstige Verbindl.)	7.900

Das passivische Bestandskonto Gewerbesteuerschuld wäre mit Bezahlung am 10. 1. 1989 erfolgsneutral aufzulösen.

10.62 Steuerfreie Rücklagen

Rücklagen sind dem Bereich der rechtsformabhängigen Eigenkapitalbuchung und -bilanzierung zuzurechnen; sie sind Bestandteil der Gewinnverwendung und kommen insbesondere bei Gesellschaften mit konstantem Eigenkapitalbetrag durch offenen Ausweis auf der Passivseite der Bilanz zum Ausdruck. Rücklagen stellen zusätzliches Eigenkapital dar und erfüllen damit eine **Schutz- und Garantiefunktion** gegenüber dem Nominalkapital und eine **Finanzierungsfunktion** gegenüber zukünftigen Investitionsvorhaben; sie sind bei Verlusten oder Wertminderungen zuerst aufzulösen.

Der Rechtsformabhängigkeit von Rücklagenbildung und Rücklagenauflösung wegen ist diese Thematik dem folgenden Abschnitt 11 dieses Buches zugeordnet. Da die sog. **steuerfreien Rücklagen** jedoch den Rückstellungen bezüglich ihrer Gewinnauswirkung nahestehen, wird ihre buchtechnische Handhabung dem vorbereitenden Jahresabschluß zugerechnet und bereits an dieser Stelle behandelt.

Offene Rücklagen werden im allgemeinen aus dem bereits versteuerten Gewinn gebildet. Das gilt nicht für einige durch Rechtsvorschrift ausdrücklich ausgenommene Tatbestände, die eine ertragsteuerlich abzugsfähige Rücklagenzuführung mit gewinnmindernder Wirkung zulassen, um dadurch steuerliche Härten und wirtschaftlich unbefriedigende Ergebnisse zu vermeiden. Die Besteuerung erfolgt in diesen Fällen erst im Zeitpunkt der gewinnerhöhenden Rücklagenauflösung. Die bei ihrer Bildung steuerfrei belassenen Rücklagen enthalten daher neben Eigenkapital einen Fremdkapitalanteil in Höhe des bei ihrer Auflösung anfallenden Steuerbetrages. Die aus Eigen- und Fremdkapital bestehenden Mischposten besitzen folglich sowohl Rücklagen- als auch Rückstellungscharakter, wobei letzterer in der ungewissen Höhe und Realisation der Steuerverbindlichkeit begründet ist.

Zur Unterscheidung der aus bereits versteuertem Gewinn zu bildenden Rücklagen einerseits von den gewinnmindernden, steuerfreien Rücklagen andererseits fordern die §§ 247, Abs. 3 und 273 HGB deren gesonderten Ausweis auf der Passivseite der Bilanz unter der Position „Sonderposten mit Rücklageanteil", wobei Kapitalgesellschaften die Vorschrift in der Bilanz oder im Anhang anzugeben haben, nach der die steuerfreie Rücklage gebildet wurde (zur weiteren Bedeutung der Sonderposten mit Rücklageanteil als Position zur Aufnahme steuerlicher Abschreibungen s. Teil A, Abschn. 10.31, S. 215). Entsprechend sind auch in der GuV-Rechnung Bildung und Auflösung der Sonderposten gesondert sichtbar zu machen, und zwar die Zuführung unter den sonstigen betrieblichen Aufwendungen und die Auflösung unter den sonstigen betrieblichen Erträgen (§ 281, Abs. 2 HGB). Die steuerliche Anerkennung der Sonderposten mit Rücklageanteil setzt seit dem 1. 1. 90 grundsätzlich ihre Berücksichtigung auch in der Handelsbilanz voraus (§ 5, Abs. 1, Satz 2 EStG). Eine Ausnahme von der Geltung dieser sog. **umgekehrten Maßgeblichkeit** ergibt sich allerdings entsprechend der bisherigen Verwaltungspraxis (Abschn. 228, Abs. 5 EStR) für die **Preissteigerungsrücklage** (§ 51, Abs. 2b EStG), da auch ohne den Sonderposten mit Rücklageanteil in der handelsrechtlichen Jahresbilanz eine entsprechende Wirkung auf den Jahresüberschuß durch die im Handelsrecht umfassend zugelassene Bewertung des Vorratsvermögens nach der sog. **Lifo-Methode** erreicht werden kann, sowie für die **Steinkohlestillegungsrücklage** (§ 3, Abs. 5 Gesetz über steuerliche Maßnahmen bei der Stillegung von Steinkohlenbergwerken). Wird eine Handelsbilanz nicht aufgestellt und besteht dazu auch keine Verpflichtung, so genügt der Ausweis in der Steuerbilanz (Abschn. 41b, Abs. 3 EStR). Wird eine Passivierung der Rücklage in der Handelsbilanz nicht vorausgesetzt, wie z. B. bei der Steinkohlestillegungsrücklage, so ist in Höhe der voraussichtlichen künftigen Ertragsteuerbelastung eine Rückstellung zu bilden.

Bezüglich ihres **Zuführungsanlasses** sind zwei Gruppierungen steuerfreier Rücklagen zu unterscheiden:

a) Die steuerfreie Rücklagenbildung wird bei Zutreffen der gesetzlichen Tatbestandsmerkmale und bei Vorliegen der Voraussetzungen **a priori** begründet. Hierzu gehören:

- Rücklage für Preissteigerungen (§ 51, Abs. 1, Nr. 2b EStG, § 74 EStDV), für Wirtschaftsjahre, die bis zum 31. 12. 1989 endeten (§ 52, Abs. 1 EStG)

- Rücklage für Zuschüsse aus öffentlichen Mitteln (Abschn. 34, Abs. 3 EStR)
- Rücklage für Verluste ausländischer Tochtergesellschaften (§ 3 AuslinvG), für Wirtschaftsjahre, die vor dem 1. 1. 1990 endeten (§ 8, Abs. 4 AuslinvG)
- Rücklage für Investitionen im Zonenrandgebiet (§ 3 ZonenRFG)
- Rücklage bei Erwerb von Betrieben, deren Fortbestand gefährdet ist (§ 6d EStG; vgl. im einzelnen Teil C, Abschn. 2.43, S. 809)
- Steinkohlestillegungsrücklage (§§ 3 und 4 des Gesetzes über steuerliche Maßnahmen bei der Stillegung von Steinkohlebergwerken).

b) Die steuerfreie Rücklagenbildung ist **a posteriori** durch Aufdeckung von im Betrieb zulässig gelegten stillen Reserven begründet, deren Weiterführung als offene Rücklage bis zur Übertragung auf ein anderes Wirtschaftsgut unter bestimmten Voraussetzungen möglich ist. Hierzu gehören:

- Rücklage für Ersatzbeschaffung (Abschn. 35 EStR)
- Rücklage für Veräußerungsgewinne (§§ 6b, 6c EStG)
- Rücklage bei Überführung bestimmter Wirtschaftsgüter in ausländische Betriebe (§ 1 AuslinvG), für Wirtschaftsjahre, die vor dem 1. 1. 1990 endeten (§ 8, Abs. 4 AuslinvG)
- Rücklage für Veräußerungsgewinne bei Sanierungsmaßnahmen (§ 82 StBauFG i. V. m. § 6b EStG).

Die primären **Unterscheidungsmerkmale** der wichtigsten steuerfreien Rücklagen sind in der Tabelle auf S. 266ff. systematisiert.

Beispiel zu a): Preissteigerungsrücklage

§ 74, Abs. 1 EStDV erlaubte Steuerpflichtigen, die den Gewinn nach § 5 EStG ermitteln (Vollkaufleute und bestimmte andere Gewerbetreibende), für vertretbare, also nach Zahl, Maß oder Gewicht bestimmbare Stoffe und Waren (Vorräte) die Bildung einer steuerfreien Rücklage für Preissteigerungen, wenn deren Börsen- oder Marktpreis innerhalb einer Wirtschaftsperiode um mehr als 10% (Selbstbehalt) gestiegen war.

Die Höhe der Rücklage R ergab sich aus dem Produkt von Preissteigerungsrate s und Schlußbilanzansatz B der betreffenden Güter:

$$R = s \cdot B$$

Der Schlußbilanzansatz durfte dabei gemäß § 74, Abs. 3, Satz 3 EStDV nicht unter dem Ansatz zu Wiederbeschaffungspreisen am Ende der laufenden Wirtschaftsperiode liegen:

$$B \geqq WP_2$$

Die Preissteigerungsrate s war durch die Differenz des Wiederbeschaffungspreises je Einheit am Schluß der laufenden Periode WP_2 und des Wiederbeschaffungspreises je Einheit am Schluß der vorangegangenen Periode WP_1 unter Berücksichtigung des Selbstbehalts von 10% bestimmt:

$$s = \frac{WP_2 - 1{,}1\, WP_1}{WP_2} = 1 - \frac{1{,}1\, WP_1}{WP_2}$$

Art der steuerfreien Rücklage	Begünstigte Wirtschaftsgüter	Besondere Voraussetzungen für die Bildung	Höhe der Einstellung in die steuerfreie Rücklage	Dauer der Begünstigung und Höhe ihrer Auflösung
Rücklage für Preissteigerungen (§ 74 EStDV)*	Roh-, Hilfs- und Betriebsstoffe, halbfertige und fertige Erzeugnisse sowie Waren, sofern die Wirtschaftsgüter vertretbar, d. h. nach Zahl, Maß oder Gewicht bestimmbar sind (§ 74, Abs. 1 EStDV)	Börsen- oder Marktpreis der betreffenden Güter muß innerhalb eines Wirtschaftsjahres um mehr als 10 v. H. gestiegen sein; die steuerliche Gewinnermittlung muß nach § 5 EStG erfolgen (§ 74, Abs. 1 EStDV)	$R = B \cdot \frac{WP_2 - 1{,}1 \cdot WP_1}{WP_2}$ (§ 74, Abs. 2 EStDV)	Gesamte Rücklage muß spätestens am Ende des sechsten Jahres nach der Bildung aufgelöst werden; die Finanzverwaltung kann u. U. auch eine frühere Auflösung verlangen (§ 74, Abs. 5 EStDV)
Rücklage für Ersatzbeschaffung (Abschn. 35 EStR)	Wirtschaftsgüter des Anlage- und Umlaufvermögens	Zwangsweises Ausscheiden des Wirtschaftsgutes infolge höherer Gewalt oder behördlicher Eingriffe gegen Entschädigung sowie Ersatzbeschaffung eines funktionsgleichen Wirtschaftsgutes innerhalb eines Jahres (zwei Jahre bei Immobilien); die steuerliche Gewinnermittlung kann nach § 4, Abs. 1 oder § 5 EStG erfolgen (Abschn. 35, Abs. 2–4 EStR; bei Gewinnermittlung nach § 4, Abs. 3 EStG vgl. Abschn. 35, Abs. 7 EStR)	R = Entgelt / Entschädigung – Buchwert (Abschn. 35, Abs. 5 EStR)	Gesamte Rücklage muß bei beweglichen Wirtschaftsgütern in einem Jahr, bei Grundstücken oder Gebäuden in zwei Jahren aufgelöst werden (Abschn. 35, Abs. 5 EStR)

Rücklage für Veräußerungsgewinne (§ 6b EStG)	Nur bestimmte Anlagegüter: Grund und Boden, Aufwuchs, abnutzbare bewegliche Wirtschaftsgüter mit einer betriebsgewöhnlichen Nutzungsdauer (Restnutzungsdauer bei gebraucht erworbenen Wirtschaftsgütern) von mindestens 25 Jahren, Schiffe, Anteile an Kapitalgesellschaften, lebendes Inventar land- und forstwirtschaftlicher Betriebe (§ 6b, Abs. 1; Abschn. 41 a, Abs. 1–7 EStR)	Wirtschaftsgüter müssen mindestens sechs Jahre zum Anlagevermögen einer inländischen Betriebsstätte gehört haben; Ausnahme: lebendes Inventar land- und forstwirtschaftlicher Betriebe; steuerliche Gewinnermittlung kann sowohl nach § 4, Abs. 1 als auch nach § 5 EStG erfolgen (§ 6b, Abs. 4 EStG; Abschn. 41 c EStR; bei Gewinnermittlung nach § 4, Abs. 3 oder § 13 a EStG vgl. § 6 c EStG)	Für Grund und Boden, Aufwuchs, Kapitalanteile, die von Unternehmensbeteiligungsgesellschaften veräußert wurden, sowie Gebäude: R = Veräußerungspreis abzüglich Veräußerungskosten – Buchwert Für abnutzbare Wirtschaftsgüter, Schiffe sowie Kapitalanteile: R = 0,5 (Veräußerungspreis abzüglich Veräußerungskosten – Buchwert) (§ 6b, Abs. 1, Abs. 2, Satz 1 EStG)	Gesamte Rücklage muß nach vier Jahren, bei neu hergestellten Gebäuden in sechs Jahren aufgelöst werden (§ 6b, Abs. 3 EStG)
Rücklage bei Überführung bestimmter Wirtschaftsgüter in ausländische Betriebe (§ 1 AuslinvG)*	Nur abnutzbare Güter des Anlagevermögens (§ 1, Abs. 1 AuslinvG)	Wirtschaftsgüter müssen einem inländischen Betrieb gehören; steuerliche Gewinnermittlung kann nach § 4, Abs. 1 oder § 5 EStG erfolgen (§ 1, Abs. 1, Satz 1 AuslinvG)	R = Höhe des durch die Überführung entstandenen Gewinns (§ 1, Abs. 1, Satz 1 AuslinvG)	Rücklage ist ab dem fünften Jahr jährlich mit mindestens einem Fünftel aufzulösen (§ 1, Abs. 1, Satz 2 AuslinvG)

* die Bildung neuer Rücklagen war letztmalig für das Wirtschaftsjahr möglich, das vor dem 1. 1. 1990 endet.

Art der steuerfreien Rücklage	Begünstigte Wirtschaftsgüter	Besondere Voraussetzungen für die Bildung	Höhe der Einstellung in die steuerfreie Rücklage	Dauer der Begünstigung und Höhe ihrer Auflösung
Rücklage für Verluste ausländischer Tochtergesellschaften (§ 3 AuslinvG)*	Beteiligung an einer ausländischen Kapitalgesellschaft mit Sitz und Geschäftsleitung im Ausland (§ 3, Abs. 1 AuslinvG)	Beteiligung muß mindestens 50 v. H. betragen; bei Gesellschaften mit Sitz in einem Entwicklungsland genügt eine Beteiligungshöhe von 25 v. H.; der steuerliche Gewinn muß nach § 4, Abs. 1 oder § 5 EStG ermittelt werden (§ 3, Abs. 1 AuslinvG)	R = Höhe des auf die neuen Anteile entfallenden Verlustes der ausländischen Tochtergesellschaft abzüglich des Betrages, in dessen Höhe die Gesellschaft im Wirtschaftsjahr der Rücklagenbildung eine Teilwertabschreibung vornimmt, höchstens der Wert der neu erworbenen Anteile in der Steuerbilanz (§ 3, Abs. 1 AuslinvG)	Gesamte Rücklage ist spätestens am Ende des fünften Jahres nach der Bildung, in den in § 3, Abs. 3, Nr. 1–4 AuslinvG aufgeführten Fällen schon vorher oder teilweise aufzulösen (§ 3, Abs. 3 AuslinvG)

Rücklage für Zuschüsse aus öffentlichen Mitteln (Abschn. 34, Abs. 3 EStR)	Nur Wirtschaftsgüter des Anlagevermögens (Abschn. 34, Abs. 3 EStR)	Für das Anlagegut muß ein Zuschuß gewährt werden, der erfolgsneutral behandelt wird; das Wirtschaftsgut muß ganz oder teilweise im folgenden Wirtschaftsjahr angeschafft oder hergestellt werden; der steuerliche Gewinn ist nach § 4, Abs. 1 oder § 5 EStG zu ermitteln (Abschn. 34, Abs. 3 EStR)	R = Höhe der noch nicht verwendeten Zuschußbeträge (Abschn. 34, Abs. 3 EStR)	Gesamte Rücklage ist im Jahr der Anschaffung oder Herstellung auf das Anlagegut zu übertragen (Abschn. 34, Abs. 3 EStR)

B = Schlußbilanzansatz der betreffenden Güter
R = Höhe der steuerfreien Rücklage
WP_2 = Wiederbeschaffungspreis am Schluß der laufenden Periode
$1{,}1 \cdot WP_1$ = Wiederbeschaffungspreis am Schluß der vorangegangenen Periode einschließlich eines Selbstbehalts von 10 v. H.

* die Bildung neuer Rücklagen war letztmalig für das Wirtschaftsjahr möglich, das vor dem 1. 1. 1990 endet.

Unterscheidungsmerkmale steuerfreier Rücklagen

Durch Bildung dieser Rücklage wurde die Besteuerung von Scheingewinnen bei steigenden Preisen weitgehend vermieden. Die Einfügung des § 6, Abs. 1, Nr. 2a EStG ermöglicht jedoch nunmehr die ertragsteuerliche Zulässigkeit der handelsrechtlich bereits erlaubten Lifo-Methode zur Bewertung des Vorratsvermögens (§ 256 HGB). Da das Lifo-Verfahren (vgl. auch Teil B, Abschn. 3.122.3, S. 470ff.) gerade bei Preissteigerungen steuerlich vorteilhaft ist, wurde andererseits die Ermächtigung für die Zulassung der Preissteigerungsrücklage für Wirtschaftsjahre, die nach dem 31. 12. 1989 enden, gestrichen. Vorher gebildete Rücklagen sind innerhalb der bisher üblichen 6-Jahresfrist aufzulösen.

Beispiel zu a): Zuschußrücklage

Abschn. 34, Abs. 1 EStR gewährt bei Anschaffung oder Herstellung von aus öffentlichen oder privaten Mitteln bezuschußten Anlagegütern ein Wahlrecht, indem die Zuschüsse entweder **erfolgswirksam** als Einnahmen angesetzt werden und dementsprechend die Anschaffungs- oder Herstellungskosten der bezuschußten Wirtschaftsgüter unberührt bleiben oder aber die Zuschüsse eine **erfolgsneutrale** Behandlung erfahren, wobei dann die entsprechenden Anlagegüter nur mit den selbst aufgewendeten Anschaffungs- oder Herstellungskosten anzusetzen sind und auch nur in Höhe der um den Zuschuß verminderten Anschaffungs- oder Herstellungskosten abgeschrieben werden (im einzelnen Teil A, Abschn. 8.3, S. 189ff.).

Eine steuerfreie Rücklage kann bei erfolgsneutraler Behandlung der Zuschüsse in Höhe der (noch) nicht verwendeten Zuschußbeträge dann gebildet werden, wenn das Anlagegut ganz oder teilweise in dem auf die Zuschußgewährung folgenden Wirtschaftsjahr angeschafft oder hergestellt wird. Die Rücklage ist dann im Wirtschaftsjahr der Anschaffung oder Herstellung auf das Anlagegut zu übertragen (Abschn. 34, Abs. 3 EStR). Aufgrund der umgekehrten Maßgeblichkeit ist der Ansatz eines mindestens gleich hohen Passivpostens in der Handelsbilanz Voraussetzung für die steuerliche Bilanzierung (§ 5, Abs. 1, Satz 2 EStG, Abschn. 34, Abs. 3 EStR).

Zu verbuchender Sachverhalt:
Gewährung eines öffentlichen Zuschusses in Höhe von 8.000 am 10. 9. 83 zur Anschaffung einer Maschine, deren Anschaffungskosten 32.000 zuzügl. 10% USt betragen und die am 25. 2. 84 geliefert wird.

Buchungssätze:

– Zuschußgewährung 10. 9. 83:				
Bank	8.000	**an**	Zuschußrücklage	8.000
– Abschlußbuchung 1983:				
Zuschußrücklage	8.000	**an**	SBK	8.000
– Eröffnungsbuchung 1984:				
EBK	8.000	**an**	Zuschußrücklage	8.000
– Anschaffung des Anlagegutes am 25. 2. 84:				
Maschinen	32.000			
Vorsteuer	3.200	**an**	Bank	35.200
– Übertragung der Zuschußrücklage am 25. 2. 84:				
Zuschußrücklage	8.000	**an**	Maschinen	8.000

Beispiel zu b): Rücklage für Ersatzbeschaffung

Voraussetzung für die Bildung einer Rücklage nach Abschn. 35, Abs. 4 EStR ist das **zwangsweise** Ausscheiden eines Wirtschaftsguts infolge **höherer Gewalt** (Elementarereignisse wie z. B. Brand, Sturm oder Überschwemmung, allenfalls auch Diebstahl; nicht jedoch Ausscheiden wegen Material-, Konstruktions- oder Bedienungsfehlern) oder infolge bzw. zur Vermeidung eines **behördlichen Eingriffs** (z. B. drohende Enteignung, Inanspruchnahme für Verteidigungszwecke) gegen Entschädigung. Die in Höhe der Differenz zwischen Buchwert des ausgeschiedenen Wirtschaftsgutes und Entschädigungsanspruch aufgedeckten stillen Reserven sind auf ein funktionsgleiches Ersatzwirtschaftsgut übertragbar; die dadurch vermiedene Besteuerung eines realisierten Gewinns stellt die Mittel aus der Entschädigung ungeschmälert in den Dienst der Ersatzbeschaffung. Ist die Ersatzbeschaffung ernstlich geplant, aber zum Periodenende noch nicht vorgenommen, so kommt die Einstellung des angefallenen Gewinns in eine gesondert auszuweisende steuerfreie **Rücklage für Ersatzbeschaffung** in Betracht, die im Zeitpunkt der Ersatzbeschaffung durch Übertragung auf die Anschaffungs- oder Herstellungskosten des Ersatzwirtschaftsguts wieder aufzulösen ist (Abschn. 35, Abs. 5 EStR). Dieser Ansatz ist dann für die Steuerbilanz bindend (§ 5, Abs. 1, Satz 2 EStG; Abschn. 35, Abs. 3, Nr. 3 EStR). **Zinsen**, die dem Steuerpflichtigen aus der vorübergehenden Anlage einer vorzeitig ausgezahlten Entschädigungssumme zur Vermeidung eines behördlichen Eingriffs zufließen, können nur in Ausnahmefällen der Rücklage für Ersatzbeschaffung zugeschlagen werden. Dazu ist eine Vereinbarung notwendig, daß mit den Zinsen die dem Wirtschaftsgut durch allgemeine Preissteigerungen zugewachsenen stillen Reserven während der Zeit zwischen Einigung über die Veräußerung und Übertragung des wirtschaftlichen Eigentums abgegolten werden (BFH v. 29. 4. 1982, BStBl. II 1982, S. 568).

Zu verbuchender Sachverhalt:
Durch Selbstentzündung infolge Lagerung feuchten Heus geriet eine Scheune in Brand, deren Buchwert zur Zeit des Unglücks 50.000 betrug. Der Versicherungsanspruch beläuft sich auf 80.000; der Betrag wird im Folgejahr ausbezahlt. Die Errichtung einer neuen Scheune ist erst im nächsten Jahr zu Herstellungskosten von 90.000 möglich. Der Landwirt ermittelt den Gewinn durch Vermögensvergleich nach § 4, Abs. 1 EStG.

Buchungssätze:

– Buchungen im Schadensjahr:

Sonstige Forderungen	80.000	**an**	Gebäude	50.000
			Rücklage für Ersatzbeschaffung	30.000

– Buchungen Folgejahr:

Bank	80.000	**an**	Sonstige Forderungen	80.000
Gebäude	90.000	**an**	Bank	90.000
Rücklage für Ersatzbeschaffung	30.000	**an**	Gebäude	30.000

SBK-Schadensjahr

Soll		Haben	
Sonst. Ford.	80.000	Kapital	50.000
		Rücklage f. Ersatzbeschaff.	30.000

SBK - Folgejahr

Soll		Haben	
Gebäude	60.000	Kapital	50.000
		Bankverbindl.	10.000

Bemessungsgrundlage für die Abschreibung ist der nach Abzug des Betrages der aufgelösten Rücklage verbleibende Restwert des Ersatzwirtschaftsguts (Abschn. 35, Abs. 5 EStR): Die stille Reserve löst sich gewinnerhöhend über den Zeitraum der Nutzungsdauer auf, die Besteuerung wird damit bei abnutzbaren Wirtschaftsgütern nur hinausgeschoben. Bei Wirtschaftsgütern des nicht abnutzbaren Anlagevermögens und beim Umlaufvermögen kommt es dagegen im Zeitpunkt ihrer Veräußerung oder Entnahme zu entsprechenden Gewinnerhöhungen.

Eine lediglich **anteilige** Übertragung der Rücklage auf das Ersatzwirtschaftsgut ist geboten, sofern der für die Ersatzbeschaffung verausgabte Betrag die Entschädigungssumme unterschreitet. Die Aufteilung der Rücklage ist im Verhältnis Ersatzbeschaffung zu Entschädigung vorzunehmen; der nicht übertragbare Rücklagenanteil ist gewinnerhöhend aufzulösen (Abschn. 35, Abs. 6, Satz 5 EStR). Betragen im obigen Beispiel bei gleicher Entschädigungssumme die Herstellungskosten nur 60.000, so gilt (AK = Anschaffungskosten, HK = Herstellungskosten):

$$\text{Übertragbare Rücklage} = \frac{\text{AK bzw. HK Ersatzwirtschaftsgut}}{\text{Entschädigungsbetrag}} \cdot \text{Rücklage}$$

$$\text{Übertragbare Rücklage} = \frac{60.000}{80.000} \cdot 30.000 = 22.500$$

Gewinnerhöhend aufzulösen wären demnach 7.500; die für die Bemessung der Abschreibung maßgebenden buchmäßigen Herstellungskosten des Wirtschaftsguts betragen in diesem Falle 60.000 − 22.500 = 37.500.

Buchungssätze (nur Änderungen gegenüber oben):

Gebäude	60.000	**an**	Bank	60.000
Rücklage für Ersatzbeschaffung	30.000	**an**	Gebäude	22.500
			Sonstige betriebliche Erträge	7.500

SBK-Folgejahr

Soll		Haben	
Gebäude	37.500	Kapital	50.000
Bank	20.000	Gewinn (vor Steuern)	7.500

Ist die Anschaffung oder Herstellung eines Ersatzwirtschaftsgutes nicht erfolgt, so ist die Rücklage in vollem Umfang gewinnerhöhend **aufzulösen:** bei beweglichen Wirtschaftsgütern am Schluß des ersten, bei Grundstücken und Gebäuden am Schluß des zweiten auf ihre Bildung folgenden Wirtschaftsjahres. Eine angemessene Fristverlängerung kommt nur im Einzelfall und nur bei Vorliegen besonderer Gründe für die noch nicht durchgeführte Ersatzbeschaffung in Betracht, wenn der Steuerpflichtige glaubhaft macht, daß die Ersatzbeschaffung noch ernstlich geplant und zu erwarten ist (Abschn. 35, Abs. 6 EStR).

Beispiel zu b): Rücklage für Veräußerungsgewinne (Reinvestitionsrücklage)

Nach § 6b EStG dürfen Buchgewinne aus der entgeltlichen Übertragung des wirtschaftlichen Eigentums im Wirtschaftsjahr der Veräußerung ganz oder teilweise von den Anschaffungs- oder Herstellungskosten der im gleichen Jahr, bei einer Veräußerung nach dem 1. 1. 1990 auch vom Buchwert am Schluß des Wirtschaftsjahres der Anschaffung oder Herstellung der im vorangegangenen Jahr angeschafften oder hergestellten Wirtschaftsgüter abgesetzt oder in eine den steuerlichen Gewinn mindernde Rücklage eingestellt werden. Mit dem **Haushaltsstrukturgesetz 1982** war eine vollständige Übertragung des Veräußerungsgewinns jedoch nur noch bei der Veräußerung von Grund und Boden oder Gebäuden möglich; in allen anderen Fällen konnten bis zum 31. 12. 1989 80% des Veräußerungsgewinns der steuerfreien Rücklage zugeführt werden, d.h. 20% davon unterlagen der sofortigen Besteuerung. Das Steuerreformgesetz 1990 **erweitert** den Kreis der Wirtschaftsgüter, bei denen eine **vollständige** Übertragung des Veräußerungsgewinns möglich ist um Aufwuchs auf oder Anlagen im Grund und Boden sowie um Anteile an Kapitalgesellschaften, die durch Unternehmensbeteiligungsgesellschaften veräußert werden und **begrenzt** die Rücklagenzuführung der anderen Wirtschaftsgüter auf 50% (einen Überblick über die ab dem 1. 1. 1990 geltenden Übertragungsmöglichkeiten gibt die Übersicht auf S. 274 oben). Im Unterschied zu Abschn. 35 EStR ist die Bildung einer steuerfreien Rücklage nach § 6b EStG jedoch nicht an ein zwangsweises Ausscheiden eines Wirtschaftsguts gebunden, sondern knüpft an dessen **Veräußerung** an (Die wichtigsten Unterschiede sind der Übersicht auf S. 274 zu entnehmen.).

Im Gegensatz zu Abschn. 35 EStR kommen für die Begünstigung der Reservenübertragung nur **bestimmte,** für den Fall der Gewinnermittlung durch Vermögensvergleich in § 6b, Abs. 1 und Abs. 4 EStG vollzählig genannte **Güter des Anlagevermögens** in Betracht (vgl. auch Abschn. 41a, 41b und 41c EStR). Für den Fall, daß der Gewinn durch Einnahmen – Überschußrechnung nach § 4, Abs. 3 EStG ermittelt wird, ist die Reservenübertragung gemäß § 6c EStG auf einen noch engeren Kreis von Wirtschaftsgütern beschränkt.

Zur **buchtechnischen** Behandlung der Rücklagenbildung und Rücklagenauflösung nach § 6b EStG kann auf die Beispiele zur Ersatzbeschaffungsrücklage verwiesen werden; es gelten die gleichen Grundsätze wie beim Ausscheiden infolge höherer Gewalt. Da Zugänge in der Handelsbilanz mit ihren Anschaffungs- oder Herstellungskosten anzusetzen sind, erfolgt die Übertragung der Rücklage durch **außerplanmäßige Abschreibung** (§§ 253, Abs. 4 bzw. 254 HGB) unter gleichzeitiger Auflösung und gesondertem Ausweis des entsprechenden Rücklagenbetrages in der Erfolgsrechnung.

Veräußerung von:	Übertragung auf:				
	Abnutzbare bewegliche Wirtschaftsgüter	Grund und Boden	Aufwuchs	Gebäude	Von Beteiligungsgesellschaft angeschaffte Anteile an Kapitalgesellschaften
Grund und Boden	100%	100%	100%	100%	–
Aufwuchs	100%	–	100%	100%	–
Gebäude	100%	–	–	100%	–
Abnutzbare bewegliche Wirtschaftsgüter	50%	–	–	–	–
Schiffe	50%	–	–	–	–
Anteile an Kapitalgesellschaften	50%	–	–	50%	–
Anteile an Kapitalgesellschaften durch Beteiligungsgesellschaft	100%	–	–	100%	100%
Lebendes Inventar land- und forstwirtschaftlicher Betriebe	50%	–	–	–	–

Übertragungsmöglichkeiten stiller Reserven nach § 6b EStG

Unterscheidungsmerkmale § 6b EStG (Rücklage für Veräußerungsgewinne) und Abschn. 35 EStR (Rücklage für Ersatzbeschaffung)

Merkmal	§ 6b ESt	Abschn. 35 EStR
Zugehörigkeit der ausgeschiedenen Wirtschaftsgüter	Mindestens **6 Jahre Anlagevermögen**; Ausnahme: lebendes Inventar land- und forstwirtschaftlicher Betriebe (Abs. 4, Nr. 2; Abschn. 41c EStR)	Anlagevermögen **oder** Umlaufvermögen (Abs. 2)
Begünstigte ausgeschiedene Wirtschaftsgüter	Nur **bestimmte Anlage**güter: Grund und Boden, Aufwuchs, abnutzbare bewegliche Wirtschaftsgüter mit einer betriebsgewöhnlichen Nutzungs-	**Alle** betrieblichen Güter (Abs. 2)

Merkmal	§ 6b ESt	Abschn. 35 EStR
	dauer (Restnutzungsdauer bei gebraucht erworbenen Wirtschaftsgütern) von mindestens 25 Jahren, Schiffe, Anteile an Kapitalgesellschaften, lebendes Inventar land- und forstwirtschaftlicher Betriebe (Abs. 1, Satz 1; Abschn. 41 a, Abs. 1–7 EStR)	
Ausscheidungsursache	**Entgeltliche Veräußerung** (Abs. 1, Satz 1; Abschn. 41 a, Abs. 8 EStR)	**Zwangsweises Ausscheiden** infolge höherer Gewalt oder behördlichen Eingriffs gegen Entschädigung (Abs. 2)
Reservenübertragung	auf **bestimmte** Anlagegüter: abnutzbare bewegliche Wirtschaftsgüter, Grund und Boden, Aufwuchs, Gebäude, Anteile an Kapitalgesellschaften, die eine Unternehmensbeteiligungsgesellschaft angeschafft hat (Abs. 1, Satz 2 u. Abs. 4, Nr. 3; Abschn. 41 b, Abs. 7 u. 8 EStR)	auf funktionsgleiches **Ersatzwirtschaftsgut.** Nur Entschädigungszahlung für ausgeschiedenes Wirtschaftsgut **als solches** relevant (Abs. 3)
Reservenabzug im Wirtschaftsjahr	der Anschaffung oder Herstellung (Abs. 3; Abschn. 41 b, Abs. 1 EStR)	der Ersatzbeschaffung (Abs. 2 und 5)
Rücklagenauflösung	in **vier,** bei neu hergestellten Gebäuden in **sechs** Jahren (Abs. 3)	in **einem** Jahr bei beweglichen Wirtschaftsgütern, in **zwei** Jahren bei Grundstücken und Gebäuden (Abs. 6)
Buch- und bilanzmäßige Voraussetzung	Gewinnermittlung nach § 4, Abs. 1 oder § 5 EStG (Abs. 4, Nr. 1) (Bei Gewinnermittlung nach § 4, Abs. 3 EStG ist die einschränkende Vorschrift des § 6c EStG anzuwenden)	Gewinnermittlung nach § 4, Abs. 1 oder § 5 EStG (Abs. 4) und nach § 4, Abs. 3 EStG (Abs. 7)

Übungsbeispiele:

(Benutzen Sie dazu den Großhandelskontenrahmen auf dem Faltblatt am Schluß des Buches.)

1) Für den während der Abrechnungsperiode noch nicht in Anspruch genommenen Urlaub der Mitarbeiter ist eine Rückstellung zu bilden, für deren Höhe außer dem Urlaubsentgelt auch das zusätzliche Urlaubsgeld und die Arbeitgeberanteile für die Sozialversicherung maßgeblich sind. Der errechnete Betrag beläuft sich auf insgesamt 170.000.

2) Die Baustoffgroßhandlung Erhard Ziegler KG kann den Motorschaden an einem ihrer Lastkraftwagen, der im Dezember 1989 auftrat, infolge Überlastung der Vertragswerkstatt erst im neuen Jahr reparieren lassen. Die Kosten der Reparatur werden auf 3.000 geschätzt. Am 1. 3. 1990 geht die Reparaturrechnung in Höhe von 3.500 + 10% USt ein; sie wird durch Banküberweisung beglichen.

3) Der Fleischgroßhändler Max Wild hat sein vorläufiges Jahresergebnis von 1989 mit 260.000 ermittelt, das bereits um Gewerbesteuervorauszahlungen in Höhe von 25.000 gekürzt ist. Zur Ermittlung des Gewerbeertrags sind 5.550 hinzuzurechnen (§ 8 GewStG). Das Gewerbekapital beträgt 800.000; Hinzurechnungen und Kürzungen (§ 12 GewStG) sind hier nicht zu berücksichtigen. Der Gewerbesteuerhebesatz beträgt in der zuständigen Steuergemeinde 300%. Wie ist die Gewerbesteuerabschlußzahlung in der Schlußbilanz zu berücksichtigen?

4) Die Bauunternehmung Pedersen hat 1988 einen Wohnkomplex mit mehreren luxuriösen Appartements und einer integrierten Freizeitanlage mit Swimming-Pool zu Herstellungskosten von insgesamt 5 Mio. fertiggestellt. Für das gesamte Projekt mußte vertraglich eine Gewährleistungspflicht übernommen werden mit der Maßgabe, daß bis einschließlich 1990 auftretende Mängel kostenlos beseitigt werden. Aufgrund langjähriger Erfahrung werden dafür 2% der Herstellungskosten aufgewendet werden müssen, jedoch bestehen für 2 Mio. Regreßansprüche gegenüber Subunternehmen. Im November 1988 tritt am Swimming-Pool eine undichte Stelle auf, die sofort repariert wird; die Kosten dafür betragen 10.000. In welchem Umfang ist zum Bilanzstichtag 1988 eine Garantierückstellung zu bilden?

5) Das Ingenieurbüro Technikus wird Anfang 1987 vom Anwalt einer Konkurrenzfirma schriftlich davon unterrichtet, daß die Firma Optima in einer Neukonstruktion der Firma Technikus eine Verletzung eines ihrer Patente sieht und aufgrund früherer erfolgloser Interventionen in dieser Patentstreitigkeit jetzt vor Gericht gehen wird. Ende 1987, nachdem weitere Schlichtungsversuche gescheitert sind, kommt es zur ersten Verhandlung, in der der Streitwert auf 200.000 festgelegt wird, die jedoch wegen zusätzlich notwendiger Gutachten auf April 1988 vertagt wird. Da das Ingenieurbüro Technikus bei objektiver Betrachtung die Patentverletzung als gegeben ansieht und 1988 ein großzügiges Schlichtungsangebot unterbreiten will, sollen sowohl für die abzugeltenden Ansprüche 200.000 wie auch 20.000 für Prozeßkosten zurückgestellt werden. Im nächsten Jahr kommt ein Schlichtungsvertrag zustande, demzufolge die Firma Technikus 220.000 als Schadensersatz und die angefallenen Gerichtskosten in Höhe von 15.000 zu zahlen hat.

6) Die Großhandelsgesellschaft Maier & Co. KG hat für rechtsverbindliche Pensionszusagen nach § 6a, Abs. 3, Nr. 1 EStG folgende Teilwerte für Pensionsverpflichtungen nach versicherungsmathematischen Regeln errechnet:

31. 12. 1987	215.000
31. 12. 1988	260.000

Nachdem 1987 215.000 in die Pensionsrückstellungen eingestellt wurden, sind diese am Bilanzstichtag 1988 in entsprechender Höhe aufzustocken. Auszahlungen an bereits Pensionsberechtigte sind nicht zu berücksichtigen.

7) Die Metallhandelsgesellschaft Ulrich Schreiber OHG, die hauptsächlich Edelmetalle in großem Umfang importiert und an weiterverarbeitende Betriebe veräußert, hat im März 1989 mit einer Exportgesellschaft in Zaire einen Zweijahresvertrag über die Lieferung von 100.000 t Kupfer zu einem Festpreis von 2.000 je Tonne abgeschlossen. Da Ende 1989 der Kupferpreis um 5% nachgibt und noch eine Abnahmeverpflichtung von 60.000 t besteht, bildet die Firma eine Rückstellung für drohende Verluste in Höhe von 6.000.000.
Als im August 1990 der Kupferpreis stark anzieht und auf 2.300 je Tonne steigt, wird die Rückstellung wieder aufgelöst.

8) Der Heizölgroßhändler Jan Jansen hat für einen befreundeten Heizölhändler eine Bürgschaft für einen Kredit in Höhe von 300.000 übernommen. Als dieser infolge risikoreicher Mengenspekulationen vorübergehend in Zahlungsschwierigkeiten gerät, tritt der Kreditgeber an Jansen heran und fordert im November 1988 die restliche Kreditsumme in Höhe von 100.000 bis Ende März 1989. Jansen bucht am Bilanzstichtag eine entsprechende Rückstellung. Während der Bilanzaufstellung im Januar 1989 informiert der Geschäftsfreund Jansen, daß er weitere 50.000 zurückbezahlt hat, jedoch jetzt einen Vergleich anstrebt; die Vergleichsquote wird im Oktober 1989 auf 40% festgesetzt, so daß Jansen für 30.000 in Anspruch genommen wird.

9) Die Sportgroßhandlung Schmider GmbH hat im Rahmen der betrieblichen Altersversorgung während des Jahres 1989 an die Pensionäre 40.000 überwiesen. Der Versicherungsmathematiker hat die Gegenwerte der Pensionsverpflichtungen ermittelt:

Pensionsverpflichtungen ermittelt:	01. 01. 89	420.000
	31. 12. 89	384.000

Auch an noch tätige Mitarbeiter wurden Pensionszusagen gegeben. Hier betragen die Gegenwartswerte:

gen die Gegenwartswerte:	01. 01. 89	680.000
	31. 12. 89	728.000

10) In der Prüf- und Inspektionsabteilung der Maschinengroßhandlung WEMA KG, Hamburg, wird ein Prüfaggregat durch einen unverschuldeten Kurzschluß im Juli 1989 vollständig zerstört. Das Aggregat war im Januar 1987 für 20.000 angeschafft, die betriebsgewöhnliche Nutzungsdauer bei linearer Abschreibung auf 5 Jahre veranschlagt worden. Die Versicherung zahlt eine Entschädigung in Höhe von 17.000, in der 2.000 als Vergütung für die notwendigen Umstellungsarbeiten und weitere Folgekosten enthalten sind. Im Oktober 1989 wird ein modernes Prüfaggregat gleicher Verwendungsart gekauft. Die Anschaffungskosten betragen einschließlich Montagekosten 25.000, die betriebsgewöhnliche Nutzungsdauer wird auf 5 Jahre taxiert. Die aufgedeckte stille Rücklage soll auf das Ersatzaggregat übertragen werden.

11) Zum Betriebsvermögen des Sportgeschäfts Trimmy & Co. gehört ein unbebautes Grundstück mit einem Buchwert von 200.000, das aufgrund des geplanten Ausbaus der kommunalen Infrastruktur von der Gemeinde beansprucht wird. Da die Firma jedoch auf diesem Gelände eine private Tennishalle erstellen will, kommt es nach vergeblichen Versuchen einer gütlichen Einigung zur Enteignung. Die Entschädigung wird auf 300.000 festgesetzt. Da die Firma ihr Vorhaben dennoch verwirklichen möchte, bildet sie eine Rücklage für Ersatzbeschaffung. Im folgenden Jahr bietet sich eine günstige Gelegenheit zum Erwerb eines geeigneten Grundstücks für 250.000.

12) Die Maschinenfabrik Müller & Zahn KG, Nürnberg, die ihren Gewinn nach § 5 EStG ermittelt, hat während der Wirtschaftsjahre 1989 und 1990 im Rahmen einer Produktionsumstellung und einer Ausweitung ihrer Angebotspalette die nachstehenden Wirtschaftsgüter veräußert, um größere und rationellere Ma-

schinen in einem erweiterten Fabrikgebäude einzusetzen. Im Zuge dieser Umstrukturierung soll auch die Verwaltung in einem neu zu bauenden Verwaltungsgebäude zentral untergebracht werden.

Veräußerungen:

a) Die seit 1977 im Betriebsvermögen gehaltene Kapitalbeteiligung an einer GmbH, die mit 400.000 zu Buche stand, erbrachte im Dezember 1989 nach Abzug der Kosten einen Erlös von 750.000.

b) Drei Werkzeugmaschinen wurden im Januar 1990 zu einem Preis von 200.000 verkauft; die betriebsgewöhnliche Nutzungsdauer der 1981 angeschafften Maschinen betrug 15 Jahre; zum Zeitpunkt des Ausscheidens hatten die Maschinen noch einen Restbuchwert von 80.000.

c) Erst Anfang Januar 1990 konnte die Laufkatze der großen Werkhalle demontiert und für 30.000 verkauft werden: das 1975 installierte Transportband hatte eine geschätzte Nutzungsdauer von 25 Jahren und war zum 31. 12. 1989 bis auf 15.000 abgeschrieben. Es entstanden Demontage- und Veräußerungskosten von 2.000.

d) Ein seit Jahrzehnten im Besitz der Gesellschaft befindliches unbebautes Grundstück, das einen Buchwert von 80.000 hatte, wurde im April 1990 für 1.500.000 verkauft.

e) Zwei Wohnhäuser, in denen bisher ein Teil der Verwaltung untergebracht war, wurden Ende Dezember 1990 verkauft. Das ältere Haus mit einem dazu gehörigen Grundstück von 6 Ar, das 1973 erworben wurde und aufgrund der Nutzungsdauer von 50 Jahren jährlich mit 2% abgeschrieben wurde, hatte einen Restbuchwert von 128.000, jedoch wurde ein Verkaufserlös in Höhe von 400.000 erzielt; die Verkaufskosten betrugen 10.000. Das 1988 für 300.000 erworbene Haus hatte noch einen Restbuchwert von 282.000 und konnte für 365.000 verkauft werden, wobei Veräußerungskosten in Höhe von 5.000 zu berücksichtigen sind.

Im Zuge der Umstrukturierung erfolgte Ersatzbeschaffungen:

(1) 4 neue Werkzeugmaschinen, von denen jeweils zwei im November 1989 und im März 1990 in Betrieb genommen wurden; die Anschaffungskosten inklusive Montagekosten betrugen 300.000 pro Stück; die betriebsgewöhnliche Nutzungsdauer beträgt 10 Jahre.

(2) Im März 1990 wurde ein neues Transportsystem installiert, dessen Nutzungsdauer 20 Jahre beträgt und das inklusive Montage 80.000 kostet.

(3) Die Erweiterung des Fabrikgebäudes wurde im Dezember 1990 abgeschlossen; die Herstellungskosten belaufen sich auf 200.000; die Nutzungsdauer beträgt 50 Jahre.

(4) Für den geplanten Verwaltungsneubau wurde ein benachbartes Grundstück zum Preis von 500.000 erworben, dessen wirtschaftliches Eigentum am 1. Januar 1991 auf die Gesellschaft übergeht.

(5) Mit dem Bau des geplanten Verwaltungsgebäudes wird voraussichtlich im März 1991 begonnen; die Fertigstellung soll gemäß Terminplanung bis Ende 1992 erfolgen; die veranschlagten Herstellungskosten betragen 2.000.000; die Nutzungsdauer wird mit 50 Jahren angegeben.

Die Möglichkeiten der Reservenübertragung gemäß § 6b EStG sind unter Berücksichtigung steuerpolitischer Gesichtspunkte darzustellen. Wie lauten die Buchungssätze?

Lösung: Buchungssätze:

1) Bildung der Rückstellung zum Bilanzstichtag:

50	Personalkosten	170.000	**an**	0929 Rückstellungen für Personalkosten	170.000

Abschlußbuchung:

0929	Rückstellungen für Personalkosten	170.000	**an**	941	SBK	170.000

Eröffnungsbuchung in der Folgeperiode:

940	EBK	170.000	**an**	0929	Rückstellungen für Personalkosten	170.000

Auflösung der Rückstellung bei Inanspruchnahme des Resturlaubs:

0929	Rückstellungen für Personalkosten	170.000	**an**	50	Personalkosten	170.000

2) Bildung der Rückstellung zum Bilanzstichtag:

57	Kosten des Fuhr- und Wagenparks	3.000	**an**	0923	Rückstellungen für Instandhaltungen	3.000

Abschlußbuchung:

0923	Rückstellungen für Instandhaltungen	3.000	**an**	941	SBK	3.000

Eröffnungsbuchung in der Folgeperiode:

940	EBK	3.000	**an**	0923	Rückstellungen für Instandhaltungen	3.000

Verbuchung der Reparaturrechnung:

0923	Rückstellungen für Instandhaltungen	3.000				
204	Sonstiger (betrieblicher) Aufwand	500				
194	Mehrwertsteuer	350	**an**	13	Bank	3.850

3) Errechnung der Gewerbesteuerrückstellung:

Vorläufiges Buchergebnis	260.000
+ Gewerbesteuervorauszahlungen	25.000
+ Hinzurechnungen (§ 8 GewStG)	5.550
Gewerbeertrag	290.550
− Freibetrag (§ 11, Abs. 1 GewStG)	36.000
zu versteuernder Gewerbeertrag	254.550
Abrundung (§ 11, Abs. 1 GewStG)	254.500
Gewerbeertragsteuermeßbetrag (5% von 254.500)	12.725

Gewerbekapital	800.000
− Freibetrag (§ 13, Abs. 1 GewStG)	120.000
zu versteuerndes Gewerbekapital	680.000
Gewerbekapitalsteuermeßbetrag (2‰ von 680.000)	1.360

Gesamtgewerbesteuermeßbetrag ohne Berücksichtigung der (abzugsfähigen) Gewerbesteuer	14.085
Gewerbesteuerhebesatz 300% auf einheitlichen Steuermeßbetrag:	42.255
davon 9/10 (Abschn. 22, Abs. 2 EStR)	38.029
− als Aufwand verrechnete Vorauszahlungen	25.000
verbleibende Gewerbesteuerrückstellung	13.029

Verbuchung der Gewerbesteuerrückstellung:

520	Gewerbesteuer	13.029	**an**	09220	Steuerrückstellungen	13.029

Abschlußbuchung:

0922	Steuerrückstellungen	13.029	**an**	941	SBK	13.029

4) Berechnung der Garantierückstellung:

Garantiepflichtiger Umsatz	5.000.000
− Umsatzanteil mit Regreßmöglichkeit	2.000.000
Bemessungsgrundlage für Garantierückstellung	3.000.000
davon 2%	60.000
− bereits erbrachte Garantieleistungen	10.000
Garantierückstellung	50.000

Verbuchung der Garantierückstellung:

586	Aufwendungen für Gewährleistungen	50.000	an	0924	Rückstellungen für Gewährleistungen	50.000

5) Verbuchung der Rückstellung (1987):

528	Lizenzgebühren	200.000				
585	Prozeßkosten	20.000	an	0928	Rückstellungen für Lizenzgebühren	200.000
				0921	Rückstellungen für Rechts- und Beratungsaufwand	20.000

Auflösung der Rückstellung (1988):

0921	Rückstellungen für Rechts- und Beratungsaufwand	20.000	an	275	Erträge aus der Auflösung von Rückstellungen (sonstiger betrieblicher Ertrag)	5.000
				193	Sonstige kurzfristige Verbindlichkeiten	15.000
0928	Rückstellungen für Lizenzgebühren	200.000				
204	Sonstiger (betrieblicher) Aufwand	20.000	an	17	Verbindlichkeiten	220.000

6) Verbuchung der Pensionsrückstellungen:

507	Aufwendungen für Altersversorgung	45.000	an	0926	Rückstellungen für Pensionsanwartschaften	45.000

7) Verbuchung der Rückstellung (1989):

201	Warenverluste durch Preisherabsetzung	6.000.000	an	0920	Rückstellungen für drohende Verluste	6.000.000

Auflösung der Rückstellung (1990):

0920	Rückstellungen für drohende Verluste	6.000.000	an	275	Erträge aus der Auflösung von Rückstellungen (sonstiger betrieblicher Ertrag)	6.000.000

8) Verbuchung der Rückstellung am Bilanzstichtag 1988:

204	Sonstiger (betrieblicher) Aufwand	100.000	an	0920	Rückstellungen für drohende Verluste	100.000

Korrektur der Rückstellung zum Bilanzstichtag 1988:

0920	Rückstellungen für drohende Verluste	50.000	**an**	204	Sonstiger (betrieblicher) Aufwand	50.000

Ausbuchung der Rückstellung im Oktober 1989:

0920	Rückstellungen für drohende Verluste	50.000	**an**	275	Erträge aus der Auflösung von Rückstellungen (sonstiger betrieblicher Ertrag)	20.000
				13	Bank	30.000

9) während des Jahres:

0925	Rückst. f. laufende Pensionsverpfl. an Pensionäre aufgrund v. Betriebsvereinbarungen	36.000				
507	Aufwand für Altersversorgung	4.000	**an**	13	Bank	40.000

zum Jahresende:

507	Aufwand für Altersversorgung	48.000	**an**	0926	Rückst. f. Pensionsanwartschaften aus Betriebsvereinbarungen	48.000

10) Feststellung der Buchwerte:

Buchwert Ende 1988	12.000
– AfA vom 1. 1. 1989–30. 6. 1989	2.000
Buchwert am 1. 7. 1989	10.000

Feststellung der aufgelösten stillen Rücklage:

Entschädigung der Versicherung	15.000
– Buchwert	10.000
Stille Rücklage	5.000

Feststellung des Buchwertes des neuen Aggregats:

Anschaffungskosten	25.000
– übertragene stille Rücklage	5.000
Buchwert der neuen Maschine	20.000

Verbuchung:

Ausbuchung des alten Aggregats:

11	Sonstige Forderungen	10.000	**an**	020	Maschinen	10.000

Verbuchung der Entschädigung:

13	Bank	17.000	**an**	11	Sonstige Forderungen	10.000
				086	Rücklage für Ersatzbeschaffung	5.000
				274	Sonstige (betriebliche) Erträge	2.000

Kauf des neuen Aggregats:

020 Maschinen	25.000				
114 Vorsteuer	2.500	**an**	13	Bank	27.500

Auflösung der Rücklage für Ersatzbeschaffung:

086 Rücklage für Ersatzbeschaffung	5.000	**an**	020	Maschinen	5.000

11) Ermittlung der aufgelösten stillen Rücklage:

Entschädigungsbetrag	300.000
− Buchwert	200.000
Stille Rücklage	100.000

Ermittlung des Buchwertes des neuen Grundstücks:

$$\text{Übertragbare Rücklage} = \frac{\text{AK Ersatzwirtschaftsgut}}{\text{Entschädigungsbetrag}} \cdot \text{Rücklage}$$

$$\text{Übertragbare Rücklage} = \frac{250.000}{300.000} \times 100.000 = \underline{\underline{83.333}}$$

Buchungssätze:

Verbuchung der Enteignung:

11 Sonstige Forderungen	300.000	**an**	01	Unbebaute Grundstücke	200.000
			0836	Rücklage für Ersatzbeschaffung	100.000

Buchungen im Folgejahr:

01 Unbebaute Grundstücke	250.000	**an**	13	Bank	250.000
0836 Rücklage für Ersatzbeschaffung	100.000	**an**	01	Unbebaute Grundstücke	83.333
			274	Sonstige (betriebliche) Erträge	16.667

12) Aus Gründen der Vereinfachung wird hier auf die Berücksichtigung der Umsatzsteuer, aus Gründen der erst an späterer Stelle zu behandelnden industriellen Kontenrahmen auf die Angabe von Kontennummern verzichtet.

Veräußerungsgewinnrealisierung:

a) Veräußerung der Kapitalbeteiligung Dezember 1989:

Bank	750.000	**an**	Beteiligungen an Kapitalgesellschaften	400.000
			6b-Rücklage	280.000
			Erträge aus Anlageverkäufen (sonstiger betrieblicher Ertrag)	70.000

Der Veräußerungsgewinn aus der Kapitalbeteiligung ist auf bebaute Grundstücke und ersatzbeschaffte abnutzbare bewegliche Wirtschaftsgüter in Höhe von 80% übertragbar.

b) Veräußerung der Werkzeugmaschinen Januar 1990:

Bank	200.000	**an**	Maschinen	80.000
			Erträge aus Anlageverkäufen (sonstiger betrieblicher Ertrag)	120.000

Keine Übertragungsmöglichkeit der aufgedeckten Reserven, da betriebsgewöhnliche Nutzungsdauer der Werkzeugmaschinen unter 25 Jahre; der Veräußerungsgewinn ist 1990 zu versteuern.

c) Verkauf der Transporteinrichtung Januar 1990:

Betriebsausstattung (Veräußerungskosten)	2.000	**an**	Bank	2.000
Bank	30.000	**an**	Betriebsausstattung	15.000
			Sonstige (betriebliche) Erträge	2.000
			6b-Rücklage	6.500
			Erträge aus Anlageverkäufen (sonstiger betrieblicher Ertrag)	6.500

Der Veräußerungsgewinn der Transporteinrichtung ist in Höhe von 50% des Veräußerungsgewinns übertragbar, jedoch nur auf ersatzbeschaffte abnutzbare bewegliche Wirtschaftsgüter.

d) Verkauf des unbebauten Grundstücks April 1990:

Bank	1.500.00	**an**	Unbebaute Grundstücke	80.000
			6b-Rücklage	1.420.000

Der Veräußerungsgewinn aus unbebautem Grundstück kann sowohl auf hinzugekauften Grund und Boden als auch auf Gebäude und abnutzbare bewegliche Wirtschaftsgüter übertragen werden.

e) Veräußerung der bebauten Grundstücke Dezember 1990:

Bebaute Grundstücke (Veräußerungskosten)	15.000	**an**	Bank	15.000
Bank	765.000	**an**	Bebaute Grundstücke	410.000
			Sonstige (betriebliche) Erträge	15.000
			6b-Rücklage	262.000
			Erträge aus Anlageverkäufen (sonstiger betrieblicher Ertrag)	78.000

Der Veräußerungsgewinn des 1973 erworbenen bebauten Grundstücks ist auf Gebäude und auf ersatzbeschaffte abnutzbare bewegliche Wirtschaftsgüter übertragbar. Für das 1988 erworbene Haus ist der erstandene Veräußerungsgewinn im Wirtschaftsjahr 1990 zu versteuern, da die Zugehörigkeit zum Betriebsvermögen unter 6 Jahren liegt.

Rücklagenübertragung:

Erfolgten in der Periode 1989 **keine** (übertragungsfähigen) Neuinvestitionen, so würde das Konto 6b-Rücklage einen von der Schlußbilanz zu übernehmenden und unter die Sonderposten mit Rücklageanteil einzureihenden Saldo von 280.000 zum Ausweis bringen.

(1) Kauf der Werkzeugmaschinen November 1989 und März 1990:

November 1989:

Maschinen	600.000	**an**	Bank	600.000

Eine Übertragung der stillen Reserven (280.000) aus der Veräußerung der Kapitalbeteiligung ist möglich, da die Maschinen im Wirtschaftsjahr der Veräußerung angeschafft wurden und es dabei unerheblich ist, ob die Anschaffung vor oder nach der Veräußerung des begünstigten Wirtschaftsgutes erfolgt ist (Abschn. 41b, Abs. 2 EStR). Steuerlich ist dies jedoch weniger vorteilhaft als die Übertragung auf die Erweiterung des Fabrikgebäudes oder das geplante Verwaltungsgebäude, da durch deren längere Nutzungsdauer eine erfolgswirksame Auflösung verzögert wird.

Buchabschluß und Bucheröffnung:

31. 12. 1989:

6b-Rücklage	280.000	**an**	SKB (Sonderposten mit Rücklageanteil)	280.000

01. 01. 1990:

EBK (Sonderposten mit Rücklageanteil)	280.000	**an**	6b-Rücklage	280.000

Durch die Veräußerung der Transporteinrichtung Anfang Januar 1990 erhöht sich die 6b-Rücklage auf 286.500. Eine Übertragung der stillen Reserven (6.500) aus der Veräußerung der Transporteinrichtung auf die 1989 angeschafften Maschinen wäre nach der Neuregelung des § 6b EStG zwar möglich, jedoch steuerlich weniger günstig als die Übertragung auf das neue Transportsystem (2), da auch hierdurch eine erfolgswirksame Auflösung verzögert wird.

März 1990:

Maschinen	600.000	**an**	Bank	600.000

Die Übertragung der stillen Reserven 286.500 aus den Verkäufen der Beteiligungen und der Transporteinrichtung ist möglich, aber entsprechend der obigen Ausführungen steuerlich weniger vorteilhaft.

(2) Neues Transportsystem März 1990:

Betriebsausstattung	73.500			
6b-Rücklage	6.500	**an**	Bank	80.000

Die Übertragung der stillen Rücklage (6.500) erfolgt auf das Transportsystem, da kein übertragungsfähiges Wirtschaftsgut mit längerer Nutzungsdauer im Rahmen der Ersatzbeschaffung vorhanden ist. Durch das reduzierte Abschreibungspotential lösen sich die Reserven gleichmäßig über die Nutzungsdauer auf.

(3) Erweiterung des Fabrikgebäudes Dezember 1990:

Bebaute Grundstücke	200.000	**an**	Bank	200.000

Obwohl die Rücklagenübertragung grundsätzlich möglich ist, wird diese unter Berücksichtigung des verbliebenen übertragungsfähigen Betrages für die 1991 erfolgende Übereignung des benachbarten Grundstücks bzw. das geplante Verwaltungsgebäude reserviert. Dadurch wird eine zeitliche Streckung der Rücklagenauflösung gegenüber der gegenwärtigen Alternative erreicht.

Buchabschluß und Bucheröffnung

31. 12. 1990:

6b-Rücklage	1.962.000	**an**	SBK (Sonderposten mit Rücklageanteil)	1.962.000

01. 01. 1991:
EBK
(Sonderposten mit
Rücklageanteil) 1.962.000 **an** 6b-Rücklage 1.962.000

(4) Erwerb des Grundstücks 01. 01. 1991:
Unbebaute Grundstücke 0
6b-Rücklage 500.000 **an** Bank 500.000

Die stillen Reserven werden in Höhe der Anschaffungskosten des neu erworbenen unbebauten Grundstücks übertragen. Die Auflösung der stillen Rücklage infolge Nichtabnutzung erfolgt bei dessen Veräußerung.

Buchabschluß 1991 mit Saldo 6b-Rücklage 1.462.000.

(5) Fertigstellung Verwaltungsgebäude 1992:
Bebaute Grundstücke 538.000
6b-Rücklage 1.462.000 **an** Bank 2.000.000

Die restliche 6b-Rücklage wird mit der Fertigstellung des Gebäudes übertragen, da bei neu hergestellten Gebäuden die Übertragungsfrist sechs Jahre beträgt, wenn mit ihrer Herstellung vor dem Schluß des vierten auf die Rücklagenbildung folgenden Wirtschaftsjahres begonnen worden ist (§ 6b, Abs. 3 EStG). Voraussetzung für die Anwendung des § 6b EStG ist, daß die Veräußerungsgewinnübertragung und die Rücklagenbildung sowie Rücklagenauflösung in der Buchführung verfolgt werden können (§ 6b, Abs. 4, Nr. 5 EStG). Es erscheint zweckmäßig, hierfür Zusammenstellungen bzw. Übersichten anzufertigen, aus denen die benötigten Daten der veräußerten und der ersatzbeschafften Wirtschaftsgüter unmittelbar entnommen werden können.

Zusammenstellung der **veräußerten** Wirtschaftsgüter, bei denen eine 6b-Rücklage in Frage kommt:

Veräußerte Wirtschaftsgüter	Restbuchwert	Veräußerungserlös	Veräußerungskosten	Veräußerungsgewinn 6b-Rücklage
a) Dezember 1989: Kapitalbeteiligung aus dem Jahre 1977	400.000	750.000	–	280.000
c) Januar 1990: Transporteinrichtung aus dem Jahre 1975	15.000	30.000	2.000	6.500
d) April 1990: Unbebautes Grundstück	80.000	1.500.000	–	1.420.000
e) Dezember 1990: Bebautes Grundstück Wohnhaus, Erwerb 1973	128.000	400.000	10.000	262.000
Summe	623.000	2.680.000	12.000	1.968.500

Übersicht über die **ersatzbeschafften** Wirtschaftsgüter und die übertragene 6b-Rücklage:

Ersatzbeschaffte Wirtschaftsgüter	Zeitpunkt	Anschaffungskosten	Übertragene 6b-Rücklage	Aktivierung auf dem Anlagenkonto = Abschreibungspotential
2) Transporteinrichtung	3/1990	80.000	6.500	73.500
4) Grundstück für das neue Verwaltungsgebäude	1/1991	500.000	500.000	0
5) Verwaltungsgebäude	1992	2.000.000	1.462.000	538.000
Summe		2.580.000	1.968.500	611.500

Ergänzende Literatur zu: 10.6 Rückstellungen und (steuerfreie) Rücklagen

Adler/Düring/Schmaltz, Rechnungslegung, Anm. 22, 42 zu § 254 und 25 ff. zu § 279 HGB
Börner/Krawitz, Steuerbilanzpolitik, S. 124–132
Coenenberg, Jahresabschluß, S. 188–195; 223–244
Falterbaum/Beckmann, Buchführung, S. 445–466; 639–667
Flasse/Gräve/Hanschmann/Heßhaus, Buchhaltung 2, S. 155–163
Heyden von der/Körner, Bilanzsteuerrecht, S. 295–304; 426–457
IdW, WP-Handbuch 85/86 II, S. 47–49; 100–101
Wöhe, Bilanzierung, S. 542–592; 796–820
Wörner, Handels- und Steuerbilanz, S. 142–156

10.7 Der vorläufige Jahresabschluß: Die Abschlußübersicht

Letzte Phase der Technik der Jahresabschlußerstellung ist die Überführung aller periodenberichtigten Kontensalden auf Schlußbilanz und Erfolgsrechnung. Mit den vorbereitenden Abschlußbuchungen sind die Vorarbeiten abgeschlossen; der Jahresabschluß ist nunmehr als Saldenübersicht zusammenzufügen und nach den Ordnungskriterien des Kontenformalismus zu entwickeln.

Vor allem aus **bilanzpolitischen** Gründen wird in aller Regel zwischen vorbereitendem und endgültigem Abschluß ein **vorläufiger Abschluß** in Form eines außerhalb der eigentlichen Buchführung durchgeführten Probeabschlusses zwischengeschaltet, dessen organisatorisch-technische Durchführung sich einer Übersicht bedient, die in der Praxis der Rechnungslegung als **Abschlußübersicht, Hauptabschlußübersicht, Betriebsübersicht** oder **Abschlußtabelle** bezeichnet wird. Besonders drei Gründe sprechen für die Inanspruchnahme der Abschlußübersicht als vorläufigen Abschluß:

1. Die Rechnungslegung erfolgt **zweckorientiert:** Sie wendet sich an bestimmte Anspruchsberechtigte (Bilanzadressaten) mit regelmäßig unterschiedlicher Interessenlage. Vor allem die Phase der vorbereitenden Abschlußbuchungen lie-

fert wesentliche Ansatzpunkte für eine bilanzpolitische Einflußnahme auf Abschreibungshöhe, Forderungsbewertung, Rückstellungsbemessung und Rechnungsabgrenzung. Die nur in statistischem Zusammenhang mit der Buchführung erstellte Abschlußübersicht dient hierbei als **Entscheidungsgrundlage** der Unternehmensführung.

2. Die Abschlußübersicht zeigt im Gegensatz zu den isoliert in Erscheinung tretenden Aufstellungen des Jahresabschlusses nicht nur den Kontensaldenumfang zum Schluß einer Abrechnungsperiode, sondern weist vielmehr zusätzlich die Entwicklung und damit die Umsatzvorgänge (Veränderungen) nach, die die Salden bewirkt haben. Die damit erreichte Transparenz über die in der Abrechnungsperiode stattgehabten Bewegungsvorgänge macht Ursache-Wirkungszusammenhänge erkennbar, denen eine zusätzliche **Informationsfunktion** für die Geschäftsleitung, aber auch für den Fiskus (§ 60, Abs. 2 EStDV; steuerliche Außenprüfung) und die Fremdkapitalgeber (Kreditwürdigkeitsprüfung) zukommt.

3. Die Abschlußübersicht erfüllt eine dem eigentlichen Kontenabschluß vorgeschaltete **Korrekturaufgabe** dort, wo die Vielzahl an Buchungsvorfällen des laufenden Geschäftsverkehrs und der Abschlußarbeiten zu Unstimmigkeiten geführt hat, deren häufige Mehrfachauswirkung nach bereits erfolgtem Kontenabschluß nur unter Schwierigkeiten zu bereinigen wäre.

Der organisatorisch-technische **Aufbau** der Abschlußübersicht erfolgt in Tabellenform, wobei zwischen fünf und acht Doppelspalten (Abteilungen) zur Aufnahme der Kontenentwicklung in Betracht kommen. In ihrer ausführlichsten Darstellung (acht Doppelspalten) ist die Abschlußübersicht schematisch wie folgt aufgebaut:

		1		2		3		4		5		6		7		8	
Konto-Nr.	Kontenbezeichnung	Eröffnungsbilanz		Summenzugänge		Summenbilanz		Saldenbilanz I		Umbuchungen		Saldenbilanz II		Schlußbilanz		Gewinn- und Verlustrechn.	
		A	P	S	H	S	H	S	H	S	H	S	H	A	P	Aufwand	Ertrag
		A = P		S = H		S = H		S = H		S = H		S = H		+Verl.	+Gew.	+Gew.	+Verl.
														A = P		A = E	

In dieser Darstellungsform zeigt die Abschlußübersicht die **vollständige** Entwicklung der Bestandskonten von der Eröffnungs- zur Schlußbilanz, der Erfolgskonten zur Gewinn- und Verlustrechnung und der gemischten Konten sowohl zur Erfolgsrechnung als auch zur Schlußbilanz. Die Abschlußübersicht spiegelt demnach eine **Horizontalaufzeichnung** der auf den Kontenseiten gebuchten Vorfälle wider, deren Aufzeichnungsvollständigkeit besonders am Beispiel der gemischten Konten (vgl. das gemischte Bestandskonto auf S. 288) deutlich wird.

Soll	Maschinenkonto	Haben
Anfangsbestand (Spalte 1) + Zugänge (Spalte 2)		– Abgänge (Spalte 2) Saldo I (Buchbestand, Spalte 4) – Abschreibungen Spalte 5 mit Abschluß Spalte 8) Saldo II (Buchbestand = Inventurbestand, (Spalte 6 mit Abschluß Spalte 7)

Dient die Abschlußübersicht dagegen ausschließlich der **Vorbereitung** des Jahresabschlusses, so beginnt sie regelmäßig mit der Summen- bzw. Rohbilanz (3. Doppelspalte), wobei eine weitere Reduzierung auf 5 Doppelspalten bei Verzicht auf die Saldenbilanz II erfolgen kann. Das amtliche Muster der **steuerlichen** Hauptabschlußübersicht weist ebenfalls sechs Abteilungen auf, indem Umbuchungs- und Saldenbilanzspalte II wegfallen, Eröffnungsbilanz und Umsätze (Summenzugänge) der Periode jedoch aufzuführen sind.

Die Spalten der Abschlußübersicht haben im einzelnen folgenden Inhalt:

- In der Spalte der **Einzelkonten** werden alle im Laufe des Wirtschaftsjahres angesprochenen Konten nach Kontennummern des jeweils benutzten Kontenplans eingetragen.
- Die **Eröffnungsbilanz** (Vortragsbilanz) weist den Stand der Sachkonten nach ihrer Wiedereröffnung unmittelbar zu Beginn der neuen Abrechnungsperiode aus.
- Die Spalte der **Summenzugänge** (zum Teil auch als Umsatzbilanz, Verkehrsbilanz bezeichnet) enthält die im Verlaufe der Periode angefallenen, unsaldierten Umsätze (Verkehrszahlen) auf den einzelnen Konten. Die Summe der Sollumsätze muß infolge der doppelten Verbuchung jedes Geschäftsvorfalls gleich der Summe der Habenumsätze sein.
- Die **Summenbilanz** (Probebilanz, Rohbilanz) wird durch Addition der Umsatzzahlen mit den Anfangsbeständen der Eröffnungsbilanz gewonnen; sie weist die Summen der Soll- und Habenseiten aller Konten aus. Als Probebilanz erfüllt sie eine erste Kontrollaufgabe, indem bei Vorliegen von Kontenseitenübereinstimmung der Kontenformalismus der Buchführung eingehalten worden ist, die Konten also in sich ausgeglichen sind. Unterlassene oder sachlich falsche Buchungen bleiben an dieser Stelle jedoch unaufgedeckt.
- Die **Saldenbilanz I** (Buchbilanz, Sachkontenbilanz, Überschußbilanz) wird durch Saldenbildung aus der Summenbilanz entwickelt. Für jede einzelne Position wird der Kontenüberschuß in die Saldenbilanz übernommen, jedoch entgegen der Saldentechnik beim Konto selbst auf der jeweils **größeren** Seite eingesetzt (Überschußbilanz). Stimmen Buchbestände und Inventurbestände überein, dann kann bereits von hier aus die Übertragung auf die Spalten der Abschlußrechnungen vorgenommen werden.
- Die Spalte der **Umbuchungen** nimmt die Korrekturen und die **vorbereitenden Abschlußbuchungen** auf. Unter Berücksichtigung bilanzpolitischer Ziele er-

folgt hier die Richtigstellung der Konteninhalte hinsichtlich Bewertung, Inventurergebnissen und Periodenabgrenzung. Auch die Umbuchung auf den Warenkonten beim Nettoabschluß sowie die Privatkontenübertragung auf die Eigenkapitalkonten bei nicht beabsichtigtem, offenen Entnahmen- und Einlagenausweis erfolgen in der Umbuchungsspalte. Dem Prinzip der doppelten Aufzeichnung der Berichtigungsbuchungen entsprechend müssen auch hier die Kontenseitensummen übereinstimmen.

- Die bei Bedarf zwischen vorbereitendem und endgültigem Abschluß einzufügende **Saldenbilanz II** übernimmt die gegenüber der Saldenbilanz I berichtigten Salden. Es werden erneut die Kontenüberschüsse gebildet und analog auf der jeweils größeren Kontenseite eingesetzt.
- Die beiden **Bilanzspalten** der Abschlußübersicht übernehmen die Inventurwerte (Bilanzwerte) der Bestandskonten aus der Saldenbilanz II: die Überschüsse der Sollseite als Aktiva, die Überschüsse der Habenseite als Passiva. Bis auf die Korrektur des Eigenkapitals durch den Periodenerfolg stimmen die Bilanzspalten **materiell** mit der aus dem Hauptkontenabschluß zu entwickelnden Schlußbilanz überein.
- An die Spalten der **Gewinn- und Verlustrechnung** (Unternehmenserfolgsübersicht) gibt die Saldenbilanz II die berichtigten Erfolgskontensalden und den Erfolgsteil der brutto abgeschlossenen gemischten Konten ab. Nach Ermittlung der Spaltensummen der GuV-Rechnung ergibt sich aus der Spaltensummendifferenz der **Erfolgssaldo,** den auch die Schlußbilanz übernimmt. Dem eigentlichen Saldocharakter entsprechend ist dieser zum Ausgleich der Spaltenseiten der jeweils kleineren Spaltenseite zuzuordnen, so daß sich in beiden Abschlußrechnungen Summengleichheit ergibt. Verzichtet die Abschlußübersicht auf die Umbuchungsspalte, so ist die GuV-Rechnung durch Zusammenstellung der Unterschiedsbeträge zu entwickeln, die zwischen dem Stand der entsprechenden Posten der Sachkonten in der Saldenbilanz I und in der Schlußbilanz angefallen sind.

Die Abschlußübersicht kann den ordnungsmäßigen Buchabschluß nicht ersetzen. Vielmehr sind nach deren Aufstellung die Umbuchungen auf die einzelnen Sachkonten im Hauptbuch zu übernehmen, um deren endgültigen Abschluß zu ermöglichen. Die Abschlußübersicht ist dann ein **selbständiger Teil** der Buchführung, der neben der bereits erwähnten internen Zwecksetzung auf Verlangen des Finanzamts bei Vollbuchführung (§ 4, Abs. 1 und § 5 EStG) zusätzlich zu Bilanz und Gewinn- und Verlustrechnung der Finanzbehörde vorzulegen ist.

Wird jedoch – wie in der Praxis neuerdings häufiger anzutreffen – auf einen Sachkontenabschluß verzichtet und ein **vereinfachter** Buchabschluß der Sachkonten dergestalt vollzogen, daß nach Übernahme der Umsatzzahlen in die Abschlußübersicht die Abschlußrechnungen ausschließlich in dieser entwickelt werden, so sind die Umbuchungen in einer Liste zur Übersicht ausreichend zu erläutern, die unsaldierten Konten durch Doppelunterstreichung eindeutig als abgeschlossen zu kennzeichnen und die Leerräume zu entwerten. Die Abschlußübersicht rückt damit aber zum **entscheidenden Bestandteil** der Buchführung auf: Für sie gelten dann wie für die Umbuchungsliste und alle anderen Buchführungsunterlagen die Aufbewahrungsfristen der §§ 257 HGB und 147

AO. Da die Abschlußübersicht den Jahresabschluß als Ergebnis der Kontenentwicklung bereits enthält, genügt ihre Vorlage gegenüber der Finanzbehörde **anstelle** von Bilanz und Gewinn- und Verlustrechnung.

Übungsbeispiel:

Der auf den Seiten 62–63 auf Hauptbuchkonten (T-Konten) durchgeführte Abschluß der Möbeleinzelhandelsfirma Karl Götz wird an dieser Stelle in Form der Abschlußübersicht (ohne Saldenbilanz II) erstellt. Mit Ausnahme des hier gewählten Nettoabschlusses der Warenkonten und des in der Abschlußübersicht noch nicht auf das Eigenkapitalkonto übertragenen Erfolgs gelten die Geschäftsvorfälle und Abschlußangaben unverändert. Die daraus entwickelte Abschlußübersicht ist auf der folgenden Seite abgebildet (vgl. auch Übungsaufgaben 5 und 6 im Anhang 1 zu Teil A).

Ergänzende Literatur zu: 10.7 Der vorläufige Jahresabschluß: Die Abschlußübersicht

Bödefeld/Bolk/Deppe/Peitz, Buchführung, S. 472–474
Engelhardt/Raffée, Buchhaltung, S. 152–155
Falterbaum/Beckmann, Buchführung, S. 196–216
Peter/von Bornhaupt/Körner, Ordnungsmäßigkeit, S. 109–111; 377–382
Scharnweber, Buchführung, S. 98–102
Schmidt, Buchführung, S. 89–96
Wöhe, Bilanzierung, S. 133–145

Konto Nr.	Kontenbezeichnung	Eröffnungsbilanz		Summenzugänge		Summenbilanz		Saldenbilanz		Umbuchungen		Abschlußbilanz		Erfolgsübersicht	
		A	P	S	H	S	H	S	H	S	H	A	P	A	E
030	Betr.- u. Gesch. Ausst.	16.000		8.600		24.600		24.600			2.400	22.200			
300	Warenvorräte	40.000		14.600		54.600		54.600			18.600	36.000			
100	Kundenforderungen	12.000		30.000	24.000	42.000	24.000	18.000				18.000			
130	Bank	8.000		24.000	29.200	32.000	29.200	2.800				2.800			
150	Kasse	4.000		9.400	5.100	13.400	5.100	8.300			100	8.200			
080	Eigenkapital		50.000				50.000		50.000	1.800			48.200		
070	Darlehen		10.000	200	6.000	200	16.000		15.800				15.800		
170	Lieferantenverb.		20.000	21.200	14.600	21.200	34.600		13.400				13.400		
140	Besitzwechsel			4.000	4.000										
180	Schuldwechsel			2.000	2.000										
160	Privat			2.600	800	2.600	800	1.800			1.800				
510	Mietaufwand			2.800		2.800		2.800						2.800	
501	Gehälter			3.100		3.100		3.100						3.100	
210	Zinsaufwand			700		700		700						700	
800	Warenverkauf				38.000		38.000		38.000	18.600					19.400
215	Diskont			100		100		100						100	
410	Kundenskonti			700		700		700						700	
480	Lieferantenskonti				300		300		300						300
204	Sonst. betr. Aufwand									100				100	
591	Abschr. a. BGA									2.400				2.400	
		80.000	80.000	124.000	124.000	198.000	198.000	117.500	117.500	22.900	22.900	87.200	77.400	9.900	19.700
													9.800	9.800	
												87.200	87.200	19.700	19.700

11. Erfolgsverbuchung und Rechtsform

11.1 Generelle Regelung

Der durch den Jahresabschluß ermittelte Periodenerfolg (Gewinn bzw. Verlust) wächst grundsätzlich dem Eigenkapital des Unternehmens zu. Die buchtechnische Behandlung dieses Vorgangs ist damit zum einen vom rechtsformspezifischen Ausweis des Eigenkapitals in der Bilanz und zum anderen von der Anzahl der am Erfolg beteiligten Gesellschafter abhängig. Während nämlich bei einem **Einzelunternehmen** der Erfolg unmittelbar dem Eigentümer zuzurechnen ist, muß bei einem **Gesellschaftsunternehmen** vor Verbuchung des Erfolgs eine Verteilung auf die Gesellschafter stattfinden, wobei sowohl die mit der jeweiligen Rechtsform zum Ausdruck kommenden Beteiligungsverhältnisse als auch vorhandene vertragliche Vereinbarungen zu berücksichtigen sind. Die **rechtliche Unternehmenskonstruktion** ist folglich nicht nur durch Motive bei der Unternehmensgründung (Kapitalbeschaffung, Haftung, Steuerpolitik; vgl. im einzelnen Teil C, Abschn. 2.1, S. 676ff.) und durch die Absichten der Unternehmensführung (Unabhängigkeit, Mehrheits- und Mitbestimmungsverhältnisse) bestimmt, sondern sie begründet darüber hinaus in ganz wesentlichem Ausmaß den Entscheidungsrahmen für die Erfolgsverteilung und Gewinnverwendung. Dies wird insbesondere durch die **rechtsformabhängigen Vorschriften** des Handels- bzw. Gesellschaftsrechts über die **Erfolgsverteilung** deutlich. Diese Regelungen beinhalten allerdings dort weitgehend dispositives oder nachgiebiges Recht, wo dem Gesellschaftsvertrag die Einbringung individueller Regelungen überlassen bleibt und dieser den eingeräumten Gestaltungsspielraum auch ausfüllt (Gewinnverteilungsregelung bei OHG und KG); sie repräsentieren dagegen dort zwingendes oder absolutes Recht, wo juristisches Eigentum und wirtschaftliche Verfügungsgewalt aufgrund eines emanzipierten Managements auseinanderfallen, so daß grundsätzlich ein uneinschränkbares Anteilseignerinteresse zu wahren ist, wegen der beschränkten Haftung der Anteilseigner aber auch Gläubiger vor überzogenen Ausschüttungen zu schützen sind (Gewinnverteilung bei AG und GmbH).

Beim Eigenkapital und Ergebnisausweis bedarf es einer Differenzierung zwischen der Einzelunternehmung und den Personengesellschaften einerseits und den Kapitalgesellschaften andererseits. Während für Einzelunternehmen und Personengesellschaften keine spezifischen Ausweisvorschriften bestehen, also lediglich die Grundsätze ordnungsmäßiger Buchführung und Bilanzierung zu beachten sind, unterliegen Kapitalgesellschaften der einheitlichen Regelung der §§ 266, Abs. 3, Pos. A; 272 HGB sowie weiteren rechtsformspezifischen Vorschriften.

Aus dem umfangreichen Katalog der Rechtsformen werden die für die Erfolgsverbuchung besonders charakteristischen ausgewählt. Dabei ist nicht beabsichtigt, die Darstellung an Einzelproblemen, sondern vielmehr an den generellen Merkmalen der buchtechnischen Erfolgsbehandlung zu orientieren.

11.2 Die Erfolgsverbuchung bei der Einzelunternehmung und bei Personengesellschaften

In Ermangelung entsprechender gesetzlicher Regelungen hat sich der Ausweis des Eigenkapitals an den Grundsätzen ordnungsmäßiger Buchführung und Bilanzierung auszurichten. § 247 Abs. 1 HGB schreibt lediglich einen gesonderten Eigenkapitalausweis und eine hinreichende Gliederung vor (s. hierzu auch *Küting/Weber,* Rechnungslegung, S. 486ff.; *Bundessteuerberaterkammer,* Ausweis, S. 5ff.). Die Ergebnisverwendung bei diesen Rechtsformen ist zwar prinzipiell handelsrechtlich geregelt, die Gesellschafter können aber im Gesellschaftsvertrag die Gewinnverwendungskompetenzen frei vereinbaren. Im folgenden wird daher der Eigenkapitalausweis sowie die Ergebnisverwendung für die einzelnen Rechtsformen gesondert dargestellt.

11.21 Die Erfolgsverbuchung bei der Einzelunternehmung

Merkmal der Einzelunternehmung ist die Vereinigung sämtlicher Eigentümerrechte an der Firma in der Hand einer Person. Der Einzelunternehmer haftet für die Verbindlichkeiten seines Unternehmens grundsätzlich allein und unbeschränkt, also auch mit seinem außerhalb des Betriebes verbliebenen Privatvermögen. Da er allein das gesamte Eigenkapitalrisiko trägt, steht auch ausschließlich ihm der Gewinn des Unternehmens zu und treffen nur ihn entstehende Verluste. Das **Eigenkapitalkonto** des Einzelunternehmers wird deshalb in der Regel als **variables** Konto geführt: Es nimmt sowohl die Transaktionen zwischen Betriebs- und Privatsphäre in Form von Einlagen und Entnahmen auf als auch das Periodenergebnis aus der betrieblichen Tätigkeit in Form von Gewinngutschriften bzw. Verlustlastschriften. Führen umfangreiche und über mehrere Perioden auftretende Verluste zu einem die Einlage übersteigenden **negativen** Kapitalkonto, so ist dieses auf der Bilanzaktivseite auszuweisen und kann **rechnerisch** als Gegenposten zu den nicht gedeckten Verbindlichkeiten interpretiert werden.

Beispiel:

Die Erfolgsrechnung des Großhändlers May weist einen Gewinn in Höhe von 80.000 aus; Privatentnahmen während der Abrechnungsperiode wurden in Höhe von insgesamt 30.000 getätigt. Der Anfangsbestand an Eigenkapital betrug 280.000.

Buchungssätze zum Abschluß:

GuV-Konto	80.000	**an**	Eigenkapital	80.000
Eigenkapital	30.000	**an**	Kasse	30.000
Eigenkapital	330.000	**an**	Schlußbilanzkonto	330.000

GuV-Rechnung

Σ Aufwand	450.000	Σ Erträge	530.000
Gewinn	80.000		
	530.000		530.000

Eigenkapital

Priv.-Entnahme	30.000	Anfangsbest.	280.000
Schlußbilanz (Saldo)	330.000	Gewinn	80.000
	360.000		360.000

Schlußbilanz

		Eigenkapital	330.000

11.22 Die Erfolgsverbuchung bei der Stillen Gesellschaft

Betreibt ein Kaufmann sein Unternehmen mit einem stillen Gesellschafter, so liegt eine Personengesellschaft (nicht Handelsgesellschaft) vor, die als reine **Innengesellschaft** kein Gesamthandsvermögen bildet und nach außen weiterhin als Einzelunternehmung in Erscheinung tritt (§§ 230–237 HGB). Der stille Gesellschafter ist verpflichtet, eine Einlage zu leisten, die in das Vermögen des Inhabers des Handelsgeschäfts übergeht und in der Bilanz nicht in einer speziellen Position, sondern als Teil des Inhaberkapitals ausgewiesen wird. Als **typischer** oder echter stiller Gesellschafter ist er im Gegensatz zum **atypischen** oder unechten stillen Gesellschafter nicht an den stillen Rücklagen beteiligt; er hat Anspruch nur auf Rückzahlung seiner nominellen Einlage. Die dem stillen Gesellschafter zustehende **Büchereinsicht** unterscheidet seine Einlage darüber hinaus vom gewinnbeteiligten (partiarischen) Darlehen.

Der stille Gesellschafter muß stets am Gewinn beteiligt sein. Dagegen kann er vertraglich von einer Verlusttragung befreit werden, die zudem nur bis zur Höhe der Einlage vorgesehen ist. Im Konkursfall tritt der stille Gesellschafter in Höhe seiner um den Verlustanteil verminderten Einlage als Konkursgläubiger auf (s. auch Teil C, Abschn. 3.2, S. 850ff.).

Wie beim Kommanditisten ändert sich die vertraglich vereinbarte Einlagenhöhe des stillen Teilhabers nicht durch im Unternehmen belassene Gewinnanteile. Nicht entnommene Gewinne sind deshalb bis zur Auszahlung auf ein besonderes **Gewinnanteilskonto** zu buchen, das der Kontengruppe der Sonstigen Verbindlichkeiten zuzuordnen ist (Buchungssatz: GuV-Konto **an** Gewinnanteilskonto stiller Gesellschafter). Im Falle nicht ausgeschlossener Verlustbeteiligung wird dagegen ein Verlustanteil unmittelbar vom Einlagenkonto abgebucht (Buchungssatz: Einlagenkonto stiller Gesellschafter **an** GuV-Konto). Ist die Einlage des stillen Gesellschafters nicht voll einbezahlt oder durch Verlustanteile vermindert, so werden jährliche Gewinnanteile solange nicht ausbezahlt, sondern zur Einlagenauffüllung verwendet, bis die vertraglich vereinbarte Einlagenhöhe erreicht bzw. der Verlust gedeckt ist.

Beispiel:

Die voll einbezahlte Einlage eines stillen Gesellschafters beträgt 60.000. Infolge früherer Verluste weist das Einlagenkonto jedoch nur einen Betrag von 50.000 aus.

Vom erzielten Periodengewinn in Höhe von 56.500 wird die Einlage vorab mit 5% verzinst, während der Rest im Verhältnis 1:5 zwischen dem stillen Teilhaber und dem Geschäftsinhaber aufgeteilt wird.

Buchungssatz:

GuV-Konto	56.500	**an**	Gewinnanteilskonto stiller Gesellschafter	1.500
			Einlage stiller Gesellschafter	10.000
			Eigenkapital Inhaber	45.000

Die Einnahmen aus der Beteiligung an einem Handelsgewerbe als stiller Gesellschafter unterliegen wie auch die Zinsen aus partiarischen Darlehen der 25%igen Kapitalertragsteuer (§ 43, Abs. 1, Nr. 3 und § 20, Abs. 1, Nr. 4 EStG). Die Kapitalertragsteuer entsteht im Zeitpunkt des Zuflusses der Kapitalerträge an den Gläubiger, der Steuerschuldner ist. Den Steuerabzug hat jedoch der Einzelunternehmer als Schuldner der Kapitalerträge für Rechnung des stillen Gesellschafters vorzunehmen und bis zum 10. des auf die Steuereinbehaltung folgenden Monats an das Finanzamt abzuführen (§ 44, Abs. 1 EStG). Der stille Gesellschafter kann die einbehaltene Kapitalertragsteuer auf seine Einkommensteuerschuld anrechnen.

Der Einzelunternehmer versteuert nur den nach Abzug des Gewinnanteils des **typischen** stillen Gesellschafters verbleibenden Restgewinn, da er die Gewinnanteile des stillen Gesellschafters als Betriebsausgaben von seinen Einkünften aus Gewerbebetrieb absetzen und folglich wie gezahlte Fremdkapitalzinsen behandeln kann (gewerbesteuerlich jedoch Hinzurechnung zum gewerblichen Gewinn nach § 8, Nr. 3 GewStG).

Bei der **atypischen** stillen Gesellschaft ergeben sich aus der **Mitunternehmerschaft** des stillen Gesellschafters andere steuerliche Konsequenzen (§ 15, Abs. 1, Nr. 2 EStG). Eine Mitunternehmerschaft ist insbesondere dann anzunehmen, wenn der stille Gesellschafter nicht nur am laufenden Gewinn, sondern auch am Verlust und den stillen Reserven bzw. dem Geschäftswert des Unternehmens teilhat und über besondere Kontrollrechte verfügt. Dabei ist jedoch zu beachten, daß bei der atypischen stillen Gesellschaft ein Gesamthandsvermögen wie bei der OHG oder KG nicht existiert. Die Gewinnanteile sind dann Einkünfte aus Gewerbebetrieb und erst nach einheitlicher Gewinnfeststellung auf den Hauptgesellschafter und den stillen Gesellschafter zu verteilen. Als Mitunternehmer kann der atypische stille Gesellschafter Verluste bis zur Höhe seiner geleisteten Einlage mit anderen Einkünften verrechnen (§ 15a, Abs. 5 i. V. m. Abs. 1, Satz 1 EStG; Abschn. 138 d EStR).

11.23 Die Erfolgsverbuchung bei der Offenen Handelsgesellschaft (OHG)

Die OHG ist eine Personengesellschaft, bei der sich mindestens zwei Personen unter einer gemeinsamen Firma zusammenschließen, um ein Handelsgewerbe zu betreiben (§§ 105–160 HGB). Die Gesellschafter der OHG haften wie der Einzelunternehmer den Gläubigern unbeschränkt, also auch mit ihrem Privatvermögen **(Komplementäre).**

Das Rechtsverhältnis der Gesellschafter untereinander richtet sich grundsätzlich nach vertraglichen Vereinbarungen (**Gesellschaftsvertrag**); den gesetzlichen Bestimmungen kommt insoweit nur subsidiäre Bedeutung zu. Ausgangsbasis der Eigenkapitalausstattung sind zunächst die vertraglich fixierten Einlageverpflichtungen der Gesellschafter (Pflichteinlagen, bedungene Einlagen), die jedoch in der Folge durch weitere Einlagen sowie nicht entnommene Gewinne erhöht, durch Entnahmen (nach § 122, Abs. 1 HGB ist jeder Gesellschafter berechtigt, aus der Gesellschaftskasse bis zu 4% seines für das letzte Geschäftsjahr festgestellten Kapitalanteils und, soweit es nicht zum offenbaren Schaden der Gesellschaft gereicht, auch den darüber hinausgehenden Anteil am Gewinn des letzten Jahres zu entnehmen) sowie anteilige Verluste vermindert werden können. Buchmäßig sind die Kapitalanteile und ihre Veränderungen auf dem für jeden Gesellschafter getrennt zu führenden Eigenkapitalkonto transparent zu machen (§ 120, Abs. 2 HGB). Die Eigenkapitalkonten werden dann als **variable** Konten geführt und der Kapitalausweis nicht an die Pflichteinlage gekoppelt. Seltener findet bei der OHG die Trennung fester Kapitalkonten zur Erfassung der Pflichteinlagen und variabler Kapitalkonten zur Aufnahme der periodischen Kapitalveränderungen (sog. **Kontokorrentkonten**) Verwendung.

Die **Erfolgsverteilung** richtet sich nach den Vereinbarungen des Gesellschaftsvertrages und nur ersatzweise kommt die gesetzliche Bestimmung des § 121 HGB zum Zuge. Diese sieht folgende Regelung vor:

- Kapitalverzinsung von 4% aus dem erzielten Jahresgewinn bzw. entsprechend niedrigerer Satz, soweit der Reingewinn hierzu nicht ausreicht;
- Berücksichtigung der Einlagen- und Entnahmenverzinsung bei der Gewinnanteilsberechnung;
- Restgewinnverteilung nach Köpfen als Entgelt für die persönliche Arbeitsleistung;
- Verlustverteilung nach Köpfen ohne Berücksichtigung der Kapitalanteilshöhe.

Insbesondere die gesetzliche Vorschrift nach **zeitanteiliger** Berücksichtigung der während der Geschäftsperiode getätigten Entnahmen und Einlagen erfordert eine gesellschaftsvertragliche Regelung über eine angemessene Gewinnverteilung bzw. Gewinnverwendung (Entnahme, Thesaurierung) und deren Bemessungsgrundlage. Genau genommen müßten nämlich sämtliche Transaktionen zwischen Betriebs- und Privatsphäre, wie unter anderem auch Warenentnahmen und Privatnutzungen betrieblicher Gegenstände, pro rata temporis in eine dementsprechende Zinsberechnung einbezogen werden. Die Bemessungsgrundlage der Kapitalverzinsung ließe sich nur unter hohem Arbeitsaufwand und selbst dann nur mit relativer Genauigkeit bestimmen. Häufig finden sich deshalb in Gesellschaftsverträgen auch Vereinbarungen, die entweder von einer zeitanteiligen Berücksichtigung der periodischen Kapitalveränderung durch Einlagen und Entnahmen ganz absehen oder die in Form einer für jeden Gesellschafter gesondert aufgemachten Zinsstaffelrechnung nur die während der Abrechnungsperiode getätigten Geldentnahmen und Geldeinlagen berücksichtigen.

Bei variablen Kapitalkonten erfolgt die anteilige **Gewinnverbuchung** entweder direkt durch eine Gutschrift auf dem Kapitalkonto oder aber durch vorherige Aufnahme in ein vorgeschaltetes Privatkonto, das dann die Verrechnung mit den periodischen Entnahmen und Einlagen übernimmt und nur den Saldo auf die Kapitalkonten der Teilhaber überträgt.

Beispiel:

Im Gesellschaftsvertrag der ABC-OHG wurde folgende Gewinnverteilung unter den drei Gesellschaftern vereinbart: 4%ige Verzinsung der Kapitalanteile jeweils zu Beginn der Abrechnungsperiode; vom Restgewinn Vorabvergütung des A in Höhe von 10.000, Verteilung des verbleibenden Restes nach Köpfen. Die Kapitalanfangsbestände betrugen bei A = 100.000, bei B = 60.000 und bei C = 40.000. Die von jedem Gesellschafter in Anspruch genommenen Privatentnahmen wurden auf 10.000 begrenzt. Von einer Verzinsung der Privatentnahmen während des Geschäftsjahres wird zunächst abgesehen. Der Periodengewinn beträgt 45.000.

Gewinnverteilungsübersicht:

Gesellschafter	Anfangskapital	Gewinnverteilung				Privatentnahmen	Kapitalveränderung	Endkapital
		Kapitalverzinsung 4 %	Sondervergütung	Restgewinnanteil	Gesamtgewinn			
A	100.000	4.000	10.000	9.000	23.000	10.000	+ 13.000	113.000
B	60.000	2.400		9.000	11.400	10.000	+ 1.400	61.400
C	40.000	1.600		9.000	10.600	10.000	+ 600	40.600
Σ	200.000	8.000	10.000	27.000	45.000	30.000	15.000	215.000

Buchungssätze:

1) Abschlußbuchungen Gewinn- und Verlustkonto:

GuV-Konto	45.000	**an**	Privatkonto A	23.000
			Privatkonto B	11.400
			Privatkonto C	10.600

Bei Zwischenschaltung eines Gewinnverteilungskontos auch:

GuV-Konto	**an**	Gewinnverteilungskonto
Gewinnverteilungskonto	**an**	Privatkonten

2) Abschluß Privatkonten:

Privatkonto A	13.000	**an**	Eigenkapitalkonto A	13.000
Privatkonto B	1.400	**an**	Eigenkapitalkonto B	1.400
Privatkonto C	600	**an**	Eigenkapitalkonto C	600

3) Abschluß Eigenkapitalkonten:

Eigenkapitalkonto A	113.000	**an**	Schlußbilanzkonto	113.000
Eigenkapitalkonto B	61.400	**an**	Schlußbilanzkonto	61.400
Eigenkapitalkonto C	40.600	**an**	Schlußbilanzkonto	40.600

Sieht der Gesellschaftsvertrag dagegen eine **Verzinsung** der während des Geschäftsjahres getätigten Privatentnahmen in Höhe von 4% vor und verteilen sich diese wie folgt auf die Gesellschafter:

A	B	C
am 20. 3.: 4.000	am 15. 3.: 2.500	am 1. 3.: 6.000
am 1. 8.: 2.700	am 10. 8.: 4.000	am 1. 5.: 1.000
am 1.10.: 3.300	am 10.10.: 3.500	am 5.11.: 3.000

dann ergeben sich für die Erfolgsverteilung und Erfolgsverbuchung gegenüber oben die nachstehenden Änderungen (Zinsberechnung nach der Formel:

$$\text{Sollzinsnummer : Zinsteiler} = \frac{\text{Kapital} \cdot \text{Tage}}{100} : \frac{360}{\text{Zinssatz}}\;)$$

Buchungssätze:

1) Verbuchung Entnahmezinsen (gerundet):

Privatkonto A	202	**an**	GuV-Konto	202
Privatkonto B	172	**an**	GuV-Konto	172
Privatkonto C	244	**an**	GuV-Konto	244

2) Abschlußbuchungen Gewinn- und Verlustkonto:

GuV-Konto	45.618	**an**	Privatkonto A	23.206
			Privatkonto B	11.606
			Privatkonto C	10.806

Zinsstaffel A

Datum	Vorgang	Tage	Sollzins-nummern	Sollzinsnummer / Zinsteiler
20. 3.	Soll 4.000	131	5240	58,22
1. 8.	S 2.700			
	S 6.700	60	4020	44,66
1.10.	S 3.300			
31.12.	S 10.000	89	8900	98,89
			18160	201,77

Zinsstaffel B

Datum	Vorgang	Tage	Sollzins-nummern	Sollzinsnummer / Zinsteiler
15. 3.	S 2.500	145	3625	40,28
10. 8.	S 4.000			
	S 6.500	60	3900	43,33
10.10.	S 3.500			
31.12.	S 10.000	80	8000	88,89
			15525	172,50

Zinsstaffel C

Datum	Vorgang	Tage	Sollzins-nummern	Sollzinsnummer / Zinsteiler
1. 3.	S 6.000	60	3600	40,00
1. 5.	S 1.000			
	S 7.000	184	12880	143,11
5.11.	S 3.000			
31.12.	S 10.000	55	5500	61,11
			21980	244,22

3) Abschluß Privatkonten:

Privatkonto A	13.004	**an**	Eigenkapitalkonto A	13.004
Privatkonto B	1.434	**an**	Eigenkapitalkonto B	1.434
Privatkonto C	562	**an**	Eigenkapitalkonto C	562

4) Abschluß Eigenkapitalkonten:

Eigenkapitalkonto A	113.004	**an**	Schlußbilanzkonto	113.004
Eigenkapitalkonto B	61.434	**an**	Schlußbilanzkonto	61.434
Eigenkapitalkonto C	40.562	**an**	Schlußbilanzkonto	40.562

Kontendarstellung:

GuV-Konto

(2a–c)	45.618	45.000
		202 (1a)
		172 (1b)
		244 (1c)
	45.618	45.618

Schlußbilanz

versch. Aktiva 215.000	Kapital Gesellschafter
	A 113.004 (4a)
	B 61.434 (4b)
	C 40.562 (4c)
215.000	215.000

Privat A

	10.000	23.206 (2a)
1a)	202	
3a)	13.004	
	23.206	23.206

Privat B

	10.000	11.606 (2b)
(1b)	172	
(3b)	1.434	
	11.606	11.606

Privat C

	10.000	10.806 (2c)
(1c)	244	
(3c)	562	
	10.806	10.806

Kapital A

4a)	113.004	100.000
		13.004 (3a)
	113.004	113.004

Kapital B

(4b)	61.434	60.000
		1.434 (3b)
	61.434	61.434

Kapital C

(4c)	40.562	40.000
		562 (3c)
	40.562	40.562

Die Entnahmezinsen belasten die Privatkonten der Gesellschafter und erhöhen den nach Köpfen aufzuteilenden Restgewinn.

Ein in der Abrechnungsperiode entstandener **Verlust** ist entweder direkt von den Kapitalkonten der Komplementäre abzusetzen oder deren Gewinngutschriftkonten (Kontokorrentkonten) zu belasten. Ein durch Verlustzuweisungen oder übermäßige Entnahmen **negativ** gewordenes Kapitalkonto eines Gesellschafters bringt auf der Aktivseite der Bilanz einen Korrekturposten gegenüber den mit positivem Saldo verbliebenen Eigenkapitalkonten der Mitgesellschafter zum Ausdruck. Dadurch gehen dem Gesellschafter jedoch grundsätzlich keine Gesellschaftsrechte verlustig; er muß allerdings solange auf eine Kapitalverzinsung aus künftigen Gewinnen verzichten, bis durch zusätzliche freiwillige Einlagen oder nicht entnommene Gewinnanteile ein positiver Kapitalstand seines Kapitalkontos wieder erreicht ist. Zur Wahrung der Transparenz der Erfolgsverbuchung wird in der Regel ein besonderes **Erfolgsverteilungskonto** zwischen Gewinn- und Verlustrechnung und Gesellschafterkonten geschaltet, das den gesamten Gewinn bzw. Verlust der Abrechnungsperiode aufnimmt und nach Satzung oder Gesetz zur Verteilung bringt.

11.24 Die Erfolgsverbuchung bei der Kommanditgesellschaft (KG)

Die KG ist ebenso wie die OHG eine Personengesellschaft; die für die OHG geltenden gesetzlichen Vorschriften finden auch auf die KG Anwendung, soweit die §§ 161–177a HGB nichts anderes vorschreiben (§ 161, Abs. 2 HGB). Wesentliche Unterschiede der KG im Vergleich zur OHG entstehen aus den modifizierten Haftungsverhältnissen: Nur ein Teil der Gesellschafter – die **Komplementäre** – haften wie die Gesellschafter einer OHG unbeschränkt gegenüber den Gesellschaftsgläubigern, während die Haftung der übrigen Gesellschafter – der **Kommanditisten** – auf die Höhe ihrer im Gesellschaftsvertrag vereinbarten und ins Handelsregister eingetragenen Einlage (auch Haftungseinlage oder Haftungssumme genannt) beschränkt ist. Die Kommanditisten sind von der Geschäftsführung ausgeschlossen und haben kein gewinnabhängiges Entnahmerecht wie dies § 169, Abs. 1 HGB i. V. m. § 122, Abs. 1 HGB für die Komplementäre vorsieht, denen auch die Geschäftsführung obliegt.

Die **Beteiligungsverhältnisse** in einer KG sind aus den Kapitalkonten ersichtlich. Während für die Komplementäre neben einem variablen Kapitalkonto (vgl. S. 295ff.) ein Privatkonto für Entnahmen geführt wird, sind die auf den Kommanditkapitalkonten ausgewiesenen Einlagen im Normalfall auf die im Gesellschaftsvertrag vereinbarte und ins Handelsregister eingetragene Höhe fixiert. Ist die bedungene Einlage eines Kommanditisten noch nicht voll eingezahlt, so erscheint für den ausstehenden Betrag als Forderung der Gesellschaft an den Kommanditisten auf der Aktivseite der Bilanz ein Korrekturposten.

Die **Erfolgsverteilung** auf die einzelnen Komplementäre und Kommanditisten einer KG richtet sich nach den §§ 167, Abs. 3; 168 und 121 HGB, soweit sie nicht durch gesellschaftsvertragliche Vereinbarungen, die z. B. vorsehen können, daß die tätigen Gesellschafter aus dem Periodenerfolg eine feste Tätigkeitsvergütung als Gewinn vorab erhalten, ersetzt oder ergänzt werden. Die genannten Vorschriften sehen im einzelnen vor:

- Kapitalverzinsung von 4% aus dem erzielten Jahresgewinn bzw. entsprechend niedrigerer Satz, soweit der Reingewinn hierzu nicht ausreicht;
- Berücksichtigung der Einlagen- und Entnahmenverzinsung bei der Gewinnanteilsberechnung der Komplementäre;
- Restgewinnverteilung „angemessen“;
- Verlustverteilung „angemessen“, jedoch bei den Kommanditisten nicht über die Höhe ihrer bedungenen Kapitalanteile hinaus.

Die Vorschrift des § 168, Abs. 2 HGB, daß der Restgewinn den Umständen nach **„angemessen“** zu verteilen ist, läßt es zu, daß über die Kapitalanteile hinaus Geschäftsführungstätigkeiten einzelner Gesellschafter ebenso Berücksichtigung finden wie die unterschiedlichen Haftungsverpflichtungen der Komplementäre und Kommanditisten. Die Vorschrift der „angemessenen" Verlustverteilung wird in der Praxis oft dahingehend durch eine gesellschaftsvertragliche Regelung ersetzt, daß von einer Verlustverteilung auf die Kommanditisten gänzlich abgesehen wird.

Bezüglich der **Einlagen- und Entnahmenverzinsung** bei der Gewinnanteilsberechnung der Komplementäre gelten die entsprechenden Ausführungen für die Gesellschafter einer OHG (vgl. S. 296ff.). Somit ergeben sich für die Erfolgsverbuchung bei den **Komplementären** der KG keine neuen Aspekte im Vergleich zur Erfolgsverbuchung bei der OHG. Dagegen weist die Verbuchung des Erfolges bei den **Kommanditisten** einige Besonderheiten auf. Zunächst sei davon ausgegangen, daß in der abgelaufenen Periode ein verteilungsfähiger **Gewinn** entstanden ist:

(1) Hat der Kommanditist seine Einlage **voll einbezahlt,** sind die auf ihn entfallenden Gewinnanteile nicht seinem Kapitalkonto (§ 167, Abs. 2 HGB), sondern, sofern sie nicht sofort ausbezahlt werden, einem besonderen **Gewinnanteilskonto** gutzuschreiben, das unter den Sonstigen Verbindlichkeiten ausgewiesen wird. Der Kommanditist ist in Höhe des ihm zustehenden Gewinnanteils Gläubiger der KG.

(2) Hat der Kommanditist die von ihm bedungene Einlage **noch nicht voll geleistet,** so wird der ihm zustehende Gewinnanteil auf dem Konto **Ausstehende Einlagen** gebucht und damit seine Einzahlungsverpflichtung vermindert; besteht seitens der Kommanditisten aufgrund gesellschaftsvertraglicher Vereinbarung (noch) nicht die Pflicht, die Einlage weiter aufzufüllen, wird wie unter (1) beschrieben verfahren.

(3) Ist die in voller Höhe geleistete Kommanditeinlage durch **Verlustanteile** aus früheren Perioden vermindert, so ist der Kommanditist nicht berechtigt, seinen Gewinnanteil zu entnehmen. Vielmehr sind auf ihn entfallende Gewinnanteile solange im Unternehmen zu belassen, bis die Einlage wieder ihren ursprünglichen Stand erreicht hat (§ 169, Abs. 1 HGB). Da das Kapitalkonto des Kommanditisten stets den Haftsummenbetrag auszuweisen hat, erfolgt die Verbuchung der Gewinnanteile solange auf dem in früheren Perioden entstandenen Verlustanteilskonto, bis dieses durch die Gutschrift von Gewinnanteilen ausgeglichen ist.

Beispiel:

Die XYZ-KG besteht aus drei Gesellschaftern: X ist als Komplementär mit 210.000 beteiligt; mit den beiden Kommanditisten Y und Z wurden Pflichtanteile in Höhe von 60.000 bzw. 40.000 im Gesellschaftsvertrag vereinbart. Y hat seine bedungene Einlage voll geleistet, jedoch besteht für ihn noch eine Verlustaufholungspflicht von 2.000, die auf seinem Verlustanteilskonto ausgewiesen ist. Z hat seine Pflichteinlage von 40.000 noch nicht voll geleistet; 8.000 davon stehen noch aus, jedoch wurde vertraglich festgelegt, daß zur Auffüllung seiner bedungenen Einlage jeweils die Hälfte seines Gewinnanteils verwendet wird und die andere Hälfte ausbezahlt werden kann. Der Jahresgewinn in Höhe von 60.000 ist gemäß den vertraglichen Vereinbarungen folgendermaßen zu verteilen: X erhält für seine Geschäftsführertätigkeit vorab 20.000; anschließend sind die am Jahresanfang ausgewiesenen Kapitalanteile mit 5% zu verzinsen, und der verbleibende Restgewinn ist im Verhältnis 70:20:10 aufzuteilen. Beim Abschluß der Kapitalkonten ist eine Entnahme von X in Höhe von 28.000 zu berücksichtigen.

Gewinnverteilungsübersicht:

Gesellschafter	Anfangskapitalanteile ./. Korrekturen	Gewinnverteilung				Privatentnahmen	Kapitalveränderung	Endkapitalanteile ./. Korrekturen
		Kapitalverzinsung 5 %	Sondervergütung	Restgewinnanteil	Gesamtgewinn			
X	210.000	10.500	20.000	17.500	48.000	28.000	+ 20.000	230.000
Y	58.000	2.900		5.000	7.900		+ 2.000	60.000
Z	32.000	1.600		2.500	4.100		+ 2.050	34.050
Σ	300.000	15.000	20.000	25.000	60.000	28.000	24.050	324.050

Buchungssätze:

1) Abschlußbuchungen Gewinn- und Verlustkonto:

GuV-Konto	60.000	**an**	Eigenkapitalkonto X	48.000
			Verlustanteilskonto Y	2.000
			Gewinnanteilskonto Y	5.900
			Ausstehende Einlagen Z	2.050
			Gewinnanteilskonto Z	2.050

2) Abschluß des Privatkontos X:

Eigenkapitalkonto X	28.000	**an**	Privatkonto X	28.000

3) Abschluß der Eigenkapitalkonten und der Ausstehenden Einlagen:

Eigenkapitalkonto X	230.000	**an**	SBK	230.000
Kommanditeinlage Y	60.000	**an**	SBK	60.000
Kommanditeinlage Z	40.000	**an**	SBK	40.000
SBK	5.950	**an**	Ausstehende Einlagen Z	5.950

Ist in der Abrechnungsperiode ein **Verlust** entstanden, werden die den **Komplementären** zuzurechnenden Verlustanteile entweder direkt auf deren Kapitalkonten oder auf Unterkonten derselben verbucht; im übrigen sei auf die Ausführungen über die Verlustbehandlung bei der OHG verwiesen, die auch auf die Komplementäre von Kommanditgesellschaften zutreffen (vgl. S. 299f.).

Die auf die **Kommanditisten** entfallenden Verlustanteile werden auf den jeweiligen Verlustanteilskonten, die den Charakter aktiver Bestandskonten haben, gebucht und verbleiben dort bis zu ihrem Ausgleich durch spätere Gewinne oder besondere Zuzahlungen der Kommanditisten. Damit stellen die Verlustanteile ebenso wie Ausstehende Einlagen Korrekturposten zu den Kommanditkapitalkonten auf der Passivseite der Bilanz einer KG dar, jedoch unterscheiden sich beide Positionen durch ihre Rechtsnatur, da die KG in Höhe der Ausstehenden Einlagen eine Forderung an ihre Teilhaber hat, während Verlustanteilskonten aufgrund der nicht bestehenden Nachschußpflicht der Kommanditisten keine Forderung begründen.

Übersteigen die auf dem Verlustanteilskonto ausgewiesenen Beträge die Kapitalanteile eines beschränkt haftenden Gesellschafters, so resultiert bei Aufrechnung des Kommanditeinlagekontos mit dem Verlustanteilskonto ein negativer Kapitalbestand; in diesem Zusammenhang wird auch von einem **negativen Kapitalkonto** gesprochen. Aus dem Vorliegen eines negativen Kapitalkontos erwachsen dem Kommanditisten jedoch zunächst aufgrund der fehlenden

Nachschußpflicht und der Vorschrift des § 167, Abs. 3 HGB keine Nachteile. **Gesellschaftsrechtlich** manifestiert sich in einem negativen Kapitalkonto des Kommanditisten allerdings ein Zwang, der KG künftige Gewinne zur Deckung früherer Verluste zu belassen.

Die daraus resultierende handelsrechtliche Verlusthaftung mit künftigen Gewinnanteilen (§ 169, Abs. 1, Satz 2 HGB) ist Ausdruck des Unternehmerrisikos und daher auch steuerlich zu beachten (BFH v. 10. 11. 1980, BStBl. II 1981, S. 168). Für die **steuerliche** Anerkennung der Verluste, die zu einem negativen Kapitalkonto führen, ist allerdings nicht das handelsrechtliche, sondern das steuerliche Kapitalkonto maßgebend, das aber auch die Kapitalkonten von steuerlichen Sonder- oder Ergänzungsbilanzen (s. Teil C, Abschn. 2.232, S. 722f.) umfaßt. Ein Ausgleich der Verluste mit anderen Einkünften oder ein Verlustvor- bzw. -rücktrag (§ 10d EStG) kommt jedoch nur bis zur Höhe der haftenden Einlage des Kommanditisten (§ 171, Abs. 1 HGB) in Frage (§ 15a EStG), weil der Gesellschafter auch nur in dieser Höhe wirtschaftlich belastet wird. Da der Kommanditist nur bis zum Betrag seines Kapitalanteils und seiner noch rückständigen Einlage am Verlust teilnimmt und sich keine Pflicht ableiten läßt, bei seinem Ausscheiden aus der KG oder der Auflösung der Gesellschaft verlustneutralisierende Ausgleichszahlungen zu leisten, stellt der negative Kapitalanteil des Kommanditisten in diesem Fall steuerpflichtigen Gewinn dar.

Beispiel:

Die Gesellschafter der Firma M. Wedel KG sind am Jahresende der Komplementär M. Wedel (Kapitalanteil 150.000) und die beiden Kommanditisten Vollack und Ursus mit einer Pflichteinlage von jeweils 50.000. Auf Grund früherer Verluste, die den Kapitalanteil Wedels vermindert hatten und auf dem Verlustanteilskonto von Vollack mit 45.000 ausgewiesen sind, war die Gesellschaft gezwungen, zum Periodenbeginn das Angebot von Ursus anzunehmen, 50.000 als Kommanditeinlage mit der Maßgabe einzubringen, von eventuellen Verlusten ausgeschlossen zu werden. Den erneuten Jahresverlust in Höhe von 40.000 teilen sich deshalb Wedel und Vollack im Verhältnis 3:1.

Buchungssätze:

1) Abschlußbuchungen Gewinn- und Verlustkonto:

Eigenkapitalkonto Wedel	30.000			
Verlustanteilskonto Vollack	10.000	**an**	GuV-Konto	40.000

2) Abschluß der Eigenkapitalkonten und des Verlustanteilskontos:

Eigenkapitalkonto Wedel	120.000	**an**	SBK	120.000
Kommanditeinlagekonto Vollack	50.000	**an**	SBK	50.000
Kommanditeinlagekonto Ursus	50.000	**an**	SBK	50.000
SBK	55.000	**an**	Verlustanteilskonto Vollack	55.000

Der Ausgleich des negativen Kapitalkontos durch anteilige zukünftige Gewinne erfolgt durch Gutschrift auf dem Verlustanteilskonto. Der Kommanditist nimmt insoweit an der Deckung früherer Verluste teil; er darf so lange keine Gewinnauszahlung fordern, bis eine Wiederauffüllung der durch Verluste geminderten Kommanditeinlage über Gewinnanteile erreicht ist. Damit bestimmt § 167, Abs. 3 HGB nur die Grenzen der **endgültigen** Verlusttragung durch den Kommanditisten.

11.3 Die Erfolgsverbuchung bei Kapitalgesellschaften

Im Gegensatz zu den Personengesellschaften besteht für Kapitalgesellschaften eine allgemeinverbindliche, rechtsformunabhängige Regelung des Eigenkapitalausweises in § 266, Abs. 3 HGB.

Danach werden **sämtliche** Posten mit Eigenkapitalcharakter zu **einer Gruppe Eigenkapital** zusammengefaßt. Gemäß § 266, Abs. 3 HGB sind die folgenden Posten als Eigenkapital auszuweisen, wobei kleine Kapitalgesellschaften (zur Abgrenzung s. Teil A, Abschn. 1.21 S. 6ff.) die Positionen mit arabischen Ziffern nicht auszuweisen brauchen:

A. Eigenkapital
I. Gezeichnetes Kapital
II. Kapitalrücklage
III. Gewinnrücklagen
1. gesetzliche Rücklage
2. Rücklage für eigene Anteile
3. satzungsmäßige Rücklagen
4. andere Gewinnrücklagen

IV. Gewinnvortrag/Verlustvortrag V. Jahresüberschuß/Jahresfehlbetrag	bei Aufstellung der Bilanz **vor** Gewinnverwendung
oder	
IV. Bilanzgewinn/Bilanzverlust	bei Aufstellung der Bilanz **nach** teilweiser Verwendung des Jahresergebnisses (§ 268, Abs. 1 HGB)

Der Eigenkapitalposten **„Gezeichnetes Kapital"** entspricht nach § 272, Abs. 1 HGB dem Kapital, auf das die Haftung der Gesellschafter für die Verbindlichkeiten des Unternehmens gegenüber den Gläubigern beschränkt ist, soweit die Gesellschafter sich zu dessen Aufbringung verpflichtet haben. Der Terminus „Gezeichnetes Kapital" soll zum Ausdruck bringen, daß es sich hierbei nicht notwendig um das **eingezahlte** Haftungskapital handelt. Stehen Einlagen auf das gezeichnete Kapital noch aus, so sind diese auf der Aktivseite vor dem Anlagevermögen als **„Ausstehende Einlagen auf das gezeichnete Kapital"** auszuweisen, wobei die davon eingeforderten Einlagen auf das gezeichnete Kapital zu vermerken sind (§ 272, Abs. 1, Satz 2 HGB). Fakultativ dürfen die nicht eingeforderten Einlagen aber auch von dem Posten „Gezeichnetes Kapital" offen abgesetzt werden. Der verbleibende Betrag ist dabei als Posten **„Eingefordertes Kapital"** in der Hauptspalte auszuweisen. Außerdem ist der eingeforderte, aber noch nicht eingezahlte Betrag unter den Forderungen gesondert auszuweisen und entsprechend zu bezeichnen (§ 272, Abs. 1, Satz 3 HGB).

Einen Überblick über die alternativen Darstellungsmöglichkeiten bei Ausweis ausstehender Einlagen gibt folgende Übersicht (*Niehus/Scholz,* Rechnungslegung, S. 312):

	Aktiva			Passiva		
Alternative I (§ 272, Abs. 1, Satz 2 HGB)	A. Ausstehende Einlagen auf das gezeichnete Kapital; davon eingefordert:	Vorspalte 50.000	Hauptspalte 200.000	A. Eigenkapital I. Gezeichnetes Kapital	Vorspalte	Hauptspalte 500.000
Alternative II (§ 272, Abs. 1, Satz 3 HGB)	B. Umlaufvermögen II. Forderungen u. sonstige Wirtschaftsgüter: eingeforderte, aber noch nicht einbezahlte ausstehende Einlagen		50.000	A. Eigenkapital I. Gezeichnetes Kapital; abzüglich nicht eingeforderte ausstehende Einlagen; eingefordertes Kapital	500.000 150.000	350.000

Alternative Ausweismöglichkeiten ausstehender Einlagen nach dem HGB

Zu der unter dem Eigenkapital gesondert auszuweisenden **Kapitalrücklage** (entspricht weitgehend dem sog. EK 04 in der körperschaftsteuerlichen Eigenkapitalgliederung: § 30, Abs. 2, Nr. 4 KStG) gehören alle Einlagen, die nicht gezeichnetes Kapital der Gesellschafter sind. Nach § 272, Abs. 2 HGB sind als Kapitalrücklage auszuweisen:

1. der Betrag, der bei der Ausgabe von Anteilen einschließlich Bezugsanteile über den Nennbetrag erzielt wird;
2. der Betrag, der bei der Ausgabe von Wandelschuldverschreibungen über ihren Rückzahlungsbetrag hinaus erzielt wird;
3. der Betrag von Zuzahlungen, die Gesellschafter gegen Gewährung eines Vorzugs für ihre Anteile leisten

Die in § 272, Abs. 2 HGB aufgeführten Beträge waren bislang gemäß § 150, Abs. 2, Nr. 2 bis 4 AktG 1965 Teil der gesetzlichen Rücklage. Weil durch den gesonderten Ausweis dieser Beträge als „Kapitalrücklage" jedoch besser zum Ausdruck gebracht wird, daß es sich um Einzahlungen der Gesellschafter und nicht um einbehaltenen Gewinn handelt, wird ein Agio nicht mehr als Teil der gesetzlichen Rücklagen ausgewiesen.

Als zweite Rücklagenart sind die **Gewinnrücklagen** unter dem Eigenkapital auszuweisen, wobei der Terminus „Gewinnrücklagen" die bisherige Bezeichnung „offene Rücklagen" ersetzt. Als Gewinnrücklagen dürfen nach § 272, Abs. 3, Satz 1 HGB nur Beträge ausgewiesen werden, die im Geschäftsjahr oder in einem früheren Geschäftsjahr aus dem Ergebnis gebildet worden sind (Gewinnrücklagen entsprechen daher weitgehend den EK 50 bis EK 02 der körperschaftsteuerlichen Eigenkapitalgliederung; § 30, Abs. 1 und Abs. 2, Nr. 1, 2 KStG). Dazu gehören:

1. gesetzliche Rücklage;
2. Rücklage für eigene Anteile;
3. satzungsmäßige Rücklagen;
4. andere Gewinnrücklagen.

Die unter den Gewinnrücklagen auszuweisende **gesetzliche Rücklage** entspricht nur noch dem bislang nach § 150, Abs. 2, Nr. 1 AktG 1965 auszuweisenden Betrag. Durch den Ausweis des Agios unter den Kapitalrücklagen, können die Gewinnrücklagen als Innenfinanzierungsindikator herangezogen werden.

In den Eigenkapitalposten **Rücklage für eigene Anteile** ist gemäß § 272, Abs. 4, Satz 1 HGB der Betrag einzustellen, der dem auf der Aktivseite der Bilanz für die eigenen Anteile anzusetzenden Betrag entspricht. Diese Vorschrift deckt sich, abgesehen von der Ausweisregelung, mit der bisherigen Bestimmung des § 150a AktG 1965. Die Pflicht zur Bildung der Rücklage für eigene Anteile bewirkt eine Ausschüttungssperre, d. h. durch den Ansatz der Rücklage soll verhindert werden, daß ein der Aktivierung der eigenen Anteile entsprechender Betrag für Ausschüttungen an die Anteilseigner verwendet wird, was faktisch einer Einlagenrückgewähr entspräche. Die Rücklage für eigene Anteile, die auch für Anteile eines herrschenden oder eines mit Mehrheit beteiligten Unternehmens zu bilden ist (§ 272, Abs. 4, Satz 4 HGB), darf nur aufgelöst werden, soweit die eigenen Anteile ausgegeben, veräußert oder eingezogen werden.

Die Bildung und Auflösung von **satzungsmäßigen Rücklagen** erfolgt gemäß den Bestimmungen der §§ 58, 150 AktG für die Aktiengesellschaft und § 29 GmbHG für die GmbH.

Als weiterer Bestandteil der Gewinnrücklagen sind schließlich die sog. **anderen Gewinnrücklagen** auszuweisen. Andere Gewinnrücklagen erfassen als Restposten sämtliche nicht bereits gesondert auszuweisenden Rücklagen. Eine Sonderregelung besteht für jene nach steuerlichen Vorschriften gebildeten Rücklagen, für die aufgrund fehlender Maßgeblichkeit der Handelsbilanz für die Steuerbilanz in der Handelsbilanz keine Passivierungspflicht vorgeschrieben ist und die nicht mehr als Sonderposten mit Rücklageanteil ausweisbar sind: Ihr Eigenkapitalanteil kann im Rahmen der Gewinnverwendung in die anderen Rücklagen aufgenommen werden (vgl. Preissteigerungsrücklage, die nach 1989 ausläuft, und Steinkohlestillegungsrücklage Teil A, Abschn. 10.62, S. 264 ff.). Ebenso kann mit dem Eigenkapitalanteil bei Wertaufholungen verfahren werden (vgl. Teil A, Abschn. 10.42, S. 237 ff.).

Sofern die Aufstellung der Bilanz vor der Verwendung des Jahresergebnisses erfolgt, sind die Posten **Gewinnvortrag/Verlustvortrag** und **Jahresüberschuß/Jahresfehlbetrag** unter dem Eigenkapital auszuweisen. Der gesonderte Ausweis des Postens Gewinnvortrag oder Verlustvortrag unter dem Eigenkapital auf der Passivseite der Bilanz ist im deutschen Bilanzrecht neu; bis zum Inkrafttreten des Bilanzrichtlinien-Gesetzes kam der Ausweis des Ergebnisvortrags aus dem Vorjahr ausschließlich in der Gewinn- und Verlustrechnung (§ 157, Abs. 1, Nr. 29 AktG 1965) zum Ausdruck.

Wird die Bilanz indes unter Berücksichtigung der teilweisen Verwendung des Jahresergebnisses aufgestellt, dann ist das in § 266, Abs. 3 HGB vorgeschriebene Schema zu modifizieren. Nach § 268, Abs. 1 HGB tritt in diesem Fall der

Posten **Bilanzgewinn/Bilanzverlust** an die Stelle der Posten Jahresüberschuß/Jahresfehlbetrag und Gewinnvortrag/Verlustvortrag, und ein vorhandener Gewinn- oder Verlustvortrag ist in den Posten Bilanzgewinn/Bilanzverlust einzubeziehen und zu vermerken. Bei einer Überschuldung des Unternehmens, also völliger Aufzehrung des Eigenkapitals, muß der Posten **„Nicht durch Eigenkapital gedeckter Fehlbetrag"** am Schluß der Jahresbilanz auf der Aktivseite ausgewiesen werden (§ 268, Abs. 3 HGB). Damit wird zugleich deutlich, daß der Kontenformalismus beim Ausweis des Eigenkapitals durchbrochen wird. Ein Bilanzverlust kann nicht mehr als Korrekturposten zum Eigenkapital auf der Aktivseite der Handelsbilanz eingestellt werden, er ist vielmehr mit negativem Vorzeichen auf der Passivseite in Abzug zu bringen. Diese Bilanzverkürzung trägt jedoch zu einer höheren Aussagekraft der Position Eigenkapital bei.

Für die Erfolgsverbuchung kommt entweder die Position Gewinnrücklagen oder die Position Gewinn-/Verlustvortrag in Frage. Der Ausweis der **Ergebnisverwendung** erfolgt in Abhängigkeit von der Rechtsform der Kapitalgesellschaft, d.h. es findet sich keine allgemeingültige Regelung.

Den generellen Regelungen des Handelsgesetzbuches stehen die rechtsformspezifischen Vorschriften des Gesellschaftsrechts gegenüber, die im folgenden darzustellen sind.

11.31 Die Erfolgsverbuchung bei der Aktiengesellschaft (AG)

Die zu den **Kapitalgesellschaften** gehörende AG nimmt eine dominierende Stellung im Wirtschaftsleben der westlichen Industrienationen ein, da große und größte Unternehmen vorwiegend in dieser Rechtsform betrieben werden. Das Recht der AG ist im Aktiengesetz vom 6. September 1965 (AktG) geregelt, das durch das Bilanzrichtlinien-Gesetz im Bereich der Rechnungslegung modifiziert wurde. Die AG besitzt eine eigene Rechtspersönlichkeit und ist somit als **juristische Person** selbst Trägerin von Rechten und Pflichten sowie Eigentümerin des Gesellschaftsvermögens. Die Gesellschafter der AG (Aktionäre) sind mit nominell begrenzten Anteilen (Aktien) von mindestens DM 50 (§ 8, Abs. 1 AktG) am nominell festgelegten Grundkapital der AG von mindestens DM 100.000 (§ 7 AktG) beteiligt und haften nur in Höhe ihres Anteils. Aktien sind grundsätzlich nicht an eine bestimmte Person gebunden und werden – soweit sie bestimmte Anforderungen erfüllen – an der Börse gehandelt. Um die Interessen einer Vielzahl von Anteilseignern wirksam zu sichern, sieht das AktG für die AG eine besondere Organisationsstruktur vor, deren Grundlage die Gesamtheit der Aktionäre (Hauptversammlung) bildet, die den Aufsichtsrat wählt, der seinerseits den geschäftsführenden Vorstand bestellt und dessen Tätigkeit überwacht. Gemäß § 264, Abs. 1 HGB hat der Vorstand in den ersten drei Monaten eines Geschäftsjahres den Jahresabschluß, bestehend aus Bilanz, Gewinn- und Verlustrechnung sowie dem Anhang, und den Lagebericht aufzustellen und den von der Hauptversammlung bestellten Abschlußprüfern vorzulegen. Die Anteilseigner interessiert dabei vor allem der im vergangenen Geschäftsjahr erwirtschaftete Erfolg und der verteilungsfähige Gewinn, an dem sie entsprechend ihrem Anteil am Grundkapital der AG in Form der Dividende partizipieren können.

11.311 Das Eigenkapital der AG

Grundkapital und Eigenkapital einer AG sind im allgemeinen betragsverschieden, da das Grundkapital auf einen bestimmten Nennbetrag lautet, während das Eigenkapital aufgrund seiner Abhängigkeit vom Erfolg variabel ist. Das **Eigenkapital** setzt sich im Normalfall zusammen aus dem gezeichneten Kapital, der Kapitalrücklage, der gesetzlichen Rücklage, der Rücklage für eigene Aktien, den satzungsmäßigen Rücklagen und den anderen Gewinnrücklagen sowie einem eventuellen Gewinnvortrag und Jahresüberschuß. Gegebenenfalls werden die Passivposten durch aktive Korrekturposten ergänzt, nämlich den Positionen „Nicht durch Eigenkapital gedeckter Fehlbetrag" und die „Ausstehenden Einlagen auf das gezeichnete Kapital".

Das **gezeichnete Kapital** entspricht dem Grundkapital als dem Gesamtnennbetrag der von der Gesellschaft ausgegebenen Aktien und ist auf der Passivseite der Bilanz auszuweisen, unabhängig davon, ob das gesamte Eigenkapital größer oder kleiner ist. Auf jede Aktie ist mindestens ein Viertel des Nennbetrags, bei Ausgabe zu einem höheren Kurs als dem Nennbetrag (über pari) auch der gesamte Mehrbetrag (Agio), einzubezahlen (§ 36, Abs. 2 AktG). Die Höhe des Grundkapitals wird durch die Satzung der AG bestimmt (§ 23, Abs. 3 AktG) und kann nur nach erfolgter Satzungsänderung variiert werden; erzielte Gewinne oder Verluste beeinflussen nicht die Höhe des Grundkapitals.

In die **gesetzliche Rücklage** ist nach § 150, Abs. 2 AktG solange der zwanzigste Teil (= 5%) des um einen eventuellen Verlustvortrag aus dem Vorjahr geminderten Jahresüberschusses einzustellen, bis die gesetzliche Rücklage und die Kapitalrücklage **zusammen** den zehnten (= 10%) oder den in der Satzung bestimmten höheren Teil des Grundkapitals erreichen. Solange die gesetzliche Rücklage zusammen mit den Kapitalrücklagen den zehnten oder den in der Satzung festgelegten höheren Teil des Grundkapitals nicht übersteigt, darf sie nur zur Deckung von Verlusten bzw. Verlustvorträgen verwendet werden, wenn diese nicht durch einen Gewinnvortrag aus dem Vorjahr bzw. einen Jahresüberschuß oder durch die Auflösung anderer Gewinnrücklagen ausgeglichen werden können (§ 150, Abs. 3 AktG). Übersteigt die gesetzliche Rücklage zusammen mit den Kapitalrücklagen die genannten Beträge, so darf der übersteigende Betrag nur zum Ausgleich eines um den vorjährigen Gewinnvortrag gekürzten Jahresfehlbetrages, eines um den Jahresüberschuß verminderten Verlustvortrages oder zur Erhöhung des Grundkapitals aus Gesellschaftsmitteln in Anspruch genommen werden (§ 150, Abs. 4 AktG).

Die Einstellung von Beträgen in **andere Gewinnrücklagen** ist in § 58 AktG geregelt: Stellen Vorstand und Aufsichtsrat den Jahresabschluß fest, können sie maximal die Hälfte des um einen eventuellen Verlustvortrag und den in die gesetzliche Rücklage einzustellenden Betrag gekürzten Jahresüberschusses in die freien Rücklagen einstellen, soweit die Satzung nicht ausdrücklich eine höhere Zuführung gestattet; in letzterem Fall darf die Summe der freien Rücklagen die Hälfte des Grundkapitals nicht übersteigen (§ 58, Abs. 2 AktG). Für den Fall, daß die Hauptversammlung den Jahresabschluß feststellt, kann die Satzung bestimmen, daß maximal der oben genannte Betrag zurückgelegt wird (§ 58, Abs. 1 AktG). Ferner haben Vorstand und Aufsichtsrat die Möglichkeit, den Eigenkapitalanteil bei Wertaufholungen sowie bei Passivposten aus der steuerrechtlichen Gewinnermittlung, die nicht im Sonderposten mit Rücklageanteil ausgewiesen werden dürfen, in die anderen Gewinnrücklagen einzustellen (§ 58, Abs. 2a AktG). Diese Zuführungen berühren die Gewinnverwendungskompetenz des Vorstandes zur Dotierung des halben Jahresüberschusses nicht. Darüber hinaus kann die Hauptversammlung unabhängig davon, wer den Jahresabschluß feststellt, im Rahmen ihres Beschlusses über die Verwendung des Bilanzgewinns weitere Beträge den anderen Gewinnrücklagen zuführen (§ 58, Abs. 3 AktG).

Die Auflösung der anderen Gewinnrücklagen unterliegt keinen aktienrechtlichen Beschränkungen, sofern mit ihrer Bildung keine besondere Zweckbestimmung verbunden war.

Ein **Gewinnvortrag** entsteht, wenn die Hauptversammlung zugunsten einer höheren Gewinneinbehaltung vom Gewinnverwendungsvorschlag von Vorstand und Aufsichtsrat abweicht; er besitzt als nicht ausgeschütteter Gewinnanteil ebenfalls Rücklagecharakter. Demgegenüber entsteht ein **Verlustvortrag** als Folge eines Bilanzverlustes; er wird als Korrekturposten auf der Passivseite mit negativem Vorzeichen ausgewiesen und mindert das Eigenkapital. Soweit Aktionäre ihre Einlage noch nicht voll geleistet haben, erscheint auf der Aktivseite der Bilanz der AG die Position: **Ausstehende Einlagen auf das gezeichnete Kapital.** Sie hat für die AG, wenn sie eingefordert wird, den Charakter einer Forderung und stellt ansonsten einen aktiven Korrekturposten zum gezeichneten Kapital und somit auch zum Eigenkapital dar.

11.312 Erfolgsfeststellung und Erfolgsverwendung bei der AG

Die Erfolgsfeststellung und Erfolgsverwendung bei der AG baut auf zwei Erfolgsbegriffen auf: dem **Jahresüberschuß** bzw. **Jahresfehlbetrag** einerseits und dem **Bilanzgewinn** bzw. **Bilanzverlust** andererseits.

Das Jahresergebnis informiert über den im vergangenen Geschäftsjahr erwirtschafteten Erfolg, der sich als Differenz zwischen Aufwendungen und Erträgen entweder als Jahresüberschuß oder als Jahresfehlbetrag ergibt. In den Aufwendungen sind dabei die ergebnisabhängigen Aufwendungen, wie z.B. Steuern auf den Ertrag, bereits enthalten, so daß hier grundsätzlich ein **Erfolg nach Steuern** vorliegt.

Ausgehend vom Jahresergebnis wird das Bilanzergebnis errechnet: Nach § 158, Abs. 1, Satz 1 AktG sind dem Jahresergebnis der Gewinnvortrag aus dem Vorjahr und Entnahmen aus der Kapitalrücklage oder aus Gewinnrücklagen hinzuzurechnen, während der Verlustvortrag aus dem Vorjahr und Einstellungen in die Gewinnrücklagen abzuziehen sind. Damit errechnet sich das Bilanzergebnis nach folgendem Schema (§ 158, Abs. 1, Satz 1 AktG):

Jahresüberschuß/Jahresfehlbetrag
+/./. Gewinnvortrag/Verlustvortrag aus dem Vorjahr
\+ Entnahmen aus der Kapitalrücklage
\+ Entnahmen aus Gewinnrücklagen
a) aus der gesetzlichen Rücklage
b) aus der Rücklage für eigene Aktien

c) aus satzungsmäßigen Rücklagen
d) aus anderen Gewinnrücklagen
./. Einstellungen in Gewinnrücklagen
a) in die gesetzliche Rücklage
b) in die Rücklage für eigene Aktien
c) in satzungsmäßige Rücklagen
d) in andere Gewinnrücklagen

= Bilanzgewinn/Bilanzverlust

Aufgrund der Kürzungen und Hinzurechnungen, insbesondere durch die Rücklagenveränderungen, ist das resultierende Bilanzergebnis nicht mit dem Periodenergebnis identisch, sondern stellt den von der Geschäftsleitung und/oder der Hauptversammlung für verteilungsfähig gehaltenen Betrag dar. Beschließt die Hauptversammlung nach Feststellung eines positiven Bilanzergebnisses weitere Rücklageneinstellungen oder einen Gewinnvortrag, ändert sich nur die Verteilung, nicht aber die Höhe des Bilanzgewinns. Eine Mindestdividende von 4% bei ausreichendem Gewinn schließt die Anfechtung des Gewinnverwendungsbeschlusses aus (§ 174, Abs. 1 i. V. m. § 254, Abs. 1 AktG). Geht man davon aus, daß der Jahresüberschuß bereits **um gewinnabhängige Aufwendungen** wie Tantiemen und gewinnabhängige Steuern **vermindert** ist, so ergibt sich aufgrund der gesetzlichen Vorschriften und der gemachten Ausführungen folgendes Rechenschema für die **Gewinnverwendung** einer AG:

JÜ	Jahresüberschuß
./. VVV	Verlustvortrag aus dem Vorjahr
= B_1	Bemessungsgrundlage für die Zuweisung zur gesetzlichen Rücklage nach § 150, Abs. 2 AktG
./. GR	Einstellung in die gesetzliche Rücklage (5% von B_1)
= B_2	Bemessungsgrundlage für die Zuweisung zu den anderen Gewinnrücklagen nach § 58 AktG
./. AGL	Einstellung in die anderen Gewinnrücklagen (bis max. 50% von B_2 + EK-Anteil von Wertaufholungen und steuerlichen Sonderposten)
=	Zwischensumme
+ GVV	Gewinnvortrag aus dem Vorjahr
= BG	Bilanzgewinn
./.	Dividendenausschüttung Rücklageneinstellung durch Gewinnverwendungsbeschluß der Hauptversammlung (HV)
= GVN	Gewinnvortrag ins nächste Jahr

Beispiel:

Eine AG weist die folgenden Daten aus:

Voll einbezahltes Grundkapital	12.000.000
Summe der gesetzlichen Rücklage	600.000
Verlustvortrag aus dem Vorjahr	400.000
Jahresüberschuß	2.000.000

Vorstand und Aufsichtsrat stellen den Jahresabschluß fest und führen den gesetzlich zulässigen Höchstbetrag den Rücklagen zu. Die Hauptversammlung beschließt, eine Dividende in Höhe von 5% auszuschütten, eine Einstellung in die anderen Gewinnrücklagen von 100.000 vorzunehmen und den Rest als Gewinnvortrag ins neue Jahr zu übernehmen.

Lösung:

JÜ	2.000.000
./. VVV	400.000
$= B_1$	1.600.000
./. GR (5% von B_1)	80.000
$= B_2$	1.520.000
./. AGL (50% von B_2)	760.000
= BG	760.000
./. Dividendenausschüttung	600.000
./. Rücklageneinstellung der HV	100.000
= GVN	60.000

Damit zeigt das aktienrechtliche Schema der Erfolgsverwendung nach § 158, Abs. 1, Satz 1 AktG folgenden Ausweis:

19./20.	Jahresüberschuß	2.000.000
20./21.	Verlustvortrag aus dem Vorjahr	400.000
21./22.	Entnahmen aus Gewinnrücklagen	–
22./23.	Einstellung in Gewinnrücklagen	
	a) in die gesetzliche Rücklage	80.000
	b) in andere Gewinnrücklagen	760.000
23./24.	Bilanzgewinn	760.000

Vom ausgewiesenen Bilanzgewinn werden weitere 100.000 in die anderen Gewinnrücklagen eingestellt und 60.000 als Gewinnvortrag ins neue Geschäftsjahr übertragen; letzterer erhöht den verteilungsfähigen Bilanzgewinn des Folgejahres.

Wird nicht von einem vorgegebenen Jahresüberschuß ausgegangen, in dem die **ergebnisabhängigen Aufwendungen** bereits enthalten sind, sondern werden diese **explizit** bei der Ermittlung und Verwendung des Jahresüberschusses und des daraus abzuleitenden Bilanzgewinns berücksichtigt, tritt folgendes **Interdependenzproblem** auf (vgl. auch: *Dirrigl,* Gewinnverteilungsrechnung, S. 49ff.): Die ergebnisabhängigen Aufwendungen (Tantiemen und gewinnabhängige Steuern) mindern einerseits den aktienrechtlichen Jahresüberschuß, andererseits stellt aber gerade diese Größe die Bemessungsgrundlage der ergebnisabhängigen Aufwendungen dar. Zusätzliche Schwierigkeiten verursacht der gespaltene **Körperschaftsteuertarif,** da der Umfang des Körperschaftsteueraufwandes von der Höhe der Ausschüttung bzw. der Thesaurierung abhängig ist, denn § 278, Abs. 1 HGB verlangt, daß die Steuern vom Einkommen und Ertrag sowie die Vermögensteuern aufgrund des Beschlusses bzw. aufgrund des Vorschlags über die Gewinnverwendung berechnet werden. Die adäquate Behandlung dieses Interdependenzproblems erfordert die Aufstellung und Lösung eines **simultanen Gleichungssystems,** mit dem im Rahmen der Gewinnermittlung und -verwendung folgende Größen zu bestimmen sind:

(1) JÜ Jahresüberschuß
(2) TV Tantiemen des Vorstands
(3) TA Tantiemen des Aufsichtsrats
(4) GR Zuführung zur gesetzlichen Rücklage

(5) KG Körperschaftsteuerpflichtiger Gewinn
(6) KSt Körperschaftsteuer
(7) GESt Gewerbeertragsteuer
(8) BG Bilanzgewinn
(9) GVN Gewinnvortrag

Zur Ermittlung dieser neun Größen (Unbekannten) ist ein Gleichungssystem mit neun Gleichungen aufzustellen. Vereinfachend wird unterstellt, daß der Jahresüberschuß mindestens so hoch ist, daß ein Bilanzgewinn verbleibt, kein Gewinnvortrag aus dem Vorjahr existiert sowie keine Entnahmen aus Rücklagen erfolgen.

Ausgangspunkt ist ein **vorläufiger** Jahresüberschuß, der noch nicht um die erfolgsabhängigen Aufwendungen gekürzt ist. Der Zusammenhang zwischen dem vorläufigen Jahresüberschuß und dem **endgültigen** Jahresüberschuß läßt sich durch folgende Tabelle veranschaulichen:

$JÜ_v$	vorläufiger Jahresüberschuß
./. TV	Tantiemen des Vorstands
./. TA	Tantiemen des Aufsichtsrats
./. KSt	Körperschaftsteuer
./. GESt	Gewerbeertragsteuer
./. GKSt	Gewerbekapitalsteuer
= JÜ	endgültiger Jahresüberschuß

Somit ergibt sich für den **Jahresüberschuß** folgende Bestimmungsgleichung:

$$(1) \quad \boxed{JÜ = JÜ_v - TV - TA - KSt - GESt - GKSt}$$

Gemäß § 86, Abs. 1 AktG kann den Vorstandsmitgliedern für ihre Geschäftstätigkeit neben ihren festen Bezügen zusätzlich eine Gewinnbeteiligung (Tantieme) gewährt werden, die in der Regel aus einem prozentualen Anteil am Jahresgewinn besteht, sich jedoch vertragsgemäß auch am Bilanzgewinn orientieren oder in Form einer Umsatzbeteiligung ausbezahlt werden kann. Nach der gesetzlichen Regelung des § 86, Abs. 2 AktG bezieht sich die **Vorstandstantieme** auf folgende Bemessungsgrundlage:

JÜ	endgültiger Jahresüberschuß
./. VVV	Verlustvortrag aus dem Vorjahr
./. GR	Zuführung zur gesetzlichen bzw. satzungsmäßigen Rücklage
= Bemessungsgrundlage der Vorstandstantiemen	

Um die absolute Höhe der Tantiemen bestimmen zu können, muß außerdem der Tantiemenprozentsatz als prozentualer Gewinnanteil des Vorstands $\left(\frac{pV}{100}\right)$ festgelegt werden, so daß sich folgende Formel ergibt:

$$(2) \quad \boxed{TV = \frac{pV}{100}(JÜ - VVV - GR)}$$

Die **Tantiemen des Aufsichtsrats** beziehen sich nur mittelbar auf den endgültigen Jahresüberschuß, da nach § 113, Abs. 3 AktG der Prozentsatz der Aufsichtsratstantieme $\left(\frac{pA}{100}\right)$ auf nachstehende Bemessungsgrundlage angewandt wird:

BG	Bilanzgewinn
./. VD	4% Vorabdividende auf das eingezahlte Grundkapital

= Bemessungsgrundlage der Aufsichtsratstantiemen

Somit gilt:

$$(3) \quad TA = \frac{pA}{100}(BG - VD)$$

oder vgl. (8):

$$(3a) \quad TA = \frac{pA}{100}(JÜ - VVV - GR - VD)$$

Bei der **Zuführung zu den Gewinnrücklagen** muß zwischen Rücklagebeträgen, die bei der Aufstellung des Jahresabschlusses gebildet werden und solchen, die im Rahmen der Gewinnverwendung nach § 174 AktG beschlossen werden, unterschieden werden, da nur erstere in die Gewinnverwendung und damit in das aufzustellende Gleichungssystem Eingang finden. Als weitere Einschränkung wird angenommen, daß nur die gesetzliche Rücklage in Höhe von 5% des Jahresüberschusses eingestellt wird, so daß die folgende Formel gilt:

$$(4) \quad GR = 0{,}05\,(JÜ - VVV)$$

Der **körperschaftsteuerpflichtige Gewinn** wird aus dem vorläufigen Jahresüberschuß bestimmt, indem die nichtabzugsfähigen Ausgaben (NA) mit Ausnahme der noch zu bestimmenden Hälfte der Aufsichtsratsvergütungen (§ 10 KStG) hinzugerechnet werden und die noch nicht als Aufwand ausgewiesene Gewerbekapitalsteuer (GKSt) und Gewerbeertragsteuer (GESt) sowie die noch nicht berücksichtigten Vorstands- und halben (§ 10 KStG) Aufsichtsratstantiemen als abzugsfähige Betriebsausgaben subtrahiert werden. Eventuelle Erfolgsauswirkungen durch abweichende Bewertung in Handels- und Steuerbilanz sind bei den nichtabzugsfähigen Betriebsausgaben zu berücksichtigen.

$$(5) \quad KG = JÜ_v + NA - GKSt - GESt - TV - 0{,}5\,TA$$

Der Steuersatz der **Körperschaftsteuer** ist unterschiedlich hoch und hängt von der Gewinnverwendung ab. Er beträgt nach § 23, Abs. 1 KStG seit dem 1. 1.

1990 50% für nicht ausgeschüttete Gewinne (Tarifbelastung) und gemäß § 27, Abs. 1 KStG 36% für den ausgeschütteten Gewinn (Ausschüttungsbelastung) wobei jedoch zu beachten ist, daß die auf der Ausschüttung lastende KSt ebenfalls der Besteuerung unterliegt, so daß die effektive Steuerlast $\frac{36}{64}$ = 56,25% beträgt. Damit ergibt sich folgende Bestimmungsgleichung (GA = Gewinnausschüttung):

$$(6) \qquad KSt = 0{,}5625\ GA + \frac{50}{100}(KG - 1{,}5625\ GA)$$

Die Bemessungsgrundlage für die **Gewerbeertragsteuer** ist der Gewerbeertrag, der an den körperschaftsteuerpflichtigen Gewinn anknüpft, indem dieser um den Saldo der Hinzurechnungen (H) gemäß § 8 GewStG (z. B. Hälfte der Dauerschuldzinsen auf das langfristige Fremdkapital) und der Kürzungen (K) gemäß § 9 GewStG korrigiert wird.

Die Höhe der Gewerbeertragsteuer richtet sich nach dem Gewerbeertragsteuersatz und der Bemessungsgrundlage Gewerbeertrag. Der Gewerbeertragsteuersatz wird nach § 16 GewStG aus dem Produkt von Steuermeßzahl (MZ), die nach § 11 GewStG 5% beträgt, und Hebesatz (HS) der hebeberechtigten Betriebsgemeinde ermittelt, wobei zu beachten ist, daß die Gewerbeertragsteuer als abzugsfähige Betriebsausgabe den steuerlichen Gewinn mindert und damit ihre eigene Bemessungsgrundlage verkürzt. So ergibt sich z. B. bei einem angenommenen Durchschnittshebesatz von 300% ein Gewerbeertragsteuerprozentsatz von (0,05 · 3) 100 = 15% ohne Berücksichtigung der Abzugsfähigkeit der Gewerbeertragsteuer „bei sich selbst“ (auf Hundert), dem 13,04% nach Abzug der Gewerbeertragsteuer „bei sich selbst“ (vom Hundert) entspricht (GESt = $\frac{15}{100}$ (Gewerbeertrag G – GESt) = $\frac{15}{115}$ G = 0,1304 G; im einzelnen vgl. *Wagner/Dirrigl,* Steuerplanung, S. 169). Da die Abzugsfähigkeit der Gewerbeertragsteuer bei sich selbst bereits in KG (vgl. Gleichung (5)) berücksichtigt ist, muß der Gewerbeertragsteuersatz MZ · HS nicht weiter modifiziert werden.

Damit ergibt sich folgende Bestimmungsgleichung für die Gewerbeertragsteuer:

$$(7) \qquad GESt = MZ \cdot HS\ (KG + H - K)$$

Der **Bilanzgewinn** ergibt sich gemäß § 158, Abs. 1, Satz 1 AktG aus dem endgültigen Jahresüberschuß abzüglich der Rücklageneinstellung und des Verlustvortrages aus dem Vorjahr:

$$(8) \qquad BG = JÜ - VVV - GR$$

Ein ins neue Jahr zu übertragender **Gewinnvortrag** verbleibt, wenn vom Bilanzgewinn die Gewinnausschüttungen (GA) und von der Hauptversammlung beschlossene zusätzliche Rücklagen, von denen hier allerdings abstrahiert wird, abgesetzt werden; die Formel lautet folgendermaßen:

(9) $$\boxed{GVN = BG - GA}$$

Beispiel:

In der Buchhaltung einer Aktiengesellschaft liegen folgende Daten vor, die für den Jahresabschluß herangezogen werden:

voll einbezahltes Grundkapital	5.000.000
Summe der gesetzlichen Rücklage	200.000
Summe der anderen Gewinnrücklagen	800.000
vorläufiger Jahresüberschuß	1.000.000

Der Bemessungssatz für die Vorstandstantieme ist mit 10%, der für die Aufsichtsratstantieme mit 5% anzusetzen. Den Rücklagen wird nur die gesetzliche Mindesteinstellung von 5% zugeführt; die Vorabdividende beträgt 4% vom Grundkapital. Bei der Gewerbeertragsteuer ist von einer Steuermeßzahl von 5% und einem Hebesatz von 300% auszugehen; bei ihrer Ermittlung ist der positive Saldo der Hinzurechnungen und Kürzungen auf den körperschaftsteuerpflichtigen Gewinn mit 10.000 zu berücksichtigen. Die noch nicht erfolgswirksam gebuchte Gewerbekapitalsteuer wurde auf 20.000 festgesetzt. Bei der Berechnung der Körperschaftsteuer ist davon auszugehen, daß 300.000 Gewinn ausgeschüttet werden, und die körperschaftsteuerlich nichtabzugsfähigen Betriebsausgaben 100.000 betragen.

Lösung:

Es ergibt sich das nachfolgende Gleichungssystem, das mit Hilfe des Einsetzverfahrens gelöst wird. Bei diesem Verfahren wird jeweils eine Unbekannte eliminiert, indem sie durch den in einer anderen Gleichung vorhandenen adäquaten Ausdruck ersetzt wird. In den Gleichungen (1)–(9) sind die bekannten Größen bereits eingesetzt:

(1) Endgültiger Jahresüberschuß: $JÜ = 1.000.000 - TV - TA - KSt - GESt - 20.000$

(2) Vorstandstantieme: $TV = 0{,}10\,(JÜ - GR)$

(3) Aufsichtsratstantieme: $TA = 0{,}05\,(BG - 200.000)$

(4) Zuführung gesetzliche Rücklage: $GR = 0{,}05\,JÜ$

(5) Körperschaftsteuerpflichtiger Gewinn: $KG = 1.000.000 + 100.000 - 20.000 - GESt - TV - 0{,}5\,TA$

(6) Körperschaftsteuer: $KSt = 0{,}5625 \cdot 300.000 + 0{,}50\,(KG - 468.750)$

(7) Gewerbeertragsteuer: $GESt = 0{,}15\,(KG + 10.000)$

(8) Bilanzgewinn: $BG = JÜ - GR$

(9) Gewinnvortrag: $GVN = BG - 300.000$

Gleichung (4) wird zunächst in die Gleichungen (2) und (8) eingesetzt, so daß sich folgende Ausdrücke ergeben:

(4) in (2): $TV = 0{,}10\,(JÜ - 0{,}05\,JÜ)$

$TV = 0{,}10\,JÜ - 0{,}005\,JÜ$

$\Rightarrow$ (10) $TV = 0{,}095\,JÜ$

$$\begin{array}{llrl}
(4) \text{ in } (8): & & BG & = JÜ - 0{,}05\ JÜ \\
\Rightarrow (11) & & BG & = 0{,}95\ JÜ
\end{array}$$

Die Gleichungen (10) und (11) werden in die Gleichungen (1) und (3), anschließend (10) und (13) in (5) eingesetzt:

$$\begin{array}{lrl}
(10) \text{ in } (1): \quad JÜ & = & 1.000.000 - 0{,}095\ JÜ - TA - KSt - GESt - 20.000 \\
\Rightarrow (12) \quad 1{,}095\ JÜ & = & 980.000 - TA - KSt - GESt \\
(11) \text{ in } (3): \quad TA & = & 0{,}05\ (0{,}95\ JÜ - 200.000) \\
\Rightarrow (13) \quad TA & = & 0{,}0475\ JÜ - 10.000 \\
(10) \text{ und } (13) \text{ in } (5): KG & = & 1.000.000 + 100.000 - 20.000 - GESt - \\
 & & 0{,}095\ JÜ - (0{,}02375\ JÜ - 5.000) \\
\Rightarrow (14) \quad KG & = & 1.085.000 - GESt - 0{,}11875\ JÜ
\end{array}$$

Die Gleichung (7) wird in (12) und (14) eingesetzt:

$$\begin{array}{lrl}
(7) \text{ in } (12): \quad 1{,}095\ JÜ & = & 980.000 - TA - KSt - 0{,}15\ (KG + 10.000) \\
1{,}095\ JÜ & = & 980.000 - TA - KSt - 0{,}15\ KG - 1500 \\
\Rightarrow (15) \quad 1{,}095\ JÜ & = & 978.500 - TA - KSt - 0{,}15\ KG \\
(7) \text{ in } (14): \quad KG & = & 1.085.000 - 0{,}15\ (KG + 10.000) - 0{,}11875\ JÜ \\
KG & = & 1.085.000 - 0{,}15\ KG - 1500 - 0{,}11875\ JÜ \\
\Rightarrow (14a) \quad 1{,}15\ KG & = & 1.083.500 - 0{,}11875\ JÜ
\end{array}$$

Mit Hilfe der nachstehenden vier Gleichungen, die vier Unbekannte enthalten, wird zunächst bis zur Bestimmung einer Unbekannten weitergerechnet:

$$\begin{array}{llrl}
(6) & KSt & = & 0{,}5625 \cdot 300.000 + 0{,}50\ (KG - 468.750) \\
 & KSt & = & 168.750 + 0{,}50\ KG - 234.375 \\
 & KSt & = & 0{,}50\ KG - 65.625 \\
(13) & TA & = & 0{,}0475\ JÜ - 10.000 \\
(14a) & 1{,}15\ KG & = & 1.083.500 - 0{,}11875\ JÜ \\
(15) & 1{,}095\ JÜ & = & 978.500 - TA - KSt - 0{,}15\ KG
\end{array}$$

(13) in (15) eingesetzt:

$$\begin{array}{lrl}
 & 1{,}095\ JÜ & = 978.500 - (0{,}0475\ JÜ - 10.000) \\
 & & \quad - KSt - 0{,}15\ KG \\
\Rightarrow (16) & 1{,}1425\ JÜ & = 988.500 - KSt - 0{,}15\ KG
\end{array}$$

(6) in (16) eingesetzt ergibt:

$$\begin{array}{lrl}
 & 1{,}1425\ JÜ & = 988.500 - (0{,}50\ KG - 65.625) - 0{,}15\ KG \\
 & 1{,}1425\ JÜ & = 1.054.125 - 0{,}65\ KG \\
\Rightarrow (17) & JÜ & = 922.648 - 0{,}5689\ KG
\end{array}$$

(14a) nach JÜ aufgelöst:

$$\begin{array}{lrl}
 & 1{,}15\ KG & = 1.083.500 - 0{,}11875\ JÜ \\
 & 0{,}11875\ JÜ & = 1.083.500 - 1{,}15\ KG \\
\Rightarrow (18) & JÜ & = 9.124.211 - 9{,}6842\ KG
\end{array}$$

Gleichung (17) und (18) stellen damit 2 Gleichungen mit 2 Unbekannten dar, die durch Gleichsetzung gelöst werden können:

$$\begin{array}{rl}
922.648 - 0{,}5689\ KG & = 9.124.211 - 9{,}6842\ KG \\
9{,}1153\ KG & = 8.201.563
\end{array}$$

$$\boxed{KG = 899.758}$$

Von diesem Ergebnis ausgehend können durch Einsetzen in die jeweiligen Gleichungen die restlichen Unbekannten bestimmt werden. Zunächst wird aus (17) JÜ bestimmt:

(17) JÜ = 922.648 – 0,5689 · 899.758
JÜ = 922.648 – 511.872

JÜ = 410.776

KG in (6) eingesetzt ergibt:
(6) KSt = 0,50 · 899.758 – 65.625
KSt = 449.879 – 65.625

KSt = 384.254

JÜ in (11) eingesetzt:
(11) BG = 0,95 · 410.776

BG = 390.237

JÜ in (10) eingesetzt:
(10) TV = 0,095 · 410.776

TV = 39.024

JÜ in (13) eingesetzt:
(13) TA = 0,0475 · 410.776 – 10.000
TA = 19.512 – 10.000

TA = 9.512

JÜ in (4) eingesetzt:
(4) GR = 0,05 · 410.776

GR = 20.539

Wenn in Gleichung (1) alle bisher errechneten Werte eingesetzt werden, ergibt sich der Wert von GESt:
(1) 410.776 = 1.000.000 – 39.024 – 9.512 – 384.254 – GESt – 20.000

GESt = 136.434

BG in Gleichung (9) eingesetzt:
(9) GVN = 390.237 – 300.000

GVN = 90.237

Damit sind alle Größen des Gleichungssystems (1) bis (9) bestimmt. In der kaufmännischen **Praxis** wird wegen der Komplexität der Zusammenhänge häufig auf eine simultane Ermittlung der gewinnabhängigen Aufwendungen verzichtet. Obwohl das Aktiengesetz vorschreibt, daß erfolgsabhängige Tantiemen in Abhängigkeit vom Bilanzgewinn bzw. Jahresüberschuß zu berechnen sind, wird überwiegend die Meinung vertreten, der Jahreserfolg nach AktG dürfe sukzessiv aus dem vorläufigen Jahresüberschuß vor Abzug von Steuern und Tantiemen ermittelt werden (*IdW,* Stellungnahme, S. 538ff.). Dabei auftretende Ungenauigkeiten werden in Kauf genommen.

11.313 Verbuchung des festgestellten und verteilten Erfolges

Um buchungstechnisch vom vorläufigen zum endgültigen Jahresergebnis zu gelangen, sind zunächst im Rahmen der Erfolgsfeststellung die erfolgsbezogenen Aufwendungen für Tantiemen und Ertragsteuern zu verbuchen.

Die **Tantiemen** sind **auch buchmäßig** nach Vorstands- und Aufsichtsratstantiemen zu trennen: Die **Vorstandstantiemen** stellen als eine Form der Vergütung für die Geschäftsführungstätigkeit der Vorstandsmitglieder einen Aufwandsposten dar, der in der Gewinn- und Verlustrechnung unter die Position Löhne und Gehälter subsumiert wird; die **Aufsichtsratstantiemen** dagegen werden in der Gewinn- und Verlustrechnung nicht als Personalaufwand, sondern unter der Position Sonstige betriebliche Aufwendungen erfaßt. Als Gegenkonto wird bei den Vorstandstantiemen das Konto Sonstige Verbindlichkeiten erkannt, da diese Aufwendungen erst nach dem Bilanzstichtag, jedoch rückwirkend auf diesen, gebucht werden können und die zu zahlenden Tantiemen eine Schuld der Gesellschaft an die Vorstandsmitglieder beinhalten, die erst im folgenden Jahr beglichen wird. Die am Bilanzstichtag noch nicht ausbezahlten Aufsichtsratstantiemen werden in der Schlußbilanz entweder analog auf dem Passivkonto Sonstige Verbindlichkeiten ausgewiesen, wenn ihre Höhe in der Satzung festgelegt ist, oder als Rückstellung für ungewisse Verbindlichkeiten behandelt, sofern sie ihrer Höhe nach erst von der Hauptversammlung bewilligt werden müssen.

Buchungssätze:

Vorstandstantiemen:

Vorstandstantiemen (Löhne und Gehälter)	**an**	Sonstige Verbindlichkeiten

Aufsichtsratstantiemen:

Aufsichtsratstantiemen (Sonstige betriebliche Aufwendungen)	**an**	Sonstige Verbindlichkeiten oder Tantieme-Rückstellungen

Ertragsteuern werden regelmäßig nicht erst mit der Auf- bzw. Feststellung des Jahresabschlusses oder der Veranlagung durch die Finanzbehörde fällig, sondern es sind aufgrund von Vorauszahlungsbescheiden bereits während eines Geschäftsjahres Vorauszahlungen an die Finanzkasse zu leisten, die als Steueraufwand auf den Konten Körperschaftsteuer bzw. Gewerbesteuer erfaßt werden.

Bei der Aufstellung des Jahresabschlusses wird die voraussichtliche Höhe von Körperschaft- und Gewerbeertragsteuer grundsätzlich aufgrund des Beschlusses bzw. aufgrund des Vorschlags über die Gewinnverwendung berechnet, obwohl das Verhältnis zwischen auszuschüttendem und einzubehaltendem Gewinn zunächst ebenso unsicher ist wie der körperschaftsteuerliche Gewinn, der erst nach Erhalt des endgültigen Steuerbescheids feststeht. Die geleisteten Steuervorauszahlungen sind mit der wahrscheinlichen Steuerlast zu vergleichen: Unterschreiten die Vorauszahlungen die mutmaßliche Steuerlast, so sind in Höhe der Differenz Rückstellungen zu bilden, deren Auflösung erst nach Eingang des endgültigen Steuerbescheids erfolgen kann; sind voraussichtlich Überzahlungen erfolgt, so ist in Höhe der Differenz eine sonstige Forderung an das Finanzamt zu aktivieren (vgl. hierzu auch: Abschn. 8, S. 177ff.).

Buchungssätze:

(1) Für Vorauszahlungen während der Abrechnungsperiode:

Gewerbesteuer		
Körperschaftsteuer	**an**	Bank

(2) Bildung einer Rückstellung bei erwarteten Nachzahlungen:

Gewerbesteuer	**an**	Gewerbesteuerrückstellung
Körperschaftsteuer	**an**	Körperschaftsteuerrückstellung

(3) Aktivierung einer sonstigen Forderung bei Überzahlung:

Steuerüberzahlungen		
(Sonstige Forderungen)	**an**	Gewerbesteuer
		Körperschaftsteuer

Die Salden der Aufwandskonten werden zum Bilanzstichtag über die Gewinn- und Verlustrechnung abgeschlossen; die Salden der Aktiv- bzw. Passivkonten werden an die Schlußbilanz abgegeben.

(4) Abschlußbuchungen:

Erfolgskonten:		
GuV	**an**	Gewerbesteuer
GuV	**an**	Körperschaftsteuer
Bestandskonten:		
Gewerbesteuerrückstellung	**an**	SBK
Körperschaftsteuerrückstellung	**an**	SBK
SBK	**an**	Steuerüberzahlungen
		(Sonstige Forderungen)

Ebenfalls im Rahmen der Feststellung des Bilanzergebnisses sind die Beträge buchungstechnisch zu erfassen, die den gesetzlichen und anderen **Gewinnrücklagen** aus dem Jahresergebnis zugewiesen werden. Die Rücklagekonten werden ebenso wie das GuV-Konto, das als Saldo nunmehr den Bilanzerfolg ausweist, über die Schlußbilanz abgeschlossen.

Buchungssätze:

(1) Rücklagenzuweisung:

GuV	**an**	Gesetzliche Rücklage
GuV	**an**	Andere Gewinnrücklagen

(2) Abschluß der Rücklagekonten:

Gesetzliche Rücklage	**an**	SBK
Andere Gewinnrücklagen	**an**	SBK

(3) Abschluß des GuV-Kontos (Verbuchung des Bilanzgewinns):

GuV	**an**	SBK

Die Verbuchung der **Gewinnverwendung** kann erst nach dem Gewinnverwendungsbeschluß der Hauptversammlung erfolgen. Es wird daher im neuen Geschäftsjahr ein **Gewinnverwendungskonto** eingerichtet, auf das der festgestellte Bilanzgewinn übertragen wird. Von diesem Konto werden die entsprechenden Beträge im neuen Geschäftsjahr gemäß dem Gewinnverwendungsbeschluß abgebucht. Bei der Verbuchung einer Dividendenausschüttung ist zu beachten, daß die vom Aktionär zu tragende Kapitalertragsteuer in Höhe von im allgemeinen 25% (§ 43a, Abs. 1 EStG) von der Gesellschaft einzubehalten und an das Finanzamt abzuführen ist. Der einbehaltene Betrag wird entweder auf das Konto Noch abzuführende Abgaben umgebucht oder verbleibt bis zur Abführung an das Finanzamt auf dem Konto Sonstige Verbindlichkeiten.

Buchungssätze:

(1) Umbuchung des Bilanzgewinns:

EBK	**an**	Gewinnverwendungskonto

(2) Dividendenausschüttung:

Gewinnverwendungskonto	**an**	Sonstige Verbindlichkeiten
Sonstige Verbindlichkeiten	**an**	Bank
		Noch abzuführende Abgaben

(3) Einstellung in andere Gewinnrücklagen:

Gewinnverwendungskonto	**an**	Andere Gewinnrücklagen

(4) Vortrag eines Teils des Bilanzgewinns:

Gewinnverwendungskonto	**an**	Gewinnvortrag

Beispiel:

Es wird auf die Daten des Beispiels in Abschn. 11.312, S. 315ff. Bezug genommen:

voll einbezahltes Grundkapital	5.000.000
Summe der gesetzlichen Rücklage	200.000
Summe der anderen Gewinnrücklagen	800.000
vorläufiger Jahresüberschuß	1.000.000

Gewinnverwendungsgrößen:	
endgültiger Jahresüberschuß	410.776
Vorstandstantiemen	39.024
Aufsichtsratstantiemen	9.512
Zuführung zur gesetzlichen Rücklage	20.539
Körperschaftsteuer	384.254
Gewerbeertragsteuer	136.434
Gewerbekapitalsteuer	20.000
Bilanzgewinn	390.237

Gewinnverwendungsbeschluß der Hauptversammlung und Gewinnverwendungsvorschlag der Verwaltung weichen teilweise voneinander ab: Durch den Gewinnverwendungsbeschluß der Hauptversammlung werden zwar die von der Verwaltung vorgeschlagenen Gewinnausschüttungen in Höhe von 300.000 bestätigt, jedoch werden vom Restbetrag des Bilanzgewinns 50.000 den anderen Gewinnrücklagen zugeführt und 40.237 als Gewinnvortrag ins neue Jahr übernommen, so daß sich folgende Gewinnverwendungstabelle ergibt:

Gewinnverwendungstabelle:

vorläufiger Jahresüberschuß	$JÜ_v$	1.000.000
./. Tantiemen des Vorstands	TV	39.024
./. Tantiemen des Aufsichtsrats	TA	9.512
./. Körperschaftsteuer	KSt	384.254
./. Gewerbeertragsteuer	GESt	136.434
./. Gewerbekapitalsteuer	GKSt	20.000
= endgültiger Jahresüberschuß	JÜ	410.776
./. Verlustvortrag aus dem Vorjahr	VVV	–
= Bemessungsgrundlage	B_1	410.776
./. Einstellung in die gesetzliche Rücklage	GR	20.539
= Bemessungsgrundlage	B_2	390.237
./. Einstellung in die anderen Gewinnrücklagen	AGL	–
= Zwischensumme		390.237
+ Gewinnvortrag aus dem Vorjahr	GVV	–
= Bilanzgewinn	BG	390.237
./. Dividendenausschüttung		300.000
./. zusätzliche Rücklageneinstellung		50.000
= Gewinnvortrag ins neue Jahr	GVN	40.237

Buchungssätze:

(1) Verbuchung der Vorstands- und Aufsichtsratstantiemen:

5091	Vorstandstantiemen	39.024				
204	Sonstiger betrieblicher Aufwand	9.512	**an**	1931	Sonstige Verbindlichkeiten	48.536

(2) Bildung der Steuerrückstellungen, wobei bereits verbuchte Vorauszahlungen bei der Körperschaftsteuer von 200.000, bei der Gewerbeertragsteuer von 100.000 sowie die Gewerbekapitalsteuer mit 20.000 zu berücksichtigen sind.

(a) 520	Gewerbesteuer	36.434	**an**	09220	Gewerbesteuerrückstellung	36.434

(b)	521	Körperschaftsteuer	184.254	**an**	09221	Körperschaftsteuerrückstellung	184.254

(3) Abschluß der angesprochenen Erfolgs- und Bestandskonten:

(a)	93	GuV	39.024	**an**	5091	Vorstandstantiemen	39.024
(b)	93	GuV	9.512	**an**	204	Sonstiger betrieblicherAufwand	9.512
(c)	1931	Sonstige Verbindlichkeiten	48.536	**an**	941	SBK	48.536
(d)	93	GuV	156.434	**an**	520	Gewerbesteuer	156.434
(e)	93	GuV	384.254	**an**	521	Körperschaftsteuer	384.254
(f)	09220	Gewerbesteuerrückstellung	36.434	**an**	941	SBK	36.434
(g)	09221	Körperschaftsteuerrückstellung	184.254	**an**	941	SBK	184.254

(4) Verbuchung der gesetzlichen Rücklagenzuweisung und deren Abschluß:

(a)	93	GuV	20.539	**an**	08321	Gesetzliche Rücklage	20.539
(b)	08321	Gesetzliche Rücklage	220.539	**an**	941	SBK	220.539

(5) Umbuchung des Bilanzgewinns:

93	GuV	390.237	**an**	941	SBK	390.237

(6) Umbuchung des Bilanzgewinns von der Eröffnungsbilanz der folgenden Periode auf das Gewinnverwendungskonto:

940	EBK	390.237	**an**	95	Gewinnverwendungskonto	390.237

(7) Verbuchung der von der Hauptversammlung beschlossenen Gewinnverwendung:

95	Gewinnverwendungskonto	390.237	**an**	1931	Sonstige Verbindlichkeiten	300.000
				08324	Andere Gewinnrücklagen	50.000
				084	Gewinnvortrag	40.237

(8) Verbuchung der Dividendenausschüttung:

1931	Sonstige Verbindlichkeiten	300.000	**an**	13	Bank	225.000
				1922	Noch abzuführende Abgaben	75.000

Abrechnungsperiode:

5091 Vorstandstantiemen

(1) 39.024	39.024 (3a)

08321 Gesetzliche Rücklage

(4b) 220.539	AB 200.000
	20.539 (4a)
220.539	220.539

204 Sonstiger betrieblicher Aufwand

(1)	9.512	9.512	(3b)

1931 Sonstige Verbindlichkeiten

(3c)	48.536	48.536	(1)

520 Gewerbesteuer

Bestand	120.000	156.434	(3d)
(2a)	36.434		
	156.434	156.434	

09220 Gewerbesteuerrückstellung

(3f)	36.434	36.434	(2a)

521 Körperschaftsteuer

Bestand	200.000	384.254	(3e)
(2)	184.254		
	384.254	384.254	

09221 Körperschaft-steuerrückstellung

(3g)	184.254	184.254	(2)

93 GuV

Aufwendungen	14.000.000	Erträge 15.000.000	
(3a)	39.024		
(3b)	9.512		
(3d)	156.434		
(3e)	384.254		
(4a)	20.539		
(5)	390.237		
	15.000.000	15.000.000	

941 Schlußbilanzkonto

Bestand	8.000.000	Bestand 7.120.000	
		48.536	(3c)
		36.434	(3f)
		184.254	(3g)
		220.539	(4b)
		390.237	(5)
	8.000.000	8.000.000	

Folgeperiode:

95 Gewinnverwendung

(7)	390.237	390.237	(6)

940 Eröffnungsbilanzkonto

AB	7.609.763	AB 8.000.000	
(6)	390.237		

084 Gewinnvortrag

		40.237	(7)

1931 Sonstige Verbindlichkeiten

(8)	300.000	AB 48.536	
		300.000	(7)

08324 Andere Gewinnrücklagen

		AB 800.000	
		50.000	(7)

13 Bank

		225.000	(8)

1922 Noch abzuführende Abgaben

		75.000	(8)

Da bei der Berechnung der einkommens- und ertragsabhängigen Steuern vom Beschluß bzw. vom Vorschlag über die Gewinnverwendung auszugehen ist, kann der endgültige Steueraufwand vom berechneten Steueraufwand abweichen, so daß ein **zusätzlicher Aufwand** aufgrund des **Gewinnverwendungsbeschlusses** auszuweisen ist (§ 174, Abs. 2, Nr. 5 AktG). Eine Änderung des festgestellten Jahresabschlusses ist jedoch durch § 174, Abs. 3 AktG ausgeschlossen; eine buchtechnische Verrechnung in der Gewinn- und Verlustrechnung der Folgeperiode kommt allerdings auch nicht in Frage, da dies die gleichzeitige Einbuchung eines Vortragspostens aus dem Bilanzgewinn des Vorjahres notwendig machen würde. Das Erfolgsverwendungsschema des § 158 AktG sieht einen solchen Posten jedoch nicht vor, so daß der zusätzliche Aufwand in keiner Gewinn- und Verlustrechnung ausgewiesen werden kann. Eine Veröffentlichung des zusätzlichen Aufwands muß daher im Anhang (Erläuterungsbericht) erfolgen.

11.32 Die Erfolgsverbuchung bei der Gesellschaft mit beschränkter Haftung (GmbH)

Die Rechtsverhältnisse der GmbH, die ebenso wie die AG Kapitalgesellschaft ist und eigene Rechtspersönlichkeit besitzt, sind im „Gesetz betreffend die Gesellschaften mit beschränkter Haftung (GmbHG)" aus dem Jahre 1892 (zuletzt geändert am 15. 5. 1986) geregelt. Die Rechtsform der GmbH sollte ursprünglich den Gesellschaftern kleinerer und mittlerer Betriebe die Möglichkeit eröffnen, ihre Haftung und damit ihr Kapitalrisiko auf ihre Einlage zu beschränken, ohne sie mit den formalen Anforderungen und strengen Rechnungslegungsvorschriften des Aktienrechts zu belasten. Da sich aber auch zunehmend große und größte Unternehmen der Rechtsform der GmbH bedienen und die gegenüber der AG geringeren Form- und Rechnungslegungsvorschriften zu einer erhöhten Konkursgefährdung dieser Rechtsform geführt haben, wurde bezüglich der Publizitäts- und Rechnungslegungsvorschriften im Zusammenhang mit Harmonisierungsbestrebungen in den Europäischen Gemeinschaften eine Annäherung der die GmbH betreffenden Vorschriften an das Aktienrecht vorgenommen.

Das gezeichnete Kapital, bei der GmbH als **Stammkapital** bezeichnet, wird bei der Gründung durch den Gesellschaftsvertrag festgelegt (§ 3, Abs. 1 GmbHG) und beträgt mindestens 50.000 DM (§ 5, Abs. 1 GmbHG); es setzt sich aus den Anteilen der Gesellschafter zusammen, wobei die Stammeinlage eines Gesellschafters mindestens 500 DM betragen muß (§ 5, Abs. 1 GmbHG). Das Stammkapital entspricht seinem Wesen nach dem Grundkapital der AG und bezeichnet den Betrag, in dessen Höhe die Gesellschafter besonderen Pflichten zur Sicherung des Gesellschaftsvermögens unterliegen. Diese Sicherung dient den Gläubigern als Ausgleich dafür, daß für die Verbindlichkeiten der GmbH nur das Gesellschaftsvermögen haftet (§ 13, Abs. 2 GmbHG).

Das Stammkapital der GmbH wird auf dem Stammkapitalkonto verbucht und in der Bilanz immer in der durch den Gesellschaftsvertrag festgelegten Höhe ausgewiesen, auch wenn Teile davon noch nicht einbezahlt sind oder nicht entnommene Gewinne das Eigenkapital der Gesellschaft erhöhen. Die nicht einbezahlten Stammeinlagebeträge werden auf einem Korrekturkonto auf der Aktivseite der Bilanz, dem Konto Ausstehende Einlagen, nicht entnommene Gewinne auf dem Konto Andere Gewinnrücklagen oder dem Konto Gewinnvortrag ausgewiesen (zur Verbuchung und zum Ausweis des Stammkapitals vgl. S. 304f.).

Ob und in welcher Höhe **Rücklagen** zu bilden sind, ist im GmbHG nicht geregelt. § 29 Abs. 2 GmbHG bestimmt lediglich, daß die Gesellschafter durch den Gewinnverwendungsbeschluß Beträge in Gewinnrücklagen einstellen oder als Gewinn vortragen können, sofern der Gesellschaftsvertrag nichts anderes vorsieht. Darüber hinaus können mit Zustimmung des Aufsichtsrats oder der Gesellschafter die Eigenkapitalanteile aus Wertaufholungen oder bestimmten steuerlichen Sonderposten in die Gewinnrücklagen eingestellt werden.

Der **Jahresabschluß** einer GmbH für das abgelaufene Geschäftsjahr ist gemäß § 264, Abs. 1, Satz 2 HGB innerhalb der ersten drei Monate des laufenden Jahres durch die Geschäftsführer zu erstellen; kleine GmbHs im Sinne von § 267, Abs. 1 HGB müssen den Jahresabschluß und den Lagebericht innerhalb der ersten sechs Monate des Geschäftsjahres erstellen (§ 264, Abs. 1, Satz 3 HGB). Die Geschäftsführer haben den Jahresabschluß und den Lagebericht unverzüglich den Gesellschaftern, bzw. sofern es sich um prüfungspflichtige Gesellschaften handelt den Abschlußprüfern, vorzulegen. Über die Feststellung des Jahresabschlusses sowie über die Gewinnverwendung haben die Gesellschafter innerhalb der ersten acht Monate des laufenden Jahres zu beschließen; für die kleine GmbH verlängert sich diese Frist auf elf Monate (§ 42a, Abs. 2 GmbHG).

Auf einen sich ergebenden Jahresüberschuß haben die Gesellschafter zuzüglich eines Gewinnvortrages bzw. abzüglich eines Verlustvortrages nach § 29, Abs. 1 GmbHG Anspruch, und zwar nach dem Verhältnis der Geschäftsanteile (§ 29, Abs. 3 GmbHG), sofern im Gesellschaftsvertrag die Gewinnverteilung nicht völlig ausgeschlossen oder ein anderer Maßstab der Verteilung festgesetzt wurde. Bezüglich der Verwendung eines erwirtschafteten Gewinns entscheidet die Gesellschafterversammlung darüber, ob und in welcher Höhe (Gewinn-) Rücklagen zu bilden sind bzw. ob der ganze oder nur ein Teil des Gewinns auszuschütten ist (§ 29, Abs. 2 GmbHG; zu einem eventuell auftretenden zusätzlichen Steueraufwand aufgrund des Gewinnverwendungsbeschlusses der Gesellschafterversammmlung vgl. S. 178f.).

Der in die Schlußbilanz übernommene Gewinn wird im Rahmen der Eröffnungsbuchungen des neuen Geschäftsjahres auf das Konto **Gewinnverwendung** übertragen und anschließend dem Gewinnverwendungsbeschluß entsprechend verbucht. Dabei ist zu beachten, daß die den einzelnen Gesellschaftern zukommenden Gewinnanteile nicht deren Anteilen am Stammkapital gutgeschrieben, sondern entweder auf Privatkonten, Gewinnanteilskonten oder auch auf dem Konto Verbindlichkeiten an Gesellschafter gebucht werden; bei Auszahlung der Gewinnanteile werden die erkannten Konten buchungstechnisch wieder ausgeglichen. Bei noch nicht voll einbezahlter Stammeinlage kann ein Gesellschafter seinen Gewinnanteil auch zur Erfüllung seiner Einlageverpflichtungen verwenden, indem er ihn auf das Konto Ausstehende Einlagen buchen läßt. Damit ergeben sich folgende Buchungssätze:

(1) Übertragung auf das Konto Gewinnverwendung:

Eröffnungsbilanz		**an**	Gewinnverwendung

(2) Gewinnverwendung:

Gewinnverwendung		**an**	Andere Gewinnrücklagen
	bzw.	**an**	Verbindlichkeiten an Gesellschafter
	bzw	**an**	Ausstehende Einlagen
	bzw.	**an**	Gewinnvortrag

Beispiel:

Die Maschinengroßhandlung ABCD-GmbH besteht aus vier Gesellschaftern, von denen A mit 800.000, die anderen drei, B, C und D, mit jeweils 400.000 am Stammkapital von 2 Mio. beteiligt sind. B und C haben jeweils 50.000 ihres Kapitalanteils noch nicht eingezahlt und wollen deshalb ihre Gewinnanteile am Gesamtgewinn der Abrechnungsperiode, der sich auf 400.000 beläuft, zum Ausgleich ihrer noch ausstehenden Einlagen verwenden. Laut Gesellschaftsvertrag erhält A als Geschäftsführer eine Tätigkeitsvergütung von 50.000. Vom Restgewinn sind 2/7 in die Rücklagen einzustellen und 5/7 den Kapitalanteilen entsprechend zu verteilen, so daß A 2/7 und die anderen 3 Gesellschafter jeweils 1/7 als Gewinnanteil gutgeschrieben bekommen:

Gewinnverteilung:

Gesellschafter A:	50.000 +	2/7 · 350.000 = 150.000
Gesellschafter B:		1/7 · 350.000 = 50.000
Gesellschafter C:		1/7 · 350.000 = 50.000
Gesellschafter D:		1/7 · 350.000 = 50.000
Rücklagenzuweisung:		2/7 · 350.000 = 100.000

Buchungssätze:

(1) Übertragung auf das Konto Gewinnverwendung:

940 Eröffnungsbilanz	400.000	**an**	95	Gewinnverwendung	400.000

(2) Gewinnverwendung:

95 Gewinnverwendung	400.000	**an**	08324	Andere Gewinnrücklagen	100.000
			1931	Andere kurzfristige Verbindl. (Gewinnanteil A)	150.000
			1931	Andere kurzfristige Verbindl. (Gewinnanteil D)	50.000
			0810	Ausstehende Einlagen von B	50.000
			0820	Ausstehende Einlagen von C	50.000

95 Gewinnverwendung

Soll		Haben
(2)	400.000	400.000 (1)

940 Eröffnungsbilanz

Soll		Haben
Bestand	3.600.000	Bestand 4.000.000
(1)	400.000	
	4.000.000	4.000.000

1931 Gewinnanteil A

Soll	Haben
	150.000 (2)

0810 Ausstehende Einlagen von B

Soll		Haben
Bestand	50.000	50.000 (2)

1931 Gewinnanteil D

Soll	Haben
	50.000 (2)

0820 Ausstehende Einlagen von C

Soll		Haben
Bestand	50.000	50.000 (2)

08324 Andere Gewinnrücklagen

Soll	Haben
	Bestand 200.000
	100.000 (2)

Ergänzende Literatur zu: 11. Erfolgsverbuchung und Rechtsform

Bähr/Fischer-Winkelmann, Buchführung, S. 247–258
Coenenberg, Jahresabschluß, S. 350–356
Haase/Brandl, Rechnungswesen, S. 10–110
IdW, WP-Handbuch 85/86 II, S. 167–181; 215–217
Klimmer Buchführung, S. 272–309
Kresse, Schule des Bilanzbuchhalters I, S. 140–175; 329–334
Niehus/Scholz, Rechnungslegung, S. 309–330, 561–567
Wörner, Handels- und Steuerbilanz, S. 204–223

12. Die Organisation der Buchführung

Dieses abschließende Kapitel des A-Teiles führt zurück zu den Grundlagen der Buchführung, wie sie in Kapitel 1 dargestellt wurden: Es behandelt die organisatorische und technische Ausgestaltung der Finanzbuchführung und ergänzt damit die Ausführungen zur formellen und materiellen Ordnungsmäßigkeit (vgl. S. 15ff.). Inhaltlich werden die Bestandteile der Buchführung (Abschn. 12.2), alternative Systeme und Formen der Buchführung (Abschn. 12.3 und 12.4) sowie die Technik der Buchführung (Abschn. 12.5) dargestellt, die sämtlich nur vor dem Hintergrund ihrer historischen Entwicklung verständlich sind (Abschn. 12.1). Die Anordnung dieses Kapitels am Schluß des Buchteils erscheint deshalb sinnvoll, weil die Darstellung einer organisatorischen Ausgestaltung stets die Kenntnis ihrer inhaltlichen Aufgaben und Ausfüllung voraussetzt.

12.1 Historische Entwicklung der Buchführungsformen und Buchführungstechniken

Gemäß § 238, Abs. 1 HGB ist jeder Kaufmann verpflichtet, „Bücher zu führen und in diesen seine Handelsgeschäfte und die Lage seines Vermögens nach den Grundsätzen ordnungsmäßiger Buchführung ersichtlich zu machen". Wie nun „die Lage seines Vermögens" ersichtlich zu machen ist, darüber gibt es eine Reihe von Bilanzierungs- und Bewertungsvorschriften (vor allem die §§ 238 bis 289 HGB sowie verschiedene rechtsform- und steuerspezifische Regelungen); über die **Methodik** „Bücher zu führen", über das **„Wie"** der Buchführung existieren aber keine bzw. lediglich allgemein gehaltene Grundsätze. Ein bestimmtes Buchführungssystem ist daher nicht vorgeschrieben (Abschn. 29, Abs. 2 EStR). Es bleibt deshalb weitgehend dem „Kaufmannsbrauch" sowie der technischen Entwicklung überlassen, gemäß welcher Methodik Buchführung betrieben wird.

Die ersten, derzeit bekannten Buchführungstechniken finden sich (lange vor Kodifizierung der Buchführungspflicht etwa durch § 238, Abs. 1 HGB) vor mehr als 5000 Jahren in den Tontafeln der Sumerer, die als Aufzeichnungen über Bier- und Brotlieferungen sowie als Vermögensverzeichnisse interpretiert werden. Sicherlich beinhalten auch die steinernen Darstellungen der Babylonier, die Pergamentschriften der Ägypter sowie die zu Knoten geknüpften Schnüre der Inkas (sog. Quipus) neben religiösen Erzählungen auch Aufzeichnungen über „Handelsgeschäfte und die Lage des Vermögens". Mit Wachs bestrichene Holztafeln und Papyri aus dem Altertum werden heute als Merkposten über Lieferungen und Bestände an Brot, Wein oder Öl und damit ebenso als primitive Form der Buchführung gedeutet wie die Kerbhölzer und mit Kreide beschrifteten Tafeln des Mittelalters. Erst nachdem die Technik der Papierherstellung im 12. Jahrhundert von China über Arabien nach Europa kam, waren erste Anfänge einer systematischen (möglicherweise schon doppelten) Buchführung in den Büchern oberitalienischer Handelshäuser möglich. Von diesem Zeitpunkt (etwa 13. Jahrhundert) bis noch vor wenigen Jahren waren die Aufzeichnungsunterlagen dieselben geblieben: Papier.

Gewandelt hat sich in dieser Zeit allerdings die **Aufzeichnungstechnik:** Die weitgehend unsystematischen Sammlungen loser Blätter, die zunächst als Datenträger dienten, wurden bald durch **gebundene Bücher** abgelöst, die den Vorteil geordneter Aufbewahrung, schwierigerer Fälschung und besserer Nachprüfbarkeit boten. Wegen der schwierigen Korrigierbarkeit im gebundenen Buch bildete sich bereits bei den Römern der Handelsbrauch heraus, sämtliche Geschäftsvorfälle zunächst vorläufig nach ihrem zeitlichen Anfall in einem Notizheft bzw. einer Kladde und sodann endgültig nach Personen und Sachen geordnet im gebundenen Buch zu verzeichnen. Diese, heute als **Übertragungsbuchführung** bezeichnete Technik wurde im späten Mittelalter von den oberitalienischen Zünften verallgemeinert und verbessert: Aus dem flüchtigen Notizheft wurde das ordentliche **Journal** (Tagebuch, Grundbuch), aus dem gebundenen Buch das **Hauptbuch** (Sachbuch), so wie wir es heute noch kennen. (Zu diesen Bestandteilen der Buchführung im einzelnen vgl. Teil A, Abschn. 12.2, S. 331ff.).

Mit den o.g. Vorteilen eines gebundenen Buches war allerdings der Nachteil verbunden, daß der für einen bestimmten sachlichen Bereich vorgesehene Platz (z.B. eine Seite; später im System der Doppik: ein Konto) nicht ausreichte, sofern dieser häufig angesprochen wurde. Um die dann notwendigen Verweise auf neue Seiten und Fortsetzungsbücher sowie ständiges Hin- und Herblättern im Buch mit der daraus resultierenden mangelhaften Übersicht zu vermeiden, wurden sowohl Grund- als auch Hauptbuch in mehrere Einzelbücher (**Nebenbücher**) unterteilt: Je nach Größe des Betriebes sind hier Kassenbuch, Wareneinkaufsbuch, Warenverkaufsbuch, Wechselbuch, Bankbuch, Geschäftsfreundebuch u.a. denkbar. Nach Art und Umfang der geführten Nebenbücher werden die sog. italienische, englische, deutsche, französische und amerikanische Methode der Übertragungsbuchführung unterschieden (vgl. Teil A, Abschn. 12.4, S. 337ff.).

Trotz der Aufteilung in mehrere Einzelbücher erwies sich die Übertragungsbuchführung infolge der Notwendigkeit zur mehrmaligen Eintragung eines Geschäftsvorfalles im Journal, im Hauptbuch und evtl. in Nebenbüchern als recht umständlich und fehlerträchtig. Als daher in den Jahren vor dem 1. Weltkrieg die Durchschreibetechnik entwickelt wurde, fand diese schnell Eingang in die Finanzbuchführung: Man schrieb den Buchungssatz im Original auf das entsprechende Hauptbuch-Konto, erhielt als Durchschrift dieselbe Eintragung im deckungsgleich darunter liegenden Journal und ersparte sich so die aufwendige und fehlerträchtige Übertragungsarbeit (sog. **manuelle Durchschreibebuchführung**). Technische Hilfsmittel, um zeilen- und spaltengerecht durchschreiben zu können, waren spezielle Anlageschienen mit getrennten Klemmleisten für Journal- und Kontoblätter.

Da bei der Durchschreibebuchführung die Kontenblätter bei jeder Buchung auszuwechseln sind, war eine Buchführung in gebundenen Büchern (welche gemäß Allgemeinem Deutschem Handelsgesetzbuch bis 1900 zwingend vorgeschrieben war) arbeitstechnisch nicht mehr möglich. Man mußte daher zwangsläufig zur **Lose-Blatt-Buchführung** zurückkehren, deren Zulässigkeit in einem eigens dazu erstellten Gutachten der Industrie- und Handelskammer Berlin aus dem Jahr 1927 festgestellt wurde.

Mit der manuellen Durchschreibebuchführung in Lose-Blatt-Form konnte die aufwendige Übertragungsarbeit und damit eine potentielle Fehlermöglichkeit zwar reduziert werden, es blieb jedoch nach wie vor die umständliche und ebenfalls fehlerträchtige Rechenarbeit bei der Saldenermittlung und bei der Abschlußerstellung. Man entwickelte daher mechanische Saldiermaschinen, deren Rechenwerk automatisch mit der Eingabe des entsprechenden Buchungssatzes in Gang gesetzt wurde und die dem Buchführenden die monotone Rechenarbeit abnahmen (sog. **maschinelle Durchschreibebuchführung**). Technische Hilfsmittel dieser Buchhaltungsform waren rein mechanisch arbeitende Schreibbuchungsmaschinen (= Schreibmaschinen mit einem Rechenwerk pro Spalte des Journals) oder Addierbuchungsmaschinen (= Rechenmaschinen mit Typenhebeln für die beim Buchen vorkommenden Bezeichnungen).

Die Durchschreibebuchführung brachte zwar erhebliche Erleichterungen bei der Schreib- und Rechenarbeit, sie war jedoch noch immer mit beträchtlichem manuellen Arbeitsaufwand verbunden: Für jeden Geschäftsvorfall mußte ein spezielles Kontoblatt aus der Kontenkartei herausgesucht, mit Hilfe einer Klemmvorrichtung (bei manueller Durchschreibebuchführung) bzw. Kontoeinzugsvorrichtung (bei maschineller Durchschreibebuchführung) zeilen- und spaltengerecht mit dem Journal in Übereinstimmung gebracht, sodann beschriftet und anschließend wieder in den Bestand aller Kontenblätter einsortiert werden. Diesen Arbeitsaufwand versuchte man, durch die Offene-Posten-Buchhaltung bzw. kontenlose Buchführung sowie durch die Lochkartenbuchführung zu reduzieren.

Bei der **Offenen-Posten-Buchführung** wird auf spezielle Kunden- und Lieferanten-Konten verzichtet; statt dessen werden lediglich die noch nicht ausgeglichenen Rechnungen (= Offene Posten) getrennt von den bereits ausgeglichenen abgelegt. Die Belegsammlungen ersetzen das Konto: Die neu hinzukommenden Rechnungen werden täglich im Journal aufgelistet und im Bestand der Offenen Posten gesammelt. Die Bezahlung wird sodann im Journal registriert und die entsprechende Rechnung aus dem Offenen-Posten-Bestand entfernt. Dehnt man dieses Prinzip über die Kontokorrentbuchführung hinaus auf sämtliche Sachkonten aus, so spricht man von **kontenloser Buchführung.**

Statt der ursprünglichen Rechnung kann auch eine Lochkarte, die sämtliche Informationen sowohl in Form von maschinell lesbaren Lochungen als auch in Klarschrift enthält, als Datenträger dienen. Primärer Vorteil dieser **Lochkartenbuchführung** ist, daß alle notwendigen Sortier-, Schreib- und Rechenarbeiten nach Eingabe der entsprechenden Daten mechanischen oder elektronischen Buchungsmaschinen überlassen werden können. Die Lochkartenbuchführung war daher bis Mitte der 70-er Jahre die vorherrschende Buchführungstechnik. Seitdem aber das Speichern auf elektronischen Speichermedien erheblich schneller und billiger geworden ist, hat die Lochkartenbuchführung nur noch historische Bedeutung als Vorläufer der EDV-Buchführung.

Auch dem **Magnetkonten-Computer,** als primitiver Vorstufe elektronischer Datenverarbeitung, kommt heute keine praktische Bedeutung mehr zu. Bei diesen Halbautomaten wurde zusätzlich zum Klarschriftnachweis auf einer Kontokarte gleichzeitig eine elektronisch lesbare Verschlüsselung der Buchungssätze auf dem am Kartenrand befindlichen Magnetstreifen gespeichert. Saldenlisten und andere Kontenverdichtungen waren daher mittels der auf Kontenkarten magnetisch gespeicherten Buchungsdaten programmgesteuert erstellbar.

Als die sogenannten Massenspeicher (Magnettrommel, Magnetband oder Magnetplatte) mit Beginn der 70-er Jahre immer leistungsfähiger und preiswerter wurden, mußten die Buchungsdaten nicht mehr auf einzelnen Lochkarten, Kontokarten oder -streifen gespeichert werden, sondern konnten als zentrale Dateien auf Magnetspeichern erfaßt werden. Objekt dieser ersten Anwendungsgeneration von EDV im Rechnungswesen waren daher die großen Datenvolumina der Finanzbuchhaltung, die nach vorgegebenen Algorithmen auf fest definierten Wegen verarbeitbar sind. Ursprünglich wurden dabei die auf maschinell lesbaren Datenträgern aufgezeichneten Buchungen unabhängig vom Erfordernis sofort bzw. zeitnah vollständig verarbeitet und dauerhaft lesbar gemacht; Erfassung, Verarbeitung und Ausdruck der Buchungsdaten standen daher in einem engen zeitlichen Zusammenhang (= **konventionelle EDV-Buchführung**). Demgegenüber werden die Buchungsdaten heute üblicherweise zunächst auf maschinell lesbaren Datenträgern erfaßt, d.h. verarbeitungsfähig gespeichert, und erst später bei Bedarf (z.B. bei Abschlußerstellung oder anläßlich einer steuerlichen Außenprüfung) für den jeweils benötigten Zweck vollständig verarbeitet und ausgedruckt (= Speicherbuchführung). Da bei der **Speicherbuchführung** das Zahlenwerk der Buchführung nicht vollständig ersichtlich ist, wurde diese Form der EDV-Buchführung bis zum Inkrafttreten der AO 1977 für unzulässig gehalten. Seither ist sie sowohl handels- als auch steuerrechtlich anerkannt, sofern sie den GoB entspricht (§ 239, Abs. 4 HGB, § 146, Abs. 5 AO) und stellt nunmehr – vor allem wegen ihrer Rationalisierungsmöglichkeiten – die gebräuchliche Form der Buchführung dar (im einzelnen vgl. Teil A, Abschn. 12.5, S. 346ff.).

12.2 Bestandteile der Buchführung

12.21 Die Belegorganisation

Grundlage jeder Buchung ist der **Buchungsbeleg;** sein Vorliegen ist Voraussetzung für die Vornahme der ordnungsmäßigen Bucheintragung (**Belegzwang** nach § 257, Abs. 1, Nr. 4 HGB und § 147, Abs. 1, Nr. 4 AO). **Belege** sind alle Schriftstücke, die geeignet sind, die Richtigkeit von Angaben über geschäftliche Vorfälle zu beweisen; sie unterliegen einer sechsjährigen Aufbewahrungsfrist (vgl. hierzu auch S. 25f.). Neben **externen** Belegen (Urbelege, natürliche Belege), die auf Transaktionen zwischen dem Unternehmen und Dritten beruhen und anläßlich des Geschäftsvorfalls zwangsläufig anfallen (z.B. Eingangs-, Ausgangsrechnungen, Bankauszüge, Schecks, Wechsel, Zahlkartenabschnitte, Registrierkassenstreifen, Quittungen, Frachtbriefe, Geschäftsbriefe), gibt es **interne** Belege (Eigenbelege), die bei Nichtvorliegen eines Urbelegs den Buchungsvorgang wiederzugeben haben und vom jeweils Verantwortlichen (Geschäftsführer, Buchhalter) selbst zu zeichnen sind (z.B. Materialentnahmescheine, Lohn- und Gehaltslisten, Belege über Privatentnahmen, Sammelbuchungs-, Umbuchungs-, Abschlußbuchungsbelege). Ausnahmen des Belegzwangs sind lediglich bei betrieblich veranlaßten, üblicherweise ohne Belegerteilung getätigten Auslagen kleineren Umfangs steuerlich unschädlich, wenn diese erfahrungsgemäß ständig in gewissem Umfang anfallen und ihre Entstehung und Höhe glaubhaft gemacht werden, z. B. Parkgebühren, Trinkgelder, Zeitungsgelder (zu den Besonderheiten des Belegwesens bei Einsatz von EDV vgl. Teil A, Abschn. 12.554.2, S. 379ff.).

Die **Belegablage** hat geordnet zu erfolgen; es erscheint zweckmäßig, die Belegordnung nach Sachkriterien (Kunde, Lieferant, Bank) unter fortlaufender Numerierung vorzunehmen. Zur Erleichterung der Buchungsarbeit werden die Belege **vorkontiert.** Die dafür benutzten Organisationsmittel (Buchungsstempel) enthalten die Kontennummern der angesprochenen Konten, den Buchungstext und den Buchungsbetrag. Durch Angabe der Belegnummer bei der Bucheintragung auf dem entsprechenden Konto wird dem Erfordernis einer jederzeit nachvollziehbaren und eindeutig feststellbaren Zuordnung von Buchung und Beleg Rechnung getragen. Da Bücher auch in der geordenten Ablage von Belegen bestehen können (§ 239, Abs. 4 HGB; § 146, Abs. 5 AO), sind Belege unter Beachtung der Grundsätze über die Offene-Posten-Buchführung (vgl. dazu Teil A, Abschn. 12.421, S. 342f.) auch als **Grundbuchersatz** sowohl für den unbaren Geschäftsverkehr wie für den Bank- und Postscheckverkehr heranziehbar (Abschn. 29, Abs. 2, Nr. 2, Satz 8 EStR).

12.22 Die Grundbücher

Die Grundbücher übernehmen auf der Grundlage der Belege die zeitliche oder chronologische Ordnung der Bucheintragungen **(Grundaufzeichnungen);** sie werden deshalb auch unter den Bezeichnungen **Journal** (Tagebuch), **Memorial** (Gedächtnisbuch) oder **Primanota** (Buch der ersten Eintragung) zusammengefaßt. Die Zahl der Grundbücher richtet sich nach den technischen und organisatorischen Gegebenheiten des jeweiligen Betriebes; in Betracht kommen vor allem Kassenbücher, Wareneingangs- und Warenausgangsbücher sowie Bank- und Postscheckbücher. Insbesondere die erforderliche **tägliche** Erfassung der Kassenbewegungen (§ 146, Abs. 1 AO) macht das Kassenbuch in vielen Fällen zum wichtigsten Grundbuch, wobei die Tageseinnahmen (Tageslosung) im Einzelhandel auch durch Registrierkassen oder summarisch erstellte Kassenberichte ermittelt werden können. Bei Einzelerfassung nur der Kassenausgaben ist der **Kassenbericht** regelmäßig nach der Bestandskontengleichung aufgebaut: Dem durch Kassensturz ermittelten Kassenendbestand werden die Tagesausgaben hinzugerechnet und der Kassenanfangsbestand abgezogen, um die Kasseneinnahmen aus Warenverkauf zu erhalten; letztere werden anschließend als Summe verbucht.

Sämtliche Eintragungen in den Grundbüchern müssen vollständig, richtig, zeitgerecht und geordnet vorgenommen werden (§ 239, Abs. 2 HGB; § 146, Abs. 1 AO). Die zeitgerechte Erfassung der Geschäftsvorfälle setzt dabei – mit Ausnahme des baren Zahlungsverkehrs – keine tägliche, sondern, bei Vorliegen organisatorischer Vorkehrungen bezüglich des zeitlichen Zusammenhangs zwischen Geschäftsvorfall und seiner buchmäßigen Erfassung, nur eine durch Rationalisierungserwägungen begründete **periodenmäßige** Aufzeichnung voraus (Abschn. 29, Abs. 2 EStR). Die auf der terminlichen Identifizierung beruhende Bedeutung der Grundbücher während ihrer Aufbewahrungsfrist bleibt davon unberührt.

Beispiel:

Lieferung von Waren am 10. 4. lt. Rechnungsdurchschlag Nr. 624 an Kunde A. Schneider im Wert von 400 zuzügl. 10% USt. Das Grundbuch zeigt im wesentlichen folgenden Aufbau:

Lfd. Nr.	Datum	Beleg Nr.	Journal April 19..	Seite... Soll	Haben
•					
•					
•					
17	10. 4.	624	Forderung A. Schneider **an** Warenverkauf und MwSt (auch: 100 an 800 und 194)	440	400 40
•					
•					
•					

12.23 Das Hauptbuch

Die sachliche oder systematische Ordnung der Buchungen übernimmt das Hauptbuch auf den im Kontenplan des Betriebes verzeichneten – sämtliche Bestands- oder Erfolgskonten umfassenden – **Sachkonten.** Der Abschluß dieser Sachkonten führt zur Bilanz und Erfolgsrechnung. Kennzeichnend für jede Form des Hauptbuchs ist stets die sachliche Zusammenfassung des Buchungsstoffes nach dem Buchungsinhalt (Kasse, Bank, Wareneinkauf). Die Übertragung der Geschäftsvorfälle von den Grundbüchern ins Hauptbuch erfolgt meist gruppenweise nach gleichartigen Buchungen zusammengefaßt und in gewissen Zeitabständen (längstens ein Monat). Nach der Tiefe der Grundbuchuntergliederung und der Art und Weise der Grundbuchübertragung ins Hauptbuch unterscheiden sich im wesentlichen die noch vorzustellenden konventionellen Buchführungsformen (vgl. Teil A, Abschn. 12.4, S. 337ff.).

Beispiel:

Aufzeichnung des obigen Geschäftsvorfalls im Hauptbuch

100 Warenforderungen — Seite ...

Soll					Haben
10.4.	an 800 und 194	440			

800 Warenverkauf — Seite ...

Soll					Haben
			10.4.	Per 100	400

194 MwSt — Seite ...

Soll					Haben
			10.4.	Per 100	40

12.24 Die Nebenbücher

Nebenbücher sind Hilfsbücher; sie dienen der weiteren Aufgliederung und Ergänzung der Sachkonten und werden außerhalb des Kontensystems zumeist in eigenständigen **Nebenbuchhaltungen** geführt. Ihre Aufgabe besteht vornehmlich in der Erfassung spezifischer Einzeltatbestände, um schließlich als **Sammelbeleg** für die systematische Verbuchung auf den Hauptbuchkonten zu dienen. Hierzu gehören vor allem die Kontokorrentbuchführung, die Lohn- und Anlagenbuchführung und das Führen von Wechsel- und Wertpapierbüchern. Aber auch die als Ergänzung der Wertrechnung vorzunehmenden Mengenaufzeichnungen zur Bestandsüberwachung und Bestandskontrolle (Lagerbuchführung) sowie die Bereitstellung von Unterlagen für die Kostenrechnung (z.B. Materialabrechnung, Kostenartenverteilung) sind Gegenstand von Nebenbuchführungen.

Ein besonders wichtiges, da den Mindestanforderungen an eine Buchführung zuzurechnendes Nebenbuch ist das **Kontokorrent- oder Geschäftsfreundebuch.** Es übernimmt die Aufzeichnung des gesamten, nach **einzelnen** Kunden und Lieferanten (Personenkonten) geordneten Kreditverkehrs (vgl. auch S. 33). Während die Sachkonten im Hauptbuch den Stand der gesamten Warenforderungen (Debitorensachkonto) und Warenverbindlichkeiten (Kreditorensachkonto) zum Ausweis bringen, kommt den Personenkonten die Aufgabe zu, den Stand des **individuellen** Kreditverhältnisses aufzuzeichnen. Die Personenkonten differenzieren damit die Kontensaldensummen der beiden Sachkonten nach den einzelnen Geschäftspartnern: Jede Eingangs- und jede Ausgangsrechnung ist folglich ebenso wie jede Zahlung zusätzlich zur Verbuchung auf dem Sachkonto auch auf dem jeweiligen individuellen Debitoren- oder Kreditorenkonto durch Einmalbuchung, also ohne Gegenbuchung, zu erfassen. Die Kontenabstimmung erfolgt periodisch durch Zusammenstellung der Personenkontensalden in einer **Saldenliste;** die Saldenlistensumme muß mit dem Saldo des betreffenden Sachkontos übereinstimmen. Aus arbeitstechnischen Gründen (Arbeitsteilung bei Kontenbearbeitung, Überwachung von Zielüberschreitungen, Mahnwesen) wird das Geschäftsfreundebuch im allgemeinen in Karteiform geführt.

Beispiel: Debitorenbuchführung

Das Sachkonto Kundenforderungen weist zum Jahresbeginn einen Anfangsbestand von 44.000 aus, der sich auf Warenlieferungen aus der vergangenen Periode gegenüber drei Kunden wie folgt verteilt:

K_1 : 440; K_2 : 30.800; K_3 : 12.760

Die während des Geschäftsjahres getätigten Zielverkäufe betragen gegenüber

K_1 : 660; K_2 : 16.500; K_3 : 13.200

Die Höhe der während des Geschäftsjahres erfolgten Zahlungseingänge beträgt bei

K_1 : 750; K_2 : 36.200; K_3 : 21.400

Sachkonten:

Warenforderungen (S)		Warenforderungen (H)	
AB	44.000		750
	660		36.200
	16.500		21.400
	13.200	EB	16.010
	74.360		74.360

Warenverkauf (S)	Warenverkauf (H)
	600
	15.000
	12.000

Bank (S)	Bank (H)
750	
36.200	
21.400	

Mehrwertsteuer (S)	Mehrwertsteuer (H)
	60
	1.500
	1.200

Personenkonten: Debitorenkartei

Kunden K_1					
Monat	Tg.	Bel. Nr.	Vorgang	S	H
01	1	624	Anf.-Best.	440	
.	.	.	Wa.-Lief.	660	
.	.	.	Überweisg.		750
.	.	.	Saldo		350

Kunden K_2					
Monat	Tg.	Bel. Nr.	Vorgang	S	H
01	1	.	Anf.-Best.	30.800	
.	.	.	Wa.-Lief.	16.500	
.	.	.	Überweisg.		36.200
.	.	.	Saldo		11.100

Kunden K_3					
Monat	Tg.	Bel. Nr.	Vorgang	S	H
01	1	.	Anf.-Best.	12.760	
.	.	.	Wa.-Lief.	13.200	
.	.	.	Überweisg.		21.400
.	.	.	Saldo		4.560

Debitorensaldenliste:

K_1 :	350
K_2 :	11.100
K_3 :	4.560
	16.010

Die Summe der Personenkontensalden stimmt mit dem Endbestand auf dem Forderungssachkonto überein. Bei der Verbuchung und Abstimmung der Kreditorenkonten ist analog zu verfahren.

Auf eine Kontokorrentbuchführung kann nur verzichtet werden, wenn ausschließlich Bargeschäfte (Zahlung innerhalb von 8 Tagen) getätigt werden, oder aber die Zahl der Geschäftsfreunde so klein ist, daß die Personenkonten als aufgegliedertes (Kontokorrent-)Sachkonto in die systematische Aufzeichnung im Hauptbuch einbezogen werden können. Das Kontokorrent kann jedoch in der Form der **Offene-Posten-Buchführung** oder auch als **kontenlose Buchführung** organisiert werden: Es weist dann jeweils nur die Differenz zwischen Umsatz und Zahlung, also die noch offenen Posten (unbezahlte Rechnungen), aus, oder aber es wird überhaupt auf das Konto verzichtet und das Kontokorrent als geordnete Ablage der unbezahlten Rechnungen der einzelnen Geschäftspartner (Lieferanten- bzw. Kundenmappen) geführt (vgl. Teil A, Abschn. 12.4, S. 337ff.).

12.3 Systeme der Buchführung

Ihrem Anwendungsgebiet entsprechend können **kaufmännische** und **kameralistische** Buchführungssysteme unterschieden werden. Die kaufmännische Buchführung ist als einfache und als doppelte, die Kameralistik als einfache und als gehobene Buchführung zu betreiben.

Die (einfache) **Kameralistik** ist **keine** kaufmännische Buchführung, da sie weder eine Inventur noch eine Bewertung des Vermögens kennt. Als eine auf Einnahmen und Ausgaben aufbauende Soll-Ist-Rechnung ist sie das am staatlichen Haushaltsplan orientierte Buchführungssystem der Behörden und öffentlichen Verwaltungen. Auch in ihrer **gehobenen** Form, die u. a. auch Vermögenskonten und Periodenabgrenzungen kennt, ist die Kameralistik für kaufmännische Zwecke zwar grundsätzlich zulässig (§ 238 HGB), jedoch praktisch völlig ungeeignet, da ihr die zwingende Verbindung zwischen Vermögens- und Erfolgsrechnung fehlt. Auch für handelsgewerbliche Unternehmen des Bundes, der Länder und der Gemeinden hat sie durch verschiedene Eigenbetriebsgesetze an Bedeutung verloren, da diese ausschließlich die doppelte Buchführung vorsehen. Analoges gilt auch für forstwirtschaftliche Betriebe, deren kameralistische Tradition weitgehend durch die kaufmännische Rechnungslegung abgelöst wurde. Im wesentlichen sind die Vorschriften zur Kameralrechnung der Reichshaushaltsordnung (RHO), den Reichswirtschaftsbestimmungen (RWB), der Reichskassenordnung (RKO) und der Reichsrechnungslegungsordnung (RRO) zu entnehmen. Den folgenden Ausführungen liegt ausschließlich die kaufmännische Buchführung zugrunde.

12.31 Die einfache Buchführung

In der einfachen kaufmännischen Buchführung werden nur diejenigen Geschäftsvorfälle buchmäßig festgehalten, die aus Kontroll- und Inventargründen unbedingt benötigt werden. Dies sind die Kassenvorgänge und die Abrechnungen mit den Kunden und den Lieferanten. Im Gegensatz zur doppelten Buchführung erfaßt sie nur Zahlungsvorgänge der Gegenwart und der Zukunft, aber keine innerbetrieblichen Leistungsvorgänge.

Obwohl weitgehend auf die Erfassung von Zahlungsvorgängen beschränkt, unterscheidet die Aufzeichnung der Kreditgeschäfte die einfache Buchführung von der bloßen Einnahmen-Ausgabenrechnung im steuerlichen Sinne. Gegenüber der doppelten Buchführung fehlt die Kontrollfunktion der Doppelbuchung und das nach sachlichen Kriterien geführte Hauptbuch. Die Hauptbücher sind damit nicht vergleichbar: Weder ein Bestands- noch ein Erfolgskontenabschluß ist aus dem Hauptbuch der einfachen Buchführung ableitbar. Die ausschließlich inventurmäßige Bestandsfeststellung läßt damit auch nur die (einfache) Erfolgsermittlung durch Reinvermögensvergleich zu. Die Bilanz ist nicht aus der Buchführung, sondern aus dem Inventar zu entwickeln; eine Gewinn- und Verlustrechnung kennt die einfache Buchführung mangels Erfolgskonten nicht.

Nach § 242, Abs. 3 HGB besteht der Jahresabschluß für alle Kaufleute jedoch mindestens aus Bilanz und Gewinn- und Verlustrechnung. Da es bei der einfachen Buchführung keine Gewinn- und Verlustrechnung gibt, ist sie handelsrechtlich nicht mehr zulässig und damit auch für Gewerbetreibende, die ihren Gewinn nach § 5 EStG ermitteln, wegen der Maßgeblichkeit der handelsrechtlichen Grundsätze ordnungsmäßiger Buchführung für die steuerliche Gewinnermittlung (§ 5, Abs. 1 EStG) nicht mehr anwendbar.

12.32 Die doppelte Buchführung (Doppik)

Charakteristikum der doppelten Buchführung ist das **geschlossene** Kontensystem und der aus diesem entwickelte Kontenformalismus (ausführlich vgl. S. 35ff.). Wohl erstmals dargestellt im Jahr 1494 durch den Franziskanermönch und Mathematiker aus der Toskana *Luca Pacioli* (ausführlicher dazu vgl. *Schneider,* Betriebswirtschaftslehre, S. 93ff.) beinhaltet dies im einzelnen:

- Erfassung aller das Betriebsvermögen berührender Vorgänge (Geschäftsvorfälle) in zeitlicher **und** in sachlicher Ordnung;
- Buchung auf Konto **und** Gegenkonto mit Soll- und Habenaufzeichnung desselben Betrages und damit ausgeprägter Kontrollfunktion;
- Darstellung der Zahlungs- **und** Leistungsvorgänge auf Bestands- und Erfolgskonten mit getrenntem, aus den Büchern zu entwickelndem Abschluß;
- **Zweifache** (doppelte) Erfolgsermittlung sowohl aus der Sicht der Vermögens- als auch der (Eigen-)Kapitalrechnung mit laufender Kontrollmöglichkeit hinsichtlich der Bestandsänderungen und der Erfolgsquellen.

Die Bestandteile der Doppik entsprechen den in Abschn. 12.2 dargestellten Bücherarten. Ihre Organisation im einzelnen kann an verschiedenen Buchführungsformen orientiert sein.

12.4 Formen der Buchführung

Die Unterscheidung der Bücher nach ihrer äußeren Aufmachung führt zu verschiedenen **Buchführungsformen.** Dabei hat insbesondere die Zahl und die Stellung der Grundbücher zu teilweise nur im Detail sich unterscheidenden Formen der Buchführungsorganisation geführt. Die Anwendung einer bestimmten Buchführungsform ist regelmäßig eng verknüpft mit dem Einsatz einer bestimmten Technik (vgl. dazu im einzelnen S. 346ff.). So kann die Übertragungsbuchführung als italienische, englische, deutsche, französische, amerikanische und kombinierte Form durchgeführt werden. Durchschreibetechnik und maschinelle Techniken sind als Offene-Posten-Buchhaltung, kontenlose Buchhaltung und Lose-Blatt-Buchhaltung denkbar. Sämtliche genannten Formen können als zweckmäßige Ausgestaltungen bestimmter Techniken aufgefaßt werden (= **Verfahrenszweckbuchführungen**). Daneben sind **Sonderformen,** insbesondere die Geheimbuchführung und die Filialbuchführung, anwendbar.

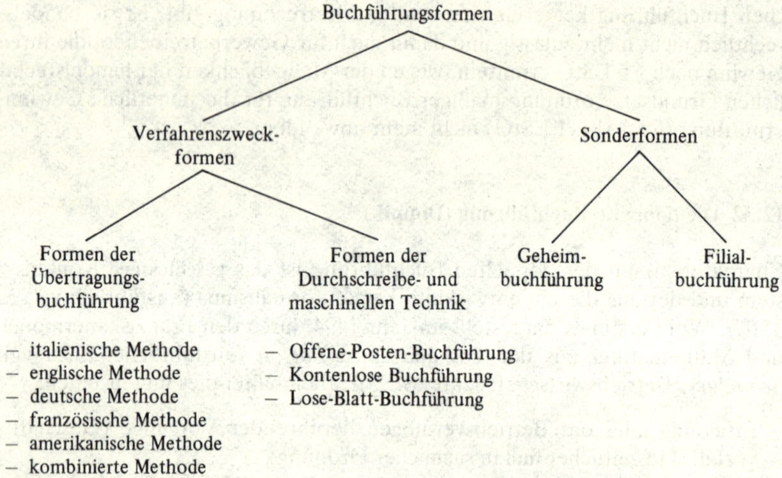

Formen der Finanzbuchführung

12.41 Formen der Übertragungsbuchführung

Die älteste Technik der doppelten Buchführung stellt die manuelle Übertragungsbuchführung dar (im einzelnen vgl. S. 346ff.). Je nach Zahl und Stellung der verwendeten Grundbücher lassen sich dabei unterschiedliche Formen unterscheiden, deren Bezeichnung aber nichts über ihren Verwendungsbereich aussagt.

Mittlerweile sind fast alle dieser Buchführungsformen infolge veralteter und umständlicher Technik nur noch von historischer Bedeutung; lediglich die amerikanische Methode findet in Kleinbetrieben mit geringer Kontenanzahl bis heute Verwendung.

12.411 Die italienische Methode

In der **ursprünglichen** Form der italienischen Methode läßt sich der Buchzusammenhang schematisch wie folgt darstellen:

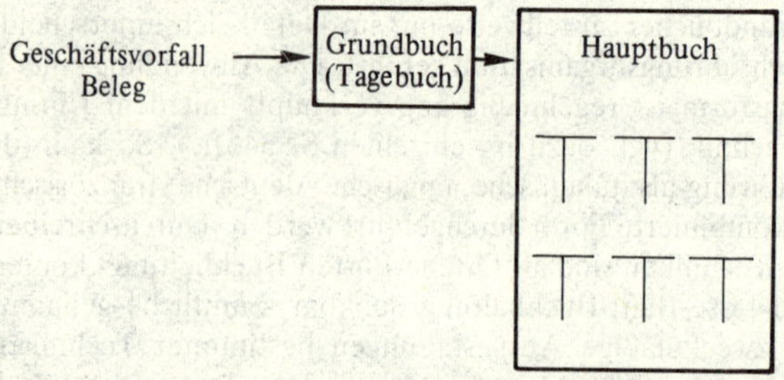

In der **erweiterten** Fassung wird das Grundbuch unterteilt in ein den Barverkehr aufnehmendes Kassenbuch und ein alle übrigen Geschäfte aufzeichnendes Memorial (Tagebuch). Als Nebenbücher kommen ein Waren- und ein Kontokorrentbuch in Betracht.

12.412 Die englische Methode

Die englische Methode der Übertragungsbuchführung unterteilt das Grundbuch aus arbeitstechnischen Gründen in weitere Einzelbücher: Neben dem Kassenbuch wird dem Tagebuch ein Wareneinkaufsbuch, ein Warenverkaufsbuch und ein Wechselbuch angegliedert und gesondert geführt. Die Warenbücher erfassen nur unbare Geschäftsvorfälle und sind deshalb als Rechnungseingangs- bzw. Rechnungsausgangsbücher zu verstehen. Die Übertragung erfolgt auf die entsprechenden Sachkonten des Hauptbuches, also z. B. vom Wechselbuch auf das Sachkonto Besitzwechsel oder Schuldwechsel.

12.413 Die deutsche Methode

Kennzeichnend für diese Methode ist die Ausweitung der Übertragungsbuchungen durch Zwischenschaltung eines **Sammeljournals.** Wie aus der Abbildung erkennbar, erfolgt die Buchungsabfolge dabei vierstufig.

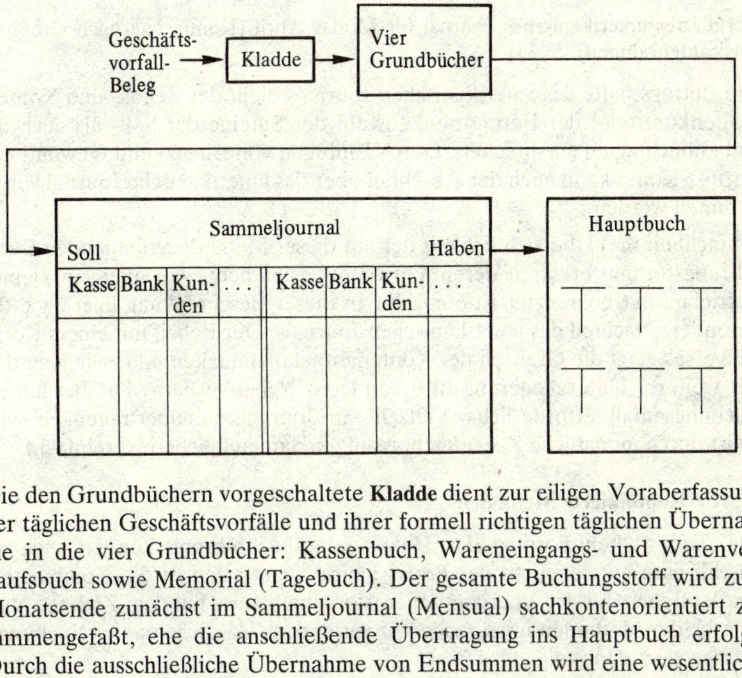

Die den Grundbüchern vorgeschaltete **Kladde** dient zur eiligen Voraberfassung der täglichen Geschäftsvorfälle und ihrer formell richtigen täglichen Übernahme in die vier Grundbücher: Kassenbuch, Wareneingangs- und Warenverkaufsbuch sowie Memorial (Tagebuch). Der gesamte Buchungsstoff wird zum Monatsende zunächst im Sammeljournal (Mensual) sachkontenorientiert zusammengefaßt, ehe die anschließende Übertragung ins Hauptbuch erfolgt. Durch die ausschließliche Übernahme von Endsummen wird eine wesentliche Entlastung des Hauptbuches von Einzelbuchungen erreicht und dessen Übersichtlichkeit verbessert.

12.414 Die französische Methode

Stärker arbeitsteilig als die deutsche Methode ist die französische Vorgehensweise im Bereich der Grundbücher; ansonsten ist sie mit dieser identisch. Die beliebige Zahl der Grundbücher erleichtert die Zusammenfassung gleichartiger Posten; die Folge davon ist aber auch ein erweitertes Sammeljournal mit der Tendenz zur Komplizierung infolge zu starker Aufsplitterung der Buchführung. Eine teilweise Entlastung der Übertragungsarbeiten wird durch Einrichtung von Grundbuchspalten für die am häufigsten berührten Konten erreicht. Damit ist aber bereits die Vorgehensweise im amerikanischen Journal angesprochen.

12.415 Die amerikanische Methode

Vor allem zur Vermeidung von Übertragungsfehlern und zur Vereinfachung der Übertragungsarbeit vereinigt diese Form der Übertragungsbuchführung Grund- und Hauptbuch im **amerikanischen Journal;** sie wird deshalb auch als **Einheitsbuchführung** bezeichnet. Durch die Horizontalanordnung der Sachkonten werden die Grundbuch- und Hauptbuchführung in einem Tabellenbogen so verbunden, daß die Erfassung der Vorfälle in beiden Büchern gleichzeitig sowohl nach chronologischer als auch sachlicher Orientierung erfolgen kann.

Beispiel:

Verkürztes amerikanisches Journal für Monat April (Kontierung nach Großhandelskontenrahmen), S. 341.

Die Betragsspalte des amerikanischen Journals dient der Zeilen- und Kontenspaltenkontrolle; der Betrag muß sowohl der Summe der Soll- als auch der Habenbuchungen entsprechen. Durch Einfügen von Bilanz- und Gewinn- und Verlust-Konto kann auch der Abschluß über das amerikanische Journal vorgenommen werden.

Einfachheit und Übersichtlichkeit der auf dieser Methode aufbauenden Buchführungsformen erklären deren Verwendung bis heute vor allem in kleinen Betrieben mit begrenzter Kontenzahl. In dieser Beschränkung liegt auch der besondere Nachteil des amerikanischen Journals: Der Behelf mit einem Konto „Diverse" zeigt die Grenzen der Kontenaufnahmefähigkeit und zwingt zu dessen weiterer Untergliederung in besonderen Nebenbüchern. Die bei hohem Buchungsanfall erforderliche Vielzahl an Journalseitenübertragungen wird meist durch monatliche Zusammenfassung in Sammelbüchern vereinfacht.

12.416 Kombinierte Methoden

Die dargestellten Formen der Übertragungsbuchführung können auch als **Mischformen** auftreten. In der Praxis häufig anzutreffen ist die Kombination der deutschen mit der amerikanischen Vorgehensweise mit dem Ziel, die Vorteile beider Methoden miteinander zu verbinden. Das Schema der Buchungsabfolge zeigt dann folgendes Bild:

Lfde. Nr.	Beleg-Nr.	Tag	Vorgang	Kontie-rung	Be-trag	114 Vorst.		194 MwSt		150 Kasse		13 Bank		100 Ford.		170 Verb.		300 WE		800 WV		58 AVK		16 Priv.		Diverse	
						S	H	S	H	S	H	S	H	S	H	S	H	S	H	S	H	S	H	S	H	S	H
1		1.4.	Übertrag		1.700					300		400		700			500	300			200						1.000
2	624	10.	Zielverk.	100/ 800,194	440				40					440							400						
3	627	12.	Barentn.	16/150	90						90													90			
4	628	13.	Überw. AVK	58,114/ 13	165	15							165									150					

Grundbuch — Hauptbuch

Legende:
WE = Wareneinkauf
WV = Warenverkauf
AVK = Allgemeine Verwaltungskosten

In dieser Kombination ersetzt das amerikanische Journal zunächst nur das Grundbuch. Indem jedoch gleichzeitig die Monatsendsummen der eingerichteten Konten zusammengefaßt werden, macht es darüber hinaus das Sammeljournal der deutschen Methode überflüssig.

Die Frage nach der vorteilhaftesten Methodenkombination ist nicht allgemeingültig, sondern nur unter betriebsindividuellen Zweckmäßigkeitsgesichtspunkten zu beantworten. Art und Größe des Betriebes werden für den Umfang der Buchführung und damit für die Zahl der zu berücksichtigenden Bücher im wesentlichen verantwortlich zu machen sein.

12.42 Formen der Durchschreibe- und maschinellen Technik

Sofern bei der Buchführung die Durchschreibetechnik oder eine der maschinellen Techniken angewandt wird (vgl. dazu im einzelnen S. 346ff.), ist es zweckmäßig, die Grund- und Hauptbücher nicht in gebundener Form, sondern in einer der Technik angepaßten Form zu führen. So setzt z. B. die maschinelle Durchschreibetechnik voraus, daß Grund- und Hauptbuch deckungsgleich übereinander gelegt und so in einem Schritt beschriftet werden können. Voraussetzung ist somit eine Buchführung in Lose-Blatt-Form. Ebenso dienen die Offene-Posten-Buchhaltung und die kontenlose Buchführung der rationellen Bewältigung der Aufzeichnungsarbeiten.

12.421 Die Offene-Posten-Buchführung

Die Offene-Posten-Buchführung dient insbesondere der Vereinfachung der Debitoren- und Kreditorenbuchführung; ihre Zulässigkeit ergab sich bereits aus den EStR 1961 (Abschn. 29, Abs. 2, Nr. 2 und 4) und ist inzwischen durch § 146, Abs. 5 AO und § 239, Abs. 4 HGB geregelt. Der Zweck des Kontokorrentbuches wird nicht durch die Führung von Personenkonten, sondern durch systematische Belegablage erreicht **(Belegbuchführung)**. Als Buchungsträger dienen die Rechnungen selbst: Diese werden solange in der Ordnung der offenen Posten (Offene-Posten-Kartei der unbezahlten Rechnungen) gehalten, bis sie nach Auflösung durch die zugehörigen Geschäftsvorfälle (Rechnungsbegleichung) der Rubrik der erledigten Posten (Ausgeglichene-Posten-Kartei) zugeordnet werden können. Die Belegsammlung bildet das Konto.

Technisch sind von jedem Beleg der Offene-Posten-Buchführung zwei Kopien anzufertigen: Eine Namenskopie, die als Ersatz des Kundenkontos dient und die die jederzeitige Übersicht über die Forderungen und Verbindlichkeiten gegenüber den Geschäftsfreunden zu gewährleisten hat, und eine Nummernkopie, die das Grundbuch ersetzt und insoweit die Forderung nach chronologischer Ordnung des Buchungsstoffes erfüllt. Da das Kontokorrent nicht mehr die Addition aller mit einem Geschäftspartner getätigten Umsätze, sondern nur den jeweiligen Stand der noch unausgeglichenen Posten gegenüber dem einzelnen Kunden bzw. Lieferanten zum Ausdruck bringt, sind die offenen Posten regelmäßig mit den Debitoren- und Kreditorensachkonten abzustimmen. Da die Belege der Offene-Posten-Buchführung Grundbuchfunktion besitzen, gilt für sie die zehnjährige Aufbewahrungsfrist.

Die Offene-Posten-Buchführung kommt jedoch nicht nur als Kontokorrentbuchführung, sondern grundsätzlich auch für andere Nebenbuchführungen, wie u. a. die Anlagen- oder Wechselbuchführung, in Betracht. Häufig erscheint die Offene-Posten-Buchführung in organisatorischer Verbindung mit der EDV-Buchführung, um z. B. ein effizientes Mahnwesen aufzubauen (vgl. dazu S. 350ff.). Bei manueller Buchführungstechnik kann dagegen der durch Zeitersparnis infolge Wegfall von Übertragungsarbeiten bewirkte Rationalisierungseffekt der Offene-Posten-Buchführung dann gefährdet sein, wenn überwiegend Stammkunden und Stammlieferanten eine langfristige Kontenführung bedingen oder wenn regelmäßige Teilzahlungsgeschäfte häufige Kontoauszüge erforderlich machen. Überdies verursacht die Offene-Posten-Buchführung – sofern sie nicht wie bei der EDV-Buchführung automatisch in das doppische System der Sachbuchführung überführt wird – vermehrte Abschlußarbeiten.

12.422 Die kontenlose Buchführung

Noch einen Schritt weiter als die Offene-Posten-Buchführung geht die sog. kontenlose Buchführung, indem nicht nur das Kontokorrent durch die geordnete Ablage der unbezahlten einzelnen Kreditoren- und Debitorenrechnungen ersetzt, sondern darüber hinaus auch bei den Sachkonten auf die Führung von Kontokarten verzichtet wird (§ 146, Abs. 5 AO und § 239, Abs. 4 HGB). Die auf eine bloße Lieferanten- bzw. Kundenablage reduzierte Kontokorrentbuchführung fügt noch nicht beglichene Rechnungen in die Ablage ein und nimmt bezahlte Rechnungen aus der Ablage heraus.

Diese Form der Buchführung ist jedoch nur zulässig, wenn Buchungsmaschinen zum Einsatz gelangen, deren Rechenwerke und Speicher Grundbuch- und Hauptbuchfunktion vollwertig übernehmen. Wird unter einem Konto nicht eine ganz bestimmte Form der Aufzeichnung verstanden, so erfolgt die „Kontoführung“ als Belegsammlung und in Form einer Speichereinheit. Insoweit als sich die „Konten“ bei systematischer Vorkontierung nach Kontenplan zwangsläufig aus den Geschäftsvorgängen ergeben, liegt demzufolge im strengen Wortsinne keine kontenlose Buchführung vor.

12.423 Die Lose-Blatt-Buchführung

Sowohl für die Anwendung von Buchungsmaschinen als auch für die EDV-Buchführung ist die Verwendung der Lose-Blatt-Buchführung erforderlich. Bei ihr werden Aufzeichnungen nicht in fest gebundene Grund- und Hauptbücher, sondern auf lose Blätter vorgenommen, deren chronologische oder sachinhaltliche Ordnung Grund- und Hauptbuchfunktion übernehmen.

Im Gegensatz zur Buchführung mit gebundenen Büchern besteht bei der Lose-Blatt-Buchführung die Gefahr, daß einzelne Seiten weggenommen oder hinzugefügt werden. Für die Zulässigkeit einer Lose-Blatt-Buchführung ist daher (neben den allgemein an die formelle Ordnungsmäßigkeit zu stellenden Anforderungen) Voraussetzung, daß Vorkehrungen gegen Verlegung oder Entfernen einzelner Blätter getroffen werden.

12.43 Sonderformen

12.431 Die Geheimbuchführung

Die Geheim- oder Direktionsbuchführung ist eine **neben** der regulären oder laufenden Buchführung (Hauptbuchführung) errichtete Sonderbuchführung mit dem Zweck, **vertrauliche** Betriebsvorgänge eigenen Mitarbeitern oder außenstehenden Dritten vorzuenthalten.

Auch auf die Geheimbuchführung finden die Grundsätze ordnungsmäßiger Buchführung Anwendung; sie darf weder Geheimschriften verwenden noch tatsächliche Vorgänge durch Falschbuchungen verschleiern. Soweit nicht Bestandteil der regulären Buchführung, ist die Geheimbuchführung steuerlich zulässig; ihr Inhalt muß allerdings sowohl hinsichtlich der laufenden Aufzeichnungen als auch bezüglich der Abschlußzahlen mit den Ansätzen der regulären Buchführung übereinstimmen; ihre Vorlage gegenüber der steuerlichen Außenprüfung kann nicht verweigert werden.

Grundsätzlich sind verschiedene Vorgehensweisen denkbar, um Einblicke in vertrauliche Interna zu verhindern. Üblich ist, die Verbindung zwischen Haupt- und Geheimbuchführung durch ein die vertraulich zu behandelnden Geschäftsvorfälle spiegelbildlich registrierendes Kontenpaar herzustellen. Das der Hauptbuchführung angehörende (offene) Übergabekonto „Geheimbuchführung" weist dann nur Betragssummen aus, ohne deren Adressaten erkennen zu lassen, während die auf dem Eingangskonto „Hauptbuchführung" der Geheimbuchführung erfaßten Beträge dort auf die einzelnen vertraulich geführten Konten aufgeschlüsselt werden. Im Falle einer „geheimen" Geschäftsausgabe wäre demnach zu buchen: Von Konto Geheimbuchführung **an** Konto Hauptbuchführung. Da die vertrauliche Vorgänge betreffenden Belege zu Unterlagen der Geheimbuchführung werden, muß die buchmäßige Verbindung zur Hauptbuchführung durch entsprechende, allerdings nur noch allgemein auf die Geheimbuchführung lautende Buchungsbelege hergestellt werden, aus denen der eigentliche Geschäftsvorfall nicht mehr ersichtlich ist. Der Spiegelbildzusammenhang sichert die Ordnungsmäßigkeit der Gesamtbuchführung.

Beispiel: Geheimbuchführung im Zweisystem (zwei Kontenkreise)

Geheimbuchführung:

Dat.	Buchungstext	Hauptbuchführung		Spesen		Beteiliggs.-erträge		Patent-erträge		Privat		. .
		S	H	S	H	S	H	S	H	S	H	
5.4.	Geschäftsfreundeessen		300	300								
10.4.	Dividende	140					140					
21.4.	Vergütung aus Patentvergabe	850							850			
28.4.	Privatentnahme		500							500		
		990	800	300			140		850	500		

Hauptbuchführung:

Datum	Buchungstext	Geheimbuchführung		Kasse		Bank		...
		S	H	S	H	S	H	
5.4.	Kassenausgang	300			300			
10.4.	Bankeingang		140			140		
21.4.	Bankeingang		850			850		
28.4.	Kassenausgang	500			500			
		800	990		800	990		

12.432 Die Filialbuchführung

Filialbuchführungen kommen dort zur Anwendung, wo Unternehmensteile (Abteilungen, Nebenbetriebe, Filialen) aus Effizienzgründen einer getrennten Abrechnung unterworfen werden sollen. Typisch für diese Sonderform der Buchführung sind die Filialabrechnungen im Einzelhandel.

Umfang und Inhalt der Filialbuchführung hängen vom jeweils gewählten **Selbständigkeitsgrad** zwischen Filial- und Zentralbetrieb ab. Dementsprechend werden drei Ausprägungen der Filialbuchführung unterschieden:

- Die **Einheitsbuchführung** bei ausschließlicher Führung sämtlicher Bücher im und durch den Zentralbetrieb. Das Buchen in nur einem Kontenkreis beläßt der Filiale lediglich die Aufzeichnung der Kassenvorgänge und die Fortschreibung (Skontrierung) der Warenbestände. In der Filiale anfallende Originalbelege und sonstige Buchungsunterlagen sind mit der täglichen Filialabrechnung, die den Kassenbericht und die Lagerbestandsmeldung enthält, zur Verbuchung an den Zentralbetrieb weiterzuleiten. Groß- und Einzelhandelskontenrahmen sehen für die Erfassung der Kosten der Nebenbetriebe die Kontenklasse 6 vor.
- Die **Regiebuchführung** als Einheitsbuchführung mit eigenem Filialjournal. Bei Abwicklung zumindest eines Teils der Geschäfte in eigener Verantwortung führt die Filiale ein eigenes Grundbuch zur zeitnahen und zeitfolgegemäßen Aufzeichnung der laufenden, nicht mit dem Zentralbetrieb zusammenhängenden Umsatztätigkeit. Die sachkontenbezogene Verbuchung im Hauptbuch erfolgt im Zentralbetrieb auf der Grundlage von Grundbuchdurchschriften.
- Die eigentliche **Filialbuchführung** bei weitgehender Unabhängigkeit der Filiale von der Zentrale. Der Filialbetrieb verfügt in diesem Falle über eine selbstständige Buchführung, die analog den beiden Kontenkreisen der Geheimbuchführung abrechnungstechnisch über spiegelbildlich zu führende Verrechnungskonten mit der Zenralbuchführung verbunden ist. Die Zahl der getrennten Kontenkreise entspricht der der Filialbetriebe. Dabei hat jeder Kontenkreis für sich genommen die Anforderungen an die Ordnungsmäßigkeit der Aufzeichnungen zu erfüllen, so daß u. a. die Nachvollziehbar-

keit jedes Filialgeschäftsvorfalls bis zur Bilanz des Gesamtbetriebs gewährleistet bleibt. Erstellen die Teilbetriebe eigene Periodenabschlüsse, so hat bei deren Übernahme in die Bilanz des Hauptbetriebs eine Konsolidierung zu erfolgen, welche die Zwischengewinne aus Transaktionen zwischen Filial- und Zentralbetrieb eliminiert.
(Vgl. hierzu Anlage 1 zu Teil A: **Übungsaufgabe 3**).

12.5 Techniken der Buchführung

Die Unterscheidung nach den bei der Buchführung verwendeten Hilfsmitteln führt zur Systematik der Buchführungstechniken wie sie in untenstehender Abbildung dargestellt sind. Es lassen sich dabei vor allem manuelle und maschinelle Techniken unterscheiden, die teilweise auch kombiniert eingesetzt werden können. Überragende Bedeutung kommt heute der EDV-Buchführung zu, weshalb diese vergleichsweise ausführlich dargestellt werden soll (zur historischen Entwicklung der Techniken vgl. S. 328ff.).

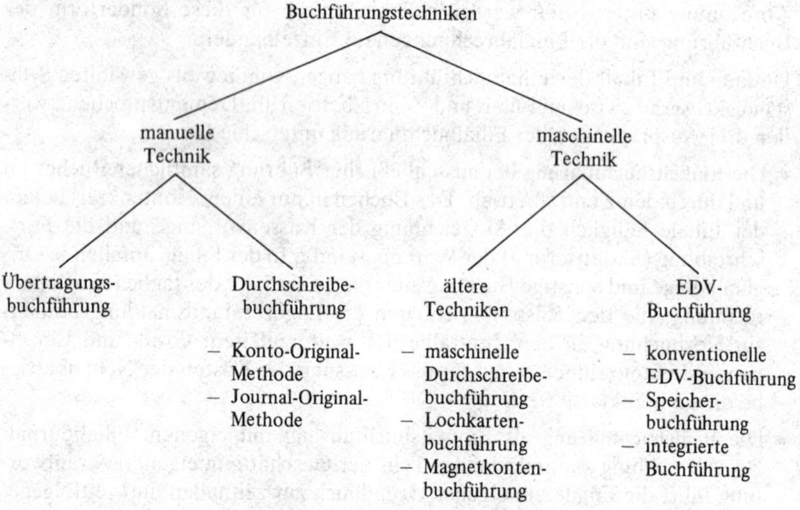

Techniken der Finanzbuchführung

12.51 Die Übertragungsbuchführung

Die ältesten Buchführungstechniken sind die manuell durchgeführten Übertragungsbuchführungen. Dabei werden die durch Belege angezeigten Geschäftsvorfälle zunächst chronologisch im Grundbuch erfaßt und von dort sachlich geordnet ins Hauptbuch übertragen. Je nach Zahl und Ausgestaltung der Grundbücher lassen sich unterschiedliche Formen der Übertragungsbuchführung unterscheiden, die als italienische, englische, deutsche, französische, amerikanische und kombinierte Methode bezeichnet werden (vgl. S. 338ff.).

12.52 Die manuelle Durchschreibebuchführung

Das Wesen dieser Buchführungsform besteht in der direkten Verbindung von chronologischer Buchung im Grundbuch und systematischer Buchung im Haupt- und Kontokorrentbuch. Durch **gleichzeitiges** ein- oder mehrmaliges „Durchschreiben" der Buchungsniederschrift wird die Buchungs- und Kontrollarbeit wesentlich reduziert, werden Übertragungsfehler vermieden und die Kontenabschlußbereitschaft erhöht. Die manuell durchführbare, in der Praxis jedoch weitgehend maschinell durch Buchungsautomaten vorgenommene Durchschreibebuchführung setzt die Zulässigkeit der **Loseblatt-Buchführung** voraus (vgl. Teil A, Abschn. 12.423, S. 343), da die Kontenblätter bei jeder Buchung auszuwechseln sind, während der in der Buchungsanlage verbleibende Durchschlag (Konto-Original-Verfahren) das Journal darstellt.

Es gibt mehrere Varianten der Durchschreibebuchführung: Nach der Zahl der Durchschreibevorgänge werden **Zweiblatt- und Dreiblattverfahren,** nach der Zahl der für die Buchungsniederschrift im Journal erforderlichen Journalzeilen werden **Einzug- und Zweizugbuchführung,** hinsichtlich der Urschrift- bzw. Durchschriftvornahme werden **Konto-Original-Verfahren** und **Journal-Original-Verfahren,** und bezüglich der Zahl der im Journal eingerichteten Doppelspalten werden **Ein-, Zwei-, Drei- und Vierspaltenverfahren** unterschieden. In der Praxis am häufigsten anzutreffen ist die Konto-Original-Methode (Urschrift auf Sachkontenblatt), die durch zweifache Durchschrift auf Journal- und Geschäftsfreundekonto (Dreiblattverfahren) die durch Soll und Habenbuchung angesprochenen beiden Hauptbuchkonten getrennt auf das Journal durchschreibt (Zweizugbuchführung). Jeder Geschäftsvorfall beansprucht danach zwei Journalzeilen: eine für die Lastschrift und eine für die Gutschrift des betreffenden Postens. Die Journaleinteilung erfolgt zumeist nach dem Dreispaltenverfahren, indem Doppelspalten für die Kunden, die Lieferanten und die Sachkonten eingerichtet werden. Beim ebenfalls praktizierten Vierspaltenverfahren werden die Sachkonten zusätzlich nach Bestands- und Erfolgskonten getrennt.

Beispiel:

Konto Original-Methode mit Dreiblattverfahren und Dreispaltenjournal

Geschäftsvorfall: Warenverkauf am 10. 4. mit Ausgangsrechnung Nr. 624 über Rechnungsbetrag 440; der Geschäftsvorfall wird entsprechend Seite 348 erfaßt.

Die beiden Sachkonten werden getrennt in zwei Zügen (Zweizugverfahren) auf das Journal durchgeschrieben. Die Einlage der Kontenblätter in den Buchungsautomaten erfolgt nacheinander und führt im Journal zur jeweils doppelten textlichen Niederschrift desselben Geschäftsvorfalls. Zur Vermeidung der wiederholten Buchungsniederschrift auf zwei Grundbuchzeilen dienen die analog dem amerikanischen Journal gebildeten Nachspalten (sog. Nachspaltenverfahren), indem die dort erfaßten Beträge periodisch aufsummiert außerhalb des Durchschriftverfahrens auf die entsprechenden Hauptbuchkonten übertragen werden. Diese Vorgehensweise entspräche dann dem Einzug- oder Einschriftverfahren.

Journal April 19 . . (Seite . . . / Seite . . .)

Datum	Beleg	Text	Lieferanten S	Lieferanten H	Kunden S	Kunden H	Sachktn S	Sachktn H		Gegenkonto	Konto	Vorsteuer	MwSt
.													
.													
10.	AR 624	Wa.-Verkauf			440					80	10/5		
10.	AR 624	Wa.-Verkauf						400		10/5	80		40

Kunde A. Schneider — Konto-Nr. 10/5 — Seite . . .

Datum	Beleg	Text			S	H				Gegenkonto
		Übertrag:								
10.	AR 624	Wa.-Verkauf			440					80

Sachkonto: Warenverkauf — Konto-Nr. 80 — Seite . . .

Datum	Beleg	Text					S	H		Gegenkonto
		Übertrag:								
10.	AR 624	Wa.-Verkauf						400		10/5

12.53 Die maschinelle Durchschreibebuchführung (Maschinenbuchführung)

Bei der maschinellen Durchschreibebuchführung wird die ansonsten manuell durchzuführende Aufzeichnungstätigkeit auf Automaten übertragen. Die heute nur noch teilweise praktizierten Techniken der Maschinenbuchführung bedienen sich rechnender Schreibmaschinen (**Schreibbuchungsmaschinen**) bzw. schreibender Rechenmaschinen (**Addierbuchungsmaschinen**). Die Kapazität dieser maschinellen Buchungsanlagen hängt von der Anzahl ihrer Zähl- und Saldierwerke ab (Simplex-, Duplex-, Triplex-, Multiplexanlagen); sie determinieren damit die Buchungsspaltenbildung und die Einrichtung von Buchungskreisen.

Die maschinelle Buchführung stellt hohe Anforderungen an die **Belegorganisation.** Die Geschäftsvorfälle sind maschinengerecht zu schematisieren. Als wichtigste Voraussetzungen kommen in Betracht: systematischer Kontenplan, Vorkontierung der Belege und Kontrollstreifen mit Belegnummer, Konto, Gegenkonto und Betrag. Wie die manuelle, so setzt auch die maschinelle Durchschreibebuchführung die Loseblatt-Buchführung voraus.

12.54 Die Lochkartenbuchführung

Das Medium Lochkarte fungiert als Datenzwischenträger und ermöglicht über den eingestanzten Datensatz die Steuerung der Buchungsmaschine. Die Lochkartenbuchführung gewährleistet damit die ausschließlich maschinelle Durchführung der bei umfangreichem Buchungsanfall erforderlichen Sortier-, Schreib- und Rechenarbeit. Die eigentliche Buchungsarbeit ist stärker am dispositiven Einsatz der Lochkarte und an deren zweckmäßiger Gestaltung orientiert. Die wesentlichen Schritte des **Buchungsablaufs** sind wie folgt zu skizzieren:

- Übertragung der Belegdaten über Kartenlocher in die Lochkarte unter Verwendung ihrer Zeilenziffern für die Erfassung der Buchungsbeträge (Zahlen) und eines Codes für den Buchungstext (Buchstaben und Sonderzeichen);
- Kontrolle der Datenübertragung durch besonderen Prüfvorgang;
- Zuordnung der Lochkarten entsprechend verschiedener Geschäftsbedürfnisse (nach Lochkartenvervielfältigung mittels Summen- oder Kartendoppler) durch Sortieranlage;
- Auswertung der Daten mittels schreibender und rechnender Tabelliermaschine; letztere ermöglicht den jederzeitigen Ausdruck von Kontoauszügen bzw. anderer erwünschter Daten.

Der hohe Arbeitsaufwand des Loch- und Prüfvorgangs kann durch Koppelung von Loch- und Buchungsvorgang oder durch Verwendung von Original- bzw. Verbund-Lochkarten teilweise vermieden werden. Im ersten Fall wird bei Bedienung der Buchungsanlage gleichzeitig ein Lochstreifen bzw. eine Lochkarte angefertigt; im zweiten Fall wird der Beleg unmittelbar in Lochkartenform ausgestellt, wobei der Geschäftsvorfall auf der Lochkarte zusätzlich in Klarschrift angegeben ist.

Organisatorisch kann die Lochkarte Buchung und Gegenbuchung sowohl auf einer Karte (Einkartenverfahren mit Soll- und Habenbuchungsspalten) als auch auf getrennten Karten (Zweikartenverfahren mit je einer Soll- und einer Habenbuchungskarte) unterbringen. Darüber hinaus steht die Aufnahmekapazität der Lochkarte für eine Vielzahl weiterer Daten bereit, so u. a. im Rahmen der Kontokorrentaufzeichnungen für Hinweise bezüglich Fälligkeiten, Zielüberschreitungen und Kreditlimits, worauf ein maschinelles Mahnwesen aufgebaut werden kann.

Der mechanisch-konventionellen Datenverarbeitung der Lochkartenbuchführung ist heute nahezu nur noch historische Bedeutung beizumessen. Der mit begrenzter Arbeitsgeschwindigkeit, relativ hoher Störanfälligkeit und vor allem begrenzter Speicherfähigkeit verbundene Sukzessivablauf der Buchungsarbeit ist weitgehend durch den Einsatz der Elektronik abgelöst worden. Die Lochkartenbuchführung kann jedoch als Vorläufer der EDV-Buchführung verstanden werden.

12.55 Die EDV-Buchführung

Wie der historische Abriß in Abschnitt 12.1 verdeutlicht, ist die Entwicklung der Buchführungstechniken ständig von dem Bemühen gekennzeichnet, die aufwendigen Buchungsarbeiten zu rationalisieren, mögliche Fehlerquellen zu reduzieren und gleichzeitig die Informations- und Dokumentationsaufgabe des Rechnungswesens zu sichern. Die diesbezüglich am weitesten entwickelte Technik stellt die EDV-gestützte Finanzbuchführung (kurz: **EDV-Buchführung**) dar, welche die heute vorherrschende Methodik ist und sicher auch weiterhin an Bedeutung gewinnen wird. Da elektronische Datenverarbeitungsanlagen regelmäßig in der Lage sind, große Datenmengen exakt zu erfassen, zu verarbeiten und zu speichern sowie umfangreiche und komplizierte Berechnungen in kürzester Zeit betragsgenau durchzuführen, bietet sich die Übertragung der sehr personal- und zeitintensiven, häufig mit Rechen- und Übertragungsfehlern verbundenen Buchungsarbeiten auf EDV geradezu an. Angesichts der Fülle im Rechnungswesen zu verarbeitender Daten ist eine ordnungsgemäße, zeitnahe und hinsichtlich des notwendigen Aufwandes angemessene Durchführung der Finanzbuchführung heute in aller Regel nicht nur in Groß-, sondern auch in Mittel- und Kleinbetrieben nur noch mit Hilfe der EDV möglich.

Entscheidender **Vorteil der EDV-Buchführung** ist dabei die Einmalerfassung, Einmalspeicherung und Mehrfachauswertung nach vielen verschiedenen Gesichtspunkten: Ist ein Geschäftsvorfall durch einen Buchungssatz einmal in den Computer eingegeben, so können alle weiteren Arbeitsgänge ohne menschlichen Arbeitseinsatz automatisch abgewickelt werden. Alle Daten werden dabei so gespeichert, daß sie später jederzeit wieder direkt vom Datenträger in den Computer übernommen und hinsichtlich verschiedener Zwecke aufbereitet und sichtbar gemacht werden können (z. B. chronologisch im Journal, sachlogisch im Kontenausdruck, bezüglich Terminüberschreitung in der Mahnliste etc.). Während es bei konventionellen Buchführungstechniken üblich ist, daß Urbelege für die unterschiedlichsten Verarbeitungs-, Auswertungs- und Abstimmzwecke in einem langwierigen Prozeß von Abteilung zu Abteilung weitergereicht werden, kann bei EDV-Buchführung jederzeit direkt auf die gespeicherten Informationen zugegriffen werden, die sodann hinsichtlich verschiedener Zwecke aufbereitbar und auswertbar sind.

Da das Rechnungswesen zunehmend nicht nur als Instrument der Dokumentation, sondern vielmehr auch als **dispositive Entscheidungshilfe** verstanden wird, wächst ihm eine zusätzliche Aufgabe zu, die ohne neue technische Hilfsmittel nicht bewältigbar wäre: Unternehmerische Planungen und Entscheidungen erfordern Informationen, die in kürzester Zeit einen Überblick über die bestehenden Verhältnisse und zukünftigen Erwartungen zu vermitteln vermögen. Offensichtlich sind die eingangs genannten, älteren Buchführungstechniken nicht in der Lage, derartige Entscheidungsgrundlagen zeitnah und zuverlässig zur Verfügung zu stellen. Der Einsatz von EDV dagegen kann die Entscheidungsorientierung des betrieblichen Rechnungswesens vor allem durch die Schnelligkeit der Aufgabenbewältigung, die große Menge gespeicherten und griffbereiten Datenmaterials sowie durch die Vielseitigkeit und Genauigkeit der Nutzung fördern (z.B. durch zeitnahen Abschluß der Buchführung, betriebswirtschaftliche Auswertungen des gespeicherten Datenmaterials, selektive Listings, Mahnwesen, Offene-Posten-Auswertung, Zahlungsvorschläge etc.). Die Informationsverarbeitungsgeschwindigkeit und -kapazität von EDV-Anlagen gewinnt angesichts der ständig wachsenden Flut von Geschäftsvorfällen und Belegen für die Finanzbuchhaltung auch dadurch an Bedeutung, daß die Aufstellung des Jahresabschlusses und die damit verbundene aufwendige Abschlußarbeit innerhalb der einem ordnungsmäßigen Geschäftsgang entsprechenden Zeit vorgeschrieben ist (§ 243, Abs. 3 HGB).

12.551 Arbeitsgang computergestützter Finanzbuchführung

Der Einsatz elektronischer Datenverarbeitungsanlagen im Rechnungswesen ändert grundsätzlich nichts an den fundamentalen Prinzipien der Buchführung. Die computergestützte Finanzbuchführung folgt daher prinzipiell den Arbeitsschritten traditioneller Buchführungstechniken mit der Besonderheit, daß bestimmte Arbeitsgänge auf höherem technischen Niveau mechanisiert und sichtbare Aufzeichnungen auf Papier durch spezielle, nicht direkt lesbare Speicherformen ersetzt werden. Die menschlichen Tätigkeiten bei der Buchführung, die mit herkömmlichen Techniken erheblich Zeit und Personal beanspruchen, können daher – sofern die Arbeitsanweisung in Form eines Programms einmal erstellt ist – auf die einmalige Eingabe des entsprechenden Buchungssatzes und den Aufruf der gewünschten Funktion reduziert werden. Die Abbildungen auf S. 352f. verdeutlichen die prozessualen Unterschiede zwischen manueller und EDV-gestützter Finanzbuchführung.

Hinsichtlich des Arbeitsganges besteht die Eigenart EDV-gestützter Finanzbuchführung im wesentlichen darin, daß der bei herkömmlichen Verfahren sukzessiv und manuell durchzuführende Buchungsvorgang in drei, quasi parallel abarbeitbare Schritte zerlegt wird: Vereinfacht dargestellt vollzieht sich die EDV-Buchführung – wie jede computergestützte Informationsverarbeitung – in den Phasen Dateneingabe, Datenverarbeitung und Datenausgabe (vgl. Abb. S. 354).

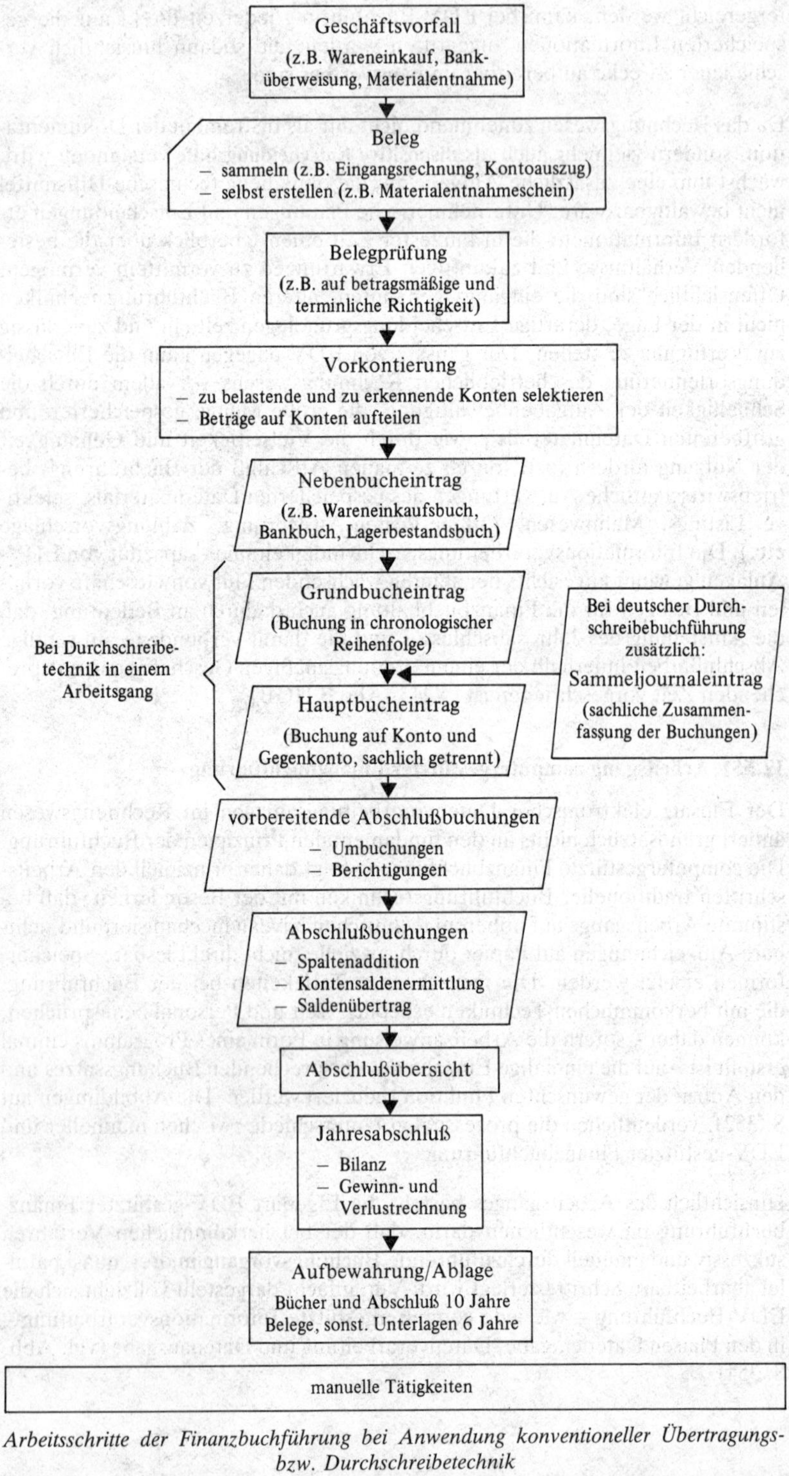

Arbeitsschritte der Finanzbuchführung bei Anwendung konventioneller Übertragungs- bzw. Durchschreibetechnik

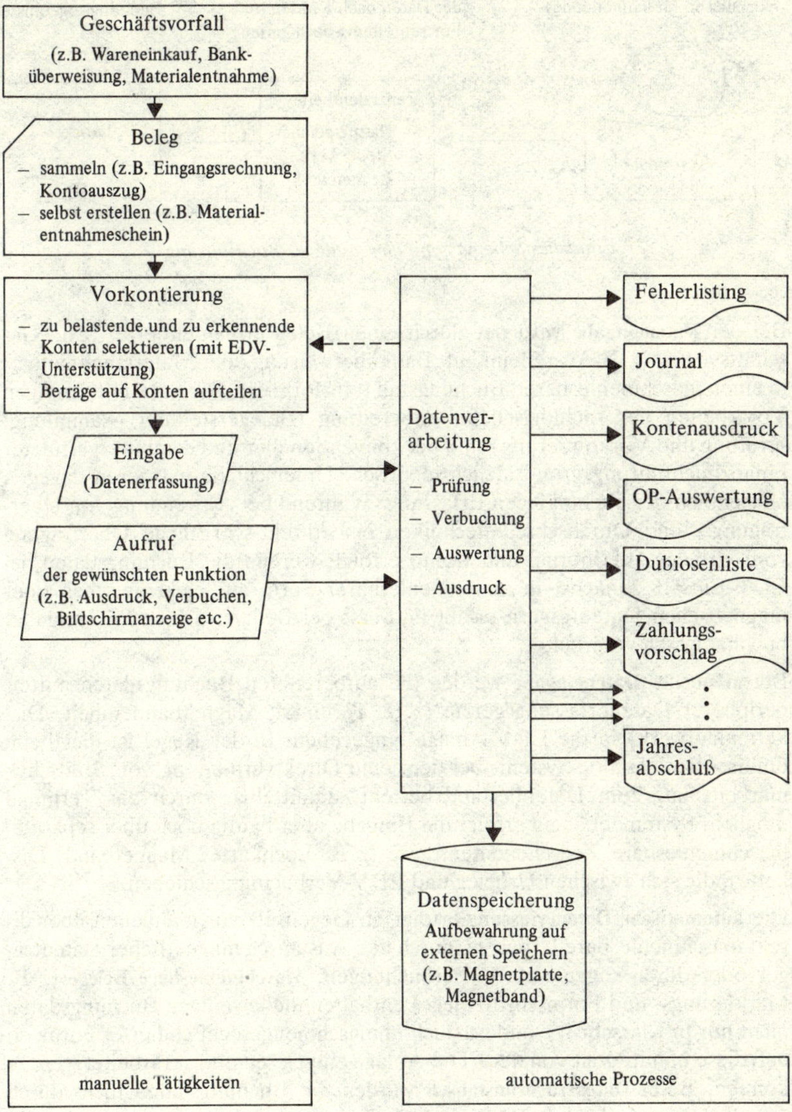

Arbeitsschritte der Finanzbuchführung mit EDV

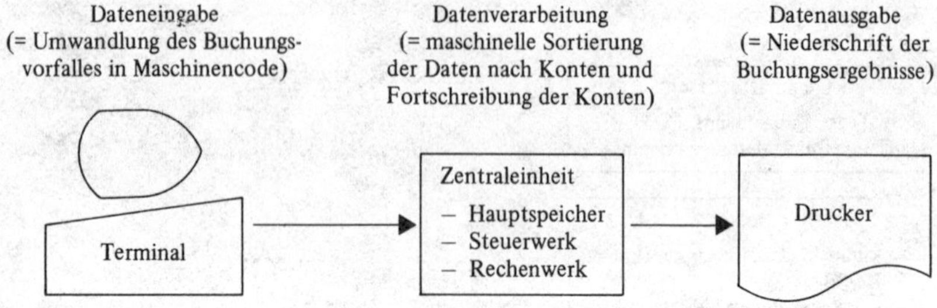

Einfaches Schema computergestützter Buchführung

Bei der **Dateneingabe** wird der durch einen Beleg dokumentierte, reale Geschäftsvorfall (z. B. Wareneinkauf, Banküberweisung oder Materialentnahme) in einen maschinenlesbaren Buchungsfall transformiert. Die dazu notwendigen Vorarbeiten der sachlogischen Aufbereitung (Belegerstellung, -sammlung, -prüfung und Vorkontierung) sind bei konventioneller und computergestützter Finanzbuchführung grundsätzlich identisch. Unterschiede existieren dagegen hinsichtlich der buchmäßigen Erfassung: Während bei Anwendung von Übertragungs- und Durchschreibetechniken eine direkt-schriftliche Übertragung vom Urbeleg auf Journal und Konto erfolgt, werden die Buchungsdaten bei EDV-Einsatz zunächst in maschinenlesbarer Form auf elektronischen oder magnetischen Datenträgern erfaßt und erst bei Bedarf, d. h. nach Freigabe, buchhalterisch verarbeitet.

Bei **manueller Dateneingabe** werden die aufbereiteten Buchungsdaten mittels peripherer Datenerfassungsgeräte (z. B. Terminal, Magnetbandeinheit, Diskettenlaufwerk) in die EDV-Anlage eingegeben. In der Regel ist dies beim Online- bzw. Dialog-System, bei dem eine Direktverbindung vom Bildschirmarbeitsplatz zum Datenbestand besteht, unmittelbar durch das Terminal möglich. Systemabhängig erfolgt die Eingabe aber häufig noch über separate, maschinenlesbare Zwischendatenträger (z. B. Lochkarte, Magnetband, Diskette), die sich zwischen Urbeleg und EDV-Verbuchung schieben.

Die **automatische Datenerfassung** erfolgt im Gegensatz zur manuellen über direkt maschinenlesbare Urbelege, durch den Austausch magnetischer Datenträger oder durch sogenannte Dauerbuchungen. **Maschinenlesbare Belege** (z. B. Markierungs- und Formschriftbelege) enthalten die jeweiligen Buchungsdaten nicht nur in Klarschrift, sondern auch in maschinengerecht codierter Form, so daß diese unmittelbar von der EDV-Anlage eingelesen und verarbeitet werden können. Beim **Datenträgeraustausch** werden die Buchungsdaten nicht durch visuell lesbare Belege (z. B. Eingangsrechnungen) dokumentiert, sondern in unmittelbar maschinenlesbarer und -verarbeitbarer Form auf magnetischen Datenträgern (z. B. Magnetbändern oder Disketten) ausgegeben und übermittelt. Sie können dann von der EDV unverändert eingelesen und verarbeitet werden. Im Rahmen dieses, vor allem bei Post-, Bank- und Versicherungsdiensten üblichen Datenaustausches gewinnt die direkte Rechner-Rechner-Koppelung immer mehr an Bedeutung, da sie die relativ einfache Übermittlung ganzer Datenbestände über Leitungsnetze erlaubt.

Zur Erhöhung des Automatisierungsgrades enthalten einige Softwaresysteme zur Finanzbuchhaltung auch sog. **Dauerbuchungsfunktionen,** die es erlauben, ständig wiederkehrende Buchungen periodengerecht der Datenverarbeitung zuzuführen. Dabei können aus einem einmal eingegebenen Buchungsstoff aufgrund vorgegebener Programme verschiedene Buchungen automatisch abgeleitet werden: Im einfachsten Fall wird durch einen gespeicherten Dauerbeleg maschinell eine pro Periode gleichbleibende Buchung veranlaßt (z. B. Anlagenabschreibung, Zinsverbuchung, Versicherungs- und Mietaufwand, Tilgungsverrechnung etc.). Darüber hinaus können – vor allem bei integrierter Datenverarbeitung – aber auch durch programmgemäße logische Entscheidungen automatisch Buchungsfälle veranlaßt und erfaßt werden (z. B. im Rahmen des Bestellwesens und der Lagerhaltung).

Vor allem die manuelle Dateneingabe ist zur Absicherung des Buchungsinhalts grundsätzlich mit einer maschineninternen **Vorprüfung des Buchungsstoffes** verbunden. Die eingegebenen und zu verarbeitenden Buchungssätze werden dabei auf sachliche und formelle Richtigkeit kontrolliert und im Falle aufgedeckter Fehler per Bildschirm oder Fehlerlisting angezeigt. Je nach Komfortabilität des jeweiligen Softwareprogramms kann sich die Prüfung auf einfache Vollständigkeitskontrollen oder aufwendige logische Abfragen erstrecken. Systemseitig erkannte und angezeigte Fehler können sodann korrigiert und erneut eingegeben werden (vgl. *BdF* v. 5. 7. 1978, BStBl. I 1978, S. 251).

Gleichzeitig mit der Dateneingabe wird in aller Regel ein Erfassungs-Kontrollblatt (sog. **Primanota**) erstellt, das alle Buchungsdaten in chronologischer Reihenfolge aufnimmt. Die Primanota dient der Eingabeperson zur Kontrolle der eingegebenen Daten und unterliegt daher – sofern ein Journal verfügbar ist – nicht den Aufbewahrungspflichten des § 257, Abs. 4 HGB bzw. § 147, Abs. 3 AO (erfüllt also nicht Grundbuchfunktion).

Mit der Eingabe der Buchungsdaten und der Erstellung des maschinenlesbaren Datenträgers ist die Buchung noch nicht vollzogen. Dies ist erst dann der Fall, wenn die Daten maschinell nach Konten sortiert und gespeichert, die Konten somit fortgeschrieben sind. Dieser maschinelle **Verarbeitungsprozeß** besteht aus der Ausführung einzelner Instruktionsfolgen innerhalb eines Programms, die bewirken, daß die eingegebenen Daten gelesen, sortiert, zusammengefaßt, gespeichert, gelöscht oder ausgegeben werden. Charakteristisch ist dabei, daß sich der Buchungsvorgang unsichtbar, dem menschlichen Auge verborgen im Inneren der EDV-Anlage, der sog. Zentraleinheit vollzieht. Die **Zentraleinheit** besteht aus Hauptspeicher (= Speicher für Programm und zu verarbeitende Daten), Rechenwerk (= Funktionseinheit, die arithmetische und logische Operationen ausführt) und Steuerwerk (= Leitstelle, die den Informationsfluß steuert), deren Funktionsweise nicht direkt beobachtbar ist. Das Novum der computergestützten Finanzbuchführung gegenüber herkömmlichen Verfahren besteht somit primär darin, daß nicht alle Buchungsvorgänge optisch wahrgenommen, gelesen und direkt überprüft werden können.

Die Speicherung der eingegebenen Daten, die innerhalb der Karenzfrist des Abschn. 29, Abs. 2, Nr. 2 EStR (bei Barzahlungsverkehr: tägliche Aufzeichnung, bei Kreditgeschäften: bis zum Ablauf des Folgemonats) zu erfolgen hat, erfüllt die **Grundbuchfunktion,** obgleich sichtbare und lesbare Unterlagen zunächst nicht existieren. Auch die Übernahme der Daten auf Konten erfolgt maschinenintern und erfüllt dennoch die **Funktion eines Hauptbuches.** Es ist daher keinesfalls erforderlich, daß sämtliche Buchungsdaten vollständig ausgedruckt vorliegen; vielmehr genügt es, wenn die Informationen – mit Ausnahme der Jahresabschlüsse und der Eröffnungsbilanz – während der Dauer der Aufbewahrungsfristen (6 bzw. 10 Jahre) auf Datenträgern verfügbar sind und auf Anforderung jederzeit in angemessener Frist lesbar gemacht werden können (§§ 239, Abs. 4, 257, Abs. 3 HGB; §§ 146, Abs. 5, 147, Abs. 2 AO; Abschn. 29, Abs. 5 EStR).

Da die umfangreichen Datenbestände, die in einer EDV-Anlage verarbeitet und gespeichert werden müssen, die Kapazität eines zentralen Hauptspeichers recht bald übersteigen, erfolgt die Speicherung auf externen bzw. peripheren Datenträgern. Die Ergebnisse der Finanzbuchführung werden entweder sichtbar ausgedruckt (**konventionelle EDV-Buchführung**) oder, mit Ausnahme der Bilanz, auf externen Speichern (Magnetbändern oder -platten bzw. Disketten) zum Ausdruck bereitgehalten (**Speicherbuchführung**).

Da jede Auslistung von Speicherinhalten stets nur eine Übersetzung von maschinell lesbarem in optisch lesbares Datenmaterial darstellt, kommt dem sichtbaren Ausdruck der Buchungsergebnisse auf Druckern (**Datenausgabe**) bei EDV-Buchführung nicht mehr Dokumentations-, sondern nur noch Kontrollfunktion zu. Besonders die erstmalige Auflistung der Geschäftsvorfälle in der Primanota dient der Kontrolle sachlich richtiger Übernahme des Geschäftsvorfalles vom Urbeleg auf elektronische bzw. magnetische Datenträger.

Vor allem bei der Organisationsform der „Außer-Haus-Verarbeitung" gibt es in der Regel zwei Protokolle, die den Buchungsstoff in chronologischer Reihenfolge erfassen und damit Grundbuch- bzw. grundbuchähnliche Funktion erfüllen: Die **Primanota** entsteht automatisch bei der Eingabe der Buchungsdaten und dient dem Anwender zur Kontrolle richtiger und vollständiger Datenerfassung. Gemäß BFH-Urteil v. 10. 8. 1978 (BStBl. II 1979, S. 22) erfüllt sie Grundbuchfunktion, da sie die Geschäftsvorfälle der zeitlichen Reihenfolge nach festhält, deren Unverlierbarkeit sichert und eine Verbindung zwischen Beleg und Konto herstellt (vgl. auch *FAMA 1/87,* WPg 1987, S. 4). Dennoch kann sie überschrieben bzw. gelöscht werden, wenn Primanota und Journal übereinstimmen. Demgegenüber entsteht das Journal bei der Datenverarbeitung (im Fall der Außer-Haus-Buchführung im externen Rechenzentrum) und dokumentiert, welche Buchungsdaten von der EDV erfaßt und verarbeitet werden. Demzufolge ist die eigentliche Grundbuchaufzeichnung im Journal erfaßt und muß – wie alle Bücher, die der Kaufmann zu führen hat – 10 Jahre aufbewahrt werden (§ 257, Abs. 4 HGB; § 147, Abs. 3 AO).

Natürlich kann neben dem Journal auch der übrige Buchungsstoff wie bei herkömmlichen Buchungsverfahren in lesbarer Schrift auf Bildschirm oder Ausdruck sichtbar gemacht werden. Sowohl Einzelkonten, Gesamtkontenentwicklung und Jahresabschluß als auch andere gespeicherte Buchungsunterlagen müssen innerhalb angemessener Frist in Klartext tabelliert sein (§ 239, Abs. 4 HGB; § 146, Abs. 5 AO). Es muß dabei jederzeit ohne große Schwierigkeiten möglich sein, anhand der Auflistung sowohl den der Buchung zugrundeliegenden Urbeleg aufzufinden, als auch die Zusammenfassung einzelner

Buchungen zu Kontensummen und -salden sowie deren Übertrag in den Jahresabschluß nachzuvollziehen (§ 238, Abs. 1 HGB; § 145, Abs. 1 AO). Die EDV-Buchführung erfordert also infolge der zunächst nicht optisch sichtbaren Kontenführung eine mindestens genauso ordentliche und brauchbare Belegablage wie konventionelle Buchführungstechniken.

Anzahl, Umfang und Aufbau der einzelnen Ausdrucke und Auswertungen ist jeweils vom eingesetzten **Softwareprogramm** abhängig. Zu den Standardausdrucken gehören neben der bereits genannten Primanota und dem Journal in aller Regel das Fehlerprotokoll, der Kontenausdruck, die Summen- und Saldenlisten, Hauptabschlußübersicht und Jahresabschluß. Ein **Fehlerprotokoll** wird programmgemäß dann ausgegeben, wenn im Rahmen der maschineninternen Plausibilitätsprüfung systemseitig Eingabefehler aufgedeckt wurden. Da es nur die von der Maschine als fehlerhaft erkannten Buchungssätze und nicht den gesammten Buchungsstoff beinhaltet, kann es keine Grundbuchfunktion erfüllen. Es ist dennoch Bestandteil einer ordnungsmäßigen Buchführung und daher mindestens bis zum Ende der Jahresabschlußprüfung aufzubewahren.

Auf den **Konten** sind die eingegebenen Buchungen systematisch geordnet. Sie sind das Kernstück jeder Buchführung, aus der Bilanz, Gewinn- und Verlustrechnung sowie Zusatzauswertungen abgeleitet werden. Eine Übersicht über den Stand (= Saldo) und die Bewegungen (= Verkehrszahlen) aller Konten bietet die **Summen- und Saldenliste,** die jederzeit angefertigt und ausgedruckt werden kann. Die **Hauptabschlußübersicht** beinhaltet demgegenüber die Eröffnungsbilanzwerte, die Jahresverkehrszahlen und die Endsalden einer Rechnungsperiode und bildet damit die Grundlage für Abschlußbuchungen und Abschlußerstellung.

Neben den genannten Standardausdrucken ist in aller Regel auch der Abruf weiterer Zusatzauswertungen möglich, deren Werte programmgemäß ohne zusätzlichen Arbeitsaufwand aus den bereits eingegebenen Buchungsdaten ableitbar sind. Eine in der Praxis sehr wichtige (da bei herkömmlicher Buchungstechnik recht arbeitsintensive) Zusatzauswertung ist die **Umsatzsteuervoranmeldung** und **-erklärung,** die periodisch automatisch ermittelt und auf amtlichen Formularen ausgedruckt werden kann. Als Informations- und Planungsgrundlage für die Unternehmensleitung dienen sog. **betriebswirtschaftliche Auswertungen,** die aus den Zahlen des Kontensystems bzw. des Jahresabschlusses abgeleitet und graphisch, tabellarisch oder in Form von Kennzahlen aufbereitet werden. Dazu gehören die vielfältigsten Formen der Bilanzanalyse, der Kostenstatistik, der Liquiditätsrechnung usw.

Neben dem Ausdruck auf direkt lesbaren Unterlagen kommt aus Zweckmäßigkeitsgründen auch die „Wiedergabe auf einem Bildträger" (§ 239, Abs. 4 HGB; § 147, Abs. 2 und 5 AO), d. h. **Mikrofilm-Aufnahmen** in Betracht. Mikrofilm-Abschnitte (= Mikrofiches) sind wenige Zentimeter große Bildaufzeichnungen, welche die Ursprungsdaten bzw. -unterlagen um das 50-fache gegenüber der Originalgröße verkleinert, jedoch bildlich-inhaltlich identisch beinhalten. Aufgrund ihrer Größe (ein Mikrofiche von ca. 3,5 × 7,5 cm Größe beinhaltet ungefähr 30 Journalseiten) lösen sie das Ablageproblem beim Anwender. Beim sog. **COM-Verfahren** (= Computer Output on Mikrofilm) werden die entsprechenden Informationen direkt vom Bildschirm auf Mikrofiches fotografiert, die dann platzsparend archiviert und bei Bedarf mittels spezieller Rückvergrößerungsgeräte lesbar gemacht werden können. Gemäß § 239, Abs. 4 HGB und § 147, Abs. 2 AO können alle aufbewahrungspflichtigen Unterlagen (mit Ausnahme der Bilanz) als Mikrofilmaufnahmen aufbewahrt werden, sofern sie den GoB entsprechen, mit dem Original übereinstimmen, während der Dauer der Aufbewahrungsfrist verfügbar sind und jederzeit innerhalb angemessener Frist lesbar gemacht werden können. Die Originale können sodann vernichtet werden (vgl. auch die Mikrofilm-Grundsätze, *BdF* v. 1. 2. 1984, BStBl. I 1984, S. 155ff.).

12.552 Datenfluß und Programmkonzeption bei EDV-Buchführung

Die Durchführung der Verbuchung vollzieht sich bei Einsatz der EDV zwar „unsichtbar im Inneren der Maschine", sie folgt jedoch gleichwohl grundsätzlich den (optisch wahrnehmbaren und damit direkt kontrollierbaren) Arbeitsschritten traditioneller Buchführungstechniken. Der maschineninterne Verarbeitungsprozeß kann daher vereinfacht mit folgendem Ablaufdiagramm wiedergegeben werden, wobei der buchmäßige Verarbeitungsdurchsatz im Detail von der Systemarchitektur (Aufbau von Hardware und Betriebssystem) sowie der Art der Programmierung abhängig ist.

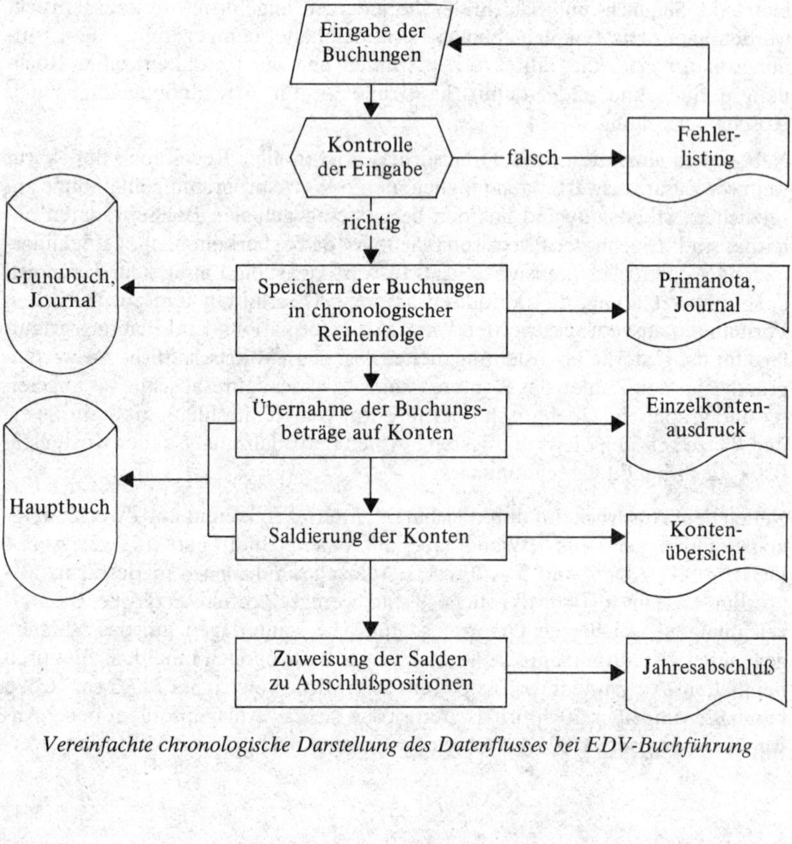

Vereinfachte chronologische Darstellung des Datenflusses bei EDV-Buchführung

Die zu verbuchenden Daten werden in der Regel vom Buchhalter bzw. Sachbearbeiter über Tastatur der EDV-Anlage eingegeben oder aufgrund gespeicherter Dauerbelege bzw. logischer Entscheidungen vom Programm automatisch generiert. Da die eingegebenen Buchungsdaten mit Fehlern behaftet sein können, die nach Freigabe der Buchung nachträglich nicht (bzw. nur durch Korrekturbuchung) korrigierbar sind, ist zur Sicherstellung einer ordnungsgemäßen Buchführung bei der Eingabe, d.h. auf Belegebene, eine Fehlerprüfung durchzuführen (Belegverprobung). Die Wirksamkeit derartiger maschineller **Kontrollen** ist gem. BdF-Schreiben (*BdF* v. 5.7. 1978, BStBl. I 1978, S. 250ff.) Voraussetzung für eine ordnungsgemäße Speicherbuchführung (GoS, Tz. 4 sowie *FAMA 1/87*, WPg 1987, S. 1ff.). In der Regel sind auch weitere Programmschritte nach Eingabe der Buchungsdaten mit bestimmten Plausibilitätskontrollen verbunden (z.B. Belegstapelabstimmung, Kontensaldenkontrolle etc.).

Naturgemäß kann das Programm nicht sämtliche Fehler (wie z.B. nicht belegidentische Buchungssätze) aufdecken, sondern nur die Fehler erkennen, die sich aufgrund der Buchungsregeln oder aufgrund logischer Abfragen ergeben (= Plausibilitätsprüfungen). Je nach Komfortabilität des jeweiligen Softwareprogramms werden dabei mehr oder weniger umfangreiche Kontrollen der eingegebenen Daten vorgenommen. Grundsätzlich gibt es drei Arten solcher **Plausibilitätskontrollen:**

1. **Vollständigkeitskontrollen:** Buchungen werden nur durchgeführt, sofern sämtliche erforderlichen Daten (z.B. Konto, Betrag, Gegenkonto) eingegeben wurden.
2. **Zulässigkeitskontrollen:** Die eingegebenen Buchungsdaten werden mit vorgegebenen Werten bzw. Unter- und Obergrenzen verglichen und nur bei Zulässigkeit akzeptiert (z.B. muß der Buchungsbeleg numerisch und mit einer maximalen Länge von 10 Stellen eingegeben werden; Kontennummern bzw. -bezeichnungen müssen mit dem Kontenplan übereinstimmen).
3. **Logische Kontrollen:** Buchungsdaten, die den Buchungsregeln bzw. der Logik widersprechen, werden abgelehnt (z.B. muß der Soll- und der Habenbetrag übereinstimmen; bestimmte Konten dürfen nicht direkt bzw. nicht mit Mehrwertsteuer bebucht werden; das Belegdatum muß beim Tag kleiner oder gleich 31, beim Monat kleiner oder gleich 12 sein).

Systemseitig aufgedeckte Fehler werden samt Fehlerursache am Bildschirm bzw. durch Fehlerlistung angezeigt, die Buchungen somit nicht gespeichert. Die Buchung ist sodann zu korrigieren und erneut einzugeben. Diese sofortige Korrektur schon während der Eingabe, die den ursprünglichen Inhalt der Buchung überschreibt und damit nicht mehr nachvollziehbar macht, ist gem. Tz. 3.1 und 3.2 der GoS auch steuerlich anerkannt, wogegen jede andere Art der Datenveränderung nach Speicherung die Erhaltung des ursprünglichen Inhalts und dessen Nachvollziehbarkeit bedingt.

Nachdem sämtliche Daten eines Belegstapels eingegeben wurden und die Kontrollen ohne Fehlermeldung durchlaufen haben, werden sie in einer Datei verarbeitungsfähig gespeichert. Eine **„verarbeitungsfähige Speicherung"** erfüllt Grundbuchfunktion und liegt gemäß BdF-Schreiben (*BdF* v. 5.7. 1978, BStBl. I 1978, S. 250ff.) dann vor, wenn die Buchungsdaten jederzeit ausgedruckt, lesbar gemacht und für eine sach- und personenkontenmäßige Verbuchung weiterverarbeitet werden können sowie gegen eine unbefugte und unkontrollierbare Veränderung gesichert sind.

Da für den Grundsatz der zeitgerechten Erfassung von Geschäftsvorfällen als Teil der GoB (§ 239, Abs. 2 HGB; Abschn. 29, Abs. 2 EStR) regelmäßig entscheidend ist, wann der einzelne Geschäftsvorfall in den Grundbüchern aufgezeichnet ist (*BFH* v. 26. 3. 1968), folgt aus der Grundbuchfunktion der verarbeitungsfähigen Speicherung bzw. des Journals, daß die weitere Verarbeitung der Buchungsdaten nicht sofort erfolgen muß, sondern zeitlich hinausgeschoben werden kann. So kann bei der Speicherbuchführung die endgültige Datenverarbeitung z. B. auf den Zeitpunkt der Abschlußerstellung oder steuerlichen Außenprüfung verlegt werden, so daß die einzelnen Geschäftsvorfälle nur verarbeitungsfähig, nicht aber bereits verarbeitet gespeichert werden können (s. Tz. 3.0 der GoS).

Die maschineninterne Weiterverarbeitung erfolgt auf entsprechenden Befehl, indem die gespeicherten Buchungsdaten entsprechend den Konten des Kontenplanes sortiert und getrennt nach Soll und Haben in sachlicher Ordnung gespeichert werden (= **Übernahme auf Konten**). Die Speicherung des Buchungsstoffes in sachlicher Hinsicht erfüllt sodann die Hauptbuchfunktion.

Sowohl zur Aktualisierung der einzelnen Kontenstände als auch zur Vorbereitung des Abschlusses ist eine Saldierung der Konten notwendig, die programmtechnisch durch Gegenüberstellung der einzelnen Soll- und Habensummen realisiert wird. Die zwischengespeicherten Kontensalden bilden zusammen mit den sachlich geordneten Buchungsdaten (= Kontenbewegungen) das Hauptbuch, das gem. § 239, Abs. 4 HGB und § 146, Abs. 5 AO während der Dauer der Aufbewahrungsfrist verfügbar sein und jederzeit innerhalb angemessener Frist durch Kontenlisting (Einzelkontenausdruck bzw. Kontenübersicht) lesbar gemacht werden können muß.

Die einzelnen zwischengespeicherten Kontensalden können je nach Kontenplan zu Gruppen zusammengefaßt (Zuordnung von Unterkonten) und je nach Bilanz- und GuV-Gliederung einzelnen Jahresabschlußpositionen zugewiesen werden. Eine den Gliederungsvorschriften der §§ 266 und 275 HGB entsprechende bzw. daran angelehnte Aufbereitung der einzelnen Positionen erlaubt dann den Ausdruck von Bilanz und Erfolgsrechnung, die gem. § 257, Abs. 3 und 4 HGB sowie § 147, Abs. 2 und 3 AO in lesbarer Form zehn Jahre aufzubewahren sind.

Die Durchführung der Verbuchung gemäß obigem Datenflußschema wird – wie jede Verarbeitung von Daten in einem EDV-Rechner – mit Hilfe von Software, d. h. einer Folge maschinenlesbarer Anweisungen gesteuert. Jeder einzelne Schritt der Verbuchung muß dabei in Form eines Maschinenbefehls vom Programmierer festgelegt und der Datenverarbeitungsanlage eingegeben werden. Für die allgemeingültigen Aufgabenstellungen der Finanzbuchführung, die von einer Vielzahl von Buchführungspflichtigen in derselben Weise durchzuführen sind, braucht dabei nicht jeweils ein unternehmensspezifisches Programm (Individualsoftware) konzipiert und erstellt zu werden; vielmehr kann auf vollständig ausgearbeitete und relativ kostengünstige Standardsoftware zurückgegriffen werden.

Der Markt für **Standard-Anwendungssoftware** zur Finanzbuchhaltung zeichnet sich durch ein sehr breites und heterogenes Angebot aus, so daß er kaum mehr überschaubar ist. Eine Vielfalt unterschiedlicher Programmpakete wird von Hardware-Herstellern, Softwarehäusern und Unternehmensberatungsgesellschaften angeboten und vertrieben. Derzeit sind ca. 300 verschiedene Standard-Softwaresysteme für sämtliche Größenklassen von EDV-Anlagen verfügbar; das Marktvolumen wird dabei infolge sinkender Hard- und Softwarekosten sowie aufgrund steigenden Bedarfs an integrierten Gesamtlösungen vor allem im Microcomputerbereich weiterhin stark wachsen.

Die Tabellen auf den Seiten 362–364, die aufgrund von aktualisierten Angaben der jeweiligen Anbieter sowie mittels einschlägiger Literatur erstellt wurden, geben eine stark zusammengefaßte Übersicht über die – gemessen an der Installationszahl – bedeutendsten Programmpakete zur Finanzbuchführung und deren Systemmerkmale (im einzelnen *Bäuerle,* Finanzbuchführung; *Nomina,* Personal, S. 4002–4043; *Nomina,* Software, S. 1014–1084). Da bei der Vorauswahl von Finanzbuchhaltungs-Programmen das Volumen der zu erfassenden und zu verarbeitenden Daten ein erstes, wichtiges Selektionsmerkmal darstellt, wurden die analysierten Softwarepakete hinsichtlich der erforderlichen Hardware-Größenklassen eingeteilt: Die Produkte für Großanlagen bzw. Universalrechner (z.B. IBM 43xx aufwärts, HP-3000, Siemens BS 2000 etc.) sind typisch für Dienstleistungsbetriebe, Rechenzentren und Großunternehmen. Das Einsatzspektrum der Softwarepakete für mittlere Anlagen bzw. Workstations (z.B. IBM /32, /34, /36, CTM, Nixdorf etc.) erstreckt sich dagegen auf den breiten Bereich der mittelständischen Unternehmen. Die Programmpakete für Personal Computer (z.B. IBM PC -XT, -AT, WANG PC etc.) sind schließlich typischerweise in Klein- und Mittelbetrieben einsetzbar. Für jede Hardware-Größenklasse wird ausgereifte, die Anforderungen der jeweiligen Anwendergruppe treffende Software angeboten. Der Leistungsumfang, die Komfortabilität und der Preis der Produkte weist jedoch in allen Klassen erhebliche Unterschiede auf (im einzelnen *Horváth/Petsch/Weihe,* Standard-Anwendungssoftware).

Relativ gut überschaubar und vergleichbar ist das Softwareangebot im **Bereich der Großanlagen,** da hier nur einige wenige Hardware-Hersteller und mehrere Softwarehäuser Produkte anbieten. Aufgrund der weiten Verbreitung der Hardware des Marktführers IBM besitzt die auf diesen Systemen ablauffähige

---

Legende zu den Tabellen S. 362–364:

A	= Auftragsbearbeitung	P	= Personal
B	= Anlagenbuchhaltung	PPS	= Produktionsplanungs- und -steuerungssystem
C	= Kreditoren	S	= Sonstiges
D	= Debitoren	T	= Textverarbeitung
E	= Einkauf	V	= Vertrieb
F	= Fakturierung		
G	= Lohn und Gehalt		
K	= Kostenrechnung		
L	= Lagerwirtschaft	Standard	= Kreditoren Debitoren Sachkonten
M	= Materialwirtschaft		
OP	= Offene Posten		

Produkt-bezeichnung	Anbieter-adresse	Module	betriebs-wirtschaftliche Auswertungen	Programmier-sprache	Kompa-tibilität	Installation a) Einf.jahr b) Gesamtzahl	Kosten (DM) a) Kaufpreis b) Mon.miete	Schnitt-stellen
DIBAC 3000	AC-Service GmbH Ruppmannstr. 43 7000 Stuttgart 80	Standard Bankeinzug Zahlungsverkehr Ratenzahlung Sachbuchauswertung Fremdwährung erweitertes Buchen	kurzfr. Erfolgsrechnung Kap.verwendung Cash Flow Soll-Ist-Vergleich Kennzahlen	COBOL	HP	a) keine Angabe b) 400	a) 23000 63000 b) 690	A, B, E, F, G, K, L, M, P, PPS, V, T
IFAS	ADV/ORGA F.A. Meyer AG Kurt-Schumacher-Straße 241 2940 Wilhelmshaven	Standard Erfolgs-, Finanz- und Bilanzplanung	frei definierbares Berichtswesen Kennzahlenabschlüsse OP- und AP-Listen Fremdwährungsbewertung Geldbedarfsvorschau Finanzplanung	COB 2	IBM und Kompatible Siemens	a) 1980 b) 135	a) zeitlich unbegrenztes Nutzungsrecht ab 55000 b) auf Anfrage	B, E, F, G, K, L, M, P, V
GL: Millennium	McCormack & Dodge (Deutschland) GmbH Neuenhöfer Allee 49–51 5000 Köln 41	Sachkonten Auslandsversion Bilanz, GuV Finanzberichtswesen Konsolidierung u. a. m.	frei definierbar	Assembler COBOL	IBM DEC	a) 1977 b) 3500	a) 80000 356000 b) –	A, B, C, D, E, F, G, K, L, M, P, PPS, T, V
System RF	SAP AG Max-Plank-Str. 8 6909 Walldorf	Standard Finanzdisposition Finanzberichtswesen Zinsrechnung Konsolidierung General Ledger	frei definierbar alle Standard-auswertungen	Assembler COBOL ABAP/4 (SAP)	IBM Siemens	a) 1979 b) 970	a) 110000 313000 b) 2750 7400	A, B, E, F, G, K, L, M, P, PPS, S, T, V
SFW Finanzwesen (II) + SER Erfolgsrechnung	Steeb Consulting GmbH Neckarstraße 12 6100 Darmstadt	Standard Bilanz, GuV Finanzberichtswesen Finanzdisposition Konsolidierung Mahnwesen, u. a. m.	frei definierbar	COBOL	IBM BULL HP Siemens	a) 1976 b) 188	a) 32500 95000 b) –	A, B, E, F, G, K, L, M, P, V

Standard-Anwendungssoftware zur Finanzbuchführung für Großanlagen

Produkt-bezeichnung	Anbieter-adresse	Module	betriebs-wirtschaftliche Auswertungen	Programmier-sprache	Kompa-tibilität	Installation a) Einf.jahr b) Gesamtzahl	Kosten (DM) a) Kaufpreis b) Mon.miete	Schnitt-stellen
PAIR-FIBU	Allerdata Software GmbH Hamburger Straße 31 2810 Verden/Aller	Standard Bilanz, GuV Mahnwesen Zahlungsverkehr Zinsrechnung	frei definierbar	COBOL	Wang VS	a) 1981 b) 1900	a) ab 2500 b) –	A, B, E, F, G, K, T
CTM-PLANOS	CTM Computertechnik Müller GmbH Max-Strohmeyerstr. 37 7750 Konstanz	Standard OP Zahlungsverkehr Mahnwesen Bilanz, GuV u. a. m.	verschiedene Kennzahlen	Assembler	CTM-Rechner 9032 9016	a) 1982 b) 1500	a) 3700 5700 b) 74 114	B, G, K, V
MERKUR	ICL Deutschland Ludwig-Quellenstr. 20 8510 Fürth	Standard Bilanz	kurzfr. Erfolgsrechnung Kap.verwendung Cash Flow Soll-Ist-Vergleich	C	UNIX-Systeme	a) 1974 b) 300	a) 5000 20000 b) –	A, B, E, F, G, K
Carat 9000	Mannesmann Kienzle GmbH Heinrich-Hertz-Str. 7730 Villingen-Schwenningen	Standard OP Mahnwesen Zahlungsverkehr Fremdwährung u. a. m.	diverse Analysen und Statistiken	COBOL	Mannesmann Kienzle 9xxx	a) 1981 b) 4500	a) ab 2990 b) –	A, B, F, G, K, P, S
OFB	NCR GmbH Ulmer Str. 160 8900 Augsburg	Standard Bankeinzug Bilanz, GuV Fremdwährung Mahnwesen u. a. m.	kurzfr. Erfolgsrechnung Kapitalverwendung Soll-Ist-Vergleich Kennzahlen Finanzplan	COBOL 74	NCR	a) 1986 b) 800	a) ab 7000 b) –	A, B, E, F, G, K, L, M
COMET TOP FIBU	Nixdorf Computer AG Fürstenallee 7 4790 Paderborn	Standard Fremdwährung Mahnwesen Jahresabschluß	diverse Auswertungsprogramme	BASIC	Nixdorf	a) 1983 b) 3900	a) 1260 20320 b) –	A, B, E, F, K, L, M, PPS, T, S

Standard – Anwendungssoftware zur Finanzbuchführung für mittlere Anlagen

Produkt-bezeichnung	Anbieter-adresse	Module	betriebs-wirtschaftliche Auswertungen	Programmier-sprache	Kompatibilität a) Hardware b) Betr.system	Installation a) Einf.jahr b) Gesamtzahl	Kosten (DM) a) Kaufpreis b) Mon.miete	Schnitt-stellen
rhv-FIBU II	DAT rhv Gothaer Str. 27 4030 Ratingen	Standard Bankeinzug Bilanz, GuV Mahnwesen, u. a. m.	frei definierbare Auswertungsstruktur Budgetvergleich	BASIC Assembler	a) IBM-PC XT/AT b) MS-DOS	a) 1983 b) 3000	a) 2508 b) –	A, E, F, G, L
HDB-Administra-tion	HDB Haus der Buchhaltung GmbH Mercatorstr. 66 4100 Duisburg 1	Standard OP Bilanz, GuV	Analyse aus 43 Kennziffern	Assembler C	a) IBM ATARI Apple und Kompati-blen b) MS-DOS	a) 1979 b) 8500	a) 999 1499 b) –	F, G, S
IBM PC/PS-2 Finanzbuch-haltung 3.0	IBM Deutschland GmbH Pascalstraße 100 7000 Stuttgart 70	Standard Bilanz, GuV Mahnwesen Zahlungsverkehr u. a. m.	Debitoren-, Kreditorenauswertung OP-Liste Liquiditätsübersicht Fälligkeitsliste Umsatzsteuerübersicht	Assembler	a) IBM-PC -PS/2 b) PC-DOS BS/2	a) 1984 b) 10800	a) ab 3500 b) –	B, E, F, G, L, M, P, T, V
KHK Finanz-buchhaltung	KHK Source- Software GmbH Berner Straße 23 6000 Frankfurt 56	Standard OP Mahnwesen Zahlungsverkehr Fremdwährung	Debitoren Kreditoren Kennzahlen kurzfr. Erfolgsrechnung OP- und AP-Listen Soll-Ist-Vergleich u. a. m.	BASIC Assembler	a) IBM und Kompatible b) MS-DOS	a) 1982 b) 32000	a) auf Anfrage bei Händlern b) –	A, E, F, G, K, L, T
D40/D4Z- Finanzbuch-haltung	Softwarehaus Data-Jet GmbH Kohstattstr. 20 8901 Dinkelscherben	Standard Bilanz, GuV Mahnwesen Zahlungsverkehr	verschiedene Auswertungen	BASIC C	a) IBM, NCR Sanyo Siemens b) MS-DOS XENIX UNIX	a) 1980 b) 4000	a) 1000 5000 b) 80 400	K, F
TOPFIB	Taylorix AG Zazenhäuserstr. 106 7000 Stuttgart 40	Standard Bilanz, GuV Mahnwesen OP Zahlungsverkehr u. a. m.	Debitoren-, Kreditorenaus-wertung Salden/OP-Listen kurzfr. Erfolgsrechnung Liquiditätsübersicht Managementreport	COBOL	a) IBM und Kompatible b) MS-DOS	a) 1986 b) 3500	a) auf Anfrage b) –	A, B, E, F, K, L, M, T

Standard-Anwendungssoftware zur Finanzbuchführung für PC

Software das größte Marktpotential. Der Leistungsumfang, die Komfortabilität und Komplexität der Produkte ist infolge der systemtechnischen Möglichkeiten dieser Hardware-Größenklasse fast unbegrenzt, setzt jedoch entsprechend geschulte Fachkräfte im Anwender-Unternehmen voraus. Der differenzierte Leistungsumfang spiegelt sich naturgemäß auch im Preis wider, der hier i. d. R. zwischen 50.000 DM und 250.000 DM liegt.

Ein wesentlich breiteres Angebot als bei Großanlagen existiert im **Bereich der mittleren Anlagen:** Neben den Hardware-Herstellern bieten auch zahlreiche Software-Unternehmen und Unternehmensberatungsgesellschaften recht unterschiedliche Produkte an, deren Preise i. d. R. zwischen 10.000 DM und 50.000 DM schwanken. Entsprechend heterogen sind auch die Leistungen dieser Softwarepakete, die von reinen Finanzbuchhaltungsprogrammen bis zu integrierten Gesamtlösungen für mehrere Fachbereiche reichen. Da aber in dieser Größenklasse – ebenso wie bei den Großanlagen – bisher keine hardwareunabhängigen Betriebssysteme verfügbar sind, ist die Portabilität (= Einsatzfähigkeit auf unterschiedlichen Anlagen) der Software sehr gering.

Kaum mehr überblickbar ist aufgrund der jüngsten technologischen Entwicklung der Softwaremarkt im **PC-Bereich:** Eine Vielzahl von z. T. recht kleinen und regional begrenzten Softwarehäusern bietet die unterschiedlichsten Programmpakete an. Aufgrund der Verwendung weitgehend einheitlicher Betriebssysteme (z. B. MS-DOS, PC-DOS, CP/M und UNIX) ist die Software auf verschiedenen Hardware-Anlagen einsetzbar. Der Schwerpunkt des Leistungsumfangs der PC-Software liegt primär in den administrativen Funktionen der Finanzbuchführung wie Verbuchung und Abschluß. Darüber hinaus bieten die meisten Programmpakete aber auch einige betriebswirtschaftliche Standardauswertungen. Insgesamt ist der Leistungsumfang jedoch erheblich geringer und heterogener als im Bereich der Mittel- und Großanlagen, so daß derartige Programmpakete bereits ab ca. 500 DM bis zu 30.000 DM zu erwerben sind.

Die marktmäßig verfügbaren Standardsoftwarepakete zur Finanzbuchführung unterscheiden sich hinsichtlich Programmumfang, Komfortabilität, Programmiersprache und vieler systemtechnischer Details. Sie lassen sich jedoch – da sie grundsätzlich dieselben Funktionen zu erfüllen haben – jeweils auf ein einheitliches Grundmuster zurückführen, das im Detail je nach Hersteller unterschiedlich ausgestaltet und realisiert werden kann. Die Abbildung auf Seite 366 gibt die **Grundkonzeption** und die sachliche Verknüpfung der Programme und Dateien innerhalb eines beispielhaften Softwarepakets zur Finanzbuchführung vereinfacht wieder.

Grundsätzlich bedarf jeder der chronologisch beschriebenen Schritte maschineninterner Verarbeitung von Buchungsdaten (vgl. Abb. S. 358) der Überführung in einen vom Rechner ausführbaren Maschinenbefehl. Mehrere sukzessiv aufeinander folgende Befehle (Anweisungsfolgen), die eine bestimmte Reihenfolge von Maschinenoperationen vorgeben, werden als **Programm** bezeichnet. In aller Regel werden komplexe Aufgabenstellungen – wie sie die Finanzbuchführung darstellt – in Teilaufgaben zerlegt, für die jeweils ein spezielles Programm formuliert wird. Ein Programmpaket (Softwarepaket, Softwaresystem), das einen gesamten Aufgabenkomplex wie z. B. die Finanzbuchführung zu lösen vermag, besteht daher aus mehreren Programmen, die jeweils unter-

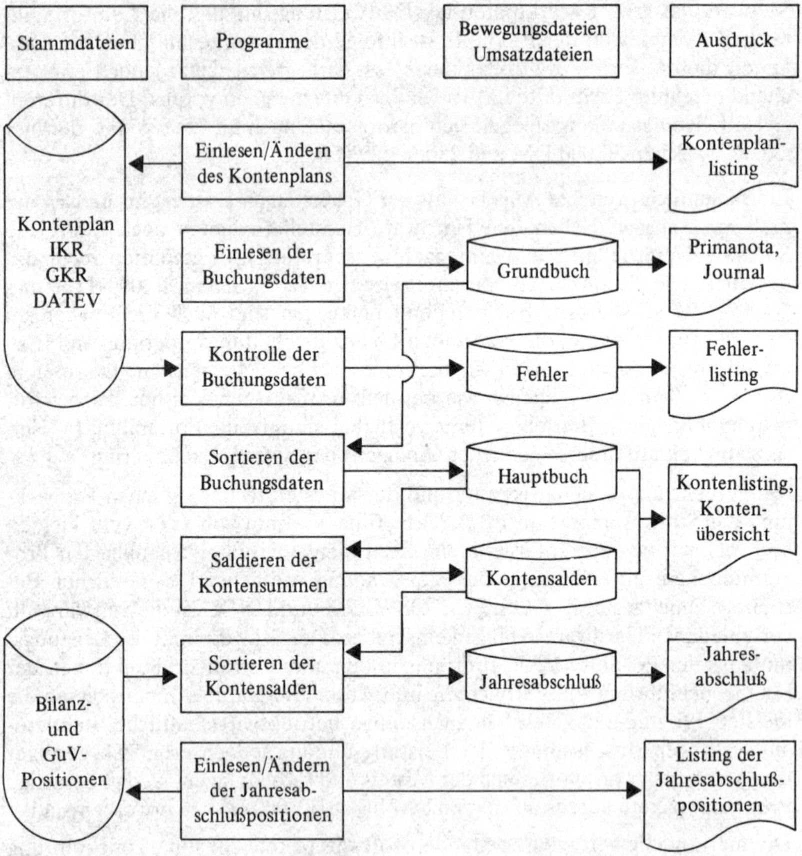

Vereinfachte sachliche Darstellung eines Softwarepakets zur Finanzbuchführung

schiedliche Teilaufgaben ausführen. Programmpakete zur Finanzbuchführung bestehen i. d. R. aus einzelnen Programmen für die Funktionen Einlesen, Kontrolle, Speichern und Sortieren der Buchungsdaten sowie Saldieren und Ordnen der verschiedenen Kontenwerte. Darüber hinaus können je nach Umfang und Komfortabilität des einzelnen Softwaresystems noch viele zusätzliche Teilprogramme implementiert sein, welche die Arbeit des Buchhalters unterstützen sollen (z. B. automatische Bedienerführung, Matchcode, Auswertungsprogramme etc.).

Die Erfassung und Speicherung sowohl der zu bearbeitenden als auch der bereits bearbeiteten Buchungsdaten erfolgt auf jeweils spezifisch dafür eingerichteten Dateien. Informationen, die bei jedem Programmlauf in derselben Weise wieder gebraucht und abgerufen werden und die ihren Inhalt nicht nur gelegentlich ändern werden als Stammdaten bezeichnet und in sog. **Stammdateien** gespeichert. Diese Stammdateien dienen der Steuerung und Prüfung der eigentlichen Buchungsabwicklung. Zu ihnen gehören in der Buchführung vor allem die Kontenstämme bzw. der Kontenplan, die Jahresabschlußgliederung sowie die Stammdaten einzelner Kunden und Lieferantenfirmen. Die kleinste logische Einheit einer Stammdatei ist eine Stamminformation, die beim Kontenplan z.B. ein einzelnes Konto beinhaltet. Die spezifischen Merkmale und Ausprägungen einer solchen Stamminformation sind im sog. Stammdatensatz definiert und zusammengefaßt. Dieser Datensatz besteht bei den Konten mindestens aus der Kontonummer als Ordnungs- und Suchbegriff, der Kontobezeichnung und gegebenenfalls weiteren Kontenmerkmalen (wie z.B. Kennungen bezüglich Umsatzsteuerpflicht, Zugriffsberechtigung, Zuordnung zu einzelnen Auswertungsinstrumenten etc.).

Jene Informationen, die bei jedem Geschäftsvorfall bzw. Programmlauf unterschiedlich sind und die daher jeweils erneut zu erfassen sind, werden als Bewegungsdaten bezeichnet und in sog. **Bewegungsdateien** gespeichert. Zu ihnen gehören vor allem die eingelesenen Buchungssätze und Kontenbewegungen, die – je nach Konzeption des Softwarepakets – in speziellen Bewegungsdateien für Grundbuch (= Speicherung der eingelesenen Buchungsdaten in chronologischer Reihenfolge) und Hauptbuch (= Speicherung der Buchungsdaten nach sachlichen Konten geordnet) angelegt werden.

Da die Bewegungsdaten nach Abschluß des Buchungsvorgangs nur noch Bedeutung für dessen spätere Nachvollziehbarkeit haben, können sie auf den zentralen Datenträgern gelöscht und auf separaten, externen Datenträgern (z.B. Magnetband oder Diskette) archiviert werden, sobald die Buchungsperiode abgeschlossen ist. Für die Zwecke der Dokumentation und Überprüfbarkeit muß jedoch jede Datei während der Dauer der Aufbewahrungsfristen verfügbar sein und auf Bildschirm oder Drucker lesbar gemacht werden können (§ 239, Abs. 4 HGB; § 146, Abs. 5 AO).

Neben den Stamm- und Bewegungsdateien sind in verschiedenen Softwarepaketen auch **Umsatzdateien** üblich, die verdichtete Umsätze (vor allem Kontensalden) erfassen und periodengerecht fortschreiben. Sie erleichtern statistische Auswertungen (z.B. Liquiditätskennzahlen, Soll-Ist-Vergleiche, Kreditoren- und Debitorenübersichten etc.) und bilden die Grundlage zur maschinellen Erstellung von Bilanz und Erfolgsrechnung. Mitunter werden auch sog. Abstimmdateien geführt, die ausschließlich der internen Kontrolle und der Überprüfung des Buchungsvorgangs dienen.

Bei moderner Buchungssoftware werden Daten nicht in physisch separaten Dateien, sondern in **Datenbanken** gespeichert, die durch ein Datenbankverwaltungssystem (data base management system) zugeordnet und kontrolliert werden. Die Besonderheiten von Datenbanken im Vergleich zu Dateien sind die verminderte bzw. fehlende Redundanz sowie die stärkere Datenverarbeitungs-Unterstützung bei der maschineninternen Verwaltung. Der gemeinsame Datenpool für alle Benutzer erlaubt dabei eine multifunktionale Verwendbarkeit der Daten durch beliebige Datenverknüpfung (im einzelnen *Hansen,* Wirtschaftsinformatik, S. 493ff. und *Hanisch,* EDV-Prüfung, S. 406ff.). So ist bei datenbankorientierten Softwarepaketen zur Finanzbuchführung keinesfalls eine dem herkömmlichen Grund- und Hauptbuch entsprechende, fortlaufend geordnete, physische Speicherung des Buchungsstoffes auf Magnetspeichern notwendig. Vielmehr definieren festgelegte Suchpfade bzw. Kettadressen oder

Sortier- und Auswahloptionen den jeweils sachlogisch richtigen Zusammenhang zu Journal, Konto, Jahresabschluß und betriebswirtschaftlicher Auswertung.

Die detaillierte buchungstechnische Erfassung und Bearbeitung sämtlicher einzelner Geschäftsvorfälle innerhalb des gesamten Komplexes der Finanzbuchführung stellt ein sehr umfangreiches Arbeitsgebiet dar. Infolgedessen wird die Buchhaltung in aller Regel in einzelne Teilbereiche (= **Buchungskreise**) aufgeteilt, die aus der Hauptkontenbuchhaltung ausgegliedert und als sogenannte Nebenbuchhaltung separat geführt werden. Die verbleibende Hauptbuchhaltung wird dann als Sachkontenbuchhaltung bezeichnet. Die Daten der Nebenbuchhaltung fließen über verdichtete Buchungen (sog. Sammelbuchungen) in die Hauptbuchhaltung ein und gewähren so den interdependenten Zusammenhang innerhalb des Systems der Doppik.

Welche Bereiche zweckmäßigerweise auszugliedern und als **Nebenbuchhaltung** einzurichten sind, ist primär vom zu verbuchenden Datenvolumen abhängig und damit meist eine Frage der Unternehmensgröße. Bei sämtlichen auf dem Markt verfügbaren Standard-Anwendungsprogrammen zur Finanzbuchführung ist jedoch eine Trennung in die vorwiegend genutzten Bereiche „Kreditoren" (= Beziehungen zu Lieferanten), „Debitoren" (= Beziehungen zu Kunden) sowie die übrigbleibenden „Sachkonten" zu beobachten. Üblicherweise werden diese drei Buchungskreise daher zur Finanzbuchhaltung gezählt. Demgegenüber reichen die mitunter ebenfalls als Nebenbuchhaltungen konzipierten Arbeitsgebiete der Lohn- und Gehaltsabrechnung, der Anlagenbuchhaltung (bzw. Anlagenrechnung) sowie der Materialbuchhaltung (bzw. Materialabrechnung) über das buchhalterische System der Doppik hinaus und werden daher im allgemeinen nicht unter den Begriff der Finanzbuchhaltung subsumiert.

Gegenstand der **Debitorenbuchhaltung** sind die Forderungen und Verbindlichkeiten, die eine Unternehmung gegenüber ihren Kunden hat. Diese werden auf einzelnen Personenkonten verwaltet, die in aller Regel in Form der Offenen-Posten geführt werden (vgl. dazu Teil A, Abschn. 12.421, S. 342f.). Hauptaufgabe der Debitorenbuchhaltung ist daher die Verbuchung von Rechnungsausgängen und Gutschriften (OP-Bildung) sowie die Erfassung von Zahlungseingängen und Verrechnungen (OP-Ausgleich). Daneben obliegt ihr in der Regel die Überwachung und Kontrolle des OP-Bestandes (Mahnwesen) sowie die Pflege der Debitoren-Stammdaten.

In der **Kreditorenbuchhaltung** werden die Forderungen und Verbindlichkeiten einer Unternehmung gegenüber ihren Lieferanten verwaltet. Bezüglich des EDV-technischen Verarbeitungsprinzips ähnelt die Kreditorenbuchhaltung stark der Debitorenbuchhaltung: Forderungen und Verbindlichkeiten werden als Offene-Posten geführt, die durch Bezahlung oder Anlieferung auszugleichen sind. Dementsprechend sind die zentralen Aufgaben der Kreditorenbuchhaltung die Erfassung und Verbuchung von Eingangsrechnungen und Gutschriften (OP-Bildung) sowie die Rechnungsregulierung und Zahlungsverbuchung (OP-Ausgleich). Darüber hinaus fällt die Pflege sowohl des OP-Bestandes als auch der Stammdaten in ihren Aufgabenbereich.

Da sämtliche Buchungen aus den Kontokorrent-Nebenbuchhaltungen Debitoren und Kreditoren (in denen die weitaus überwiegende Mehrzahl der Geschäftsvorfälle zu verzeichnen ist) automatisch in den **Sachkontenbereich** übergeleitet werden, reduziert sich der verbleibende, manuell zu erfassende Buchungsstoff erheblich. In der Sachkontenbuchhaltung sind daher nur noch wenige reine Sachbuchungen, wie z. B. Abschreibungen oder Umbuchungen, vorzunehmen. Wird der Buchungsstoff jedoch maschinell aus den Nebenbuchhaltungen auf die Sachkonten übernommen, so bildet der Sachkontenbereich die zentrale Grundlage für die verdichteten Daten des Rechnungswesens. Die Hauptaufgabe der Sachkontenbuchhaltung besteht somit in den periodischen Abschlußarbeiten sowie in den laufenden Auswertungen der Finanzbuchführung.

Da sich aus den Daten der Finanzbuchführung weitere Auswertungen zur Dekkung des Informationsbedarfs der Unternehmensleitung ableiten lassen, können über die genannten hinaus noch zahlreiche weitere Schnittstellen zu anderen Funktionsbereichen der Unternehmung bestehen. Enge Verbindungen sind dabei vor allem zur Kosten- und Leistungsrechnung, insbesondere beim Informationsaustausch bezüglich Beständebewertung und kalkulatorischer Kosten, zu beobachten. Darüber hinaus kann auf den Daten der Finanzbuchführung z. B. ein System der Liquiditäts- und Finanzplanung, der Auftrags- und Bestellabwicklung und -überwachung, des Controlling etc. aufgebaut werden. Letztlich kann ein integriertes Gesamtmodell computergestützter Management-Informationssysteme baukastenartig zusammengestellt werden, in dem die Finanzbuchführung integrierter Bestandteil ist.

12.553 Organisationsformen computergestützter Finanzbuchführung

Für die zeitlich-verfahrenstechnische Abstimmung zwischen manueller und maschineller Verarbeitung der Buchungsdaten sowie für den Ablauf des Informationsaustausches zwischen Anwender und EDV-Anlage bieten sich mehrere verschiedene Organisationsalternativen an. Welche Organisationsalternative dabei jeweils zweckmäßig ist, ist von den unternehmensindividuellen Gegebenheiten, insbesondere dem Datenvolumen, dem Belegfluß, den spezifischen Auswertungsanforderungen sowie den hard- und softwaretechnischen Möglichkeiten abhängig: Durch den Einsatz kommerzieller Standard-Software werden zunächst die Rahmenbedingungen für die technisch-organisatorischen Gestaltungsmöglichkeiten der **Rechnernutzung** geschaffen (Abschn. 12.553.1). Darüber hinaus sind aber zahlreiche unterschiedliche Formen der **Arbeitsorganisation** und Arbeitsteilung innerhalb der computergestützten Finanzbuchführung möglich (Abschn. 12.553.2).

12.553.1 Formen der EDV-Nutzung

Unabhängig vom jeweiligen Einsatzgebiet lassen sich zwei grundsätzliche Formen der Rechnernutzung unterscheiden: Stapelverarbeitung und Dialogverarbeitung. Die technische Einsatzmöglichkeit der beiden Nutzungsformen ist im Einzelfall jeweils vollständig von den zur Verfügung stehenden Programmen abhängig. Die technologische Entwicklung bei kommerzieller Standardsoftware verlief dabei historisch betrachtet, von der reinen stapel- zur dialogorientierten Verarbeitung. Heute sind sämtliche verfügbaren Anwendungsprogramme zur Finanzbuchführung dialogorientiert, wobei einige (vor allem für mittlere und Großanlagen) Wahlmöglichkeiten zwischen beiden Nutzungsformen bieten.

Bei der ursprünglich vorherrschenden **Stapelverarbeitung** (batchprocessing) sind personelle und maschinelle Aufgabenverrichtung zeitlich getrennt, so daß die manuelle Bearbeitung gesammelt und vollständig durchgeführt werden muß, bevor die maschinelle Verarbeitung zu bestimmten Zeitpunkten schubweise ablaufen kann. Im Rechnungswesen wird die Stapelverarbeitung vor

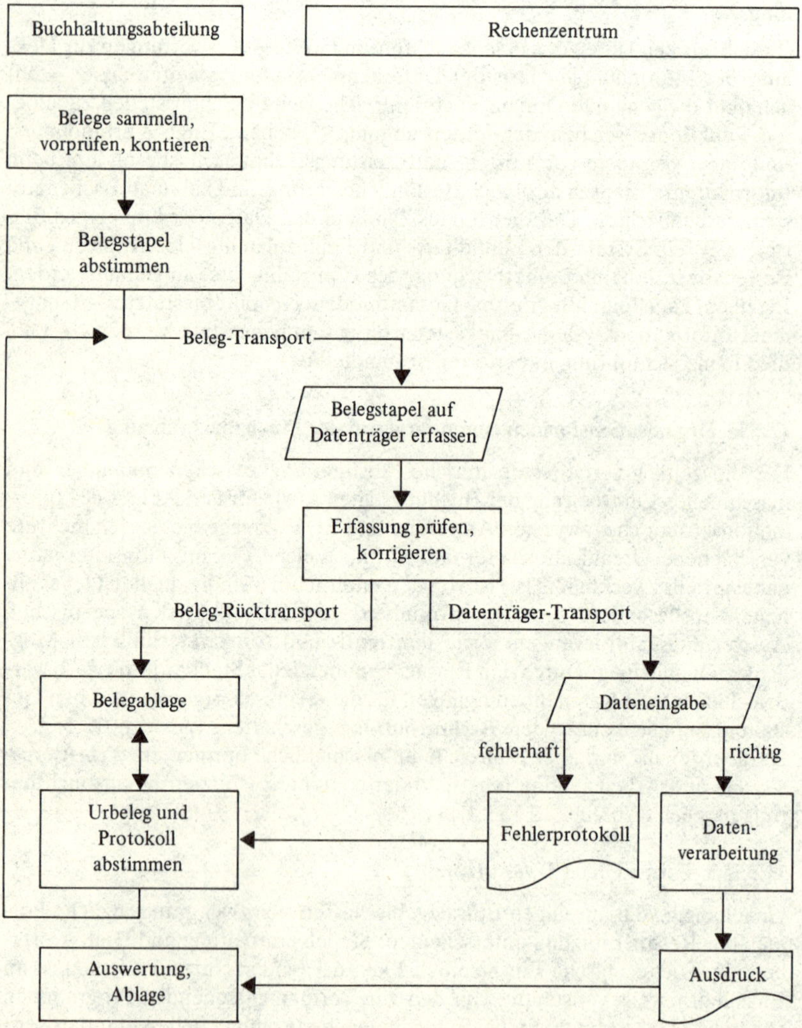

Informationsfluß bei Stapelverarbeitung

allem dann realisiert, wenn die anfallenden Buchungsdaten aller Unternehmensabteilungen von einem Rechenzentrum zentral erfaßt und verarbeitet werden. Dies erlaubt zwar eine relativ störungsfreie und wirtschaftliche Nutzung der EDV-Anlage, bringt jedoch erhebliche Restriktionen der arbeitsorganisatorischen Gestaltung mit sich: Die mehrfache Datenübertragung ist recht arbeitsintensiv und birgt Fehlergefahren in sich. Die gespeicherten Daten sind wenig aktuell und gezielte Rechnerauskünfte, -abfragen und -lösungsvorschläge sind kaum möglich. Die zentrale Stapelverarbeitung ist im Rechnungswesen daher nur dort sinnvoll, wo umfangreiche Datenbestände ohne Entscheidungsfreiräume, Korrektureingriffe und manuelle Vor- und Nachbearbeitung zu verarbeiten sind (z. B. bei der Übernahme fertiger Buchungssätze aus der Fakturierung, beim Druck der Zahlungsanweisungen etc.) oder eine räumliche Trennung von Anwender und Hardware die direkte Kommunikation nicht ermöglicht (vor allem bei der sog. Außer-Haus-Buchhaltung).

Im Gegensatz zur Stapelverarbeitung besteht bei der **Dialogverarbeitung** über Bildschirmterminal eine direkte Verbindung zwischen Anwender und Programm, so daß die maschinelle Verarbeitung gleichzeitig mit der Eingabe erfol-

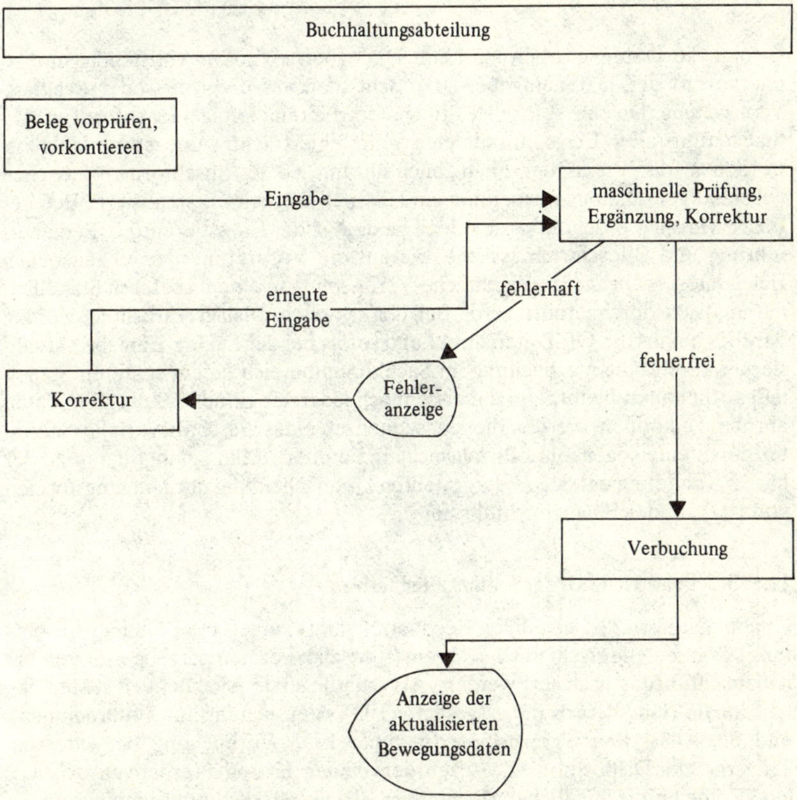

Informationsfluß bei Dialogverarbeitung

gen und visuell kontrolliert werden kann. Daher besteht hier auch die Möglichkeit, daß der Anwender im Dialog vom Programm geführt (= Anzeige möglicher Folgemaßnahmen am Bildschirm) oder mittels Bildschirmmaske (= formularähnliche Bildschirmanzeige für die Eingabe) unterstützt wird. Sowohl die Dateneingabe (z. B. Erfassen eines Geschäftsvorfalls), die Datenabfrage (z. B. Kontenauskunft, Matchcode-Abfrage) als auch die Bearbeitung operativer Entscheidungssituationen (z. B. OP-Zuordnung, Mahnwesen, Zahlungsregulierung) ist im interaktiven Betrieb sukzessive möglich.

Während die Stapelverarbeitung zeitlich unabhängig von der Datenerfassung über Sekundärdatenträger möglich ist (sog. **Off-Line-Betrieb**), setzt die Dialogverarbeitung voraus, daß eine direkte Verbindung der peripheren EDV-Geräte – i. d. R. Bildschirm-Terminals – mit der Zentraleinheit besteht (sog. **On-Line-Betrieb**). Der direkte Zugriff auf Stamm- und Bewegungsdateien erlaubt jedoch, daß bei Dialogverarbeitung nicht mehr alle Belegdaten vorgegeben und eingegeben werden müssen, sondern auch automatisch ergänzt oder abgefragt werden können (bei Kundenzahlungen z. B. die entsprechenden OP, Konten und Adressen). Daher läßt sich im Dialogverfahren der bei Stapelverarbeitung notwendigerweise stark arbeitsteilige Prozeß der Belegverarbeitung mit der Konsequenz der Fehlerreduzierung in einen Arbeitsgang zusammenfassen.

Erfolgt die Datenverarbeitung beim Dialogbetrieb sofort vollständig und simultan mit der Dateneingabe, so spricht man von Echtzeit- oder **Realtime-Verarbeitung.** Da eine solche Realtime-Verarbeitung infolge der sofortigen Aktualisierung aller Bewegungsdateien sehr fehlerträchtig und störanfällig ist, werden in der Praxis der Finanzbuchführung i. d. R. Mischformen zwischen vollständiger Dialogverarbeitung und Stapelverarbeitung realisiert: Bei der **Dialogerfassung** beschränkt sich der Dialog auf die Eingabe mittels Bedienerführung und Bildschirmmasken sowie auf die Vorprüfung der eingegebenen Belegdaten, während die eigentliche Verbuchung in einem späteren Stapellauf automatisch durchgeführt wird. Bei der **teilweisen Dialogverarbeitung** werden darüber hinaus die OP-Daten direkt und sofort bei der Dialog-Eingabe aktualisiert, während die Verbuchung im Sachkontenbereich einem späteren Stapellauf vorbehalten bleibt. Um dabei dennoch jederzeit aktuelle Bewegungsdaten abrufen zu können, werden die Konsequenzen eines Geschäftsvorfalles mitunter durch eine sogenannte **Pseudobuchung** simuliert. Man gelangt damit zu der in der Abbildung auf S. 373 dargestellten Unterscheidung der Nutzungsformen von EDV in der Finanzbuchführung.

12.553.2 Praktische Organisationsalternativen

Unabhängig von der jeweiligen Rechnernutzung (Stapel- oder Dialogverarbeitung) können unterschiedliche organisatorische Formen EDV-gestützter Finanzbuchführung realisiert werden. Als grundlegende Alternativen stehen dabei die **Im-Haus-Verarbeitung** (gesamte EDV-Verbuchung im Unternehmen) und die **Außer-Haus-Verarbeitung** (gesamte EDV-Verbuchung bei externen Trägern) zur Disposition. Zwischen den beiden Extremalternativen existiert eine Reihe unterschiedlicher **Mischformen,** die jeweils den unternehmensindividuellen Gegebenheiten angepaßt sein müssen. Die verschiedenen Varianten

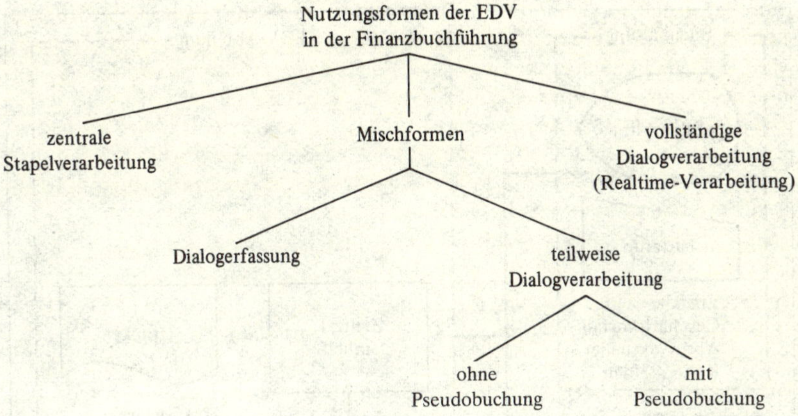

Nutzungsformen der EDV

der Arbeitsteilung können selbst wiederum organisatorisch unterschiedlich ausgestaltet sein, so daß keine abschließende und vollständige Darstellung der Organisationsmöglichkeiten geliefert werden kann. Im folgenden sollen daher drei repräsentative Beispiele, die in der Praxis die häufigsten Anwendungsfälle darstellen, die Bandbreite möglicher EDV-Organisationsalternativen wiedergeben.

Beispiel 1: Im-Haus-Verarbeitung

Die Organisationsform der **„Im-Haus-Verarbeitung"** ist infolge ihrer EDV-mäßigen und personellen Voraussetzungen typisch für Großunternehmen, gewinnt aber mit zunehmender Verbreitung der Mikrocomputer auch in Mittel- und Kleinbetrieben immer mehr an Bedeutung: Die gesamte EDV-Anlage, bestehend aus Zentraleinheit, Bildschirmarbeitsplatz bzw. -arbeitsplätzen, Drucker und einem peripheren Magnetplattensystem, ist im Unternehmen implementiert und mit direkten Datenleitungen verbunden (On-Line-System). Als Software stehen neben der vom EDV-Hersteller bezogenen Systemsoftware in aller Regel von Software-Häusern bezogene Standardprogramme für die Finanzbuchführung (u. a. Kreditoren- und Debitorenbuchhaltung, Lohn- und Gehaltsabrechnung, Anlagenrechnung oder gar integrierte Programmpakete) sowie spezielle, auf den Produktionsprozeß zugeschnittene Individualprogramme für die Betriebsbuchführung zur Verfügung, die sämtlich eine Nutzung im Dialogbereich erlauben. Die Hardwarekonfiguration kann der Abbildung auf Seite 374 entnommen werden.

Um beispielsweise einen bestimmten Geschäftsvorfall in der Finanzbuchführung zu erfassen, ist das Programm „Finanzbuchführung" vom Buchhalter aufzurufen, die Buchungsdaten einzugeben und der codierte Befehl zum Verbuchen zu erteilen. Der Programmaufruf sowie die Daten- und Befehlseingabe werden über ein Terminal durchgeführt, der Buchungsvorgang läuft dann automatisch ab (= Realtime- oder Dialogverarbeitung). Die Zentraleinheit ist dabei in der Lage, Bewegungs- und Stammdaten vom externen Speicher per Programmbefehl zu lesen, automatisch zu ergänzen und per Programm zu verarbeiten. Im Dialogbetrieb wird jeder Satz einzeln eingelesen, geprüft, rückgemeldet und verarbeitet. Fehler werden für jeden einzelnen Buchungssatz sofort gemeldet (per Bildschirmausgabe oder Li-

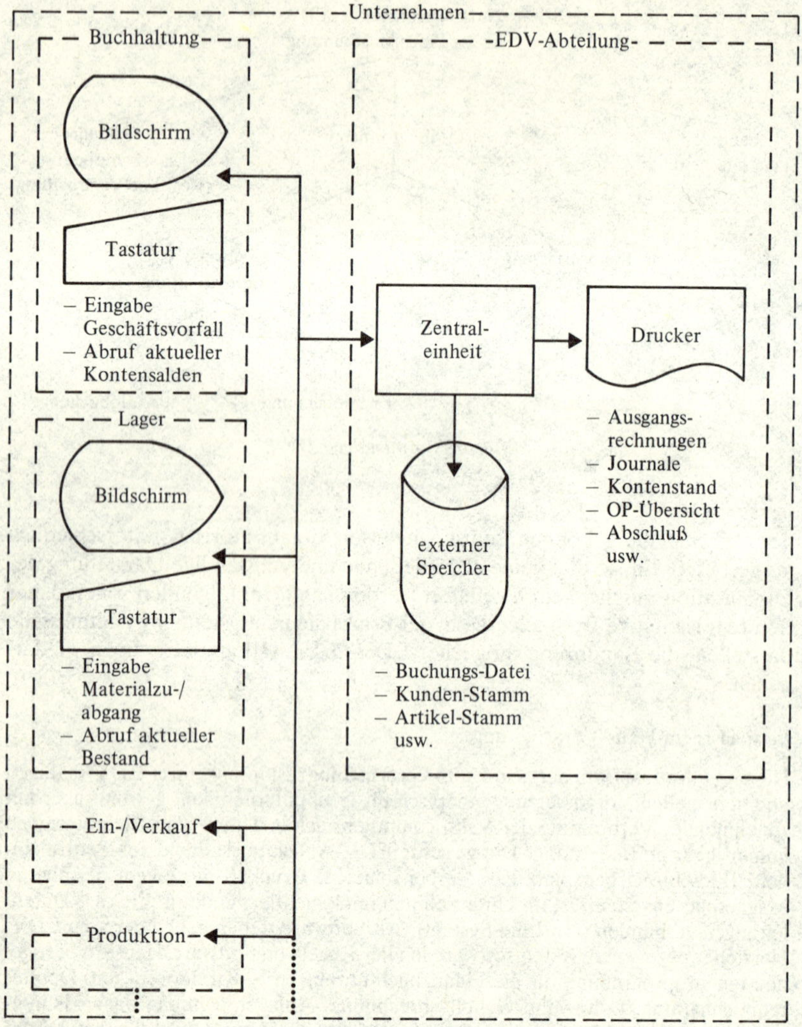

Im-Haus-Datenverarbeitung

sting) und können sofort korrigiert werden. Über Listabrufe ist es möglich, die aktuellen Salden verschiedener Konten, Journale oder Kontenblätter sowie Stammdaten abzurufen bzw. ausdrucken zu lassen.

Beispiel 2: Im-Haus-Erfassung und -Teilverarbeitung

Sämtliche Mischformen zwischen vollständiger Im-Haus- und Außer-Haus-Verarbeitung sind typisch für den breiten Bereich der Mittelbetriebe: Da der Einsatz eines eigenen Computers aus Kostengründen nicht in Frage kommt und/oder speziell ausgebildete Fachkräfte nicht verfügbar sind, werden bestimmte EDV-Dienstleistungen von externen Stellen fremdbezogen. Auch Großbetriebe überlassen viel-

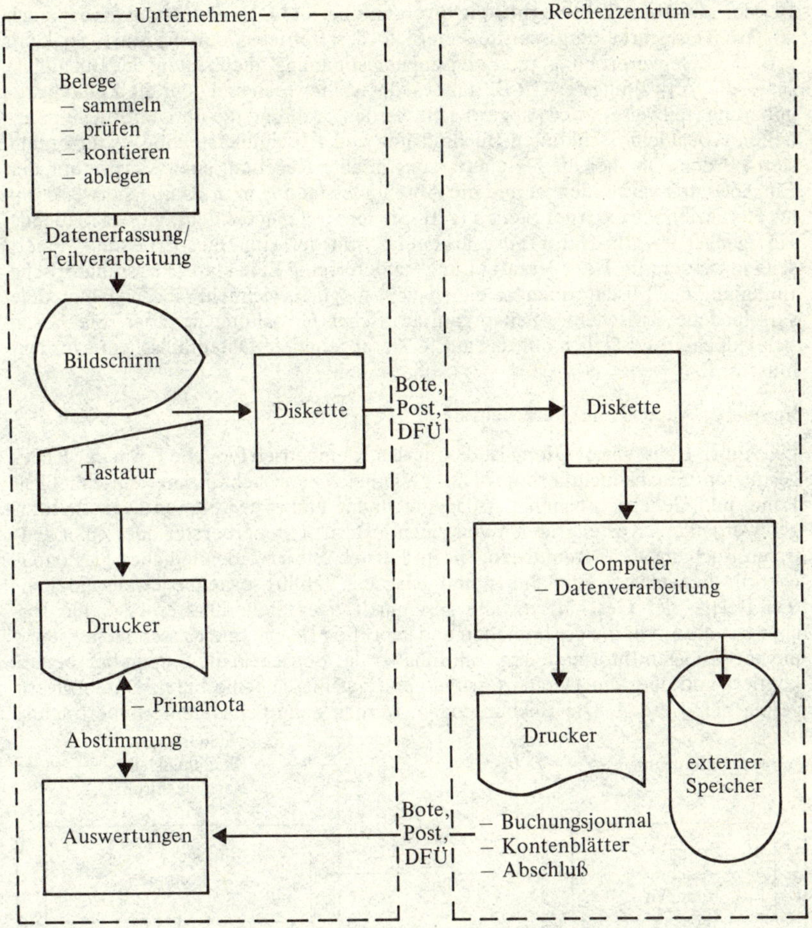

Im-Haus-Erfassung/Im-Haus-Teilverarbeitung

fach die letzten Teilschritte der Finanzbuchführung (vor allem Abschlußerstellung und Steuererklärung) einem externen Steuerberater und realisieren damit eine **Mischform** der Buchhaltungsorganisation. Je nachdem, wieviele und welche der Arbeitsschritte innerhalb der Finanzbuchhaltung ausgegliedert werden, kann man eine Vielzahl unterschiedlicher organisatorischer Mischformen differenzieren. Als typische Organisationsalternativen können aber die „Im-Haus-Erfassung" und die „Im-Haus-Teilverarbeitung" unterschieden werden.

Bei der **„Im-Haus-Erfassung"** werden sämtliche Geschäftsvorfälle im Unternehmen selbst auf maschinenlesbaren Datenträgern erfaßt, d.h. die Datenerfassung wird (i.d.R. mittels eines Terminals) betriebsintern ausgeführt. Die Datenträger (i.d.R. Disketten) werden vom Anwender per Bote, Post oder Datenfernübertragung (DFÜ) an ein Rechenzentrum weitergeleitet, wo die eigentlichen Buchungsarbeiten maschinell durchgeführt werden. Die Auswertungen und Ausdrucke (Buchungsjournal, Kontenblätter, Übersichten, Abschlüsse) werden sodann an den Betrieb zurückgesandt.

Bei der **„Im-Haus-Teilverarbeitung"** werden über die Datenerfassung hinaus noch weitere Teilverarbeitungsschritte innerhalb des Betriebes durchgeführt. So kann z. B. die Belegverprobung, die Belegstapelabstimmung, die Prüfung der Buchungssätze, die Verwaltung des OP-Bestandes, das Mahnwesen und/oder die Zahlungsregulierung (teilweise) intern abgewickelt werden, während die übrigen Buchungsarbeiten (vor allem Sachkonten-Buchführung und Abschlußerstellung) extern realisiert werden. Da aber die Datenerfassung in aller Regel mit einer Vorprüfung der Eingabedaten verbunden ist und die Abschlußerstellung in praxi üblicherweise unter Heranziehung externer Stellen (z. B. Steuerberater) geschieht, gibt es fließende Übergänge der „Im-Haus-Teilverarbeitung" mit der „Im-Haus-Erfassung" einerseits sowie der „Im-Haus-Verarbeitung" andererseits. Eine klare, klassifikatorische Einteilung der Mischformen ist daher nicht möglich; vielmehr sind unzählig viele verschiedene Zwischenformen organisatorischer Gestaltung denkbar. Sie lassen sich jedoch grundsätzlich auf das auf S. 375 abgebildete Datenflußschema zurückführen.

Beispiel 3: Außer-Haus-Verarbeitung

Die **Außer-Haus-Verarbeitung** ist die für den Kleinbetrieb typische Form der EDV-gestützten Finanzbuchführung: Die gesamte Finanzbuchführung einschließlich Lohn- und Gehaltsabrechung, Anlagenrechnung und evtl. weiteren Dienstleistungen werden aus Kostengründen von einem externen Steuerberater oder einer zentralen Buchungsstelle fremdbezogen. Im Betrieb selbst werden lediglich Kassenbücher für die täglichen Einnahmen und Ausgaben geführt sowie die jeweils anfallenden Belege der Geschäftsvorfälle gesammelt. Der Steuerberater bzw. die Buchungsstelle erhält die gesammelten und geprüften Belege, die Kassenbücher sowie die notwendigen Informationen vom Inhaber des Betriebes, die sodann bearbeitet, kontiert und über ein Datenerfassungsgerät auf maschinenlesbaren Datenträgern gespeichert werden. Die Buchungsdaten werden dann per Datenfernübertragung

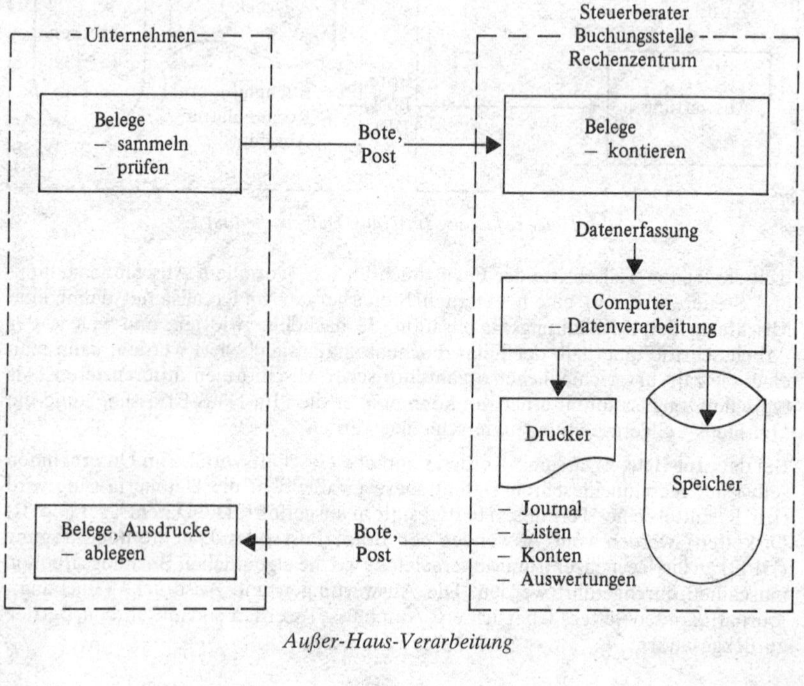

Außer-Haus-Verarbeitung

(DFÜ) über das Netz der Deutschen Bundespost zur Verarbeitung an ein externes Rechenzentrum geschickt (häufig auch in Personalunion mit dem Steuerberater bzw. der Buchungsstelle). Das Rechenzentrum leitet nach der Datenverarbeitung die Ausdrucke und die Auswertungen (Journal, Konten usw.) an den Steuerberater zurück, der die Verarbeitung prüft und erforderlichenfalls Korrekturen veranlaßt. Die Auswertungen werden dann einschließlich zugrundeliegender Belege an den Betrieb zurückgesandt. Der Datenfluß ist auf S. 376 schematisch dargestellt.

12.554 Ordnungsmäßigkeit der EDV-Buchführung

12.554.1 Besonderheiten der GoB und deren rechtliche Grundlagen

Grundsätzlich sind die Kriterien zur Beurteilung der Ordnungsmäßigkeit einer Buchführung unabhängig von der jeweils angewandten Buchführungsform anzuwenden. Demzufolge gibt es zunächst keinen Anlaß, die allgemein verbindlichen Grundsätze ordnungsmäßiger Buchführung (GoB) im Fall der Anwendung elektronischer Datenverarbeitungsanlagen zu modifizieren bzw. zu ergänzen (vgl. Teil A, Abschn. 1.22, S. 22ff.).

Gleichwohl wirft die Nutzung der Datenverarbeitung mit ihrer spezifischen Eigenart technischer Verarbeitungsregeln und den dadurch eröffneten Einsatzmöglichkeiten eine Vielzahl offener Fragen auf, die allein durch die herkömmlichen GoB nicht abschließend beantwortet werden können: Da sich der Buchungsvorgang unsichtbar im Inneren der EDV-Anlage vollzieht, kann er nicht visuell beobachtet und kontrolliert werden. Es ist daher fraglich, wann die Buchung vollzogen, d.h. Grundbuch- und Hauptbuchfunktion ordnungsgemäß erfüllt sind. Darüber hinaus werden Buchungsfälle bei Einsatz der EDV nicht bzw. nur in Ausnahmefällen durch direkt lesbare Aufzeichnungen nachgewiesen. Dies gilt in besonderem Maße für die unter bestimmten Voraussetzungen zugelassene Speicherbuchführung, bei der die Buchführung ganz oder teilweise auf magnetischen Datenträgern aufgezeichnet und bereitgehalten wird. Während bei konventioneller Buchführung die Verarbeitung der Buchungsfälle durch lesbare Aufzeichnungen nachgewiesen wird, kann sich die Verbuchung innerhalb der EDV-Buchführung dokumentationslos vollziehen, d.h. der lesbare Nachweis der Verbuchung ergibt sich nicht zwangsläufig, sondern muß im Bedarfsfall erstellt werden. Dies wiederum bedingt spezielle Vorkehrungen und Anforderungen an die ordnungsmäßige Dokumentation der EDV-Buchführung. Nicht zuletzt sind es die hohe Arbeitsgeschwindigkeit, die Informations-Speicherdichte und die Einfachheit, mit der Daten unkontrollierbar verändert werden können, die besondere Anforderungen an die Ordnungsmäßigkeit der EDV-Buchführung stellen.

Die Kriterien zur Beurteilung der Ordnungsmäßigkeit einer konventionellen Buchführung sind somit nur fallweise auf die EDV-Buchführung übertragbar, so daß eigene Ordnungsmäßigkeitsgrundsätze **(Grundsätze ordnungsmäßiger Datenverarbeitung, GoDV)** zu entwickeln sind, die die Grundsätze ordnungsmäßiger Buchführung (GoB) ergänzen. Diese GoDV sind, nicht zuletzt wegen des andauernden Innovationsprozesses im Bereich der EDV, nur in wenigen Gesetzesvorschriften kodifiziert (vor allem §§ 238ff. HGB, §§ 140ff. AO,

Abschn. 29 EStR). Darüber hinaus sind ständig revidierte Erlasse der Finanzverwaltung und berufsständische Empfehlungen von Bedeutung.

Explizite Erwähnung findet die Buchführung „auf Datenträgern" in § 239, Abs. 4 HGB und § 146, Abs. 5 AO, demgemäß bei automatischer Buchführung insbesondere sichergestellt sein muß, „daß die Daten während der Dauer der Aufbewahrungsfrist verfügbar sind und jederzeit in angemessener Frist lesbar gemacht werden können". Gemäß § 257, Abs. 3 HGB und § 147, Abs. 2 und 5 AO können Belege, Handelsbücher und Inventare, Arbeits- und Organisationsanweisungen (nicht jedoch Bilanzen) auf Bildträgern (= Mikrofilm) oder anderen Datenträgern (z. B. Lochstreifen, Magnetbändern, Disketten etc.) aufbewahrt werden, wenn dies den Grundsätzen ordnungsmäßiger Buchführung entspricht und die Übereinstimmung mit dem Original, die Verfügbarkeit und Lesbarkeit jederzeit sichergestellt ist.

Das **Bundesdatenschutzgesetz (BDSG)** stellt – da es den Schutz personenbezogener Daten vor Mißbrauch bezweckt – keine Rechtsnorm zur Regelung der Rechnungslegung dar (*FAMA 1/79* WPg 1979, S. 441). Es kann lediglich durch die in der Anlage zu § 6 BDSG geforderten Sicherungsmaßnahmen indirekt Hinweise für die Datensicherheit bei EDV-Buchführung liefern.

Außer den oben genannten, recht pauschalen Ausführungen finden sich keinerlei gesetzlich fixierte Vorschriften speziell zur Regelung der EDV-Buchführung. Dies bleibt vielmehr den flexibleren und daher technologische Neuerungen besser erfassenden Urteilen der Finanzgerichte, Schreiben und Erlassen der Finanzverwaltungen sowie Stellungnahmen, Empfehlungen, Normen und Verlautbarungen berufsständischer Organisationen vorbehalten. Die wichtigsten dieser Publikationen sind:

- **BFH-Urteil**
  - BFH-Urteil vom 10. 8. 1978 (BStBl. II 1979, S. 20ff.) zur Ordnungsmäßigkeit einer computergestützten Fernbuchhaltung; Beurteilung der Ordnungsmäßigkeit, insbesondere der zeitgerechten Buchung und der Grundbuchfunktion bei Außer-Haus-Buchhaltung durch Steuerberater und DATEV

- **BdF-Schreiben**
  - Schreiben des Bundesministers der Finanzen vom 1. 2. 1984 (BStBl. I 1984, S. 155ff.) betreffend die Verwendung von Mikrofilmaufnahmen zur Erfüllung gesetzlicher Aufbewahrungspflichten (**Mikrofilm-Grundsätze**); keine unmittelbare Anwendung auf COM-Verfahren, dennoch grundsätzliche Bedeutung für die Beurteilung der Ordnungsmäßigkeit von Mikroverfilmungen
  - Schreiben des Bundesministers der Finanzen vom 5. 7. 1978 (BStBl. I 1978, S. 250ff.) betreffend **Grundsätze ordnungsmäßiger Speicherbuchführung (GoS)**; enthält sämtliche grundlegenden Anforderungen an die Ordnungsmäßigkeit EDV-gestützter Buchführung; trotz des irreführenden Titels nicht nur für Speicherbuchführung, sondern für alle Formen der EDV-Buchführung von Bedeutung; mittlerweile jedoch nicht mehr auf neuestem technischen und handelsrechtlichen Stand

- **FAMA-Stellungnahmen**
  Das Institut der Wirtschaftsprüfer (IdW) hat eine Reihe von Arbeitsergebnissen seines Fachausschusses für moderne Abrechnungssysteme (FAMA) publiziert, die die Anforderungen an die Ordnungsmäßigkeit EDV-gestützter Buchführung präzisieren. Derzeit sind folgende Publikationen aktuell:
  - FAMA 1/79: Stellungnahme zum Datenschutzgesetz und Jahresabschlußprüfung (WPg 1979, S. 440f.); Übersicht darüber, welche im BDSG vorgeschriebenen Sachverhalte Gegenstand einer Abschlußprüfung sind
  - FAMA 1/87: Entwurf einer Verlautbarung betreffend die **Grundsätze ordnungsmäßiger Buchführung bei computergestützten Verfahren und deren Prüfung** (WPg 1987, S. 1ff.); aktuelle Erörterung der Ordnungsmäßigkeit der EDV-Buchführung und der Prüfung derselben bei Im-Haus- und Außer-Haus-Datenverarbeitung sowie bei Einsatz von Groß- und Kleincomputern, einschließlich Fragebogen zur EDV-Systemprüfung
- **Sonstige Publikationen**
  - Leitfaden zur Revision der elektronischen Datenverarbeitung, erarbeitet vom Arbeitskreis „Revision bei elektronischer Datenverarbeitung" des Deutschen Instituts für Interne Revision e. V. (IIR), 4. Aufl. Berlin 1982; Kommentierte Prüfungsfragen für die Revisionspraxis zur Überprüfung der EDV
  - Revisionsaspekte beim Einsatz von Personal Computern, erarbeitet vom IIR-Arbeitskreis „Revision bei elektronischer Datenverarbeitung" (Interne Revision 1986, S. 218ff.); Erörterung der Problemkreise, die mit dem Einsatz von PC verbunden sind
  - Beiträge zur Verfahrensdokumentation, herausgegeben von der Arbeitsgemeinschaft für wirtschaftliche Verwaltung e. V. (AWV), AWV-Arbeitskreis 9.4, Berlin 1984; Leitfaden zur Erstellung von Verfahrensdokumentationen für EDV-Buchführung

12.554.2 Grundsätze ordnungsmäßiger Datenverarbeitung (GoDV)

Die Grundsätze ordnungsmäßiger Buchführung schreiben kein bestimmtes Buchführungssystem vor; sie lassen vielmehr jedes System – auch computergestützte Verfahren – zu, sofern diese die Anforderungen, die durch die GoB an sie gestellt werden, erfüllen (§ 239, Abs. 4 HGB; § 146, Abs. 5 AO). Im Umkehrschluß folgt daraus, daß für die EDV-Buchführung die allgemeinen Grundsätze ordnungsmäßiger Buchführung (zusammengefaßt in Abschn. 29 EStR) in gleicher Weise gelten wie für andere Formen und Methoden der Buchführung auch. Nach den geltenden handels- und steuerrechtlichen Vorschriften – v. a. §§ 238–339 HGB, §§ 140–148 AO, Abschn. 29 EStR – resultiert daraus für die EDV-Buchführung insbesondere (vgl. Tz. 1 der GoS sowie *FAMA 1/87,* WPg 1987, S. 2ff.):

- In dem Buchführungswerk muß sich ein sachverständiger Dritter ohne große Schwierigkeiten und in angemessener Zeit zurechtfinden können. Das bedeutet für die EDV-Buchführung die Erfüllung der Grundsätze Klarheit, Wahrheit und Zeitnähe.
- Die buchungspflichtigen Geschäftsvorfälle müssen zeitnah, fortlaufend, vollständig und richtig aufgezeichnet werden. Das bedeutet für die EDV-

Buchführung Vollständigkeit, sachliche Richtigkeit und Zuordnung bei der Datenerfassung und Dateneingabe.

- Die für eine kaufmännische Buchführung erforderlichen Aufzeichnungen müssen einen lesbaren Nachweis über die Entstehung und die Abwicklung der Geschäftsvorfälle bieten. Dieses Erfordernis bedeutet für die EDV-Buchführung, daß die gespeicherten Daten während der Dauer der Aufbewahrungsfrist verfügbar sind und jederzeit innerhalb angemessener Frist lesbar gemacht werden können.
- Für alle Aufzeichnungen müssen Belege vorhanden sein, die ordnungsgemäß aufzubewahren sind.

Die allgemeinen Grundsätze der Vollständigkeit, Richtigkeit, Klarheit, Wahrheit und Zeitnähe sind nur im Rahmen eines organisatorisch entsprechend gestalteten EDV-Verarbeitungssystems realisierbar. Die **Organisation der Datenverarbeitungsabteilung** muß dementsprechend mindestens eine Trennung der Funktionen Systementwicklung mit Programmierung einerseits sowie Arbeitsvorbereitung und maschinelle Abwicklung andererseits vorsehen. Die Datenverarbeitungsabteilung darf keine fachliche Verantwortung für die von ihr abgewickelten Arbeitsgebiete tragen.

Die **Organisation der Arbeitsabläufe** hat bei der Datenerfassung zu gewährleisten, daß die buchungspflichtigen Geschäftsvorfälle vollständig, richtig und zeitgerecht erfaßt werden (*BFH* v. 26. 3. 1968, BStBl II 1968, S. 527). Das gilt sowohl für die Datenerfassung im Bereich der Fachabteilung als auch für die Phase der Übernahme der Daten auf maschinell lesbare Datenträger, wenn diese nicht bereits bei der Ersterfassung anfallen. In beiden Fällen sind die erforderlichen organisatorischen Regelungen, insbesondere zeitliche und sachliche Erfassungs- und Eingabekontrollen, vorzusehen und einzuhalten. Die Organisation der Arbeitsabläufe hat darüber hinaus zu gewährleisten, daß die zur Verarbeitung erforderlichen Arbeitsgänge in der richtigen Folge lückenlos durchgeführt und – unabhängig davon, ob die Bearbeitung der einzelnen Arbeitsschritte manuell oder maschinell erfolgt – durch Kontrollen im System gesichert sind (z. B. durch Arbeitsanweisungen und programminterne Plausibilitätskontrollen).

Die Forderungen nach zeitgerechter und richtiger Verarbeitung sowie der Wiedergabe des Buchungsstoffes in vertretbarer Zeit sind nur dann zu erfüllen, wenn die **technische Verarbeitungssicherheit** und die Betriebsbereitschaft der EDV-Anlage sowie der Programme durch deren technische Wartung und Software-Betreuung sichergestellt ist. Die Verarbeitungsprogramme haben dabei zu gewährleisten, daß die eingegebenen Daten vollständig und richtig bearbeitet werden. Die Vollständigkeit der Verarbeitung ist dann sichergestellt, wenn das einzelne Verarbeitungsprogramm zu allen denkbaren Geschäftsvorfällen eine Verarbeitungsregel enthält (z. B. Fehlermeldungen). Richtigkeit der Verarbeitung bedeutet, daß die Bearbeitung eines Geschäftsvorfalles entsprechend der für ihn im Programm vorgesehenen Regel zu einem richtigen und nachprüfbaren Ergebnis führt.

Unvollständige, falsche oder nicht zeitgerechte Aufzeichnungen in der Buchhaltung sind im Rahmen eines automatisierten Verfahrens durch technische, organisatorische und/oder programminterne Überprüfungen selbsttätig aufzudecken. Solche selbsttätigen Prüfschritte sind Gegenstand des **internen Kontrollsystems,** das damit Bestandteil der Ordnungsmäßigkeit computergestützter Buchführung ist. Bedingt durch die wachsende Komplexität der EDV-Anwendungen gibt es immer mehr Fehlerquellen, die bei einer bloßen Einzelprüfung der Datenbestände anhand von Auswertungen häufig schwer erkennbar sind oder sogar unentdeckt bleiben. Das gilt besonders für jene Fehler, die nur gelegentlich auftreten und nicht unmittelbar zu einer Datenverfälschung führen, sondern nur eine ungewollte Manipulierbarkeit durch Dritte oder einen Datendiebstahl ermöglichen. Dementsprechend hat das interne Kontrollsystem sowohl bei der Buchungsstofferfassung, der Datenverarbeitung als auch der Wiedergabe durch laufende Prüf- und Abstimmschritte sicherzustellen, daß die Buchführung vollständig, ordnungsgemäß und nachprüfbar ist.

Grundvoraussetzung für die Nachprüfbarkeit und Beweiskraft einer jeden Buchführung ist das **Belegprinzip.** Die Durchführung der Buchführung mit Hilfe von EDV ändert grundsätzlich nichts an diesem Belegzwang, wohl aber kann die Form der Belege und die Art ihrer Aufbewahrung durch die EDV Modifikationen erfahren (*FAMA 1/87,* WPg 1987, S. 3): Der Nachweis des Geschäftsvorfalles ist nicht in jedem Fall an einen Beleg in der herkömmlichen Form einer gesondert erstellten schriftlichen Einzel- oder Sammelunterlage gebunden; vielmehr können auch Listungen oder Dauerbelege in Verbindung mit Arbeitsprogrammen und Schlüsselverzeichnissen oder Sammelnachweisen mit gesicherten Rückgriffsmöglichkeiten auf die Belegablage eines Geschäftsfreundes Belegfunktion annehmen.

Da bei EDV-Buchführung durch das Programm stets sichergestellt ist, daß alle Vorgänge vergleichbarer Ausgangslage einheitlich verarbeitet werden, ist es nicht erforderlich, die Verarbeitung jedes einzelnen Vorgangs separat zu belegen, sondern es genügt, wenn der Nachweis für dieselbe Kategorie von Buchungsvorfällen nur einmal geführt wird. Dieser einmalige Nachweis erfolgt durch die Dokumentation des betreffenden programmierten Verfahrensablaufs, der damit auch die Funktion eines Dauerbelegs zukommt. Der Verzicht auf einen herkömmlichen Beleg darf die Möglichkeit der Prüfung des betreffenden Buchungsvorgangs in formeller und sachlicher Hinsicht aber nicht beeinträchtigen.

Probleme für das Belegprinzip ergeben sich, wenn im Zuge einer fortschreitenden Rationalisierung und zwischenbetrieblichen Integration nicht mehr herkömmliche Belege in Schriftform, sondern Datenträger zwischen Geschäftspartnern ausgetauscht werden. Im Rahmen dieses **Datenträgeraustausches** können magnetische Datenträger nicht allein als Belege gelten; mindestens muß ein Sammelnachweis über den Gesamtwert der verbuchten Geschäftsvorfälle vorliegen. Die Einzelbuchungen müssen in zumutbarer Zeit daraus ableitbar und nachweisbar sein. Aus maschinentechnischen und organisatorischen Gründen besteht bei Einsatz von EDV-Anlagen im Fall selbsterstellter Belege auch die Tendenz zur Verschlüsselung des Belegtextes. Dagegen sind grundsätzlich keine Einwendungen zu erheben, solange mit zumutbarem Zeitaufwand eine Schlüsselübersetzung möglich ist. Sind Schlüsselverzeichnisse notwendige Voraussetzung für das Verständnis von Buchungsbelegen, so unterliegen sie der gleichen Aufbewahrungspflicht wie die Belege selbst.

Vor allem bei integrierter Datenverarbeitung werden verschiedene Dauer- oder Fallbuchungen programmintern erzeugt oder aus anderen Unternehmensbereichen automatisch übernommen (vgl. S. 351ff.). In diesem Fall sind keine Einzelbelege im herkömmlichen Sinne verfügbar. Auch dabei muß aber die sachlich richtige Verarbeitung belegt sein, zu deren Nachweis die System- und Programmdokumentation heranzuziehen ist. Diese Dokumentation ist somit Bestandteil ordnungsmäßiger Buchführung und unterliegt der Aufbewahrungspflicht des § 257, Abs. 4 HGB bzw. § 147, Abs. 3 AO.

Die Nachweisbarkeit einer sachlich richtigen Verarbeitung des Buchungsstoffes allein durch die System- und Programmdokumentation ist allerdings zu bezweifeln, da eine Verfahrensdokumentation die Berechtigung und Richtigkeit der Buchungen nicht nachweisen und deshalb keine Belegfunktion verkörpern kann.

Organisations- und Programmunterlagen fallen generell dann unter die gesetzlichen Bestimmungen über Aufbewahrungsfristen, wenn diese Unterlagen zum Verständnis sowie zum Nachweis der Ordnungsmäßigkeit der Buchführung und des ihr zugrunde liegenden Verfahrens im einzelnen erforderlich sind. Da die EDV-Buchführung wie jede Buchführung von einem sachverständigen Dritten hinsichtlich ihrer formellen und sachlichen Richtigkeit sowohl durch die Prüfbarkeit einzelner Geschäftsvorfälle **(fallweise Prüfung)** als auch durch die Prüfbarkeit des Abrechnungsverfahrens **(Verfahrens- oder Systemprüfung)** kontrollierbar sein muß, müssen Aufbau und Ablauf des Abrechnungsverfahrens aus der **EDV-Dokumentation** vollständig ersichtlich sein. Die bei EDV-Buchführung überwiegend maschinenintern ablaufenden Arbeitsprozesse sind für einen Außenstehenden nur verständlich, wenn ihm neben den Eingabedaten und den Verarbeitungsergebnissen eine ausführliche Dokumentation über den Inhalt der Verarbeitungsprozesse bereitgestellt wird. Der Aufbau und die Pflege der zum Verständnis der Buchführung erforderlichen EDV-Dokumentation werden damit zu einer zusätzlichen unabdingbaren Voraussetzung zur Erfüllung der Grundsätze ordnungsmäßiger Buchführung bei Einsatz von EDV.

Die EDV-Dokumentation kann verbal (z.B. durch Arbeitsanweisungen), graphisch (z.B. durch Ablaufpläne) und/oder tabellarisch (z.B. durch Entscheidungstabellen) erfolgen. Sie muß sich insbesondere erstrecken auf die sachlogische Beschreibung des EDV-Abrechnungsverfahrens im Sinne von Anweisungen an die EDV-Programmierung (z.B. Beschreibung der Dateneingabe, Regelung der Datenerfassung, Kontroll- und Abstimmverfahren, Fehlerbehandlung etc.), die Anweisungen zur Regelung des Arbeitsablaufs innerhalb des Gesamtsystems der Buchführung (z.B. Vor- und Nachbehandlung der Daten) sowie die Beschreibung des Freigabeverfahrens, mit dem die Funktionsfähigkeit der Programme festgestellt wurde (vgl. Tz. 6 der GoS sowie *FAMA 1/87,* WPg 1987, S. 4 und 8). Da ein allgemein gültiger Standardumfang an EDV-Dokumentation weder existiert noch in Zukunft festgelegt werden kann, wurde für die Praxis eine Mindestdokumentation vorgeschlagen, die keinesfalls unterschritten werden sollte (s. *Schuppenhauer,* Datenverarbeitung, S. 171ff.). Die EDV-Dokumentation insgesamt gehört neben dem Kontenplan zu den Arbeitsanweisungen und sonstigen Organisationsunterlagen im Sinne der §§ 257, Abs. 1 HGB bzw. 147, Abs. 1 AO, die 10 Jahre aufzubewahren sind.

Unabhängig von der jeweils angewandten Buchführungsform sind buchungspflichtige Geschäftsvorfälle vollständig und möglichst bald nach ihrer Entstehung so festzuhalten, daß ihre weitere buchtechnische Behandlung gesichert ist sowie jederzeit verfolgt und nachgeprüft werden kann. Die allgemeinen Grundsätze darüber, bis zu welchem Zeitpunkt eine Buchung vorgenommen werden muß, gelten auch bei Einsatz von EDV: Bargeschäfte sind täglich, Kreditgeschäfte bis zum Ablauf des Folgemonats aufzuzeichnen (Abschn. 29, Abs. 2, Nr. 2 EStR). Die **Grundbuchfunktion** kann dabei entweder durch Ausdruck (konventionelle EDV-Buchführung) oder durch Speicherung und Ausdruckbereitschaft (Speicherbuchführung) erfüllt werden.

Bei der **Speicherbuchführung,** die alle oder einen Teil der originären sowie der im System erzeugten Daten und Geschäftsvorfälle lediglich auf Datenträgern unverändert aufzeichnet, wird der Nachweis der Buchungsvorgänge mit Hilfe der „verarbeitungsfähigen Speicherung“ bzw. „Ausdruckbereitschaft“ erbracht, die, über das Ende des Geschäftsjahres hinaus, während der gesamten Aufbewahrungsfrist gewährleistet sein muß. Eine **„verarbeitungsfähige Speicherung“** eines Geschäftsvorfalls ist dabei dann als Kriterium ordnungsmäßiger Buchung bei Speicherbuchführung gegeben, wenn nach der Organisation und Technik der jeweiligen Buchführung alle Voraussetzungen für die endgültige Verarbeitung der Angaben über den Geschäftsvorfall, insbesondere auch für seine sach- und personenkontenmäßige Verbuchung, vorliegen und die Daten außerdem gegen eine unbefugte oder unkontrollierbare Veränderung gesichert sind. Diese Voraussetzungen sind z. B. dann nicht erfüllt, wenn bei der Dateneingabe keine maschinellen Kontrollen wirksam werden, die eine Weiterverarbeitung aller gespeicherten Daten durch die EDV-Anlage gewährleisten. Die **„Ausdruckbereitschaft“** im Sinne einer ordnungsmäßigen Buchführung ist nur dann gegeben, wenn die Buchungen vollständig innerhalb kurzer Zeit auf den Beleg zurückverfolgbar und sowohl in zeitlicher als auch sachlicher Reihenfolge ausgedruckt werden können. Dies setzt Datenbereitschaft (= ausreichend dauerhafte technische und organisatorische Datensicherung sowie jederzeitigen Zugriff), Hardwarebereitschaft (= jederzeitige Verfügbarkeit über EDV-Anlage, Betriebssystem und geschultes Bedienungspersonal) sowie Programmbereitschaft (= jederzeitige Einsetzbarkeit und Funktionsfähigkeit des zum Ausdruck benötigten Programms) voraus.

Bei **konventioneller EDV-Buchführung** bildet nicht die „verarbeitungsfähige Speicherung“ bzw. „Ausdruckbereitschaft“, sondern lediglich der tatsächlich lesbare Ausdruck die Sicherungs- und Dokumentationsfunktion der Buchführung. Die Drucklisten sind daher Bücher im handelsrechtlichen Sinne und sind im Original oder als Wiedergabe auf Mikrofilm (z. B. im COM-Verfahren) aufbewahrungspflichtig. Die Ausgabe des Buchungsstoffes in chronologischer Folge erfüllt dabei die **Grundbuchfunktion,** die in verschiedenen Stufen des Verarbeitungsprozesses gewonnen werden kann. Der Ausdruck der Buchungsdaten in sachlich geordneter Folge übernimmt die **Kontenfunktion,** so daß in übersichtlicher Form Kontenbezeichnung, Kennzeichnung der Buchungen, Summen und Salden nach Soll und Haben, Buchungsdatum sowie Belegverweis entnommen werden kann.

In der Praxis werden ausgedruckte Listen mit Grundbuch- und Kontenfunktion periodisch auf neuen Listen zusammengefaßt (z. B. monatlich, vierteljährlich usw.). Die Ursprungslisten haben dann nur noch den Charakter von Zwischenniederschriften und als solche weder Beleg- noch Buchfunktion. Somit ist eine Aufbewahrungspflicht für diese Niederschriften nicht mehr gegeben. Die periodischen Listen können allerdings die Ursprungslisten nur dann ersetzen, wenn durch Kontrollen sichergestellt ist, daß die Geschäftsvorfälle aus den Ursprungslisten lückenlos in die periodischen Listen übernommen wurden.

Wird eine Buchung verändert, so muß ihr ursprünglicher Inhalt feststellbar bleiben, z. B. durch Protokolle (Fehlerlisten) über durchgeführte Änderungen. Diese **Änderungsnachweise** sind aufzubewahren. Lediglich wenn Daten vor dem Abschluß der Buchungen, z. B. wegen offenbarer Unrichtigkeit, bereits bei der Eingabe geändert werden, braucht der ursprüngliche Inhalt nicht feststellbar zu sein.

Die mit dem Einsatz der EDV sich bietenden neuen Speichertechniken erweitern die Anzahl der möglichen Aufbewahrungsformen. Das hat jedoch keinen Einfluß auf die Dauer der **Aufbewahrungsfristen.** Datenträger, auf denen Buchungen gespeichert sind, müssen als Handelsbücher im Sinne des § 257, Abs. 1, Nr. 1 HGB und als Bücher im Sinne des § 147, Abs. 1, Nr. 1 AO 10 Jahre aufbewahrt werden. Die gleiche Aufbewahrungsfrist gilt für die Verfahrens- und Programmdokumentationen. Datenträger, die ausschließlich Belegfunktion haben, sind 6 Jahre aufzubewahren (§ 257, Abs. 4 HGB bzw. § 147, Abs. 3 AO). Sämtliche Datenträger müssen dabei vor Verwechslung, Beeinträchtigung und Verlust geschützt werden. Hierzu gehört auch der Schutz z. B. gegen schädliche Magnetfelder, Temperatureinflüsse, Feuchtigkeit usw. In angemessenen Zeitabständen sind sämtliche Datenträger auf ihre Funktionsfähigkeit zu überprüfen (Tz. 7 der GoS). Die Überprüfung, festgestellte Fehler oder Schäden sowie deren Beseitigung sind zu protokollieren.

Für die Einhaltung der Grundsätze ordnungsmäßiger Buchführung ist unabhängig von der Buchführungsform, der organisatorischen Durchführung und den Eigentumsverhältnissen gem. § 238 HGB generell und ungeteilt der Buchführungspflichtige verantwortlich. Bei der **EDV-Buchführung außer Haus** ergeben sich dabei aus der Trennung zwischen der Person des buchführungspflichtigen Kaufmanns einerseits und der Institution andererseits, welche die organisatorische und technische Erfüllung dieser Buchführungspflicht übernimmt, besondere Probleme: Da die Verantwortung für den Inhalt der Buchführung nach den handels- und steuerrechtlichen Vorschriften ausschließlich beim Buchführungspflichtigen liegt, muß er dafür sorgen, daß durch entsprechende Vertragsgestaltung mit dem externen Rechenzentrum sowie durch regelmäßige Kontrollen die Erfüllung seiner eigenen Buchführungspflichten gewährleistet ist.

Hinsichtlich der **vertraglichen Gestaltung** muß der außenstehende Beauftragte (i. d. R. ein Rechenzentrum) insbesondere verpflichtet werden, Buchungsvorgänge und Abschlußerstellungen nach Maßgabe der Grundsätze ordnungsmäßiger Buchführung durchzuführen. Entsprechende Haftungsvereinbarungen sind für den Fall zu treffen, daß sich aus der Nichtbeachtung der vorstehenden Vereinbarung für den Auftraggeber Risiken ergeben. Die diesbezüglich relevanten, aber recht unübersichtlichen und wenig praktikablen gesetzlichen Vorschriften zum Werkvertragsrecht haben in der Datenverarbeitungsbranche zur Entwicklung einer vertraglichen Sonderregelung in Form von Formularverträgen und allgemeinen Geschäftsbedingungen geführt. Darin wird i. d. R. die erneute Durchführung einer zunächst fehlerhaften Berechnung zugesagt, eine weitergehende Haftung in praxi dagegen meist ausgeschlossen.

Hinsichtlich der **Kontrolle** der Außer-Haus-Verarbeitung hat der Auftraggeber (Buchführungspflichtige) anhand von Abstimmsummen, Primanota, Belegen etc. zu überprüfen, ob die vom Rechenzentrum erstellten Auswertungen vollständig und richtig sind. Die Originalbelege sollten daher zweckmäßigerweise beim Auftraggeber verbleiben. Werden diese vorübergehend den Rechenzentren zur Verfügung gestellt, so sind beim Auftraggeber Grundaufzeichnungen vorzunehmen, an Hand derer die Vollständigkeit der zurückgegebenen Belege zu kontrollieren ist. Diese Aufzeichnungen können gleichzeitig Grundbuchfunktion übernehmen.

Die Größe der zur Buchführung eingesetzten Hardware stellt grundsätzlich kein entscheidendes Kriterium zur Beurteilung ihrer Ordnungsmäßigkeit dar. Beim **Einsatz von Mini-, Mikro oder Personalcomputern** können jedoch hinsichtlich der Ordnungserfordernisse einige organisatorisch-technische Besonderheiten auftreten (*FAMA 1/87,* WPg 1987, S. 10): Aufgrund der organisatorischen Gegebenheiten kann die Funktionstrennung zwischen der Buchhaltung und der Datenverarbeitung einerseits sowie innerhalb der Datenverarbeitung andererseits nicht ohne weiteres eingehalten werden; der Standort von Kleincomputern ist häufig die Anwenderabteilung, so daß ein closed-shop-Betrieb in aller Regel nicht möglich ist. Dies erleichtert den nicht erlaubten Zugriff auf Datenbestände. Erschwerend kommt hinzu, daß in vielen Fällen die fachlichen Kenntnisse über Organisation und Datenverarbeitung nicht ausreichen, Schwachstellen und die sich hieraus ergebenden Risiken für die Ordnungsmäßigkeit zu erkennen. Zudem zeichnen sich Kleincomputer durch ihre einfache Bedienbarkeit aus. Insbesondere automatisierte Bedienerführung und Hilfsprogramme (z.B. zur Datenübertragung und Datenverwaltung) erleichtern auch Personen ohne EDV-technische Ausbildung den Zugang zu Daten und Programmen und damit deren Änderungen. Dadurch können sowohl absichtliche als auch irrtümliche Manipulationen von Datenbeständen vorkommen. Da Änderungen in einem Programm oder in einer Datei nachträglich als solche nicht ohne weiteres erkennbar sind, kommt der **Kontrolle der Anlagebedienung** besondere Bedeutung zu. Programmgemäße Eingabe-, Verarbeitungs- und Ausgabekontrollen (Plausibilitätskontrollen), physische Zugriffskontrollen (Schloß, Magnetstreifen usw.) oder EDV-technische Beschränkungen (Kennwort, Benutzercode, Programmauswahl) sind daher vor allem beim Einsatz von Klein- und Personalcomputern von besonderer Wichtigkeit.

12.6 Die Kontenrahmen des Groß- und Einzelhandels

Den vielfältigen Anforderungen bezüglich Information und Dokumentation kann die Buchführung nur gerecht werden, wenn die Verarbeitung des Buchungsstoffes systematisch und nach einheitlichen Kriterien erfolgt. Diesem

Zweck dienen die **Kontenrahmen** der Wirtschaftszweige (Branchen) und die daraus abgeleiteten **Kontenpläne** der einzelnen Betriebe: Sie stellen ein Orientierungs- und Organisationsinstrument mit Empfehlungscharakter dar, dessen Einsatz jedoch bei Verwendung neuerer Buchführungsformen praktisch unerläßlich ist (z. B. bei Loseblatt-Buchführung, EDV-Buchführung). Neben der Unverzichtbarkeit derartiger Kontenverzeichnisse beim inner- und zwischenbetrieblichen Vergleich der Buchführungsergebnisse erscheint die mit dem Ersatz des Buchungstextes durch Kontenplannummern erreichte Vereinfachung der laufenden Buchungsarbeit bei Aufrechterhaltung ihrer Ausweisklarheit von besonderer Bedeutung (vgl. Teil B, Abschn. 2, S. 439ff.).

Der herausragenden Stellung industrieller Kontenrahmen wegen werden die Ausführungen zur formellen und materiellen Kontenrahmenstruktur an den Anfang des zweiten Teils dieses Buches verlagert. An dieser Stelle kommen deshalb nur Aufbau und Inhalt der **Kontenrahmen des Einzel- und des Großhandels** in Form von **Kontentableaus** zur Darstellung, die der Übersichtlichkeit wegen nur die Kontengruppen zum Ausdruck bringen (vgl. Anlagen 2 und 3, S. 430ff.). Um überdies eine Zusammenstellung der im ersten Teil dieses Buches in Übungsbeispielen und -aufgaben zum Großhandelsbetrieb angewandten Kontierungspraxis zu liefern, wird der Großhandelskontenrahmen zusätzlich mit detailliertem, die angesprochenen Konten und Unterkonten einbeziehenden Inhalt wiedergegeben; dieser dient damit zugleich als Orientierungshilfe bei der Aufgabenlösung (vgl. Faltblatt am Schluß des Buches).

Einzel- und Großhandelskontenrahmen wurden in Anlehnung an den Gemeinschaftskontenrahmen der Industrie (GKR) entwickelt; deshalb ist auch ihr Aufbau am Wertedurchlauf des betrieblichen Leistungsprozesses orientiert und durch das Merkmal der Verzahnung von Geschäfts- und Betriebsbuchführung im Sinne eines Einkreissystems charakterisiert **(Prozeßgliederungsprinzip).** Die im wesentlichen vorhandene Entsprechung der Kontenklasseneinteilung wird nur durch den verschiedenen Inhalt der Kontenklasse 4 gestört: Der besonderen Bedeutung von Boni und Skonti im Großhandel wird durch eine eigene Kontenklasse im Großhandelskontenrahmen Rechnung getragen, während diese beim Einzelhandel den Wareneinkaufskonten zugeordnet bleiben (Kontengruppe 38). Die dadurch bewirkte unterschiedliche Positionierung der Kostenartenkonten (Kontenklasse 5 bzw. 4) führt im Einzelhandelskontenrahmen zu einer gegenüber dem Großhandelskontenrahmen zusätzlichen freien Kontenklasse. Die insgesamt geringere praktische Bedeutung des Einzelhandelskontenrahmens resultiert aus der häufig nicht oder nur zur vereinfachten (Mindest-)Buchführung verpflichtenden Betriebsgröße im Einzelhandel.

Ergänzende Literatur zu: 12. Die Organisation der Buchführung

Bähr/Fischer-Winkelmann, Buchführung, S. 166–173
Falterbaum/Beckmann, Buchführung, S. 223–249
Flasse/Gräve/Hanschmann/Heßhaus, Buchhaltung 2, S. 14–36
Haase, Buchführung, Sp. 1001–1007
Horváth/Petsch/Weihe, Standard-Anwendungssoftware, S. 133–220
Kilger/Scheer, Rechnungswesen, S. 39–124
Klimmer, Buchführung, S. 111–136
Peter/von Bornhaupt/Körner, Ordnungsmäßigkeit, S. 39–50; 271–284

Rölle, Buchführungssysteme, S. 63–102; 209–260
Schuppenhauer, Datenverarbeitung, S. 17–198; 309–350
Stahlknecht, Rechnungswesen, S. 126–287
Vormbaum, Grundlagen, S. 36–47

Anlagen zu Teil A:

- Anlage 1: Übungsaufgaben 1 bis 7, S. 387 ff.
- Anlage 2: Kontenrahmen für den Einzelhandel (Übersicht), S. 430 f.
- Anlage 3: Kontenrahmen für den Großhandel (Übersicht), S. 432 f.

Anlage 1: Übungsaufgaben

Übungsaufgabe 1: Buchung Kommissionsgeschäft

Der Großhändler A. Kaufmann führt gelegentlich für den **Kommittenten** Müller Warenverkäufe durch. Kurz vor Jahresende weisen die Konten folgende Summen aus:

		Soll	Haben
00	Bebaute Grundstücke	108.000	
01	Unbebaute Grundstücke	70.000	
021	Fuhrpark	60.000	
03	Betriebs- und Geschäftsausstattung	43.500	1.100
08	Kapital		263.940
090	Wertberichtigungen auf Anlagen	1.000	54.200
092	Rückstellungen	–	–
100	Forderungen	343.400	260.000
109	Forderungen Kommissionsware KW	4.290	4.290
114	Vorsteuer	40.160	39.030
12	Wertpapiere	9.900	
13	Bank	113.600	98.800
150	Kasse	64.000	58.500
16	Privat	5.500	
170	Verbindlichkeiten	263.300	373.000
179	Konto des Kommittenten	3.900	3.900
18	Schuldwechsel	–	–
19	Sonstige Verbindlichkeiten	3.200	6.800
194	Mehrwertsteuer	48.820	52.010
20	Sonstige betriebliche Aufwendungen	400	
21	Zinsaufwand	210	
23	Haus- und Grundstücksaufwand	8.400	
24	Im Bau befindliche Anlagen	64.000	
264	Verrechnete kalkulatorische Miete	–	–
27	Sonstige betriebliche Erträge		280
28	Zinserträge		230
29	Haus- und Grundstückserträge		15.400
300	Wareneinkauf	326.000	1.500
304	Bezugskosten	7.920	
350	Kommissions-Wareneinkauf	3.000	3.000
41	Kundenskonto	2.200	
48	Lieferantenskonto		3.500
50	Löhne und Gehälter	33.400	
506	Soziale Aufwendungen	3.800	
510	Raumkosten	450	

52	Steuern und Beiträge	8.400	
54	Werbekosten	2.150	
56	Transportkosten	9.200	
57	Fuhrparkkosten	11.300	
58	Allgemeine Verwaltungskosten	6.300	
590	Abschreibungen auf Anlagen	–	–
800	Warenverkauf		433.420
801	Rücksendungen und Gutschriften	3.400	
850	Kommissions-Warenverkauf	3.900	3.900
890	Provision		200
		1.677.000	1.677.000

Geschäftsvorfälle:

a) Laufende Vorgänge

1) Warenzielkauf 10.000 + USt.
2) Der Kommittent sendet Ware zum kommissionsweisen Verkauf, Rechnungsbetrag 8.000 + USt, die er zu 5.000 netto eingekauft hat.
3) Für diese Sendung werden brutto 110 Frachtkosten bar bezahlt.
4) Banküberweisung der Gehälter: brutto 8.000, Abzüge für Lohnsteuer 1.300; der Arbeitgeberanteil zur Sozial-(kranken-)versicherung 1.500 wird ausbezahlt, da sämtliche Angestellten freiwillige Ersatzkassenmitglieder sind.
5) Überweisung des Rechnungsbetrags von Fall 1 unter Abzug von 3% Skonto.
6) Verkauf der 6%-igen festverzinslichen Wertpapiere (Zinstermine: März/Sept.) durch die Bank zu 98% am 30. 11. + Stückzinsen 150; Verkaufskosten 60.
7) Verkauf der Kommissionsware für 6.600 + USt auf Ziel und für 3.000 + USt gegen Bankscheck.
8) Für Versandspesen werden 220 brutto bar bezahlt.
9) Gegen Rückgabe eines alten Lkw (Anschaffungswert 20.000, bisherige Wertberichtigung 16.000), der mit 5.000 + USt angerechnet wird, erhalten wir einen neuen zum Anschaffungswert von 22.000 + USt. Der Kfz-Händler erhält für 12.000 Akzepte, den Rest durch Bankscheck.
10) Ein Lieferer gewährt auf unsere Mängelrüge einen Nachlaß von brutto 330.
11) Ein Kunde (KW) bezahlt seine Rechnung bar:

Rechnungsbetrag	1.100
./. 2% Skonto	22.

12) Der Kommissionär überweist auf das Bankkonto des Kommittenten 4.000.
13) Aufgrund einer Mängelrüge werden einem Kunden bar 130 + USt durch den Kommissionär vergütet.
14) Für einen Lagerhallenumbau erhält der Architekt bar den Rest seiner Honorarforderung 3.200.
    Die Halle ist nunmehr fertiggestellt; Wert der bebauten Fläche 12.000.
15) Die restlichen Forderungen aus dem Kommissionsgeschäft gehen auf dem Bankkonto ein.
16) Der Kommissionär berechnet die Verkaufsprovision in Höhe von netto 380 und rechnet mit dem Kommittenten ab.
17) Zielkauf von Werbedrucksachen netto 210. Fracht hierfür bar bezahlt brutto 22.
18) Warenverkauf auf Ziel 15.000 + USt.

b) Abschlußangaben

1) Abschreibung auf bebaute Grundstücke – direkt 3.700
   auf Fuhrpark – indirekt 20%
   auf Betriebs- und Geschäftsausstattung – indirekt 10%.

2) Die private Nutzung des Fuhrparks im abgelaufenen Jahr wird mit 10% der Gesamtkosten angesetzt.
3) Der Mietwert der eigenen Geschäftsräume beträgt 7.200,
der Privatwohnung im Geschäftshaus 4.800.
4) Aufgrund der Gewinnerhöhung erwarten wir eine höhere Veranlagung zur Gewerbesteuer von 3.200.
5) Ermittlung der USt-Zahllast.
6) Warenendbestand 38.120.

Aufgaben:

1) Verbuchung der Geschäftsfälle auf Konten und Erstellung der Schlußbilanz.
2) Wie hat der Kommittent zu buchen?

Lösung: Buchungssätze

a) Laufende Vorgänge

1)	300	Wareneinkauf	10.000				
	114	Vorsteuer	1.000	**an**	170	Verbindlichkeiten	11.000
2)	350	Komm.-WE	8.000	**an**	179	Konto d. Kommittenten	8.000
3)	850	Komm.-WV	100				
	114	Vorsteuer	10	**an**	150	Kasse	110
	179	Konto d. Kommitt.	10	**an**	194	Mehrwertsteuer	10
4)	50	Löhne und Gehälter	8.000	**an**	19	Sonstige Verbindl.	1.300
					13	Bank	6.700
	506	Soz. Aufwand	1.500	**an**	13	Bank	1.500
5)	170	Verbindlichkeiten	11.000	**an**	13	Bank	10.670
					48	Lieferantenskonto	300
					114	Vorsteuer	30
6)	13	Bank	9.792				
	20	Sonstige betriebliche Aufwendungen	258	**an**	12	Wertpapiere	9.900
					28	Zinserträge	150
7)	109	Forderungen KW	7.260				
	13	Bank	3.300	**an**	850	Komm.-WV	9.600
					194	Mehrwertsteuer	960
	114	Vorsteuer	960	**an**	179	Konto d. Kommitt.	960
8)	850	Komm.-WV	200				
	114	Vorsteuer	20	**an**	150	Kasse	220
	179	Konto d. Kommitt.	20	**an**	194	Mehrwertsteuer	20
9)	090	Wertberichtigungen auf Anlagen	16.000				
	021	Fuhrpark	22.000				
	114	Vorsteuer	2.200	**an**	021	Fuhrpark	20.000
					27	Sonstige betriebliche Erträge	1.000
					194	Mehrwertsteuer	500
					18	Schuldwechsel	12.000
					13	Bank	6.700
10)	170	Verbindlichkeiten	330	**an**	300	WE	300
					114	Vorsteuer	30

11)	150	Kasse	1.078				
	850	Komm.-WV	20				
	194	Mehrwertsteuer	2	**an**	109	Forderungen KW	1.100
	179	Konto d. Kommitt.	2	**an**	114	Vorsteuer	2
12)	179	Konto des Kommitt.	4.000	**an**	13	Bank	4.000
13)	850	Komm.-WV	130				
	194	Mehrwertsteuer	13	**an**	150	Kasse	143
	179	Konto d. Kommitt.	13	**an**	114	Vorsteuer	13
14)	19	Sonstige Verbindl.	3.200	**an**	150	Kasse	3.200
	00	Bebaute Grundstücke	76.000	**an**	01	Unbebaute Grundstücke	12.000
					24	Im Bau befindl. Anlagen	64.000
15)	13	Bank	6.160	**an**	109	Forderungen KW	6.160
16a)	850	Komm.-WV	380	**an**	890	Provision	380
	179	Konto des Kommitt.	38	**an**	194	Mehrwertsteuer	38
b)	850	Komm.-WV	8.000	**an**	350	Komm.-WE	8.000
c)	850	Komm.-WV	770	**an**	179	Konto des Kommitt.	770
d)	179	Konto des Kommitt.	5.647	**an**	13	Bank	5.647
17)	54	Werbekosten	230				
	114	Vorsteuer	23	**an**	19	Sonstige Verbindl.	231
					150	Kasse	22
18)	100	Forderungen	16.500	**an**	800	WV	15.000
					194	Mehrwertsteuer	1.500

b) Abschlußangaben

1)	23	Haus- u. Grundstücksaufwand	3.700	**an**	00	Bebaute Grundstücke	3.700
	57	Fuhrparkkosten (von 62.000)	12.400				
	590	Abschreibungen auf Anlagen (von 42.400)	4.240	**an**	090	Wertberichtigungen auf Anlagen	16.640
2)	16	Privat	2.607	**an**	57	Fuhrparkkosten	2.370
					194	Mehrwertsteuer	237
3)	510	Raumkosten	7.200	**an**	264	Verr. kalk. Miete	7.200
	16	Privat	4.800	**an**	29	Haus- u. Grundstückserträge	4.800
4)	52	Steuern und Beiträge	3.200	**an**	092	Rückstellungen	3.200
5)	194	Mehrwertsteuer	5.268	**an**	114	Vorsteuer	5.268
	194	Mehrwertsteuer	1.172	**an**	19	Sonstige Verbindl.	1.172
6)	300	WE	7.920	**an**	304	Bezugskosten	7.920
	800	WV	3.400	**an**	801	Rücks. u. Gutschr.	3.400
	94	SBK	38.120	**an**	300	WE	38.120

Der Kommittent bucht:

2)	Konsignationswaren-Einkauf	5.000	**an**	Wareneinkauf	5.000
3)	Konsignationswaren-Verkauf	100			
	Vorsteuer	10	**an**	Konto des Kommissionärs	110
7)	Konto des Kommissionärs	10.560	**an**	Konsignationswaren-Verkauf	9.600
				Mehrwertsteuer	960
8)	Konsignationswaren-Verkauf	200			
	Vorsteuer	20	**an**	Konto des Kommissionärs	220
11)	Konsignationswaren-Verkauf	20			
	Mehrwertsteuer	2	**an**	Konto des Kommissionärs	22
12)	Bank	4.000	**an**	Konto des Kommissionärs	4.000
13)	Konsignationswaren-Verkauf	130			
	Mehrwertsteuer	13	**an**	Konto des Kommissionärs	143
16a)	Konsignationswaren-Verkauf	380			
	Vorsteuer	38	**an**	Konto des Kommissionärs	418
b)	Konsignationswaren-Verkauf	5.000	**an**	Konsignationswaren-Einkauf	5.000
c)	Konsignationswaren-Verkauf	3.770	**an**	GuV	3.770
d)	Bank	5.647	**an**	Konto des Kommissionärs	5.647

Nach Verbuchung der Geschäftsvorfälle und der Angaben zum Abschluß zeigen die das Kommissionsgeschäft berührenden Konten bei Kommissionär und Kommittent sowie die GuV-Rechnung und Schlußbilanz des Großhändlers Kaufmann (Kommissionär) folgendes Bild:

Kommissionär

109 Forderungen Komm.-Ware

Σ	4.290	Σ	4.290
(7)	7.260		1.100 (11)
			6.160 (15)
	11.550		11.550

Kommittent

Konsignat.-Wareneinkauf

(2)	5.000	5.000 (16b)

179 Konto des Komittenten

Σ	3.900	Σ	3.900
(3)	10		8.000 (2)
(8)	20		960 (7)
(11)	2		770 (16c)
(12)	4.000		
(13)	13		
(16a)	38		
(16b)	5.647		
	13.630		13.630

Konto des Kommissionärs

(7)	10.560		110 (3)
			220 (8)
			22 (11)
			4.000 (12)
			143 (13)
			418 (16a)
			5.647 (16d)
	10.560		10.560

350 Komm.-Wareneinkauf

Σ	3.000	Σ	3.000
(2)	8.000		8.000 (16b)
	11.000		11.000

Konsignat-.Warenverkauf

(3)	100		9.600 (7)
(8)	200		
(11)	20		
(13)	130		
(16a)	380		
(16b)	5.000		
(16c)	3.770		
	9.600		9.600

850 Komm.-Warenverkauf

Σ	3.900	Σ	3.900
(3)	100		9.600 (7)
(8)	200		
(11)	20		
(13)	130		
(16a)	380		
(16b)	8.000		
(16c)	770		
	13.500		13.500

890 Provision

GuV	580	Σ	200
			380 (16a)
	580		580

93 Gewinn- und Verlustrechnung

Aufwand				Ertrag	
20	Sonstige betriebliche Aufwendungen	658	264	Verr. kalk. Miete	7.200
21	Zinsaufwand	210	27	Sonstige betriebliche Erträge	1.280
23	HGA	12.100	28	Zinsertrag	380
300	Wareneinkauf	304.000	29	HGE	20.200
41	Kunden-Skonto	2.200	48	Lief.-Skonto	3.800
50	Lö. u. Gehälter	41.400	800	Wa.-Verkauf	445.020
506	Soz. Aufwand	5.300	890	Provision	580
510	Raumkosten	7.650			
52	St. u. Beiträge	11.600			
54	Werbekosten	2.380			
56	Transp.kosten	9.200			
57	Fuhrp.kosten	21.330			
58	AVK	6.300			
590	Abschr. a. Anl.	4.240			
08	Eigenkapital	49.892			
		478.460			478.460

Soll		941 Schlußbilanzkonto			Haben
00	Beb. Gr.-Stücke	180.300	08	Eigenkapital	300.925
01	Unbeb. Gr.-St.	58.000	090	Wertber. a. Anl.	53.840
021	Fuhrpark	62.000	092	Rückstellungen	3.200
03	BGA	42.400	13	Bank	1.165
30	Waren	38.120	17	Verbindlichk.	109.370
100	Forderungen	99.900	18	Schuldwechsel	12.000
150	Kasse	2.883	19	Sonst. Verbindl.	3.103
		483.603			483.603

Übungsaufgabe 2: Buchung Metageschäft

Der Großhändler Hofer übernimmt in Meta mit seinem Geschäftsfreund Kurz den Warenbestand aus einer Liquidationsmasse zur gemeinsamen Verwertung.

Metaführer ist Hofer. Er erhält dafür 10% des Gewinns als Vorabentgelt. Der restliche Gewinn – ebenso ein etwaiger Verlust – wird im Verhältnis 1:1 verteilt.

Hofer hat am 1. 5. 90 ein Bankguthaben in Höhe von 27.600 und einen Barbestand von 3.200.

Geschäftsvorfälle:

1) Kurz überweist am 5. 5. auf das Bankkonto des Hofer 25.000.
2) Hofer kauft das Warenlager vom Liquidator gegen Bankscheck; brutto 66.000.
3) Für das Anfahren der Ware entstand Fuhrlohn 300 + 10% USt. Hofer zahlt bar.
4) Hofer verkauft am 15. 5. Waren auf Ziel; netto 28.000.
5) Am 24. 5. verkauft Hofer Waren für netto 30.000 gegen Bankscheck unter Gewährung von 3% Skonto.
6) Aus dem Verkauf (Geschäftsvorfall 4) mußten wegen Gütemängel Waren für netto 6.000 zurückgenommen werden. Der Kunde erhält am 30. 5. eine entsprechende Gutschriftsanzeige.
7) Kurz verkauft am 2. 6. Waren auf Ziel; netto 15.000.
8) Mit dem Metageschäft zusammenhängende Kosten fallen in bar an:
   bei Hofer brutto 1.980
   bei Kurz brutto 220.
9) Den Restbestand an Waren – netto 5.000 – nimmt Kurz auf sein eigenes Lager.
10) Ermittlung der Umsatzsteuer-Zahllast; sie wird durch Hofer an das Finanzamt abgeführt.
11) Hofer ermittelt den Metaerfolg und teilt ihn vereinbarungsgemäß auf. Der Zahlungsausgleich zwischen den beiden Partnern wird durch Banküberweisung ausgeführt (keine Zinsberechnung!).

Aufgabe:

Die Buchungssätze und die notwendigen Konten in der Buchhaltung des Metaführers sind ohne Angaben von Kontennummern darzustellen.

Lösung: Buchungssätze

1)	Bank	25.000	**an**	Metistenkonto	25.000
2)	Metawareneinkauf	60.000			
	Vorsteuer	6.000	**an**	Bank	66.000

3)	Metawareneinkauf	300			
	Vorsteuer	30	**an**	Kasse	330
4)	Forderungen	30.800	**an**	Metawarenverkauf	28.000
				Mehrwertsteuer	2.800
5)	Bank	32.010			
	Metaabrechnung	900			
	Mehrwertsteuer	90	**an**	Metawarenverkauf	30.000
				Mehrwertsteuer	3.000
6)	Metawarenverkauf	6.000			
	Mehrwertsteuer	600	**an**	Forderungen	6.600
7)	Metistenkonto	16.500	**an**	Metawarenverkauf	15.000
				Mehrwertsteuer	1.500
8)	Metaabrechnung	2.000			
	Vorsteuer	200	**an**	Metistenkonto	220
				Kasse	1.980
9)	Metistenkonto	5.500	**an**	Metawarenverkauf	5.000
				Mehrwertsteuer	500
10)	Mehrwertsteuer	6.230	**an**	Vorsteuer	6.230
	Mehrwertsteuer	880	**an**	Bank	880
11 a)	Metaverkaufskonto	60.300	**an**	Metaeinkaufskonto	60.300
b)	Metaverkaufskonto	11.700	**an**	Metaabrechnungskonto	11.700
	Metaabrechnung:				
	Reingewinn insgesamt	8.800			
	– 10% Vorabentgelt	880			
		7.920			
c)	Metaabrechnungskonto	8.800	**an**	Metistenkonto	3.960
				GuV	4.840
d)	Metistenkonto	7.180	**an**	Bank	7.180

Die unmittelbar das Metageschäft aufnehmenden Konten zeigen folgendes Bild:

Metawareneinkauf

	Soll	Haben	
(2)	60.000	60.300	(11a)
(3)	300		
	60.300	60.300	

Metawarenverkauf

	Soll	Haben	
(6)	6.000	28.000	(4)
(11a)	60.300	30.000	(5)
(11b)	11.700	15.000	(7)
		5.000	(9)
	78.000	78.000	

Metaabrechnungskonto

	Soll	Haben	
(5)	900	11.700	(11b)
(8)	2.000		
(11c)	8.800		
	11.700	11.700	

Verb. Metist Kurz

	Soll	Haben	
(7)	16.500	25.000	(1)
(9)	5.500	220	(8)
(11d)	7.180	3.960	(11c)
	29.180	29.180	

Übungsaufgabe 3: Filialbuchführung

Die Großhandlung Frank Weindler in München hat für das **Hauptgeschäft** und die **Filiale** in München-Pasing folgende **Gesamtbilanz** aufgestellt:

Gesamtbilanz

Aktiva			Passiva
Betriebs- und Geschäftsausstattung	12.900	Kapital	40.300
Waren	18.800	Darlehen	5.000
Forderungen	17.500	Verbindlichkeiten	14.700
Wechsel	2.100	Sonstige Verbindlichkeiten	800
Bank	6.200		
Kasse	3.300		
	60.800		60.800

Aus der Gesamtbilanz ergeben sich folgende **Teilbilanzen:**

Bilanz der Zentrale

Aktiva			Passiva
Betriebs- und Geschäftsausstattung	8.200	Kapital	40.300
Waren	13.400	Darlehen	5.000
Forderungen	12.600	Verbindlichkeiten	14.700
Wechsel	2.100	Sonstige Verblindlichkeiten	800
Bank	4.900		
Kasse	1.900		
Filiale Mü.-Pasing	17.700		
	60.800		60.800

Bilanz der Filiale Mü.-Pasing

Aktiva			Passiva
Betriebs- und Geschäftsausstattung	4.700	Zentrale	17.700
Waren	5.400		
Forderungen	4.900		
Bank	1.300		
Kasse	1.400		
	17.700		17.700

Folgende **Geschäftsvorfälle** sind zu verbuchen:

1) Einkauf von Waren auf Ziel: netto 9.300.
2) Barzahlung für Bezugskosten: brutto 110.
3) Banküberweisung an Lieferant: Rechnungsbetrag 1.650 abzüglich 2% Skonto.
4) Warensendung an die Filiale: 5.400 + USt.

5) Warenverkauf auf Ziel: brutto 7.150, gegen Verrechnungsscheck 3.300.
6) Barzahlung für allgemeine Verwaltungskosten brutto 66.
7) Zielverkäufe der Filiale: netto 3.000, Barverkäufe der Filiale: brutto 4.400.
8) Bareingang von der Filiale 3.800.
9) Gehaltszahlung bar: brutto 1.500, netto 1.140, Arbeitgeberanteil zur Sozialversicherung 140.
10) Banküberweisung der einbehaltenen Lohnsteuer, der Sozialversicherungsbeiträge und der rückständigen USt (Sonstige Verbindlichkeiten).
11) In München-Neuhausen wird eine weitere Filiale errichtet, die aber zunächst keine selbständige Buchführung haben soll (Einheitsbuchführung).
Kauf der Geschäftsausstattung für die neue Filiale: netto 6.000. Begleichung der Rechnung durch Weitergabe des Wechsels über 2.100; Rest durch Verrechnungsscheck. Als Anfangskassenbestand dienen 900; Warensendung an die Filiale 3.500.
12) Ein Lieferant sendet Waren direkt an die Filiale Mü.-Pasing: Rechnungsbetrag brutto 2.200; die Rechnung geht an die Zentrale.
13) Barzahlung der Filiale Mü.-Pasing für Frachtkosten: brutto 88.
14) Buchungsunterlagen von der Filiale Mü.-Neuhausen:
Barverkäufe: brutto 2.640, Barzahlung für allgemeine Verwaltungskosten: brutto 55.
15) Banküberweisung eines Kunden 8.800.
16) Die Zentrale zahlt Betriebssteuern:
– für die Zentrale 2.400
– für die Filiale Mü.-Pasing 800
– für die Filiale Mü.-Neuhausen 300.
17) Bareingang von der Filiale Mü.-Neuhausen 2.000.
18) Eigene Einzahlung auf Bankkonto 4.000.
19) Buchungsunterlagen von der Filiale Mü.-Neuhausen:
Barverkäufe: brutto 1.210, Barzahlung für allgemeine Verwaltungskosten brutto 66.
20) Filiale Mü.-Pasing:
Verkauf von Waren auf Ziel: netto 2.800, Barzahlung für Schreibmaschinenreparatur: brutto 242.
21) Kunden der Filiale Mü.-Pasing überweisen direkt an die Zentrale 6.080.
22) Barzahlung der Verkaufsprovision an die Filialleiter:

– Filiale Mü.-Pasing:	brutto 980
	netto 720
	Arbeitgeberanteil Soz.-Versicherung 90
– Filiale Mü.-Neuhausen:	brutto 350
	netto 250
	Arbeitgeberanteil Soz.-Versicherung 40

Abschlußangaben:

1) Abschreibung auf Betr.- u. Gesch.-Ausst.: Zentrale 800
Fil. Mü.-Neuhausen 600
Fil. Mü.-Pasing 500
2) Warenendbestände: Zentrale 9.200
Fil. Mü.-Neuhausen 2.400
Fil. Mü.-Pasing 6.100

Aufgabe:

Erstellung der Bilanzen der Zentrale und der Filiale München-Pasing sowie des Gesamtbetriebes.

Lösung: Buchungssätze

	Soll	Betrag		Haben	Betrag
1)	Wareneinkauf	9.300			
	Vorsteuer	930	**an**	Verbindlichkeiten	10.230
2)	Bezugskosten	100			
	Vorsteuer	10	**an**	Kasse	110
3)	Verbindlichkeiten	1.650	**an**	Bank	1.617
				Lief.-Skonto	30
				Vorsteuer	3
4)	Filiale Mü.-P.	5.940	**an**	Wareneinkauf Mü.-P.	5.400
				Mehrwertsteuer	540
	Wareneinkauf Mü.-P.	5.400			
	Vorsteuer	540	**an**	Zentrale	5.940
5)	Forderungen	7.150			
	Bank	3.300	**an**	Warenverkauf	9.500
				Mehrwertsteuer	950
6)	Allg. Verwaltungskosten	60			
	Vorsteuer	6	**an**	Kasse	66
7)	Forderungen Mü.-P.	3.300			
	Kasse Mü.-P.	4.400	**an**	Warenverkauf Mü.-P.	7.000
				Mehrwertsteuer	700
8)	Kasse	3.800	**an**	Filiale Mü.-P.	3.800
	Zentrale	3.800	**an**	Kasse Mü.-P.	3.800
9)	Gehälter	1.500	**an**	Kasse	1.140
				Sonst. Verbindlichkeiten	360
	Soz. Aufwendungen	140	**an**	Sonst. Verbindlichkeiten	140
10)	Sonst. Verbindl.	1.300	**an**	Bank	1.300
11)	Betr.- u. Gesch.-Ausst. Fil. Mü.-N.	6.000			
	Vorsteuer	600	**an**	Besitzwechsel	2.100
				Bank	4.500
	Kasse Filiale Mü.-N.	900	**an**	Kasse	900
	Waren Filiale Mü.-N.	3.500	**an**	Wareneinkauf	3.500
12)	Waren Filiale Mü.-P.	2.000			
	Vorsteuer	200	**an**	Zentrale	2.200
	Filiale Mü.-P.	2.200	**an**	Verbindlichkeiten	2.200
13)	Bezugskosten Filiale Mü.-P.	80			
	Vorsteuer	8	**an**	Kasse Filiale Mü.-P.	88
14)	Kasse Mü.-N.	2.640	**an**	WV Mü.-N.	2.400
				Mehrwertsteuer	240
	Betriebskostenkonto Filiale Mü.-N.	50			
	Vorsteuer	5	**an**	Kasse Mü.-N.	55
15)	Bank	8.800	**an**	Forderungen	8.800
16)	Steuern und Beiträge	2.400			
	Filiale Mü.-P.	800			
	Betriebskostenkonto Filiale Mü.-N.	300	**an**	Bank	3.500

	Steuern und Beiträge Mü.-P.	800	**an**	Zentrale	800
17)	Kasse	2.000	**an**	Kasse Mü.-N.	2.000
18)	Bank	4.000	**an**	Kasse	4.000
19)	Kasse Mü.-N.	1.210	**an**	WV Mü.-N.	1.100
				Mehrwertsteuer	110
	Betriebskostenkonto Mü.-N.	60			
	Vorsteuer	6	**an**	Kasse Mü.-N.	66
20)	Forderungen Mü.-P.	3.080	**an**	Warenverkauf Mü.-P.	2.800
				Mehrwertsteuer	280
	Allg. Verwaltungskosten Mü.-P.	220			
	Vorsteuer	22	**an**	Kasse Mü.-P.	242
21)	Bank	6.080	**an**	Filiale Mü.-P.	6.080
	Zentrale	6.080	**an**	Forderungen Mü.-P.	6.080
22)	Gehälter Mü.-P.	980	**an**	Kasse Mü.-P.	720
				Sonst. Verbindlichkeiten	260
	Soz. Aufwendungen Mü.-P.	90	**an**	Sonst. Verbindlichkeiten	90
	Betriebskostenkonto Mü.-N.	350	**an**	Kasse Mü.-N.	250
				Sonst. Verbindlichkeiten	100
	Betriebskostenkonto Mü.-N.	40	**an**	Sonst. Verbindlichkeiten	40

Abschlußangaben:

1)	Abschreibungen auf Anlagen	800	**an**	Betr.- u. Gesch.-Ausst.	800
	Betriebskostenkonto Mü.-N.	600	**an**	Betr.- u. Gesch.-Ausst. Mü.-N.	600
	Abschreibungen auf Anlagen Mü.-P.	500	**an**	Betr.- u. Gesch.-Ausst. Mü.-P.	500
2)	Schlußbilanz Zentrale	9.200	**an**	Wareneink. Zentrale	9.200
	Schlußbilanz Zentrale	2.400	**an**	Wareneink. Mü.-N.	2.400
	Schlußbilanz Mü.-P.	6.100	**an**	Wareneink. Filiale Mü.-P.	6.100

Abschlußkonten Zentrale:

A	Schlußbilanz Zentrale		P
BGA	7.400	Kapital	41.230
BGA Mü.-Neuh.	5.400	Darlehen	5.000
Waren Zentrale	9.200	Verbindl.	25.480
Waren Mü.-Neuh.	2.400	Sonst. Verbindl.	426
Forderungen	10.950		
Bank	16.163		
Kasse Zentrale	1.484		
Kasse Mü.-Neuh.	2.379		
Filiale Mü.-Pas.	16.760		
	72.136		72.136

A	Gewinn- und Verlustrechnung		E
WE Zentrale	4.700	WV Zentrale	9.500
WE Mü.-Neuh.	1.100	WV Mü.-Neuh.	3.500
Gehälter	1.500	Lieferantenskonto	30
Sozialaufw.	140		
Steuern u. Beiträge	2.400		
Allg. Verwaltungsko.	60		
Abschreibungen	800		
Betriebsko. Fil. Mü.-Neuh.	1.400		
Gewinn (Kap.)	930		
	13.030		13.030

Abschlußkonten Filiale Mü.-Pasing:

A	Schlußbilanz Filiale Mü.-Pas.		P
BGA	4.200	Zentrale	16.760
Waren	6.100	Sonst. Verbindl.	560
Forderungen	5.200	Gewinn	430
Bank	1.300		
Kasse	950		
	17.750		17.750

A	Gewinn- und Verlustrechnung Filiale Mü.-Pas.		E
WE	6.780	WV	9.800
Gehälter	980		
Sozialaufw.	90		
Steuern u. Beitr.	800		
Allg. Verwaltungsko.	220		
Abschreibungen	500		
Gewinn	430		
	9.800		9.800

Gesamtbilanz der Großhandlung:

A	Schlußbilanz Fa. F. Weindler, Mü.		P
BGA	17.000	Kapital	41.660
Waren	17.700	Darlehen	5.000
Forderungen	16.150	Verbindl.	25.480
Bank	17.463	Sonst. Verbindl.	986
Kasse	4.813		
	73.126		73.126

Verrechnungskonten Filiale – Zentrale:

S	Kto. Filiale Mü.-Pas.		H
AB	17.700		3.800 (8)
(4)	5.940		6.080 (21)
(12)	2.200	SB	16.760
(16)	800		
	26.640		26.640

S	Kto. Zentrale		H
(8)	3.800	AB	17.700
(21)	6.080		5.940 (4)
SB	16.760		2.200 (12)
			800 (16)
	26.640		26.640

Die Ziffern in Klammern beziehen sich auf die zugehörigen Geschäftsvorfälle.

Übungsaufgabe 4: Buchung auf Hauptbuchkonten (T-Konten)

Die Großhandlung Müller hat folgende Eröffnungsbilanz:

Aktiva — Bilanz zum 1.1.19 . . — Passiva

Aktiva		Passiva	
Bebaute Grundstücke	87.400	Kapital M	131.740
Geschäftsausstattung	4.200	Hypotheken	25.000
Waren	59.100	Verbindlichkeiten	24.000
Forderungen	21.600	Schuldwechsel	4.000
Sonstige Forderungen	100	Sonstige Verbindlichkeiten	1.060
Besitzwechsel	6.400		
Deutsche Bank	4.200		
Sparkasse	2.000		
Kasse	800		
	185.800		185.800

Geschäftsvorfälle:

1)	Übersendung eines Akzeptes über 1.800 an einen Lieferanten, der den Diskont in Höhe von 30 + USt in Rechnung stellt.	
2)	Ein Kunde begleicht eine Rechnung: Rechnungsbetrag brutto	2.750
	Sparkassenüberweisung	2.695
3)	Einkauf von Waren auf Ziel einschl. Umsatzsteuer	6.600
4)	Banküberweisung an Lieferant: Rechnungsbetrag	1.100
	abzügl. 3% Skonto	33
5)	Ein Werbeinserat wird durch Banküberweisung bezahlt	220
6)	Barkauf eines Schreibtisches einschl. Umsatzsteuer	330
7)	Verschiedene Geschäftsausgaben, bar	44
8)	Barentnahme des Inhabers	300
9)	Wechseldiskontierung: Wechselbetrag	4.000
	Diskont, brutto	88
	Gutschrift der Bank	3.912
10)	Der Diskont wird unserem Kunden in Rechnung gestellt	88
11)	Banküberweisung an einen Lieferanten	2.500
12)	Rechnung über verschiedene Bürokosten: Überweisung durch die Sparkasse	308
13)	Rücksendung mangelhafter Ware an den Lieferant: Warenwert	500
14)	Verkauf von Waren gegen Akzept: brutto	9.350
	und in bar: brutto	550
15)	Banküberweisung von Kunden	5.000
16)	Sparkasse: Überweisung der Einkommen- u. Kirchensteuer	900
	der Umsatzsteuer und noch abzuführender Abgaben vom Vormonat	1.060
17)	Warenverkauf auf Ziel	2.640
18)	Kauf einer Schreibmaschine durch Banküberweisung: Rechnungsbetrag	770
19)	Überweisung der Löhne und Gehälter durch die Bank:	
	netto	1.470
	abzüglich gezahlter Vorschuß	100
	brutto	1.850
	Arbeitgeberanteil Sozialversicherung	180
20)	Ein Besitzwechsel geht zu Protest	2.400

21) Die Protestkosten werden bar bezahlt 10

22) Aufgrund des Wechselprotests werden dem Aussteller 2.420 belastet.
Rückrechnung an Aussteller:

Wechselsumme	2.400	
10% Jahreszins für 6 Tage	4	
¼% Vergütung	6	
Protestkosten	10	
Aufwendungen für Protestwechsel	20	2.420

23) Spende an Sportverein, bar 50

24) An Kunden werden Boni gewährt: netto 160

Abschlußangaben:

1) Abschreibung auf bebaute Grundstücke: 2% des Anschaffungswertes von 90.000.
2) Abschreibungen auf geringwertige Wirtschaftsgüter: 100% (Erinnerungswert 2); Abschreibungen auf die übrige Geschäftsausstattung: 10% des Anschaffungswertes von 6.000.
3) Aus der Bankabrechnung am Anfang der nächsten Geschäftsperiode ergeben sich folgende Posten, die den vorliegenden Abschluß betreffen: Zinsgutschrift 5; Umsatzprovision + Auslagen 10.
4) Warenendbestand 60.000.

Aufgabe: Verbuchung auf T-Konten (Hauptbuch) bei Bruttoabschluß der Warenkonten. Aufstellung von Schlußbilanz(konto) und Erfolgsrechnung der Großhandelsfirma zum 31. 12. 19. .

Lösung: Buchungssätze

1)	17	Verbindl.	1.767				
	21	Zins- u. Diskontaufwendungen	30				
	114	Vorsteuer	3	**an**	18	Schuldwechsel	1.800
2)	131	Sparkasse	2.695				
	41	Kundenskonti	50				
	194	Mehrwertsteuer	5	**an**	10	Forderungen	2.750
3)	30	Wareneinkauf	6.000				
	114	Vorsteuer	600	**an**	17	Verbindl.	6.600
4)	17	Verbindl.	1.100	**an**	130	Bank	1.067
					48	Lieferantenskonti	30
					114	Vorsteuer	3
5)	54	Werbekosten	200				
	114	Vorsteuer	20	**an**	130	Bank	220
6)	039	Geringwertige Wirtschaftsgüter (BGA)	300				
	114	Vorsteuer	30	**an**	150	Kasse	330
7)	58	Allg. Verwaltungskosten	40				
	114	Vorsteuer	4	**an**	150	Kasse	44
8)	16	Privat	300	**an**	150	Kasse	300
9)	130	Bank	3.912				
	21	Zins- u. Diskontaufwendungen	80				
	194	Mehrwertsteuer	8	**an**	140	Besitzwechsel	4.000

10)	10	Forderungen	88	an	28	Zins- u. Diskonterträge	80
					194	Mehrwertsteuer	8
11)	17	Verbindl.	2.500	an	130	Bank	2.500
12)	58	Allg. Verwaltungskosten	280				
	114	Vorsteuer	28	an	131	Sparkasse	308
13)	17	Verbindl.	550	an	30	Wareneinkauf	500
					114	Vorsteuer	50
14)	140	Besitzwechsel	9.350				
	150	Kasse	550	an	80	Warenverkauf	9.000
					194	Mehrwertsteuer	900
15)	130	Bank	5.000	an	10	Forderungen	5.000
16)	16	Privat	900				
	193	Sonst. Verbindl.	1.060	an	131	Sparkasse	1.960
17)	10	Forderungen	2.640	an	80	Warenverkauf	2.400
					194	Mehrwertsteuer	240
18)	039	Geringwertige Wirtschaftsgüter (BGA)	700				
	114	Vorsteuer	70	an	130	Bank	770
19)	50	Löhne u. Gehälter	1.850	an	130	Bank	1.370
					112	Sonst. Forderungen	100
					193	Sonst. Verbindl.	380
	506	Sozialer Aufwand	180	an	193	Sonst. Verbindl.	180
20)	142	Protestwechsel	2.400	an	140	Besitzwechsel	2.400
21)	531	Nebenkosten des Geldverkehrs: Wechselspesen	10	an	150	Kasse	10
22)	112	Sonstige Forderungen	2.420	an	142	Protestwechsel	2.400
					28	Zins- u. Diskonterträge	4
					27	Sonstige betriebliche Erträge (auch auf Konto: Wechselspesen)	6
					531	Wechselspesen	10
23)	16	Privat	50	an	150	Kasse	50
24)	40	Kundenboni	160				
	194	Mehrwertsteuer	16	an	10	Forderungen	176

Abschlußangaben:

1)	23	Haus- und Grundstücksaufwand	1.800	an	00	Bebaute Grundstücke	1.800
2)	59	Abschreibungen	1.598	an	039	Geringwertige Wirtschaftsgüter	998
					031	Geschäftsausstattung	600
3)	112	Sonstige Forderungen	5				
	53	Nebenkosten des Zahlungsverkehrs	10	an	28	Zins- u. Diskonterträge	15

4)	94 Schlußbilanzkonto	60.000	**an**	30	Wareneinkauf	60.000
5)	080 Kapital M	1.250	**an**	16	Privat	1.250
6)	194 Mehrwertsteuer	702	**an**	114	Vorsteuer	702
7)	194 Mehrwertsteuer	417	**an**	193	Sonstige Verbindl.	417

Aufstellung Erfolgsrechnung und Schlußbilanz(konto) zum 31. 12. 19..

Aufwand — 93 GuV-Konto — Ertrag

Aufwand			Ertrag		
30	Wareneinsatz	4.600	80	Warenerlös	11.400
40	Kundenboni	160	48	Lief.-Skonto	30
41	Kundenskonto	50	28	Zi. u. Disk.-Ertr.	99
21	Zi. u. Disk.-Aufw.	110	27	So. betr. Ertr.	6
23	Ha. u. Gr.-Aufw.	1.800			
50	Lö. u. Geh.	1.850			
506	Soz. Aufw.	180			
53	Nebenko. d. ZV	10			
54	Werbeko.	200			
58	Allg. Verw.-Ko.	320			
59	Abschreibungen	1.598			
080	Kapital M	657			
		11.535			11.535

Aktiva (Soll) — 941 Schlußbilanz(konto) — Passiva (Haben)

Aktiva (Soll)			Passiva (Haben)		
00	Beb. Gr.-St.	85.600	08	Kapital M	131.147
031	Gesch.Ausst.	3.600	070	Hypotheken	25.000
039	Geringw. WG	2	17	Verbindl.	24.683
30	Waren	60.000	18	Schuldwechsel	5.800
10	Forderungen	16.400	193	Sonst. Verbindl.	977
112	Sonst. Ford.	2.427			
130	Dt. Bank	7.185			
131	Sparkasse	2.427			
140	Besitzwechsel	9.350			
150	Kasse	616			
		187.607			187.607

Übungsaufgabe 5: Buchung auf Abschlußübersicht (OHG)

Die Großhandelsgesellschaft Theodor Abel OHG, die aus den drei Gesellschaftern Abel, Bauer und Czack besteht, weist in der Abschlußübersicht für 1990 (S. 410ff.) die Eröffnungsbilanz vom 1. 1. 1990 und die während des Geschäftsjahres 1990 getätigten Umsätze (Summenzugänge) aus. Bei den Jahresabschlußarbeiten sind folgende Erläuterungen zu den einzelnen Posten der Abschlußübersicht noch zu berücksichtigen:

a) Abschreibungen auf Anlagen:

1) Auf die bebauten Grundstücke sind 25% vom Anschaffungswert indirekt abzuschreiben.

2) Die Verpackungsmaschine mit einem Restbuchwert von 125.000 ist mit einem linearen Abschreibungssatz von 10% direkt abzuschreiben (Anschaffungswert 250.000); die Sortiermaschine, die mit 96.000 zu Buche steht, wird jeweils mit 20% degressiv und direkt abgeschrieben. Das im Juli zu einem Anschaffungspreis von 160.000 gekaufte Prüfaggregat wird in 10 Jahren linear direkt abgeschrieben;

das alte Aggregat, das mit 10.000 in der Eröffnungsbilanz enthalten war, wurde Ende Juni verkauft; die lineare Abschreibung für 1990 beträgt 5.000.
3) Die Betriebs- und Geschäftsausstattung wird mit 10% vom Restbuchwert direkt abgeschrieben. Die Zugänge im Gesamtwert von 30.000, die alle im 2. Halbjahr erfolgen, werden ebenfalls degressiv mit 10% pro Jahr abgeschrieben.
4) Auf den Fuhrpark (Konto 020), der einen Restbuchwert von 60.000 ausweist, werden 20% vom Anschaffungswert in Höhe von 1.500.000 direkt abgeschrieben. Die im Februar hinzugekauften Lkw und Pkw im Wert von 400.000 werden ebenfalls mit 20% linear abgeschrieben.

b) Bewertung der Wertpapiere

Die im Portefeuille gehaltenen Wertpapiere sollen nach dem Niederstwertprinzip bewertet werden; das Konto 051 Beteiligungen und Wertpapiere enthält am Bilanzstichtag folgenden Bestand:

Wertpapier	Nennwert	Anschaffungskurs bzw. Kurs am 31. 12. 1989	Kurse am Bilanzstichtag
X-Aktien – Altbestand	50.000	240%	230%
Y-Aktien – Altbestand	100.000	280%	305%
– Zukäufe	50.000	310%	305%
Pfandbriefe – Altbestand	100.000	101%	99,5%

c) Abschreibungen und Wertberichtigungen auf Forderungen

1) Eine im Dezember infolge eidesstattlicher Versicherung des Schuldners uneinbringlich gewordene Forderung in Höhe von 2.200 brutto, die nicht als zweifelhaft eingestuft worden war, ist noch nicht ausgebucht.
2) Aufgrund der Eröffnung des Vergleichsverfahrens sind die Forderungen an ein Großunternehmen in Höhe von brutto 33.000 als zweifelhaft anzusehen; der erwartete Forderungsausfall wird auf 40% geschätzt.
3) Der um uneinbringliche und zweifelhafte Forderungen korrigierte Forderungsbestand am Bilanzstichtag beträgt brutto 308.000; unter Zugrundelegung des innerbetrieblichen Erfahrungssatzes ist das allgemeine Kreditrisiko mit 4% zu berücksichtigen. Von dieser Delkredere-Neubildung ist der Delkredere-Restbestand von 700 abzuziehen.

d) Rückstellungen

1) In den Rückstellungen sind 13.000 für noch zu zahlende Gewerbesteuer 1989 enthalten. Am 20. 12. 1990 ging der Gewerbesteuerbescheid 1989 ein, nach dem bis zum 31. 1. 1991 nur 8.000 nachzuzahlen sind. Dieser Sachverhalt ist noch nicht verbucht worden.
2) Die erwarteten Gewährleistungsansprüche, die in 1990 begründet sind, jedoch bis zum Bilanzstichtag noch nicht geltend gemacht wurden, werden auf 40.000 geschätzt.
3) Am 22. 12. 1990 blieb ein Auslieferungs-Lkw mit Motorschaden liegen. Aufgrund fehlender Ersatzteile konnte die Reparatur erst im Februar 1991 durchgeführt werden. Die Rechnung vom 10. 2. 1991 weist einen Betrag von 3.000 zuzüglich Umsatzsteuer aus.

e) Zeitliche Abgrenzungen

1) Am 3. 1. 1991 wird die für das 4. Quartal zu zahlende Miete für Geschäftsräume in Höhe von 15.000 an den Vermieter überwiesen.
2) Einem Arbeitnehmer wurde am 1. 10. 1990 ein langfristiges Darlehen in Höhe von 40.000 zum Zinssatz von 5%, zahlbar halbjährlich nachschüssig, gewährt und ausbezahlt. Der Zins für die Zeit vom 1. 10. 90 – 31. 12. 90 ist als Ertrag des alten Geschäftsjahres zu verbuchen.

3) Am 1. 10. 1990 ist der fällige Jahresbetrag der Kfz-Steuer in Höhe von 4.000 aus Versehen doppelt überwiesen worden. Die Verbuchung erfolgt zeitanteilig auf dem Konto 52 Steuern und dem Konto 093 Aktive Rechnungsabgrenzung, auf dem 6.000 ausgewiesen wurden. Am 20. 12. 1990 ging eine Rücküberweisung des Finanzamts in Höhe von 4.000 ein, die auf dem Konto 52 Steuern erfaßt wurde.
4) Am 1. 9. 1990 wurden für ein Jahr im voraus die Beiträge für verschiedene Versicherungen in Höhe von 12.000 überwiesen, die über das Konto 58 Allgemeine Verwaltungskosten verbucht wurden.
5) Am 30. 12. 1990 geht die Januarmiete für die an einen Arbeitnehmer vermietete Wohnung in Höhe von 500 ein, die über Konto 290 Haus- und Grundstückserträge verbucht worden ist.

f) Privatentnahmen

1) Der Gesellschafter Abel hat einen betrieblichen Pkw in 1990 zu 20% privat genutzt, so daß ihm die Gesellschaft dafür 20% der entstandenen Kosten berechnen muß; die Gesamtkosten für diesen Pkw betrugen 10.000 netto.
2) Der Gesellschafter Bauer bewohnt eine firmeneigene Wohnung, für die vom Finanzamt ein Mietwert von 7.000 p. a. festgesetzt wurde.
3) Die Warenentnahmen des Gesellschafters Czack, die sich im Laufe des Jahres auf netto 4.000 aufsummierten, sind noch nicht verbucht.

g) Abschluß der Warenkonten

Der Waren-Inventurbestand am 31. 12. 1990 beträgt 850.000 (Nettoabschluß der Warenkonten).

Angaben über die Gewinnverteilung der Abel OHG:

Nach dem Gesellschaftsvertrag sind die Kapitalanteile entsprechend ihrem Stand zu Beginn des Jahres 1990 mit 4% zu verzinsen. Für ihre Geschäftsführertätigkeit erhalten A und B jeweils 50.000 vorab. Der Rest wird nach Köpfen verteilt. Die Erfolgsverteilung ist in Tabellenform darzustellen, die Eigenkapitalkonten der Gesellschafter sind gesondert aufzuzeichnen.

Lösung: Buchungssätze

Abel OHG: Vorbereitende Abschlußbuchungen

a) Abschreibungen auf Anlagen

a1)	230	Haus- und Grundstücksaufwendungen	30.000	**an**	090	Wertberichtigungen auf Anlagen	30.000

a2) Ermittlung der Abschreibungssumme:

10% linear auf 250.000	25.000
20% degressiv auf 96.000	19.200
10% linear auf 160.000, ½ Jahr	8.000
verkaufte Maschine	5.000
Abschreibungssumme	57.200

Buchungssatz:

590	Abschreibungen auf Maschinen	57.200	**an**	02	Maschinen	57.200

a3) Ermittlung der Abschreibungssumme:

10% degressiv auf 450.000	45.000
10% degressiv auf 30.000, ½ Jahr	1.500
Abschreibungssumme	46.500

Buchungssatz:

	591	Abschreibungen auf Betriebs- und Geschäftsausstattung	46.500	**an**	03 Betriebs- und Geschäftsausstattung	46.500
a4)	570	Fuhrparkkosten	380.000	**an**	020 Maschinen einschließlich Fuhrpark	380.000

b) Bewertung der Wertpapiere

Ermittlung der Abschreibungsbeträge:

	Buchwert	Kurswert am Bilanzstichtag	Abschreibung	neuer Buchwert
X-Aktien	120.000	115.000	5.000	115.000
Y-Aktien	280.000	305.000	–	280.000
	155.000	152.500	2.500	152.500
Pfandbriefe	101.000	99.500	1.500	99.500
Summe	656.000	672.000	9.000	647.000

Buchungssatz:

	20	Sonstige betriebliche Aufwendungen	9.000	**an**	051 Beteiligungen und Wertpapiere	9.000

c) Abschreibungen und Wertberichtigungen auf Forderungen

c1)	20	Sonstige betriebliche Aufwendungen	2.000			
	194	Mehrwertsteuer	200	**an**	100 Forderungen aus Warenlieferungen und Leistungen	2.200
c2)	101	Zweifelhafte Forderungen	30.000	**an**	100 Forderungen aus Warenlieferungen und Leistungen	30.000
	594	Abschreibungen auf Forderungen	12.000	**an**	101 Zweifelhafte Forderungen	12.000
c3)	594	Abschreibungen auf Forderungen	10.500	**an**	091 Wertberichtigung auf Forderungen	10.500

d) Rückstellungen

d1)	092	Rückstellungen	13.000	**an**	190 Sonstige Verbindlichkeiten	8.000
					27 Sonstige betriebliche Erträge	5.000
d2)	58	Allgemeine Verwaltungskosten	40.000	**an**	092 Rückstellungen	40.000
d3)	570	Fuhrparkkosten	3.000	**an**	092 Rückstellungen	3.000

e) Zeitliche Abgrenzungen

e1)	510	Mieten	15.000	**an**	190 Sonstige Verbindlichkeiten	15.000

e2)	1121	Sonstige Forderungen	500	**an**	280	Zinserträge	500
e3)	52	Steuern	3.000	**an**	093	Aktive Rechnungsabgrenzung	3.000
e4)	093	Aktive Rechnungsabgrenzung	8.000	**an**	58	Allgemeine Verwaltungskosten	8.000
e5)	290	Haus- und Grundstückserträge	500	**an**	094	Passive Rechnungsabgrenzung	500

f) Privatentnahmen

f1)	160	Privat Gesellschafter A	2.200	**an**	570	Fuhrparkkosten	2.000
					194	Mehrwertsteuer	200
f2)	161	Privat Gesellschafter B	7.000	**an**	290	Grundstückserträge	7.000
f3)	162	Privat Gesellschafter C	4.400	**an**	300	Wareneinkauf	4.000
					194	Mehrwertsteuer	400

g) Abschluß der Warenkonten

g1) Umbuchung der Warenbezugskonten:

300	Wareneinkauf	35.000	**an**	304	Frachten und sonstige Bezugskosten	35.000

g2) Umbuchung der Rücksendungen und Gutschriften:

800	Erlöse aus Warenverkäufen	23.000	**an**	801	Rücksendungen und Gutschriften	23.000

g3) Umbuchung des Wareneinsatzes:

800	Erlöse aus Warenverkäufen	4.798.000	**an**	300	Wareneinkauf	4.798.000

h) Aufrechnung der Umsatzsteuerkonten:

194	Mehrwertsteuer	42.500	**an**	114	Vorsteuer	42.500

i) Umbuchungen auf Abgrenzungssammelkonto:

i1)	27	Sonstige betriebliche Erträge	68.000				
	280	Zinserträge	26.000				
	290	Haus- und Grundstückserträge	13.000	**an**	900	Abgrenzungssammelkonto	107.000
i2)	900	Abgrenzungssammelkonto	286.000	**an**	20	Sonstige betriebliche Aufwendungen	126.000
					210	Zinsaufwendungen	96.300
					230	Haus- und Grundstücksaufwendungen	63.700

k) Umbuchung der Privatkonten:

080	Kapital Gesellschafter A	42.200	**an**	160 Privat Gesellschafter A	42.200
081	Kapital Gesellschafter B	42.000	**an**	161 Privat Gesellschafter B	42.000
082	Kapital Gesellschafter C	39.400	**an**	162 Privat Gesellschafter C	39.400

Gewinnverteilungstabelle: Verteilungsfähiger Gewinn 777.000

	Kapital-anteil 1.1.1990	Vorab-gewinn	Kapital-verzinsung 4%	Rest-gewinn-anteil	Gesamt-gewinn-anteil	Privatent-nahmen	Kapital-anteil 31.12.1990
A	750.000	50.000	30.000	201.000	281.000	42.200	988.800
B	620.000	50.000	24.800	201.000	275.800	42.000	853.800
C	480.000		19.200	201.000	220.200	39.400	660.800
	1.850.000	100.000	74.000	603.000	777.000	123.600	2.503.400

Buchungssätze:

93	GuV	777.000	**an**	080 Kapital Gesellschafter A	281.000
			an	081 Kapital Gesellschafter B	275.800
			an	082 Kapital Gesellschafter C	220.200

Damit ergeben sich die **Eigenkapitalkonten der Gesellschafter** am Jahresende 1990 wie folgt:

080 Kapital Gesellschafter A

Privat	42.200	EB	750.000
SB	988.800	GuV	281.000
	1.031.000		1.031.000

081 Kapital Gesellschafter B

Privat	42.000	EB	620.000
SB	853.800	GuV	275.800
	895.800		895.800

082 Kapital Gesellschafter C

Privat	39.400	EB	480.000
SB	660.800	GuV	220.200
	700.200		700.200

Abschluß-Übersicht der Großhandelsgesellschaft Abel OHG am 31. 12. 1990

Kto. Nr.	Konten-Namen	Eröffnungs-Bilanz		Summen-Zugänge		Summen-Bilanz	
		Aktiva	Passiva	Soll	Haben	Soll	Haben
000	Beb. Grundst.	1.500.000				1.500.000	
010	Unbeb. Grundst.	600.000		150.000		750.000	
020	Masch. u. masch. Anl.	831.000		560.000	5.000	1.391.000	5.000
03	BGA	450.000		30.000		480.000	
05	Beteil. u. Wertp.	501.000		155.000		656.000	
060	Langf. Ford.	120.000		40.000	50.000	160.000	50.000
070	Langf. Verbindl.		1.600.000	250.000	220.000	250.000	1.820.000
080	Kap. Gesellsch. A		750.000				750.000
081	Kap. Gesellsch. B		620.000				620.000
082	Kap. Gesellsch. C		480.000				480.000
083	Rücklagen		250.000				250.000
090	Wertber. a. Anlg.		450.000				450.000
091	Wertber. a. Ford.		13.000	12.300		12.300	13.000
092	Rückstell.		110.000	95.000	78.000	95.000	188.000
093	Aktive RAP	15.000		6.000	15.000	21.000	15.000
094	Passive RAP		4.000	4.000	2.500	4.000	6.500
100	Ford. a. Waren-lief. u. Leist.	358.500		2.125.000	2.140.300	2.483.500	2.140.300
101	Zweifelh. Ford.	38.300			33.300	38.300	33.300
1121	Sonst. Ford.	2.800			2.800	2.800	2.800
114	Vorsteuer			462.500	420.000	462.500	420.000
13	Banken	122.700		9.524.300	9.474.600	9.647.000	9.474.600
140	Wechselford.	55.000		369.000	284.000	424.000	284.000
150	Kasse	46.200		597.800	488.500	644.000	488.500
160	Priv. Gesellsch. A			40.000		40.000	
161	Priv. Gesellsch. B			35.000		35.000	
162	Priv. Gesellsch. C			35.000		35.000	
170	Verbindl. a. War.lief. u. Leist.		337.500	4.686.500	4.711.000	4.686.500	5.048.500
180	Schuldwechsel		65.000	65.000		65.000	65.000
190	Sonst. Verbindl.		634.000	572.000	552.500	572.000	1.186.500
192	Noch abzuf. Abg.		72.000	787.000	793.000	787.000	865.000
194	Mehrwertsteuer		35.000	943.000	984.700	943.000	1.019.700

für die Zeit vom 1. 1. 1990 bis 31. 12. 1990

Salden-Bilanz		Umbuchungen (Berichtig. u. Abschlußbuch.)				Vermögens-Bilanz		Verlust- und Gewinn-Rechnung	
Soll	Haben	Erläuter.		Soll	Haben	Aktiva	Passiva	Aufwand	Ertrag
1.500.000						1.500.000			
750.000						750.000			
			a2)		57.200				
1.386.000			a4)		380.000	948.800			
480.000			a3)		46.500	433.500			
656.000			b)		9.000	647.000			
110.000						110.000			
	1.570.000						1.570.000		
	750.000	k)		42.200			707.800		
	620.000	k)		42.000			578.000		
	480.000	k)		39.400			440.600		
	250.000						250.000		
	450.000		a1)		30.000		480.000		
	700		c3)		10.500		11.200		
			d3)		3.000				
	93.000	d1)	d2)	13.000	40.000		123.000		
6.000		e4)	e3)	8.000	3.000	11.000			
	2.500		e5)		500		3.000		
			c2)		30.000				
343.200			c1)		2.200	311.000			
5.000		c2)	c2)	30.000	12.000	23.000			
		e2)		500		500			
			h)		42.500				
42.500									
172.400						172.400			
140.000						140.000			
155.500						155.500			
40.000		f1)	k)	2.200	42.200				
35.000		f2)	k)	7.000	42.000				
35.000		f3)	k)	4.400	39.400				
	362.000						362.000		
			e1)		15.000				
	614.500		d1)		8.000		637.500		
	78.000						78.000		
		h)		42.500					
	76.700	c1)		200					
			f1)		200		34.600		
			f3)		400				

Fortsetzung 412/413

Kto. Nr.	Konten-Namen	Eröffnungs-Bilanz		Summen-Zugänge		Summen-Bilanz	
		Aktiva	Passiva	Soll	Haben	Soll	Haben
20	Sonstige betriebl. Aufw.			115.000		115.000	
210	Zinsaufw.			96.300		96.300	
230	Haus- u. Grundst. aufw.			33.700		33.700	
27	Sonstige betriebl. Ertr.				63.000		63.000
280	Zinserträge				25.500		25.500
290	Haus- u. Grundst.ertr.				6.500		6.500
300	Wareneinkauf	780.000		4.854.000	17.000	5.634.000	17.000
304	Frachten u. sonst. Beschaff.ko			35.000		35.000	
400	Kundenboni			73.000		73.000	
410	Kundenskonti			165.000		165.000	
470	Lieferantenboni				44.000		44.000
480	Lieferantenskonti				162.000		162.000
500	Löhne u. Geh.			2.275.000		2.275.000	
506	Soz. Aufw.			234.000		234.000	
509	Sonst. Pers.kost.			93.000		93.000	
510	Mieten			45.000		45.000	
52	Steuern, Abg. und Gebühren			85.000	4.000	85.000	4.000
54	Werbe- u. Reisek.			425.000	7.500	425.000	7.500
550	Provisionen			62.000		62.000	
56	Transp. u. Verpack.kost.			46.000	8.000	46.000	8.000
570	Fuhrparkk.			188.000	4.000	188.000	4.000
58	Allgem. Verw.kost.			37.800	300	37.800	300
590	Abschr. a. Masch. u. masch. Anl.						
591	Abschr. a. BGA						
593	Abschreibungen a. Warenbestand			13.800		13.800	
594	Abschr. a. Ford.						
800	Erl. a. Warenverk.				9.847.000		9.847.000
801	Rücksend. u. Gutschr.			23.000		23.000	
900	Abgrenzungs-sammelkonto						
	Spaltensummen	5.420.500	5.420.500	30.444.000	30.444.000	35.864.500	35.864.500
	Reingewinn						

Salden-Bilanz		Umbuchungen (Berichtig. u. Abschlußbuch.)				Vermögens-Bilanz		Verlust- und Gewinn-Rechnung	
Soll	Haben	Erläuter.		Soll	Haben	Aktiva	Passiva	Aufwand	Ertrag
		c1)		2.000					
115.000		b)	i2)	9.000	126.000				
96.300			i2)		96.300				
33.700		a1)	i2)	30.000	63.700				
	63.000	i1)	d1)	68.000	5.000				
	25.500	i1)	e2)	26.000	500				
		i1)		13.000					
	6.500	e5)	f2)	500	7.000				
			g3)		4.798.000				
5.617.000		g1)	f3)	35.000	4.000	850.000			
35.000			g1)		35.000				
73.000								73.000	
165.000								165.000	
	44.000								44.000
	162.000								162.000
2.275.000								2.275.000	
234.000								234.000	
93.000								93.000	
45.000		e1)		15.000				60.000	
81.000		e3)		3.000				84.000	
417.500								417.500	
62.000								62.000	
38.000								38.000	
		d3)		3.000					
184.000		a4)	f1)	380.000	2.000			565.000	
37.500		d2)	e4)	40.000	8.000			69.500	
		a2)		57.200				57.200	
		a3)		46.500				46.500	
13.800								13.800	
		c3)		10.500					
		c2)		12.000				22.500	
		g2)		23.000					
	9.847.000	g3)		4.798.000					5.026.000
23.000			g2)		23.000				
		i2)	i1)	286.000	107.000			179.000	
15.495.400	15.495.400			6.089.100	6.089.100	6.052.700	5.275.700	4.455.000	5.232.000
							777.000	777.000	
						6.052.700	6.052.700	5.232.000	5.232.000

Übungsaufgabe 6: Buchung auf Abschlußübersicht (KG)

Die Großhandlung Walter Schweitzer KG hat drei Gesellschafter: Schweitzer als geschäftsführenden Komplementär und die beiden Kommanditisten Trautmann und Urban, deren Pflichteinlagen jeweils 200.000 betragen. Während das negative Kapitalkonto von Trautmann aufgrund früherer Verlustzuweisungen einen Betrag von 20.000 im Soll ausweist, hat der später als Kommanditist eingetretene Urban auf die Pflichteinlage erst 185.000 einbezahlt.

In der Eröffnungsbilanz der Gesellschaft werden am 1. 1. 1990 folgende Beträge ausgewiesen:

		Aktiva	Passiva
00	Bebaute Grundstücke	1.200.000	
01	Unbebaute Grundstücke	350.000	
02	Maschinen und maschinelle Anlagen einschließlich Transporteinrichtungen	620.000	
03	Betriebs- und Geschäftsausstattung	460.000	
07	Langfristige Verbindlichkeiten		1.885.000
080	Eigenkapital Schweitzer (Komplementär)		515.000
081	Eigenkapital Trautmann (Kommanditist)	20.000	
082	Eigenkapital Urban (Kommanditist)		200.000
0820	Ausstehende Einlagen Urban	15.000	
091	Wertberichtigung auf Forderungen		14.000
092	Rückstellungen (Gewerbesteuer)		30.000
100	Forderungen	385.000	
13	Guthaben bei Kreditinstituten	71.000	
140	Wechselforderungen	37.000	
150	Kasse	42.000	
170	Verbindlichkeiten		772.000
194	Mehrwertsteuer		34.000
30	Warengruppe I (Bestand)	250.000	

Für das Geschäftsjahr 1990 sind die folgenden **Geschäftsvorfälle** zu buchen:

1) Kauf eines Lieferwagens für 42.000 + USt im Januar 1990. 10.000 werden sofort bar bezahlt; der Restbetrag wird vom Lieferanten gestundet.
2) Gemäß einer Sammelbelegaufstellung über Scheckeinreichungen werden Forderungen von insgesamt 415.300 ausgeglichen. In diesem Betrag sind in einem früheren Wirtschaftsjahr als uneinbringlich ausgebuchte Forderungen in Höhe von 3.300 enthalten.
3) Die nachstehenden Posten wurden mit Verrechnungsschecks bezahlt:

Kfz-Versicherungen für 1990	13.000
Diverses Büromaterial, Rechnungsbetrag	4.400
Einkommensteuer des Komplementärs	12.000
Darlehenszinsen gemäß separater Aufstellung	95.000

4) Zwei Besitzwechsel über 10.000 und 8.000 werden an einen Lieferanten weitergegeben. Ein weiterer Wechsel über 12.000 wird bei der Hausbank zur Diskontierung eingereicht, die uns 440 Zins und 60 Spesen berechnet und den Betrag von 11.500 gutschreibt.
5) Gemäß Gewerbesteuerbescheid für das Vorjahr beträgt die Steuerschuld 34.000, die durch eine Banküberweisung beglichen wird.
6) Wareneinkauf auf Ziel: 2.850.000 + USt.
7) Warenverkauf auf Ziel: 4.020.000 + USt.
8) Für private Zwecke hat der Komplementär für insgesamt 4.000 netto Waren sowie 12.000 in bar entnommen.

9) a) Ein Debitor sendet Waren im Bruttowert von 5.500 zurück.
b) Wir retournieren eine Falschlieferung an einen Lieferanten und belasten diesem den Rechnungsbetrag in Höhe von 8.800.
10) Gemäß eines Sammelbelegs wurden Kundenforderungen im Gesamtwert von 2.750.000 unter Abzug von 2% Skonto durch Banküberweisungen beglichen.
11) Wir bezahlten Lieferantenrechnungen in Höhe von 1.870.000 brutto abzüglich 3% Skonto durch Banküberweisungen.
12) An die Arbeiter und Angestellten wurden im Jahre 1990 Löhne und Gehälter im Bruttowert von 525.000 per Banküberweisung bezahlt. Der noch nicht abgeführte Teil der Lohnsteuer beträgt 8.000, während von den insgesamt abzuführenden Arbeitgeberanteilen zur Sozialversicherung in Höhe von 85.000 ein Rest von 14.000 noch nicht überwiesen wurde.
13) Die Lkw-Restschuld (Fall 1) wird durch Warenlieferungen zum Netto-Verkaufspreis von 20.000 und durch einen Verrechnungsscheck beglichen.
14) Den Erlös aus dem Verkauf von Wertpapieren (20.000), die sich in privatem Besitz Schweitzers befanden, schreibt die Bank dem Firmenkonto gut.
15) Kauf von Einrichtungsgegenständen im ersten Halbjahr 1990 in Höhe von insgesamt 80.000 netto gegen Verrechnungsscheck.
16) Die Miete für eine außerhalb gelegene Lagerhalle in Höhe von 36.000 wird am 1. 10. 1990 für ein Jahr im voraus durch Banküberweisung bezahlt.
17) Eine Einkommensteuer-Überzahlung des Komplementärs in Höhe von 3.000 wird laut Mitteilung der Finanzkasse mit dem Mehrwertsteuerkonto verrechnet.
18) Die Zusammenstellung der restlichen Kraftfahrzeugkosten weist einen Rechnungsbetrag von brutto 82.500 aus, der per Banküberweisung bezahlt wurde.

Folgende **Abschlußangaben** sind zu berücksichtigen:

a) Die Kassenbestandsaufnahme ergibt einen Fehlbetrag von 40.
b) Die Abschreibungen sind gemäß nachstehender Angaben anzusetzen:
(1) Bebaute Grundstücke (Anschaffungswert 1.500.000) 2% linear
(2) Maschinen und maschinelle Anlagen einschließlich Transporteinrichtungen (Fuhrpark) 25% degressiv
(3) Betriebs- und Geschäftsausstattung 20% degressiv
c) Von den bereits wertberichtigten Forderungen sind 13.200 endgültig verloren. Die neue Pauschalwertberichtigung auf Forderungen ist mit 33.000 in der Bilanz auszuweisen.
d) Die Gewerbesteuerabschlußzahlung für das Geschäftsjahr 1990 wird auf 45.000 geschätzt.
e) Für die private Nutzung eines betrieblichen Pkws durch den Komplementär setzt die Finanzbehörde ⅓ der auf diesen Pkw entfallenden Kosten in Höhe von insgesamt 15.000 netto an.
f) Fällige Darlehenszinsen in Höhe von 19.600 und die Grundsteuer in Höhe von 3.000 sind noch nicht bezahlt.
g) Die aufgrund einer notwendigen Straßenverlegung im Dezember 1990 erfolgte Enteignung eines bebauten Grundstücks mit einem Restbuchwert von 45.000 ist noch nicht verbucht. Die Entschädigung in Höhe von 115.000 wurde unserem Bankkonto gutgeschrieben. Eine entsprechende Ersatzbeschaffung ist beabsichtigt, kann jedoch erst 1992 realisiert werden.
h) Infolge mehrmaliger Erkrankung eines Mitarbeiters wurden für diesen im Rahmen der Lohnfortzahlung 9.000 aufgewendet. Da es sich jedoch jeweils um Folgeerkrankungen handelte, haben wir einen Anspruch an die Krankenkasse in Höhe von 5.000, den diese noch nicht beglichen hat. Außerdem wurden in Höhe von 800 zuviel Sozialversicherungsbeiträge verrechnet.

i) Der Warenbestand der Warengruppe I beträgt laut Inventurübersicht 414.800 (Nettoabschluß).

k) Erfolgsverteilung:
Der Komplementär erhält für seine Tätigkeit als Geschäftsführer im voraus 40.000. Gemäß Gesellschaftsvertrag sollen die Kapitalbestände am Jahresanfang mit 6% bzw. einem entsprechend niedrigeren Satz verzinst werden. Der restliche Gewinn soll nach folgendem Schlüssel verteilt werden: Der Komplementär erhält 50%, die beiden Kommanditisten jeweils 25%.

Aufgabe:

Die Geschäftsvorfälle und Abschlußangaben sind in der Hauptabschlußübersicht zu verbuchen; Bilanz und Erfolgsrechnung sind zusätzlich in T-Kontenform aufzustellen. Die Erfolgsverteilung ist in Tabellenform vorzunehmen, die dazugehörigen Buchungssätze sind anzugeben.

Buchungssätze: Geschäftsvorfälle

1)	02	Maschinen und maschinelle Anlagen einschließlich Transporteinrichtungen	42.000				
	114	Vorsteuer	4.200	**an**	150	Kasse	10.000
					170	Verbindlichkeiten	36.200
2)	13	Guthaben bei Kreditinstituten	415.300	**an**	100	Forderungen	412.000
					194	Mehrwertsteuer	300
					27	Sonstige betriebliche Erträge	3.000
3)	57	Kosten des Fuhr- und Wagenparks	13.000				
	58	Allgemeine Verwaltungskosten	4.000				
	114	Vorsteuer	400				
	160	Privatentnahme Schweitzer	12.000				
	21	Zins- und Diskontaufwendungen	95.000	**an**	13	Guthaben bei Kreditinstituten	124.400
4)	170	Verbindlichkeiten	18.000				
	13	Guthaben bei Kreditinstituten	11.500				
	21	Zins- und Diskontaufwendungen	400				
	194	Mehrwertsteuer	40				
	58	Allgemeine Verwaltungskosten	60	**an**	140	Wechselforderungen	30.000
5)	092	Rückstellungen	30.000				
	20	Sonstige betriebliche Aufwendungen	4.000	**an**	13	Guthaben bei Kreditinstituten	34.000
6)	30	Warengruppe I	2.850.000				
	114	Vorsteuer	285.000	**an**	170	Verbindlichkeiten	3.135.000

7)	100	Forderungen	4.422.000	an	80	Warengruppe I	4.020.000
					194	Mehrwertsteuer	402.000
8)	160	Privatentnahme Schweitzer	16.400	an	30	Warengruppe I	4.000
					194	Mehrwertsteuer	400
					150	Kasse	12.000
9 a)	80	Warengruppe I	5.000				
	194	Mehrwertsteuer	500	an	100	Forderungen	5.500
b)	170	Verbindlichkeiten	8.800	an	30	Warengruppe I	8.000
					114	Vorsteuer	800
10)	13	Guthaben bei Kreditinstituten	2.695.000				
	41	Kundenskonti	50.000				
	194	Mehrwertsteuer	5.000	an	100	Forderungen	2.750.000
11)	170	Verbindlichkeiten	1.870.000	an	13	Guthaben bei Kreditinstituten	1.813.900
					48	Lieferantenskonti	51.000
					114	Vorsteuer	5.100
12)	50	Personalkosten	525.000				
	506	Soz. Aufwendungen	85.000	an	13	Guthaben bei Kreditinstituten	588.000
					192	Noch abzuführende Abgaben	22.000
13)	170	Verbindlichkeiten	36.200	an	13	Guthaben bei Kreditinstituten	14.200
					80	Warengruppe I	20.000
					194	Mehrwertsteuer	2.000
14)	13	Guthaben bei Kreditinstituten	20.000	an	161	Privateinlagen Schweitzer	20.000
15)	03	Betriebs- und Geschäftsausstattung	80.000				
	114	Vorsteuer	8.000	an	13	Guthaben bei Kreditinstituten	88.000
16)	51	Miete	9.000				
	093	Aktive Rechnungsabgrenzungsposten	27.000	an	13	Guthaben bei Kreditinstituten	36.000
17)	194	Mehrwertsteuer	3.000	an	161	Privateinlagen Schweitzer	3.000
18)	57	Kosten des Fuhr- und Wagenparks	75.000				
	114	Vorsteuer	7.500	an	13	Guthaben bei Kreditinstituten	82.500

Vorbereitende Abschlußbuchungen:

a)	20	Sonstige betriebliche Aufwendungen	40	an	150	Kasse	40

b) (1)	23	Haus- und Grundstücksaufwendungen	30.000	**an**	00	Bebaute Grundstücke	30.000
(2)	590	Abschreibungen auf maschinelle Anlagen	165.500	**an**	02	Maschinen und maschinelle Anlagen einschließlich Transporteinrichtungen	165.500
(3)	591	Abschreibungen auf Betriebs- und Geschäftsausstattung	108.000	**an**	03	Betriebs- und Geschäftsausstattung	108.000
c) (1)	091	Wertberichtigung auf Forderungen	12.000				
	194	Mehrwertsteuer	1.200	**an**	100	Forderungen	13.200
(2)	594	Abschreibungen auf Forderungen	33.000	**an**	091	Wertberichtigung auf Forderungen	33.000
d)	52	Steuern, Abgaben etc.	45.000	**an**	09220	Gewerbesteuerrückstellung	45.000
e)	160	Privatentnahme Schweitzer	5.500	**an**	57	Kosten des Fuhr- und Wagenparks	5.000
					194	Mehrwertsteuer	500
f)	21	Zins- und Diskontaufwendungen	19.600				
	52	Steuern, Abgaben etc.	3.000	**an**	19	Sonstige Verbindlichkeiten	22.600
g)	13	Guthaben bei Kreditinstituten	115.000	**an**	00	Bebaute Grundstücke	45.000
					086	Rücklage für Ersatzbeschaffung	70.000
h) (1)	11	Sonstige Forderungen	5.000	**an**	50	Personalkosten	5.000
(2)	192	Noch abzuführende Abgaben	800	**an**	506	Soz. Aufwendungen	800

i) Umbuchung des Wareneinsatzes auf das Erlöskonto Warengruppe I:

	80	Warengruppe I	2.673.200	**an**	30	Warengruppe I	2.673.200

k) Umbuchung der Privatkonten auf Eigenkapitalkonten:

(1)	080	Eigenkapital Schweitzer	33.900	**an**	160	Privatentnahmen Schweitzer	33.900

(2) 161 Privateinlagen Schweitzer 23.000 **an** 080 Eigenkapital Schweitzer 23.000

l) Aufrechnung der Umsatzsteuerkonten:

194 Mehrwertsteuer 299.200 **an** 114 Vorsteuer 299.200

m) Umbuchung der neutralen Konten auf das Abgrenzungssammelkonto:

(1) 900 Abgrenzungssammelkonto 149.040 **an**
- 20 Sonstige betriebliche Aufwendungen 4.040
- 121 Zins- und Diskontaufwendungen 115.000
- 23 Haus- und Grundstücksaufwendungen 30.000

(2) 27 Sonstige betriebliche Erträge 3.000 **an** 900 Abgrenzungssammelkonto 3.000

Erfolgsrechnung:

Aufwand — 93 Jahresgewinn- und Verlustrechnung 1990 — Ertrag

41	Kundenskonti	50.000	80	Rohertrag	1.361.800
50	Personalkosten	520.000	48	Lieferantenskonti	51.000
506	Soziale Aufwendungen	84.200			
51	Miete	9.000			
52	Steuern, Abgaben etc.	48.000			
57	Kosten des Fuhr- und Wagenparks	83.000			
58	Allg. Verwaltungskosten	4.060			
590	Abschreibungen auf maschinelle Anlagen	165.500			
591	Abschreibungen auf Betriebs- und Geschäftsausstattung	108.000			
594	Abschreibungen auf Forderungen	33.000			
900	Abgrenzungssammelkonto	146.040			
95	Gewinnverwendungskonto	162.000			
		1.412.800			1.412.800

Erfolgsverteilung: Gewinnverteilungstabelle

	Kapitalanteil 1. 1. 1990	Vorabanteil	Kapitalverzinsung 6%	Restgewinnverteilung	Gesamtgewinnanteil	Privatentnahmen bzw. -einlagen	Kapitalanteil 31. 12. 1990	Gewinnanteile d. Kommanditisten als sonst. kurzfr. Verbindlichkeit
S	515.000	40.000	30.900	40.000	110.900	./. 10.900	615.000	–
T	./. 20.000	–	–	20.000	20.000	–	0	–
U	185.000	–	11.100	20.000	31.100	–	200.000	16.100
	680.000	40.000	42.000	80.000	162.000	./. 10.900	815.000	16.100

Die Gewinnverteilung stellt sich buchtechnisch folgendermaßen dar:

95	Gewinnverwendungskonto	162.000	**an**	080	Eigenkapital Schweitzer	110.900
				081	Eigenkapital Trautmann	20.000
				0820	Ausstehende Einlagen Urban	15.000
				193	Sonstige kurzfristige Verbindlichkeiten (Gewinngutschrift Urban)	16.100

Damit ergeben sich zum 31. 12. 1990 nachstehende Eigenkapitalkonten:

080 Eigenkapitalkonto Schweitzer

Privatentnahmen	33.900	Anfangsbestand	515.000
Schlußbilanz	615.000	Privateinlage	23.000
		Gewinnanteil	110.900
	648.900		648.900

081 Eigenkapitalkonto Trautmann

Anfangsbestand	20.000	Gewinnanteil	20.000

082 Eigenkapitalkonto Urban

Schlußbilanz	200.000	Anfangsbestand	200.000

0820 Ausstehende Einlagen Urban

Anfangsbestand	15.000	Gewinnanteil	15.000

Bilanz:

Aktiva — 941 Schlußbilanz 31. 12. 1990 W. Schweitzer KG — Passiva

Aktiva		
I. Anlagevermögen		
00	Beb. Grundst.	1.125.000
01	Unbeb. Grundst.	350.000
02	Maschinen und ma. Anlagen einschl. Transporteinrichtgn.	496.500
03	Betriebs- und Geschäftsausstatt.	432.000
II. Umlaufvermögen		
100	Einwandfr. Fordgn.	1.626.300
11	Sonst. Forderungen	5.000
13	Guthaben bei Kreditinstituten	546.800
140	Wechselforderungen	7.000
150	Kasse	19.960
30	Warengruppe I	414.800
III. Aktive Rechnungsabgr.		
093	Aktive RAP	27.000
		5.050.360

Passiva			
I. Gesellschafterkapital			
080	Eigenkapital Schweitzer		
	Anf.-Best.	515.000	
	./. Privatentnahmen	33.900	
	+ Privateinlagen	23.000	
	+ Gewinnanteil	110.900	
			615.000
081	Eigenkapital Trautmann		0
082	Eigenkapital Urban		200.000
II. Rücklagen			
086	Rücklagen für Ersatzbeschaffung		70.000
III. Wertberichtigungen auf Forderungen			
091	Wertberichtigungen auf Forderungen		35.000
IV. Rückstellungen			
09220	Gewerbesteuerrückstellung		45.000
V. Verbindlichkeiten			
07	Langfr. Verbindl.		1.885.000
170	Verbindl.		2.010.200
19	Sonst. Verbindl.		22.600
192	Noch abzuführende Abgaben		21.200
193	Sonst. kurzfr. Verbindl.		16.100
194	Mehrwertsteuer		130.260
			5.050.360

Abschluß-Übersicht der Großhandlung Schweitzer KG am 31. 12. 1990

Kto. Nr.	Konten-Namen	Eröffnungs-Bilanz		Summen-Zugänge		Summen-Bilanz	
		Aktiva	Passiva	Soll	Haben	Soll	Haben
00	Beb. Grundst.	1.200.000				1.200.000	
01	Unbeb. Grundst.	350.000				350.000	
02	Masch. u. masch. Anlagen	620.000		42.000 (1)		662.000	
03	BGA	460.000		80.000 (15)		540.000	
07	Langfr. Verbindl.		1.885.000				1.885.000
080	Eigenkap. Schweitzer		515.000				515.000
081	Eigenkap. Trautmann	20.000				20.000	
082	Eigenkap. Urban		200.000				200.000
0820	Ausst. Einlagen Urban	15.000				15.000	
086	Rückl. f. Ersatzbeschaffung						
091	Wertber. auf Forderungen		14.000				14.000
092	Rückstellungen		30.000	30.000 (5)		30.000	30.000
093	Aktive RAP			27.000 (16)		27.000	
100	Einwandfreie Forderungen	385.000		4.422.000 (7)	412.000 (2) 5.500 (9a) 2.750.000 (10)	4.807.000	3.167.500
11	Sonst. Ford.						
114	Vorsteuer			4.200 (1) 400 (3) 285.000 (6) 8.000 (15) 7.500 (18)	800 (9b) 5.100 (11)	305.100	5.900
13	Guthaben bei Kreditinst.		71.000	415.300 (2) 11.500 (4) 2.695.000 (10) 20.000 (14)	124.400 (3) 34.000 (5) 1.813.900 (11) 588.000 (12) 14.200 (13) 88.000 (15) 36.000 (16) 82.500 (18)	3.212.800	2.781.000
140	Wechselford.	37.000			30.000 (4)	37.000	30.000
150	Kasse	42.000			10.000 (1) 12.000 (8)	42.000	22.000
160	Privatentnahme Schweitzer			16.400 (8) 12.000 (3)		28.400	
161	Privateinlage Schweitzer				3.000 (17) 20.000 (14)		23.000
170	Verbindl.		772.000	18.000 (4) 8.800 (9b) 1.870.000 (11) 36.200 (13)	36.200 (1) 3.135.000 (6)	1.933.000	3.943.200

für die Zeit vom 1. 1. 1990 bis 31. 12. 1990

Kto. Nr.	Salden-Bilanz		Umbuchungen (Berichtig. u. Abschlußbuch.)			Vermögens-Bilanz		Verlust- und Gewinn-Rechnung	
	Soll	Haben	Erläuter.	Soll	Haben	Aktiva	Passiva	Aufwand	Ertrag
00	1.200.000		g) b1)		45000 30.000	1.125.000			
01	350.000					350.000			
02	662.000		b2)		165.500	496.500			
03	540.000		b3)		108.000	432.000			
07		1.885.000					1.885.000		
080		515.000	k1) k2)	33.900	23.000		504.100		
081	20.000					20.000			
082		200.000					200.000		
0820	15.000					15.000			
086			g)		70.000		70.000		
091		14.000	c1) c2)	12.000	33.000		35.000		
092			d)		45.000		45.000		
093	27.000					27.000			
100	1.639.500		c1)		13.200	1.626.300			
11			h1)	5.000		5.000			
114	299.200		l)		299.200				
13	431.800		g)	115.000		546.800			
140	7.000					7.000			
150	20.000		a)		40	19.960			
160	28.400		e) k1)	5.500	33.900				
161		23.000	k2)	23.000					
170		2.010.200					2.010.200		

Fortsetzung S. 424/425

Kto. Nr.	Konten-Namen	Eröffnungs-Bilanz		Summen-Zugänge		Summen-Bilanz	
		Aktiva	Passiva	Soll	Haben	Soll	Haben
19	Sonst. Verbindl.						
192	Noch abzuf. Abg.				22.000 (12)		22.000
194	Mehrwertsteuer		34.000	40 (4) 500 (9a) 5.000 (10) 3.000 (17)	300 (2) 402.000 (7) 400 (8) 2.000 (13)	8.540	438.700
20	Sonstige betriebliche Aufw.			4.000 (5)		4.000	
21	Zins- u. Dis.-Aufw.			95.000 (3) 400 (4)		95.400	
23	Haus- u. Grundst.-Aufw.						
27	Sonstige betriebliche Ertr.				3.000 (2)		3.000
30	Warengruppe I	250.000		2.850.000 (6)	4.000 (8) 8.000 (9b)	3.100.000	12.000
41	Kundenskonti			50.000 (10)		50.000	
48	Lieferantenskonti				51.000 (11)		51.000
50	Personalkosten			525.000 (12)		525.000	
506	Soz. Aufw.			85.000 (12)		85.000	
51	Miete u. sonst. Sachkosten			9.000 (16)		9.000	
52	Steuern, Abg. etc.						
57	Kosten d. Fuhr.- u. Wagenparks			13.000 (3) 75.000 (18)		88.000	
58	Allg. Verw.-Kosten			4.000 (3) 60 (4)		4.060	
590	Abschreib. a. masch. Anl.						
591	Abschr. a. BGA						
594	Abschr. a. Ford.						
80	Warengruppe I			5.000 (9a)	20.000 (13) 4.020.000 (7)	5.000	4.040.000
900	Abgrenzungssammelkonto						
	Spaltensummen	3.450.000	3.450.000	13.733.300	13.733.300	17.183.300	17.183.300
	Reingewinn						

Kto. Nr.	Salden-Bilanz		Umbuchungen (Berichtig. u. Abschlußbuch.)				Vermögens-Bilanz		Verlust- und Gewinn-Rechnung	
	Soll	Haben	Erläuter.		Soll	Haben	Aktiva	Passiva	Aufwand	Ertrag
19				f)		22.600		22.600		
192		22.000	h2)		800			21.200		
194			l)		299.200					
		430.160	c1)		1.200					
				e)		500		130.260		
20										
	4.000		a)	m1)	40	4.040				
21										
	95.400		f)	m1)	19.600	115.000				
23										
			b1)	m1)	30.000	30.000				
27										
		3.000	m2)		3.000					
30										
	3.088.000			i)		2.673.200	414.800			
41	50.000								50.000	
48		51.000								51.000
50	525.000			h1)		5.000			520.000	
506	85.000			h2)		800			84.200	
51										
	9.000								9.000	
52			f)		3.000					
			d)		45.000				48.000	
57										
	88.000			e)		5.000			83.000	
58										
	4.060								4.060	
590										
			b2)		165.500				165.500	
591			b3)		108.000				108.000	
594			c2)		33.000				33.000	
80										
		4.035.000	i)		2.673.200					1.361.800
900										
			m1)	m2)	149.040	3.000			146.040	
	9.188.360	9.188.360			3.724.480	3.724.480	5.085.360	4.923.360	1.250.800	1.412.800
								162.000	162.000	
							5.085.360	5.085.360	1.412.800	1.412.800

Übungsaufgabe 7: Jahresabschluß nach den Übergangsvorschriften zum Handelsgesetzbuch (Die Übernahme dieser Aufgabe auch in die Neuauflage erfolgt ihres dokumentativen Charakters bezüglich der **Umstellungsphase** auf das neue HGB wegen.)

Die Bestandskonten der ABC-GmbH weisen bei der ersten Anwendung der Rechnungslegungsvorschriften des HGB am 31. 12. 1987 folgende Salden aus:

Konten	Salden-Bilanz	
	Soll	Haben
Darlehen		74.820
Gezeichnetes Kapital		500.000
Andere Gewinnrücklagen		62.000
Wertberichtigung auf Forderungen		3.800
Gewerbesteuerrückstellung		4.700
Pensionsrückstellung		22.500
Aktive Rechnungsabgrenzung	16.120	
Passive Rechnungsabgrenzung		1.700
Kasse	450	
Postscheck	2.500	
Bank	59.750	
Besitzwechsel	7.700	
Forderungen aus Warenlieferungen und Leistungen	170.300	
Verbindlichkeiten aus Warenlieferungen und Leistungen		124.000
Verbindlichkeiten gegenüber Finanzamt		13.450
Verbindlichkeiten gegenüber Sozialversicherungsträgern		2.550
Roh-, Hilfs- und Betriebsstoffe	26.000	

Zusätzlich sind folgende Angaben zu berücksichtigen:

1) Der Buchwert des Gebäudes am vorhergehenden Bilanzstichtag betrug 226.000, Zugang durch Umbuchung 24.000, Abschreibungen 4.000. Die ursprünglichen Anschaffungs- oder Herstellungskosten betrugen 310.000. Die bis zum Bilanzstichtag vorgenommenen kumulierten Abschreibungen belaufen sich auf 88.000.
2) Von den Gebäuden im Bau wurde ein noch nicht aktivierter Anbau für 24.000 fertiggestellt.
3) Bei den Maschinen und maschinellen Anlagen, deren Buchwert zu Beginn des Geschäftsjahres 100.400 betrug, erfolgten im laufenden Geschäftsjahr Abschreibungen in Höhe von 12.000. Die ursprünglichen Anschaffungs- oder Herstellungskosten könnten aufgrund der Langlebigkeit der Maschinen nur mit unverhältnismäßig hohem Aufwand ermittelt werden.
4) Bei den Fahrzeugen ist ein Abgang von 2.700 und eine Abschreibung von 4.300 zu verzeichnen. Die ursprünglichen Anschaffungs- oder Herstellungskosten betrugen 52.000, die kumulierten Abschreibungen bis zum Bilanzstichtag 30.780.
5) Bei der Betriebsausstattung fanden Zugänge für 36.000 und Abgänge für 12.500 statt; abgeschrieben wurden im Geschäftsjahr 23.500. Die ursprünglichen Anschaffungs- oder Herstellungskosten betrugen 211.700; die kumulierten Abschreibungen belaufen sich auf 112.000.
6) Die Preise für die Roh-, Hilfs- und Betriebsstoffe sind während des Jahres von 2000/ME auf 3000/ME gestiegen. Es ist deshalb eine Preissteigerungsrücklage nach § 74 EStDV in Höhe von 6.942 gebildet worden.

7) Die Gründe für eine bereits im Vorjahr durchgeführte Sonderabschreibung auf Maschinen in Höhe von 25.000 sind entfallen.
8) Die Besitzwechsel wurden der Firma für ein Warengeschäft in Höhe von 4.500 und in Höhe von 3.200 zur Sicherung eines Auslandsgeschäfts übergeben.
9) Die Kosten der Ingangsetzung sind am Ende des Vorjahres aktiviert worden, der ursprüngliche Wertansatz betrug 10.000. Die Abschreibung wurde linear auf 5 Jahre verteilt.
10) Obwohl das Unternehmen eine Pensionszusage am 1. 1. 1975 ausgesprochen hat, wurden bisher nur 50% des versicherungsmathematisch errechneten Betrages von 45.000 durch Pensionsrückstellungen gedeckt.

Aufgabe:

Aus den Salden der Bestandskonten und den vorgegebenen Angaben ist die Bilanz der ABC-GmbH nach dem Gliederungsschema gemäß § 266, Abs. 2 und 3 HGB zum 31. 12. 1987 zu erstellen (vgl. zum Anlagespiegel Teil B, Abschn. 3.21, S. 484ff.; auf die Angabe der Vorjahreszahlen wird, außer im Anlagespiegel, verzichtet).

Erläuterungen:

Zu 1)–5): Die Angaben sind in den Anlagespiegel zu übernehmen, wobei nach § 268, Abs. 2 HGB grundsätzlich der Ansatz der historischen Anschaffungs- oder Herstellungskosten und der kumulierten Abschreibungen verlangt wird. Allerdings gestattet § 24, Abs. 6 EGHGB, daß bei der erstmaligen Anwendung dieser Vorschrift der Buchwert fortgeführt werden kann, wenn die Kosten oder der Zeitaufwand unverhältnismäßig hoch ausfallen. Es ist dann im Anhang über die Anwendung der Vorschrift zu berichten. Im Fall 3) wird diese Regelung angewandt.
Zu 6): Der Ansatz von Preissteigerungsrücklagen ist nach § 273 HGB nicht möglich. Die steuerfreie Rücklage ist somit aufzulösen. Allerdings darf der aufgelöste Betrag gemäß § 24, Abs. 3 EGHGB fakultativ erfolgswirksam vereinnahmt oder erfolgsneutral zur Dotierung von Gewinnrücklagen oder zur Nachholung von Rückstellungen genutzt werden. Die Rücklage wird im folgenden erfolgsneutral behandelt und der Eigenkapitalanteil (40% ≙ 2.777) den Gewinnrücklagen, der Steueranteil (60% ≙ 4.165) den Rückstellungen für Steuerabgrenzung zugeschlagen.
zu 7): Das Handelsgesetzbuch fordert in § 280, Abs. 1 bei Wegfall der Gründe für eine außerordentliche Abschreibung eine Wertaufholung. Die erstmalige Anwendung dieser Vorschrift auf bereits vorgenommene Sonderabschreibungen würde im Anlagevermögen jedoch erhebliche Ermittlungsschwierigkeiten aufwerfen, so daß § 24, Abs. 1 EGHGB eine Beibehaltung der außerordentlichen Abschreibungen gestattet, mit der Maßgabe, daß die planmäßigen Abschreibungen vom niedrigeren Wertansatz ermittelt werden. Für das Umlaufvermögen kann dagegen von einer Wertaufholung nur abgesehen werden, wenn der niedrigere Wertansatz nach dem HGB auch sonst möglich wäre (§ 24, Abs. 2 EGHGB). Der Zuschreibungsbetrag braucht allerdings nicht erfolgswirksam verbucht zu werden, er kann auch erfolgsneutral den Gewinnrücklagen zugeführt oder zur Dotierung fehlender Rückstellungen benutzt werden (§ 24, Abs. 3 EGHGB).
zu 8): Besitzwechsel sind in Ermangelung einer eigenständigen Position im Bilanzgliederungsschema des § 266, Abs. 2 HGB nur dann unter der Position Sonstige Wertpapiere anzusetzen, wenn ihnen keine Warenforderung zugrunde liegt. Daher sind nur die Wechsel zur Sicherung des Auslandsgeschäfts unter dieser Position auszuweisen. Die Wechsel, die Warengeschäfte betreffen, sind als Forderungen aus Lieferungen und Leistungen auszuweisen; ein Vermerkposten ist nicht notwendig.
zu 9): Die Bilanzierung der Kosten der Ingangsetzung ist nach § 269 HGB wahlweise zulässig. Allerdings ist eine Ausschüttung nur dann möglich, wenn jederzeit

auflösbare Gewinnrücklagen, vermehrt um einen Gewinnvortrag, vermindert um einen Verlustvortrag, diesem Betrag entsprechen. Zudem ist die Abschreibung auf 25% zu erhöhen (§ 282 HGB).

zu 10): Nach § 249, Abs. 1 HGB sind Pensionsverpflichtungen grundsätzlich als Rückstellungen für ungewisse Verbindlichkeiten anzusetzen. § 28 EGHGB räumt für Pensionsverpflichtungen, die vor dem 1. 1. 1987 entstanden sind, jedoch weiterhin ein Passivierungswahlrecht ein. Darüber hinaus gestattet aber § 24, Abs. 4 EGHGB, daß Schulden, die beim Übergang der Rechnungslegung mit einem niedrigeren Wert angesetzt sind als nach dem Handelsgesetz zulässig, wertaufgeholt werden können. Die Erhöhung der Schulden kann dabei erfolgsneutral zu Lasten der Gewinnrücklagen vorgenommen werden. Es erfolgt daher eine Wertaufholung auf 45.000.

Lösung: Gliederungsschema nach § 266, Abs. 2 u. 3 HGB

Bilanz zum 31. 12. 1987 der ABC-GmbH

Aktiva

	Anschaffungs- oder Herstellungskosten (historisch)	Zugänge	Abgänge	Umbuchungen	Abschreibungen (kumuliert)	Zuschreibungen	Abschreibungen im Geschäftsjahr	Buchwert am 31. 12. 1987
A. Kosten der Ingangsetzung	10.000				4.500		2.500	5.500
B. Anlagevermögen								
I. Sachanlagen								
1. Gebäude	310.000			+24.000	88.000		4.000	246.000
2. Gebäude im Bau	68.000	24.000		./.24.000				68.000
3. Technische Anlagen und Maschinen	252.400		2.700		42.780		16.300	206.920
4. Betriebs- und Geschäftsausstattung	211.700	36.000	12.500		112.000		23.500	123.200
	852.100	60.000	15.200		247.280		46.300	649.620
C. Umlaufvermögen								
I. Vorräte								
1. Roh-, Hilfs- und Betriebsstoffe								26.000
II. Forderungen und sonstige Vermögensgegenstände								
1. Forderungen aus Lieferungen und Leistungen							174.800	
./. Wertberichtigung							./. 3.800	171.000
III. Wertpapiere								
1. Sonstige Wertpapiere								3.200
IV. Flüssige Mittel								
1. Kassenbestand und Postscheckguthaben								2.950
2. Guthaben bei Kreditinstituten								59.750
D. Rechnungsabgrenzungsposten								16.120
								928.640

Passiva

	Buchwert am 31. 12. 1987	
A. Eigenkapital		
I. Gezeichnetes Kapital	500.000	
II. Kapitalrücklagen	–	
III. Gewinnrücklagen	42.277	
IV. Gewinnvortrag	–	
V. Jahresüberschuß	112.378	654.655
B. Rückstellungen		
1. Pensionsrückstellungen	45.000	
2. Rückstellungen für Steuerabgrenzung	7.765	
3. Sonstige Rückstellungen	4.700	57.465
C. Verbindlichkeiten		
1. Verbindlichkeit gegenüber Kreditinstituten	74.820	
2. Verbindlichkeit aus Lieferungen und Leistungen	124.000	
3. Verbindlichkeit gegenüber Sozialversicherungsträgern	2.550	
4. Sonstige Verbindlichkeiten	13.450	214.820
D. Rechnungsabgrenzungsposten		1.700
		928.640

Anlage 2: Kontenrahmen für den Einzelhandel (Übersicht)

Konten-klasse	0	1	2	3	4	5	6	7	8	9
Konten-gruppe	Anlage- und Kapitalkonten	Finanzkonten	Abgrenzungskonten	Wareneinkaufskonten	Konten der Kostenarten				Erlöskonten	Abschlußkonten
0	00 Bebaute Grundstücke (Gebäude)	10 Kasse (z.B. Hauptkasse, Portokasse)	20 Sonstige betriebliche Aufwendungen sowie außerordentliche und betriebsfremde Aufwendungen	30 Wareneinkäufe netto (reine Einkaufspreise) Warengruppe I	40 Personalkosten (z.B. Löhne, Gehälter, Unternehmerlohn, gesetzliche und freiwillige Aufwendungen)				80 Warenverkäufe Warengruppe I	90 Abgrenzungssammelkonto
1	01 Unbebaute Grundstücke	11 Postscheck und Landeszentralbank	21 Sonstige betriebliche Erträge sowie außerordentliche und betriebsfremde Erträge	31-36 Warengruppen II-VII	41 Miete oder Mietwert	Verrechnete Kosten	Kosten für Nebenbetriebe	frei	81-86 Warengruppen II-VII	91 Betriebsergebnis
2	02 Maschinen, maschinelle Anlagen, Werkzeuge und Transporteinrichtungen	12 Banken und Sparkassen	22 Haus- und Grundstücksaufwendungen und -erträge (z.B. Reparaturen, Abschreibungen auf Gebäude usw.)		42 Sachkosten für Geschäftsräume (z.B. Heizung, Beleuchtung, Reinigung, Schönheitsreparaturen usw.)					92 Monatsgewinn- und -verlustkonto
3	03 Betriebs- und Geschäftsausstattung (z.B. Laden- und Lagereinrichtung, Büromaschinen)	13 Besitzwechsel, Schecks und sonstige Wertpapiere			43 Steuern, Abgaben und Pflichtbeiträge des Betriebs					93 Jahresgewinn- und -verlustkonto

4	04 Rechtswerte und Sicherheiten (z.B. Konzessionen, Patente, Lizenzen)	14 Forderungen aus Warenlieferungen und Leistungen			44 Sachkosten für Werbung					94 Jahresbilanzkonto
5	05 Beteiligungen	15 Sonstige kurzfristige Forderungen			45 Sachkosten für Warenabgabe und -zustellung					
6	06 Langfristige Forderungen	16 Verbindlichkeiten aus Warenlieferungen und Leistungen			46 Zinsen					
7	07 Langfristige Verbindlichkeiten	17 Schuldwechsel		37 Warenbezugs- und Nebenkosten (z.B. Fracht, Verpackung, Zölle usw.)	47 Abschreibungen (außer auf Gebäude, die zu Gruppe 22 gehören)					
8	08 Kapital und Rücklagen	18 Sonstige kurzfristige Verbindlichkeiten		38 Nachlässe (z.B Skonti, Boni usw.)	48 Sonst. Geschäftsausgaben (z.B. Porto, Telefonspesen, Büromaterial)					
9	09 Wertberichtigungen, Rückstellungen, Posten der Jahresabgrenzung	19 Privatkonten		39 Konsignations- und Kommissionsware	49 Frei für sonstige Einzelkosten				89 Erlösschmälerungen (z.B. Gutschriften usw.)	

Anlage 3: Kontenrahmen für den Großhandel (Übersicht)

Kontenklasse	0	1	2	3	4	5	6	7	8	9
Kontengruppe	Anlage- und Kapitalkonten	Finanzkonten	Abgrenzungskonten	Wareneinkaufskonten	Boni und Skonti	Konten der Kostenarten	Kosten für Nebenbetriebe	frei	Warenverkaufskonten	Abschlußkonten
0	00 Bebaute Grundstücke	10 Forderungen auf Grund von Warenlieferungen und Leistungen	20 Sonstige betriebliche Aufwendungen	30 Warengruppe I	40 Boni, an Kunden gewährt	50 Personalkosten (Löhne, Gehälter, soziale Aufwendungen u.ä.)			80 Warengruppe I	90 Neutrales Ergebnis
1	01 Unbebaute Grundstücke	11 Sonstige Forderungen	21 Zins- und Diskontaufwendungen	31 Warengruppe II	41 Skonti, an Kunden gewährt	51 Miete und sonstige Sachkosten für Geschäftsräume			81 Warengruppe II	91 Betriebsergebnis
2	02 Maschinen und maschinelle Anlagen einschl. Transporteinrichtungen	12 Wertpapiere	22 Ertrag- und Vermögensteuern	32 Warengruppe III		52 Steuern, Abgaben, Pflichtbeiträge und Gebühren			82 Warengruppe III	92 Monatsgewinn- und -verlustkonto
3	03 Betriebs- und Geschäftsausstattung	13 Banken (ohne Postscheck und Landeszentralbank)	23 Haus- und Grundstücksaufwendungen	33 Warengruppe IV		53 Nebenkosten des Finanz- und Geldverkehrs			83 Warengruppe IV	93 Jahresgewinn- und -verlustkonto
4	04 Rechtswerte (Konzessionen, Patente, Lizenzen, Marken- und ähnliche Rechte)	14 Besitzwechsel, Devisen	24 Großreparaturen und im Bau befindliche Anlagen	34 Warengruppe V		54 Besondere Kostenarten für Werbung und Reise			84 Warengruppe V	94 Jahresbilanzkonto

5	05 Beteiligungen und andere Wertpapiere des Anlagevermögens	15 Zahlungsmittel (Kasse, Postscheck, Landeszentralbank)	25 Außerordentliche Aufwendungen und Erträge	35 Kommissionswareneinkauf		55 Provisionen			85 Kommissionswarenverkauf	95 Gewinnverwendungskonto
6	06 Langfristige Forderungen	16 Privatkonten (für Einzelunternehmen und Personengesellschaften)	26 Sonstige Verrechnungskonten			56 Transportk. (f.nicht betr.eig. Transportm.) u.Verpackungskosten				
7	07 Langfristige Verbindlichkeiten	17 Verbindlichkeiten auf Grund von Warenlieferungen und Leistungen	27 Sonstige betriebliche Erträge		47 Boni, nachträglich von Lieferanten gewährt	57 Kosten des Fuhr- und Wagenparks				
8	08 Kapital und Rücklagen	18 Schuldwechsel	28 Zins- und Diskonterträge		48 Skonti, von Lieferanten gewährt	58 Allgemeine Verwaltungskosten				
9	09 Wertberichtigungen, Rückstellungen, Abgrenzungsposten der Jahresrechnung	19 Sonstige Verbindlichkeiten	29 Haus- und Grundstückserträge			59 Abschreibungen			89 Sonstige Umsatzerlöse	

Teil B

Finanz-(Geschäfts-)Buchführung und Betriebsbuchführung (Kostenrechnung) im Industriebetrieb

1. Der Übergang zur industriellen Abrechnung

Der erste Teil dieses Buches war vornehmlich dem Rechnungswesen der **Handelsbetriebe** gewidmet. Die primäre Aufgabe von Handelsunternehmen ist, Waren einzukaufen und ohne wesentliche Änderungen mit Gewinn (Handelsspanne) weiterzuverkaufen. Der Handel überbrückt hierbei räumliche Entfernungen durch Warentransporte, zeitliche Differenzen durch Lagerung und unterschiedliche Angebots- und Nachfragemengen durch Preis- und Mengendifferenzierung. Die damit verbundenen typischen Geschäftsvorfälle (Warenumschlag und die hiermit in Zusammenhang erbrachten Dienstleistungen) erfordern eine spezifische Ausgestaltung des Rechnungswesens, wie es in Teil A dargestellt wurde.

Der **Industriebetrieb** ist demgegenüber ein Betriebstyp, in dem sich eine technologische Transformation von Stoffen, Energien und Vorprodukten in verkaufsfähige (marktfähige) Güter vollzieht (*Kern,* Industriebetriebslehre, Sp. 1850). Für den Industriebetrieb ergeben sich damit drei typische Aufgaben:

- **Kauf** von Roh-, Hilfs- und Betriebsstoffen (in einigen Industriezweigen entfällt der Kauf von Rohstoffen, z.B. Bergbauindustrie);
- **Fertigung** absatzfähiger Produkte mit Hilfe menschlicher Arbeitsleistung und Kapital;
- **Verkauf** der Endprodukte an den Handel und andere Industrieunternehmen (in Ausnahmefällen auch direkt an private Endverbraucher, z.B. Energieunternehmen) oder **Einsatz** der Endprodukte (insbesondere selbsterstellte Anlagen) im eigenen Unternehmen.

Die Erweiterung der industriebetrieblichen Aufgaben um den innerbetrieblichen Transformationsprozeß (Fertigung und die hiermit in Zusammenhang stehenden Teilprozesse) bedingen eine entsprechende Ausgestaltung des Rechnungswesens. Zum einen sind die Besonderheiten des Industriebetriebes innerhalb der Geschäftsbuchführung zu erfassen (3. Abschnitt), zum anderen ist ein gesondertes Rechenwerk zur Darstellung der innerbetrieblichen Wertebewegungen zu schaffen (Betriebsbuchführung, 4. Abschnitt). Da die allgemeinen Grundlagen der Geschäftsbuchführung, wie sie in Teil A für den Handelsbetrieb dargelegt wurden, gleichermaßen auch für den Industriebetrieb relevant sind, können die Ausführungen zur Geschäftsbuchführung des Industriebetriebs auf typische Geschäftsvorfälle sowie auf die Abschlußtechnik beschränkt werden.

Ziel der **Geschäftsbuchführung** ist die Erfassung der Wertebewegungen zwischen der Unternehmung und ihrer wirtschaftlichen Umwelt. Hinsichtlich der Verwertung ihrer Ergebnisse ist die Geschäftsbuchführung nach **außen** gerichtet **(externe Rechnungslegung)**: Sie liefert unter Beachtung handels- und steuerrechtlicher Vorschriften die Ausgangsdaten für Bilanz und Erfolgsrechnung, die den Unternehmensinteressenten (z.B. Eigentümer, Gläubiger, Fiskus und sonstige interessierte Öffentlichkeit) zur Verfügung gestellt werden.

Demgegenüber ist die **Betriebsbuchführung** (Kostenrechnung; Kosten- und Leistungsrechnung) nach **innen** gerichtet; sie wird deshalb auch als **innerbetriebliches (internes) Rechnungswesen** bezeichnet. Ihr Ziel ist es, den im Industriebetrieb im Vordergrund stehenden **Prozeß der Leistungserstellung** numerisch abzubilden. Dies geschieht, indem der wertmäßige **Verbrauch** an Produktionsfaktoren und die **Umwandlung** der eingesetzten Produktionsfaktoren in die vom Betrieb für den Absatzmarkt produzierten Güter festgehalten werden. Dabei werden in der Betriebsbuchführung die durch den betrieblichen Transformationsprozeß verursachten Kosten hinsichtlich ihrer Art (**Kostenartenrechnung**), hinsichtlich des Ortes der Entstehung (**Kostenstellenrechnung**) und im Hinblick auf die Zurechnung zu den einzelnen Produktionsergebnissen (**Kostenträgerstückrechnung**) aufgezeichnet. Unter Einbeziehung der Leistungsseite stellt die Betriebsbuchführung schließlich das Ergebnis des Produktionsprozesses der Höhe nach fest und differenziert es nach den Erfolgsquellen (**Kostenträgerzeitrechnung**). Die Ergebnisse der Betriebsbuchführung werden nicht veröffentlicht, sondern dienen der Überwachung des Betriebs und bilden die Grundlagen für unternehmerische Entscheidungen.

In vielen Unternehmen, vor allem kleiner und mittlerer Betriebsgröße, findet aus Gründen der Kostenersparnis nur die Geschäftsbuchführung Anwendung. Einen Übergang zur Betriebsbuchführung stellt in größeren Handelsbetrieben die kurzfristige Erfolgsrechnung dar, die aufgrund ihrer methodischen Übereinstimmung mit der industriebetrieblichen Version im Rahmen der Betriebsbuchführung des Industriebetriebs behandelt werden soll (Abschn. 4.8).

Der Geschäfts- und Betriebsbuchführung des Industriebetriebs vorangestellt werden einige grundlegende Ausführungen zur **organisatorischen** Ausgestaltung des Rechnungswesens (Abschn. 2). Dabei muß stets berücksichtigt werden, daß Aufbau und Organisation des Rechnungswesens jeweils von spezifischen Gegebenheiten einer Unternehmung wie Wirtschaftszweig, Rechtsform, Betriebsgröße, Fertigungsprogramm und Fertigungsverfahren abhängig sind.

2. Die organisatorische Ausgestaltung des Rechnungswesens im Industriebetrieb

2.1 Kontenrahmen und Kontenpläne

2.11 Begriffsabgrenzung und historische Entwicklung

Mit der Zunahme des Geschäftsumfangs eines Unternehmens wird der Buchungsstoff und damit auch die Zahl der im betrieblichen Rechnungswesen verwendeten Konten so umfangreich, daß eine systematische Kontenordnung unerläßlich erscheint. Das betriebliche Rechnungswesen muß dann in einen Gliederungs- und Organisationsplan gekleidet werden, dessen Grundlage der Kontenrahmen bildet.

Kontenrahmen stellen eine vollständige Übersicht der im betrieblichen Rechnungswesen der Unternehmen möglicherweise auftretenden Konten dar; sie werden als **überbetriebliches Beschreibungs- oder Erfassungsmodell** (deskriptives Aussagensystem) im Wege der generalisierenden Abstraktion entwickelt und liefern als **nach bestimmten Prinzipien strukturiertes Ordnungsgerüst** der Kontengruppierung das Grundkonzept für die Ausgestaltung der Buchführungen in Unternehmen eines bestimmten Wirtschaftszweiges.

Aus dem Kontenrahmen entwickelt die einzelne Unternehmung nach ihren spezifischen Bedürfnissen den **Kontenplan.** Im Kontenplan sind alle Konten systematisch zusammengestellt, die in der Geschäfts- und Betriebsbuchführung des Unternehmens Verwendung finden. Im **unternehmensindividuellen** Kontenplan werden die Konten weggelassen, die im Kontenrahmen zwar vorgesehen sind, im betrieblichen Rechnungswesen der betreffenden Unternehmung aber nicht benötigt werden; andererseits wird der Kontenrahmen an den Stellen ergänzt oder erweitert, wo dies aufgrund der speziellen Verhältnisse des Unternehmens erforderlich ist.

Die **Kontenrahmendiskussion** besitzt eine lange Tradition: Sie beginnt mit *J. F. Schär,* der 1890 und 1911 auf der Grundlage einer Zweikontentheorie die ersten Organisationspläne der Buchhaltung als „Kontensysteme" vorstellte (*Schär,* Buchhaltung). Die eigentliche Entwicklung des Kontenrahmens in seiner heutigen Bedeutung leitete jedoch *E. Schmalenbach* 1927 ein (*Schmalenbach,* Kontenrahmen). Hauptziel dieses Ansatzes war die Schaffung einer allgemeingültigen, einheitlichen Kontengliederung, auf deren Grundlage betriebsindividuelle Kontenpläne ausgearbeitet werden konnten. *Schmalenbachs* Vorstellungen, die – ausgehend vom Prozeßgliederungsprinzip (vgl. hierzu S. 441f.) – stark auf die Belange der Betriebsbuchhaltung zugeschnitten waren, beeinflußten entscheidend die in der Folgezeit entwickelten Vorschläge.

Unter Mitwirkung *Schmalenbachs* kam es in den Jahren 1927–1930 zur Erstellung sogenannter Einheitsbuchführungen, die vom Reichskuratorium für Wirtschaftlichkeit (RKW) herausgegeben wurden, eine Darstellung des gesamten

Rechnungswesens einzelner Geschäftszweige umfassen sollten und als Kernstück branchenspezifische Kontenrahmen zum Inhalt hatten. In der Folgezeit wurde im Zuge einer stärkeren Reglementierung der Wirtschaft ein Pflichtkontenrahmen vorgeschrieben, auf Grund dessen für die einzelnen Branchen verbindliche Normal- bzw. Mindestkontenrahmen erstellt wurden, die allerdings wegen ihrer mangelnden Flexibilität die Erstellung immer weiterer Branchenkontenrahmen notwendig machten. Hier sei nur beispielhaft auf den Reichskontenrahmen von 1937 hingewiesen.

Nach dem Zweiten Weltkrieg entwickelten und veröffentlichten die Arbeitsgemeinschaften der Verbände Deutscher Maschinenbau-Anstalten und der Arbeitsausschuß Betriebswirtschaft industrieller Verbände im Jahre 1949 die „Gemeinschaftsrichtlinien für die Buchführung“ in Verbindung mit dem „Gemeinschaftskontenrahmen industrieller Verbände“. Die enge Anlehnung des lediglich mit **empfehlendem** Charakter versehenen **Gemeinschaftskontenrahmens** an den früheren Pflichtkontenrahmen erleichterte die zunächst mit Hilfe von Kontenbrücken bewerkstelligte Umstellung der Kontierung. Wie alle vom Ansatz *Schmalenbachs* beeinflußten Entwicklungen, ist auch dem Gemeinschaftskontenrahmen die enge Verzahnung von Finanz- und Betriebsbuchführung immanent.

Der Gemeinschaftskontenrahmen fand in der Praxis jedoch nicht die erhoffte einhellige Zustimmung. Ausgehend von den verschiedenen Wirtschaftsfachverbänden kam es in der Folgezeit wiederum zur Entwicklung von Branchenkontenrahmen, die als Empfehlung zur Organisation des Rechnungswesens für die einzelnen Geschäftszweige gedacht waren und die teilweise erheblich von den Gemeinschaftsrichtlinien abweichende Gestaltungsformen für Geschäfts- und Betriebsbuchführung aufwiesen.

Die Entwicklung eines geeigneten Kontenrahmens für industrielle Unternehmungen wurde durch den im Jahre 1971 vom Bundesverband der Deutschen Industrie (BDI) vorgestellten **Industrie-Kontenrahmen** maßgeblich beeinflußt.

Mit der Einführung des Bilanzrichtlinien-Gesetzes wurde 1986 eine überarbeitete Form des Industriekontenrahmens vorgestellt. Die vom Bilanzrichtlinien-Gesetz ausgehenden neuen Rechnungslegungsstrukturen haben den Stellenwert dieses Kontenrahmens erheblich gesteigert.

Einen großen Kreis von buchführungspflichtigen Kaufleuten erreichen außerdem die von der DATEV e. G. (Datenverarbeitungsorganisation des steuerberatenden Berufes in der Bundesrepublik Deutschland) angebotenen Kontenrahmen, die bei all jenen Kaufleuten Anwendung finden, die ihre Buchführung außer Haus bei ihrem Steuerberater über die DATEV verarbeiten lassen. Hier sind insbesondere die Spezialkontenrahmen SKR 03 und SKR 04 an die Vorschriften des HGB angepaßt bzw. neu gegliedert worden (*Korth,* Kontierungs-Handbuch, S. 25ff.).

2.12 Formale Gliederungskriterien

In formaler Hinsicht können Kontenrahmen, und mithin auch die Kontenpläne, nach dem **dekadischen** Prinzip (numerische Gliederung) oder nach dem

alphabetischen Prinzip (literale Gliederung) aufgebaut werden. Auch gemischte Gliederungen, sog. **alpha-numerische** Gliederungen, sind denkbar. In der Praxis hat sich die numerische Gliederung nicht zuletzt deshalb durchgesetzt, weil sie sich für die im Bereich des Rechnungswesens immer stärker eingesetzte elektronische Datenverarbeitung am besten eignet.

Der Kontenrahmen nach dem dekadischen Prinzip umfaßt 10 **Kontenklassen,** die jeweils in 10 **Kontengruppen** gegliedert sind. Die Untergliederungen der Kontengruppen sind die eigentlichen **Konten,** die sich weiter in **Unterkonten** aufteilen lassen. Jedes Konto läßt sich durch einen Zahlenausdruck bezeichnen, der die Stellung des Kontos innerhalb des Kontenrahmens bzw. Kontenplans in eindeutiger Weise angibt: So ist dem Konto „Gewerbeertragsteuer" im Industrie-Kontenrahmen (IKR) beispielsweise die Kontonummer 770 zugeordnet. Die erste Ziffer (7) der Kontonummer zeigt dabei an, daß das Konto der Kontenklasse 7 (Zinsen, Steuern und Sonstige Aufwendungen) angehört. Mit der zweiten Ziffer (7) ist das Konto der Kontengruppe „Steuern vom Einkommen und Ertrag" zugerechnet und durch die dritte Ziffer (0) wird das Konto eindeutig bestimmt. Erforderlichenfalls läßt sich das Konto weiter unterteilen, beispielsweise in „7701 Gewerbeertragsteuer Betriebsstätte A" und „7702 Gewerbeertragsteuer Betriebsstätte B".

Mit der Numerierung lassen sich alle im Rechnungswesen verwendeten Konten exakt bezeichnen. Dadurch wird die Durchführung der Geschäfts- und Betriebsbuchführung, insbesondere unter Einsatz von Datenverarbeitungsanlagen, wesentlich erleichtert. Durch Verwendung der Kontennummern läßt sich z.B. der Buchungssatz:

Rohstoffe/Fertigungsmaterial	10.000	**an**	Verbindlichkeiten aus Lieferungen und Leistungen	10.000
verkürzen auf:	200/44		10.000	

2.13 Funktionale Gliederungskriterien

Beziehen sich formale Gliederungskriterien mehr auf die praktische Buchführungsarbeit, so sind funktionale Gliederungskriterien Ausdruck der Kontenrahmen und Kontenplänen zugrundeliegenden theoretischen Konzeption. Üblich ist es, Kontenrahmen und Kontenpläne nach dem Abschlußgliederungsprinzip (Bilanzgliederungsprinzip) sowie nach dem Prozeßgliederungsprinzip zu unterscheiden.

Entsprechend dem **Abschlußgliederungsprinzip** erfolgt die Einteilung der Kontenklassen nach der Reihenfolge der einzelnen Positionen in der Jahresbilanz und in der Erfolgsrechnung. Ein derartiger Kontenrahmen enthält in den ersten Kontenklassen die Aktivkonten, gefolgt von den Passivkonten, dann die Aufwands- und die Ertragskonten, worauf schließlich die Abschlußkonten folgen. Erfolgt die Einteilung der Kontenklassen dagegen so, daß sich in der Abfolge der Kontenklassen im Kontenrahmen der Wertezufluß in seinen Stufen und Verknüpfungen niederschlagen soll, so folgt diese Ordnung dem **Prozeßgliederungsprinzip.** Der Kontenrahmen bzw. Kontenplan enthält dementsprechend in den ersten Klassen die Einsatzgüterbestände, denen die Klassen der innerbetrieblichen Werteverrechnung folgen. Am Ende dieser Prozeßorientierung stehen die Klassen der Ertrags- und Leistungskonten, denen jedoch üblicherweise noch die Abschlußkonten nachgeschaltet sind.

Als Beispiel für einen nach dem Prozeßgliederungsprinzip aufgebauten Kontenrahmen soll der Gemeinschaftskontenrahmen der Industrie (GKR) vorgestellt werden; zur Demonstration des Abschlußgliederungsprinzips wird danach der Industrie-Kontenrahmen (IKR) in seinen Grundzügen beschrieben.

2.131 Der Gemeinschaftskontenrahmen der Industrie (GKR)

Im Jahre 1951 hat der Bundesverband der Deutschen Industrie seinen Mitgliedsfirmen die Anwendung des von ihm neu herausgegebenen **Gemeinschaftskontenrahmens der Industrie (GKR)** empfohlen (vgl. Faltblatt am Schluß des Buches). Dieser Kontenrahmen sollte den staatlich verordneten Pflichtkontenrahmen aus der Zeit vor dem Ende des Zweiten Weltkriegs ablösen und die Buchführungsorganisation an die geänderten Verhältnisse anpassen.

Kontenrahmen, die nach dem **Prozeßgliederungsprinzip** organisiert sind, passen sich an den betrieblichen Produktionsprozeß in der Weise an, daß eine Konformität zwischen dem Realgüterdurchlauf und der wertmäßigen Abbildung im Rechnungswesen zu erreichen versucht wird. Der Gemeinschaftskontenrahmen der Industrie, angepaßt an die Vorschriften des Bilanzrichtlinien-Gesetzes, sieht dementsprechend folgende **Kontenklassengliederung** vor:

Kontenklasse 0:	Anlagevermögen, langfristige Verbindlichkeiten, Eigenkapital, Rückstellungen, Rechnungsabgrenzungsposten
Kontenklasse 1:	Finanz- und Privatkonten
Kontenklasse 2:	Abgrenzungskonten
Kontenklasse 3:	Einkäufe und Bestände an Stoffen und Waren
Kontenklasse 4:	Kostenarten
Kontenklasse 5/6:	Kostenstellen
Kontenklasse 7:	Kostenträger-Bestände an Erzeugnissen und Leistungen
Kontenklasse 8:	Erlöse und andere betriebliche Erträge
Kontenklasse 9:	Abschluß

In dieser Gliederung spiegelt sich der Prozeß der betrieblichen Leistungserstellung wider. In Kontenklasse 0 werden solche Produktionsfaktoren erfaßt, auf denen die Produktion aufbaut, ohne daß diese Faktoren direkt in das Produkt eingehen (Betriebsmittel). Die Kontenklasse 1 weist die Bestände an Finanzmitteln aus und ist ebenso wie die Klasse 0 eine Bestandsklasse. Analog werden auch die Passivkonten (unterteilt nach ihrer Fristigkeit) den beiden ersten Kontenklassen zugewiesen. Die Kontenklasse 2 enthält Erfolgskonten und hat die sachliche und kalkulatorische Abgrenzung zwischen Geschäfts- und Betriebsbuchführung zum Ziel. Mit der Kontenklasse 3 wird der direkte Bezug zum Produktionsprozeß hergestellt: Hier erfolgt die wertmäßige Erfassung der Stoffe, die für die betriebliche Leistungserstellung erforderlich sind. Sobald die Stoffe in die Fertigung eingehen, werden sie von der Kontenklasse 3 in die

Klasse 4 umgebucht. In der Kontenklasse 4 werden auch die übrigen betrieblich verursachten Kosten wertmäßig erfaßt, um dann in den Kontenklassen 5 und 6 auf die Stellen im Betrieb verrechnet zu werden, in denen sie entstanden sind. Die Kostenträgerrechnung, die nach dem Gemeinschaftskontenrahmen der Industrie in den Kontenklassen 7 und 8 durchgeführt wird, nimmt eine Verteilung der Kosten auf die absatzfähigen Erzeugnisse und auf die wieder in den Produktionsprozeß eingehenden innerbetrieblichen Leistungen vor (Halbfabrikate, selbsterstellte Anlagen). Sie ermittelt in der Kostenträgerstückrechnung, durchgeführt in der Kontenklasse 7, den Wert der erzeugten Güter (Kalkulation), und sie bringt als Periodenrechnung in der Kontenklasse 8 die Höhe und die Quellen des Betriebsergebnisses zum Ausweis. Auf den Konten der Klasse 9 wird der Abschluß der Geschäftsbuchführung vorgenommen; hier werden auch die Abstimmungsbuchungen mit der Betriebsbuchführung abgewickelt.

Im Gemeinschaftskontenrahmen der Industrie sind die Kontenklassen 0, 1 und 9 dem Bereich der Geschäftsbuchführung, die Klassen 3 bis 8 der Betriebsbuchführung zuzuordnen. Die Kontenklasse 2 als Abgrenzungsklasse ist Bestandteil beider Bereiche.

Durch die Einführung des **Bilanzrichtlinien-Gesetzes** ergeben sich bei der Handhabung des Gemeinschaftskontenrahmens erhebliche **Abgrenzungsprobleme.** Die für Kapitalgesellschaften geforderten Strukturen der Bilanz und Gewinn- und Verlustrechnung können nur nach beträchtlichen organisatorischen Umgestaltungen generiert werden. Besonders problematisch erweist sich dabei die Kontenklasse 2: Die bislang übliche Differenzierung des neutralen Ergebnisses in bilanzielle, kalkulatorische, außerordentliche und periodenfremde Abgrenzungen ist – so wünschenswert diese Untergliederung für interne Zwecke auch sein mag – nicht mehr ausweiskonform. So bedingen z. B. aperiodische Posten grundsätzlich keinen gesonderten Ausweis, sie lösen allenfalls Berichtspflichten im Anhang aus. Auch der Umfang außerordentlicher Geschäftsvorfälle ist nach dem HGB eng gefaßt. Außerordentlich sind Geschäftsvorfälle nur noch dann, wenn sie in Zusammenhang mit einer bedeutenden Änderung der Geschäftsgrundlage stehen. Diese abgrenzungstechnischen Probleme werden die Substitution prozeßorientierter in abschlußorientierte Kontenrahmen begünstigen.

2.132 Der Industrie-Kontenrahmen (IKR)

Durch den im Jahr 1971 erstmals veröffentlichten und im Jahr 1986 an das Bilanzrichtlinien-Gesetz angepaßten **Industrie-Kontenrahmen (IKR)** erfuhr die Kontenrahmendiskussion neue Impulse (vgl. Faltblatt am Schluß des Buches; *BDI,* Industrie-Kontenrahmen 1986).

Der neue Kontenrahmen soll der Weiterentwicklung des Rechnungswesens durch Praxis und Wissenschaft Rechnung tragen, **allen** Industrieunternehmen eine Anregung zur Aufstellung unternehmensindividueller Kontenpläne geben, zu einer weiteren **Präzisierung** bei gleichzeitiger **Vereinfachung** des Rechnungswesens beitragen und darüber hinaus der **Harmonisierung** des Rechnungswesens auf internationaler Ebene dienen (*BDI,* Industrie-Kontenrahmen, S. 9). Die beabsichtigte **Vereinfachung** wird durch Einschränkung des einheitlichen Gestaltungsbereichs des Kontenrahmens erzielt, d.h. durch Beschränkung auf den kleinsten gemeinsamen Nenner, nämlich die Finanzbuchführung; damit erweitert sich der mögliche Geltungsbereich des Kontenrahmens. Die angestrebte **Präzisierung** wird durch eine strenge Trennung von Geschäfts- und Betriebsbuchführung und durch die Klassifizierung der Konten nach dem **Prinzip der Abschlußgliederung** erreicht. Der Aufbau der Kontenklassen im Industrie-Kontenrahmen orientiert sich deshalb an den nach dem Handelsgesetzbuch von Kapitalgesellschaften auszuweisenden Positionen der Bilanz (§ 266 HGB) und der Gewinn- und Verlustrechnung (§ 275 HGB). Für jede Position der Bilanz und der Gewinn- und Verlustrechnung wurde unter Verwendung der Terminologie der §§ 266, 275 HGB eine korrespondierende Kontengruppe geschaffen. Dem Industrie-Kontenrahmen liegt somit die folgende **Kontenklassengliederung** zugrunde:

Bilanzklassen

Aktive Bestandskonten Vgl. § 266, Abs. 2 Buchstaben A–C HGB	Klasse 0: Immaterielle Vermögensgegenstände und Sachanlagen Klasse 1: Finanzanlagen Klasse 2: Umlaufvermögen und aktive Rechnungsabgrenzungsposten
Passive Bestandskonten Vgl. § 266, Abs. 3 Buchstaben A–D HGB	Klasse 3: Eigenkapital und Rückstellungen Klasse 4: Verbindlichkeiten und passive Rechnungsabgrenzungsposten

Erfolgsklassen

Vgl. für Gesamtkostenverfahren § 275, Abs. 2, Nr. 1–4, 9–11, 15 HGB; für Umsatzkostenverfahren § 275, Abs. 3, Nr. 1, 6, 8–10, 14 HGB	Klasse 5: Erträge
Vgl. nur für Gesamtkostenverfahren § 275, Abs. 2, Nr. 5–7 HGB	Klasse 6: Material- und Personalaufwendungen und Abschreibungen
Vgl. für Gesamtkostenverfahren § 275, Abs. 2, Nr. 8, 11–13, 16, 18, 19 HGB; für Umsatzkostenverfahren § 275, Abs. 3, Nr. 11, 12, 15, 17, 18 HGB	Klasse 7: Weitere Aufwendungen

Abschlußklasse Vgl. für Gesamtkostenverfahren § 275, Abs. 2, Nr. 20 HGB; für Umsatzkostenverfahren § 275, Abs. 3, Nr. 2, 3–5, 7, 19 HGB	Klasse 8: Ergebnisrechnung

Im Industrie-Kontenrahmen sind die Kontenklassen 0 bis 8 ausschließlich für die Durchführung der Geschäftsbuchführung belegt, die selbständig abgeschlossen wird und damit einen in sich geschlossenen **ersten Rechnungskreis** bildet. Der Geschäftsbuchführung ist damit für die Erfüllung der Aufgaben der **externen Rechnungslegung** und Dokumentation kontenmäßig ein breiter Raum zugewiesen worden.

Die **Kosten- und Leistungsrechnung** wird unabhängig von der Geschäftsbuchführung in einem **zweiten Rechnungskreis** abgewickelt. Hierfür hat der Industrie-Kontenrahmen die Kontenklasse 9 freigehalten, jedoch keine Hinweise auf die Ausgestaltung dieser Klasse gegeben. Dies erfolgte im Hinblick darauf, daß die Betriebsbuchführung nur noch in wenigen Fällen über Konten abgewickelt wird, sondern sich in starkem Maße der tabellarischen, maschinenfreundlicheren Darstellungsweise bedient und dann ohne Konten auskommt. Außerdem läßt der Industrie-Kontenrahmen dem einzelnen Betrieb bei der Organisation der Kosten- und Leistungsrechnung genug Spielraum, um eine optimale, betriebsbezogene Ausgestaltung der Betriebsbuchführung zu begünstigen. Trotz dieser weitgehenden Gestaltungsfreiheit wird der Aufbau der Betriebsbuchführung allerdings auch bei Kontierung nach dem IKR am Prozeßgliederungsprinzip orientiert sein müssen und ohne eine Abgrenzung zur Geschäftsbuchführung, wie sie in den Kontengruppen 90 und 91 vorgesehen ist, nicht auskommen können. Das zeigt auch die Gegenüberstellung der Aufbaustrukturen von Industrie- und Gemeinschaftskontenrahmen auf S. 446 (*Eisele,* Zielvorstellungen, S. 625).

Kontenklassen	Kontengruppen	Gemeinschaftskontenrahmen (GKR)	Industriekontenrahmen (IKR)	Gruppierung nach IKR
0		Anlagevermögen u. langfr. Kapital	Immaterielle Vermögensgegenstände und Sachanlagen	
1		Finanz-Umlaufvermögen u. kurzfr. Verbindlichkeiten	Finanzanlagen	Aktivkonten
2		Neutrale Aufwendungen u. Erträge	Umlaufvermögen und aktive Rechnungsabgrenzung	
3		Stoffe-Bestände	Eigenkapital u. Rückstellungen	Bestandskonten (Bilanz)
4		Kostenarten	Verbindlichkeiten u. passive Rechnungsabgrenzung	Passivkonten
5		Kostenstellen	Erträge	Ertragskonten
6		Herstellkonto	Betriebliche Aufwendungen	Aufwandskonten; Erfolgskonten (Gew.- u. Verl.-Rechn.)
7		Bestände an halbfertigen u. fertigen Erzeugnissen	Weitere Aufwendungen	
8		Erträge	Ergebnisrechnungen	
	80		Eröffnung/Abschluß	
			Konten der Kostenbereiche für die GuV im Umsatzkostenverfahren	
	81		Herstellungskosten	
	82		Betriebskosten	
	83		Allg. Verwaltungskosten	
	84		Sonst. betriebliche Aufwendungen	
			Konten der kurzfristigen Erfolgsrechnung (KER) für innerjährige Rechnungsperioden (Monat, Quartal oder Halbjahr)	
	85		Korrekturen zu den Erträgen der Kontenklasse 5	
	86		Korrekturen zu den Aufwendungen der Kontenklasse 6	
	87		Korrekturen zu den Aufwendungen der Kontenklasse 7	
	88		Kurzfristige Erfolgsrechnung (KER)	
	89		Innerjährige Rechnungsabgrenzung	
9		Abschluß	Frei für Kosten- u. Leistungsrechnung	
	90		Abgrenzung zur Geschäftsbuchführung	Abgrenzungsrechnung
	91		Kostenrechnerische Korrekturen	
	92		Verrechnete Leistungen u. Kosten	
	93		Kostenstellen	
	94		Kostenträger	
	95		Erzeugnisse	
	96		Interne Lieferungen u. Leistungen sowie deren Kosten	Kosten- u. Leistungsrechnung
	97		Umsatz- u. sonst. Betriebskosten	
	98		Umsätze	
	99		Ergebnisausweise	

Gegenüberstellung von IKR und GKR

2.2 Die praktische Abwicklung des industriellen Rechnungswesens

Die unterschiedlichen Zielsetzungen von Betriebs- und Geschäftsbuchführung erfordern eine bestimmte organisatorische Gestaltung, die den formalen Zusammenhang beider Bereiche gewährleistet. Bereits die Kontenrahmendarstellung ließ deutlich werden, daß die praktische Bewältigung der betrieblichen Abrechnung in zwei Grundformen durchgeführt werden kann: Einmal können Geschäfts- und Betriebsbuchführung innerhalb eines einheitlichen Rechensystems **(Einkreissystem)** abgewickelt werden; andererseits kann eine organisatorische Aufspaltung des betrieblichen Rechnungswesens in der Weise erfolgen, daß Geschäfts- und Betriebsbuchführung getrennt voneinander in jeweils selbständigen Rechenkreisen realisiert werden **(Zweikreissystem).**

2.21 Einkreissysteme

Nach dem Einkreissystem aufgebaute Buchführungen zeichnen sich dadurch aus, daß sie Geschäfts- und Betriebsbuchführung in **einem** formal geschlossenen Abrechnungskreis verbinden und ein einheitliches, integriertes Kontensystem verwenden. Die Abrechnung erfolgt von Kontenklasse zu Kontenklasse fortschreitend; an die Geschäftsbuchführung schließt sich nahtlos die Betriebsbuchführung an. Der Erfolg einer Periode steht erst dann fest, wenn aus den Kosten der abgesetzten Produkte und den Umsatzerlösen (Umsatzkostenverfahren) oder aus den Kosten der Kostenträger und den Umsatzerlösen unter Berücksichtigung von Bestandsänderungen bei Halb- und Fertigfabrikaten (Gesamtkostenverfahren) das kalkulatorische Ergebnis (Betriebsergebnis) und als Differenz von neutralen Aufwendungen und neutralen Erträgen das neutrale Ergebnis ermittelt wurde. Für die kurzfristige Erfolgsrechnung bedeutet dies, daß zur Ermittlung des internen Ergebnisses der Abschluß der **gesamten** Buchführung notwendig ist. Im geschlossenen Abrechnungskreis werden sämtliche innerbetrieblichen und außerbetrieblichen Vorgänge zusammen abgerechnet. Einkreissysteme sind wegen ihrer Komplexität mit einer gewissen Schwerfälligkeit und Starrheit behaftet. Geschäftsbuchführung und Betriebsbuchführung bilden ein Ganzes; sie können nicht getrennt und unabhängig voneinander abgeschlossen werden. Trotz des Vorteils, daß beim Einkreissystem keine besondere Abstimmung mehr zwischen den Zahlen der Geschäftsbuchführung und Betriebsbuchführung vorgenommen werden muß (weil der Buchungszusammenhang nicht unterbrochen ist), findet dieses Verfahren in der Praxis nur in kleineren oder in durch das Fertigungsprogramm besonders begünstigten Betrieben (homogenes Produktionsprogramm) Anwendung.

Eine wesentlich weitere Verbreitung läßt sich für eine Modifikation des Einkreissystems in Form des **ergänzten Einkreissystems** feststellen. Hierbei wird dem Bedürfnis nach größerer Beweglichkeit und schnellerer Anpassungsfähigkeit an sich ändernde betriebliche Strukturen Rechnung getragen. Auch diese Form des Einkreissystems ist durch ein einheitliches Kontensystem für die gesamte Buchführung gekennzeichnet, das sowohl die Konten der Geschäftsbuchführung als auch die für die Durchführung der Kosten- und Leistungsrechnung erforderlichen Konten umfaßt. Die Konten der Betriebsbuchführung haben aber nur den Charakter von Sammelkonten, d.h. sie haben die für die Betriebsbuchführung notwendigen Daten aus der Geschäftsbuchführung abzusondern und summarisch zu erfassen. Das Kernstück der Abrechnung ist die Geschäftsbuchführung. Mit Ausnahme der Sammelkonten sind alle Konten der Betriebsbuchführung aus dieser Hauptbuchführung ausgegliedert und zusammengefaßt als selbständiger Rechnungskreis an die Geschäftsbuchführung als Nebenbuchführung angehängt. Die Betriebsbuchführung wird in dem angehängten Abrechnungssystem unter Übernahme der Ausgangswerte für die innerbetriebliche Abrechnung aus den Sammelkonten meist in statistisch-tabellarischer Form (Betriebsabrechnungsbogen) durchgeführt; diese Form der Buchführungsorganisation wird auch **Einkreissystem mit ausgegliederter Kostenstellenrechnung** genannt. Die hier gewonnenen Ergebnisse der Betriebsbuchführung können wieder in die Hauptbuchführung (Geschäftsbuchführung) zurückgeführt werden; häufig wird aber auf eine solche kontenmäßige Verzahnung zwischen den beiden Buchführungsbereichen verzichtet. Faktisch bilden sich dann zwei Abrechnungsbereiche, die getrennt abgeschlossen werden können.

Die Realisierung des betrieblichen Rechnungswesens im ergänzten Einkreissystem ist weniger arbeitsaufwendig und besitzt insofern gewisse Vorzüge, erfordert aber wegen der zweigleisigen Durchführung und wegen der Durchbrechung des Buchungszusammenhangs eine Reihe von Kontrollen und Abstimmungen zwischen beiden Rechnungskreisen.

2.22 Zweikreissysteme

Insbesondere der Wunsch nach einer stärker detaillierten, kurzfristig isoliert abschlußfähigen Betriebsbuchführung führte dazu, daß heute hauptsächlich in größeren Unternehmungen Zweikreissysteme überwiegen, was durch die Einführung des IKR noch begünstigt wurde.

Die Zweikreissysteme führen die abrechnungstechnische **Trennung** zwischen Geschäfts- und Betriebsbuchführung in konsequenter Weise durch. Jeder Buchführungsbereich besitzt einen eigenen Kontenplan und kann **unabhängig** vom anderen Bereich abgeschlossen werden. Entsprechend der Verbindung und gegenseitigen Abstimmung der beiden Abrechnungskreise werden **Übergangssysteme** und **Spiegelbildsysteme** unterschieden.

2.221 Das Zweikreissystem mit Übergangskonten

Das Übergangssystem verbindet Geschäftsbuchführung und Betriebsbuchführung dadurch, daß es die für die Betriebsbuchführung relevanten Daten aus der Geschäftsbuchführung mittels besonderer Konten, eben der Übergangskonten, rechnungstechnisch transferiert und dann später, nach Durchführung der innerbetrieblichen Abrechnung, zurückführt. Auf diese Weise werden z.B. die in der Geschäftsbuchführung des IKR erfaßten Kostenarten (Kontenklassen 6 und 7: Betriebliche und Weitere Aufwendungen) mit Hilfe der Übergangskonten in die Betriebsbuchführung (Kontenklasse 9) übertragen. Bei der Materialentnahme lautet daher die Buchung für den Bereich der **Geschäftsbuchführung:**

Betrieb(sbuchführung) **an** Aufwendungen für Roh-, Hilfs- und Betriebsstoffe sowie für Waren

Der Materialverbrauch wird in der **Betriebsbuchführung** durch den Buchungssatz:

Kostenstellen/Kostenträger **an** Geschäft(sbuchführung)

festgehalten.

Nach Durchführung der innerbetrieblichen Abrechnung in der Betriebsbuchführung, die im Normalfall in der statistisch-tabellarischen Form durchgeführt wird (die Kostenstellen- und Kostenträgerkonten haben nur den Charakter von Sammelkonten), werden die Ergebnisse des 2. Abrechnungskreises in Form der ermittelten Herstellkosten sowie der Verwaltungs- und Vertriebsgemeinkosten in die Geschäftsbuchführung zurückgeführt.

Dies geschieht in der **Betriebsbuchführung** dadurch, daß gebucht wird:

Geschäft(sbuchführung) **an** Kostenträger/Kostenstellen

In der **Geschäftsbuchführung** schlägt sich dieser Vorgang in der Buchung nieder:

Verkaufskonto/Herstellkonto **an** Betrieb(sbuchführung)

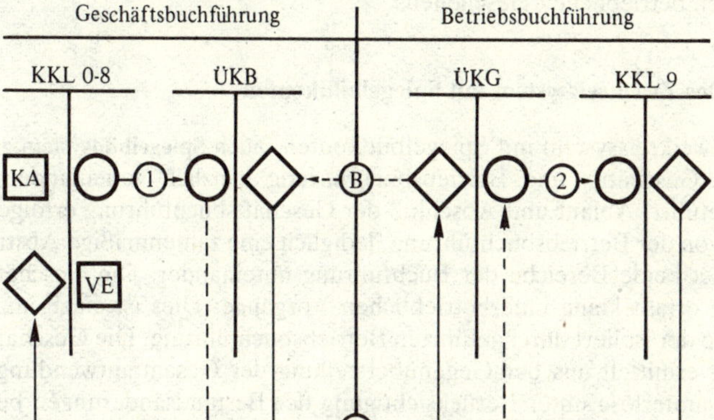

Zusammenhang zwischen Geschäfts- und Betriebsbuchführung beim Übergangssystem

Legende:

KKL	Kontenklasse(n)	1	Materialentnahme
ÜKB	Übergangskonto Betrieb	2	Materialverbrauch
ÜKG	Übergangskonto Geschäft	3	Herstellkosten der Erzeugnisse, Verwaltungs- u. Vertriebsgemeinkosten
KA	Kostenarten		
VE	Verkaufserlöse	4	Erfolgsfeststellung

A Übertrag der Aufwandsarten von der Geschäfts- in die Betriebsbuchführung (fingierte Lieferung des Geschäfts an den Betrieb)

B Rückführung der Herstellkosten, der Verwaltungs- und Vertriebsgemeinkosten von der Betriebs- in die Geschäftsbuchführung (fingierter Verkauf der hergestellten Produkte vom Betrieb an das Geschäft)

Über die **Übergangskonten** verrechnen die beiden Bereiche der Buchführung eines Betriebs miteinander wie zwei fremde Betriebe. Die Übergangskonten, von denen es in jedem Abrechnungskreis mindestens eines geben muß, haben den Charakter von **Kontokorrentkonten,** in denen die Forderungen und Schulden an den jeweils anderen Abrechnungskreis aufgezeichnet werden.

Die Tatsache, daß auf den Übergangskonten jeweils der gleiche Buchungsinhalt nur immer seitenverkehrt festgehalten ist, führt beim Abschluß der Gesamtbuchführung dazu, daß sich die Übergangskonten gegenseitig aufheben und für den Systemzusammenhang eliminiert werden. Schematisch läßt sich die **Abrechnungstechnik im Übergangssystem** gemäß der Skizze auf Seite 449 darstellen.

Die Skizze zeigt, daß die Übergangskonten die Verbindungskanäle darstellen, durch die die in den Wertumlauf eingehenden Vermögensteile aus der Geschäftsbuchführung fließen und über die sie nach Abschluß des Leistungserzielungsprozesses in Form der Herstellkosten sowie der Verwaltungs- und Vertriebsgemeinkosten wieder in die Geschäftsbuchführung zurückströmen. Die Einschaltung der Übergangskonten ermöglicht somit die kurzfristige Erfolgsermittlung ohne Abschluß des gesamten Buchführungssystems und bildet somit eine wesentliche Voraussetzung für eine effiziente Planung und Steuerung des gesamten betrieblichen Geschehens.

2.222 Das Zweikreissystem mit Spiegelbildkonten

Beim Zweikreissystem mit Spiegelbildkonten, auch **Spiegelbildsystem** genannt, werden Geschäfts- und Betriebsbuchführung gänzlich voneinander isoliert durchgeführt. Ablauf und Abschluß der Geschäftsbuchführung erfolgen **unabhängig** von der Betriebsbuchführung, lediglich eine zahlenmäßige Abstimmung verbindet beide Bereiche der Buchführung miteinander. Die Geschäftsbuchführung erfaßt keine innerbetrieblichen Vorgänge: Dies ist einzig und allein Aufgabe der isoliert durchgeführten Betriebsbuchführung. Die Geschäftsbuchführung ermittelt aus der Gegenüberstellung der Gesamtaufwendungen und der Gesamterlöse unter Berücksichtigung der Bestandsänderungen bei Halb- und Fertigfabrikaten auf dem GuV-Konto den bilanziellen Gewinn bzw. Verlust. Damit wird deutlich, daß dieses System nur als Gesamtkostenverfahren Anwendung finden kann.

Zur Ermittlung des **kalkulatorischen** Erfolgs übernimmt die Betriebsbuchführung als Ausgangsdaten Werte der Geschäftsbuchführung. Die Verbuchung der übernommenen Werte erfolgt in der Weise, daß ein Konto des Abrechnungskreises der Betriebsbuchführung (z. B. Kostenstellen-, Kostenträgerkonto) belastet und die Gegenbuchung auf einem besonderen Konto, dem **„Betrieblichen Abrechnungskonto",** durchgeführt wird. Das „Betriebliche Abrechnungskonto" ist ebenfalls ein Konto der Betriebsbuchführung und nimmt alle Gegenbuchungen auf, die an sich den Bereich der Geschäftsbuchführung betreffen. Dieses Konto sichert damit eine rechentechnisch vollständige Abwicklung der Buchführung nach den Grundsätzen der Doppik. Der Materialverbrauch wird demnach wie folgt gebucht:

Kostenstellen/Kostenträger **an** Betriebliches Abrechnungskonto

Die Verkaufserlöse werden erfaßt durch die Buchung:

Betriebliches Abrechnungs-
konto **an** Kostenstellen/Kostenträger

Alle Buchungen, die mit der **innerbetrieblichen Abrechnung** in Zusammenhang stehen, werden ausnahmslos in der Betriebsbuchführung vorgenommen. Betrifft ein Vorgang sowohl die Geschäfts- als auch die Betriebsbuchführung (z.B. Auszahlung von Fertigungslöhnen), so wird er in beiden Abrechnungskreisen (je einmal) erfaßt und getrennt zum Abschluß gebracht.

Beim **Abschluß** beider Abrechnungskreise ergibt sich nach den Regeln der doppelten Buchführung, daß auf dem Betrieblichen Abrechnungskonto die Kosten und Leistungen jeweils auf der entgegengesetzten Kontenseite im Vergleich zur Gewinn- und Verlustrechnung (als Abschlußkonto der Geschäftsbuchführung) stehen. Dieser spiegelbildliche Ausweis hat diesem System der Abwicklung der Buchführung den Namen Spiegelbildsystem gegeben.

GuV-Konto		Betriebliches Abrechnungskonto	
neutraler Aufwand	neutraler Ertrag	betrieblicher Ertrag	betrieblicher Aufwand
betrieblicher Aufwand	betrieblicher Ertrag	Endbestände	Anfangsbestände
Bestandsminderungen	Bestandsmehrungen	kalkulatorischer Verlust	kalkulatorischer Gewinn
Gewinn	Verlust		

GuV-Konto und Betriebliches Abrechnungskonto im Spiegelbildsystem

Die strenge Trennung von Geschäfts- und Betriebsbuchführung im Spiegelbildsystem ist trotz des erhöhten Buchungsaufwands insbesondere bei räumlicher Trennung zwischen den Bereichen Verwaltung (Management) und Betrieb sowie bei dezentraler Durchführung von Geschäfts- und Betriebsbuchführung von Vorteil.

2.223 Statistische Abwicklung ohne Systemverknüpfung

Im Grundsatz halten die bisher vorgestellten Buchführungssysteme an der buchhalterischen, d.h. kontenmäßigen Abrechnung im doppischen System fest. Bei zunehmendem Umfang des Buchungsstoffs und erhöhten Anforderungen an die Aussagefähigkeit des betrieblichen Rechnungswesens werden die Grenzen dieser Abrechnungstechnik bald erreicht. Die Möglichkeiten des Einsatzes von EDV-Anlagen zur Durchführung des betrieblichen Rechnungswesens, insbesondere im Bereich der Kosten- und Leistungsrechnung, machen es erforderlich, daß – unter Verzicht auf die formale Abstimmung zwischen Geschäftsbuchführung und Betriebsbuchführung – im Bereich der Betriebsbuchführung von der kontenmäßigen auf die **statistisch-tabellarische** Darstellungsform in größerem Umfang übergegangen wird. Diese Darstellungsform vermindert den Arbeitsanfall wesentlich, ermöglicht eine leichte und schnelle Anpassung des Rechnungswesens an geänderte fertigungstechnische Erfordernisse, erreicht eine klare Trennung zwischen den beiden Abrechnungskreisen und erlaubt die Abrechnung in einem Format (Matrizenform), das letztlich erst den rationellen Einsatz der elektronischen Datenverarbeitung ermöglicht.

Der **Industrie-Kontenrahmen** hat sich dieser Entwicklung in der Weise angepaßt, indem er für die meist noch in Kontenform durchgeführte Geschäftsbuchführung die Kontenklassen 0–8 reserviert, der Kosten- und Leistungsrechnung die Kontenklasse 9 zuweist und damit zum Ausdruck bringt, daß dieser Teil des betrieblichen Rechnungswesens nicht in der traditionellen Form, sondern tabellarisch abgewickelt werden soll. Im Verlauf der weiteren Ausführungen wird grundsätzlich an der kontenmäßigen Abwicklung des Rechnungswesens festgehalten (dies geschieht im wesentlichen aus didaktischen Gründen), in vielen Fällen wird aber auch auf die statistisch-tabellarische Durchführung näher einzugehen sein.

Übungsbeispiel:

Abgrenzung von Geschäftsbuchführung und Betriebsbuchführung nach GKR und IKR (*Wörner,* Handels- und Steuerbilanz, S. 37ff.):

Die Buchführung weist für eine Abrechnungsperiode die folgenden Daten aus:

Betrieblicher Aufwand und Ertrag:
Materialverbrauch 60.000, Personalkosten 50.000, Umsatzerlöse 170.000.

Neutraler Aufwand und Ertrag:
Hausreparatur 10.000, Bilanzabschreibung 5.000, Bankzinsen 3.000, verdorbene Ware 12.000, Mieterträge 2.000.

Kalkulatorische Kosten:
Kalk. Unternehmerlohn 9.600, kalk. Zinsen 4.200, kalk. Wagnisse 4.000, kalk. Abschreibung 5.700.

Zu ermitteln ist das Betriebs- und das Unternehmensergebnis
a) durch Verbuchung nach dem GKR (vgl. Faltblatt am Schluß des Buches),
b) durch Verbuchung nach dem IKR (vgl. Faltblatt am Schluß des Buches).

Lösung:

a) **Verbuchung nach dem GKR:**

Kontenklasse 2

S	210 HGA		H
121	10.000	917	10.000

S	211 HGE		H
917	2.000	121	2.000

S	200 Bilanzabschreibung		H
0	5.000	917	5.000

S	220 Zinsen		H
121	3.000	917	3.000

Kontenklasse 4

S	400 Materialkosten		H
300	60.000	910	60.000

S	410 Personalkosten		H
121	50.000	910	50.000

S	491 Kalk. Abschreibung		H
291	5.700	910	5.700

S	492 Kalk. Untern'lohn		H
292	9.600	910	9.600

S	250 Sonst. betriebl. Aufwend.		H
300	12.000	917	12.000

S	291 Verr. kalk. Abschreibung		H
917	5.700	491	5.700

S	292 Verr. kalk. Untern'lohn		H
917	9.600	492	9.600

S	293 Verr. kalk. Zinsen		H
917	4.200	493	4.200

S	295 Verr. kalk. Wagnisse		H
917	4.000	495	4.000

Kontenklasse 9

S	917 Neutrales Ergebnis		H
210	10.000	211	2.000
200	5.000	291	5.700
220	3.000	293	4.200
250	12.000	295	4.000
		292	9.600
		919	4.500
	30.000		30.000

S	493 Kalk. Zinsen		H
293	4.200	910	4.200

S	495 Kalk. Wagnisse		H
295	4.000	910	4.000

Kontenklasse 8/9

S	830 Umsatzerlöse		H
910	170.000	121	170.000

S	910 Betriebsergebnis		H
400	60.000	830	170.000
410	50.000		
491	5.700		
493	4.200		
495	4.000		
492	9.600		
919	36.500		
	170.000		170.000

A	919 GuV		E
917	4.500	910	36.500
08	32.000		
	36.500		36.500

Buchungsschritte:

- Verbuchung der betrieblichen Aufwendungen und Erträge auf den Konten der Klassen 4/8 sowie der neutralen Vorgänge in Klasse 2.
- Verbuchung der kalkulatorischen Kosten durch den Buchungssatz: Klasse 4 **an** Klasse 2. Die kalkulatorischen Kosten führen somit in der Klasse 2 zu neutralen Erträgen.
- Dreistufiger Abschluß:
  1. Abschluß der Klassen 4 und 8 mit 910 **Betriebsergebnis.** Ermittlung des betrieblichen Gewinns von 36.500 und Abschluß mit 919 GuV-Konto.
  2. Abschluß der Klasse 2 mit 917 **Nebenergebnis** (neutrales Ergebnis). Ermittlung des neutralen Verlustes von 4.500 und Abschluß mit 919 GuV-Konto.
  3. Ermittlung des **Unternehmensgewinns** von 32.000 auf 919 GuV-Konto und Abschluß mit 08 Eigenkapitalkonto.

b) **Verbuchung nach dem IKR:**

1. Kreis: Geschäftsbuchführung (GB)

Kontenklasse 6/7

S	600 Aufwendungen für Rohstoffe/Fertigungsmaterial		H
200	60.000	802	60.000

S	620 Fertigungslöhne		H
280	50.000	802	50.000

S	650 Abschreibungen		H
05	5.000	802	5.000

S	750 Zinsen		H
280	3.000	802	3.000

S	710 Sonstige Aufwendungen		H
200	12.000	802	12.000

S	720 Fremdleistung		H
280	10.000	802	10.000

Kontenklasse 5

S	500 Umsatzerlöse		H
802	170.000	280	170.000

S	540 Sonstige betriebliche Erträge		H
802	2.000	280	2.000

Kontenklasse 8

A	802 GuV		E
600	60.000	500	170.000
620	50.000	540	2.000
650	5.000		
750	3.000		
710	12.000		
720	10.000		
324	32.000		
	172.000		172.000

Die Verbuchung sämtlicher Aufwendungen und Erträge ohne Rücksicht auf ihre Betriebsbedingtheit führt zum Unternehmenserfolg von 32.000.

2. Kreis: Betriebsbuchführung (BB) bzw. Kosten- und Leistungsrechnung (KLR)

90 Unternehmensbezogene Abgrenzungen

S	verr. Aufw.	verr. Ertrag	H
	10.000		2.000
		99	8.000

S	93-98 BB bzw. KLR		H
92	60.000	92	170.000
92	50.000		
92	5.700		
92	4.200		
92	4.000		
92	9.600		
99	36.500		
	170.000		170.000

91 Kostenrechn. Korrekturen

S	Aufw. lt. GB		Kosten lt. KLR H
	5.000		5.700
	3.000		4.200
	12.000		4.000
99	3.500		9.600
	23.500		23.500

99 Betriebsergebnis

S			H
90	8.000	98	36.500
	32.000	91	3.500
	40.000		40.000

Unternehmenserfolg (2. Kontrolle) → 32.000

92 Verr. Kost. u. Leistungen

S	verr. Leist.		verr. Kosten H
98	170.000	93	60.000
		93	50.000
		93	5.700
		93	4.200
		93	4.000
		93	9.600
			36.500
	170.000		170.000

Betriebserfolg (1. Kontrolle) → 36.500

Buchungsschritte:

- Zunächst werden in einem gegenüber dem Einkreissystem zusätzlichen Buchungsschritt sämtliche Kosten und Leistungen in die KLR eingebracht. Buchungssatz: 93 **an** 92 bzw. 92 **an** 98. Das Konto 93 führt die Kostenstellen, das Konto 98 die Umsatzerlöse, das Konto 92 sämtliche Gegenbuchungen, da wegen der strikten organisatorischen Trennung zwischen GB und BB keinerlei Buchungen von der GB in die BB oder umgekehrt stattfinden.
- Soweit es sich um kostengleichen Aufwand handelt (hier: Material- und Personalaufwand), bedarf es keiner weiteren Buchung. Sollten jedoch Aufwand und Kosten in ihrer Höhe differieren (hier: Abschreibungen, Zinsen, Wagnisse und Unternehmerlohn), ist eine zusätzliche Buchung auf beiden Seiten des Kontos **91 „Kostenrechnerische Korrekturen"** vorzunehmen: Im Soll werden die in der GB verbuchten Aufwandsgrößen, im Haben die in der BB verrechneten Kostengrößen festgehalten.

Das Konto 91 erfaßt also alle kalkulatorischen Kostenarten (Haben) und stellt ihnen den an ihrer Stelle in der GB angefallenen Aufwand gegenüber (Soll), wobei rechts und links gleichzeitig und in unterschiedlicher Höhe gebucht wird.

- Die betriebsfremden Aufwendungen und Erträge (hier: HGA und HGE), die von ihrem Wesen her niemals Kosten oder Leistungen darstellen, werden auf dem Konto **90 „Unternehmensbezogene Abgrenzungen“** festgehalten und finden keinen Eingang in die BB. Es wird ein einziges Mal auf dem Konto 90 gebucht (HGA im Soll, HGE im Haben).
- Die BB vollzieht sich auf den Konten 93–98. Das Konto 98 wird mit Konto 99 „Betriebsergebnis“ (hier: Betriebsgewinn 36.500) abgeschlossen.
- Nunmehr läßt sich der gefundene Betriebserfolg durch **2 Kontrollen** auf seine Richtigkeit überprüfen:
  1. Der **Betriebserfolg** muß sich auch auf Konto 92 errechnen, ohne daß Konto 92 durch eine Gegenbuchung abgeschlossen wird.
  2. Schließt man die Konten 90 und 91 mit 99 ab, so muß auf dem Konto 99 der **Unternehmenserfolg** der GB als Saldo erscheinen, ohne daß Konto 99 durch eine Gegenbuchung abgeschlossen wird.

Ergänzende Literatur zu: 2. Die organisatorische Ausgestaltung des Rechnungswesens im Industriebetrieb:

Angermann, Industrie-Kontenrahmen, S. 13–102
BDI, Industrie-Kontenrahmen, S. 16–63
BDI, Industrie-Kontenrahmen 1986, S. 5–79
Bussmann, Rechnungswesen, S. 187–192
Eisele, Zielvorstellungen, S. 617–642
Huch, Kostenrechnung, S. 206–213
Kilger, Kostenrechnung, S. 452–477
Kosiol, Leistungsrechnung, S. 95–129
Kühnau, Kontenrahmen, Sp. 2198–2218
Moews, Industrie-Kontenrahmen, S. 9–39
Pelzel, Kontenrahmen, S. 11–281
Schulze, Kontenrahmen, Sp. 839–849
Schwarz, Betriebsbuchhaltung, Sp. 126–141
Schweitzer u. a., Kostenrechnung, S. 91–105
Wöhe, Einführung, S. 913–918
Wörner, Handels- und Steuerbilanz, S. 34–39

3. Besonderheiten der Geschäftsbuchführung im Industriebetrieb

Der Industriebetrieb wurde als ein Betriebstyp charakterisiert, in dem sich eine technologische Transformation von Stoffen, Energien und Vorprodukten in verkaufsfähige (marktfähige) Güter vollzieht (vgl. S. 437). Nach der **Art der Transformation** kann dabei zwischen Stoffgewinnung, -umwandlung, -verformung sowie Veredelung und Montage in mechanischen, energetischen oder chemischen Prozessen, nach der **Art der erzeugten Güter** zwischen Urprodukten, Produktions- und Konsumgütern unterschieden werden (*Kern,* Industriebetriebslehre, Sp. 1850).

Der Prozeß der industriellen Leistungserstellung läßt sich somit schematisch wie folgt darstellen:

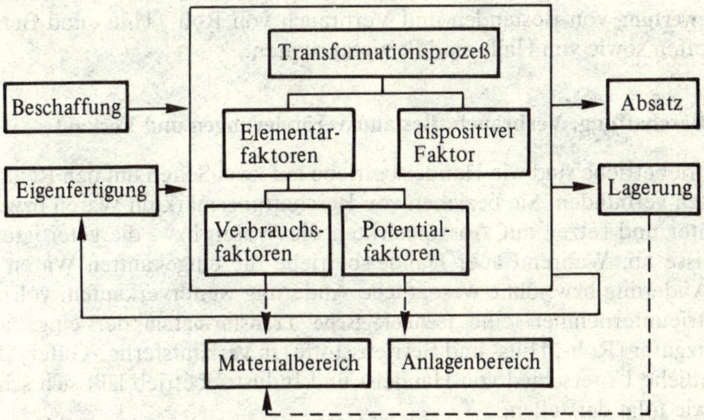

Prozeß der industriellen Leistungserstellung

Die in der Abbildung bezeichneten Produktionsfaktoren können folgendermaßen charakterisiert werden (*Gutenberg,* Grundlagen 1, S. 3ff.; *Busse von Colbe/Laßmann,* Betriebswirtschaftstheorie 1, S. 67ff.):

Der **dispositive Faktor** hat die Aufgabe, die übrigen Produktionsfaktoren (Elementarfaktoren) nach einem selbst vorgegebenen Ziel zu kombinieren, wobei Planung, Organisation und Kontrolle Hilfsmittel der Disposition sind.

Verbrauchsfaktoren gehen entweder derart in den Produktionsprozeß ein, daß sie ihre Eigenschaft als selbständige Güter verlieren (z. B. Schmiermittel), oder sie verändern ihre Eigenschaften bzw. Qualität und werden dadurch zu andersartigen Gütern oder Bestandteilen eines neuen Gutes.

Die **Potentialfaktoren** bestehen aus ausführender menschlicher Arbeit einerseits und den betrieblichen Gebrauchsgegenständen (Betriebsmitteln) wie Werkzeuge, Maschinen, Gebäude usw. andererseits. Sie ermöglichen das Produktionsgeschehen entweder durch ihr bloßes Vorhandensein oder durch die Abgabe von Verrichtungen.

Die Abbildung läßt zudem zwei Bereiche erkennen, die in der Geschäftsbuchführung des Industriebetriebs über die bisherigen Ausführungen hinaus einer genaueren Betrachtung bedürfen; es sind dies der

- **Materialbereich** und der
- **Anlagenbereich.**

Darüber hinaus werden einige Besonderheiten in der Abschlußtechnik industrieller Betriebe aufzuzeigen sein.

3.1 Besonderheiten der Materialwirtschaft

Zum Bereich der Materialwirtschaft sind unter dem hier verfolgten Zweck sämtliche Vorgänge zu rechnen, die im Zusammenhang stehen mit:

(1) **Beschaffung** und **Verbrauch** von Roh-, Hilfs- und Betriebsstoffen sowie **Bestandsveränderungen** und **Verkauf** von Erzeugnissen und

(2) **Bewertung** von Beständen und Verbrauch von Roh-, Hilfs- und Betriebsstoffen sowie von Halb- und Fertigfabrikaten.

3.11 Beschaffung, Verbrauch, Bestandsveränderungen und Verkauf

Industriebetriebe sind wie Handelsbetriebe auf zwei Seiten mit den Realgütermärkten verbunden: Sie beziehen von Beschaffungsmärkten Waren bzw. Einsatzgüter und setzen auf Absatzmärkten die Waren bzw. die gefertigten Erzeugnisse ab. Während aber Handelsbetriebe die eingekauften Waren ohne jede Änderung bzw. ohne wesentliche Änderung weiterverkaufen, vollziehen Industrieunternehmen eine **technologische Transformation** der eingekauften Einsatzgüter (Roh-, Hilfs- und Betriebsstoffe) in verkaufsfertige Güter. Dieser wesentliche Unterschied von Handels- und Industriebetrieb läßt sich schematisch wie folgt darstellen:

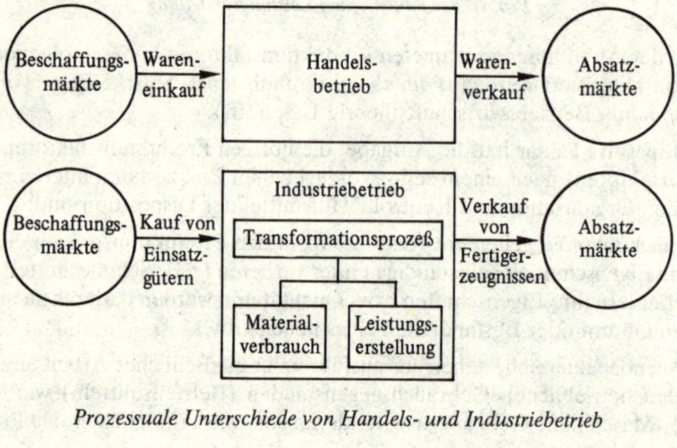

Prozessuale Unterschiede von Handels- und Industriebetrieb

Während also Handelsbetriebe sämtliche umsatzbezogenen Transaktionen einheitlich durch das Warenkonto bzw. die Wareneinkaufs- und Warenverkaufskonten erfassen können (vgl. Teil A, Abschn. 3), sind im Industriebetrieb gesonderte Konten für die Werkstoffbeschaffung, den Materialverbrauch, die Leistungserstellung und den Fertigerzeugnisverkauf zu schaffen.

(1) **Beschaffungsvorgänge** (Werkstoffeinkauf) schlagen sich im betrieblichen Rechnungswesen der Industrieunternehmen im allgemeinen durch folgenden Buchungsfall nieder (Kontenbezeichnung hier und im folgenden nach dem IKR):

20	Roh-, Hilfs- und Betr.stoffe	**an**	44	Verbindlichkeiten aus Lieferungen und Leistungen

(2) **Absatzvorgänge** (Fertigerzeugnisverkauf) werden dagegen grundsätzlich durch folgenden Buchungssatz erfaßt:

24	Forderungen aus Lieferungen und Leistungen	**an**	50	Umsatzerlöse

Erfolgen Beschaffung und Absatz nicht kreditweise, sondern gegen Barzahlung, so tritt an die Stelle der Konten 44 bzw. 24 ein Zahlungsmittelkonto der Gruppe 28. Unberücksichtigt blieben bei vorstehenden Buchungssätzen auch die von Warenbewegungen ausgelöste **Umsatzsteuer** und die regelmäßig in Verbindung mit Beschaffungs- und Absatzvorgängen anfallenden **Aufwandsberichtigungen** bzw. **Erlösschmälerungen.** Die hierzu für den Industriebetrieb typischen Geschäftsvorfälle sind in dem Übungsbeispiel am Schluß dieses Abschnitts zusammengestellt. Bezüglich inhaltlicher und rechnungstechnischer Einzelheiten wird auf Teil A, besonders Abschnitt 3.4 und 3.5, verwiesen.

(3) Finden die beschafften Roh-, Hilfs- und Betriebsstoffe im Produktionsprozeß Verwendung, verursachen sie in dem Ausmaß, in dem sie in der Fertigung verbraucht werden, Aufwand. Hinsichtlich des **Materialverbrauchs** muß daher eine Umbuchung der hierfür erforderlichen Aufwendungen von den Bestandskonten der Kontenklasse 2 auf die Erfolgskonten der Kontenklasse 6 erfolgen. Der Buchungssatz für den Materialverbrauch lautet daher grundsätzlich:

60	Aufwendungen für Roh-, Hilfs- und Betriebsstoffe	**an**	20	Roh-, Hilfs- und Betr.stoffe

Die Art der **Aufwandsermittlung** kann dabei auf zweierlei Art erfolgen:

(a) Jede Materialentnahme während des Jahres führt **sofort** zu einer Umbuchung in der Geschäftsbuchführung, d.h. der oben genannte Buchungsfall ist bei jedem Materialeinsatz während der Geschäftsperiode erneut zu erfassen. Dies setzt voraus, daß der Buchhaltungsabteilung innerhalb des Unternehmens der Materialverbrauch durch entsprechende **Materialentnahmescheine** angezeigt wird (s. Skontrationsmethode Teil B, Abschn. 4.312.1, S. 523ff.). Am Jahresende läßt sich der Materialbestand buchmäßig errechnen und muß dann nur mit dem durch körperliche Bestandsaufnahme (Inventur) tatsächlich festgestellten Bestand verglichen werden. Liegen keine außergewöhnlichen Umstände vor (z.B. Erfassungsfehler,

Warenschwund, Diebstahl usw.), so müssen Buchbestand und tatsächlich festgestellter Bestand der Höhe nach übereinstimmen.

Auf den Erfolgs- und Bestandskonten schlägt sich diese Aufwandsermittlungsart wie folgt nieder:

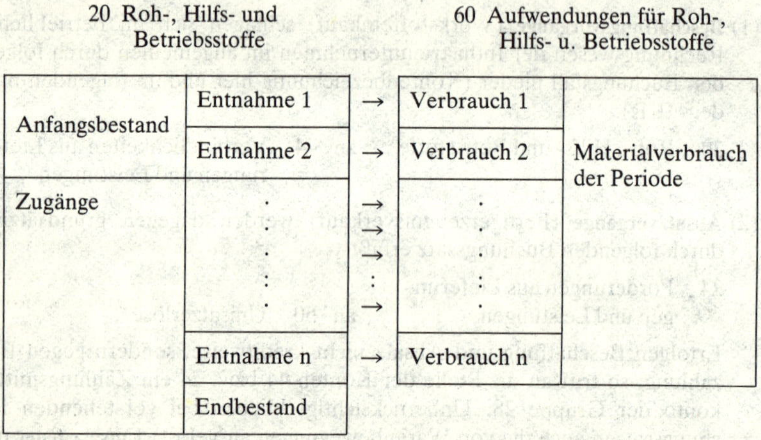

Sofortige Erfassung des Materialverbrauchs(Skontration)

(b) Besonders in der Praxis der Klein- und Mittelbetriebe verbreitet ist auch die Vorgehensweise, die Werkstoffbezüge während der Periode ausschließlich auf den Bestandskonten der Kontenklasse 2 zu buchen, wogegen der Materialverbrauch buchmäßig **nicht sofort** erfaßt wird. Zum Bilanzstichtag wird dann der Bestand durch Inventur ermittelt und der Materialverbrauch als Differenz zwischen dem Anfangsbestand und den Zugängen einerseits und dem Endbestand andererseits errechnet:

  Werkstoffbestand am Anfang der Periode
+ Werkstoffbezüge während der Periode
− Werkstoffbestand am Ende der Periode
= Materialverbrauch während der Periode

Erst nach Feststellung des Inventurergebnisses kann der Verbrauch dann auf die Konten der Klasse 6 umgebucht werden.

Der gesamte Materialverbrauch der Geschäftsperiode wird daher nur einmal summarisch durch oben genannten Buchungssatz erfaßt. Auf den Aufwands- und Bestandskonten schlägt sich dies wie folgt nieder:

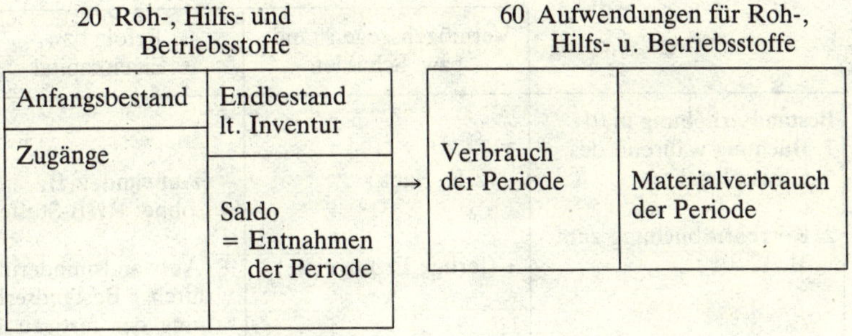

Erfassung des Materialverbrauchs durch Inventurmethode

(4) Gleichzeitig mit dem Materialverbrauch findet im Transformationsprozeß i. d. R. eine **Leistungserstellung** (Herstellung von unfertigen und fertigen Erzeugnissen) statt, die durch eine entsprechende **Ertragsverrechnung** zu erfassen ist. Dabei treten insofern abrechnungstechnische Probleme auf, als in der Regel ein Gleichlauf zwischen Produktion und Absatz nicht gegeben ist. Das trifft für die Fälle zu, daß entweder die Produktion einer Periode nicht vollständig abgesetzt werden kann und folglich teilweise auf Lager genommen werden muß, oder die in einer Periode abgesetzten Güter aus der Produktion vergangener Perioden stammen. Derartige temporäre Verschiebungen zwischen Produktion und Absatz führen zu Mehrungen oder Minderungen des Bestands an Erzeugnissen. Die Erzeugnisbestände werden in der Geschäftsbuchführung in der Kontenklasse 2 ausgewiesen. Treten **Bestandsveränderungen** ein, so sind diese mit entsprechender Gegenbuchung in der Kontenklasse 5 zu erfassen.

Für den Fall der **Bestandserhöhung** lautet der Buchungssatz:

21/22	Erzeugnisse	**an**	52	Erhöhung oder Verminderung des Bestands an fertigen und unfertigen Erzeugnissen

Bei **Bestandsabnahme** muß die Verbuchung entsprechend umgekehrt vorgenommen werden.

Der Ausweis der Bestandserhöhungen an fertigen und unfertigen Erzeugnissen im Haben der Konten der Klasse 5 bewirkt, daß den Gesamtaufwendungen der Periode in Klasse 6 und 7 die äquivalenten Erträge der Periode in Form der Umsatzerlöse und der Bestandserhöhungen gegenübergestellt werden. Entsprechend stellt die Verbuchung von Bestandsminderungen im Soll der Konten aus Klasse 5 sicher, daß den Umsatzerlösen der Periode die Aufwendungen gegenüberstehen, die zu ihrer Erzielung in der gleichen oder in vorhergehenden Perioden notwendig waren.

Die Auswirkungen dieser Buchungen auf die Vermögensgegenstände bzw. Schulden und den Erfolg bzw. das Eigenkapital lassen sich zusammenfassend wie folgt darstellen (vgl. *Weller/Fischer,* Bestandsveränderungen, S. 230):

	Vermögensgegenstände bzw. Schulden	Erfolg bzw. Eigenkapital
Bestandserhöhung in 01: 1. Buchung während des Geschäftsjahres	– (z. B. Bank)	– (Aufwand, z. B. Löhne, RHB-Stoffe)
2. Korrekturbuchung zum 31. 12. 01	+ (fertige Erzeugnisse)	+ (Aufwandsminderung durch Bestandserhöhung der fertigen Erzeugnisse)
In Periode 01 wurde mehr produziert als abgesetzt, weshalb sich der Lagerbestand erhöht. Der Periodenerfolg wird dadurch aber nicht beeinflußt.		
Bestandsabnahme in 02: 1. Buchung während des Geschäftsjahres	+ (z. B. Bank)	+ (Erträge durch Umsatzerlöse)
2. Korrekturbuchung zum 31. 12. 02	– (fertige Erzeugnisse)	– (Aufwandsvermehrung durch Bestandsabnahme der fertigen Erzeugnisse)
In Periode 02 wurde mehr abgesetzt als produziert, so daß der Lagerbestand nun erfolgswirksam abgebaut wird.		

3.12 Bestands- und Verbrauchsbewertung

Probleme bei der Bewertung von Beständen und beim Verbrauch entstehen sowohl bei den fremdbeschafften Roh-, Hilfs- und Betriebsstoffen als auch bei den im Betrieb erstellten oder bearbeiteten fertigen und unfertigen Erzeugnissen. Schwierigkeiten treten insbesondere dann auf, wenn gleichartige Stoffe oder Gegenstände mit unterschiedlichen Werten in der Abrechnungsperiode angesetzt oder in der Rechnungsperiode nicht restlos verbraucht wurden.

3.121 Bewertungsprinzipien und Wertbegriffe

Bei der Bewertung des Vorratsvermögens sind sowohl in der Handels- als auch in der Steuerbilanz allgemeine Bewertungsprinzipien zu beachten: Grundsätzlich gilt das aus dem Prinzip kaufmännischer Vorsicht abgeleitete **Imparitätsprinzip,** d. h. noch nicht durch Umsatz realisierte Gewinne dürfen nicht, hingegen müssen noch nicht durch Umsatz realisierte Wertminderungen und Verluste am Bilanzstichtag ausgewiesen werden. Daraus ergibt sich das in § 253, Abs. 3 HGB dokumentierte strenge **Niederstwertprinzip,** das besagt, daß von zwei am Bilanzstichtag möglichen Wertansätzen (den Anschaffungs- oder Herstellungskosten auf der einen Seite und dem Börsen- oder Marktpreis bzw. beizulegenden Wert auf der anderen Seite) der jeweils niedrigere Wert anzusetzen ist (vgl. auch Teil A, Abschn. 1.222, S. 26ff.).

Folgende Wertansätze können unterschieden werden:

1. die Anschaffungs- oder Herstellungskosten (§ 255 i. V. m. § 253, Abs. 1, Satz 1 HGB)
2. der aus dem Börsen- oder Marktpreis abgeleitete Wert (§ 253, Abs. 3, Satz 1 HGB)
3. der am Abschlußstichtag beizulegende Wert (§ 253, Abs. 3, Satz 2 HGB)
4. der bei vernünftiger kaufmännischer Beurteilung aufgrund von Wertschwankungen für notwendig erachtete niedrigere Wert (§ 253, Abs. 3, Satz 3 HGB)
5. der für steuerliche Zwecke für zulässig gehaltene niedrigere Wert (§ 254 HGB)
6. der bei vernünftiger kaufmännischer Beurteilung zulässige Wert (§ 253, Abs. 4 HGB); dieser Wertansatz wird allerdings durch § 279, Abs. 1, Satz 1 HGB für Kapitalgesellschaften ausgeschlossen.

Ausgangspunkt der Bewertung im Materialbereich sind für Zwecke der Handelsbilanz und der Steuerbilanz die **Anschaffungs- oder Herstellungskosten.** Sie bilden im Rahmen der Geschäftsbuchführung die obere Wertgrenze, d. h. Wertsteigerungen über die Anschaffungs- oder Herstellungskosten hinaus bleiben vor deren Realisierung unberücksichtigt (Realisationsprinzip).

Bestände und Verbrauch bei nicht selbsterstellten, also fremdbezogenen **Roh-, Hilfs- und Betriebsstoffen** sind mit den **Anschaffungskosten** zu bewerten. Den Anschaffungskosten entspricht nach § 255, Abs. 1 HGB der Aufwand, den ein Betrieb tätigen muß, um ein Wirtschaftsgut zu beschaffen und im Produktionsprozeß einsetzen zu können. Sie setzen sich wie folgt zusammen:

	Anschaffungspreis
+	Anschaffungsnebenkosten
./.	Anschaffungspreisminderungen
=	Anschaffungskosten (Einstandspreis)

Der Anschaffungspreis entspricht dem Einkaufspreis bzw. Bruttorechnungsbetrag. Ausgaben, die bis zum betrieblichen Einsatz der Vorräte aufgewendet werden, zählen zu den **Anschaffungsnebenkosten.** Vorwiegend sind das Verpakkungskosten, Transportkosten wie Fracht, Rollgeld, Transportversicherung, Einfuhrzölle etc. **Preisnachlässe** wie Rabatte, Skonti, Boni; Zuschüsse mindern die Anschaffungskosten (zur buchhalterischen Behandlung s. Teil A, Abschn. 3.5, S. 78ff.).

<table>
<tr><td rowspan="2">Anschaffungspreis
= Bruttorechnungsbetrag</td><td>Anschaffungspreisminderungen</td></tr>
<tr><td rowspan="2">Anschaffungskosten
= Einstands- bzw. Bezugspreis</td></tr>
<tr><td>Anschaffungsnebenkosten</td></tr>
</table>

Zusammensetzung der Anschaffungskosten

Die im Betrieb erstellten oder bearbeiteten **fertigen und unfertigen Erzeugnisse** sind mit ihren **Herstellungskosten** anzusetzen. Dabei ist im Einzelfall von Bedeutung, daß die Abgrenzung der fertigen und unfertigen Erzeugnisse von den Roh-, Hilfs- und Betriebsstoffen nicht immer eindeutig gelingt. Stoffe werden unter abrechnungstechnischen Gesichtspunkten oft schon dann als **unfertige Erzeugnisse** bezeichnet, wenn sie das Materiallager verlassen haben, ohne Rücksicht darauf, ob die Be- oder Verarbeitung schon begonnen hat oder nicht. Der **Materialentnahmeschein** dient hierbei als Beleg für die Zuordnung. Somit lassen sich alle Vorräte als unfertige Erzeugnisse bezeichnen, die nicht mehr Stoffbestände und noch nicht Fertigerzeugnisse sind. Als Nachweis des Übergangs zum **fertigen Erzeugnis** kann man den **Übergabeschein** ins Fertiglager heranziehen. Zu den fertigen Erzeugnissen gehören Vorräte immer dann, wenn sie versandbereit auf Lager liegen.

Die **Herstellungskosten** sind schwieriger zu ermitteln als die Anschaffungskosten, da keine externen Belegunterlagen (Rechnungen) vorliegen. Ausgangsgröße für die Ermittlung der Herstellungskosten sind die Herstellkosten der Kostenrechnung, wobei die darin enthaltenen Kostenarten zur Errechnung der Herstellungskosten nur herangezogen werden können, soweit ihnen handelsrechtlich Aufwendungen entsprechen; diese Aufwendungen ihrerseits bestimmen nur in dem Umfang die steuerlichen Herstellungskosten, als sie steuerlich abzugsfähige Betriebsausgaben sind. Zusatzkosten (z. B. kalkulatorischer Unternehmerlohn, kalkulatorische Eigenkapitalzinsen) dürfen also nicht, Anderskosten (z. B. kalkulatorische Abschreibungen) nur in Höhe des Zweckaufwandes berücksichtigt werden (im einzelnen s. Teil B, Abschn. 4.22, S. 512ff.).

Die Ermittlung der Herstellungskosten für die **Handelsbilanz** ergibt sich aus § 255, Abs. 2 und 3 HGB. Danach handelt es sich bei den Herstellungskosten um Aufwendungen, die durch den Verbrauch von Gütern und die Inanspruchnahme von Diensten für die Herstellung eines Vermögensgegenstandes, seine Erweiterung oder für eine über seinen ursprünglichen Zustand hinausgehende wesentliche Verbesserung entstehen. Als Wertuntergrenze sind die Einzelkosten aktivierungspflichtig; dazu gehören das Fertigungsmaterial, die Fertigungslöhne sowie die Sondereinzelkosten der Fertigung. Für die Material- und Fertigungsgemeinkosten sowie für die Verwaltungsgemeinkosten besteht ein Aktivierungswahlrecht, so daß sie zusammen mit den Einzelkosten die Wertobergrenze der Herstellungskosten bilden. Ein Aktivierungsverbot ergibt sich hingegen für die Kosten des Vertriebs. Zinsen für fertigungsbedingtes Fremdkapital dürfen nur dann als fixe Fertigungsgemeinkosten in die Herstellungskosten einbezogen werden, wenn sie eindeutig dem Zeitraum der Herstellung zurechenbar sind (§ 255, Abs. 3 HGB).

Für die Bemessung der Herstellungskosten in der **Steuerbilanz** besteht gem. Abschn. 33 EStR die Pflicht zum Ansatz **notwendiger** Material(gemein)kosten und Fertigungs(gemein)kosten sowie ein Wahlrecht zum Ansatz von Verwaltungskosten. In Anlehnung an das Kalkulationsschema der Kostenträgerstückrechnung (s. Seite 588 und 597) lassen sich somit folgende Werte für den Ansatz der Herstellungskosten in Handels- und Steuerbilanz unterscheiden:

Kostenarten	Aktivierbare und aktivierungspflichtige Kostenbestandteile	
	Handelsbilanz nach Bilanzrichtlinien-Gesetz	Steuerbilanz
Fertigungsmaterial + Fertigungslöhne + Sondereinzelkosten der Fertigung	muß	muß
= Herstellungskosten I	Ansatz möglich (Untergrenze)	Ansatz nicht möglich
+ variable Materialgemeinkosten + variable Fertigungsgemeinkosten	kann	muß
= Herstellungskosten II	Ansatz möglich	Ansatz nicht möglich
+ Sondergemeinkosten der Fertigung + fixe Materialgemeinkosten + fixe Fertigungsgemeinkosten*	kann	muß
= Herstellungskosten III	Ansatz möglich	Ansatz möglich (Untergrenze)
+ fixe Fertigungsgemeinkosten** + Verwaltungsgemeinkosten	kann	kann
= Herstellungskosten IV	Ansatz möglich (Obergrenze)	Ansatz möglich (Obergrenze)

* Wertverbrauch des fertigungsbedingten Anlagevermögens

** z. B. Zinsen für fertigungsbedingtes Fremdkapital, Aufwendungen für freiwillige soziale Leistungen und für betriebliche Altersversorgung

Ermittlung der Herstellungskosten in Anlehnung an das Kalkulationsschema der Kostenträgerstückrechnung

Gemäß dem strengen Niederstwertprinzip sind Gegenstände des Vorratsvermögens mit dem Wert anzusetzen, der sich aus dem Börsen- oder Marktpreis ergibt, bzw. der den Gegenständen beizulegen ist, sofern dieser unter den

Anschaffungs- oder Herstellungskosten liegt. **Börsenpreis** ist der an einer amtlich anerkannten Börse oder im Freiverkehr ermittelte Preis. Als **Marktpreis** wird derjenige Preis angesehen, der an einem Handelsplatz für Waren einer bestimmten Gattung von durchschnittlicher Art und Güte zu einem bestimmten Zeitpunkt oder Zeitabschnitt im Durchschnitt bezahlt wird. Der Börsen- oder Marktpreis ist zu korrigieren, je nachdem welcher Markt der Ermittlung zugrundegelegt wird. Vor allem für Roh-, Hilfs- und Betriebsstoffe ist der Beschaffungsmarkt maßgeblich, so daß dem Börsen- oder Marktpreis die Anschaffungsnebenkosten zuzurechnen sind. Bei der Berechnung des Börsen- oder Marktpreises für unfertige und fertige Erzeugnisse, die sich nach den Verhältnissen am Absatzmarkt richtet, sind die Verkaufsspesen abzuziehen (**Grundsatz der verlustfreien Bewertung**).

Sofern ein Börsen- oder Marktpreis für die Gegenstände des Vorratsvermögens nicht festzustellen ist, muß der am Abschlußstichtag **beizulegende Wert** als Bilanzansatz angesetzt werden. Der beizulegende Wert ist jedoch im Gesetz nicht näher bestimmt, so daß er als nichtpagatorischer Wert der Interpretation bedarf. Gemäß den Grundsätzen ordnungsmäßiger Buchführung können folgende Hilfswerte herangezogen werden:

- Wiederbeschaffungs- bzw. Reproduktionskostenwert
- Verkaufswert.

Der **Wiederbeschaffungskostenwert** ist für Gegenstände maßgebend, die noch nicht in die Produktion eingegangen sind, und ergibt sich für Roh-, Hilfs- und Betriebsstoffe aus den Gegebenheiten des Beschaffungsmarktes. Für unfertige und fertige Erzeugnisse kommt eine Bewertung auf der Basis von Reproduktionskosten und damit vom Beschaffungsmarkt her nur dann in Frage, sofern ein Verkaufswert nicht festgestellt werden kann. Der **Reproduktionskostenwert** entspricht den Herstellungskosten auf der Grundlage der Preise und Kosten des Bilanzstichtages.

Der **Verkaufswert,** der sich aus den Verhältnissen des Absatzmarktes berechnen läßt, kommt für den Ansatz von Handelswaren, unfertigen sowie fertigen Erzeugnissen und nicht mehr verwendbaren Rohstoffen in Betracht. Dabei sind von einem voraussichtlichen Verkaufserlös noch anfallende Aufwendungen abzuziehen (**Grundsatz der verlustfreien Bewertung).** Die Ermittlung des Verkaufswerts von Handelswaren und fertigen Erzeugnissen kann nach folgendem Schema bestimmt werden (*Adler/Düring/Schmaltz,* Rechnungslegung, Anm. 481 zu § 253 HGB):

Voraussichtlicher Verkaufserlös
./. Erlösschmälerungen
./. Verpackungskosten und Ausgangsfrachten
./. sonstige Vertriebskosten
./. noch anfallende Verwaltungskosten
./. Kapitaldienstkosten

= am Abschlußstichtag beizulegender Wert

Der **für steuerliche Zwecke für zulässig gehaltene niedrigere Wert** soll sicherstellen, daß die in der Steuerbilanz möglichen Wertansätze, die unter dem niedrigsten handelsrechtlich zulässigen Wert liegen, auch in die Handelsbilanz übernommen werden können. Dadurch wird der Tatsache Rechnung getragen, daß das Steuerrecht aufgrund des **Maßgeblichkeitsprinzips** steuerliche Wahlrechte (z. B. Sonderabschreibungen) nur dann anerkennt, wenn die Handelsbilanz in ihren Wertansätzen nicht von der Steuerbilanz abweicht.

Gemäß dem strengen Niederstwertprinzip im Umlaufvermögen ist von den genannten Wertansätzen stets der niedrigste anzusetzen, wobei für den steuerlich zulässigen Wert ein Ansatzwahlrecht besteht. Darüber hinaus können Abschreibungen auf einen **bei vernünftiger kaufmännischer Beurteilung für notwendig erachteten niedrigeren Wert** vorgenommen werden, sofern in der nächsten Zukunft (ca. 2 Jahre) Wertschwankungen zu erwarten sind.
Insgesamt kann somit folgende Systematik der gem. §§ 253ff. HGB möglichen Wertansätze aufgestellt werden:

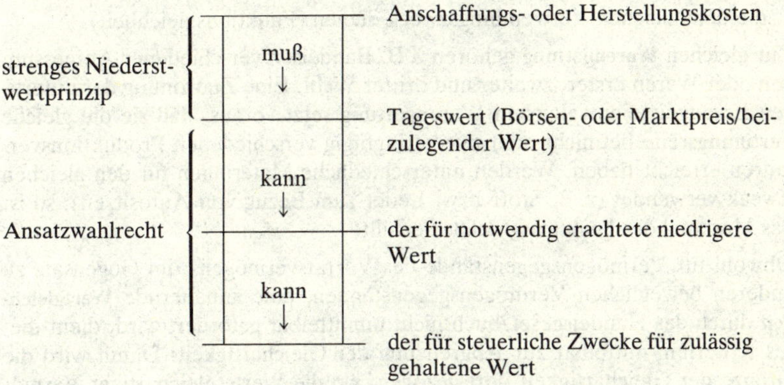

Systematik der Wertansätze des Umlaufvermögens

3.122 Bewertungsverfahren

Nach § 252, Abs. 1, Nr. 3 HGB ist die Bewertung der Vermögensgegenstände grundsätzlich **einzeln** durchzuführen. Dieser **Grundsatz der Einzelbewertung** trägt dem Prinzip vorsichtiger Bilanzierung Rechnung und dient der Notwendigkeit, die Identität der Vermögensgegenstände, d. h. die Zuordnung der Anschaffungs- oder Herstellungskosten, nachzuweisen. Dies setzt allerdings voraus, daß z. B. gleichartige Vorräte mit unterschiedlichen Anschaffungs- oder Herstellungskosten getrennt gelagert und im Rahmen der Lagerbuchhaltung auch getrennt verwaltet werden. Deshalb kann die Einzelbewertung nur bei Gegenständen angewandt werden, deren individueller Zu- und Abgang oder Bestand ohne Schwierigkeiten verfolgt werden kann, wie bei geringen Beständen von Gegenständen mit erheblichem Einzelwert.

Aus Gründen der Vereinfachung und der Wirtschaftlichkeit gestattet § 256 i. V. m. § 240, Abs. 3 und 4 HGB vom Prinzip der Einzelbewertung abweichende **Vereinfachungen,** die darin bestehen, daß Gütergruppen gebildet werden dürfen, die summarisch statt einzeln bewertet werden, daß zugrundeliegende Gütermengen geschätzt und Verbrauchsfolgeunterstellungen statt einer genauen Aufzeichnung über den Abgang von Vorratsgütern gemacht werden dürfen. Voraussetzung ist, daß die betreffenden Güter **gleichartig** sind und in etwa die **gleiche Preislage** haben. Ein nach diesen Verfahren bestimmter Wertansatz darf nicht gegen das Niederstwertprinzip verstoßen.

3.122.1 Gruppenbewertung

Gemäß § 240, Abs. 4 HGB kann eine bestimmte Anzahl von Vermögensgegenständen zu einer Gruppe zusammengefaßt werden und diese Gruppe mit einem gewogenen Durchschnittswert angesetzt werden.

Voraussetzung dazu ist, daß die zusammengefaßten Vermögensgegenstände gleichartig sind. **Gleichartig** sind Gegenstände dann, wenn es sich um Waren handelt, die

1. der gleichen Warengattung angehören oder
2. die dem gleichen Verwendungszweck dienen (Funktionsgleichheit).

Zur gleichen **Warengattung** gehören z. B. Bandeisen verschiedener Abmessungen oder Waren erster, zweiter und dritter Wahl. Eine Zuordnung der unfertigen Erzeugnisse zur gleichen Warengattung setzt voraus, daß sie die gleiche Fertigungsreife bei nicht oder nur geringfügig verschiedenen Produktionsverfahren erreicht haben. Werden unterschiedliche Materialien für den gleichen Zweck verwendet (z. B. Stoff bzw. Leder zum Bezug von Autositzen), so ist das Merkmal der **Funktionsgleichheit** erfüllt.

Obwohl für Vermögensgegenstände des Vorratsvermögens, im Gegensatz zu anderen beweglichen Vermögensgegenständen, eine annähernde **Wertgleichheit** durch das Handelsgesetzbuch nicht unmittelbar gefordert wird, dient dieses Kriterium mittelbar zur Abgrenzung der Gleichartigkeit. Damit wird die Grenze der Gleichartigkeit dort gezogen, wo die Werte gleichartiger Vermögensgegenstände erheblich voneinander abweichen (*Küting/Weber,* Rechnungslegung, S. 373). Allerdings muß sich die Beurteilung der Gleichwertigkeit am Einzelfall orientieren: Bei geringen Einzelwerten kann eine Abweichung von maximal 20% des höchsten vom niedrigsten Wert als nicht wesentlich angesehen werden. Mit steigendem Einzelwert vermindert sich diese Spanne. Da die Bewertung ohnehin mit dem gewogenen Durchschnittswert zu erfolgen hat, ist die Bedeutung des Kriteriums der Gleichwertigkeit als gering einzustufen.

Die dargestellten Voraussetzungen für die Gruppenbildung und Gruppenbewertung sind auch steuerrechtlich gültig (Abschn. 36, Abs. 4 EStR).

3.122.2 Festbewertung

Nach § 240, Abs. 3 HGB können Vermögensgegenstände des Sachanlagevermögens sowie Roh-, Hilfs- und Betriebsstoffe des Vorratsvermögens mit einer gleichbleibenden Menge und mit einem gleichbleibenden Wert angesetzt werden, wenn ihr Bestand in seiner Größe, seinem Wert und seiner Zusammensetzung nur geringen Veränderungen unterliegt, sie regelmäßig ersetzt werden und ihr Gesamtwert für das Unternehmen nur von nachrangiger Bedeutung ist. Dieser gleichbleibende Wert wird auch **Festwert** genannt. Für die dem Festwert zugrundeliegende Gütermenge wird unterstellt, daß sich Verbrauch und Neuzugänge mengen- und wertmäßig in etwa entsprechen. Aus letzterem folgt, daß das Ansetzen eines Festwertes nicht dem Ausgleich von Preisschwankungen dienen darf, sondern lediglich der Vereinfachung und Wirtschaftlichkeit der Vorratsbewertung. Aufgrund des unveränderten Wertansatzes können Zugänge sofort als Aufwand verbucht werden, laufende Abschreibungen entfallen somit. Der Festwert ist im Dreijahresturnus durch Inventur zu überprüfen. Ändert sich dabei der Wert des festgestellten Bestandes nicht nur geringfügig, d.h. ist der tatsächliche Wert des zum Festwert zusammengefaßten Bestandes gesunken bzw. um mehr als 10% gestiegen, so ist eine Fortschreibung des Festwertes vorzunehmen (Abschn. 31, Abs. 3 und 5 EStR).

3.122.3 Sammelbewertung

Unter dem Begriff Sammelbewertung läßt sich zum einen der **Ansatz von Durchschnittspreisen** und zum anderen die in § 256 HGB angesprochenen Verfahren zur vereinfachten Ermittlung der Anschaffungs- oder Herstellungskosten gemäß bestimmter **Verbrauchsfolgefiktionen** subsumieren. Voraussetzung beider Verfahren ist, daß es sich um gleichartige Gegenstände handelt. Auch die nach den Sammelbewertungsverfahren ermittelten Wertansätze unterliegen dem Niederstwertprinzip, d.h. sie dürfen nur dann in die Bilanz übernommen werden, wenn der jeweilige Tageswert (Börsen- oder Marktpreis/beizulegende Wert) gleich oder höher ist. Die handelsrechtliche Zulässigkeit der Bewertung des Vorratsvermögens mit Hilfe der Methoden der Sammelbewertung ist daher vor allem von der Preisentwicklung abhängig.

Die **Durchschnittsmethode** zählt zu den in der Praxis verbreitetsten Bewertungsverfahren. Sie ist im Handelsrecht aufgrund von § 256 HGB, der § 240, Abs. 4 HGB ausdrücklich auch auf den Jahresabschluß für anwendbar erklärt, als auch im Steuerrecht gemäß Abschn. 36, Abs. 3 EStR zulässig. Die Ermittlung des Durchschnittspreises (durchschnittliche Anschaffungskosten) kann auf der Basis gewogener oder gleitender Mittelwerte erfolgen. Im ersten Fall wird aus dem Anfangsbestand und den Zugängen während des Geschäftsjahres ein Durchschnittswert berechnet, wobei die einzelnen Anschaffungskosten pro Stück mit der jeweiligen Menge gewichtet werden. Die Summe der Einstandspreise dividiert durch die aufaddierten Mengeneinheiten ergibt den **gewogenen Durchschnittspreis,** mit dem Endbestand und Abgänge einer Materialart dann zu bewerten sind.

Beispiel: Gewogene Durchschnittsmethode

Anfangsbestand	500 ME × 15 DM/ME	= 7.500
1. Zugang	350 ME × 18 DM/ME	= 6.300
2. Zugang	500 ME × 12 DM/ME	= 6.000
3. Zugang	450 ME × 16 DM/ME	= 7.200
Summe	1.800 ME	= 27.000

$$\text{Durchschnittspreis} = \frac{27.000 \text{ DM}}{1.800 \text{ ME}} = 15 \text{ DM/ME}$$

Abgänge	1.300 ME × 15 DM/ME	= 19.500
Endbestand	500 ME × 15 DM/ME	= 7.500

Die gewogene Durchschnittsmethode läßt sich dadurch verfeinern, daß **gleitende Durchschnittswerte** berechnet werden. Nach jedem Zugang wird bei dieser Rechnung ein Durchschnittswert ermittelt. Die Fortschreibung der durchschnittlichen Anschaffungskosten (**Skontration**) ermöglicht die Bewertung der Abgänge mit dem jeweiligen Durchschnittspreis. Da die Anwendung der gleitenden Durchschnittsmethode eine genaue Aufzeichnung der einzelnen Abgänge auf dem entsprechenden Lagerkonto voraussetzt, kann der Wertansatz des Bestands jederzeit entnommen werden.

Beispiel: Gleitende Durchschnittsmethode

Anfangsbestand	500 ME × 15 DM/ME	= 7.500
1. Zugang	350 ME × 18 DM/ME	= 6.300
Bestand	850 ME	= 13.800

$$\text{Durchschnittspreis} = \frac{13.800 \text{ DM}}{850 \text{ ME}} = 16{,}24 \text{ DM/ME}$$

1. Abgang	400 ME × 16,24 DM/ME	= 6.496
Bestand	450 ME	= 7.304
2. Zugang	500 ME × 12 DM/ME	= 6.000
Bestand	950 ME	= 13.304

$$\text{Durchschnittspreis} = \frac{13.304 \text{ DM}}{950 \text{ ME}} = 14{,}01 \text{ DM/ME}$$

2. Abgang	300 ME × 14,01 DM/ME	= 4.203
Bestand	650 ME	= 9.101
3. Zugang	450 ME × 16 DM/ME	= 7.200
Bestand	1.100 ME	= 16.301

$$\text{Durchschnittspreis} = \frac{16.301 \text{ DM}}{1.100 \text{ ME}} = 14{,}82 \text{ DM/ME}$$

3. Abgang	600 ME × 14,82 DM/ME	= 8.892
Endbestand	500 ME	= 7.409

Als **Verbrauchsfolgeverfahren** kommen für die Bewertung gleichartiger Wirtschaftsgüter des Vorratsvermögens nach § 256 HGB folgende Verfahren der Sammelbewertung in Frage:

- Fifo-Methode
- Lifo-Methode

} Verbrauchsfolgeunterstellungen bezüglich der zeitlichen Reihenfolge der Anschaffung oder Herstellung

- Hifo-Methode
- Lofo-Methode

} Verbrauchsfolgeunterstellungen bezüglich der Höhe der Anschaffungs- bzw. Herstellungskosten

Bei den **Verbrauchsfolgeunterstellungen** kann davon ausgegangen werden, daß sie **handelsrechtlich** zulässig sind, soweit sie den Grundsätzen ordnungsmäßiger Buchführung entsprechen. Die **steuerliche** Zulässigkeit ist neben der Durchschnittsmethode, für Wirtschaftsjahre die nach dem 31. 12. 1989 enden, auch für die Lifo-Methode kodifiziert (§ 6, Abs. 1, Nr. 2a EStG). Nach überwiegender Auffassung des Schrifttums sind jedoch beide Verbrauchsfolgeunterstellungen bezüglich der zeitlichen Reihenfolge der Anschaffung oder Herstellung steuerlich zulässig, wenn die fiktive Verbrauchsfolge dem tatsächlichen Verbrauch entspricht.

Bei der **Fifo-Methode** (first in – first out) wird angenommen, daß die zuerst hergestellten oder beschafften Wirtschaftsgüter auch als erste verbraucht bzw. veräußert werden. Die ältesten Bestände werden zuerst dem Lager entnommen, so daß die vorhandenen Mengen am Bilanzstichtag aus den letzten Zugängen stammen. Für den Ansatz in der Schlußbilanz sind somit die Einstandspreise der letzten Einkäufe maßgebend. Das Verfahren läßt sich relativ einfach handhaben, da die Zugänge nur solange zurückverfolgt werden müssen, bis sie mit dem Bestand laut Inventur übereinstimmen.

Beispiel: Fifo-Methode

Anfangsbestand	500 ME × 15 DM/ME	= 7.500
1. Zugang	350 ME × 18 DM/ME	= 6.300
2. Zugang	500 ME × 12 DM/ME	= 6.000
3. Zugang	450 ME × 16 DM/ME	= 7.200
Summe	1.800 ME	= 27.000
./. Verbrauch	1.300 ME	= 19.200
Endbestand	450 ME (3. Zugang) × 16 DM/ME	= 7.200
	+ 50 ME (aus 2. ") × 12 DM/ME	= 600
	= 500 ME	= 7.800

Das **Lifo-Verfahren** (last in – first out) unterstellt eine im Vergleich zur Fifo-Methode umgekehrte Verbrauchsfolge, d.h. nicht die ältesten Bestände, sondern die letzten Zugänge verlassen zuerst das Lager. Somit wird der Materialverbrauch mit den Einstandspreisen der letzten Lieferungen bewertet, der Endbestand mit den Anschaffungskosten des Anfangsbestandes und der ersten Lieferungen. Neben einer Vereinfachung der Ermittlung der Anschaffungs- oder Herstellungskosten besteht der Zweck dieses Verfahrens vor allem darin, den Materialverbrauch zu gegenwartsbezogenen Preisen (als Aufwand) zu verrechnen. Technisch läßt sich das Lifo-Verfahren in zwei Formen aufgliedern, zum einen in die **Perioden-Lifo-Methode** und zum anderen in die **permanente Lifo-Methode.** Beim letzteren Verfahren wird der Materialverbrauch fortlaufend während des ganzen Jahres erfaßt und nach der Fiktion last in – first out bewertet. Dies erfordert eine laufende mengen- und wertmäßige Aufzeichnung der Zu- und Abgänge.

Beispiel: Permanente Lifo-Methode

Anfangsbestand	500 ME × 15 DM/ME	= 7.500
1. Zugang	350 ME × 18 DM/ME	= 6.300
Bestand	850 ME	= 13.800
1. Abgang	350 ME × 18 DM/ME = 6.300	
	+ 50 ME × 15 DM/ME = 750	
	= 400 ME	= 7.050

Bestand	450 ME	= 6.750
2. Zugang	500 ME × 12 DM/ME	= 6.000
Bestand	950 ME	= 12.750
2. Abgang	300 ME × 12 DM/ME	= 3.600
Bestand	650 ME	= 9.150
3. Zugang	450 ME × 16 DM/ME	= 7.200
Bestand	1.100 ME	= 16.350
3. Abgang	450 ME × 16 DM/ME = 7.200	
	+ 150 ME × 12 DM/ME = 1.800	
	= 600 ME	= 9.000
Endbestand	500 ME	= 7.350

Beim Perioden-Lifo-Verfahren wird der Bestand dagegen nur einmal zum Jahresende bewertet. Eine Aufzeichnung der Zugänge und des Materialverbrauchs wie bei der permanenten Lifo-Methode ist nicht erforderlich, sondern lediglich eine Aufzeichnung in zeitlicher Reihenfolge aller Lieferungen mit Menge und Preis.

Beispiel: Perioden-Lifo-Verfahren

Anfangsbestand	500 ME × 15 DM/ME	= 7.500
1. Zugang	350 ME × 18 DM/ME	= 6.300
2. Zugang	500 ME × 12 DM/ME	= 6.000
3. Zugang	450 ME × 16 DM/ME	= 7.200
Summe	1.800 ME	= 27.000
./. Verbrauch	1.300 ME	= 19.500
Endbestand	500 ME × 15 DM/ME (≙ Anfangsbestand)	= 7.500

Neben den beiden bereits genannten Verfahren kann der Verbrauch oder die Veräußerung der zu bewertenden Wirtschaftsgüter jedoch auch in einer „sonstigen bestimmten Folge“ (§ 256, Satz 1 HGB) bestimmt werden, wozu auch die Hifo-Fiktion gehört. Die **Hifo-Methode** (highest in – first out) unterstellt, daß die Güter mit den höchsten Anschaffungskosten zuerst verbraucht oder veräußert werden. Besondere Bedeutung kommt dem Verfahren zu, wenn die Lieferungen zu unterschiedlichen Preisen erworben wurden, da vor allem dann dem Verhalten eines vorsichtigen Kaufmanns Rechnung getragen wird. Bei konstant steigenden bzw. fallenden Preisen entspricht der Bilanzansatz dem der Lifo- bzw. Fifo-Methode.

Wie beim Lifo-Verfahren lassen sich auch bei der Hifo-Methode zwei Formen unterscheiden. Beim **Perioden-Hifo** wird der Jahresendbestand mit den preisgünstigsten Zugängen bewertet. Dies setzt lediglich eine Erfassung der Zugänge nach Menge und Preis voraus.

Beispiel: Perioden-Hifo-Methode

Anfangsbestand	500 ME × 15 DM/ME	= 7.500
1. Zugang	350 ME × 18 DM/ME	= 6.300
2. Zugang	500 ME × 12 DM/ME	= 6.000
3. Zugang	450 ME × 16 DM/ME	= 7.200
Summe	1.800 ME	= 27.000
./. Verbrauch	1.300 ME	= 21.000
Endbestand	500 ME × 12 DM/ME	= 6.000

Beim **permanenten Hifo-Verfahren** wird jeder Abgang vom Lager mit dem höchsten Einkaufswert gewichtet. Die Methode setzt eine Lagerbuchführung voraus, die jede Veränderung sowohl mengen- als auch wertmäßig aufzeichnet. Bei jedem Lagerabgang sind die am teuersten eingekauften Bestände unter erheblichem Zeitaufwand festzustellen, so daß je nach Umfang der Einsatz einer EDV-Anlage erforderlich wird.

Beispiel: Permanente Hifo-Methode

Anfangsbestand	500 ME × 15 DM/ME	= 7.500
1. Zugang	350 ME × 18 DM/ME	= 6.300
Bestand	850 ME	= 13.800
1. Abgang	350 ME × 18 DM/ME = 6.300	
	+ 50 ME × 15 DM/ME = 750	
	= 400 ME	= 7.050
Bestand	450 ME	= 6.750
2. Zugang	500 ME × 12 DM/ME	= 6.000
Bestand	950 ME	= 12.750
2. Abgang	300 ME × 15 DM/ME	= 4.500
Bestand	650 ME	= 8.250
3. Zugang	450 ME × 16 DM/ME	= 7.200
Bestand	1.100 ME	= 15.450
3. Abgang	450 ME × 16 DM/ME = 7.200	
	+ 150 ME × 15 DM/ME = 2.250	
	= 600 ME	= 9.450
Endbestand	500 ME	= 6.000

Auch die **Lofo-Methode** (lowest in – first out) ist wie das Hifo-Verfahren aus § 256, Satz 1 HGB abzuleiten. Sie geht von der Fiktion aus, daß die am günstigsten erworbenen Gegenstände zuerst verbraucht oder veräußert werden. Der Endbestand wird daher mit den höchsten Einstandspreisen bewertet und kann nach dem **permanenten Lofo-Verfahren** (Bewertung jedes Abgangs) oder dem **Perioden-Lofo-Verfahren** ermittelt werden.

Beispiel: Perioden-Lofo-Verfahren

Anfangsbestand	500 ME × 15 DM/ME	= 7.500
1. Zugang	350 ME × 18 DM/ME	= 6.300
2. Zugang	500 ME × 12 DM/ME	= 6.000
3. Zugang	450 ME × 16 DM/ME	= 7.200
Summe	1.800 ME	= 27.000
./. Verbrauch	1.300 ME	= 18.300
Endbestand	350 ME × 18 DM/ME	= 6.300
	+ 150 ME × 16 DM/ME	= 2.400
	= 500 ME	= 8.700

Bei kontinuierlich sinkenden Preisen widerspricht die Lofo-Methode stets, bei schwankenden Preisen widerspricht sie häufig dem Niederstwertprinzip und verstößt daher gegen das Prinzip der kaufmännischen Vorsicht. So ist die Lofo-Methode in obigem Beispiel bei einem Marktpreis von 16 DM nicht anwendbar. Die Zulässigkeit des Verfahrens wird daher (z. B. von *Adler/Düring/Schmaltz,* Rechnungslegung, Anm. 65 zu § 256 HGB) in Frage gestellt, da Zweifel bestehen, ob die Lofo-Methode den Grundsätzen ordnungsmäßiger Buchführung entspricht.

Übungsbeispiele:

In der Buchhaltung einer Maschinenfabrik sind die nachfolgenden Geschäftsvorfälle zu verbuchen (Numerierungen und Bezeichnungen des IKR):

1) Bezug von Roheisen. Die Rechnung der Lieferfirma Mann AG in Düsseldorf lautet:

5000 kg Roheisen	5.000
20% Großabnehmerrabatt	1.000
Nettobetrag	4.000
10% Umsatzsteuer	400
Rechnungsbetrag	4.400

Zahlung: innerhalb 10 Tagen mit 2% Skonto, sonst 30 Tage Ziel.

2) Die 5000 kg Roheisen werden zu Rohlingen (unfertige Erzeugnisse) verarbeitet, wobei Fertigungslöhne in Höhe von 1.500 anfallen.

3) Die Rohlinge werden zu Fertigerzeugnissen weiterverarbeitet. Dabei fallen 500 Löhne für Lagerarbeiter (Materialgemeinkosten), 1.000 Fertigungslöhne und 300 sonstige Personalaufwendungen (Fertigungsgemeinkosten) an.

4) Die Fertigerzeugnisse werden an den Kunden Schmider GmbH zu 10.000 verkauft. Die Frachtkosten in Höhe von 500 + 10% USt werden bar bezahlt.

5) Für die Herstellung von Revolverdrehbänken wurde der Jahresbedarf von 10.000 m Elektrokabel bei Draht & Kabel, Frankfurt, gegen folgende Rechnung eingekauft:

10.000 m Spezialkabel Art.-Nr. SK 5002	10.000
Porto- und Telefonauslagen	10
Verpackung und Versendung	190
Mengenrabatt 12% auf Warenwert	1.200
Nettobetrag	9.000
10% Umsatzsteuer	900
Rechnungsbetrag	9.900

Zahlung: innerhalb 30 Tagen ohne Abzug.

6) 5.000 m Elektrokabel werden dem Lager gegen Materialentnahmeschein entnommen und gehen in die Fertigung ein.

7) An den Kunden Meier & Söhne in Ulm wird eine Revolverdrehbank verkauft. Dieser Vorgang wurde wie folgt fakturiert:

1 Revolverdrehbank Typ FS 300	4.500
Verpackungskosten	300
Speditionsspesen	200
Nettobetrag	5.000
10% Umsatzsteuer	500
Rechnungsbetrag	5.500

Zahlungsbedingungen: 8 Tage mit 3% Skonto, sonst 60 Tage Ziel.

Buchen Sie die Inrechnungstellung.

8) Die gleiche Revolverdrehbank wurde auch an die Bohrsysteme AG in St. Gallen verkauft. Warenwert und Verpackungskosten waren gleich wie bei Vorgang 7. Neben den Frachtkosten von 750 wurde dem Kunden auch die Transportversicherung in Höhe von 250 in Rechnung gestellt, die vorher in bar verauslagt wurde (umsatzsteuerfreies Ausfuhrgeschäft § 4, Nr. 1 UStG).

9) Von der Süddeutschen Schmiermittelfabrik AG in Heilbronn wurde Lagerfett für die eigenen Produktionsanlagen eingekauft. Rechnungsbetrag (inkl. Umsatzsteuer) 880.

10) Die Firma Ferdinand Schmitz in Köln hat ein Ersatzteil (Herstellungskosten 800), das dem Lager entnommen wurde, gegen folgende Rechnung erhalten:

Ersatzteil für Montagestraße FS 3000	1.000
Zufahrt im eigenen Lkw	200
Nettobetrag	1.200
10% Umsatzsteuer	120
Rechnungsbetrag	1.320

Zahlung: sofort ohne Abzug.

11) An den Eisenwarenhändler Fritz Lustig in Pforzheim werden 10 Kleinbohrmaschinen (empfohlener Ladenverkaufspreis je 150) verkauft. Lustig erhält folgende Rechnung:

10 Kleinbohrmaschinen Typ FS 100	1.500
35% Wiederverkäuferrabatt	525
Frachtkosten	25
Nettobetrag	1.000
10% Umsatzsteuer	100
Rechnungsbetrag	1.100

Zahlungsziel: 60 Tage, in den ersten 8 Tagen mit 2% Skonto.

12) Die Rechnung Mann AG (Vorgang 1) wird nach 8 Tagen durch Banküberweisung beglichen (beachten Sie: Berichtigung des Vorsteuerabzugs).

13) Die Speditionsspesen (Vorgang 7) werden bar an den Spediteur Max Schulze bezahlt.

14) Meier & Söhne schicken einen Scheck über 5.335 als Ausgleich für die Rechnung (siehe Vorgang 7).

15) Dem Kunden Fritz Lustig wird ein Bonus über 5% der im abgelaufenen Geschäftsjahr mit ihm getätigten Umsätze von netto 8.000 gewährt. Lustig erhält eine entsprechende Gutschrift.

16) Ferdinand Schmitz überweist 1.100 mit dem Hinweis, der Rechnungsbetrag sei um die Zufahrtskosten (Vorgang 10) gekürzt worden, weil eine Lieferung frei Köln vereinbart gewesen sei.

17) Der Schweizer Kunde Bohrsysteme AG (Vorgang 8) bezahlt den um die Transportversicherung geminderten Rechnungsbetrag abzüglich 2% Skonto auf das Landeszentralbankkonto. Der ursprüngliche Rechnungsbetrag wurde von der Bohrsysteme AG nicht akzeptiert, weil vereinbart war, daß der Lieferant die Transportversicherung zu tragen hat.

18) Lustig (Vorgang 11 und 15) überweist den Rechnungsbetrag unter Skontoabzug (2% von 1.100) und zieht außerdem den Gutschriftsbetrag ab (Überweisungsbetrag 638).

19) An die Süddeutsche Schmiermittelfabrik AG (Vorgang 9) werden 770 (Abzug 110 für mangelhafte Lieferung) über Postscheck bezahlt.

20) An die Elektrizitätsversorgungsgesellschaft wird die Stromrechnung für die Fertigung in Höhe von 825 in bar beglichen.

21) Der Scheck (Vorgang 14) wird der Bank zum Einzug eingereicht.

22) Bei der Produktion von Gelenkstangen entstehen als unfertige Erzeugnisse bearbeitete Metallstangen. Es werden 20 Stück solcher Halbfabrikate hergestellt. Hierbei entstanden an Kosten: Rohmetall 1.000, Hilfsstoffe 1.000 sowie Fertigungslöhne 5.000.

23) Zehn Metallstangen wurden mit Hilfe von je zwei fremdbezogenen Gelenkstücken à 12 zum Endprodukt „Gelenkstange" weiterverarbeitet. Pro Gelenkstange benötigte ein Arbeiter 4 Stunden à 18.

24) 4 Gelenkstangen werden zu je 600 + 10% Umsatzsteuer an Meier & Söhne verkauft. Speditionsspesen: 100.

25) Prüfen Sie für die angegebenen Daten der Fälle a–d die Zulässigkeit der verschiedenen Sammelbewertungsverfahren.

a) – monoton steigende Preise
– Endbestand laut Inventur = 100 kg
– Stichtagswert = 12 DM/kg

Anfangsbestand	70 kg × 8 DM/kg	= 560 DM
1. Zugang	30 kg × 10 DM/kg	= 300 DM
1. Abgang	40 kg	
2. Zugang	60 kg × 11 DM/kg	= 660 DM
2. Abgang	30 kg	
3. Zugang	40 kg × 12 DM/kg	= 480 DM
3. Abgang	30 kg	

b) – monoton fallende Preise
– Endbestand laut Inventur = 100 kg
– Stichtagswert = 4 DM/kg

Anfangsbestand	70 kg × 8 DM/kg	= 560 DM
1. Zugang	30 kg × 6 DM/kg	= 180 DM
1. Abgang	40 kg	
2. Zugang	60 kg × 5 DM/kg	= 300 DM
2. Abgang	30 kg	
3. Zugang	40 kg × 4 DM/kg	= 160 DM
3. Abgang	30 kg	

c) – monoton fallende Preise
– Endbestand laut Inventur = 40 kg
– Stichtagswert = 4 DM/kg

Anfangsbestand	70 kg × 8 DM/kg	= 560 DM
1. Zugang	30 kg × 6 DM/kg	= 180 DM

1. Abgang	40 kg	
2. Zugang	60 kg × 5 DM/kg	= 300 DM
2. Abgang	60 kg	
3. Zugang	40 kg × 4 DM/kg	= 160 DM
3. Abgang	60 kg	

d) – schwankende Preise
– Endbestand laut Inventur = 100 kg
– Stichtagswert = 9 DM/kg

Anfangsbestand	70 kg × 8 DM/kg	= 560 DM
1. Zugang	30 kg × 12 DM/kg	= 360 DM
1. Abgang	40 kg	
2. Zugang	60 kg × 7 DM/kg	= 420 DM
2. Abgang	30 kg	
3. Zugang	40 kg × 9 DM/kg	= 360 DM
3. Abgang	30 kg	

Lösung:

1)	200	Rohstoffe/Fertigungsmaterial	4.000				
	260	anrechenbare Vorsteuer	400	**an**	44	Verbindlichkeiten aus Lieferungen und Leistungen	4.400
2)	600	Aufwendungen für Rohstoffe/Fertigungsmaterial	4.000	**an**	200	Rohstoffe/Fertigungsmaterial	4.000
	620	Fertigungslöhne	1.500	**an**	288	Kasse	1.500
	21	unfertige Erzeugnisse, unfertige Leistungen	5.500	**an**	521	Bestandsveränderungen unfertige Erzeugnisse	5.500

3) Herstellungskosten der Fertigerzeugnisse:

Fertigungsmaterial		4.000
Materialgemeinkosten		500
Materialkosten		4.500
Fertigungslöhne	1.500	
	1.000	2.500
Fertigungsgemeinkosten		300
Herstellungskosten		7.300

Verbuchung:

521	Bestandsveränderungen unfertige Erzeugnisse	5.500	**an**	21	unfertige Erzeugnisse, unfertige Leistungen	5.500
620	Fertigungslöhne	1.000				
66	sonstige Personalaufwendungen	300				
62	Löhne	500	**an**	288	Kasse	1.800

	22	Fertige Erzeugnisse und Waren	7.300	**an**	522	Bestandsveränderungen fertige Erzeugnisse	7.300
4)	522	Bestandsveränderungen fertige Erzeugnisse	7.300	**an**	22	Fertigerzeugnisse	7.300
	24	Forderungen aus Lieferungen und Leistungen	11.000	**an**	510	Umsatzerlöse für eigene Erzeugnisse	10.000
					480	Mehrwertsteuer	1.000
	714	Frachten und Fremdlager	500				
	260	anrechenbare Vorsteuer	50	**an**	288	Kasse	550
5)	202	Hilfsstoffe	9.000				
	260	anrechenbare Vorsteuer	900	**an**	44	Verbindlichkeiten aus Lieferungen und Leistungen	9.900
6)	602	Aufwendungen für Hilfsstoffe	4.500	**an**	202	Hilfsstoffe	4.500
	21	Unfertige Erzeugnisse, unfertige Leistungen	4.500	**an**	521	Bestandsveränderungen unfertige Erzeugnisse	4.500
7)	24	Forderungen aus Lieferungen und Leistungen	5.500	**an**	510	Umsatzerlöse für eigene Erzeugnisse	5.000
					480	Mehrwertsteuer	500
8)	733	Versicherungen	250	**an**	288	Kasse	250
		(Beachten Sie: Auf die Versicherungsprämie wird keine Umsatzsteuer berechnet § 4, Nr. 10 UStG)					
	24	Forderungen aus Lieferungen und Leistungen	5.800	**an**	510	Umsatzerlöse für eigene Erzeugnisse	5.800
9)	203	Betriebsstoffe	800				
	260	anrechenbare Vorsteuer	80	**an**	44	Verbindlichkeiten aus Lieferungen und Leistungen	880
10)	522	Bestandsveränderungen fertige Erzeugnisse	800	**an**	22	Fertigerzeugnisse	800
	24	Forderungen aus Lieferungen und Leistungen	1.320	**an**	510	Umsatzerlöse für eigene Erzeugnisse	1.200
					480	Mehrwertsteuer	120

11)	24	Forderungen aus Lieferungen und Leistungen	1.100	**an**	510	Umsatzerlöse für eigene Erzeugnisse	1.000
					480	Mehrwertsteuer	100
12)	44	Verbindlichkeiten aus Lieferungen und Leistungen	4.400	**an**	280	Guthaben bei Kreditinstituten	4.312
					2002	Skontoerlöse Rohstoffe	80
					260	anrechenbare Vorsteuer	8
13)	714	Frachten und Fremdlager	200				
	260	anrechenbare Vorsteuer	20	**an**	288	Kasse	220
14)	286	Schecks	5.335				
	516	Skonti	150				
	480	Mehrwertsteuer	15	**an**	24	Forderungen aus Lieferungen und Leistungen	5.500
15)	517	Boni	400				
	480	Mehrwertsteuer	40	**an**	4401	Verbindlichkeiten gegenüber Kunden	440
16)	280	Guthaben bei Kreditinstituten	1.100				
	5101	Erlösschmälerungen bei eigenen Erzeugnissen	200				
	480	Mehrwertsteuer	20	**an**	24	Forderungen aus Lieferungen und Leistungen	1.320
17)	287	Bundesbank- und Landeszentralbankguthaben	5.439				
	516	Skonti	111				
	5101	Erlösschmälerungen bei eigenen Erzeugnissen	250	**an**	24	Forderungen aus Lieferungen und Leistungen	5.800
18)	280	Guthaben bei Kreditinstituten	638				
	516	Skonti	20				
	480	Mehrwertsteuer	2				
	4401	Verbindlichkeiten gegenüber Kunden	440	**an**	24	Forderungen aus Lieferungen und Leistungen	1.100

19)	44	Verbindlichkeiten aus Lieferungen und Leistungen	880	**an**	203	Betriebsstoffe	100
					260	anrechenbare Vorsteuer	10
					285	Postgiroguthaben	770
20)	203	Betriebsstoffe	750				
	260	anrechenbare Vorsteuer	75	**an**	288	Kasse	825
21)	280	Guthaben bei Kreditinstituten	5.335	**an**	286	Schecks	5.335

22) Herstellungskosten der unfertigen Erzeugnisse:

Rohstoffe	1.000
Hilfs- und Betriebsstoffe	1.000
Fertigungslöhne	5.000
20 Metallstangen	7.000
1 Metallstange	350

600	Aufwendungen für Rohstoffe	1.000	**an**	200 Rohstoffe/Fertigungsmaterial	1.000
602	Aufwendungen für Hilfsstoffe	1.000	**an**	202 Hilfsstoffe	1.000
620	Fertigungslöhne	5.000	**an**	288 Kasse	5.000
21	Unfertige Erzeugnisse, unfertige Leistungen	7.000	**an**	521 Bestandsveränderungen unfertige Erzeugnisse	7.000

23) Herstellungskosten der Fertigfabrikate:

10 Halbfabrikate à 350	3.500
20 Fremdbauteile à 12	240
Fertigungslöhne 10 × 4 × 18	720
10 Gelenkstangen	4.460
1 Gelenkstange	446

Buchungen:

601	Aufwendungen für Vorprodukte/Fremdbauteile	240	**an**	201 Vorprodukte/Fremdbauteile	240
521	Bestandsveränderungen unfertige Erzeugnisse	3.500	**an**	21 Unfertige Erzeugnisse, unfertige Leistungen	3.500
620	Fertigungslöhne	720	**an**	288 Kasse	720
22	Fertige Erzeugnisse und Waren	4.460	**an**	522 Bestandsveränderungen fertige Erzeugnisse	4.460

24)	522	Bestandsveränderungen fertige Erzeugnisse	1.784	**an** 22	Fertige Erzeugnisse und Waren	1.784
	24	Forderungen aus Lieferungen und Leistungen	2.750	**an** 510	Umsatzerlöse für eigene Erzeugnisse	2.400
				714	Frachten und Fremdlager	100
				480	Mehrwertsteuer	250

25 a)

Bewertungsmethode	Wertermittlung des Wareneinsatzes		Endbestandswert
gewogene Durchschnittsmethode	100 kg × 10 DM/kg = 1000	1.000	1.000
gleitende Durchschnittsmethode	40 kg × 8,60 DM/kg = 344 30 kg × 9,80 DM/kg = 294 30 kg × 10,48 DM/kg = 314	952	1.048
Perioden-Lifo-Methode	40 kg × 12 DM/kg = 480 60 kg × 11 DM/kg = 660	1.140	860
permanente Lifo-Methode	30 kg × 12 DM/kg = 360 30 kg × 11 DM/kg = 330 30 kg × 10 DM/kg = 300 10 kg × 8 DM/kg = 80	1.070	930
Fifo-Methode	70 kg × 8 DM/kg = 560 30 kg × 10 DM/kg = 300	860	1.140
Perioden-Hifo-Methode	40 kg × 12 DM/kg = 480 60 kg × 11 DM/kg = 660	1.140	860
permanente Hifo-Methode	30 kg × 12 DM/kg = 360 30 kg × 11 DM/kg = 330 30 kg × 10 DM/kg = 300 10 kg × 8 DM/kg = 80	1.070	930
Perioden-Lofo-Methode	70 kg × 8 DM/kg = 560 30 kg × 10 DM/kg = 300	860	1.140

- Lifo-/Hifo-Verfahren und Fifo-/Lofo-Verfahren führen zum gleichen Ergebnis.
- alle auf Basis der Sammelbewertungsverfahren ermittelten Endbestände sind nach dem Niederstwertprinzip zulässig, da der Markt- bzw. Börsenpreis am Bilanzstichtag mit 12 DM/kg zu einem höheren Wertansatz (100 kg × 12 DM/kg = 1.200) führt.

25b)

Bewertungs-methode	Wertermittlung des Wareneinsatzes		Endbe-standswert
gewogene Durchschnitts-methode	100 kg × 6 DM/kg = 600	600	600
gleitende Durchschnitts-methode	40 kg × 7,40 DM/kg = 296 30 kg × 6,20 DM/kg = 186 30 kg × 5,52 DM/kg = 166	648	552
Perioden-Lifo-Methode	40 kg × 4 DM/kg = 160 60 kg × 5 DM/kg = 300	460	740
permanente Lifo-Methode	30 kg × 6 DM/kg = 180 10 kg × 8 DM/kg = 80 30 kg × 5 DM/kg = 150 30 kg × 4 DM/kg = 120	530	670
Fifo-Methode	70 kg × 8 DM/kg = 560 30 kg × 6 DM/kg = 180	740	460
Perioden-Hifo- ≙ permanenter Hi-fo-Methode	70 kg × 8 DM/kg = 560 30 kg × 6 DM/kg = 180	740	460
Perioden-Lofo-Methode	40 kg × 4 DM/kg = 160 60 kg × 5 DM/kg = 300	460	740

– alle Wertansätze sind unzulässig, da der niedrigere Markt- bzw. Börsenpreis am Bilanzstichtag 100 kg × 4 DM/kg = 400 beträgt und der Endbestand gemäß dem strengen Niederstwertprinzip auf diesen Wert abzuschreiben ist.

25c)

Bewertungs-methode	Wertermittlung des Wareneinsatzes		Endbe-standswert
gewogene Durchschnitts-methode	160 kg × 6 DM/kg = 960	960	240
gleitende Durchschnitts-methode	40 kg × 7,40 DM/kg = 296 60 kg × 6,20 DM/kg = 372 60 kg × 5,32 DM/kg = 319	987	213
Perioden-Lifo- ≙ permanenter Lifo-Methode	40 kg × 4 DM/kg = 160 60 kg × 5 DM/kg = 300 30 kg × 6 DM/kg = 180 30 kg × 8 DM/kg = 240	880	320

Bewertungs-methode	Wertermittlung des Wareneinsatzes		Endbe-standswert
Fifo-Methode	70 kg × 8 DM/kg = 560 30 kg × 6 DM/kg = 180 60 kg × 5 DM/kg = 300	1.040	160
Perioden-Hifo- ≙ permanenter Hifo-Methode	70 kg × 8 DM/kg = 560 30 kg × 6 DM/kg = 180 60 kg × 5 DM/kg = 300	1.040	160
Perioden-Lofo-Methode	40 kg × 4 DM/kg = 160 60 kg × 5 DM/kg = 300 30 kg × 6 DM/kg = 180 30 kg × 8 DM/kg = 240	880	320

- Hifo und Fifo-Methode sind zulässig, der Wertansatz entspricht dem Preis am Bilanzstichtag (40 kg × 4 DM/kg = 160)
- unzulässig ist die Bewertung nach dem Durchschnittsverfahren und nach der Lifo- bzw. Lofo-Fiktion. Gemäß dem strengen Niederstwertprinzip ist auf den niedrigeren Tageswert abzuschreiben.

25d)

Bewertungs-methode	Wertermittlung des Wareneinsatzes		Endbe-standswert
gewogene Durchschnitts-methode	100 kg × 8,50 DM/kg = 850	850	850
gleitende Durchschnitts-methode	40 kg × 9,20 DM/kg = 368 30 kg × 8,10 DM/kg = 243 30 kg × 8,38 DM/kg = 251	862	838
Perioden-Lifo-Methode	40 kg × 9 DM/kg = 360 60 kg × 7 DM/kg = 420	780	920
permanente Lifo-Methode	30 kg × 12 DM/kg = 360 10 kg × 8 DM/kg = 80 30 kg × 7 DM/kg = 210 30 kg × 9 DM/kg = 270	920	780
Fifo-Methode	70 kg × 8 DM/kg = 560 30 kg × 12 DM/kg = 360	920	780
Perioden-Hifo-Methode	30 kg × 12 DM/kg = 360 40 kg × 9 DM/kg = 360 30 kg × 8 DM/kg = 240	960	740

Bewertungsmethode	Wertermittlung des Wareneinsatzes		Endbestandswert
permanente Hifo-Methode	30 kg × 12 DM/kg = 360 10 kg × 8 DM/kg = 80 30 kg × 8 DM/kg = 240 30 kg × 9 DM/kg = 270	950	750
Perioden-Lofo-Methode	60 kg × 7 DM/kg = 420 40 kg × 8 DM/kg = 320	740	960

– Perioden-Lifo- und Perioden-Lofo-Verfahren sind unzulässig, da der Markt- bzw. Börsenpreis von 9 DM/kg einen niedrigeren Wertansatz (100 kg × 9 DM/kg = 900) ergibt.

3.2 Besonderheiten der Anlagenwirtschaft

3.21 Gegenstand, Bewertung, Kauf, Abgang

Im Mittelpunkt der Anlagenwirtschaft des Fertigungsbetriebes steht das für die industrielle Leistungserstellung typische **abnutzbare** Anlagevermögen (z. B. Gebäude, Maschinen und maschinelle Anlagen, Werkzeuge, Fuhrpark). Dieses ist Teil des gesamten Anlagevermögens, das nach § 247, Abs. 2 HGB alle die Gegenstände umfaßt, die am Abschlußstichtag bestimmt sind, **dauernd** dem Geschäftsbetrieb der Gesellschaft zu dienen.

Weitere Positionen des (nicht abnutzbaren) Anlagevermögens, die im folgenden jedoch nicht näher behandelt werden sollen, sind vor allem Grundstücke, Beteiligungen, bestimmte Wertpapiere und langfristige Ausleihungen. Wertmaßstab für das nicht abnutzbare Anlagevermögen sind die jeweiligen Anschaffungs- oder Herstellungskosten (§ 253, Abs. 1, Satz 1 HGB). Bei den Gegenständen des Anlagevermögens, deren Nutzung zeitlich begrenzt ist (abnutzbares Anlagevermögen), sind die Anschaffungs- oder Herstellungskosten um planmäßige Abschreibungen zu vermindern (§ 253, Abs. 2, Satz 1 HGB). Eine entsprechende Vorschrift sieht auch das Steuerrecht vor (§ 7, Abs. 1, Satz 1 EStG).

Kapitalgesellschaften haben gemäß § 268, Abs. 2 HGB die Entwicklung der einzelnen Positionen des Anlagevermögens in der Bilanz oder im Anhang darzustellen. Dies geschieht im sog. **Anlagespiegel** bzw. **Anlagengitter.** Ausgehend von den ursprünglichen Anschaffungs- oder Herstellungskosten der Anlagegüter werden zunächst Zu- und Abgänge erfaßt; hierauf folgen Umbuchungen, mit deren Hilfe Positionsveränderungen innerhalb des Anlagengitters vorgenommen werden. Anschließend kommen die aufsummierten Abschreibungen und Zuschreibungen der Periode zum Ausweis. Als Ergebnis leitet sich der Buchwert der Periode ab, der um die Angaben des Vorjahres zu erweitern ist. Darüber hinaus müssen die Abschreibungen des Geschäftsjahres entweder in der Bilanz bei der betreffenden Position oder gesondert im Anhang ausgewiesen werden (§ 268, Abs. 2, Satz 3 HGB). Damit ergibt sich folgendes Schema für das Anlagengitter:

Entwicklung / Bilanzpositionen	Gesamte Anschaffungs-/Herstellungskosten	Zugänge	Abgänge	Umbuchungen	Abschreibungen kumuliert	Zuschreibungen	Buchwert 31. 12. Abschlußjahr	Buchwert 31. 12. Vorjahr	Abschreibungen Abschlußjahr
		(+)	(./.)	(+/./.)	(./.)	(+)			
gesondert für die einzelnen Posten des Anlagevermögens									

Anlagengitter nach HGB

Für Kapitalgesellschaften wird damit das Informationsdefizit, das sich aus der Verpflichtung zur Anwendung der direkten Abschreibungsmethode ergibt, wieder ausgeglichen. Sowohl die historischen Anschaffungs- oder Herstellungskosten als auch die Summe der vorgenommenen Abschreibungen sind dem Anlagengitter zu entnehmen. Im Gegensatz zu einem Ausweis als Wertberichtigung geschieht dies aber ohne Aufblähung der Bilanz.

Sämtliche Gegenstände des beweglichen Anlagevermögens sind in ein Bestandsverzeichnis bzw. eine **Anlagenkartei** aufzunehmen (Abschn. 31 EStR), aus dem unter anderem die jährliche Abschreibungsquote ersichtlich ist (im einzelnen vgl. S. 528ff.). **Geringwertige Wirtschaftsgüter,** die dadurch gekennzeichnet sind, daß sie selbständig im Betrieb genutzt werden können und ihre Anschaffungs- bzw. Herstellungskosten DM 800 (ohne Mehrwertsteuer) nicht übersteigen und die im Jahr der Anschaffung oder Herstellung voll als Aufwand verrechnet werden können, werden nur einmal im Jahr der Anschaffung oder Herstellung auf einer Gruppenkarte (Sammelkarte) erfaßt. Nicht registriert werden geringwertige Anlagegüter mit Anschaffungs- oder Herstellungskosten bis DM 100 (ohne Mehrwertsteuer), die sofort als Aufwand verbucht werden können (Abschn. 40, Abs. 4, Satz 4 EStR), sowie bewegliche Anlagegegenstände, die die Voraussetzungen des § 240, Abs. 3 HGB erfüllen und mit einem **Festwert** angesetzt werden (vgl. S. 468f.).

Standardbuchungssätze für Kauf (Zugang) und Verkauf (Abgang) beispielsweise von technische Anlagen und Maschinen sind (kreditierte Geschäftsvorfälle unterstellt, ohne Umsatzsteuer, Verkauf zum Buchwert) bei Anwendung des IKR (s. auch Teil A, Abschn. 10.31, S. 212ff.).

Kauf:

07	Technische Anlagen und Maschinen	**an**	44	Verbindlichkeiten aus Lieferungen und Leistungen

Verkauf:

24	Forderungen aus Lieferungen und Leistungen	**an**	07	Technische Anlagen und Maschinen

Wird die betreffende Anlage unter dem Buchwert, der sich aus der Anwendung des gewählten Abschreibungsverfahrens auf die Anschaffungs- oder Herstellungskosten ergibt, verkauft, so ergibt sich ein sonstiger betrieblicher Aufwand, umgekehrt bei Verkauf über dem Buchwert ein sonstiger betrieblicher Ertrag:

Verkauf **unter** Buchwert:

24	Forderungen aus Lieferungen und Leistungen			
696	Verluste aus dem Abgang von Gegenständen des Anlagevermögens	**an**	07	Technische Anlagen und Maschinen

Verkauf **über** Buchwert:

24	Forderungen aus Lieferungen und Leistungen	**an**	07	Technische Anlagen und Maschinen
			546	Erträge aus dem Abgang von Gegenständen des Anlagevermögens

3.22 Abschreibung von Anlagen

Hinsichtlich der **buchmäßigen** Behandlung der Abschreibungen kann auf die entsprechenden Ausführungen in Teil A verwiesen werden (vgl. Abschnitt 10.3, S. 212ff.). Der zentralen Bedeutung wegen, die den Abschreibungen jedoch im Industriebetrieb im Hinblick auf eine „richtige“ Aufwandsverrechnung innerhalb der Finanzbuchführung zukommt, werden im folgenden **Ursachen, Arten** und **Verfahren** der Abschreibung in den wesentlichen Grundzügen dargestellt.

3.221 Abschreibungsursachen

Das Problem der Abschreibung stellt sich insbesondere bei den abnutzbaren Anlagegütern, die nicht innerhalb einer Periode verbraucht und entsprechend als Aufwand verrechnet werden, sondern die über einen längeren Zeitraum hinweg, ihrer Nutzungsdauer, zur Durchführung der Produktion zur Verfügung stehen und erst allmählich das in ihnen vorhandene Nutzungspotential abgeben. Ein Periodenergebnis läßt sich daher nur ermitteln, wenn die Wertminderung der abnutzbaren Anlagegüter periodenweise festgestellt und als Aufwand verrechnet wird.

Folgende Ursachen der Wertminderung von Anlagegütern sind zu unterscheiden:

(1) **Verbrauchsbedingte (technische) Abschreibung** durch Gebrauch im Produktionsprozeß, natürlichen Verschleiß durch äußere Einflüsse und Katastrophenverschleiß, also durch eine mengenmäßige Verringerung des in einem Wirtschaftsgut enthaltenen Nutzungspotentials.

(2) **Wirtschaftlich bedingte Abschreibung** durch technischen Fortschritt, Nachfrageverschiebungen, als Folge einer Fehlinvestition, durch Sinken der Wiederbeschaffungskosten bzw. der Absatzpreise, also durch eine Minderung des

wirtschaftlichen Wertes des Nutzungspotentials, den ein Wirtschaftsgut repräsentiert.

(3) **Zeitlich bedingte Abschreibung,** die eine volle Nutzung eines vorhandenen Nutzungspotentials unmöglich macht, weil z. B. Mietverträge oder Konzessionen ablaufen.

3.222 Abschreibungsarten

Nach dem jeweils zugrundeliegenden Unterscheidungsmerkmal lassen sich verschiedene Abschreibungsarten klassifizieren.

Neben der Unterscheidung zwischen bilanzieller und kalkulatorischer Abschreibung (vgl. S. 212ff. sowie S. 532ff.) und zwischen direkter und indirekter Abschreibung (vgl. Teil A, Abschn. 10.31, S. 212ff.) wird hier insbesondere auf die Einteilung in planmäßige und außerplanmäßige Abschreibungen abgehoben. Einen Überblick über verschiedene Abschreibungsarten und die im Handels- und Steuerrecht vorgesehenen Abschreibungsmöglichkeiten gibt die nachfolgende Übersicht:

Unterscheidungsmerkmal	Abschreibungsart	
Verwendung in Geschäfts- oder Betriebsbuchführung	– bilanzielle Abschreibung – kalkulatorische Abschreibung	
Buchungstechnik	– direkte Abschreibung – indirekte Abschreibung	
	Handelsrecht	Steuerrecht
Voraussicht des Werteverbrauchs	– planmäßige Abschreibung § 253, Abs. 2, Satz 1 und 2 HGB – außerplanmäßige Abschreibung § 253, Abs. 2, Satz 3 HGB	– Absetzung für Abnutzung (AfA); § 7, Abs. 1, Satz 1–3 EStG – Absetzung für Substanzverringerung (AfS); § 7, Abs. 6 EStG – Absetzung für außergewöhnliche technische oder wirtschaftliche Abnutzung (AfaA); § 7, Abs. 1, Satz 5 EStG – Teilwertabschreibung; § 6, Abs. 1 EStG – Sonderabschreibungen • Sonderabschreibungen im engeren Sinne z. B. § 7g EStG, §§ 81, 82d EStG • erhöhte Absetzungen z. B. §§ 7b–e, h und i EStG, § 82a EStDV

Abschreibungsarten

Die bereits erwähnten **planmäßigen Abschreibungen** nach § 253, Abs. 2, Satz 1 und 2 HGB finden im Steuerrecht ihr Äquivalent in den Absetzungen für Abnutzung (AfA) nach § 7, Abs. 1, Satz 1 EStG sowie in den Absetzungen für Substanzverringerung (AfS) nach § 7, Abs. 6 EStG. Der Begriff planmäßige Abschreibung stellt auf die Verwendung eines **Abschreibungsplans** ab, der die Anschaffungs- oder Herstellungskosten nach einer den Grundsätzen ordnungsmäßiger Buchführung entsprechenden Abschreibungsmethode auf die Geschäftsjahre verteilt, in denen der Gegenstand voraussichtlich genutzt werden kann (§ 253, Abs. 2, Satz 2 HGB). Der Abschreibungsplan muß damit Angaben enthalten über

- die zu verteilenden Anschaffungs- oder Herstellungskosten,
- einen nach Außerbetriebsetzung evtl. noch erzielbaren Restverkaufserlös,
- die voraussichtliche Nutzungsdauer des Gegenstandes und
- die gewählte Abschreibungsmethode.

Die Bedeutung des Abschreibungsplanes und der daraus zu entnehmenden Abschreibungsbeträge liegt darin, daß die periodischen Abschreibungen einen wesentlichen Teil des Gesamtaufwandes einer Periode ausmachen, und daher durch zu hohe oder zu niedrige Abschreibungsverrechnung die **Höhe des Periodenerfolgs** entscheidend beeinflußt werden kann. Um derartige Manipulationen weitgehend auszuschalten, wurden vor allem für steuerliche Zwecke Vorschriften erlassen, die die voraussichtliche Nutzungsdauer eines Anlagegegenstandes festlegen und über die Zulässigkeit verschiedener Abschreibungsverfahren befinden. Für die in der Steuerbilanz zulässige Nutzungsdauer hat die Finanzverwaltung Tabellenwerke (sog. **AfA-Tabellen**) entwickelt, in denen die **„betriebsgewöhnliche Nutzungsdauer** von Anlagegütern" aufgrund von Erfahrungswerten und Schätzungen festgelegt ist. Eine Abweichung von der in den AfA-Tabellen vorgesehenen Nutzungsdauer ist nur in begründeten Ausnahmefällen möglich (z. B. beim Zwei-Schicht-Betrieb).

Treten Wertminderungen auf, die bei Aufstellung des Abschreibungsplans nicht vorhersehbar waren, wie z. B. infolge technischen Fortschritts oder eines Nachfragerückgangs, besteht, unabhängig davon, ob die Nutzung zeitlich begrenzt ist oder nicht, die Möglichkeit, **außerplanmäßige Abschreibungen** vorzunehmen. Ist die Wertminderung von Dauer, ist die Vornahme von außerplanmäßigen Abschreibungen zwingend; ist sie nur vorübergehend, besteht bei Nicht-Kapitalgesellschaften gem. § 253, Abs. 2, Satz 3 HGB für das gesamte Anlagevermögen ein Wahlrecht bezüglich der Vornahme. Für Kapitalgesellschaften gilt, um eine stille Reservenbildung zu verhindern, ein Abwertungswahlrecht nur für Finanzanlagen (§ 279, Abs. 1, Satz 2 HGB). Nach Durchführung einer außerplanmäßigen Abschreibung ist ein neuer Abschreibungsplan aufzustellen, der den Buchwert nach Vornahme der außerplanmäßigen Abschreibung auf die verbleibende Nutzungsdauer verteilt. Außerplanmäßige Abschreibungen finden im Steuerrecht Berücksichtigung in den Absetzungen für außergewöhnliche technische und wirtschaftliche Abnutzung (AfaA; § 7, Abs. 1, Satz 5 EStG) und in den sog. Teilwertabschreibungen (§ 6, Abs. 1, Nr. 1 EStG), die dann vorzunehmen sind, wenn der Teilwert niedriger ist als der Buchwert nach Vornahme der AfA. Hinzu kommen steuerliche Sonderabschreibungen, die über das umgekehrte Maßgeblichkeitsprinzip auch für die

Handelsbilanz Relevanz erhalten; auf sie ist hier nicht näher einzugehen (*Biergans,* Steuerbilanz, S. 403ff., 784ff.; *Wöhe,* Bilanzierung, S. 759ff.).

3.223 Abschreibungsverfahren

Der Abschreibungsbetrag ergibt sich unabhängig vom zugrundeliegenden Verfahren durch Anwendung eines bestimmten Abschreibungssatzes auf die jeweilige Bemessungsgrundlage. Je nach Art und Höhe des **Abschreibungssatzes** ergeben sich verschiedene zeitliche Verläufe der Abschreibung, nach denen sich lineare, degressive, progressive sowie leistungsabhängige Abschreibungsverfahren unterscheiden lassen.

Zum gesamten Abschreibungspotential gehören stets neben dem Anschaffungspreis abzüglich Anschaffungspreisminderungen auch die **Anschaffungsnebenkosten** wie Transport-, Verpackungs-, Montagekosten und andere bis zum Einsatz des Wirtschaftsguts anfallende Ausgaben, nicht jedoch die Umsatzsteuer (Ausnahme: Ein Vorsteuerbetrag, der nach § 15 UStG nicht abziehbar ist, gehört zu den abschreibungsfähigen Anschaffungs- bzw. Herstellungskosten; Abschn. 86, Abs. 1 EStR). Ein **Schrottwert** ist nur zu berücksichtigen (abzuziehen), wenn er in Relation zum Anschaffungswert erheblich ist (Abschn. 43, Abs. 4 EStR).

Bei **zwischenperiodischem Zugang und Abgang** abnutzbarer Anlagegegenstände ist die Abschreibungsquote im Jahr des Zu- bzw. Abgangs **zeitanteilig** unter Einschluß des Anschaffungs- bzw. Ausschluß des Abgangsmonats zu bemessen. Für **bewegliche** abnutzbare Anlagegüter und nur beim Anlagenzugang kommt auch die sog. Halbjahresregel zur Anwendung, die bei Anschaffung oder Herstellung im 1. Halbjahr die volle, bei Anschaffung oder Herstellung im 2. Halbjahr die halbe Jahresabschreibung zuläßt (Abschn. 43, Abs. 8 EStR).

3.223.1 Lineare Abschreibung

Beim Verfahren der linearen Abschreibung werden die Anschaffungs- oder Herstellungskosten **gleichmäßig** über die Nutzungsdauer als Aufwand verrechnet (Abschreibung in gleichbleibenden Jahresbeträgen). Der jährliche Abschreibungsbetrag wird durch Division der Anschaffungs- bzw. Herstellungskosten durch die Jahre der voraussichtlichen Nutzung ermittelt.

Beispiel:

Anschaffungskosten 70.000, Nutzungsdauer 7 Jahre

$$\text{Abschreibungsbetrag} = \frac{70.000}{7} = 10.000$$

Periodenende	Abschreibungsbetrag	Restbuchwert
1	10.000	60.000
2	10.000	50.000
3	10.000	40.000
4	10.000	30.000
5	10.000	20.000
6	10.000	10.000
7	10.000	0

Die durch die lineare Abschreibung bewirkte gleichmäßige Aufwandsbelastung der einzelnen Perioden der Nutzungsdauer setzt voraus, daß die Gebrauchsfähigkeit einer Anlage bis zum Ende der Nutzungsdauer in etwa gleich bleibt, und die Anlage dann aus dem Betrieb ausscheidet. Besonders in den ersten Perioden der Nutzungsdauer auftretende wirtschaftliche Risiken, die vor allem eine starke Verminderung des Marktpreises einer Anlage bewirken können, vermag das Verfahren der linearen Abschreibung nicht zu berücksichtigen. Das Verfahren ist handels- und steuerrechtlich zulässig und als Normalfall der Abschreibung zu betrachten.

3.223.2 Degressive Abschreibung

Das Verfahren der degressiven Abschreibung (Abschreibung in fallenden Jahresbeträgen) tritt in drei Ausprägungen auf:
- geometrisch-degressive Abschreibung
- arithmetisch-degressive Abschreibung
- Abschreibung in fallenden Staffelsätzen

Allen drei Verfahren ist gemeinsam, daß sie in den ersten Nutzungsjahren eines Anlagegegenstandes höhere Aufwandsbeträge verrechnen als in späteren Jahren. Damit entspricht die degressive Abschreibung der Erkenntnis, daß wirtschaftliche Risiken vor allem in den ersten Jahren zu einer höheren Wertminderung von Anlagen führen. Ebenso kann man die degressive Abschreibung durch die Überlegung rechtfertigen, daß zur Aufrechterhaltung der Leistungsfähigkeit einer Anlage mit fortschreitender Nutzungsdauer steigende Reparaturaufwendungen notwendig werden, die zusammen mit dem degressiven Abschreibungsaufwand den Gesamtaufwand gleichmäßig auf alle Perioden der Nutzungsdauer verteilen.

Bei der **geometrisch-degressiven** Abschreibung wird der jährliche Abschreibungsbetrag durch Anwendung eines festen Prozentsatzes (des Abschreibungsprozentsatzes) auf den jeweiligen Restbuchwert vom Ende des vergangenen Jahres errechnet. Sie wird daher auch als **Restwert-** oder **Buchwertabschreibung** bezeichnet.

Sofern der Restbuchwert am Ende der Nutzungsdauer (R_n) bekannt ist, läßt sich der Abschreibungsprozentsatz (q) nach folgender Formel ermitteln:

$$q = 100\left(1 - \sqrt[n]{\frac{R_n}{R_o}}\right)$$

R_o = Anschaffungs- bzw. Herstellungskosten

Beispiel:

Anschaffungskosten 70.000, Nutzungsdauer 7 Jahre, Anschaffung nach dem 29. 7. 1981, Abschreibungsprozentsatz 30%

(Mit dem zweiten Haushaltsstrukturgesetz vom 22. 12. 1981 ist die geometrisch-degressive Abschreibung für bewegliche Wirtschaftsgüter des Anlagevermögens vom Zweieinhalbfachen des linearen Satzes, höchstens 25 v. H., auf das Dreifache des linearen Satzes, höchstens 30 v. H., angehoben worden. Diese Regelung gilt bereits für nach dem 29. 7. 1981 angeschaffte oder hergestellte bewegliche Wirtschaftsgüter des Anlagevermögens.)

Periodenende	Abschreibungsbetrag	Restbuchwert
1	21.000	49.000
2	14.700	34.300
3	10.290	24.010
4	7.203	16.807
5	5.042	11.765
6	3.530	8.235
7	2.471	5.764

Wie das Beispiel zeigt, führt die geometrisch-degressive Abschreibung zu einem Restbuchwert am Ende der Nutzungsdauer, der um so höher ist, je niedriger der Abschreibungsprozentsatz und je kürzer die Nutzungsdauer des Wirtschaftsgutes ist. Der Restbuchwert am Ende der Nutzungsdauer ist in der letzten Periode zusätzlich als Aufwand zu verbuchen. Es erweist sich daher als zweckmäßig, dann von der geometrisch-degressiven auf die lineare Abschreibung **überzugehen,** wenn der Abschreibungsbetrag bei degressiver Abschreibung geringer ist als der Betrag, der sich bei linearer Verteilung des Restbuchwertes auf die Restnutzungsdauer ergeben würde.

Beispiel (unter Verwendung der obigen Daten):

Periodenende	Abschreibungsbetrag		Restbuchwert
	geom.-degr.	linear*	
1	21.000	10.000	49.000
2	14.700	8.167	34.300
3	10.290	6.860	24.010
4	7.203	6.003	16.807
5	5.042 →	5.602	11.205
6	3.530	5.602	5.603
7	2.471	5.603	0

* jeweils vom Restbuchwert

Graphisch läßt sich die Entwicklung der Abschreibungsbeträge und damit der Zeitpunkt des Übergangs von der degressiven zur linearen Abschreibung aus der nachstehenden Abbildung ablesen.

Rechnerisch läßt sich der Übergangszeitpunkt ($t^ü$) nur unter der Prämisse eines stetigen Abschreibungsverlaufs exakt ermitteln:

$$t^ü = n + \frac{1}{\ln\left(1 - \frac{q}{100}\right)}$$

mit ln = natürlicher Logarithmus.

Der Wechsel von der geometrisch-degressiven Abschreibung zur linearen Abschreibung ist handels- und steuerrechtlich zulässig. Umgekehrt wird dies steuerrechtlich jedoch ausgeschlossen, ebenso ein Wechsel zwischen den verschiedenen degressiven Abschreibungsverfahren (§ 7, Abs. 3, Satz 3 EStG).

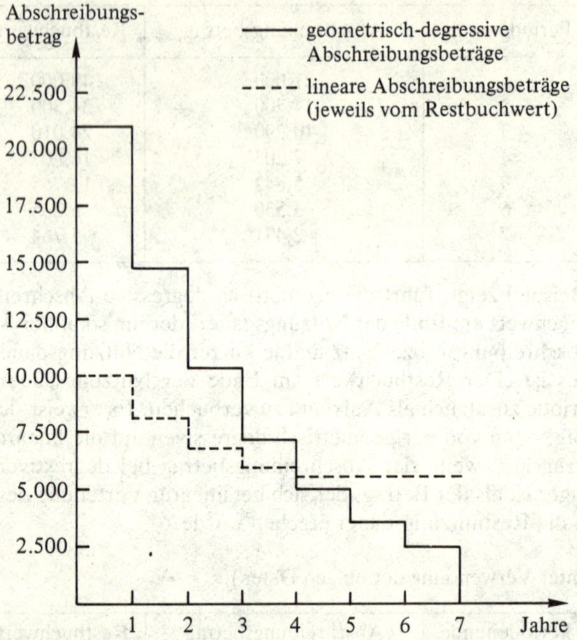

Entwicklung des Abschreibungsbetrags beim Übergang von der geometrisch-degressiven zur linearen Abschreibung

Die geometrisch-degressive Abschreibung ist **handelsrechtlich** zulässig, soweit nicht gegen die Grundsätze ordnungsmäßiger Buchführung verstoßen wird. **Steuerrechtlich** knüpft die Anwendbarkeit dieses Verfahrens an zwei Bedingungen an, die für nach dem 29. 7. 1981 angeschaffte Wirtschaftsgüter des Anlagevermögens wie folgt festgelegt sind (§ 7, Abs. 2 EStG):

(1) Der Abschreibungsprozentsatz darf das 3-fache des bei linearer Abschreibung in Betracht kommenden Satzes (laut AfA-Tabelle) nicht übersteigen.
(2) Unabhängig von (1) darf der Abschreibungsprozentsatz nicht mehr als 30% betragen.

Bei formaler Darstellung gilt folgende Relation:

$$q = \begin{cases} 30\% & \text{für } n \leq 10 \\ \dfrac{300\%}{n} & \text{für } n > 10 \end{cases}$$

(vgl. auch die Tabelle in Abschn. 43, Abs. 7 EStR).

Die jährlichen Abschreibungsbeträge vermindern sich bei der **arithmetisch-degressiven Abschreibung** jeweils um den gleichen Betrag, den sog. Degressions- bzw. Differenzbetrag (D). Dieser läßt sich, sofern der Restbuchwert am Ende der Nutzungsdauer und die erste Abschreibungsquote bekannt sind, aus der Formel

$$D = \frac{R_n - R_o + a_1 \cdot n}{\dfrac{n\,(n+1)}{2} - n} = \frac{2 \cdot (R_n - R_o + a_1 \cdot n)}{n\,(n-1)}$$

R_n = Restbuchwert am Ende der Nutzungsdauer
R_o = Anschaffungs- bzw. Herstellungskosten
a_1 = Abschreibungsbetrag in der ersten Periode
n = Nutzungsdauer in Jahren

ermitteln. Im Unterschied zur geometrisch-degressiven Abschreibung kann auf den Restbuchwert Null abgeschrieben werden.

Beispiel:

Restbuchwert am Ende der Nutzungsdauer 0, Anschaffungskosten 70.000, Abschreibungsbetrag in der ersten Periode 16.000, Nutzungsdauer 7 Jahre

$$D = \frac{2 \cdot (0 - 70.000 + 16.000 \cdot 7)}{7\,(7-1)} = 2.000$$

Periodenende	Abschreibungsbetrag	Restbuchwert
1	16.000	54.000
2	14.000	40.000
3	12.000	28.000
4	10.000	18.000
5	8.000	10.000
6	6.000	4.000
7	4.000	0

Erfolgt die arithmetisch-degressive Abschreibung in der Form, daß der Degressionsbetrag mit der Abschreibungsrate im letzten Jahr identisch ist, so spricht man von **digitaler Abschreibung.** Dabei wird der abzuschreibende Betrag durch die Summe der Jahresziffern dividiert. Die jährlichen Abschreibungssätze ergeben sich aus dem Quotienten von noch verbleibender Nutzungsdauer (vom Jahresanfang gerechnet) und Summe der Jahresziffern:

$$D = \frac{R_o - R_n}{\sum\limits_{i=1}^{n} n_i} = \frac{2\,(R_o - R_n)}{n\,(n+1)}$$

Der Abschreibungsbetrag läßt sich zum einen als Produkt aus dem jeweiligen Abschreibungssatz und den Anschaffungs- bzw. Herstellungskosten oder zum anderen durch Multiplikation des Degressionsbetrags mit den Jahresziffern in umgekehrter Reihenfolge (= verbleibende Nutzungsdauer) berechnen.

Beispiel:

Anschaffungskosten 70.000, Nutzungsdauer 7 Jahre

$$\text{Degressionsbetrag} = \frac{70.000}{1+2+3+4+5+6+7} = \frac{2 \cdot 70000}{7 \cdot (7+1)} = 2.500$$

Periodenende	Quotient	Abschreibungssatz in %	Abschreibungsbetrag	Restbuchwert
1	7/28	25	17.500	52.500
2	6/28	21,43	15.000	37.500
3	5/28	17,86	12.500	25.000
4	4/28	14,29	10.000	15.000
5	3/28	10,71	7.500	7.500
6	2/28	7,14	5.000	2.500
7	1/28	3,57	2.500	0

Bei der **Abschreibung mit fallenden Staffelsätzen** wird die Gesamtnutzungsdauer in einzelne Zeitabschnitte unterteilt, denen abnehmende Abschreibungssätze zugeordnet werden. Der Abschreibungsbetrag der einzelnen Perioden einer Staffel wird somit anhand des gleichen Prozentsatzes, der sich auf die Anschaffungs- bzw. Herstellungskosten bezieht, ermittelt.

Beispiel:

Gem. § 7, Abs. 5 EStG ergeben sich bei der Abschreibung von Gebäuden, die zum Betriebsvermögen gehören, nicht Wohnzwecken dienen und für die der Antrag auf Baugenehmigung nach dem 31. 3. 1985 gestellt wurde, folgende Staffeln:

Staffel	Perioden	Abschreibungssatz in %
1	1– 4	10
2	5– 7	5
3	8–25	2,5

Für Gebäude, die die genannten Bedingungen nicht erfüllen, sind folgende Staffeln vorgesehen:

Staffel	Perioden	Abschreibungssatz in %
1	1– 8	5
2	9–14	2,5
3	15–50	1,25

Wurde für letztere Gebäude der Bauantrag jedoch nach dem 28. Februar 1989 gestellt, sind, soweit die Gebäude Wohnzwecken dienen, folgende Staffeln anwendbar:

Staffel	Perioden	Abschreibungssatz in %
1	1– 4	7
2	5–10	5
3	11–16	2
4	17–40	1,25

Handelsrechtlich zulässig sind die arithmetisch-degressive Abschreibung und die Abschreibung in fallenden Staffelsätzen, wenn sie den Grundsätzen ordnungsmäßiger Buchführung entsprechen; **steuerlich** ist die arithmetisch-degressive Abschreibung ab dem Veranlagungszeitraum 1985 nicht mehr zulässig, die Abschreibung in fallenden Staffelsätzen ist hingegen bei Gebäuden unter den genannten Bedingungen anwendbar.

3.223.3 Progressive Abschreibung

Bei progressiver Abschreibung (Abschreibung mit zunehmenden Jahresbeträgen) wird zu Beginn der Nutzung weniger Abschreibungsaufwand verrechnet als am Ende. Es sind **arithmetisch-progressive** und **geometrisch-progressive** sowie **unregelmäßig-progressive** Abschreibungsverläufe denkbar. Die progressive Abschreibung findet in der Geschäftsbuchführung nur in Ausnahmefällen Anwendung, insbesondere bei Anlagen, die eine gewisse Anlaufzeit benötigen (z. B. Obstplantagen, Verkehrsbetriebe). Die Ermittlung des Abschreibungs- bzw. Progressionsbetrags erfolgt analog zur geometrisch-degressiven bzw. arithmetisch-degressiven Abschreibung, wobei der zeitliche Abschreibungsverlauf umgekehrt werden muß. Soweit nicht gegen Grundsätze ordnungsmäßiger Buchführung verstoßen wird, ist die progressive Abschreibung handelsrechtlich zulässig. Im Steuerrecht ist die progressive Abschreibung nicht vorgesehen; auf eine Ausnahme wird im nächsten Abschnitt eingegangen.

3.223.4 Abschreibung nach Leistung und Inanspruchnahme

Im Gegensatz zu den bisher dargestellten Abschreibungsverfahren, die den Abschreibungsaufwand unter zeitlichen Aspekten verteilen, geht die Abschreibung nach Leistung und Inanspruchnahme (Leistungsabschreibung) vom Gesamtleistungs- bzw. Gesamtnutzungspotential einer Anlage aus (z. B. Maschinenstunden, die eine Maschine maximal leisten kann; Gesamtfahrleistung eines Fahrzeugs). Vorzug des Verfahrens ist, daß Aufwand entsprechend der Beschäftigung und damit der tatsächlichen Inanspruchnahme einer Anlage verrechnet wird. Auf der anderen Seite können der natürliche Zeitverschleiß und wirtschaftlich begründete Wertminderungen ebensowenig Berücksichtigung finden wie ein gegen Ende der Nutzungsmöglichkeiten eventuell ansteigender Reparaturaufwand. Zur Berechnung der Jahresabschreibung wird bei diesem Verfahren zunächst der auf eine Leistungseinheit entfallende Abschreibungsbetrag durch Division der Anschaffungs- bzw. Herstellungskosten durch die geschätzte Gesamtleistung ermittelt. Durch Multiplikation des so ermittelten Satzes mit der Jahresleistung ergibt sich die Jahresabschreibung.

Dieses Abschreibungsverfahren ist in der **Handelsbilanz** zulässig, soweit es den Grundsätzen ordnungsmäßiger Buchführung entspricht. In der **Steuerbilanz** ist die Übernahme der Leistungsabschreibung unter zwei Bedingungen gestattet (§ 7, Abs. 1, Satz 4 EStG i. V. m. Abschn. 43, Abs. 6 EStR):

(1) Die Leistungsabschreibung muß sich wirtschaftlich begründen lassen (z. B. bei erheblichen Schwankungen in der Leistungsabgabe).

(2) Der jährliche Umfang der Leistungsabgabe muß nachweisbar sein (z. B. durch Kilometerzähler bei Kfz).

Über die Leistungsabschreibung kann es damit zur Verrechnung progressiver Abschreibungsbeträge in der Steuerbilanz kommen, wenn die tatsächliche Inanspruchnahme im Zeitablauf zunimmt und in ihrer Höhe nachweisbar ist.

Beispiel:

Anschaffungskosten eines Lkw 70.000 GE, Gesamtleistung 100.000 km, Nutzungsdauer 7 Jahre

Abschreibungsbetrag (in Geldeinheiten, GE) je Leistungseinheit (LE)

$$= \frac{70.000 \text{ GE}}{100.000 \text{ LE}} = 0{,}7 \text{ GE/LE}$$

Periodenende	Jahresleistung	Abschreibungsbetrag	Restbuchwert
1	10.000	7.000	63.000
2	5.000	3.500	59.500
3	15.000	10.500	49.000
4	20.000	14.000	35.000
5	30.000	21.000	14.000
6	10.000	7.000	7.000
7	10.000	7.000	0

Zusammenfassend können die Restbuchwerte des Anlagegegenstandes des durchgängigen Beispiels bei Anwendung linearer, geometrisch-degressiver, arithmetisch-progressiver sowie leistungsbedingter Abschreibung wie folgt graphisch dargestellt werden:

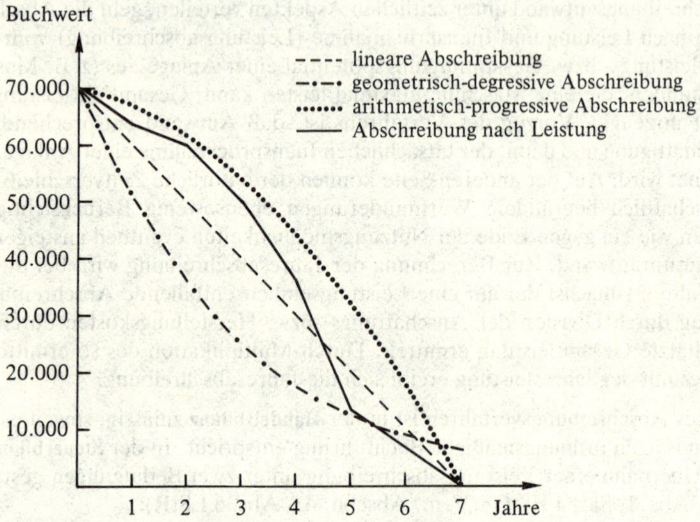

Graphische Darstellung der Abschreibungsverfahren des Übungsbeispiels

Die einzelnen Abschreibungsarten sind mit ihren rechtlichen Grundlagen und formalen Ermittlungsmethoden in der Tabelle auf S. 497f. dargestellt.

Abschreibungsverfahren	Zeitabhängige							Nach Leistung und Inanspruchnahme
		degressiv				progressiv		
	linear	geometrisch-degressiv	arithmetisch-degressiv		in fallenden Staffelsätzen	geometrisch-progressiv	arithmetisch-progressiv	
Abschreibungsbetrag	gleichbleibend	in geometrischer Reihe fallend	in arithmetischer Reihe fallend		in Staffeln (zeitlichen Abschnitten) fallend	in geometrischer Reihe steigend	in arithmetischer Reihe steigend	variabel
Abschreibungsbasis	Anschaffungs- bzw. Herstellungskosten	Restbuchwert	Anschaffungs- bzw. Herstellungskosten		Anschaffungs- bzw. Herstellungskosten	Restbuchwert	Anschaffungs- bzw. Herstellungskosten	Anschaffungs- bzw. Herstellungskosten
			arithm.-degr.	digital				
Abschreibungsbetrag	$a_t = \frac{R_o - R_n}{n}$	$a_t = q \cdot R_{t-1}$	$a_1 = \frac{R_o - R_n}{n} + \frac{(n-1)}{2} \cdot D$ $a_t = a_{t-1} - D$, $t = 2, \ldots, n$.	$a_1 = n \cdot D$ $a_t = a_{t-1} - D$, $t = 2, \ldots, n$. oder: $a_t = (R_o - R_n)\, q_t$, $t = 1, \ldots, n$.	$a_t = (R_o - R_n)\, q_{it}$, $i = 1, \ldots, z_i$ $t = 1, \ldots, n$.	Ermittlung analog der geometrisch-degressiven Methode. Der Abschreibungsverlauf wird nur umgedreht.	Ermittlung analog der arithmetisch-degressiven Methode. Der Abschreibungsverlauf wird nur umgedreht.	$a_t = (R_o - R_n) \frac{L_t}{\sum_{t=1}^{n} L_t}$ $t = 1, \ldots, n$.
Abschreibungssatz in %	$q = \frac{1}{n} \cdot 100$	$q = 100 \left(1 - \sqrt[n]{\frac{R_n}{R_0}}\right)$		$q_t = \frac{b_t}{\frac{n(n+1)}{2}} \cdot 100$ $t = 1, \ldots, n$.	Der Abschreibungssatz q_{it} wird festgesetzt bzw. bei der Gebäude-AfA ist der Abschreibungssatz in § 7, Abs. 5 EStG vorgegeben.			
Degressionsbetrag			$D = \frac{R_n - R_o + a_1 \cdot n}{\frac{n(n+1)}{2} - n}$	$D = \frac{R_o - R_n}{\frac{n(n+1)}{2}}$ $D = a_n = R_{n-1}$				

Abschreibungsverfahren	Zeitabhängige						Nach Leistung und Inanspruchnahme
		degressiv			progressiv		
	linear	geometrisch-degressiv	arithmetisch-degressiv	in fallenden Staffelsätzen	geometrisch-progressiv	arithmetisch-progressiv	
Zulässigkeit 1. Steuerrecht	§ 7, Abs. 1 EStG Zulässig für alle abnutzbaren Wirtschaftsgüter des Anlagevermögens.	§ 7, Abs. 2 EStG Zulässig nur für bewegliche abnutzbare Wirtschaftsgüter des Anlagevermögens. Bedingungen: $q \leq \begin{cases} 30\% \text{ für } n \leq 10 \\ \frac{300\%}{n} \text{ für } n > 10 \end{cases}$	Seit 1. 1. 1985 nicht mehr zulässig.	§ 7, Abs. 5 EStG Sonderregelung für Absetzungen bei Gebäuden. Bedingung: Bauherr oder Erwerb im Jahr der Fertigstellung.	Im Einkommensteuergesetz wird die progressive Abschreibung nicht erwähnt. Sie ist nur möglich, wenn der Verlauf der Leistung entspricht.		§ 7, Abs. 1, Satz 4 EStG Zulässig nur für bewegliche abnutzbare Wirtschaftsgüter des Anlagevermögens. Bedingungen: 1. Das Verfahren muß wirtschaftlich begründet sein. 2. Der Umfang der Leistung muß nachgewiesen werden.
2. Handelsrecht	Abschreibungsverfahren sind zulässig, sofern sie den Grundsätzen ordnungsmäßiger Buchführung entsprechen.						
Graphische Darstellung des Abschreibungsverlaufs	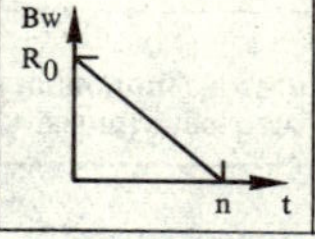	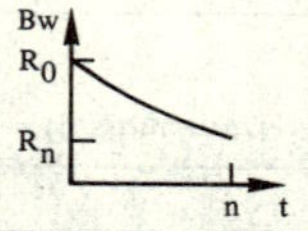	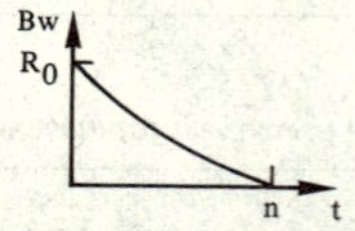	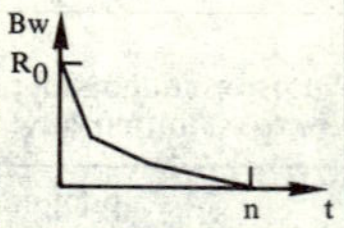	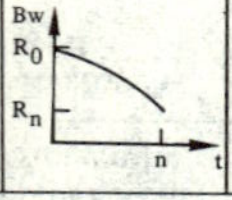	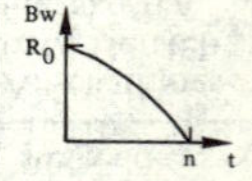	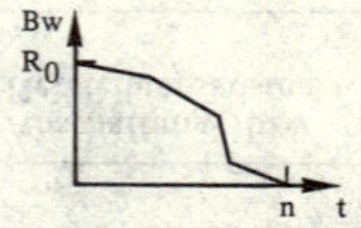

Übersicht der Abschreibungsverfahren

Abkürzungen:

a_t = Abschreibungsbetrag im Jahr t
b_t = Verbleibende Nutzungsdauer vom Jahresanfang gerechnet
Bw = Buchwert
D = Degressionsbetrag
i = Staffelindex
L_t = Leistung bzw. Inanspruchnahme im Jahr t
n = Nutzungsdauer in Jahren

q = Abschreibungssatz
R_o = Anschaffungs- bzw. Herstellungskosten
R_{t-1} = Restbuchwert vom letzten Periodenende
R_n = Restbuchwert am Ende der Nutzungsdauer bzw. Schrottwert
t = Periodenindex
z = Anzahl der Staffeln

3.3 Der Abschluß der Geschäftsbuchführung

Im Industriekontenrahmen ist für den Abschluß der Geschäftsbuchführung grundsätzlich die Kontenklasse 8 vorgesehen. Für Aktiengesellschaften reicht die Untergliederung dieser Kontenklasse allerdings nicht aus. Gemäß § 158, Abs. 1 AktG haben Aktiengesellschaften nämlich die Gewinnverwendung durch Weiterführung des GuV-Ergebnisses oder durch Angabe im Anhang zu dokumentieren. Insofern ist im Rahmen des Abschlusses dieser Rechtsform auf die Kontenklasse 3 zurückzugreifen. Somit ergibt sich folgende Gliederung:

800 Eröffnungsbilanz
81–88 Abschluß der Gewinn- und Verlustrechnung
1. bei Einzelkaufleuten und Personengesellschaften erfolgt der Abschluß der Kontenklassen 5–7 über das Konto 802 oder 803 „Gewinn- und Verlustrechnung", je nachdem, ob das Gesamtkosten- oder das Umsatzkostenverfahren zur Anwendung gelangt.
2. Bei Aktiengesellschaften sind folgende Staffelpositionen zu berücksichtigen:

34 Jahresüberschuß/Jahresfehlbetrag
332 Ergebnisvortrag aus früheren Perioden
333 Entnahmen aus der Kapitalrücklage
334 Veränderungen der Gewinnrücklagen vor Bilanzergebnis
338 Einstellungen aus dem Jahresüberschuß in Gewinnrücklagen nach Bilanzergebnis
87 Bilanzgewinn/Bilanzverlust
88 Frei
801 Schlußbilanz

Die Systematik der vorzunehmenden Abschlußbuchungen läßt sich aus der Übersicht auf S. 500 entnehmen (vgl. hierzu auch Teil A, Abschnitt 10.7, S. 286 ff.):

Die Anfangsbestände bei den Aktiv- und Passivkonten werden aus Konto 800 Eröffnungsbilanz übernommen. Für die Abschlußbuchungen gilt:

1. Sämtliche Aktivkonten werden über das Konto Schlußbilanz abgeschlossen (Beispiel: 801 Schlußbilanz **an** 07 Technische Anlagen und Maschinen).
2. Sämtliche Passivkonten werden über das Konto Schlußbilanz abgeschlossen (Beispiel: 44 Verbindlichkeiten aus Lieferungen und Leistungen **an** 801 Schlußbilanz).
3. Die Ertragskonten werden über Konto 34 (Aktiengesellschaften) Jahresüberschuß/Jahresfehlbetrag bzw. 802 bzw. 803 (Einzelkaufleute und Personengesellschaften) Gewinn- und Verlustrechnung abgeschlossen (Beispiel: 50 Umsatzerlöse **an** 802 Gewinn- und Verlustrechnung).
4. Entsprechend werden die Aufwandskosten abgeschlossen (Beispiel: 802 Gewinn- und Verlustrechnung **an** 62 Löhne).

Auf dem Gewinn- und Verlustkonto bzw. auf dem Konto Bilanzgewinn/Bilanzverlust tritt im Falle eines positiven Erfolges der Periode ein Habensaldo auf, im Falle eines negativen Erfolges ein Sollsaldo. Dem jeweils entstehenden Saldo steht ein Aktivsaldo (positiver Erfolg) bzw. Passivsaldo (negativer Erfolg) in der Schlußbilanz gegenüber.

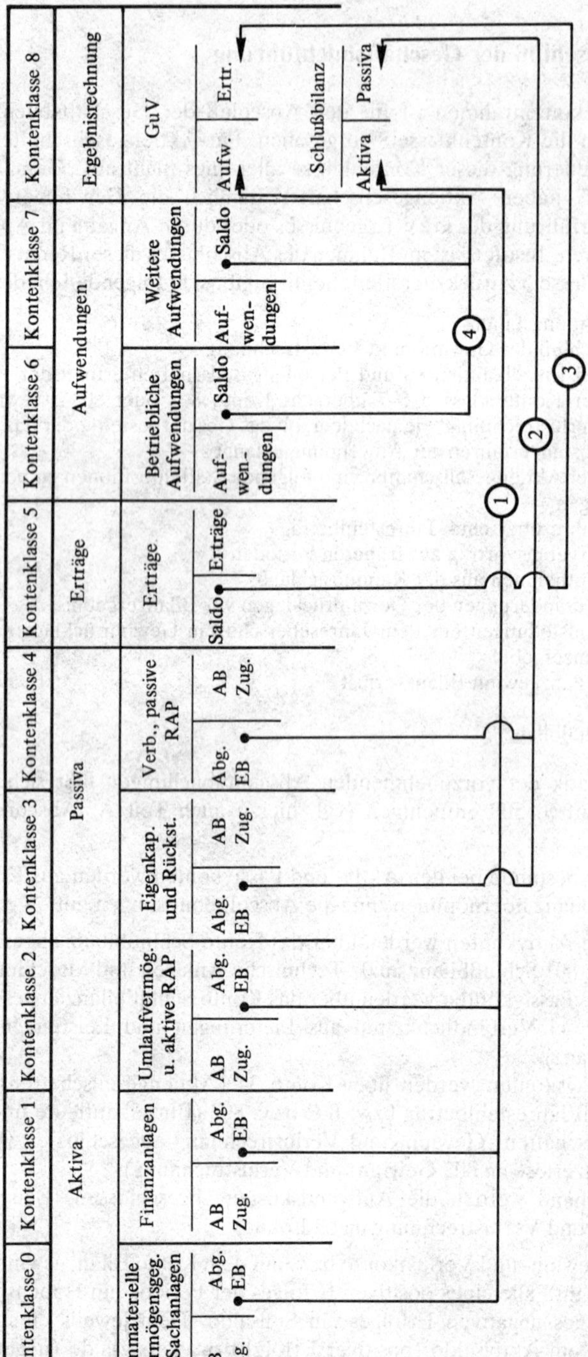

Systematik der Abschlußbuchungen der Geschäftsbuchführung nach Industriekontenrahmen

Der Abschluß der Geschäftsbuchführung wird nicht in den laufend geführten Büchern (Journal oder Grundbuch) vorgenommen, wo der Buchungsstoff nach zeitlichen (chronologischen) Gesichtspunkten gegliedert ist, sondern im sog. **Hauptbuch.** In den Konten des Hauptbuches findet die sachliche (systematische) Gliederung des Buchungsstoffes statt. Der Abschluß des Hauptbuchs führt zur Schlußbilanz und zur Gewinn- und Verlustrechnung.

Übungsbeispiel:

Die Eröffnungsbilanz zum 1. 1. für einen Betrieb, der Verpackungsmaterial herstellt, weist folgende Positionen auf:

Aktiva — Eröffnungsbilanz zum 1. 1. — Passiva

	Aktiva			Passiva	
050	Grundstücke	250.000	30	Gezeichnetes Kapital	820.000
053	Betriebsgebäude	690.000	35	Sonderposten mit Rücklageanteil	25.000
070	Technische Anlagen und Maschinen	500.000	38	Steuerrückstellungen	14.000
084	Fuhrpark	125.000	42	Verbindlichkeiten gegenüber Kreditinstituten	650.000
086	Büromaschinen, Organisationsmittel und Kommunikationsmittel	35.000	44	Verbindlichkeiten aus Lieferungen und Leistungen	30.000
20	Roh-, Hilfs- und Betriebsstoffe	15.000	45	Schuldwechsel	200.000
21	Unfertige Erzeugnisse, unfertige Leistungen	7.000	485	Verbindlichkeiten gegenüber Finanzbehörden	54.500
22	Fertige Erzeugnisse, Waren	56.000	486	Andere sonstige Verbindlichkeiten	6.500
24	Forderungen aus Lieferungen und Leistungen	80.000			
267	Andere sonstige Vermögensgegenstände	3.000			
28	Flüssige Mittel	35.000			
29	Aktive Rechnungsabgrenzung	4.000			
		1.800.000			1.800.000

Führen Sie die Eröffnungsbuchungen auf T-Konten durch und richten Sie die folgenden weiteren Konten ein:

260	anrechenbare Vorsteuer
483	Verbindlichkeiten gegenüber Sozialversicherungsträgern
50	Umsatzerlöse
52	Erhöhung oder Verminderung des Bestandes an fertigen und unfertigen Erzeugnissen
547	Erträge aus der Auflösung von Sonderposten mit Rücklageanteil
60	Aufwendungen für Roh-, Hilfs- und Betriebsstoffe und für bezogene Waren
62–64	Löhne und Gehälter, incl. soziale Abgaben
65	Abschreibungen
6953	Einstellung in die Pauschalwertberichtigung zu Forderungen
70	Betriebliche Steuern

71 Sonstige Aufwendungen
80 Eröffnung
802 Gewinn- und Verlustrechnung
801 Abschluß

Aus den Journaleintragungen sind Ihnen folgende Geschäftsvorfälle bekannt:

1) Das Unternehmen hat im abgelaufenen Geschäftsjahr Bruttoumsätze von 2.200.000 getätigt. Die daraus resultierenden Forderungen sind zu 90% auf den Bankkonten eingegangen. Ebenso sind die Forderungen aus Lieferungen und Leistungen der Eröffnungsbilanz beglichen worden.

2) Für die Beschaffung von Roh-, Hilfs- und Betriebsstoffen wurden brutto 330.000 aufgewendet. Die Kreditorenliste zum 31. 12. weist Verbindlichkeiten in Höhe von 25.000 aus.

3) Die Lohn- und Gehaltsbuchhaltung teilt folgende Jahressummen mit:

Bruttobezüge	1.200.000
abzuführende Lohnsteuer	260.000
abzuführende Kirchensteuer	20.000
Sozialversicherung Arbeitnehmeranteil	200.000
Nettoauszahlungen	720.000
Sozialversicherung Arbeitgeberanteil	200.000

An den Sozialversicherungsträger waren bis zum Abschlußstichtag 380.000 abgeführt.

4) Die Verbindlichkeiten gegenüber dem Finanzamt (vgl. Eröffnungsbilanz) wurden im Laufe des Jahres bezahlt. Außerdem wurden während des Jahres an die Finanzkasse überwiesen:

Umsatzsteuer	150.000
Lohn- und Kirchensteuer	240.000
Zusammen	390.000

Des weiteren wurde die Gewerbesteuer für das Vorjahr, für die eine Rückstellung in Höhe von 14.000 gebildet wurde, mit 16.500 an die Stadtkasse abgeführt.

5) Die „Anderen sonstigen Vermögensgegenstände" 3.000 (vgl. Eröffnungsbilanz) betreffen die Lieferantenboni für das Vorjahr. Der Betrag ging im laufenden Jahr bar ein. Ebenso ist der aktive Rechnungsabgrenzungsposten 4.000 (im voraus bezahlte Lagerschuppenmiete) erledigt. Die unter Sonstige Verbindlichkeiten abgegrenzten Zinsen wurden im Januar des Jahres bezahlt.

6) Von den Schuldwechseln wurden 50.000 eingelöst.

7) Der Sonderposten mit Rücklageanteil (Rücklage nach § 6b EStG) mußte aufgelöst werden, weil die Wiederbeschaffungsfrist verstrichen war.

Abschlußangaben:

8) Abschreibungen:
   a) Das Fabrikgebäude wurde zusammen mit dem Grund und Boden vor 4 Jahren für 1.000.000 angeschafft. Der lineare Abschreibungssatz beträgt 2%.
   b) Auf technische Anlagen und Maschinen ist eine Buchwertabschreibung von 20% vorzunehmen.
   c) Der Fuhrpark wird entsprechend der Leistung abgeschrieben. Zurückgelegte Kilometer 50.000, Abschreibungssatz 0,50/km.

d) Die Anschaffungskosten der Büroausstattung betrugen 50.000. Abschreibung 10% linear.

9) Die körperliche Bestandsaufnahme am Jahresende brachte folgende Ergebnisse:

a) Bestand an Roh-, Hilfs- und Betriebsstoffen	18.000
b) Bestand an unfertigen Erzeugnissen	10.000
c) Bestand an fertigen Erzeugnissen	45.000

10) Folgende zeitliche Abgrenzungen sind zu treffen:

a) Von den Lieferanten werden Boni-Gutschriften für Umsätze des laufenden Jahres von 5.000 erwartet.
b) Rückständige Wassergeldzahlung 2.000.
c) Gewerbesteuerabschlußzahlung für das laufende Jahr 3.500.

11) Auf den Forderungsbestand am Jahresultimo soll eine Pauschalwertberichtigung von 2% gebildet werden.

12) Das Konto anrechenbare Vorsteuer ist abzuschließen.

Verbuchen Sie die Geschäftsvorfälle auf den eingerichteten T-Konten. Nehmen Sie die vorbereitenden Abschlußbuchungen vor und schließen Sie dann das Hauptbuch über das Schlußbilanz- bzw. Gewinn- und Verlustrechnungs-Konto ab.

Lösung: die in () gesetzten Ziffern kennzeichnen die entsprechenden Geschäftsvorfälle bzw. Abschlußangaben

Soll — 800 Eröffnungsbilanzkonto — Haben

30	Gezeichnetes Kapital	820.000	050	Grundstücke	250.000
35	Sonderposten mit Rücklageanteil	25.000	053	Betriebsgebäude	690.000
38	Steuerrückstellungen	14.000	070	Technische Anlagen und Maschinen	500.000
42	Verbindlichkeiten gegenüber Kreditinstituten	650.000	084	Fuhrpark	125.000
44	Verbindlichkeiten aus Lieferungen und Leistungen	30.000	086	Büromaschinen, Organisationsmittel und Kommunikationsmittel	35.000
45	Schuldwechsel	200.000	20	Roh-, Hilfs- und Betriebsstoffe	15.000
485	Verbindlichkeiten gegenüber Finanzbehörden	54.500	21	Unfertige Erzeugnisse, unfertige Leistungen	7.000
486	Andere sonstige Verbindlichkeiten	6.500	22	Fertige Erzeugnisse	56.000
			24	Forderungen aus Lieferungen und Leistungen	80.000
			267	Andere sonstige Vermögensgegenstände	3.000
			28	Flüssige Mittel	35.000
			29	Aktive Rechnungsabgrenzung	4.000
		1.800.000			1.800.000

050 Grundstücke

800	250.000	801	250.000

053 Betriebsgebäude

800	690.000	65	15.000 (8)
		801	675.000
	690.000		690.000

070 Technische Anlagen und Maschinen

800	500.000	65	100.000 (8)
		801	400.000
	500.000		500.000

084 Fuhrpark

800	125.000	65	25.000 (8)
		801	100.000
	125.000		125.000

086 Büromaschinen, Organisationsmittel und Kommunikationsmittel

800	35.000	65	5.000 (8)
		801	30.000
	35.000		35.000

20 Roh-, Hilfs-, Betriebsstoffe

800	15.000	60	297.000 (9)
(2) 44	300.000	801	18.000
	315.000		315.000

21 Unfertige Erzeugnisse, unfertige Leistungen

800	7.000	801	10.000
(9) 52	3.000		
	10.000		10.000

22 Fertige Erzeugnisse

800	56.000	52	11.000 (9)
		801	45.000
	56.000		56.000

24 Forderungen aus Lieferungen und Leistungen

800	80.000	28	1.980.000 (1)
(1) 50/485	2.200.000	28	80.000 (1)
		6953	2.800 (11)
		801	217.200
	2.280.000		2.280.000

28 Flüssige Mittel

800	35.000	44	335.000 (2)
(1) 24	1.980.000	62–64	720.000 (3)
(1) 24	80.000	483	380.000 (3)
(5) 267	3.000	485	444.500 (4)
		38/70	16.500 (4)
		486	6.500 (5)
		45	50.000 (6)
		801	145.500
	2.098.000		2.098.000

260 Anrechenbare Vorsteuer

(2) 44	30.000	485	30.000

267 Andere sonstige Vermögensgegenstände

800	3.000	28	3.000 (5)
(10) 60	5.000	801	5.000
	8.000		8.000

29 Aktive Rechnungsabgrenzung

800	4.000	71	4.000 (5)

35 Sonderposten mit Rücklageanteil

(7) 547	25.000	800	25.000

30 Gezeichnetes Kapital

89	820.000	800	820.000

38 Steuerrückstellungen

(4) 28	14.000	800	14.000
801	3.500	701	3.500 (10)
	17.500		17.500

42 Verbindlichkeiten gegenüber Kreditinstituten

801	650.000	800	650.000

44 Verbindlichkeiten aus Lieferungen und Leistungen

(2) 28	335.000	800	30.000
801	25.000	20/260	
			330.000 (2)
	360.000		360.000

45 Schuldwechsel

(6) 28	50.000	800	200.000
801	150.000		
	200.000		200.000

483 Verbindlichkeiten gegenüber Sozialversicherungsträgern

(3) 28	380.000	62–64	
801	20.000		200.000 (3)
		62–64	
			200.000 (3)
	400.000		400.000

485 Verbindlichkeiten gegenüber Finanzbehörden

(4) 28	444.500	800	54.500
(12) 260		24	200.000 (1)
	30.000	62–64	
801	60.000		280.000 (3)
	534.500		534.500

486 Andere sonstige Verbindlichk.

(5) 28	6.500	800	6.500
801	2.000	71	2.000 (10)
	8.500		8.500

50 Umsatzerlöse

802	2.000.000	24	2.000.000 (1)

52 Erhöhung oder Verminderung des Bestandes an fertigen und unfertigen Erzeugnissen

(9) 22	11.000	21	3.000 (9)
		802	8.000
	11.000		11.000

547 Erträge aus Auflösung von Sonderposten mit Rücklageanteil

802	25.000	35	25.000 (7)

60 Aufwendungen für Roh-, Hilfs- und Betriebsstoffe und bezogene Waren

(9) 20	297.000	267	5.000 (10)
		802	292.000
	297.000		297.000

62–64 Löhne und Gehälter, incl. soziale Abgaben

(3) 28/483/485		802	1.400.000
	1.200.000		
(3) 483	200.000		
	1.400.000		1.400.000

65 Abschreibungen

(8) 053	15.000	802	145.000
(8) 070	100.000		
(8) 084	25.000		
(8) 086	5.000		
	145.000		145.000

6953 Einstellung in die Pauschalwertberichtigung zu Forderungen

(11) 24	2.800	802	2.800

70 Steuern

(4) 28	2.500	802	6.000
(10) 38	3.500		
	6.000		6.000

71 Sonstige Aufwendungen

(5) 29	4.000	802	6.000
(10) 486	2.000		
	6.000		6.000

802 Gewinn- und Verlustrechnung

Aufwand					Ertrag
60	Aufwendungen für Roh-, Hilfs-, Betriebsstoffe	292.000	50	Umsatzerlöse	2.000.000
62–64	Löhne und Gehälter incl. soziale Abgaben	1.400.000	547	Erträge aus der Auflösung von Sonderposten mit Rücklageanteil	25.000
65	Abschreibungen	145.000			
6953	Einstellung in die Pauschalwertberichtigung zu Forderungen	2.800			
70	Betriebliche Steuern	6.000			
71	Sonstige Aufwendungen	6.000			
52	Erhöhung oder Verminderung des Bestandes an fertigen und unfertigen Erzeugnissen	8.000			
	Gewinn	165.200			
		2.025.000			2.025.000

801 Schlußbilanz

Aktiva					Passiva
050	Grundstücke	250.000	30	Gezeichnetes Kapital	820.000
053	Betriebsgebäude	675.000	38	Steuerrückstellungen	3.500
070	Technische Anlagen und Maschinen	400.000	42	Verbindlichkeiten gegenüber Kreditinstituten	650.000
084	Fuhrpark	100.000	44	Verbindlichkeiten aus Lieferungen und Leistungen	25.000
086	Büromaschinen, Organisationsmittel und Kommunikationsmittel	30.000	45	Schuldwechsel	150.000
20	Roh-, Hilfs- und Betriebsstoffe und bezogene Waren	18.000	483	Verbindlichkeiten gegenüber Sozialversicherungsträgern	20.000
21	Unfertige Erzeugnisse, unfertige Leistungen	10.000	485	Verbindlichkeiten gegenüber Finanzbehörden	60.000
22	Fertige Erzeugnisse	45.000	486	andere sonstige Verbindlichkeiten	2.000
24	Forderungen aus Lieferungen und Leistungen	217.200		Gewinn	165.200
28	Flüssige Mittel	145.500			
267	Andere sonstige Vermögensgegenstände	5.000			
		1.895.700			1.895.700

Der Jahresabschluß auf den T-Konten des Hauptbuchs neigt schon bei relativ geringem Geschäftsumfang und geringer Anzahl vorzunehmender Buchungen zu Unübersichtlichkeit und Unwirtschaftlichkeit in der Abrechnung. Die betriebliche Praxis führt daher den Abschluß der Geschäftsbuchführung nur noch selten im Hauptbuch durch; sie bedient sich in zunehmendem Maße der Hauptabschlußübersicht (Betriebsübersicht, Abschlußtabelle, Probebilanz), die als statistische Abrechnung außerhalb der eigentlichen Buchführung erstellt wird und in keinem kontenmäßigen Zusammenhang mit ihr steht (vgl. Teil A, Abschnitt 10.7, S. 286ff.).

Ergänzende Literatur zu: 3. Besonderheiten der Geschäftsbuchführung im Industriebetrieb

Andres/Egle/Köhl/Reuther, IKR, S. 79–90; 131–139
Coenenberg u.a., Jahresabschluß, S. 102–129; 133–160
Federmann, Bilanzierung, S. 246–310
Hahn/Lenz/Tunnissen, Buchführung, S. 16–21; 67–70
Kotsch-Faßhauer/Leuz, Buchführung, S. 143–262
Schwarnweber, Buchführung, S. 43–48; 58–79
Wöhe, Bilanzierung, S. 449–536
Wörner, Handels- und Steuerbilanz, S. 52–61; 102–113; 161–178

4. Die Betriebsbuchführung des Industriebetriebs

4.1 Aufgaben der Betriebsbuchführung

Die Betriebsbuchführung oder Kosten- und Leistungsrechnung ist Gegenstand der **internen Rechnungslegung** und repräsentiert neben der Finanz- oder Geschäftsbuchführung den zweiten Zweig des betrieblichen Rechnungswesens (vgl. hierzu die Systematik auf S. 9). Als Instrument der innerbetrieblichen Abrechnung hat sie die Aufgabe, den Weg der Produktionsfaktoren im betrieblichen Kombinationsprozeß zu verfolgen und jenen Werteverbrauch und Wertezuwachs zahlenmäßig abzubilden, der durch die betriebliche Leistungserstellung und Leistungsverwertung verursacht wird. Diese zahlenmäßige Abbildung des betrieblichen Werteverbrauchs und Wertezuwachses dient der Erfüllung folgender Aufgaben:

1. Die Betriebsbuchführung soll die Unternehmensleitung in die Lage versetzen, die unternehmerischen Prozesse der Faktorkombination zielentsprechend zu steuern. Um nicht erwünschte bzw. nicht erwartete Entwicklungen kurzfristig lenken zu können, werden dazu möglichst aktuelle **Kontrollinformationen** darüber benötigt, was in den verschiedenen Fertigungsstellen tatsächlich geschieht. Die ständige Bereitstellung von Unterlagen, aus denen die Ursachen für **Kostenentstehung** und **Kostenhöhe** hervorgehen, dient mithin in erster Linie der Kontrolle des Betriebsgebarens, um jede Verschwendung an betrieblichen Ressourcen zu vermeiden.

2. Zur Lenkungs- und Steuerungsaufgabe der Unternehmensleitung gehört nicht nur die vergangenheitsbezogene Kontrolle, sondern vor allem auch die zukunftsbezogene Planung. Grundlage dieser unternehmerischen **Planungs- und Entscheidungsaufgabe** sind die in der Betriebsbuchführung erfaßten Informationen. Die Betriebsbuchführung soll mithin relevante Unterlagen bereitstellen, auf deren Basis Entscheidungen gefällt werden können. Im Unterschied zu anderen Teilplanungen (z. B. Investitions- und Finanzplanung, Standortplanung etc.) beschränkt sich die Betriebsbuchführung dabei in der Regel auf die Erarbeitung von Daten für **kurzfristige Entscheidungen.**
   Aus der Fülle der vielfältigen Möglichkeiten von Entscheidungsaufgaben, die auf der Grundlage von Kostenrechnungsinformationen nach dem Wirtschaftlichkeitsprinzip zu fällen sind, seien beispielhaft folgende genannt:
   - **im Beschaffungsbereich:** Wahl zwischen Eigenfertigung und Fremdbezug, zwischen verschiedenen Bezugsquellen oder Transportwegen, Ermittlung der optimalen Bestell- bzw. Lagermenge
   - **im Produktionsbereich:** Bestimmung des optimalen Produktionsprogramms, des optimalen Produktionsverfahrens bzw. der optimalen Losgröße, Änderung des Beschäftigungsgrades durch zeitliche, intensitätsmäßige oder quantitative Anpassung
   - **im Absatzbereich:** Ermittlung von Preisuntergrenzen bzw. Angebotspreisen (Kalkulation), Wahl zwischen verschiedenen Absatzwegen, Vertriebsmethoden und Werbemaßnahmen.

3. Neben den beiden Hauptaufgaben Entscheidung und Kontrolle hat die Betriebsbuchführung unterstützende Funktion (Hilfsfunktion) bei der Erfassung und Bewertung von Informationen für andere Zweige des Rechnungswesens. So sind z. B. die **Wertansätze** für die zu Herstellungskosten zu bilanzierenden Bestände an Halb- und Fertigfabrikaten sowie sonstigen aktivierungspflichtigen Eigenleistungen in der Betriebsbuchführung zu ermitteln und in die Geschäftsbuchführung zu übernehmen. Darüber hinaus kann die Betriebsbuchführung auch Informationen für **externe Dokumentationszwecke** liefern (z. B. Selbstkostenermittlung im Rahmen der LSP, Kosten- bzw. Wirtschaftlichkeitsinformationen bei Beantragung eines Kredits etc.).

Die Betriebsbuchführung dient diesen Aufgaben dadurch, daß sie das tatsächliche Geschehen im Unternehmen zahlenmäßig abbildet. Dazu werden sämtliche effektiven **Ist-Kosten,** gegliedert nach ihrer Art (**Kostenartenrechnung**), dem Ort ihrer Entstehung (**Kostenstellenrechnung**) oder der sie verursachenden Leistung (**Kostenträgerrechnung**) erfaßt und den gemäß unternehmerischer Zielsetzung entwickelten Vorstellungen über erwartete **Soll-Kosten (Plankostenrechnung**) gegenübergestellt. Zur kurzfristigen Planung und Kontrolle der unternehmerischen Erfolge kann die **Kostenträgerzeitrechnung** oder die **kurzfristige Erfolgsrechnung,** die den Erfolg als Leistung abzüglich Kosten eines Betriebs ausweist, herangezogen werden.

Die Bedeutung der oben genannten Aufgaben auch für den Handelsbetrieb (z. B. Kontrolle und Planung der Sortimentspolitik, der Einkaufs- und Verkaufsmodalitäten) macht deutlich, daß in der Betriebsbuchführung der Handelsbetriebe prinzipiell dieselben Methoden zur Anwendung gelangen können wie im Industriebetrieb, soweit der betreffende Handelsbetrieb überhaupt über eine Betriebsbuchführung verfügt (*Eisele/Leypoldt,* Kostenrechnung, S. 277ff.; Fallbeispiel S. 25ff.).

4.2 Definitorische Grundlagen

4.21 Kosten und Leistungen

Die Begriffe Kosten und Leistung sind im Rahmen des betrieblichen Rechnungswesens als negative und positive Erfolgskomponenten der Kosten- und Leistungsrechnung zu verstehen. Die Kosten stehen dabei für den Verbrauch, die Leistungen für die Entstehung von Wirtschaftsgütern.

In der Betriebswirtschaftslehre werden vor allem zwei unterschiedliche Kostenbegriffe unterschieden: der pagatorische und der wertmäßige Kostenbegriff. **Pagatorische Kosten** werden ausschließlich aus den Auszahlungen, d. h. aus den historischen Anschaffungskosten abgeleitet (*Koch,* Kostenrechnung, S. 14) und sind daher rein beschaffungsmarktorientiert. **Wertmäßige Kosten** sind dagegen jeglicher bewertete Verbrauch an Gütern und (Dienst-)Leistungen (allgemein: Produktionsfaktoren) zur Erstellung und zum Absatz der betrieblichen Produkte und zur Aufrechterhaltung der hierfür notwendigen Betriebsbereitschaft. Der wertmäßige Kostenbegriff ist damit leistungsorientiert.

Eine adäquate Definition des Terminus Kosten ist daran auszurichten, inwieweit ihr Einbezug in die Betriebsbuchhaltung der Aufgabenstellung dieses Rechnungszweiges gerecht wird. Daher sind als Kosten jene relevanten negativen Zielbeiträge zu betrachten, die Grundlage für die dispositiven Aufgaben Entscheidung und Kontrolle sein können. Da der wertmäßige Kostenbegriff umfassender konzipiert ist, eignet er sich für die o. g. Zwecke der Betriebsbuchführung besser als der pagatorische und wird deshalb hier zugrunde gelegt.

Die wertmäßige Kostenkonzeption, die im wesentlichen von *Schmalenbach* (Kostenrechnung, S. 6) geprägt worden ist, geht zur Herleitung der Kosten vom **Mengengerüst** aus, das aus Verbrauchsmengen bzw. -zeiten besteht und mit den zugehörigen Wertansätzen zu bewerten ist. Diese Wertansätze stimmen zwar oft mit den historischen Anschaffungskosten überein (in diesem Fall besteht praktisch kein Unterschied zwischen wertmäßigen und pagatorischen Kosten), es können jedoch, je nach Rechnungszweck, auch andere Wertansätze herangezogen werden. Insbesondere knappe Produktionsfaktoren werden mit sogenannten **Opportunitätskosten** bewertet, die den Nutzenentgang (Gewinneinbuße) messen, der entsteht, wenn Produktionsfaktoren einer bestimmten Verwendung zugeführt und gleichzeitig einer anderen Verwendung entzogen werden (z. B. kalkulatorische Zinsen, kalkulatorischer Unternehmerlohn). Durch den Ansatz derartiger Opportunitätskosten wird der Kostenbegriff kontroll- und entscheidungsorientiert (*Adam,* Kostenbewertung, S. 30f.), er löst sich jedoch von den historischen Anschaffungsauszahlungen.

Der Kostenbegriff in der hier vertretenen wertmäßigen Fassung ist durch drei Merkmale bestimmt:

- Güter- bzw. Leistungsverbrauch
- Bezug auf die erstellten und abgesetzten Produkte
- Bewertung.

Wesentliches Bestimmungsmerkmal der Kosten ist zum einen der **Verbrauch** von Gütern und Diensten. Ein solcher Güter- und Leistungsverbrauch kann dadurch bewirkt werden, daß Sach- oder Dienstleistungen direkt und vollkommen in das Produkt eingehen (Verbrauchsgüter) oder daß Güter über einen längeren Zeitraum Nutzungen abgeben (Gebrauchsgüter) und damit mittelbar der Produktion dienen.

Das Merkmal des Bezuges auf die erstellten und abgesetzten Produkte (**Leistungsbezogenheit**) zum anderen grenzt den Güter- und Leistungsverzehr weiter ab. Nur die Sach- und Dienstleistungen können Kostencharakter haben, bei denen eine, zumindest mittelbare Beziehung zur betrieblichen Endleistung festzustellen ist. Der Kostencharakter von Faktorleistungen hängt mithin vom jeweiligen Leistungsprogramm des Betriebs ab. Nur unter diesem Aspekt kann entschieden werden, ob Faktorleistungen als Kosten zu behandeln sind oder wegen „Betriebsfremdheit" nicht kostenwirksam werden können. Es ist dabei nicht wesensnotwendig, daß eine direkte und unmittelbare Beziehung zwischen Güter- und Leistungsverbrauch einerseits und Leistungsprogramm andererseits besteht (**Kostenverursachungsprinzip**), sondern es genügt vielmehr, wenn eine indirekte Beziehung in dem Sinne besteht, daß eine Leistungserstellung und der jeweilige Verbrauch an Produktionsfaktoren auf dieselbe Entscheidung zurückgeführt werden können (**Identitätsprinzip**, s. S. 519).

Der leistungsbezogene Güterverbrauch muß schließlich **bewertet** werden. An die Erfassung des Mengengerüsts der Kosten schließt sich die Zuordnung der Preise an. Aus dem Produkt: mengenmäßiger Verzehr × Kostenpreis ergibt sich der **Kostenwert.** Über die Bewertung wird der mengenmäßige Güter- und Leistungsverbrauch durch den Ausdruck in Geldgrößen in eine einheitliche Dimension transformiert. Dies ist Voraussetzung dafür, daß die verschiedenen Gütermengen überhaupt miteinander verglichen und verrechnet werden können. Der Bewertung fällt zusätzlich die Funktion der ökonomischen Gewichtung zu. Die gesamten Kosten (K) setzen sich aus der Summe der einzelnen Kostenwerte zusammen.

Formelmäßig sind die Kosten wie folgt zu definieren:

$$K = \sum_{i=1}^{n} r_i \cdot q_i$$

mit i = Art des eingesetzten Produktionsfaktors
r_i = Einsatzmenge des Produktionsfaktors i
q_i = Preis je Einheit des Produktionsfaktors i

So intensiv sich die Literatur mit dem Kostenbegriff auseinandergesetzt hat, so wenig hat sie sich bisher mit dem Begriff der Leistung befaßt. Man kann den Begriff der **Leistung** so interpretieren, daß jedes Ergebnis der betrieblichen Tätigkeit, das sich als Objekt der Zurechnung von Kosten eignet, als Leistung zu betrachten ist (*Menrad,* Kosten, Sp. 877). Diese weite Begriffsfassung ist aber für die hier verfolgten Zwecke nur bedingt geeignet; als Leistung oder Betriebsertrag soll deshalb im folgenden der Wert des Zugangs an Gütern, Dienstleistungen und Geld aufgrund der betrieblichen Tätigkeit während einer Periode verstanden werden (s. Teil B, Abschn. 4.7, S. 650ff.).

4.22 Rechnungstechnische Abgrenzungen

Die im Rechnungswesen einer Unternehmung geldmäßig erfaßten Güter- und Leistungsströme bewirken eine Minderung oder Mehrung der in einem Unternehmen gehaltenen Bestände. Je nachdem, auf welcher Rechnungsebene Bestandsänderungen hervorgerufen werden, ist zwischen Auszahlung, Einzahlung, Ausgabe, Einnahme, Aufwand, Ertrag, Betriebsertrag (Leistung) und Kosten zu unterscheiden. Eine übersichtliche Darstellung einschließlich der aus Zustrom und Abstrom resultierenden Bestandsveränderungen zeigt die folgende Matrix der Rechnungsebenen und Rechnungsgrößen (*Krümmel,* Finanzplanung, S. 226; vgl. hierzu auch die Ausführung in Teil A, Abschn. 1, S. 3. ff.

	Rechnungsebene	Bestände	Zustrom	Abstrom	Bestandsveränderungen
Unternehmensebene	Zahlungsmittelebene	Zahlungsmittel	Einzahlung	Auszahlung	Zahlungsmittelbestandsveränderung
	Geldvermögensebene	Geldvermögen	Einnahme	Ausgabe	Geldvermögensänderung
	Reinvermögensebene	Reinvermögen	Ertrag	Aufwand	Reinvermögensänderung (Gewinn/ Verlust)
	Betriebsebene		Betriebsertrag (Leistung)	Kosten	Betriebserfolg

Matrix der Rechnungsebenen und Rechnungsgrößen

Auszahlung (Einzahlung): Abfluß (Zufluß) liquider Mittel aus dem (in den) Unternehmensbereich in die (aus der) wirtschaftliche(n) Umwelt.

Ausgabe (Einnahme): Auszahlungen (Einzahlungen) + Zugang (Abgang) an Verbindlichkeiten + Abgang (Zugang) an Forderungen.

Aufwand (Ertrag): Ausgaben für den Verbrauch (Einnahmen aus der Verwertung) von Gütern und Dienstleistungen innerhalb einer Abrechnungsperiode = periodisierte Ausgaben (Einnahmen).

Kosten (Betriebsertrag): Bewerteter Güter- und Leistungsverbrauch einer Periode, der zur Erstellung und zum Absatz der betrieblichen Produkte und zur Aufrechterhaltung der hierfür notwendigen Kapazitäten erforderlich ist (Wert des Zugangs an Gütern, Dienstleistungen und Geld aufgrund der betrieblichen Tätigkeit während einer Periode).

Während die Abgrenzung zwischen Auszahlung und Ausgabe auf der einen und Einzahlung und Einnahme auf der anderen Seite unmittelbar aus den gegebenen Definitionen hervorgeht, sei auf die Abgrenzung zwischen den anderen Begriffen näher eingegangen. Ausgaben und Aufwand bzw. Einnahmen und Ertrag können anhand der Darstellung auf S. 513 voneinander abgegrenzt werden.

Die Abgrenzung des Aufwands gegenüber den Kosten wird in zwei Stufen durchgeführt (*Kilger,* Kostenrechnung, S. 24f.): Da Kosten als bewerteter Verbrauch an Gütern und (Dienst-)Leistungen zur Erstellung und zum Absatz betrieblicher Produkte definiert sind (vgl. Teil B, Abschn. 4.21, S. 509ff.), werden von Kosten zunächst jene neutralen Aufwandspositionen abgegrenzt, die in keinem Zusammenhang zur Leistungserstellung der Periode stehen (Merkmal der Leistungsbezogenheit). Betriebsfremder Aufwand (z.B. Spenden), außerordentlicher Aufwand (z. B. Feuer- oder Unfallschäden) sowie periodenfremder Aufwand (z. B. Steuernachzahlungen) sind daher keine Kostenbestandteile. Die Differenz zwischen dem gesamten Aufwand und dem **neutralen Aufwand** ergibt den **Zweckaufwand.**

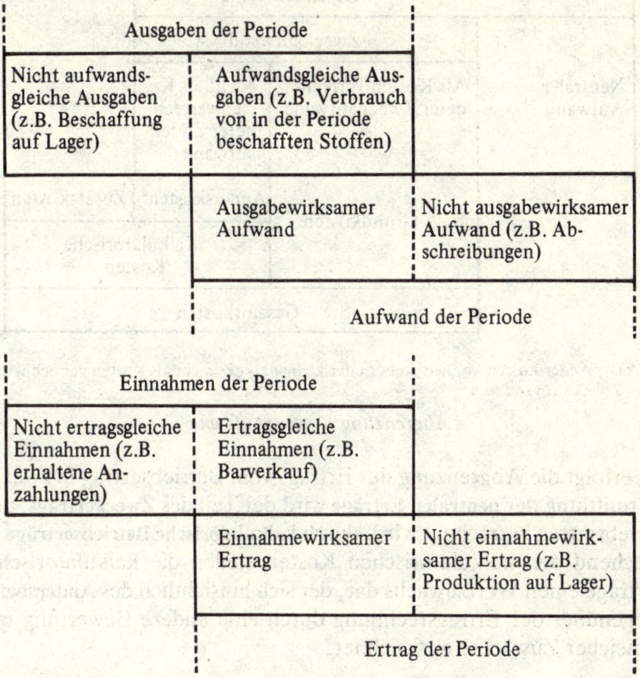

Zusammenhang zwischen Ausgaben und Aufwand bzw. Einnahmen und Ertrag

Eine weitere Abgrenzung wird erforderlich, weil ein Teil des Zweckaufwands nicht bzw. nicht in derselben Höhe als Kosten verrechnet, sondern durch kalkulatorische Kostenarten ersetzt bzw. erweitert wird (im einzelnen vgl. S. 531 ff.). Ein Teil der kalkulatorischen Kosten, der als **Anderskosten** bezeichnet wird, wird sowohl in der Geschäftsbuchführung als Aufwand als auch in der Betriebsbuchführung als Kosten erfaßt, erfährt jedoch eine unterschiedliche Behandlung. Der Unterschied liegt lediglich in der Preiskomponente (Wertgerüst), da nicht an historischen Anschaffungskosten orientierte Wertansätze, sondern leistungsorientierte Knappheitspreise (Opportunitätskosten) zum Ansatz kommen. Als Beispiel seien hier die Abschreibungen genannt, die in der Geschäftsbuchführung nach dem Prinzip der nominellen Kapitalerhaltung durchgeführt werden müssen, in der Betriebsbuchführung jedoch häufig nach dem Prinzip der substantiellen Kapitalerhaltung vorgenommen werden; dies führt zu unterschiedlichen Ansätzen.

Der andere Teil der kalkulatorischen Kosten, der als **Zusatzkosten** bezeichnet wird, hat im Aufwandsbereich kein Äquivalent. In der Kostenrechnung werden Beträge verrechnet, die sich weder mengen- noch wertmäßig im externen

Rechnungswesen niederschlagen. Beispiele dafür sind die Zinsen auf das Eigenkapital, die Miete für eigene Betriebsräume, der kalkulatorische Unternehmerlohn und kalkulatorische Wagniskosten.

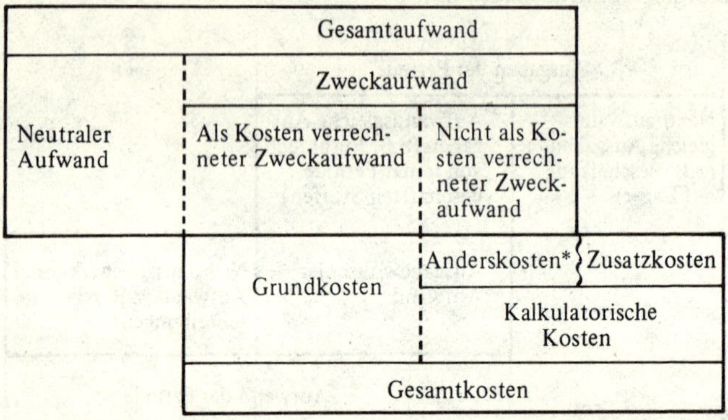

* Die Anderskosten können größer oder kleiner als der nicht als Kosten verrechnete Zweckaufwand sein.

Abgrenzung Kosten/Aufwand

Analog erfolgt die Abgrenzung des Ertrags vom Betriebsertrag in zwei Stufen. Nach Ermittlung der **neutralen Erträge** wird der Teil des **Zweckertrags,** der nicht als Betriebsertrag verrechnet wird, durch **kalkulatorische Betriebserträge** ersetzt. Entsprechend den kalkulatorischen Kosten stellen die kalkulatorischen Betriebserträge einen Wertzuwachs dar, der sich hinsichtlich des **Andersbetriebsertrags** gegenüber der Ertragsrechnung durch eine andere Bewertung mengenmäßig gleicher Zuwächse auszeichnet.

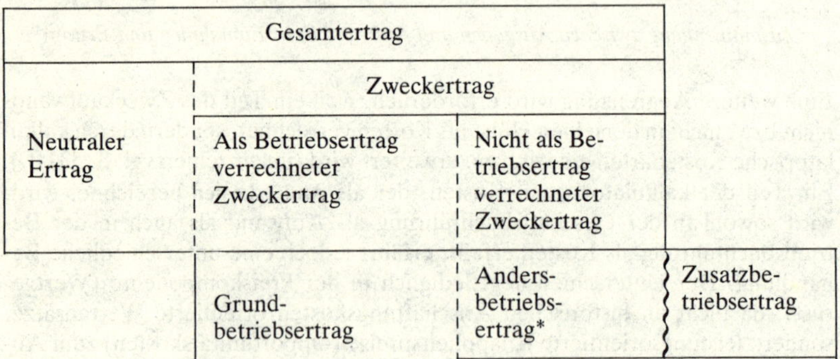

* Der Andersbetriebsertrag kann größer oder kleiner als der nicht als Betriebsertrag verrechnete Zweckertrag sein.

Abgrenzung Ertrag/Betriebsertrag

4.23 Die formale Struktur der Betriebsbuchführung (Kostenrechnung)

4.231 Kostenrechnungssysteme

Zur Erfüllung der unterschiedlichen Aufgaben (s. Teil B, Abschn. 4.1, S. 508 f.) sind eine Reihe von Kostenrechnungssystemen entwickelt worden. Diese lassen sich in zweifacher Hinsicht nach folgenden Merkmalen charakterisieren:

1) Nach dem **Zeitbezug** kann danach unterschieden werden, ob tatsächlich angefallene Kosten, durchschnittliche Kosten vergangener Perioden oder prognostizierte Kosten künftiger Perioden verrechnet werden. Dementsprechend können als Kostenrechnungssysteme
   - Istkostenrechnungssysteme
   - Normalkostenrechnungssysteme und
   - Plankostenrechnungssysteme

   differenziert werden.

2) Nach dem **Sachumfang** ist zu unterscheiden, ob alle oder nur ein Teil der Kosten verrechnet wird. Daher lassen sich
   - Vollkostenrechnung und
   - Teilkostenrechnung

   trennen.

Alle Kostenrechnungssysteme sind durch eine Kombination der beiden Kriterien „Zeitbezug" und „Sachumfang" charakterisiert. Es können daher grundsätzlich sechs verschiedene Kostenrechnungssysteme unterschieden werden:

Zeitbezug / Sachumfang	vergangenheits-orientiert	durchschnitts-orientiert	zukunfts-orientiert
Vollkosten	Ist-Vollkosten-rechnung	Normal-Vollkosten-rechnung	Plan-Vollkosten-rechnung
Teilkosten	Ist-Teilkosten-rechnung	Normal-Teilkosten-rechnung	Plan-Teilkosten-rechnung

Kostenrechnungssysteme

Über die oben genannten Kostenrechnungssysteme hinaus sind noch weitere **Mischformen** denkbar. So können z. B. Einzelkosten als Istkosten bzw. Plankosten und Gemeinkosten als Normalkosten verrechnet werden. Um die folgende Darstellung der an sich vielzahlig möglichen Kostenrechnungssysteme in Grenzen zu halten und um Wiederholungen zu vermeiden, wird die traditionelle Form der Kostenrechnung – die Istkostenrechnung – sowohl als Vollkostenrechnung (Abschn. 4.3) als auch als Teilkostenrechnung (Abschn. 4.4) behandelt. Die Normalkostenrechnung (Abschn. 4.5) und die Plankostenrechnung (Abschn. 4.6) werden im Anschluß daran dagegen nur hinsichtlich der über das Problem des Verrechnungsumfanges hinausgehenden Fragestellungen diskutiert.

4.232 Abrechnungsweg der Kosten

Unabhängig von der oben genannten Art des Kostenrechnungssystems kann hinsichtlich des prozessualen Abrechnungsweges der Kosten eine Gliederung der Betriebsbuchführung in folgende drei Teilbereiche vorgenommen werden:

(1) In der **Kostenartenrechnung** werden alle während der Abrechnungsperiode im Betrieb anfallenden Kosten erfaßt und gegliedert. Es erfolgt eine Aufsplitterung der Kosten in solche, die der betrieblichen Endleistung direkt zurechenbar sind (**Einzelkosten**) und in die nicht direkt zurechenbaren Kosten (**Gemeinkosten**).

(2) Darauf aufbauend werden in der **Kostenstellenrechnung** die Gemeinkosten auf die Orte ihres Entstehens (Kostenstellen) verteilt. Die Kostenstellenrechnung verfolgt dabei einen doppelten Zweck: Einmal dient sie der Überwachung der Kostenstellen, andererseits ermöglicht erst sie eine Zurechnung der Gemeinkosten auf die betrieblichen Leistungen.

(3) Die **Kostenträgerrechnung** gliedert sich in zwei Teilbereiche: In der **Kostenträgerstückrechnung** (Kalkulation) werden die Gesamtkosten der betrieblichen Leistung ermittelt. Die Einzelkosten werden aus der Kostenartenrechnung übernommen, die Gemeinkosten über die Kostenstellenrechnung den einzelnen Produkten zugerechnet. Die **Kostenträgerzeitrechnung** (Betriebsergebnisrechnung) ermittelt den betrieblichen Periodenerfolg. Die Perioden, in denen Kostenträgerzeitrechnungen durchgeführt werden, sind regelmäßig kürzer als die Abschlußintervalle im externen Rechnungswesen. Man nennt die Kostenträgerzeitrechnung deshalb auch kurzfristige Erfolgsrechnung.

Im Ablaufdiagramm lassen sich die Teilgebiete der Kosten- und Leistungsrechnung wie folgt anordnen:

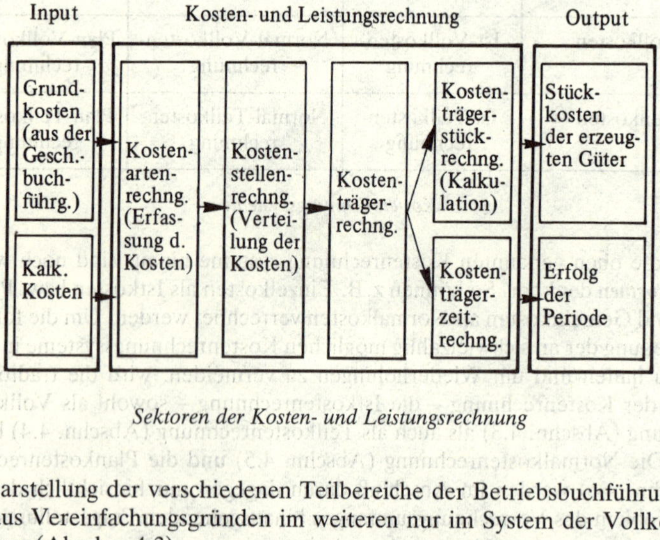

Sektoren der Kosten- und Leistungsrechnung

Die Darstellung der verschiedenen Teilbereiche der Betriebsbuchführung erfolgt aus Vereinfachungsgründen im weiteren nur im System der Vollkostenrechnung (Abschn. 4.3).

Eine moderne, in die drei oben genannten Teilbereiche gegliederte Kostenrechnung muß, um alle an sie gestellten Planungs- und Kontrollaufgaben (Abschn. 4.1, S. 508f.) adäquat erfüllen zu können, mehrere Eigenschaften aufweisen (vgl. *Russ,* Costing, S. 232). Sie muß vor allem

- aktuell
- umfassend
- richtig und
- flexibel

sein. Sämtliche Eigenschaften kann die Betriebsbuchführung angesichts der Fülle zu erfassender und zu verrechnender Daten nur dann aufweisen, wenn sie mit Hilfe der EDV durchgeführt wird. Selbst mittlere und kleine Betriebe sind infolge der Komplexität der Betriebsbuchführung i. d. R. gezwungen, EDV einzusetzen.

Organisatorisch läßt sich die **Kosten- und Leistungsrechnung mit EDV** ebenso wie die Finanzbuchführung ausgestalten (s. Teil A, Abschn. 12.55, S. 350ff.). Besonderheiten treten nur dahingehend auf, daß die Betriebsbuchführung im Gegensatz zur Finanzbuchführung nicht extern orientiert und daher nicht durch gesetzliche Buchführungsnormen kodifiziert und weitgehend standardisiert ist. Infolgedessen ist der Einsatz von Standard-Software in der Kosten- und Leistungsrechnung ungleich schwerer als in der Finanzbuchführung. Die Notwendigkeit zur betriebsindividuellen Ausgestaltung einerseits sowie benutzerspezifische Modifikationen der Kosten- und Leistungsrechnung andererseits erfordern i. d. R. den Einsatz von **Individual-Software**. Mit Hilfe von Datenbanksystemen besteht die Möglichkeit, die Kosten- und Leistungsrechnung mit der Finanzbuchführung in ein einheitliches System (Einkreissystem, s. Teil B, Abschn. 2.2, S. 447ff.) zu integrieren.

Ergänzende Literatur zu: 4.2 Definitorische Grundlagen

Adam, Kostenbewertung, S. 13–53
Haberstock, Kostenrechnung I, S. 17–37
Huch, Kostenrechnung, S. 21–30
Kilger, Kostenrechnung, S. 19–34
Mellerowicz, Kostenrechnung II, 1, S. 43–53
Menrad, Kosten und Leistung, Sp. 2280–2290
Menrad, Rechnungswesen, S. 48–53
Nowak, Kostenrechnungssysteme, S. 15–30
Schwarz, Betriebsbuchhaltung, Sp. 126–141
Weber, Rechnungswesen, S. 297–309

4.3 Die Betriebsbuchführung im Industriebetrieb als Vollkostenrechnung

4.31 Die Kostenartenrechnung als Abgrenzungsrechnung zwischen Geschäfts- und Betriebsbuchführung

Die Kostenartenrechnung stellt die **erste Stufe** der Betriebsbuchführung dar, die folgende Aufgaben zu erfüllen hat:

- **Abgrenzung** von Kosten und Aufwendungen durch Eliminierung neutraler Aufwendungen und Einführung von Zusatzkosten (vgl. Abschn. 4.22).
- **Erfassung und Gliederung** sämtlicher in der Abrechnungsperiode angefallenen Kosten (Abschn. 4.311 und 4.312).

4.311 Die Gliederung der Kostenarten

Die Aufgabe der Kostenartenrechnung ist darin zu sehen, „die während einer Abrechnungsperiode angefallenen Istkosten belegmäßig zu erfassen und dabei anzugeben, wie die einzelnen Kostenartenbeträge im System der Kostenrechnung weiterzuverrechnen sind. Die Kostenartenrechnung ist als Grundlage der gesamten Kostenrechnung anzusehen" (*Kilger,* Kostenrechnung, S. 69). Grundlage einer richtigen Kostenerfassung ist jedoch eine zweckentsprechende **Gliederung der Kosten;** diese kann nach den folgenden Kriterien vorgenommen werden (*Eisele/Leypoldt,* Kostenrechnung, S. 279 ff.):

- Zurechenbarkeit
- Abhängigkeit von der Beschäftigung
- Art der Kostenerfassung
- Herkunft der Kostengüter
- Betriebliche Funktion
- Liquiditätswirkung der Kosten
- Ursprung der Kostengüter.

(1) Nach der **Zurechenbarkeit** wird zwischen Einzelkosten (direkte Kosten) und Gemeinkosten (indirekte Kosten) differenziert. **Kostenträgereinzelkosten** lassen sich direkt den betrieblichen Leistungen zurechnen. Für die **Kostenträgergemeinkosten** kann eine Zurechnung auf die Leistung nur mit Hilfe von Schlüsseln oder Zuschlagssätzen erfolgen, welche erst über die Kostenstellenrechnung zu gewinnen sind. Weiter wird differenziert in **echte Kostenträgergemeinkosten,** deren Zurechnung nur über Schlüssel erfolgen kann, und in **unechte Kostenträgergemeinkosten,** die Einzelkostencharakter besitzen und den Kostenträgern demnach grundsätzlich direkt zurechenbar wären, aus Gründen der abrechnungstechnischen Vereinfachung jedoch einer Schlüsselverteilung unterworfen werden.

In bezug auf die Zurechenbarkeit auf die Kostenstellen wird zwischen **Stelleneinzelkosten** (direkte Zurechnung) und **Stellengemeinkosten** (Schlüsselzurechnung) unterschieden.

Als wichtigste **Prinzipien der Kostenzurechnung** kommen in Betracht:

- Verursachungs- oder Kausalprinzip
- Durchschnittsprinzip
- Kostentragfähigkeitsprinzip
- Identitätsprinzip.

Das **Verursachungs- oder Kausalprinzip** (verschiedentlich auch als Final-, Proportionalitäts- oder Einwirkungsprinzip bezeichnet) besagt, daß die Erzeugnisse (Kostenträger) nur mit den von ihnen direkt verursachten Kosten zu belasten sind. Da eine derartige Ursache-Wirkungs-Beziehung nur für einen Teil der gesamten Kosten, nämlich die variablen Kosten, feststellbar ist, können gemäß diesem Prinzip nicht sämtliche Kosten auf die einzelnen Kostenträger verrechnet werden. In der betrieblichen Praxis erfolgt die Verrechnung daher nach dem **Prinzip der statistischen Durchschnittsbildung** (Leistungsentsprechungs- bzw. Kostenbegründungsprinzip) derart, daß die variablen Kosten direkt und die Gemeinkosten entsprechend bestimmter Durchschnittswerte bzw. Verteilungsschlüssel auf die Leistungseinheiten aufgeteilt werden. Sind Marktpreise für die betrieblichen Erzeugnisse bekannt, so wird insbesondere bei Kuppelprodukten auch nach dem **Kostentragfähigkeitsprinzip** (Kostendeckungsprinzip) eine Kostenzurechnung nicht verursachungsgemäß, sondern gemäß dem Maßstab des erzielbaren Bruttogewinnes vorgenommen.

Da die Betriebsbuchfürhung in erster Linie der Planung und Kontrolle dient (vgl. Teil B, Abschn. 4.1, S. 508f.), sind Kosten zweckmäßigerweise stets so zuzurechnen, daß relevante Informationen für die Entscheidungs- und Kontrollaufgaben zur Verfügung stehen. Nach dem **Identitätsprinzip** werden daher sämtliche Kosten so verrechnet, daß der bewertete Verbrauch an Gütern und Dienstleistungen stets auf dieselbe Disposition zurückgeführt werden kann wie die Existenz des jeweiligen Kostenträgers (*Riebel,* Deckungsbeitragsrechnung, S. 75ff.). Kosten werden dementsprechend nur solchen Kostenträgern zugeordnet, bei denen Faktorverbrauch und Leistungserstellung durch die gleiche Entscheidung verursacht sind. Dies macht deutlich, daß die Differenzierung in Einzel- und Gemeinkosten stets von der jeweiligen Fragestellung bzw. dem jeweiligen Entscheidungs- und Kontrollproblem abhängt (**relative Einzelkosten;** im einzelnen s. S. 626ff.).

(2) Im Hinblick auf die **Reagibilität von Kosten auf Beschäftigungsschwankungen** erfolgt eine Einteilung in variable und fixe Kosten. **Fixe Kosten** fallen während

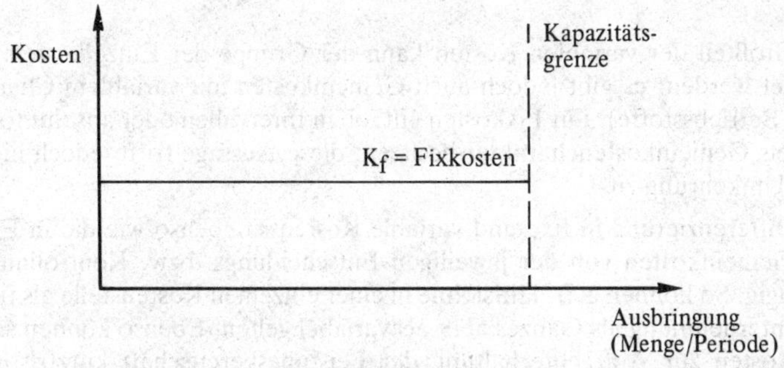

(Absolute) Fixkosten in Abhängigkeit von der Beschäftigung

eines bestimmten Zeitraums in gleicher Höhe an, gleichgültig ob an der Kapazitätsgrenze oder überhaupt nicht produziert wird (**absolut** fixe Kosten). Fixe Kosten sind zeitproportional und konstant in bezug auf die Beschäftigung (Ausbringung).

Sprung- oder intervallfixe Kosten sind jeweils auf einer Kapazitätsstufe konstant. Muß die Kapazität erweitert werden (z. B. Kauf einer zusätzlichen Maschine), steigen sie jeweils sprunghaft an.

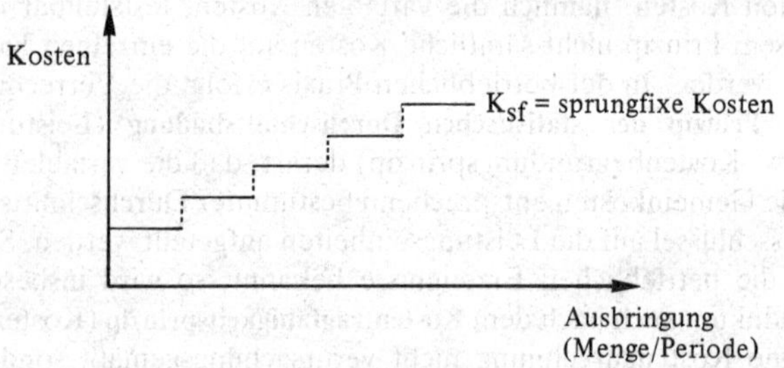

Sprungfixe Kosten in Abhängigkeit von der Beschäftigung

Bei den **variablen Kosten** besteht ein direkter Zusammenhang zwischen Beschäftigung bzw. Ausbringung und Kostenanfall. Die Beziehung kann proportional, degressiv, progressiv oder regressiv sein:

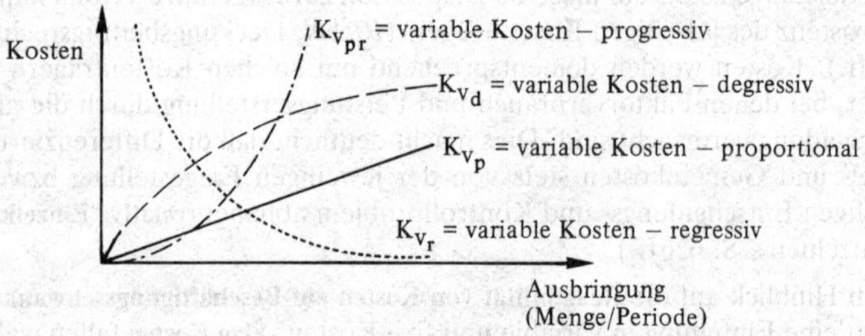

Variable Kosten in Abhängigkeit von der Beschäftigung

Ein Großteil der variablen Kosten kann der Gruppe der Einzelkosten zugerechnet werden; es gibt jedoch auch Gemeinkosten mit variablem Charakter (z. B. Betriebsstoffe). Für Fixkosten gilt, ob in Intervallen oder absolut fix, daß sie stets Gemeinkostencharakter besitzen; diese Aussage trifft jedoch nicht in ihrer Umkehrung zu.

Die Differenzierung in fixe und variable Kosten ist ebenso wie die in Einzel- und Gemeinkosten von der jeweiligen Entscheidungs- bzw. Kontrollaufgabe abhängig. So können z. B. Hilfslöhne in einer einzelnen Kostenstelle als fix, für die Unternehmung als Ganzes aber als variabel gelten. Ebenso können sämtliche Kosten zur Aufrechterhaltung der Leistungsbereitschaft kurzfristig fix, langfristig jedoch variabel sein.

(3) Nach der **Art der Kostenerfassung** sind Kosten zu unterteilen in:

- aufwandsgleiche Kosten
- kalkulatorische Kosten.

Den **aufwandsgleichen Kosten** steht in der Geschäftsbuchführung der Zweckaufwand gegenüber. Es erfolgt eine direkte Übernahme der Zahlen in die Betriebsbuchführung.

Die **kalkulatorischen Kosten** setzen sich aus den Anderskosten (Gegenstück in der Geschäftsbuchführung: zeitlich und/oder betragsmäßig verschiedener Aufwand, auch als „Wegfallender Aufwand" bezeichnet) und den Zusatzkosten zusammen. Letztere werden nur in der Kostenrechnung ermittelt (vgl. S. 513f.).

(4) Hinsichtlich der **Herkunft der Kostengüter** werden

- primäre Kosten und
- sekundäre Kosten

unterschieden.

Primäre Kosten entstehen durch den Verbrauch der Güter und Leistungen, die dem Betrieb von außen (vom Beschaffungsmarkt) zugeflossen sind. **Sekundäre Kosten** sind das geldliche Äquivalent für den Verbrauch der vom Betrieb selbst erzeugten Leistungen (innerbetriebliche Leistungen).

(5) Stellt man auf die **betrieblichen Funktionen** ab, so lassen sich die Kosten einteilen in

- Kosten der Beschaffung
- Kosten der Lagerhaltung
- Kosten der Fertigung
- Kosten der Verwaltung
- Kosten des Vertriebs.

(6) Bezüglich der **Liquiditätswirksamkeit** der Kosten wird zwischen **ausgabewirksamen** und **nichtausgabewirksamen** Kosten unterschieden.

Dieses Gliederungskriterium erscheint nur auf den ersten Blick in der Kostenrechnung und speziell bei der Kostenerfassung deplaziert: In einer kritischen Betriebssituation kann es eine Frage der Überlebenschance sein zu wissen, ob Kosten unmittelbar mit Ausgaben verbunden sind und damit einen Liquiditäts-(Geld-)entzug zur Folge haben oder ob wegen ihrer zumindest kurz- oder mittelfristigen Nichtausgabewirksamkeit ein Deckungsverzicht in Kauf genommen werden kann. Die Beantwortung der Frage nach der **liquiditätsorientierten Preisuntergrenze** erscheint um so wichtiger, als nicht die Kosten, sondern letztlich die Zahlungsvorgänge, also Einnahmen und Ausgaben, über das Schicksal des Betriebs befinden.

Praktisch angewandt wird eine derartige Differenzierung in ausgabewirksame und nichtausgabewirksame Kosten vor allem in der Fixkostendeckungsrechnung (vgl. Teil B, Abschn. 4.432, S. 619ff.).

(7) Die Untergliederung der Kostengüter nach ihrem **Ursprung** trägt stärker den praktischen Erfordernissen der Betriebsbuchführung Rechnung; so kann unterschieden werden zwischen:

- Arbeitskosten
- Materialkosten
- Kapitalkosten
- Fremdleistungskosten
- Kosten der Gesellschaft.

Diese Systematik hat sich in ihren Grundzügen in den Gliederungen der Kostenarten innerhalb der Kontenrahmen niedergeschlagen (Kostenartenplan). Im **Industriekontenrahmen** werden die Aufwandsarten im Bereich der Geschäftsbuchhaltung auf den nachfolgenden Konten erfaßt und zur Durchführung der Kosten- und Leistungsrechnung (ohne buchhalterische Verknüpfung) als Kostenarten in die Kontenklasse 9 übernommen:

60	Aufwendungen für Roh-, Hilfs- und Betriebsstoffe
61	Aufwendungen für bezogene Leistungen
62–64, 66	Personalaufwendungen
65, 69, 74	Abschreibungen und Wertminderungen
75	Zinsen
70, 77, 78	Steuern
61, 67, 68, 71–73	Sonstige Aufwendungen für Fremdleistungen.

4.312 Die Erfassung der wichtigsten Kostenarten

4.312.1 Werkstoffkosten

Unter dem Begriff Werkstoffkosten (Materialkosten) werden die Kosten für Roh-, Hilfs- und Betriebsstoffe zusammengefaßt.

- **Rohstoffe** sind die Stoffe, die als Hauptbestandteil unmittelbar in das Produkt eingehen. Beispiele: Stahl beim Maschinenbau, Wasser und Gerste bei der Bierherstellung, Garn bei der Strickwarenfertigung.
- **Hilfsstoffe** gehen zwar auch in das Produkt direkt ein, sind aber gegenüber den Rohstoffen mengenmäßig von untergeordneter Bedeutung, so daß oft eine genaue, stückbezogene Erfassung dieser Kosten nicht erfolgt. Beispiele: Faden und Knöpfe bei Bekleidungsstücken, Schrauben und Leim bei der Möbelherstellung.
- **Betriebsstoffe** sind zur Durchführung des Produktionsprozesses unabdingbar und werden bei der Produktion verbraucht, ohne aber selbst in das Produkt einzugehen. Zu ihnen zählen beispielsweise Energie und Schmiermittel.

Die Werkstoffkosten sind determiniert durch die verbrauchten **Werkstoffmengen** und die **Werkstoffpreise.** Zur Ermittlung der Werkstoffkosten ist es deshalb zunächst erforderlich, den Verbrauch an Werkstoffen **mengenmäßig** zu erfassen. Dazu bieten sich vier Berechnungsmöglichkeiten an:

(1) Das einfachste und zugleich für die Belange der Kosten- und Leistungsrechnung am wenigsten geeignete Verfahren ist die **bloße Erfassung des Materialverbrauchs** ohne Bestandskontrolle. Es wird dabei unterstellt, daß der Materialzugang und der Materialverbrauch innerhalb einer Periode übereinstimmen, Bestandsänderungen im Materialbereich bleiben unberücksichtigt.

(2) Nach der **Inventurmethode** (Befundrechnung, Bestandsdifferenzrechnung) wird der Verbrauch an Werkstoffen als Differenz zwischen dem Anfangsbestand und den Zugängen einerseits und dem Endbestand andererseits errechnet:

Anfangsbestand an Werkstoffen
+ Werkstoffzugang
− Schlußbestand an Werkstoffen

= Werkstoffverbrauch

Die Inventurmethode erfordert die körperliche Bestandsaufnahme (Inventur) der Werkstoffe jeweils am Anfang und Ende der Abrechnungsperiode. Dies bewirkt – insbesondere bei kurzen Abrechnungsperioden – einen hohen Arbeitsaufwand. Außerdem ist die Inventurmethode mit dem Mangel behaftet, daß der Stoffverbrauch nur summarisch durch Subtraktion ermittelt wird und eine Differenzierung nach Kostenstellen oder Kostenträgern nicht durchgeführt werden kann. Der außerordentliche Werkstoffverbrauch (durch Schwund, Diebstahl usw.) kann bei Anwendung der Inventurmethode nicht vom regulären Werkstoffverbrauch getrennt werden.

(3) Bei der **retrograden Methode** (Rückrechnung) wird der mengenmäßige Werkstoffverbrauch aus den erzeugten Halb- und Fertigfabrikaten abgeleitet. Man stellt fest, welches Material in welchen Mengen in den Produkten enthalten ist und ermittelt auf diese Art die Sollverbrauchsmengen. Im Rahmen der Produktion anfallender Ausschuß ist besonders zu berücksichtigen. Den außerordentlichen Werkstoffverbrauch kann diese Methode nicht erfassen.

(4) Die **Skontrationsmethode** (Fortschreibungsmethode) erfaßt den Werkstoffverbrauch zum Zeitpunkt des Lagerabgangs mit Hilfe von Materialentnahmescheinen. Durch eine zweckentsprechende Gestaltung der Materialentnahmebelege kann eine genaue Erfassung des Werkstoffverbrauchs hinsichtlich Werkstoffart, Kostenstelle und Kostenträger erfolgen.

Ein **Materialentnahmeschein** kann z. B. folgendes Aussehen haben:

Maschinex AG Materialentnahmeschein	Kostenstelle: Montage III Auftrag/Artikel: 0203015

Materialbezeichnung	Mat.-Nr.	Menge	Preis/Mengeneinheit	Betrag
Muffen	MX 506	600	3,-	1800,-
Dichtungsringe	MA 233	1400	1,-	1400,-

Ausgegeben:	Empfangen:	Buchung Lagerkartei:
11.6./Fischer	11.6./Meier	22.6./Schulte

Der buchmäßige Endbestand errechnet sich bei der Skontrationsmethode nach folgender Beziehung:

Anfangsbestand an Werkstoffen
+ Werkstoffzugang
− Werkstoffverbrauch

= (buchmäßiger) Endbestand an Werkstoffen

Der buchmäßig ermittelte Schlußbestand muß mit dem Inventurwert der jährlich mindestens einmal durchzuführenden Bestandsaufnahme verglichen werden. Der Inventurwert ist um den außerordentlichen Werkstoffverbrauch (Schwund, Verderb, Diebstahl etc.) geringer als die Sollgröße der Skontrationsrechnung.

In der Regel wird die Werkstoffkosten-Abrechnung mit Hilfe der elektronischen Datenverarbeitung (EDV; im einzelnen s. S. 350 ff.) durchgeführt. Der Materialentnahmeschein enthält dann Materialnummer, Materialbezeichnung, Kostenstelle usw. in maschinenlesbarer Form (Zeichenlochkarte).

Für die **Bewertung** des Werkstoffverbrauchs stehen verschiedene Wertansätze zur Verfügung:

(1) **Anschaffungspreis** ist der zum Zeitpunkt der Anschaffung der Güter tatsächlich gezahlte Preis.

(2) **Tagespreis** ist der an einem bestimmten Zeitpunkt gültige Preis. Als Bezugszeitpunkte kommen in Frage: der Angebotstag, der Verbrauchstag, der Umsatztag, der Tag des Zahlungseingangs und der Tag der Wiederbeschaffung (Wiederbeschaffungspreis).

(3) **Verrechnungspreise** kommen dann zum Ansatz, wenn Anschaffungs- oder Tagespreise wegen zu starker Schwankungen das Ziel einer konstanten Betriebsabrechnung nicht gewährleisten können. In Anlehnung an die tatsächlich am Markt feststellbaren Preise (Anschaffungs- oder Tagespreise) wird der Verrechnungspreis vom Betrieb festgelegt und im Rahmen der Kostenrechnung über einen längeren Zeitraum gleichbleibend verwendet (kalkulatorische Werkstoffkosten).

Ist eine direkte Preiszumessung nicht möglich oder nicht beabsichtigt, so kann der Materialverbrauch auch zu **Durchschnittspreisen** oder zu Preisen vergleichbarer Güter angesetzt werden. Die einfachste Methode der Durchschnittspreisbildung ist die Berechnung des Mittelwertes aus den gewichteten Preisen bei den einzelnen Materialzugängen nach der Formel (im einzelnen s. Teil B, Abschn. 3.122, S. 467 ff.):

$$\tilde{Q} = \frac{\sum_{i=1}^{n} m_i q_i}{\sum_{i=1}^{n} m_i}$$

mit m_i = Materialzugangsmenge i
$\tilde{Q}$ = Durchschnittspreis
q_i = Preis pro Einheit der Materialzugangsmenge i

Beispiel:

	Menge (m_i)	Preis (q_i)	$m_i \cdot q_i$
Anfangsbestand	1000	2,–	2000,–
Zugang	500	2,20	1100,–
Zugang	800	2,40	1920,–
Zugang	700	2,30	1610,–
	3000		6630,–

$$\tilde{Q} = \frac{6.630}{3.000} = 2{,}21 \text{ (Durchschnittspreis).}$$

In der dargestellten Form entspricht das Verfahren der **periodischen** Durchschnittspreisbildung. Eine andere Form ist die **permanente** Durchschnittspreisbildung, bei der nach jedem Materialzugang ein neuer Durchschnittspreis gebildet wird. Weiterhin können verschiedene Verbrauchsfolgen berücksichtigt werden, die teils der Realität entsprechen können, teils fingiert sind. Hierzu gehören vor allem: Das Lifo-Verfahren (Last in-first out: die zuletzt beschafften Güter werden zuerst verbraucht), das Fifo-Verfahren (First in-first out: die zuerst beschafften Güter werden zuerst verbraucht) und das Hifo-Verfahren (Highest in-first out: die Güter mit dem höchsten Einstandspreis werden jeweil zuerst verbraucht; im einzelnen s. Teil B, Abschn. 3.122.3, S. 469 ff.).

Die Materialkosten ergeben sich dann jeweils aus der multiplikativen Verknüpfung der nach den verschiedenen Verfahren ermittelten Verbrauchsmengen an Werkstoffen mit den festgestellten oder festgelegten Werkstoffpreisen.

4.312.2 Personalkosten

Die durch den Einsatz des Produktionsfaktors Arbeit verursachten Kosten lassen sich in folgende Hauptgruppen gliedern:

- Löhne
- Gehälter
- gesetzliche Sozialkosten
- freiwillige Sozialkosten
- sonstige Personalkosten.

Löhne sind die vertragsmäßigen Entgelte, die der Arbeitgeber für die geleistete Arbeit an den Arbeitnehmer zu zahlen verpflichtet ist. Bezüglich der Zurechenbarkeit auf die betriebliche Leistung werden die Löhne in **Fertigungslöhne** (direkte Zurechnung auf die Kostenträger in der Form von Einzelkosten) und **Hilfslöhne** (indirekte Zurechnung auf die Kostenträger über Gemeinkosten) unterschieden. Die bewertete, zur Verfügung gestellte Arbeitskraft des Unternehmers (**Unternehmerlohn**) führt dagegen nicht zu Aufwand und stellt somit einen Teil der kalkulatorischen Kosten dar (s. S. 538).

Löhne werden an die Arbeiter des Betriebes in zwei Grundformen bezahlt:

(1) Als **Zeitlohn.** Basis der Entlohnung ist die Zeit, in der die Arbeiter im Betrieb anwesend sind:

Zeitlohn = Anwesenheitsstunden × Stundenlohnsatz

(2) Als **Leistungslohn** mit den Ausprägungen:

(a) **Akkordlohn**
Die Akkordentlohnung kann in der Form des Geldakkords oder des Zeitakkords erfolgen.

Beim **Geldakkord** wird für die Verrichtung eines Arbeitsganges ein bestimmter Geldbetrag festgelegt.

Geldakkordlohn = Zahl der durchgeführten Arbeitsgänge
× Lohn pro Arbeitsgang
= gefertigte Stückzahl × Stücklohn

Zur Ermittlung des **Zeitakkordlohns** muß zunächst eine Vorgabezeit (meist in Minuten) für die Durchführung eines Arbeitsganges festgelegt werden. Sodann wird der Geldsatz pro Vorgabezeiteinheit bestimmt.

Zeitakkordlohn = Zahl der durchgeführten Arbeitsgänge
× Vorgabezeit pro Arbeitsgang
× Geldsatz pro Vorgabezeiteinheit
= gefertigte Stückzahl
× Vorgabezeit je Stück (Minuten)
× Geldfaktor je Minute

(b) **Prämienlohn** liegt vor, wenn zu einem vereinbarten Grundlohn (Zeitlohn) für feststellbare Mehrleistungen des Arbeiters ein zusätzliches Entgelt (Prämie) gewährt wird. Die Mehrleistung kommt dem Arbeiter aber nicht in voller Höhe zugute, sondern wird anhand eines Schlüssels zwischen ihm und dem Betrieb aufgeteilt.

Die Arbeitsentgelte für die Angestellten sind die **Gehälter,** die üblicherweise als „Zeitlöhne" bezahlt werden, also keinen direkten Leistungsbezug haben.

Die Lohn- und Gehaltskosten werden in der Lohn- und Gehaltsbuchführung durch Stundenzettel, Akkordscheine, Prämienunterlagen, Stempelkarten, Lohn- und Gehaltslisten usw. erfaßt und weiterverrechnet. Dabei ist die für den Bereich der Geschäftsbuchführung getroffene Unterscheidung in Nettolöhne, Sozialversicherung, Lohnsteuer usw. nicht notwendig (vgl. Teil A, Abschn. 7, S. 158ff.). Nur die Bruttolöhne bzw. -gehälter sind hier von Interesse.

Zu den **gesetzlichen Sozialkosten,** die in einem direkten Zusammenhang zu den Lohn- und Gehaltskosten stehen, rechnen die Arbeitgeberanteile zur Renten-, Kranken- und Arbeitslosenversicherung sowie die Berufsgenossenschaftsbeiträge als gesetzliche Unfallversicherung.

Freiwillige Sozialleistungen können den Arbeitnehmern sowohl direkt zufließen (= primäre Sozialkosten, z.B. Pensionszusagen, Urlaubsgeld, Treueprämien, Essenszuschüsse, Jubiläumsgeschenke usw.), ihnen aber auch nur indirekt zugute kommen (= sekundäre Sozialkosten, z.B. Kosten für den Werksarzt, Werkssportklub, Werkskinderhort u.a.).

Sonstige Personalkosten treten bei Fluktuation im Personalbestand auf, z.B. durch Anzeigenwerbung, Vorstellungs- und Umzugskostenvergütung, Abfindungszahlungen an ausscheidende Mitarbeiter.

Bei der Erfassung der Personalkosten ist das Problem der richtigen **Periodisierung** zu lösen (Abgrenzung zwischen Aufwand und Kosten, vgl. S. 514). Die Zeiträume, in denen die Personalaufwendungen auftreten, decken sich häufig nicht mit den Abrechnungsperioden der Betriebsbuchführung. Auch sind bestimmte Teile der Personalkosten, die einmalig (z.B. Weihnachtsgeld, 13. Monatsgehalt) oder periodenverschieden anfallen (z.B. Lohnfortzahlung im Krankheitsfall, Urlaubslöhne), auf die einzelnen Abrechnungsperioden zu verteilen, um die Ergebnisse der Kostenrechnung nicht zu verzerren und aussagefähig zu halten. Dies geschieht durch die Einschaltung eines Abgrenzungskontos, das durch die stoßweise oder periodenverschieden anfallenden Kosten belastet wird und auf das die in der jeweiligen Periode verrechneten Beträge gutgeschrieben werden (vgl. Teil A, Abschn. 10.52, S. 252ff.).

4.312.3 Betriebsmittelkosten

Die Betriebsmittel gehören zu den Gebrauchsgütern, die zur Durchführung des Produktionsprozesses notwendig sind, jedoch nicht selbst in das Produkt eingehen, wie z.B. Grundstücke und Gebäude, Maschinen und maschinelle Anlagen, Büroeinrichtungen, Werkzeuge und Fuhrpark. Die Betriebsmittel werden im Gegensatz zu Roh-, Hilfs- und Betriebsstoffen nicht verbraucht, sondern stehen während eines längeren Zeitraums, ihrer Nutzungsdauer, zur Durchführung der Produktion bereit; durch den Gebrauch verlieren die Betriebsmittel an Wert (zu den Faktoren der Wertminderung vgl. Teil B, Abschn. 3.221, S. 486f.).

Faßt man die Betriebsmittel als ein **Bündel von Nutzungsmöglichkeiten** auf, aus dem durch den Einsatz der Betriebsmittel im Produktionsprozeß jeweils ein Teil der Nutzungsmöglichkeiten ausscheidet, so können die Betriebsmittel solange genutzt werden, wie der Vorrat an Nutzungsmöglichkeiten noch nicht gänzlich verbraucht ist.

In der Kostenrechnung wird der Gebrauch der Betriebsmittel durch die **Abschreibungen** erfaßt. Ziel ist es, die Anschaffungskosten (genauer: Anschaffungswerte) der Wirtschaftsgüter möglichst verursachungsgerecht über die gesamte Nutzungsdauer zu verteilen. Die in den einzelnen Perioden verrechneten Abschreibungsbeträge sollen dem Wert der Nutzungsabgabe durch die Betriebsmittel entsprechen.

Hinsichtlich der Art der Verteilung der Abschreibungsbeträge auf die einzelnen Perioden, also der Abschreibungsmethoden, kann auf frühere Ausführungen verwiesen werden (vgl. Teil B, Abschn. 3.22, S. 486ff.). Die Abschreibungsverfahren sind für Geschäfts- und Betriebsbuchführung prinzipiell gleich; Unterschiede resultieren aus den im internen Rechnungswesen nicht vorhandenen gesetzlichen Einschränkungen bezüglich der Höhe der Abschreibungssätze.

Eine verursachungsadäquate Kostenverrechnung der Abschreibungsbeträge wird insbesondere dann nicht erreicht, wenn von den Anschaffungswerten als Abschreibungssumme ausgegangen wird, gleichzeitig aber die Preise auf dem

Wiederbeschaffungsmarkt gestiegen sind. Im Bereich der Betriebsbuchführung, der vom Betrieb individuell ausgestaltet werden kann, wird deshalb vom Anschaffungswertprinzip als Ausdruck des Grundsatzes der nominellen Kapitalerhaltung, wie er den für die Geschäftsbuchführung maßgeblichen gesetzlichen Vorschriften überwiegend zugrunde liegt, abgegangen. Die Höhe der Abschreibungen orientiert sich dann an den Wiederbeschaffungskosten (vgl. hierzu Teil B, Abschn. 4.312.51, S. 531ff.).

Die Erfassung der Betriebsmittelkosten erfolgt auf Grundlage der sog. **Anlagenkartei,** in der sämtliche für die Kostenrechnung relevanten Daten der Betriebsmittel zusammengefaßt sind. Inhalt der Anlagenkartei sind die **Anlagenkarteikarten,** die für jedes einzelne Wirtschaftsgut des Sachanlagevermögens (mit Ausnahme der geringwertigen Wirtschaftsgüter, die als Kollektive auf Gruppenkarten erfaßt werden) sämtliche Daten zur Abschreibungsberechnung aufzeichnen. Karteikarten für bewegliche Anlagegüter sollten mindestens folgende Angaben enthalten (*Kilger,* Kostenrechnung, S. 110f.):

- Bezeichnung, Baumuster, Typ, Fabrikat-Nr.
- Hersteller, Lieferfirma
- Rechnungs-Nr., Konto-Nr. der Finanzbuchführung
- Inventar-Nr., Kostenstellen-Nr.
- Datum der Inbetriebnahme
- Anschaffungswert
- planmäßige Nutzungsdauer
- Abschreibungsverfahren, Abschreibungssatz
- technische Daten
- Buchwert
- Abschreibungsbetrag.

Darüber hinaus ist es empfehlenswert, außerplanmäßige Abschreibungen und die Gründe dafür festzuhalten, um der Verpflichtung des § 280, Abs. 1 HGB, bei Wegfall der Abschreibungsursache grundsätzlich eine Wertaufholung vorzunehmen, uneingeschränkt nachkommen zu können (im einzelnen Teil A, Abschn. 10.42 S. 237ff.).

Für die Verrechnung der Betriebsmittelkosten findet sich auf jeder Karteikarte der Anlagenkartei die Nummer der Kostenstelle, in der die Anlage eingesetzt wird. Ein veränderter Einsatzort der Anlage ist durch eine Anlagen-Veränderungsmeldung anzuzeigen. Der mögliche Inhalt einer Anlagenkarteikarte geht aus der Abbildung auf S. 529 hervor.

Die Kosten gemieteter, gepachteter oder geleaster Betriebsmittel sind mit den effektiv gezahlten Miet-, Pacht- oder Leasingaufwendungen identisch und können daher direkt aus der Finanzbuchhaltung übernommen werden.

Vorderseite:

Maschinex AG Anlagenkartei	Bez.: *Drehbank* Nr.: *08*	Inv.-Nr.: *6302* Kostenstellen-Nr.: *FX 3*
Bezeichnung *Drehbank*	/ Baumuster o. Typ / *Rotoquick 6B*	/ Fabrik-Nr.: / *1455 BR 2*
Hersteller *Rotax AG*	/ Lieferfirma: /*dto.*	Rechnung vom / Nr.: *14.2.1977* / *02733*
Leistungsangaben: *max. 2000 Upm* Netzanschluß: *380 V, 50 A*		
Anschaffungswert: *100.000, – DM* Abschreibungsart: *linear* Abschreibungssatz: *10 %*		Außerpl. Abschr.: Gründe: Wertaufholung:
Datum der Inbetriebnahme: *1.4.1977*		Datum der Wertaufh.:

Rückseite:

Jahr	Buchwert	Abschreibungsbetrag
Anschaffungs- zeitpunkt	*100.000,–*	–
1977	*90.000,–*	*10.000,–*
1978	*80.000,–*	*10.000,–*
•	•	•
•	•	•
•	•	•

Inhalt einer Anlagenkarteikarte

4.312.4 Öffentliche Abgaben

Zu den öffentlichen Abgaben rechnen Beiträge, Gebühren und Steuern, die der Betrieb aufgrund gesetzlicher Vorschriften an öffentlich-rechtliche Gemeinwesen zu entrichten hat.

Beiträge und **Gebühren** sind Entgelte für konkrete Leistungen der Öffentlichen Hand (z.B. Entwässerungsbeitrag, Kanalbenutzungsgebühren, Vermessungsgebühren) und gehören zur Kategorie der **Fremdleistungskosten.** Ihr Kostencharakter ist unbestritten, wenn sie leistungsbezogen sind, d.h. wenn die Beiträge und Gebühren zur betrieblichen Leistungserstellung notwendig sind.

Da **Steuern** nach der Legaldefinition des § 3, Abs. 1 AO keine Gegenleistung für eine bestimmte Leistung sind, mithin keinen spezifischen, bewerteten Verbrauch von Gütern und Dienstleistungen darstellen, kommt ihnen definitionsgemäß zunächst kein Kostencharakter zu. Der Einbezug von Steuern in die Kostenrechnung läßt sich daher nicht definitorisch begründen, sondern ist vielmehr daran auszurichten, inwieweit die Ausgestaltung der Kostenrechnung im Sinne ihrer Aufgabenstellung (= Bereitstellung von Zahlenmaterial für Kontroll- und Entscheidungsprobleme, vgl. S. 508f.) verbessert wird. Demnach sind solche Steuern als Kosten zu betrachten, die durch die Realisation des unternehmerischen Sachziels bedingt sind und die für bestimmte Problemsituationen **Entscheidungsrelevanz** besitzen (*Döring,* Kostensteuern, S. 67ff.). In der praktischen Rechnungslegung werden folgende Steuern als Kosten behandelt (vgl. auch Teil A, Abschn. 8.1, S. 177ff.):

(1) Die **Personensteuern** (Einkommensteuer, Kirchensteuer, Körperschaftsteuer und Vermögensteuer) stellen grundsätzlich keine Kosten dar, da ihnen das Merkmal der Leistungsbezogenheit fehlt. Ausnahme: Sie sind dann Kosten, wenn die besondere Rechtsform, an die die Besteuerung anknüpft (z.B. Kapitalgesellschaften → Körperschaftsteuerpflicht), betriebsnotwendig ist oder betriebsnotwendige Teile des Vermögens mit der Steuer belastet werden (z.B. durch die Vermögensteuer).

(2) **Objektsteuern** (Gewerbesteuer und Grundsteuer) sind Kosten, soweit betriebliche Sachverhalte besteuert werden.

(3) Die **Verkehrsteuern** (Grunderwerbsteuer, Gesellschaftsteuer, Wertpapiersteuer, Wechselsteuer, Börsenumsatzsteuer, Versicherungsteuer, Beförderungsteuer) treffen Vorgänge des Rechtsverkehrs, bei denen sich Leistung und Gegenleistung gegenüberstehen. Ihr Kostencharakter ist unbestritten. Zur Gruppe der Verkehrsteuern gehört auch die Umsatzsteuer. Sie wird jedoch im Rechnungswesen wie ein durchlaufender Posten behandelt und somit in der Kostenartenrechnung nicht erfaßt (vgl. Teil A, Abschn. 3.4, S. 68ff.). Die Kraftfahrzeugsteuer, nach ihrem Wesen eine Personensteuer, da Steuergegenstand das Halten eines Kraftfahrzeugs ist, wird als Verkehrsteuer behandelt und als Kosten erfaßt.

(4) **Verbrauchsteuern** (z.B. Mineralölsteuer, Tabaksteuer, Branntweinmonopolabgabe usw.) treten in Verbindung mit der Beschaffung von bestimmten Gütern (z.B. Treibstoffe) auf und werden mit den Anschaffungsausgaben an die Lieferanten bezahlt. Diese Steuern sind Kosten und werden in der Kostenart der Hauptleistung erfaßt (z.B. in der Likörfabrik als Teile der Anschaffungsausgaben für Rohbranntwein in den Rohstoffkosten).

Die Erfassung der öffentlichen Abgaben mit Kostencharakter bereitet regelmäßig keine Schwierigkeiten, da vom Fiskus hierfür eindeutige Belege (Beitragsbescheide, Gebührenrechnungen, Steuerbescheide) ausgefertigt werden.

4.312.5 Kalkulatorische Kosten

Bei der Abgrenzung zwischen Aufwand und Kosten (vgl. S. 511ff.) wurde bereits darauf hingewiesen, daß es Aufwandsarten gibt, die nicht als Kosten verrechnet werden können. Der nicht als Kosten verrechnete Zweckaufwand steht den Anderskosten gegenüber, muß diesen jedoch betragsmäßig – aufgrund einer abweichenden Bewertung in Geschäfts- bzw. Betriebsbuchführung – nicht entsprechen. Die Anderskosten bilden gemeinsam mit den Zusatzkosten, denen kein Aufwand gegenübersteht, die kalkulatorischen Kosten.

Die kalkulatorischen Kosten haben die Aufgabe, die Kosten- und Leistungsrechnung von den in der Geschäftsbuchführung gültigen handels- und steuerrechtlichen Vorschriften zu befreien und damit die Daten, die aus der Geschäftsbuchführung bezogen werden, für die Zwecke der Kosten- und Leistungsrechnung aufzubereiten. Durch den Ansatz der kalkulatorischen Kosten soll der „richtige" Werteverbrauch an Produktionsfaktoren erfaßt sowie die Vergleichbarkeit, Genauigkeit und Aussagefähigkeit der Abrechnung erhöht werden. Insbesondere gelangen kalkulatorische (Opportunitäts-)Kosten in der Betriebsbuchhaltung dort zum Ansatz, wo gesetzliche, am Prinzip kaufmännischer Vorsicht orientierte Ansatz- und Bewertungskonzeptionen den Ausweis entscheidungsadäquater Werte in der Finanzbuchhaltung verhindern.

4.312.51 Kalkulatorische Abschreibungen

Die Abschreibungen als Teil der Betriebsmittelkosten sollen den Werteverbrauch verursachungsgerecht erfassen, der durch die im Produktionsprozeß über mehrere Perioden hinweg eingesetzten abnutzbaren Anlagegüter entsteht.

Abschreibungen werden sowohl in der Geschäftsbuchführung (bilanzielle Abschreibungen) als auch in der Betriebsbuchführung (kalkulatorische Abschreibungen) verrechnet. Die **bilanziellen** Abschreibungen sind dadurch gekennzeichnet, daß sie bezüglich der Abschreibungssumme auf die Anschaffungs- oder Herstellungswerte (entsprechend dem Prinzip der Geldkapitalerhaltung oder nominellen Kapitalerhaltung) fixiert sind. Meist ist auch die Abschreibungsdauer durch handels-, verstärkt durch steuerrechtliche Vorschriften (amtliche Abschreibungstabellen) festgelegt. In erster Linie haben die bilanziellen Abschreibungen den Zweck, die Anschaffungs- oder Herstellungskosten gleichmäßig auf die Jahre der Nutzung zu verteilen (**Verteilungsfunktion der Abschreibung**).

In der Betriebsbuchführung tritt neben die Verteilungsfunktion die **Finanzierungsfunktion der Abschreibung.** Durch Verrechnung der Abschreibungen in den Kosten der betrieblichen Leistung und durch Vergütung dieser Kosten über den Markt in den Umsatzerlösen ist es dem Betrieb möglich, die Betriebsmittel neu zu beschaffen, die durch den Produktionsprozeß ganz oder teilweise verbraucht wurden. Die „verdienten" **kalkulatorischen** Abschreibungen sollen sicherstellen, daß die eingesetzten Betriebsmittel im Sinne einer Sachkapitalerhaltung oder Substanzerhaltung wiederbeschafft werden können und der Prozeß der Leistungserstellung in der Zukunft auch bei steigenden Beschaffungspreisen fortgeführt werden kann.

Aus der gegenüber den bilanziellen Abschreibungen anderen Zielprojektion ergibt sich, daß die Abschreibungen im Bereich der Kosten- und Leistungsrechnung nach anderen Grundsätzen vorgenommen werden müssen:

(1) Die kalkulatorischen Abschreibungen können nur dann von den Anschaffungs- oder Herstellungskosten vorgenommen werden (nominelle Abschreibung), wenn die **Preise der Betriebsmittel** relativ konstant sind. Bei steigenden Betriebsmittelpreisen und Verrechnung von nominellen Abschreibungen ist eine Wiederbeschaffung verbrauchter Anlagegüter nicht möglich. Die kumulierten, vom Markt ersetzten Abschreibungsbeträge reichen nicht aus, um eine erforderliche Reinvestition durchzuführen. In Zeiten steigender Preise muß von den **Wiederbeschaffungskosten** abgeschrieben werden **(substantielle Abschreibung),** um die Durchführung der Produktion sowie die Erhaltung der Kapazitäten auch in Zukunft sicherzustellen.

(2) Bezüglich der **Nutzungsdauer** werden kalkulatorische Abschreibungen so lange verrechnet, wie das Anlagegut tatsächlich im Betrieb vorhanden ist und der Produktion dient. Dies impliziert auch die Möglichkeit, daß die Summe der kalkulatorischen Abschreibungen größer ist als die Anschaffungs- oder Herstellungskosten des Gutes.

(3) Die in der Kosten- und Leistungsrechnung verwendeten **Abschreibungsverfahren** decken sich im Grundsatz mit den Verfahren der bilanziellen Abschreibungen (zu den Abschreibungsverfahren vgl. S. 488ff.). Häufig unterscheiden sich aber bilanzielle und kalkulatorische Abschreibungen für ein und dasselbe Anlagegut dadurch, daß im Einzelfall nach verschiedenen Verfahren abgeschrieben wird. Begrenzungen in den Abschreibungssätzen, wie sie in der Geschäftsbuchführung beachtet werden müssen, kennt die Betriebsbuchführung nicht. Abschreibungsart und Abschreibungssätze richten sich allein nach dem jeweiligen Entscheidungs- bzw. Kontrollzweck, zu dem die Abschreibung als relevante Information benötigt wird.

Die verursachungsgerechte Erfassung der Gebrauchsfähigkeitsminderungen bei Betriebsmitteln kann oft nur unvollkommen oder gar nicht erfolgen, da insbesondere unregelmäßig auftretende Entwertungsursachen (wie z.B. technischer Fortschritt oder Bedarfswandlungen) Probleme bei der Auswahl des Abschreibungsverfahrens und des Abschreibungssatzes bereiten. Derartige nicht im voraus quantifizierbare Wertminderungen von Anlagen werden daher nicht im Rahmen der Abschreibungen erfaßt, sondern sind als **kalkulatorisches Abschreibungswagnis** (Wagniskosten) gesondert zu berücksichtigen.

Es stellt sich nunmehr die Frage nach dem Abschreibungsverfahren, das eine verursachungsgerechte Kostenverteilung sicherstellt und deshalb zur Anwendung in der Betriebsbuchführung geeignet ist (vgl. auch Teil B, Abschn. 3.22).

Auf den ersten Blick scheint die Grundforderung der Betriebsbuchführung nach verursachungsgemäßer Kostenzurechnung am ehesten von der **Abschreibung nach Maßgabe der Leistung und Inanspruchnahme** erfüllt. Diese erlaubt, die

Betriebsmittelkosten als variable Kosten und meist auch als Einzelkosten zu verrechnen und kann somit der oben präzisierten Forderung am ehesten genügen. Allerdings muß berücksichtigt werden, daß die Voraussetzungen für die Anwendung dieser Abschreibungsmethode nicht immer gegeben sind: Nur sehr selten läßt sich das Gesamtnutzungspotential einer Anlage einigermaßen zuverlässig schätzen, und auch die Messung des Periodenverbrauchs bringt häufig erhebliche Probleme mit sich.

In der Mehrzahl der Fälle kommen daher aus pragmatischen Gründen andere Verfahren zur Anwendung. Relativ weit verbreitet ist die **degressive Abschreibung** mit am Anfang der Nutzung relativ hohen Abschreibungsbeträgen, die gegen Ende der Nutzungsdauer kontinuierlich sinken. Gerade gegenläufig entwickelt sich häufig der Reparaturbedarf der Betriebsmittel: Bei Ingebrauchnahme der Anlagen sind die Reparaturkosten regelmäßig niedrig und steigen mit zunehmender Nutzungsdauer an. Die Betriebsmittelkosten als Summe der Abschreibungen und Reparaturkosten bleiben dann über die Nutzungszeit relativ konstant.

Nicht zuletzt wird auch in der Betriebsbuchführung wegen ihrer rechnerischen Einfachheit häufig auf die **lineare Abschreibung** zurückgegriffen. Die **progressive Abschreibungsmethode** kommt dagegen nur in Ausnahmefällen zur Anwendung, nämlich dann, wenn die tatsächliche Wertminderung auch progressiv verläuft.

Wesentlicher Bestimmungsfaktor der Höhe der Abschreibungsbeträge ist neben Abschreibungsverfahren und Abschreibungssatz die **Nutzungsdauer** eines Gutes. Da sie nur im Wege der Schätzung ermittelt werden kann, haftet ihr die Gefahr der Fehlerhaftigkeit an. Es sind zwei Fälle denkbar:

(1) Die tatsächliche Nutzungsdauer übersteigt die geschätzte Nutzungsdauer;

(2) die tatsächliche Nutzungsdauer bleibt hinter der geschätzten Nutzungsdauer zurück.

Beispiel:

Für eine Maschine, deren Abschreibungswert (AW) 48.000 beträgt, wurde die Nutzungsdauer (n) bei Ingebrauchnahme auf 8 Jahre geschätzt und eine lineare Abschreibung verrechnet. Nach dem 4. Jahr der Nutzung stellt sich heraus, daß

a) die Anlage tatsächlich 10 Jahre nutzungsfähig ist,
b) die Anlage nach 6 Nutzungsjahren unbrauchbar ist.

Für die beiden Unterfälle gibt es jeweils vier Lösungsalternativen:

a) tatsächliche Nutzungsdauer > geschätzte Nutzungsdauer

(1) Die Abschreibung wird unverändert fortgeführt, auch im 9. und 10. Jahr werden die ursprünglich festgelegten Abschreibungsbeträge von 6.000 p. a. verrechnet. Insgesamt werden 60.000, also 12.000 mehr als die Anschaffungskosten verrechnet.

(2) Ab dem 5. Jahr wird der vorhandene Restbuchwert auf die verbleibende Restnutzungsdauer abgeschrieben. Der jährliche Abschreibungsbetrag ändert sich von 6.000 auf 4.000. Insgesamt wird nur der Anschaffungswert verrechnet.

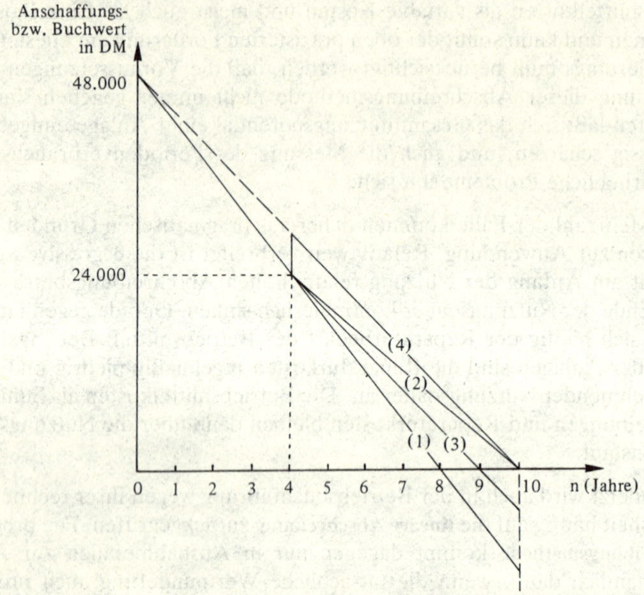

Abschreibungsverläufe bei unterschätzter Nutzungsdauer

(3) Ab dem 5. Jahr wird auf den richtigen Jahresabschreibungsbetrag von 4.800 übergegangen. An Abschreibungen werden dann zusammen 52.800 verrechnet, also um 4.800 mehr als der Anschaffungswert.

(4) Nachträgliche Verwirklichung des „richtigen" Abschreibungsverlaufes durch Nachholzuschreibung. Im Beispiel wären für die ersten vier Perioden jeweils 1.200 (insges. 4.800) aufzuholen und ab der 5. Periode die richtigen Abschreibungsbeträge von 4.800 anzusetzen.

b) tatsächliche Nutzungsdauer < geschätzte Nutzungsdauer:

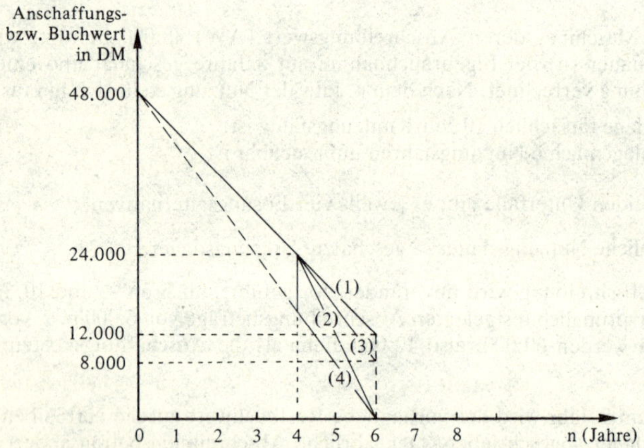

Abschreibungsverläufe bei überschätzter Nutzungsdauer

(1) Die Abschreibung wird unverändert fortgeführt. Am Ende der Nutzungsdauer bleibt ein Restbuchwert von 12.000.

(2) Der nach dem 4. Jahr vorhandene Restbuchwert wird gleichmäßig auf die Restnutzungsdauer verteilt. Die jährlichen Abschreibungen betragen 12.000, der Restbuchwert = 0.

(3) Ab dem 5. Jahr wird die Abschreibung mit dem richtigen Abschreibungsbetrag von 8.000 p. a. durchgeführt. Insgesamt werden so 40.000 abgeschrieben, es bleibt also ein Restbuchwert von 8.000.

(4) Nachträgliche Verwirklichung des „richtigen" Abschreibungsverlaufes durch Nachholabschreibung. Es sind in den ersten vier Perioden jeweils 2.000 (insges. 8.000) an Abschreibungen nachzuholen und ab der 5. Periode die richtigen Abschreibungsbeträge von 8.000 anzusetzen.

Die Geschäftsbuchführung hätte entsprechend den geänderten Verhältnissen einen neuen Abschreibungsplan gemäß Verlauf (2) anzustreben, wobei im Fall b) zu prüfen ist, ob nicht aufgrund der zu lang geschätzten Nutzungsdauer ein niedrigerer beizulegender Wert am Abschlußstichtag eine außerplanmäßige Abschreibung gemäß Verlauf (4) notwendig macht (§ 253, Abs. 2, Satz 3 HGB). Demgegenüber ist die Kosten- und Leistungsrechnung grundsätzlich an keinen bestimmten Verlauf gebunden, soweit dieser die einzelnen Perioden **verursachungsgerecht** und soweit als möglich **gleichmäßig** belastet. Diesem Interesse entsprechen am ehesten die Verläufe (1) und (3). Die in Fall b) für die Reinvestition zu gering bemessenen Abschreibungsbeträge können kostenrechnerisch über die kalkulatorischen Wagnisse Berücksichtigung finden. Dagegen sind die zu hoch bemessenen Abschreibungen in Fall a) als sonstiger betrieblicher Ertrag zu behandeln (Kontenklasse 2 des GKR).

Ähnliche Probleme ergeben sich, wenn sich die Abschreibungswerte ändern, z. B. durch einen Anstieg der Wiederbeschaffungskosten oder durch nachträgliche Veränderungen des Kaufpreises.

4.312.52 Kalkulatorische Zinsen

Der Einsatz finanzieller Mittel als wesentliche Voraussetzung für die Ingangsetzung und Durchführung der Produktion führt stets zur Kapitalbindung. Das kostenmäßige Äquivalent für die Zurverfügungstellung von Kapital sind die kalkulatorischen Zinsen. Sie fallen zum einen in der Form der effektiv zu zahlenden Zinsaufwendungen für das **Fremdkapital** an (pagatorische Kosten) und werden als solche sowohl in der Geschäftsbuchführung (Zweckaufwand) als auch in der Betriebsbuchführung (Grundkosten) erfaßt. Zum anderen muß darüber hinaus auch der Nutzenentgang berücksichtigt werden, der aus dem Einsatz von **Eigenkapital** im Betrieb resultiert und dabei keine konkrete Gegenleistung erfordert (Opportunitätskosten). Insgesamt sind in der Betriebsbuchführung daher kalkulatorische Zinsen für das gesamte beim Leistungserstellungsprozeß eingesetzte Kapital (**betriebsnotwendige Kapital**) anzusetzen.

Ausgangspunkt der kalkulatorischen Zinsberechnung ist das **betriebsnotwendige Vermögen** als reale Ausprägungsform des betriebsnotwendigen Kapitals. Bei der Ermittlung des betriebsnotwendigen Vermögens kann nicht ohne weiteres von der Aktivseite der Handels- oder Steuerbilanz ausgegangen werden, denn

1. sind dort nicht betriebsnotwendige Vermögensteile aufgeführt (z.B. Bauland für eine evtl. Betriebserweiterung, spekulativ angeschaffte Wertpapiere) und

2. sind die Bilanzpositionen nach den für die Kosten- und Leistungsrechnung nicht maßgeblichen handels- und steuerrechtlichen Vorschriften bewertet.

Das bilanziell erfaßte Vermögen ist so zu korrigieren, daß die nicht betriebsnotwendigen Teile (z.B. spekulative Wertpapiere) ausgeklammert und die betriebsnotwendigen, aber nicht ausgewiesenen Teile (z.B. selbst entwickelte Patente, unentgeltlich erworbene Wirtschaftsgüter) zusätzlich erfaßt werden. Das betriebsnotwendige Umlaufvermögen ist nicht mit einem zufällig entstandenen Stichtagsbestand, sondern mit dem Durchschnittsbestand der Abrechnungsperiode anzusetzen.

Die Wertansätze des Anlagevermögens können ebenfalls nicht direkt aus den Bilanzen übernommen werden: Nach der Methode der **Restwertverzinsung** wird das betriebsnotwendige Anlagevermögen mit den um die kalkulatorischen Abschreibungen verminderten Anschaffungskosten angesetzt; die Methode der **Durchschnittswertverzinsung** hat die halben Anschaffungskosten zur Grundlage, denn diese sind während der gesamten Nutzungsdauer der Anlagegüter – lineare Abschreibung unterstellt – durchschnittlich im Betrieb gebunden; es erfolgt eine gleichmäßige Belastung der Nutzungsperioden einer Anlage.

Schließlich ist das betriebsnotwendige Vermögen um das sogenannte **Abzugskapital** zu mindern. Hierzu zählen die Beträge, die dem Betrieb zinsfrei zur Verfügung stehen, z.B. Kundenanzahlungen und zinsfreie Verbindlichkeiten aus Lieferungen und Leistungen.

Schematisch sind die kalkulatorischen Zinsen deshalb wie folgt zu ermitteln:

Bilanziell ausgewiesenes Anlagevermögen
(– nicht abnutzbares Anlagevermögen zu Anschaffungskosten
– abnutzbares Anlagevermögen nach der Methode der Restwertverzinsung oder der Methode der Durchschnittswertverzinsung)
\+ nicht ausgewiesenes, betriebsnotwendiges Anlagevermögen
./. ausgewiesenes, nicht betriebsnotwendiges Anlagevermögen

= Betriebsnotwendiges Anlagevermögen
\+ Bilanziell ausgewiesenes Umlaufvermögen
(bewertet mit kalkulatorischen Durchschnittswerten)
\+ nicht ausgewiesenes, betriebsnotwendiges Umlaufvermögen
./. ausgewiesenes, nicht betriebsnotwendiges Umlaufvermögen

= Betriebsnotwendiges Vermögen
./. Abzugskapital (= zinsfreie Kapitalanteile)

= Betriebsnotwendiges Kapital

Kalkulatorische Zinsen = Betriebsnotwendiges Kapital × Zinssatz

Der Zinssatz ist in Anlehnung an das Zinsniveau am Kapitalmarkt für langfristige Ausleihungen zu bilden.

Übungsbeispiel

Aus dem Jahresabschluß einer Unternehmung sind folgende Informationen zu entnehmen:

I. Vermögen	
A. Anlagevermögen	
– nicht abnutzbar	200.000
– abnutzbar	400.000
(Anschaffungskosten 1.200.000)	
B. Umlaufvermögen	150.000
(Bestand am Anfang des Jahres 250.000)	
II. Kapital	
Eigenkapital	400.000
Fremdkapital	350.000

In den letzten Jahren wurden sog. geringwertige Wirtschaftsgüter zu Anschaffungskosten von zusammen 50.000 dem Betriebsvermögen zugeführt und sofort als Aufwand verbucht. Im Schlußbestand des Umlaufvermögens sind die Anschaffungskosten für ein Aktienpaket mit 50.000 enthalten, das bei zu erwartenden Kurssteigerungen wieder abgestoßen werden soll.

Das Fremdkapital läßt sich unterteilen in:

– zinsfreie Verbindlichkeiten aus Lieferungen und Leistungen	150.000
– Verbindlichkeiten gegenüber Kreditinstituten (10% Zins)	100.000
– Darlehensverbindlichkeiten (8% Zins)	100.000

Der Marktzins für langfristige Ausleihungen beträgt gegenwärtig 8%.

1. Ermitteln Sie die kalkulatorischen Zinsen.
2. Geben Sie an, inwieweit die ermittelten kalkulatorischen Zinsen den Charakter haben
   a) von Grundkosten
   b) von Anderskosten
   c) von Zusatzkosten.

Lösung:

1) Betriebsnotwendiges Anlagevermögen			
– nicht abnutzbares Anlagevermögen			200.000
– abnutzbares Anlagevermögen unter Einschluß der geringwertigen Anlagegüter, angesetzt nach der Methode der Durchschnittswertverzinsung			625.000
Betriebsnotwendiges Umlaufvermögen			
Jahresabschlußbestand	150.000		
./. Spekulative Wertpapiere	50.000		
+ Jahresanfangsbestand	250.000		
Durchschnittlicher Bestand	350.000	: 2 =	175.000
Betriebsnotwendiges Vermögen			1.000.000
./. Abzugskapital			150.000
Betriebsnotwendiges Kapital			850.000
Kalkulatorische Zinsen = 850.000 × 8%		=	68.000

2 a) Für die Darlehensverbindlichkeiten sind in der Finanzbuchführung 8% Zinsaufwand zu verrechnen:

8% von 100.000 = 8.000

Da der Marktzins für langfristige Ausleihungen gegenwärtig 8% beträgt, gehen in die Kostenrechnung Kosten in Höhe von 8.000 für die Darlehensverbindlichkeiten ein:

8% von 100.000 = 8.000

Für Darlehensverbindlichkeiten stehen somit den Kosten gleichhohe Aufwendungen gegenüber; es handelt sich bei diesen Kosten (8.000) um **Grundkosten.**

2b) Für Verbindlichkeiten gegenüber Kreditinstituten sind in der Finanzbuchführung 10% Zinsaufwand zu verrechnen:

10% von 100.000 = 10.000

Da der Marktzins für langfristige Ausleihungen gegenwärtig 8% beträgt, gehen in die Kostenrechnung nur Kosten in Höhe von 8.000 ein:

8% von 100.000 = 8.000

Für Verbindlichkeiten gegenüber Kreditinstituten stehen somit den Kosten „anders"-hohe Aufwendungen gegenüber; es handelt sich bei diesen Kosten (8.000) um **Anderskosten.**

2c) Es stehen den Kosten in der Kostenrechnung in Höhe von 52.000 keine Aufwendungen in der Finanzbuchführung gegenüber:

Kalkulatorische Zinsen	68.000
./. Grundkosten	8.000
./. Anderskosten	8.000
	52.000

Es handelt sich bei diesen Kosten (52.000) um **Zusatzkosten.**

4.312.53 Kalkulatorischer Unternehmerlohn

In Betrieben, in denen Eigentümer oder deren Angehörige tätig sind, die für ihren Arbeitseinsatz kein Gehalt beziehen, werden in der Betriebsbuchführung hypothetische Gehälter zugrunde gelegt. Im Gegensatz zu Kapitalgesellschaften dürfen Einzelfirmen und Personengesellschaften für die Mitarbeit der Eigentümer im eigenen Betrieb keinen Aufwand verrechnen. Das Entgelt für die unternehmerische Tätigkeit wird bei diesen Rechtsformen in der Geschäftsbuchführung – unter Berücksichtigung von Entnahmen und Einlagen – als Residualgröße (Gewinn) ermittelt, mit der sowohl die Zurverfügungstellung des Kapitals als auch die eigene Tätigkeit im Betrieb als abgegolten angesehen wird.

Ebenso wie jedoch Eigenkapitalzinsen auf das betriebsnotwendige Kapital über die kalkulatorischen Zinsen als Opportunitätskosten verrechnet werden, muß auch das Entgelt für die Mitarbeit des Unternehmers im eigenen Betrieb als Kostenfaktor berücksichtigt werden. Das so verrechnete Entgelt wird als kalkulatorischer Unternehmerlohn bezeichnet.

Der **kalkulatorische Unternehmerlohn** ist mit dem Betrag anzusetzen, der dem Gehalt von vergleichbaren leitenden Angestellten in Kapitalgesellschaften (Geschäftsführer, Vorstandsmitglieder) entspricht. Bei der Gehaltsbemessung sind die Betriebsgröße, besondere Branchenverhältnisse usw. zu berücksichtigen.

Die Schwierigkeiten bei der praktischen Bestimmung der Höhe des kalkulatorischen Unternehmerlohns führten in der Vergangenheit zu schematischen Berechnungsansätzen, von denen die in der seifenverarbeitenden Industrie zuerst angewandte sog. Seifenformel den breitesten Bekanntheitsgrad erlangt hat. Der jährliche Unternehmerlohn wird danach durch folgende Formel bestimmt:

$$\text{Jährlicher Unternehmerlohn} = 18\sqrt{\text{Jahresumsatz}}$$

Derart schematische Berechnungen können jedoch dem Einzelfall nicht gerecht werden. Vor allem im Bereich sehr hoher und sehr niedriger Umsätze führt die „Seifenformel" zu unrealistischen Größenordnungen: So ergibt sich bei einem Jahresumsatz von 5 Mio. ein monatlicher Unternehmerlohn von nur 3.354, bei einem Jahresumsatz von 800 Mio. dagegen ein monatlicher Unternehmerlohn von 42.426.

4.312.54 Kalkulatorische Miete

Aus den gleichen Gründen, die zur Verrechnung eines kalkulatorischen Unternehmerlohns führen (Erfassung des Nutzenentgangs), ist auch für die Wirtschaftsgüter, die der Einzelunternehmer oder Personengesellschafter in seinem Privatbesitz hält, dem Betrieb aber als Grundlage des Produktionsprozesses unentgeltlich überläßt, eine kalkulatorische Miete anzusetzen, da in der Geschäftsbuchführung hierfür keine Aufwandsverrechnung zulässig ist.

Bei der Bemessung der Höhe der kalkulatorischen Miete ist von dem Betrag auszugehen, der bezahlt werden müßte, wenn die Wirtschaftsgüter von einem fremden Dritten angemietet wären, ersatzweise von den entgehenden Mieteinnahmen. Kalkulatorische Miete ist aber nur insoweit zu berücksichtigen, als für die jeweiligen Räume keine Abschreibungen, Zinsen und Instandhaltungskosten in der Betriebsabrechnung erfaßt werden, da sonst eine Doppelbelastung erfolgt.

4.312.55 Kalkulatorische Wagnisse

Jede betriebliche Tätigkeit ist mit einer Vielzahl von Wagnissen verbunden und ist damit der Gefahr des Eintritts von Schadensfällen und Verlusten ausgesetzt, die sich in ihrer Höhe und dem Zeitpunkt des Eintretens nicht vorhersehen lassen. Die Wagnisse (Risiken) lassen sich einteilen in:

(1) Das **allgemeine Unternehmerrisiko,** das ohne unmittelbaren Bezug zum Leistungserstellungsprozeß das Unternehmen als Ganzes trifft. Beispiele: Konjunkturrückgänge, Inflation, Nachfrageverschiebungen, technischer Fortschritt etc. Dieses allgemeine Unternehmerrisiko ist nicht kalkulierbar, sondern im Gewinn abgegolten. Eine Abwälzung dieses Risikos auf eine Versicherungsgesellschaft gegen Prämienzahlung ist im allgemeinen nicht möglich.

(2) Die **speziellen Wagnisse** hängen direkt mit der betrieblichen Leistungserstellung zusammen. Dazu zählen:

– das **Beständewagnis:** Werkstoffe, Halb- und Fertigfabrikate können durch Schwund, Veralten, Verrosten, Preissenkungen u. ä. eine wertmäßige Minderung erfahren;

– das **Anlagenwagnis:** Ausfälle von Maschinen und maschinellen Anlagen vor dem geplanten Nutzungsende, z. B. durch Bruch, Naturereignisse oder Schätzungsfehler bei der Nutzungsdauer;
– das **Fertigungswagnis:** Mehrkosten aufgrund von Arbeits- und Konstruktionsfehlern, Kosten für Gewährleistungen;
– das **Entwicklungswagnis:** Kosten für fehlgeschlagene Forschungs- und Entwicklungsarbeiten;
– das **Vertriebswagnis:** Transportschäden, Forderungsausfälle, Währungsverluste;
– **sonstige Wagnisse:** Feuer, Sturm- oder Wasserschäden, Explosionen, aber auch branchenbedingte Risiken, wie Bergschäden, Schiffs- und Fangzeugverluste etc.

Die speziellen Wagnisse lassen sich weiter unterscheiden in:

a) **Versicherte Wagnisse:** Die drohenden Verluste und Schadensfälle werden gegen Bezahlung einer Prämie auf einen Versicherer abgewälzt, der bei Schadenseintritt die Regulierung übernimmt. Die Prämienzahlungen an den Versicherer stellen Zweckaufwand (Geschäftsbuchführung) dar und werden in gleicher Höhe in die Kostenrechnung übernommen (Grundkosten).

b) **Nicht versicherte** oder **nicht versicherbare Wagnisse:** Werden die Risiken nicht weitergewälzt oder ist eine Versicherung des speziellen Risikos nicht möglich (z. B. beim Entwicklungswagnis), so tritt der Betrieb als Selbstversicherer auf. Etwa eintretende Verluste hat der Betrieb selbst zu tragen. Die Schadensfälle sind handelsbilanziell zwar unter den sonstigen betrieblichen Aufwendungen auszuweisen, abgrenzungstechnisch sind sie jedoch als neutrale Aufwendungen zu klassifizieren. In der Kosten- und Leistungsrechnung sind die aperiodisch auftretenden Verluste als Zusatzkosten so zu erfassen, als müsse der Betrieb für das Risiko eine Versicherungsprämie bezahlen. Dadurch ist eine gleichmäßige Periodenbelastung gewährleistet. Die Höhe der „Selbstversicherungsprämie" ist so zu bemessen, daß ein langfristiger Ausgleich zwischen den tatsächlich eintretenden Verlusten und den kalkulatorischen Wagniskosten erreicht wird. Dies geschieht dadurch, daß aus tatsächlichen Verlusten der Vergangenheit auf die mutmaßlichen Wagniskosten in der Zukunft geschlossen wird, und die so ermittelten Beträge als kalkulatorische Wagniskosten angesetzt werden.

Beispiel:

Tatsächlich aufgetretene Forderungsausfälle in den letzten 4 Jahren	40.000
Summe der Zielumsätze in den letzten 4 Jahren	8.000.000
Mutmaßliche Zielumsätze in der Abrechnungsperiode	2.500.000

Wagniskosten für Forderungsausfälle in der Abrechnungsperiode:

$$\frac{40.000 \times 2.500.000}{8.000.000} = 12.500$$

4.312.56 Die buchhalterische Erfassung der kalkulatorischen Kosten

Im **Gemeinschaftskontenrahmen der Industrie** vollzieht sich die Verbuchung der kalkulatorischen Kosten nach dem auf S. 542 abgebildeten Schema (vgl. hierzu auch Teil A, Abschn. 10.52, S. 252ff.).

Im dargestellten Fall übersteigen die kalkulatorischen Kosten den Betrag der tatsächlichen Aufwendungen: Auf dem Konto Neutrales Ergebnis entsteht somit ein Habensaldo (positives neutrales Ergebnis). Sind dagegen die tatsächlichen Aufwendungen höher als der Ansatz der kalkulatorischen Kosten, so ergibt sich ein Sollsaldo auf dem Konto Neutrales Ergebnis, der auf dem Gewinn- und Verlustkonto die Aufwandseite vergrößert.

Die genannten Zusammenhänge sollen zusätzlich noch an dem Zahlenbeispiel auf S. 543 erläutert werden: In der betrachteten Periode werden kalkulatorische Abschreibungen in Höhe von 2.000 verrechnet, während in der Geschäftsbuchführung nur Abschreibungen von 1.000 zulässig waren.

Die Gewinn- und Verlustrechnung macht deutlich, daß letztlich nur die **bilanzielle** Abschreibung erfolgswirksam zum Tragen kommt. Der Differenzbetrag zur kalkulatorischen Abschreibung tritt als neutraler Ertrag in Erscheinung. Die kalkulatorische Verrechnung erweist sich demgemäß als ausschließlich innerbetriebliches, der internen Rechnungslegung gewidmetes Kontrollinstrument.

Bei Abwicklung des Rechnungswesens nach dem **Industriekontenrahmen** werden die kalkulatorischen Kosten nur in der Betriebsbuchführung erfaßt, ohne daß eine Verknüpfung mit der Geschäftsbuchführung besteht. Die tatsächlichen, aufgrund gesetzlicher Vorschriften in Anrechnung zu bringenden Aufwendungen werden ausschließlich in der Geschäftsbuchführung verrechnet. Durch den Abschluß der Geschäftsbuchführung wird der **Gesamterfolg** ermittelt, während der Abschluß der Betriebsbuchführung zum **Betriebserfolg** führt. Der **neutrale Erfolg** läßt sich lediglich als Differenzgröße ermitteln.

Übungsbeispiel:

Stellen Sie auf T-Konten die Verbuchung folgender Sachverhalte dar:

	bilanziell	kalkulatorisch
Abschreibungen	60.000	40.000
Zinsen	20.000	35.000
Unternehmerlohn		22.000
Miete	2.000	6.000
Wagnisse	15.000	10.000

Schließen Sie die Konten ab. Gehen Sie dabei von folgendem Betriebsergebniskonto aus:

Betriebsergebnis

versch. Kosten 750.000	versch. Erlöse 1.000.000

Wie hoch sind:

a) der Betriebserfolg
b) der neutrale Erfolg
c) der Gesamterfolg?

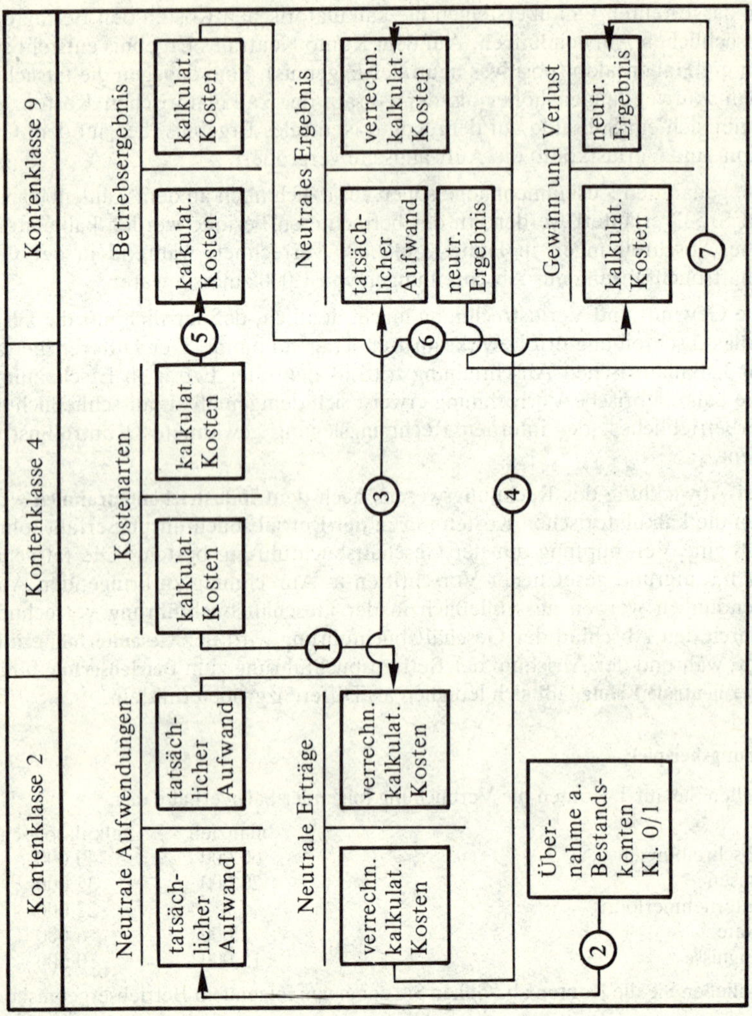

(1) Verrechnung der kalkulatorischen Kosten: Kostenarten an verrechnete kalkulatorische Kosten (neutraler Ertrag)

(2) Eintritt des tatsächlichen Aufwands: Neutrale Aufwendungen an Bestandskonten der Klasse 0/1

(3) Abschluß des Kontos Neutrale Aufwendungen auf das Konto Neutrales Ergebnis

(4) Abschluß des Kontos Neutrale Erträge (verrechnete kalkulatorische Kosten) auf das Konto Neutrales Ergebnis

(5) Abschluß der Kostenarten auf das Betriebsergebniskonto

(6) Abschluß des Betriebsergebniskontos auf das Konto Gewinn und Verlust

(7) Abschluß des Kontos Neutrales Ergebnis auf das Konto Gewinn und Verlust

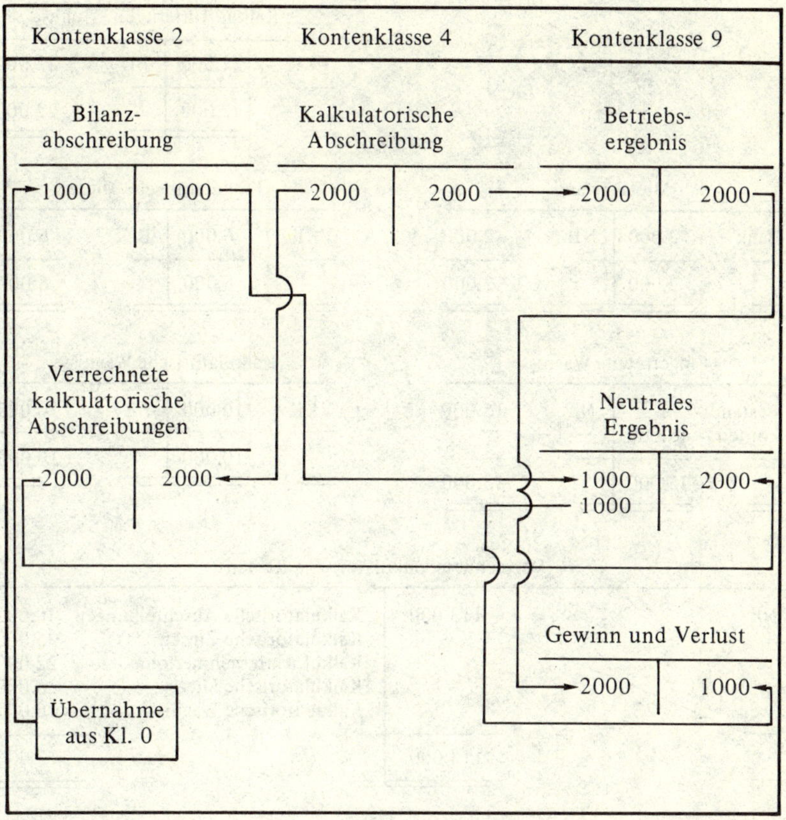

Lösung:

(NE = Neutrales Ergebnis; BE = Betriebsergebnis; VKK = Verrechnete kalkulatorische Kosten)

Bilanzielle Abschreibung

Masch.	60.000	NE	60.000
	60.000		60.000

Kalkulatorische Abschreibung

VKK	40.000	BE	40.000
	40.000		40.000

Zinsaufwand

Bank	20.000	NE	20.000
	20.000		20.000

Kalkulatorische Zinsen

VKK	35.000	BE	35.000
	35.000		35.000

Kalkul. Unternehmerlohn

VKK	22.000	BE	22.000
	22.000		22.000

Mietaufwand

Bank	2.000	NE	2.000
	2.000		2.000

Kalkulatorische Miete

VKK	6.000	BE	6.000
	6.000		6.000

Eingetretene Wagnisse

Bestands-konten	15.000	NE	15.000
	15.000		15.000

Kalkulatorische Wagnisse

VKK	10.000	BE	10.000
	10.000		10.000

Verrechnete kalkulatorische Kosten

NE	113.000	Kalkulatorische Abschreibungen	40.000
		Kalkulatorische Zinsen	35.000
		Kalkul. Unternehmerlohn	22.000
		Kalkulatorische Miete	6.000
		Kalkulatorische Wagnisse	10.000
	113.000		113.000

Betriebsergebnis

Verschiedene Kosten	750.000	Verschiedene Erlöse	1.000.000
Kalkulatorische Abschreibungen	40.000		
Kalkulatorische Zinsen	35.000		
Kalkul. Unternehmerlohn	22.000		
Kalkulatorische Miete	6.000		
Kalkulatorische Wagnisse	10.000		
GuV	137.000		
	1.000.000		1.000.000

Neutrales Ergebnis

Bilanzielle Abschreibung	60.000	Verrechnete kalkulatorische Kosten	113.000
Zinsaufwand	20.000		
Mietaufwand	2.000		
Eingetretene Wagnisse	15.000		
GuV	16.000		
	113.000		113.000

Gewinn und Verlust

Gewinn	153.000	Betriebsergebnis	137.000
		Neutrales Ergebnis	16.000
	153.000		153.000

a) Betriebserfolg	137.000
b) Neutraler Erfolg	16.000
c) Gesamterfolg	153.000

Ergänzende Literatur zu: 4.31 Die Kostenartenrechnung

Haberstock, Kostenrechnung I, S. 72–117
Huch, Kostenrechnung, S. 45–74
Kilger, Kostenrechnung, S. 69–153
Kosiol, Leistungsrechnung, S. 176–196
Mellerowicz, Kostenrechnung II, 1, S. 234–378
Menrad, Rechnungswesen, S. 69–77
Scherrer, Kostenrechnung, S. 153–177
Schweitzer/Küpper, Kostenrechnung, S. 142–154
Wöhe, Einführung, S. 1141–1157.

4.32 Die Kostenstellenrechnung

Die Kostenartenrechnung hat die Aufgabe, sämtliche in der Abrechnungsperiode angefallenen Kosten systematisch zu erfassen (s. Abschn. 4.31) und liefert damit Erkenntnisse über Art und Höhe der entstandenen Kosten. Diese Informationen über Kostenartenbeträge sind jedoch nur bedingt aussagefähig, auch wenn Vergleichszahlen aus anderen Perioden, anderen Betrieben gleicher Branche oder gleicher Größenordnung gegenübergestellt werden, solange nicht nach den Orten der Kostenentstehung untergliedert wird.

Zu wesentlich konkreteren und wirtschaftlich relevanteren Aussagen führt deshalb die **Kostenstellenrechnung.** Sie ist verfahrenstechnisch zwischen der Kostenartenrechnung und der Kostenträgerrechnung angesiedelt und hat insbesondere zwei Aufgaben zu erfüllen.

(1) Lieferung von **Informationen** für Kostenplanung, Wirtschaftlichkeitskontrolle und Steuerung von Entscheidungen: Getroffene Entscheidungen und Abläufe in Teilbereichen eines Betriebes beeinflussen die Höhe der Gesamtkosten. Meist sind kostenbestimmende Entscheidungen nicht von der Unternehmensleitung zu treffen, sondern von untergeordneten Personen, die z.B. Einfluß auf Stillstandszeiten und Auslastungsgrad der von ihnen betreuten Maschinen haben. Daher kann nur eine tief untergliederte Unterteilung in Kostenstellen eine zutreffende Analyse der **Kostenverursachung** und der Möglichkeiten zur **Kosteneinsparung** sicherstellen. Gleichzeitig kann die Kostenstellenrechnung dann Ursachen und Höhe von **Kostenabweichungen** aufdecken.

(2) Als Bindeglied zwischen Kostenarten- und Kostenträgerrechnung dient die Kostenstellenrechnung außerdem der **Verteilung** derjenigen Kostenbeträge auf

die betriebliche Endleistung, die dieser nicht direkt zurechenbar sind **(Erzeugnisgemeinkosten).** Die Erzeugnisgemeinkosten werden in der Kostenstellenrechnung rechnungstechnisch so aufbereitet, daß sie auf die einzelnen Produkte (Kostenträger) weiterverrechnet werden können. Demgegenüber werden die Erzeugniseinzelkosten – ohne Zwischenschaltung der Kostenstellenrechnung – direkt an die Kostenträgerrechnung weitergegeben. Schematisch läßt sich dies so darstellen:

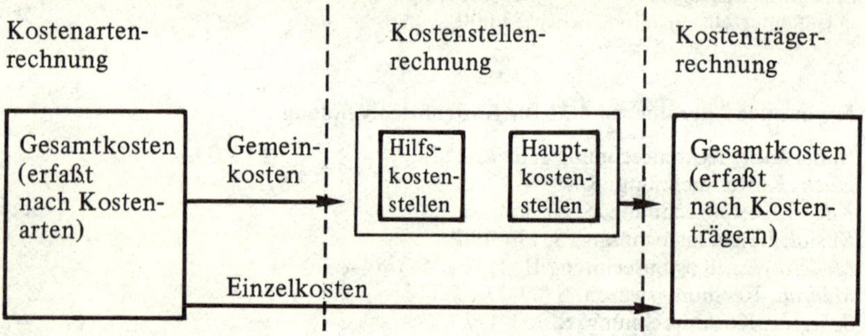

4.321 Kriterien für die Bildung von Kostenstellen

Zur Durchführung der Kostenstellenrechnung wird der gesamte Betrieb mit einem Organisationssystem überzogen, dessen Elemente die Kostenstellen als rechnungsmäßig abgegrenzte, kostenrechnerisch selbständig abzurechnende betriebliche Teilbereiche sind. Eine Einteilung des Betriebs in Kostenstellen kann nach folgenden Kriterien vorgenommen werden:

(1) **Nach dem Ort** (Raum): Räumlich abgegrenzte Betriebsteile werden zu einer Kostenstelle zusammengefaßt. Die räumliche Gliederung reicht für die Kostenstellenbildung jedoch dann nicht aus, wenn die räumliche Zusammenfassung z.B. nur aus Platzmangel erfolgte. Räumlich zusammengehörende Einrichtungen sind in verschiedene Kostenstellen zu unterteilen, wenn eines der anderen Kriterien dies erforderlich macht.

(2) **Nach der Funktion** (Verrichtung): Kostenstellen werden entsprechend den Gegebenheiten des fertigungstechnischen Ablaufes eingerichtet; es entstehen Kostenstellen für die verschiedenen Fertigungsstufen. Bei sehr unterschiedlichen Verrichtungen kann eine Aufgliederung bis zum einzelnen Arbeitsplatz oder bis zur einzelnen Maschine notwendig werden.

(3) **Nach dem Verantwortungsbereich:** Zur Überwachung der Entscheidungsträger (z.B. Hauptabteilungsleiter, Abteilungsleiter, Meister) können entsprechend den Verantwortungsbereichen Kostenstellen eingerichtet werden. Diese werden sich besonders im Fertigungsbereich in aller Regel mit den nach funktionalen Gliederungskriterien gebildeten Kostenstellen decken; vor allem jedoch in der Verwaltung werden sehr unterschiedliche Verrichtungen durchgeführt, die eine funktionale Gliederung erschweren.

(4) **Nach dem Kostenträger:** Die Einrichtung von Kostenstellen nach diesem Kriterium ist nur in den seltenen Fällen möglich, in denen Kostenstellen und

Kostenträger zusammenfallen. Eine wichtige Unterscheidung der Kostenstellen ergibt sich jedoch aus ihrer Behandlung bei der Weiterverrechnung auf die Kostenträger. Die Kosten der **Hauptkostenstellen** werden direkt auf die Kostenträger verrechnet, die Kosten der **Hilfskostenstellen** werden vor ihrer Verrechnung auf die Kostenträger an andere Hilfskostenstellen bzw. an Hauptkostenstellen weitergegeben.

In Industriebetrieben werden die Kostenstellen üblicherweise nach funktionellen Gesichtspunkten unter Berücksichtigung abrechnungstechnischer Aspekte gebildet. Ein typischer industrieller **Kostenplan** weist in der Hauptsache folgende Stellenarten auf:

(1) **Allgemeine Kostenstellen** geben ihre Leistungen als innerbetriebliche Leistungen an alle Bereiche des Betriebes ab. Hierunter fallen beispielsweise die zentrale Heizungs- und Wasserversorgungsanlage, die Werksfeuerwehr und die sozialen Einrichtungen.

(2) **Materialkostenstellen** umfassen alle mit der Materialbeschaffung, -prüfung, -einlagerung, dem innerbetrieblichen Materialtransport und mit der Ausgabe der Werkstoffe an die Fertigungsstellen anfallenden Verrichtungen.

(3) Im Fertigungsbereich wickelt sich der eigentliche Produktionsprozeß ab. Hier werden die Werkstoffe be- oder verarbeitet und die absatzbestimmten Erzeugnisse erstellt (**Fertigungshauptkostenstellen**). Ein Teil der im Fertigungsbereich gebildeten Stellen ist nicht direkt mit der Leistungserstellung befaßt, sondern erfüllt Hilfsfunktionen für die Fertigungshauptkostenstellen und dient somit nur mittelbar der Produktion (**Fertigungshilfskostenstellen**), so z. B. das technische Büro, die Reparaturwerkstatt oder das Zentrallabor.

Die Fertigungshilfskostenstellen und die Allgemeinen Kostenstellen werden unter abrechnungstechnischen Gesichtspunkten auch als **Vorkostenstellen** oder **sekundäre Kostenstellen** bezeichnet, da beide ihre (innerbetrieblichen) Leistungen an andere Hilfskostenstellen oder Hauptkostenstellen weitergeben. Die Hauptkostenstellen werden entsprechend auch als **Endkostenstellen** oder **primäre Kostenstellen** bezeichnet.

(4) **Vertriebskostenstellen** beschäftigen sich mit der Verwertung der betrieblichen Endleistung und nehmen die Absatzlagerung, den Verkauf und den Versand der Fertigerzeugnisse vor.

(5) **Verwaltungskostenstellen** betreffen die Geschäftsführung mit dem nachgeordneten Verwaltungsapparat, das Rechnungswesen (Geschäfts- und Betriebsbuchhaltung, interne Revision) und die sonstige allgemeine Verwaltung (z. B. Personalabteilung, volkswirtschaftliche Abteilung, Betriebsstatistik).

Abgestellt auf ihre individuellen Erfordernisse richten die Betriebe weitere Kostenstellen ein (z. B. Forschungs- und Entwicklungskostenstellen). Diese Kostenstellen können Hauptkostenstellen (z. B. zur Erfassung der Sonderkosten der Fertigung) sein, aber auch nur Vorkostenstellencharakter haben.

Mit der Verteilung der Kosten auf die Kostenstellen wird zum einen eine genauere **Zurechnung der Gemeinkosten** auf die Kostenträger ermöglicht; insoweit übt die Kostenstellenrechnung eine vorbereitende Funktion für die Kostenträgerrechnung aus. Zum anderen dient die Kostenstellenrechnung der

Überwachung und Kontrolle der Wirtschaftlichkeit der betrieblichen Tätigkeit (**Kostenkontrolle**) in den einzelnen Tätigkeits- und Verantwortungsbereichen. Der Zielerreichungsgrad der Kostenstellenrechnung wird dadurch gesteigert, daß der Betrieb kostenstellenmäßig tief gegliedert wird. Dabei sind jedoch folgende **Grundsätze** zu beachten (*Wöhe,* Einführung, S. 1159):

(1) Für jede Kostenstelle müssen sich genaue Maßstäbe (**Bezugsgrößen**) der Kostenverursachung finden lassen.

(2) Kostenstellen und **Verantwortungsbereiche** müssen sich decken, damit die Kontrollfunktion wirksam erfüllt werden kann.

(3) Alle **Kostenbelege** müssen sich ohne Schwierigkeiten den einzelnen Kostenstellen zurechnen lassen.

Welcher Umfang der **Kostenstellengliederung** im einzelnen Fall gerechtfertigt oder notwendig ist, hängt vor allem von den folgenden betriebsindividuellen Faktoren ab (*Haberstock,* Kostenrechnung I, S. 123):

- Betriebsgröße
- Branche
- Produktionsprogramm und -verfahren
- organisatorische Gliederung
- angestrebte Kalkulationsgenauigkeit
- angestrebte Kostenkontrollmöglichkeit.

Infolge der betriebsindividuellen Einflußfaktoren lassen sich keine allgemeingültigen Kostenstelleneinteilungen angeben. Die Abbildung auf S. 549 gibt daher ein Beispiel möglicher Kostenstellengliederung, wobei Hilfskostenstellen durch einen Stern gekennzeichnet sind (*Kilger,* Kostenrechnung, S. 162).

4.322 Organisatorische Durchführung der Kostenstellenrechnung mit Hilfe des Betriebsabrechnungsbogens (BAB)

Abrechnungstechnisch kann die Kostenstellenrechnung durch **kontenmäßige** Verbuchung nach den Grundsätzen der doppelten Buchführung oder in **statistisch-tabellarischer** Form durchgeführt werden. Obgleich die kontenmäßige Abrechnung seit dem Einsatz von EDV-Anlagen wieder an Bedeutung gewonnen hat, wird dennoch überwiegend dem statistischen Verfahren der Vorzug gegeben, insbesondere dann, wenn das betriebliche Rechnungswesen nach dem Zweikreissystem durchgeführt wird. Technisches Hilfsmittel für die statistisch-tabellarische Abrechnungsmethode ist der **Betriebsabrechnungsbogen** (BAB).

Der BAB ist eine Tabelle mit doppeltem Eingang: In den Kopfspalten werden die nach verschiedenen Gesichtspunkten gebildeten Kostenstellen ausgewiesen, die Eingangszeilen enthalten die Kostenarten.

10 Technische Leitung, Konstruktion und Entwicklung

100* Technische Leitung
101* Technische Planung
110* Arbeitsvorbereitung
121 Konstruktion und Entwicklung
122* Zentrallabor

11 Raumkostenstellen

111* Verwaltungsgebäude
112* Fabrikgebäude
113* Lagergebäude
118* Werksbewachung und Feuerschutz
119* Raumheizung

12 Energiekostenstellen

120* Betriebsleitung Energieversorgung
121* Gasversorgung
122* Dampfversorgung
123* Stromversorgung
124* Preßluftversorgung
125* Wasserversorgung

13 Transportkostenstellen

130* Leitungsstelle Transportbereich
131* Innerbetrieblicher Transport
132* Lkw-Dienst
133* Pkw-Dienst
139* Hofkolonne

14 Sozialkostenstellen

141* Sozialdienst, allgemein
142* Kantine
143* Betriebsrat
144* Werksbibliothek
145* Werkskindergarten
146* Werkswohnungen

20 Kostenstellen der Betriebshandwerker (Hilfsbetriebe)

200* Betriebsleitung Hilfsbetriebe
201* Betriebsschlosserei
202* Betriebselektriker
203* Betriebsschreinerei
204* Betriebsbautrupp
205* Malerwerkstatt

30 Kostenstellen des Einkaufs- und Materialbereichs

300 Leitung des Einkaufs- und Materialbereichs
301 Rohstofflager I
302 Rohstofflager II
303 Rohstofflager III
304 Lager für fremdbezogene Teile
305* Hilfs- und Betriebsstofflager
306* Ersatzteillager
309 Werkstoffprüflabor

40 Fertigungsbereich 4

400* Betriebsleitung 4
410* Meisterbereichsstelle 41
411 : : 419 } Fertigungsstellen Meisterbereich 41
420* Meisterbereichsstelle 42
421 : : 429 } Fertigungsstellen Meisterbereich 42
:
490* Meisterbereich 49
491 : : 499 } Fertigungsstellen Meisterbereich 49

50 Fertigungsbereich 5
(gegliedert wie 40)

60 Fertigungsbereich 6
(gegliedert wie 40)

70 Fertigungsbereich 7
(gegliedert wie 40)

80 Kostenstellen der kaufmännischen Verwaltung

800 Kaufmännische Leitung
811 Gesamtplanung
812 Finanzplanung und -kontrolle
821 Finanzbuchhaltung
822 Betriebsabrechnung
823 Datenverarbeitung
831 Personalabteilung und Lohnabrechnung
841 Rechtsabteilung
851 Registratur und Poststelle
852 Telefonzentrale
899 Verwaltung, allgemein

90 Kostenstellen des Verkaufsbereichs

900 Verkaufsleitung
901 Marktforschung und Absatzplanung
902 Werbung
911 : : 919 } Verkaufsabteilung, je nach organisatorischer Gliederung des Verkaufsbereichs
921 : : 929 } Fertigwarenläger, je nach organisatorischer Gliederung des Lagerbereichs für Fertigerzeugnisse
931 : : 939 } Verpackung und Versandkostenstellen, je nach organisatorischer Gliederung des Versandbereichs

Beispiel einer Kostenstelleneinteilung

<table>
<tr><td colspan="2">Kostenstellen
Kostenarten</td><td>Hilfskostenstellen</td><td>Hauptkostenstellen</td></tr>
<tr><td rowspan="2">(1)
Primäre
(Stellen-)
Kosten*</td><td>Stellen-
einzel-
kosten</td><td colspan="2" rowspan="2">Verteilung der primären Gemeinkosten auf die Kostenstellen</td></tr>
<tr><td>Stellen-
gemein-
kosten</td></tr>
<tr><td colspan="2">(2)
Sekundäre (Stellen-)
Kosten</td><td colspan="2">Durchführung der innerbetrieblichen Leistungsverrechnung</td></tr>
<tr><td colspan="3" rowspan="2"></td><td>(3)
Ermittlung von Kalkulationssätzen</td></tr>
<tr><td>(4)
Kostenkontrolle</td></tr>
</table>

* Der Ausweis der primären Einzelkosten der Kostenstellen an dieser Stelle ist fakultativ; er erweist sich jedoch oft als sinnvoll im Zusammenhang mit den Abrechnungsschritten (3) und (4).

Formaler Aufbau des Betriebsabrechnungsbogens

Die Durchführung der Kostenstellenrechnung im BAB erfolgt in vier Abrechnungsschritten:

(1) Aus der Kostenartenrechnung übernimmt der BAB die Erzeugnisgemeinkosten und verteilt sie auf die Kostenstellen. In der Ergebniszeile dieses Rechenschrittes kommen dann die **primären Gemeinkosten** bzw.- bei Einbeziehung auch der primären Einzelkosten- die gesamten Primärkosten für jede Kostenstelle zum Ausdruck.

(2) Daran anschließend werden die Kostenstellenbe- und -entlastungen aufgrund der innerbetrieblichen Leistungsbeziehungen durchgeführt. Die Kosten der Hilfskostenstellen werden auf die Hauptkostenstellen entsprechend der Leistungsabgabe abgewälzt. Die Summation nach Rechenschritt (2) ergibt die **sekundären Gemeinkosten** je Hauptkostenstelle. Addiert man für jede Hauptkostenstelle ihre primären und sekundären Gemeinkosten, so erhält man die **Summe der Gemeinkosten** pro Hauptkostenstelle. Zur Kontrolle kann hier die Summe der Gemeinkosten über alle Hauptkostenstellen gebildet werden; diese muß gleich der Summe aller primären Gemeinkosten sein, die im Bereich (1) des BAB in die Abrechnung eingegangen sind, da im Rahmen der innerbetrieblichen Leistungsverrechnung lediglich eine **Umverteilung der Kosten,** aber

keinerlei Veränderung im Hinblick auf die Kostenhöhe erfolgt. Werden in Bereich (1) des BAB auch die primären Einzelkosten ausgewiesen, dann ergibt die Summation nach Rechenschritt (2) die Gesamtkosten je Hauptkostenstelle.

(3) Die Verrechnung der ermittelten Gemeinkosten je Hauptkostenstelle auf die Kostenträger wird mit Hilfe von Kalkulationssätzen durchgeführt, welche im Bereich (3) des BAB gewonnen werden. Zur Ermittlung dieser **Zuschlagssätze** werden – wie bereits erwähnt – häufig die primären Einzelkosten, die regelmäßig unter Umgehung der Kostenstellenrechnung direkt der Kostenträgerrechnung zugeführt werden (vgl. Schema unten), in den BAB aufgenommen, ohne daß sie in die Abrechnung eingehen.

(4) Bereich (4) des BAB dient der **Kostenkontrolle** durch Gegenüberstellung der tatsächlich entstandenen Istkosten und der verrechneten Normalkosten. Auftretende Differenzen haben den Charakter von **Kostenstellenüberdeckungen,** sofern mehr Kosten in der Abrechnungsperiode kalkuliert wurden als tatsächlich angefallen sind, und sie repräsentieren **Kostenstellenunterdeckungen,** wenn die Istkosten über den verrechneten und gegebenenfalls vom Markt ersetzten Kosten liegen.

Der Betriebsabrechnungsbogen übernimmt also die Gemeinkosten aus der Kostenartenrechnung, verteilt und umverteilt sie auf die verschiedenen Kostenstellen und liefert als Ergebnisse die Kalkulationssätze zur Verrechnung der Gemeinkosten auf die Kostenträger sowie die Höhe der Kostenabweichungen als Ausgangspunkt für die Wirtschaftlichkeitskontrolle.

4.323 Verrechnung der primären Stellenkosten

Die primären Stellenkosten werden aus der Kostenartenrechnung übernommen und sind in Stelleneinzelkosten und Stellengemeinkosten unterteilbar. **Stelleneinzelkosten** (direkte Stellenkosten) lassen sich der Kostenstelle unmittelbar nach der Inanspruchnahme zurechnen. Externe und interne Belege ermöglichen eine verursachungsgerechte Verteilung dieser Kosten auf die einzelnen Kostenstellen. Einige Beispiele sollen dies verdeutlichen:

Kostenarten	Verteilungsgrundlagen	Verteilungsschlüssel
Hilfs- und Betriebsstoffe	Materialentnahmescheine	Verbrauchte Mengen × Verrechnungspreis
Fertigungshilfslöhne und Gehälter	Lohn- und Gehaltslisten	Sozialversicherung
Abschreibungen auf Maschinen	Anlagenkartei	Jeweilige Abschreibungsbeträge
Strom, Gas, Wasser	Zähler	Verbrauchte Mengen × Preis
Fuhrparkkosten	Fahrtenbuch, Fahrtenschreiber	km × Verrechnungssatz

Demgegenüber können die **Stellengemeinkosten** nur indirekt auf die Kostenstellen verteilt werden, da für sie aus den Kostenartenbelegen nicht eindeutig erkennbar ist, welche Kostenstelle in welcher Höhe die Kosten verursacht hat. Die Verteilung der Stellengemeinkosten erfolgt deshalb über **Umlageschlüssel.** Diesen können folgende Verteilungskriterien zugrunde liegen (*Kosiol,* Kostenrechnung, S. 123f.; *Schweitzer/Küpper,* Kostenrechnung, S. 162f.):

(1) **Mengenmäßige** Kriterien (Mengenschlüssel):
- **Anzahl** (Beschäftigte, eingesetzte, hergestellte oder abgesetzte Stücke, Konten, Buchungen, erstellte Rechnungen, Prozesse, Arbeitsverrichtungen)
- **Zeit** (Arbeitsstunden, Meisterstunden, Maschinenstunden, Schichtzeiten, Kalenderzeiten)
- **Raum** (Länge, Fläche, Volumen)
- **Gewicht** (Verbrauchsgewichte, Transportgewichte, Gewichte der eingesetzten oder verkauften Mengen)
- **technische Maße** (installierte Kilowatt, verbrauchte Kilowattstunden, Heiz-, Wärme-, Nährwerte)

(2) **Wertmäßige** Kriterien (Wertschlüssel):
- **Umsatz** (Barumsätze, Kreditumsätze, Versandumsätze, regionale Umsätze)
- **Einstand** (Wareneinkauf, Wareneingang, Lagerzugang)
- **Einsatz** (betriebsnotwendiges Kapital, Verbrauchswerte)
- **Bestand** (Bestandswert von Anlagen, Stoffen, Zwischenprodukten, Endprodukten)
- **Kosten** (Fertigungslohnkosten, Fertigungsmaterialkosten, Kalkulationswerte wie Herstellkosten, Selbstkosten)
- **Verrechnungsgrößen** (innerbetriebliche Verrechnungspreise, Raumwerte).

Entscheidend für die Anwendbarkeit dieser Umlageschlüssel für die Verteilung der Stellengemeinkosten auf die Kostenstellen ist, daß die Bezugsgrößen relativ genau ermittelt werden können, zwischen ihnen und den so verrechneten Kosten ein funktionaler (proportionaler) Zusammenhang besteht und daß die Stellengemeinkosten aufgrund dieser Schlüsselung den Kostenstellen direkt zugerechnet werden können. Kann ein einheitlicher Schlüssel nicht gefunden werden, werden die Kosten den einzelnen Kostenstellen in festen Summen zugeteilt (*Schönfeld,* Kostenrechnung I, S. 61). Grundsätzlich gilt auch, daß mengenorientierten Kriterien bei der Kostenschlüsselung aufgrund ihrer Preisunabhängigkeit der Vorzug gegenüber Wertkriterien gebührt (*Nowak,* Kostenrechnungssysteme, S. 36).

Übungsbeispiel:

Aus der Kostenartenrechnung eines holzverarbeitenden Betriebes sind die folgenden Zahlen zu entnehmen:

Rohstoffe	150.000
Hilfsstoffe	50.000
Betriebsstoffe	20.000
Fertigungslöhne	200.000
Fertigungshilfslöhne	40.000
Gehälter	50.000
Gesetzlicher Sozialaufwand	46.400
Freiwilliger Sozialaufwand	18.000
Energiekosten	25.000
Fremdreparaturen	8.000
Miete	6.000
Abschreibungen	30.000
Postkosten	6.500
Vertreterprovision	15.400
Allgemeine Verwaltungskosten	34.700
	700.000

Es sind folgende Kostenstellen eingerichtet:

Allgemeiner Bereich
Materialbereich
Arbeitsvorbereitung
Sitzmöbelfertigung
Schrankfertigung
Verwaltung
Vertrieb

Die Kosten sollen auf die einzelnen Kostenstellen wie folgt verteilt werden:

Kostenarten	Verteilungsgrundlagen	Verteilungsschlüssel*
Rohstoffe	Materialentnahmescheine	0:0:0:60.000:90.000:0:0
Hilfsstoffe	Materialentnahmescheine	0:0:1:9:15:0:0
Betriebsstoffe	Entnahmescheine	0:1:2:13:4:0:0
Fertigungslöhne	Lohnlisten	0:0:0:120.000:80.000:0:0
Fertigungshilfslöhne	Lohnlisten	4:12:18:16:24:0:6
Gehälter	Gehaltslisten	19:0:32:0:0:60:14

* Angabe in Reihenfolge der Kostenstellen

Kostenarten	Verteilungsgrundlagen	Verteilungsschlüssel*
Gesetzl. Sozialaufwand	Lohn- u. Gehaltslisten	jeweils 16% der Löhne u. Gehälter
Freiw. Sozialaufwand	Tabelle (s. unten)	
Energiekosten	Tabelle (s. unten)	
Fremdreparaturen	Rechnungen	1.500:300:700:3.800:0: 1.700:0
Miete	Tabelle (s. unten)	
Abschreibungen	Inventar	1.700:3.900:1.200:11.10-0: 8.600:2.000:1.500
Postkosten	Postbuch	600:0:300:800:200:2.900: 1.700
Vertreterprovision	Abrechnungsbelege	0:0:0:0:0:0:1
Allgemeine Verwaltungskosten	Erfahrungssatz	2:1:2:4:4:8:4

* Angabe in Reihenfolge der Kostenstellen

Freiwilliger Sozialaufwand, Energiekosten und Miete sollen in dieser Reihenfolge nach der Kopfzahl, dem kWh-Verbrauch sowie der Nutzungsfläche aufgrund der nachfolgenden Angaben verteilt werden:

Verteilungs-schlüssel	Allgem. Bereich	Material-bereich	Arbeits-vorbe-reitung	Sitz-möbel-ferti-gung	Schrank-ferti-gung	Verwal-tung	Vertrieb
Kopfzahl	2	1	3	26	19	4	5
kWh-Verbrauch	12.000	8.500	29.000	135.000	88.000	20.000	20.000
Nutzungs-flächen in m^2	40	150	30	220	170	110	80

Stellen Sie einen Betriebsabrechnungsbogen auf und ermitteln Sie die primären Stellenkosten für jede der angegebenen Kostenstellen. Stellen Sie dann die Gesamtkosten je Kostenstelle fest. Berücksichtigen Sie, daß nur Rohstoffe und Fertigungslöhne Einzelkostencharakter haben (Lösung s. S. 555).

4.324 Verrechnung der sekundären Stellenkosten (innerbetriebliche Leistungsverrechnung)

Die Notwendigkeit der innerbetrieblichen Leistungsverrechnung ergibt sich aus der Tatsache, daß Industriebetriebe neben den für den Absatzmarkt bestimmten Leistungen (**Marktleistungen, Außenaufträge**) auch solche Leistungen erstellen, die nicht für eine direkte absatzmäßige Verwertung vorgesehen sind, sondern in der gleichen oder in folgenden Perioden wieder im Wege des Verbrauchs oder Gebrauchs in eigenen Produktionsprozessen Verwendung finden (**Eigenleistungen, Innenaufträge**).

Lösung:

Betriebsabrechnungsbogen

Kostenarten \ Kostenstellen	Allg. Bereich	Materialbereich	Arbeitsvorbereitung	Sitzmöbelfertigung	Schrankfertigung	Verwaltung	Vertrieb
Hilfsstoffe			2.000	18.000	30.000		
Betriebsstoffe		1.000	2.000	13.000	4.000		
Fertigungshilfslöhne	2.000	6.000	9.000	8.000	12.000		3.000
Gehälter	7.600		12.800			24.000	5.600
Gesetzl. Sozialaufwand	1.536	960	3.488	20.480	14.720	3.840	1.376
Freiw. Sozialaufwand	600	300	900	7.800	5.700	1.200	1.500
Energiekosten	960	680	2.320	10.800	7.040	1.600	1.600
Fremdreparaturen	1.500	300	700	3.800		1.700	
Miete	300	1.125	225	1.650	1.275	825	600
Abschreibungen	1.700	3.900	1.200	11.100	8.600	2.000	1.500
Postkosten	600		300	800	200	2.900	1.700
Vertreterprovision							15.400
Allgmeine Verwaltungskosten	2.776	1.388	2.776	5.552	5.552	11.104	5.552
Summe d. primären Gemeinkosten	19.572	15.653	37.709	100.982	89.087	49.169	37.828
Einzelkosten:							
Rohstoffe				60.000	90.000		
Fertigungslöhne				120.000	80.000		
Gesamtkosten	19.572	15.653	37.709	280.982	259.087	49.169	37.828

Solche innerbetrieblichen Leistungen werden in den Betrieben durch die Kostenstellen des Allgemeinen Bereichs (Beispiele: Erzeugung von Strom und Dampf, Reinigung der Betriebsräume, Sicherung der Betriebsanlagen durch Werkschutz und Werksfeuerwehr, Werkskantine und sonstige soziale Einrichtungen, Datenverarbeitungszentrale) und durch die Fertigungshilfskostenstellen (Beispiele: Technisches Büro, Konstruktionsabteilung, Fertigungskontrolle, Zentrallabor, Arbeitsvorbereitung), aber auch durch Hauptkostenstellen erbracht (Beispiele: selbsterstellte Maschinen, Werkzeuge, Gebäude).

Bei den innerbetrieblichen Leistungen sind zwei Gruppen zu unterscheiden:

(1) **Aktivierungsfähige und aktivierungspflichtige Eigenleistungen** (Maschinen, Werkzeuge, Gebäude): Sie werden wie Marktleistungen behandelt und entsprechend den ermittelten Herstellungskosten in der Bilanz aktiviert. Ihre kostenmäßige Erfassung erfolgt über Abschreibungen in den Perioden der Leistungsabgabe sowie durch Verrechnung kalkulatorischer Zinsen, womit eine Verteilung der Herstellungskosten auf die Leistungen späterer Perioden bewirkt wird.

(2) **Nichtaktivierungsfähige innerbetriebliche Leistungen:** Sie werden insbesondere von den Vorkostenstellen erbracht und gehen bereits in der Periode ihrer Erstellung wieder in den Produktionsprozeß ein, so daß sie in der Kostenstellenrechnung als sekundäre Stellenkosten zu erfassen und weiterzuverrechnen sind. Entsprechend den abgegebenen und empfangenen Leistungen muß eine Umverteilung der Kosten derart erfolgen, daß jede Kostenstelle auch mit den Kosten für die Leistungen belastet wird, die sie von anderen Kostenstellen empfangen hat.

Die Problematik der innerbetrieblichen Leistungsverrechnung ist darin zu sehen, daß die Kostenstellen Eigenleistungen **wechselseitig** austauschen: So beliefert die zentrale Stromversorgung alle Kostenstellen mit Licht- und Kraftstrom, empfängt ihrerseits aber auch Leistungen anderer Kostenstellen, z. B. von der Reparaturwerkstatt. Die Abrechnung der innerbetrieblichen Leistungen, die die zentrale Stromversorgung an andere Kostenstellen erbringt, kann erst erfolgen, wenn diese Kostenstelle selbst mit den sekundären Stellenkosten für die empfangenen Leistungen (z. B. Reparaturen) belastet ist. Umgekehrt können die abgebenden Kostenstellen (z. B Hilfskostenstelle Reparaturwerkstatt) die Kosten der erbrachten innerbetrieblichen Leistungen erst dann bestimmen, wenn sie ihrerseits mit sekundären Stellenkosten belastet sind. Jede Kostenstelle ist bei Berücksichtigung sämtlicher Interdependenzen zu belasten mit:

Primäre Kosten der Kostenstelle
\+ Kosten der an sich selbst abgegebenen Leistungen
\+ Kosten der von Hilfskostenstellen empfangenen Leistungen
\+ Kosten der von Hauptkostenstellen empfangenen Leistungen
./. Kosten der an Hilfskostenstellen abgegebenen Leistungen
./. Kosten der an Hauptkostenstellen abgegebenen Leistungen.

Die Berücksichtigung dieser **Interdependenzen** durch Ermittlung von Verrechnungssätzen für innerbetriebliche Leistungen ist die zentrale Fragestellung bei der Verrechnung der sekundären Stellenkosten. Eine befriedigende Problemlösung ist Voraussetzung für eine exakte Verrechnung der Eigenleistungen mit dem Zweck:

- eine aussagefähige **Kostenkontrolle** zu ermöglichen (z. B. wo bzw. in welchem Verantwortungsbereich (= Kostenstelle) entstehen Kosten bzw. Kostenüberdeckungen?)
- relevante **Entscheidungsgrundlagen** zu gewinnen, insbesondere die für Planungszwecke benötigten Kalkulationssätze der Hauptkostenstellen richtig zu ermitteln (z. B. für die Entscheidung: Eigenherstellung oder Fremdbezug).

In Theorie und Praxis gibt es hierzu eine Vielzahl von **Verfahren der innerbetrieblichen Leistungsverrechnung.** Die wichtigsten davon sind in der Reihenfolge zunehmender Genauigkeit und Kompliziertheit:

- Hauptkostenstellenverfahren
  - Nullverfahren
  - Kostenartenverfahren
- Kostenstellenumlageverfahren
  - Anbauverfahren
  - Treppenverfahren
  - Sprungverfahren
- Simultane Gleichungsverfahren.

4.324.1 Hauptkostenstellenverfahren

Die Hauptkostenstellenverfahren (Nullverfahren, Kostenartenverfahren) gehen von der vereinfachenden Annahme aus, daß der Betrieb abrechnungstechnisch nur aus Hauptkostenstellen besteht. Zwar werden für die Verrechnung der primären Stellenkosten auch Hilfskostenstellen eingerichtet und entsprechend mit Kosten belastet, anschließend werden die Kosten aber pauschal jeweils der Hauptkostenstelle zugeschlagen, für die jede Hilfskostenstelle ihre Leistungen hauptsächlich erbracht hat.

Beispiel:

Im folgenden wird ein Betrieb mit vier Hilfs- und fünf Hauptkostenstellen betrachtet. Es wird unterstellt, daß hauptsächlich folgende Leistungsbeziehungen bestehen:

Hauptkostenstellen	stehen hauptsächlich in Leistungsbeziehung zu:	Hilfskostenstellen
Materialstelle		Materialhilfsstelle
Fertigungsstelle I		Entwicklungsabteilung
Fertigungsstelle II		Meisterbüro
Verwaltung		Allgemeiner Bereich
Vertrieb		–

Die innerbetriebliche Leistungsverrechnung nach dem sog. **Nullverfahren** führt zu der folgenden Umlage der primären Stellenkosten auf die Hauptkostenstellen:

Kostenstellen / Kostenarten		Allgem. Bereich	Material-hilfsstelle	Material-stelle	Entwicklgs.-abteilung	Fertigungs-stelle I	Fertigungs-stelle II	Meisterbüro	Verwaltung	Vertrieb
Primäre Kosten	Stellen-einzel-kosten	100	30	420	800	4.000	3.000	500	600	700
	Stellen-gemein-kosten	150	120	40	200	3.000	4.000	180	500	400
Σ der Primärkosten		250	150	460	1.000	7.000	7.000	680	1.100	1.100
Sekundärkostenbelastung (innerbetriebliche Leistungsverrechnung)				150		1.000	680		250	
Gesamtkosten				610		8.000	7.680		1.350	1.100

Wird auf den zweiten Abrechnungsschritt (Sekundärkostenbelastung) verzichtet, indem die in den Hilfskostenstellen entstehenden Kosten sofort den entsprechenden Hauptkostenstellen (bei der Primärkostenbelastung) angelastet werden, reduziert sich die Zahl der ursprünglich neun Kostenstellen auf fünf:

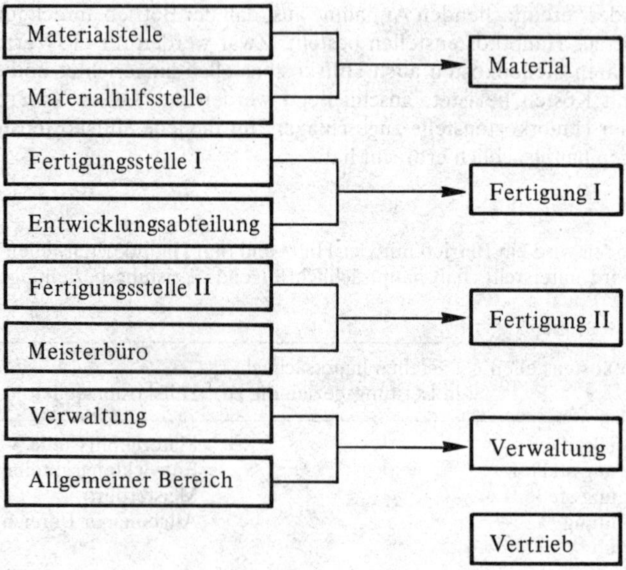

Im Grunde kann man bei diesem Verfahren nicht mehr von einem Verfahren der innerbetrieblichen Leistungsverrechnung sprechen.

Beim **Kostenartenverfahren** werden nach Zuordnung der Hilfskostenstellen auf die entsprechenden Hauptkostenstellen die innerbetrieblichen Leistungsbeziehungen zwischen den Hauptkostenstellen derart berücksichtigt, daß die primären Stelleneinzelkosten – soweit dafür Anhaltspunkte vorhanden sind – anteilig auf die empfangenden Stellen weiterverrechnet werden, während die primären Stellengemeinkosten bei der abgebenden Kostenstelle verbleiben.

Übungsbeispiel:

Ermitteln Sie die Gesamtkosten der Hauptkostenstellen nach dem Kostenartenverfahren anhand der Zahlen des obigen Beispiels unter Zugrundelegung folgender Leistungsbeziehungen:

Hilfskostenstelle	mengenmäßige Gesamtleistung	mengenmäßige Teilleistungen an:	
Allgemeiner Bereich	25	a) Materialbereich	7
		b) Fertigungsstelle I	5
Materialhilfsstelle	15	a) Fertigungsstelle II	3
Entwicklungsabteilung	40	a) Materialbereich	5
		b) Fertigungsstelle II	8
Meisterbüro	50	a) Fertigungsstelle I	10

Lösung:

Exemplarischer Lösungshinweis für den Allgemeinen Bereich:

- Berücksichtigung der innerbetrieblichen Leistungsbeziehungen: Der Allgemeine Bereich gibt aus seiner Gesamtleistung von 25 ME 12 ME an andere Stellen ab; es erfolgt somit eine Entlastung von $\frac{12}{25}$ von 100, also 48.

  Entsprechend wird der Materialbereich mit $\frac{7}{25}$ von 100, also 28, die Fertigungsstelle I mit $\frac{5}{25}$ von 100, also 20 belastet.
- Zuordnung der Hilfskostenstellen auf die Hauptkostenstellen: Allgemeiner Bereich auf Verwaltung 202.

(Fortsetzung der Lösung auf S. 560 oben)

Eine Variation des Kostenartenverfahrens bezieht neben den primären Stelleneinzelkosten auch die primären Stellengemeinkosten in die Verrechnung der Innenleistungen ein (*Münstermann,* Unternehmensrechnung, S. 74). Die Kosten der empfangenen innerbetrieblichen Leistungen bleiben jedoch weiterhin unberücksichtigt.

Übungsbeispiel:

Ermitteln Sie die Gesamtkosten der Hauptkostenstellen anhand der Zahlen des vorstehenden Übungsbeispiels bei Verrechnung der gesamten Primärkosten.

Lösung:

(vgl. S. 560 unten)

Kostenstellen / Kostenarten	Materialb.		Fertigung I		Fertigung II		Verwaltung		
	Material-hilfsstelle	Material-stelle	Entwicklungs-abteilung	Fertigungs-stelle I	Meisterbüro	Fertigungs-stelle II	Allgemeiner Bereich	Verwaltung	Vertrieb
Stelleneinzelkosten	30	420	800	4.000	500	3.000	100	600	700
Stellengemeinkosten	120	40	200	3.000	180	4.000	150	500	400
Σ der Primärkosten	150	460	1.000	7.000	680	7.000	250	1.100	1.100
Sekundärkosten-verrechnung:									
–) Entlastung	6		260		100		48		
+) Belastung		28		20		6			
+) Belastung		100		100		160			
Zwischensummen	144	588	740	7.120	580	7.166	202	1.100	1.100
Umlage der Hilfskostenstellen auf die Hauptkostenstellen		→ 144		→ 740		→ 580		→ 202	
Gesamtkosten		732		7.860		7.746		1.302	1.100

Kostenstellen / Kostenarten	Materialb.		Fertigung I		Fertigung II		Verwaltung		
	Material-hilfsstelle	Material-stelle	Entwicklungs-abteilung	Fertigungs-stelle I	Meisterbüro	Fertigungs-stelle II	Allgemeiner Bereich	Verwaltung	Vertrieb
Σ der Primärkosten	150	460	1.000	7.000	680	7.000	250	1.100	1.100
Sekundärkosten-verrechnung:									
–) Entlastung	30		325		136		120		
+) Belastung		70		50		30			
+) Belastung		125		136		200			
Zwischensumme	120	655	675	7.186	544	7.230	130	1.100	1.100
Umlage der Hilfskostenstellen		→ 120		→ 675		→ 544		→ 130	
Gesamtkosten		775		7.861		7.774		1.230	1.100

Die Anwendung des Hauptkostenstellenverfahrens mit seinen unterschiedlichen Ausgestaltungsmöglichkeiten ist nur dann sinnvoll, wenn sich die Hilfskostenstellen direkt einzelnen Hauptkostenstellen zuordnen lassen und sie überwiegend nur für eine Hauptkostenstelle Leistungen erbringen.

4.324.2 Kostenstellenumlageverfahren

Differenzierte Leistungsverflechtungen zwischen den Kostenstellen eines Betriebes machen die Anwendung besonderer Kostenstellenumlageverfahren erforderlich, für die eine Einteilung des Betriebes in Haupt- und Hilfskostenstellen erst sinnvoll wird. Für die Kosten der innerbetrieblichen Leistungen werden bei den im folgenden betrachteten Verfahren eigene Hilfskostenstellen eingerichtet, deren gesamte Kosten entsprechend der Zurverfügungstellung innerbetrieblicher Leistungen auf die empfangenden Kostenstellen weiterverrechnet werden.

4.324.21 Anbauverfahren

Beim Anbauverfahren werden die in den Hilfskostenstellen angefallenen primären Kosten auf die Hauptkostenstellen entsprechend der Leistungsabgabe umgelegt. Die Leistungen, die Hilfskostenstellen von anderen Kostenstellen erhalten, werden kostenrechnerisch nicht erfaßt, d.h. eine Verrechnung der sekundären Kosten erfolgt nur **einseitig** von den Hilfskostenstellen auf die Hauptkostenstellen.

Die **Verrechnungssätze** für innerbetriebliche Leistungen werden beim Anbauverfahren wie folgt gebildet:

$$\text{Innerbetrieblicher Verrechnungssatz} = \frac{\text{primäre Kosten der Hilfskostenstelle}}{\text{Leistungsabgabe an Hauptkostenstellen}}$$

Der Wert der Leistungsabgabe von einer Hilfskostenstelle an die einzelnen Hauptkostenstellen wird dann durch Multiplikation der an die Hauptkostenstelle abgegebenen Menge mit dem Verrechnungssatz ermittelt.

Kritisch anzumerken ist, daß das Anbauverfahren nicht die Leistungsbeziehungen zwischen den Hilfskostenstellen und den Eigenverbrauch dieser Kostenstellen berücksichtigt. Ebenso wird bei den Hauptkostenstellen nur die Marktleistung als Basis der Gemeinkostenverrechnung herangezogen, so daß innerbetriebliche Leistungen der Hauptkostenstellen keinen kostenrechnerischen Niederschlag erfahren. Die Anwendung des Anbauverfahrens führt daher in der Praxis meist zu größeren Ungenauigkeiten.

Übungsbeispiel:

Der Betriebsabrechnungsbogen eines Betriebes weist folgende Zahlen aus:

Kostenstellen / Kostenarten	Hilfskostenstellen			
	Zentral-labor	Werks-kantine	Stromer-zeugung	Reparatur-werkstatt
Σ Primärkosten	2.000.000	1.500.000	800.000	200.000

Kostenstellen / Kostenarten	Hauptkostenstellen		
	Farben-prod.	Kunstfaser-prod.	Düngemittelprod.
Σ Primärkosten	18.000.000	25.000.000	12.000.000

Die Leistungsbeziehungen sind in folgender Matrix zusammengestellt:

leistende Stelle / empfangende Stelle		Zentrallabor	Werkskantine	Stromerzeugung	Reparaturwerkstatt	Farbenproduktion	Kunstfaserproduktion	Düngemittelproduktion	Marktleistung	Gesamtleistung
Zentrallabor	h	1.000				35.000	25.000	19.000		80.0
Werkskantine	E	3.800	1.200	2.000	28.000	105.000	150.000	210.000		500.0
Stromerzeugung	kWh	200.000	300.000	100.000	500.000	1.600.000	3.500.000	1.800.000		8.000.0
Reparaturwerkstatt	h			500		4.000	5.000	2.500		12.0
Farbenproduktion	t				1		199		1.600	1.8
Kunstfaserproduktion	t							200	4.800	5.0
Düngemittelproduktion	t								6.000	6.0

Legen Sie die Kosten der Hilfskostenstellen nach dem Anbauverfahren um. Errechnen Sie die Gesamtkosten pro Hauptkostenstelle und je t Marktleistung.

Lösung: Betriebsabrechnungsbogen

Kostenstellen / Kostenarten	Hilfskostenstellen				Hauptkostenstellen		
	Zentrallabor	Werkskantine	Stromerzeugung	Reparaturwerkstatt	Farbenproduktion	Kunstfaserproduktion	Düngemittelproduktion
Σ der Primärkosten	2.000.000	1.500.000	800.000	200.000	18.000.000	25.000.000	12.000.000
Umlage Zentrallabor	→				886.076	632.912	481.012
Umlage Werkskantine		→			338.710	483.871	677.419
Umlage Stromerzeugung			→		185.507	405.797	208.696
Umlage Reparaturwerkst.				→	69.565	86.957	43.478
Gesamtkosten					19.479.858	26.609.537	13.410.605
Marktleistung in t					1.600	4.800	6.000
Gesamtkosten je t					12.175	5.544	2.235

Berechnung des innerbetrieblichen Verrechnungssatzes beispielhaft für die Hilfskostenstelle Stromerzeugung:

$$\frac{800.000 \text{ DM}}{1.600.000 \text{ kWh} + 3.500.000 \text{ kWh} + 1.800.000 \text{ kWh}} = 0{,}115942 \text{ DM/kWh}$$

Ermittlung des Wertes der Leistungsabgabe beispielhaft für die Lieferung der Stromerzeugung an die Kunstfaserproduktion:

3.500.000 kWh · 0,115942 DM/kWh = 405.797 DM

4.324.22 Treppenverfahren

Die Kostenumlage nach dem Treppenverfahren (Stufenleitersystem) geht davon aus, daß die Kostenstellen in eine **Rangfolge** gebracht werden, beginnend mit den Stellen, die hauptsächlich Leistungen abgeben und endend mit den Stellen, die von anderen Stellen überwiegend Leistungen empfangen. Ist diese Rangfolge gefunden, so setzt die Verrechnung der Kosten in der Weise ein, daß die gesamten Gemeinkosten der abzurechnenden Kostenstelle auf die nachgelagerten Stellen entsprechend der abgegebenen Leistung umgelegt werden. Die Kostenumlage erfolgt **sukzessiv** von den leistungsabgebenden Stellen auf die leistungsempfangenden Stellen und läßt auch eine Belastung der Hilfskostenstellen mit sekundären Kosten zu.

Beim Treppenverfahren, das seinen Namen vom treppenförmigen Aufbau des Betriebsabrechnungsbogens im Bereich der innerbetrieblichen Leistungsverrechnung hat, ergibt sich der innerbetriebliche **Verrechnungssatz** für jede Hilfskostenstelle folgendermaßen:

$$\text{Innerbetrieblicher Verrechnungssatz} = \frac{\left(\begin{array}{c}\text{primäre Kosten}\\ \text{der Kostenstelle}\end{array}\right) + \left(\begin{array}{c}\text{sekundäre Kosten aus der}\\ \text{Verrechnung von Leistungen}\\ \text{vorgelagerter Kostenstellen}\end{array}\right)}{\text{Leistungsabgabe an nachgelagerte Kostenstellen}}$$

Der Wert der Leistungsabgabe an die nachgelagerten Kostenstellen wird durch Multiplikation des innerbetrieblichen Verrechnungssatzes mit der Leistungsabgabe an die nachgelagerten Kostenstellen errechnet.

Obwohl das Treppenverfahren gegenüber dem Anbauverfahren wesentlich exaktere Ergebnisse liefert, darf man nicht übersehen, daß es lediglich eine **Näherungsmethode** ist: Da die sekundären Gemeinkosten nur in einer Richtung umgelegt werden, weisen alle Kostenstellen, die an vorgelagerte Stellen Leistungen erbringen, zu hohe Gesamtkosten aus; oder anders ausgedrückt: Die Kostenstellen, die Leistungen von nachgelagerten Stellen erhalten, sind nicht im richtigen Maße mit sekundären Kosten belastet. Bei wechselseitigen Leistungsverflechtungen führt das Treppenverfahren somit zwangsläufig zu unkorrekten Ergebnissen. Wegen seiner relativ einfachen Handhabung ist das Treppenverfahren jedoch die in der Praxis **am häufigsten angewandte Methode** der innerbetrieblichen Leistungsverrechnung.

Übungsbeispiel 1:

Für einen Industriebetrieb sind die Leistungsströme und die durch sie verursachten primären Gemeinkosten in folgender Tabelle (S. 564 oben) zusammengefaßt. Nehmen Sie die Kostenumlage nach der Rangordnung vor, in der die Hilfskostenstellen Leistungen abgeben. Ermitteln Sie die Gemeinkosten je Produkteinheit für die Absatzleistungen.

Leistungsbeziehungen und primäre Gemeinkosten:

leistende Stellen \ empfangende Stellen		Unfallverhütung, Werksarzt	Meisterbüro	Elektrowerkstatt	Dampferzeugung, Heizung	Wach- u. Schließdienst	Prod. von Kartonagen	Wellpappeprod.	Feinpapierprod.	Absatzleistung
Unfallverhütung, Werksarzt	P	2	5	2		3	50	10	40	
Meisterbüro	h						2.400	2.000	3.600	
Elektrowerkstatt	h		40		16	50	1.900	500	1.200	
Dampferzeugung, Heizung	l	1.000	2.000	4.000		3.000	35.000	50.000	80.000	
Wach- und Schließdienst	%		10	5			20	20	45	
Produktion von Kartonagen	t									450
Wellpappeproduktion	t						400			400
Feinpapierproduktion	t						50	150		500
primäre Gemeinkosten		80.000	150.000	65.000	35.000	60.000	1.000.000	480.000	800.000	

Lösung:

Nach Verteilung der Gemeinkosten auf die Hauptkostenstellen ergibt sich der auf S. 565 wiedergegebene Betriebsabrechnungsbogen. Die dabei praktizierte Vorgehensweise wird exemplarisch für den Bereich des Wach- und Schließdienstes aufgezeigt:

Der innerbetriebliche Verrechnungssatz für den Wach- und Schließdienst berechnet sich wie folgt:

$$\frac{(60.000 \text{ DM}) + (600 \text{ DM} + 2.187 \text{ DM} + 911 \text{ DM})}{(10\% + 45\% + 20\% + 20\%)} = \frac{63.698 \text{ DM}}{95\%}$$

$$= 670{,}51 \text{ DM}/\%$$

Als Sekundärkostenbelastung der Hauptkostenstelle Wellpappeproduktion für Wach- und Schließleistungen ergibt sich damit:

$$670{,}51 \text{ DM}/\% \cdot 20\% = 13.410 \text{ DM}$$

Übungsbeispiel 2:

Die Kostenartenrechnung eines kleineren Maschinenbaubetriebs liefert folgende Zahlen:

1. Einzelkosten

a) Materialbereich	110.000
b) Fertigungsbereiche (Löhne)	
ba) Maschinen	30.000
bb) Montage	18.000
c) Vertriebsbereich	7.848
	165.848

Kostenstellen / ostenarten	Hilfskostenstellen					Hauptkostenstellen		
	Dampferzeugung	Unfallverhütung	Elektrowerkst.	Wach- u. Schließdienst	Meisterbüro	Feinpapierproduk.	Wellpappeproduk.	Produktion v. Kartonagen
rimäre emeinkosten	35.000	80.000	65.000	60.000	150.000	800.000	480.000	1.000.000
mlage Dampfzeugung		200	800	600	400	16.000	10.000	7.000
wischensumme		80.200						
mlage Unfallrhütung			1.458	2.187	3.645	29.164	7.291	36.455
wischensumme			67.258					
mlage lektrowerkstatt				911	729	21.872	9.115	34.631
wischensumme				63.698				
mlage Wach- und chließdienst					6.705	30.173	13.410	13.410
wischensumme					161.479			
mlage eisterbüro						72.666	40.369	48.444
wischensummen						969.875	560.185	1.139.940
eistungsaustausch er Hauptkostenellen:								
mlage Feinapierproduktion						- 277.108	207.831	69.277
wischensumme						692.767	768.016	1.209.217
mlage Wellpappeprod.							- 384.008	384.008
der Gemeinkosten						692.767	384.008	1.593.225
bsatzleistungen in t						500	400	450
emeinkosten je t						1.386	960	3.540

2. Die Gemeinkosten von zusammen 120.222 verteilen sich auf die eingerichteten Kostenstellen entsprechend Tabelle a) auf S. 566 oben.

Die notwendige Umlage der Hilfskostenstellen (Allgemeiner Bereich und Fertigungshilfskostenstellen) richtet sich nach den in Tabelle b) auf S. 566 unten abgedruckten Schlüsseln.

Erstellen Sie den Betriebsabrechnungsbogen (BAB) und errechnen Sie die Gesamtkosten der Hauptkostenstellen.

Lösung:

Der geforderte Betriebsabrechnungsbogen ist auf den Seiten 568 und 569 abgedruckt.

Bei der Umlage der Hilfskostenstellen sind für jede Kostenstelle folgende Schritte notwendig:

a) Ermittlung der Verteilungsgrundlage

Tabelle a)

Kostenstellen \ Verteilung	Gemeinkosten	m^2	Flächenwertzahl	Arbeitnehmer	davon Auszubildende
I. Allgemeiner Bereich					
1. Gebäude	4.620	6.250			
2. soz. Einrichtungen	3.954	250	1		
3. Betriebsrat	810	50	1,5		
4. Lehrwerkstatt	486	50	1,5	1	
5. Fuhrpark	7.746	200	1,5	6	
II. Materialbereich	8.377	700	1	7	
III. Fertigungsbereich					
A. Hauptkostenstellen					
1. Maschinensaal	29.357	2.450	1	72	11
2. Montage	9.405	1.050	1	46	5
B. Hilfskostenstellen					
1. Techn. Betriebsltg.	6.055	200	1,5	5	
2. Lohnbüro	3.425	110	1,5	4	
3. Arbeitsvorbereitg.	2.610	100	1,5	4	
4. Werkzeugmacherei	6.152	220	1	4	
IV. Verwaltungsbereich	21.948	450	2,5	13	3
V. Vertriebsbereich	15.277	420	2	9	
Summe	120.222				

Tabelle b)

Kostenstelle	Verteilungsgrundlage
1. Gebäude	m² x Flächenwertzahl
2. Soziale Einrichtungen	Zahl der Arbeitnehmer
3. Betriebsrat	Zahl der Arbeitnehmer
4. Lehrwerkstatt	Zahl der Auszubildenden im Fertigungsbereich
5. Fuhrpark	Aufteilung der Kosten im Verhältnis 11:2,5 auf LKW und PKW, dann Verrechnung nach der Inanspruchnahme

	LKW km	PKW km
Materialbereich	2.000	
Fertigungsbereich (Hauptkostenstellen 1:1)	600	
Techn. Betriebsleit.		300
Verwaltungsbereich		950
Vertriebsbereich	4.000	2.500

Kostenstelle	Verteilungsgrundlage
6. Techn. Betriebsleitung	im Verhältnis der Lohnsummen (Fertigungslöhne der Hauptkostenstellen + Hilfslöhne für Maschinensaal und Montage je 2.000)
7. Lohnbüro	wie technische Betriebsleitung
8. Arbeitsvorbereitung	Fertigungslöhne der Hauptkostenstellen
9. Werkzeugmacherei	auf Maschinensaal 3.400 auf Montage 3.000

b) Ermittlung des Verrechnungssatzes nach der Formel:

$$\text{Verrechnungssatz} = \frac{\left(\begin{array}{c}\text{primäre Kosten}\\ \text{der Kostenstelle}\end{array}\right) + \left(\begin{array}{c}\text{Sekundäre Kosten aus der}\\ \text{Verrechnung von Leistungen}\\ \text{vorgelagerter Kostenstellen}\end{array}\right)}{\text{Leistungsabgabe an nachgelagerte Kostenstellen}}$$

c) Ermittlung der Gemeinkosten der einzelnen Kostenstellen durch Multiplikation von Verteilungsgrundlage und Verrechnungssatz.

Umlage / Kostenstellen	Gebäude				Soziale Einrichtungen u. Betriebsrat		
	Verteilungsgrundlage			Gemeinkosten	Verteilungsgrundlage	Gemeinkosten	
	m²	Flächenwertzahl	m² x Flächenwertzahl	Gebäude	Zahl der Arbeitnehmer	Soziale Einrichtungen	Betriebsrat
I.2	250	1	250	150			
I.3	50	1,5	75	45			
I.4	50	1,5	75	45	1	24	5
I.5	200	1,5	300	180	6	144	30
II.	700	1	700	420	7	168	35
III.A.1	2.450	1	2.450	1.470	72	1.728	360
III.A.2	1.050	1	1.050	630	46	1.104	230
III.B.1	200	1,5	300	180	5	120	25
III.B.2	110	1,5	165	99	4	96	20
III.B.3	100	1,5	150	90	4	96	20
III.B.4	220	1	220	132	4	96	20
IV.	450	2,5	1.125	675	13	312	65
V.	420	2	840	504	9	216	45
Summen	6.250	–	7.700	4.620	171	4.104	855

$$\text{Verrechnungssatz Gebäude} = \frac{4.620}{7.700} = -{,}60\ \text{DM/m}^2$$

$$\text{Verrechnungssatz Soziale Einrichtungen} = \frac{4.104}{171} = 24{,}-\ \text{DM/Arbeitnehmer}$$

$$\text{Verrechnungssatz Betriebsrat} = \frac{855}{171} = 5{,}-\ \text{DM/Arbeitnehmer}$$

Betriebsabrechnungsbogen

Kostenstellen / Kostenarten	Zahlen aus der Kostenartenrechn.	I. Allgemeiner Bereich					II. Materialbereich
		1. Gebäude	2. Soz. Einrichtungen	3. Betriebsrat	4. Lehrwerkst.	5. Fuhrpark	
1	2	3	4	5	6	7	8
Primäre Gemeink.	120.222	4.620	3.954	810	486	7.746	8.377
Sekundärkostenverrechnung: Umlage des Allg. Ber.:							
1. Gebäude			150	45	45	180	420
2. Soz. Einr.					24	144	168
3. Betriebsrat					5	30	35
4. Lehrwerkst.							
5. Fuhrpark							2.000
Zw.summen	120.222	–	–	–	–	–	11.000
Umlage der Fertigungshilfsst.							
1. Techn. Betriebsl.							
2. Lohnbüro							
3. Arbeitsvorb.							
4. Werkzeugmacherei							
Summen der Gemeinkosten nach Umlage	120.222	–	–	–	–	–	11.000
Einzelkosten	165.848	–	–	–	–	–	110.000
Gesamtkosten	286.070	–	–	–	–	–	121.000

Umlage / Kostenstellen	Lehrwerkstatt	
	Verteilungsgrundlage Auszubildende	Gemeinkosten Lehrwerkstatt
III.A.1	11	385
III.A.2	5	175
Summen	16	560

	III. Fertigungsbereich						IV. Verwaltungsbereich	V. Vertriebsbereich
	A. Hauptkostenst.		B. Hilfskostenst.					
	1. Maschinensaal	2. Montage	1. Techn. Betriebsleitung	2. Lohnbüro	3. Arb.-vorbereitung	4. Werkzeugmacherei		
	9	10	11	12	13	14	15	16
	29.357	9.405	6.055	3.425	2.610	6.152	21.948	15.277
	1.470	630	180	99	90	132	675	504
	1.728	1.104	120	96	96	96	312	216
	360	230	25	20	20	20	65	45
	385	175						
	300	300	120				380	5.000
	33.600	11.844	6.500	3.640	2.816	6.400	23.380	21.042
	4.000	2.500						
	2.240	1.400						
	1.760	1.056						
	3.400	3.000						
	45.000	19.800	–	–	–	–	23.380	21.042
	30.000	18.000	–	–	–	–	–	7.848
	75.000	37.800	–	–	–	–	–	28.890

$$\text{Verrechnungssatz Lehrwerkstatt} = \frac{486 + 45 + 24 + 5}{16} = 35,\text{– DM/Auszubildenden}$$

Umlage / Kostenstellen	Fuhrpark				
	Verteilungsgrundlage LKW km	Kosten	Verteilungsgrundlage PKW km	Kosten	Gemeinkosten Fuhrpark
II.	2.000	2.000			2.000
III.A.1	300	300			300
III.A.2	300	300			300
III.B.1			300	120	120
IV.			950	380	380
V.	4.000	4.000	2.500	1.000	5.000
Summen	6.600	6.600	3.750	1.500	8.100

$$\text{Verrechnungssatz für Lkw} = \frac{(7.746 + 180 + 144 + 30) \cdot 11}{13{,}5 \cdot 6.600} = 1{,}\text{– DM/km}$$

$$\text{Verrechnungssatz für Pkw} = \frac{(7.746 + 180 + 144 + 30) \cdot 2{,}5}{13{,}5 \cdot 3.750} = \text{–},40 \text{ DM/km}$$

Umlage / Kostenstellen	Technische Betriebsleitung, Lohnbüro, Arbeitsvorbereitung und Werkzeugmacherei			
	Gemeinkosten Techn. Betriebsleitung	Gemeinkosten Lohnbüro	Gemeinkosten Arbeitsvorbereitung	Gemeinkosten Werkzeugmacherei
III.A.1	4.000	2.240	1.760	3.400
III.A.2	2.500	1.400	1.056	3.000
Summen	6.500	3.640	2.816	6.400

Verteilungsgrundlage sind jeweils die im Nenner stehenden Lohnsummen.

$$\begin{array}{l}\text{Verrechnungssatz}\\ \text{Techn. Betriebsleitung}\end{array} = \frac{6.055 + 180 + 120 + 25 + 120}{30.000 + 18.000 + 2.000 + 2.000} = 0{,}125\ (12{,}5\%)$$

$$\begin{array}{l}\text{Verrechnungssatz}\\ \text{Lohnbüro}\end{array} = \frac{3.425 + 99 + 96 + 20}{30.000 + 18.000 + 2.000 + 2.000} = 0{,}07\ (7\%)$$

$$\begin{array}{l}\text{Verrechnungssatz}\\ \text{Arbeitsvorbereitung}\end{array} = \frac{2.610 + 90 + 96 + 20}{30.000 + 18.000} = 0{,}05867\ (5{,}867\%)$$

$$\begin{array}{l}\text{Verrechnungssatz}\\ \text{Werkzeugmacherei}\end{array} = 1\ (100\%)$$

4.324.23 Sprungverfahren

Das Sprungverfahren (Kurzschlüsselverfahren) stellt eine Verbindung des Anbauverfahrens mit dem Treppenverfahren dar. Wie beim Anbauverfahren werden die primären Gemeinkosten der Vorkostenstellen (Allgemeiner Bereich und Fertigungshilfskostenstellen) unmittelbar auf die betreffenden Hauptkostenstellen übertragen. Die Umlage erfolgt anhand festgelegter Prozentsätze, die nach der Grundkonzeption des Treppenverfahrens ermittelt werden und in denen die Leistungsbeziehungen der Vorkostenstellen untereinander berücksichtigt worden sind.

Die Ermittlung der Umlageschlüssel wird an folgendem **Beispiel** erläutert:

Ein Betrieb ist in 5 Vorkostenstellen ($V_1 - V_5$) und 2 Hauptkostenstellen (H_1, H_2) gegliedert. Die Leistungsbeziehungen und die primären Gemeinkosten sind in folgender Matrix zusammengefaßt:

empfangende Stelle / abgebende Stelle	V_1	V_2	V_3	V_4	V_5	H_1	H_2
V_1		5 %	10 %	10 %	5 %	30 %	40 %
V_2			20 %	10 %		50 %	20 %
V_3				20 %	20 %	20 %	40 %
V_4					25 %	40 %	35 %
V_5						50 %	50 %
primäre Gemeinkosten	5.000	8.000	2.500	4.000	9.000	26.500	31.000

Die Umlageprozentsätze werden wie folgt ermittelt:

für V_1:	V_1	V_2	V_3	V_4	V_5	H_1	H_2
	1						
	Σ = 1	1 · 0,05 (0,05)	1 · 0,1 (0,1)	1 · 0,1 (0,1)	1 · 0,05 (0,05)	1 · 0,3 (0,3)	1 · 0,4 (0,4)
		Σ = 0,05	0,05 · 0,2 (0,01)	0,05 · 0,1 (0,005)		0,05 · 0,5 (0,025)	0,05 · 0,2 (0,01)
			Σ = 0,11	0,11 · 0,2 (0,022)	0,11 · 0,2 (0,022)	0,11 · 0,2 (0,022)	0,11 · 0,4 (0,044)
				Σ = 0,127	0,127 · 0,25 (0,03175)	0,127 · 0,4 (0,0508)	0,127 · 0,35 (0,04445)
					Σ = 0,10375	0,10375 · 0,5 (0,051875)	0,10375 · 0,5 (0,051875)
						0,449675	0,550325

für V_2:	V_1	V_2	V_3	V_4	V_5	H_1	H_2
		1					
			0,2	0,1		0,5	0,2
				0,04	0,04	0,04	0,08
					0,035	0,056	0,049
						0,0375	0,0375
						0,6335	0,3665

für V_3:	V_1	V_2	V_3	V_4	V_5	H_1	H_2
			1				
				0,2	0,2	0,2	0,4
					0,05	0,08	0,07
						0,125	0,125
						0,405	0,595

für V_4:	V_1	V_2	V_3	V_4	V_5	H_1	H_2
				1			
					0,25	0,4	0,35
						0,125	0,125
						0,525	0,475

für V_5:	V_1	V_2	V_3	V_4	V_5	H_1	H_2
					1		
						0,5	0,5

Übungsbeispiel:

Verrechnen Sie für obiges Beispiel die primären Gemeinkosten auf die Hauptkostenstellen.

Lösung: *Betriebsabrechnungsbogen*

Kostenstellen / Kostenarten	Verteilungsschlüssel	V_1	V_2	V_3	V_4	V_5	H_1	H_2
primäre Gemeinkosten		5.000	8.000	2.500	4.000	9.000	26.500	31.000
1. Umlage V_1	44,9675%:55,0325%						2.248	2.752
2. Umlage V_2	63,35%:36,65%						5.068	2.932
3. Umlage V_3	40,5%:59,5%						1.012	1.488
4. Umlage V_4	52,5%:47,5%						2.100	1.900
5. Umlage V_5	50%:50%						4.500	4.500
Gemeinkosten nach Umlage		–	–	–	–	–	41.428	44.572

Beim Sprungverfahren erfordert die Aufstellung der Umlageschlüssel einen hohen **Arbeitsaufwand,** der bei einer größeren Zahl von Kostenstellen manuell kaum mehr zu bewältigen und durch die Ergebnisse, die das Verfahren liefert, kaum zu rechtfertigen ist. Sind die Schlüssel einmal ermittelt, werden sie in der Regel über mehrere Perioden angewandt, so daß zwischenzeitlich auftretende Änderungen in der Struktur der innerbetrieblichen Leistungen unberücksichtigt bleiben. Außerdem versagt das Sprungverfahren ebenso wie die anderen genannten Näherungsverfahren, sobald nicht überwiegend einseitige Leistungsbeziehungen, sondern wechselseitige Leistungsverflechtungen vorliegen.

4.324.3 Simultane Verrechnung der innerbetrieblichen Leistungen (Gleichungsverfahren)

Die bisher dargestellten Verfahren der innerbetrieblichen Leistungsverrechnung (Hauptkostenstellenverfahren und Kostenstellenumlageverfahren) sind – wie die vorangegangenen Ausführungen mehrfach gezeigt haben – nur Näherungsverfahren, die in einer Vielzahl von praktischen Anwendungsfällen zu unbefriedigenden Lösungen führen.

In der Praxis sind die Fälle, in denen zwischen allen Kostenstellen eines Betriebes lediglich einseitige Leistungsbeziehungen bestehen, die Ausnahme. Die gegenseitigen Leistungsverflechtungen lassen aber eine zutreffende Ermittlung der Verrechnungspreise für die innerbetrieblich abgegebenen Leistungen einer Kostenstelle erst dann zu, wenn diese Kostenstelle mit entsprechenden Sekundärkosten für die von anderen Stellen bezogenen Leistungen belastet ist, wobei es möglich ist, daß die anderen Stellen wiederum Leistungen von dieser zuerst betrachteten Kostenstelle empfangen haben. Die Erfassung der gegenseitigen Leistungsverflechtungen und Ermittlung von Verrechnungspreisen für ausgetauschte Leistungen sind daher nur durch einen **Simultanansatz** möglich.

Die simultane Ermittlung der Verrechnungspreise beruht auf der Erfassung der innerbetrieblichen Leistungsverflechtungen durch ein **lineares Gleichungssystem,** in das die innerbetrieblich ausgetauschten Mengen sowie die von einer Kostenstelle insgesamt gelieferten Mengen als Bekannte, die innerbetrieblichen Verrechnungspreise als Unbekannte eingehen.

Für jede Kostenstelle läßt sich daher eine Gleichung folgender Gestalt aufstellen:

$$x_j q_j = k_j + x_{1j} q_1 + x_{2j} q_2 + \ldots + x_{kj} q_k + \ldots + x_{nj} q_n$$

mit x_j = insgesamt abgegebene Leistungsmenge der Kostenstelle j (= an sich selbst abgegebene Leistungsmenge + an andere Kostenstellen abgegebene Leistungsmengen)

q_j = Verrechnungspreis für die von der Kostenstelle j abgegebenen Leistungen

k_j = primäre Kosten der Kostenstelle j

x_{kj} = von der Kostenstelle k an die Kostenstelle j abgegebene Leistungsmenge

oder auch $\begin{pmatrix}\text{Kostenwert der} \\ \text{insgesamt ab-} \\ \text{gegebenen Lei-} \\ \text{stungen}\end{pmatrix} = \begin{pmatrix}\text{primäre} \\ \text{Kosten}\end{pmatrix} + \begin{pmatrix}\text{Kostenwerte der von} \\ \text{anderen Kostenstel-} \\ \text{len empfangenen} \\ \text{Leistungen}\end{pmatrix}$.

Für n Kostenstellen ergibt sich demnach:

Kostenstelle 1 $\quad x_1q_1 = k_1 + x_{11}q_1 + x_{21}q_2 + \ldots + x_{n1}q_n$

2 $\quad x_2q_2 = k_2 + x_{12}q_1 + x_{22}q_2 + \ldots + x_{n2}q_n$

. .

. .

. .

n $\quad x_nq_n = k_n + x_{1n}q_1 + x_{2n}q_2 + \ldots + x_{nn}q_n$

Die Verrechnungspreise $q_1 \ldots q_n$ werden simultan durch Auflösung des Gleichungssystems nach $q_1 \ldots q_n$ ermittelt. Die Handhabung des Gleichungsverfahrens soll an einem einfachen Fall erläutert werden.

Beispiel:

Für die Kostenstellen Reparaturwerkstatt und Fuhrpark sind folgende Daten bekannt:

	Reparatur-werkstatt	Fuhrpark
Primäre Gemeinkosten	40.000 DM	50.000 DM
Gesamtleistung	4.000 Std.	100.000 km
davon:		
Leistungsabgabe an Fuhrpark	200 Std.	
Leistungsabgabe an Reparaturwerkstatt		5.000 km

Wie hoch sind die innerbetrieblichen Verrechnungspreise für Reparaturstunden (q_1) und Fahrkilometer (q_2)?

Lösung:

Dem oben entwickelten Schema entsprechend ergeben sich folgende Gleichungen:

(1) $\quad 4.000\ q_1 = 40.000 + 5.000\ q_2$

(2) $\quad 100.000\ q_2 = 50.000 + 200\ q_1$

(1) nach q_1 aufgelöst:

(3) $\quad q_1 = 10 + \frac{5}{4}\ q_2$

(3) in (2) eingesetzt:

(4) $\quad 100.000\ q_2 = 50.000 + 2.000 + 250\ q_2$

(4a) $\quad \underline{q_2 = 0{,}521303}$

(4a) in (3) $\quad \underline{\underline{q_1 = 10{,}651629}}$

Die Verrechnungspreise der innerbetrieblichen Leistungen betragen (gerundet):

a) für eine Reparaturstunde (q_1) = 10,65

b) für einen Fahrkilometer (q_2) = –,52

Bei zunehmender Zahl der Kostenstellen, die zweiseitig am innerbetrieblichen Leistungsaustausch beteiligt sind, wird die Lösung des Gleichungssystems schwieriger. Abhilfe kann hier durch die Darstellung des Gleichungssystems in Vektorschreibweise und den **Einsatz der EDV** erfolgen: Die Verrechnungspreise als Lösungen des simultanen Gleichungssystems lassen sich dann durch einfache Matrizen-Inversion bestimmen.

Mit der zunehmenden Verbreitung von EDV-Anlagen auch in Klein- und Mittelbetrieben eröffnet sich daher auch für diese Betriebe die Möglichkeit der exakten Bestimmung von internen Verrechnungspreisen und somit eine genaue Sekundärkostenverrechnung im Betriebsabrechnungsbogen.

4.324.4 Einführung fester Verrechnungssätze

Mit den verschiedenen Verfahren der innerbetrieblichen Leistungsverrechnung werden teilweise Ergebnisse erzielt, die für die Erfordernisse der Sekundärkostenverrechnung nicht hinreichend genau sind. Nur das Gleichungsverfahren bietet Gewähr für eine verursachungsgerechte und rechnerisch richtige Kostenverteilung. Da aber gerade dieses Verfahren einen erheblichen Aufwand erfordert, und damit die Wirtschaftlichkeit der Abrechnung selbst in Frage stellen kann, sind viele Betriebe dazu übergegangen, ihre innerbetrieblichen Leistungen mengenmäßig zu erfassen und mit festen Verrechnungspreisen zu bewerten oder die Gemeinkosten über Normalzuschlagssätze (Normalverrechnungssätze) zu verrechnen. Mit dieser Maßnahme werden verschiedene Zwecke verfolgt (im einzelnen vgl. Teil B, Abschn. 4.5, S. 635ff.):

1. Durch den Ansatz fester Verrechnungspreise oder Normalzuschlagssätze wird die Kostenstellenrechnung wesentlich **vereinfacht** und **beschleunigt.**

2. Für die Zwecke der **Kostenkontrolle** werden mit Hilfe der festen Verrechnungspreise Veränderungen des Wertgerüstes und somit Einflüsse des Marktes aus den Kosten eliminiert. Bei Bewertung der Kosten mit Festpreisen können Kostenänderungen nur durch eine Variation des Faktorverbrauchs (Mengengerüst) verursacht sein. In der Kostenkontrolle können damit der Güterverzehr der einzelnen Kostenstellen wirksamer überwacht und die Ursachen für Kostenabweichungen aussagekräftiger analysiert werden (Soll-Ist-Vergleich).

3. Das Kostenbild beeinträchtigende Faktoren von der produktions- und abrechnungstechnischen Vorstufe können **abgefangen** werden.

Die **Ermittlung der Festpreise** erfolgt üblicherweise in größerem zeitlichen Abstand (meist Jahresturnus) unter Heranziehung des Gleichungsverfahrens. Als **Normalzuschlagssätze** werden in der Regel die im Betriebsabrechnungsbogen der Vorperiode gewonnenen Zuschlagssätze (oft auch als Durchschnittswerte mehrerer Vorperioden) verwendet. Auf dieser Grundlage werden dann die Istverbrauchsmengen der abzurechnenden Periode mit den Festpreisen bewertet bzw. auf die Einzelkosten der abzurechnenden Periode die Gemeinkostenzuschläge angewandt und mithin die Sollgemeinkosten ermittelt.

Da die tatsächlich entstehenden Gemeinkosten (Istgemeinkosten) von den auf der Grundlage von Normalverrechnungssätzen ermittelten Sollgemeinkosten grundsätzlich abweichen, stellen sich Kostenüberdeckungen oder Kostenunterdeckungen ein. Bei **Kostenunterdeckungen** hat die Kostenstelle tatsächlich mehr Kosten verbraucht, als verrechnet worden sind. Der Verrechnungspreis bzw. der Normalzuschlagssatz für die Gemeinkosten war zu niedrig bemessen. Bei

Kostenüberdeckungen sind mehr Kosten verrechnet worden, als tatsächlich entstanden sind; der Normalverrechnungssatz war entsprechend zu hoch angesetzt (vgl. zur Problematik der Kostenabweichungen S. 579f., 637ff., 644f. und 647ff.).

4.325 Die Auswertung des Betriebsabrechnungsbogens

4.325.1 Gewinnung von Zuschlagssätzen

Nach Verteilung der primären Kosten auf die Kostenstellen und nach Durchführung der Sekundärkostenverrechnung (innerbetriebliche Leistungsverrechnung) sind alle vorhandenen Gemeinkosten auf Hauptkostenstellen umgelegt. Zur Vorbereitung der Kostenträgerrechnung werden nun im dritten Abrechnungsschritt innerhalb des Betriebsabrechnungsbogens **Kalkulationssätze** zur Verrechnung der Gemeinkosten (**Gemeinkostenzuschlagssätze**) ermittelt. Diese Kalkulations- oder Zuschlagssätze setzen die Gemeinkosten einer Hauptkostenstelle in Relation zu der jeweiligen Bezugsgröße. Allgemein gilt für den Gemeinkostenzuschlagssatz der Hauptkostenstelle j:

$$\text{Gemeinkostenzuschlagssatz } j = \frac{\Sigma \text{ Gemeinkosten der Hauptkostenstelle } j}{\text{Bezugsbasis der Hauptkostenstelle } j}$$

Die Gemeinkosten je Hauptkostenstelle lassen sich aus der entsprechenden Summenzeile des Betriebsabrechnungsbogens entnehmen. Wesentlich problematischer ist die Wahl der richtigen **Bezugsbasis.**

In der betrieblichen Praxis werden z.B. folgende Gemeinkostenzuschlagssätze ermittelt:

1. Materialgemeinkostenzuschlagssatz $= \dfrac{\text{Materialgemeinkosten}}{\text{Materialeinzelkosten}}$

2. Fertigungsgemeinkostenzuschlagssatz $= \dfrac{\text{Fertigungsgemeinkosten}}{\text{Fertigungseinzelkosten (= Fertigungslöhne)}}$

3. Verwaltungsgemeinkostenzuschlagssatz $= \dfrac{\text{Verwaltungsgemeinkosten}}{\text{Herstellkosten der produzierten Erzeugnisse}}$

4. Vertriebsgemeinkostenzuschlagssatz $= \dfrac{\text{Vertriebsgemeinkosten}}{\text{Herstellkosten der abgesetzten Erzeugnisse}}$

Verwaltungs- und Vertriebsgemeinkosten werden auch über einen einheitlichen Zuschlagssatz in Beziehung zu den Herstellkosten der abgesetzten Erzeugnisse gesetzt und somit gemeinsam verrechnet.

Bei komplizierten Fertigungsverfahren, in Betrieben mit stark diversifiziertem Produktionsprogramm sowie in Großbetrieben erweisen sich globale Gemeinkostenzuschlagssätze meist als unbrauchbar. Hier gelangen **differenziertere** Zuschlagssätze zur Anwendung, wie beispielsweise:

5. Kostenstellenzuschlagssatz $= \dfrac{\text{Gemeinkosten der Kostenstelle}}{\text{Einzelkosten der Kostenstelle}}$

6. Platzkostenverrechnungssatz $= \dfrac{\text{Gemeinkosten des Kostenplatzes}}{\text{Gesamtleistung des Kostenplatzes}}$

7. Maschinenstundenverrechnungssatz $= \dfrac{\text{maschinenabhängige Gemeinkosten}}{\text{Gesamtlaufzeit der Maschine (in Stunden)}}$

Oft werden für eine Gemeinkostenart Zuschlagssätze nach verschiedenen Kriterien gebildet. Die Gemeinkosten werden dann beispielsweise in einen **mengenabhängigen** Teil und in einen **zeitabhängigen** Teil aufgeteilt und zu geeigneten Bezugsbasen ins Verhältnis gesetzt.

Beispiel:

Von den Fertigungsgemeinkosten in Höhe von 120.000 sind 60% durch den Einsatz von Maschinen bedingt, 20% von den Arbeitslöhnen und 20% von der Verweildauer der zu bearbeitenden Produkte in der betreffenden Kostenstelle abhängig. Die Fertigungslöhne betragen 200.000. Der Betrieb arbeitet 3.000 Stunden, die Maschinenlaufzeit beträgt ⅔ der betriebsgewöhnlichen Arbeitszeit.
Es sind die Gemeinkostenzuschlagssätze für Maschinenstunden, Arbeitslohn und Verweilstunden zu ermitteln.

Lösung:

Von den Fertigungsgemeinkosten von insgesamt 120.000 sind

a) 60% maschinenabhängig = 72.000
b) 20% arbeitslohnabhängig = 24.000
c) 20% verweilzeitabhängig = 24.000

Es ergeben sich folgende Zuschlagssätze:

1. Maschinenstundensatz $= \dfrac{72.000 \text{ DM}}{\frac{2}{3} \cdot 3.000 \text{ h}} = 36,\text{– DM/h}$

2. Arbeitsgemeinkostenzuschlag $= \dfrac{24.000 \text{ DM}}{200.000 \text{ DM}} = 0,12 \ (12\%)$

3. Verweilstundenzuschlag $= \dfrac{24.000 \text{ DM}}{3.000 \text{ h}} = 8,\text{– DM/h}$

Bei der **Auswahl von Zuschlagsbasen**(-grundlagen) sind folgende Regeln zu beachten:

1. Die Zuschlagsbasis und die zu verteilenden Gemeinkosten müssen in **ursächlichem Zusammenhang** zueinander stehen und rechnerisch korrespondieren.
2. Zwischen der Zuschlagsbasis und den zu verteilenden Gemeinkosten muß ein **proportionaler Zusammenhang** bestehen; mit anderen Worten, die Veränderungen der Bezugsgrößen müssen mit gleichen (= proportionalen) Veränderungen der zu verteilenden Kosten einhergehen.
3. Die Zuschlagsbasis muß **möglichst breit** sein, denn je geringer die Bezugsbasis im Verhältnis zu dem zur Verteilung anstehenden Gemeinkostenbetrag ist, umso stärker wirken sich Fehler bei der Ermittlung der Zuschlagsbasis und der Zuschlagssätze auf die richtige Gemeinkostenverrechnung aus.

Die Gemeinkostenverrechnungssätze haben aber nicht nur die Aufgabe, die Gemeinkosten der abzurechnenden Periode im Rahmen der Kostenträgerrechnung auf die Produkte zu verrechnen. Daneben stellen diese Verrechnungssätze die **Grundlage für die Kostenkontrolle** in späteren Abrechnungsperioden dar. Indem die Gemeinkostenzuschlagssätze als Normalkostenverrechnungssätze auf die Istbezugsgrößen angewendet werden, lassen sich die Sollgemeinkosten als Ausgangspunkt für den künftigen Soll-Ist-Vergleich gewinnen.

Übungsbeispiel:

Der Betriebsabrechnungsbogen eines Betriebes weist in der Summenzeile folgende Zahlen aus:

	Kostenstellen				
	Materialbereich	Fertigungsbereich A	B	Verwaltungsbereich	Vertriebsbereich
Summe der Gemeinkosten	31.500	390.000	520.000	268.980	358.640

An Einzelkosten sind angefallen:

Materialkosten	350.000
Fertigungslöhne Bereich A	300.000
Fertigungslöhne Bereich B	650.000

Berechnen Sie die Gemeinkostenzuschlagssätze

a) für die Materialgemeinkosten in Prozent der Materialeinzelkosten
b) für die beiden Fertigungsbereiche in Prozent der jeweiligen Einzelkosten
c) für die Verwaltungs- und Vertriebsgemeinkosten getrennt in Prozent der Herstellkosten. Gehen Sie dabei von folgender Definition der Herstellkosten aus:

Materialeinzelkosten	
+ Materialgemeinkosten	Materialkosten
Fertigungseinzelkosten	
+ Fertigungsgemeinkosten	
+ Sondereinzelkosten der Fertigung	Fertigungskosten
	Herstellkosten

d) Errechnen Sie den Zuschlagssatz für Vertriebsgemeinkosten auf der Grundlage der abgesetzten Erzeugnisse und unter Berücksichtigung folgender Bestandsveränderungen (bewertet zu Herstellkosten):

	Bestand zu Beginn der Abrechnungsperiode	Bestand am Ende der Abrechnungsperiode
Halbfabrikate	423.000	237.000
Fertigfabrikate	198.500	235.100

Lösung:

a) Zuschlagssatz für Materialgemeinkosten $= \frac{31.500}{350.000} = 9\%$

b) Zuschlagssatz für Fertigungsgemeinkosten A $= \frac{390.000}{300.000} = 130\%$

Zuschlagssatz für Fertigungsgemeinkosten B $= \frac{520.000}{650.000} = 80\%$

c) Ermittlung der Herstellkosten

Materialeinzelkosten	350.000		
Materialgemeinkosten	31.500	Materialkosten	381.500
Fertigungslöhne A	300.000		
Fertigungsgemeinko. A	390.000		
Fertigungslöhne B	650.000		
Fertigungsgemeinko. B	520.000	Fertigungskosten	1.860.000
		Herstellkosten	2.241.500

Zuschlag für Verwaltungsgemeinkosten $= \frac{268.980}{2.241.500} = 12\%$

Zuschlag für Vertriebsgemeinkosten $= \frac{358.640}{2.241.500} = 16\%$

d) Herstellkosten der produzierten Erzeugnisse	2.241.500
+ Bestandsänderung Halbfabrikate	186.000
− Bestandsänderung Fertigfabrikate	36.600
Herstellkosten der abgesetzten Erzeugnisse	2.390.900

Zuschlag für Vertriebsgemeinkosten $= \frac{358.640}{2.390.900} = 15\%$

4.325.2 Kostenabweichungen

Bei der Verrechnung der Gemeinkosten unter Verwendung von Normalverrechnungssätzen (im einzelnen vgl. Teil B, Abschn. 4.5, S. 635ff.) entstehen in der Regel Abweichungen zwischen den auf der Grundlage von Normalverrechnungssätzen ermittelten Sollgemeinkosten und den tatsächlichen angefallenen Istgemeinkosten. Diese Kostenabweichungen werden im vierten Bereich des Betriebsabrechnungsbogens dargestellt (vgl. S. 550).

Mit der Feststellung der Kostenabweichungen sind die Aufgaben der Kostenkontrolle jedoch keinesfalls beendet. Bei Vorliegen von Kostenüber- und Kostenunterdeckungen sind deren Ursachen zu hinterfragen sowie die Zusammenhänge zwischen Abweichungsursache und Kostenhöhe aufzudecken.

Es können folgende **Ursachen für Kostenabweichungen** vorliegen (*Kilger,* Kostenrechnung, S. 424):

(1) Preisabweichungen für Einzelmaterial und Gemeinkostenmaterial

(2) Tarifabweichungen für Lohnempfänger in primären und sekundären Kostenstellen sowie für Gehaltsempfänger

(3) Einzelmaterialverbrauchsabweichungen

(4) Verbrauchsabweichungen in primären und sekundären Kostenstellen

(5) Beschäftigungsabweichungen in primären und sekundären Kostenstellen.

Den Kostenabweichungen kann durch Änderung der Normalverrechnungssätze (bei Planungsfehlern) oder Einflußnahme auf die Ursachen von nicht plangemäßen Kostenüber- und Kostenunterdeckungen entgegengewirkt werden. Da hiermit jedoch weniger unmittelbar abrechnungstechnische als vielmehr konstitutiv-dispositive Problemstellungen berührt werden, ist darauf hier nicht näher einzugehen.

Übungsbeispiel:

Der Betriebsabrechnungsbogen eines Betriebes enthält folgende Zahlen:

	Kostenstellen					
	Materialstelle	Fertigungsstellen A	B	C	Verw.-stelle	Vertriebs-stelle
Summe der Gemeinkosten	17.360	58.450	43.620	39.990	62.250	27.840
Einzelkosten	158.400	74.960	41.940	71.410		

Der Betrieb hat mit nachfolgenden Normalzuschlagssätzen kalkuliert, die als Durchschnittswerte der in den letzten Betriebsabrechnungsbogen gewonnenen Zuschlagssätze ermittelt wurden:

a) Materialgemeinkostenzuschlagssatz 11%
b) Fertigungsgemeinkostenzuschlagssatz A 75%
c) Fertigungsgemeinkostenzuschlagssatz B 110%
d) Fertigungsgemeinkostenzuschlagssatz C 60%
e) Verwaltungsgemeinkostenzuschlagssatz 12%
f) Vertriebsgemeinkostenzuschlagssatz 6%

Errechnen Sie die Gemeinkosten, die mit diesen Normalzuschlagssätzen verrechnet worden sind (Sollgemeinkosten). Stellen Sie die Kostenüber- und Kostenunterdekkungen als Differenz zwischen den Sollgemeinkosten und den tatsächlich entstandenen Gemeinkosten (Istgemeinkosten) in DM und in Prozentpunkten dar.

Lösung:

Zeil. Nr.	Text	Kostenstellen					
		Material-stelle	Fertigungsstellen A	B	C	Verw.-stelle	Vertriebs-stelle
1	Istgemeinkosten	17.360	58.450	43.620	39.990	62.250	27.840
2	Einzelkosten	158.400	74.960	41.940	71.410	Herstellkosten Ist 506.130 Soll 509.334	
3	Normalzu-schlagssatz	11%	75%	110%	60%	12%	6%
4	Sollgemeinkosten	17.424	56.220	46.134	42.846	61.120	30.560
5	Istzuschlagssatz (gerundet)	11%	78%	104%	56%	12,3%	5,5%
6	Kostenüber- und -unterdeckungen in DM (Zeile 4 ./. Zeile 1)	+ 64	− 2.230	+ 2.514	+ 2.856	− 1.130	+ 2.720
7	Kostenüber- und -unterdeckungen in %-Punkten (Zeile 3 ./. Zeile 5)	± 0%	− 3%	+ 6%	+ 4%	− 0,3%	+ 0,5%

Zum Abschluß dieses Kapitels bezieht ein übergreifendes Übungsbeispiel noch einmal die wesentlichen Teile der Kostenstellenrechnung ein.

Übungsbeispiel:

Im Betriebsabrechnungsbogen eines Industriebetriebs sind die primären Stelleneinzelkosten bereits verteilt (Zeilen 1 bis 8). Der BAB zeigt danach das auf S. 583 wiedergegebene Bild.

Aufgaben:

1. Die primären Stellengemeinkosten (Kostenarten in Zeile 10–14) sind unter Zugrundelegung folgender Schlüssel zu verteilen:

Sozialaufwand	entsprechend den Lohn- und Gehaltssummen
Zinsen	vorab 9.000 gleichmäßig auf die Fertigungsstellen, Rest analog den verrechneten Abschreibungen
Steuern	auf die Hauptkostenstellen im Verhältnis 2:5:8:4:3:1
Wagnisse	auf die Fertigungsstellen und den Verwaltungsbereich im Verhältnis 1:1:1:3
Lizenzgebühren	je 1/4 der Kosten auf die Fertigungsstelle Waschpulverherstellung und Kosmetikherstellung, den Rest auf den Vertriebsbereich

2. Legen Sie die Vorkostenstellen auf die Hauptkostenstellen um. Dabei ist nach dem Treppenverfahren (vgl. Teil B, Abschn. 4.324.22, S. 563ff.) unter Heranziehung folgender Verteilungsgrundlagen vorzugehen:

empf. Stellen / abgebende Stellen	Verteil.-grundl.	Grund-stücke + Geb.	Sozial-einrtg.	Mat.-ber.	Seifen-herst.	Wasch-pulver herst.	Kosm.-fertg.	Techn. Büro	Labor	Verw.-ber.	Vertr.-ber.
1. Stromer-zeugung	Zähler (kWh)	4.000	700	6.700	12.100	13.700	4.900	5.500	4.000	8.300	7.200
2. Grundst, + Geb.	Fläche x Wertzahl		45 m² 2	1.075m² 1	555m² 1	340 m² 1,5	420 m² 1,5	95 m² 2	90 m² 1,5	230 m² 2	170 m² 1,5
3. Sozial-einr.	Zahl der Mitarb.			8	37	23	41	5	15	15	6
4. Techn. Büro	Geleist. Arb.zt. (Stdn.)				280	270	210		40		
5. Labor	Erfahr.-schlüs.				7	5	15				

3. Berechnen Sie die Gemeinkostenzuschlagssätze (auf zwei Stellen nach dem Komma genau) unter Zugrundelegung folgender Einzelkosten:

a) Fertigungsmaterial	180.400
b) Fertigungslöhne Seifenherstellung	40.000
c) Fertigungslöhne Waschpulverherstellung	41.800
d) Fertigungslöhne Kosmetikherstellung	90.200

Die Verwaltungsgemeinkosten sind auf die Herstellkosten der produzierten Erzeugnisse zu beziehen; für die Vertriebsgemeinkosten sind die Herstellkosten der abgesetzten Erzeugnisse Bezugsgrundlage.

Bestandsaufnahme	Halbfabrikate	Fertigfabrikate
am 01. 01.	78.000	185.000
am 31. 12.	64.000	210.000

4. Im Rahmen der Kalkulation wurden bisher Normalkostenzuschlagssätze (auf die üblichen Bemessungsgrundlagen) verwendet, und zwar

a) für Materialgemeinkosten	10,5%
b) für Fertigungsgemeinkosten Seifenherstellung	140%
c) für Fertigungsgemeinkosten Waschpulverherstellung	175%
d) für Fertigungsgemeinkosten Kosmetikherstellung	90%
e) für Verwaltungsgemeinkosten	9%
f) für Vertriebsgemeinkosten	8%

Stellen Sie die Kostenabweichungen in DM und Prozentpunkten dar.

Lösung:

siehe Seite 584f.

Betriebsabrechnungsbogen

Verteil.dat. und Kostenstellen / Kostenarten	Zeil. Nr.	Verteilungsdaten: Verteilungsgrundlage	Verteilungsdaten: Zahlen d. Ko.-arten-rechn.	Kostenstellen – Allgmeiner Bereich: Strom-erz.	Allgmeiner Bereich: Grundstücke + Geb.	Allgmeiner Bereich: Sozial.-einr.	Mat.-ber.	Fertigungsbereich: Seifen-herst.	Fertigungsbereich: Waschpulver-herst.	Fertigungsbereich: Kosm.-fert.	Fert.hilfsstellen: Techn. Büro	Fert.hilfsstellen: Labor	Verw.-bereich	Vertriebs-bereich
Hilfsstoffe	1	Entn.-Sch.	40.000					6.000	15.000	19.000				
Betriebsstoffe	2	Entn.-Sch.	16.000	800			2.000	4.000	1.800	4.200		3.200		
Hilfslöhne	3	Lohnzettel	18.000	1.600	3.000	1.200	4.800	1.200	800	2.300		1.100		2.000
Gehälter	4	Gehaltsliste	37.000			3.000		3.200	2.700	3.600	4.500	2.000	18.000	
Instandhalt.	5	Reparaturz.	12.500	1.800	5.100		700	600		1.700		400		2.200
Abschr.	6	Anlagenkart.	47.000	1.500	4.400	300	200	9.000	16.000	8.500	500	1.200	3.700	1.700
Telefon- u. Portokosten	7	Postbuch	14.000	100	200	200	500	800	600	800	400	100	6.900	3.400
Werbung	8	Vertrieb	20.000											20.000
Zwischensum.	9		204.500	5.800	12.700	4.700	8.200	24.800	36.900	40.100	5.400	8.000	28.600	29.300
Soz.aufw.	10	Umlage	5.500											
Zinsen	11	Umlage	32.500											
Steuern	12	Umlage	34.500											
Wagnisse	13	Umlage	27.000											
Linzenzgeb.	14	Umlage	16.000											
Summe der Gemeinkosten	15		320.000											

Lösung:

Betriebsabrechnungsbogen

Verteil.dat. und Kostenstellen / Kostenarten	Zeil. Nr.	Verteilungsdaten		Kostenstellen										
				Allgemeiner Bereich			Mat.-bereich	Fertigungsbereich			Fert.hilfsstellen		Verw.-bereich	Vertriebs-bereich
		Verteilungs-grundlage	Zahlen d. Ko.-arten-rechn.	Strom-erz.	Grund-stücke + Geb.	Sozial.-einr.		Seifen-herst.	Wasch-pulver-herst.	Kosm.-fert.	Techn. Büro	Labor		
Hilfsstoffe	1	Entn.-Sch.	40.000					6.000	15.000	19.000				
Betriebsstoffe	2	Entn.-Sch.	16.000	800			2.000	4.000	1.800	4.200		3.200		
Hilfslöhne	3	Lohnzettel	18.000	1.600	3.000	1.200	4.800	1.200	800	2.300		1.100		2.000
Gehälter	4	Gehaltsliste	37.000			3.000		3.200	2.700	3.600	4.500	2.000	18.000	
Instandhalt.	5	Reparaturz.	12.500	1.800	5.100		700	600		1.700		400		2.200
Abschr.	6	Anlagenkart.	47.000	1.500	4.400	300	200	9.000	16.000	8.500	500	1.200	3.700	1.700
Telefon- u. Portokosten	7	Postbuch	14.000	100	200	200	500	800	600	800	400	100	6.900	3.400
Werbung	8	Vertrieb	20.000											20.000
Zwischensum.	9		204.500	5.800	12.700	4.700	8.200	24.800	36.900	40.100	5.400	8.000	28.600	29.300
Soz.aufw.	10	Umlage	5.500	160	300	420	480	440	350	590	450	310	1.800	200
Zinsen	11	Umlage	32.500	750	2.200	150	100	7.500	11.000	7.250	250	600	1.850	850
Steuern	12	Umlage	34.500				3.000	7.500	12.000	6.000			4.500	1.500
Wagnisse	13	Umlage	27.000					4.500	4.500	4.500			13.500	
Lizenzgeb.	14	Umlage	16.000						4.000	4.000				8.000
Summe der Gemeinkosten	15		320.000	6.710	15.200	5.270	11.780	44.740	68.750	62.440	6.100	8.910	50.250	39.850

Verteil.dat. und Kostenstellen / Kostenarten	Zeil. Nr.	Verteilungsdaten: Verteilungsgrundlage	Verteilungsdaten: Zahlen d. Ko.-artenrechn.	Kostenstellen – Allgemeiner Bereich: Strom erz.	Allgemeiner Bereich: Grundstücke + Geb.	Allgemeiner Bereich: Sozial.-einr.	Materialbereich	Fertigungsbereich: Seifenherst.	Fertigungsbereich: Waschpulverherst.	Fertigungsbereich: Kosm.-fert.	Fert.hilfsstellen: Techn. Büro	Fert.hilfsstellen: Labor	Verw.-bereich	Vertriebsbereich
Umlage der Vorkostenst.	16													
1. Stromerz.	17	Tabelle		-6.710	400	70	670	1.210	1.370	490	550	400	830	720
2. Gr.-St.+Geb.	18	Tabelle			-15.600	360	4.300	2.220	2.040	2.520	760	540	1.840	1.020
3. Sozialeinr.	19	Tabelle				-5.700	304	1.406	874	1.558	190	570	570	228
4. Techn. Büro	20	Tabelle						2.660	2.565	1.995	-7.600	380		
5. Labor	21	Tabelle						2.800	2.000	6.000		-10.800		
Gemeinkosten	`22		320.000	0	0	0	17.054	55.036	77.599	75.003	0	0	53.490	41.818
Einzelkosten	23						180.400	40.000	41.800	90.200	Herstellkosten:		577.092	566.092
Zuschlagss.	24						9,45%	137,59%	185,64%	83,15%			9,26%	7,39%
Normalzuschlags.	25						10,5%	140%	175%	90%	(HK prod. Erz. 581.672		9%	8%
Sollgemeinkosten	26						18.942	56.000	73.150	81.180	HK abges. Erz. 570.672)		52.350	45.653
Kostenüber- u. unterdeckungen in DM	27						+1.888	+964	-4.449	+6.177			-1.140	+3.835
Kostenüber- u. unterdeckungen in %	28						+1,05%	+2,41%	-10,64%	+6,85%			-0,26%	+0,61%

Ergänzende Literatur zu: 4.32 Die Kostenstellenrechnung

Götzinger/Michael, Leistungsrechnung, S. 110–136
Haberstock, Kostenrechnung I, S. 118–161
Huch, Kostenrechnung, S. 74–108;
Hummel/Männel, Kostenrechnung 1, S. 189–252
Kilger, Kostenrechnung, S. 154–264
Kloock/Sieben/Schildbach, Kosten- und Leistungsrechnung, S. 108–125
Mellerowicz, Kostenrechnung II, 1, S. 378–409; 452–506
Münstermann, Unternehmensrechnung, S. 61–154
Scherrer, Kostenrechnung, S. 179–196
Schweitzer/Küpper, Kostenrechnung, S. 155–182

4.33 Die Kostenträgerrechnung

Nachdem sämtliche Kosten in der Kostenartenrechnung erfaßt und in der Kostenstellenrechnung auf Hauptkostenstellen weiterverrechnet wurden, erfolgt in der dritten Stufe die **Zurechnung** der Kosten auf die Kostenträger. Die Kostenträgerrechnung zeigt damit, **wofür** die in den Kostenstellen angefallenen Kosten beansprucht worden sind. Die Kostenträger haben den Güter- und Leistungsverbrauch ausgelöst und sind daher auch mit den entsprechenden Kosten zu belasten. Als Kostenträger lassen sich für den Markt bestimmte Leistungen und innerbetriebliche Leistungen unterscheiden, wobei erstere nochmals in tatsächlich abgesetzte und auf Lager genommene Leistungen, letztere in aktivierbare und nicht aktivierbare Leistungen unterteilt werden können.

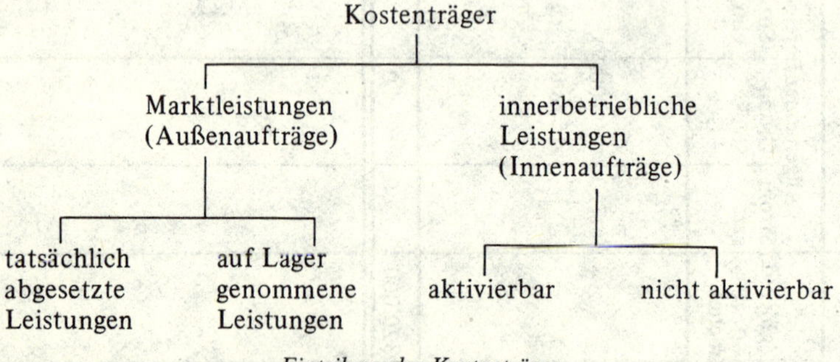

Einteilung der Kostenträger

Als **Prinzipien der Kostenzurechnung** kommen grundsätzlich in Frage (im einzelnen s. S. 519f.):

- Kostenverursachungs- bzw. Kausalprinzip
- Durchschnittsprinzip
- Kostentragfähigkeitsprinzip
- Identitätsprinzip

Nach dem Abrechnungsbezug ist die Kostenträgerrechnung in zwei Teilbereiche zu untergliedern:

(1) Die **Kostenträgerstückrechnung** ermittelt in der Vor-, Zwischen- und Nachkalkulation die Stückherstellkosten bzw. die Stückselbstkosten der Kostenträger.

(2) Die **Kostenträgerzeitrechnung** ist eine Periodenrechnung und erfaßt die Kosten eines Abrechnungszeitraums nach Kostenarten untergliedert. Durch Gegenüberstellung der Kosten mit den jeweiligen Erlösen wird aus der Kostenträgerzeitrechnung eine **kurzfristige Erfolgsrechnung** (s. S. 652).

4.331 Kostenträgerstückrechnung (Kalkulation)

Die Aufgabe der Kalkulation besteht ganz allgemein darin, die Kosten zu ermitteln, die auf eine erzeugte Leistungseinheit entfallen. Die Kalkulation kann dabei prospektiv (Vorkalkulation), partiell retrospektiv (Zwischenkalkulation) und retrospektiv (Nachkalkulation) erfolgen.

Bei der **Vorkalkulation** werden die Kosten für noch zu erbringende Leistungen ermittelt, z. B. bei der Kalkulation für spezielle Aufträge. Es handelt sich somit um eine Kalkulation auf der Grundlage von Plandaten.

Eine **Zwischenkalkulation** kann bei Kostenträgern mit einer sich über mehrere Abrechnungsperioden erstreckenden Produktionsdauer (z. B. Großanlagen) für Bilanz- und Dispositionszwecke notwendig werden. Die bereits entstandenen Kosten werden zum Betrachtungszeitpunkt retrospektiv erfaßt.

Die **Nachkalkulation** rechnet über die während einer Abrechnungsperiode entstandenen Kosten für erbrachte Leistungen ab. Die Ergebnisse der Nachkalkulation dienen vor allem Kontrollzwecken.

Bei der Kalkulation der von einem Kostenträger verursachten Kosten kommt den Begriffen Herstellkosten und Selbstkosten eine besondere Bedeutung zu. Die **Herstellkosten** dienen als Grundlage der Bewertung von Beständen an fertigen und unfertigen Erzeugnissen sowie zur Ermittlung der **Herstellungskosten** für Zwecke der Handels- und Steuerbilanz. Während in den Herstellkosten der Betriebsbuchführung aber noch Zusatz- und Anderskosten enthalten sind, dürfen Herstellungskosten ausschließlich nur aus Aufwandspositionen (für die Zwecke der Handelsbilanz) bzw. Betriebsausgaben (für die Zwecke der Steuerbilanz) bestehen (s. Teil B, Abschn. 3.121, S. 462ff.). Daher sind die Herstellkosten der Betriebsbuchführung vor der Übernahme in die Finanzbuchführung unter Berücksichtigung handels- und steuerrechtlicher Vorschriften zu korrigieren. Die **Selbstkosten** dienen vor allem als Ausgangspunkt der Planung und Kontrolle des Periodenerfolgs. Es ergibt sich das auf Seite 588 abgebildete Grundschema der Kalkulation, aus dem sich zugleich die wichtigsten Aufgaben der Kalkulation ableiten lassen (*Kilger,* Kostenrechnung, S. 267).

Aufgabe der Kostenträgerstückrechnung ist somit die Lieferung von Daten

(1) für die **Preispolitik** des Unternehmens

- bei der Ermittlung der (gewinnmaximalen) **Preisstellung** in Konkurrenzmarktsituationen durch Festlegung der Preisuntergrenzen,
- bei der Bestimmung des **Angebotspreises** bei bestimmten Vertragsgestaltungen, insbesondere bei öffentlichen Aufträgen nach den Leitsätzen für die Preisermittlung aufgrund von Selbstkosten (LSP),

Kalkulation	DM/ME
(1) Materialeinzelkosten + (2) Materialgemeinkosten	
= (3) Materialkosten	
(4) Fertigungslöhne + (5) Fertigungsgemeinkosten + (6) Sondereinzelkosten der Fertigung	
= (7) Fertigungskosten	
(3) + (7) = Herstellkosten	
+ (8) Verwaltungsgemeinkosten + (9) Vertriebsgemeinkosten + (10) Sondereinzelkosten des Vertriebs	
= (11) Selbstkosten	

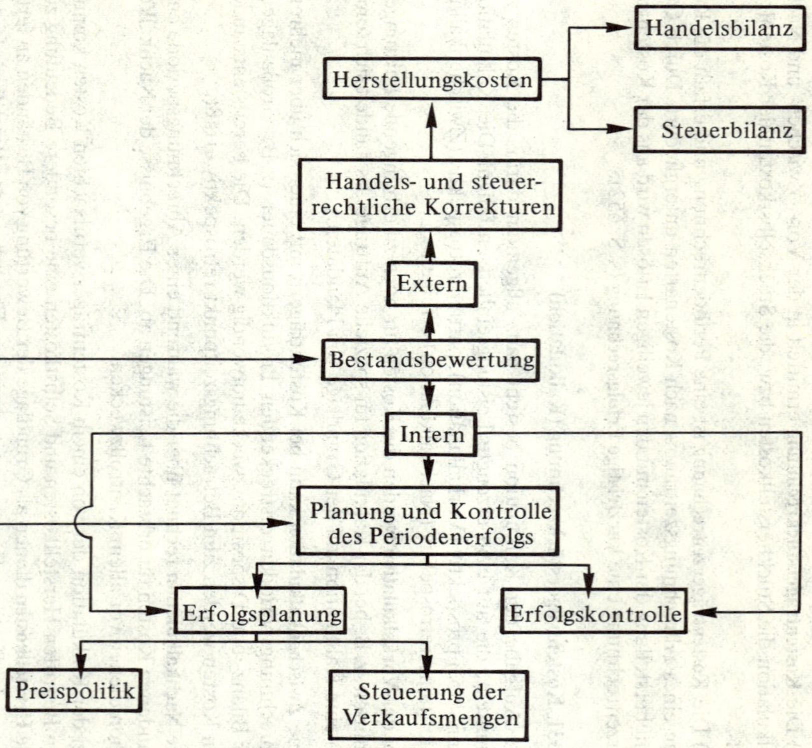

Grundschema der Kalkulation und der Kalkulationsaufgaben

- in der Frage der Beschaffung von Einsatzgütern (Festlegung der **Preisobergrenzen**) bzw. für die Entscheidung über **Eigenfertigung oder Fremdbezug,**
- bei der Suche nach kurz- und langfristigen **Preisuntergrenzen,** deren Unterschreitung die Existenz der Unternehmung in Frage stellt;

(2) für die **Bewertung** der Bestände an Halb- und Fertigfabrikaten und der selbsterstellten Anlagen in Handels- und Steuerbilanz sowie in der Betriebsergebnisrechnung;

(3) für die **Planung,** insbesondere im Produktions- und Absatzbereich;

(4) über die Zusammensetzung des Erfolgs und damit zur **Erfolgslenkung** (Gewinnplanung).

Den **Verfahren** zur Ermittlung der Herstellkosten bzw. Selbstkosten (**Kalkulationsverfahren**) lassen sich zwei Hauptgruppen zuordnen:

- Divisionsverfahren
  - ohne Äquivalenzziffern
  - mit Äquivalenzziffern
- Zuschlagsverfahren
  - summarische Zuschlagskalkulation
  - differenzierende Zuschlagskalkulation
  - Bezugsgrößenkalkulation

Daneben können spezielle Kalkulationsverfahren zur Anwendung kommen, wenn eine verursachungsgerechte Zurechnung von Kosten auf die Kostenträger nicht möglich ist (z.B. bei Kuppelprodukten) oder besondere Fertigungsstrukturen eine spezifische Verrechnung erfordern (z.B. bei mehrteiligen Produkten).

Im folgenden werden die Kalkulationsverfahren im einzelnen beschrieben, wobei die Symbole gemäß S. 669f. Verwendung finden.

4.331.1 Divisionsverfahren

4.331.11 Ein- und mehrstufige Divisionskalkulation

Allen Divisionskalkulationsverfahren ist gemeinsam, daß die Kosten einer Leistungseinheit durch Division der Gesamtkosten durch die produzierte Leistungsmenge ermittelt werden. Bei **einstufiger Divisionskalkulation** lautet daher der Ansatz:

$$\text{Stückselbstkosten} = \frac{\text{Gesamtkosten der Abrechnungsperiode}}{\text{produzierte Leistungsmenge der Periode}}$$

$$k_s = \frac{K}{x_p}$$

Die Gesamtkosten der Abrechnungsperiode können direkt der Kostenartenrechnung entnommen werden. Die Kostenstellenrechnung als Bindeglied zwischen Kostenarten- und Kostenträgerstückrechnung erübrigt sich bei einstufiger Divisionskalkulation, wird aber dennoch für die Zwecke der Kostenkontrolle durchgeführt.

In der einstufigen Form ist die Divisionskalkulation rechnerisch leicht durchzuführen; ihre Anwendbarkeit ist jedoch an die Erfüllung der folgenden Voraussetzungen gebunden:

(1) die Leistungseinheiten müssen hinreichend gleich sein und sich relativ häufig wiederholen (Einproduktbetrieb mit Massenfertigung);

(2) zwischen Leistungserstellung und Kostenentstehung muß Gleichlauf vorliegen (Homogenität der Kostenverursachung). Dies bedeutet, daß Lagerbestandsänderungen an Halb- und Fertigfabrikaten nicht auftreten dürfen.

Diese Voraussetzungen führen dazu, daß die einstufige Divisionskalkulation nur relativ selten angewendet werden kann. Als Anwendungsfälle ist an ein (lagerloses) Elektrizitätswerk oder eine Kies- und Sandgrube zu denken.

Bei mehrstufiger, nicht absatzsynchroner Fertigung und Lagerbestandsänderungen an Zwischenprodukten muß die **mehrstufige Divisionskalkulation** herangezogen werden. Für die Anwendung dieses Kalkulationsverfahrens ist eine differenzierende Kostenstellenrechnung nötig, die die Kosten je Fertigungsstufe festhält.

Die Stückselbstkosten werden hier wie folgt ermittelt:

$$\text{Stückselbstkosten} = \frac{\text{Herstellkosten der Kostenstelle 1}}{\text{Teilleistungen in Kostenstelle 1}} + \frac{\text{Herstellkosten der Kostenstelle 2}}{\text{Teilleistungen in Kostenstelle 2}} + \ldots + \frac{\text{Herstellkosten der Kostenstelle n}}{\text{Teilleistungen in Kostenstelle n}} + \frac{\text{Verwaltungs- und Vertriebskosten der Abrechnungsperiode}}{\text{abgesetzte Leistungsmenge der Periode}}$$

$$k_s = \frac{K_{h_1}}{x_{P_1}} + \frac{K_{h_2}}{x_{P_2}} + \ldots + \frac{K_{h_n}}{x_{P_n}} + \frac{K_{Vw} + K_{Vt}}{x_a}$$

Wenn lediglich Lagerbestandsänderungen bei Fertigfabrikaten auftreten, genügt eine **zweistufige Divisionskalkulation:**

$$\text{Stückselbstkosten} = \frac{\text{Herstellkosten}}{\text{produzierte Leistungsmenge der Periode}} + \frac{\text{Verwaltungs- und Vertriebskosten der Abrechnungsperiode}}{\text{abgesetzte Leistungsmenge der Periode}}$$

$$k_s = \frac{K_h}{x_p} + \frac{K_{Vw} + K_{Vt}}{x_a}$$

Übungsbeispiel:

Aus der Kostenartenrechnung einer Brauerei sind folgende Zahlen bekannt:

Roh-, Hilfs- und Betriebsstoffverbrauch	18.500
Fertigungslöhne	86.400
Sozialkosten	13.100
Raumkosten, Abschreibungen	9.700
Sonstige Kosten der Produktion	15.300
Verwaltungskosten	17.400
Vertriebskosten	29.600
Gesamtkosten	190.000

In der Abrechnungsperiode wurden 2.900 hl Bier produziert und 3.100 hl Bier abgesetzt.

Errechnen Sie

a) die Selbstkosten je hl mit Hilfe der einstufigen Divisionskalkulation,

b) über die zweistufige Divisionskalkulation

  ba) die Herstellkosten je hl,

  bb) die Selbstkosten je hl.

Lösung:

$$\text{a) Selbstkosten je hl} = \frac{190.000}{2.900} = 65{,}52$$

$$\text{ba) Herstellkosten je hl} = \frac{143.000}{2.900} = 49{,}31$$

$$\text{bb) Selbstkosten je hl} = \frac{143.000}{2.900} + \frac{47.000}{3.100} = 64{,}47$$

Übungsbeispiel:

Ein Industriebetrieb hat während einer Abrechnungsperiode 450 Stück seiner Erzeugnisse abgesetzt. Die Erzeugnisse durchlaufen drei Fertigungsstufen und werden nach jeder Fertigungsstufe auf ein Zwischenlager genommen. Die Bestände der Zwischenlager haben sich wie folgt entwickelt:

	Lagerbestand am Anfang der Periode	Lagerbestand am Ende der Periode
Lager nach Fertigungsstufe 1	100	180
Lager nach Fertigungsstufe 2	100	100
Lager nach Fertigungsstufe 3	200	150

In den einzelnen Fertigungsstufen sind an Kosten entstanden:

Kostenstelle 1	5.280
Kostenstelle 2	5.400
Kostenstelle 3	6.000
Verwaltungs- und Vertriebskosten	3.375

Ermitteln Sie

a) die Stückherstellkosten k_h

b) die Stückselbstkosten k_s

Lösung:

a) Die Produktionsmengen der einzelnen Fertigungsstufen müssen mit Hilfe der Lagerbestandsveränderungen (+80, 0, −50) retrograd ermittelt werden. Als Stückherstellkosten der Fertigerzeugnisse ergeben sich dann:

$$k_h = \frac{5.280}{480} + \frac{5.400}{400} + \frac{6.000}{400} = 39{,}50$$

$$\text{b) } k_s = k_h + \frac{K_{Vw} + K_{Vt}}{x_a} = 39{,}50 + \frac{3.375}{450} = 47{,}\text{–}$$

Eine Sonderform der mehrstufigen Divisionskalkulation ist die **Veredelungsrechnung.** Hier werden die Einzelmaterialkosten dem Kostenträger direkt zugerechnet, während die übrigen Kosten, d.h. die Fertigungs-, Verwaltungs- und Vertriebskosten nach den Regeln der mehrstufigen Divisionskalkulation zur Verrechnung gelangen. Mit den bereits verwendeten Symbolen, k_M für Materialstückkosten und K_F für Fertigungskosten lassen sich die Selbstkosten dann wie folgt angeben:

$$k_s = k_M + \frac{K_{F_1}}{x_{P_1}} + \frac{K_{F_2}}{x_{P_2}} + \ldots + \frac{K_{F_n}}{x_{P_n}} + \frac{K_{Vw} + K_{Vt}}{x_a}$$

Übungsbeispiel:

Ein Produkt, das in zwei Fertigungsstufen hergestellt wird, verursacht Materialstückkosten von 16. Auf dem Zwischenlager hat sich in der Abrechnungsperiode eine Lagerbestandsabnahme von 150 Stück ergeben. Die Absatzmenge beträgt 750 Stück, wovon 150 Stück aus dem Fertigwarenlager verkauft wurden. Außer den Materialstückkosten sind angefallen:

– Fertigungskosten in Stufe 1	10.350
– Fertigungskosten in Stufe 2	19.500
– Verwaltungs- und Vertriebskosten	2.625

Ermitteln Sie

a) die Stückselbstkosten
b) die Stückherstellkosten der Fertigerzeugnisse
c) die Stückherstellkosten der Halbfabrikate
d) den Wert der Lagerbestandsänderung im Zwischenlager
e) den Wert der Lagerbestandsänderung im Fertigwarenlager.

Lösung:

a) $k_s = 16 + \frac{10.350}{450} + \frac{19.500}{600} + \frac{2.625}{750} = 75$

b) $k_{hF} = 16 + \frac{10.350}{450} + \frac{19.500}{600} = 71{,}50$

c) $k_{hH} = 16 + \frac{10.350}{450} = 39$

d) Lagerbestandsänderung Zwischenlager = $-\ 150 \cdot 39 = -\ 5.850$

e) Lagerbestandsänderung Fertigwarenlager = $-\ 150 \cdot 71{,}50 = -\ 10.725$

4.331.12 Ein- und mehrstufige Äquivalenzziffernkalkulation

Die bisher aufgezeigten Divisionskalkulationsverfahren können nur in Einproduktbetrieben zur Kalkulation eines homogenen Erzeugnisses angewendet werden. Fertigt ein Betrieb mehrere Produkte, die aber gleichwohl fertigungstechnisch weitgehend ähnlich und vergleichbar sind (Sortenfertigung), d.h. deren Kosten in einem bestimmten meßbaren Verhältnis zueinander stehen, so kann die Kalkulation auf Grundlage von Äquivalenzziffern erfolgen.

Mit Hilfe der **Äquivalenzziffern** als Umrechnungsfaktoren werden die verschiedenartigen Erzeugnisse rechnerisch so vereinheitlicht, daß letztlich wieder die Divisionskalkulationsverfahren angewendet werden können. Die Äquivalenzziffern (Gewichtungsfaktoren, Wertigkeitsziffern, Umrechnungsfaktoren) geben die zu ermittelnden Kostenrelationen der einzelnen Produkte (Sorten) zu einem Einheitsprodukt (Einheitssorte, Bezugssorte, Richtsorte) an. Sie lassen sich zweckmäßigerweise analytisch festlegen, indem die Kostenverursachung der Produkte (Sorten) auf bestimmte Bezugsgrößen (z. B. Rohstoffverbrauch, Arbeitseinsatz, Längen, Durchmesser, Materialgewichte etc.) zurückgeführt und hieraus Verhältniszahlen abgeleitet werden. Die Einheitssorte erhält dabei die Äquivalenzziffer 1.

$$\text{Äquivalenzziffer Produkt i} = \frac{\text{Bezugsgröße des Produktes i}}{\text{Bezugsgröße des Einheitsproduktes e}}$$

$$ä_i = \frac{b_i}{b_e}$$

Eine auf diese Weise ermittelte Äquivalenzziffer von z. B. 1,2 bedeutet, daß das betreffende Produkt mit 20% mehr Kosten als das Einheitsprodukt zu belasten ist. Diese in der Äquivalenzziffer ausgedrückte Mehrbelastung kann Folge eines erhöhten mengenmäßigen Verbrauchs an Rohstoffen, des Verbrauchs höherwertiger Rohstoffe, längerer Fertigungszeiten u. a. m. sein. Andererseits drückt eine Äquivalenzziffer kleiner als 1 eine im Verhältnis zum Einheitsprodukt geringere Kostenbelastung aus.

Der Ablauf der **einstufigen** Äquivalenzziffernkalkulation vollzieht sich in folgenden Schritten:

(1) Bestimmung der Herstellkosten einer Bezugssorteneinheit (k_{h_e}) durch Division der Gesamtherstellkosten K_h durch die mit den Äquivalenzziffern gewichteten Produktionsmengen der einzelnen Sorten i (x_{p_i}):

$$k_{h_e} = \frac{K_h}{x_{p_1} \cdot ä_1 + x_{p_2} ä_2 + \ldots + x_{p_e} \cdot 1 + \ldots + x_{p_n} \cdot ä_n} = \frac{K_h}{\sum_{i=1}^{n} x_{p_i} \cdot ä_i}$$

(2) Ermittlung der Stückherstellkosten für jede Sorte i:

$$k_{h_i} = \frac{K_h}{\sum_{i=1}^{n} x_{p_i} \cdot ä_i} \cdot ä_i = k_{h_e} \cdot ä_i$$

(3) Ermittlung der Stückselbstkosten für jede Sorte i:

$$k_{s_i} = k_{h_e} \cdot ä_i + \frac{K_{Vw} + K_{Vt}}{\sum_{i=1}^{n} x_{a_i} \cdot ä_i} \cdot ä_i$$

Übungsbeispiel:

Ein Fruchtsaftbetrieb stellt vier verschiedene Saftsorten in den unten genannten Mengen her, für die aufgrund langjähriger Kostenbeobachtungen folgende Äquivalenzziffern ermittelt wurden:

	produzierte Menge	Äquivalenzziffer
Apfelsaft	5.700 l	1,0
Johannisbeersaft	1.200 l	1,2
Orangensaft	3.300 l	0,75
Traubensaft	800 l	1,5

Aus der Kostenartenrechnung lassen sich die Gesamtkosten für die Abrechnungsperiode mit DM 6.489 entnehmen.
Errechnen Sie die Herstellkosten je l für die einzelnen Saftarten.

Lösung:

$$k_{h_e} = \frac{6.489}{10.815} = 0{,}60 \text{ DM/l}$$

Apfelsaft: $k_{h_1} = 0{,}60 \cdot 1 = 0{,}60$ DM/l
Johannisbeersaft: $k_{h_2} = 0{,}60 \cdot 1{,}2 = 0{,}72$ DM/l
Orangensaft: $k_{h_3} = 0{,}60 \cdot 0{,}75 = 0{,}45$ DM/l
Traubensaft: $k_{h_4} = 0{,}60 \cdot 1{,}5 = 0{,}90$ DM/l

Beim Auftreten von Halb- und Fertigfabrikatebestandsänderungen kann die Äquivalenzziffernkalkulation nach dem Vorbild der mehrstufigen Divisionskalkulation zu einem **mehrstufigen** Rechenverfahren ausgebaut werden. Es sind dann auf der Grundlage von Äquivalenzziffern für jede Kostenstelle die Herstellkosten für jede Sorte zu ermitteln.

4.331.2 Zuschlagsverfahren

In Unternehmungen mit heterogenem Produktionsprogramm lassen sich keine Äquivalenzziffern mehr ermitteln, die jedes Produkt zu einer Bezugsgröße ins Verhältnis setzen, da sich die Produkte bezüglich der Inanspruchnahme von Material und Fertigungskapazität stark voneinander unterscheiden. Insbesondere bei **Serien- und Einzelfertigung**, bei heterogener Kostenstruktur in den einzelnen Fertigungsstufen und laufenden Lagerbestandsveränderungen bei Halb- und Fertigerzeugnissen finden daher Verfahren der Zuschlagskalkulation Anwendung.

Für die Anwendung der Verfahren der Zuschlagskalkulation wird die **Aufspaltung der Kosten** in Kostenträgereinzelkosten und Kostenträgergemeinkosten relevant. Definitionsgemäß können die **Einzelkosten** direkt der betrieblichen Endleistung zugeordnet und dort erfaßt werden, während die **Gemeinkosten** über geeignete Zuschlagssätze verrechnet werden.

Die Zuschlagsverfahren gehen von der Prämisse aus, daß sich die nicht direkt zurechenbaren Produktkosten (Gemeinkosten) **proportional** zu den Einzelkosten verhalten und folglich proportional zu diesen auf die Kostenträger verrechnet werden müssen. Neben den Einzelkosten kommen für die Verrechnung der Gemeinkosten aber auch andere Bezugsbasen zur Anwendung, beispielsweise die Herstellkosten oder die Fertigungsstunden.

Je nach gewünschtem Grad der Genauigkeit der Kalkulation kommen unterschiedliche Verfahren in Betracht. Dabei wird meist unterschieden zwischen **summarischer** und **differenzierender** Zuschlagskalkulation.

4.331.21 Summarische Zuschlagskalkulation

Bei der summarischen Zuschlagskalkulation werden die gesamten Gemeinkosten der Abrechnungsperiode durch einen **einzigen** (summarischen) Zuschlagssatz verrechnet. Als Zuschlagsgrundlage (Bezugsbasis) kommen die Materialeinzelkosten, die Lohneinzelkosten (Fertigungseinzelkosten) oder die gesamten Einzelkosten in Betracht.

Beispiel:

In einem Betrieb sind an Kosten während einer Abrechnungsperiode angefallen:

Fertigungsmaterial (FM)	40.000
Fertigungslöhne (FL)	60.000
Gemeinkosten	50.000
Gesamtkosten	150.000

Zu ermitteln sind die Gemeinkostenzuschlagssätze auf der Basis der

a) Materialeinzelkosten
b) Lohneinzelkosten
c) gesamten Einzelkosten.

Mit jedem der drei Zuschlagssätze ist ein Produkt zu kalkulieren, in dessen Herstellung 80 Fertigungsmaterial und 60 Löhne eingegangen sind.

Lösung:

Die Kalkulation ergibt:

	a) Zuschlagssatz 125% auf FM	b) Zuschlagssatz 83⅓% auf FL	c) Zuschlagssatz 50% auf Einzelkosten
Fertigungsmaterial	80	80	80
Fertigungslöhne	60	60	60
Einzelkosten	140	140	140
Gemeinkostenzuschlag			
a) 125% auf FM	100		
b) 83⅓% auf FL		50	
c) 50% auf gesamte Einzelkosten			70
Herstellkosten	240	190	210

Die Zuschlagssätze wurden wie folgt ermittelt:

a) Gemeinkostenzuschlagssatz bezogen auf die Materialeinzelkosten $= \frac{50.000}{40.000} = 125\%$

b) Gemeinkostenzuschlagssatz bezogen auf die Lohneinzelkosten $= \frac{50.000}{60.000} = 83\frac{1}{3}\%$

c) Gemeinkostenzuschlagssatz bezogen auf die gesamten Einzelkosten $= \frac{50.000}{100.000} = 50\%$

Dieses einfache Beispiel macht bereits die groben Ungenauigkeiten deutlich, die mit der Anwendung der summarischen Zuschlagskalkulation verbunden sind. Je nach verwandter Bezugsbasis variieren die kalkulierten Herstellkosten im Bereich von 190 bis 240.

Eine gewisse Verfeinerung der Berechnung kann durch das sog. **elektive Zuschlagsverfahren** erreicht werden, das die Gemeinkostenverrechnung auf der Grundlage mehrerer Bezugsbasen durchführt. Üblicherweise werden bei diesem Verfahren die Materialgemeinkosten auf die Materialeinzelkosten sowie die Fertigungsgemeinkosten auf die Lohneinzelkosten bezogen.

Übungsbeispiel:

Nehmen Sie an, daß eingehende Kostenuntersuchungen im Betrieb des obigen Beispiels (FM = 40.000, FL = 60.000, Gemeinkosten = 50.000) gezeigt haben, daß 25% der Gemeinkosten materialabhängig, 75% lohnabhängig sind.

Ermitteln Sie auf dieser Grundlage die Gemeinkostenzuschlagssätze und die Herstellkosten eines Produkts, in dessen Herstellung 80 Fertigungsmaterial und 60 Löhne eingegangen sind.

Lösung:

Gemeinkosten	50.000
davon 25% materialabhängig	12.500
75% lohnabhängig	37.500

a) Gemeinkostenzuschlagssatz für materialabhängige Gemeinkosten $= \frac{12.500}{40.000} = 31{,}25\%$

b) Gemeinkostenzuschlagssatz für lohnabhängige Gemeinkosten $= \frac{37.500}{60.000} = 62{,}5\%$

Die Kalkulation ergibt:

Fertigungsmaterial	80
Fertigungslöhne	60
Einzelkosten	140
Gemeinkostenzuschläge:	
31,25% auf FM	25
62,5% auf FL	37,50
Herstellkosten	202,50

Auch diese Form der summarischen Zuschlagskalkulation stellt keine verursachungsgerechte Verrechnung der Gemeinkosten sicher. Die unterstellte proportionale Beziehung zwischen einer Bezugsgröße und allen oder großen Teilen der Gemeinkosten ist unrealistisch. Beliebt sind derartige summarische Verfahren jedoch infolge ihrer einfachen Handhabung bei Kleinbetrieben.

4.331.22 Differenzierende Zuschlagskalkulationen

Die Anwendung der differenzierenden Zuschlagskalkulationen setzt eine **Aufspaltung der Gemeinkosten** in Material-, Fertigungs-, Verwaltungs- und Vertriebsgemeinkosten voraus, wie sie gewöhnlich in der Kostenstellenrechnung

(Betriebsabrechnungsbogen) vorgenommen wird. Mit Hilfe der im Betriebsabrechnungsbogen gewonnenen Gemeinkostenzuschlagssätze – Relation zwischen den Gemeinkosten und den Einzelkosten einer bestimmten Kostenstelle bzw. eines abgegrenzten Betriebsbereichs (s. S. 576ff.) – werden die Gemeinkosten den für die einzelnen Produkte direkt erfaßbaren Einzelkosten zugeschlagen. Gebräuchlich ist dabei ein **Kalkulationsschema,** das durch die nachstehende Übersicht anschaulich wiedergegeben wird (*Kloock/Sieben/Schildbach*, Kosten- und Leistungsrechnung, S. 142):

<table>
<tr><td>Fertigungsmaterial
(Einzelkosten)</td><td rowspan="2">Material-
kosten</td><td rowspan="5">Herstell-
kosten</td><td rowspan="8">Selbst-
kosten</td></tr>
<tr><td>Materialgemeinkosten
(zugeschlagen auf Basis
des Fertigungsmaterials)</td></tr>
<tr><td>Fertigungslohn
(Einzelkosten)</td><td rowspan="3">Fertigungs-
kosten</td></tr>
<tr><td>Fertigungsgemeinkosten
(zugeschlagen auf Basis des
Fertigungslohns, für jede Fer-
tigungshauptstelle gesondert)</td></tr>
<tr><td>Sondereinzelkosten
der Fertigung
(Einzelkosten)</td></tr>
<tr><td colspan="2">Verwaltungsgemeinkosten
(zugeschlagen auf Basis der Herstellkosten)</td><td rowspan="3">Verwal-
tungs-
und
Vertriebs-
kosten</td></tr>
<tr><td colspan="2">Vertriebsgemeinkosten
(zugeschlagen auf Basis der Herstellkosten)</td></tr>
<tr><td colspan="2">Sondereinzelkosten des Vertriebs
(Einzelkosten)</td></tr>
</table>

Kalkulationsschema für die differenzierende Zuschlagskalkulation

Übungsbeispiel 1:

Für die Durchführung eines Einzelauftrags sind an Einzelkosten entstanden:

Materialeinzelkosten	450
Lohneinzelkosten	1.480
Sondereinzelkosten der Fertigung (Spezialwerkzeuge)	383
Sondereinzelkosten des Vertriebs (Verpackung und Fracht)	214

Der Betrieb kalkuliert mit Gemeinkostenzuschlagssätzen für

Materialgemeinkosten	18%
Fertigungsgemeinkosten	95%
Verwaltungsgemeinkosten (bezogen auf die Herstellkosten)	14%
Vertriebsgemeinkosten (bezogen auf die Herstellkosten)	8%

Ermitteln Sie die Herstell- und die Selbstkosten des Auftrags. Bestimmen Sie den Stückerfolg unter der Annahme, daß der Auftrag zu einem Festpreis von 5.280 (inkl. 10% Umsatzsteuer) hereingenommen wurde.

Lösung:

Materialeinzelkosten	450	
+ 18% Materialgemeinkosten	81	531
Lohneinzelkosten	1.480	
+ 95% Fertigungsgemeinkosten	1.406	
+ Sondereinzelkosten der Fertigung	383	3.269
Herstellkosten		3.800
+ 14% Verwaltungsgemeinkosten		532
+ 8% Vertriebsgemeinkosten		304
+ Sondereinzelkosten des Vertriebs		214
Selbstkosten		4.850

Verkaufserlös	5.280
./. 10% Umsatzsteuer (5.280 × Faktor 0,09091)	480
Nettoverkaufserlös	4.800
./. Selbstkosten (lt. Kalkulation)	4.850
Stückerfolg (= Verlust)	– 50

Eine Verfeinerung erfährt die differenzierende Zuschlagskalkulation, wenn statt eines kumulativen Gemeinkostenzuschlags auf die Lohneinzelkosten mehrere Zuschlagssätze Anwendung finden, jeweils bezogen auf abgegrenzte Teile der Lohneinzelkosten. Diese Kalkulationsform ist unter den Begriffen **elektive Lohnzuschlagskalkulation** oder **Betriebszuschlagskalkulation** in der Praxis weit verbreitet.

Übungsbeispiel 2:

Die Herstellung einer Spezialmaschine, die in drei aneinandergereihten Fertigungsstellen erfolgte, verursachte folgende Kosten:

(1) Einzelkosten:

Fertigungsmaterial	2.900
Fertigungslöhne I	880
Fertigungslöhne II	1.710
Fertigungslöhne III	560
Sondereinzelkosten der Fertigung (Konstruktionszeichnungen)	336
Sondereinzelkosten des Vertriebs (Transportkosten)	371

(2) Gemeinkostenzuschläge:

Materialgemeinkosten	5%
Fertigungsgemeinkosten I	225%
Fertigungsgemeinkosten II	70%
Fertigungsgemeinkosten III	320%
Verwaltungsgemeinkosten	17%
Vertriebsgemeinkosten	7,6%

Errechnen Sie

a) die Herstellkosten
b) die Selbstkosten

c) den vorläufigen Verkaufspreis der Maschine unter Berücksichtigung eines Gewinnzuschlages von 14%
d) den Bruttozielverkaufspreis (incl. 10% Umsatzsteuer), wenn der Vertreter einen Anspruch auf Provision von 5% des Nettobarverkaufspreises hat und dem Kunden ein Zahlungsziel gegen 2% Skonto auf den Nettozielverkaufspreis gewährt wird.

Lösung:

Materialeinzelkosten	2.900	
+ 5% Materialgemeinkosten	145	3.045
Fertigungslöhne I	880	
+ 225% Fertigungsgemeinkosten I	1.980	
Fertigungslöhne II	1.710	
+ 70% Fertigungsgemeinkosten II	1.197	
Fertigungslöhne III	560	
+ 320% Fertigungsgemeinkosten III	1.792	
+ Sondereinzelkosten der Fertigung	336	8.455
a) Herstellkosten		11.500
+ 17% Verwaltungsgemeinkosten		1.955
+ 7,6% Vertriebsgemeinkosten		874
+ Sondereinzelkosten des Vertriebs		371
b) Selbstkosten		14.700
+ 14% Gewinnzuschlag		2.058
c) Vorläufiger Verkaufspreis		16.758
+ 5% Vertreterprovision auf den Nettobarverkaufspreis		882
Nettobarverkaufspreis		17.640
+ 2% Skonto		360
Nettozielverkaufspreis		18.000
+ 10% Umsatzsteuer		1.800
d) Bruttozielverkaufspreis		19.800

4.331.23 Bezugsgrößenkalkulation

Mit wachsender Mechanisierung und Automatisierung des Betriebsablaufs ist regelmäßig eine Umstrukturierung im Kostengefüge verbunden. Die Einzelkosten werden zunehmend durch Gemeinkosten verdrängt.

Für die Kostenträgerstückrechnung und besonders für die Zuschlagsverfahren entsteht daraus die Konsequenz, daß auf einer immer schmaler werdenden Einzelkostenbasis ein **expandierendes Gemeinkostenvolumen** verteilt werden muß. Dies hat in der Praxis teilweise zur Anwendung von Zuschlagssätzen von mehreren tausend Prozent geführt. Die Folge ist, daß geringfügige Fehler bei der Bemessung der Zuschlagsgrundlage umfangreiche Fehler bei der Gemeinkostenverrechnung nach sich ziehen, die eine verursachungsgerechte Gemeinkostenverrechnung nicht mehr gewährleisten.

Bei Kalkulationsverfahren, die mit Gemeinkostenzuschlagssätzen von mehreren hundert oder tausend Prozent arbeiten, sind die Fehlerquellen besonders hoch einzuschätzen: Ein geringfügiger Erfassungsfehler bei den Einzelkosten schlägt sich über den hohen Zuschlagssatz überproportional nieder und kann zu **schwerwiegenden Kalkulationsfehlern** führen. Außerdem ist eine verursachungsgerechte Gemeinkostenerfassung stark gefährdet, da bei solch hohen

Gemeinkostenzuschlagssätzen ein proportionaler Zusammenhang zwischen den Einzelkosten und den Gemeinkosten kaum feststellbar ist.

Des weiteren ist als Mangel der differenzierenden Zuschlagskalkulation und der elektiven Lohnzuschlagskalkulation anzuführen, daß **Lohnänderungen** jeweils langwierige Umrechnungen zur Anpassung der Zuschlagssätze erfordern.

Diese Gründe haben zur Einführung der **Bezugsgrößenkalkulation** als Modifikation der Zuschlagskalkulation geführt. Die Praxis hat entsprechend ihrer individuellen Bedürfnisse dieses Kalkulationsprinzip vielseitig ausgestaltet und wendet es in der Form der **Maschinen- und Handarbeitsplatzkostenrechnung** unter Berücksichtigung von mehreren Bezugsgrößen für die Material-, Fertigungs- und Vertriebsgemeinkosten, von vorgeschalteten Mischkalkulationen, von Einzelmaterialabfällen, von Einsatzfaktoren, von Rüststunden usw. an (*Haberstock,* Kostenrechnung I, S. 184).

Bei der **Maschinenstundensatzrechnung** beispielsweise werden die nach Kostenstellen, Kostenplätzen oder einzelnen Maschinen aufgegliederten Gemeinkosten entsprechend den in Anspruch genommenen Maschinenstunden auf die Kostenträger verteilt. Die Maschinenstundensätze ergeben sich als Quotienten aus den für die einzelnen Maschinen ermittelten Gemeinkosten der Periode und den Gesamtlaufzeiten der betreffenden Maschinen in der Periode. Die nicht einzelnen Maschinen zurechenbaren Gemeinkosten einer Kostenstelle oder eines Kostenplatzes (sog. Rest-Gemeinkosten) werden meist über Zuschläge auf die Fertigungseinzelkosten verrechnet.

Übungsbeispiel:

Eine Karusselldrehbank in einer Werkzeugfabrik hat einen Wiederbeschaffungspreis von 60.000 und eine geschätzte Nutzungsdauer von 8 Jahren. Nach Ablauf der Hälfte der Nutzungsdauer beträgt der kalkulatorische Restwert der Maschine 30.000. Die durchschnittliche Maschinenlaufzeit beträgt 1.500 Std. p.a.

(1) Ermitteln Sie den Maschinenstundensatz für die Karusselldrehbank unter Beachtung folgender weiterer Informationen:
   a) für kalkulatorische Zinsen sind nach der Methode der Restwertverzinsung 8% p.a. anzusetzen,
   b) an Reparaturkosten sind über die gesamte Nutzungsdauer insgesamt 2.400 zu erwarten,
   c) der Strombedarf pro Maschinenstunde beläuft sich auf 4,5 kWh zum Preis von 0,08 DM/kWh,
   d) die Maschine hat einen Raumbedarf von 12 m^2. Der Raumkostensatz (Kosten für Versicherung, Heizung, Beleuchtung, Reinigung etc.) wurde mit 30 DM/m^2 für das Jahr ermittelt.

(2) Kalkulieren Sie dann anhand des errechneten Maschinenstundensatzes die Selbstkosten eines Produktes, das die Karusselldrehbank mit 2,5 Stunden beansprucht, weiterhin 1,5 Stunden an der Fräsmaschine bearbeitet wird (Maschinenstundensatz 6,60) und außerdem noch nachstehende Kosten verursacht:

Fertigungsmaterial	12
Fertigungslöhne Fräsmaschine	18,50
Fertigungslöhne Drehbank	32
Materialgemeinkostenzuschlag	8%
Rest-Fertigungsgemeinkosten Fräsmaschine	96%

Rest-Fertigungsgemeinkosten Drehbank	78%
Verwaltungsgemeinkosten	15%
Vertriebsgemeinkosten	5%

Lösung:

(1) Ermittlung des Maschinenstundensatzes

a) Abschreibungsbetrag je Maschinenstunde $= \dfrac{7.500}{1.500} = 5$ DM/h

b) Zinsen je Maschinenstunde $= \dfrac{30.000 \cdot 0{,}08}{1.500} = 1{,}60$ DM/h

c) Reparaturkosten je Maschinenstunde $= \dfrac{2.400}{8 \cdot 1.500} = 0{,}20$ DM/h

d) Stromkosten je Maschinenstunde $= 0{,}08 \cdot 4{,}5 = 0{,}36$ DM/h

e) Raumkosten je Maschinenstunde $= \dfrac{30 \cdot 12}{1.500} = 0{,}24$ DM/h

Maschinenstundensatz $= (a + b + c + d + e) = 7{,}40$ DM/h

(2) Kalkulation

Fertigungsmaterial	12	
+ 8% Materialgemeinkosten	–,96	12,96
Fertigungslöhne Fräsmaschine	18,50	
Maschinenabhängige Fertigungsgemeinkosten: 6,60 · 1,5	9,90	
Rest-Fertigungsgemeinkosten 96% von 18,50	17,76	46,16
Fertigungslöhne Drehbank	32	
Maschinenabhängige Fertigungsgemeinkosten: 7,40 · 2,5	18,50	
Rest-Fertigungsgemeinkosten 78% von 32	24,96	75,46
Herstellkosten		134,58
+ 15% Verwaltungsgemeinkosten		20,19
+ 5% Vertriebsgemeinkosten		6,73
Selbstkosten		161,50

4.331.3 Kalkulation von Kuppelprodukten

Die bisher dargelegten Kalkulationsverfahren, die bei produktionswirtschaftlich nicht oder nur lose verbundenen Produkten zu mehr oder minder brauchbaren Ergebnissen geführt haben, erweisen sich für Zwecke der Kalkulation von Kuppelprodukten als wenig geeignet.

Eine **Kuppelproduktion (verbundene Produktion)** liegt vor, wenn in einem gemeinsamen Produktionsprozeß aufgrund natürlicher oder technischer Gegebenheiten **zwangsläufig** verschiedene Produkte gleichzeitig hergestellt werden. Beispiele für Kuppelprozesse sind Raffinerien, wo bei der Spaltung des Rohöls verschiedene Produkte anfallen (Benzin, leichtes und schweres Heizöl, Bitumen, Gase), oder der Hochofenprozeß, wo neben dem Roheisen auch Gichtgas und Schlacke produziert wird, oder die Kokerei mit den Erzeugnissen Koks, Teer, Leuchtgas, Ammoniak.

Bei der Kalkulation von Kuppelprodukten treten Schwierigkeiten vor allem deshalb auf, weil die verschiedenen Produkte die Produktionsfaktoren gleichzeitig und gemeinsam verbrauchen, so daß der bewertete Güter- und Dienstleistungsverbrauch (= Kosten) nicht adäquat nach Kostenträgern differenziert und zugerechnet werden kann. Eine Kostenzurechnung ist daher, von Vertriebskosten abgesehen, nicht nach dem Verursachungs- oder Kausalprinzip möglich, sondern kann sich vielmehr nur auf das **Durchschnitts-** oder **Kostentragfähigkeitsprinzip** stützen (vgl. S. 519f.). Nach dem zugrundeliegenden Kostenzurechnungsprinzip lassen sich zwei Verfahren der Kalkulation von Kuppelprodukten unterscheiden:

- die Verteilungsrechnung
- die Restwertrechnung

4.331.31 Verteilungsrechnung

Die verschiedenen Verfahren der Verteilungsrechnung werden dann angewandt, wenn die einzelnen Kuppelprodukte als **gleichwertig** erachtet werden, d.h. einzelne Kuppelprodukte nicht lediglich den Charakter von zwangsweise hingenommenen „Abfallprodukten" haben. Die gemeinsamen Kosten der Kuppelproduktion werden mittels einer oder mehrerer Schlüsselgrößen in Anlehnung an die Äquivalenzziffernrechnung aufgespalten. Wesentlicher Unterschied zur Sortenkalkulation mit Äquivalenzziffern ist jedoch, daß die Kostenbelastung der Kuppelprodukte nicht nach der Kostenverursachung, sondern nach der **Kostentragfähigkeit** erfolgt. Als Verteilungsmaßstäbe kommen in Betracht:

- Mengenanteile
- physikalische Größen
- Marktwerte bzw. Verwertungsüberschüsse.

Bei der **Verteilung nach Mengenanteilen** werden die Gemeinkosten undifferenziert auf die Ausbringungsmengen verteilt. Eine Verfeinerung stellt die **Verteilung nach physikalischen Größen** dar: Um die Unterschiede zwischen den einzelnen Kuppelprodukten zu berücksichtigen, werden die Mengenanteile mit physikalischen Faktoren (z.B. Molekulargewicht, Heizwert) gewichtet. Der Vorteil einer derartigen Gewichtung liegt in der objektiven Vergleichbarkeit der ermittelten Größen; gleichwohl können die physikalischen Größen keine Anhaltspunkte für die tatsächlich durch ein Kuppelprodukt verursachten Kosten liefern. Bei der **Verteilung nach den Marktwerten bzw. Verwertungsüberschüssen** ist zwischen unmittelbar für den Markt bestimmten Kuppelprodukten und Zwischenprodukten zu unterscheiden, für die keine Marktpreise existieren. Im ersten Fall dienen vielfach die mit den Marktpreisen gewichteten Mengenanteile als Schlüssel. Im Fall der nicht für den Markt bestimmten Zwischenprodukte geht man von den Marktpreisen der aus der Verwertung der Zwischenprodukte resultierenden Endprodukte aus und reduziert diese um die Kosten der Weiterverarbeitung. Die gemeinsamen Kosten der Kuppelproduktion werden dann im Verhältnis der Verwertungsüberschüsse am Ende des Kuppelprozesses aufgeteilt. Bei den beiden letztgenannten Varianten wird eine angenäherte Kostenbelastung nach dem Tragfähigkeitsprinzip erreicht: Produkte mit hohen Erlösen bzw. Verwertungsüberschüssen werden stärker mit den Kosten der gemeinsamen Produktion belastet.

Übungsbeispiel:

In einem Gaswerk werden 60.000 t Koks und 37,5 Mio. m^3 Gas in einem Kuppelprozeß gewonnen. Die um Weiterverarbeitungskosten reduzierten Abgabepreise betragen für Koks (Heizwert 5 Mio. kcal je t) 60 DM/t, für Gas (Heizwert 5.000 kcal je m^3) –,12 DM/m^3. Die Kosten des Kuppelprozesses betragen 4.875.000.

Zu ermitteln sind die Herstellkosten je Produkteinheit für den verbundenen Produktionsbereich

a) unter Zugrundelegung der Heizwerte
b) unter Heranziehung der Abgabepreise (Marktpreismethode).

Lösung:

a)

	Heizwerte ·	erzeugte Menge	= Äquivalenzziffern
Koks	5.000.000 ·	60.000	= 300 Mrd.
Gas	5.000 ·	37.500.000	= 187,5 Mrd.
Summe			487,5 Mrd.

$$\frac{4.875.000}{487{,}5 \text{ Mrd.}} = 0{,}00001$$

$$\text{Herstellkosten für Koks} = 0{,}00001 \cdot 5.000.000 = \underline{\underline{50 \text{ DM/t}}}$$

$$\text{Herstellkosten für Gas} = 0{,}00001 \cdot 5.000 = \underline{\underline{0{,}05 \text{ DM/m}^3}}$$

b)

	Marktpreise ·	erzeugte Menge	= Äquivalenzziffern
Koks	60 ·	60.000	= 3.600.000
Gas	–,12 ·	37.500.000	= 4.500.000
Summe			8.100.000

$$\frac{4.875.000}{8.100.000} = 0{,}601852$$

$$\text{Herstellkosten für Koks} = 0{,}601852 \cdot 3.600.000 = 2.166.666$$

$$\frac{2.166.666}{60.000} = \underline{\underline{36{,}11 \text{ DM/t}}}$$

$$\text{Herstellkosten für Gas} = 0{,}601852 \cdot 4.500.000 = 2.708.334$$

$$\frac{2.708.334}{37.500.000} = \underline{\underline{0{,}072222 \text{ DM/m}^3}}$$

4.331.32 Restwertrechnung

Lassen sich die Kuppelprodukte in ein **Hauptprodukt** und in **Nebenprodukte** (gegebenenfalls auch Abfallprodukte) untergliedern, so wird das Hauptprodukt als eigentlicher Träger der Gesamtkosten angesehen. Als Verfahren für die **Kalkulation des Hauptprodukts** eignet sich die Restwertrechnung, bei der zunächst etwaige anfallende Überschüsse (Nettoerlöse) aus den Neben- und

Abfallprodukten von den Gesamtkosten subtrahiert werden, bzw. etwaige zusätzlich aus der Verwertung der Neben- und Abfallprodukte entstehende Unterdeckungen (es fallen z. B. nur Aufwendungen für die Beseitigung von Abfallprodukten an) zu den Gesamtkosten addiert werden. Die verbleibenden Restkosten werden voll auf das Hauptprodukt verrechnet. Die Restwertrechnung gibt, wenn Kosten und Erlöse der Neben- und Abfallprodukte bekannt sind, Auskunft darüber, welche Kosten durch die Erlöse aus dem Hauptprodukt zu kompensieren sind, um die Gesamtkosten der Periode zu decken.

Übungsbeispiel:

Im Hochofen einer Eisenhütte wurden gewonnen:

7.500 t	Roheisen
280.000 m^3	Gichtgas
1.200 t	Schlacke.

Der Kuppelprozeß verursachte Gesamtkosten von 13.600.000. Der Marktpreis für Roheisen beträgt 2.200 DM/t, das Gichtgas wird für –,15 DM/m^3 verkauft.

Im Anschluß an den Hochofenprozeß sind weitere Kosten angefallen:

a) für die Roheisenproduktion	1.687.500
b) für die Gichtgasproduktion	2.000
c) für die Beseitigung der Schlacke	90.000

Errechnen Sie die Selbstkosten je Tonne Roheisen nach der Restwertmethode und ermitteln Sie den Stückgewinn.

Lösung:

Kosten des Kuppelprozesses	13.600.000
./. Nettoerlöse des Nebenproduktes Gichtgas (280.000 m^3 × –,15 DM/m^3 ./. 2.000 DM)	40.000
+ Kosten der Abfallbeseitigung	90.000
Restkosten des Kuppelprozesses	13.650.000
+ Weiterverarbeitungskosten für Roheisen	1.687.500
Gesamtkosten für die Roheisenproduktion	15.337.500

$$\text{Selbstkosten je t Roheisen} = \frac{15.337.500}{7.500} = 2.045 \text{ DM/t}$$

$$\begin{aligned}\text{Stückgewinn} &= \text{Stückerlös} - \text{Stückselbstkosten}\\ &= 2.200 - 2.045\\ &= \underline{\underline{155 \text{ DM/t}}}\end{aligned}$$

4.331.4 Der Einfluß der Fertigungsstruktur auf das Kalkulationsverfahren

Bereits während der Ausführungen zu den einzelnen Kalkulationsverfahren wurde auf deren bedingte Anwendbarkeit gegenüber verschiedenen Fertigungsarten hingewiesen. Insbesondere das jeweilige **Produktionsprogramm** und die **Organisation des Produktionsprozesses** wirken auf die Fertigungsstruktur ein. Folgende typische Fertigungsstrukturen lassen sich unterscheiden:

- **Massenfertigung:** Über einen längeren Zeitraum wird regelmäßig ein einheitliches Produkt (Einproduktfertigung) in großer Stückzahl (hoher Wiederholungsgrad) und in gleichbleibender Qualität und Ausführung produziert.
  Beispiele: Kohlebergwerk, Elektrizitätswerk.
- **Sortenfertigung:** Kontinuierliche Herstellung von Gütern, die in bezug auf ihren Rohstoff oder die Art der Herstellung einander ähnlich sind, in wesentlichen Eigenschaften übereinstimmen, aber hinsichtlich Qualität und Ausführung Differenzen aufweisen.
  Beispiele: Brauerei, Schokoladenfabrik, Papierfabrik.
- **Serienfertigung:** Mehrere Produkte werden neben- oder nacheinander hergestellt, wobei die Bearbeitungsmethoden verwandt sind, aber sonst keine Beziehungen zwischen den einzelnen Produkten bestehen. Nach Herstellung einer bestimmten Stückzahl (**Los, Auflage**) wird die Serie abgesetzt und eine neue Artikelserie aufgelegt.
  Beispiele: Automobilindustrie, Porzellan- und Glasherstellung.
- **Einzelfertigung:** Von jeder Produktart wird nur ein Gut hergestellt, und zwar gewöhnlich auf Bestellung und nach den speziellen Wünschen des Kunden, nicht für einen anonymen Markt.
  Beispiele: Maßschneiderei, Wohnungs- und Industrieanlagenbau, Brücken- und Schiffsbau.
- **Kuppelproduktion:** Herstellung verschiedener Produkte in einem einheitlichen Produktionsprozeß natürlicher oder technischer Gesetzmäßigkeiten.
  Beispiele: Hochofenprozeß, Crackverfahren in der Raffinerie.

Jedes Produktionsverfahren erfordert aufgrund seiner Eigenart die Anwendung eines bestimmten Kalkulationsverfahrens. Im Schaubild auf Seite 606 sind die verschiedenen industriellen **Fertigungstypen** systematisch zusammengestellt und die einzelnen **Kalkulationsverfahren** entsprechend zugeordnet. Mit den durchgezogenen Pfeilen sind die im allgemeinen verwendeten Kalkulationsverfahren charakterisiert; die unterbrochenen Linien sollen andeuten, daß beim betreffenden Fertigungstyp auch andere Kalkulationsverfahren anzutreffen sind.

Daneben hat die Anzahl der **Produktionsstufen** großen Einfluß auf die Wahl des Kalkulationsverfahrens, wobei vor allem schwankende Bestände in Zwischenlägern bei mehrstufiger Produktion differenzierte Kalkulationsverfahren erfordern.

4.332 Kostenträgerzeitrechnung

Während die Kostenträgerstückrechnung die Kosten je Leistungseinheit (Stück) zu ermitteln versucht, stellt die Kostenträgerzeitrechnung die während einer bestimmten Abrechnungsperiode (Zeit) angefallenen Kosten, gegliedert nach Kostenträgergruppen oder Kostenarten, fest. Sie soll damit eine laufende Kontrolle des Unternehmensprozesses gewährleisten und Informationen für **kurzfristige Dispositionen** (z.B Programmentscheidungen) liefern.

Wird die Kostenträgerzeitrechnung nach einzelnen Kostenträgergruppen gegliedert, so können grundsätzlich dieselben Verfahren zur Anwendung kommen, die auch bei der Kostenträgerstückrechnung bzw. Kalkulation Verwendung finden (s.S. 587f.). Wird die Kostenträgerzeitrechnung dagegen nach

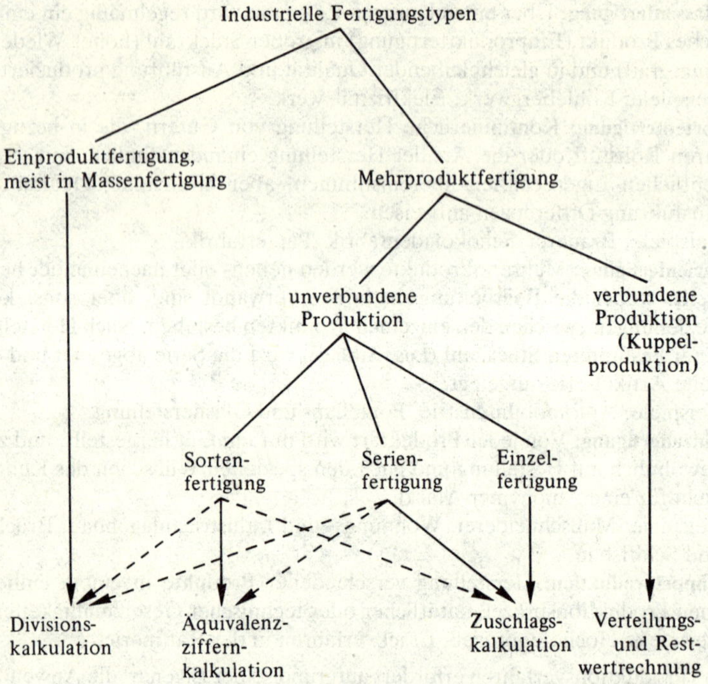

Zuordnung von Fertigungstyp und Kalkulationsverfahren

einzelnen Kostenarten differenziert, so bedient man sich zweckmäßigerweise der Systematik der Kostenartenrechnung (s. S. 518ff.). Eine gesonderte Darstellung der Methoden der Kostenträgerzeitrechnung erübrigt sich daher an dieser Stelle. Besonderheiten ergeben sich lediglich daraus, daß die in der Kostenträgerzeitrechnung ermittelten Kosten einer Abrechnungsperiode i. d. R. den Erlösen derselben Zeiteinheit gegenübergestellt werden, um damit den Erfolg eines Zeitabschnitts ermitteln zu können. Mit dem **Einbezug der Erlösseite** in die Kostenrechnung wird aber ein real bedeutungsvoller Schritt von der reinen Kostenrechnung hin zur Kosten- und Leistungsrechnung bzw. kurzfristigen Erfolgsrechnung realisiert. Da dieser Schritt über den Abschluß der periodischen Kostenrechnung hinaus noch die Erlöse aus der Finanzbuchhaltung bzw. eine ausgebaute Leistungsrechnung voraussetzt, soll die **kurzfristige Erfolgsrechnung** (= Kostenträgerzeitrechnung + Leistungsrechnung) an separater Stelle analysiert werden (s. S. 652ff.). Der in der Literatur überwiegend anzutreffenden Identifikation der Kostenträgerzeitrechnung mit der kurzfristigen Erfolgsrechnung wird hier also nicht gefolgt, da letztere über den Rahmen der Kostenrechnung hinausreicht.

Ergänzende Literatur zu: 4.33 Die Kostenträgerrechnung

Götzinger/Michael, Leistungsrechnung, S. 137–171
Haberstock, Kostenrechnung I, S. 162–192

Huch, Kostenrechnung, S. 108–147
Hummel/Männel, Kostenrechnung 1, S. 253–316
Kilger, Kostenrechnung, S. 265–391
Kloock/Sieben/Schildbach, Kosten- und Leistungsrechnung, S. 125–147
Riebel, Kuppelprodukte, Sp. 994–1006
Scherrer, Kostenrechnung, S. 196–215
Schweitzer/Küpper, Kostenrechnung, S. 182–197
Weber, Rechnungswesen, S. 246–254

4.4 Kostenrechnungssysteme auf Teilkostenbasis (Deckungsbeitragsrechnung)

4.41 Mängel der traditionellen Vollkostenrechnung

Die Betriebsbuchführung als Instrument der innerbetrieblichen Abrechnung hat den Betriebsprozeß zahlenmäßig abzubilden, um folgende Aufgaben zu erfüllen (vgl. Teil B, Abschn. 4.1, S. 509f.):

- Bereitstellung von Daten über Kostenentstehung und Kostenhöhe für **Kontrollzwecke**
- Lieferung von Informationen für **Planungs- und Entscheidungsaufgaben**
- **Hilfsfunktion** bei der Erfassung und Bewertung von Informationen für andere Zweige des Rechnungswesens.

Die Ausgestaltung der Kostenrechnung als Vollkostenrechnung vermag diese Aufgaben aber nur bedingt zu erfüllen. Kernpunkt der Kritik ist dabei die bei diesem Verfahren vorgenommene Verrechnung **aller** Kosten auf die betrieblichen Leistungen, also auch der nicht verursachungsgerecht zurechenbaren fixen Kosten.

(1) Die **Verrechnung der fixen Kosten,** die allesamt in die Gruppe der Gemeinkosten einzureihen sind, läßt sich – wie die vorhergehenden Abschnitte gezeigt haben – nur **mit Hilfe von Schlüsseln** durchführen. In der Kostenstellenrechnung muß bei der Verteilung der Stellengemeinkosten auf die einzelnen Kostenstellen und bei der Umlage der Allgemeinen Kostenstellen und Hilfskostenstellen auf die Hauptkostenstellen mit Schlüsseln gearbeitet werden; in der Kostenträgerrechnung, insbesondere bei der differenzierenden Zuschlagskalkulation, sind für die Verrechnung der Gemeinkosten ebenfalls Schlüsselungen nötig.

Soll die geschlüsselte Verrechnung der Gemeinkosten verursachungsgerecht sein, so muß ein hoher Grad an **Proportionalität** zwischen den zu verrechnenden Gemeinkosten und den verwendeten Bezugsbasen gegeben sein. Schlüsselgrößen, die diesem Kriterium entsprechen, lassen sich jedoch nur schwer finden und häufig nur partiell anwenden. Selbst bei scheinbar idealer Schlüsselung können schwerwiegende Kalkulationsfehler auftreten, wenn beispielsweise einzelne Produkte oder Produktgruppen hohe Einzelkosten, aber nur unterdurchschnittliche Gemeinkosten verursachen, oder Erzeugnisse mit einem relativ geringen Herstellkostenwert umfangreiche Verwaltungs- und Vertriebskosten erfordern.

Weiterhin ist es oftmals unumgänglich, daß ein großer Gemeinkostenblock auf eine **schmale Bezugsbasis** verrechnet wird und Zuschlagssätze von mehreren hundert, ja tausend Prozent zur Anwendung gelangen. Hier wächst die Fehlermöglichkeit mit dem steigenden Verhältnis der Gemeinkosten zur Zuschlagsbasis: Ermittlungsfehler in der Zuschlagsbasis werden über den Zuschlagssatz vervielfacht. Selbst bei Anwendung von Bezugsgrößenkalkulationsverfahren (vgl. S. 599ff.) sind diese Mängel nicht vollständig eliminierbar.

Ebenso können Fehler entstehen, wenn sich die Relationen zwischen den Gemeinkosten und der Bezugsbasis verschieben (dieses Phänomen tritt z.B. bei wachsender Technisierung des Fertigungsprozesses auf, wo Einzelkosten zunehmend durch Gemeinkosten verdrängt werden) und in der Kostenrechnung keine zweckentsprechenden Anpassungsreaktionen auslösen.

Eine Kostenzurechnung auf der Grundlage von Schlüsseln führt somit nur unter idealen Bedingungen zu richtigen Ergebnissen. In der überwiegenden Mehrzahl der Fälle ist eine streng verursachungsgerechte Kostenverrechnung nicht gewährleistet; die eigentlichen Kostenstrukturen bleiben oft im Dunkeln und die zahlenmäßige Abbildung des Betriebsprozesses gelingt nur unzureichend.

(2) Die Zurechnung fixer Kosten auf die einzelnen Kostenträger ergibt eine Vermischung von Einzelkosten und künstlich proportionalisierten Gemeinkosten und damit ein Konglomerat exakter und ungenauer Zahlen. Offensichtlich können derartige Informationen keine geeignete Grundlage für die Kontrolle des Betriebsgeschehens bieten. Da fixe und variable Kosten ohne Rücksicht auf ihr unterschiedliches Verhalten bei Beschäftigungsänderungen (Nachfrageänderungen) summarisch ausgewiesen werden, ist eine Analyse der Kostenentstehungsursache und damit eine sinnvolle **Kostenkontrolle** nicht möglich. Die Durchführung exakter Kostenkontrollen erfordert vielmehr eine Trennung in beschäftigungsabhängige und beschäftigungsunabhängige Abweichungsursachen. Wirtschaftlichkeitskontrollen ohne Abspaltung der Beschäftigungsabweichung können nur globale und für die Zwecke der Kontrolle des Betriebsprozesses **unzureichende Informationen** liefern.

(3) Der Ansatz von Vollkosten verhindert darüber hinaus eine Anwendung der Betriebsbuchführung für die Lösung von **Planungs- und Entscheidungsaufgaben** nahezu vollständig. Da eine Verrechnung fixer Kosten dic Analyse von Ursache und Wirkung nicht zuläßt, kann aus der Existenz gewisser Kosten in der Vergangenheit nicht auf die Höhe der entstehenden Kosten in der Zukunft geschlossen werden. So kann z.B. bei Eliminierung eines, von anderen Produktarten unabhängigen Erzeugnisses aus dem Produktionsprogramm nicht mit Kosteneinsparungen in Höhe der Vollkosten gerechnet werden. Vielmehr verbleiben dann trotz des Verzichtes auf die Fertigung einer Produkteinheit gewisse Gemeinkosten erhalten (**Kostenremanenz**). Die Entscheidung aufgrund von Vollkosten **kann daher zu Fehlentscheidungen führen.**

Beispiel:

Ein Unternehmen produziert auf derselben Maschine die Produkte A, B und C. Von jedem Produkt werden 100 Einheiten produziert, die Absatzmenge und die Absatzpreise der einzelnen Produkte können nach Auskunft der Marktforschung nicht erhöht werden (vgl. Tabelle S. 609).

Produktart	A	B	C	Σ
Fixkosten je Periode von 3.000 + Variable Kosten pro 100 Stück	1.000 5.000	1.000 4.000	1.000 6.000	3.000 15.000
= Gesamtkosten Selbstkosten pro Stück bei 100 Einheiten	6.000 60	5.000 50	7.000 70	18.000
Verkaufspreis pro Stück Umsatzerlös bei Verkauf von 100 Einheiten	55 5.500	60 6.000	75 7.500	19.000
Stückgewinn/Stückverlust Gesamtgewinn/Gesamtverlust	– 5 – 500	+ 10 + 1.000	+ 5 + 500	+ 1.000

Nimmt die Unternehmung nun aufgrund des negativen Stückerfolgs das Produkt A aus dem Produktionsprogramm heraus, so sinkt der Gesamtgewinn.

Gesamtgewinn bei der Produktion von B und C:
Erlös – (Variable Kosten + Fixkosten)
13.500 – (10.000 + 3.000) = 500

Die Fixkosten von 3.000 müssen nun von den Produkten B und C getragen werden, der Gesamtgewinn sinkt um den weggefallenen Fixkostendeckungsanteil von Produkt A um 500.

Das Problem der Erfassung und **Abbaufähigkeit von Fixkosten** tritt auch bei der **Verfahrenswahl** und bei der Entscheidung über **Eigenfertigung oder Fremdbezug** auf. Stehen für die Fertigung eines Erzeugnisses in einer Unterbeschäftigungssituation mehrere vorhandene Maschinen zur Auswahl, ist regelmäßig diejenige mit dem geringsten Anfall an variablen Kosten zu wählen, sofern nicht ein rascher Abbau der Bereitschaftskosten möglich oder geplant ist. Liegen die Selbstkosten einer Eigenfertigung über den Kosten des Fremdbezugs, ist dennoch der Eigenfertigung der Vorzug zu geben, falls ungenutzte Kapazitäten vorhanden sind, deren fixe Kosten ohnehin anfallen, solange die variablen Kosten der Eigenfertigung unter den Kosten des Fremdbezugs liegen.

Eine Betriebsbuchführung, durch die die Korrelation von Kostenverursachung und Kostenentstehung vernachlässigt und z. T. sogar über willkürliche Zurechnungsmethoden verwischt wird, kann zur Entscheidungsfindung keinen sinnvollen Beitrag leisten bzw. muß zu Fehlentscheidungen führen. Eine adäquate Grundlage für Planungs- und Entscheidungsaufgaben kann daher nur jenes Kostensystem liefern, das eine konsequente Trennung **entscheidungsrelevanter (variabler)** und **entscheidungsirrelevanter (fixer) Kosten** zuläßt.

(4) Bei der Erfüllung von **Hilfsaufgaben** für andere Zweige des Rechnungswesens ist insbesondere die Ermittlung der **Herstellungskosten** für die Finanzbuchhaltung von Bedeutung. Die Eignung der Vollkostenrechnung für diese Aufgabe kann nur daran gemessen werden, ob deren Ausgestaltung den handels- und steuerrechtlichen Normen entspricht (vgl. dazu Teil B, Abschn. 3.121, S. 462ff.).

In der **Handels- und Steuerbilanz** sind Herstellungskosten mindestens mit den Einzelkosten, höchstens mit der Summe aus Einzelkosten zuzüglich variabler und fixer Gemeinkosten anzusetzen. Da sich diese Werte nicht am Verursachungsprinzip orientieren und einen relativ großen Bewertungsspielraum aufweisen, sind sie – von Modifikationen betreffend Aufwand und Kosten abgesehen – ohne weiteres der Vollkostenrechnung entnehmbar. Allerdings sind Teile der Fixkosten dann aus den Wertansätzen zu eliminieren, wenn das Unternehmen in der betreffenden Periode unterbeschäftigt war und die Fixkosten weit über denen liegen, die sich bei Normalbeschäftigung ergeben hätten (*Sarx*, Bilanzkommentar, S. 673f.). Eine derartige Eliminierung von Kosten der Unterbeschäftigung ist im System der Vollkostenrechnung nur bedingt möglich.

Insgesamt kann eine auf Vollkostenbasis konzipierte Kostenrechnung ihre unterstützende Funktion gegenüber anderen Zweigen des Rechnungswesens im Regelfall erfüllen, vermag aber zur Lösung von Kontrollaufgaben wenig und zur Lösung von Planungsaufgaben nichts beizutragen. Systeme der Teilkostenrechnung versuchen, die aufgezeigten Mängel zu vermeiden. Bevor jedoch auf Verfahren der Teilkostenrechnung selbst eingegangen wird, ist das Problem der Zerlegung der Gesamtkosten in feste und variable Bestandteile zu erörtern.

4.42 Das Problem der Kostenauflösung

Die in der Kostenartenrechnung erfaßten Gesamtkosten sind für die Zwecke der Teilkostenrechnung in variable Kosten und in feste Kosten (Fixkosten) zu zerlegen. Als **variable Kosten** werden in diesem Zusammenhang jene Kosten verstanden, die von der Beschäftigung, von der Ausnutzung der Kapazität und von der jeweiligen Produktionsmenge abhängig sind, also insbesondere die Einzelkosten wie die Fertigungsmaterial- und die Fertigungslohnkosten, aber auch bestimmte Gemeinkostenarten, wie z.B. die Hilfsstoffkosten. Demgegenüber fallen die **fixen Kosten** unabhängig von der Beschäftigung und der jeweiligen Produktion an und sind durch die Investitionen und die Bereitstellung der betrieblichen Kapazitäten verursacht. Zu den Fixkosten rechnen die überwiegende Zahl der Gemeinkostenarten, so z.B. die Abschreibungen, die Mieten und Pachten und die Gehälter. Darüber hinaus treten auch solche Kosten in Erscheinung, die weder der Gruppe der variablen Kosten, noch der der Fixkosten zugerechnet werden können. Es handelt sich hierbei um sog. **semivariable Kosten,** die teilweise direkt durch den Prozeß der Leistungserstellung entstanden, andererseits aber für die Aufrechterhaltung der Betriebsbereitschaft angefallen sind. Beispiele dafür sind die Betriebsstoffkosten und die Hilfslohnkosten (vgl. Teil B, Abschn. 4.311, S. 519ff.).

Für die Trennung der Gesamtkosten in die variablen und die fixen Bestandteile, insbesondere auch für die Zuordnung der semivariablen Kosten, wurden verschiedene **Verfahren der Kostenauflösung** (Kostenspaltung) entwickelt.

4.421 Buchhalterische Methode

Bei der buchhalterischen oder buchtechnischen Kostenspaltung wird jeder einzelne Kostenbetrag daraufhin untersucht, ob er in bezug auf die Beschäftigung variablen oder fixen Charakter besitzt. Aufbauend auf den **Erfahrungen aus der Vergangenheit** werden die verschiedenen Kostenarten den beiden Kostenkategorien zugeordnet, beispielsweise die Kapitalkosten den fixen Kosten und die Fertigungslöhne den variablen Kosten. Semivariable Kosten werden entweder einer der beiden Gruppen zugeschlagen – derjenigen, der sie am ehesten verwandt sind – oder es wird eine Spaltung in einen variablen und in einen fixen Teil mit Hilfe statistischer Methoden oder im Wege der Schätzung vollzogen.

Die Hauptproblematik dieses Verfahrens liegt in seiner Grobheit und Willkürlichkeit, da für die Kostenauflösung **keine objektiven Kriterien** zugrunde gelegt werden.

4.422 Mathematische Methode

Das mathematische Kostenauflösungsverfahren, oft auch als **„Kostenauflösung mit Hilfe des proportionalen Satzes"** bezeichnet, geht von zwei unterschiedlichen Beschäftigungsgraden (Leistungsmengen) aus, für die jeweils die entstandenen Gesamtkosten festgestellt werden und danach als Differenz der Gesamtkosten die Kostenspanne und als Differenz der Beschäftigung die Beschäftigungsspanne ermittelt wird. Der **proportionale Satz** ist definiert als Quotient aus Kostenspanne und Beschäftigungsspanne:

$$d = \frac{K_2 - K_1}{x_2 - x_1}$$

mit d = proportionaler Satz
K_i = Gesamtkosten bei Beschäftigungsgrad i, i = 1, 2
x_i = Beschäftigungsgrad (Leistungsmenge) i, i = 1, 2

Der proportionale Satz ist bei linearem Gesamtkostenverlauf mit den variablen Stückkosten (k_v) identisch. Es lassen sich dann leicht die fixen Kosten (K_f) errechnen:

$$K_f = K_i - k_v \cdot x_i \qquad \text{für } k_v = d$$

Beim mathematischen Verfahren wird ein linearer Kostenverlauf unterstellt. Ausgehend von den beiden empirisch ermittelten Kosten-Beschäftigungsgrad-Kombinationen kann daher die Kostengerade über alle Beschäftigungsniveaus ermittelt und graphisch dargestellt werden. Der Ordinatenabschnitt, den diese Gerade abschneidet, gibt die Höhe der fixen Kosten an; die Steigung der Geraden ist Ausdruck des proportionalen Satzes.

Die Geradengleichung lautet:

$$K = K_f + d \cdot x = K_f + k_v \cdot x$$

Graphisch ergibt sich folgendes Bild:

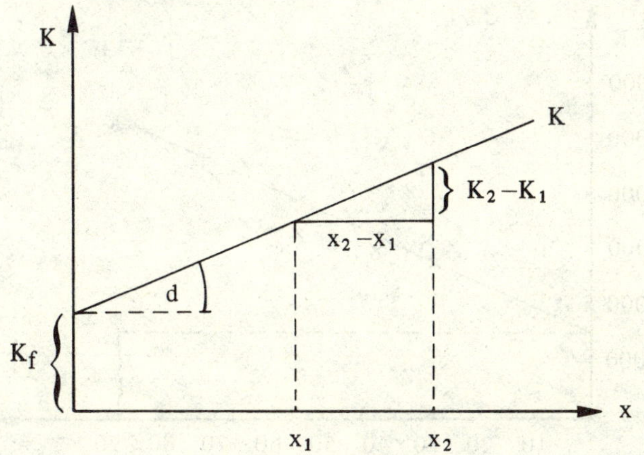

Neben der Unterstellung eines linearen Verlaufes der Kostenkurve ist vor allem zu kritisieren, daß **lediglich zwei Beobachtungswerte** zugrundeliegen und somit die Ergebnisse stark vom Zufall beeinflußt sind.

Beispiel:

Ein Walzwerk wurde im Monat Juni des laufenden Jahres mit einem Auslastungsgrad von 70% = 210 Betriebsstunden gefahren; es entstanden Gesamtkosten von 108.000. Im Folgemonat konnte die Beschäftigung auf 85% = 255 Betriebsstunden gesteigert werden, wofür ein Betrag von 128.250 an Gesamtkosten verursacht wurde.
Die Gesamtkostenkurve ist zu ermitteln.

Lösung:

Der proportionale Satz ergibt sich aus:

$$d = \frac{128.250 - 108.000}{255 - 210} = \frac{20.250}{45} = \underline{450}$$

Die fixen Kosten errechnen sich aus:

$K_f = 128.250 - 450 \cdot 255 = \underline{13.500}$

Die Kostengerade ergibt sich somit nach der Beziehung:

$K = 13.500 + 450x$

4.423 Streupunktdiagramm und Trendberechnung

Eine Verfeinerung der Ergebnisse der oben erwähnten buchhalterischen Methode zur Kostenauflösung kann durch **statistische Verfahren** erreicht werden.

Bei der **statistisch-graphischen Kostenauflösung** auf der Basis eines Streupunktdiagramms werden die jeweils beobachteten Kombinationen von Gesamtkosten und Beschäftigungsgrad bzw. Produktionsmenge in ein Koordinatensystem übertragen. In das erhaltene Streupunkt-Diagramm wird eine Gerade so eingebracht, daß bei möglichst gutem Ausgleich der Streuung die durchschnittliche Höhe der Kosten in Abhängigkeit von der Änderung des Kapazitätsausnutzungsgrades zum Ausdruck kommt. Der Ordinatenabschnitt gibt über die Höhe der fixen Kosten Auskunft.

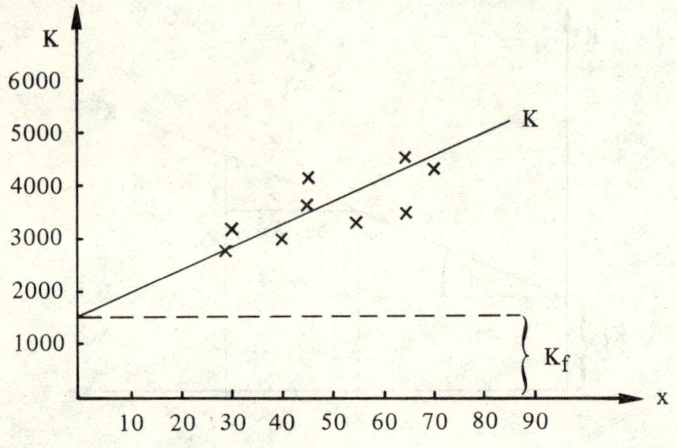

Ordinatenabschnitt und Anstieg der Geraden lassen sich mit Hilfe der **Methode der kleinsten Quadrate** genauer bestimmen. Die Gerade

$$K = K_f + k_v \cdot x$$

ist so zu bestimmen, daß die Summe der Abweichungsquadrate der einzelnen Beobachtungspunkte (x_i, K_i), $i = 1, \ldots, n$ von ihr minimal wird:

$$\sum_{i=1}^{n} (K_i - K_f - k_v \cdot x_i)^2 = Q \rightarrow \text{Min!}$$

wobei n die Zahl der Beobachtungspunkte ist. Man findet das Minimum, indem man Q nach K_f und k_v ableitet und die Ableitungen gleich Null setzt:

$$\frac{\delta Q}{\delta K_f} = -2 \Sigma (K_i - K_f - k_v \cdot x_i) = O$$

$$\frac{\delta Q}{\delta k_v} = -2 \Sigma (K_i - K_f - k_v \cdot x_i) \cdot x_i = O$$

Daraus lassen sich die sog. Normalgleichungen obiger Gerade errechnen:

$$\Sigma K_i = K_f n + k_v \Sigma x_i$$

$$\Sigma x_i K_i = K_f \Sigma x_i + k_v \Sigma x_i^2$$

was zu den Bestimmungsgleichungen für K_f und k_v führt:

$$K_f = \frac{\Sigma K_i \Sigma x_i^2 - \Sigma x_i \Sigma x_i K_i}{n \Sigma x_i^2 - (\Sigma x_i)^2}$$

$$k_v = \frac{n \Sigma x_i K_i - \Sigma x_i \Sigma K_i}{n \Sigma x_i^2 - (\Sigma x_i)^2}$$

Beispiel (*Weber,* Rechnungswesen, S. 361 ff.):
Hinsichtlich der Kostenart „Betriebsstoffe“ konnte durch empirische Untersuchungen folgende Tabelle zusammengestellt werden:

Monat	Beschäftigung in Maschinenstunden	Beschäftigungsgrad in %	Betriebsstoffkosten
Juli	1.000	100	3.000
August	400	40	1.200
September	600	60	2.200
Oktober	800	80	2.500
November	500	50	1.400
Dezember	200	20	1.000

Zur Ermittlung der Kostengeraden für „Betriebsstoffe" werden benötigt:

$i = 1 \ldots n$	x_i	K_i	$x_i \cdot K_i$	x_i^2
1	1.000	3.000	3.000.000	1.000.000
2	400	1.200	480.000	160.000
3	600	2.200	1.320.000	360.000
4	800	2.500	2.000.000	640.000
5	500	1.400	700.000	250.000
n = 6	200	1.000	200.000	40.000
Σ	3.500	11.300	7.700.000	2.450.000
$(\Sigma x_i)^2$	12.250.000			

Einsetzen in die Bestimmungsgleichungen ergibt:

$$K_f = \frac{2.450.000 \cdot 11.300 - 3.500 \cdot 7.700.000}{6 \cdot 2.450.000 - 12.250.000} = \frac{735.000.000}{2.450.000} = \underline{\underline{300}}$$

$$k_v = \frac{6 \cdot 7.700.000 - 3.500 \cdot 11.300}{6 \cdot 2.450.000 - 12.250.000} = \frac{6.650.000}{2.450.000} = \underline{\underline{2{,}714}}$$

Der Kostenverlauf wird folglich bei der gegebenen Konstellation annähernd beschrieben durch

$$K = 300 + 2{,}714x$$

Dieses Verfahren liefert von den dargestellten Methoden der Kostenauflösung das **relativ exakteste Ergebnis.** Für die Qualität der durch diese Methode gewonnenen Resultate ist ausschlaggebend, daß

- eine genügend große Anzahl von Beobachtungswerten zur Verfügung steht,
- Kostenwerte und Beschäftigungsgrade positiv korreliert sind,
- die Beschäftigungsskala (von 0 bis 100%) ausreichend abgedeckt ist,
- Kostenänderungen ausschließlich auf Beschäftigungsänderungen beruhen, d. h. andere Einflußfaktoren (wie z. B. Änderungen im Preisgerüst) eliminiert sind bzw. vernachlässigt werden können.

Alle hier beschriebenen Verfahren der Kostenauflösung zerlegen die Kosten bereits **abgelaufener** Perioden. Bei Verwertung der Ergebnisse muß untersucht werden, ob die in der Vergangenheit festgestellten Kostenstrukturen auf die abzurechnende Periode ohne weiteres übertragbar sind und für die Zukunft noch als gültig akzeptiert werden können. Besonders nach einschneidenden Rationalisierungsmaßnahmen und in Bereichen mit stürmischer technischer Entwicklung können sich die Kostenstrukturen grundlegend verändert haben. Die Ergebnisse der Kostenauflösungsverfahren sind dann für die Beurteilung gegenwärtiger oder zukünftiger Kostenrelationen nur noch begrenzt verwendbar.

4.43 Teilkostenrechnungssysteme

Wesentliches Merkmal von Systemen der Teilkostenrechnung ist, daß im Gegensatz zur Vollkostenrechnung nur ein Teil der Gesamtkosten den Kostenträgern angelastet wird. In der Teilkostenrechnung werden jeweils nur die **variablen Kosten** den Kostenträgern zugerechnet, während die fixen Kosten mehr oder weniger differenziert zwar in der Kostenrechnung erfaßt, den einzelnen Kostenträgern aber nicht zugerechnet werden. Damit wird dem Gedanken Rechnung getragen, daß die **fixen Kosten** nicht durch Erzeugung eines bestimmten Produktes, sondern durch die **gesamte** Leistungserstellung der Abrechnungsperiode verursacht werden.

Neben der Aufteilung in fixe und variable Kosten wird auch eine Aufteilung in **Einzelkosten und Gemeinkosten** derart vorgenommen, daß nur die Einzelkosten auf die Kostenträger weiterverrechnet werden. Es können somit folgende Systeme der Teilkostenrechnung unterschieden werden (*Götzinger/Michael,* Leistungsrechnung, S. 206):

Teilkostenrechnungssysteme

- auf Basis variabler Kosten
  - mit globaler Fixkosten-behandlung (→ Direct costing)
  - mit differenzierter Fixkosten-behandlung (→ stufenweise Fixkostendekkungsrechnung)
- auf Basis von Einzelkosten
  - mit globaler Gemeinkosten-behandlung (nicht üblich)
  - mit differenzierter Gemeinkostenbehandlung (→ Deckungsbeitragsrechnung auf Basis relativer Einzelkosten)

Systeme der Teilkostenrechnung

Die Systeme der Teilkostenrechnung unterscheiden sich von der vorher dargestellten Vollkostenrechnung weder im Kostenbegriff noch in der Kostenerfassung. Auch die Abrechnungstechnik in Kostenarten- und Kostenstellenrechnung ist identisch. Wesentliche Unterschiede zwischen Voll- und Teilkostenrechnung treten erst im Rahmen der **Kostenträgerrechnung** auf: Die Vollkostenrechnung beschränkt sich hier im wesentlichen auf die einseitige Betrachtung der Kostenseite, wohingegen in Systemen der Teilkostenrechnung die **Erlösseite** stark in den Vordergrund tritt.

4.431 Einstufige Deckungsbeitragsrechnung (Direct Costing)

Das einfache (einstufige) Direct Costing baut auf folgenden Voraussetzungen auf:

(1) Strikte Trennung der fixen von den proportionalen (variablen) Kosten;

(2) Verrechnung lediglich der proportionalen Kosten auf die Kostenträger (Fabrikate und Halbfabrikate). Die proportionalen Kosten werden in diesem Zusammenhang als direct costs bezeichnet.

(3) Getrennter Ausweis der fixen Kosten der Rechnungsperiode in der Gewinn- und Verlustrechnung.

Im **Einproduktbetrieb** ergibt sich somit der Erfolg, indem zunächst von den Erlösen die variablen Kosten subtrahiert werden; man erhält damit den **Deckungsbeitrag,** der zur Abdeckung der Fixkosten der Abrechnungsperiode herangezogen wird. Ein Überschuß des errechneten Deckungsbeitrags über die Fixkosten stellt den **Periodengewinn** dar. Folgendes Schema findet für den Einproduktbetrieb Anwendung:

Erlöse
./. variable Kosten
= Deckungsbeitrag
./. fixe Kosten
= Erfolg

Formal gilt damit:

$$E = x_a \cdot (p - k_v) - K_f$$

mit x_a = abgesetzte Menge
p = Stückerlös
k_v = variable Stückkosten
K_f = Fixkosten
E = Erfolg

Beispiel:

Ein Elektrizitätswerk hat in der Abrechnungsperiode 2 Mio. kWh Strom zum Durchschnittspreis von 0,08 DM/kWh abgesetzt. Die Gesamtkosten betrugen 125.000, wovon 25% variable Kosten waren.

Einstufiges Direct Costing ergibt:

Erlöse: 2 Mio. kWh · 0,08 DM/kWh	= 160.000
./. variable Kosten: 0,25 · 125.000	= 31.250
= Deckungsbeitrag	128.750
./. fixe Kosten: 0,75 · 125.000	= 93.750
= Erfolg	35.000

Bei **Mehrproduktfertigung** ist zunächst als Differenz zwischen Stückerlös und variablen Stückkosten für jedes Produkt ein stückbezogener Deckungsbeitrag zu ermitteln. Die Erfassung der variablen Stückkosten ist dabei oft nur über eine ausgebaute Kostenstellenrechnung auf Teilkostenbasis möglich. Die Multiplikation der **stückbezogenen Deckungsbeiträge** mit den jeweils abgesetzten Mengen ergibt – aufsummiert über alle Produkte – den Gesamtdeckungsbeitrag, der vom Markt zur Abdeckung der Fixkosten vergütet wurde. Die Differenz zwischen Gesamtdeckungsbeitrag und den Fixkosten ergibt den **Nettobetriebserfolg** als Nettobetriebsgewinn oder Nettobetriebsverlust.

Formal gilt demgemäß:

$$E = \sum_{i=1}^{n}[x_{a_i} \cdot \underbrace{(p_i - k_{v_i})}_{d_i}] - K_f$$

mit x_{a_i} = abgesetzte Menge des Produktes i
p_i = Stückerlös für Produkt i

k_{v_i} = variable Stückkosten des Produktes i
d_i = stückbezogener Deckungsbeitrag des Produktes i

Die Stückdeckungsbeiträge geben dabei Aufschluß über die Erfolgsträchtigkeit einzelner Produkte und somit Anhaltspunkte für die Gestaltung des Produktionsprogramms.

Übungsbeispiel:

Eine kleinere chemische Fabrik stellt drei in Tuben abgefüllte Produkte her. Bedingt durch die Kapazität der Tubenabfüllmaschine (maximale Periodenleistung 12.000 Einheiten) wurden bisher realisiert:

	Zahnpasta	Hautbalsam	Sonnenlotion
Produzierte = abgesetzte Menge in Einheiten	2.000	7.000	3.000
Erzielte Marktpreise pro Einheit	3,50	2,70	5,80
Mengenmäßige Absatzobergrenze lt. Marktforschungsbericht in Einheiten	6.000	10.000	4.000
Daten der Kostenrechnung:			
a) Variable Stückkosten			
1. Fertigungsmaterial	–,55	–,40	–,60
2. Fertigungslöhne	–,20	–,35	–,80
3. Gemeinkosten	1,20	1,60	1,80
b) Fixe Kosten für die gesamte Produktion	6.900		

Es sollen im folgenden bestimmt werden:

a) die Deckungsbeiträge für die einzelnen Produktarten,
b) der Nettobetriebserfolg des realisierten Produktionsprogramms,
c) die Möglichkeiten der Umstellung des Produktionsprogramms zur Verbesserung des Nettobetriebserfolgs.

Lösung:

a) Deckungsbeiträge:

	Zahnpasta	Hautbalsam	Sonnenlotion
Stückerlöse	3,50	2,70	5,80
./. variable Stückkosten	1,95	2,35	3,20
= Stückdeckungsbeiträge	1,55	–,35	2,60
× abgesetzte Mengen (in Einheiten)	2.000	7.000	3.000
= Gesamtdeckungsbeiträge	3.100	2.450	7.800

b) Nettobetriebserfolg vor Programmumstellung:

3.100 + 2.450 + 7.800 =	13.350
./. fixe Kosten	6.900
= Nettobetriebserfolg	6.450

c) Nettobetriebserfolg nach Programmumstellung:

Entsprechend ihren Stückdeckungsbeiträgen lassen sich die Produktarten in folgende Rangordnung bringen:

1. Sonnenlotion – Stückdeckungsbeitrag	2,60
2. Zahnpasta – Stückdeckungsbeitrag	1,55
3. Hautbalsam – Stückdeckungsbeitrag	–,35

Das Produktionsprogramm wird so umgestellt, daß von der Produktart mit dem höchsten Stückdeckungsbeitrag die maximal absetzbare Menge produziert wird und erst dann die Produkte mit den niedrigeren Stückdeckungsbeiträgen berücksichtigt werden.

Die Umstellung der Produktion ergibt:

	Herstellung und Absatz in Einheiten
Sonnenlotion	4.000
Zahnpasta	6.000
Hautbalsam	2.000

Erfolgsrechnung im Direct Costing:

	Zahnpasta	Hautbalsam	Sonnenlotion
Stückdeckungsbeiträge	1,55	–,35	2,60
× neue Absatzmengen in Einheiten	6.000	2.000	4.000
= Gesamtdeckungsbeiträge	9.300	700	10.400
Σ Deckungsbeiträge		20.400	
./. fixe Kosten		6.900	
= Nettobetriebserfolg		13.500	

Die einstufige Deckungsbeitragsrechnung (synonym: einfaches Direct Costing) stellt eine geeignete Grundlage für Entscheidungen auf der Basis vorhandener Kapazitäten ohne Engpaßsituation dar. Es kann die **kurzfristige Preisuntergrenze** ermittelt werden, wovon dann die Beibehaltung oder Aufgabe eines oder mehrerer Produkte im Produktionsprogramm (negativer Deckungsbeitrag) abgeleitet werden kann. Entscheidungen über **Eigenfertigung oder Fremdbezug** und auch über die **Annahme oder Ablehnung eines einzelnen Auftrags,** der dem Unternehmen zu einem festgesetzten Preis angeboten wird, sind mit der einstufigen Deckungsbeitragsrechnung zu treffen. Eventuell auftretende Engpässe, insbesondere Absatz- oder Kapazitätsbeschränkungen, können auf Opportunitätskostenbasis durch Ermittlung der Stückdeckungsbeiträge gelöst werden.

Im einstufigen Direct Costing werden allerdings die gesamten fixen Kosten **en bloc** der Summe der produktindividuellen Deckungsbeiträge gegenübergestellt. Diese Verrechnungstechnik ist von ihrem Ansatz her zu global und beinhaltet im Grunde einen Rückfall in summarische Rechnungsmethoden, so daß die der Vollkostenrechnung anhaftenden Mängel prinzipiell fortbestehen.

Die wesentlichen **Kritikpunkte** am einfachen Direct Costing lassen sich in zwei Kategorien zusammenfassen:

(1) Die unterstellte lineare **Proportionalität** von variablen Kosten und Erlösen ist unrealistisch, da z. B. auf der Kostenseite überdurchschnittlich steigende Löhne bei Überstundenfertigung oder auf der Erlösseite Preisdifferenzierung und Rabatte keinen linearen Zusammenhang zur Folge haben. Die allein relevante Einflußgröße ist die Beschäftigung, d. h. sämtliche Kosten müssen in fixe und variable hinsichtlich der Ausbringungsmenge zerlegt werden. Dabei wird zu wenig auf deren **Zurechenbarkeit** abgestellt; es wird übersehen, daß auch Teile der variablen Kosten Gemeinkostencharakter besitzen und nicht direkt auf die Kostenträger verrechnet werden können. Die notwendigen **Prämissen** des Direct Costing lassen daher eine adäquate zahlenmäßige Abbildung des Betriebsprozesses nur bedingt zu.

(2) Die einfache Deckungsbeitragsrechnung geht nach einem retrograden Schema vor, d. h. sie geht vom Preis aus, und damit sind Entscheidungen bei nichtgegebenen Preisen unmöglich. Die Orientierung an Marktgrößen zeigt zwar die Kostentragfähigkeit der Produkte, **es fehlt aber die exakte Berechnung von Stückkosten.** Bei der Einführung neuer Produkte oder bei Sonderfertigung kann das Direct Costing daher keine Preiskalkulation liefern. Die Tatsache, daß die Fixkosten en bloc den Leistungen des Betriebs gegenübergestellt werden, schränkt insbesondere die Erfolgsplanung und die Betriebskontrolle ein. Über die Erweiterung oder Verringerung von Kapazitäten sollte nur unter differenzierter Berücksichtigung der Fixkosten entschieden werden. Denn oft können zumindest Teile der Fixkosten speziellen Bezugsobjekten wie Betriebsbereichen oder Kostenstellen zugerechnet werden. Auch kann eine Erfassung der unterschiedlichen zeitlichen Abbaufähigkeit von Fixkosten (z. B. sprungfixe Kosten, vgl. S. 520f.) wertvolle Informationen für erforderliche Dispositionen liefern.

4.432 Mehrstufige Deckungsbeitragsrechnung (Fixkostendeckungsrechnung)

Die Mängel des einstufigen Direct Costing – nämlich die Behandlung der Fixkosten als undifferenzierter Block und die damit verbundene Verzerrung der Erfolgssituation – führten zu dessen Weiterentwicklung im Sinne der **stufenweisen Fixkostendeckungsrechnung.** Ziel dieser Verbesserungsbestrebungen ist insbesondere, die Vorteile der Teilkostenrechnung und der Vollkostenrechnung in einer Rechnung zu vereinigen. Die Unmöglichkeit der verursachungsgerechten Zurechnung aller Fixkosten auf einzelne Kostenträger (was die Vollkostenrechnung weitgehend willkürlich vornimmt) darf nicht den vollständigen Verzicht auf die Zuordnung bestimmter Fixkostenteile zu einzelnen Erzeugnisarten, Produktgruppen bzw. Kalkulationsobjekten zur Folge haben (was jedoch im einfachen Direct Costing geschieht). In diesem Sinne müssen zurechenbare Fixkostenteile **zweckmäßigen Bezugsgrößen** zugeordnet werden, so daß die Erfolgssituation des Unternehmens einerseits detaillierter abgebildet werden kann, andererseits das Rechenwerk trotzdem als Kalkulations- und Kontrollinstrument tauglich bleibt. Wegen der im einfachen Direct Costing insbesondere bemängelten Verrechnung der fixen Kosten en bloc erfolgt nun eine möglichst weitgehende **Aufspaltung des Fixkostenblocks** in verschiedene Fixkostenstufen. In der Literatur werden Rechenmethoden mit einer Schichtung der Fixkosten als (stufenweise) Fixkostendeckungsrechnung, mehrstufiges Direct Costing, Deckungserfolgsrechnung oder einfach als Deckungsbeitragsrechnung bezeichnet.

Bezugsgrößen für die Aufspaltung des Fixkostenblocks sind insbesondere die Produkte sowie die Abrechnungseinheiten. Daneben kann auch eine Differenzierung nach **Zahlungsaspekten** erfolgen. Bei Aufspaltung nach **Produkten** werden die Fixkosten entsprechend ihrer Zurechenbarkeit auf einzelne Produkte, Produktgruppen oder auf das gesamte Produktionsprogramm aufgegliedert in Produktfixkosten, Produktgruppenfixkosten und Fixkosten des Produktionsprogramms. Bei Differenzierung nach **Abrechnungsbereichen** sind die Kostenstellen, die Kostenstellenbereiche und die Unternehmung als Ganzes Bezugsbasis der Fixkostentrennung. Es erfolgt eine Eingruppierung der Fixkosten in Stellen-, Bereichs- und Unternehmensfixkosten.

Durch spezielle Berücksichtigung der unternehmensspezifischen Fertigungsstruktur und Kostenstellengliederung bei der Fixkostenaufspaltung und durch Kombinationen der verschiedenen Bezugsgrößen lassen sich unterschiedlich ausgeprägte Fixkostengliederungen und -zurechnungen vornehmen. Grundsätzlich kann folgende fünfstufige **Struktur des Fixkostenblocks** als repräsentativ gelten:

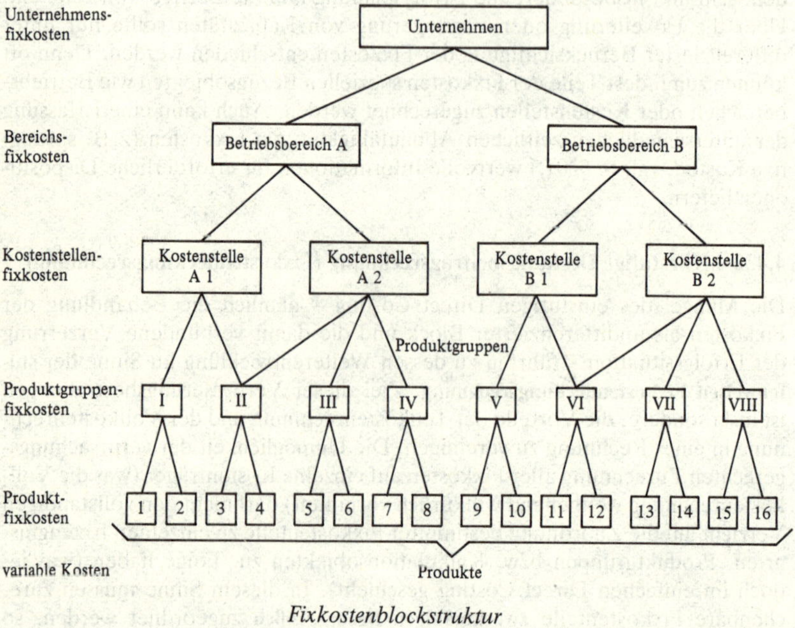

Fixkostenblockstruktur

Es können demgemäß folgende **Fixkostenstufen** unterschieden werden:

(1) **Produktfixkosten:** Erzeugungsmengenunabhängige Kosten, die der Gesamtzahl der betreffenden Produktart direkt zugerechnet werden können (z.B. Patentgebühren).

(2) **Produktgruppenfixkosten:** Kosten, die einer Gruppe ähnlicher Produktsorten als Ganzes zuordenbar sind (z.B. Abschreibungen einer Universalmaschine).

(3) **Kostenstellenfixkosten:** Kosten, die sich weder einer Produktart noch einer Produktgruppe zurechnen lassen, die aber einer bestimmten Kostenstelle zurechenbar sind (z.B. Gehalt eines Meisters).

(4) **Bereichsfixkosten:** Kosten, die nur einem bestimmten Betriebsbereich als Zusammenfassung mehrerer Kostenstellen zurechenbar sind (z.B. Abschreibungen eines Fabrikgebäudes).

(5) **Unternehmensfixkosten:** Fixkosten, die für mehrere oder alle Betriebsbereiche anfallen und daher unverteilbar sind (z.B. Gehälter der Unternehmensleitung).

Eine derartige Differenzierung der Fixkosten führt zu einer Erfassungshierarchie, die beliebig weit aufgegliedert werden kann. Die Bildung von Fixkostenstufen erlaubt dabei, daß fixe Kostenelemente in die Kostenträgerrechnung eingehen. Diese geschichtete Kostenträgerrechnung kann als retrograde Kalkulation zur Überprüfung der Kostentragfähigkeit bzw. Kostenverursachung oder als progressive Kalkulation zur Preisfindung eingesetzt werden.

Ist der Angebotspreis eines Produktes zu ermitteln, so kann ausgehend von den variablen Stückkosten eine schrittweise Addition anteiliger Fixkosten zur Preisfindung führen **(progressive Kalkulation)**. Hierzu werden Erfahrungswerte aus der Nachkalkulation zur Aufteilung der Fixkosten in Prozentwerte der variablen Stückkosten oder Deckungsbeiträge herangezogen:

Variable Kosten
\+ Produktfixkosten
\+ anteilige Produktgruppenfixkosten
(in % der variablen Kosten)
\+ anteilige Kostenstellenfixkosten
(in % der variablen Kosten)
\+ anteilige Bereichsfixkosten
(in % der variablen Kosten)
\+ anteilige Unternehmensfixkosten
(in % der variablen Kosten)

= Selbstkosten
\+ Gewinn

= Angebotspreis

===

Die progressive Kalkulation mit Hilfe von stufenweise differenzierten Fixkostenzuschlägen ist exakter und aussagefähiger als eine einfache Deckungsbeitragsrechnung und läßt auch Entscheidungen bei nicht gegebenen Preisen zu. Das Rechnen mit solchen prozentualen Zuschlägen kommt jedoch einem Rückschritt zu den Prinzipien der herkömmlichen Vollkostenrechnung gleich, weshalb sämtliche Mängel dieses Rechnungssystems (vgl. S. 607ff.) auch für die progressive, stufenweise Kalkulation Gültigkeit besitzen.

In der Regel wird die Fixkostendeckungsrechnung daher nur zur **retrograden Kalkulation** verwendet. Diese ermittelt rückschreitend aus der Differenz von Nettoerlös und variablen Kosten durch stufenweisen Abzug der Fixkostenschichten das Nettoergebnis der Unternehmung:

	Bruttoerlös der Produktart	
./.	Erlösschmälerungen	
=	Nettoerlös der Produktart	
./.	Variable Kosten der Produktart	
=	Deckungsbeitrag I (= Erzeugnisdeckungsbeitrag)	
./.	Produktfixkosten	
=	Deckungsbeitrag II	→ Zusammenfassung nach Produktgruppen
./.	Produktgruppenfixkosten	
=	Deckungsbeitrag III	→ Zusammenfassung nach Kostenstellen
./.	Kostenstellenfixkosten	
=	Deckungsbeitrag IV	→ Zusammenfassung nach (Betriebs-, Produkt-, Verfahrens-)Bereichen
./.	Bereichsfixkosten	
=	Deckungsbeitrag V	→ Zusammenfassung aller Deckungsbeiträge
./.	Unternehmensfixkosten	
=	Nettoerfolg	

In der Fixkostendeckungsrechnung werden die Fixkosten nur soweit auf die einzelnen Bezugsgrößen bzw. Abrechnungsbereiche verrechnet wie eine **verursachungsgemäße Zurechnung** möglich ist. Damit wird auf die umstrittene Schlüsselung der Fixkosten verzichtet. Die gestuften Deckungsbeiträge zeigen unverfälscht an, in welchem Maße Produktarten und Produktgruppen die Fixkostenschichten decken bzw. einen Gewinnbeitrag leisten. Daher vermag die Fixkostendeckungsrechnung bessere Einblicke in die Erfolgsstruktur des Produktionsprogramms eines Unternehmens zu vermitteln, indem Aufschlüsse über den Beitrag einzelner Produkte bzw. Produktgruppen über die Deckung der durch sie verursachten Fixkosten hinaus zur Deckung der Unternehmensfixkosten und zur Erzielung eines Gewinnes bzw. Verlustes geliefert werden. Informationen der mehrstufigen Deckungsbeitragsrechnung können damit zu einer höheren Qualität von Absatz-, Produktions- und Investitionsentscheidungen beitragen, da die produkt-, produktgruppen- und bereichsbezogenen Deckungsbeiträge unmittelbar erkennen lassen, welche Produkte, Produktgruppen und Bereiche absatzmäßig zu fördern bzw. in welchen Bereichen Stillegungen oder Erweiterungsinvestitionen in Erwägung zu ziehen sind.

Gleichwohl sollten die mit Hilfe der Fixkostendeckungsrechnung ermittelten Daten nicht ohne weitere Informationen als Entscheidungsgrundlage herangezogen werden, insbesondere dann nicht, wenn es um die **kurzfristige** Umstellung des Produktionsprogramms geht. Wird z. B. aufgrund der Tatsache, daß ein bestimmtes Produkt einen niedrigen oder negativen Deckungsbeitrag erzielt, eine Eliminierung des Produktes aus dem Programm in Betracht gezogen, so ist zu berücksichtigen, daß sich die dem Produkt zurechenbaren Fixkosten meist nicht oder nur sehr langsam abbauen lassen (**Kostenremanenz**). Die im Programm verbliebenen Produkte müssen dann die Fixkosten des eliminierten Produktes mittragen. Die erhoffte Ergebnisverbesserung kann sich damit in ihr Gegenteil umkehren (vgl. das Beispiel auf S. 608f.). Die Fixkostendeckungsrechnung ist für kurzfristige Entscheidungen also nur unter Heranziehung weiterer Informationen über die Abbaubarkeit von Fixkosten verwendbar.

Als in dieser Hinsicht relevante Information kann die **Zahlungswirksamkeit** der Kosten herangezogen werden. Um neben dem Gesichtspunkt der Kostenverursachung auch dem Liquiditätsaspekt Rechnung zu tragen, kann zusätzlich zur Strukturierung des Fixkostenblocks nach der Zurechenbarkeit dessen Aufspaltung nach der **Ausgabewirksamkeit** seiner Bestandteile erfolgen. Besonders bei angespannter Liquiditätslage ist die Frage nach der **liquiditätsorientierten Preisuntergrenze** zu beantworten, weil dann nicht den Kosten, sondern den Zahlungsvorgängen existenzielle Bedeutung zukommt. Eine etappenweise Ermittlung liquiditätsorientierter Deckungsbeiträge versetzt jedoch den Betrieb in die Lage, für jedes Produkt, jede Produktgruppe und jeden Betriebsbereich die absolute Untergrenze der Deckung ausgabewirksamer Kosten durch die jeweiligen Produktpreise zu erkennen (*Eisele/Leypoldt,* Kostenrechnung, S. 280, 287). In der liquiditätsorientierten Fixkostendeckungsrechnung darf jedoch keinesfalls ein Ersatz für die Finanzplanung gesehen werden, allenfalls eine Ergänzung.

Übungsbeispiel:

Die bereits im voranstehenden Beispiel erwähnte chemische Fabrik produziert neben den Tubenwaren (Zahnpasta, Hautbalsam, Sonnenlotion) in zwei weiteren Bereichen Haarspray und Seife. Folgende Daten liegen vor:

				Haarspray		Seife	
	Zahnpasta	Hautbalsam	Sonnenlotion	Lady	Comtessa	Ozean	Deo-Ozean
produzierte = abgesetzte Menge in Einheiten	6.000	2.000	4.000	12.000	7.500	25.000	16.000
Erzielte Marktpreise pro Einheit	3,50	2,70	5,80	3,30	4,60	–,90	1,40
Kostensituation variable Stückkosten							
1. Fertigungsmaterial	–,55	–,40	–,60	–,80	–,90	–,20	–,30
2. Fertigungslöhne	–,20	–,35	–,80	–,70	–,60	–,10	–,15
3. Gemeinkosten	1,20	1,60	1,80	1,20	1,70	–,20	–,25

Die gesamten Fixkosten betragen 40.000 und verteilen sich auf die einzelnen Produktarten und Fixkostenstufen wie folgt:

Fixkostenstufen \ Produktarten	Zahnpasta	Hautbalsam	Sonnenlotion	Haarspray Lady	Haarspray Comtessa	Seife Ozean	Seife Deo-Ozean	Σ
Produktfixkosten	1.900	1.200	800	2.800	4.200	1.900	2.600	15.400
Produktgruppenfixkosten		1.300		7.800		4.900		14.000
Bereichsfixkosten	1.700			3.200				4.900
Unternehmensfixkosten	5.700							5.700
								40.000

a) Führen Sie die retrograde Fixkostendeckungsrechnung für diese Unternehmung durch. Welche Empfehlungen können Sie aufgrund dieser mehrfach gestuften Erfolgsrechnung hinsichtlich der einzelnen Produkte und Produktgruppen geben?

b) Führen Sie beispielhaft für die Produktart Deo-Ozean eine progressive Kalkulation durch, indem Sie die Zuschlags-Prozentsätze der retrograden Fixkostendeckungsrechnung entnehmen.

Lösung:

a) **retrograde Kalkulation**

Produkt	Zahnpasta	Hautbalsam	Sonnenlotion	Haarspray Lady	Haarspray Comtessa	Seife Ozean	Seife Deo-Ozean
Marktpreise ./. variable Kosten	3,50 1,95	2,70 2,35	5,80 3,20	3,30 2,70	4,60 3,20	–,90 –,50	1,40 –,70
= Stückdeckungsbeitrag I × hergestellte und abgesetzte Menge	1,55 6.000	–,35 2.000	2,60 4.000	–,60 12.000	1,40 7.500	–,40 25.000	–,70 16.000
= Deckungsbeitrag I ≙Produkt-Deckungsbeitrag I ./. Produktfixkosten	9.300 1.900	700 1.200	10.400 800	7.200 2.800	10.500 4.200	10.000 1.900	11.200 2.600
= Deckungsbeitrag II	7.400	– 500	9.600	4.400	6.300	8.100	8.600
→ Produktgruppen-Deckungsbeitrag II	7.400	9.100		10.700		16.700	
./. Produktgruppenfixkosten (in % vom DB II)	– –	1.300 (14,29%)		7.800 (72,9%)		4.900 (29,34%)	
= Deckungsbeitrag III	7.400	7.800		2.900		11.800	

Produkt	Zahn-pasta	Haut-balsam	Sonnen-lotion	Haarspray Lady	Haarspray Com-tessa	Seife Ozean	Seife Deo-Ozean
→ Kostenstellen-Deckungsbeitrag III	15.200			14.700			
./. Bereichsfixkosten (in % vom DB III)	1.700 (11,18%)			3.200 (21,77%)			
= Deckungsbeitrag IV	13.500			11.500			
→ Unternehmens-Deckungsbeitrag IV	25.000						
./. Unternehmens-fixkosten (in % vom DB IV)	5.700 (22,8%)						
= Nettoerfolg	19.300						

Empfehlungen:

- Beurteilung der einzelnen Produkte
  - a) Das Produkt „Sonnenlotion" bringt mit 9.600 den höchsten Deckungsbeitrag (DB) II und sollte ebenso wie die Seifen (DB II 8.100 bzw. 8.600) gefördert werden.
  - b) Der Hautbalsam deckt seine produktspezifischen Kosten nicht (DB II ./. 500) und sollte – zumindest mittelfristig – aus der Produktion genommen werden.
- Beurteilung der Produktgruppen
  - a) Die Seifen erzielen den höchsten Deckungsbeitrag III (11.800). Zur Verbesserung des Nettoerfolgs sollten hier verstärkte Verkaufsanstrengungen unternommen werden.
  - b) Die Produktgruppe Haarspray bedarf einer besonderen Überwachung. Ihr Deckungsbeitrag III mit 2.900 ist relativ gering. Bei Produktions- und Absatzrückgängen von mehr als rd. 16% wird der Deckungsbeitrag III dieser Produktgruppe negativ. Auf schwindende Absatzmengen muß deshalb zweckentsprechend reagiert werden.

b) **Progressive Kalkulation**
Produktart Deo-Ozean:

Variable Gesamtkosten		11.200
+ Produktfixkosten		2.600
+ Produktgruppenfixkosten	[29,34% von DB II]	2.523
+ Bereichsfixkosten	[21,77% von (DB II ./. 2.523)]	1.323
+ Unternehmensfixkosten	[22,8% von (DB II ./. 2.523 ./. 1.323)]	1.084
= Gesamtkosten		18.730

4.433 Deckungsbeitragsrechnung auf der Basis relativer Einzelkosten

Die Mängel der Vollkostenrechnung, die insbesondere in der künstlichen Proportionalisierung der fixen Kosten und in der z. T. mit Willkür verbundenen Schlüsselung von Gemeinkosten liegen, sieht *Riebel* durch die Teilkostenrechnung auf der Basis variabler Kosten (sowohl Direct Costing als auch Fixkostendeckungsrechnungen) grundsätzlich nicht als beseitigt an. Zumindest hinsichtlich der variablen echten Gemeinkosten wird in den Teilkostenrechnungen weiterhin proportional geschlüsselt, was „nicht den tatsächlichen Beziehungen zwischen Ursache und Wirkung, zwischen Mitteln und Zwecken" entspricht und daher gleichfalls ein „systembedingt falsches Bild" gibt, denn die Aufschlüsselung erfolgt nicht streng nach dem Verursachungsprinzip (*Riebel,* Einzelkostenrechnung, ZfhF 1959, S. 213). Mit der Zielvorstellung, auf die Aufschlüsselung verbundener Kosten gänzlich zu verzichten, die Fixkosten nicht künstlich zu proportionalisieren und ein vielfältig verwendbares Rechnungssystem anzubieten, entwickelte *Riebel* die **relative Einzelkostenrechnung.**

Diese Variante der Deckungsbeitragsrechnung ist in besonderem Maße **entscheidungsorientiert,** d. h. an der Hauptaufgabe des Rechnungswesens ausgerichtet, der Vorbereitung von unternehmerischen Entscheidungen zu dienen. Daher basiert die relative Einzelkostenrechnung auf einer konsequenten Verwirklichung des Verursachungsgedankens: Nur die direkt und ohne Schlüsselung zurechenbaren **Einzelkosten** werden den Produkten bzw. Leistungen angelastet, fixe und variable Gemeinkosten sind dagegen von einer Verteilung auf die Leistungseinheiten ausgeschlossen. Durch diese entscheidungsorientierte Erfassung werden ausschließlich **entscheidungsrelevante Kosten** zugerechnet, was eine exakte Ausführung der dispositiven Aufgaben der Kostenrechnung, insbesondere Planung und Kontrolle des Erfolgs, erlaubt. *Riebel* interpretiert das Zurechnungsprinzip demzufolge als **Identitätsprinzip** (vgl. S. 520), d. h. daß „nur solche Kosten und Erlöse einander gegenübergestellt oder einem Untersuchungsobjekt zugerechnet werden dürfen, die auf eine identische Entscheidung zurückgehen" (*Riebel,* Einzelkostenrechnung, S. 360). Da jede Entscheidungssituation unterschiedliche Kosten direkt beeinflußt, kommt bestimmten Kostenarten eine Klassifizierung als Einzel- oder Gemeinkosten nur im Hinblick auf eine spezielle Entscheidungssituation zu. Eine Differenzierung nach Einzel- und Gemeinkosten wird deshalb nicht mehr **absolut,** sondern nur noch **relativ,** d. h. bezugsgrößenabhängig, vorgenommen.

Durch die Wahl einer geeigneten Bezugsgröße (Produkt, Produktgruppe, Kostenstelle, Unternehmensbereich) lassen sich schließlich alle Kosten als Einzelkosten auffassen, im Extremfall ausschließlich bezogen auf das Gesamtunternehmen. Gemäß dem Identitätsprinzip sind demnach alle Kosten als Gemeinkosten anzusehen, solange sie auf Dispositionen zurückgehen, die auch noch andere als die betrachtete Bezugsgröße betreffen. Erst wenn eine so globale Bezugsgröße gefunden ist, von der die vormals als gegeben zu betrachtenden Gemeinkosten nun als entscheidungsrelevant anzusehen sind, werden die Kosten als relative Einzelkosten auf die Bezugsgröße verrechnet.

Als **Bezugsgrößen** kommen nicht nur Produkte und Kostenstellen, sondern grundsätzlich alle Objekte in Betracht, die Gegenstand einer Entscheidung sein können. Demzufolge lassen sich viele Arten verschiedener relativer Einzelkosten bilden. Die möglichen Bezugsgrößen können differenziert werden in:

(1) **Zeitliche Bezugsgrößen:** Unter dem Blickwinkel unterschiedlich langer Zeiträume kann die Variabilität der Kosten z. B. eingeteilt werden in Wochen-, Monats-, Quartals-, Halbjahres- und Jahres-Einzelkosten.

(2) **Sachliche Bezugsgrößen:** In sachlicher Hinsicht lassen sich zahlreiche verschiedene Zurechnungsobjekte finden (z. B. Beschäftigungseinfluß, Zahlungswirksamkeit, Unternehmensbereiche, Produkte etc.).

Aus der unendlichen Vielzahl der Zurechnungskategorien muß jede Unternehmung die für sie geeignete Auswahl treffen. Die ausgewählten Aspekte müssen sodann hierarchisch geordnet werden, wodurch eine **Bezugsgrößenhierarchie** entsteht. Als Beispiel einer derartigen Bezugsgrößenhierarchie kann die folgende Darstellung dienen (*Schweitzer/Küpper,* Kostenrechnung, S. 392):

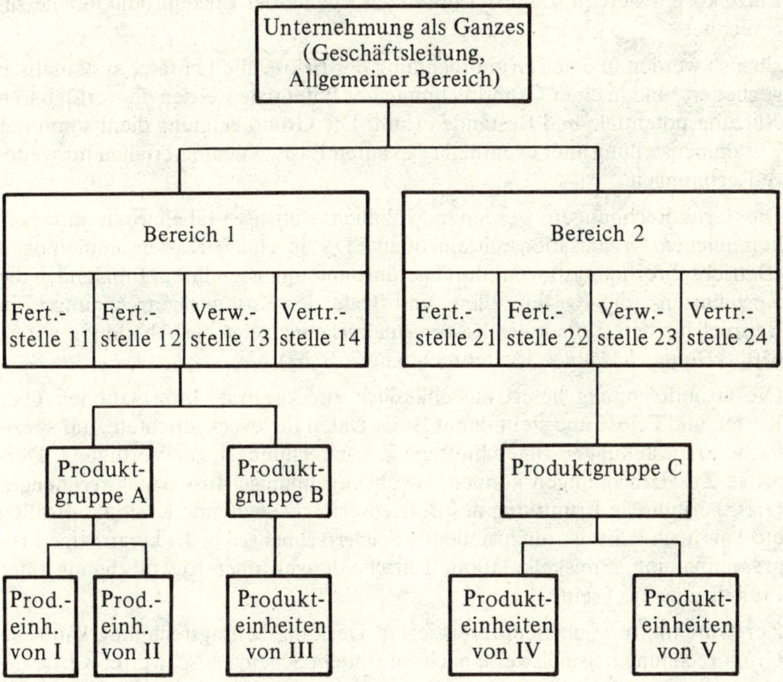

Beispielhafte Bezugsgrößenhierarchie in der Einzelkostenrechnung

Die Einteilung in fixe und variable Kosten ist *Riebel* zu mehrdeutig und zu grob. Er trennt die Kosten daher in die umfassenderen Kategorien der Leistungskosten und der Bereitschaftskosten. Alle Kosten, die sich automatisch mit dem realisierten Leistungsprogramm ändern, werden den **Leistungskosten** zugeordnet. Alle Kosten, die kurzfristig nicht veränderbar sind, da sie die Voraussetzung für die Schaffung eines Leistungsprogramms darstellen, sind als **Bereitschaftskosten** einzustufen (*Riebel,* Einzelkostenrechnung, S. 153f.).

Da jeder Entscheidung unterschiedliche Einzelkosten als relevante Kosten zurechenbar sind, muß zur Realisierung der Einzelkostenrechnung aus Gründen der Praktikabilität ein Rechenwerk geschaffen werden, das zunächst sämtliche Kosten und Erlöse unabhängig von einer spezifischen Entscheidungssituation erfaßt. Diese **Grundrechnung** muß zweckneutral sein und sich darauf beschränken, alle Daten so zu erfassen, daß sie Grundlage für eine Vielzahl einzelner Entscheidungen sein können.

Die Kostenerfassung erfolgt in der Grundrechnung so, daß sämtliche Kosten in der Hierarchie der unternehmensindividuellen, betrieblichen Bezugsgrößen auf der (niedrigsten) Stufe zugerechnet werden, wo sie noch als Einzelkosten ausgewiesen werden können. Im Gegensatz zum herkömmlichen Betriebsabrechnungsbogen werden die einzelnen Kostenarten stets bei den Zurechnungsobjekten ausgewiesen, für die sie sich direkt erfassen lassen, d.h. sie werden nicht weiterverrechnet. Nur die den Erzeugniseinheiten **direkt** zurechenbaren Einzelkosten werden somit der untersten Ebene, der Einzelproduktebene zugerechnet.

Ebenso werden in einer Grundrechnung der Erlöse alle Umsätze systematisch gegliedert, und in einer Grundrechnung der Potentiale werden die verfügbaren Nutzungspotentiale und Bestände erfaßt. Die Grundrechnung dient somit der Zusammenstellung aller eventuell relevanten Basiszahlenmaterialien für weitere Rechnungen.

Die Grundrechnungen werden gewöhnlich statistisch-tabellarisch mit herkömmlichen Organisationsmitteln oder EDV in einem Kostensammelbogen (Betriebsabrechnungsbogen) durchgeführt und umfassen ihrem Inhalt nach die Kostenarten-, die Kostenstellen- und Teile der Kostenträgerrechnung. Ein Beispiel für den **Aufbau der Kostengrundrechnung** zeigt die Abbildung auf S. 630f. (*Hummel/Männel,* Kostenrechnung 2, S. 67).

Die Grundrechnung liefert ausschließlich **zweckneutrale** Informationen über Kosten und Erlöse und stellt damit Basis-Daten für zweckgerichtete, auf spezifische Fragestellungen zugeschnittene Zusatzrechnungen zur Verfügung. Derartige Zusatzrechnungen können sowohl regelmäßige **Auswertungsrechnungen** (z.B. periodische Ermittlung des Betriebserfolges, laufende Kostenkontrollen etc.) als auch fallweise aufzustellende **Sonderrechnungen** (z.B. kurzfristige Programmplanung, Preiskalkulation, Entscheidungen über Eigenfertigung oder Fremdbezug etc.) sein.

Zur Durchführung einer differenzierten Deckungsbeitragsrechnung kann die Grundrechnung beispielsweise nach folgendem Schema ausgewertet werden:

Bruttoumsatz zu Listenpreisen ./. Rabatte ./. preisabhängige Vertriebseinzelkosten der Erzeugnisse (z.B. Umsatzsteuer, Vertreterprovisionen, Kundenskonti) ——— = Nettoerlös I ./. mengenabhängige Vertriebseinzelkosten der Erzeugnisse (z.B. Frachten) ——— = Nettoerlös II	für jedes Erzeugnis

= Nettoerlös II ./. Stoffkosten (soweit Erzeugniseinzelkosten, z. B. Rohstoffe, Verpackung)	für jedes Erzeugnis
= Deckungsbeitrag I ./. variable Löhne (soweit Erzeugniseinzelkosten)	
= Deckungsbeitrag II (über die variablen Einzelkosten)	
Summe der Deckungsbeiträge II aller Erzeugnisse der Abteilung (oder Erzeugnisgruppe) ./. direkte Kosten der Abteilung (oder Erzeugnisgruppe)	für jede Abteilung oder Erzeugnisgruppe
= Deckungsbeitrag der Abteilung (über die Erzeugnis- und die Abteilungseinzelkosten)	

Die weitere Fortführung der Deckungsbeitragsrechnung und die Lösung spezieller Problemstellungen hängt von der jeweiligen Fragestellung und nicht zuletzt auch von den betrieblichen Eigenarten ab. Mustergliederungen, die allgemein verbindlich wären, können nicht erstellt werden.

Prinzipiell verläuft die **Betriebsergebnisrechnung** jedoch wie bei Anwendung der retrograden Fixkostendeckungsrechnung, indem von den Erlösen ausgehend sukzessiv die jeweils zurechenbaren relativen Einzelkosten auf den einzelnen Stufen in Abzug gebracht werden. Obiges Schema läßt sich beispielsweise zur Ermittlung des Betriebserfolgs folgendermaßen fortsetzen:

Summe der Deckungsbeiträge der Abteilungen ./. Einzelkosten des Gesamtbetriebes
= Betriebserfolg

Anwendung findet die Einzelkostenrechnung sowohl im Rahmen der kurzfristigen Erfolgsrechnung, die Deckungsbeiträge über die auf den einzelnen Stufen kurzfristig variablen Einzelkosten ermittelt, als auch bei Liquiditätsüberlegungen, die nach den Deckungsbeiträgen über die ausgabenahen Einzelkosten auf den einzelnen Stufen fragen.

Die Parallelen und die Ähnlichkeit der relativen Einzelkostenrechnung mit der stufenweisen Fixkostenrechnung sind offensichtlich: Während in der mehrstufigen Deckungsbeitragsrechnung eine Schichtung des Fixkostenblocks und eine entsprechend differenzierte Verrechnung vorgenommen wird, erfolgt in der relativen Einzelkostenrechnung eine Gliederung und Zurechnung der relativen Einzelkosten. Das Verfahren von *Riebel* ist jedoch insofern konsequenter, als auf jede schlüsselmäßige Verteilung gänzlich verzichtet wird, so daß auch variable Gemeinkosten nicht auf einzelne Leistungseinheiten verteilt werden.

Insgesamt kann die Deckungsbeitragsrechnung auf der Basis relativer Einzelkosten als das hinsichtlich der **verursachungsgerechten Kostenzurechnung** exakteste Verfahren bezeichnet werden. „Alle Illusionen, die durch die Aufschlüsselung von Gemeinkosten und die Proportionalisierung von fixen Kosten hervorgerufen werden können, sind ausgeschaltet“ (*Riebel,* Einzelkostenrechnung, S. 56). Problematisch erscheint dabei allerdings, ob das theoretisch einwandfreie Fundament der relativen Einzelkostenrechnung, nämlich die Anwendung

					I	II	III	IV	V	VI	VII	VIII	IX	X	XI	XII	XIII	XIV
ZURECHNUNGSOBJEKTE						KOSTENSTELLEN							KOSTENTRÄGER					
					Hilfsstelle	Fertigungsstellen			Material-stelle	Verwalt.-stelle	Vertriebs-stelle	Gesamtun-ternehmen	Erzeugnisarten					Σ
KOSTENKATEGORIEN				KOSTENARTEN (Beispiele)	H	F_1	F_2	F_3	M	VW	V	G	P_1	P_2	P_3	P_4	P_5	
1	LEISTUNGSKOSTEN	absatzabhängige Kosten	absatzwertabhängige Kosten	Verkaufsprovision									20	10	5	15	10	60
2				Umsatzlizenzen									–	5	15	–	20	40
3				Zölle									5	–	–	10	5	20
4			von sonstigen Faktoren abhängige Kosten	Ausgangsfrachten							80							80
5				Verpackungskosten							50							50
6		erzeugungsabhängige Kosten	losgrößenunabhängige Kosten	Materialverluste		5	–	5										10
7				Energie		30	15	20										65
8			erzeugungsmengen-abhängige Kosten	Rohstoffe	30								60	75	100	50	70	385
9				Hilfsstoffe	50								10	10	20	5	15	110
10				Energie									5	10	15	10	5	45
11				Lizenzen									10	–	–	15	–	25
12				Überstunden-Löhne			10			5			5	10	–	10	15	55
13				Personal-Leasing-Kosten						10			–	5	5	–	–	20
14	Σ		Leistungskosten		80	35	25	25	–	15	130	–	115	125	160	115	140	965

ZURECHNUNGSOBJEKTE				I	II	III	IV	V	VI	VII	VIII	IX	X	XI	XII	XIII	XIV
					KOSTENSTELLEN							KOSTENTRÄGER					
				Hilfsstelle	Fertigungsstellen			Materialstelle	Verwalt.-stelle	Vertriebs-stelle	Gesamtunternehmen	Erzeugnisarten					Σ
KOSTENKATEGORIEN			KOSTENARTEN (Beispiele)	H	F_1	F_2	F_3	M	VW	V	G	P_1	P_2	P_3	P_4	P_5	
15	BEREITSCHAFTSKOSTEN	Monatseinzelkosten	Fertigungslöhne	10	80	85	70									10	255
16			Betriebsstoffe	5	10	10	5	5	5	15							55
17			Fremddienste	5	–	5	10	10	10	5							45
18			Büromaterial	5	5	10	5	5	10	10							50
19			Heizmaterial	5	10	5	10	5	5	5							45
20		Quartalseinzelkosten	Miete								30					5	35
21			Versicherung								10						10
22			Gehälter	10	20	30	25	30	40	30						10	195
23		Jahreseinzelkosten	Miete								20						20
24			Vermögensteuer								50						50
25			Grundsteuer								5						5
26			Gewerbekapitalsteuer								10						10
27			Pacht								10						10
28			Pauschallizenzen										5				5
29	Σ	Bereitschaftskosten		40	125	145	125	55	70	65	135	–	5	–	–	25	790
30	Σ	Gesamtkosten (Zeile 14 + Zeile 29)		120	160	170	150	55	85	195	135	115	130	160	115	165	1755

Aufbau der Grundrechnung im System der relativen Einzelkostenrechnung

des Identitätsprinzips auf die Bezugsgrößenhierarchie, praktikabel ist und damit eine entsprechend breite Anwendung in der Praxis finden kann: Ein strenges Festhalten am Identitätsprinzip führt zu erheblich höheren Gemeinkosten und damit zu vergleichsweise hohen Deckungsbeiträgen, da ja nur die jeweiligen Einzelkosten zugerechnet werden (vgl. Übungsbeispiel). Zu bemängeln ist weiterhin, daß kein Betriebserfolg ausgewiesen wird und eine Kalkulation bzw. Preisermittlung nicht möglich ist, da keine eindeutige Periodisierung aller Bereitschaftskosten vorgenommen wird. *Riebel* sieht es allerdings nicht als Aufgabe der Betriebswirtschaftslehre an, „dem praktischen Bedürfnis nach Beantwortung dieser Frage dadurch entgegenzukommen, daß sie Verrechnungsmethoden zu entwickeln oder konservieren hilft, die nichts anderes als eine Mischung aus viel Dichtung und wenig Wahrheit darstellen" (*Riebel,* Einzelkostenrechnung, S. 57).

Übungsbeispiel:

Die bereits erwähnte chemische Fabrik (s. S. 617, 623) realisiert ihre Deckungsbeitragsrechnung auf der Basis relativer Einzelkosten. Die Grundrechnung der Kosten enthält dabei die auf S. 633 angegebenen Daten.

Erstellen Sie aufgrund der aus der Grundrechnung entnehmbaren relativen Einzelkosten die differenzierte Deckungsbeitragsrechnung eines Jahres (Marktpreise s. Übungsaufgabe S. 623). Gehen Sie davon aus, daß die Produktgruppen Zahnpasta und Balsam/Lotion in Kostenstelle 1, Haarspray in Kostenstelle 2 und Seife in Kostenstelle 3 gefertigt werden. Kostenstelle 2 und Kostenstelle 3 bilden den Unternehmensbereich II.

Lösung:

Anmerkung:

Vergleicht man die Lösung der Fixkostendeckungsrechnung (S. 624f.) mit der relativen Einzelkostenrechnung (S. 634), so fällt auf, daß der Produkt- bzw. Erzeugnisdeckungsbeitrag der relativen Einzelkostenrechnung in seiner Summe um 57.050 höher als der entsprechende Deckungsbeitrag II der stufenweisen Fixkostendeckungsrechnung ist. Ebenso ist der in der relativen Einzelkostenrechnung ausgewiesene Produktgruppen-Deckungsbeitrag um 42.050 und der Kostenstellen-Deckungsbeitrag um 12.300 höher als der entsprechende Deckungsbeitrag der Fixkostendeckungsrechnung. Der Grund dafür liegt darin, daß die variablen Gemeinkosten bis zu der entsprechenden Abrechnungsstufe nur zum geringen Teil direkt als Einzelkosten und zum großen Teil erst bei der nächsthöheren Stufe der Bezugsgrößenhierarchie ohne Schlüssel entsprechend dem Identitätsprinzip zugeordnet werden können. Durch die Verrechnung der Gemeinkosten können sich deshalb im Vergleich mit anderen Deckungsbeitragsrechnungen zahlenmäßig höhere Deckungsbeiträge und damit auch eine abweichende Rangfolge bei der Programmwahl und Produktbeurteilung ergeben.

Zurechnungsobjekte / Kostenkategorien			Kostenstellen: Stellen 1	Stellen 2	Stellen 3	Bereich I	Bereich II	Gesamtunternehmen	Kostenträger: Produkte: Zahnpasta	Hautbalsam	Sonnenlotion	Lady	Comtessa	Ozean	Deo-Ozean	Produktgruppen: Balsam/Lotion	Haarspray	Seife	Σ
Leistungskosten	mengenabhängige	Fertigungsmaterial							3.300	800	2.400	9.600	6.750	5.000	4.800				32.650
		Akkordlöhne							1.200	700	3.200	8.400	4.500	2.500	2.400				22.900
		Vertriebskosten							1.800	900	1.400	2.600	1.100	1.200	1.000				10.000
		Überstundenlöhne	3.250	3.000	1.500														7.750
	preisabhängige	Verpackungsmaterial																	
		Werbung														1.300	7.800	4.900	14.000
		Lizenzen							900	200				600	400		1.000		3.100
Bereitschaftskosten	Monat	Energie	400	300	300														1.000
		Fertigungslöhne	800	500	700														2.000
		Gehälter (monatl. Kündigung)				525	500												1.025
	Quartal	Gehälter (viertelj. Kündigung)				200	300												500
		Heizkosten				225	500												725
	Jahr	Versicherung						2.700											2.700
		Vermögensteuer						3.000											3.000

Grundrechnung der Kosten

Produkt	Zahnpasta	Balsam/Lotion: Hautbalsam	Balsam/Lotion: Sonnenlotion	Haarspray: Lady	Haarspray: Comtessa	Seife: Ozean	Seife: Deo-Ozean	Σ
Bruttoumsatz	21.000	5.400	23.200	39.600	34.500	22.500	22.400	168.600
./. Vertriebseinzelkosten	1.800	900	1.400	2.600	1.100	1.200	1.000	10.000
Nettoerlös	19.200	4.500	21.800	37.000	33.400	21.300	21.400	158.600
./. Materialeinzelkosten	3.300	800	2.400	9.600	6.750	5.000	4.800	32.650
Deckungsbeitrag I	15.900	3.700	19.400	27.400	26.650	16.300	16.600	125.950
./. Lohneinzelkosten	1.200	700	3.200	8.400	4.500	2.500	2.400	22.900
Deckungsbeitrag II	14.700	3.000	16.200	19.000	22.150	13.800	14.200	103.050
./. Lizenzeinzelkosten	900	200	–	–	–	600	400	2.100
Produkt-Deckungsbeitrag	13.800	2.800	16.200	19.000	22.150	13.200	13.800	100.950
./. Produktgruppen-Einzelkosten								
Werbekosten		1.300		7.800		4.900		14.000
Lizenzgebühren				1.000				1.000
Produktgruppen-Deckungsbeitrag	13.800	17.700		32.350		22.100		85.950
./. Stelleneinzelkosten								
Überstundenlöhne	3.250			3.000		1.500		7.750
Energie } 12 × Monatskosten	4.800			3.600		3.600		12.000
Löhne }	9.600			6.000		8.400		24.000
Stellen-Deckungsbeitrag	13.850			19.750		8.600		42.200
./. Bereichseinzelkosten								
12× monatl. Gehälter	6.300			6.000				12.300
4× Quart. Gehälter	800			1.200				2.000
4× Heizkosten	900			2.000				2.900
Bereichs-Deckungsbeitrag	5.850			19.150				25.000
./. Unternehmens-Einzelkosten								
Versicherung	2.700							2.700
Vermögensteuer	3.000							3.000
Unternehmens-Deckungsbeitrag	19.300							19.300

Ergänzende Literatur zu: 4.4 Deckungsbeitragsrechnung

Agthe, Direct Costing, S. 404–418
Chmielewicz, Rechnungswesen 2, S. 149–176
Eisele/Leypoldt, Kostenrechnung, S. 277–288
Hummel/Männel, Kostenrechnung 2, S. 39–132
Kloock/Sieben/Schildbach, Kosten- und Leistungsrechnung, S. 221–245
Mellerowicz, Kalkulationsverfahren, S. 11–16; 73–253
Riebel, Einzelkostenrechnung, S. 35–59; 149–157; 204–268
Schweitzer/Küpper, Kostenrechnung, S. 310–431
Weber, Rechnungswesen, S. 349–393

4.5 Normalkostenrechnung

Charakteristisch für die bisher beschriebenen Kostenrechnungssysteme ist, daß sie die tatsächlich in einer vergangenen Rechnungsperiode angefallenen Kosten der Abrechnung zugrundelegen: Diese Kostenrechnungssysteme werden deshalb unter dem Begriff **Istkostenrechnung** zusammengefaßt (vgl. Teil B, Abschn. 4.23, S. 516ff.).

Der Nachteil dieser Istkostenrechnungssysteme ist darin zu sehen, daß jede zufällige Änderung der Kosteneinflußfaktoren (Faktorpreise, Verbrauchsmengen, Beschäftigung) voll auf die Kostenhöhe durchschlägt und dadurch den Aussagewert der Abrechnung für spezifische Zwecke in Frage stellt: So kann es vorkommen, daß für das gleiche Produkt in verschiedenen Perioden unterschiedliche Herstell- oder Selbstkosten errechnet werden und dafür jeweils die Kalkulation umgestellt werden muß; weiterhin ist eine vergleichende Auswertung des Zahlenmaterials und somit eine wirksame Kostenkontrolle erschwert. Dispositive Entscheidungen auf der Grundlage sich ständig ändernder Istkosten werfen weitere Probleme auf.

Die Istkostenrechnung ist daher ein recht schwerfälliges und zeitintensives Abrechnungssystem, das die Ermittlung effektiv angefallener Kosten über Schlüsselungen in der Kostenstellen- und Kostenträgerrechnung erst am Ende einer Abrechnungsperiode erlaubt. Für die Zwecke der interperiodischen Entscheidungsfindung und zeitnahen Kontrolle ist die Istkostenrechnung somit denkbar ungeeignet. Die **Normalkostenrechnung** dient als Weiterentwicklung der Istkostenrechnung der **Vereinfachung** des Abrechnungsprozesses, um damit schon während der laufenden Abrechnungsperiode jederzeit aktuelle Informationen als Grundlage für Planungs- und Kontrollaufgaben liefern zu können.

Das Ziel, die rechnerisch schwerfällige und zeitaufwendige Istkostenrechnung zu vereinfachen und zu aktualisieren, wird erreicht, indem in der Normalkostenrechnung statt effektiver Istkostenwerte feste, normalisierte Verrechnungssätze (**Normalkosten**) eingeführt werden. Dadurch werden die vielfältigen Beschäftigungs- und Preisschwankungen, die sämtlich Einfluß auf die Kostenhöhe haben, eliminiert und die Abrechnung somit verstetigt. Da Normalkosten bereits zu Beginn der jeweils laufenden Abrechnungsperiode ermittelt und für den gesamten Zeitraum konstant gehalten werden, erlauben sie die jederzeitige Durchführung innerbetrieblicher Leistungsverrechnung und Kalkulation.

4.51 Normalisierte Verrechnungssätze

Als **Normalkosten** werden standardisierte (genormte) Kosten als **Durchschnittswerte** aus einer größeren Zahl von Istkostenwerten vergangener Abrechnungszeiträume bezeichnet. Sofern im Wege der Normalkostenermittlung (Durchschnittsbildung) künftig erwartete Änderungen der Kosteneinflußgrößen nicht berücksichtigt werden, spricht man von **statischen Mittelwerten.** Häufig werden jedoch außergewöhnliche Kostensprünge (Ausreißer) eliminiert, um die Kosten zu ermitteln, die durch einen normalen, d.h. durchschnittlichen Produktionsablauf verursacht werden (**aktualisierte Mittelwerte**). Dabei werden die

Normalkosten korrigiert, indem kurzfristig eingetretene oder sich auf Dauer abzeichnende Veränderungen der Kosteneinflußfaktoren (z. B. Lohntariferhöhungen) in die Berechnung miteinbezogen werden. In der Regel werden diese Korrekturen nicht im Wege der prospektiven Vorschaurechnung ermittelt, sondern es sind vielmehr aus der Vergangenheit gezielt solche Abrechnungszeiträume auszuwählen, die für die Ermittlung aktualisierter Mittelwerte repräsentativ sind (z. B. Unter- oder Überbeschäftigungsperioden). Werden dagegen Planelemente, d. h. zukünftig erwartete Kosteneinflüsse bewußt in die Korrektur der Mittelwerte miteinbezogen, erfolgt eine Annäherung der Normalkostenrechnung an die Plankostenrechnung (s. Teil B, Abschn. 4.6, S. 643ff.).

Die **Ermittlung der Normalkosten** für die Zwecke innerbetrieblicher Leistungsverrechnung (Sekundärkostenrechnung, s. S. 554ff.) richtet sich an spezifischen Schlüsselgrößen (Bezugsgrundlagen der Kostenverteilung) aus. Dazu wird aus den in einem bestimmten Abrechnungszeitraum t verbrauchten Leistungseinheiten LE (z. B. Kilowattstunden, Arbeitsstunden) einer Kostenstelle je ein statistischer Mittelwert Ø LE gebildet:

$$\text{Ø } LE_j = \frac{\sum_{t=1}^{n} LE_{tj}}{n} \qquad \text{mit } j = 1 \ldots m$$

LE = Leistungseinheiten (z. B. Arbeitsstunden)
n = Anzahl der Abrechnungsperioden (z. B. Monat)
m = Anzahl der Kostenstellen

Analog werden Durchschnittswerte der gesamten Istkosten Ø K (Einzel- und Gemeinkosten) des entsprechenden vergangenen Abrechnungszeitraumes t je Kostenstelle j berechnet:

$$\text{Ø } K_j = \frac{\sum_{t=1}^{n} K_{tj}}{n} \qquad \text{mit } j = 1 \ldots m$$

K = Gesamtkosten

Den gesuchten festen Verrechnungssatz erhält man dann durch Division der beiden durchschnittlichen Größen Ø LE und Ø K anhand des folgenden Quotienten:

$$\text{fester Verrechnungssatz} = \frac{\text{Ø } K_j}{\text{Ø } LE_j} \qquad \text{mit } j = 1 \ldots m$$

Dieser **feste Verrechnungssatz** entspricht den Normalkosten pro Leistungseinheit einer Kostenstelle, mit dem sämtliche erbrachten innerbetrieblichen Leistungen bewertet werden können. Mußten in der Istkostenrechnung am Ende der Abrechnungsperiode aufwendige Gleichungssysteme zur Ermittlung der Verrechnungssätze herangezogen werden (vgl. S. 554ff.), so sind in der Normalkostenrechnung sukzessiv sofort bei jeder innerbetrieblichen Lieferung oder Leistung die angefallenen Kosten mit Hilfe obiger Verrechnungssätze festzustellen. Verbraucht eine Kostenstelle z. B. 10.000 kWh Strom, so kann diese Leistung der Hilfskostenstelle Stromerzeugung sofort mit Hilfe des festen Normalkostensatzes bewertet und abgerechnet werden (vgl. S: 575f.).

Auch in der Kostenträgerstückrechnung (s. S. 586ff.) können feste Verrechnungssätze nach obigem Schema ermittelt und zur Vereinfachung des Abrechnungsprozesses eingesetzt werden. Da erst nach Abschluß einer Rechnungsperiode die insgesamt angefallenen Istkosten sowie die hergestellten Gütermengen bekannt sind, ist eine Durchführung der Kalkulation im System der Istkostenrechnung erst am Periodenende möglich. Die Einführung normalisierter Verrechnungssätze erlaubt dagegen schon während des Abrechnungszeitraumes eine **aktuelle Kostenträgerstückrechnung.** Dazu werden normalisierte Zuschlagssätze aus den in der Vergangenheit durchschnittlich realisierten Gemein- und Einzelkosten der Hauptkostenstellen abgeleitet und unter Verwendung des Schemas der Zuschlagskalkulation (s. S. 589) zur Ermittlung der Selbstkosten verschiedener Kostenträger herangezogen.

4.52 Starre und flexible Normalkostenrechnung

Die Normalkostenrechnung wird, wie oben gezeigt, dadurch vollzogen, daß im Mengengerüst mit Normalmengen, im Preisgerüst mit festen Verrechnungspreisen bei den Einzelkosten und mit Normalkostenzuschlägen für die Gemeinkosten gearbeitet wird.

Im Regelfall werden zwischen den verrechneten Normalkosten und den dann in der betreffenden Periode tatsächlich entstandenen Istkosten Abweichungen auftreten. Sind die Istkosten höher als die verrechneten Normalkosten, so tritt eine **Kostenunterdeckung** auf; umgekehrt liegt eine **Kostenüberdeckung** vor, wenn die Normalkosten die effektiv entstandenen Kosten übersteigen. Eine Übereinstimmung der Beträge in der Normalkostenrechnung mit denen der Istkostenrechnung kommt nur dann zustande, wenn die normalisierten Werte zufällig den Istgrößen entsprechen bzw. wenn Über- und Unterdeckungen sich gerade ausgleichen. Kostenunter- und Kostenüberdeckungen werden rechentechnisch direkt auf das Betriebsergebniskonto übernommen, bedürfen aber einer besonderen **Ursachenanalyse.** Diese kann sich grundsätzlich auf zwei Bereiche erstrecken:

- auf die **Preisabweichung** als Differenz zwischen den verrechneten Preisen (Normalpreisen) und den Istpreisen der Kostengüter:

  Preisabweichung: (Istmenge × Verrechnungspreis)
  ./. (Istmenge × Istpreis)
  = Istmenge (Verrechnungspreis ./. Istpreis)

- auf die **Mengenabweichung** als Unterschied zwischen den durchschnittlichen Mengen der abgelaufenen Perioden (Normalmengen) und den tatsächlich verbrauchten Mengen. Wertmäßig ausgedrückt:

  Mengenabweichung: (Normalmenge × Verrechnungspreis)
  ./. (Istmenge × Verrechnungspreis)
  = Verrechnungspreis (Normalmenge ./. Istmenge)

Beispiel:

Die Monatsproduktion von 10.000 Plastikeimern hat in einem kleineren Betrieb bisher durchschnittlich verursacht:

- Fertigungsmaterialeinsatz: 800 kg Rohware zu je 5 DM/kg.
- Fertigungslohneinsatz: 500 Stunden zu je 18 DM/Std.
- Fertigungsgemeinkosten 1.000; es wurde ein Normalgemeinkostenzuschlagssatz von 2 DM/Std. gebildet.

In der folgenden Abrechnungsperiode wurden für die Monatsproduktion tatsächlich verbraucht:

- 820 kg Rohware zum gestiegenen Preis von je 5,20 DM/kg.
- 490 Arbeitsstunden bei einer Tariferhöhung auf 18,50 DM/Std.
- Fertigungsgemeinkosten insgesamt 931.

Die Kostenabweichung ist
a) pauschal
b) differenziert nach Preis- und Mengenabweichung
zu ermitteln und graphisch darzustellen.

Lösung:

a) Normalkosten:

Fertigungsmaterial 800 kg · 5 DM/kg	4.000
+ Fertigungslöhne 500 Std. · 18 DM/Std.	9.000
+ Fertigungsgemeinkosten	1.000
= Normalkosten	14.000

Istkosten:

Fertigungsmaterial 820 kg · 5,20 DM/kg	4.264
+ Fertigungslöhne 490 Std. · 18,50 DM/Std.	9.065
+ Fertigungsgemeinkosten	931
= Istkosten	14.260

Kostenabweichung (Kostenunterdeckung): 14.000 ./. 14.260 = − 260

b) Preisabweichungen für

Material 820 kg · (5 DM/kg ./. 5,20 DM/kg)	− 164
+ Löhne 490 Std. · (18 DM/Std. ./. 18,50 DM/Std.)	− 245
+ Gemeinkosten 490 Std. · (2 DM/Std. ./. 1,90 DM/Std.)	+ 49
= Preisabweichung	− 360

Mengenabweichungen für

Material 5 DM/kg · (800 kg ./. 820 kg)	− 100
+ Löhne 18 DM/Std. · (500 Std. ./. 490 Std.)	+ 180
+ Gemeinkosten 2 DM/Std. · (500 Std. ./. 490 Std.)	+ 20
= Mengenabweichung	+ 100

Kostenabweichung (Kostenunterdeckung) = Preisabweichung + Mengenabweichung: − 360 + 100 = − 260

Graphische Lösung:

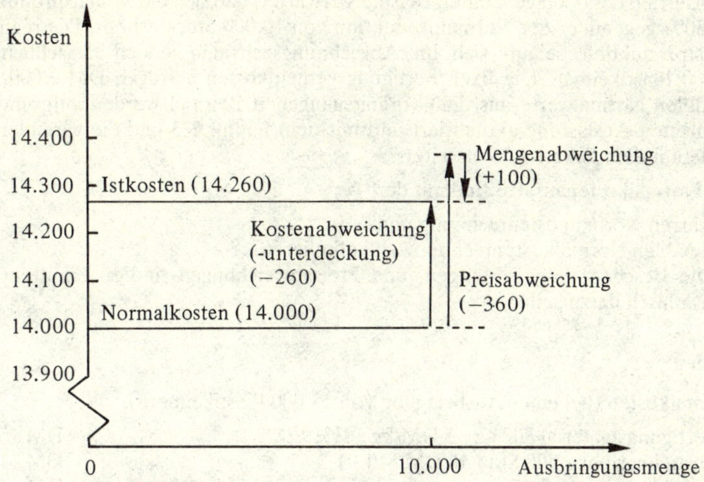

In der oben dargestellten Form der Normalkostenrechnung werden Kostenabweichungen ausschließlich auf Veränderungen der Faktorpreise und des mengenmäßigen Gütereinsatzes zurückgeführt. Von einer unterschiedlichen Ausnutzung der vorhandenen Kapazität wird dagegen abstrahiert, d.h. Beschäftigungsschwankungen werden nicht explizit erfaßt, sondern gehen mit in die Komponente „Mengenabweichung“ ein. Da zeitliche Variationen der Beschäftigungshöhe damit nicht in die Rechnung einbezogen werden, spricht man hier von der **starren Normalkostenrechnung.**

Der entscheidende Schritt bei der Weiterentwicklung der starren Normalkostenrechnung zur **flexiblen Normalkostenrechnung** besteht darin, daß die gesamte Kostenabweichung in einen Teil aufgespalten wird, der nur in Beschäftigungsschwankungen seine Ursache hat (Beschäftigungsabweichungen), und einen anderen Teil, der alle durch die übrigen Kosteneinflußfaktoren verursachten Abweichungen (global als Mengen- und Preisabweichung bezeichnet) erfaßt. Zur Durchführung dieser Rechnung ist somit eine strikte **Aufteilung der Gemeinkosten** in ihre fixen (beschäftigungsunabhängigen) und variablen (beschäftigungsabhängigen) Bestandteile vorzunehmen.

Während das Ziel der starren Normalkostenrechnung primär darin besteht, eine Vereinfachung der laufenden Abrechnung zu bewirken, wird mit der flexiblen Normalkostenrechnung vor allem eine Intensivierung der **Kostenkontrolle** angestrebt. Die laufende Abspaltung der Beschäftigungsabweichung kompliziert zwar die Rechnung, ermöglicht demgegenüber aber eine nach Kostenstellen differenzierte Kostenkontrolle. Durch die Umgliederung der beschäftigungsabhängigen Gemeinkosten von den fixen zu den variablen Kostenbestandteilen wird die Eignung der Normalkostenrechnung für Kontroll- und Prognosezwecke verbessert, da nun die (gegebenenfalls aktualisierten) Durchschnittswerte der Vergangenheit an unterschiedliche, erwartete Ausbringungsmengen angepaßt werden können.

Übungsbeispiel:

Der Betrieb des oben genannten Beispiels erwartet, daß sich die Monatsproduktion um 30% gegenüber der Normalproduktion von 10.000 Stück erhöht. Die realisierte Istproduktion beläuft sich im Abrechnungszeitraum jedoch tatsächlich auf 12.800 Plastikeimer. Die fixen Fertigungsgemeinkosten betragen DM 2.000. Die variablen Normalwerte aus dem vorangegangenen Beispiel werden aufgrund der erwarteten Auslastung aktualisiert und mit dem Faktor 1,3 und die variablen Istwerte mit dem Faktor 1,28 erweitert.

Die Normalkostenansätze sind mit der

a) starren Normalkostenrechnung und
b) flexiblen Normalkostenrechnung zu kalkulieren.
c) Die Beschäftigungs-, Mengen- und Preisabweichungen sind zu ermitteln und graphisch darzustellen.

Lösung:

Normalkosten (bei einer Ausbringung von 13.000 Plastikeimern):

Fertigungsmaterial 800 kg · 5 DM/kg · 1,3	DM 5.200
+ Fertigungslöhne 500 Std · 18 DM/Std · 1,3	DM 11.700
+ variable Fertigungsgemeinkosten 500 Std · 2 DM/Std · 1,3	DM 1.300
+ fixe Fertigungsgemeinkosten	DM 2.000
= gesamte Normalkosten	DM 20.200

Istkosten (bei einer Ausbringungsmenge von 12.800 Plastikeimern)

Fertigungsmaterial 820 kg · 5,20 DM/kg · 1,28	DM 5.457,92
+ Fertigungslöhne 490 Std · 18,50 DM/Std · 1,28	DM 11.603,20
+ variable Fertigungsgemeinkosten 490 Std · 1,90 DM/Std · 1,28	DM 1.191,68
+ fixe Fertigungsgemeinkosten	DM 2.000,—
= gesamte Istkosten	DM 20.252,80

a) starre Normalkostenrechnung

$$\text{Normalkostensatz: } \frac{20.200}{13.000} = 1{,}55385 \text{ DM/Plastikeimer}$$

Normalkostenfunktion: $K_{St} = 1{,}55385\ x$

gesamte verrechnete Normalkosten bei einer Produktion von 12.800:

$$K_{St} = 1{,}55385 \cdot 12.800$$
$$= 19.889{,}28$$

b) flexible Normalkostenrechnung

$$\text{variabler Normalkostensatz: } \frac{18.200}{13.000} = 1{,}4 \text{ DM/Plastikeimer}$$

Normalkostenfunktion: $K_{fl} = 2.000 + 1{,}4\ x$

gesamte flexible Normalkosten bei einer Produktion von 12.800:

$$K_{fl} = 2.000 + 1{,}4 \cdot 12.800$$
$$= 19.920$$

c) Die Abweichungen ergeben sich wie folgt:

– gesamte Abweichung:
gesamte Istkosten ./. gesamte verrechnete Normalkosten (K_{St})
= gesamte Über-/Unterdeckung
20.252,80 ./. 19.889,28 = 363,52 Unterdeckung

– Beschäftigungsabweichung:
K_{fl} ./. K_{St} = Beschäftigungsabweichung
19.920 ./. 19.889,28 = 30,72 Unterdeckung

– Verbrauchsabweichung:
gesamte Istkosten ./. gesamte flexible Normalkosten (K_{fl})
= sonstige Über-/Unterdeckung
20.252,80 ./. 19.920 = 332,80 Unterdeckung

– Abweichung differenziert nach Menge und Preis:

- Preisabweichung:

	Fertigungsmaterial	820 kg	· 1,28	(5 DM/kg ./. 5,20 DM/kg)	= DM – 209,92
+	Fertigungslöhne	490 Std	· 1,28	(18 DM/Std ./. 18,50 DM/Std)	= DM – 313,60
+	variable Gemeinkosten	490 Std	· 1,28	(2 DM/Std ./. 1,90 DM/Std)	= DM 62,72

- Mengenabweichung:

	Fertigungsmaterial	5 DM/kg	· 1,28	(800 kg ./. 820 kg)	= DM – 128,—
+	Fertigungslöhne	18 DM/Std	· 1,28	(500 Std ./. 490 Std)	= DM 230,40
+	variable Gemeinkosten	2 DM/Std	· 1,28	(500 Std ./. 490 Std)	= DM 25,60
	Verbrauchsabweichung				= DM – 332,80

Da nur variable Größen in die Rechnung Eingang finden, entspricht die Summe aus Preis- und Mengenabweichung dem Betrag der Verbrauchsabweichung (332,80).

Graphische Darstellung s. S. 642

Eine **Beurteilung der Zweckmäßigkeit** der Normalkostenrechnung muß sich an den der Kosten- und Leistungsrechnung zugewiesenen Aufgaben (Planung, Kontrolle und Hilfsfunktion bei externer Rechnungslegung, s. Teil B, Abschn. 4.1, S. 509f.) orientieren:

Die Normalkostenrechnung vermag den Abrechnungsprozeß, insbesondere die innerbetriebliche Leistungsverrechnung sowie die Kostenträgerstückrechnung erheblich zu vereinfachen und zu beschleunigen. Da die Wertansätze (Normalkosten) aber lediglich aus der Vergangenheit fortgeschrieben werden, besteht insbesondere bei der **Kostenkontrolle** die Gefahr, daß sich hinter den aus Vergangenheitswerten ermittelten Normalkosten Unwirtschaftlichkeiten verbergen und diese damit keinen geeigneten Maßstab zur Beurteilung der Kostenwirtschaftlichkeit abgeben. Bei Kenntnis von Beschäftigungsänderungen und deren Auswirkungen auf die Kostenentwicklung läßt die flexible Normalkostenrechnung allerdings einige Rückschlüsse auf Ursachen von Unwirtschaftlichkeiten zu. Vor allem aber zur Erfüllung unternehmerischer **Planungsaufgaben** bringt die Normalkostenrechnung keine Verbesserung gegenüber der Istkostenrechnung, da sie die betrieblichen Gegebenheiten der Vergangenheit lediglich fortschreibt und daher keine in der Zukunft liegenden Informationen über Kosten und Leistungen zur Verfügung stellen kann. Die

Herstellkosten auf Basis von Normalkosten können zur Bewertung des Vorratsvermögens in der Handelsbilanz nur dann herangezogen werden (**Hilfsfunktion** der Kostenrechnung), wenn zunächst – wie in der Istkostenrechnung – Korrekturen (Zusatzkosten, angemessene Teile der Verwaltungsgemeinkosten) vorgenommen werden und wenn folgende Bedingungen zutreffen (*Adler/Düring/Schmaltz,* Rechnungslegung, Anm. 262 zu § 255):

- der als Normalbeschäftigung festgelegte Beschäftigungsgrad entspricht vernünftigen kaufmännischen Überlegungen
- die Normalkosten entsprechen mindestens den tatsächlichen Kosten.

Graphische Lösung:

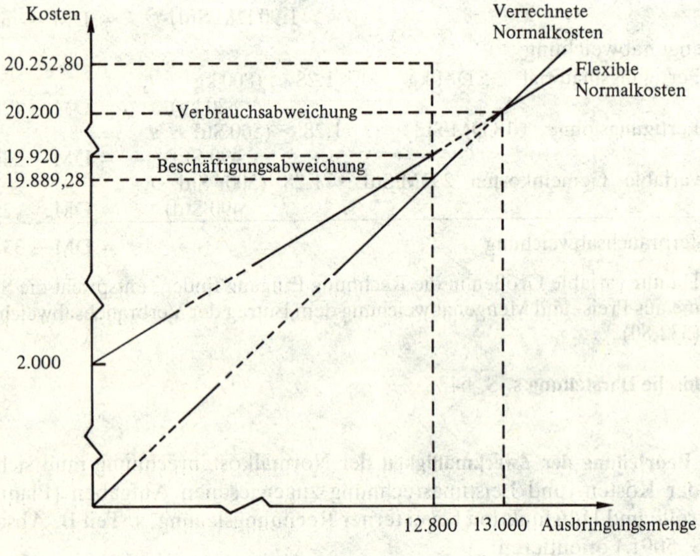

Ergänzende Literatur zu: 4.5 Normalkostenrechnung

Kilger, Plankostenrechnung, S. 32–40
Kloock/Sieben/Schildbach, Kosten- und Leistungsrechnung, S. 176–189
Olfert, Kostenrechnung, S. 221–234
Rasche, Kostenrechnung, S. 44–47
Schweitzer/Küpper, Kostenrechnung, S. 238–241, 378–384
Wilkens, Kosten- und Leistungsrechnung, S. 146–149, 187–190

4.6 Plankostenrechnung

Weder die Istkostenrechnung (Abschn. 4.3 und 4.4) noch die Normalkostenrechnung (Abschn. 4.5) vermögen allein die an die Betriebsbuchführung gestellten Aufgaben der Planung und Kontrolle (Abschn. 4.1) hinreichend zu erfüllen: In diesen Rechnungssystemen werden weder exakte Kostenvorgaben als zur Kontrolle der Wirtschaftlichkeit erforderliche Sollgrößen vorgegeben, noch werden zukünftig erwartete Plankosten als grundlegende Information für unternehmerische Entscheidungen prognostiziert. Wird die Normalkostenrechnung jedoch derart weiterentwickelt, daß bei der Ermittlung der Normalkosten verstärkt zukünftig erwartete Kosteneinflüsse berücksichtigt werden, so vollzieht sich ein Übergang zur Plankostenrechnung, die die Kostenrechnung bzw. -planung in das Gesamtsystem der betrieblichen Planung integriert und damit eine sinnvolle Planung und Kontrolle erlaubt.

In ihrer reinen Form leitet die Plankostenrechnung den Güterverbrauch und die Güterbewertung nicht aus Vergangenheitswerten ab, sondern basiert direkt auf künftig erwarteten, prognostizierten Plangrößen. Die **Plankosten** werden daher durch Prognose der zukünftigen Verbrauchsmengen nach dem Grundsatz der optimalen Faktorkombination einerseits und durch Festlegung der zu erwartenden Preise der Kostengüter für die Planbeschäftigung andererseits bestimmt. Plankosten ergeben sich somit als Produkt aus Planmengen und Planverrechnungspreisen.

Die **Systeme der Plankostenrechnung** sind entsprechend ihrer historischen Entwicklung danach zu unterscheiden, ob sie alle anfallenden Kosten (Vollkosten) oder nur die entscheidungsrelevanten Kosten (Teilkosten) erfassen und weiterverrechnen.

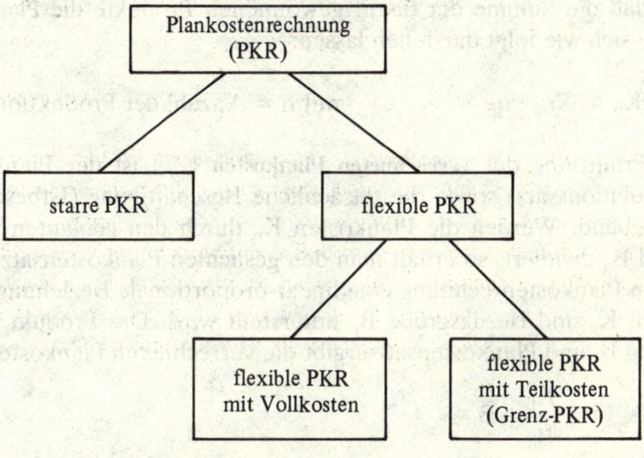

Systeme der Plankostenrechnung

Eine **Plankostenrechnung auf der Basis von Vollkosten** wird vor allem zu Kontrollzwecken eingerichtet, hingegen erfüllen Planrechnungen auf Teilkostenbasis (= **Grenzplankostenrechnung**) primär dispositive Aufgaben. Darüber hinaus sind Plankostenrechnungssysteme ohne Berücksichtigung von Beschäftigungsschwankungen (**starre PKR**) und solche, die Beschäftigungsschwankungen berücksichtigen (**flexible PKR**) zu unterscheiden (*Haberstock,* Grundzüge, S. 122).

4.61 Starre Plankostenrechnung

Bei der starren Plankostenrechnung werden die Plankosten nur für einen einzigen Beschäftigungsgrad (Planbeschäftigung) prognostiziert, d.h. sämtliche Kosteneinflußgrößen werden konstant (starr) gehalten. Die starre Plankostenrechnung kann daher zweckmäßigerweise in folgenden Schritten durchgeführt werden:

1. Festlegung der Planbeschäftigung
2. Festlegung der Plankosten
3. Ermittlung der verrechneten Plankosten
4. Feststellung der Kostenabweichungen

Die **Planbeschäftigung** B_p richtet sich nach dem Beschäftigungsgrad, der bei störungsfreiem Ablauf des Produktionsprozesses erreicht werden kann. Zur Messung der Planbeschäftigung einer Kostenstelle werden Bezugsgrößen wie Fertigungsstunden, Stückzahlen, Gewichtseinheiten usw. verwandt, die in einem proportionalen bzw. annähernd proportionalen Verhältnis zu den Kostenarten stehen. Für einige Kostenstellen, wie z.B. Verwaltungs- und Vertriebsbereich, lassen sich keine oder nur mit wirtschaftlich nicht vertretbarem Aufwand verursachungsgerechte Bezugsgrößen finden. Bei der Kostenplanung wird diesen Kostenstellen daher eine Kostensumme pauschal vorgegeben (**Budgetkosten**).

Die entsprechend der Planbeschäftigung B_p geplanten Mengen r_{pi} werden mit den erwarteten Planpreisen q_{pi} der einzelnen Produktionsfaktoren i multipliziert, so daß die Summe der damit gewonnenen Produkte die **Plankosten** K_p ergibt, die sich wie folgt darstellen lassen:

$$K_p = \sum_{i=1}^{n} r_{pi} \cdot q_{pi} \qquad \text{mit } n = \text{Anzahl der Produktionsfaktoren}$$

Für die Ermittlung der **verrechneten Plankosten** K_p^{verr} ist der Plankostensatz (Plankalkulationssatz) sowie die tatsächliche Beschäftigung (Istbeschäftigung B_I) maßgebend. Werden die Plankosten K_p durch den geplanten Beschäftigungsgrad B_p dividiert, so erhält man den gesuchten Plankostensatz, wobei in der starren Plankostenrechnung eine linear-proportionale Beziehung zwischen Plankosten K_p und Bezugsgröße B_p unterstellt wird. Das Produkt aus Istbeschäftigung B_I und Plankostensatz ergibt die verrechneten Plankosten K_p^{verr} :

$$K_p^{verr} = \frac{K_P}{B_p} \cdot B_I$$

Sind die tatsächlich realisierten Istkosten K_I bekannt, so können im Rahmen des Kontrollprozesses **Kostenabweichungen** als Differenz

$$K_I - K_p^{verr}$$

festgestellt und analysiert werden. Um dabei die störenden Effekte von nicht beeinflußbaren, externen Preisschwankungen zu eliminieren, werden die Istkosten K_I als Produkt von Istmengen und geplanten Verrechnungspreisen ermittelt, so daß Kostendifferenzen ausschließlich auf Mengenabweichungen zurückführbar sind.

Beispiel:

Ein Betrieb hat seine Planbeschäftigung (B_p) auf 400 Fertigungsstunden für einen bestimmten Abrechnungszeitraum festgelegt. Die Plankosten (K_p) betragen dabei 9.600.– DM. Die Berechnung des Plankostensatzes (Plankalkulationsatz) ergibt somit $\frac{9.600 \text{ DM}}{400 \text{ Fertigungsstunden}} = 24.\text{– DM/Fertigungsstunde.}$

Während der Abrechnungsperiode belief sich die Istbeschäftigung (B_I) nur auf 300 Fertigungsstunden, wobei sich Istkosten (K_I) in Höhe von 8.200.– DM einstellten. Kalkulatorisch wurden 7.200.– DM (24.– DM/Fertigungsstd. · 300 Fertigungsstunden) als Plankosten (K_p^{verr}) verrechnet.

Graphische Lösung:

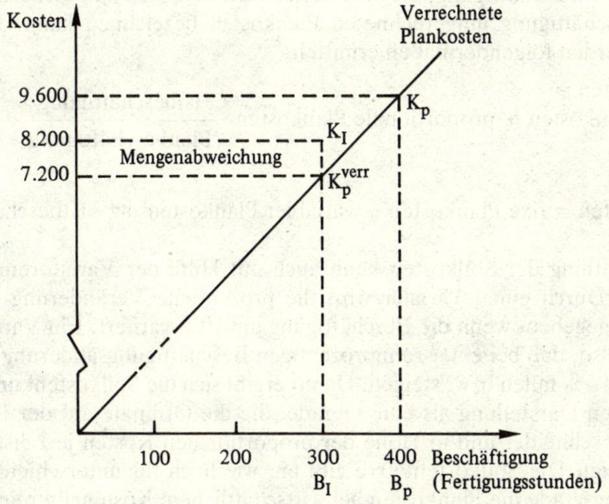

Die Vorteile der starren Plankostenrechnung liegen in der schnellen und einfachen Handhabung der Abrechnung und vor allem darin, daß der Betrieb alle Kostenarten durch die Kostenplanung erfaßt und damit ein Fundament für den weiteren Ausbau der Planungsrechnung schafft. Die starre Plankostenrechnung wird daher häufig als Einstieg in die Planungsrechnung gewählt. Aus dem vorstehenden Beispiel läßt sich jedoch der Haupteinwand gegen die starre Plankostenrechnung unmittelbar ableiten: Da der zukünftige Beschäftigungsgrad weitgehend unsicher ist, beziehen sich Ist- und Plankosten in aller Regel auf verschiedene Bezugsgrößen (B_I = 300; B_p = 400). Ferner verhalten sich die geplanten Vollkosten zu der Bezugsgröße (Fertigungsstunden) nicht proportional, da die fixen Kostenbestandteile sich nicht in gleichem Maße linearproportional zur Beschäftigung verändern. Somit ist weder eine exakte Kontrolle der Kostenwirtschaftlichkeit noch eine genaue Analyse der Abweichungsursachen möglich. Nur in dem unwahrscheinlichen Fall, daß sich die Istbeschäftigung in der geplanten Höhe ergibt, sind Ist- und Plankosten vergleichbar.

4.62 Flexible Plankostenrechnung auf Vollkostenbasis

Die in der starren Plankostenrechnung ermittelte Kostenabweichung $K_I - K_p^{verr}$ ist für Kontrollzwecke wenig informativ, da nicht differenziert werden kann, in welchem Umfang Beschäftigungsschwankungen (Beschäftigungsabweichung) und/oder Abweichungen von der optimalen Faktorkombination (Verbrauchsabweichung) dafür ursächlich sind. Voraussetzung für derartige Kontrollmaßnahmen ist eine Kostenplanung, die nach fixen und proportionalen (variablen) Bestandteilen der Plankosten trennt **(flexible Plankostenrechnung).** Die proportionalen Plankosten müssen dazu für jede Abrechnungsperiode an die jeweilige Istbeschäftigung angepaßt, d. h. nicht nur für einen, sondern für verschiedene Beschäftigungsgrade vorgegeben werden. Damit erhält man die sog. **Sollkosten** der Istbeschäftigung, die man auch als die von der Planbeschäftigung auf die Istbeschäftigung umgerechneten Plankosten bezeichnen kann. Die Sollkosten werden folgendermaßen ermittelt:

$$\text{Sollkosten} = \text{fixe Plankosten} + \text{proportionale Plankosten} \cdot \frac{\text{Istbeschäftigung}}{\text{Planbeschäftigung}}$$

oder

$$\text{Sollkosten} = \text{fixe Plankosten} + \text{variabler Plankostensatz} \cdot \text{Istbeschäftigung.}$$

Die Ermittlung der Sollkosten kann auch mit Hilfe der Variatorenrechnung erfolgen: Durch einen **Variator** wird die prozentuale Veränderung der Sollkosten angegeben, wenn die Beschäftigung um 10% variiert. Ein Variator von 5 besagt also, daß bei einer zehnprozentigen Beschäftigungsänderung die Sollkosten um 5% fallen bzw. steigen. Damit ergibt sich die Sollkostenkurve in der graphischen Darstellung als eine Gerade, die die Ordinate auf der Höhe der Fixkosten schneidet und in Höhe der proportionalen Kosten je Leistungseinheit ansteigt. Die Sollkostenkurve gibt an, wie hoch für unterschiedliche Beschäftigungsgrade die Plankosten bei wirtschaftlichem Kostengütereinsatz sein sollen.

Beispiel:

Auf Grundlage der Zahlen des voranstehenden Beispiels sind die Sollkosten K_s für eine Istbeschäftigung von 300 Std./Abrechnungszeitraum zu berechnen. Die fixen Kosten betragen 2.880.– DM, während beschäftigungsabhängige Kosten in Höhe von 16,80 DM geplant sind. Die Sollkostenkurve ist graphisch darzustellen.

Lösung:

$$\begin{aligned}\text{Sollkosten} &= 2.880 + 6.720 \cdot \frac{300}{400} \\ &= 2.880 + 16,80 \cdot 300 \\ &= \underline{\underline{7.920}}\end{aligned}$$

Graphische Lösung:

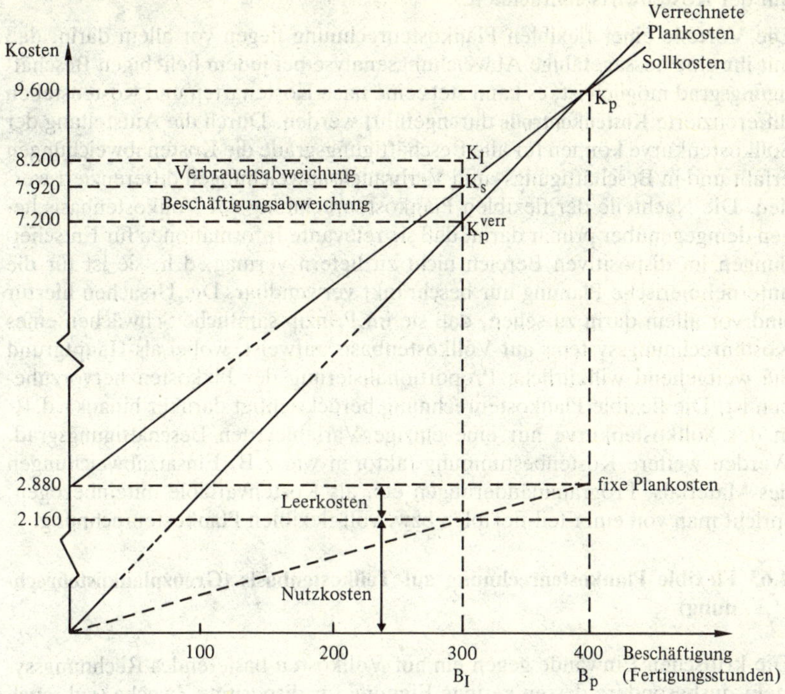

Bei der **Abweichungsanalyse** innerhalb der flexiblen Plankostenrechnung kann gezeigt werden, inwieweit die Mengenabweichung zum einen auf die Änderung der Beschäftigung (Beschäftigungsabweichung) und zum anderen auf Unwirtschaftlichkeiten beim Faktoreinsatz (Verbrauchsabweichung) zurückzuführen ist. Die **Beschäftigungsabweichung** ergibt sich als Differenz aus Sollkosten (K_s = 7.920) und verrechneten Plankosten der Istbeschäftigung (K_p^{verr} = 7.200) und zeigt, inwieweit ein nicht geplanter Beschäftigungsgrad eine andere Verrechnung der Fixkosten erforderlich macht. Nur bei Übereinstimmung von Plan- und Istbeschäftigung ist die ursprünglich vorgenommene Verteilung der Fixkosten auf die Leistungseinheiten zutreffend, bei abnehmender Beschäftigung bleiben die verrechneten Fixkosten je Leistungseinheit hinter den tatsächlich von einer Leistungseinheit zu tragenden Fixkosten zurück; es ergibt sich eine Kostenunterdeckung. Bei einer die Planbeschäftigung übersteigenden Istbeschäftigung ergibt sich entsprechend eine Kostenüberdeckung.

Die Fixkosten lassen sich je nach Beschäftigungsgrad in **Nutzkosten** und **Leerkosten** untergliedern. Sofern Ist- und Planbeschäftigung übereinstimmen, entsprechen die Fixkosten in voller Höhe den Nutzkosten. Mit abnehmender Beschäftigung fallen in Höhe der Beschäftigungsabweichung Leerkosten an, da sich die Fixkosten nicht proportional zur Bezugsgröße verändern.

Die **Verbrauchsabweichung** ergibt sich als Differenz von Istkosten (Istmengen · Planverrechnungspreise) und Sollkosten der Istbeschäftigung und ist Ausdruck des mengenmäßigen Mehr- oder Minderverbrauchs an Kostengütern und damit der Kostenwirtschaftlichkeit.

Die Vorteile einer flexiblen Plankostenrechnung liegen vor allem darin, daß mit ihr eine aussagefähige Abweichungsanalyse bei jedem beliebigen Beschäftigungsgrad möglich ist; es kann stets eine nach Kostenarten und Kostenstellen differenzierte **Kostenkontrolle** durchgeführt werden. Durch die Aufstellung der Sollkostenkurve können für alle Beschäftigungsgrade die Kostenabweichungen erfaßt und in Beschäftigungs- und Verbrauchsabweichungen differenziert werden. Die Nachteile der flexiblen Plankostenrechnung auf Vollkostenbasis liegen demgegenüber primär darin, daß sie relevante Informationen für Entscheidungen im dispositiven Bereich nicht zu liefern vermag, d.h. sie ist für die unternehmerische Planung nur beschränkt verwendbar. Die Ursachen hierfür sind vor allem darin zu sehen, daß sie im Prinzip sämtliche Schwächen eines Kostenrechnungssystems auf Vollkostenbasis aufweist, wobei als Hauptgrund die weitgehend willkürliche Proportionalisierung der Fixkosten hervorzuheben ist. Die flexible Plankostenrechnung berücksichtigt darüber hinaus i.d.R. in der Sollkostenkurve nur eine einzige Variable, den Beschäftigungsgrad. Werden weitere Kostenbestimmungsfaktoren wie z.B. Einsatzabweichungen des Materials, Programmänderungen etc. als Kostenvariable miteinbezogen, spricht man von einer teil-flexiblen bzw. voll-flexiblen Plankostenrechnung.

4.63 Flexible Plankostenrechnung auf Teilkostenbasis (Grenzplankostenrechnung)

Die kritischen Einwände gegen ein auf Vollkosten basierendes Rechnungssystem, insbesondere dessen geringe Eignung für dispositive Zwecke (vgl. auch S. 607ff.), führten zur Konzipierung einer flexiblen Plankostenrechnung auf Teilkostenbasis, für die sich der Begriff **Grenzplankostenrechnung** durchgesetzt hat. Die Grenzplankostenrechnung entspricht weitgehend der Deckungsbeitragsrechnung mit Planwerten (s. S. 607ff.); sie läßt sich jedoch nicht nur für die Kostenträgerrechnung, sondern für beliebige Entscheidungssituationen (u.a. Produktprogrammgestaltung, make or buy-Entscheidungen) verwenden. Ebenso wie in der Deckungsbeitragsrechnung auf der Grundlage von Istkosten wird bei der Grenzplankostenrechnung durch die strikte Trennung in fixe und variable Kostenbestandteile eine Verteilung der fixen Kosten auf die einzelnen Kostenstellen nicht mehr erforderlich, insbesondere unterbleibt die Weiterverrechnung auf die einzelnen Kostenträger. Die Verbuchung der Fixkosten einer Abrechnungsperiode erfolgt direkt auf das Betriebsergebniskonto, womit auf eine Proportionalisierung und Verrechnung verzichtet werden kann. Dem Fixkostenblock sind daher alle beschäftigungsunabhängigen Kosten zuzuordnen, wogegen alle, von Beschäftigungsschwankungen abhängigen Kosten als variable Kostenbestandteile anzusehen sind. Werden sämtliche beschäftigungsabhängigen Kosten korrekt erfaßt, so entspricht der Kostenzuwachs aus der Produktion einer zusätzlichen Einheit eines Erzeugnisses den Grenzkosten dieses Produktes, für die aus Praktikabilitätsgründen regelmäßig die Annahme der Linearität gemacht werden muß.

Entstehen bei Anwendung der Grenzplankostenrechnung **Kostenabweichungen,** können diese nicht aus unterschiedlichen Beschäftigungsgraden resultieren, da die fixen Kosten en bloc periodenweise verrechnet werden und nur für die variablen Kosten Planwerte angesetzt werden. Damit stimmen die verrechneten Plankosten und die Sollkosten der Istbeschäftigung jeweils überein, lediglich Abweichungen zwischen Istkosten und Sollkosten der Istbeschäftigung können auftreten.

Beispiel:

Auf Grundlage der Zahlen der vorangegangenen Beispiele sind die Sollkosten zu berechnen. Die Sollkostenkurve ist graphisch darzustellen.

Lösung:

$$\text{Sollkosten} = \text{proportionale Plankosten} \cdot \frac{\text{Istbeschäftigung}}{\text{Planbeschäftigung}}$$

$$= 6.720 \cdot \frac{300}{400}$$

$$= 5.040$$

oder

$$\text{Sollkosten} = \text{variabler Plankostensatz} \cdot \text{Istbeschäftigung}$$

$$= 16{,}80 \cdot 300$$

$$= 5.040$$

Der Fixkostenblock von 2.880 wird nicht verrechnet.

Graphische Lösung:

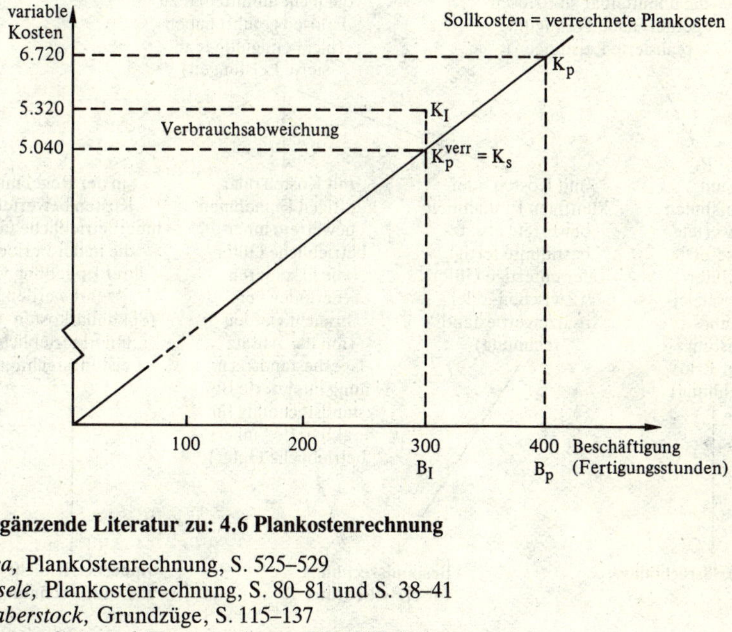

Ergänzende Literatur zu: 4.6 Plankostenrechnung

Bea, Plankostenrechnung, S. 525–529
Eisele, Plankostenrechnung, S. 80–81 und S. 38–41
Haberstock, Grundzüge, S. 115–137
Hummel/Männel, Kostenrechnung 2, S. 133–141

Kilger, Plankostenrechnung, S. 40–134
Kloock/Sieben/Schildbach, Kosten- und Leistungsrechnung, S. 189–220
Schweitzer/Küpper, Kostenrechnung, S. 238–309

4.7 Leistungsrechnung

Die bisher beschriebene Kostenrechnung vermag ausschließlich Informationen über den bewerteten, sachzielbezogenen Güter**verbrauch** (Kosten) zu liefern, während die Güter**entstehung** (Leistung) vernachlässigt wird. Die Kostenrechnung ist daher um eine Leistungsrechnung zu erweitern, so daß der gesamte Unternehmensprozeß wertmäßig abgebildet werden kann. Die betrieblichen Leistungen sind dabei für Güterdispositionen sowie für die kurzfristige Erfolgsrechnung (s. S. 652ff.) zu erfassen sowie zeitlich und sachlich abzugrenzen. Ziel der Leistungsrechnung ist die Ermittlung der Höhe der tatsächlich angefallenen (Istleistungsrechnung) bzw. geplanten (Planleistungsrechnung) sachzielbezogenen, bewerteten Gütererstellungen für Entscheidungs- und Kontrollzwecke. Entsprechend der zeitlichen Zuordnung von Erlösen und der Verwendung der Güter für absatzbestimmte oder innerbetriebliche Zwecke kann die Leistungsrechnung in eine Erlösrechnung, Bestandsrechnung für erstellte Güter und eine innerbetriebliche Leistungsrechnung gegliedert werden (*Kloock/Sieben/Schildbach,* Kosten- und Leistungsrechnung, S. 148ff.):

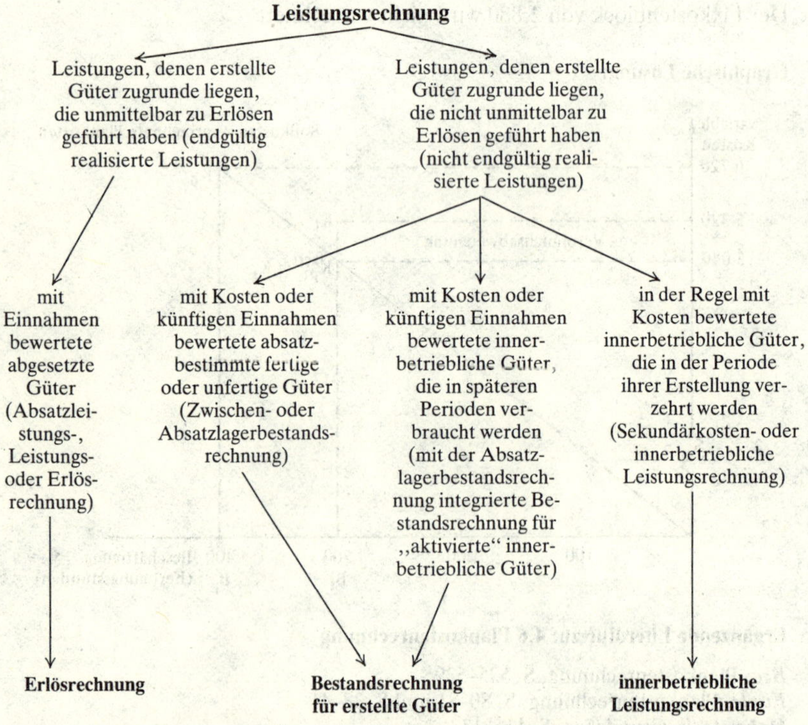

Systeme der Leistungsrechnung

Die **innerbetriebliche Leistungsrechnung** erfolgt im Rahmen der Kostenstellenrechnung, wobei die mit Kosten bewerteten innerbetrieblich erstellten Güter der Hilfskostenstellen gemäß spezifischer Schlüsselgrößen den nachgeordneten Kostenstellen zugeordnet werden. Gütererstellung und Güterverzehr entsprechen sich wertmäßig, so daß die Kostenstellenrechnung (Verrechnung der sekundären Kosten) als Leistungsrechnung für nicht absatzbestimmte Güter angesehen werden kann (vgl. S. 554ff.).

Halb- und Fertigfabrikate sowie zu aktivierende innerbetriebliche Güter sind wert- und mengenmäßig zu erfassen (**Bestandsrechnung**), so daß Bestandserhöhungen durch Aktivierung bzw. Aufwandsentlastung Leistungen darstellen, Bestandsminderungen dagegen als Aufwendungen in die Kostenrechnung eingehen können. Die Gütermenge kann z.B. mit Hilfe der Methoden der Werkstoffkostenerfassung ermittelt werden (vgl. S. 523ff.) oder alternativ mit Anschaffungs- und Herstellungskosten, Tagespreisen sowie Verrechnungspreisen bewertet werden (vgl. S. 462ff.). Sofern die Bestandsrechnung auf Werten der Kostenrechnung basiert (z.B. Ermittlung der Herstellungskosten), erübrigt sich eine spezielle Leistungsrechnung. Anders verhält es sich dagegen, wenn der Wertansatz vom Absatzpreis ausgehend retrograd ermittelt wird (z.B. verlustfreie Bewertung, s. S. 466): In diesem Fall ist eine eigenständige Leistungsrechnung erforderlich. Bei der Berechnung der Leistungshöhe in der Leistungsrechnung können jedoch – wie in der Kostenrechnung – kalkulatorische Größen (unabhängig von Zahlungsvorgängen) Eingang in die Wertansätze finden.

Die Leistungshöhe aller abgesetzten Güter kann mit Hilfe der **Erlösrechnung** ermittelt werden: Die erzielten Umsatzerlöse ergeben sich dabei aus Absatzmenge multipliziert mit dem Absatzpreis der verschiedenen Produktarten. Die Erlösrechnung läßt sich in eine Leistungs(Erlös-)arten-, Leistungs(Erlös-)stellen- und Leistungs(Erlös-)trägerrechnung gliedern, die sämtlich das Ziel verfolgen, die Leistungen zu erfassen, die Leistungsentstehung nach Absatzmärkten zu gliedern sowie die Erlöse der einzelnen Leistungsträger festzustellen. Die Aufgabe der **Erlösartenrechnung** ist dabei, die Erlösarten klassifiziert nach unterschiedlichen Absatzpreiskonditionen (z.B. Rabatte, Skonti) der abgesetzten Produkte zu erfassen. Eine Trennung in Einzel- und Gemeinerlöse kann analog zur Kostenartenrechnung vorgenommen werden. Stückerlöse und Gesamterlöse werden vielfach durch unterschiedliche Absatzmarktbedingungen (z.B. kundenspezifische Absatzmengen, Zahlungsbedingungen) beeinflußt, weshalb in der **Erlösstellenrechnung** die Orte der Erlösentstehung erfaßt werden. Neben dieser sogenannten Erlösermittlungsfunktion kann die Erlösstellenrechnung auch die Kontrolle der Erlöse übernehmen. Die **Erlösträgerstückrechnung** ist in die Erlösartenrechnung integriert, da die Erlösarten der verschiedenen abgesetzten Güter erfaßt und dann den Erlösträgern die Leistungen zugeordnet werden.

Werden die erstellten Güter kostenorientiert bewertet, so stimmen Kosten- und Leistungsrechnung vollständig überein, eine eigenständige Leistungsrechnung erübrigt sich daher. Aufgrund ihres geringen Informationsgehalts ist die Erlös- bzw. Leistungsrechnung in der Praxis dann bedeutungslos (*Schweitzer/Küpper,* Kostenrechnung, S. 45).

Ergänzende Literatur zu: 4.7 Leistungsrechnung

Chmielewicz, Rechnungswesen 2, S. 64–68 und 199–220
Huch, Kostenrechnung, S. 27–30
Kloock/Sieben/Schildbach, Kosten- und Leistungsrechnung, S. 148–160
Kube, Leistungserfassung, S. 63–106
Männel, Erlösrechnung, S. 119–150
Schweitzer/Küpper, Kostenrechnung, S. 44–57

4.8 Die kurzfristige Erfolgsrechnung

4.81 Das Gesamtkosten- und Umsatzkostenverfahren in der Kostenrechnung

In der Literatur wird die kurzfristige Erfolgsrechnung häufig auch als kurzfristige Betriebsergebnisrechnung, als **Kostenträgerzeitrechnung** oder auch einfach als Deckungsbeitragsrechnung bezeichnet. Die teilweise verwirrende Begriffsvielfalt ist primär dadurch zu erklären, daß die kurzfristige Erfolgsrechnung aus den verschiedensten Formen der Kostenrechnung abgeleitet bzw. weiterentwickelt worden ist und deren **Nomenklatur** übernommen hat. Im Gegensatz zu den bisher dargestellten Kostenrechnungssystemen wird in der kurzfristigen Erfolgsrechnung jedoch nicht nur die Kostenseite betrachtet, vielmehr wird durch explizite Einbeziehung der Leistungs- bzw. Ertragsseite die Abrechnung zur eigentlichen Erfolgsrechnung ausgeweitet, so daß zwischen den oben genannten Kostenrechnungssystemen einerseits und der kurzfristigen Erfolgsrechnung andererseits differenziert werden muß (vgl. auch Teil B, Abschn. 4.332, S. 605f.).

Die kurzfristige Erfolgsrechnung verbindet die Kostenrechnung mit der Leistungsrechnung (s. Teil B, Abschn. 4.7, S. 650ff.), indem sie Kosten und Leistungen eines Unternehmens für einen bestimmten Abrechnungszeitraum (z.B. Woche, Monat) gegenüberstellt. Durch diese Gegenüberstellung kann der kurzfristige **Betriebserfolg** ermittelt und seine Zusammensetzung, gegliedert nach Produktgruppen, Erfolgsquellen etc., offengelegt werden. Die kurzfristige Erfolgsrechnung dient damit der laufenden Kontrolle und Steuerung des Unternehmensprozesses.

Die kurzfristige Erfolgsrechnung ist allerdings strikt von der aus der Finanzbuchhaltung abgeleiteten **Gewinn- und Verlustrechnung** zu trennen, selbst wenn letztere in kürzeren Zeitabständen als – üblicherweise – ein Jahr aufgestellt sein sollte: Die kurzfristige Erfolgsrechnung ist zum einen nicht für die externe Dokumentation und Rechnungslegung bestimmt und braucht sich daher nicht an den im Handels- und Steuerrecht normierten, objektivierten Konventionswerten (insbesondere Nominalwert-, Anschaffungswert-, Niederstwert- und Vorsichtsprinzip) zu orientieren. Zum anderen soll mit ihrer Hilfe nicht der unternehmerische Gesamterfolg, sondern das **typische Betriebsergebnis** ohne neutrale Aufwendungen und Erträge ermittelt werden. Die Aufgabe der kurzfristigen Erfolgsrechnung liegt daher darin, den laufend erwirtschafteten, kurzfristigen betrieblichen Erfolg des Abrechnungszeitraums zu ermitteln, um damit sowohl die Steuerung und Kontrolle der Wirtschaftlichkeit zu gewährleisten als auch Informationen für Planung und Entscheidungsfindung liefern zu können.

Je nach Verwendungszweck und Anforderung kann die kurzfristige Erfolgsrechnung unterschiedlich aufgebaut und ausgestaltet werden: Zunächst können sowohl Kosten als auch Erlöse je nach Erfordernis quartalsmäßig, monatlich, wöchentlich oder täglich erfaßt, beliebig tief aufgegliedert, in statistisch-tabellarischer oder kontenmäßiger Darstellungsform aufbereitet, sowie vorschauend als Prognose- bzw. rückschauend als Nachrechnung aufgebaut werden. Hauptunterscheidungsmerkmal ist jedoch, ob die gesamten Kosten einer Periode **(Gesamtkostenverfahren)** oder nur die Kosten der abgesetzten Produkte **(Umsatzkostenverfahren)** verrechnet werden. Beide Verfahren sind sowohl auf Voll- als auch auf Teilkostenbasis mit Ist-, Normal- oder Planwerten durchführbar.

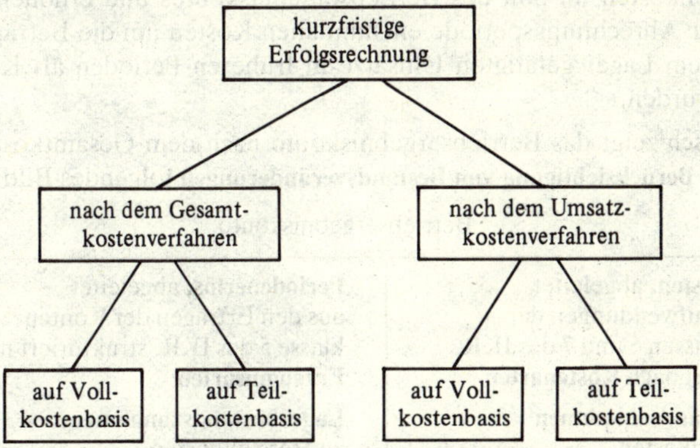

Systeme kurzfristiger Erfolgsrechnung

Während die Ausgestaltung als Voll- oder Teilkostenrechnung bzw. als Ist-, Normal- bzw. Plankostenrechnung keine über die bereits behandelten Probleme hinausreichenden Fragen aufwirft (vgl. dazu die entsprechenden Abschnitte), soll hier die Ausgestaltung nach dem Gesamt- oder Umsatzkostenverfahren näher dargestellt werden.

4.811 Das Gesamtkostenverfahren

Das Gesamtkostenverfahren, das historisch die ältere Form der Erfolgsrechnung darstellt, zieht zur Ermittlung des Betriebserfolgs von den gesamten Betriebserträgen die **gesamten Kosten einer Periode** ab. Bei Durchführung der kurzfristigen Erfolgsrechnung nach dem Gesamtkostenverfahren weist das Betriebsergebniskonto daher auf der Sollseite sämtliche nach Kostenarten untergliederten Kosten der Abrechnungsperiode aus. Den Kosten werden auf der Habenseite die periodenbezogenen Erlöse gegenübergestellt, die aus Kontenklasse 5 des IKR übernommen und entsprechend abgegrenzt werden (Eliminierung der neutralen Erträge, Zufügung der Zusatzleistung).

Das Betriebsergebniskonto hat daher folgende Form:

Soll — Betriebsergebniskonto	Haben
Gesamtkosten der Periode (als Saldo: Betriebsgewinn)	Periodenerlös (als Saldo: Betriebsverlust)

Diese Form der Betriebsergebnisrechnung führt nur dann zum richtigen Betriebsergebnis, wenn sämtliche in einer Periode produzierten Erzeugnisse auch in der gleichen Periode abgesetzt werden (**absatzsynchrone Fertigung** z.B. bei Dienstleistungsbetrieben). Verlaufen dagegen Fertigung und Absatz nicht synchron, d.h. werden während einer Periode mehr Erzeugnisse verkauft als hergestellt bzw. mehr Erzeugnisse hergestellt als abgesetzt, so sind entsprechende **Korrekturen** vorzunehmen. Lagerbestandszunahmen werden zu Herstellkosten im Haben des Betriebsergebniskontos ausgewiesen und erhöhen damit als Lagerleistung den Betriebsertrag der Periode; sie neutralisieren zugleich die für sie verrechneten Kosten. Entsprechend erscheinen Lagerbestandsabnahmen zu Herstellkosten im Soll des Betriebsergebniskontos und erhöhen die während einer Abrechnungsperiode entstandenen Kosten um die Beträge, die für die aus dem Lager getätigten Umsätze in früheren Perioden als Kosten verrechnet wurden.

Schematisch zeigt das Betriebsergebniskonto nach dem Gesamtkostenverfahren unter **Berücksichtigung von Bestandsveränderungen** folgendes Bild:

Soll — Betriebsergebniskonto — Haben

Soll	Haben
Gesamtkosten, abgeleitet aus den Aufwendungen der Kontenklassen 6 und 7 des IKR, strukturiert nach **Kostenarten**	**Periodenerlös,** abgeleitet aus den Erträgen der Kontenklasse 5 des IKR, strukturiert nach **Erzeugnisarten**
Lagerbestands**abnahmen** zu Herstellkosten	Lagerbestands**zunahmen** zu Herstellkosten
(als Saldo: Betriebsgewinn)	(als Saldo: Betriebsverlust)

Statistisch-tabellarisch ist das Gesamtkostenverfahren folgendermaßen aufgebaut:

Umsatzerlöse der Periode
./. Kosten der Periode
\+ Bestandsmehrungen
./. Bestandsminderungen

= Betriebsgewinn/-verlust

Beim Gesamtkostenverfahren mit Berücksichtigung von Bestandsänderungen wirken sich durch die Korrekturen nicht mehr die gesamten in der Periode angefallenen Kosten auf den Saldo des Betriebsergebniskontos (Betriebsgewinn oder -verlust) aus, sondern sie werden jeweils nach unten (Fall der Bestandszunahme) bzw. oben (Fall der Bestandsabnahme) korrigiert, um den Bezug der Kosten auf die abgesetzten Mengen herzustellen. Daher handelt es sich beim Gesamtkostenverfahren mit Bestandsveränderungen eigentlich um ein „Umsatzkostenverfahren besonderer Art" (*Götzinger/Michael,* Leistungsrechnung, S. 166).

Zur **Beurteilung des Gesamtkostenverfahrens** sind folgende Kriterien heranzuziehen:

(1) Beim Gesamtkostenverfahren läßt sich das Betriebsergebniskonto relativ leicht durch Abschluß der Konten der Betriebsbuchführung entwickeln. Die

Gliederung des Betriebsergebniskontos entspricht der handelsrechtlich fixierten Systematik der Gewinn- und Verlustrechnung nach dem Gesamtkostenverfahren (§ 275, Abs. 2 HGB). Durch Konsolidierung des „Betriebsergebnis"- und „Neutrales-Ergebnis"-Kontos erhält man daher – sofern die Bewertung an Handels- und Steuerrecht orientiert wird – direkt die Gewinn- und Verlustrechnung der Finanzbuchführung. Das Gesamtkostenverfahren eignet sich daher besonders zur **Durchführung des gesamten Rechnungswesens im Einkreissystem.**

(2) In den Fällen, wo keine oder nur geringe Lagerbestandsänderungen auftreten, ergibt sich der Betriebserfolg durch einfache Gegenüberstellung von Periodenerlösen und Gesamtkosten. Müssen aber Veränderungen im Lagerbestand berücksichtigt werden, so erfordert dies die Durchführung umfangreicher, meist in kurzen Intervallen aufeinanderfolgender **Inventuraufnahmen,** die sich arbeitsmäßig kaum bewältigen lassen und den eigentlichen Produktionsprozeß empfindlich stören können. Die periodisch anfallende Bestandsaufnahme läßt sich allerdings dann vermeiden, wenn eine den Produktionsfluß begleitende Bestandserfassung vorgenommen wird oder in der Kostenrechnung gesondert eine Fabrikatebestandsrechnung geführt wird.

(3) Scheinbar kommt das Gesamtkostenverfahren ohne Kostenstellen- und Kostenträgerstückrechnung (Kalkulation) aus, denn die Gesamtkosten werden hier direkt aus der Kostenartenrechnung auf das Betriebsergebniskonto übernommen. Stellen sich allerdings Lagerbestandsveränderungen ein, so müssen diese bewertet werden. Eine **Bewertung der Lagerbestandszunahmen bzw. Lagerbestandsabnahmen** ist jedoch ohne Kostenstellen- und Kostenträgerstückrechnung nicht möglich.

(4) Üblicherweise werden Lagerbestandsveränderungen beim Gesamtkostenverfahren zu Herstellkosten bewertet. Das bewirkt, daß der Betriebsertrag verschieden ausgewiesen wird: Hinsichtlich der Periodenerlöse enthält er Gewinnanteile, während die Lagerbestandszugänge mit einem **Kostenwert,** also ohne Gewinnausweise, angesetzt sind. Bei dieser Handhabung hängt der Betriebserfolg von der abgesetzten Menge ab und das Betriebsergebnis wäre Null, wenn aus der Produktion nichts verkauft wird. Ein derartiges Vorgehen entspricht zwar dem für den Bereich der Geschäftsbuchführung zwingend vorgeschriebenen Realisationsprinzip. Für den Bereich der Betriebsbuchführung erscheint es jedoch sinnvoller, auch die in Lagerbestandszunahmen enthaltenen Erfolgsbestandteile auszuweisen, um eine zutreffende Beurteilung des Betriebserfolgs zu ermöglichen. Dies könnte in der Praxis durch die Bewertung von Lagerbestandsänderungen mit Marktpreisen statt Herstellkosten erreicht werden. Das Betriebsergebniskonto weist dann jedoch nicht den Verkaufserfolg, sondern den **Produktionserfolg** aus.

(5) Ein weiterer wesentlicher Kritikpunkt des Gesamtkostenverfahrens ist in der **unterschiedlichen Strukturierung** der Soll- und Habenseite des Betriebsergebniskontos zu sehen. Da die Kosten nach Kostenarten, die Erlöse dagegen global, gegliedert nach Produktgruppen oder nach einzelnen Produkten ausgewiesen werden, erlaubt das Gesamtkostenverfahren keine Erfolgsanalyse, d. h. es ist nicht erkennbar, welche Produkte in welcher Höhe zum Erfolg beigetragen haben. *Kilger* (Erfolgsrechnung, S. 33) kommt deshalb zu dem Ergebnis,

daß das Gesamtkostenverfahren in Mehrproduktunternehmen weder zur Erfolgsanalyse noch für die Absatzplanung geeignet ist und als Methode der kurzfristigen Erfolgsrechnung nur in Einproduktunternehmen oder in besonders einfach gelagerten Fällen der Sortenproduktion als genügend aussagefähig angesehen werden kann.

4.812 Das Umsatzkostenverfahren

Beim Umsatzkostenverfahren werden den Umsatzerlösen **nur die Selbstkosten der verkauften Erzeugnisse** gegenübergestellt, so daß der Erfolgsausweis lediglich vom Umsatz bestimmt wird. Da nur die für die abgesetzten Produkte angefallenen Kosten angesetzt werden, kann das Umsatzkostenverfahren auch als **Absatzerfolgsrechnung** bezeichnet werden (*Schweitzer/Küpper,* Kostenrechnung, S. 191). Die Durchführung von körperlichen Inventuren oder sonstigen Formen der Bestandsrechnung ist damit überflüssig. Im Gegensatz zum Gesamtkostenverfahren sind Kosten und Erlöse direkt vergleichbar, da im Betriebsergebniskonto den im Haben nach Produkten bzw. Erzeugnisarten gegliederten Erlösen die ebenso strukturierten Kosten im Soll gegenübergestellt werden. Der Erfolgsbeitrag einzelner Produktarten läßt sich daher feststellen, eine differenzierte Erfolgsanalyse ist nunmehr möglich.

Das **Betriebsergebniskonto** nach dem **Umsatzkostenverfahren** stellt sich wie folgt dar:

Soll — Betriebsergebniskonto — Haben

Soll	Haben
Kosten für die **abgesetzten** Produkte (Selbstkosten), die unter Einschaltung der Kostenstellenrechnung in der Kostenträgerstückrechnung ermittelt werden, strukturiert nach **Erzeugnisarten**	**Periodenerlös,** abgeleitet aus den Erträgen der Kontenklasse 5 des IKR, strukturiert nach **Erzeugnisarten**
(als Saldo: Betriebsgewinn)	(als Saldo: Betriebsverlust)

In statistisch-tabellarischer Form wird der Periodenerfolg folgendermaßen ermittelt:

  Periodenerlös der Erzeugnisart A
./. Selbstkosten der Erzeugnisart A

= Erfolg der Erzeugnisart A
\+ Erfolge der anderen Erzeugnisarten

= Betriebsgewinn / -verlust

Bei Anwendung des Umsatzkostenverfahrens ist der gesamte mengenmäßige Absatz kostenmäßig zu bewerten. Voraussetzung dafür ist eine exakte Mengenerfassung der abgesetzten Erzeugnisse durch eine **Lagerbuchführung.** Aus dieser Lagerbuchführung können dann im Wege der Skontration (vgl. S. 459f. und 524) die Sollbestände für die einzelnen Produktarten ermittelt und in regelmäßigen Abständen (Halbjahres- oder Jahresturnus) mit den inventurmäßig festgestellten Istbeständen verglichen werden. Etwa auftretende Differenzen zwischen den Istbeständen und den Sollwerten (z.B. durch Schwund,

Diebstahl etc.) werden als neutrale Werteverzehre bei der Ermittlung des Betriebserfolgs eliminiert. Bewertet werden die abgesetzten Erzeugnisse mit den **Selbstkosten,** die die Kostenträgerstückrechnung (Kalkulation) zur Verfügung stellt. Die so ermittelten Kostenwerte werden im Soll des Betriebsergebniskontos den im Haben dieses Kontos gebuchten, am Markt realisierten Periodenerlösen gegenübergestellt. Als Saldo stellt sich der Betriebserfolg ein.

Unter der Voraussetzung, daß beim Gesamtkostenverfahren die Lagerbestandsveränderungen zu Herstellkosten bewertet werden, führen Gesamtkostenverfahren mit Berücksichtigung von Bestandsveränderungen und Umsatzkostenverfahren zum gleichen Betriebsergebnis. Dennoch wird in der Praxis das Umsatzkostenverfahren häufig präferiert, weil

(1) das Umsatzkostenverfahren regelmäßig aussagefähiger ist, denn sowohl die Kostenseite des Betriebsergebniskontos (Sollseite) als auch die Erlösseite (Habenseite) sind nach Erzeugnisarten gegliedert; der Erfolgsbeitrag einzelner Erzeugnisse oder Erzeugnisgruppen zum Betriebserfolg kann somit festgestellt werden (**Erfolgsbeitragsrechnung**).

(2) Inventuraufnahmen beim Umsatzkostenverfahren nicht unabdingbare Voraussetzung zur Ermittlung des Betriebserfolgs sind und keine gesonderte Bestandsbewertung wie beim Gesamtkostenverfahren erforderlich ist, da für alle abgesetzten Produkte die Kosten je Erzeugniseinheit bestimmt werden müssen; das Umsatzkostenverfahren zeichnet sich folglich durch erhebliche Arbeits- und Zeitersparnis sowie eine wesentlich **schnellere Erfolgsermittlung** aus.

Übungsbeispiel:

In einem Betrieb werden vier Produkte hergestellt: Stielpfannen, Wassertöpfe mit 18 cm ∅, Wassertöpfe mit 34 cm ∅ und Dampfkochtöpfe. Neben den im beigefügten Betriebsabrechnungsbogen (vgl. S. 658f.) zusammengestellten Gemeinkosten sind folgende Einzelkosten entstanden:

Fertigungsmaterial	1.225.454,60
Fertigungslöhne	
a) Stanzerei	677.695,00
b) Formerei	898.961,80
c) Lackieren und Brennen	741.668,10
Sondereinzelkosten des Vertriebs (Verpackung)	
a) Stielpfannen je Stück DM –,30	19.890,30
b) Wassertöpfe ∅ 18 cm je Stück DM –,40	40.547,60
c) Wassertöpfe ∅ 34 cm je Stück DM –,45	29.195,55
d) Dampfkochtöpfe je Stück DM 3,20	156.105,60
Summe der Einzelkosten	3.789.518,55

Die Erzeugnisse müssen jeweils die Produktionsstufen Stanzerei, Formerei und Lackieren/Brennen durchlaufen. Dies geschieht asynchron, d.h. hinter jeder Produktionsstufe ist ein Zwischenlager eingerichtet. Die in der Abrechnungsperiode in den einzelnen Stufen erbrachten Leistungen (in Produkteinheiten) und die Lagerbestandsveränderungen sind in der Tabelle auf S. 660 oben zusammengefaßt:

Betriebsabrechnungsbogen

Verteilungsdaten und Kostenstellen / Kostenarten	Verteilungsdaten: Zeil.-Nr.	Verteilungsdaten: Verteilungsgrundlage	Verteilungsdaten: Zahlen der Kostenartenrechnung	Kostenstellen – Allgemeiner Bereich: Grundst. u. Geb.	Kostenstellen – Allgemeiner Bereich: Fuhrpark	Kostenstellen – Allgemeiner Bereich: Repar.-werkstatt	Kostenstellen – Fert.hilfsstellen: Arb.vorbereitung	Kostenstellen – Fert.hilfsstellen: Techn. Werkleitung
Hilfsstoffe	1	Entn.sch.	580.400			6.500	16.200	
Betriebsstoffe	2	Entn.sch.	67.600	2.400	18.200	8.600		4.300
Gehälter	3	Geh.liste	906.100	5.600		7.400	63.900	202.900
Hilfslöhne	4	Lohnliste	598.900		83.200	18.700	42.500	26.400
Soz.aufwand	5	Umlage: Löhne u. Gehälter	320.500	1.000	10.800	3.400	13.800	29.800
Inst.halt.material	6	Entn.sch.	44.200	2.200	4.700	28.900	600	
Strom	7	Stromz.	167.700	9.800	1.800	2.600	4.000	2.400
Wasser	8	Wasserz.	33.400	6.700	800	900	400	1.100
Büromaterial	9	Entn.bel.	22.100	300	400	200	1.600	2.800
Abschreibungen	10	Anl.kartei	612.000	34.400	80.200	1.700	400	500
Zinsen	11	Umlage: geb. Kapital	125.900	6.900	16.000	300	100	100
Steuern, Abgaben	12	Umlage: Steuerbem.-grundl.	72.300	2.500	4.700			
Versicherungen	13	Umlage: Vers.werte	18.500	1.000	2.400	100	200	200
Werbekosten	14	Einzelabrechnung	230.400					
Summe der Gemeinkosten	15		3.800.000	72.800	223.200	79.300	143.700	270.500
Umlage der Vorkostenstellen:	16							
1. Grundstücke	17	Nutzflächen			2.569	1.414	1.891	3.090
2. Fuhrpark	18	Kmleistung				1.348	711	9.744
3. Reparaturwerkst.	19	Arb.zeitliste					2.861	200
4. Arbeitsvorber.	20	Fert.zeiten						4.176
5. Techn. Werkleit.	21							
Summe	22							
Bezugsbasis	23							
Zuschlagssätze	24							

Kostenstellen						
Material- …ilfsstelle	Fertigungshauptstellen Stanzerei	 Formerei	 Lackieren u. Brennen	Verwaltungs-bereich	Vertriebs-bereich	zu aktiv. Eigen-leistungen
	98.700	68.600	390.400			
	24.200	8.700	1.200			
23.500	78.100	49.900	36.000	393.400	45.400	
30.100	98.700	108.100	68.000		96.800	26.400
7.200	54.500	65.300	65.100	51.100	18.500	
800	1.200	100	500			5.200
1.600	29.900	38.200	54.600	14.100	8.700	
700	3.900	2.800	12.400	1.200	2.500	
1.200	500	500	1.200	10.800	2.600	
2.000	203.000	150.500	97.400	22.500	19.400	
500	40.600	30.100	23.500	4.500	3.300	
2.700	18.900	22.400	19.000	1.500	600	
900	5.400	4.500	2.800	600	400	
					230.400	
71.200	657.600	549.700	772.100	499.700	428.600	31.600
5.782	16.136	13.008	15.910	8.705	4.295	
14.875	3.714	4.052	2.125	17.695	171.505	
3.723	22.468	14.662	8.216	2.655	3.500	23.777
2.767	63.250	30.178	48.792			
36.453	57.060	97.997	87.457		2.687	6.056
.34.800	820.228	709.597	934.600	528.755	610.587	61.433
…ertigungs- …aterial	Fertigungs- zeit	Fertigungs- zeit	Fertigungs- zeit	Herstellk. d. abges. Erzeugnisse	Herstellk. d. abges. Erzeugnisse	
.225.454,60	4.101.139 Min.	2.027.420 Min.	18.692.000 Min.	6.294.707,51	6.294.707,51	
11 %	0,20 DM/Min.	0,35 DM/Min.	0,05 DM/Min.	8,4 %	9,7 %	

	Stielpfannen	Wassertöpfe Ø 18 cm	Wassertöpfe Ø 34 cm	Dampfkoch-töpfe
Stanzerei	Leist.: 60.798 Lager: + 517	Leist.: 103.468 Lager: – 681	Leist.: 59.400 Lager: – 5.497	Leist.: 48.242 Lager: + 2.176
Formerei	Leist.: 60.281 Lager: – 2.528	Leist.: 104.149 Lager: + 2.704	Leist.: 64.897 Lager: + 1.912	Leist.: 46.066 Lager: – 4.493
Lackie-ren/ Brennen	Leist.: 62.809 Lager: – 3.492	Leist.: 101.445 Lager: + 76	Leist.: 62.985 Lager: – 1.894	Leist.: 50.559 Lager: + 1.776

Aufgrund entsprechender Untersuchungen wurde festgestellt, daß die Erzeugnisse folgende Einzelkosten und Fertigungszeiten in den verschiedenen Produktionsstufen verursachen:

Produkt	Fert. mat.	Stanzerei		Formerei		Lackieren/Brennen	
		Fert.-lohn	Fert.-zeit	Fert.-lohn	Fert.-zeit	Fert.-lohn	Fert.-zeit
Stiel-pfannen	3,40	2,40	8,0 Min.	3,–	2,5 Min.	1,20	50 Min.
Wasser-töpfe Ø 18 cm	2,65	1,80	13,0 Min.	2,40	4,5 Min.	1,80	60 Min.
Wasser-töpfe Ø 34 cm	5,55	2,–	17,5 Min.	2,60	7,5 Min.	1,90	70 Min.
Dampf-koch-töpfe	8,60	4,70	25,5 Min.	6,50	20,0 Min.	7,20	100 Min.

Für die abgesetzten Produkte können folgende Erlöse erzielt werden:

Produkt	Stückerlös
Stielpfannen	19,50
Wassertöpfe Ø 18 cm	19,20
Wassertöpfe Ø 34 cm	28,70
Dampfkochtöpfe	63,–

Aufgabe:

Führen Sie die kurzfristige Erfolgsrechnung nach

(a) dem Gesamtkostenverfahren
(b) dem Umsatzkostenverfahren auf Vollkostenbasis

(c) dem Umsatzkostenverfahren auf Teilkostenbasis

durch.

Lösung:

(a) **Gesamtkostenverfahren**

Vorgehensweise: Im Betriebsergebniskonto müssen im Soll die Kostenarten der hergestellten Produkte, im Haben die Erlöse der abgesetzten Produkte und zum Ausgleich der produzierten/abgesetzten Mengendifferenz im Soll die Bestandsminderungen und im Haben die Bestandserhöhungen ausgewiesen werden. Die Bestandsveränderungen müssen hierzu mit Vollkosten bewertet werden.

Kostenarten

Die Einzelkosten Fertigungsmaterial und Fertigungslöhne können direkt aus den Angaben entnommen werden, ebenso die Sondereinzelkosten des Vertriebs; die Gemeinkosten sind im BAB aufgelistet.

Erlöse

Die Absatzmengen können an Hand der Veränderungen des Fertiglagers (nach Lackieren/Brennen) errechnet werden:

Stielpfannen:	62.809	+	3.492	=	66.301	× 19,50	=	1.292.869,50
Wassertöpfe ∅ 18 cm:	101.445	./.	76	=	101.369	× 19,20	=	1.946.284,80
Wassertöpfe ∅ 34 cm:	62.985	+	1.894	=	64.879	× 28,70	=	1.862.027,30
Dampfkochtöpfe:	50.559	./.	1.776	=	48.783	× 63,00	=	3.073.329,00

Lagerbestandsveränderungen

Für die Ermittlung des Wertes der Lagerbestandsveränderungen muß eine Kalkulation vorgenommen werden.

Kalkulation der Herstellkosten für die einzelnen Produkte s. S. 662

Ermittlung des Werts der Lagerbestandsveränderungen s. S. 663

Kurzfristige Erfolgsrechnung (Betriebsergebniskonto) nach dem Gesamtkostenverfahren s. S. 664 oben

(b) **Umsatzkostenverfahren auf Vollkostenbasis**

Vorgehensweise: Die Selbstkosten der abgesetzten Produkte werden im Betriebsergebniskonto den Absatzerlösen gegenübergestellt, die Lagerbestandsveränderungen brauchen deshalb nicht berücksichtigt zu werden. Die Herstellkosten können von der Kalkulation der Bestände im Gesamtkostenverfahren übernommen werden; um zu den Selbstkosten zu gelangen, müssen die Verwaltungs- und Vertriebskosten aufgrund der Verrechnungssätze des BAB, nun aber bezogen auf die Absatzmenge, und die Sondereinzelkosten des Vertriebs zugeschlagen werden.

Kalkulation der Selbstkosten für die einzelnen Produkte s. S. 664 unten

Kalkulation der Herstellkosten für die einzelnen Produkte

	Stielpfannen		Wassertöpfe ∅ 18 cm		Wassertöpfe ∅ 34 cm		Dampfkochtöpfe	
Fertigungsmaterial	3,40		2,65		5,55		8,60	
+ 11% Materialgemeinkosten	–,374	3,774	–,2915	2,9415	–,6105	6,1605	–,946	9,546
Stanzerei:								
Fertigungslohn	2,40		1,80		2,—		4,70	
Fertigungsgemeinkosten								
–,20 · Fertigungszeit	1,60	7,774	2,60	7,3415	3,50	11,6605	5,10	19,346
Formerei:								
Fertigungslohn	3,—		2,40		2,60		6,50	
Fertigungsgemeinkosten								
–,35 · Fertigungszeit	–,875	11,649	1,575	11,3165	2,625	16,8855	7,—	32,846
Lackieren/Brennen:								
Fertigungslohn	1,20		1,80		1,90		7,20	
Fertigungsgemeinkosten								
–,05 · Fertigungszeit	2,50	15,349	3,—	16,1165	3,50	22,2855	5,—	45,046
Herstellkosten		15,349		16,1165		22,2855		45,046

Ermittlung des Werts der Lagerbestandsveränderungen

Lager nach	Zunahme	Abnahme	Herstellkosten	Wert der Bestandszunahmen	Wert der Bestandsabnahmen
a) Stanzerei					
aa) Stielpfannen	517		7,774	4.019,158	
ab) Wassertöpfe Ø 18 cm		681	7,3415		4.999,5615
ac) Wassertöpfe Ø 34 cm		5.497	11,6605		64.097,7685
ad) Dampfkochtöpfe	2.176		19,346	42.096,896	
b) Formerei					
ba) Stielpfannen		2.528	11,649		29.448,672
bb) Wassertöpfe Ø 18 cm	2.704		11,3165	30.599,816	
bc) Wassertöpfe Ø 34 cm	1.912		16,8855	32.285,076	
bd) Dampfkochtöpfe		4.493	32,846		147.577,078
c) Lackieren/Brennen					
ca) Stielpfannen		3.492	15,349		53.598,708
cb) Wassertöpfe Ø 18 cm	76		16,1165	1.224,854	
cc) Wassertöpfe Ø 34 cm		1.894	22,2855		42.208,737
cd) Dampfkochtöpfe	1.776		45,046	80.001,696	
Summe				190.227,496	341.930,525

Kurzfristige Erfolgsrechnung (Betriebsergebniskonto) nach dem Gesamtkostenverfahren

Soll		Betriebsergebniskonto nach dem Gesamtkostenverfahren	Haben
Einzelkosten:		**Erlöse:**	
Fertigungsmaterial	1.225.454,60	Stielpfannen	1.292.869,50
Fertigungslöhne		Wassertöpfe Ø 18 cm	1.946.284,80
a) Stanzerei 677.695,–		Wassertöpfe Ø 34 cm	1.862.027,30
b) Formerei 898.961,80		Dampfkochtöpfe	3.073.329,–
c) Lackieren/Brennen 741.668,10	2.318.324,90	Zu aktivierende Eigenleistungen	61.433,–
Sondereinzelkosten des Vertriebs	245.739,05	Herstellkosten der Bestandszunahmen	190.227,50
Gemeinkosten:			
Hilfsstoffe	580.400,–		
Betriebsstoffe	67.600,–		
Gehälter	906.100,–		
Hilfslöhne	598.900,–		
Sozialaufwand	320.500,–		
Instandhaltungsmaterial	44.200,–		
Strom	167.700,–		
Wasser	33.400,–		
Büromaterial	22.100,–		
Abschreibungen	612.000,–		
Zinsen	125.900,–		
Steuern, Abgaben	72.300,–		
Versicherungen	18.500,–		
Werbekosten	230.400,–		
Herstellkosten der Bestandsabnahmen	341.930,53		
Betriebsgewinn	*494.722,02		
	8.426.171,10		8.426.171,10

* Die Differenz von DM –,05 zwischen dem Betriebsgewinn nach dem Gesamtkostenverfahren und nach dem Umsatzkostenverfahren ist auf die in der Rechnung durchgeführten Auf- und Abrundungen zurückzuführen.

zu b):

Kalkulation der Selbstkosten für die einzelnen Produkte:

	Stielpfannen	Wassertöpfe Ø 18 cm	Wassertöpfe Ø 34 cm	Dampfkochtöpfe
Herstellkosten	15,349	16,1165	22,2855	45,046
+ 8,4% Verwaltungsgemeinkosten	1,289316	1,353786	1,871982	3,783864
+ 9,7% Vertriebsgemeinkosten	1,488853	1,563301	2,1616934	4,369462
+ Sondereinzelkosten des Vertriebs	–,30	–,40	–,45	3,20
Selbstkosten	18,427169	19,433587	26,769175	56,399326

Selbstkosten der abgesetzten Produkte:
Selbstkosten × Absatzmenge

Stielpfannen:	18,427169 ×	66.301	=	1.221.739,73
Wassertöpfe Ø 18 cm:	19,433587 ×	101.369	=	1.969.963,28
Wassertöpfe Ø 34 cm:	26,769175 ×	64.879	=	1.736.757,30
Dampfkochtöpfe:	56,399326 ×	48.783	=	2.751.328,32

Die Erlöse sind entsprechend dem Gesamtkostenverfahren aus Absatzmengen × Absatzpreisen zu errechnen.

Kurzfristige Erfolgsrechnung (Betriebsergebniskonto) nach dem Umsatzkostenverfahren auf Vollkostenbasis

Soll — Betriebsergebniskonto nach dem Umsatzkostenverfahren — Haben

Soll		Haben	
Selbstkosten der abgesetzten Produkte:		Erlöse:	
Stielpfannen	1.221.739,73	Stielpfannen	1.292.869,50
Wassertöpfe Ø 18 cm	1.969.963,28	Wassertöpfe Ø 18 cm	1.946.284,80
Wassertöpfe Ø 34 cm	1.736.757,30	Wassertöpfe Ø 34 cm	1.862.027,30
Dampfkochtöpfe	2.751.328,32	Dampfkochtöpfe	3.073.329,–
Betriebsgewinn	*494.721,97		
	8.174.510,60		8.174.510,60

* Die Differenz von DM –,05 zwischen dem Betriebsgewinn nach dem Gesamtkostenverfahren und nach dem Umsatzkostenverfahren ist auf die in der Rechnung durchgeführten Auf- und Abrundungen zurückzuführen.

(c) **Umsatzkostenverfahren auf Teilkostenbasis**

Vorgehensweise: Von den Periodenerlösen werden die direkt zurechenbaren Kosten der abgesetzten Produkte abgezogen; die im Abrechnungszeitraum angefallenen Gemeinkosten werden blockweise von der Summe der Deckungsbeiträge abgesetzt. Aus Gründen der Übersichtlichkeit wird die statistisch-tabellarische Darstellungsform gewählt.

	Stielpfannen	Wassertöpfe Ø 18 cm	Wassertöpfe Ø 34 cm	Dampfkochtöpfe	Σ
Erlöse	1.292.869,50	1.946.284,80	1.862.027,30	3.073.329,—	8.174.510,60
./. Fertigungsmaterial	225.423,40	268.627,85	360.078,45	419.533,80	1.273.663,50
./. Fertigungslöhne					
– Stanzerei	159.122,40	182.464,20	129.758,—	229.280,10	700.624,70
– Formerei	198.903,—	243.285,60	168.685,40	317.089,50	927.963,50
– Lackieren/Brennen	79.561,20	182.464,20	123.270,10	351.237,60	736.533,10
./. Sondereinzelkosten des Vertriebs	19.890,30	40.547,60	29.195,55	156.105,60	245.739,05
= Deckungsbeitrag	609.969,20	1.028.895,35	1.051.039,80	1.600.082,40	4.289.986,75
./. Gemeinkosten Fertigungsmaterial					134.800,—
./. Gemeinkosten Fertigungslohn – Stanzerei					820.228,—
./. Gemeinkosten Fertigungslohn – Formerei					709.597,—
./. Gemeinkosten Fertigungslohn – Lackieren/Brennen					934.600,—
./. Gemeinkosten Verwaltungsbereich					528.755,—
./. Gemeinkosten Vertriebsbereich					610.587,—
= Gewinn					551.419,75

Der um 56.697,73 höhere Gewinn beim Teilkostenverfahren ist dadurch zu erklären, daß in der Vollkostenrechnung mehr Gemeinkosten erfolgswirksam behandelt werden als tatsächlich in der Periode angefallen sind. Dies ist darauf zurückzuführen, daß die Gemeinkostenzuschlagssätze im Betriebsabrechnungsbogen bezogen auf die Herstellmengen berechnet werden, jedoch beim Umsatzkostenverfahren auf Vollkostenbasis diese Verrechnungssätze auf die Absatzmenge übertragen werden. Da im Abrechnungszeitraum insgesamt mehr Produkte abgesetzt als hergestellt werden (Lagerabbau), tritt eine **Überdeckung** der in der Periode angefallenen Gemeinkosten ein, die sich folgendermaßen aufteilt:

	Stielpfannen	Wassertöpfe Ø 18 cm	Wassertöpfe Ø 34 cm	Dampfkochtöpfe	Σ
Fertigungsmaterial					
abgesetzte Menge	66301	101369	64879	48783	
./. hergestellte Menge	60798	103468	59400	48242	
= Differenzmenge	5503	– 2099	5479	541	
× Materialgemeinkosten pro Stück	–,374	–,2915	–,6105	–,946	
= Über/Unterdeckung	2058,12	– 611,86	3344,93	511,79	5302,98
Fertigungslöhne – Stanzerei					
abgesetzte Menge	66301	101369	64879	48783	
./. hergestellte Menge	60798	103468	59400	48242	
= Differenzmenge	5503	– 2099	5479	541	
× Fertigungsgemeinkosten pro Stück	1,60	2,60	3,50	5,10	
= Über/Unterdeckung	8804,80	– 5457,40	19176,50	2759,10	25283,–
Fertigungslöhne – Formerei					
abgesetzte Menge	66301	101369	64879	48783	
./. hergestellte Menge	60281	104149	64897	46066	
= Differenzmenge	6020	– 2780	– 18	2717	
× Fertigungsgemeinkosten pro Stück	–,875	1,575	2,625	7,–	
= Über/Unterdeckung	5267,50	– 4378,50	– 47,25	19019,–	19860,75
Fertigungslöhne Lackieren/Brennen					
abgesetzte Menge	66301	101369	64879	48783	
./. hergestellte Menge	62809	101445	62985	50559	
= Differenzmenge	3492	– 76	1894	– 1776	
× Fertigungsgemeinkosten pro Stück	2,50	3,–	3,50	5,–	
= Über/Unterdeckung	8730,–	– 228,–	6629,–	– 8880,–	6251,–
Gesamte Über/Unterdeckung	24860,42	– 10675,76	29103,18	13409,89	56697,73

4.82 Das Gesamtkosten- und Umsatzkostenverfahren nach Handelsrecht

Das deutsche Bilanzrecht war bis zur Umsetzung der 4. EG-Bilanzrichtlinie in nationales Handelsrecht ausschließlich an Erfolgsrechnungen nach dem Gesamtkostenverfahren orientiert. Dabei kam dem Gesamtkostenverfahren besonders entgegen, daß es für die Durchführung des gesamten Rechnungswesens im Einkreissystem prädestiniert war. Mit der Einführung des Industrie-

Kontenrahmens gewann allerdings für innerbetriebliche Lenkungs- und Kontrollfunktionen das Umsatzkostenverfahren an Bedeutung. Die Dominanz dieses Verfahrens auch für die externe Rechnungslegung im angelsächsischen Bereich führte schließlich im Zuge der Harmonisierung des Gesellschaftsrechts zur Übernahme des Umsatzkostenverfahrens in deutsches Handelsrecht. Dabei ist über die rechtliche Ausgestaltung des Umsatzkostenverfahrens die Gleichwertigkeit mit dem Gesamtkostenverfahren gewährleistet. Für deutsche Unternehmen eröffnet sich somit erstmals die Möglichkeit, sich international vergleichbar darzustellen.

Die von § 275, Abs. 2 und 3 HGB vorgesehenen Gliederungen der Gewinn- und Verlustrechnungen (vgl. Teil A, Abschn. 2.51, S. 49ff.) sind ab den Positionen 9 im Gesamtkostenverfahren bzw. 8 im Umsatzkostenverfahren identisch; die Unterschiede in den Verfahren sind demnach in den Positionen 1 bis 8 bzw. 1 bis 7 begründet, also insbesondere auf die unterschiedliche Behandlung von Mengendifferenzen bei asynchronem Verlauf von Produktion und Absatz zurückzuführen. Ausgangsgrößen des **Gesamtkostenverfahrens** sind die auf die **gesamte Produktion der Periode** bezogenen Aufwendungen, die den Umsatzerlösen und den sonstigen betrieblichen Erträgen gegenübergestellt werden. Insofern wird das Gesamtkostenverfahren häufig auch als (Brutto-)-Produktionsrechnung bezeichnet. Die Mengendifferenzen werden dabei in der Erfolgsrechnung unter den Positionen 2 und 3 als Erhöhung oder Verminderung des Bestandes an fertigen und unfertigen Erzeugnissen und als andere aktivierte Eigenleistungen erfaßt. Das Betriebsergebnis ergibt sich somit aus:

	Umsatzerlöse
+ ./.	Lagerbestandsveränderungen
+	andere aktivierte Eigenleistungen
+	sonstige betriebliche Erträge
./.	gesamter Aufwand
	Betriebsergebnis

Das Gesamtkostenverfahren führt Mengendifferenzkorrekturen also bei den Erträgen bzw. Erlösen durch. Das **Umsatzkostenverfahren** dagegen geht von den **Umsatzerlösen der Periode** aus und korrigiert die Aufwandssumme entsprechend den Mengendifferenzen. Das Betriebsergebnis ist somit:

	Umsatzerlöse
./.	Aufwand für abgesetzte Leistungen
	Betriebsergebnis

Die Verbuchung der Ertragskorrekturen beim Gesamtkostenverfahren erfolgt über das entsprechende Bestandskonto der Bilanz:

fertige bzw. unfertige Erzeugnisse	**an**	Erhöhung des Bestandes an fertigen und unfertigen Erzeugnissen

Die Aufwandskorrekturen beim Umsatzkostenverfahren erfolgen ebenfalls über die Bestandskonten der Bilanz:

fertige bzw. unfertige Erzeugnisse	**an**	diverse Aufwandskonten

Damit wird deutlich, daß beide Verfahren grundsätzlich nicht ohne eine funktionsfähige Kostenrechnung auskommen. Sowohl die Bewertung von Lagerbeständen als auch die Verteilung der Aufwendungen für die abgesetzte Leistung erfordert eine Kostenträgerrechnung, die den spezifischen Bewertungsgrundsätzen des Handels- und Steuerrechts entspricht (vgl. Teil B, Abschn. 3.121, S. 462ff.): Diese muß nach Einzelkosten, variablen und fixen Gemeinkosten separieren können. Die Anwendung der relativen Einzelkostenrechnung scheidet somit handels- und steuerrechtlich ebenso aus, wie die Verfahren der Bezugsgrößen- oder Verrechnungssatzkalkulation (*Pankow/Schmidt-Wendt,* Bilanzkommentar, S. 651).

Unbefriedigend beim Vergleich der Gliederungen des Gesamt- und Umsatzkostenverfahrens ist, daß gleichlautende Positionen nicht zwingend auch den gleichen Inhalt repräsentieren. Dies gilt zum einen für die sonstigen betrieblichen Aufwendungen, die beim Umsatzkostenverfahren auch die nicht auf den Umsatz verteilbaren Reste der Aufwendungen (z.B. Personalkosten der Forschungs- und Entwicklungsabteilung) aufnehmen müssen, zum anderen für die vereinfachten Gliederungen der **kleinen** Kapitalgesellschaften. Nach § 276 HGB dürfen diese Unternehmen bei Anwendung des Gesamtkostenverfahrens die Positionen 1 bis 5 und bei Anwendung des Umsatzkostenverfahrens die Position 1 bis 3 und 6 unter der Bezeichnung Rohergebnis zusammenfassen. Das Rohergebnis nach dem Umsatzkostenverfahren enthält damit anteilige Personalkosten und anteilige Abschreibungen, während die gleiche Position beim Gesamtkostenverfahren diese Aufwandsarten nicht beinhaltet (*Egner,* Rechnungslegung, B 300, Anm. 34).

Da das Umsatzkostenverfahren die umsatzbezogenen Aufwendungen auf die Funktionsbereiche des Unternehmens verteilt, sind für externe Bilanzadressaten Erfolgsquellenanalysen nur bedingt möglich. Um diesen Nachteil wenigstens partiell auszugleichen, verlangt § 285, Nr. 8 HGB, daß die Material- und Personalaufwendungen im Anhang gesondert angegeben werden. Darüber hinaus können die Abschreibungen der Bilanz bzw. dem Anhang entnommen werden (§ 268, Abs. 2, Satz 3 HGB). Ob allerdings der Aussagewert der in der Bilanz ausgewiesenen Abschreibungen dem der beim Gesamtkostenverfahren in der Gewinn- und Verlustrechnung ausgewiesenen entspricht, hängt letztlich von der Interpretation des § 268, Abs. 2, Satz 3 HGB ab. Sind nur jene Abschreibungen herauszustellen, die zugleich Bestandteil der kumulierten Abschreibungen des Anlagespiegels sind, fehlen die Absetzungen der Vermögensgegenstände, die das Unternehmen am Ende der Periode verlassen haben und deshalb in der Spalte Abgänge erfaßt wurden. Das gleiche gilt für geringwertige Wirtschaftsgüter, die nach dem Zugang sofort wieder als Abgang gebucht werden. Sind dagegen alle in der Periode vorgenommenen Abschreibungen im Anlagespiegel auszuweisen, so bestehen keine Aussagewertunterschiede gegenüber dem Ansatz in der GuV-Rechnung nach dem Gesamtkostenverfahren.

Ergänzende Literatur zu: 4.8 Die kurzfristige Erfolgsrechnung

Egner, Rechnungslegung, Abschn. B 30
Haberstock, Grundzüge, S. 138–169

Kilger, Erfolgsrechnung, Sp. 480–488
Küting/Weber, Rechnungslegung, S. 1061–1154
Michel/Torspecken, Kostenrechnung I, S. 170–187
Scherrer, Kostenrechnung, S. 348–355
Schweitzer/Küpper, Kostenrechnung, S. 187–197
Wörner, Handels- und Steuerbilanz, S. 186–202

Symbolverzeichnis Teil B

$ä_i$	Äquivalenzziffer Produkt i
b_i	Bezugsgröße des Produktes i
b_e	Bezugsgröße des Einheitsproduktes e
B_I	Istbeschäftigung
B_p	Planbeschäftigung
D	Degressionsbetrag
$d_{(i)}$	stückbezogener Deckungsbeitrag (des Produktes i)
E	Erfolg, Nettoerfolg
$k_{h(i)}$	Stückherstellkosten (des Produktes i)
k_j	primäre Kosten der Kostenstelle j
k_M	Materialstückkosten
$k_{s(i)}$	Stückselbstkosten (des Produktes i)
$k_{v(i)}$	variable Stückkosten (des Produktes i)
K	Gesamtkosten
K_e	Kosten der Einheitssorte
K_f	Fixkosten
$K_{F_{(j)}}$	Fertigungskosten (in Kostenstelle j)
$K_{h(j)}$	Herstellkosten (in Kostenstelle j)
K_i	Kosten des Produktes i
K_I	Istkosten
K_p	Plankosten
K_p^{verr}	verrechnete Plankosten
K_s	Sollkosten
K_{sf}	sprungfixe Kosten
K_v	variable Kosten
K_{Vt}	Vertriebskosten
K_{Vw}	Verwaltungskosten
LE	Leistungseinheit
m_i	Materialzugangsmenge zum Preis q_i
$p_{(i)}$	Stückerlös (des Produktes i)
r_i	Einsatzmenge des Produktionsfaktors i
q_i	Preis des i-ten Materialzugangs bzw. Produktionsfaktors
q_j	Verrechnungspreis für die von der Kostenstelle j abgegebenen Leistungen
$\tilde{Q}$	Durchschnittspreis
Q	Summe der Abweichungsquadrate
t	Zeitindex
$t^ü$	optimaler Übergangszeitpunkt von degressiver auf lineare Abschreibung
x	Leistungsmenge
x_i	Einsatzmenge des Produktionsfaktors i
$x_{a(i)}$	abgesetzte Leistungsmenge (des Produktes i)
$x_{j(k)}$	insgesamt abgegebene Leistungsmenge der Kostenstelle j (an die Kostenstelle k)

$x_{p(i)}$	produzierte Leistungsmenge (des Produktes i)
$x_{p(j)}$	produzierte Leistungsmenge (in Kostenstelle j)
y	Beschäftigungsgrad
∅	Durchschnitt

Teil C

Sonderfälle der Finanzierung – Sonderbilanzen

1. Systematik der Sonderbilanzen

Die im Rahmen der Geschäftsbuchführung aufzustellenden Bilanzen dienen in erster Linie der regelmäßigen Ermittlung des Periodenerfolges und der finanziellen Rechnungslegung (Dokumentation). Neben den laufenden Geschäftsvorfällen können im Lebenszyklus erwerbswirtschaftlich geführter Unternehmen jedoch auch Ereignisse auftreten, die außerordentlichen Charakter tragen und deshalb einer rechnungsmäßigen Sonderbehandlung mit Abschluß in einer einmaligen oder unregelmäßig wiederkehrenden **Sonderbilanz** bedürfen.

Da diese Ereignisse primär Anpassungsmaßnahmen des Unternehmens an geänderte Umweltsituationen durch Neuordnung des Zahlungs- und Kapitalbereichs betreffen (vgl. S. 7f.), wird dieser Problembereich nicht nur als „Sonderbilanzen" (*Kosiol,* Pagatorische Bilanz, S. 996ff.), sondern auch als „Sonderfälle der Finanzierung" (*Vormbaum,* Finanzierung, S. 461ff.) oder als „Besondere Anlässe der Beteiligungsfinanzierung" (*Wöhe/Bilstein,* Unternehmensfinanzierung, S. 63ff.) bezeichnet. Das Gebiet der Sonderbilanzierung ist demgemäß als **finanzielle Rechnungslegung für außerordentliche (Sonder-)Anlässe** zu interpretieren. Dies wird besonders aus der Sicht der diesem Buch zugrunde liegenden Rechnungswesensystematik deutlich (vgl. S. 9), denn ein Teil der materiellen Aufgabenstellungen des Finanzbuchführungsbereichs ist auch durch die Sonderbilanzierung zu erfüllen.

Inwieweit eine Sonderbilanz in die Finanzbuchführung integrierbar ist, hängt nicht zuletzt von den vorgesehenen Anpassungsmaßnahmen, also dem **Bilanzierungsanlaß** ab. Der Bilanzierungsanlaß bzw. der Bilanzierungszweck bestimmt, ob das Unternehmen fortgeführt oder aufgelöst werden soll, ob die Sonderbilanz damit also primär der Erfassung eines mit bestimmten Finanzierungsvorgängen verknüpften Erfolges oder eher der (Rein-)Vermögensermittlung zu dienen hat, und ob die Sonderbilanz entsprechend dem Bilanzzusammenhang bei Unternehmensfortführung als systematischer Abschluß aus der Buchführung hervorgeht oder aber gänzlich davon losgelöst als Status aus den Inventurdaten herzuleiten ist. Mit Hilfe dieser Unterscheidungskriterien lassen sich Sonderbilanzen – wenn auch nicht völlig überschneidungsfrei – gemäß der Übersicht auf S. 675 systematisieren (*Eisele/Kühn,* Sonderbilanzen, S. 270).

Die Systematik ist konsequent am Merkmal des spezifischen Finanzierungsvorgangs ausgerichtet, sie erfaßt deshalb auch nicht alle Arten von Sonderbilanzen (z.B. Liquiditätsbilanzen, Überschuldungsbilanzen, Kreditbilanzen). Der Vorteil dieses Systematisierungsansatzes liegt jedoch in seiner **Homogenität** begründet: Alle herausgestellten Sonderfälle der Finanzierung können unbelastet von der zugrunde liegenden Bilanzlehre unter dem Oberbegriff „Sonderbilanzen" zusammengefaßt werden. Bilanzielle Ordnungskriterien lassen dagegen nur eine Subsumtion der außerordentlichen Erfolgsbilanzen zu; der Status muß dann materiell einer eigenen Kategorie von Rechnungsausweisen zugeordnet werden (vgl. *Hintner,* Bilanz, S. 524).

Die aufgeführten Sonderbilanzen sind auch insofern homogen, als sie immer den buchhalterischen Ausgangspunkt für eine neue Abrechnungsperiode bilden: Bei der **Gründungsbilanz** ist dies sofort einsichtig, weil sie die Grundlage für die künftigen Jahresabschlüsse darstellt; aber auch eine **Konkursbilanz** leitet einen neuen Rechenabschnitt ein, da über die Abwicklung des Konkurses ebenfalls regelmäßig Rechenschaft abzulegen ist. Allerdings vollzieht sich der rechentechnische Übergang bei der Konkursbilanz wegen des Statuscharakters unter Durchbrechung der formellen Bilanzkontinuität: Während nämlich außerordentliche Erfolgsbilanzen die formelle Bilanzkontinuität durch Umbuchungen innerhalb des Buchführungssystems bewahren, ist das Prinzip der formellen Vergleichbarkeit bei dem lediglich auf Bestandsrechnungen basierenden Status nur ausnahmsweise zu verwirklichen. Demgegenüber können die hier nicht berücksichtigten Bilanzen aus Anlaß besonderer Finanzierungsvorgänge (s. o.) weder materiell noch formell Ausgangspunkt für eine zukünftige Rechnungslegungsperiode sein.

Die Aussagefähigkeit einer (Sonder-)Bilanz hängt entscheidend von ihrer zweckkonformen formellen und materiellen Ausgestaltung ab. Dementsprechend sind die Bilanzierungskriterien (Bilanzmerkmale) **Ansatz, Bewertung** und **Gliederung** bzw. **Ausweis** den jeweils verfolgten Bilanzzielen anzupassen. Die im folgenden vorzunehmende einzelfallbezogene Untersuchung dieser Kriterien hat zugleich entsprechend zielkonforme buchungstechnische Auswirkungen zur Folge.

<table>
<tr><td colspan="7">Sonderbilanzen</td></tr>
<tr><td colspan="5">Unternehmensfortführung (going concern)</td><td colspan="2">Unternehmensauflösung</td></tr>
<tr><td rowspan="2">Gründungs-bilanz</td><td rowspan="2">Umwandlungs-bilanz</td><td rowspan="2">Fusions-bilanz</td><td colspan="2">Sanierungsbilanz</td><td rowspan="2">Liquidations-bilanz</td><td rowspan="2">Konkurs-bilanz</td></tr>
<tr><td>außergericht-liche Sanie-rungsbilanz</td><td>gerichtliche Vergleichs-bilanz</td></tr>
<tr><td colspan="4">Bestehender Buchführungs-(Bilanz-)zusammenhang (in Buchführungssystematik integriert)</td><td colspan="3">Kein Buchführungs-(Bilanz-)zusammenhang (unabhängig von der Buchführungssystematik)</td></tr>
<tr><td colspan="4">Außerordentliche Erfolgsbilanzen</td><td colspan="3">Außerordentliche Vermögens-(Status-)bilanzen</td></tr>
</table>

Systematik der Sonderbilanzen

2. Sonderbilanzen zur Unternehmensfortführung

2.1 Gründungsbilanzen

2.11 Arten der Gründung

Die Gründung einer Unternehmung umfaßt die Gesamtheit der Entscheidungen und Handlungen, die die konstitutionellen Voraussetzungen für das Entstehen der Unternehmung schaffen (*Bellinger,* Gründung, Sp. 1722). Dabei gehört die **Wahl der Rechtsform** zu den herausragenden Entscheidungen der Gründungsphase, da sich die Unternehmung damit bestimmten rechtsformspezifischen Merkmalen wie Haftungsmodalitäten, Leitungsbefugnissen, Ergebnisverteilung, Publizitätszwang und Besteuerung unterwirft, die das künftige unternehmerische Entscheidungsfeld nachhaltig beeinflussen.

Die **Gründung** kann damit als der **juristisch-finanzielle** Aufbau einer Unternehmung bezeichnet werden, der **technisch-organisatorische** Aufbau des Betriebes wird dagegen **Errichtung** genannt (allerdings wird in einschlägigen Gesetzesvorschriften der Begriff Errichtung auch mit dem Abschluß des Gesellschaftsvertrags gleichgesetzt, vgl. § 29 AktG; §§ 5, Abs. 2 und 7, Abs. 2 GmbHG). Neben den juristischen und ökonomischen Fragestellungen sind im Rahmen der Gründung auch psychologische, soziale und technologische Problemstrukturen zu lösen (*Szyperski/Nathusius,* Unternehmungsgründung, S. 36ff.).

Es können folgende **Gründungsarten** (Formen der Gründung) unterschieden werden:

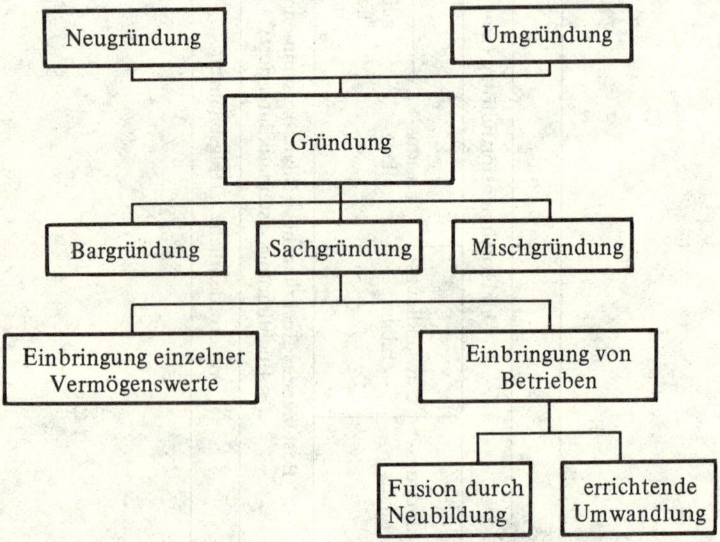

Systematik der Gründungsarten

Bei **Bargründungen** bringen die Unternehmenseigner die Kapitalanteile in liquider Form (Bargeld, Bank- und Postscheckguthaben) in das Unternehmen ein. Der Kapitalzufluß (Eigenfinanzierung) schlägt sich nominell, d. h. zu Geldwerten, in der Bilanz nieder.

Sachgründungen (qualifizierte Gründung, Illationsgründung) können durch Einbringung einzelner Vermögenswerte oder durch Einbringung ganzer Unternehmen erfolgen. Werden ganze Unternehmen eingebracht, kann zwischen Fusion durch Neubildung einerseits und errichtender Umwandlung andererseits unterschieden werden. Beide Formen bedingen jedoch spezielle gesetzliche Regelungen und Bilanzen, so daß eine ausführliche Erläuterung an anderer Stelle angebracht ist (vgl. Teil C, Abschn. 2.2, S. 708ff.).

Bei **Mischgründungen** fließt dem neu errichteten Unternehmen Kapital sowohl in Form von Geld als auch in Form von Realgütern und Rechten zu. Damit handelt es sich hier um eine Kombination aus Bar- und Sachgründung.

Zu unterscheiden sind ferner Neugründungen (originäre Gründungen) und Umgründungen (derivative Gründungen; *Szyperski/Nathusius,* Unternehmungsgründung, S. 26ff.). Durch **Neugründung** wird ein bisher nicht existentes Unternehmen neu errichtet. Bei einer **Umgründung** wird ein bereits bestehendes Unternehmen durch formelle Liquidation unter weitgehender Wahrung der wirtschaftlichen Identität in eine neue Rechtsform überführt.

Auf die rein rechtlichen Unterschiede zwischen Umwandlung und Umgründung wird im Rahmen der Umwandlungsbilanzen näher einzugehen sein (vgl. Teil C, Abschn. 2.2, S. 708ff.).

2.12 Gesellschaftsrechtliche Behandlung und Durchführung der Gründung

Zur Einleitung des ersten Geschäftsjahres einer neu gegründeten Unternehmung bedarf es einer **Gründungsbilanz,** die die Vermögens- und Kapitalverhältnisse am Gründungsbilanzstichtag offenlegt und die Grundlage für die Eröffnungsbuchungen der künftigen Rechnungsperiode bildet.

Rechtsgrundlage dazu ist § 242, Abs. 1 HGB, wonach jeder Kaufmann bei der Gründung seiner Unternehmung eine Eröffnungsbilanz zu erstellen und in ihr seine Grundstücke, seine Forderungen und Schulden, den Betrag seines baren Geldes sowie seine sonstigen Vermögensgegenstände genau zu verzeichnen und dabei den Wert der einzelnen Vermögensgegenstände und Schulden anzugeben hat (§ 240, Abs. 1 HGB). Die Gründungsbilanz kann daher aus dem durch körperliche Aufnahme ermittelten Inventar der Unternehmung entwickelt werden. Gleichwohl können bei bestimmten Rechtsformen erfolgswirksame Gründungsvorgänge (**Gründungsaufwand**) notwendig werden, die wegen des konstanten Eigenkapitals (gezeichnetes Kapital) dieser Unternehmungen zu einem Ausweis in der Gründungsbilanz führen (zum Gründungsaufwand vgl. S. 687f., 690 und 693f.). Damit kann grundsätzlich die auf Seite 678 abgebildete Gründungsbilanz abgeleitet werden.

Die Erstellung von Gründungsbilanzen stößt regelmäßig auf Schwierigkeiten, wenn die Gründer ihrer Einlageverpflichtung nicht durch Zuführung finanzieller Mittel, sondern in Form von Realgütern (Grundstücke, Maschinen, Vorräte), Rechten (Forderungen, Wertpapiere, Anteilsrechte) oder immateriellen Wirtschaftsgütern (Patente, Lizenzen, Know-how, Firmenwerte) nachkommen und somit eine Bewertung der **Sacheinlagen** notwendig wird. Wegen des Buchungszusammenhangs der künftigen Jahresabschlußbilanzen und der Gründungs(Eröffnungs-)bilanz ist eine **Bewertung** nach den geltenden Grundsätzen für die ordentlichen Jahresbilanzen zu fordern. Das Handelsgesetz folgt dieser Forderung zwar, indem § 242, Abs. 1 HGB ausdrücklich auf die für den Jahresabschluß geltenden Vorschriften verweist. Im Ergebnis erschöpfen sich diese Vorschriften aber im grundsätzlichen Ansatz der Anschaffungs- bzw. Herstellungskosten (§§ 253, 255 HGB), so daß das Entgelt für einen eingebrachten Vermögensgegenstand zwischen den Gründern prinzipiell frei vereinbart werden kann. Determiniert werden die fiktiven Anschaffungskosten nur hinsichtlich der Höchstgrenze (Zeitwert), die bewußte Legung stiller Reserven durch Unterbewertungen läßt sich dagegen kaum verhindern. Dabei darf es jedoch nicht zu willkürlichen, den kaufmännischen Grundsätzen widersprechenden Unter- oder Überbewertungen kommen (BGH v. 12. 2. 1973, DB 1973, S. 1739). Besonders bei Kapitalgesellschaften ist eine Wertfeststellung durch einen Sachverständigen angeraten, weil das Registergericht sonst in Zweifelsfällen die Eintragung in das Handelsregister verweigert. Aber auch bei Personengesellschaften kann die Erstellung eines Sachverständigengutachtens geboten sein, weil hier durch entsprechende Gestaltung der Gewinnverteilungsregeln einzelne Gesellschafter benachteiligt werden könnten. Dies gilt insbesondere für Mischgründungen, da hier eine Überbewertung der Sacheinlagen eine Begünstigung, eine Unterbewertung dagegen eine Benachteiligung gegenüber einer Bareinlage darstellen würde.

A Gründungsbilanz	P
Realvermögen	Inhaber(Eigen-)kapital
– Grund und Boden	Gläubiger(Fremd-)kapital
– Geschäftsausstattung	
Nominalvermögen	
– Forderungen	
– Bank	
– Kasse	
Gründungsaufwand	

Struktur einer Gründungsbilanz

Besonderes Gewicht erhält die Bewertungsfrage, wenn als Einlage ein ganzes Unternehmen eingebracht wird. Übersteigt nämlich der als Gegenleistung gewährte Betrag den Reproduktions(Tax-)wert des Unternehmens (Summe der Aktiva, bewertet zu fortgeschriebenen Wiederbeschaffungspreisen abzüglich der Verbindlichkeiten), so darf der Unterschiedsbetrag als Firmenwert in die Gründungsbilanz eingestellt werden (§ 255, Abs. 4 HGB). Der Betrag ist in jedem folgenden Geschäftsjahr zu mindestens einem Viertel oder planmäßig über die Nutzungsdauer durch Abschreibungen zu tilgen (§ 255, Abs. 4 HGB). Sind zur Übertragung der Vermögensgegenstände auf die neu gegründete Unternehmung Neubewertungen notwendig, so haben diese zu Lasten eines **Neubewertungskontos** (beim Einbringenden), das über die Eigenkapitalkonten abgeschlossen wird, zu erfolgen.

Beispiel:

A und B gründen eine Unternehmung. A bringt ein Fahrzeug, Wert 10.000, B seine Firma in die zu gründende Gesellschaft ein. A und B sind sich einig, daß die Schulden des B übernommen werden und der verbleibende Wert einer Einlage von 12.000 entspricht.

A	Bilanz des B		P
Anlagevermögen	5.000	Eigenkapital	9.000
Umlaufvermögen	5.000	Verbindlichkeiten	1.000
	10.000		10.000

Das Anlagevermögen hat einen Wiederbeschaffungswert von 7.000, das Umlaufvermögen, da es in der Gesellschaft nur beschränkt verwendet werden kann und nicht veräußert werden soll, einen Wert von 4.000.

Buchungssätze:

Anlagevermögen	2.000	**an**	Neubewertungskonto	2.000
Neubewertungskonto	1.000	**an**	Umlaufvermögen	1.000
Neubewertungskonto	1.000	**an**	Eigenkapital	1.000

Daraus ergibt sich folgende Übergabebilanz:

A	Übergabebilanz des B		P
Anlagevermögen	7.000	Eigenkapital	10.000
Umlaufvermögen	4.000	Verbindlichkeiten	1.000
	11.000		11.000

Zur Übertragung der Aktiva und Passiva der Übergabebilanz des B auf die neu zu gründende Unternehmung empfiehlt sich die Einrichtung eines **Übernahmekontos,** so daß zur Aufstellung der Gründungsbilanz folgende Buchungen notwendig sind:

Fahrzeuge	10.000	**an**	Eigenkapital A	10.000
Übernahmekonto B	12.000	**an**	Eigenkapital B	12.000
Umlaufvermögen	4.000			
Anlagevermögen	7.000	**an**	Übernahmekonto B	11.000
Übernahmekonto B	1.000	**an**	Verbindlichkeiten	1.000
Firmenwert	2.000	**an**	Übernahmekonto B	2.000

Mit der Verbuchung des Firmenwertes ist das Übernahmekonto des B ausgeglichen; es ergibt sich folgende Gründungsbilanz:

A	Gründungsbilanz		P
Anlagevermögen	7.000	Eigenkapital A	10.000
Fahrzeuge	10.000	Eigenkapital B	12.000
Umlaufvermögen	4.000	Verbindlichkeiten	1.000
Firmenwert	2.000		
	23.000		23.000

Erhebliche Bewertungsprobleme verursachen Einlagen, die durch eine Dienstleistungsverpflichtung erbracht werden. Lediglich das Aktiengesetz schließt wegen der damit verbundenen Risiken einen Ansatz von Dienstleistungsverpflichtungen aus (§ 27, Abs. 2 AktG).

Neben den Bewertungskriterien ist auch der **Stichtag,** zu dem die **Gründungsbilanz erstellt** werden muß, im Gesetz nicht eindeutig geregelt. § 242, Abs. 1 HGB schreibt zwar vor, daß die Gründungsbilanz zu Beginn des Handelsgewerbes aufzustellen ist; entscheidendes Kriterium ist jedoch der Tag der **Entstehung** der Unternehmung. **Personengesellschaften und Einzelunternehmungen,** die ein Grundhandelsgewerbe im Sinne des § 1, Abs. 2 HGB betreiben, gelten mit der **Aufnahme des Geschäftsbetriebs,** also durch den ersten Geschäftsvorfall, als gegründet. Die Gründungsbilanz ist deshalb auf diesen Tag zu erstellen. Der Zeitraum und die Maßnahmen bis zur Erreichung der Betriebsbereitschaft rechnen zum **Gründungsstadium,** aus dem mit der werbenden Beteiligung am allgemeinen wirtschaftlichen Verkehr und der nach außen dokumentierten Betriebseröffnung herausgetreten wird.

Der Betrieb von Soll- und Kannkaufleuten (§§ 2 und 3, Abs. 2 HGB, sowie § 2 i. V. m. § 123 HGB) gilt dagegen erst mit der **Eintragung in das Handelsregister** als gegründet (konstitutive Wirkung des Handelsregistereintrags). Die Gründungsbilanz ist daher auf den Tag der Handelsregistereintragung zu erstellen. Dies stößt jedoch auf erhebliche Probleme, da nur in Ausnahmefällen die Handelsregistereintragung und die Geschäftseröffnung zeitlich zusammenfallen. Übersteigt der Zeitraum zwischen faktischer Gründung und der Handelsregistereintragung zwölf Monate (die Molkerei eines land- und forstwirtschaftlichen Betriebs wird erst nach 10 Jahren in das Handelsregister eingetragen), so sind neben der Gründungsbilanz zu jedem Geschäftsjahresschluß Zwischenbilanzen zu erstellen, um den Gründungsvorgang von dem bereits begonnenen Handelsgewerbe abgrenzen zu können (*Selchert,* Prüfungen, S. 28).

Auch **Kapitalgesellschaften** bedürfen zur Entstehung des Handelsregistereintrags, so daß die Gründungsbilanz grundsätzlich auf diesen Tag zu erstellen wäre. Dem ist jedoch entgegenzuhalten, daß die Gründer bereits für die im Gründungsstadium befindliche Unternehmung Rechte und Verbindlichkeiten übernehmen können. Um der dadurch entstehenden Rechtsunsicherheit zu begegnen, wird die Existenz einer **Vorgründungsgesellschaft** angenommen, die nach herrschender Meinung als Gesellschaft bürgerlichen Rechts (§§ 705ff. BGB) angesehen wird, die aber, da sie über keine Kaufmannseigenschaft im Sinne des § 1 HGB verfügt, nicht zur Aufstellung einer Gründungsbilanz verpflichtet ist. Geschäftsvorfälle während des Gründungsstadiums gelten für Rechnung dieser Gesellschaft erbracht. Mit dem Abschluß des Gesellschaftsvertrags und der Übernahme der festgelegten Gesellschaftsanteile durch die Gründer ist die Kapitalgesellschaft **errichtet** und mithin der Zweck der Vorgründungsgesellschaft erreicht. Die Vorgründungsgesellschaft erlischt und hat gemäß § 721, Abs. 1 BGB einen Rechnungsabschluß über die realisierten Geschäftsvorfälle zu erstellen.

Zwischen der Errichtung und der Entstehung durch den Handelsregistereintrag ist die werdende Kapitalgesellschaft (**Vorgesellschaft**) eine Organisation, die weder eindeutig als Gesellschaft bürgerlichen Rechts noch, wie oftmals in der Literatur vertreten, als nichtrechtsfähiger Verein klassifiziert werden kann. Sie unterliegt vielmehr einem Sonderrecht, das aus den gesetzlichen oder den im Gesellschaftsvertrag niedergelegten Gründungsvorschriften und dem Recht der rechtsfähigen Kapitalgesellschaft besteht (BGH v. 12. 7. 1956, BGHZ 21, S. 242ff.). Allerdings ist strittig, ob die Vorgesellschaft oder die Kapitalgesellschaft Träger der von den Gründern bzw. den vertretungsberechtigten Personen übernommenen Rechte und Verbindlichkeiten ist (zu den Meinungen: *Kraft,* Kölner Kommentar, S. 453ff.). In der Rechtsprechung und Literatur wird jedoch überwiegend die Auffassung vertreten, daß die Vorgesellschaft und die rechtsfähige Kapitalgesellschaft eine Einheit bilden, die mit der Handelsregistereintragung lediglich einem Rechtsformwechsel unterliegt (*Rittner,* Juristische Person, S. 136ff.). Der Gründungsbilanzstichtag wäre damit auf den Tag der Errichtung zu legen. Wird die Einheit der Gesellschaften jedoch in Frage gestellt, wäre als Gründungsstichtag die Handelsregistereintragung maßgebend, mit der Folge, daß die Vorgesellschaft zu diesem Tag eine Schlußrechnung zu erstellen hätte, die der Gründungsbilanz der Kapitalgesellschaft entsprechen würde.

Die Fertigstellung der Gründungsbilanz muß nicht mit dem Gründungsbilanzstichtag zusammenfallen, vielmehr räumt das Gesetz hierzu eine angemessene Frist ein, d.h. die Eröffnungsbilanz ist innerhalb der einem ordentlichen Geschäftsgang entsprechenden Zeit aufzustellen (§ 243, Abs. 3 HGB).

2.121 Die Gründung von Einzelunternehmungen und Personengesellschaften

Bei einer **Einzelunternehmung** betreibt ein Kaufmann seinen Geschäftsbetrieb ohne Gesellschafter oder nur mit einem stillen Gesellschafter, wobei er für Verbindlichkeiten seiner Unternehmung unmittelbar und unbeschränkt haftet. Eine Einzelunternehmung ist grundsätzlich eine **Personenfirma** und muß deshalb den Familiennamen und mindestens einen ausgeschriebenen Vornamen des Kaufmanns als Firmennamen führen (§ 18, Abs. 1 HGB). Obwohl die Einzelunternehmung keine eigene Rechtspersönlichkeit besitzt, und demgemäß der Einzelunternehmer und nicht die Unternehmung Träger von Rechten und Pflichten ist, kann der Kaufmann unter seiner Firma klagen und verklagt werden (§ 17, Abs. 2 HGB).

Die Gründung der Einzelunternehmung erfolgt weitgehend **formlos.** Das Handelsrecht verpflichtet einen Einzelunternehmer nur dann zur Aufstellung einer Handelsbilanz, wenn er die Kaufmannseigenschaft besitzt. Gleichwohl können Einzelunternehmer, auch ohne Kaufmann zu sein, durch andere Gesetzesvorschriften, insbesondere steuerrechtliche Buchführungsvorschriften (§ 141 AO), verpflichtet werden, regelmäßig Geschäftsabschlüsse aufzustellen; sie sind dann gehalten, die Geschäftstätigkeit mit einer Eröffnungsbilanz zu beginnen.

In der **Gründungsbilanz** sind alle Vermögensgegenstände und Schulden zu erfassen, die am Gründungsbilanzstichtag dem Betrieb des Einzelunternehmers dienen sollen. Die Differenz zwischen dem auf der Aktivseite erfaßten Betriebsvermögen und den auf der Passivseite ausgewiesenen Betriebsschulden stellt das Reinvermögen (Eigenkapital) der Unternehmung dar, das der Kaufmann mit der Unternehmensgründung bzw. Betriebseröffnung seinem Privatvermögen absondert. Die Streitfrage, ob der Kaufmann neben seinem Geschäftsvermögen auch sein Privatvermögen aufzuzeichnen hat, ist mit Einführung des Bilanzrichtlinien-Gesetzes geklärt: In der Begründung zu § 246 HGB wird ausdrücklich darauf hingewiesen, daß nur die Vermögensgegenstände und Schulden des „Unternehmens" auszuweisen sind, nicht aber das Privatvermögen (BT-Drucksache 10/4268 v. 18. 11. 85, S. 97).

Bei **Personengesellschaften** schließen sich mehrere natürliche und/oder juristische Personen mit gleichgerichteten erwerbswirtschaftlichen Zielsetzungen zusammen, ohne daß dadurch ein eigenständiges Rechtssubjekt entsteht. Entsprechend den jeweiligen Erfordernissen haben Personengesellschaften unterschiedliche Ausprägungen erfahren:

(1) In der **Gesellschaft bürgerlichen Rechts** (GbR; §§ 705ff. BGB) verpflichten sich mehrere natürliche oder juristische Personen durch einen (formlosen) Gesellschaftsvertrag zur Förderung eines gemeinsamen Zweckes (§ 705 BGB). Das Gesellschaftsvermögen, an dem kein Gesellschafter über ein selbständiges Teilrecht (Bruchteilseigentum; § 719, Abs. 1 BGB) verfügt, setzt sich aus den vertragsgemäß oder kraft Gesetzes (§ 718 BGB) eingebrachten Beiträgen zusammen. Die Gesellschafter haften, sofern es sich nicht nur um eine reine Innengesellschaft handelt, bei der der Innengesellschafter nicht für die Verbindlichkeiten der Außengesellschafter haftet, über die geleistete Einlage hinaus persönlich mit ihrem Gesamtvermögen. Eine Eintragung in das Handelsregister ist nicht möglich.

(2) Eine besondere Stellung nimmt die vermögensmäßige Beteiligung am Handelsgewerbe eines anderen, die **stille Gesellschaft** (§§ 230ff. HGB), ein. Es handelt sich dabei um eine reine Innengesellschaft, die zwar den Personengesellschaften zuzurechnen ist, die jedoch, da sie keinem selbständigen Handelsgewerbe nachgeht, nicht zu den Handelsgesellschaften zählt. Sie tritt, insbesondere durch steuerliche Einflüsse geprägt, in zwei Modifikationen, der typischen und der atypischen stillen Gesellschaft, auf. Während der **typische** stille Gesellschafter nur am Gewinn und Verlust beteiligt ist, partizipiert der **atypische** stille Gesellschafter auch an den Wertänderungen des Vermögens (stille Reserven). Damit wird er, insbesondere steuerlich, nicht als einfacher Kapitalgeber, sondern als Mitunternehmer betrachtet, so daß die atypische stille Gesellschaft, ebenso wie die Gesellschaft bürgerlichen Rechts und die noch zu besprechenden Handelsgesellschaften, zu den **Mitunternehmergemeinschaften** zählt.

Buchmäßig geht die Einlage des stillen Gesellschafters im Eigenkapital des Unternehmenseigners unter und tritt somit nach außen nicht in Erscheinung (vgl. Teil A, Abschn. 11.22, S. 294ff.). Es ist allerdings möglich und wegen des verbesserten Einblicks in die Vermögenslage zu fordern, daß die Einlage gesondert als „Darlehen stiller Gesellschafter" oder als „Sonstige Verbindlichkeit" ausgewiesen wird. Dies gilt insbesondere für die Kapitaleinlage des atypischen stillen Gesellschafters.

Die stille Beteiligung zeigt eine enge Verwandtschaft mit dem gewinnbeteiligten Darlehen (**partiarisches Darlehen**), unterscheidet sich jedoch von diesem dadurch, daß beim partiarischen Darlehen keine gleichgerichteten erwerbswirtschaftlichen Zielsetzungen verfolgt werden, sondern lediglich eine „Abstimmung gegenläufiger Interessen" erfolgt (*Baumbach/Duden*, Handelsgesetzbuch, Anm. 2 zu § 230 HGB).

(3) Die **Handelsgesellschaften** sind in offene Handelsgesellschaften (OHG) und Kommanditgesellschaften (KG) zu unterscheiden. Beides sind Gesellschaften, deren Zweck auf den Betrieb eines Handelsgewerbes unter gemeinschaftlicher Firma gerichtet ist (§§ 105, 161 HGB). Die Rechtsverhältnisse der Gesellschafter zueinander (Innenverhältnis) werden durch einen formlosen **Gesellschaftsvertrag** geregelt, der nur bei der Einbringung von Grundstücken der notariellen Beurkundung bedarf. Die betriebliche Willensbildung und die Haftungsverhältnisse unterliegen bei OHG und KG unterschiedlichen gesetzlichen Bestimmungen. Während jeder OHG-Gesellschafter uneingeschränkt Leitungsmacht ausüben darf (§§ 114, Abs. 1; 125 HGB) und demgemäß auch jeder unmittelbar und uneingeschränkt für die Gesellschaftsverbindlichkeiten haftet (§ 128 HGB), trifft dies bei den KG-Gesellschaftern nur für den bzw. die Komplementär(e) zu (§§ 161, 164 HGB). Die Kommanditisten können dagegen nur ein Kontrollrecht wahrnehmen (§ 166 HGB); ihre Haftung ist deshalb auf die Höhe ihrer im Handelsregister eingetragenen Einlage begrenzt (§§ 171, 172 HGB).

Handelsgesellschaften besitzen keine eigene Rechtspersönlichkeit, können jedoch im Namen der Firma Rechte erwerben, Verbindlichkeiten eingehen, klagen und verklagt werden (§§ 124, 161, Abs. 2 HGB). Auch steuerlich, zumindest hinsichtlich der gesellschaftsbezogenen Steuern wie Gewerbe-, Grund-, Grunderwerb-, Umsatz- und Verbrauchsteuern, werden diese Gesellschaften wie eigenständige Rechtssubjekte behandelt. *Wöhe* (Steuerlehre II/1, S. 12) mißt ihnen daher „relative Rechtsfähigkeit" zu.

Die **Gründungsbilanz** der Personengesellschaften ist im Aufbau der Gründungsbilanz einer Einzelunternehmung weitgehend ähnlich. Das Eigenkapital wird allerdings nicht als globale Größe in die Bilanz eingestellt, sondern für jeden Gesellschafter detailliert ausgewiesen. Dazu ist für jeden Gesellschafter ein eigenständiges Kapitalkonto einzurichten, das die Höhe der Beteiligung am Gesellschaftsvermögen wiedergibt. Da die Gesellschafter (auch die Kommanditisten) bereits mit Übernahme der Beteiligung für deren Einzahlung mit ihrem Privatvermögen haften, erfolgt die Verbuchung der Einlage auf den Kapitalkonten mit der Einlageverpflichtung.

Beispiel:

A und B wollen eine OHG gründen. Laut Gesellschaftsvertrag verpflichten sie sich, eine Einlage von je 20.000 zu leisten.

Buchungssätze:

Einbringungskonto A	20.000	**an**	Eigenkapitalkonto A	20.000
Einbringungskonto B	20.000	**an**	Eigenkapitalkonto B	20.000

A und B leisten die Einlage in bar.

Bank/Kasse	40.000	**an**	Einbringungskonto A	20.000
			Einbringungskonto B	20.000

Werden von den Gesellschaftern vor Beginn des Geschäftsbetriebs Vorarbeiten geleistet, die zu Ausgaben führen, so werden diese Auslagen auf den Einbringungskonten verrechnet. Die Ausgabe wird dabei als aktive Rechnungsabgrenzung erfaßt (transitorische RAP, da Ausgabe vor, Aufwand nach Gründung; vgl. Teil A, Abschn. 10.51, S. 247ff.).

Beispiel:

Der Kommanditist C verpflichtet sich zu einer Einlage von 20.000, für Vorarbeiten verauslagt er 5.000.

Buchungssätze:

Einbringungskonto C	20.000	**an**	Eigenkapitalkonto C	20.000
Aktive RAP	5.000	**an**	Einbringungskonto C	5.000

Die Kapitalkonten der KG-Komplementäre, der OHG- und der GbR-Gesellschafter sind auf keine bestimmte **Einlagenhöhe** fixiert. Mit späteren Kapitalzuführungen oder -entnahmen verändert sich auch die Höhe der Einlage. Dagegen sind die Einlagen auf den Kapitalkonten der Kommanditisten durch die Handelsregistereintragung fest vorgegeben. Daraus ergibt sich die Notwendigkeit, in Ergänzung zu den Kapitalkonten für rückständige Einzahlungsbeträge ein besonderes Konto **„Ausstehende Einlagen auf das Kommanditkapital"** und zur Aufnahme zusätzlicher Kapitaleinlagen und im Unternehmen verbleibender Gewinne besondere **Darlehenskonten** einzurichten.

2.122 Die Gründung von Kapitalgesellschaften

Wesensbestimmende Merkmale der Kapitalgesellschaften sind die Ausstattung mit eigener **Rechtspersönlichkeit** (§ 1, Abs. 1, Satz 1 AktG; § 13, Abs. 1 GmbHG) und die **Haftungsbeschränkung** auf das Gesellschaftsvermögen (§ 1, Abs. 1, Satz 2 AktG; § 13, Abs. 2 GmbHG). Um die Anteilseigner und Gläubiger vor unsoliden Gründungen zu schützen, unterliegt die Gründung von Kapitalgesellschaften strengen **Formvorschriften,** die insbesondere in das Gesetz betreffend die Gesellschaften mit beschränkter Haftung vom 20. 4. 1892 und das Aktiengesetz vom 6. 9. 1965 Eingang gefunden haben.

Die in der Wirtschaftspraxis am häufigsten vertretene Kapitalgesellschaft ist die **Gesellschaft mit beschränkter Haftung** (GmbH). Zur Gründung der GmbH ist mindestens **eine** natürliche oder juristische Person notwendig. Diese hat ein **Mindeststammkapital** (Gezeichnetes Kapital; § 272 HGB) von 50.000 Deutsche Mark zu übernehmen, wovon 25.000 Deutsche Mark durch Bar- oder Sacheinlagen gedeckt sein müssen (§ 7, Abs. 2 GmbHG). Jeder Gründer kann nur **eine,** wenn auch betragsmäßig unterschiedliche Stammeinlage in Höhe von mindestens 500 Deutsche Mark übernehmen (§ 5, Abs. 1 und 2 GmbHG), wovon ein Viertel (§ 7, Abs. 2 GmbHG) bar oder in Sachwerten einzubringen ist. Das Entgelt für eingebrachte Sachwerte ist im Gesellschaftsvertrag festzusetzen (§ 5, Abs. 4 GmbHG). Um unsolide Sachgründungen zu vermeiden, führen Überbewertungen der Aktiva zwingend zur Ablehnung der Handelsregistereintragung (§ 9c GmbHG). Die Gründungsprüfung obliegt damit dem Registergericht. Dieses wird jedoch regelmäßig einen Sachverständigen mit der Prüfung beauftragen, so daß faktisch auch bei der GmbH eine externe Gründungsprüfungspflicht existiert. Da das Stammkapital eine nominell gebundene und durch den Handelsregistereintrag fixierte Größe darstellt, muß für nicht erfüllte Einlageverpflichtungen ein Ausgleichsposten (**Ausstehende Einlagen auf das Gezeichnete Kapital**) in die Gründungsbilanz eingestellt werden. Nach dem Bilanzrichtlinien-Gesetz kann sich der Ausweis auf das eingeforderte Kapital beschränken, wenn der nicht eingeforderte Teil in der Gründungsbilanz offen in einer Vorspalte abgesetzt wird. Ein Ausgabeaufgeld ist zwingend einer speziell hierfür zu bildenden Kapitalrücklage zuzuführen (§ 272 Abs. 1 HGB, vgl. im einzelnen Teil A, Abschn. 11.3, S. 304ff.).

Beispiel:

Der Gesellschafter B verpflichtet sich im Gesellschaftsvertrag, eine Einlage von 500 zu übernehmen, B zahlt darauf 250 in bar ein.

Buchungssätze:

Konto der Gesellschafter	500	**an**	Gezeichnetes Kapital	500
Kasse/Bank	250	**an**	Einbringungskonto B	250
Einbringungskonto B	250			
Ausstehende Einlagen auf das Gezeichnete Kapital	250	**an**	Konto der Gesellschafter	500

Der Ausgleichsposten trägt dabei den Charakter eines Vermögensgegenstandes, da die Gesellschafter subsidiär für die volle Einzahlung der vertraglich festgelegten Einlagen haften (§ 24 GmbHG). Kommt ein säumiger Gesellschafter trotz mehrmaliger Nachfristsetzung seiner Einlageverpflichtung nicht nach, so kann sein Geschäftsanteil für verlustig erklärt werden (**Kaduzierung;** § 21 GmbHG). Obwohl der ausgeschlossene Gesellschafter weiterhin für die ausstehende Einlage haftet, erhält er für den eingezogenen Geschäftsanteil keine Entschädigung. Wird die Gesellschaft nur durch eine Person gegründet, so hat diese in Höhe der ausstehenden Einlagen Sicherheiten zu bestellen (§ 7, Abs. 2 GmbHG).

Die Haftung der Gesellschafter ist zwar grundsätzlich auf die geleisteten Einlagen beschränkt, sie kann jedoch durch die Satzung auf eine beschränkte oder unbeschränkte **Nachschußpflicht** ausgedehnt werden (§§ 27, 28 GmbHG).

Die Gründung einer **Aktiengesellschaft** ist im Aktiengesetz ausführlich berücksichtigt (§§ 23–53 AktG). Danach sind zur Gründung mindestens **fünf** natürliche oder juristische Personen erforderlich, die eine **Satzung** für die Gesellschaft in notarieller Verhandlung feststellen (§ 23 AktG) und das in Aktien zerlegte Grund(Eigen-)kapital in Höhe von mindestens 100.000 Deutsche Mark (§ 7 AktG) ausnahmslos selbst übernehmen (**Einheits-** oder **Simultangründung;** § 29 AktG; das vor 1965 geltende Aktienrecht ließ daneben noch die **Stufen-** oder **Sukzessivgründung** zu, bei der auch Nichtgründer Einlagen übernehmen konnten, die dann durch Plazierung der Aktien am Kapitalmarkt das eingezahlte Kapital zurückzuerlangen versuchten). Die Aktien lauten im Regelfall auf je 50 Deutsche Mark (§ 8 AktG) und sind von den Gründungsaktionären, sofern Bareinlagen vereinbart wurden, **vor** der Handelsregistereintragung mit mindestens einem Viertel, zuzüglich eines gegebenenfalls vereinbarten Aufgeldbetrags (Agio; § 9, Abs. 2 AktG), durch Bareinlagen einzubringen. Sacheinlagen sind dagegen stets voll zu leisten; sie können jedoch auch **nach** der Handelsregistereintragung vorgenommen werden (§ 38a, Abs. 2 AktG). Ein Agio ist dabei gemäß § 272, Abs. 2, Nr. 1 HGB in die Kapitalrücklage einzustellen.

Beispiel:

X übernimmt 100 Aktien (zu je 50) der zu gründenden XYZ-AG zum Kurs von 115%; X zahlt 25% des Nennbetrags zuzüglich des Agios ein.

Buchungssätze:

Einzahlungsverpflichtung:

Konto der Aktionäre	5.750	**an**	Gezeichnetes Kapital	5.000
			Kapitalrücklage	750

Einzahlung:

Kasse/Bank	2.000	**an**	Einbringungskonto X	2.000
Einbringungskonto X	2.000			
Ausstehende Einlagen auf das Gezeichnete Kapital*	3.750	**an**	Konto der Aktionäre	5.750

Da die Entgelte für Sacheinlagen in der Satzung festgelegt werden, ergeben sich immer dann Probleme, wenn diese Festsetzungen vor Ablauf von fünf Jahren nach Handelsregistereintrag geändert werden sollen. Gemäß § 27, Abs. 5 i. V. m. § 26, Abs. 5 AktG sind während dieses Zeitraumes Änderungen der Festsetzungen ausgeschlossen. Trotzdem wird eine Änderung der festgesetzten Anschaffungswerte für Sachübernahmen für zulässig erachtet, soweit damit eine Unterbewertung rückgängig und der erste zeitlich anschließende Jahresabschluß noch nicht festgestellt ist. Die nachträglichen Werterhöhungen sind sodann der Kapitalrücklage zuzuführen. Eine Zuschreibung nach dem ersten Regelabschluß scheidet dagegen wegen Überschreitens der Anschaffungswerte der Gründungsbilanz aus (*Sarx,* Bilanzkommentar, S. 1323).

Solange das Grundkapital noch nicht voll eingebracht ist, dürfen die Aktien als Nachweis der Zahlungsverpflichtung nur als **Namenspapiere** (Namensaktien oder Interimsscheine) ausgestellt werden; bei voller Einlagenleistung durch den Aktionär werden in der Regel **Inhaberaktien** ausgegeben, die den Vorteil einer leichteren Veräußerbarkeit (Fungibilität) der Anteilsscheine gewähren (§ 10 AktG).

Um die Handlungsfähigkeit der Gesellschaft herzustellen, berufen die Gründer den ersten **Aufsichtsrat** (§ 30, Abs. 1 AktG), der wiederum den **Vorstand** als Geschäftsführungsorgan bestellt (§ 30, Abs. 4 AktG).

Nachdem die Gesellschaft durch Feststellung der Satzung und Übernahme der Aktien durch die Gründer **errichtet** ist (§ 29 AktG), haben die Gründer über den Gründungshergang einen Bericht zu fertigen (**Gründungsbericht** nach § 32, Abs. 1 AktG). Die **Prüfung** der Gründungsvorgänge obliegt dann den Mitglie-

* Zum Ausweis der ausstehenden Einlagen in der Eröffnungsbilanz s. Teil A, Abschn. 11.3, S. 304ff.

dern des Vorstands und des Aufsichtsrats (§ 33, Abs. 1 AktG). Bei Sachgründungen und in den Fällen, in denen Vorstands- und Aufsichtsratsmitglieder zu den Gründern gehören oder die Gründer eine besondere Entschädigung erhalten (Gründerlohn), bestellt das Registergericht einen **externen Gründungsprüfer** (z. B. Wirtschaftsprüfer), der nach den Grundsätzen handelsrechtlicher Jahresabschlußprüfung den Gründungsvorgang zu prüfen und besonders die Bewertung der Sacheinlagen und die Angemessenheit der Gründungsvergütungen zu kontrollieren hat (§ 33, Abs. 2 AktG). Je ein Exemplar des Berichts der Gründungsprüfer ist dem Vorstand, dem Registergericht und der Industrie- und Handelskammer einzureichen (§ 34, Abs. 3 AktG). Der Bericht unterliegt also allgemeiner Publizität. Damit bei unsoliden Sachgründungen die notwendige Gründungsprüfung nicht umgangen werden kann, sind Verträge, nach denen die Aktiengesellschaft vorhandene oder herzustellende Anlagen oder andere Vermögensgegenstände im Wert von mehr als 10% des Grundkapitals innerhalb der ersten zwei Jahre seit dem Handelsregistereintrag erwerben soll, an die Zustimmung der Hauptversammlung und die Eintragung in das Handelsregister gebunden und unterliegen darüber hinaus auch einer **Nachprüfung** mit Gründungsprüfung und Nachgründungsbericht (§ 52, Abs. 1, 3 und 4 AktG).

Im Außenverhältnis entsteht die Aktiengesellschaft erst mit der Erlangung der eigenen Rechtspersönlichkeit, also mit der **Eintragung** in das Handelsregister (§§ 36ff. AktG). Dazu sind der Gründungsprüfungsbericht, der Gründungsbericht, die Satzung, die Bestellungsurkunden der Organe sowie der Nachweis über die ordnungsgemäße Leistung der Mindesteinlagen dem Registergericht einzureichen. Das Gericht überprüft die Errichtung sowie die Anmeldung und trägt, sofern keine Beanstandungen festgestellt werden, die Gesellschaft mit Firma, Sitz, Geschäftsgegenstand, Höhe des Grundkapitals, Tag der Satzungsfeststellung und die Namen der Vorstandsmitglieder in das Handelsregister ein. Die Eintragung bringt den Gründungsvorgang der AG zum Abschluß.

Die **Gründungskosten** bei Kapitalgesellschaften sind auf Grund der umfangreichen Formvorschriften höher als bei Personengesellschaften oder Einzelunternehmungen. Sie setzen sich überwiegend aus Gesellschaftsteuer, Notariatskosten, Gerichtskosten, Prüfungskosten, Börseneinführungskosten und Druckkosten für die Anteilsscheine zusammen und belaufen sich im allgemeinen auf 5–7% des festgelegten Nennkapitals (*Wöhe*, Einführung, S. 788).

Obwohl § 248, Abs. 1 HGB eine Aktivierung von Aufwendungen für die Gründung des Unternehmens ausdrücklich verneint, ist die **buchmäßige** Behandlung der Gründungskosten umstritten. Bei dieser Vorschrift handelt es sich nämlich lediglich um ein klarstellendes Bilanzierungsverbot, mit der der Gesetzgeber keine materielle Änderung der bis 1987 anzuwendenden aktienrechtlichen Normen erwirken wollte (BR-Drucksache 257/83 v. 3. 6. 83, S. 80). Damit bleiben aber auch die äußerst divergierenden Meinungen zur Auslegung des § 153, Abs. 4 AktG a. F. weiterhin bestehen (*Weber*, Rechnungswesen, S. 266f.). Diese Regelung sah zwar auch ein ausdrückliches Bilanzierungsverbot für Gründungsaufwendungen vor. Da eine Verrechnung gegen die fixierten Eigenkapitalkonten oder ein etwaiges Ausgabeaufgeld (Agio) ausgeschlossen war, wäre ein Verlustausweis in der Gründungsbilanz unumgänglich gewesen. *Adler/Düring/Schmaltz* (Rechnungslegung, S. 152f.) hielten es daher „um dieses (wenig schöne) Ergebnis zu vermeiden“ für zulässig, den

Gründungsaufwand in der Eröffnungsbilanz zu aktivieren und zu Lasten des ersten Jahresergebnisses zu verbuchen. Einer solchen Auslegung steht auch § 242 HGB, der für die Eröffnungsbilanz die gleichen Vorschriften wie für den regulären Jahresabschluß vorsieht, nicht zwingend entgegen. Inwieweit die handelsrechtlichen Regelungen für die Gründungsbilanz als bindend betrachtet werden können, hängt nämlich nicht zuletzt von der Frage ab, ob die Vorgesellschaft und die rechtsfähige Kapitalgesellschaft eine Einheit bilden (s. S. 680f.), weil nur das dann anzuwendende Sonderrecht auch die handelsrechtlichen Vorschriften einschließt. Im Ergebnis führen jedoch beide Verfahren zu einem Verlustausweis in der ersten ordentlichen Jahresbilanz. Stehen dann nicht genügend erwirtschaftete Gewinne zur Deckung des Verlustes zur Verfügung, darf das in die Kapitalrücklage eingestellte Agio zur Verlustabdeckung herangezogen werden (§ 150, Abs. 3 AktG).

Auch die buchmäßige Behandlung der Kapitalbeschaffungskosten ist durch die Novellierung des Handelsgesetzbuches im Rahmen der Transformation der 4. EG-Richtlinie nicht eindeutig geregelt. Lediglich für die Eigenkapitalbeschaffungskosten besteht nach § 248 HGB ein Aktivierungsverbot. Gegenüber der Vorschrift des § 153, Abs. 4 AktG a. F., die ein generelles Bilanzierungsverbot für Kapitalbeschaffungskosten vorsah, ist nunmehr die Frage der Bilanzierung von Fremdkapitalkosten offen. Obwohl auch in diesem Fall die Begründung zum Bilanzrichtlinien-Gesetz eine materielle Veränderung der aktienrechtlichen Normen verneint (BR-Drucksache 257/83 vom 3. 6. 83, S. 80), halten es *Budde/Karig* (Bilanzkommentar, S. 233) angesichts der Einengung des Wortlautes für nicht vertretbar, § 248 HGB in erweiternder Auslegung als generelles Aktivierungsverbot für sämtliche Kapitalkosten zu interpretieren (a. A. *Veit,* Wpg 84, S. 69). Bei Fremdkapitalbeschaffungskosten sei daher zu prüfen, ob sich eine Aktivierungsfähigkeit oder sogar -pflicht nicht aus anderen Vorschriften, z. B. als aktiver Rechnungsabgrenzungsposten beim Disagio oder Damnum nach § 250 HGB oder aber als Herstellungskosten nach § 255, Abs. 3 HGB ergibt.

2.123 Die Gründung von Genossenschaften

Das Handelsrecht kennt neben den genannten Personen- und Kapitalgesellschaften weitere Rechtsformen, die zum Teil nur geringe zahlenmäßige Verbreitung und wirtschaftliche Bedeutung haben. Hierzu gehören die **Kommanditgesellschaft auf Aktien** (KGaA; §§ 278–290 AktG) und die Sonderformen **Reederei** (§§ 484–510 HGB) bzw. **Kolonialgesellschaft;** diese zählen zu den Kapitalgesellschaften. Der **Versicherungsverein auf Gegenseitigkeit** (VVaG; §§ 1ff. Versicherungsaufsichtsgesetz) muß dagegen ebenso wie die **Genossenschaft** als Rechtsform eigener Art gelten, wobei die Genossenschaften im Wirtschaftsleben hinsichtlich Zahl und Bedeutung eine ähnliche Stellung wie die bereits dargestellten Kapitalgesellschaften einnehmen.

Die Genossenschaft ist eine **wirtschaftliche Personenvereinigung** mit nicht geschlossener Mitgliederzahl, die zur Förderung des Erwerbs oder der Wirtschaft ihrer Mitglieder einen gemeinschaftlichen Geschäftsbetrieb unterhält (§ 1, Abs. 1 GenG). Demgemäß ist Gegenstand des genossenschaftlichen Grundauftrags nicht die Gewinnerzielung, sondern durch **Kooperation** das bei den Mitgliedern vorhandene Streben nach ökonomischen Vorteilen zu unterstützen

(*Schultz,* Genossenschaften, Sp. 1623). Für die Gesellschaftsverbindlichkeiten haftet den Gläubigern nur die Genossenschaft als solche, die Haftung der Genossen ist damit grundsätzlich auf den Wert des Geschäftsanteils beschränkt. Darüber hinaus kann jedoch das **Statut** (Satzung) die Genossen im Konkursfall zu Nachschüssen in begrenzter oder unbegrenzter Höhe verpflichten (§ 22a GenG).

Zur Gründung einer Genossenschaft sind mindestens **sieben** Mitglieder (Genossen, § 4 GenG) erforderlich, die schriftlich das Statut der Gesellschaft, entsprechend den Vorschriften der §§ 6 und 7 GenG, feststellen. Aus der Mitte der Gründer ist der **Vorstand** zu wählen, dem die Geschäftsführung obliegt und der die Genossenschaft gerichtlich und außergerichtlich vertritt (§§ 9, 24ff. GenG). Als Kontrollorgan wird ein mindestens dreiköpfiger **Aufsichtsrat** bestellt, der Geschäftsführung und Rechnungslegung zu überwachen hat (§§ 9; 38, Abs. 1 GenG). Mit der **Eintragung** in das Genossenschaftsregister erlangt die Genossenschaft ihre selbständige Rechtspersönlichkeit; die Genossenschaft gilt damit als Kaufmann im Sinne des Handelsgesetzbuchs (§ 17 GenG).

Da das **Geschäftsguthaben** (Eigenkapital) entsprechend der besonderen Rechtsnatur als Personalverein eine variable Größe darstellt, die mit der Zahl der Genossen schwankt, ist keine bestimmte Höhe des Eigenkapitals vorgesehen. Die jeweilige Höhe der Geschäftsanteile und die darauf zu leistende **Mindesteinzahlung** (in der Regel 10%; § 7, Nr. 1 GenG) ist daher Gegenstand des Statuts. Deshalb kann in der **Gründungsbilanz** auch nur das eingezahlte Geschäftsguthaben bilanziert werden (§ 337, Abs. 1, Satz 4 HGB). Eine Einbuchung der ausstehenden Geschäftsanteile ist grundsätzlich nicht erforderlich. Es genügt, die rückständigen Einzahlungen durch einen Vermerk zu der Position „Geschäftsguthaben" in der Bilanz auszuweisen. § 337, Abs. 1, Satz 3 HGB läßt jedoch auch einen Bruttoausweis zu. Danach ist der Betrag der genossenschaftlichen Geschäftsguthaben zu passivieren, während gleichzeitig auf der Aktivseite die Position „Rückständige fällige Einzahlungen auf die Geschäftsanteile" eingestellt wird.

Beispiel:

Sieben Bauern gründen eine e. G. zum gemeinsamen Vertrieb landwirtschaftlicher Erzeugnisse. Der Geschäftsanteil der einzelnen Genossen beträgt 2.000, wovon 50% eingezahlt werden.

Buchungssätze:

Einbringungskonten 1–7	14.000	**an**	Geschäftsguthaben	14.000
Kasse/Bank	7.000			
Rückständige fällige Einzahlungen auf die Geschäftsanteile	7.000	**an**	Einbringungskonten 1–7	14.000

Später erwirtschaftete Dividenden werden den Geschäftsguthaben so lange zugeschrieben, bis der volle Geschäftsanteil erbracht ist (§ 19 GenG). Sind neben den Einzahlungen für die Geschäftsanteile auch Aufgelder zu entrichten, so müssen diese der **Kapitalrücklage** (§ 272, Abs. 2 HGB), die dem Ausgleich eventueller Verluste dient, zugeführt werden. Eine Aktivierung der anfallenden **Gründungskosten** ist mit § 248, Abs. 1 HGB ausgeschlossen. Diese sind daher erfolgswirksam zu verbuchen und führen damit in der Gründungsbilanz zu einem Verlustausweis. Allerdings ist mit Inkrafttreten des Bilanzrichtlinien-Gesetzes fakultativ die Aktivierung der Kosten der Ingangsetzung des Geschäftsbetriebs möglich (§ 336, Abs. 2 i. V. m. § 269 HGB).

2.13 Steuerliche Behandlung der Gründung

Die Buchführungspflichten und damit das Erfordernis der Erstellung einer Gründungsbilanz werden durch das Steuerrecht erheblich ausgeweitet (§ 141 AO). Die Gründungsbilanz wird dabei – ohne Einhaltung eines Buchungszusammenhangs – in statistischer Weise aus der zum Gründungstag erfolgten körperlichen Bestandsaufnahme entwickelt und bildet sodann Grundlage und Beleg für die Bucheröffnung im ersten Geschäftsjahr.

Während eingebrachte **Bareinlagen** weder eine **Einkommensteuer-** noch eine **Körperschaftsteuerpflicht** begründen, kann sich die Bewertung der eingebrachten **Sacheinlagen** mittelbar durch Realisierung stiller Reserven auf die künftige Besteuerung auswirken. Da das Steuerrecht nicht zwischen der Einbringung einer Sacheinlage bei der Eröffnung des Betriebes und der Einbringung in einen bestehenden Betrieb unterscheidet, sind Sacheinlagen gemäß § 6, Abs. 1, Nr. 5 EStG grundsätzlich mit dem Teilwert zum Zeitpunkt der Einbringung zu bewerten. Der **Teilwert** ist dabei der Betrag, den ein Erwerber des ganzen Unternehmens im Rahmen des Gesamtkaufpreises für das einzelne Wirtschaftsgut unter der Voraussetzung ansetzen würde, daß der Betrieb fortgeführt wird (§ 6, Abs. 1, Nr. 1 EStG). Maßgebend ist also nicht der Wert, den das Wirtschaftsgut für den Einbringenden besitzt, sondern der Wert, den es für das Unternehmen darstellt. Diese Vorschrift wird in § 6, Abs. 1, Nr. 5a EStG dahingehend konkretisiert, daß Gegenstände, die innerhalb der letzten drei Jahre vor Einbringung angeschafft oder hergestellt wurden, höchstens zu den Anschaffungs- oder Herstellungskosten bewertet werden dürfen.

Beispiel:

Ein Handelsvertreter stellt bei Geschäftseröffnung am 1. 4. 19.. das seinem Handelsgewerbe dienende Vermögen zusammen:

- 1 Schreibtisch, gekauft am 30. 9. des Vorjahres für 1.500, geschätzter Verkehrswert 1.800,
- 1 Personenkraftwagen, angeschafft am 1. 3. 19.., Anschaffungswert = beizulegender Wert 19.000,
- Bankguthaben 2.400,
- Bargeld 600.

In Zusammenhang mit der Kraftfahrzeuganschaffung wurde am Anschaffungstag ein Bankdarlehen über 8.000 zu 6% p. a. verzinslich unter Einbehalt von 3% Disagio aufgenommen. Die Zinstermine liegen jeweils am Quartalsende. Bisher wurden noch keine Zinsen bezahlt.

a) Der Handelsvertreter ist sowohl handelsrechtlich, da er ein Grundhandelsgewerbe nach § 1, Abs. 2, Nr. 7 HGB betreibt, als auch steuerrechtlich (§ 140 AO) zur Aufstellung einer Gründungsbilanz verpflichtet.

b) Das Gründungsinventar lautet wie folgt:

(1) Vermögen		(2) Schulden	
Büroeinrichtung	1.800	Bankdarlehen	8.000
Fahrzeuge	19.000	Rückständige Zinsen	40
Bankguthaben	2.400		
Bargeld	600		
Disagio	240		
	24.040		8.040

(3) Berechnung des Eigenkapitals

Vermögen	24.040
./. Schulden	8.040
= Eigenkapital	16.000

c) Bei der Erstellung der Gründungsbilanz ist zu beachten, daß die Büroeinrichtung höchstens mit dem nach § 6, Abs. 1, Nr. 5a EStG verlangten Anschaffungswert angesetzt werden darf.

A Gründungsbilanz = Eröffnungsbilanz zum 1. 4. 19.. P

Anlagevermögen		Eigenkapital	15.700
Büroeinrichtung	1.500	Verbindlichkeiten	
Fahrzeuge	19.000	Bankdarlehen	8.000
Umlaufvermögen		Rückständige Zinsen	40
Bankguthaben	2.400		
Kassenbestand	600		
Aktive Rechnungsabgrenzung			
Disagio	240		
	23.740		23.740

Werden Wirtschaftsgüter von einem Mitunternehmer nicht in die Personengesellschaft eingebracht, sondern dieser nur zur **Nutzung** überlassen, gelten sie steuerlich als **Sonderbetriebsvermögen,** das in den Betriebsvermögensvergleich (Gewinnermittlung) der Mitunternehmerschaft einzubeziehen ist (BdF v. 20. 12. 1977, BStBl. I 1978, S. 8). Da dieses Vermögen jedoch weder juristisch noch wirtschaftlich zum Eigentum der Gesamthand zählt, kann es in der handelsbilanziellen Buchführung nicht erfaßt werden. Die Steuerbilanz läßt sich daher, insbesondere wenn zusätzlich noch dem einzelnen Gesellschafter zuzurechnende Sonderbetriebseinnahmen bzw. -ausgaben anfallen, nicht mehr aus der Handelsbilanz ableiten. Um diese Problematik zu umgehen, kann die Aufzeichnung des Sonderbetriebsvermögens und der damit zusammenhängenden, nur den einzelnen Gesellschafter betreffenden Geschäftsvorfälle in **Ergänzungs-(Sonderbetriebs-)bilanzen** erfolgen. Dasselbe gilt, wenn Bewertungsvergünstigungen (z. B. Bewertungsfreiheit nach § 7e EStG, erhöhte Abschreibungen nach § 7b EStG) nur von einzelnen Gesellschaftern in Anspruch genommen werden können (zur Ergänzungsbilanz im einzelnen s. Teil C, Abschn. 2.232, S. 722f.).

Führen Sonderbetriebsausgaben zu Verlusten, so können diese in unbegrenzter Höhe mit Einkünften aus anderen Einkunftsarten ausgeglichen oder nach § 10d EStG abgezogen werden. Diese Regelung ist auch auf Kommanditisten anzuwenden (BdF v. 8. 5. 1981, BStBl. I 1981, S. 308), was jedoch voraussetzt, daß Verluste aus dem Gesamthandsbereich und dem Sonderbetriebsvermögensbereich getrennt erfaßt werden, weil beschränkt haftende Gesellschafter Verluste aus Gewerbebetrieb nur bis zur Höhe ihrer Hafteinlage verrechnen dürfen (§ 15a EStG; vgl. Teil A, Abschn. 11.22 und 11.24, S. 295 und 303).

Umsatzsteuerlich vollzieht sich bei der Gründung eines Unternehmens ein Leistungsaustausch zwischen den Gesellschaftern (durch die Einbringung ihrer Einlagen) und der Gesellschaft (durch die als Entgelt gewährten Gesellschaftsanteile), der sowohl auf der Gesellschafts- als auch der Gesellschafterebene grundsätzlich zu steuerbaren Umsätzen führt. Eine Umsatzsteuerpflicht von seiten der neu gegründeten Gesellschaft entsteht jedoch nicht, da die Einräumung von Gesellschaftsrechten (Einlagengeschäft) umsatzsteuerfrei gestellt ist (§ 4, Nr. 8f UStG). Die Einlage in eine Personen- oder Kapitalgesellschaft unterliegt dagegen immer dann der Umsatzsteuer, wenn sie von einem Unternehmer im Sinne des § 2 UStG (selbständige Ausübung einer gewerblichen oder beruflichen Tätigkeit) **im Rahmen seiner Geschäftstätigkeit** geleistet wird und die Steuerbefreiungsbestimmungen für Gelder, Wechsel, Schecks, Wertpapiere (§ 4, Nr. 8 UStG) bzw. Grundstücke (§ 4, Nr. 9a UStG) nicht zum Zuge kommen (Optionsrecht, § 9 UStG). Nimmt der Einbringende die Umsatzsteuerbefreiungen in Anspruch, so ist damit allerdings ein Vorsteuerabzug beim neu gegründeten Unternehmen ausgeschlossen (§ 15, Abs. 2, Nr. 1 UStG). Absonderungen aus dem **Privatvermögen** eines Gesellschafters fallen nicht unter die steuerbaren Umsätze gemäß § 1 UStG.

Wird ein **ganzes Unternehmen** in eine neu gegründete Gesellschaft eingebracht, so gilt das für die übertragenen Besitzposten gewährte Entgelt als Steuerbemessungsgrundlage. Ein Abzug für übernommene Verbindlichkeiten ist damit nicht gestattet (§ 10, Abs. 3 UStG).

Beispiel:

A bringt zum 1. 1. 19.. sein Unternehmen gegen Gewährung von Gesellschaftsrechten in Höhe von 200.000 in die Z-GmbH ein. Dabei liegt folgende Einbringungsbilanz des A zugrunde:

A — Einbringungsbilanz der Firma A zum 1.1.19.. — P

A		P	
Grundstücke	70.000	Eigenkapital	200.000
Maschinen	70.000	Verbindlichkeiten	100.000
Rohstoffe	30.000		
Waren	42.000		
Forderungen	48.000		
Bank/Kasse	10.000		
Firmenwert	30.000		
	300.000		300.000

Grundstücke:	steuerfrei gemäß § 4, Nr. 9a UStG
Maschinen:	steuerpflichtig in Höhe von 70.000
Rohstoffe:	steuerpflichtig in Höhe von 30.000
Waren:	steuerpflichtig in Höhe von 42.000
Forderungen:	steuerfrei gemäß § 4, Nr. 8 UStG

Bank/Kasse: steuerfrei gemäß § 4, Nr. 8 UStG
Firmenwert: steuerpflichtig in Höhe von 30.000.

Die Z-GmbH hat also bei einem Umsatzsteuersatz von 10% 17.200 Umsatzsteuer zu entrichten, die sie jedoch gemäß § 15 UStG als Vorsteuer in Anrechnung bringen kann. Sind in den Gründungskosten Umsatzsteuerteile enthalten, so ist ein entsprechender Vorsteuerabzug zulässig.

Durch den Gründungsvorgang werden auch **Verkehrsteuerpflichten** ausgelöst, die besonderer Beachtung bedürfen, weil diese Steuern eine endgültige Last nach sich ziehen: So unterliegt der erstmalige Erwerb von Gesellschaftsrechten an einer inländischen Kapitalgesellschaft (auch die einer GmbH & Co KG, § 5, Abs. 2, Nr. 3 KVStG) der **Kapitalverkehrsteuer (Gesellschaftsteuer).** Bemessungsgrundlage ist dabei der **Gegenleistungswert** (§ 8 KVStG), d.h. alles, was der Erwerber tatsächlich für die Gesellschaftsrechte aufzuwenden hat. Dazu gehört die geleistete Einlage zuzüglich eines eventuellen Ausgabeaufgelds (Agio), auch wenn aus letzterem die Gesellschaftsteuer bezahlt wird. Aber auch freiwillig und zusätzlich von den Gesellschaftern übernommene Gründungskosten (Beurkundungs-, Gerichts-, Prüfungskosten) gehören zur Gegenleistung und unterliegen der Gesellschaftsteuer zum Steuersatz von 1 v.H. (§ 8, Nr. 1, Buchstabe a und § 9 KVStG). Bei Gesellschaftsrechten mit **Nennwert** (Aktien, GmbH-Anteile) ist mindestens dieser abzüglich einer darauf ausstehenden Einlage als Wert anzusetzen. Bei Sacheinlagen ist der **gemeine Wert** der Wirtschaftsgüter der Bewertung zugrundezulegen, der gegebenenfalls zu schätzen ist (§ 11, Abs. 2, Satz 2 BewG, vgl. hierzu auch Teil C, Abschn. 2.2, S. 708ff.). Der gemeine Wert wird dabei durch den Preis bestimmt, der im gewöhnlichen Geschäftsverkehr nach der Beschaffenheit des Wirtschaftsgutes bei einer Veräußerung zu erzielen wäre (§ 9, Abs. 2 BewG).

Beispiel:

A und B gründen eine GmbH. Sie vereinbaren, daß das Mindestkapitel von 50.000 zu gleichen Teilen eingebracht werden soll. Die Gründungskosten sollen durch ein Ausgabeaufgeld von 5% gedeckt werden. A und B zahlen jeweils 50% ihrer Einlageverpflichtung und das Agio ein.

Gesellschaftsteuerbemessungsgrundlage:

Eingebrachte Einlagen	25.000
+ Agio	2.500
	27.500

Zu zahlende Kapitalverkehrsteuer 1% = 275.

Die geleistete Gesellschaftsteuer für Kapitalzuführungen kann bei der Gewinnermittlung als Betriebsausgabe abgezogen werden (BFH v. 21. 12. 1977, BStBl. II 1978, S. 346).

Auf die Einbringung von Grundstücken und grundstücksgleichen Rechten wird grundsätzlich **Grunderwerbsteuer** zum Regelsteuersatz von 2 v.H. erhoben (§ 11, Abs. 1 GrEStG). Als Bemessungsgrundlage wird dabei die gewährte Gegenleistung herangezogen. Geht ein Grundstück jedoch in das Vermögen einer Gesamthand (Personengesellschaft) über, wird die Steuer in Höhe des Anteils, mit dem der Einbringende am Vermögen der Gesellschaft beteiligt ist, erlassen (§ 5, Abs. 1, 2 GrEStG).

Gründungskosten dürfen in der Steuerbilanz nur dann aktiviert werden, wenn durch sie ein entsprechendes Wirtschaftsgut geschaffen wurde. Da Gründungskosten wie Notariats- und Gerichtskosten, Herstellungskosten der Anteilsscheine, Börseneinführungskosten und Kapitalverkehrsteuern diesem Erfordernis nicht entsprechen, kommt nur eine Verrechnung als abzugsfähige Betriebsausgabe in Betracht. Durch den Wegfall des § 9, Nr. 1, Buchstabe a KStG im Zuge des Steuerentlastungsgesetzes 1984 ist eine Verrechnung der Gründungskosten mit einem Ausgabeaufgeld nicht mehr notwendig. Anders ist dagegen die **Grunderwerbsteuer** zu beurteilen: Bei Kapitalgesellschaften wird regelmäßig eine Aktivierung der Grunderwerbsteuer als Anschaffungsnebenkosten erforderlich sein. Bei Personengesellschaften ist die Grunderwerbsteuer als sogenannte Sachsteuer zu interpretieren, weil hier die Besteuerung nicht an einen Kauf-, sondern einen Einbringungsvorgang anknüpft. Da das Steuerrecht aber keine Einlage–Nebenkostenaktivierung kennt, führt die Grunderwerbsteuer in diesem Fall zu einer abzugsfähigen Betriebsausgabe (*Brönner,* Besteuerung, S. 994).

2.14 Chronologie der Buchungstechnik

Die notwendigen **Gründungsbuchungen** können, da sie rechtsformabhängig sind, nur für bestimmte Rechtsformen systematisiert werden:

Einzelunternehmung:

- Erfassen der Finanzierungsvorgänge auf Konten
- Abschluß aller Konten über das Schlußbilanzkonto
- Erstellen der Gründungsbilanz

Bei der **stillen Gesellschaft** ist zusätzlich zu buchen:

- Eingebrachte Werte des stillen Gesellschafters über Einbringungskonto
- Abschluß Einbringungskonto des stillen Gesellschafters über Konto Sonstige Verbindlichkeiten oder Konto Stiller Gesellschafter und Ausweis in der Bilanz

Personengesellschaften:

- Erfassen der Finanzierungsvorgänge auf Konten
- Verbuchung der eingebrachten Werte über Einbringungskonten
- Nichtverbuchung der ausstehenden Einlagen
- Abschluß der Einbringungskonten über die Kapitalkonten
- Abschluß aller Konten über das Schlußbilanzkonto
- Erstellen der Gründungsbilanz

Bei der **KG** ist zusätzlich zu buchen:

- Ausweis des (gezeichneten) Kommanditkapitals in voller Höhe
- Deshalb: Aktivierung der ausstehenden Einlagen der Kommanditisten auf dem Konto Ausstehende Einlagen auf das Kommanditkapital

AG und KGaA:

- Buchung des Gezeichneten Kapitals in voller Höhe
- Gegenbuchung auf dem Konto der Aktionäre

- Buchung der Einlagen über Einbringungskonten
- Abschluß der Einbringungskonten über Konto der Aktionäre
- Ausgleich Konto der Aktionäre über Konto Ausstehende Einlagen auf das Gezeichnete Kapital
- Buchung der Gründungskosten
- Einstellung Aktienausgabeagio in die Kapitalrücklage
- Abschluß aller Konten über das Schlußbilanzkonto
- Erstellen der Gründungsbilanz

GmbH:

- Buchung des Gezeichneten Kapitals in voller Höhe
- Gegenbuchung auf Konto der Gesellschafter
- Buchung der Einlagen über Einbringungskonten
- Abschluß der Einbringungskonten über Konto der Gesellschafter
- Ausgleich Konto der Gesellschafter über Konto Ausstehende Einlagen auf das Gezeichnete Kapital
- Buchung der Gründungskosten
- Abschluß aller Konten über das Schlußbilanzkonto
- Erstellen der Gründungsbilanz

Genossenschaft:

- Buchung der Einlagen der Genossen über Einbringungskonten
- Abschluß der Einbringungskonten über Konto Geschäftsguthaben der Genossen
- Fakultative Aktivierung der ausstehenden Einlagen der Genossen
- Abschluß aller Konten über das Schlußbilanzkonto
- Erstellen der Gründungsbilanz
- Bei Nichtaktivierung der ausstehenden Genossenschaftseinlagen Vermerk der Nachschußverpflichtung unter der Position Geschäftsguthaben.

Übungsbeispiele:

Übungsbeispiel 1: (ohne Berücksichtigung von Steuern)

Der Dipl.-Ing. A schließt sich mit dem Kaufmann B und den Kapitalgebern C und D zu einer Handelsgesellschaft unter der Firma A & Co. zusammen, die am 1. 4. 19.. mit 25 gewerblichen Arbeitnehmern und 5 kaufmännischen Mitarbeitern die Produktion von Bauteilen für die Computerindustrie aufnimmt.

Nach dem Gesellschaftsvertrag vom 28. 1. 19.. bringen die Beteiligten in die Gesellschaft ein:

A:	– Patente über Mikrobauteile, Wert nach Sachverständigengutachten	120.000
	– Gebrauchte Meßgeräte, Wert nach Angaben von A	5.400
	– Personenkraftwagen zum amtlichen Schätzwert von	8.900
	– Bares Geld	1.700
B:	– Einen kürzlich als Gelegenheit erworbenen Kleinlastwagen für Der Kauf wurde mit 3-Monats-Akzept in Höhe von 14.000 finanziert. Der Wechsel wird am 1. 6. präsentiert und verursacht durch	14.930

den Aussteller am 25. 3. in Rechnung gestellte Diskont- und Wechselspesenaufwendungen von 630.

	– Bankguthaben bei der Handels- und Gewerbebank	22.470
	– Bares Geld	7.810
C:	– Grundstück zum Verkehrswert von	25.000
	mit aufstehender Fabrikhalle, Verkehrswert	85.000
	belastet mit einer zu 7% verzinslichen Hypothekenschuld von 30.000, Zinstermine jeweils 1. 1. und 1. 7. nachschüssig. Die Einlage von C ist auf einen Wert von 80.000 begrenzt und wird so auch im Handelsregister eingetragen.	
D:	– leistet seine vertragsmäßig begrenzte und eingetragene Einlage von dadurch, daß er der Gesellschaft börsennotierte Wertpapiere mit einem Nennwert von 60.000 zum geltenden Kurswert von 80.000 zur Verfügung stellt und Forderungen in Höhe von 25.000 zediert. Von diesen Forderungen müssen 3.000 als zweifelhaft (Eingangsaussichten 50%) und 2.000 als vollkommen uneinbringlich gelten. Der 100.000 übersteigende Betrag wird als Darlehen gewährt.	100.000

Aufgaben:

a) Erstellen Sie das Gründungsinventar.
b) Geben Sie die Gründungsbuchungen unter Einfügung von Einbringungskonten für die einzelnen Gesellschafter an.
c) Entwickeln Sie die Gründungsbilanz.

Lösung:

a) Gründungsinventar:

für Komplementär A:

– Vermögen:	
Patente	120.000
Maschinelle Anlagen	5.400
Fahrzeuge	8.900
Bargeld	1.700
Summe	136.000
– Schulden	0
– Eigenkapital	136.000

für Komplementär B:

– Vermögen:	
Fahrzeuge	14.930
Bankguthaben	22.470
Bargeld	7.810
Diskontaufwand 1. 4.–31. 5.	420
Summe	45.630
– Schulden:	
Wechselschulden	14.000
Diskont- und Spesenschulden	630
Summe	14.630
– Eigenkapital	31.000

für Kommanditist C:

– Vermögen:

Grund und Boden	25.000
Gebäude	85.000
Summe	110.000

– Schulden:

Hypothekenverbindlichkeit	30.000
Rückständige Hypothekenzinsen vom 1. 1.–31. 3.	525
Summe	30.525

– Eigenkapital 79.475

für Kommanditist D:

– Vermögen:

Wertpapiere	80.000
Forderungen	20.000
Dubiose Forderungen	3.000
Summe	103.000

– Schulden:

Delkredere 1.500

– Eigenkapital 101.500

b) Gründungsbuchungen:

(1)	Patente	120.000			
	Maschinelle Anlagen	5.400			
	Fahrzeuge	8.900			
	Kasse	1.700	**an**	Einbringungskonto A	136.000
(2)	Fahrzeuge	14.930			
	Bank	22.470			
	Kasse	7.810			
	Aktive RAP: Diskontaufwand	420	**an**	Einbringungskonto B	45.630
	Einbringungskonto B	14.630	**an**	Schuldwechsel	14.000
				Sonstige Verbindlichkeiten	630
(3)	Grund und Boden	25.000			
	Gebäude	85.000	**an**	Einbringungskonto C	110.000
	Einbringungskonto C	30.525	**an**	Hypothekenschulden	30.000
				Sonstige Verbindlichkeiten	525
(4)	Wertpapiere	80.000			
	Forderungen	20.000			
	Dubiose Forderungen	3.000	**an**	Einbringungskonto D	103.000
	Einbringungskonto D	1.500	**an**	Delkrederewertberichtigung	1.500

c) Durch Abschluß der Konten auf das Gründungsbilanzkonto erhält man nachstehende Gründungsbilanz. Die Einbringungskonten der Kommanditisten sind dabei wie folgt abzuschließen:

(5) für C:

Einbringungskonto C	79.475			
Ausstehende Einlage C	525	**an**	Kapitalkonto C	80.000

(6) für D:

Einbringungskonto D	101.500	**an**	Kapitalkonto D	100.000
			Darlehen Kommanditist D	1.500

Aktiva — Gründungsbilanz zum 1. 4. 19 . . der Fa. A & Co. — Passiva

Aktiva		Passiva		
I. Ausstehende Einlagen (auf das gezeichnete Kommanditkapital)	525	I. Gesellschaftskapital		
II. Anlagevermögen		Kapital Kompl. A	136.000	
Grund und Boden	25.000	Kapital Kompl. B	31.000	
Gebäude	85.000	Kapital Komm. C	80.000	
Maschinen und masch. Anlagen	5.400	Kapital Komm. D	100.000	347.000
Fahrzeuge	23.830	II. Wertberichtigungen		
Patente	120.000	Delkredere		1.500
III. Umlaufvermögen		III. Langfristige Verbindlichkeiten		
Forderungen	20.000	Hypothekenschulden		30.000
Dubiose Forderungen	3.000	Darlehen Kommanditist D		1.500
Wertpapiere	80.000	IV. Kurzfristige Verbindlichkeiten		
Kassenbestand	9.510	Schuldwechsel		14.000
Guthaben bei Kreditinstituten	22.470	Sonstige Verbindlichkeiten		1.155
IV. Aktive Rechnungsabgrenzung Diskontaufwand	420			
	395.155			395.155

Übungsbeispiel 2:

A, B, C und D gründen zum 1. 6. 19 . . eine GmbH mit einem Stammkapital von 200.000. Nach dem Gesellschaftsvertrag übernehmen die einzelnen Gesellschafter Stammeinlagen in verschiedener Höhe, die sie wie folgt erbringen:

A: Stammeinlage 40.000 durch Einbringung seines bisher als Einzelfirma geführten Unternehmens. Zum Einbringungsstichtag erstellt A folgende Bilanz:

A — Bilanz A zum 1. 6. 19 . . — P

A		P		
Grundstück mit Betriebsgebäude	40.000	Eigenkapital		
Warenvorräte	10.000	Stand 1. 1. 19 . .	36.000	
Forderungen aus Lieferungen und Leistungen	7.250	Gewinn	2.000	38.000
Bankguthaben	1.500	Hypothekenschuld		15.000
		Warenverbindlichkeiten		5.000
		Rückständige Hypothekenzinsen		750
	58.750			58.750

Im Gesellschaftsvertrag sind sich die Gesellschafter darüber einig geworden, daß A mit der Einbringung seines Einzelunternehmens die Stammeinlage voll erbracht hat.

B: Stammeinlage 50.000 durch Bareinzahlung des Mindestbetrags auf das Bankkonto der Gesellschaft.

C: Stammeinlage 30.000 durch Einbringung von
- Besitzwechseln zum Nennwert von 10.000 (Diskont und Spesen vom 1. 6. des Jahres bis zur Fälligkeit = 1,5% der Wechselsumme)
- festverzinslichen Wertpapieren, Nennwert 20.000, Kurs 99%, nachschüssige Zinszahlungen 8% zum 1. 7. und 1. 1.

D: Stammeinlage 80.000 durch Einbringung von
- Maschinen und maschinellen Anlagen zum Taxwert von 60.000, zu ⅙ noch nicht bezahlt und mit Wechsel (fällig 2. 6. des Jahres) finanziert
- bisher im Privatvermögen geführtes, neben dem Betriebsgrundstück des A gelegenes Vorratsbauland zum Verkehrswert von 15.000.

Auf die Einforderung der Resteinlage wird vorerst verzichtet.

Die Notariats- und Gerichtskosten für die Gründung betragen 5% des Stammkapitals; sie wurden von D vorgestreckt. Die Gesellschaftsteuer beträgt 1% (§ 9 KVStG) und wurde über das Bankkonto bezahlt. Für die Übereignung des bebauten und unbebauten Grundstücks hat das zuständige Finanzamt einen Grunderwerbsteuerbescheid mit einer Steuerschuld von (40.000 + 15.000) · 0,02 = 1.100 erlassen, die bisher nicht beglichen ist und aktiviert werden soll.

Aufgaben:

a) Errechnen Sie den Wert der geleisteten Stammeinlagen und geben Sie die Buchungssätze für die Gründung an.
b) Stellen Sie die Gründungsbilanz auf.

Lösung:

a) Buchung der Stammkapitalanteile

Konto der Gesellschafter	200.000	**an**	Gezeichnetes Kapital	200.000

Errechnung der geleisteten Stammeinlagen und Verbuchung derselben:

A: Einbringung Betrieb zu Buchwerten: Wert des Betriebs = Eigenkapital am 1. 6. 19.. = 38.000; Wert der Einlage 40.000. Die Differenz in Höhe von 2.000 stellt einen Firmenwert dar.

Buchungssatz:

Grundstück mit Betriebsgebäude	40.000			
Warenvorräte	10.000			
Forderungen aus Lieferungen und Leistungen	7.250			
Bankguthaben	1.500			
Firmenwert	2.000	**an**	Einbringungskonto A	40.000
			Hypothekenschuld	15.000
			Warenverbindlichkeiten	5.000
			Sonstige Verbindlichkeiten	750

B: Mindesteinlage ¼ von 50.000 = 12.500

Buchungssatz:

Bank	12.500	**an**	Einbringungskonto B	12.500

C: Besitzwechsel Nennwert	10.000	
./. Wechseldiskont u. Spesen	150	9.850
Festverzinsliche Wertpapiere	19.800	
+ Stückzinsen 1. 1.–31. 5.	667	20.467
Wert der Einlage		30.317

Buchungssatz:

Besitzwechsel	10.000			
Wertpapiere des Umlaufvermögens	19.800			
Sonstige Forderungen	667	an	Einbringungskonto C	30.317
			Wertberichtigung auf Besitzwechsel	150
Wertberichtigung auf Besitzwechsel	150	an	Besitzwechsel	150

D: Maschinen und maschinelle Anlagen	60.000	
./. Wechselschulden	10.000	50.000
Grund und Boden		15.000
Wert der Einlage		65.000

Buchungssatz:

Maschinen und maschinelle Anlagen	60.000			
Grund und Boden	15.000	an	Einbringungskonto D	65.000
			Schuldwechsel	10.000

Gründungskosten:

– Notariats- und Gerichtskosten	10.000
– Gesellschaftsteuer	1.575
– Grunderwerbsteuer	1.100
	12.675

Buchungssatz:

Gründungskosten	12.675	an	Einbringungskonto D	10.000
			Bankguthaben	1.575
			Sonstige Verbindlichkeiten	1.100

Die Grunderwerbsteuer wird als Anschaffungsnebenkosten bei den Grundstücken mit und ohne Bauten aktiviert:

Grundstücke mit Bauten	800			
Grundstücke ohne Bauten	300	an	Gründungskosten	1.100

Für die Einbringungskonten der Gesellschafter lauten die Buchungssätze:

A: Einbringungskonto A	40.000	an	Konto der Gesellschafter	40.000
B: Einbringungskonto B	12.500			
Ausstehende Einlage auf das Gezeichnete Kapital	37.500	an	Konto der Gesellschafter	50.000
C: Einbringungskonto C	30.317	an	Sonstige Verbindlichkeiten Ausgleichsanspruch Gesellschafter C	317
			Konto der Gesellschafter	30.000

D: Einbringungskonto D	75.000			
Ausstehende Einlage auf das Gezeichnete Kapital	5.000	**an**	Konto der Gesellschafter	80.000

b) Nach Durchführung aller weiteren Abschlußbuchungen ergibt sich folgende Gründungsbilanz:

A — Gründungsbilanz ABCD GmbH zum 1. 6. 19.. — P

A		P	
I. Ausstehende Einlagen auf das Gezeichnete Kapital	42.500	I. Gezeichnetes Kapital	200.000
II. Anlagevermögen		II. Langfristige Verbindlichkeiten	
Grundstücke mit Bauten	40.800	Hypotheken	15.000
Grundstücke ohne Bauten	15.300	III. Kurzfristige Verbindlichkeiten	
Maschinen und maschinelle Anlagen	60.000	Warenverbindlichkeiten	5.000
Firmenwert	2.000	Schuldwechsel	10.000
III. Umlaufvermögen		Sonstige Verbindlichkeiten	2.167
Warenvorräte	10.000		
Forderungen aus Lieferungen und Leistungen	7.250		
Besitzwechsel	9.850		
Bankguthaben	12.425		
Wertpapiere	19.800		
Sonstige Forderungen	667		
IV. Gründungskosten	11.575		
	232.167		232.167

Übungsbeispiel 3:

Am 27. 8. 19.. wird die Y-AG durch 10 Gründer errichtet, welche von den zum Mindestnennbetrag gestückelten Aktien je 250 Stück zum Kurs von 110% übernehmen. Da die Gesellschaft ihren Betrieb sukzessive aufnimmt, sieht die Satzung vor, daß zunächst nur die gesetzlichen Mindesteinlagen durch Überweisung auf das Konto der Gesellschaft bei der Handelsbank AG erbracht werden müssen.

Die Gründungskosten von zusammen 10.000 werden über das Bankkonto beglichen.

Aufgabe:

Geben Sie die Gründungsbuchungen an und entwickeln Sie die Gründungsbilanz.

Lösung:

Grundkapital der Aktiengesellschaft:

10 × 250 × 50	= 125.000

Die gesetzliche Mindesteinlage beträgt:

25% von 125.000	= 31.250
+ Agio: 10% von 125.000	= 12.500
	43.750

Gründungsbuchungen:

(1) Konto der Aktionäre	137.500	**an**	Gezeichnetes Kapital	125.000
			Agiokonto	12.500
(2) Bank	43.750	**an**	Einbringungskonto der Aktionäre	43.750
(3) Gründungskosten	10.000	**an**	Bank	10.000

Gründungsabschlußbuchungen:

(4) Einbringungskonto der Aktionäre	43.750			
Ausstehende Einlagen auf das Gezeichnete Kapital	93.750	**an**	Konto der Aktionäre	137.500
(5) Agiokonto	12.500	**an**	Kapitalrücklage	12.500

Gründungsbilanz:

A Gründungsbilanz der Y-AG zum 27. 8. 19 . . P

Ausstehende Einlagen auf das Gezeichnete Kapital	93.750	Gezeichnetes Kapital	125.000
Bankguthaben	33.750	Kapitalrücklage	12.500
Gründungskosten	10.000		
	137.500		137.500

Übungsbeispiel 4:

Im Rahmen der Gründung der Oberschwäbischen Maschinenfabrik AG zum 1. 1. 19 . . werden die Gründereinlagen wie folgt bestimmt:

- A übereignet an die AG seine bisher als Einzelfirma geführte Gießerei, für die er folgende Schlußbilanz erstellt hat:

A Bilanz zum 31. 12. 19 . . P

Betriebsgrundstücke mit Bauten	80.000	Eigenkapital	150.500
Betriebsvorrichtungen	67.500	Hypothekenschulden	35.000
Halbfabrikate und Fertigprodukte	36.000	Bankschulden	23.000
Forderungen aus Lieferungen und Leistungen	22.100	Rückstellungen	3.000
Bankguthaben	5.000		
Kassenbestand	900		
	211.500		211.500

Sowohl Vermögen als auch Schulden werden von der neu gegründeten AG übernommen. Die Gründer sind sich einig, daß die vertragsmäßige Einlage des A (140 Aktien zu 1.000) mit der Einbringung voll zu pari erbracht ist. Dabei berücksichtigen sie bereits, daß aus einem schwebenden Steuerprozeß des A mit einer Nachforderung von 9.000 zu rechnen ist, für die die AG gemäß § 75, Abs. 1 AO haften muß, und daß die Betriebsvorrichtungen, da sie zukünftig nur bedingt genutzt werden können, einer Abwertung von 20% unterzogen werden müssen.

- B und C erfüllen ihre Einlageverpflichtungen auf ihr übernommenes gezeichnetes Kapital von je 80.000 zunächst jeweils nur zur Hälfte durch Überweisung auf das neu eingerichtete Bankkonto der AG, wobei zu beachten ist, daß ihre Aktien mit einem Agio von 15% ausgestattet sind.
- D bringt ein Patent auf dem Gebiet der zerstörungsfreien Materialprüfung ein, das nach Sachverständigengutachten einen Marktwert von 60.000 hat. Die bisher noch nicht beglichenen Patentanwaltshonorare von 8.000 soll die Gesellschaft tragen. D hat 70 Aktien zu 105% übernommen.
- Der Ausgabekurs der von E übernommenen 30 Aktien wurde auf 110% festgelegt. Er leistet die Mindesteinlage durch Einbringung von Maschinenbauteilen für ansatzweise 20.000, die er für seinen Betrieb von einem Geschäftsfreund gegen ein dreimonatiges Wechselakzept über 15.000 (Rest bar bezahlt) erwerben konnte. Wechselkosten in Höhe von 600 sind bereits bezahlt. Die Restlaufzeit des Wechsels beträgt 45 Tage. Bis zur Höhe der Mindesteinlage leistet E durch Übergabe bestätigter Schecks.

Gründungskosten fallen an und werden über die Bank bezahlt:

- Gesellschaftsteuer 1% der Gesellschaftsteuerbemessungsgrundlage
- Grunderwerbsteuer 2% (nach § 255, Abs. 2 HGB ist eine Aktivierung als Anschaffungsnebenkosten vorgesehen)
- Vertrags-, Beurkundungs- und Prüfungskosten 19.200.

Aufgaben:

a) Stellen Sie den Wert der von A erbrachten Sacheinlagen durch eine Bilanzberichtigung fest und geben Sie die Buchungssätze an
   - für die Übernahme des Grundkapitals einschließlich des Aufgeldes,
   - für die Einlagen der Gesellschafter,
   - für die Gründungskosten.

b) Schließen Sie alle Konten auf das Gründungsschlußbilanzkonto ab und erstellen Sie die Gründungsbilanz.

Lösung:

a) **Bilanzberichtigung bei A:**

Neubewertungskonto	9.000	**an**	Rückstellungen	9.000
Neubewertungskonto	13.500	**an**	Betriebsvorrichtungen	13.500
Eigenkapital	22.500	**an**	Neubewertungskonto	22.500

Das berichtigte Eigenkapital der Einzelunternehmung beträgt somit 128.000. Da vereinbarungsgemäß mit dem eingebrachten Unternehmen die Einlageverpflichtung des A über 140.000 voll erfüllt ist, muß die Differenz von 12.000 als Gegenleistung für den Firmenwert angesehen werden:

Firmenwert	12.000	**an**	Neubewertungskonto	12.000
Neubewertungskonto	12.000	**an**	Eigenkapital	12.000

Die Einbringungsbilanz des A zum 31. 12. . . zeigt somit folgendes Bild:

Einbringungsbilanz A zum 31. 12. . .

A		P	
Betriebsgrundstücke mit Bauten	80.000	Eigenkapital	140.000
Betriebsvorrichtungen	54.000	Hypothekenschulden	35.000
Halbfabrikate und Fertigprodukte	36.000	Bankschulden	23.000
Forderungen aus Lieferungen und Leistungen	22.100	Rückstellungen	12.000
Bankguthaben	5.000		
Kassenbestand	900		
Firmenwert	12.000		
	210.000		210.000

Die Einbringung des Vermögens unterliegt in Höhe von 140.000 der Gesellschaftsteuer. Zusätzlich ist das Vermögen, soweit nicht die Befreiungsvorschriften des § 4, Nr. 8 und Nr. 9a UStG greifen, der Umsatzbesteuerung zu unterwerfen:

- für Betriebsgrundstücke: befreit nach § 4, Nr. 9a UStG (aber grunderwerbsteuerpflichtig)
- für Betriebsvorrichtungen:
  10% aus 54.000 — 5.400
- für Halbfabrikate und Fertigprodukte:
  10% aus 36.000 — 3.600
- für Forderungen: befreit nach § 4, Nr. 8 UStG
- für Bankguthaben: befreit nach § 4, Nr. 8 UStG
- für Kassenbestand: befreit nach § 4, Nr. 8 UStG
- für Firmenwert:
  10% aus 12.000 — 1.200

10.200

Buchungssatz:

Sonstige Forderungen	10.200	**an**	Sonstige Verbindlichkeiten	10.200

Die vom Einzelunternehmer dem Finanzamt geschuldete Umsatzsteuer kann von der Gesellschaft wieder als Vorsteuer (§ 15 UStG) abgezogen werden. Insofern beläuft sich der (Netto-)Wert des eingebrachten Vermögens von A weiterhin auf 140.000.

– Übernahme des Grundkapitals:

Buchungssätze:

Konto der Aktionäre	430.500	**an**	Gezeichnetes Kapital	400.000
			Kapitalrücklage	30.500

– Einlagen der Gesellschafter:

Buchungssätze:

A: Betriebsgrundstücke mit Bauten	80.000
Betriebsvorrichtungen	54.000
Firmenwert	12.000
Halbfabrikate und Fertigprodukte	36.000

Forderungen aus Lieferungen und Leistungen	22.100			
Sonstige Forderungen	10.200			
Bankguthaben	5.000			
Kasse	900	**an**	Einbringungskonto A	140.000
			Hypothekenschulden	35.000
			Bankschulden	23.000
			Rückstellungen	12.000
			Sonstige Verbindlichkeiten	10.200
B: Bankguthaben	52.000	**an**	Einbringungskonto B	52.000
C: Bankguthaben	52.000	**an**	Einbringungskonto C	52.000
D: Patente	60.000	**an**	Einbringungskonto D	52.000
			Sonstige Verbindlichkeiten	8.000
E: Halbfabrikate	20.000			
Wechseldiskont	300	**an**	Einbringungskonto E	5.300
			Wechselschulden	15.000
Schecks	5.200	**an**	Einbringungskonto E	5.200

– **Abschluß der Einbringungskonten**

Einbringungskonto A	140.000	**an**	Konto der Aktionäre	140.000
Einbringungskonto B	52.000			
Ausstehende Einlagen auf das Gezeichnete Kapital	40.000	**an**	Konto der Aktionäre	92.000
Einbringungskonto C	52.000			
Ausstehende Einlagen auf das Gezeichnete Kapital	40.000	**an**	Konto der Aktionäre	92.000
Einbringungskonto D	52.000			
Ausstehende Einlagen auf das Gezeichnete Kapital	21.500	**an**	Konto der Aktionäre	73.500
Einbringungskonto E	10.500			
Ausstehende Einlagen auf das Gezeichnete Kapital	22.500	**an**	Konto der Aktionäre	33.000

– **Gründungskosten:**

Gesellschaftsteuerbemessungsgrundlage: 306.500

Gesellschaftsteuer	3.065
Grunderwerbsteuer	1.600
Vertrags-, Beurkundungs- und Prüfungskosten	19.200
	23.865

Buchungssätze:

Gründungskosten	23.865	**an**	Bank	23.865

Aktivierung der Grunderwerbsteuer:

Grundstücke mit Bauten	1.600	**an**	Gründungskosten	1.600

b) Abschluß der Konten auf Gründungsschlußbilanzkonto und Gründungsbilanz:

A Gründungsbilanz der Oberschwäbischen Maschinenfabrik AG zum 1. 1. 19 . . P

I. Ausstehende Einlagen auf das Gezeichnete Kapital	124.000	I. Gezeichnetes Kapital	400.000
II. Anlagevermögen		II. Kapitalrücklage	30.500
Grundstücke mit Bauten	81.600	III. Rückstellungen	12.000
Betriebsvorrichtungen	54.000	IV. Verbindlichkeiten	
Patente	60.000	Hypothekenschulden	35.000
Firmenwert	12.000	Bankschulden	23.000
III. Umlaufvermögen		Wechselschulden	15.000
Halbfabrikate u. Fertigprodukte	56.000	Sonstige Verbindlichkeiten	18.200
Forderungen aus Lieferungen und Leistungen	22.100		
Schecks	5.200		
Bankguthaben	85.135		
Kasse	900		
Sonstige Forderungen	10.200		
IV. Rechnungsabgrenzungsposten	300		
V. Gründungskosten	22.265		
	533.700		533.700

Übungsbeispiel 5:

20 Weingärtner der Gemeinde Neckartal gründen am 1. 7. 19 . . eine Weingärtnergenossenschaft (eG) mit der Maßgabe, daß die Geschäftsanteile der einzelnen Genossen je 5.000 betragen und die Haftsumme auf den Geschäftsanteil beschränkt sein soll.

Alle Genossen haben die Mindesteinlage von 1/10 der Geschäftsanteile durch Überweisung auf das Bankkonto der Weingärtnergenossenschaft (eG) bei der Raiffeisenbank Neckartal eG erbracht. Darüber hinaus haben 5 Genossen folgende Sacheinlagen getätigt:

A und B bringen in gemeinschaftlichem Eigentum stehende Maschinen und Gerätschaften für die Kelterei ein, deren Verkehrswert auf 4.000 + 10% Umsatzsteuer geschätzt wird.

C übereignet ein Spezialtankfahrzeug zum Taxwert von 9.000 + 10% Umsatzsteuer. Den über seinen Geschäftsanteil hinausgehenden Verkaufspreis stundet er vorläufig zinslos.

D überläßt seinen Restlagerbestand an Rotwein im Wert von 12.000 + 10% Umsatzsteuer der Genossenschaft zur Verwertung. Der den Geschäftsanteil übersteigende Verkaufspreis wird durch die Bank reguliert.

E übereignet eine Büroausstattung für 3.500 + 10% Umsatzsteuer.

Aufgabe:

Geben Sie die Buchungssätze für die Geschäftsvorfälle an und erstellen Sie die Gründungsbilanz.

Lösung:

Bank	10.000	**an**	Geschäftsguthaben der Genossen	10.000

Maschinen und maschinelle Anlagen	4.000			
Sonstige Forderungen	400	**an**	Geschäftsguthaben der Genossen	4.400
Fahrzeuge	9.000			
Sonstige Forderungen	900	**an**	Geschäftsguthaben der Genossen	4.500
			Verbindlichkeiten	5.400
Warenvorräte	12.000			
Sonstige Forderungen	1.200	**an**	Geschäftsguthaben der Genossen	4.500
			Bank	8.700
Büro- und Geschäftsausstattung	3.500			
Sonstige Forderungen	350	**an**	Geschäftsguthaben der Genossen	3.850

Daraus ergibt sich folgende Eröffnungsbilanz:

A — Eröffnungsbilanz zum 1. 7. 19 . . der Weingärtner eG — P

A		P	
I. Anlagevermögen		I. Geschäftsguthaben der Genossen*	27.250
Maschinen und masch. Anlagen	4.000	II. Verbindlichkeiten	5.400
Fuhrpark	9.000		
Büro- und Geschäftsausstattung	3.500		
II. Umlaufvermögen			
Warenvorräte	12.000		
Sonstige Forderungen	2.850		
Bankguthaben	1.300		
	32.650		32.650

* Rückständige fällige Einzahlungen auf Geschäftsanteile 72.750

Ergänzende Literatur zu: 2.1 Gründungsbilanzen

Arians, Sonderbilanzen, S. 76–98
Bellinger, Gründung, Sp. 1722–1728
Greifzu, Der praktische Fall, S. 217–241
Hahn/Werner, Bilanzsicherheit, Teil B, S. 271–287
Horváth u. a., Buchführung III, S. 52–96
Jäger, Gründung, Sp. 787–794
Kühnau, Finanzierungsvorgänge, Sp. 516–535
Schedlbauer, Sonderprüfungen, S. 42–70
Weber, Rechnungswesen, S. 262–267
Wessel, Firmengründung, S. 59–208
Wöhe/Bilstein, Unternehmensfinanzierung, S. 63–68

2.2 Umwandlungsbilanzen

2.21 Motive und Arten der Umwandlung

Im wirtschaftlichen Sinn werden mit dem Begriff „Umwandlung“ alle Maßnahmen der Unternehmensorganisation beschrieben, mit denen die gewählte Rechtsform durch eine Umgestaltung der betrieblichen Willensbildung, der Organisation und der Finanzierung an betriebswirtschaftliche, gesellschaftsrechtliche, familienrechtliche und steuerrechtliche Veränderungen angepaßt wird, ohne daß dadurch die wirtschaftliche Identität (Substanz, Trägerschaft, Betriebszweck, Faktorkombination) des Unternehmens beeinflußt wird (*Woltmann/Heigl,* Umwandlung, Sp. 4018). Die **Motive,** die ein Unternehmen zum Wechsel der Rechtsform bewegen, können vielfältiger Natur sein:

In vielen Fällen soll dem durch expansive Unternehmensentwicklung gestiegenen **Kapitalbedarf** durch eine Neuordnung der Finanzierungsgrundlagen (z.B. Umwandlung einer Personengesellschaft in eine Kapitalgesellschaft) Rechnung getragen werden. Aber auch die Vermeidung oder Beseitigung **rechtsformabhängiger Erfordernisse,** wie Mindestkapital, Pflichtprüfung, Publizität, Mitbestimmung des Aufsichtsrates usw., die Vorbereitung geplanter **Verschmelzungen,** die **Sicherung der Unternehmensexistenz** durch freiwilliges oder zwangsweises Ausscheiden aus einer wenig rentablen Personengesellschaft und Fortführung als Einzelfirma oder **persönliche Beweggründe** (Nachlaß; Nachfolgeprobleme) können ebenso wie die Veränderung der **Haftungsverhältnisse** mit dem Ziel der Risikominderung (Umwandlung einer OHG in eine GmbH) einen Rechtsformwechsel als zweckmäßig erscheinen lassen. Überdies werden Umwandlungen oft durch die Gesetzgebung erzwungen (z. B. Auflösung von bergrechtlichen Gewerkschaften zum 1. 1. 1994, wenn nicht bis dahin eine Umwandlung oder Verschmelzung mit einer Aktiengesellschaft beschlossen wird, § 163, Abs. 4 iVm. § 163, Abs. 1 bis 3 Bundesberggesetz).

Da sich die Steuerbelastung mit der Rechtsform ändert, ist ein zentrales Ziel der Umwandlung vor allem in der **Verringerung der Steuerlast** zu sehen. Während die laufend erhobenen Steuern vom Einkommen und Vermögen bei Einzelunternehmen und Personengesellschaften nur bei den Anteilseignern und nicht bei der Gesellschaft anfallen, unterliegen Kapitalgesellschaften und sonstige juristische Personen aufgrund ihrer Qualifikation als eigenständige Steuersubjekte prinzipiell einer zweifachen Besteuerung, nämlich sowohl bei der Gesellschaft als auch bei den Anteilseignern. Zu einer endgültigen Doppelbelastung kommt es jedoch nur im Bereich der Vermögensteuer (*Wagner,* Vermögensteuer, S. 480f.), die Doppelbelastung ausgeschütteter Gewinne wurde dagegen durch die Körperschaftsteuerreform vom 1. 1. 1977 beseitigt. Formal unterliegen die Erträge von Kapitalgesellschaften – neben der Gewerbeertragsteuer – zwar weiterhin der zweifachen Ertragsbesteuerung, jedoch ist im Rahmen des **Anrechnungsverfahrens** die bei der Gesellschaft erhobene Körperschaftsteuer auf ausgeschüttete Gewinne ($^9/_{16}$ der Bardividende) als Steuergutschrift bei der Ermittlung der Einkommensteuerschuld der Anteilseigner anrechenbar (§ 36, Abs. 2, Nr. 3 EStG; §§ 36a–36e EStG).

Die Steuergesetzgebung ist in Abhängigkeit von gesellschafts-, wirtschafts-, konjunktur- und ordnungspolitischen Entwicklungen einschneidenden Wandlungen unterworfen. Die **Änderungen im steuerlichen Datenkranz** haben unmittelbare Rückwirkungen auf die Wahl der adäquaten Rechtsform. Dies kann am Beispiel der Entwicklung nach 1945 demonstriert werden, als eine „strafartige Ausgestaltung“ (*Bühler,* Steuerrecht, S. 16) der Einkommensteuerprogression zu einer Flucht aus den Personengesellschaften in die Kapitalgesellschaften führte und später, nachdem der Körperschaftsteuersatz dem Spitzensteuersatz der Einkommensteuer angeglichen war, eine wirtschaftlich vernünftige Neugestaltung der Verhältnisse verhinderte. Dies begünstigte die Herausbildung und die weite Verbreitung steuerlich begünstigter gesellschaftsrechtlicher Sonderformen (sog. Doppelgesellschaften wie die GmbH & Co KG).

Ohne abweichende Regelungen des Gesetzgebers würde jede Umwandlung die Liquidation des bisherigen Unternehmens sowie die **Einzelübertragung** der Vermögensgegenstände und der Schulden auf das Unternehmen neuer Rechtsform erforderlich machen. Die damit zusammenhängenden Anforderungen, wie Auflassung und Eintragung von Grundstücken im Grundbuch, Abtretung von Forderungen und Schulden usw., die entstehenden Kosten, wie Beurkundungs- und Eintragungskosten, und die aus der Auflösung stiller Reserven resultierende Steuermehrbelastung würden eine Vielzahl von Umwandlungen von vornherein zum Scheitern verurteilen. Der Gesetzgeber hat die Anpassung der Rechtsform an veränderte Wirtschaftslagen mit dem **Umwandlungsgesetz** in der Fassung vom 6. 11. 1969 (BGBl. I, S. 2081), der **Aktienrechtsreform** von 1965 durch Einfügung der §§ 362–393 AktG, dem Gesetz zur Ergänzung der handelsrechtlichen Vorschriften über die Änderung der Unternehmensform vom 15. 8. 1969 (BGBl. I, S. 1171, Einfügung der §§ 385 a–q AktG), der **GmbH-Rechtsreform** vom 4. 7. 1980 (BGBl. I, S. 836, Einfügung der §§ 56a–56f UmwG) und durch das Gesetz zur Durchführung der Dritten Richtlinie des Rates der Europäischen Gemeinschaften zur Koordinierung des Gesellschaftsrechts (**Verschmelzungsrichtlinie-Gesetz**) vom 25. 10. 1982 (BGBl. I, S. 1425, Änderungen der §§ 1 und 15 UmwG) wesentlich vereinfacht und durch flankierende steuerrechtliche Maßnahmen (**Umwandlungssteuergesetze** von 1957, 1969 und zuletzt 1977) entscheidend erleichtert. Die dem Wechsel der Unternehmensform entgegenstehenden steuerlichen Hindernisse (Besteuerung der stillen Reserven) sind durch begünstigende Abweichungen von den ‚Normalregeln‘ mit den Umwandlungssteuergesetzen aus dem Weg geräumt worden, um damit die volkswirtschaftlich erwünschte Wahl der sachgemäßen Unternehmensform zu ermöglichen.

Im streng rechtlichen Sinne werden unter den Begriff der Umwandlung nur die Tatbestände subsumiert, die handelsrechtlich geregelt, also insbesondere im Umwandlungsgesetz und den einschlägigen aktienrechtlichen Normen kodifiziert sind. Rechtsformänderungen, die sich nicht auf gesetzliche Umwandlungsvorschriften stützen lassen, sind gleichwohl möglich, werden aber als **Umgründung** bezeichnet. Diese definitorische Unterscheidung ist von gewichtiger rechtlicher und wirtschaftlicher Bedeutung. Bei **Umwandlungen** gehen Vermögen und Schulden kraft Gesetzes als Ganzes im Wege der **Gesamtrechtsnachfolge** (Global- oder Universalsukzession) uno actu vom Unternehmen alter Rechtsform auf das neuer Rechtsform über. Das Eigentum an Sachen und

Rechten geht ohne formale Liquidation, also ohne Einigung und Übergabe, ausschließlich durch die Handelsregistereintragung auf die neue Gesellschaft über; für Grundstücke genügt beispielsweise die Berichtigung des Grundbuchs. Im Gegensatz dazu müssen bei **Umgründungen** die Unternehmen alter Rechtsform formell liquidiert werden, die Sachen nach § 929 BGB, die Grundstücke durch Auflassung und Eintragung (§§ 873, 925 BGB), die Forderungen durch Zession nach § 398 BGB, die Wertpapiere durch Indossierung und Übergabe im Wege der **Einzelübertragung** (Singularsukzession) in das neu gegründete Unternehmen eingebracht werden. Für die Schuldenübernahme bedarf es ebenfalls eines besonderen Vertrags (§ 414 BGB).

Besonders relevant wird die Unterscheidung des Rechtsformwechsels nach Global- oder Singularsukzession in **steuerlicher** Hinsicht, weil Kapitalgesellschaften die Steuerbegünstigungen des Umwandlungsteuergesetzes nur bei Gesamtrechtsnachfolge in Anspruch nehmen können (§ 1, Abs. 1 UmwStG). Der Rechtsformwechsel von Einzelunternehmen und Personengesellschaften wird dagegen, unabhängig von der Art der Vermögensübertragung, stets durch das Umwandlungsteuergesetz begünstigt.

Ausgehend von den verschiedenen handelsrechtlich normierten Rechtsformen werden die Möglichkeiten eines Rechtsformwechsels (**Umwandlungsformen**) in der Abbildung auf Seite 711 zusammenfassend systematisiert.

Bei der **formwechselnden Umwandlung** (z. B. Umwandlung einer GmbH in eine AG nach § 376 AktG; Umwandlung einer KG in eine OHG §§ 162, Abs. 3 u. 173 HGB) erfolgt lediglich ein Wechsel der Rechtsform, nicht jedoch der Rechtsträger. Vermögensübertragungen sind deshalb nicht erforderlich; die Identität der Gesellschaft bleibt erhalten. Formwechselnde Umwandlungen sind daher auch nur innerhalb der Gruppe der Kapitalgesellschaften oder der Personengesellschaften möglich.

Bei der **übertragenden Umwandlung** wird das Vermögen des alten Rechtsträgers im Wege der Gesamtrechtsnachfolge auf den neuen Rechtsträger übertragen. Die übertragende Umwandlung unterscheidet dabei zwischen der **verschmelzenden Umwandlung** (z. B. Umwandlung einer Ein-Mann-AG auf die Einzelfirma des Alleingesellschafters nach § 15 UmwG), bei der Vermögen und Schulden des umwandelnden Unternehmens auf ein bereits bestehendes Unternehmen übertragen werden – wobei es sich wirtschaftlich gesehen um eine Fusion handelt – und der **errichtenden Umwandlung** (z. B. Umwandlung einer OHG in eine KGaA gemäß § 40 UmwG), die vorliegt, wenn zur Aufnahme des umzuwandelnden Unternehmens ein neues Unternehmen zu errichten ist. Einen Sonderfall im Rahmen der Umwandlungen durch Gesamtrechtsnachfolge stellt die **Anwachsung** dar. Scheidet nämlich ein Gesellschafter einer Personengesellschaft aus, wächst dessen Geschäftsanteil den übrigen Gesellschaftern zu (§§ 142; 161, Abs. 2 HGB; § 738 BGB). Vereinigen sich sämtliche Geschäftsanteile der Personengesellschaft in der Hand eines Gesellschafters, so entsteht durch Anwachsung ein Einzelunternehmen oder, falls es sich bei dem Gesellschafter um eine juristische Person handelt, eine Kapitalgesellschaft (z. B. GmbH & Co KG wird zur GmbH).

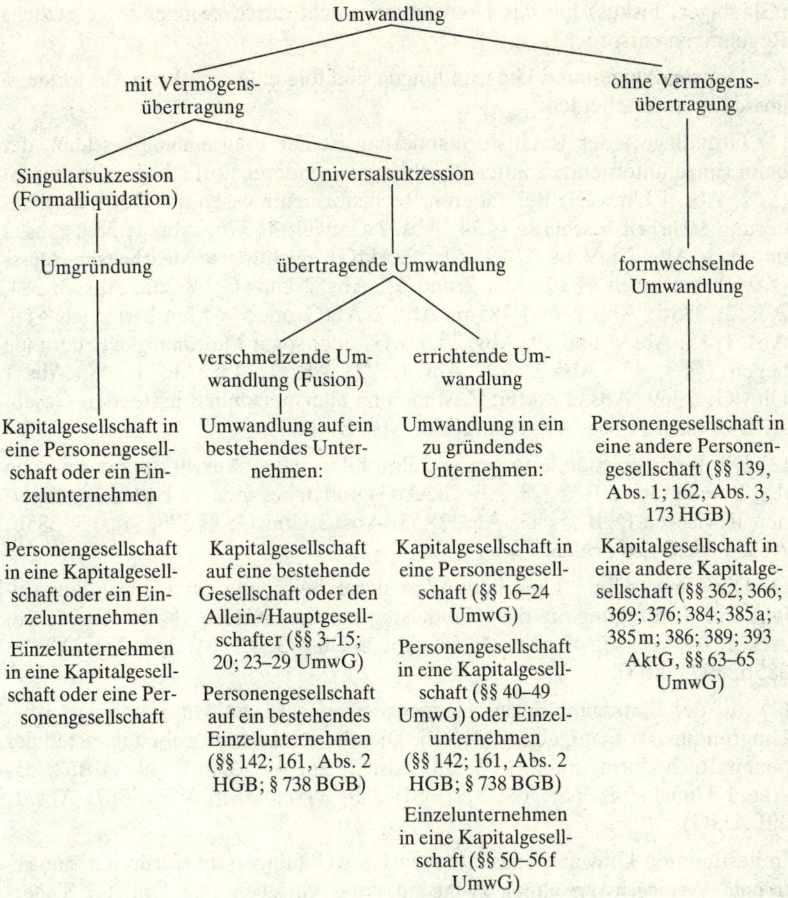

Formen der Umwandlung

2.22 Gesellschaftsrechtliche Behandlung und Durchführung der Umwandlung

Der Umwandlung eines Unternehmens muß eine **Umwandlungsbilanz** zugrunde liegen. Die in Zusammenhang mit Umwandlungen bzw. Umgründungen zu erstellenden Bilanzen sind ihrem Charakter nach als außerordentliche Erfolgsbilanzen zu klassifizieren; sie haben den Interessen der Unternehmenseigner Rechnung zu tragen, die in den Fällen der Rechtsformänderung auf eine richtige Ergebnisabgrenzung gerichtet sind: Die Gewinne und gegebenenfalls auch die Verluste sind auf die Zeit vor und nach dem jeweiligen Umwandlungsstichtag aufzuteilen. Mit den Umwandlungs- bzw. Umgründungsbilanzen werden die Erfolge der Unternehmen alter Rechtsform ausgewiesen und gleichzeitig die Grundlagen für die künftigen Erfolgsermittlungen über den **Bilanzzusammenhang** (Umwandlungsbilanz = Eröffnungsbilanz des Unternehmens neuer Rechtsform) geschaffen. Den Ansprüchen der externen Bilanzadressaten

(Gläubiger, Fiskus) hat das Umwandlungsrecht durch zwingende gesetzliche Regelungen entsprochen.

Für Umwandlungen und Umgründungen sind folgende rechtliche **Abwicklungsphasen** zu unterscheiden:

(1) Grundlage jeder Rechtsformänderung ist der **Umwandlungsbeschluß,** der beim Einzelunternehmer unter Beachtung besonderer Formalien zu treffen ist (§ 52, Abs. 1 UmwG). Bei anderen Rechtsformen müssen der Rechtsformänderung **Mehrheitsbeschlüsse** (§ 24, Abs. 2 UmwG; §§ 376, Abs. 1; 389, Abs. 2 und 393, Abs. 2 i. V. m. § 389, Abs. 2 AktG), **qualifizierte Mehrheitsbeschlüsse** (¾-Mehrheit nach §§ 19, Abs. 2 und 63, Abs. 2 UmwG; §§ 362, Abs. 2; 384, Abs. 2; 385d, Abs. 2 und 385m, Abs. 2 AktG oder $^{9}/_{10}$-Mehrheit nach §§ 9, Abs. 1; 15, Abs. 1 und 19, Abs. 2 UmwG) oder sogar **Einstimmigkeit** zugrunde liegen (§§ 3; 17, Abs. 1; 19, Abs. 1; 22, Abs. 1; 42, Abs. 1; 48, Abs. 1 UmwG; § 369, Abs. 2 AktG; Zustimmung aller persönlich haftenden Gesellschafter nach §§ 366, Abs. 1 und 386, Abs. 1 AktG).

(2) Die Rechtsformänderungen und ihre bilanziellen Auswirkungen sind von den Beteiligten (z. B. § 378, Abs. 1 AktG) und in besonderen Fällen von externen Revisoren (z. B. §§ 43, Abs. 2; 53, Abs. 2 UmwG; §§ 378, Abs. 3; 385b, Abs. 2 AktG) **zu prüfen.**

(3) Die Umwandlung/Umgründung ist unter Beifügung der Umwandlungsbilanz zur Eintragung in das Handelsregister **anzumelden** (§§ 4, Abs. 1; 18, Abs. 1; 43, Abs. 3; 49, Abs. 1; 54, Abs. 1 UmwG, §§ 364; 367; 371, Abs. 1; 385o; 390 AktG).

(4) Mit der **Eintragung** in das Handelsregister wird der Umwandlungs- bzw. Umgründungsvorgang abgeschlossen. Die alte Rechtsform geht zugunsten der neuen Rechtsform unter (§§ 5; 18, Abs. 2; 26; 44, Abs. 1; 49, Abs. 2; 55, Abs. 1 UmwG; §§ 365; 368; 372; 381; 385; 385c; 385h; 385p; 387, Abs. 1; 391 AktG).

In bestimmten Umwandlungsfällen wird aus Gläubigerschutzgründen eine **getrennte Vermögensverwaltung** zwingend vorgeschrieben (§ 8 UmwG, Sicherheitsleistung nach § 7, Abs. 1 UmwG, § 374 AktG, Erweiterung der Haftung im Konkursfall § 385q AktG), so daß ein lastenfreier Vermögensübergang erst nach Ablauf einer **Sperrfrist** von sechs Monaten stattfinden kann. In der Praxis stößt die getrennte Vermögensverwaltung jedoch auf kaum zu bewältigende Schwierigkeiten, weil Bestände und Zugänge selten eindeutig auseinandergehalten werden können. Die herrschende Meinung geht deshalb von einem sofortigen und unmittelbaren Vermögensübergang kraft Handelsregistereintrag aus. Eine vermögensmäßige Trennung findet somit lediglich in den Büchern statt.

Änderungen der Rechtsform wirken sich in erster Linie auf die Bilanzierung des Reinvermögens (Eigenkapital) aus. Die **bilanziellen und buchtechnischen** Konsequenzen von Umwandlungs- und Umgründungsmaßnahmen sind deshalb von Art und Umfang der Rechtsformänderung abhängig. Im Rahmen der formwechselnden Umwandlung werden lediglich die satzungsmäßigen Rechtsgrundlagen geändert, ohne daß dadurch Rechts- und Vermögensübertragungen stattfinden. Die Buchwerte des alten Unternehmens können daher unverändert weitergeführt werden. Eine Umwandlungsbilanz wäre damit wirtschaftlich entbehrlich, da lediglich ein anderweitiger Ausweis des Eigenkapitals und ggfs. eine Umbenennung oder Umgliederung der Bilanzpositionen entsprechend gesetzlicher Vorschriften vorgenommen wird. Allerdings kann nur durch die Zwischenschaltung einer **Umwandlungsbilanz** die erforderliche Ergebnisaufteilung vor und nach dem Umwandlungsstichtag erfolgen. Die nachstehenden Beispiele zeigen den rechnungstechnischen Niederschlag der handels- und gesellschaftsrechtlichen Behandlung von Umwandlungsvorgängen.

Beispiel:

Formwechselnde Umwandlung einer Kapitalgesellschaft in eine andere Kapitalgesellschaft:

Die Y-GmbH strebt eine breitere Finanzierungsbasis an. Die Gesellschafterversammlung beschließt daher am 5. 1. . . mit Mehrheit die Umwandlung in eine AG gemäß §§ 376ff. AktG (notarielle Beurkundung der Zustimmung ist erfolgt, § 24 UmwG). Die der Umwandlung zugrunde liegende Bilanz lautet:

A — Bilanz der Y-GmbH zum 5. 1. . . . — P

A. Anlagevermögen		A. Eigenkapital	
I. Sachanlagen		I. Gezeichnetes Kapital	550.000
Grundstücke mit Gebäuden	70.000	II. Bilanzgewinn	65.000
Maschinen und masch. Anlagen	70.000	B. Verbindlichkeiten	
II. Finanzanlagen		I. Verbindlichkeiten mit einer Restlaufzeit von über einem Jahr	70.000
Beteiligungen	20.000	II. Verbindlichkeiten aus Lief. und Leistungen	30.000
B. Umlaufvermögen		III. Verbindlichkeiten aus der Annahme gezogener Wechsel und Ausstellung eigener Wechsel	60.000
I. Vorräte			
Rohstoffe	120.000		
Fertigfabrikate	400.000		
Waren	15.000		
II. Forderungen	17.000		
III. Kassenbestand, Guthaben bei Kreditinstituten			
Bank	28.000		
Kasse	35.000		
	775.000		775.000

Die Gesellschafter erhalten die Anteile zum Pari-Kurs umgetauscht. Die Umgründungskosten in Höhe von 7.000 werden über das Bankkonto beglichen und vom Bilanzgewinn getragen. Der verbleibende Bilanzgewinn wird der gesetzlichen Rücklage zugeführt.

Buchungssätze:

Einbringungskonto der Aktionäre	550.000	**an**	Gezeichnetes Kapital	550.000
9 Aktivkonten	775.000	**an**	Übernahmekonto	775.000
Übernahmekonto	775.000	**an**	5 Passivkonten	775.000
Gezeichnetes Kapital (GmbH-Kapital)	550.000	**an**	Einbringungskonto der Aktionäre	550.000

Gründungskosten	7.000	**an**	Bank	7.000
Bilanzgewinnkonto (GuV-Konto)	7.000	**an**	Gründungskosten	7.000
Bilanzgewinnkonto (GuV-Konto)	58.000	**an**	Gesetzliche Rücklagen	58.000

A Umwandlungs-(Eröffnungs-)bilanz der Y-AG P

A. Anlagevermögen		A. Eigenkapital	
I. Sachanlagen		I. Gezeichnetes Kapital	550.000
Grundstücke mit Gebäuden	70.000	II. Gewinnrücklagen	
Maschinen und masch. Anlagen	70.000	Gesetzliche Rücklage	58.000
II. Finanzanlagen		B. Verbindlichkeiten	
Beteiligungen	20.000	I. Verbindlichkeiten mit einer Restlaufzeit von über einem Jahr	30.000
B. Umlaufvermögen		II. Verbindlichkeiten aus Lieferungen und Leistungen	70.000
I. Vorräte		Verbindlichkeiten aus der Annahme gezogener Wechsel und der Ausstellung eigener Wechsel	60.000
Rohstoffe	120.000		
Fertigfabrikate	400.000		
Waren	15.000		
II. Forderungen	17.000		
III. Kassenbestand, Guthaben bei Kreditinstituten			
Bank	21.000		
Kasse	35.000		
	768.000		768.000

Führt die Umwandlung zu einer Aufnahme neuer Gesellschafter, so nimmt die Umwandlungs-/Umgründungsbilanz den Charakter einer Gründungsbilanz an. Führen die Umwandlungsmaßnahmen zum Ausscheiden von Gesellschaftern, werden der Umwandlungsbilanz Eigenschaften der Liquidations- bzw. Auseinandersetzungsbilanz beigelegt. Die Bilanzansätze können sich dann auch an den Wiederbeschaffungs- und Reproduktionswerten oder in Einzelfällen an den Verkehrswerten (Gemeiner Wert) orientieren.

Beispiel:

Umgründung einer Einzelfirma in eine KG

Die Einzelfirma des Kaufmanns R soll, da R sich zur Ruhe setzen will, in eine KG umgewandelt werden, deren Vollhafter seine Söhne A und B und deren Kommanditist seine Tochter C werden. Es wird von folgender Bilanz ausgegangen:

A Bilanz der Firma R zum 25. 11. . . P

Anlagen	20.000	Kapital	70.000
Vorräte	50.000	Darlehen	30.000
Forderungen	20.000	Verbindlichkeiten aus Lieferungen und Leistungen	9.500
Bank	17.000		
Kasse	2.500		
	109.500		109.500

In den Anlagen und Vorräten sind stille Reserven enthalten, so daß die Anlagen mit 28.000 und die Vorräte mit 65.000 aufgrund der Einzelrechtsnachfolge neu bewertet werden müssen. Die neuen Gesellschafter übernehmen das Kapital in gleichen Verhältnissen. Die Vermögensgegenstände und die Schulden werden **einzeln** übertragen.

Buchungssätze:

– Neubewertung des Vermögens der Firma R

Anlagen	8.000			
Vorräte	15.000	**an**	Neubewertungskonto	23.000
Neubewertungskonto	23.000	**an**	Kapital	23.000

A Umbewertete Bilanz der Firma R P

Anlagen	28.000	Kapital	93.000
Vorräte	65.000	Darlehen	30.000
Forderungen	20.000	Verbindlichkeiten aus Lieferungen und Leistungen	9.500
Bank	17.000		
Kasse	2.500		
	132.500		132.500

Buchungssätze:

– Übernahme des Vermögens und der Schulden durch die ABC-KG

3 Einbringungskonten	93.000	**an**	3 Kapitalkonten (Einlagen und Gezeichnetes Kapitel)	93.000
5 Aktivkonten	132.500	**an**	Übernahmekonto	132.500
Übernahmekonto	132.500	**an**	3 Passivkonten	132.500
Kapital	93.000	**an**	3 Einbringungskonten	93.000

A Umwandlungsbilanz der ABC-KG P

Anlagen	28.000	Einlagen und Gezeichnetes Kapital:	
Vorräte	65.000	Kapital A	31.000
Forderungen	20.000	Kapital B	31.000
Bank	17.000	Kommanditkapital C	31.000
Kasse	2.500	Darlehen	30.000
		Verbindlichkeiten aus Lieferungen und Leistungen	9.500
	132.500		132.500

Beispiel:

Umgründung einer AG in eine KG unter Liquidation

Die Hauptversammlung der D-AG beschließt am 31. 12. 19.. die Umwandlung in die D-KG. Der Umwandlung liegt folgende Jahresbilanz zugrunde (verkürzte Fassung):

A Verkürzte Bilanz der D-AG zum 31. 12. 19.. P

Anlagen	300.000	Gezeichnetes Kapital	600.000
Beteiligungen	31.000	Gewinnrücklagen	
Waren	360.000	Gesetzliche Rücklage	40.000
Forderungen	50.000	Andere Gewinnrücklagen	20.000
Kasse	179.000	Jahresüberschuß	75.000
		Rückstellungen	25.000
		Verbindlichkeiten	160.000
	920.000		920.000

Die KG setzt sich aus folgenden Gesellschaftern zusammen:

Komplementäre:

Aktionär A mit einem Aktienbesitz von 350.000 Nennwert
Aktionär B mit einem Aktienbesitz von 150.000 Nennwert

Kommanditisten:

Aktionär C mit einem Aktienbesitz von 30.000 Nennwert
Aktionär D mit einem Aktienbesitz von 20.000 Nennwert

Der Aktionär E mit einem Aktienbesitz von 50.000 Nennwert will sich nicht an der KG beteiligen; die Umwandlung kann damit nicht nach § 20 UmwG erfolgen, so daß die AG liquidieren muß. Die erforderlichen Umbewertungen führen zu folgenden Wertansätzen:

Anlagen	350.000
Beteiligungen	81.000
Waren	370.000
Forderungen	45.000

Buchungssätze:

Gezeichnetes Kapital	600.000			
Gesetzliche Rücklage	40.000			
Andere Gewinnrücklagen	20.000			
Jahresüberschuß	75.000	**an**	Liquidations(Abfindungs-)kapital	735.000
Anlagen	50.000			
Beteiligungen	50.000			
Waren	10.000	**an**	Neubewertungskonto	110.000
Neubewert ungskonto	5.000	**an**	Forderungen	5.000
Neubewertungskonto	105. 000	**an**	Liquidations(Abfindungs-)kapital	105.000

A Liquidations(Abfindungs-)bilanz der D-AG P

Anlagen	350.000	Liquidations-(Abfindungs-)kapital	840.000
Beteiligungen	81.000		
Waren	370.000	Rückstellungen	25.000
Forderungen	45.000	Verbindlichkeiten	160.000
Kasse	179.000		
	1.025.000		1.025.000

Der ausscheidende Aktionär E wird durch Banküberweisung abgefunden

(Grundlage: Bilanzkurs $= \frac{\text{Eigenkapital}}{\text{Grundkapital}} \cdot 100 = \frac{840.000}{600.000} \cdot 100 = 140\%$);

er erhält demnach 70.000 als Abfindungsguthaben.

Die AG wird auf Grundlage der ehemaligen Wertansätze umgegründet:

A — Umgründungsbilanz der D-AG — P

A		P	
Anlagen	300.000	Kapital	665.000
Beteiligungen	31.000	Rückstellungen	25.000
Waren	360.000	Verbindlichkeiten	160.000
Forderungen	50.000		
Kasse	109.000		
	850.000		850.000

Buchungssätze der Umgründung durch Einzelübertragung:

Einbringungskonto	665.000	**an**	Kapitalkonto A	423.182
			Kapitalkonto B	181.363
			Kommanditkapitalkonto C	36.273
			Kommanditkapitalkonto D	24.182
Anlagen	300.000			
Beteiligungen	31.000			
Waren	360.000			
Forderungen	50.000			
Kasse	109.000	**an**	Einbringungskonto	850.000
Einbringungskonto	185.000	**an**	Rückstellungen	25.000
			Verbindlichkeiten	160.000

Damit lautet die Eröffnungsbilanz:

A — Eröffnungsbilanz der D-KG — P

A		P	
Anlagen	300.000	Einlagen und	
Beteiligungen	31.000	Gezeichnetes Kapital:	
Waren	360.000	Kapital A	423.182
Forderungen	50.000	Kapital B	181.363
Kasse	109.000	Kommanditkapital C	36.273
		Kommanditkapital D	24.182
		Rückstellungen	25.000
		Verbindlichkeiten	160.000
	850.000		850.000

2.23 Steuerliche Behandlung der Umwandlung

An Umwandlungs- und Umgründungsvorgänge sind Steuerbelastungen im Bereich der **Ertragsteuern** wie auch **verkehr- und substanzsteuerliche** Folgen geknüpft, die unter dem Postulat der Steuerminimierung zu beachten sind. Zur Beseitigung und Milderung steuerlicher Hemmnisse in bezug auf volkswirtschaftlich und gesellschaftspolitisch gewollte Rechtsformänderungen hat der

Steuergesetzgeber wiederholt begünstigende Abweichungen von den ‚Normalregeln' erlassen (UmwStG v. 5. 7. 1934, RGBl. I, S. 572, UmwStG v. 11. 10. 1957, BGBl. I, S. 1713, UmwStG v. 14. 8. 1969, BGBl. I, S. 1163), zuletzt durch das Gesetz über steuerliche Maßnahmen bei Änderung der Unternehmensform (UmwStG 1977) vom 6. 9. 1976 (BGBl. I, S. 2641), das nach Beseitigung der steuerlichen Doppelbelastung der Unternehmensgewinne von Kapitalgesellschaften durch die Körperschaftsteuerreform 1977 einen betriebswirtschaftlich notwendigen Wechsel in Richtung Kapitalgesellschaft erleichtern soll.

Die **Steuererleichterungen** betreffen jedoch fast ausschließlich die ertragsteuerlichen Belastungen der Umwandlungsvorgänge. Der Verkehrsteueraufwand (Grunderwerb-, Börsenumsatz- und Gesellschaftsteuer) und, falls der Einheitswert des Betriebsvermögens bzw. der gemeine Wert nichtbörsennotierter Kapitalgesellschaften durch die Aktivierung eines Firmenwertes steigt, der Substanzsteueraufwand bleiben dagegen ungemildert bestehen, obwohl diese Steuern den Umwandlungsvorgang häufig stärker behindern als die umwandlungsinduzierten Ertragsteuern. Die aus der vorzeitigen Aufdeckung stiller Reserven anfallenden Ertragsteuern wirken nämlich auch ohne Steuererleichterung nur temporär liquiditäts- und rentabilitätsbelastend, Substanz- und Verkehrsteuerzahlungen bedingen dagegen keine zeitlich verlagerte, sondern eine zusätzliche Belastung. Es ist deshalb bei allen Rechtsformänderungen abzuwägen, ob sich die durchgeführte „Steuerinvestition" amortisiert, ob also die aufgewendeten Steuern durch Steuerersparnisse oder andere Vorteile (z. B. Risikominimierung durch Haftungsbeschränkung) aufgewogen werden.

Obwohl der Handelsbilanzansatz über das **Maßgeblichkeitsprinzip** grundsätzlich auch für die Steuerbilanz bindend ist, muß aufgrund steuerlicher Einzelvorschriften, die die Besteuerung offengelegter stiller Reserven sichern sollen, bei der Umwandlungs-/Umgründungsbilanz von diesem Grundsatz abgewichen werden. So wird die Maßgeblichkeit bei der Einbringung von Personengesellschaften durch § 20, Abs. 2, Satz 2 UmwStG explizit aufgehoben; die Umwandlung von Kapitalgesellschaften hingegen erfolgt nach steuerlich zwingenden Bewertungs- und Ansatzvorschriften (§§ 1–19 UmwStG), wodurch das Maßgeblichkeitsprinzip auch auf diese Fälle keine Anwendung findet (*Fasold,* Maßgeblichkeitsgrundsatz, S. 1015 ff.). Der steuerlichen Behandlung liegt die Übersicht zum Rechtsformenwechsel auf Seite 719 zugrunde.

2.231 Umwandlungen nach allgemeinen ertragsteuerlichen Vorschriften

Die Systematik der ertragsteuerlichen Behandlung des Rechtsformenwechsels weist drei außerhalb der Regelung durch das Umwandlungssteuergesetz stehende und folglich nach den allgemeinen Vorschriften zur Ertragsbesteuerung zu behandelnde Fälle aus: Die formwechselnde Umwandlung, die Umwandlung durch Anwachsung und die Umgründung. Davon wird allerdings die **formwechselnde** Umwandlung steuerneutral gestellt. Die handelsrechtliche Personen- und Unternehmensidentität führt auch im Steuerrecht zu keinem Wechsel der Steurrechtspersönlichkeit (BFH v. 19. 8. 1958, BStBl. III 1958, S. 468). In Ermangelung eines Vermögensübergangs fallen somit weder Ertrag- noch Verkehrsteuern an.

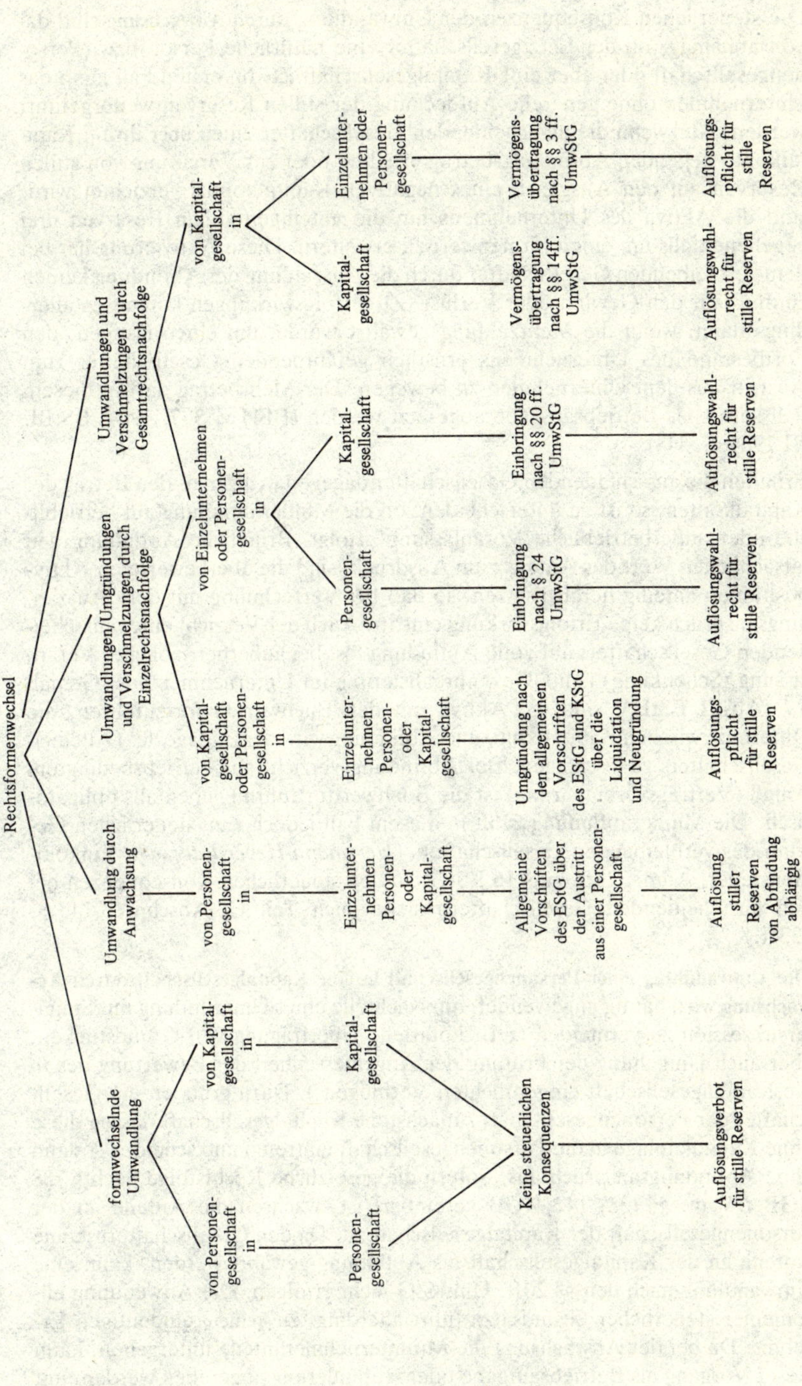

Systematisierung der ertragsteuerlichen Behandlung des Rechtsformenwechsels

Die steuerlichen Konsequenzen der Umwandlung durch **Anwachsung** sind davon abhängig, ob der Letztgesellschafter eine natürliche Person bzw. Personengesellschaft oder aber eine Kapitalgesellschaft ist. Im ersten Fall kann das Unternehmen ohne generelle Aufdeckung der stillen Reserven weitergeführt werden. Nur wenn die ausscheidenden Gesellschafter einen **über** ihrem Kapitalkonto liegenden Abfindungsbetrag erhalten oder zur Vergütung von stillen Reserven auf den Ausgleich eines negativen Kapitalkontos verzichtet wird, sind die Aktiva des Unternehmens um die anteiligen stillen Reserven und gegebenenfalls um einen Firmenwert zu erweitern. Diese Aktivierung hat bei dem verbleibenden Gesellschafter durch die Auszahlung der Abfindung keinen Einfluß auf den Gewinn oder Verlust. Zu Erfolgswirkungen kommt es allerdings dann, wenn die Mehrzahlung gewährt wurde, um einen lästigen, den Fortbestand des Unternehmens ernstlich gefährdenden Gesellschafter zum Austritt aus dem Unternehmen zu bewegen. Der Mehrbetrag darf in diesem Fall sofort als Betriebsausgabe abgesetzt werden (BFH v. 3. 7. 1964, BStBl. III 1964, S. 548).

Erhalten die ausscheidenden Gesellschafter dagegen **weniger** als den Betrag der Kapitalkonten, so ist zu unterscheiden, ob die Minderabfindung auf betriebliche oder außerbetriebliche Veranlassung erfolgt. Bringt die Abfindung den tatsächlichen Wert des Anteils zum Ausdruck, sind die überbewerteten Aktivpositionen anteilig herabzusetzen, so daß bei Verrechnung mit dem Auszahlungsanspruch keine Erfolgswirkung eintritt. Auch der Verzicht eines ausscheidenden Gesellschafters auf volle Abfindung löst bei außerbetrieblicher Veranlassung (Schenkung) keine Gewinnrealisierung im Unternehmen aus. Gemäß § 7, Abs. 1 EStDV sind die Aktiva mit den Buchwerten fortzuführen, die Differenz zwischen Kapitalkonto und Abfindung wird der Einlage des (Allein-)-Gesellschafters zugeschlagen. Bei Abfindungsverzicht aus betriebsbedingtem Anlaß (Vertragsvereinbarung) ist die Buchwertfortführung ebenfalls obligatorisch. Die Minderabfindung zählt in diesem Fall jedoch zum steuerlichen Gewinn des verbleibenden Gesellschafters (*Herrmann/Heuer/Raupach,* Einkommensteuer, Anm. 324ff. zu § 16 EStG; zu den steuerlichen Konsequenzen bei den ausscheidenden Gesellschaftern siehe auch Teil C, Abschn. 3.14, S. 833ff.).

Die **Umwandlung einer Personengesellschaft in eine Kapitalgesellschaft durch Anwachsung** wird häufig angewendet, um Nachteile einer Umgründung mit Singularsukzession zu vermeiden (z.B. notarielle Übertragung von Grundstücken, aber auch Umgehung der Prüfung der Angemessenheit der Bewertung des in die Kapitalgesellschaft eingebrachten Vermögens). Dazu gründen die Gesellschafter der Personengesellschaft zunächst die Kapitalgesellschaft, lassen diese ohne Kapitaleinlage in die Personengesellschaft eintreten und scheiden sodann ohne Abfindungsanspruch aus. Sofern die gesetzliche Rechtsfolge nach § 738 BGB i.V.m. §§ 138, 142 HGB vereinbart ist, wachsen die Anteile an der Personengesellschaft der Kapitalgesellschaft zu. Da den Gesellschaftern keine Anteile an der Kapitalgesellschaft als Abfindung gewährt werden, kann eine Umwandlung nach den §§ 20ff. UmwStG nicht erfolgen. Die Anwendung allgemeiner steuerlicher Grundsätze führt allerdings zu **keinem** eindeutigen Ergebnis: Da bei der Anwachsung die Mitunternehmeranteile untergehen, kann dieser Vorgang als Betriebsaufgabe oder -veräußerung angesehen werden, mit der Folge, daß die anteiligen Wirtschaftsgüter mit dem gemeinen Wert anzusetzen sind (§ 16, Abs. 3 EStG). Wegen der Anwachsung verzichten die Gesellschafter jedoch auf eine Abfindung, so daß dieser Vorgang als verdeckte Einlage zu werten ist. Ein Ansatz der Teilwerte bei der Kapitalgesellschaft und mithin eine Aufdeckung der stillen Reserven erscheint daher unumgänglich (*Schulze zur Wiesche,* Einbringung, S. 93). Demgegenüber kann jedoch eingewendet werden, daß die Anwachsung wirtschaftlich wie eine unentgeltliche Übertragung des Vermögens einer Personengesellschaft durch die Gesellschafter auf eine ihnen gehörende Kapitalgesellschaft zu betrachten ist. Nach § 7, Abs. 1 EStDV ist dann nur eine Buchwertfortführung zulässig (*Herrmann/Heuer/Raupach,* Einkommensteuer, Anm. 399 zu § 16 EStG). Da eine Entscheidung der Rechtsprechung über die ertragsteuerliche Behandlung der Anwachsung noch aussteht, ist diese Umwandlungsform mit einem hohen Gestaltungsrisiko verbunden. Eine abweichende Beurteilung durch die Rechtsprechung könnte die genannten Vorteile erheblich einschränken oder sogar überkompensieren.

Die **Umgründung von Personen- und Kapitalgesellschaften** richtet sich nach den allgemeinen Vorschriften des Einkommen- und Körperschaftsteuergesetzes über die Liquidation und die Neugründung. Insofern kann auf die Ausführungen zur Gründung (vgl. Teil C, Abschn. 2.13, S. 690ff.) und zur Liquidation (vgl. Teil C, Abschn. 3.14, S. 833ff.) verwiesen werden. Es bleibt jedoch festzuhalten, daß für die Ermittlung des Veräußerungsgewinns bei der Formalliquidation ein Vermögensvergleich erforderlich ist (§ 16, Abs. 2 i. V. m. §§ 4, Abs. 1; 5 EStG; § 11, Abs. 2 KStG), bei dem die Wirtschaftsgüter mit ihrem Veräußerungspreis bzw. – bei Überführung in das Privatvermögen – mit dem gemeinen Wert angesetzt werden müssen. Zudem ist auch der Teilwertansatz bei der Einbringung des Vermögens in die neu gegründete Gesellschaft zwingend (§ 6, Abs. 1, Nr. 1 EStG), so daß eine Auflösung der stillen Reserven bei der Umgründung obligatorisch ist.

2.232 Umwandlungen nach dem Umwandlungsteuergesetz

Die **Umwandlung oder Umgründung einer Personengesellschaft/Einzelunternehmung in eine andere Personengesellschaft** ist steuerrechtlich als Einbringung im Sinne des § 24 UmwStG zu betrachten. Danach steht der aufnehmenden Personengesellschaft das **Bewertungswahlrecht** zu, übernommenes Betriebsvermögen zu Buch-, Teil- oder Zwischenwerten zu bilanzieren. Der angesetzte Wert gilt dann als Veräußerungspreis des Einbringenden (§ 24, Abs. 3, Satz 1 UmwStG). Durch die verschiedenen Bewertungsmöglichkeiten ergeben sich unterschiedliche Übertragungsgewinne mit daraus resultierenden Konsequenzen hinsichtlich der Ermittlung der steuerlich vorteilhaftesten Alternative:

- Bei Ansatz der **Buchwerte** tritt das übernehmende Unternehmen – bis auf personengebundene Verlustvorträge – in die Rechtsstellung des übertragenden Unternehmens ein, so daß eine Gewinnrealisation und damit eine Steuerpflicht entfällt. Die stillen Reserven lösen sich erst in der Folgezeit durch niedrigere Abschreibungen bzw. durch Veräußerung der Wirtschaftsgüter auf.
- Der Ansatz der **Teilwerte** deckt die stillen Reserven einschließlich eines originären Firmenwertes, sowie der steuerfreien Rücklagen voll auf und führt zu

einem Veräußerungsgewinn in Höhe der Differenz zwischen Buch- und Teilwert des Betriebsvermögens. Die Besteuerung erfolgt gemäß § 24, Abs. 3 UmwStG bis zu einem Betrag von 30 Mio. DM im Kalenderjahr mit dem ermäßigten Steuersatz des § 34, Abs. 1 EStG unter Berücksichtigung der Freibetragsregelung des § 16, Abs. 4 EStG; der 30 Mio. DM übersteigende Teilbetrag unterliegt dem allgemeinen Steuertarif. Diese Vergünstigungen entfallen auch dann nicht, wenn der Einbringende außer dem Mitunternehmeranteil eine Zuzahlung erhält, die nicht Betriebsvermögen der Personengesellschaft wird (BdF v. 15. 10. 1982, BStBl. I 1982, S. 806). Dem Vorteil der Freibetragsgewährung stand allerdings im Vergleich mit dem Ansatz von Zwischenwerten bislang der Nachteil der Nichtabschreibungsfähigkeit des Firmenwertes gegenüber. Dieser Nachteil wurde jedoch im Zuge der Umsetzung der 4. EG-Richtlinie gemildert. Ab dem Veranlagungszeitraum 1987 darf nach § 7, Abs. 1, Satz 3 EStG der Firmenwert über eine planmäßige Nutzungsdauer von 15 Jahren abgeschrieben werden. Die durch den Firmenwertansatz aufgelösten und versteuerten stillen Reserven führen somit in den Folgejahren aufgrund des erhöhten Abschreibungspotentials zu einer Reduktion der Steuerbelastung der Personengesellschaft. Allerdings sind damit die substanzsteuerlichen Konsequenzen des Firmenwertansatzes nicht völlig ausgeräumt, d. h. die substanzsteuerliche Belastung sinkt nur entsprechend den planmäßigen Abschreibungen des Firmenwertes. Beim Teilwertansatz gelten die Wirtschaftsgüter als mit dem übernommenen Wert angeschafft (Anschaffungsfiktion des § 24, Abs. 4 i. V. m. § 23, Abs. 3 UmwStG) mit der Folge, daß Abschreibungsdauer und -methode frei gestaltbar sind, was zu einer kurzfristig hohen steuerbilanzpolitischen Flexibilität führt.
Das für den Buch- und Zwischenwertansatz geltende Nachholverbot für nicht gebildete Pensionsrückstellungen braucht beim Teilwertansatz nicht beachtet zu werden (BdF v. 16. 6. 1978, BStBl. I 1978, S. 241).

- Der Ansatz von **Zwischenwerten** deckt die stillen Reserven nur teilweise auf. Eine Zuschreibung bei einzelnen Wirtschaftsgütern darf jedoch nicht erfolgen, die stillen Reserven sind vielmehr gleichmäßig auf die Wirtschaftsgüter zu verteilen (BdF v. 16. 6. 1978, BStBl. I 1978, S. 237f.; BFH v. 24. 5. 1984, BStBl. II 1984, S. 747ff.). Der Übertragungsgewinn fällt zwar niedriger als beim Teilwertansatz aus, unterliegt jedoch nicht den Tarifvergünstigungen, sondern ist der normalen Besteuerung zuzuführen.

Unabhängig vom gewählten Wertansatz bleibt ein Veräußerungsgewinn stets **gewerbesteuerfrei,** da die Einbringung eines Unternehmens als Betriebsveräußerung klassifiziert werden kann (Abschn. 40, Abs. 1, Nr. 1 GewStR).

Die Entscheidung über den Wertansatz ist an einem **Vorteilhaftigkeitsvergleich** auszurichten, der zum einen die sofortige (tarifbegünstigte) Steuerlast (Teilwert bzw. Zwischenwert) und zum anderen den Zinsgewinn aus der Verlagerung der stillen Reservenbesteuerung in die Zukunft (Buchwert) gegeneinander aufrechnet. Ohne Kalkülisierung kann die Entscheidung allerdings getroffen werden, wenn das eingebrachte Vermögen nur aus nichtabnutzbaren Wirtschaftsgütern besteht und in absehbarer Zeit keine Veräußerung geplant ist, weil dann der Buchwert ohnehin die beste Alternative darstellt, oder wenn die stillen Reserven innerhalb der Freibetragsgrenzen des § 16, Abs. 4 EStG liegen, weil dann in jedem Fall der Teilwert der optimale Wertansatz ist.

Die Bilanzierung zu Buch- oder Zwischenwerten führt regelmäßig zu buchtechnischen Problemen, wenn die Umwandlung einer Personengesellschaft in eine andere Personengesellschaft mit einem Gesellschafterwechsel verbunden ist oder in ein bestehendes Einzelunternehmen zusätzliche Gesellschafter eintreten, denn der ausscheidende Gesellschafter bzw. der bisherige Einzelunternehmer wird grundsätzlich auch eine Vergütung der stillen Reserven verlangen. Damit stimmen die Anschaffungskosten des Mitunternehmeranteiles nicht mit dem steuerlichen Eigenkapitalkonto überein, so daß der Differenzbetrag in eine steuerliche **Ergänzungsbilanz** eingestellt werden muß. Die Aktivseite einer solchen Bilanz erfaßt die **„Mehrwerte“** der Wirtschaftsgüter entsprechend den anteiligen stillen Reserven, während die Passivseite das über die Kapitaleinlage hinausgehende **„Mehrkapital“** erfaßt. Auch im umgekehrten Fall, wenn das Kapitalkonto die geleistete Einlage bzw. den Kaufpreis übersteigt, weil die übernommenen Wirtschaftsgüter überbewertet sind, muß eine (negative) Ergänzungsbilanz aufgestellt werden, die aktivisch das **„Minderkapital“** und passivisch die **„Minderwerte“** aufnimmt. Die Ergänzungsbilanz kann damit folgende grundsätzliche Formen annehmen:

Ergänzungsbilanz für Gesellschafter X

A	P
Mehrwerte der unterbewerteten Wirtschaftsgüter	Mehrkapital

Ergänzungsbilanz bei Kaufpreis/Einlage > Kapitalkonto

Ergänzungsbilanz für Gesellschafter Y

A	P
Minderkapital	Minderwerte der überbewerteten Wirtschaftsgüter

Ergänzungsbilanz bei Kaufpreis/Einlage < Kapitalkonto

Mit Hilfe der Ergänzungsbilanz werden die Anschaffungskosten des Mitunternehmeranteils (§ 6, Abs. 1, Nr. 2 EStG) buchtechnisch auf zwei Bilanzen verteilt. Die Ergänzungsbilanz ist daher solange fortzuschreiben, bis sich die Mehr- oder Minderwerte aufgelöst haben. Maßgebend dafür ist die steuerliche Gesamthandsbilanz. Werden z. B. in der Gesamthandsbilanz bilanzierte Vorräte verkauft, so ist ein in der Ergänzungsbilanz ausgewiesener Mehrwert für Vorräte gewinnmindernd aufzulösen und zwar unabhängig davon, ob sich die stillen Reserven tatsächlich realisiert haben. In umgekehrter Weise löst sich ein Minderwert gewinnerhöhend auf, wenn eine bei Eintritt des Gesellschafters bestehende Überbewertung des Vermögens durch eine Teilwertabschreibung in der Gesamthandsbilanz beseitigt wird. Das Mehr- oder Minderkapital verringert sich in entsprechendem Umfang.

Wird eine **Personengesellschaft oder eine Einzelunternehmung in eine Kapitalgesellschaft umgewandelt oder umgegründet,** liegt steuerlich ebenfalls eine Einbringung vor, die nach den Vorschriften der §§ 20–23 UmwStG abzuwickeln ist. Danach besteht auch für diesen Fall ein **Wertansatzwahlrecht** (§ 20, Abs. 2 UmwStG), sofern die Besteuerung der übergehenden stillen Reserven gesichert ist. Der Ansatz von Buch- und Zwischenwerten ist daher ausgeschlossen, wenn der Einbringende nur einer beschränkten Steuerpflicht unterliegt oder wenn die Besteuerung eines späteren Anteilsveräußerungsgewinns wegen eines Doppelbesteuerungsabkommens nicht gewährleistet ist (§ 20, Abs. 3 UmwStG). Die erzwungene Aufdeckung der stillen Reserven wird jedoch dadurch gemildert, daß von einer sofortigen Zahlung des gesamten Steuerbetrages abgesehen und eine Tilgungsstreckung über 5 Jahre eingeräumt werden kann (§ 20, Abs. 5 UmwStG).

Darüber hinaus ist nach § 20, Abs. 2 UmwStG eine zumindest teilweise Aufdeckung stiller Reserven nicht zu umgehen, wenn mit diesen Reserven ein negatives Kapitalkonto ausgeglichen werden kann oder wenn der Einbringende zusätzlich zu den Gesellschaftsanteilen noch andere Wirtschaftsgüter erhält, deren gemeiner Wert den Buchwert des eingebrachten Vermögens übersteigt. Das Betriebsvermögen muß dann mindestens mit dem Wert der anderen Wirtschaftsgüter angesetzt werden.

Liegen diese Voraussetzungen nicht vor, kann das Bewertungswahlrecht dispositiv genutzt werden. Der bei der übernehmenden Gesellschaft angesetzte Wert gilt sodann als **Veräußerungserlös** des Einbringenden und als **Anschaffungskosten** des Gesellschaftsanteils. Damit stellt sich grundsätzlich das gleiche Entscheidungsproblem wie bei der Einbringung in eine Personengesellschaft. Allerdings sind folgende Modifikationen zu beachten:

Bei Ansatz der **Buchwerte** ergibt sich kein Übertragungs-(Veräußerungs-)gewinn. Da aber die Buchwerte gleichzeitig als Anschaffungskosten des Gesellschaftsanteils (**einbringungsgeborene Anteile**) heranzuziehen sind, gehen die nicht aufgelösten stillen Reserven nunmehr auch in die Anteile ein. Bei einer späteren Veräußerung der Anteile ist daher der Veräußerungsgewinn gemäß § 16 EStG zu besteuern (§ 21, Abs. 1 UmwStG), mit der Folge, daß die stillen Reserven **doppelt,** also sowohl bei der Realisierung in der Kapitalgesellschaft als auch bei der Veräußerung der Anteile, der Besteuerung unterliegen. Eine Teilrealisierung der Anteilsreserven ist sogar vor dem Verkauf der Anteile zwingend, wenn im Rahmen einer ordentlichen Kapitalerhöhung durch Einlage stille Reserven von den einbringungsgeborenen Anteilen in junge Anteile übergehen (BdF v. 16. 6. 1978, BStBl. I 1978, S. 244). Die Anschaffungskosten der jungen Anteile erhöhen sich um den Betrag der auf die jungen Anteile übergehenden stillen Reserven. Deshalb werden die von den Altanteilen auf die jungen Anteile übergegangenen stillen Reserven bei der Veräußerung der jungen Anteile nicht einer nochmaligen Besteuerung unterworfen. In der Literatur (*Herrmann/Heuer/Raupach,* Einkommensteuer, Anm. 51 zu § 21 UmwStG mit weiteren Nachweisen) wird eine Realisierung der Anteilsreserven durch den Kapitalerhöhungsvorgang weitgehend abgelehnt, weil dieser Vorgang nicht als Veräußerung qualifiziert werden kann.

Es kann sich allerdings in bestimmten Fällen als vorteilhaft erweisen, wenn der Einbringende die vorzeitige Besteuerung der in den übertragenen Gesellschaftsanteilen ruhenden stillen Reserven durch Antragstellung gemäß § 21, Abs. 2, Nr. 1 UmwStG erwirkt. Liegt nämlich keine wesentliche Beteiligung im Sinne von § 17 EStG vor und wird mit einer künftigen Wertsteigerung der Anteile gerechnet, so können diese Wertsteigerungen später **steuerfrei** vereinnahmt werden. Eine vorzeitige Realisierung stiller Reserven ist zudem dann anzustreben, wenn der Einbringende sie zum Ausgleich sonstiger negativer

Einkünfte nutzen kann. Die fällige Steuerlast kann bei Sicherstellung der Zahlung auch gestundet werden (§ 21, Abs. 2, Satz 3 UmwStG). Der Betrag ist dann zu mindestens 20 v. H. pro Jahr zu tilgen.

Eine Buchwertfortführung schließt das Umwandlungsgesetz dann aus, wenn die Passivposten des eingebrachten Betriebsvermögens – unter Ausnahme des Eigenkapitals – die Aktivposten übersteigen. Die stillen Reserven sind dann mindestens soweit aufzulösen, bis ein **wertmäßiger Ausgleich** der Posten eintritt (§ 20, Abs. 2 UmwStG). Diese Regelung findet auch auf einen Verlustvortrag des einbringenden Unternehmens Anwendung. Darüber hinaus besteht ein Auflösungszwang, wenn der Einbringende neben den Gesellschaftsanteilen auch andere Wirtschaftsgüter erhält, deren gemeiner Wert den Buchwert des eingebrachten Betriebsvermögens übersteigt. Das eingebrachte Betriebsvermögen ist in diesem Fall mit dem gemeinen Wert der anderen Wirtschaftsgüter anzusetzen (§ 20, Abs. 2 UmwStG).

Beim Ansatz der **Teilwerte** unterliegt der Veräußerungsgewinn beim Übertragenden, sofern es sich bei ihm um eine natürliche Person handelt, ggf. nach Abzug des Freibetrages gemäß § 16, Abs. 4 EStG, der Besteuerung; ein Betrag bis 30 Mio. DM im Kalenderjahr wird mit der Hälfte des durchschnittlichen Steuersatzes, der sich ohne Anwendung dieser Tarifermäßigung ergeben würde, besteuert; darüber hinausgehende Teilbeträge unterliegen dem allgemeinen Steuertarif (§ 20, Abs. 5 UmwStG i. V. m. § 34, Abs. 1 EStG). Bis auf den Freibetrag wird diese Vergünstigung auch beim Ansatz von **Zwischenwerten** gewährt. Allerdings müssen auch in diesem Fall, wie beim Buchwertansatz, spätere Anteilsveräußerungsgewinne der Besteuerung unterworfen werden (§ 21, Abs. 1 UmwStG).

Der Übertragungsvorgang löst keine **Gewerbesteuerpflicht** aus, allerdings geht wegen fehlender Unternehmeridentität ein etwaiger gewerbesteuerlicher Verlustvortrag entschädigungslos unter (Abschn. 40, Abs. 1 und 68, Abs. 5 GewStR).

Durch die Bilanzverknüpfung von übertragender und übernehmender Gesellschaft ist grundsätzlich ein erfolgsneutraler Vermögensübergang gewährleistet. Es tritt selbst dann kein **Übernahmegewinn** auf, wenn die Kapitalgesellschaft vor der Umwandlung an der Personengesellschaft oder dem Einzelunternehmen (atypisch still) beteiligt war, weil die bei der Kapitalgesellschaft ausgewiesene Beteiligung entsprechend der Ausübung des Wertansatzwahlrechts zu bewerten ist. Lediglich in dem Fall, daß die übertragenden Gesellschafter mit Wirtschaftsgütern der Kapitalgesellschaft (z. B. eigene Aktien) abgefunden werden, entsteht als Differenz zwischen dem Verrechnungswert und dem Buchwert ein Gewinn, der ohne Vergünstigung der Steuer unterliegt.

Für die **Wertansatzentscheidung** gelten grundsätzlich die gleichen Überlegungen wie bei der Einbringung in Personengesellschaften. Allerdings wird zur Vermeidung einer doppelten Besteuerung der stillen Reserven tendenziell der Teilwert die günstigere Alternative darstellen.

Die **Umwandlung von Kapitalgesellschaften** kann nur dann nach den Vorschriften des Umwandlungsteuergesetzes vorgenommen werden, wenn handelsrechtlich eine **Gesamtrechtsnachfolge** gestattet ist (§ 1, Abs. 1 UmwStG). Der Übergang von Vermögenswerten **auf eine andere Kapitalgesellschaft** ist allerdings seit dem

Verschmelzungsrichtlinie-Gesetz vom 25. 10. 1982 (BGBl. I 1982, S. 1425–1433) gesellschaftsrechtlich nur noch in Form der Verschmelzung zulässig, weshalb die entsprechenden umwandlungsteuerlichen Regelungen der §§ 14–16 UmwStG auch im Rahmen der Ausführungen zur Fusion (s. Teil C, Abschn. 2.33, S. 762ff.) behandelt werden.

Bei der **Umwandlung einer Kapitalgesellschaft in eine Personengesellschaft oder Einzelunternehmung** gewährt das Umwandlungsteuergesetz kein Bewertungswahlrecht: In der Übertragungsbilanz sind die in das Betriebsvermögen der übernehmenden Gesellschaft eingehenden Wirtschaftsgüter mit dem **Teilwert** (jedoch keine originären immateriellen Wirtschaftsgüter, wie z. B. der Firmenwert; BdF v. 12. 4. 1978, BStBl. I 1978, S. 186), die in das Privatvermögen übergehenden Wirtschaftsgüter mit dem **gemeinen Wert** anzusetzen (§ 3 UmwStG). Damit werden die in den bisherigen Wertansätzen steckenden stillen Reserven zwingend aufgelöst. Dies gilt auch für steuerfreie Rücklagen (z. B. 6b EStG-Rücklage).

Obwohl die Rechtsprechung die Bildung von **Pensionsrückstellungen** zugunsten von Gesellschaftern einer Personengesellschaft grundsätzlich nicht gestattet (BFH v. 9. 10. 1964, BStBl. III 1965, S. 198; BFH v. 16. 2. 1967, BStBl. III 1967, S. 222), wird eine Fortführung der in der Kapitalgesellschaft gebildeten Pensionsrückstellungen für Gesellschafter-Geschäftsführer als zulässig erachtet (BFH v. 22. 6. 1977, BStBl. II 1977, S. 798ff.). Dies gilt jedoch nicht, wenn das Gesellschaftsvermögen auf **eine** natürliche Person übergeht, weil der Bilanzierende sonst eine Pensionsverpflichtung gegen sich selbst passivieren müßte.

Aus der Differenz von Buch- und Teilwerten ergibt sich nach Abzug der Umwandlungskosten und der auf die aufgedeckten stillen Reserven zu entrichtenden Gewerbesteuer (§ 18, Abs. 1 UmwStG) der körperschaftsteuerliche **Übertragungsgewinn,** der jedoch aus Verwaltungsvereinfachungsgründen erst bei der übernehmenden Gesellschaft der Besteuerung unterliegt, weil er sonst im Rahmen des Körperschaftsteueranrechnungsverfahrens wieder vergütet werden müßte (§ 4 UmwStG). Diese Steuerbefreiung entfällt allerdings, wenn die übernehmenden Gesellschafter nicht oder nur beschränkt steuerpflichtig sind (§ 13 UmwStG). Ein steuerlicher **Übertragungsverlust** kann dagegen von der übernehmenden Gesellschaft nicht in Anspruch genommen werden, er ist daher ausschließlich mit dem laufenden Einkommen des übertragenden Unternehmens verrechenbar (*Widmann/Mayer,* Umwandlungsrecht, Rz. 4884). Da für den Übertragungsgewinn keine Gewerbesteuerbefreiungen eingeräumt werden, kann, um Liquiditätsschwierigkeiten zu verhindern, die Gewerbesteuer auf Antrag über einen Zeitraum von 10 Jahren gegen Sicherheitsleistung gestundet werden (§ 18, Abs. 4 UmwStG).

Für die **übernehmende Personengesellschaft oder Einzelunternehmung** sind die angesetzten Teilwerte aus der Übertragungsbilanz als Anschaffungskosten verbindlich (**Wertverknüpfung**). Die übernehmende Gesellschaft ist daher nicht an bisherige Bewertungswahlrechte, Abschreibungen oder Sonderabschreibungen gebunden. Es besteht allerdings die Möglichkeit zur Besitzzeitanrechnung (§§ 5, Abs. 2; 11, Abs. 1 UmwStG). Ein **Übernahmegewinn** oder **-verlust** ergibt sich aus dem Saldo des Buchwerts der Beteiligung an der Kapitalgesellschaft und dem Teilwert des übernommenen Betriebsreinvermögens (§ 5, Abs. 5

UmwStG). Der Übernahmeerfolg läßt sich jedoch nur dann eindeutig berechnen, wenn die übernehmende Gesellschaft im Übertragungszeitpunkt eine 100%-Beteiligung an der übertragenden Kapitalgesellschaft besitzt. Ist das nicht der Fall, so ergibt sich der Übernahmegewinn aus den Anschaffungsfiktionen des § 6 UmwStG. Bei Anteilen die erst **nach** dem Umwandlungsstichtag erworben wurden, resultiert der Übernahmegewinn aus der Differenz zwischen anteiligem Teilwert des übernommenen Reinvermögens und den Anschaffungskosten. Werden die Anteile **ausscheidender Gesellschafter** übernommen, ergeben sich die Anschaffungskosten aus dem Wert der Abfindung (Barabfindung = Nominalwert; Sachabfindung = gemeiner Wert). Gehören die Anteile am Übertragungsstichtag zum **Betriebsvermögen** eines Gesellschafters, so sind sie zum Buchwert zu überführen (§ 6, Abs. 2 UmwStG). Allerdings gestattet der BdF (BdF v. 20. 12. 1977, BStBl. I 1978, S. 14) bei der Übertragung eines Wirtschaftsgutes (= Anteile der Kapitalgesellschaft) in das Gesamthandsvermögen fakultativ auch den Ansatz von Zwischen- oder Teilwerten (*Herrmann/Heuer/Raupach,* Einkommensteuer, Anm. 9 und 18 zu § 6 UmwStG). Werden die Anteile vom **Privatvermögen** abgesondert, ist grundsätzlich der Teilwert anzusetzen, so daß kein Übernahmegewinn, wohl aber Einkünfte aus Kapitalvermögen (§ 9 UmwStG) entstehen. Handelt es sich bei den Anteilen allerdings um eine wesentliche Beteiligung oder um einbringungsgeborene Anteile, so erfolgt der Ansatz zu den Anschaffungskosten oder dem niedrigeren Teilwert (§§ 16, Abs. 2; 22, Abs. 1, Satz 1 UmwStG).

Beispiel:

Zum Teilwert übernommenes Reinvermögen der untergehenden Kapitalgesellschaft		500.000
abzüglich:		
Buchwert der Beteiligung der übernehmenden Einzelunternehmung	300.000	
Abfindung ausscheidender Gesellschafter	50.000	
Anschaffungskosten einer wesentlichen Beteiligung (25%) im Privatbesitz eines Gesellschafters	50.000	
Buchwert der Anteile gemäß § 5, Abs. 5 UmwStG		400.000
Übernahmegewinn		100.000

Mit der Umwandlung gehen auch einbehaltene und besteuerte Gewinne der Kapitalgesellschaft, also **verwendbares Eigenkapital,** auf die Personengesellschaft bzw. Einzelunternehmung über. Da nach der Körperschaftsteuerreform 1977 eine doppelte Besteuerung von Kapitalgesellschaftsgewinnen grundsätzlich ausgeschlossen ist, bleibt die Körperschaftsteuer, die auf dem übertragenen verwendbaren Kapital der übertragenden Kapitalgesellschaft tatsächlich lastet, auf die Einkommensteuer der Gesellschafter der übernehmenden Personengesellschaft anrechenbar. Da die anrechenbare Körperschaftsteuer gleichzeitig auch einen Ertrag der untergehenden Anteile der Kapitalgesellschaft darstellt, muß sie dem Übernahmeerfolg zugeführt werden (§§ 5, Abs. 3; 13, Abs. 1 UmwStG).

Bei ungemildert belastetem verwendbaren Eigenkapital (EK 50, § 30, Abs. 1, Nr. 1 KStG bzw. EK 56, § 54, Abs. 11 KStG) erfolgt somit eine Zurechnung von $^{50}/_{50}$ ($^{1}/_{1}$) bzw. $^{56}/_{44}$ ($^{14}/_{11}$), bei ermäßigt belastetem verwendbaren Eigenkapital (EK 36, § 30, Abs. 1, Nr. 2 KStG) von $^{36}/_{64}$ bzw. $^{9}/_{16}$. (Zur Gliederung des verwendbaren Eigenkapitals vgl. auch S. 836). Die Erhöhung des Übernahmegewinns erfolgt dabei außerhalb der Bilanz.

Beispiel:

Bei der Umwandlung der Kapitalgesellschaft aus dem obigen Beispiel wurde folgendes verwendbares Eigenkapital übertragen:

EK 56 : 33.000
EK 50 : 19.000
EK 36 : 24.000
EK 0 : 10.000

Der individuelle Steuersatz des übernehmenden Einzelgesellschafters beträgt unter Berücksichtigung des Freibetrages für im Betriebsvermögen befindliche wesentliche Beteiligungen nach § 17, Abs. 3 EStG und des ermäßigten Steuersatzes nach § 34, Abs. 1 EStG 45 v. H.

Übernahmegewinn		100.000
+ Körperschaftsteuerzurechnung		
$^{14}/_{11}$ von EK 56	42.000	
$^{1}/_{1}$ von EK 50	19.000	
$^{9}/_{16}$ von EK 36	13.000	
0 von EK 0	0	74.500
Gewinn der Umwandlung		174.500
individuelle Einkommensteuerschuld (45%)		78.525
./. anrechenbare Körperschaftsteuer		74.500
endgültige Steuerschuld		4.025

Die endgültige Steuerschuld kann auf Antrag und gegen Sicherheitsleistung längstens 10 Jahre gestundet werden (§ 7 UmwStG). Wenn nach Körperschaftsteuerzurechnung ein Übernahmeverlust nicht ausgeglichen werden kann, bleibt er bei der Gewinnermittlung der Personengesellschaft bzw. Einzelunternehmung außer Ansatz (§ 5, Abs. 4 UmwStG). Dies gilt wegen fehlender Personenidentität auch für einen nicht ausgeschöpften Verlustvortrag der übertragenden Kapitalgesellschaft (BFH v. 8. 4. 1964, BStBl. III 1964, S. 306).

Der Gewinn der Umwandlung unterliegt wie bereits der Übertragungsgewinn grundsätzlich der **Gewerbesteuer** (§ 18, Abs. 1 UmwStG). Von der Besteuerung ist jedoch ausdrücklich der Teil des Übernahmegewinns ausgenommen, der auf Anteile im Privatbesitz entfällt (§ 18, Abs. 2, Satz 1 UmwStG). Die Doppelbelastung der Gewinne mit Gewerbesteuer wird allerdings dadurch gemildert, daß die Steuer nur auf ein Drittel des Übernahmegewinns erhoben wird, wenn der Übernahmegewinn den Unterschiedsbetrag zwischen den tatsächlichen Anschaffungskosten und dem Buchwert der Anteile übersteigt (§ 18, Abs. 2, Satz 2 UmwStG). Eine Stundungsmöglichkeit der Gewerbesteuer auf Übernahmegewinne besteht dagegen nicht.

Durch die Umwandlung können durch die Vereinigung von gegenseitigen, unterschiedlich bewerteten Forderungen und Verbindlichkeiten in der Hand des Gesamtrechtsnachfolgers **Umwandlungsfolgegewinne** entstehen, die entweder sofort zu versteuern sind oder aber einer gewinnmindernden Rücklage zugeführt werden können, die in den folgenden Wirtschaftsjahren zu mindestens je einem Drittel gewinnerhöhend aufgelöst werden muß (§ 8, Abs. 1 und 2 UmwStG).

2.233 Verkehrsteuerpflichten

Durch Umwandlungsvorgänge werden neben den ertragsteuerlichen Belastungen regelmäßig auch **Verkehrsteuerpflichten** ausgelöst. Allein die formwechselnde Umwandlung bleibt von den Verkehrsteuern ausgenommen, weil es sich bei ihr ausschließlich um einen gesellschaftsrechtlichen Organisationsakt handelt.

Die **Umsatzsteuerpflicht** ist an einen Leistungsaustausch gegen Entgelt geknüpft (§ 1, Abs. 1, Nr. 1 UStG). Damit fällt bei der Anwachsung grundsätzlich keine Umsatzsteuer an, weil bei diesem Rechtsformwechsel kein Entgelt gewährt wird (BFH v. 12. 3. 1964, BStBl. III 1964, S. 290). Bei allen anderen Umwandlungs- und Verschmelzungsvorgängen liegt jedoch ein tauschähnlicher, umsatzsteuerbarer Vorgang vor. Die Leistung besteht dabei in der Übertragung einzelner Wirtschaftsgüter oder des Unternehmens als Ganzes. Zum Entgelt zählen die gewährten Gesellschaftsanteile der übernehmenden Gesellschaft bzw. bei Übertragungen von Kapital- auf Personengesellschaften, in Ermangelung von Gesellschaftsanteilen, der Verzicht auf die untergehenden Kapitalgesellschaftsanteile sowie die Befreiung von den übernommenen Schulden und die Gewährung von Abfindungen. Bei Übertragung eines Unternehmens im ganzen (§ 10, Abs. 3 UStG) muß das ermittelte Gesamtentgelt auf die einzelnen übertragenen Besitzposten aufgeteilt werden. Da die Gesellschaftsanteile mit dem gemeinen Wert, also dem Veräußerungspreis, anzusetzen sind, übernommene Schulden und Abfindungen aber ebenfalls zum steuerpflichtigen Entgelt gehören, werden stille Reserven in den einzelnen Besitzposten zwingend aufgelöst, es gelangt also der Teilwert zum Ansatz. Verbleibt nach den Zuschreibungen ein Mehrwert, so ist dieser als Firmenwert, der sodann auch zu den Besitzposten zählt, zu versteuern. Nach der Aufteilung des Entgelts auf die Vermögensteile können die unterschiedlichen Umsatzsteuersätze berücksichtigt und die Steuerbefreiungen des § 4 UStG in Anspruch genommen werden.

Beispiel:

Die Übertragungsbilanz eines Einzelunternehmens weist folgende Positionen aus:

A Übertragungsbilanz zu Buchwerten P

Grund und Boden	10.000	Eigenkapital	16.000
Maschinen	9.000	Rückstellungen	7.000
Waren	4.000	Verbindlichkeiten	15.000
Forderungen	8.000		
Bank	7.000		
	38.000		38.000

Für das eingebrachte Vermögen wird ein Gesellschaftsanteil in Höhe von 90.000 gewährt. Daraus errechnet sich ein umsatzsteuerpflichtiges Entgelt von 112.000, bestehend aus:

Gesellschaftsanteil	90.000
Übernommene Schulden	22.000

Dieses Entgelt ist unter Auflösung der stillen Reserven auf die einzelnen Besitzposten zu verteilen:

A	Übertragungsbilanz zu Teilwerten		P
Grund und Boden	65.000	Eigenkapital (Wert des Gesellschaftsanteils)	90.000
Maschinen	14.000	Rückstellungen	7.000
Waren	8.000	Verbindlichkeiten	15.000
Forderungen	8.000		
Bank	7.000		
Firmenwert	10.000		
	112.000		112.000

Die Umsatzsteuer errechnet sich damit folgendermaßen:

Grund und Boden	steuerfrei nach § 4, Nr. 9, Buchstabe a UStG
Maschinen (10%)	1.400
Waren (10% oder auch 5%)	800
Forderungen	steuerfrei nach § 4, Nr. 8, Buchstabe c UStG
Bank	steuerfrei nach § 4, Nr. 8, Buchstabe b UStG
Firmenwert (10%)	1.000
Umsatzsteuerschuld	3.200

Der Übertragende kann jedoch aus Vereinfachungsgründen nach § 9 UStG auf die Steuerbefreiungen verzichten, weil das übernehmende Unternehmen die in Rechnung gestellte Umsatzsteuer ohnedies als Vorsteuer in Anrechnung bringen kann (§ 15, Abs. 1 UStG).

Der generelle Ansatz des Teilwertes führt jedoch in den Fällen, in denen das übernehmende Unternehmen ertragsteuerlich auch eine Buchwertfortführung vornehmen darf, zu einem kaum zu rechtfertigenden zusätzlichen Verwaltungsaufwand, zumal die Umsatzsteuer wirtschaftlich nicht belastend wirkt, also nur einen durchlaufenden Posten darstellt.

Werden im Rahmen von Umwandlungen Grundstücksübertragungen vorgenommen, so ist damit generell eine **Grunderwerbsteuerpflicht** in Höhe von 2 v. H. der Gegenleistung verbunden (§§ 1, Abs. 1, Nr. 2 und 3; 1, Abs. 3; 8; 11, Abs. 1 GrEStG). Die Gegenleistung besteht dabei im anteiligen gemeinen Wert der Gesellschaftsrechte einschließlich übernommener Schulden und Abfindungen (§ 9, Abs. 1, Nr. 2 GrEStG). Durch die Auflösung der stillen Reserven kommt damit grundsätzlich der Teilwert des Grundstücks als Bemessungsgrundlage zum Ansatz. Fehlt es dagegen an einer Gegenleistung, wie z. B. bei der Anwachsung oder der verschmelzenden Umwandlung, wird der Einheitswert als Besteuerungsgrundlage herangezogen (§ 8, Abs. 2, Nr. 2 i. V. m. §§ 1, Abs. 3; 10, Abs. 1 GrEStG). Die Steuer wird allerdings bei Umwandlungen von Personengesellschaften in Einzelunternehmen in Höhe des Anteils erlassen, zu dem der übernehmende Gesellschafter an der Gesamthand beteiligt war (§ 6 GrEStG). Im umgekehrten Fall entfällt die Steuer in Höhe der eingeräumten Beteiligung an der Gesamthand (§ 5 GrEStG).

Da die Grunderwerbsteuer bei Kapitalgesellschaften eine zusätzliche Anschaffungsausgabe darstellt, ist sie mit dem entsprechenden Grundstück zu aktivieren (BdF v. 16.6. 1978, BStBl. I 1978, S. 240). Demgegenüber kann die Grunderwerbsteuer bei Einbringung eines Grundstücks in eine Personengesellschaft oder Einzelunternehmung nicht aktiviert werden, weil wirtschaftlich keine Anschaffung, sondern eine Sacheinlage vorliegt (*Brönner*, Besteuerung, S. 994). Daher geht die Grunderwerbsteuer bei Personengesellschaften in die steuerlich abzugsfähigen Betriebsausgaben ein.

Werden zur Durchführung der Umwandlung eines Einzelunternehmens oder einer Personengesellschaft in eine Kapitalgesellschaft oder Kapitelgesellschaft & Co. Gesellschaftsanteile erstmalig übernommen, unterliegen diese Vorgänge der **Gesellschaftsteuer** (§ 2, Abs. 1, Nr. 1 KVStG). Dagegen ist die Umwandlung einer Kapitalgesellschaft im Sinne des § 5, Abs. 1 Nr. 1 und 2 KVStG in eine andere Kapitalgesellschaft im Sinne der gleichen Vorschrift von der Gesellschaftsteuer befreit (§ 7, Abs. 3, Nr. 1 KVStG). Durch diese Umwandlung entstehen zwar neue Gesellschaftsrechte, da diese jedoch bereits in der alten Rechtsform Gesellschaftsrechte im Sinne des Kapitalverkehrsteuergesetzes waren, unterbleibt eine Besteuerung. Des weiteren zählen Anwachsungen, obwohl dabei keine zusätzlichen Gesellschaftsanteile geschaffen werden, dann zu den steuerpflichtigen Vorgängen, wenn sich durch den Verzicht auf eine Abfindung der Wert der Gesellschaftsrechte erhöht (§ 2, Abs. 1, Nr. 4, Buchstabe c KVStG).

Bemessungsgrundlage für die Gesellschaftsteuer ist der **Wert der Gegenleistung** zuzüglich der übernommenen Gründungs- oder Kapitalerhöhungskosten, jedoch ohne Einbeziehung der Gesellschaftsteuer oder, wenn eine Gegenleistung nicht erbracht werden muß (z.B. GmbH tritt als Komplementär in eine bestehende Kommanditgesellschaft ein), der Wert der Gesellschaftsrechte (§ 8, Nr. 1, Buchstaben a und b KVStG). Da bei Umwandlungen die Gegenleistung in der Übertragung oder Verschmelzung eines ganzen Betriebes besteht, muß zur Bestimmung der Besteuerungsgrundlage eine Unternehmensbewertung durchgeführt werden, die sich am Gesamtwert der Aktien bzw. Anteile orientiert. Damit kommen als Bemessungsgrundlage entweder der Börsenkurswert oder ein aus Verkäufen abgeleiteter Wert in Frage. Kann der Unternehmensgesamtwert nicht anhand dieser Werte bestimmt werden, sind die Aktien bzw. Anteile hilfsweise nach dem Stuttgarter Verfahren (Abschn. 76ff. VStR) zu bewerten. Die Gesellschaftsteuer beträgt dann gemäß § 9 KVStG 1 v.H. der Bemessungsgrundlage.

Alle mit Umwandlungen verbundenen Übertragungen von Wertpapieren unterliegen der **Börsenumsatzsteuer** (§ 18, Abs. 2, Nr. 1 und 2 KVStG). Bemessungsgrundlage ist das vereinbarte Entgelt, der mittlere Börsen- oder Marktwert oder der Wert des Wertpapiers (§ 23 KVStG), worauf eine Börsenumsatzsteuer von 2,5 v.T. bzw. bei öffentlichen Anleihen von 1 v.T. erhoben wird (§ 24, Abs. 1, Nr. 1 und 3 KVStG). Für die Börsenumsatzsteuer besteht eine Aktivierungspflicht, da sie die Anschaffungskosten der Wertpapiere erhöht.

2.24 Chronologie der Buchungstechnik

Zur Abwicklung der Umwandlung sind grundsätzlich folgende Buchungen notwendig:

Buchungen der **übertragenden** Unternehmung:

- Eröffnung der Konten mit Hilfe des Eröffnungsbilanzkontos
- Umbewertung der zu übertragenden Vermögensgegenstände und Schulden über das Neubewertungskonto
- Abschluß des Neubewertungskontos über die Kapitalkonten
- Abschluß aller Konten über das Übergabekonto (Umwandlungskonto)
- Erstellung der Übertragungs-(Umwandlungs-; Umgründungs-)bilanz.

Buchungen der **übernehmenden** Unternehmung:

- Übernahme der Vermögensgegenstände und Schulden in das Übernahmekonto (Spiegelbild zum Übergabekonto)
- Buchung der Finanzierungsvorgänge
- Abschluß der Konten über das Eröffnungs-(Umwandlungs-)bilanzkonto
- Erstellung der Eröffnungs-(Umwandlungs-)bilanz.

Übungsbeispiele:

Übungsbeispiel 1:

Formwechselnde Umwandlung einer **GmbH in eine Aktiengesellschaft** unter Aufnahme neuer Gesellschafter

Die Gesellschafter der Internationalen Transport GmbH beschließen zur Erweiterung der Kapitalbasis zum 1. 1. 19. . . die Umwandlung in eine Aktiengesellschaft (§ 376 AktG) unter Aufnahme des Gläubigers Müller und der Gewerbebank AG als neue Gesellschafter. Die Altgesellschafter Fuhrmann, Jäger, Hoppe und Fürst erhalten für ihre Geschäftsanteile in Höhe von je 500.000 Aktien zu pari. Die durch Kapitalerhöhung geschaffenen jungen Aktien zum Nennwert von 1.500.000 übernehmen Müller zu ⅕ zum Kurs von 120% und die Gewerbebank zu ⅘ mit 15% Agio. Die Umwandlung erfolgt zu Buchwerten. Die Gründungskosten für die AG betragen 3% des Grundkapitals.

A — Schlußbilanz Internationale Transport GmbH zum 31. 12. . . — P

A		P	
Grundstücke	480.500	Gezeichnetes Kapital	2.000.000
Fahrzeughalle	1.120.000	Jahresüberschuß	125.000
Fuhrpark	2.310.000	Bankschulden	
Treibstoffvorrat	73.500	Gewerbebank AG	1.670.000
Forderungen aus Transportleistungen	262.000	Verbindlichkeiten aus Warenlieferungen Müller	394.500
Bankguthaben	2.400	Sonstige Verbindlichkeiten	60.500
Aktive Rechnungsabgrenzung	1.600		
	4.250.000		4.250.000

Aufgaben:

a) Geben Sie die Buchungssätze an.
b) Erstellen Sie die Eröffnungs-(Umwandlungs-)bilanz für die Internationale Transport AG zum 1. 1. 19. .
c) Wie ist die Umwandlung steuerlich zu beurteilen?

Lösung:

a) Buchungssätze:

– Umwandlung GmbH in AG:

Konto der Aktionäre	2.000.000	**an**	Gezeichnetes Kapital	2.000.000
Grundstücke, grundstücksgleiche Rechte und Bauten	1.600.500			
Betriebs- und Geschäftsausstattung	2.310.000			
Vorräte an Roh-, Hilfs- und Betriebsstoffen	73.500			
Forderungen aus Lieferungen und Leistungen	262.000			
Bankguthaben	2.400			
Aktive Rechnungsabgrenzungsposten	1.600	**an**	Einbringungskonto der Aktionäre	2.000.000
			Kapitalrücklage	125.000
			Verbindlichkeiten gegenüber Kreditinstituten	1.670.000
			Verbindlichkeiten aus Lieferungen und Leistungen	394.500
			Sonstige Verbindlichkeiten	60.500
Einbringungskonto der Aktionäre	2.000.000	**an**	Konto der Aktionäre	2.000.000

– Kapitalerhöhung und Übernahme der jungen Aktien durch Müller und die Gewerbebank AG:

Konto der Aktionäre	1.740.000	**an**	Gezeichnetes Kapital	1.500.000
			Kapitalrücklage	240.000
Verbindlichkeiten gegenüber Kreditinstituten	1.380.000			
Verbindlichkeiten aus Lieferungen und Leistungen	360.000	**an**	Einbringungskonto der Aktionäre	1.740.000
Einbringungskonto der Aktionäre	1.740.000	**an**	Konto der Aktionäre	1.740.000

– Verbuchung der Gründungskosten:

Gründungskosten	105.000	**an**	Sonstige Verbindlichkeiten	105.000

b) Eröffnungs-(Umwandlungs-)bilanz:

A Eröffnungs-(Umwandlungs-)bilanz Internationale Transport AG zum 1. 1. . . P

A. Anlagevermögen		A. Eigenkapital	
Grundstücke, grundstücksgleiche Rechte und Bauten	1.600.500	Gezeichnetes Kapital	3.500.000
Betriebs- und Geschäftsausstattung	2.310.000	Kapitalrücklage	365.000
B. Umlaufvermögen		B. Verbindlichkeiten	
Vorräte an Roh-, Hilfs- und Betriebsstoffen	73.500	Verbindlichkeiten gegenüber Kreditinstituten	290.000
Forderungen aus Lieferungen und Leistungen	262.000	Verbindlichkeiten aus Lieferungen und Leistungen	34.500
Guthaben bei Kreditinstituten	2.400	Sonstige Verbindlichkeiten	165.500
C. Aktive Rechnungsabgrenzungsposten			
Rechnungsabgrenzung	1.600		
Gründungskosten	105.000		
	4.355.000		4.355.000

Bei der Aufstellung der ordentlichen Jahresbilanz zum 31. 12. . . ist der aktive Rechnungsabgrenzungsposten „Gründungskosten" erfolgswirksam in die GuV-Rechnung einzustellen und ggf. mit der Kapitalrücklage zu verrechnen.

c) Steuerliche Beurteilung:

Der eigentliche Umwandlungsbeschluß zieht keine steuerlichen Folgen nach sich (vgl. S. 718 und 729). Auswirkungen ergeben sich lediglich aus der anschließenden Kapitalerhöhung und der steuerlichen Behandlung der Gründungskosten.

Das durch die Emission junger Aktien geschaffene Grundkapital ist als übriges Eigenkapital (§ 29, Abs. 2 KStG), das Agio als verwendbares Eigenkapital im Sinne des § 30, Abs. 2, Nr. 4 KStG (EK 04) zu erfassen. Die 105.000 Gründungskosten dürfen unmittelbar als Betriebsausgabe abgesetzt werden.

Der Ersterwerb von Gesellschaftsrechten an einer AG unterliegt nach § 2, Abs. 1, Nr. 1 i. V. m. den §§ 9 und 8, Nr. 1, Buchstabe a KVStG der 1%igen Gesellschaftsteuer. Die Steuerpflicht beschränkt sich aber auf die neugeschaffenen Gesellschaftsrechte im Wert von 1.740.000. Der anteilige Aktienerwerb durch die seitherigen GmbH-Gesellschafter ist nach § 7, Abs. 3, Nr. 1, Satz 1 KVStG von der Besteuerung ausgenommen, da die entsprechende Kapitalzuführung an die GmbH bereits früher der Gesellschaftsteuer unterlegen hat.

Eine Umsatzsteuerpflicht der Einbringungsumsätze auf Gesellschafterebene scheidet aus, wenn Müller und die Gewerbebank AG die Steuerbefreiung für Geldforderungen (§ 4, Nr. 8, Buchstabe c UStG) beanspruchen.

Übungsbeispiel 2:

Umgründung einer **Einzelfirma in eine Offene Handelsgesellschaft**

Der Sortimentsgroßhändler Alfred Eigner stellt zum 31. 12. . . folgende Schlußbilanz auf:

A	Schlußbilanz zum 31. 12. . .		P
Geschäftsgrundstücke mit Gebäuden	180.000	Eigenkapital	295.000
Betriebs- und Geschäftsausstattung	135.000	Darlehensverbindlichkeiten	178.000
Fuhrpark	62.000	Verbindlichkeiten aus Lieferungen und Leistungen	135.500
Warenvorräte	205.400	Schuldwechsel	91.500
Forderungen aus Lieferungen und Leistungen	79.000		
Bankguthaben	37.000		
Kasse, Postscheck	1.600		
	700.000		700.000

Zur Verbesserung der Eigenkapitalbasis im Hinblick auf eine geplante Geschäftsausweitung wird das Darlehen von Franz Gesell (178.000) in eine Gesellschaftereinlage umgewandelt und eine Offene Handelsgesellschaft gegründet, an der Eigner und Gesell im Verhältnis 3:2 beteiligt sein sollen.

Um Grunderwerbsteuer auf den anteiligen Grundstückserwerb durch Gesell nach § 5, Abs. 2 i. V. m. § 1, Abs. 1, Nr. 1 GrEStG zu vermeiden, werden die Geschäftsgrundstücke nicht ins Gesamthandsvermögen eingebracht, sondern der OHG lediglich zur Nutzung überlassen.

Im Rahmen der Umgründung soll handelsrechtlich eine Aufdeckung der stillen Reserven durch Neubewertung des Betriebsvermögens zum Teilwert erfolgen. Diese Wertansätze werden in die Steuerbilanz der OHG und die Ergänzungsbilanz des Gesellschafters Eigner übernommen (§ 24, Abs. 2 UmwStG). Ein daraus eventuell resultierender Gewinn wird nicht durch Einstellung in eine negative Ergänzungsbilanz neutralisiert. Dabei sind folgende Sachverhalte zu berücksichtigen:

- In den Geschäftsgrundstücken sind stille Reserven von 20.000 enthalten.
- Die Betriebs- und Geschäftsausstattung ist durch technischen Fortschritt um 10% des Buchwerts entwertet.
- Die unverkäuflichen Waren sind mit 10.400 aus den Warenvorräten auszuscheiden.
- Zur Erfassung des allgemeinen Kreditrisikos ist auf die Forderungen eine Abschreibung in Höhe von 4.000 vorzunehmen.
- Auf die vollwertigen Forderungen sowie auf die Verbindlichkeiten aus Lieferungen und Leistungen und Schuldwechsel ist ein transitorischer Zins von 6% p. a. für einen mittleren Verfall von 30 Tagen zu berechnen.
- Der Teilwert der nach § 6, Abs. 2 EStG sofort abgeschriebenen Wirtschaftsgüter wurde im gegenseitigen Einvernehmen auf 12.140 festgesetzt.

Gesell erbringt Barzahlungen, bis sein festgelegtes Beteiligungsverhältnis erreicht ist. Alfred Eigner nimmt die Umsatzsteuerbefreiungen des § 4 UStG nicht in Anspruch, sondern stellt der Eigner & Gesell OHG 10% Umsatzsteuer (70.386) für das übergegangene Vermögen (einschließlich Schulden) in Rechnung.

Aufgaben:

a) Geben Sie die Buchungssätze für die Umgründung an und erfassen Sie dabei die Neubewertungen auf einem besonderen Konto (Neubewertungskonto).
b) Erstellen Sie sodann die Umgründungsbilanz, die Ergänzungsbilanz für Eigner und die Eröffnungs-(Umgründungs-)bilanz der Eigner & Gesell OHG.
c) Beurteilen Sie die steuerlichen Konsequenzen der Umgründung.

Lösung:

a) **Buchungssätze:**

Geschäftsgrundstücke mit Gebäuden	20.000	**an**	Neubewertungskonto	20.000
Neubewertungskonto	13.500	**an**	Betriebs- und Geschäftsausstattung	13.500
Neubewertungskonto	10.400	**an**	Warenvorräte	10.400
Neubewertungskonto	4.000	**an**	Forderungen aus Lieferungen und Leistungen	4.000
Neubewertungskonto	375	**an**	Passive Rechnungsabgrenzung	375
Aktive Rechnungsabgrenzung	1.135	**an**	Neubewertungskonto	1.135
Geringwertige Wirtschaftsgüter	12.140	**an**	Neubewertungskonto	12.140
Umsatzsteuerforderungen	70.386	**an**	Umsatzsteuerverbindlichkeiten	70.386

b) **Bilanzen:**

ba) Umgründungsbilanz:

– Abschluß Neubewertungskonto:

Neubewertungskonto 5.000 **an** Eigenkapital 5.000

A — Umgründungsbilanz Alfred Eigner zum 31. 12. . . — P

Aktiva		Passiva	
Geschäftsgrundstücke mit Gebäuden	200.000	Eigenkapital	300.000
Betriebs- und Geschäftsausstattung	121.500	Darlehensverbindlichkeiten	178.000
Geringwertige Wirtschaftsgüter	12.140	Verbindlichkeiten aus Lieferungen u. Leistungen	135.500
Fuhrpark	62.000	Umsatzsteuerverbindlichkeiten	70.386
Warenvorräte	195.000	Schuldwechsel	91.500
Forderungen aus Lieferungen und Leistungen	75.000	Passive Rechnungsabgrenzung	375
Umsatzsteuerforderungen	70.386		
Bankguthaben	37.000		
Kasse, Postscheck	1.600		
Aktive Rechnungsabgrenzung	1.135		
	775.761		775.761

bb) Ergänzungsbilanz:

Die nicht in das Gesamthandsvermögen eingebrachten Geschäftsgrundstücke sind zum Zwecke einer korrekten steuerlichen Erfolgsermittlung als notwendiges Sonderbetriebsvermögen des Eigner in den Betriebsvermögensvergleich der OHG einzubeziehen (BdF v. 20. 12. 1977, BStBl. I 1978, S. 8). Da sie mangels Zurechenbarkeit an alle Gesellschafter nicht in der Steuerbilanz der OHG ausgewiesen werden können, sind sie in einer (steuerlichen) Ergänzungsbilanz zu erfassen (Die Steuerbilanz der OHG weist folglich das Kapital Eigner lediglich in Höhe von 100.000 aus).

A	Ergänzungsbilanz Eigner zum 1. 1. 19 . .		P
Geschäftsgrundstücke mit Gebäuden	200.000	Kapital	200.000
	200.000		200.000

bc) Eröffnungs-(Umgründungs-)bilanz:

– Buchung der Eigenfinanzierung:

Einbringungskonto Eigner	300.000	**an**	Kapital Eigner	300.000
Einbringungskonto Gesell	200.000	**an**	Kapital Gesell	200.000

– Buchung der Umsatzsteuer:

Vorsteuer	70.386	**an**	Umsatzsteuerverbindlichkeiten	70.386

– Übernahme der Aktiven und Passiven durch die OHG:

10 Aktivkonten	775.761	**an**	Übernahmekonto	775.761
Übernahmekonto	775.761	**an**	7 Passivkonten	775.761

Es ist grundsätzlich möglich, die Eröffnungs-(Umgründungs-)bilanz einschließlich der Ergänzungsbilanz zu führen, so daß die Mehrwerte der aktiven und passiven Wirtschaftsgüter einzeln aufgeführt werden. Im Interesse der Bilanzklarheit sollte jedoch ein getrennter Ausweis erfolgen, zumal diese Bilanzierung gegen handelsrechtliche Grundsätze verstoßen würde (*Kobs,* Ergänzungsbilanzen, S. 62).

– Umbuchung Kapital Eigner und Darlehen Gesell:

Eigenkapital	300.000	**an**	Einbringungskonto Eigner	300.000
Darlehensverbindlichkeiten	178.000			
Kasse, Postscheck	22.000	**an**	Einbringungskonto Gesell	200.000

– Vereinigung von Forderungen und Verbindlichkeiten:

Umsatzsteuerverbindlichkeiten	70.386	**an**	Umsatzsteuerforderungen	70.386

A	Eröffnungs-(Umgründungs-)bilanz Eigner & Gesell OHG zum 1. 1. 19 . .		P
Betriebs- und Geschäftsausstattung	121.500	Kapital Eigner	100.000
Geringwertige Wirtschaftsgüter	12.140	Kapital Gesell	200.000
Fuhrpark	62.000	Verbindlichkeiten aus Lieferungen u. Leistungen	135.000
Warenvorräte	195.000	Umsatzsteuerverbindlichkeit	70.386
Forderungen aus Lieferungen und Leistungen	75.000	Schuldwechsel	91.500
Vorsteuer	70.386	Passive Rechnungsabgrenzung	375
Bankguthaben	37.000		
Kasse, Postscheck	23.600		
Aktive Rechnungsabgrenzung	1.135		
	597.761		597.761

A	Eröffnungsbilanz Eigner zum 1. 1. 19..		P
Mehrwert für Geschäftsgrundstücke und Gebäude	200.000	Mehrkapital	200.000
	200.000		200.000

c) Steuerliche Beurteilung:

Die vorliegende Einbringung eines Einzelunternehmens in eine neugegründete Personengesellschaft fällt unter die Regelung des § 24 UmwStG, da Eigner als Mitunternehmer der OHG anzusehen ist. Die Zurückbehaltung und anschließende Zurverfügungstellung einzelner – auch wesentlicher – Wirtschaftsgüter schließt die Annahme einer (steuerbegünstigten) Betriebseinbringung im Sinne des § 24 UmwStG nicht aus, da diese Wirtschaftsgüter auch weiterhin steuerlich (notwendiges) Betriebsvermögen der Personengesellschaft sind. Eine Einbringung zum Teilwert verlangt auch den Ansatz derartiger Wirtschaftsgüter in der Ergänzungsbilanz mit ihren Teilwerten (Einheitlichkeit des Ansatzes).

Durch die Neubewertung ist bei Eigner ein „Veräußerungsgewinn" entstanden, der sich wie folgt ermittelt:

Kapital nach Umgründung (Veräußerungspreis nach § 24, Abs. 3, Satz 1 UmwStG):

Kapital Eigner lt. OHG-Steuerbilanz	100.000	
Kapital Ergänzungsbilanz Eigner	200.000	300.000
./. Kapital vor Umgründung		295.000
Gewinn		5.000

Dieser Gewinn ist einkommensteuerrechtlich nach den Vorschriften der §§ 16, Abs. 4 und 34, Abs. 1 EStG zu behandeln. Durch die Anrechnung des Freibetrags des § 16, Abs. 4 EStG tritt eine Besteuerung des Gewinns nicht ein. Gewerbesteuerlich bleibt der Neubewertungsgewinn außer Ansatz (Abschn. 40, Abs. 1, Nr. 1 GewStR).

Die eingebrachten Wirtschaftsgüter gelten nach § 24, Abs. 4 i. V. m. § 23, Abs. 3 UmwStG als von der OHG angeschafft. Hinsichtlich der Wahl der Absetzungen für Abnutzung, bei Bewertungswahlrechten und bei der Vornahme von Teilwert-Wertberichtigungen ist die übernehmende Gesellschaft frei und nicht an die von der Einzelfirma getroffenen Entscheidungen gebunden. Folglich kann die OHG auch die Zeit der Zugehörigkeit eines Wirtschaftsguts zum Betriebsvermögen des Einbringenden (Besitzzeitanrechnung) bei der Besteuerung der Mitunternehmerschaft nicht geltend machen (z. B. im Falle der Bildung einer steuerfreien Rücklage nach § 6b EStG).

Übungsbeispiel 3:

Errichtende Umwandlung einer **Kommanditgesellschaft in eine GmbH**

Die Gesellschafter der Im- und Export Häberlein & Co. KG beschließen nach § 47, Abs. 1 UmwG zum 1. 1. .. ihr Unternehmen in eine GmbH umzuwandeln, da der Gesellschafter Neumann seinen Wohnsitz nach Liechtenstein verlegte und daher im inländischen Geschäft nicht mehr mitarbeiten kann. Von der Übertragung wird ein Fahrzeug zum Teilwert (der mit dem Einkaufspreis zuzüglich Nebenkosten zum Entnahmezeitpunkt übereinstimmt) von 10.000, anteilige stille Reserve 2.000, ausgenommen.

Zum Schluß des letzten Geschäftsjahres wurden die unten abgebildeten Bilanzen erstellt, wobei die Fahrzeugentnahme noch nicht berücksichtigt ist.

Die Aufstellung einer **Ergänzungsbilanz** für Neumann war notwendig geworden, da er erst vor einigen Jahren den Kommanditanteil des ausgeschiedenen Gesellschafters Altvater übernommen und für die in den Wirtschaftsgütern ruhenden Reserven eine Vergütung über dem Buchwert zu entrichten hatte (*Kobs,* Ergänzungsbilanzen, S. 59ff.).

A Bilanz Im- und Export Häberlein & Co. KG zum 31. 12. . . P

Grund und Boden	22.000	Eigenkapital	
Gebäude	156.000	1. Komplementär Häberlein	125.000
Betriebs- und Geschäftsausstattung	18.000	2. Kommanditist Neumann	80.000
Fuhrpark	29.000	Hypothekenschulden	110.000
Warenvorräte	7.500	Verbindlichkeiten aus Lieferungen und Leistungen	123.600
Forderungen aus Lieferungen und Leistungen	159.300		
Bankguthaben	44.000		
Kasse	2.800		
	438.600		438.600

A Ergänzungsbilanz Neumann per 31. 12. . . P

Mehrwerte:		Kapital Neumann	45.000
Grund und Boden	24.000		
Gebäude	16.000		
Betriebs- und Geschäftsausstattung	5.000		
	45.000		45.000

Die im Gesellschaftsvertrag festgelegten Stammeinlagen (Gezeichnetes Kapital) in die GmbH betragen:

für Häberlein	150.000
für Neumann	100.000

Aufgabe:

Erstellen Sie die Übertragungsbilanz zum 31. 12. . . für die Häberlein & Co. KG sowie die Eröffnungs-(Umwandlungs-)bilanz der GmbH zum 1. 1. . . in der Weise, daß sie auch steuerlichen Anforderungen genügen. Häberlein verlangt für seine Beteiligung eine Bewertung zum Buchwert des Vermögens. Die steuerlichen Teilwerte sind wie folgt ermittelt:

- Grund und Boden: 1.800 m^2 zum Verkehrswert von 45 pro m^2
- Gebäude: Teilwert durch einen Sachverständigen geschätzt auf 180.000
- Betriebs- und Geschäftsausstattung: 22.000
- Fuhrpark: amtlicher Schätzwert 32.800
- Warenvorräte: Abschlag, da unmodisch und veraltet, 2.500
- Forderungen aus Lieferungen und Leistungen: Auslandsforderungen in Höhe von 87.000 sind durch Kursverfall der ausländischen Währung um 10% im Wert gesunken

- Verbindlichkeiten aus Lieferungen und Leistungen: Enthalten ist eine Warenverbindlichkeit über 35.000, die am 31. 8. zur Zahlung fällig ist. Zinssatz 6%.

Ansonsten entsprechen die Buchwerte den Teilwerten. Beide Gesellschafter haben das 55. Lebensjahr noch nicht erreicht (Beachte § 16, Abs. 4 EStG), Gewerbeertragsteuer fällt mit Ausnahme der bei der Fahrzeugentnahme realisierten stillen Reserven nach Abschn. 40, Abs. 1, Nr. 1 GewStR nicht an. Auf etwaige Umsatzsteuerbefreiungen im Rahmen der Umwandlung wird verzichtet. Das umsatzsteuerliche Entgelt im Sinne des § 10, Abs. 3 UStG setzt sich wie folgt zusammen:

Grund und Boden	81.000
Gebäude	180.000
Betriebs- und Geschäftsausstattung	22.000
Fuhrpark (32.800 – 10.000)	22.800
Warenvorräte	5.000
Forderungen (159.300 – 8.700)	150.600
Bank	44.000
Kasse	2.800
umsatzsteuerliches Entgelt	508.200

Hieraus ergibt sich bei einem Umsatzsteuersatz von 10% eine Umsatzsteuer von 50.820.

Lösung:

Im Rahmen der Umwandlung sind die stillen Reserven aufzudecken, weil Neumann durch seinen Wohnsitzwechsel beschränkt steuerpflichtig wurde (§ 20, Abs. 3 UmwStG). Häberlein macht von seinem Wahlrecht (§ 20, Abs. 2 UmwStG) Gebrauch und verlangt, daß hinsichtlich seiner Beteiligung eine Bewertung zum Buchwert erfolgt, wobei allerdings bestehende Überbewertungen zwingend korrigiert werden müssen. Lediglich für das nicht zu übertragende Fahrzeug kommt für Häberlein der Ansatz der anteilig aufgelösten stillen Reserven in Betracht.

Buchungssätze:

- Neubewertungen für die Beteiligung Neumanns:

Grund und Boden	17.500			
Gebäude	4.000			
Fuhrpark	1.900			
Aktive Rechnungsabgrenzungsposten	700	**an**	Betriebs- und Geschäftsausstattung	500
			Warenvorräte	1.250
			Forderungen aus Lieferungen und Leistungen	4.350
			Neubewertungskonto Neumann	18.000

- Neubewertungen für die Beteiligung Häberleins:

Fuhrpark	1.000			
Neubewertungskonto Häberlein	5.100	**an**	Betriebs- und Geschäftsausstattung	500
			Warenvorräte	1.250
			Forderungen aus Lieferungen und Leistungen	4.350

– Umbuchung der Neubewertungskonten:

Neubewertungskonto Neumann	18.000	**an**	Eigenkapital Kommanditist Neumann	18.000
Eigenkapital Komplementär Häberlein	5.100	**an**	Neubewertungskonto Häberlein	5.100

– Einbuchung der in der Ergänzungsbilanz ausgewiesenen Mehrwerte in die Gesellschaftsbilanz:

Grund und Boden	24.000			
Gebäude	16.000			
Betriebs- und Geschäftsausstattung	5.000	**an**	Eigenkapital Kommanditist Neumann	45.000

– Fahrzeugentnahme:

Kapital Komplementär Häberlein	5.630			
Kapital Kommanditist Neumann	5.630	**an**	Fuhrpark	10.000
			Gewerbesteuerrückstellung	260
			Umsatzsteuerverbindlichkeiten	1.000

Die durch die Fahrzeugentnahme realisierten stillen Reserven unterliegen der Gewerbesteuer. Bei einem Hebesatz von 300% ergibt sich eine Rückstellung von 260, die auf den Kapitalkonten gegengebucht wird.

– Umsatzsteuer:

Umsatzsteuerforderungen	50.820	**an**	Umsatzsteuerverbindlichkeiten	50.820

Die Übertragungsbilanz der durch die Umwandlung untergehenden KG und die Eröffnungs-(Umwandlungs-)bilanz zum 1. 1. . . der neu entstehenden GmbH lassen sich dann wie folgt erstellen:

A Übertragungsbilanz Im- u. Export Häberlein & Co. KG zum 31. 12. . . P

Grund und Boden	63.500	Eigenkapital	
Gebäude	176.000	1. Komplementär Häberlein	114.270
Betriebs- und Geschäftsausstattung	22.000	2. Kommanditist Neumann	137.370
Fuhrpark	21.900	Hypothekenschulden	110.000
Warenvorräte	5.000	Verbindlichkeiten aus Lieferungen und Leistungen	123.600
Forderungen aus Lieferungen und Leistungen	150.600	Gewerbesteuerrückstellung	260
Bankguthaben	44.000	Umsatzsteuerverbindlichkeiten	51.820
Kasse	2.800		
Aktive Rechnungsabgrenzung	700		
Umsatzsteuerforderungen	50.820		
	537.320		537.320

A Eröffnungs-(Umwandlungs-)bilanz Häberlein & Co. GmbH zum 1. 1. . . P

Ausstehende Einlagen	35.730	Gezeichnetes Kapital	250.000
Grundstücke	63.500	Hypothekenschulden	110.000
Bauten	176.000	Verbindlichkeiten aus Lieferungen und Leistungen	123.600
Betriebs- und Geschäftsausstattung	22.000	Sonstige Verbindlichkeiten (Ausgleich Neumann)	37.370
Andere Anlagen	21.900	Gewerbesteuerrückstellung	260
Warenvorräte	5.000	Umsatzsteuerverbindlichkeiten	51.820
Forderungen aus Lieferungen und Leistungen	150.600		
Bankguthaben	44.000		
Kasse	2.800		
Aktive Rechnungsabgrenzung	700		
Vorsteuer	50.820		
	573.050		573.050

Der nach § 16, Abs. 1 EStG steuerpflichtige Veräußerungsgewinn errechnet sich wie folgt:

	Häberlein	Neumann
Eigenkapital nach Neubewertung	114.270	137.370
./. Eigenkapital lt. Schlußbilanz 31. 12. . . (einschl. Ergänzungsbilanz)	125.000	125.000
Veräußerungsverlust/-gewinn	./. 10.730	12.370
./. Freibetrag nach § 16, Abs. 4 EStG (beide Gesellschafter unter 55 Jahre alt)	–	12.370
Ausgleichs-, abzugsfähiger Veräußerungsverlust	./. 10.730	0

Dieser Veräußerungsverlust kann mit dem laufenden Gewinn und anderen steuerpflichtigen Einkünften des Jahres verrechnet bzw. nach § 10d EStG abgezogen werden.

Die Anschaffungskosten der GmbH-Anteile leiten sich nach § 20, Abs. 4 UmwStG aus dem Wertansatz des eingebrachten Betriebsvermögens ab. Sie betragen für Häberlein 114.270, für Neumann 100.000 (Veräußerungspreis 137.370 ./. gemeiner Wert der Ausgleichsverpflichtung 37.370).

Die Umwandlung verursacht 1% Gesellschaftsteuer auf den Wert der Gegenleistung (§ 8, Nr. 1, Buchstabe a KVStG). Daneben fallen 2% Grunderwerbsteuer auf den anteilig auf die Grundstückseinbringung entfallenden gemeinen Wert der Gesellschaftsrechte an (§ 8, Abs. 1 i. V. m. § 9, Abs. 1, Nr. 2 GrEStG). Ob eine Umgehung der Grunderwerbsteuer durch Nichteinbringung des als wesentliche Grundlage des Betriebs anzusehenden Grund und Bodens sowie der Gebäude und anschließende Zurverfügungstellung an die Kapitalgesellschaft steuerlich vorteilhaft wäre, beurteilt sich durch Vergleich der anfallenden Grunderwerbsteuer und den finanziellen Auswirkungen aus dem Wegfall der steuerbegünstigten Betriebseinbringung im Sinne der §§ 20–23 UmwStG.

Übungsbeispiel 4:

Errichtende Umwandlung einer **AG in ein Einzelunternehmen** unter Abfindung eines Minderheitsgesellschafters

Die am 6. 9. . . gegründete Strickwarenfabrik Heilbronn AG, deren Aktionäre Franz Wohlhaupter zu 95% und der Strickwarengroßhändler Emil Handel zu 5%

beteiligt sind, wird zum 1. 1. .. durch Beschluß der Gesellschafter auf Franz Wohlhaupter übertragen (§ 15, Abs. 1 UmwG), der die Firma als Einzelunternehmen fortführt. Handel, der seine Beteiligung zum Nennwert im Betriebsvermögen seines Textilgroßhandels hält, wird mit 32.500 in bar aus dem Privatvermögen des Wohlhaupter abgefunden (§ 12 UmwG).

Verkürzte Schlußbilanz
der Strickwarenfabrik Heilbronn AG zum 31. 12. ..

A		P	
I. Anlagevermögen	580.000	I. Gezeichnetes Kapital	500.000
II. Umlaufvermögen	154.000	II. Gewinnrücklagen	80.000
III. Rechnungsabgrenzungsposten	16.000	III. Andere Verbindlichkeiten	170.000
	750.000		750.000

Aus der nach den §§ 30 u. 54 KStG vorgeschriebenen Gliederung des verwendbaren Eigenkapitals ist zu entnehmen, daß die Gewinnrücklagen zu einem Teilbetrag von 45.000 aus den zum Normaltarif von 56% versteuerten Gewinnen aus Veranlagungszeiträumen zwischen 1977 und 1989, sowie zu einem Teilbetrag von 10.000 aus dem zum Normaltarif von 50% versteuerten Gewinn des Vorjahres stammen. Ansonsten liegen Altrücklagen (Rücklagen, die vor Inkrafttreten des Körperschaftsteuergesetzes 1977 gelegt wurden) vor. Die steuerlichen Teilwerte des Anlagevermögens betragen 650.000, die des Umlaufvermögens 164.000.

Aufgaben:

a) Erstellen Sie die Umwandlungs- bzw. Übertragungsbilanz für die AG und ermitteln Sie den Übertragungsgewinn als Differenz zwischen den Teilwerten und den Buchwerten (§ 3 UmwStG). Berücksichtigen Sie dabei die mit der Umwandlung verbundenen Gewerbesteuer- und Umsatzsteuerpflichten.
b) Erstellen Sie die Eröffnungsbilanz des Einzelunternehmens Franz Wohlhaupter und berechnen Sie den Übernahmegewinn (§ 5, Abs. 5 UmwStG) sowie die darauf entfallende Gewerbesteuer.
c) Wie wird der Vorgang bei Wohlhaupter und wie bei Handel steuerlich erfaßt?

Lösung:

a) Die Übertragungsbilanz der Strickwarenfabrik Heilbronn AG zum 31. 12. .., bewertet zu Teilwerten gemäß § 3 UmwStG, lautet:

Übertragungsbilanz Strickwarenfabrik Heilbronn AG

A		P	
I. Anlagevermögen	650.000	I. Gezeichnetes Kapital	500.000
II. Umlaufvermögen	164.000	II. Gewinnrücklagen	80.000
III. Rechnungsabgrenzungsposten	16.000	III. Andere Verbindlichkeiten	170.000
IV. Umsatzsteuerforderungen	81.400	IV. Steuerlicher Übertragungsgewinn	69.568
		V. Gewerbesteuerrückstellung	10.432
		VI. Umsatzsteuerverbindlichkeiten	81.400
	911.400		911.400

Aus der Neubewertung des Betriebsvermögens zu Teilwerten (§ 3 UmwStG) ergibt sich ein Übertragungsgewinn (vor Gewerbesteuer) von 80.000, der nach § 4 UmwStG von der Körperschaftsteuer freigestellt ist, nach § 18, Abs. 1 UmwStG aber der Gewerbesteuer zum Normaltarif unterliegt. Bei einem Hebesatz von 300% ergibt sich eine Gewerbesteuerrückstellung von 10.432 und ein endgültiger Übertragungsgewinn von 69.568. Die auf den Übertragungsgewinn entfallende Gewerbesteuer kann auf Antrag und gegen Sicherheitsleistung über einen Zeitraum von 10 Jahren gestundet werden (§ 18, Abs. 4 UmwStG).

Umsatzsteuerlich liegt eine Geschäftsveräußerung im ganzen im Sinne des § 10, Abs. 3 UStG vor. Bemessungsgrundlage ist das Entgelt für die auf den Erwerber übertragenen Gegenstände, d.h. der Teilwert der aufgegebenen Vermögensgegenstände (Anlagevermögen 650.000 + Umlaufvermögen 164.000, vgl. unten b)). Der Firma Wohlhaupter werden somit 81.400 Umsatzsteuer (10%) in Rechnung gestellt, die von dieser als Vorsteuer geltend gemacht werden können (§ 15 UStG).

b) Eröffnungsbilanz:

A	Eröffnungsbilanz zum 1. 1. . .	Firma Franz Wohlhaupter	P
Anlagevermögen	650.000	Eigenkapital	507.500
Umlaufvermögen	164.000	Verbindlichkeiten	170.000
Rechnungsabgrenzungsposten	16.000	Übernahmegewinn	141.596
Vorsteuer	81.400	Gewerbesteuerrückstellung	10.904
		Umsatzsteuerverbindlichkeiten	81.400
	911.400		911.400

Das dem Minderheitsgesellschafter gewährte Abfindungsverhältnis (130%) kann als hinreichend konkretisierter Wert für den Teilwert nach § 6, Abs. 3 UmwStG gelten.

Das Eigenkapital setzt sich folgendermaßen zusammen:

	Nominalwert der Anteile Wohlhaupters	475.000
+	Abfindung des Minderheitsgesellschafters	32.500
	Eigenkapital	507.500

Übernahmegewinn nach § 5, Abs. 5 UmwStG:

	Teilwert des Aktivvermögens		911.400
./.	Teilwert der Schuldposten		
	Verbindlichkeiten	170.000	
	Gewerbesteuerrückstellung	10.432	
	Umsatzsteuerverbindlichkeiten	81.400	261.832
	Reinvermögen zum Teilwert		649.568
./.	Buchwert der Beteiligung im Sinne von § 5, Abs. 5 UmwStG		
	Anschaffungskosten der Anteile Wohlhaupters nach § 6, Abs. 1, Nr. 5b EStG	475.000	
	Anschaffungskosten für Anteile des Minderheitsgesellschafters (Abfindungszahlung)	32.500	507.500
	Übernahmegewinn		142.068

Von diesem Übernahmegewinn ist die Gewerbesteuerbelastung abzusetzen. Da nur Anteile Handels im Betriebsvermögen gehalten werden, entfällt nur auf den Übernahmegewinn der Minderheitsbeteiligung Gewerbesteuer. Als Bemessungsgrundlage wird die Differenz zwischen anteiligem Reinvermögen (32.500) und dem Buchwert der Beteiligung (25.000) zuzüglich des anteiligen Körperschaftsteueranrechnungsbetrags nach § 5, Abs. 3 UmwStG ($0{,}05 \cdot \frac{56}{44} \cdot 45.000 + 0{,}05 \cdot \frac{50}{50} \cdot 10.000 = 3.364$) herangezogen. Da tatsächliche Anschaffungskosten und Buchwert der Anteile übereinstimmen, unterliegt der Gewerbeertrag von 10.864 allerdings nur zu einem Drittel (3.621) der Besteuerung. Die von der AG zu tragende Gewerbesteuer(rückstellung) erhöht sich damit zu Lasten des Übernahmegewinns um 472 auf 10.904. Eine Stundung der Gewerbesteuer ist nach dem Umwandlungsteuergesetz nicht möglich.

c) Steuerliche Erfassung des Umwandlungsvorgangs:

– bei Wohlhaupter

Der Gewinn aus der Umwandlung unterliegt in dem Jahr, in das der steuerliche Übertragungsstichtag fällt, der regulären Einkommensteuer, da Steuervergünstigungen durch § 6, Abs. 3, Satz 3 UmwStG ausgeschlossen sind. Wird angenommen, daß das Einkommen nur aus dem steuerlichen Übernahmegewinn (weitere Einkünfte und Steuerermäßigungen, z. B. Vorsorgeaufwendungen und Sonderausgaben sollen sich gegenseitig aufheben) besteht, dann ergibt sich für Wohlhaupter folgende Steuerabrechnung, wenn die ESt-Splittingtabelle zugrunde gelegt wird:

Einkommensteuerpflichtiger Gewinn des Wohlhaupter:

	Übernahmegewinn nach § 5, Abs. 5 UmwStG	142.068
./.	auf die Beteiligung Handels entfallende Gewerbesteuer	472
	Übernahmegewinn nach Gewerbesteuer	141.596
+	Anzurechnende Körperschaftsteuer nach § 5, Abs. 3 UmwStG ($\frac{56}{44}$ von 45.000 + $\frac{50}{50}$ von 10.000)	67.273
	Einkommensteuerpflichtiger Gewinn Wohlhaupters	208.869

Zu versteuerndes Einkommen 208.869

	Einkommensteuer nach Splittingtarif 1990	65.700
./.	anrechenbare Körperschaftsteuer (§ 12 UmwStG)	67.273
	Einkommensteuerrückerstattung	1.573

– bei Handel

	Abfindungszahlung durch Wohlhaupter	32.500
./.	Buchwert der Beteiligung	25.000
	Steuerpflichtiger Abfindungsgewinn	7.500

Der Abfindungsgewinn unterliegt im Grundsatz dem Normaltarif bei Einkommen- und Gewerbesteuer. § 17 UmwStG entschärft jedoch diese Besteuerung durch die Möglichkeit, den Abfindungsgewinn nach § 6b EStG auf andere Wirtschaftsgüter steuerfrei zu übertragen.

Übungsbeispiel 5:

Verschmelzende Umwandlung einer **Kommanditgesellschaft in eine GmbH**

Die Max Baumann KG, an der Baumann und Ehrlich zu je 50% beteiligt sind, soll auf die bestehende Hochbau GmbH umgewandelt werden:

Der Kommanditist Ehrlich verzichtet gegenüber dem Komplementär Baumann auf den Ausgleich von dessen Kapitalkonto und erhält dafür und für seine Kommanditeinlage eine Abfindung durch die GmbH in Form einer Schachtelbeteiligung aus 1.000 Aktien an der Straßen- und Tiefbau AG. Der Börsenkurs dieser Aktien beträgt 200 pro Stück zu nominell 100. Paketzuschlag für Schachtelbeteiligung

10%. Die Max Baumann KG stellt der Hochbau GmbH für die Vermögensübertragungen 120.100 Umsatzsteuer in Rechnung.

Das Stammkapital der GmbH wird um 200.000 erhöht. Baumann und Ehrlich erhalten Stammeinlagen von je 100.000 zugewiesen.

Es wird ein Antrag nach § 20, Abs. 7 UmwStG gestellt, so daß die Sacheinlage am Stichtag der Umwandlungsbilanz als erbracht gilt. Zum maßgeblichen Umwandlungsstichtag 31. 12. 01 sind die Gesellschaftsbilanzen erstellt:

A — Bilanz zum 31. 12. 01 der Max Baumann KG — P

Grundstücke	280.000	Kommanditeinlage Ehrlich	200.000
Technische Anlagen und Maschinen	325.000	Verbindlichkeiten gegenüber Kreditinstituten	470.000
Fuhrpark	80.000	Verbindlichkeiten aus Lieferungen und Leistungen	160.000
Forderungen aus Lieferungen und Leistungen	184.800	Garantierückstellungen	90.000
Übriges Umlaufvermögen	30.200		
Kapital Baumann	20.000		
	920.000		920.000

Teilwerte:				
	Grundstücke	500.000	Garantierückstellungen	100.000
	Technische Anlagen und Maschinen	380.000		
	Fuhrpark	115.000		

A — Bilanz zum 31. 12. 01 für die Hochbau GmbH — P

Sachanlagen	885.000	Gezeichnetes Kapital	800.000
Finanzanlagen	150.000	Andere Gewinnrücklagen	120.000
Umlaufvermögen	465.000	Bilanzgewinn 01	150.000
		Verbindlichkeiten gegenüber Kreditinstituten	430.000
	1.500.000		1.500.000

Die Position „Finanzanlagen" umfaßt ausschließlich die Schachtelbeteiligung an der Straßen- und Tiefbau AG = 1.500 Aktien zum Anschaffungspreis von 100 pro Stück.

Aufgaben:

a) Errechnen Sie die Werte, die für den Ansatz des Betriebsvermögens bei der GmbH maßgebend sind, und erstellen Sie die steuerliche Umwandlungsbilanz der Max Baumann KG zum 31. 12. 01.

b) Wie schlägt sich die Übernahme der Aktiven und Passiven der Max Baumann KG sowie die teilweise Abtretung der Schachtelbeteiligung an Ehrlich im Rechnungswesen der GmbH nieder?

c) Erstellen Sie die Eröffnungs-(Umwandlungs-)bilanz zum 1. 1. 02 für die Hochbau GmbH nach Durchführung der Umwandlung.

d) Welcher Veräußerungsgewinn ergibt sich bei den ehemaligen KG-Gesellschaftern?

Lösung:

Das Umwandlungsgesetz gestattet eine verschmelzende Umwandlung einer Personen- auf eine Kapitalgesellschaft nicht. Handelsrechtlich muß daher eine Umgründung über den Weg der Liquidation der Personengesellschaft mit Einzelübertragung aller Aktiven und Passiven auf die Kapitalgesellschaft erfolgen. Steuerrechtlich liegt dagegen eine Einbringung nach den §§ 20–23 UmwStG vor.

a) Ansatz des eingebrachten Betriebsvermögens bei der GmbH:

Gegenleistungen der GmbH

Stammeinlagen Baumann und Ehrlich	200.000
Ausgleichsleistung an Ehrlich: 1.000 Aktien à 200 + 10% Paketzuschlag (§ 20, Abs. 2, Satz 5 UmwStG)	220.000
Verzicht auf negatives Kapitalkonto (§ 20, Abs. 2, Satz 4 UmwStG)	20.000
	440.000
./. Buchwert Kommanditeinlage Ehrlich	200.000
Aufgedeckte stille Reserven	240.000

Die stillen Reserven (Differenzen zwischen den Teilwerten und den jeweiligen Buchwerten) betragen:

Grundstücke	220.000
Technische Anlagen und Maschinen	55.000
Fuhrpark	35.000
./. Erhöhung Garantierückstellungen	10.000
Summe der stillen Reserven	300.000

Die stillen Reserven sind nach § 20, Abs. 2 UmwStG aufzudecken im Verhältnis:

$$\frac{240.000 \cdot 100}{300.000} = 80\%$$

In die GmbH-Bilanz sind zu übernehmen:

	Buchwert	aufzudeckende stille Reserven = 80%	zu übernehmende Zwischenwerte/Buchwerte
1) Aktiva			
Grundstücke	280.000	176.000	456.000
Technische Anlagen und Maschinen	325.000	44.000	369.000
Fuhrpark	80.000	28.000	108.000
Forderungen aus Lieferungen und Leistungen	184.800		184.800
Übriges Umlaufvermögen	30.200		30.200
Summen	900.000	248.000	1.148.000
2) Passiva			
Verbindlichkeiten gegenüber Kreditinstituten	470.000		470.000
Verbindlichkeiten aus Lieferungen und Leistungen	160.000		160.000
Garantierückstellungen	90.000	8.000	98.000
Summen	720.000	8.000	728.000

Aus der Wertverknüpfung des § 20, Abs. 4 UmwStG ergibt sich für die Max Baumann KG die folgende Umwandlungsbilanz:

A Steuerliche Umwandlungsbilanz zum 31. 12. 01 der Max Baumann KG P

Grundstücke	456.000	Komplementäreinlage Baumann	100.000
Technische Anlagen und Maschinen	369.000	Kommanditeinlage Ehrlich	320.000
Fuhrpark	108.000	Verbindlichkeiten gegenüber Kreditinstituten	470.000
Forderungen aus Lieferungen und Leistungen	184.800	Verbindlichkeiten aus Lieferungen und Leistungen	160.000
Umsatzsteuerforderungen	120.100	Umsatzsteuerverbindlichkeiten	120.100
Übriges Umlaufvermögen	30.200	Garantierückstellungen	98.000
	1.268.100		1.268.100

Die aufgedeckten stillen Reserven von 240.000 unterliegen bei der Max Baumann KG nicht der Gewerbesteuer (Abschn. 39, Abs. 3 und 40, Abs. 1, Nr. 1 GewStR).

b) – Übernahme der Aktiven und Passiven durch die Hochbau GmbH:

6 Aktivkonten	1.268.100	**an**	Übernahmekonto	1.268.100
Übernahmekonto	1.268.100	**an**	6 Passivkonten	1.268.100

– Verbuchung der Abfindung an Ehrlich bei der Hochbau GmbH:

Kapital Ehrlich	220.000	**an**	Finanzanlagen	100.000
			a. o. Ertrag (Bilanzgewinn)	120.000

– Verbuchung der Kapitalerhöhung:

Kapital Baumann	100.000			
Kapital Ehrlich	100.000	**an**	Gezeichnetes Kapital	200.000

– Vereinigung von Forderungen und Verbindlichkeiten:

Umsatzsteuerverbindlichkeiten	120.100	**an**	Umsatzsteuerforderungen	120.100

c) Eröffnungs-(Umwandlungs-)bilanz:

A Eröffnungs-(Umwandlungs-)bilanz zum 1. 1. 02 der Hochbau GmbH P

Anlagevermögen		Gezeichnetes Kapital	1.000.000
Grundstücke	456.000	Gewinnrücklagen	120.000
Technische Anlagen und Maschinen	369.000	Bilanzgewinn	270.000
Fuhrpark	108.000	Verbindlichkeiten	
Andere Sachanlagen	885.000	Verbindlichkeiten gegenüber Kreditinstituten	900.000
Finanzanlagen	50.000	Verbindlichkeiten aus Lieferungen und Leistungen	160.000
Umlaufvermögen		Umsatzsteuerverbindlichkeiten	120.100
Zusammengefaßtes Umlaufvermögen	680.000	Garantierückstellungen	98.000
Vorsteuer	120.100		
	2.668.100		2.668.100

Der Bilanzgewinn setzt sich zusammen aus:

Gewinn 01, versteuert im Jahre 01	150.000
a.o. Ertrag aus Abgang der Finanzanlagen, zu versteuern gemäß Antrag nach § 20, Abs. 7 UmwStG im Jahr 02 als laufender Gewinn	120.000

d) Veräußerungsgewinn:

	Baumann	Ehrlich
Ansatz des eingebrachten Betriebsvermögens (Gegenleistung)	100.000	100.000
Ausgleichsleistung		220.000
Veräußerungspreis nach § 20, Abs. 4 UmwStG	100.000	320.000
./. Kapital vor Umwandlung	./. 20.000	200.000
Veräußerungsgewinn	120.000	120.000

Der Veräußerungsgewinn unterliegt dem halben Steuersatz nach § 34, Abs. 1 EStG (§ 20, Abs. 5, Satz 1 UmwStG).

Ergänzende Literatur zu: 2.2 Umwandlungsbilanzen

Böttcher/Zartmann/Kandler, Unternehmensform, S. 23–328
Endres, Vermögensübertragungen, S. 39–105
Greifzu, Der praktische Fall, S. 340–383
Horváth u. a., Buchführung III, S. 97–137
Kobs, Ergänzungsbilanzen, S. 59–63; 98–136
Kobs, Umwandlungen, S. 13–148
Schedlbauer, Sonderprüfungen, S. 85–113
Süchting, Finanzmanagement, S. 45–53
Voß, Umwandlung, Sp. 1727–1740
Wöhe/Bieg, Steuerlehre, S. 235–254
Wöhe/Bilstein, Unternehmensfinanzierung, S. 96–107
Woltmann/Heigl, Umwandlung, Sp. 4017–4026

2.3 Fusions(Verschmelzungs-)bilanzen

2.31 Arten, Formen und Motive der Fusion

Schließen sich zwei oder mehrere, bisher selbständige Unternehmen zu einer **wirtschaftlichen und rechtlichen Einheit** zusammen, so bezeichnet man diesen Vorgang als Fusion oder Verschmelzung. Dieser wirtschaftliche Fusionsbegriff ist unabhängig von der Rechtsform der beteiligten Firmen (Fusionspartner), der Art des Vermögensübergangs (Singular- oder Universalsukzession) und der Form der Entschädigungsleistungen an die Eigner der untergehenden Firmen (Barzahlung oder Gewährung von Gesellschaftsrechten). Im Unterschied zum Konzern verbleibt nach der Fusion nur noch ein Unternehmen; die Fusion stellt damit die engstmögliche Unternehmensverbindung dar.

Unternehmenszusammenschlüsse in diesem Sinne können technisch auf zweifache Weise durchgeführt werden (**Arten** der Fusion):

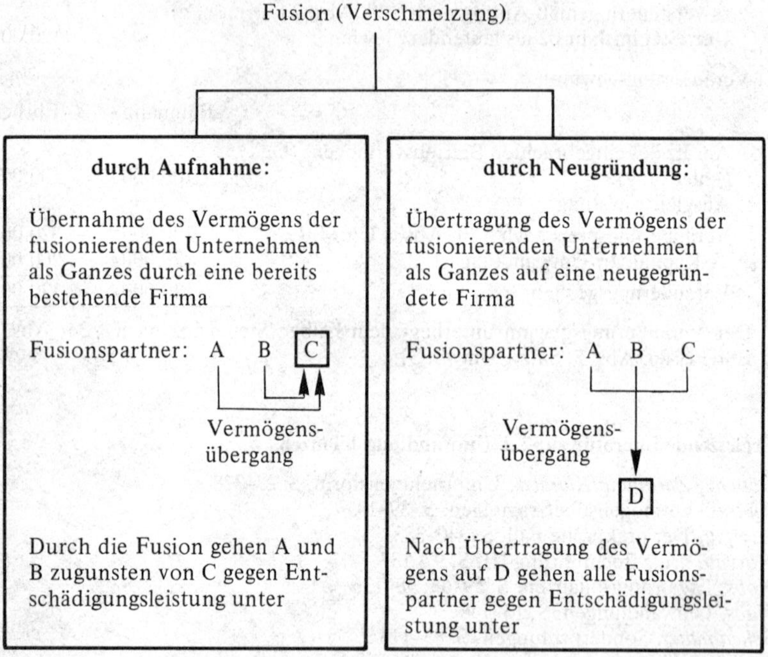

Unter dem Gesichtspunkt des **leistungswirtschaftlichen** Zusammenhangs können horizontale, vertikale und diagonale Fusionen unterschieden werden (**Formen** der Fusion):

- Bei einer **Fusion auf horizontaler Ebene** gehören die verschmelzenden Unternehmen der gleichen Branche und der gleichen Produktions- und Handelsstufe an; außerdem bemühen sie sich um den gleichen potentiellen Kundenkreis (z. B. mehrere Stahlwerke).
- Bei einer **Fusion auf vertikaler Ebene** entstammen die Fusionspartner zwar der gleichen Branche, aber nicht gleichen, sondern aufeinanderfolgenden Produktions- und Handelsstufen; es liegt demzufolge ein Anbieter-Nachfrager-Verhältnis zugrunde (z. B. Sägewerk und Möbelfabrik).
- Bei der **diagonalen oder konglomeraten Fusion** werden wesensverschiedene Firmen verschmolzen. Weder Branche noch Produktions- und Handelsstufe weisen Gemeinsamkeiten auf (z. B. Automobilfabrik und Bürocomputerhersteller).

Aus den Verschmelzungsformen lassen sich die überwiegenden wirtschaftlichen **Motive** für die Durchführung von Fusionen ableiten:

- **Marktwirtschaftliche Motive:** Mit dem Ausbau wirtschaftlicher Macht durch Zusammenschluß wird die Stellung auf den Absatz- und Beschaffungsmärkten erheblich gestärkt.

- **Produktionstechnische Motive:** Durch den Zusammenschluß wird die Betriebsgröße ausgeweitet, was zu einer Steigerung der Produktivität (economies of scale), Bereinigung des Produktionsprogramms, Sicherung der optimalen Beschäftigung, gemeinsamen Verwertung von Know-how und zu Rationalisierungsmaßnahmen führen kann.
- **Nutzung von Synergieeffekten:** Durch die Verschmelzung entsteht für verschiedene Geschäftsbereiche ein neues Ganzes, das in seiner Effizienz mehr ist als die Summe der bisherigen Teile. Besonders auf dem Gebiet der Forschung und Entwicklung sind derartige Effekte mit potenzierender Wirkung im Bereich der Kosteneinsparung festzustellen.
- **Expansionsdrang:** Durch den Zusammenschluß verbessert sich die Kapitalbasis und erweitern sich die Finanzierungsmöglichkeiten im Bereich der Eigen- und der Fremdfinanzierung.
- **Straffung der Unternehmensführung:** Durch organisatorische Zentralisierung wird eine Verringerung von Reibungsverlusten und eine höhere Effizienz der Verwaltung erreicht.
- **Sanierung:** Der Zusammenschluß vermeidet die Auflösung ertragsschwacher Unternehmen durch Verlustübernahme und Kapitalkonsolidierung.

Die mit Fusionen verfolgten, einzelwirtschaftlich durchaus begründeten Ziele bergen allerdings Gefahren für die Gesamtwirtschaft in sich und sind mit den Grundsätzen einer marktwirtschaftlichen Wirtschaftsordnung partiell nicht vereinbar. Der Gesetzgeber hat durch das **Gesetz gegen Wettbewerbsbeschränkungen** (GWB) von 1957 und die seither erfolgten fünf Novellierungen die Koalitionsfreiheit insoweit eingeschränkt, als die Durchführung von Unternehmenszusammenschlüssen einer staatlichen Kontrolle unterliegt (Zulässigkeitsprüfung, **Fusionskontrolle** durch das Bundeskartellamt). Werden Fusionen angestrebt, um eine marktbeherrschende Stellung zu erreichen oder zu verstärken (vgl. Marktbeherrschungsvermutungen des § 22, Abs. 3 GWB), so müssen sie bereits im Vorfeld der Fusionsverhandlungen angemeldet werden, wenn durch die Verschmelzung ein unmittelbares Umsatzvolumen von mindestens 2 Mrd. DM betroffen ist (§ 24a, Abs. 1 GWB). Der Vollzug der Fusion hängt dann von der Genehmigung durch das Bundeskartellamt ab (§ 24a, Abs. 4 GWB). Darüber hinaus sind bereits durchgeführte Zusammenschlüsse nach § 23 GWB anzeigepflichtig, sofern die Umsatzerlöse das Größenmerkmal des § 23, Abs. 1 GWB erreichen. Das Bundeskartellamt untersagt eine angezeigte Verschmelzung, wenn dadurch eine marktbeherrschende Stellung erlangt wird und sich die damit verbundenen Nachteile nicht durch gleichzeitige Verbesserungen der Wettbewerbsbedingungen kompensieren (§ 24, Abs. 1 und 2 GWB). Insbesondere die 4. und 5. Kartellgesetznovelle von 1980 und 1989 sollen Marktstrukturen kleiner und mittlerer Unternehmen wirksam vor Wettbewerbsmißbräuchen schützen. Die fortschreitende Unternehmenskonzentration und die noch bestehenden Mängel des wettbewerbspolitischen Instrumentariums werden auch künftig Novellierungen des Kartellrechts erfordern, wobei speziell an ein Instrumentarium zur Entflechtung marktbeherrschender Unternehmen zu denken ist.

2.32 Gesellschaftsrechtliche Behandlung und Durchführung der Fusion

Gesellschaftsrechtlich können die Fusionsvorgänge wie folgt geordnet werden:

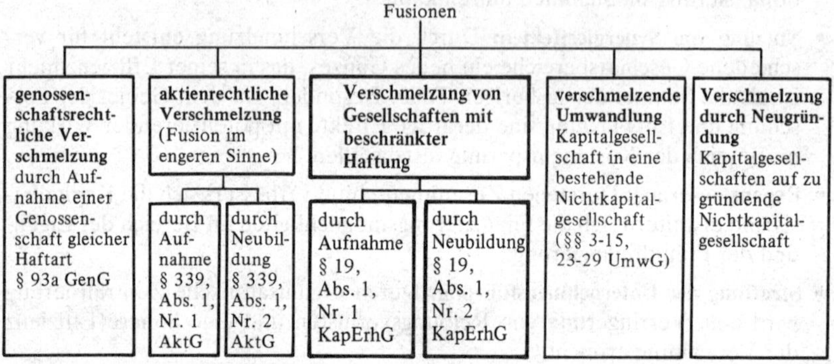

Die Verschmelzung durch Neugründung und die verschmelzende Umwandlung sind bereits im Rahmen der Gründung bzw. Umwandlung behandelt worden (vgl. Teil C, Abschn. 2.1 und 2.2, S. 676ff.). Der besonderen Stellung der **Genossenschaften** – als den Kapitalgesellschaften angenäherte Rechtssubjekte – wurde in den §§ 93aff. GenG Rechnung getragen. Danach können Genossenschaften gleicher Haftungsmodalität unter Ausschluß der Liquidation durch Vermögensübertragung vereinigt werden (Verschmelzung durch Aufnahme). Die Fusion von Genossenschaften muß als besondere Verschmelzungsart neben der aktienrechtlichen Verschmelzung eingeordnet werden.

Die **aktienrechtliche Verschmelzung** ist in den §§ 339 bis 358a AktG zwingend geregelt. Danach stellt die Verschmelzung einen liquidationslosen Zusammenschluß (**Universalsukzession**) von Kapitalgesellschaften mit einer bisher selbständigen (§ 339, Abs. 1, Nr. 1 AktG) oder neu zu gründenden (§ 339, Abs. 1, Nr. 2 AktG) Aktiengesellschaft oder Kommanditgesellschaft auf Aktien dar.

Verschmelzungen von **Gesellschaften mit beschränkter Haftung** mit Kapitalgesellschaften sind seit der GmbHG-Novelle mit Wirkung vom 1. 1. 1981 im Gesetz über die Kapitalerhöhung aus Gesellschaftsmitteln und über die Verschmelzung von Gesellschaften mit beschränkter Haftung geregelt (§§ 19–35 KapErhG). Danach können GmbH's einen Vermögensübergang im Wege der Gesamtrechtsnachfolge grundsätzlich als Verschmelzung durch Aufnahme oder als Verschmelzung durch Neubildung bewerkstelligen (§ 19, Abs. 1, Nr. 1 und 2 KapErhG). Allerdings dürfen Verschmelzungen mit Aktiengesellschaften, Kommanditgesellschaften auf Aktien und bergrechtlichen Gewerkschaften nur mit einer bestehenden GmbH erfolgen (§§ 33, Abs. 1; 34, Abs. 1; 35, Abs. 1 KapErhG).

Die praktisch bedeutenden handelsrechtlich geregelten Fusionsvorgänge sind der Übersicht auf S. 753 zu entnehmen. Mit der Transformation der **3. EG-Verschmelzungsrichtlinie** in geltendes Handelsrecht ist seit dem 1. 1. 1983 auch eine Verschmelzung von Aktiengesellschaften und Kommanditgesellschaften auf Aktien möglich, wenn gleichzeitig mehrere Aktiengesellschaften, Kom-

Übernehmende Gesellschaft / Übertragende Gesellschaft(en)	AG	KGaA	GmbH
AG	Aufnahme: §§ 340ff. AktG Neubildung: § 353 AktG	Aufnahme: § 354, Abs. 1, Satz 2 und Abs. 2 i. V. m. §§ 340ff. AktG Neubildung: § 354, Abs. 1, Satz 2 und Abs. 2 i. V. m. § 353 AktG	Aufnahme: § 33, Abs. 1 und Abs. 2 i. V. m. §§ 20ff. Kap-ErhG Neubildung: –
KGaA	Aufnahme: § 354, Abs. 1, Satz 2 und Abs. 2 i. V. m. §§ 340ff. AktG Neubildung: § 354, Abs. 1, Satz 2 und Abs. 2 i. V. m. § 353 AktG	Aufnahme: § 354, Abs. 1, Satz 1 und Abs. 2 i. V. m. §§ 340ff. AktG Neubildung: § 354, Abs. 1, Satz 1 und Abs. 2 i. V. m. § 353 AktG	Aufnahme: § 34, Abs. 1 und Abs. 2 i. V. m. §§ 20ff. Kap-ErhG Neubildung: –
GmbH	Aufnahme: § 355, Abs. 1 und Abs. 2 i. V. m. §§ 340ff. AktG Neubildung: –	Aufnahme: § 356, Abs. 1 und Abs. 2 i. V. m. §§ 340ff. AktG Neubildung: –	Aufnahme: § 19, Abs. 1, Nr. 1 und §§ 20ff. KapErhG Neubildung: § 19, Abs. 1, Nr. 2 und § 32 i. V. m. §§ 20ff. KapErhG
Bergrechtliche Gewerkschaft	Aufnahme: § 357, Abs. 1 und Abs. 2 i. V. m. §§ 340ff. AktG Neubildung: –	Aufnahme: § 358, Abs. 1 und Abs. 2 i. V. m. §§ 340ff. AktG Neubildung: –	Aufnahme: § 35, Abs. 1 und Abs. 2 i. V. m. §§ 20ff. Kap-ErhG Neubildung: –
Verschiedene Rechtsformen	Aufnahme: § 358a i. V. m. §§ 340ff. AktG Neubildung: § 358a i. V. m. § 353 AktG	Aufnahme: § 358a i. V. m. § 354, Abs. 1, Satz 2 und §§ 340ff. AktG Neubildung: § 358a i. V. m. § 354, Abs. 1, Satz 2 und Abs. 2 sowie § 353 AktG	Aufnahme: – Neubildung: –

Fusionsmöglichkeiten nach dem Aktien- und Kapitalerhöhungsgesetz

manditgesellschaften auf Aktien, GmbH's und bergrechtliche Gewerkschaften aufgenommen werden (§ 358a AktG).

Zur Vorbereitung und Durchführung der Verschmelzung fordert das Aktiengesetz die Erstellung von drei Bilanzen. Sobald die Hauptversammlung, die über die Fusion zu entscheiden hat, einberufen worden ist, muß in den Geschäftsräumen der letzte Jahresabschluß und, falls dieser länger als sechs Monate zurückliegt, eine **Zwischenbilanz** ausgelegt werden (§ 340d, Abs. 2, Nr. 2 und 3 AktG). Für diese Zwischenbilanz sind die Bilanzierungskriterien der letzten Jahresabschlußbilanz obligatorisch (§ 340d, Abs. 3 AktG), eine Prüfung der Zwischenbilanz wird allerdings nicht verlangt. Die Eintragung der Verschmelzung in das Handelsregister erfordert eine höchstens acht Monate alte **Schluß-(Übertragungs-)bilanz,** die ebenfalls den Vorschriften der Jahresabschlußbilanz entsprechen muß (§ 345, Abs. 3 AktG). Für die handelsrechtliche **Fusions-(Verschmelzungs-)bilanz** sind die Wertansätze dieser Schlußbilanz bindend (§ 348, Abs. 1 AktG, **Buchwertverknüpfung**). Stille Reserven können daher nur in der Übertragungsbilanz und auch nur im Rahmen der handelsrechtlichen Höchstwertvorschriften für Kapitalgesellschaften aufgelöst werden. Die Schlußbilanz unterliegt einer Prüfungspflicht, wobei die einschlägigen Vorschriften zur Prüfung des regulären Jahresabschlusses heranzuziehen sind (§§ 313ff. HGB i.V.m. § 345, Abs. 3 AktG und § 24, Abs. 3 KapErhG). Eine gesonderte Prüfungspflicht für Sacheinlagen kommt nur in Ausnahmefällen in Frage (§ 343, Abs. 1 AktG), weil die geprüften Schlußbilanzansätze wegen der Buchwertverknüpfung ohnehin verbindlich angesetzt werden müssen.

Die Verschmelzung einer GmbH mit einer AG oder KGaA wird grundsätzlich in Analogie zur aktienrechtlichen Verschmelzung abgewickelt. Aufgrund des engeren Gesellschafterkreises und des größeren Einflusses von GmbH-Gesellschaftern wird jedoch auf eine Auslegung des Jahresabschlusses und einer Zwischenbilanz verzichtet (§ 355, Abs. 2 AktG). Gemäß § 355 und § 356 AktG ist § 348, Abs. 2 AktG in diesen Fällen nicht anzuwenden. Insofern sind die Wertansätze der Schluß-(Übertragungs-)bilanz für die Fusions-(Verschmelzungs-)bilanz nicht bindend, so daß auch Zeitwerte zum Ansatz gelangen könnten. Diese Regelung ist nach dem Inkrafttreten des Bilanzrichtlinien-Gesetzes allerdings nicht mehr zeitgemäß. Sollte sie ursprünglich das Normengefälle bei der Bilanzierung von Gesellschaften mit beschränkter Haftung und Aktiengesellschaften ausgleichen, so besteht diese Notwendigkeit durch die im Handelsgesetzbuch verankerten einheitlichen Bilanzierungsregeln für alle Kapitalgesellschaften nun nicht mehr.

Die Gesellschafter der untergehenden Gesellschaft(en) erhalten als **Gegenleistung** für die eingebrachten Vermögenswerte Anteile der übernehmenden Gesellschaft. Zu diesem Zweck muß jenes **Umtauschverhältnis** bestimmt werden, bei dem der Wert der Anteile der untergehenden Gesellschaft(en) dem Wert der Anteile der Gesellschaft nach Verschmelzung entspricht. Die handelsrechtlichen Fusionsbilanzen sind, da sie primär dem Gläubiger- und Gesellschafterschutz dienen und daher eine Aufdeckung der stillen Reserven nur in sehr begrenztem Umfang zulassen, für die Ermittlung des Umtauschverhältnisses ungeeignet. Als Berechnungsverfahren kommt deshalb grundsätzlich nur eine an den Ertragsaussichten der beteiligten Gesellschaften orientierte **Gesamtwertbestimmung** (Bestimmung des sog. inneren Wertes) in Betracht. Hilfsweise werden zur Ermittlung der Umtauschrelation jedoch auch **Börsen-** und **Bilanzkurse,** in Ausnahmefällen allerdings auch die **buchmäßigen Reinvermögen** herangezogen. In der Ermittlung der Vermögensansprüche der Anteilsinhaber der untergehenden Gesellschaft(en) ist demnach das eigentliche betriebswirtschaftliche Problem bei der Durchführung der Fusion zu sehen. In Form von Beispielen sind hierzu im folgenden einige Ausführungen zu machen.

Sollen zwei Aktiengesellschaften miteinander verschmolzen werden, deren Aktien an der Börse notiert sind, so können die **Börsenkurse** zur Berechnung des Umtauschverhältnisses herangezogen werden.

Beispiel:

Die Y-AG soll auf die X-AG verschmolzen werden. Die Börsennotiz je 50 DM-Aktie beläuft sich am Verschmelzungstag auf:

X-AG:	100 pro Stück	200%
Y-AG:	60 pro Stück	120%

Das Umtauschverhältnis ergibt sich folgendermaßen:

$$\text{Umtauschverhältnis} = \frac{100}{60} = \frac{200}{120} = \frac{5}{3}$$

Damit erhält jeder Y-Aktionär für 5 Y-Aktien 3 X-Aktien.

Da der Börsenkurs nicht zwingend den „inneren Wert" der Unternehmung widerspiegelt, der Kurs durch spekulative Aktienkäufe bzw. -verkäufe manipuliert werden kann und der Börsenkurs der Anteile nach der Verschmelzung im Zeitpunkt der Fusionsverhandlungen nicht bekannt ist, erweist sich dieses Verfahren als wenig praktikabel. Wenn es gilt, die Umtauschverhältnisse nichtnotierter Anteile (GmbH-Anteile) oder nicht in ausreichendem Umfang gehandelter Anteile festzulegen, scheidet diese Möglichkeit ohnedies aus.

Wird die Umtauschrelation aufgrund des **Bilanzkurses** (Verhältnis von Reinvermögen bzw. Eigenkapital zu Grundkapital) bestimmt, dann sollten die stillen Reserven aufgedeckt und die Bewertung des Vermögens und der Schulden zu Tageswerten unter der Prämisse der Fortführung des Geschäftsbetriebs vorgenommen werden. Der Ansatz eines originären Firmenwertes, mit dem zukünftige Ertragserwartungen im Umtauschverhältnis berücksichtigt werden können, erscheint angebracht, scheitert aber häufig wegen der dadurch in die Bewertung einfließenden subjektiven Erwartungen.

Beispiel:

Die Z-GmbH soll auf die Y-AG verschmolzen werden. Es liegen folgende (stark verkürzte) Bilanzen vor:

A — Bilanz der Y-AG — P

Anlagevermögen	2.500.000	Gezeichnetes Kapital	2.000.000
Umlaufvermögen	1.800.000	Andere Gewinnrücklagen	600.000
		Verbindlichkeiten	1.700.000
	4.300.000		4.300.000

A	Bilanz der Z-GmbH		P
Anlagevermögen	800.000	Gezeichnetes Kapital	400.000
Umlaufvermögen	650.000	Verbindlichkeiten	1.100.000
Verlustvortrag	50.000		
	1.500.000		1.500.000

Im Anlagevermögen der Y-AG ist ein selbst entwickeltes Patent zum Verkehrswert von 500.000 (Ansatz gemäß § 248, Abs. 2 HGB nicht gestattet) enthalten; das Umlaufvermögen ist im Vergleich zu den Tageswerten um 100.000 unterbewertet; die Ertragsaussichten kommen in einem Firmenwert von 300.000 zum Ausdruck.

Das Stammkapital der Z-GmbH entspricht dem inneren Wert des Unternehmens.

Die Bilanzkurse errechnen sich wie folgt:

Y-AG:	Bilanzsumme	4.300.000
	+ Stille Reserven Anlagevermögen	500.000
	+ Stille Reserven Umlaufvermögen	100.000
	+ Firmenwert	300.000
	./. Verbindlichkeiten	1.700.000
	Reinvermögen	3.500.000

$$\text{Bilanzkurs} = \frac{\text{Reinvermögen} \cdot 100}{\text{Grundkapital}} = \frac{3.500.000 \cdot 100}{2.000.000} = 175\%$$

Z-GmbH:	Bilanzsumme	1.500.000
	./. Verbindlichkeiten	1.100.000
	./. Verlustvortrag	50.000
	Reinvermögen	350.000

$$\text{Bilanzkurs} = \frac{350.000 \cdot 100}{400.000} = 87{,}5\%$$

Das Umtauschverhältnis beträgt demnach 175:87,5 = 2:1, d. h. für je 500 Stammeinlage erhalten die Z-Gesellschafter 5 Aktien zu nominell 50 der Y-AG.

Probe:	Übertragung der Stammeinlage, Nennwert 500, zu 87,5%	437,50
	Gegenleistung: 5 Y-Aktien à 175%	437,50
	Differenz	0

Wirtschaftlich betrachtet bildet der Verlustvortrag einen Korrekturposten zum Stammkapital und ist daher von der Bilanzsumme zu subtrahieren. Es ist jedoch zu beachten, daß sich ein Verlustvortrag günstig auf die Steuerschuld der übernehmenden Gesellschaft auswirken kann. Der Vortrag wäre in diesem Fall in Höhe der erwarteten Steuerersparnis zu vermindern. Dieser Aspekt wurde jedoch bei der Berechnung vernachlässigt.

Im Bereich der **Gesamtwertbestimmung** erweist sich trotz der ihm inhärenten Unsicherheitsfaktoren der **Ertragswert** als zuverlässigste Größe, um die Relation der wirtschaftlichen Werte der an der Fusion beteiligten Unternehmen zum Ausdruck zu bringen. Dabei handelt es sich um den Barwert der zukünftigen Erträge des Unternehmens, wobei sowohl von der isolierten Fortführung des Unternehmens als auch vom Unternehmensverbund (Synergieeffekte) ausgegangen werden kann (*Moxter,* Unternehmensbewertung, S. 97ff.). Daneben finden sich auch Verfahren, die eine Kombination von Ertrags- und Substanzwerten vorsehen.

Obwohl allein das Ertragswertkriterium dem Anspruch eines objektiven Vermögensausgleichs über das Umtauschverhältnis genügen kann, bleibt die faktische Umtauschrelation stets das Ergebnis der **Fusionsverhandlungen;** dabei spielen Machtpositionen und darauf beruhende Einflußmöglichkeiten eine gewichtige Rolle.

Als weiteres Problem bei der Ermittlung der Umtauschrelation tritt neben die eigentliche Wertbestimmung die **endgültige Festlegung** des Umtauschverhältnisses. Schwierigkeiten entstehen dann, wenn – wie häufig der Fall – die Berechnungen und Verhandlungen kein rechnerisch einfaches Umtauschverhältnis ergeben.

Beispiel:

Die C-AG soll durch Verschmelzung der A-AG und B-AG entstehen. Die Bilanzkurse sind aus den nachstehenden vereinfachten Bilanzen errechnet. Für die C-AG ergibt sich nach der Verschmelzung ein Bilanzkurs von 100.

A	Bilanz der A-AG		P
Anlagevermögen	300.000	Gezeichnetes Kapital	250.000
Umlaufvermögen	200.000	Gewinnvortrag	60.000
		Verbindl.-keiten	190.000
	500.000		500.000

A	Bilanz der B-AG		P
Anlagevermögen	420.000	Gezeichnetes Kapital	250.000
Umlaufvermögen	230.000	Verbindl.-keiten	400.000
	650.000		650.000

Im Anlagevermögen der A-AG sind stille Reserven von 90.000 enthalten.
Bilanzkurs der A-AG:

Gezeichnetes Kapital	250.000
+ Gewinnvortrag	60.000
+ Stille Reserven	90.000
Reinvermögen	400.000

$$\frac{400.000 \cdot 100}{250.000} = 160\%; \text{ Umtauschverhältnis} = \frac{100}{160} = \frac{5}{8}$$

Bilanzkurs der B-AG:

$$\frac{250.000 \cdot 100}{250.000} = 100\%; \text{ Umtauschverhältnis} = \frac{100}{100} = \frac{1}{1}$$

Am Gezeichneten Kapital der C-AG sind die Aktionäre der A-AG mit 400.000, die der B-AG mit 250.000 beteiligt. Die A-Aktionäre erhalten für 5 A-Aktien 8 neue C-Aktien, während für die B-Aktionäre das Umtauschverhältnis 1:1 beträgt.

Das Beispiel zeigt, daß im Falle der A-Aktionäre Probleme auftreten können, wenn nicht alle A-Aktionäre im Besitz von 5 A-Aktien oder einer durch 5 teilbaren Zahl von A-Aktien sind, so daß ein einfacher Umtausch scheitert. Als Lösungsalternativen bieten sich an:

a) Verminderung des Wertes der Aktien vor Verschmelzung
   - durch Ausschüttung von Barmitteln zu Lasten des Gewinns bzw. der anderen Gewinnrücklagen
   - durch Kapitalverwässerung, d. h. Ausgabe junger Gratisaktien an die seitherigen Aktionäre.

b) Erhöhung des Wertes der Aktien vor Verschmelzung
   - durch freiwillige Zuzahlungen der Altaktionäre
   - durch Kapitalherabsetzung und Ausschüttung entsprechender Barmittel.

Wird ein einfach zu handhabendes Umtauschverhältnis von 2:3 angestrebt (für 2 A-Aktien werden 3 C-Aktien gewährt), so kann dies gemäß a) erfolgen:

- durch **Ausschüttung von Barmitteln:**
  Der ursprüngliche Bilanzkurs der A-AG beträgt 160%. Er soll auf 150% gesenkt werden. Da das Gezeichnete Kapital konstant ist, kann eine Reduktion des Reinvermögens nur durch eine Gewinnausschüttung in Höhe von x erfolgen:

$$\frac{(400.000 - x) \cdot 100}{250.000} = 150\%$$

$x = 25.000 = 10\%$ des Gezeichneten Kapitals

Probe:	Reinvermögen A-AG bisher	400.000
	./. Gewinnausschüttung	25.000
	Berichtigtes Reinvermögen	375.000

$$\text{Bilanzkurs} = 150\% = \frac{375.000 \cdot 100}{250.000}$$

Umtauschverhältnis = 100:150 = 2:3

- durch **Ausgabe von Gratis(Zusatz-)aktien** zum Nennwert x:

$$\text{Bilanzkurs} = 150\% = \frac{400.000 \cdot 100}{250.000 + x}$$

$$x = 16.667$$

Um ein Sinken des Bilanzkurses der A-Aktien auf 150% zu erreichen, müssen Gratisaktien im Nennwert von 16.650 den bisherigen A-Aktionären entsprechend ihrer Aktienbeteiligung zugeteilt werden. Gerundet wird somit auf 15 Altaktien 1 Gratisaktie gewährt (250.000 : 16.650). Bei dieser Möglichkeit ergeben sich aber die gleichen Probleme wie beim ursprünglichen Umtauschverhältnis. Nicht alle A-Aktionäre werden im Besitz von 15 A-Aktien oder einer durch 15 teilbaren Zahl von A-Aktien sein. Buchungstechnisch vollzieht sich die Ausgabe der Gratisaktien als Kapitalerhöhung aus Gesellschaftsmitteln.

Ein einfaches Austauschverhältnis von 1:2 (für 1 A-Aktie werden 2 C-Aktien gewährt) kann gemäß b) erreicht werden:

- durch **freiwillige Zuzahlungen** der A-Aktionäre:

(Bilanz-)Wert von 1 A-Aktie (nominell 50)	80
./. (Bilanz-)Wert von 2 C-Aktien (nominell 50)	100
Differenz, die durch Zuzahlung auszugleichen ist	20

Die Aktionäre erhalten für jede A-Aktie 2 C-Aktien gegen Aufzahlung von 20 je A-Aktie.

Probe:	seitheriges Reinvermögen der A-AG	400.000
	+ Zuzahlung (5.000 Aktien à 20)	100.000
	Berichtigtes Reinvermögen	500.000

$$\text{Bilanzkurs} = 200\% = \frac{500.000 \cdot 100}{250.000}$$

$$\text{Umtauschverhältnis} = 100:200 = 1:2$$

Diesem Verfahren stehen bei weit gestreutem Aktienbesitz Praktikabilitätsüberlegungen und Widerstände, insbesondere seitens der Kleinaktionäre, entgegen.

– durch **Kapitalherabsetzung** im Nennwert x:

$$\text{Bilanzkurs} = 200\% = \frac{(400.000 - x) \cdot 100}{250.000 - x}$$

$$x = 100.000$$

Das Gezeichnete Kapital der A-AG muß auf 150.000 herabgesetzt werden. Technisch geschieht dies durch **Denomination** (Herabstempelung der Aktien mit Nennwert 500 auf Nennwert 300) oder durch **Zusammenlegung** (Konversion) von Aktien (Umtausch 5 bisheriger A-Aktien gegen 3 neue A-Aktien; vgl. hierzu auch Teil C, Abschn. 2.4, S. 780ff.). Bei der Zusammenlegung tritt jedoch erneut das Problem auf, daß gewöhnlich nicht alle Aktionäre im Besitz von 5 A-Aktien oder einem Vielfachen davon sind und daher Benachteiligungen auftreten können.

Das Umtauschverhältnis kann auch dadurch reguliert werden, daß bare Zuzahlungen von der **übernehmenden** Gesellschaft geleistet werden. Allerdings dürfen diese Leistungen $\frac{1}{10}$ des Gesamtnennbetrags der gewährten Aktien nicht übersteigen (§§ 344, Abs. 2 AktG; 23, Abs. 3 KapErhG). Diese Maßnahme ist damit nur als Spitzenausgleich vorgesehen.

Bei Verschmelzungen durch Aufnahme sind die Anteilseigner der übertragenden Gesellschaft(en) grundsätzlich mit Anteilen (Aktien, Geschäftsanteilen) der aufnehmenden Gesellschaft zu entschädigen (§§ 339, Abs. 1, Nr. 1 AktG; 19, Abs. 1, Nr. 1 KapErhG). Die übernehmende Gesellschaft kann sich die zur **Abfindung** benötigten Anteile durch Erhöhung des Gezeichneten Kapitals beschaffen (§§ 343, Abs. 1 AktG; 22, Abs. 1 KapErhG). Bei Aktiengesellschaften läßt sich die dazu erforderliche **Kapitalerhöhung** als bedingte oder ordentliche Kapitalerhöhung sowie durch Verwendung von genehmigtem Kapital unter Ausschluß des gesetzlichen Bezugsrechts der bisherigen Aktionäre durchführen (§§ 182ff., 192ff., 202ff. AktG; vgl. hierzu auch Teil C, Abschn. 2.4, S. 780ff.). Da bei einer Kapitalerhöhung aus Gesellschaftsmitteln (§§ 207ff. AktG) ein Ausschluß des Bezugsrechts nicht möglich ist (§ 212 AktG), kommt nur eine Abfindung der übertragenden Gesellschaft mit eigenen Aktien in Frage, indem die Aktiengesellschaft die jungen Anteile von den Altaktionären erwirbt. Dagegen können bei GmbH's die Abfindungsanteile unmittelbar durch eine ordentliche oder genehmigte Kapitalerhöhung, aber auch durch eine Kapitalerhöhung aus Gesellschaftsmitteln, aufgebracht werden (§§ 55ff. GmbHG; 1ff. KapErhG).

Bei der Berechnung der Kapitalerhöhung ist zu berücksichtigen, daß nicht das gesamte Gezeichnete Kapital der übertragenden Gesellschaft ausgeglichen werden muß. Die Ansprüche der Anteilseigner der übertragenden Gesellschaft(en) sind zu kürzen um

- den Teil der Anteile, den die übernehmende Gesellschaft an der übertragenden Gesellschaft bereits besitzt (§§ 344, Abs. 1 AktG; 23, Abs. 1, Satz 2 KapErhG);
- die Aktien an der übernehmenden Gesellschaft, die der übertragenden Gesellschaft gehören;
- die eigenen Aktien der übertragenden Gesellschaft(en), die bilanziell im Vermögen ausgewiesen sind;
- die noch nicht voll eingezahlten Anteile an der übernehmenden Gesellschaft, die sich im Besitz der übertragenden Gesellschaft(en) befinden (§§ 344, Abs. 1, Satz 2 AktG; 23, Abs. 1, Satz 2 KapErhG).

Eine Erhöhung des Gezeichneten Kapitals kann unterbleiben

- soweit die übernehmende Gesellschaft eigene Anteile zur direkten Entschädigungsleistung besitzt oder
- soweit sich voll eingezahlte Anteile an der übernehmenden Gesellschaft im Besitz der übertragenden Gesellschaft(en) befinden (§ 344, Abs. 1, Satz 3 AktG; § 23, Abs. 1, Satz 3 KapErhG).

Die Ausübung des Wahlrechts wird neben dem unmittelbaren Verwendungszweck der bereits vorhandenen und der durch die Aufnahme entstehenden eigenen Anteile regelmäßig durch finanzwirtschaftliche Überlegungen (günstigere Bonität bei höherem Haftungskapital) und steuerliche Erwägungen (u. U. Gesellschaftsteuerpflicht der Kapitalerhöhung) beeinflußt werden.

Beispiel:

Für die Verschmelzung der Z-GmbH auf die Y-AG (vgl. Beispiel S. 755f.) ist das Umtauschverhältnis mit 2:1 festgelegt.

Im Anlagevermögen der Y-AG ist u. a. eine Beteiligung an der Z-GmbH zum Nennwert von 100.000 enthalten. Im Umlaufvermögen sind eigene Aktien zum Anschaffungspreis von 15.000 (Kurs 150%) aktiviert.

Die Z-GmbH hat in ihrem Umlaufvermögen voll eingezahlte Y-Aktien zum Anschaffungspreis von 24.000 (Kurs 160%) bilanziert. Aus Bonitätsgründen möchte die Y-AG ein möglichst hohes Grundkapital ausweisen. Die eigenen Aktien der Y-AG sowie die Y-Aktien der Z-GmbH sollen für den Umtausch verwendet werden.

Die für die Verschmelzung der Z-GmbH auf die Y-AG erforderliche Kapitalerhöhung errechnet sich dann wie folgt:

Stammkapital Z-GmbH	400.000
./. Z-GmbH-Anteile bei Y-AG	100.000
Umzutauschendes Kapital Z-GmbH	300.000
Umtauschkapital Y-AG (Umtauschverhältnis 2:1)	150.000
./. Eigene Aktien bei Y-AG: 15.000 zu 150%, Nennwert 10.000 zu 100%	10.000
./. Y-Aktien bei Z-GmbH: 24.000 zu 160%, Nennwert 15.000 zu 100%	15.000
Erforderliche Kapitalerhöhung	125.000

Die festgelegten Umtauschverhältnisse bzw. die Nennwerte der den übertragenden Gesellschaftern gewährten Geschäftsanteile müssen in einem notariell beurkundeten Vertrag (**Verschmelzungsvertrag,** §§ 341, Abs. 1 AktG; 21, Abs. 4 KapErhG) niedergelegt werden (§§ 340, Abs. 2, Nr. 3 AktG; 21, Abs. 1 KapErhG) und sind in schriftlichen Berichten der Vorstände aller an der Verschmelzung beteiligten Aktiengesellschaften rechtlich und wirtschaftlich zu erläutern und zu begründen (§ 340a AktG). Dabei erfordert die Funktion des **Verschmelzungsberichts,** daß der Verschmelzungsvorgang und seine Hintergründe für die außenstehenden Aktionäre transparent gemacht wird, damit diese in Kennnis aller Umstände abstimmen können. Die Ausführungen zu den **Umtauschverhältnissen** dürfen daher nicht auf die Darstellung der Grundsätze beschränkt werden, nach denen diese ermittelt worden sind. Vielmehr ist bei der Erläuterung und Begründung des Umtauschverhältnisses der Bewertung der Gesellschaftsvermögen als der Grundlage für die Festlegung des Umtauschverhältnisses besondere Aufmerksamkeit zu widmen (BGH vom 22. 5. 1989, ZIP 1989, S. 982). Auf besondere Schwierigkeiten bei der Bewertung der Unternehmen ist hinzuweisen. Das vorgeschlagene Umtauschverhältnis unterliegt einer **Angemessenheitsprüfung** durch die Verschmelzungsprüfer; sie haben die Methoden der Ermittlung, die Begründung ihrer Anwendung sowie die sich aus den unterschiedlichen Methoden ergebenden alternativen Umtauschverhältnisse anzugeben (§ 340b, Abs. 4 AktG). Die Auslegung dieser Vorschrift ist bezüglich Prüfungsumfang und Prüfungstiefe umstritten; insbesondere wird kontrovers diskutiert, inwieweit sich der Verschmelzungsprüfer auf Vereinfachungen bei der Berechnung des Umtauschverhältnisses und somit bei der Ermittlung der Höhe der Gesamtunternehmenswerte stützen kann (*HFA,* Verschmelzungsprüfung, S. 42–44; *Dirrigl,* Umtauschverhältnis, S. 413ff. und 454ff.; *Meyer zu Lösebeck,* Verschmelzungsprüfung, S. 499ff.). Da durch das Umtauschverhältnis eine Änderung der Mehrheitsverhältnisse herbeigeführt wird, bedarf es der **qualifizierten** Zustimmung (vertretene Dreiviertel-Mehrheit) der Haupt- bzw. Gesellschafterversammlung einer **jeden** an der Verschmelzung beteiligten Gesellschaft (§§ 340c, Abs. 1 und 2 AktG; 20, Abs. 1 und 2 KapErhG).

Der eigentliche Anteilsumtausch erfolgt buchtechnisch über ein besonderes **Umtauschkonto.** Durch die Gegenüberstellung der Nennbeträge der erlöschenden und der neu begebenen Anteile zuzüglich barer Zuzahlungen ergibt sich als Saldo der **Umtauscherfolg,** der auf das **Fusions-(ertrags-)konto** übertragen wird. Dieses Konto nimmt zudem die erfolgswirksamen Differenzen zwischen den Buch- und den Nennwerten der übertragenen und ausgegebenen Anteile, die durch die Fusion verursachten Kosten und die Ergebnisvorträge der untergehenden Gesellschaft(en) auf. Entsteht beim Abschluß des Fusions-(ertrags-)kontos ein **Fusionsgewinn,** so muß dieser, soweit er aus der Ausgabe neuer Aktien resultiert, zwingend der Kapitalrücklage zugeführt werden (§ 272, Abs. 2 HGB). Ein Restbetrag ist aus Gründen der kaufmännischen Vorsicht, da lediglich auf buchtechnischen Transaktionen beruhend, in die anderen Gewinnrücklagen einzustellen. Ergibt sich hingegen ein **Fusionsverlust,** weil der Gesamtausgabebetrag der als Abfindung gewährten Anteile zuzüglich etwaiger barer Zuzahlungen den Wert des übernommenen buchmäßigen Reinvermögens übersteigt, so **darf** dieser als **Verschmelzungsmehrwert** (Firmenwert der übertragenden Gesellschaft(en) sowie stille Reserven, die aufgrund der Höchstwertvorschriften und der Buchwertverknüpfung nicht aufgelöst werden durften) gesondert in der Bilanz ausgewiesen werden (§§ 348, Abs. 2 AktG; 27, Abs. 2 KapErhG). Das Aktiengesetz sieht dabei einen Ausweis unter dem Posten Geschäfts- oder Firmenwert vor, der gemäß § 255, Abs. 4 HGB in jedem folgenden Geschäftsjahr um mindestens 25% oder aber über die voraussichtliche Nutzung verteilt, abgeschrieben werden muß. Demgegenüber läßt § 27, Abs. 2 KapErhG für die Verschmelzung von GmbH's einen Ausweis unter den Posten des Anlagevermögens zu und verlangt eine Abschreibung in längstens 5 Jahren. Daß AktG und KapErhG für denselben Sachverhalt unterschiedliche Ausweis- und Abschreibungsregelungen vorsehen, erscheint indes nicht konsistent. Insofern handelt es sich wohl um ein redaktionelles Versehen des Gesetzgebers (so auch *Sarx,* Bilanzkommentar, S. 1347).

Die Durchführung der Verschmelzung findet ihren Abschluß mit der Handelsregistereintragung. Bei übernehmenden Gesellschaften in der Rechtsform der Aktiengesellschaft und der Kommanditgesellschaft auf Aktien gehen Vermögen und Schulden der übertragenden Gesellschaft(en) mit der **Eintragung** der Verschmelzung in das Handelsregister des Sitzes der **übernehmenden** Gesellschaft uno actu über (§ 346, Abs. 3, Satz 1 AktG). Dagegen vollzieht sich der Vermögens- und Schuldenübergang bei GmbH's mit der Eintragung in das Handelsregister der **übertragenden** Gesellschaft(en) (§ 25, Abs. 2, Satz 1 KapErhG). Gleichzeitig erlischt (erlöschen) die übertragende(n) Gesellschaft(en), ihre Anteilseigner werden damit zu Gesellschaftern der übernehmenden Gesellschaft (§§ 346, Abs. 4 AktG; 25, Abs. 3 KapErhG).

2.33 Steuerliche Behandlung der Fusion

Die steuerlichen Konsequenzen der Verschmelzung durch Neugründung und die verschmelzende Umwandlung sind entsprechend der gesellschaftsrechtlichen Behandlung dieser Fusionsvorgänge bereits im Rahmen der Gründung bzw. Umwandlung behandelt worden (vgl. Teil C Abschn. 2.13, S. 690ff. und 2.23, S. 717ff.), so daß im folgenden nur noch auf die steuerliche Behandlung der **Fusion von Kapitalgesellschaften** eingegangen werden muß.

Die **ertragsteuerlichen Folgen** der Verschmelzung von Kapitalgesellschaften sind davon abhängig, ob der handelsrechtliche Vermögensübergang durch Einzelrechtsnachfolge oder durch Gesamtrechtsnachfolge erfolgt. Während sich im ersten Fall die Besteuerung nach den allgemeinen steuerlichen Vorschriften über die Liquidation und Neugründung von Unternehmen richtet (vgl. Teil C, Abschn. 2.231, S. 718ff.), finden im zweiten Fall die steuerbegünstigenden §§ 14–16 UmwStG Anwendung. Danach hat die übertragende Kapitalgesellschaft ihr Vermögen grundsätzlich mit den Teilwerten anzusetzen (§§ 3; 14, Abs. 1 UmwStG). Beim Übergang der Vermögenswerte **auf eine andere Kapitalgesellschaft** kann jedoch auf Antrag von dieser Regelung abgesehen und ein **Bewertungswahlrecht** in Anspruch genommen werden (§ 14, Abs. 2 UmwStG), sofern die spätere Auflösung und Besteuerung der stillen Reserven innerhalb des Körperschaftsteuersystems erfolgt. Damit scheidet ein Buch- oder Zwischenwertansatz bei der Übertragung auf eine beschränkt steuerpflichtige oder steuerbefreite Körperschaft und bei der Gewährung einer nicht in Gesellschaftsrechten bestehenden Gegenleistung der übernehmenden Gesellschaft aus (§ 14, Abs. 2 UmwStG).

Ein aus dem Teil- oder Zwischenwertansatz resultierender **Übertragungsgewinn** unterliegt wie der laufende Gewinn des Wirtschaftsjahres der Körperschaftsbesteuerung zum Regeltarif von 50 v.H. (§ 23, Abs. 1 KStG). Ein Teil- oder

Zwischenwertansatz wirkt sich jedoch immer vorteilhaft aus, wenn durch die aufgelösten stillen Reserven ein vorhandener Verlustvortrag ausgeglichen werden kann, der wegen der fehlenden Personenidentität nicht auf die übernehmende Körperschaft übertragbar ist. Die Zuschreibungen beim Zwischenwertansatz dürfen jedoch nicht willkürlich bei ausgewählten Wirtschaftsgütern erfolgen, sondern müssen **gleichmäßig** auf das übergehende Vermögen verteilt werden (BdF v. 12. 4. 1978, BStBl. I 1978, S. 187). Aus der Körperschaftsteuerpflicht leitet sich nach § 19 UmwStG auch die **Gewerbesteuerpflicht** des Übertragungsgewinns ab.

Die **übernehmende** Kapitalgesellschaft ist nach § 15, Abs. 1 i. V. m. § 5, Abs. 1, Satz 1 UmwStG an die in der Übergabebilanz angesetzten Werte gebunden (**Wertverknüpfung**). Damit kann sich, wenn bereits vor der Umwandlung ein Beteiligungsverhältnis an der übertragenden Gesellschaft bestand, ein **Übernahmegewinn** (Buchwert der wegfallenden Beteiligung < anteiliges Reinvermögen) oder **Übernahmeverlust** (Buchwert > anteiliges Reinvermögen) ergeben. Da aber in das Vermögen der übernehmenden Gesellschaft ausschließlich bereits besteuerte Gewinne übertragen werden können, wird zur Vermeidung einer doppelten Besteuerung der Übernahmegewinn steuerfrei gestellt. Buchtechnisch geht der Übernahmegewinn zwar in das laufende Steuerbilanzergebnis ein, durch eine entsprechende außerbilanzielle Korrektur ist er jedoch von der Besteuerung ausgenommen.

Kommt ein Übernahmegewinn aber dadurch zustande, daß die Beteiligung vor der Umwandlung auf den niedrigeren Teilwert abgeschrieben wurde oder daß vor dem 1. 1. 1990 bei der Bewertung der Beteiligung eine 6b-EStG-Rücklage übertragen wurde, so ist in dieser Höhe die Steuerfreiheit ausgeschlossen, weil durch die Vermögensübertragung die Korrekturen ihre Berechtigung verloren haben. Der Zuschreibungsgewinn darf jedoch den Teilwert bzw. die gewährte Gegenleistung für das übernommene Vermögen vermindert um den Buchwert der Anteile nicht übersteigen (§ 15, Abs. 2, Satz 3 UmwStG).

Beispiel:

Steuerbilanzgewinn (einschl. Übernahmegewinn) der übernehmenden B-AG im Wirtschaftsjahr, in das der steuerliche Übertragungsstichtag (hier: 31. 12. 90) fällt			500.000
Außerbilanzielle Korrektur des Steuerbilanzgewinns:			
Der Beteiligung der B-AG an der A-AG entsprechendes, von der übertragenden A-AG übernommenes Reinvermögen		400.000	
./. Buchwert der Beteiligung (gemindert um 100.000 Teilwertabschreibung)		200.000	
Übernahmegewinn		200.000	
./. Steuerpflichtiger Teil des Übernahmegewinns gemäß § 15, Abs. 2, Satz 2 UmwStG			
Anschaffungskosten der Beteiligung	300.000		
./. Buchwert der Beteiligung	200.000	100.000	
Steuerfreier Teil des Übernahmegewinns			100.000
Von der B-AG zu versteuerndes Einkommen (laufender Gewinn der B-AG und steuerpflichtiger Teil des Übernahmegewinns)			400.000

Gliederung des verwendbaren Eigenkapitals (vgl. dazu auch S. 836)

	EK 56	EK 50	EK 36	EK 0
– vor der Verschmelzung:				
A-AG zum 31. 12. 90	180.000	20.000	50.000	30.000
B-AG zum 31. 12. 89	400.000	–	20.000	40.000
– nach der Verschmelzung:				
B-AG, Addition nach § 38 KStG	580.000	20.000	70.000	70.000
Zugang aus 400.000 voll zu versteuern-dem Einkommen des Jahres 1990	–	200.000	–	–
Bestand zum 31. 12. 90	580.000	220.000	70.000	70.000

Wirtschaftsgüter, die in der steuerlichen Übertragungsbilanz mit dem Wert der Gegenleistung oder dem Teilwert angesetzt wurden (§ 14, Abs. 1 UmwStG), gelten als von der übernehmenden Gesellschaft angeschafft (**Anschaffungsfiktion** des § 15, Abs. 4 UmwStG). Die übernehmende Gesellschaft ist daher nicht an die bisherigen Bewertungsverfahren, Abschreibungen, Sonderabschreibungen und steuerfreien Rücklagen gebunden. Erfolgt der Ansatz dagegen zu Buchwerten, Zwischenwerten oder wurden außer Gesellschaftsrechten andere Gegenleistungen gewährt, tritt die übernehmende Gesellschaft in die Rechtsstellung der übertragenden Gesellschaft ein (§ 15, Abs. 3 UmwStG), wobei auch die bisherigen Besitzzeiten der Wirtschaftsgüter dem übernehmenden Unternehmen zugerechnet werden (z.B. bei 6b EStG-Rücklage; § 15, Abs. 5 i.V.m. § 5, Abs. 2, Satz 2 UmwStG).

Bestehenden zwischen dem übertragenden und dem übernehmenden Unternehmen **gegenseitige Forderungen und Verbindlichkeiten,** können bei unterschiedlichem Bilanzansatz (Abzinsung unverzinslicher Forderungen) aus der Aufrechnung **Übernahmefolgegewinne** resultieren, die entweder unmittelbar der Besteuerung zugeführt oder in eine Rücklage eingestellt werden können, die jährlich zu mindestens einem Drittel aufzulösen ist (§ 15, Abs. 5 i.V.m. § 8, Abs. 1 und 2 UmwStG).

Die **verkehrsteuerlichen Folgen** der Fusion unterscheiden sich grundsätzlich nicht von denen der Umwandlung (vgl. Teil C, Abschn. 2.233, S. 729ff.). Besonderheiten ergeben sich allerdings bei der **Kapitalverkehrsteuer.** Erfolgt der Vermögensübergang gegen Gewährung neuer, durch eine Kapitalerhöhung geschaffener Anteile der aufnehmenden Gesellschaft, so ist dieser Vorgang von der Gesellschaftsteuer befreit (§ 7, Abs. 4, Nr. 3 KVStG), sofern den Gesellschaftern der übertragenden Gesellschaft keine baren Zuzahlungen oder sonstige Leistungen von mehr als 10 v.H. des Nennwertes der Gesellschaftsrechte gewährt werden (§ 7, Abs. 3, Nr. 3, Satz 3 KVStG). Eine Gewährung sonstiger Leistungen liegt auch vor, wenn die übernehmende Gesellschaft eigene, nicht durch Kapitalerhöhung beschaffte Anteile besitzt, oder wenn die übernehmende Gesellschaft an der übertragenden Gesellschaft beteiligt ist (*Widmann/Mayer,* Umwandlungsrecht, Rz. 6722). Besteht die Gegenleistung der aufnehmenden Gesellschaft ganz oder teilweise in eigenen alten Anteilen, liegt diesbezüglich nach herrschender Meinung kein gesellschaftsteuerbarer Tatbestand vor; der Erwerb der alten Anteile unterliegt allerdings der **Börsenumsatzsteuer** (§ 18 KVStG). Börsenumsatzsteuer entsteht auch, wenn und soweit zum Vermögen der untergehenden Gesellschaft Wertpapiere gehören (§ 18, Abs. 2, Nr. 1 und 2 KVStG). Eine Börsenumsatzsteuerpflicht entsteht sogar, wenn die aufnehmende Kapitalgesellschaft selbst Gesellschafter des übertragenden Unternehmens ist und somit eine Abfindung durch Gewährung eigener Anteile gar nicht in Frage kommt (BFH v. 26. 11. 1980, BStBl. II 1981, S. 253).

2.34 Chronologie der Buchungstechnik

Zur Durchführung der Fusion sind grundsätzlich folgende Buchungen notwendig:

Buchungen der **übertragenden** Unternehmung:
- Eröffnung der Konten mit Hilfe des Eröffnungsbilanzkontos
- Durchführung der Neubewertungsbuchungen
- Abschluß des Neubewertungskontos über das Kapitalkonto
- Zusammenfassung der Eigenkapitalbestandteile auf dem Kapitalkonto
- Abschluß sämtlicher Konten über das Übergabebilanzkonto
- Erstellen der Übergabebilanz;

Buchungen der **übernehmenden** Unternehmung:
- Eröffnung der Konten mit Hilfe des Eröffnungsbilanzkontos
- Buchung der erforderlichen Kapitalerhöhung
- Einbuchung des Vermögens und der Schulden des übertragenden Unternehmens über das Übernahmekonto (Spiegelbildkonto)
- Buchung des Umtausches der Anteilsrechte auf dem Umtauschkonto
- Erfassung der erfolgswirksamen Buchungen auf dem Fusionskonto
- Abschluß des Umtauschkontos über das Fusionskonto
- Abschluß sämtlicher Konten über das Fusionsbilanzkonto
- Erstellen der Fusionsbilanz.

Übungsbeispiele:

Übungsbeispiel 1:

Die Aktiengesellschaften A und B beschließen ihre Verschmelzung mit der Maßgabe, daß die B-AG von der A-AG aufgenommen wird (§ 339, Abs. 1, Nr. 1 AktG). An der B-AG sind die A-AG mit 50 v. H., die Z-GmbH mit 20 v. H. und der Privatmann Schneider mit 30 v. H. beteiligt. Zum Verschmelzungsstichtag 1. 3. 19 . . liegen folgende, stark verkürzte Bilanzen (in Tsd.) vor:

A — Bilanz der A-AG zum 28. 2. 19 . . — P

A		P	
Sachanlagen	5.100	Gezeichnetes Kapital	4.500
Beteiligungen	800	Kapitalrücklage	450
Eigene Aktien	105	Gewinnrücklagen	1.320
Forderungen aus Lieferungen und Leistungen	1.180	Gewinnvortrag	30
Kasse, Bank, Postscheck	1.650	Langfristige Verbindlichkeiten	1.880
		Kurzfristige Verbindlichkeiten	655
	8.835		8.835

A	Bilanz der B-AG zum 28. 2. 19 . .		P
Sachanlagen	3.017	Gezeichnetes Kapital	2.000
Beteiligungen	175	Bilanzverlust	– 900
Eigene Aktien	128	Langfristige	
Forderungen aus Lieferungen		Verbindlichkeiten	2.350
und Leistungen	1.290	Kurzfristige	
Kasse, Bank, Postscheck	80	Verbindlichkeiten	1.240
	4.690		4.690

Das Umtauschverhältnis soll aus den Bilanzkursen bestimmt werden.

Angaben zur A-Bilanz: Unter Beteiligungen sind ausschließlich B-Aktien zum errechneten Bilanzkurs ausgewiesen; ihre tatsächlichen Anschaffungskosten betrugen 1.000. Auch die eigenen Aktien sind zum Bilanzkurs aktiviert.

Angaben zur B-Bilanz: Die eigenen Aktien sind zum Bilanzkurs angesetzt. Die in den Beteiligungen enthaltenen 2.100 A-Aktien zum Nennwert von 50 wurden ebenfalls zum Bilanzkurs bewertet.

Den bisherigen B-Aktionären werden die eigenen Aktien der A-AG sowie die A-Aktien der B-AG zur Verfügung gestellt, so daß eine Kapitalerhöhung nur in Höhe des übersteigenden Betrags notwendig ist. Die Eintragung der Kapitalerhöhung ins Handelsregister des Sitzes der A-AG erfolgt zum 28. 4. 19 . ., die der Verschmelzung zum 1. 5. 19 . .

Die Fusionskosten in Höhe von 14 werden von der A-AG bezahlt. Ein etwa entstehender Fusionsgewinn soll den Rücklagen zugeführt werden, wobei die gesetzliche Rücklage bis zum Mindestbetrag nach § 150 AktG bedient werden soll.

Um den Bilanzverlust der B-AG steuerlich geltend machen zu können – der Verlustrücktrag wurde bereits in vollem Umfang in Anspruch genommen – wird auf die Stellung eines Antrags nach § 14, Abs. 2 UmwStG verzichtet. Die B-AG setzt die Sachanlagen in ihrer steuerlichen Schlußbilanz nach § 14, Abs. 1 UmwStG mit 3.517 an. Dieser Wert wird auch in die Handelsbilanz der A-AG übernommen. Durch die Vermögensübertragung fällt Umsatzsteuer in Höhe von 519 an.

Aufgaben:

a) Bestimmen Sie die Umtauschrelation, die Zahl der Umtauschaktien zum Mindestnennbetrag und die erforderliche Kapitalerhöhung bei A.
b) Welche steuerlichen Konsequenzen ergeben sich aus der Fusion für die B-AG, die A-AG und die beiden übrigen Gesellschafter?
c) Geben Sie die Buchungssätze für die Verschmelzung bei A und bei B an. Stellen Sie das Aktienumtauschkonto und das Fusionskonto in T-Kontenform auf.
d) Erstellen Sie die Verschmelzungsbilanz und bestimmen Sie den Bilanzkurs nach der Fusion.

Lösung:

a) Bilanzkurs A-AG:

Bilanzsumme A-AG	8.835
./. Verbindlichkeiten	2.535

$$\frac{\text{Reinvermögen}}{\text{Gezeichnetes Kapital}} \quad \frac{6.300}{4.500} \cdot 100 = 140\%$$

Bilanzkurs B-AG:

Bilanzsumme B-AG	5.590	
+ Stille Reserven Sachanlagen	500	
./. Verbindlichkeiten	3.590	
./. Bilanzverlust	900	
Reinvermögen / Gezeichnetes Kapital	1.600 / 2.000	· 100 = 80%

$$\text{Umtauschverhältnis } \frac{140\%}{80\%} = 7:4$$

Erforderliche Kapitalerhöhung:

Gezeichnetes Kapital der B-AG	2.000
./. Nennwert der eigenen Aktien der B-AG (§ 344, Abs. 1, Satz 2 AktG) 80% = 128 Buchwert	160
./. Nennwert der B-Aktien bei der A-AG (§ 344, Abs. 1, Satz 1 AktG) 80% = 800 Buchwert	1.000
Umzutauschendes Kapital der B-AG	840
Umtauschkapital A-AG (Umtauschverhältnis 7:4)	480
Für die Fusion werden somit 9.600 Umtauschaktien benötigt.	
./. Nennwert der eigenen Aktien der A-AG (§ 344, Abs. 1, Satz 3 AktG) 140% = 105 Buchwert	75
./. Nennwert der A-Aktien bei der B-AG (§ 344, Abs. 1, Satz 3 AktG) 140% = 147 (= 2.100 × 0,05 × 1,4) Buchwert	105
Erforderliche Kapitalerhöhung	300

Zusätzlich zu den bei der A-AG und der B-AG vorhandenen A-Aktien müssen noch 6.000 A-Aktien neu geschaffen werden.

b) Steuerliche Konsequenzen bei

– der B-AG:

Durch den Ansatz des Sachanlagevermögens in der steuerlichen Schlußbilanz mit 3.517 entsteht ein steuerpflichtiger Übertragungsgewinn/Gewerbeertrag von 500, der allerdings gegen den Bilanzverlust von 900 aufgerechnet werden kann. Der verbleibende Bilanzverlust kann steuerlich von der A-AG nicht abgezogen werden; er ist wegen fehlender Personenidentität nicht weiter verrechenbar. Daneben fällt aus der Vermögensübertragung Umsatzsteuer in Höhe von 519 an. Die übrigen Verkehrsteuern müssen von der B-AG buchmäßig nicht berücksichtigt werden, da sie erst nach dem Übertragungsstichtag und dann lediglich bei der A-AG entstehen.

– der A-AG:

Die A-AG hat die übertragenen Wirtschaftsgüter mit den Werten der steuerlichen Schlußbilanz der B-AG zu übernehmen (§ 15, Abs. 1 i. V. m. § 5, Abs. 1, Satz 1 UmwStG). Da die ausschließlich im Sachanlagevermögen ruhenden stillen Reserven von der B-AG aufgedeckt wurden, gelten die übernommenen Wirtschaftsgüter als von der A-AG angeschafft (§ 15, Abs. 4 UmwStG). Aus der Fusion ergibt sich für die A-AG kein buchmäßiger Übernahmeerfolg, da Beteiligungsbuchwert und anteilig übernommenes Reinvermögen übereinstimmen.

Buchwert der Beteiligung	800
./. Anteilig übernommenes Reinvermögen 50% von 1.600	800
Übernahmeerfolg	0

Eine Hinzurechnung zum Verschmelzungsgewinn der A-AG nach § 15, Abs. 2, Satz 2 UmwStG muß nicht erfolgen, da sich die frühere Teilwertabschreibung der Beteiligung um 200 nachträglich durch den Vermögensübergang als richtig erwiesen hat. Mit Eintragung der Verschmelzung im Handelsregister des Sitzes der A-AG (1. 5. 19..) fällt bei dieser 2 v. H. Grunderwerbsteuer auf eventuell im Sachanlagevermögen befindliche Grundstücke sowie 2,5 v. T. Börsenumsatzsteuer auf die an der A-AG und einem Drittunternehmen gehaltenen Beteiligungswertpapiere an. Da die von der A-AG gewährten sonstigen Leistungen 10 v. H. des Nennwertes der gewährten Gesellschaftsrechte übersteigen, ist die Kapitalerhöhung gesellschaftsteuerpflichtig (§ 7, Abs. 4, Satz 3 KVStG). Die 1%ige Gesellschaftsteuer entsteht dabei bereits mit Eintragung ihrer Durchführung im Handelsregister (28. 4. 19..).

– bei den übrigen Gesellschaftern der B-AG:

Bei der Z-GmbH ergibt sich aus der Fusion keine Auswirkung auf den steuerlichen Gewinn, da nach § 16, Abs. 1 UmwStG die untergehenden B-Aktien als zu ihrem Buchwert veräußert, die dafür erhaltenen A-Aktien als mit diesem Wert angeschafft gelten, unabhängig davon, ob es sich bei diesen um neue, eigene Aktien der A-AG oder A-Aktien der B-AG handelt. In den B-Aktien eventuell enthaltene stille Reserven realisieren sich damit erst bei der späteren Veräußerung der A-Aktien. Das gleiche gilt für die wesentliche Beteiligung im Privatvermögen des Schneider. Sie gilt als zu ihren Anschaffungskosten eingetauscht (§ 16, Abs. 2 UmwStG). Dabei geht ihre Qualifikation als wesentliche Beteiligung im Sinne des § 17 EStG nicht unter, selbst wenn eine wesentliche Beteiligung an der A-AG nicht mehr vorliegt. Die Abfindung der beiden Gesellschafter mit alten A-Aktien (nominell 75 + 105) läßt bei diesen aber 2,5 v. T. Börsenumsatzsteuer entstehen (§ 18, Abs. 1 i. V. m. § 24, Abs. 1, Nr. 3 KVStG).

c) Buchungssätze bei der B-AG:

Bei der B-AG ist neben der Übertragung noch die Neubewertung der Sachanlagen und die anfallende Umsatzsteuer zu buchen.

– Höherbewertung der Sachanlagen und Verrechnung mit dem Bilanzverlust:

Sachanlagen	500	**an**	a. o. Ertrag	500
a. o. Ertrag	500	**an**	Bilanzverlust	500

– Buchung der Umsatzsteuer:

Umsatzsteuerforderungen (A)	519	**an**	Umsatzsteuerverbindlichkeiten	519

– Übertragung des Vermögens auf die A-AG:

Übertragungskonto	5.709	**an**	Sachanlagen	3.517
			Beteiligungen	175
			Eigene B-Aktien	128
			Forderungen aus Lieferungen und Leistungen	1.290
			Kasse, Bank, Postscheck	80
			Umsatzsteuerforderungen (A)	519
Gezeichnetes Kapital	2.000			
Langfristige Verbindlichkeiten	2.350			

Kurzfristige Verbindlichkeiten	1.240			
Umsatzsteuerverbindlichkeiten	519	**an**	Übertragungskonto	6.109
Übertragungskonto	400	**an**	Bilanzverlust	400

Buchungssätze bei der A-AG:

– Eröffnungsbuchungen:

Sachanlagen	5.100			
Beteiligungen	800			
Eigene A-Aktien	105			
Forderungen aus Lieferungen und Leistungen	1.180			
Kasse, Bank, Postscheck	1.650	**an**	Eröffnungsbilanzkonto	8.835
Eröffnungsbilanzkonto	8.835	**an**	Gezeichnetes Kapital	4.500
			Kapitalrücklage	450
			Gewinnrücklagen	1.320
			Gewinnvortrag	30
			Langfristige Verbindlichkeiten	1.880
			Kurzfristige Verbindlichkeiten	655

– Erfassung der Umsatzsteuer:

Vorsteuer	519	**an**	Umsatzsteuerverbindlichkeiten (B)	519

– Kapitalerhöhung:

Aktienumtauschkonto	300	**an**	Gezeichnetes Kapital	300

– Übernahme der maßgeblichen Werte der B-AG:

Sachanlagen	3.517			
Eigene A-Aktien	147			
Beteiligungen	28			
Eigene B-Aktien	128			
Forderungen aus Lieferungen und Leistungen	1.290			
Kasse, Bank, Postscheck	80			
Umsatzsteuerforderungen (A)	519			
Bilanzverlust	400	**an**	Übernahmekonto	6.109
Übernahmekonto	6.109	**an**	Übernommenes B-Kapital	2.000
			Langfristige Verbindlichkeiten	2.350
			Kurzfristige Verbindlichkeiten	1.240
			Umsatzsteuerverbindlichkeiten	519

– Eliminierung der Umsatzsteuer durch Vereinigung von Forderungen und Verbindlichkeiten:

Umsatzsteuerverbindlichkeiten (B)	519	**an**	Umsatzsteuerforderungen (A)	519

– Umtauschverpflichtung an B-Aktionäre:

Übernommenes B-Kapital	480	an	Aktienumtauschkonto	480

– Hingabe der vorhandenen A-Aktien:

Aktienumtauschkonto	180			
Fusionskonto	72	an	Eigene A-Aktien	252

– Aufrechnung der B-Aktien mit dem übernommenen B-Kapital:

Übernommenes B-Kapital	1.000	an	Beteiligungen	800
			Fusionskonto	200
Übernommenes B-Kapital	160	an	Eigene B-Aktien	128
			Fusionskonto	32

– Übernahme des Bilanzverlustes:

Fusionskonto	400	an	Bilanzverlust	400

– Abschluß übernommenes B-Kapital über Fusionskonto:

Übernommenes B-Kapital	360	an	Fusionskonto	360

– Bezahlung der Fusionskosten:

Fusionskonto	14	an	Kasse, Bank, Postscheck	14

– Verbuchung des Verschmelzungsgewinns:

Fusionskonto	106	an	Kapitalrücklage	30
			Gewinnrücklagen	76

– Kontenabschluß zur Verschmelzungsbilanz:

Verschmelzungsbilanzkonto	13.350	an	Sachanlagen	8.617
			Beteiligungen	28
			Forderungen aus Lieferungen und Leistungen	2.470
			Kasse, Bank, Postscheck	1.716
			Vorsteuer	519
Gezeichnetes Kapital	4.800			
Kapitalrücklage	480			
Gewinnrücklagen	1.396			
Langfristige Verbindlichkeiten	4.230			
Kurzfristige Verbindlichkeiten	1.895			
Umsatzsteuerverbindlichkeiten	519			
Gewinnvortrag	30	an	Verschmelzungsbilanzkonto	13.350

S	Aktienumtauschkonto		H
Gezeichnetes Kapital A	300	Übern. B-Kapital	480
Eigene A-Aktien	180		
	480		480

S	Fusionskonto		H
Eigene A-Aktien	72	Übern. B-Kapital	200
Bilanzverlust	400	Übern. B-Kapital	32
Kasse, Bank, Postscheck	14	Übern. B-Kapital	360
Kapitalrücklage	30		
Gewinnrücklagen	76		
	592		592

d)

Verschmelzungsbilanz der A-AG zum 1. 3. 19 . .

A			P
Sachanlagen	8.617	Gezeichnetes Kapital	4.800
Beteiligungen	28	Kapitalrücklage	480
Forderungen aus Lieferungen und Leistungen	2.470	Gewinnrücklagen	1.396
Kasse, Bank, Postscheck	1.716	Gewinnvortrag	30
Vorsteuer	519	Langfristige Verbindlichkeiten	4.230
		Kurzfristige Verbindlichkeiten	1.895
		Umsatzsteuerverbindlichkeiten	519
	13.350		13.350

Bilanzkurs nach Verschmelzung:

Bilanzsumme A-AG	13.350
./. Verbindlichkeiten	6.644
Reinvermögen	6.706

$$\frac{\text{Reinvermögen}}{\text{Gezeichnetes Kapital}} = \frac{6.706}{4.800} = 139{,}71\%$$

Die Differenz von 0,29%-Punkten ist durch die Fusionskosten (14) verursacht.

Übungsbeispiel 2:

Die Aktiengesellschaften A und B, deren verkürzte Bilanzen nachstehend verzeichnet sind, beschließen zum 1. 1. 19 . . zu fusionieren, wobei die A-AG die B-AG aufnimmt. Der Ermittlung des Umtauschverhältnisses werden die Börsenkurswerte zugrunde gelegt.

Bilanz der Gesellschaft A zum 31. 12. 19 . .

A			P
Sachanlagen	3.400.000	Gezeichnetes Kapital	5.000.000
Beteiligungen	1.600.000	Kapitalrücklage	1.100.000
Vorratsvermögen	1.000.000	Verbindlichkeiten	3.700.000
Forderungen aus Lieferungen und Leistungen	2.400.000		
Kasse, Bank	1.400.000		
	9.800.000		9.800.000

A	Bilanz der Gesellschaft B zum 31. 12. 19..		P
Sachanlagen	3.200.000	Gezeichnetes Kapital	4.000.000
Vorratsvermögen	1.400.000	Kapitalrücklage	500.000
Eigene Aktien	180.000	Verbindlichkeiten	2.280.000
Forderungen aus Lieferungen und Leistungen	1.800.000		
Kasse, Bank	200.000		
	6.780.000		6.780.000

Börsenkurswerte: A-AG 288%, B-AG 180%;
Festgelegtes Umtauschverhältnis: 2:1.
In den Beteiligungen der A-AG enthalten sind nominell 800.000 B-Aktien (20 v.H.-Beteiligung), bilanziert zum Börsenkurs, tatsächliche Anschaffungskosten 1.600.000. Die eigenen Aktien der B-AG sind zum Börsenkurswert angesetzt.

Zur Entschädigung der B-Aktionäre erfolgt eine weitere Kapitalerhöhung im Verhältnis 1:1. Die Aktien aus dieser Kapitalerhöhung werden nur den B-Aktionären angeboten, die diese gegen Bankeinzahlung übernehmen. Die entstandenen Fusionskosten in Höhe von 140.000 werden durch Banküberweisung beglichen; sie werden von der Gesellschaft A getragen.

Die Durchführung der Kapitalerhöhungen und die Verschmelzung werden am 1. 3. 19.. in das Handelsregister eingetragen. Um die Besteuerung der im Vermögen der B-AG ruhenden stillen Reserven von 3.000.000 zu vermeiden, stellen die beiden Gesellschaften einen Antrag auf Buchwertfortführung gemäß § 14, Abs. 2 UmwStG. Die B-AG nimmt die Umsatzsteuerbefreiungen nach § 4 UStG nicht in Anspruch; sie stellt daher der A-AG 978.000 Umsatzsteuer in Rechnung.

Aufgaben:

a) Welche Kapitalerhöhung ist erforderlich?
b) Zu welchem Kurs werden die Entschädigungsaktien den B-Aktionären angeboten?
c) Wie wird die Fusion steuerlich behandelt?
d) Wie lauten die Buchungssätze?
e) Erstellen Sie die Verschmelzungsbilanz; der Fusionsgewinn soll vorläufig als Gewinnvortrag ausgewiesen werden.

Lösung:

a) Gezeichnetes Kapital B-AG	4.000.000
./. Eigene Aktien bei B 180.000 zu 180%	100.000
./. B-Aktien bei A zum Nominalwert	800.000
Umzutauschendes Kapital B-AG	3.100.000
Nennwert Umtauschaktien A-AG (Umtauschverh. 2:1)	1.550.000
+ Weitere Kapitalerhöhung	1.550.000
Erforderliche Kapitalerhöhung	3.100.000

b) Aufwand B-Aktionäre für 1 A-Aktie	360%
./. Kurswert der A-Aktie	288%
Verlust	72%
Ausgabekurs der Entschädigungsaktien:	
Börsenkurs der A-Aktien	288%
./. Auszugleichender Verlust der B-Aktionäre	72%
Ausgabekurs	216%

c) Steuerliche Beurteilung

– Bei der B-AG:

Eine Aufdeckung stiller Reserven im Vermögen der B-AG muß nicht vorgenommen werden, da ihre spätere Besteuerung bei der A-AG sichergestellt ist und als Gegenleistung ausschließlich Aktien der A-AG gewährt werden. Ein Übertragungsgewinn kann somit nicht entstehen. Die B-AG muß die A-AG jedoch mit 978.000 Umsatzsteuer belasten; weitere Verkehrsteuern fallen bei der B-AG nicht an.

– Bei der A-AG:

Aus der Vermögensübertragung ergibt sich bei der A-AG nach § 5, Abs. 5 UmwStG ein bilanzieller Übernahmeverlust von 540.000, der dem steuerlichen Gewinn der A-AG in einer außerbilanziellen Korrektur wieder hinzugezählt werden muß (vgl. § 15, Abs. 2, Satz 1 UmwStG).

Buchwert der Beteiligung, nominell 800.000 zu 180%	1.440.000
./. Anteiliges, zu Buchwerten übernommenes Reinvermögen, 20% von 4.500.000	900.000
Übernahmeverlust	540.000

Die frühere Wertminderung der Beteiligung um 160.000 hat ihre Berechtigung am Verschmelzungsstichtag nicht verloren, da die bei der B-AG vorhandenen stillen Reserven in deren Börsenkurs nicht zum Ausdruck kommen (Börsenkurs < Bilanzkurs). Aus der Fortführung der Buchwerte folgt zwingend, daß die A-AG bezüglich der übernommenen Wirtschaftsgüter in die Rechtsstellung der B-AG eintritt, also insbesondere die einmal gewählten Abschreibungsmethoden beibehalten muß (§ 15, Abs. 3 UmwStG) und die Besitzzeiten anrechnen kann (§ 15, Abs. 5 i. V. m. § 5, Abs. 2, Satz 2 UmwStG). Die der A-AG in Rechnung gestellte Umsatzsteuer wird durch die Verrechnung als Vorsteuer in entsprechender Höhe neutralisiert. Für eventuell im Rahmen des Sachanlagevermögens übergehende Grundstücke im Sinne des § 2 GrEStG fällt 2 v. H. Grunderwerbsteuer (§ 11, Abs. 1 GrEStG) nach § 1, Abs. 1, Nr. 3 GrEStG an, die sodann als Anschaffungsnebenkosten zu aktivieren sind. Die Fusion verursacht keine Börsenumsatzsteuer, da die eigenen Aktien der B-AG im Zuge der Fusion untergehen und die Gewährung der durch die Kapitalerhöhungen geschaffenen jungen Aktien an die bisherigen B-Aktionäre von der Besteuerung mit Börsenumsatzsteuer ausgenommen ist (§ 22, Nr. 2 KVStG). Die Kapitalerhöhungen verursachen dagegen 1 v. H. Gesellschaftsteuer (§ 7, Abs. 4, Satz 3 u. § 9 KVStG) auf den Wert der Gegenleistung (Börsenkurswert im Zeitpunkt des Handelsregistereintrags).

– Bei den übrigen Gesellschaftern der B-AG:

Bei ihnen treten keine steuerlichen Wirkungen ein, da die seitherigen B-Aktien als mit ihren Buchwerten bzw. Anschaffungskosten eingetauscht gelten (§ 16, Abs. 1 und 2 UmwStG) und die Fusion keine Börsenumsatzsteuer hervorruft.

d) – Eröffnungsbuchungen:

Sachanlagen	3.400.000			
Beteiligungen	1.600.000			
Vorratsvermögen	1.000.000			
Forderungen aus Lieferungen und Leistungen	2.400.000			
Kasse, Bank	1.400.000	**an**	Eröffnungsbilanzkonto	9.800.000
Eröffnungsbilanzkonto	9.800.000	**an**	Gezeichnetes Kapital	5.000.000

			Kapitalrücklage	1.100.000
			Verbindlichkeiten	3.700.000

– Umsatzsteuer:

Vorsteuer	978.000	**an**	Umsatzsteuerverbindl. (B)	978.000

– Kapitalerhöhung:

Aktienumtauschkonto	1.550.000	**an**	Gezeichnetes Kapital	1.550.000
Entschädigungsaktienkonto	3.348.000	**an**	Gezeichnetes Kapital	1.550.000
			Kapitalrücklage	1.798.000

– Übernahme der Entschädigungsaktien durch B-Aktionäre:

Bank	3.348.000	**an**	Entschädigungsaktienkonto	3.348.000

– Übernahme der Buchwerte B-AG:

Sachanlagen	3.200.000			
Vorratsvermögen	1.400.000			
Eigene Aktien	180.000			
Forderungen aus Lieferungen und Leistungen	1.800.000			
Umsatzsteuerforderungen (A)	978.000			
Kasse, Bank	200.000	**an**	Übernahmekonto	7.758.000
Übernahmekonto	7.758.000	**an**	Übernommenes Gezeichnetes Kapital B	4.000.000
			Übernommene Kapitalrücklagen B	500.000
			Verbindlichkeiten	2.280.000
			Umsatzsteuerverbindlichkeiten	978.000

– Eliminierung der Umsatzsteuer durch Vereinigung von Forderungen und Verbindlichkeiten

Umsatzsteuerverbindlichkeit (B)	978.000	**an**	Umsatzsteuerforderung (A)	978.000

– Aufrechnung des übernommenen Gezeichneten Kapitals und der Kapitalrücklagen B:

Übernommenes Gezeichnetes Kapital B	100.000			
Fusionskonto	80.000	**an**	Eigene Aktien	180.000
Übernommenes Gezeichnetes Kapital B	800.000			
Fusionskonto	640.000	**an**	Beteiligungen	1.440.000
Übernommenes Gezeichnetes Kapital B	1.550.000	**an**	Aktienumtauschkonto	1.550.000
Übernommenes Gezeichnetes Kapital B	1.550.000	**an**	Fusionskonto	1.550.000

Übernommene Kapitalrücklagen B	500.000	**an**	Fusionskonto	500.000

– Bezahlung der Fusionskosten:

Fusionskonto	140.000	**an**	Bank	140.000

– Verbuchung des Verschmelzungsgewinns:

Fusionskonto	1.190.000	**an**	Gewinnvortrag	1.190.000

– Kontenabschluß zur Verschmelzungsbilanz:

Verschmelzungs-bilanzkonto	19.146.000	**an**	Sachanlagen	6.600.000
			Beteiligungen	160.000
			Vorratsvermögen	2.400.000
			Forderungen aus Lieferungen und Leistungen	4.200.000
			Kasse, Bank	4.808.000
			Vorsteuer	978.000
Gezeichnetes Kapital	8.100.000			
Kapitalrücklage	2.898.000			
Verbindlichkeiten	5.980.000			
Umsatzsteuerverbindlichkeiten	978.000			
Gewinnvortrag	1.190.000	**an**	Verschmelzungsbilanzkonto	19.146.000

e)

A Verschmelzungsbilanz der A-AG zum 1. 1. 19 . . P

A		P	
Sachanlagen	6.600.000	Gezeichnetes Kapital	8.100.000
Beteiligungen	160.000	Kapitalrücklage	2.898.000
Vorratsvermögen	2.400.000	Gewinnvortrag	1.190.000
Forderungen aus Lieferungen und Leistungen	4.200.000	Verbindlichkeiten	5.980.000
Kasse, Bank	4.808.000	Umsatzsteuerverbindlichkeiten	978.000
Vorsteuer	978.000		
	19.146.000		19.146.000

Übungsbeispiel 3:

Zur verbesserten Nutzung des bei der Tüftel-GmbH vorhandenen technischen Know-how's und zur Behebung der vorhandenen Eigenkapitalschwäche stimmt die Gesellschafterversammlung der GmbH einer Fusion mit der Computer-AG zu.

Der Verschmelzung werden folgende, auf wesentliche Positionen verkürzte Bilanzen zugrunde gelegt:

A Bilanz der Fa. Computer-AG zum 31. 12. 19 . . P

A		P	
Sachanlagen	16.800.000	Gezeichnetes Kapital	30.000.000
Finanzanlagen	3.700.000	Kapitalrücklage	2.750.000
Vorratsvermögen	18.400.000	Gewinnrücklagen	4.250.000
Forderungen aus Lieferungen und Leistungen	6.300.000	Verbindlichkeiten	13.000.000
Flüssige Mittel	4.800.000		
	50.000.000		50.000.000

A — Bilanz der Fa. Tüftel-GmbH zum 31. 12. 19.. — P

Sachanlagen	2.100.000	Gezeichnetes Kapital	800.000
Vorratsvermögen	800.000	Gewinnrücklagen	120.000
Forderungen aus Liefe-		Gewinnvortrag	180.000
rungen und Leistungen	960.000	Verbindlichkeiten	2.900.000
Flüssige Mittel	140.000		
	4.000.000		4.000.000

Die Aktien der Computer-AG notieren momentan mit 65 pro Stück zu nominell 50. In den Finanzanlagen sind keine Beteiligungen an der Tüftel-GmbH enthalten. Bei den Fusionsverhandlungen wurde vereinbart, daß Grundlage für die Festlegung des Umtauschverhältnisses der Börsenkurswert der Computer-Aktien und der Bilanzkurs der Tüftel-GmbH unter Veranschlagung ihrer immateriellen Werte (technisches Know-how) mit 500.000 sein soll. Zur Erzielung eines einfachen Umtauschverhältnisses wird die Tüftel-GmbH Gewinnausschüttungen an ihre Anteilseigner vornehmen. Die Fusionskosten betragen 20.000; sie werden von der AG getragen.

Die Eintragung der Durchführung der Kapitalerhöhung und der Verschmelzung in das Handelsregister des Sitzes der AG erfolgt am 1. 3. 19..

Beide Gesellschaften stellen einen Antrag auf Fortführung der Buchwerte nach § 14, Abs. 2 UmwStG. Das verwendbare Eigenkapital der Tüftel-GmbH gliedert sich vor der Ausschüttung wie folgt: EK 56: 140.000; EK 50: 70.000; EK 36: 40.000; EK 03: 50.000. Durch die Fusion wird Umsatzsteuer in Höhe von 450.000 fällig.

Aufgaben:

a) Ermitteln Sie das Umtauschverhältnis und die erforderliche Kapitalerhöhung bei der AG. Erläutern Sie die steuerlichen Konsequenzen der Gewinnausschüttung bei der GmbH.
b) Welche steuerlichen Wirkungen ergeben sich durch die Fusion?
c) Geben Sie die Buchungssätze für den Verschmelzungsvorgang bei der AG an.
d) Erstellen Sie die Verschmelzungsbilanz.

Lösung:

a) Kurswert der Computer-Aktien — 130%

Bilanzkurs der Tüftel-GmbH:

Bilanzsumme	4.000.000
./. Verbindlichkeiten	2.900.000
+ Zuschlag für Know-how	500.000

$$\frac{\text{Veranschlagtes Reinvermögen}}{\text{Gezeichnetes Kapital}} \quad \frac{1.600.000}{800.000} \cdot 100 = 200\%$$

$$\text{Umtauschverhältnis: } \frac{130\%}{200\%} = 13:20$$

$$\text{oder einfacher: } \frac{130\%}{195\%} = 2:3$$

Dieses Umtauschverhältnis wird erreicht, indem die Tüftel-GmbH aus ihrem Gewinnvortrag (für die Ausschüttung als verwendet gilt EK 56) einen Betrag von 40.000 (= 1.600.000 ./. 1,95 × 800.000) an ihre Gesellschafter ausschüttet. Hierauf ist die Ausschüttungsbelastung mit 36% Körperschaftsteuer herzustellen (§ 27, Abs. 1 KStG), so daß sich die Ausschüttung um die auf 40.000 EK 56 entfallende Körperschaftsteuerminderung von 20/44 erhöht, also 58.182 (Bardividende) beträgt. Der Teilbetrag EK 56 des verwendbaren Eigenkapitals verringert sich auf 100.000.

Verbuchung bei der GmbH:

Gewinnvortrag	40.000			
KSt-Forderung	18.182	**an**	Ausschüttungs-verpflichtung (Verbindlichkeiten)	58.182

Erforderliche Kapitalerhöhung bei der AG:

800.000 bei Umtauschverhältnis 2:3 1.200.000

b) Steuerliche Konsequenzen:
Da das übergehende Vermögen in der steuerlichen Schlußbilanz der GmbH nur zu Buchwerten angesetzt wird, unterbleibt die Auflösung der stillen Reserven in den selbstgeschaffenen immateriellen Wirtschaftsgütern. Dagegen hätte eine Bewertung des Vermögens mit dem Gegenwert der gewährten Computer-Aktien (§ 14, Abs. 1 UmwStG) den Ansatz eines originären Firmenwerts und damit den Ausweis des entsprechenden Übertragungsgewinns erfordert.

Bei der Computer-AG kann durch den Vermögensübergang kein Übernahmegewinn entstehen, weil sie an der Tüftel-GmbH nicht beteiligt ist. Durch den Buchwertansatz gelten die übernommenen Wirtschaftsgüter nicht als von der AG angeschafft, so daß die AG nach § 15, Abs. 3 UmwStG zwingend in die Rechtsstellung der Überträgerin eintreten muß (z. B. bezüglich Absetzungen für Abnutzung oder Besitzzeitanrechnung). Zur Sicherung des Anrechnungsanspruchs der von der GmbH gezahlten Körperschaftsteuer ist das nach der Ausschüttung verbleibende verwendbare Eigenkapital, also 100.000 EK 56; 70.000 EK 50; 40.000 EK 36; 50.000 EK 03, aufgegliedert in das verwendbare Eigenkapital der AG zu übernehmen (§ 38, Abs. 1 KStG).

Der in der Handelsbilanz der AG angesetzte Verschmelzungsmehrwert ist aufgrund des Maßgeblichkeitsprinzips auch in der Steuerbilanz auszuweisen; er kann dort über einen Zeitraum von 15 Jahren abgeschrieben werden (§ 7, Abs. 1, Satz 3 EStG).

Für das steuerliche Einkommen der bisherigen GmbH-Gesellschafter hat die Fusion keine Folgen. Ihre GmbH-Anteile gehen zu Buch- bzw. Anschaffungswerten in Computer-Aktien über (§ 16, Abs. 1 und 2 UmwStG). Die zur Vorbereitung der Fusion vorgenommene Gewinnausschüttung, einschließlich des darauf entfallenden Körperschaftsteueranrechnungsanspruchs, ist bei den Gesellschaftern der normalen Besteuerung zuzuführen.

Die durch den Vermögensübergang anfallende Umsatzsteuer in Höhe von 450.000 wird der AG in Rechnung gestellt und kann von dieser am Verschmelzungsstichtag als Vorsteuer geltend gemacht werden. Für eventuell übertragene Grundstücke wäre mit Wirkung der Handelsregistereintragung zum 1. 3. 19.. Grunderwerbsteuer in Höhe von 2 v. H. durch die AG zu entrichten (§ 1, Abs. 1, Nr. 3 i. V. m. § 11, Abs. 1 GrEStG) und als Anschaffungsnebenkosten zu aktivieren. Der Ersterwerb der neu geschaffenen Computer-Aktien ist gemäß § 7, Abs. 4 KVStG gesellschaftsteuerfrei. Eine Börsenumsatzsteuerpflicht tritt ebenfalls nicht ein, da keine Wertpapiere im Sinne des § 19 KVStG Gegenstand der Vermögensübertragung sind und die gewährten Computer-Aktien als Ersterwerb börsenumsatzsteuerfrei gestellt werden (§ 22, Nr. 2 KVStG).

c) – Eröffnungsbuchungen:

Sachanlagen	16.800.000			
Finanzanlagen	3.700.000			
Vorratsvermögen	18.400.000			
Forderungen aus Lieferungen und Leistungen	6.300.000			
Flüssige Mittel	4.800.000	**an**	Eröffnungsbilanzkonto	50.000.000
Eröffnungsbilanzkonto	50.000.000	**an**	Gezeichnetes Kapital	30.000.000
			Kapitalrücklage	2.750.000
			Gewinnrücklagen	4.250.000
			Verbindlichkeiten	13.000.000

– Umsatzsteuerbuchung:

Vorsteuer	450.000	**an**	Umsatzsteuerverbindlichkeiten (GmbH)	450.000

– Kapitalerhöhung

Umtauschkonto GmbH-Anteile/ Aktien	1.200.000	**an**	Gezeichnetes Kapital	1.200.000

– Übernahme der GmbH-Buchwerte:

Sachanlagen	2.100.000			
Vorratsvermögen	800.000			
Forderungen aus Lieferungen und Leistungen	960.000			
KSt-Forderung	18.182			
Umsatzsteuerforderungen (AG)	450.000			
Flüssige Mittel	140.000	**an**	Übernahmekonto	4.468.182
Übernahmekonto	4.468.182	**an**	Übernommenes Gezeichnetes Kapital	800.000
			Übernommene Gewinnrücklagen	120.000
			Übernommener Gewinnvortrag	140.000
			Verbindlichkeiten	2.958.182
			Umsatzsteuerverbindlichkeiten	450.000

– Vereinigung von gegenseitigen Forderungen und Verbindlichkeiten:

Umsatzsteuerverbindlichkeiten (GmbH)	450.000	**an**	Umsatzsteuerforderungen (AG)	450.000

– Ausgleich des Umtauschkontos:

Übernommenes Gezeichnetes Kapital (GmbH)	800.000			
Übernommene Gewinnrücklagen (GmbH)	120.000			

Übernommener Gewinnvortrag (GmbH)	140.000			
Fusionskonto	140.000	**an**	Umtauschkonto GmbH-Anteile/ Aktien	1.200.000

– Bezahlung der Fusionskosten:

Fusionskonto	20.000	**an**	Flüssige Mittel	20.000

– Abschluß des Fusionskontos:

Sonderposten nach § 348, Abs. 2 AktG (Verschmelzungs-mehrwert)	140.000			
Aktive Rechnungs-abgrenzungsposten	20.000	**an**	Fusionskonto	160.000

– Kontenabschluß zur Verschmelzungsbilanz:

Verschmelzungs-bilanzkonto	54.608.182	**an**	Sachanlagen	18.900.000
			Finanzanlagen	3.700.000
			Sonderposten nach § 348, Abs. 2 AktG	140.000
			Vorratsvermögen	19.200.000
			Forderungen aus Lieferungen und Leistungen	7.260.000
			Flüssige Mittel	4.920.000
			Aktive Rechnungs-abgrenzungsposten	20.000
			KSt-Forderung	18.182
			Vorsteuer	450.000
Gezeichnetes Kapital	31.200.000			
Kapitalrücklage	2.750.000			
Gewinnrücklagen	4.250.000			
Verbindlichkeiten	15.958.182			
Umsatzsteuerverbind-lichkeiten	450.000	**an**	Verschmelzungs-bilanzkonto	54.608.182

Die aktive Rechnungsabgrenzung enthält ausschließlich Fusionskosten, die zu Lasten des Gewinns im ersten Geschäftsjahr nach der Fusion aufzulösen sind.

d)

A Verschmelzungsbilanz der Fa. Computer-AG zum 1. 1. 19 . . P

A		P	
Sachanlagen	18.900.000	Gezeichnetes Kapital	31.200.000
Finanzanlagen	3.700.000	Kapitalrücklage	2.750.000
Sonderposten nach § 348, Abs. 2 AktG	140.000	Gewinnrücklagen	4.250.000
Vorratsvermögen	19.200.000	Verbindlichkeiten	15.958.182
Forderungen aus Lieferungen und Leistungen	7.260.000	Umsatzsteuerverbindlichkeiten	450.000
Flüssige Mittel	4.920.000		
KSt-Forderung	18.182		
Vorsteuer	450.000		
Aktive Rechnungsabgrenzung	20.000		
	54.608.182		54.608.182

Ergänzende Literatur zu: 2.3 Fusions(Verschmelzungs-)bilanzen

Bitz, Übungen, S. 124–126; 143–149
Egle u. a., Rechnungswesen, S. 272–288
Greifzu, Der praktische Fall, S. 285–312
Hahn/Werner, Bilanzsicherheit, Teil B, S. 299–311
Horváth u. a., Buchführung III, S. 214–248
Pausenberger, Fusion, Sp. 1603–1614
Rätsch, Fusion, Sp. 665–674
Schedlbauer, Sonderprüfungen, S. 114–138
Wöhe/Bieg, Steuerlehre, S. 292–301
Wöhe/Bilstein, Unternehmensfinanzierung, S. 68–85; 107–117

2.4 Sanierungsbilanzen

2.41 Begriff und Ursachen der Sanierung

Die Sanierung umfaßt sämtliche Maßnahmen, die geeignet erscheinen, ein notleidendes Unternehmen durch Wiederherstellung seiner Zahlungs- und Ertragsfähigkeit vor dem drohenden Zusammenbruch zu bewahren.

Die Erhaltung der Zahlungs- und Ertragsfähigkeit sind zwei unabdingbare Voraussetzungen für den Bestand eines Unternehmens: **Zahlungsunfähigkeit** stellt für alle Unternehmen, unabhängig von ihrer Rechtsform, einen Konkursgrund dar (§ 102 KO) und endet mit einer zwangsweisen Unternehmensliquidation. Fortdauernde **Ertragslosigkeit** führt notgedrungen – zumindest langfristig – zu Liquiditätsstörungen und schließlich zur Zahlungseinstellung. Außerdem geht mit der Ertragslosigkeit eine zunehmende Auszehrung des Eigenkapitals einher, die für Kapitalgesellschaften und Kapitalgesellschaften & Co KG ebenfalls einen zwingenden Konkursgrund darstellt, sofern die Eigenkapitalminderung zur **Überschuldung** führt (§§ 207, 209, 213 KO; vgl. auch Teil C, Abschn. 3.2, S. 850ff.).

Während mangelnde Zahlungsfähigkeit nur bedingt aus einer Bilanz ersichtlich ist, dokumentiert sich die **Sanierungsbedürftigkeit** eines Unternehmens aufgrund anhaltender Ertragslosigkeit durch einen **Verlustausweis,** der bei Unternehmen mit variablem Eigenkapitalkonto (Einzelunternehmen, Personengesellschaften) eine Verminderung der ausgewiesenen Eigenmittel bewirkt und sogar zu einem negativen Kapitalkonto führen kann. Bei Unternehmen mit nominell gebundenem (konstantem) Eigenkapital (AG, GmbH) zwingt ein Verlust dagegen zum Ausweis einer **formellen Unterbilanz**, wenn die ständigen Verluste nicht durch genügend offene Rücklagen gedeckt sind. Wenn die Vermögenswerte nicht mehr in der Lage sind, die Schulden abzudecken, die kumulierten Verluste also die Eigenmittel übersteigen, liegt eine **wirtschaftliche Unterbilanz** oder **Überschuldungsbilanz** vor, denn nunmehr wird der Verlustausweis nicht nur durch gesetzliche Formvorschriften, sondern auch durch wirtschaftliche Tatbestände bedingt. Sowohl Unterbilanz als auch Überschuldungsbilanz können als typische Merkmale einer dringenden Sanierungsbedürftigkeit angesehen werden. Deshalb muß der Vorstand einer Aktiengesellschaft oder der Geschäftsführer einer GmbH, wenn der um die offenen Rücklagen verminderte Verlust die Hälfte des Gezeichneten Kapitals übersteigt, unverzüglich die Haupt-(Gesellschafter-)Versammlung einberufen, um ihr die Unterbilanz anzuzeigen (§ 92, Abs. 1 AktG; § 49, Abs. 3 GmbHG).

Obwohl sich Unternehmenskrisen in aller Regel im finanzwirtschaftlichen Bereich durch eine Beeinträchtigung der Rentabilität und Liquidität niederschlagen, sind die Gründe dafür oftmals in den übrigen betrieblichen Teilbereichen zu suchen. Dabei können Fehldispositionen bei Finanzierung und Investition eine negative Unternehmensentwicklung ebenso verursachen wie Mängel in der Unternehmensführung, im Bereich der Leistungserstellung und im Personal- oder Absatzbereich. Aber auch Veränderungen des äußeren, von der einzelnen Unternehmung nicht steuerbaren Datenkranzes, wie gesetzgeberische Maßnahmen oder gesamtwirtschaftliche Einflüsse, können die Existenz eines Betriebes gefährden (*Baur,* Sanierungen, S. 29ff.).

Ein Unternehmen ist aber nur dann **sanierungswürdig,** wenn die nach eingehender Analyse festgestellten Mängel auch behebbar sind; ansonsten würde ein wirtschaftlicher Zusammenbruch nicht verhindert, sondern bestenfalls hinausgezögert, woraus zusätzliche Nachteile für die Gesellschafter, die Gläubiger und auch für die Volkswirtschaft zu erwarten wären. Wird der Erhaltung der Unternehmensexistenz gegenüber der Liquidation der Vorzug eingeräumt, müssen wirksame, auf den speziellen **Einzelfall** zugeschnittene organisatorische, kaufmännische, personelle sowie technische Maßnahmen ergriffen werden. Da diese sich allerdings nur mittelbar im betrieblichen Rechnungswesen niederschlagen, bleiben sie hier unberücksichtigt. Es stehen vielmehr die Maßnahmen zur Diskussion, die unter dem Oberbegriff **finanzielle Sanierung** zusammengefaßt sind und eine Neuordnung der Kapitalverhältnisse zum Ziel haben. Dabei soll betont werden, daß die finanzielle Sanierung in bezug auf die Gesamtheit der Sanierungsmaßnahmen lediglich flankierenden Charakter besitzt und für sich allein durchgeführt den Fortbestand eines Unternehmens nicht gewährleisten kann.

2.42 Finanzielle Sanierungsmaßnahmen und Durchführung der Sanierung

2.421 Überblick

Das Gesamtkapital eines Unternehmens setzt sich aus dem Eigenkapital und dem Fremdkapital zusammen. Demnach kann eine Neuordnung der Kapitalverhältnisse grundsätzlich sowohl zu Lasten der Eigentümer als auch zu Lasten der Gläubiger durchgeführt werden. Welche spezifischen finanziellen Sanierungsmaßnahmen eingeleitet werden müssen, ist vom jeweiligen Merkmal der Sanierungsbedürftigkeit abhängig. Während zur buchtechnischen Bilanzbereinigung lediglich formelle Schritte erforderlich sind, da die effektive Eigenkapitalausstattung unverändert bleibt, müssen zur Behebung eines Liquiditätsengpasses weitergehende Maßnahmen ergriffen werden, um Anteilseigner oder Fremdkapitalgeber zur Zuführung neuer Finanzmittel zu bewegen. Einen Überblick über die möglichen finanziellen Sanierungsmaßnahmen gibt die Übersicht auf der nachfolgenden Seite:

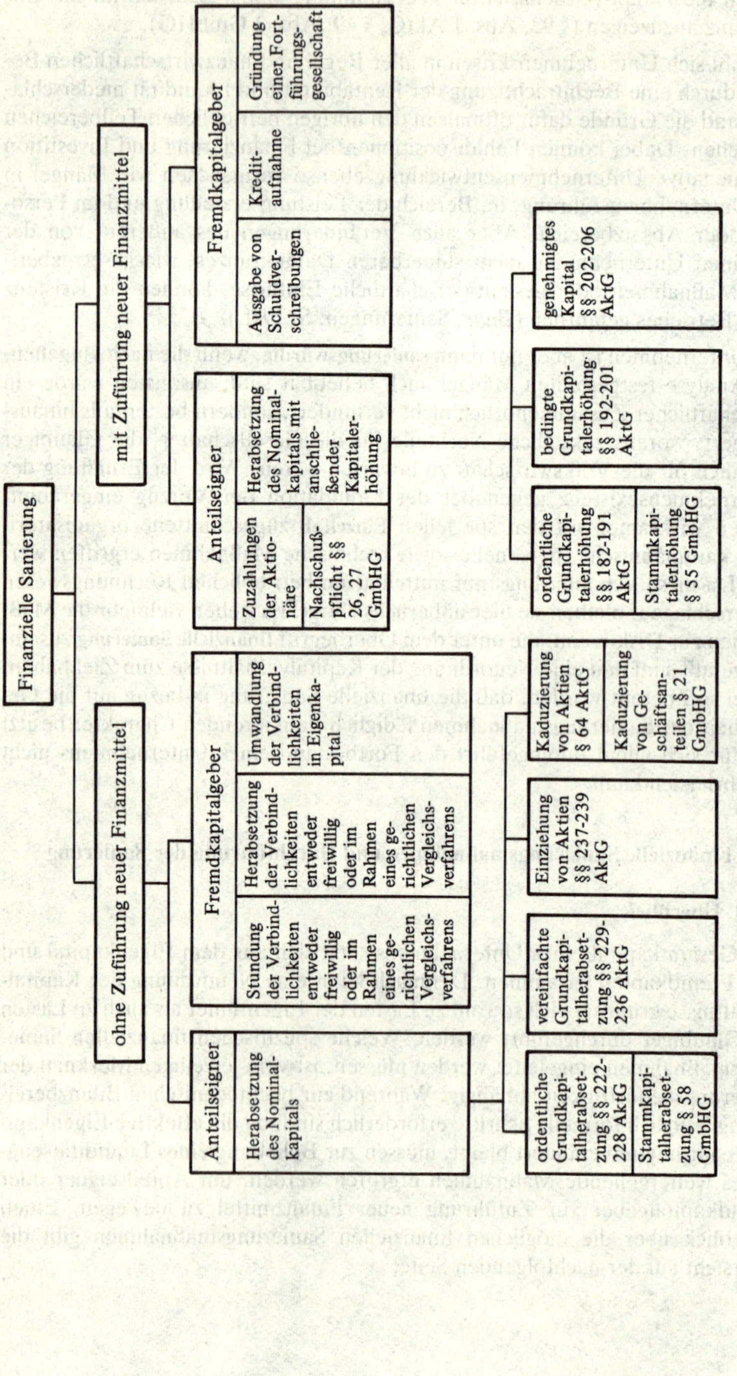

Möglichkeiten finanzieller Sanierung

Der Gesetzgeber hat keine besonderen, außerhalb des Jahresabschlusses zu erstellenden **Sanierungsbilanzen** vorgeschrieben. Die Sanierung kann deshalb auch in den ordentlichen Jahresabschluß einbezogen werden, wenn gewährleistet ist, daß erfolgswirksame Sanierungsmaßnahmen von den laufenden Erfolgsbuchungen abgegrenzt werden und die Verwendung des Sanierungsgewinns aus der Gewinn- und Verlustrechnung hervorgeht (*IdW*, WP-Handbuch 85/86 I, S. 619).

Aussagefähiger erscheint jedoch eine gesondert durchgeführte Sanierung, die sich buchtechnisch in mehrere Schritte zerlegen läßt. Sie wird mit einer **Sanierungseröffnungsbilanz**, die die Kapitalverhältnisse **vor** der Sanierung und den bereits aufgelaufenen Bilanzverlust ausweist, eingeleitet. Die erfolgswirksamen Sanierungsvorgänge werden auf einem besonderen Konto, dem **Sanierungskonto**, erfaßt, das grundsätzlich folgenden Inhalt hat:

S	Sanierungskonto	H
Sanierungsaufwendungen	Sanierungserträge	
Sanierungsgewinn (mit Verwendungsnachweis)		

Dieses Konto wird über die **Sanierungsschlußbilanz** abgeschlossen, die als Ergebnis die Neuordnung der Kapitalverhältnisse ausweist und damit den Anschluß an die ordentlichen Jahresbilanzen wieder herstellt.

2.422 Finanzielle Sanierungsmaßnahmen der Unternehmensleitung und der Anteilseigner

Die finanziellen Sanierungsbestrebungen der Unternehmensleitung und der Gesellschafter erstrecken sich zunächst auf die **formelle Beseitigung des ausgewiesenen Bilanzverlustes.** Dabei sind Maßnahmen, die in der Entscheidungsbefugnis der Geschäftsführung stehen, am schnellsten und ohne Durchsetzungswiderstand durchzuführen. Obwohl diese nicht zu den Sanierungsmaßnahmen im eigentlichen Sinne zählen und häufig nach außen nicht erkennbar im Rahmen des laufenden Geschäftsbetriebs erfolgen, sind sie der Geschlossenheit der Darstellung wegen aufzuzeigen.

Die Geschäftsführung ist im Rahmen der Sanierung gehalten, die bisherigen Bewertungskriterien der Vermögensgegenstände und der Verbindlichkeiten zu überprüfen. Dabei ist grundsätzlich von der Fortführung des Unternehmens (Going-concern-Prinzip, § 252, Abs. 1, Nr. 2 HGB) auszugehen, so daß eine **gezielte Auflösung stiller Reserven** nur im handelsrechtlich höchstzulässigen Rahmen (fortgeschriebene Anschaffungs- oder Herstellungskosten) möglich ist, es sei denn, im Zuge der Sanierung soll eine Veräußerung nicht betriebsnotwendigen Vermögens erfolgen, wofür der Ansatz von Zerschlagungswerten gerechtfertigt erscheint. Die Umbewertungen werden entweder über ein **Neubewertungskonto**, das über das Sanierungskonto abgeschlossen wird, oder direkt über das Sanierungskonto verbucht.

Beispiel:

Die Z-AG weist zum 31. 12. 19.. folgende verkürzte Überschuldungsbilanz aus:

A Handelsbilanz der Z-AG zum 31. 12. 19.. P

Grundstücke	10.000	Gezeichnetes Kapital	100.000
Maschinen	100.000	Bilanzverlust	– 200.000
Vorräte	1.000.000	Pensionsrückstellungen	50.000
		Fremdmittel	1.160.000
	1.110.000		1.110.000

An Neubewertungen kommen in Betracht:

- Die Maschinen wurden in früheren Perioden zum höchstzulässigen steuerlichen Abschreibungssatz abgeschrieben, ihr Realisationswert rechtfertigt daher eine Zuschreibung in Höhe von 5.000;
- die Pensionszusagen enthalten eine Vorbehaltsklausel und sollen, da eine Gefährdung des Unternehmens besteht, widerrufen werden.

Buchungssätze:

Maschinen	5.000	**an**	Neubewertungskonto	5.000
Pensionsrückstellungen	50.000	**an**	Neubewertungskonto	50.000
Neubewertungskonto	55.000	**an**	Sanierungskonto	55.000

Der Beitrag der stillen Reserven zur Deckung des Bilanzverlustes ist im allgemeinen nur gering zu veranschlagen; weit häufiger ergibt sich die Notwendigkeit, Vermögensgegenstände zu Lasten des Sanierungskontos abzuwerten, um damit die in früheren Perioden aus bilanzpolitischen Gründen zu niedrig bemessenen Abschreibungen nachzuholen. Genügt der erzielte Buchgewinn trotzdem zur Bilanzbereinigung, kann angenommen werden, daß das Unternehmen von vornherein nicht sanierungsbedürftig war, denn durch die Neubewertungen wird lediglich eine bilanzmäßig dargestellte, nicht eingetretene Wertminderung rückgängig gemacht (*Pausenberger,* Sanierung, S. 667).

Kapitalgesellschaften bietet sich die Möglichkeit, den ausgewiesenen Bilanzverlust gegen noch verfügbare **Kapital- und Gewinnrücklagen** aufzurechnen. Dabei sind jedoch die Vorschriften über die Auflösung der Kapital- und gesetzlichen Rücklage (§ 150, Abs. 3 und Abs. 4 AktG) zu beachten: Sofern die Summe der Kapital- und der gesetzlichen Rücklage den zehnten oder den in der Satzung bestimmten höheren Teil des gezeichneten Kapitals noch nicht erreicht hat, ist eine Auflösung zur Verlustabdeckung nur zulässig, wenn die weniger stark gebundenen Mittel, wie Gewinnvortrag, Jahresüberschuß und andere Gewinnrücklagen (auch die sonstigen zweckbestimmten Gewinnrücklagen), bereits in vollem Umfang in Anspruch genommen wurden. Übersteigen Kapital- und gesetzliche Rücklage den durch Gesetz oder Satzung bestimmten Prozentsatz, so darf der übersteigende Teil, da er wesensmäßig eher den anderen Gewinnrücklagen zuzurechnen ist, auch bei bestehenden anderen Gewinnrücklagen zur Verlustabdeckung verwendet werden, wenn gesichert ist, daß diese nicht gleichzeitig für Gewinnausschüttungen Verwendung finden.

Ähnlich wie die Auflösung der Rücklagen stellt die **Kapitalherabsetzung** einen rein formellen Vorgang dar, mit dem eine Anpassung des nominell ausgewiesenen Nennkapitals an die effektive Kapitalausstattung vollzogen wird, ohne daß sich dadurch etwas an den wirtschaftlichen Verhältnissen der Kapitalgesellschaft ändert. Da dies einen schwerwiegenden Eingriff in die Rechtsverhältnisse und die Verfassung des Unternehmens (Satzungsänderung nach § 23, Abs. 3, Nr. 3 AktG) darstellt, hat die Kapitalherabsetzung eine detaillierte gesetzliche Regelung erfahren (§ 58 GmbHG, §§ 222–240 AktG). Das Aktiengesetz unterscheidet drei Arten der Kapitalherabsetzung:

- Ordentliche Kapitalherabsetzung (§§ 222–228 AktG)
- Vereinfachte Kapitalherabsetzung (§§ 229–236 AktG)
- Kapitalherabsetzung durch Einziehung von Aktien (§§ 237–239 AktG).

Alle Arten der Kapitalherabsetzung erfordern die Zustimmung von mindestens drei Vierteln des in der Hauptversammlung vertretenen Grundkapitals (§ 222, Abs. 1 AktG). Wurden mehrere Aktiengattungen (Vorzugsaktien) ausgegeben, so müssen die Aktionäre jeder Gattung mit qualifizierter Mehrheit zustimmen (§ 222, Abs. 2 AktG). Zur Wirksamkeit des Beschlusses bedarf es der Eintragung in das Handelsregister.

Die ordentliche und die vereinfachte Kapitalherabsetzung unterscheiden sich im wesentlichen durch die unterschiedlichen wirtschaftlichen Zwecke. Während die **vereinfachte Kapitalherabsetzung** nur zum Ausgleich von Wertminderungen und Verlusten oder zur Erhöhung der Kapitalrücklage (§ 229, Abs. 1 AktG) zulässig ist, darf die **ordentliche Kapitalherabsetzung** auch zur Rückzahlung des Haftungskapitals verwendet werden, so daß die Interessen der Gläubiger eines besonderen Schutzes bedürfen. Die Gesellschaft muß ihnen auf Verlangen Sicherheit leisten und darf darüber hinaus die Teilliquidation erst nach einer halbjährigen **Sperrfrist** vollziehen (§ 225, Abs. 2 AktG). Die ordentliche Kapitalherabsetzung wird deshalb nur in seltenen Fällen, wenn das Unternehmen, gemessen an seiner Geschäftstätigkeit, überkapitalisiert ist und deshalb über keine ausreichende Eigenkapitalrentabilität verfügt, zur Sanierung herangezogen.

Die **vereinfachte Kapitalherabsetzung** ist dagegen die typische Maßnahme zur **buchmäßigen (reinen) Sanierung** notleidender Gesellschaften. Sie darf jedoch, um die Aktionäre vor einer ungerechtfertigten Kapitalherabsetzung zu schützen, nur dann durchgeführt werden, wenn andere Möglichkeiten zur Verlustabdeckung nicht offenstehen. So müssen vorher die anderen Gewinnrücklagen, die rücklagenähnlichen Positionen (Gewinnvorträge, Jahresüberschüsse, Sonderposten mit Rücklageanteil, Rückstellungen mit Rücklagecharakter) und die Teile der gesetzlichen Rücklage zuzüglich Kapitalrücklage, die zusammen zehn Prozent des nach der Herabsetzung verbleibenden Grundkapitals (mindestens 100.000 DM) übersteigen, aufgelöst werden (§ 229, Abs. 2 AktG; *Lutter*, Kölner Kommentar, Anm. 17–24 zu § 229).

Beispiel:

Die Y-AG weist zum 5. 7. 19.. folgende verkürzte Handelsbilanz aus:

A Handelsbilanz der Y-AG vor Sanierung P

Anlagevermögen	1.800.000	Gezeichnetes Kapital	2.500.000
Umlaufvermögen	1.200.000	Bilanzverlust	– 300.000
		Verbindlichkeiten	800.000
	3.000.000		3.000.000

Um welchen Betrag darf das Gezeichnete Kapital bei einer vereinfachten Kapitalherabsetzung maximal vermindert werden?

Maximale Kapitalherabsetzung:

Verlust + 10% Gezeichnetes Kapital neu = 300.000 + 200.000 = 500.000

Berechnung:

2.500.000 (Gezeichnetes Kapital alt) ./. 300.000 (Verlust) =
2.200.000 (Gezeichnetes Kapital neu + Kapitalrücklage)

$$\text{Gezeichnetes Kapital neu} = 2.200.000 \cdot \frac{100}{110} = 2.000.000$$

Buchungssätze:

Gezeichnetes Kapital	500.000	**an**	Sanierungskonto	500.000
Sanierungskonto	500.000	**an**	Verlust	300.000
			Kapitalrücklage	200.000

A	Handelsbilanz der Y-AG nach Sanierung		P
Anlagevermögen	1.800.000	Gezeichnetes Kapital	2.000.000
Umlaufvermögen	1.200.000	Kapitalrücklage	200.000
		Verbindlichkeiten	800.000
	3.000.000		3.000.000

Nach einer vereinfachten Kapitalherabsetzung dürfen Dividenden aus „ordentlichen" Gewinnen erst wieder gezahlt werden, wenn die gesetzliche Rücklage einschließlich Kapitalrücklage (§ 233, Abs. 1, Satz 1 AktG) zehn Prozent des herabgesetzten Grundkapitals erreicht hat. Selbst dann sind innerhalb der ersten beiden Jahre nach der Sanierung Ausschüttungen, die vier Prozent übersteigen, nur zulässig, wenn die Gläubiger vorher befriedigt oder besichert wurden (§ 233, Abs. 2 AktG).

Zur **technischen** Durchführung der Kapitalherabsetzung muß die Gesellschaft den Nennbetrag der ausgegebenen Aktien dem neuen Grundkapital anpassen. Dies kann durch Herabsetzung des Nennbetrages der einzelnen Aktie **(Denomination)**, durch die Zusammenlegung mehrerer Aktien zu einer neuen **(Konversion)** oder durch Einziehung von Aktien (**Amortisation**) erfolgen. Um eine Benachteiligung von Kleinanlegern zu vermeiden, ist eine Zusammenlegung mehrerer Aktien nur dann zulässig, wenn der erforderliche Mindestnennbetrag von 50 DM je Aktie (§ 8 AktG) durch die Denomination unterschritten würde (§ 222, Abs. 4, Nr. 2 AktG).

Beispiel:

Die Hauptversammlung der X-AG beschließt mit Dreiviertelmehrheit eine Kapitalherabsetzung im Verhältnis 2 : 1. Der Nominalwert der einzelnen Aktie beträgt 100.

In diesem Falle ist eine Zusammenlegung unzulässig, da die Aktien auf den Mindestnennbetrag von 50 herabgestempelt werden können.

Kann die angestrebte Kapitalherabsetzung allein durch Denomination nicht erreicht werden, darf keinesfalls nur die Form der Zusammenlegung herangezogen werden; es ist vielmehr eine Kombination beider Arten anzustreben, indem erst eine Nennbetragsherabsetzung auf den Mindestnennbetrag und dann eine Zusammenlegung der Aktien erfolgt.

Ist eine Zusammenlegung unumgänglich, können Probleme dann auftreten, wenn Aktienurkunden zur Durchführung der Zusammenlegung trotz mehrmaliger Aufforderung der Gesellschaft nicht eingereicht werden oder das zahlenmäßige Verhältnis nicht zum vollständigen Ersatz durch neue oder berichtigte Aktien ausreicht. In diesem Fall hat der Vorstand die Altaktien für kraftlos zu erklären, zusammenzulegen und die neuen Aktien ohne schuldhaftes Verzögern für Rechnung der Aktionäre unter Einschaltung eines Kursmaklers oder durch Versteigerung zu verwerten. Der Erlös ist den beteiligten Aktionären auszuzahlen (§ 226 AktG).

Beispiel:

Das Gezeichnete Kapital einer AG in Höhe von 5.000.000 soll im Verhältnis 5 : 2 durch Zusammenlegung herabgesetzt werden. Da 10% der Aktionäre ihre Urkunden nicht vorlegen, erklärt der Vorstand diese für kraftlos, veräußert sie nach der Zusammenlegung durch Versteigerung zum Kurs von 120% und zahlt den Betrag an die Aktionäre aus.

Buchungssätze:

– Zusammenlegung und Kraftloserklärung:

Gezeichnetes Kapital	500.000	**an**	Sanierungskonto	300.000
			Sonstige Verbindlichkeiten	200.000

– Verkauf zum Kurs von 120%:

Kasse	240.000	**an**	Gezeichnetes Kapital	200.000
			Sonstige Verbindlichkeiten	40.000

– Auszahlung an die beteiligten Aktionäre:

Sonstige Verbindlichkeiten	240.000	**an**	Kasse	240.000

Während Konversion und Denomination grundsätzlich zu einer gleichmäßigen Belastung aller Aktionäre führen, wird die Kapitalherabsetzung durch Einziehung von Aktien zu Lasten bestimmter Aktionärsgruppen durchgeführt (**Sanierung durch Einziehung von Aktien**). Mit der Einziehung gehen die in den Aktien verbrieften Rechte unter. Ein Buchgewinn zur Bilanzbereinigung entsteht allerdings nur bei einem Rückkauf der Aktien unter pari oder wenn die Aktien der Gesellschaft unentgeltlich zur Verfügung gestellt werden. Erfolgt der Rückkauf dagegen zu Lasten des Gezeichneten Kapitals, so ist dies nur unter Beachtung der verschärften Gläubigerschutzbestimmungen entsprechend den Vorschriften über die ordentliche Kapitalherabsetzung (§ 237, Abs. 2 AktG) möglich. Da dieses Verfahren trotz Sanierungsbedürftigkeit den Einsatz liquider Mittel voraussetzt, wird diese Form der Sanierung auch als „Sanierung mit Ausschüttung von Mitteln“ bezeichnet (*Wöhe/Bilstein*, Unternehmensfinanzierung, S. 93).

Beispiel:

Die sonst rentable X-AG weist eine Unterbilanz in Höhe von 900.000 aus. Die Hauptversammlung beschließt mit **einfacher** Stimmenmehrheit (§ 237, Abs. 4 AktG) eine Kapitalherabsetzung durch Einziehung von Aktien. Ein Großaktionär stellt unentgeltlich Aktien im Wert von 500.000 zur Verfügung. Außerdem sollen Aktien im Nennwert von 500.000 zum Kurswert von 300.000 zu Lasten der anderen Gewinnrücklagen zurückerworben werden.

Da der Rückkauf nicht zu Lasten des Gezeichneten Kapitals erfolgt, brauchen besondere Gläubigerschutzrechte nicht beachtet zu werden (§ 237, Abs. 3 AktG).

Buchungssätze:

Gezeichnetes Kapital	500.000	**an**	Sanierungskonto	500.000
Aktieneinziehungskonto	300.000	**an**	Bank	300.000
Andere Gewinnrücklagen	300.000	**an**	Aktieneinziehungskonto	300.000
Gezeichnetes Kapital	500.000	**an**	Sanierungskonto	500.000
Sanierungskonto	900.000	**an**	Verlustkonto	900.000
Sanierungskonto	100.000	**an**	Kapitalrücklage	100.000

In seltenen Fällen können Aktien auch zwangsweise eingezogen werden. Diese Maßnahme ist jedoch nur zulässig, wenn sie von der Satzung **von Anfang an**, d. h. bereits vor Übernahme oder Zeichnung der betreffenden Aktie, zugelassen oder angeordnet war (§ 237, Abs. 1 AktG). Eine Aktienzwangseinziehung ist zusätzlich auch dann gestattet, wenn Aktionäre ihren noch ausstehenden Einlageverpflichtungen trotz mehrmaliger Aufforderung und Nachfristsetzung nicht nachkommen (**Kaduzierung** gemäß § 64, Abs. 1 und Abs. 3 AktG).

Beispiel:

Im Rahmen der Sanierung der Z-AG wurden die ausstehenden Einlagen in Höhe von 50.000 eingefordert. Obwohl die säumigen Aktionäre mehrmals zur Zahlung aufgefordert wurden, haben sie ihre restliche Einlage nicht geleistet. Die Hauptversammlung beschließt daher als zusätzliche Sanierungsmaßnahme die Kaduzierung der Anteile und die Herabsetzung des Grundkapitals um den Nennbetrag der Aktien von 180.000.

Buchungssätze:

Gezeichnetes Kapital	180.000	**an**	Sanierungskonto	180.000
Sanierungskonto	50.000	**an**	Eingeforderte ausstehende Einlagen	50.000

Auch für Unternehmen anderer Rechtsform als die der AG ist eine Herabsetzung des Kapitals zu Sanierungszwecken möglich. Das Pendant zur ordentlichen Kapitalherabsetzung findet sich in § 58 GmbHG. Auch die Kaduzierung von Geschäftsanteilen ist in § 21 GmbHG vorgesehen, wobei dem ausgeschlossenen Gesellschafter erhebliche Nachteile erwachsen können, da er wie auch seine Rechtsvorgänger für den ausstehenden Betrag weiterhin haftet. Die Einziehung von Geschäftsanteilen gemäß § 34 GmbHG hat jedoch keine Verbindung zur Kapitalherabsetzung, da durch sie bei unverändertem Fortbestand des Stammkapitals lediglich eine Verminderung der Mitgliedschaftsrechte angestrebt wird.

Durch die reine (buchmäßige) Sanierung fließen dem notleidenden Unternehmen keine neuen Mittel zu, die bei drohender Illiquidität dringend benötigt werden. Während die GmbH-Gesellschafter kraft Satzung zur Leistung von Zuzahlungen gezwungen werden und sich nur durch Preisgabe (**Abandonrecht**) ihres Geschäftsanteils von einer unbeschränkten **Nachschußpflicht** befreien können (§ 27, Abs. 1 GmbHG), besteht für Aktionäre keine Zuzahlungsverpflichtung (§ 54, Abs. 1 AktG). Der Vorstand kann deshalb die bisherigen Aktionäre nur auffordern, freiwillige Zuzahlungen (à fonds perdu) zu leisten (**Sanierung durch Zuführung neuer Mittel über Zuzahlungen**). Der Erfolg dieser Maßnahme ist damit von deren Zahlungsbereitschaft abhängig, die jedoch durch verschiedene Anreizmöglichkeiten, wie z. B. durch Ausgabe von Genußscheinen, Bezug höherer Dividende oder Gewährung von Vorzugsaktien, beeinflußt werden kann. Um eine Gleichbehandlung aller Aktionäre zu ermöglichen, ist die Gewährung solcher Vorzugsrechte an einen qualifizierten Beschluß des bei der Beschlußfassung in der Hauptversammlung vertretenen Grundkapitals gebunden (§ 179 i. V. m. § 23, Abs. 3, Nr. 4, § 221, Abs. 1 AktG).

Inwieweit Aktionäre bereit sind, Zuzahlungen zu leisten, ist von der jeweiligen individuellen Risikopräferenz des Anlegers abhängig. Aus diesem Grund hat sich die Form der **Alternativsanierung** entwickelt, die den Anteilseignern ein Wahlrecht zwischen Denomination bzw. Konversion einerseits und Zuzahlung andererseits einräumt. Die gleichmäßige Wahrung der Interessen aller Aktionäre verlangt, daß Zuzahlungsbetrag und Werteinbuße durch Nennwertänderung gleichwertige Alternativen darstellen. Es muß also gelten:

$$(1)\ Z \cdot N = N \cdot K - \frac{N \cdot K}{V}$$

Es bedeuten:

Z = Prozentuale Zuzahlung (Zuzahlungssatz in %)
N = Nennwert der Aktien
K = Kurswert der Aktien nach Sanierung
V = Kapitalherabsetzungsverhältnis (Reduktionsbruch)

Durch Umformung von (1) folgt:

$$(2)\ Z = K - \frac{K}{V} \quad \text{und} \quad (3)\ V = \frac{K}{K-Z}$$

Die Formel macht deutlich, daß die Gleichwertigkeit von Zuzahlung und Kapitalherabsetzung vom Kurs nach vollzogener Sanierung abhängig ist.

Beispiel:

Bei einem angenommenen Kurs nach der Sanierung von 100% beträgt die Zuzahlung bei einem Gezeichneten Kapital von 600.000 und einem Kapitalherabsetzungsverhältnis von 3 : 1

$$Z = 100 - \frac{100 \cdot 1}{3} = 66\tfrac{2}{3}\%$$

Es entsteht somit der gleiche geplante Sanierungsgewinn

– bei **einheitlicher** Zuzahlung:

$$600.000 \cdot 66\tfrac{2}{3}\% = 400.000$$

– bei **einheitlicher** Kapitalherabsetzung:

$$600.000 - \frac{600.000 \cdot 1}{3} = 400.000$$

Auch der Verlust der Aktionäre ist in beiden Fällen gleichwertig:

3 Altaktien zum Nennwert von je 50	150
./. Neuaktie zum Nennwert von 50	50
Verlust aus Kapitalherabsetzung	100
3 Neuaktien zum Nennwert von je 50	150
./. Differenzbetrag Nennwert-Zuzahlung	50
Verlust bei Zuzahlung 66⅔%	100

Diese Rechnung ist jedoch nur dann zutreffend, wenn sich nach der Sanierung ein Kurswert von 100% einstellt; notiert die Aktie z.B. nur mit 80%, werden die Aktionäre, die nicht zugezahlt haben, begünstigt, denn die Kapitalherabsetzung hätte, um gegenüber der Zuzahlung gleichwertig zu sein, im Verhältnis:

$$V = \frac{80}{80 - 66\tfrac{2}{3}} = \frac{6}{1} \text{ stattfinden müssen.}$$

Eine Gleichstellung der Aktionäre ist also nur möglich, wenn der Kurs nach der Sanierung bekannt ist. Da dieser jedoch von der Höhe der Buchgewinne, also von der Entscheidung der Aktionäre zugunsten von Umtausch oder Zuzahlung, abhängt, kann ein wirtschaftlich gleichmäßig belastender Rechenkurs nicht ermittelt werden.

Aus Praktikabilitätsgründen wurde bereits 1902 versucht, mit einer rein formellen, von wirtschaftlichen Gesichtspunkten abstrahierenden Berechnung aufgrund eines Paritätskurses auszukommen (RGE v. 15. 10. 1902, Bd. 52, 1903, S. 287ff.). Der Paritätskurs ist dabei der Kurs, der vor der Sanierung bestehen müßte, damit sich bei gleichmäßiger Belastung durch Zuzahlung oder Kapitalherabsetzung nach der Sanierung ein Kurs von 100% einstellt. Es muß deshalb gelten, wenn obige Legende um den Paritätskurs P ergänzt wird:

(4) $P + Z = P \cdot V$, nach Umformung:

(5) $Z = P(V - 1)$ bzw.

(6) $$P = \frac{Z}{V - 1}$$

Für verschiedene Paritätskurse ergeben sich folgende Alternativen:

Kurs nach der Sanierung	Zusammen-legung	Zuzahlung	Paritätskurs
100%	10 : 9	10%	90%
	5 : 4	20%	80%
	4 : 3	25%	75%
	3 : 2	33⅓%	66⅔%
	5 : 3	40%	60%
	2 : 1	50%	50%
	5 : 2	60%	40%
	10 : 3	70%	30%
	5 : 1	80%	20%

Inhaltlich entspricht diese Vorgehensweise jedoch den mit Gleichung (2) und (3) beschriebenen Methoden, wenn für den Kurs nach der Sanierung, wie beim Paritätskurs unterstellt, 100% eingesetzt werden.

Die Alternativsanierung ist auch deshalb problematisch, weil der Aktionär, der zwar „Mitglied bleiben aber nicht zuzahlen will (oder kann), diese vermögenswerte Chance ‚verstärkter' Mitgliedschaft nicht selbständig veräußern kann, also ohne Ausgleich verliert" (*Lutter,* Kölner Kommentar, Anm. 19 zu § 222). Bei einer Kapitalherabsetzung mit anschließender Kapitalerhöhung träte diese Einbuße nur dann auf, wenn das gewährte Bezugsrecht ohne Wert bleiben würde.

Oftmals werden die Aktionäre trotz großzügiger zusätzlicher Anreize, wie Vorzugsaktionen oder Genußscheine, zu keiner zusätzlichen Leistung bereit sein. Dies trifft insbesondere dann zu, wenn wegen der erlittenen Verluste in absehbarer Zeit keine Aussicht auf Gewinnausschüttungen besteht. In diesem Fall wird der Vorstand eine **doppelstufige Sanierung** mit vereinfachter Kapitalherabsetzung und anschließender Kapitalerhöhung anstreben (**Sanierung durch Zuführung neuer Mittel über Kapitalerhöhung**). Dabei hat die Kapitalherabsetzung den Zweck, die Unterbilanz buchmäßig zu beseitigen und den Aktienkurs, der bei notleidenden Unternehmen gewöhnlich unter dem Nennwert liegt, wieder auf pari zu heben, da eine Unter-pari-Emission junger Aktien gesetzlich untersagt ist (§ 9, Abs. 1 AktG). Mit der anschließenden Kapitalerhöhung werden dem Unternehmen die zur Sanierung notwendigen neuen Mittel zugeführt, wobei die Einlage aus Gläubigerschutzgründen und um die Wirksamkeit der Sanierung nicht zu gefährden, bar geleistet werden muß.

Grundsätzlich sind bei dieser Sanierungsmaßnahme alle **Formen der Kapitalerhöhung,** also neben der ordentlichen Kapitalerhöhung (§§ 182–191 AktG) auch die bedingte Kapitalerhöhung (§§ 192–201 AktG) und das genehmigte Kapital (§§ 202–206 AktG), zum Zwecke der Mittelzufuhr einsetzbar. Dies gilt jedoch nicht, wenn durch die Kapitalherabsetzung der festgesetzte Mindestnennbetrag des Gezeichneten Kapitals (100.000 DM, § 7 AktG) unterschritten würde. In diesem Fall ist zum (teilweisen) Ausgleich der Kapitalherabsetzung zwingend eine ordentliche Kapitalerhöhung durchzuführen, die zugleich mit der Kapitalherabsetzung zu beschließen ist (§ 228, Abs. 1 AktG).

Beispiel:

Die sanierungsbedürftige Y-AG weist folgende Unterbilanz aus:

A	Handelsbilanz der Y-AG		P
Anlagevermögen	4.500.000	Gezeichnetes Kapital	6.000.000
Umlaufvermögen	5.000.000	Bilanzverlust	– 1.100.000
		Verbindlichkeiten	4.600.000
	9.500.000		9.500.000

Da die Aktie zum Nennwert von 50 an der Börse nur noch mit 44 gehandelt wird, beschließt die Hauptversammlung mit Dreiviertelmehrheit folgende Sanierungsmaßnahmen:

- Es wird eine vereinfachte Kapitalherabsetzung im Verhältnis 5 : 4 vorgenommen.
- Zusätzlich wird eine Kapitalerhöhung im Verhältnis 4 : 1 durchgeführt, wobei die jungen Aktien zu pari ausgegeben werden.

Buchungssätze:

- Kapitalherabsetzung:

Gezeichnetes Kapital	1.200.000	**an**	Sanierungskonto	1.200.000

- Verlustumbuchung:

Sanierungskonto	1.100.000	**an**	Bilanzverlust	1.100.000

- Umbuchung des verbleibenden Sanierungsgewinns gemäß § 232 AktG:

Sanierungskonto	100.000	**an**	Kapitalrücklage	100.000

- Kapitalerhöhung:

Aktieneinzahlungskonto	1.200.000	**an**	Gezeichnetes Kapital	1.200.000
Liquide Mittel	1.200.000	**an**	Aktieneinzahlungskonto	1.200.000

A	Sanierungsbilanz der Y-AG		P
Anlagevermögen	4.500.000	Gezeichnetes Kapital	6.000.000
Umlaufvermögen	6.200.000	Kapitalrücklage	100.000
		Verbindlichkeiten	4.600.000
	10.700.000		10.700.000

Da die Beseitigung der Unterbilanz lediglich einen buchmäßigen und folglich vermögensneutral wirkenden Vorgang darstellt, muß sich der Aktienkurs nach der Zusammenlegung auf 55 einstellen, sofern von anderweitigen Börseneinflüssen abstrahiert wird, da der Wert der Aktien vor der Kapitalherabsetzung (5 · 44) dem Wert der Aktien nach der Kapitalherabsetzung (4 · 55) entsprechen muß.

Durch die Kapitalerhöhung stellt sich ein neuer Aktienkurs ein, der rechnerisch wie folgt zu ermitteln ist:

	Nennwert	Zahl der Aktien	Kurs je Aktie	Gesamtkurswert
Gezeichnetes Kapital nach Kapitalherabsetzung	4.800.000	96.000	55	5.280.000
Kapitalerhöhung zu pari	1.200.000	24.000	50	1.200.000

$$\text{Neuer Kurs} = \frac{\text{Kurswert der alten Aktien} + \text{Kurswert der neuen Aktien}}{\text{Zahl alter Aktien} \quad + \quad \text{Zahl neuer Aktien}}$$

$$= \frac{5.280.000 + 1.200.000}{96.000 + 24.000} = 54 \text{ je Aktie zu nominell } 50$$

Was für die Aktiengesellschaft gilt, trifft im Grundsatz auch für die GmbH zu, so daß auch hier eine Herabsetzung des Gezeichneten Kapitals mit anschließender Erhöhung des Gezeichneten Kapitals möglich ist (§ 58 i. V. m. § 55 GmbHG). Dabei kann ein Gesellschafter aus der Kapitalerhöhung jeweils nur **einen** weiteren Geschäftsanteil erwerben (§ 55, Abs. 3 und 4 i. V. m. § 5, Abs. 2 GmbHG).

2.423 Freiwillige finanzielle Sanierungsmaßnahmen der Fremdkapitalgeber

Gerät ein Unternehmen in finanzielle Schwierigkeiten, werden davon nicht nur die Eigentümer, sondern auch die Gläubiger betroffen, denn unterstützen sie die Sanierungsbestrebungen eines an sich rentablen Unternehmens nicht durch eigene Zugeständnisse, so ist ein Konkurs, der zumindest für die nicht gesicherten Gläubiger zu erheblichen Forderungsausfällen führen kann, oftmals unvermeidbar. Tragen die Gläubiger jedoch mit eigenen Maßnahmen zu einer Gesundung des sanierungsbedürftigen Unternehmens bei, dann erfahren Sanierungsverzichte meist eine Kompensation durch die aus der weiterbestehenden Geschäftsverbindung resultierenden Gewinne.

Befindet sich das notleidende Unternehmen nur in einer vorübergehenden Liquiditätskrise, wird die Geschäftsleitung die Gläubiger um einen **Zahlungsaufschub** ersuchen, der häufig mit einer Zinsreduktion oder dem Wegfall der Verzinsung gekoppelt wird. Diese Maßnahme hat jedoch nur temporäre Wirkung, da sowohl Verbindlichkeiten als auch Zinsen zu einem späteren Zeitpunkt in vollem Umfang zurückgezahlt werden müssen.

Werden dagegen ihm Rahmen eines **außergerichtlichen freiwilligen** Vergleichs Teile der Verbindlichkeiten erlassen, ist das notleidende Unternehmen endgültig von der Leistung befreit. Dabei kann der entstehende Buchgewinn zur Tilgung eines bestehenden Bilanzverlustes herangezogen werden. Gleichzeitig tritt mit dem Schuldenerlaß, insbesondere wenn auf kurzfristige Verbindlichkeiten verzichtet wird, eine nachhaltige Entspannung der Liquiditätslage ein.

Sind die Gläubiger nicht zur endgültigen Aufgabe ihrer Forderungen bereit, kann das notleidende Unternehmen ihnen eine **Besserungsverpflichtung** anbieten. Dies ist ein schriftliches Schuldversprechen, das den Gläubigern, die auf ihre Forderungen gegenüber dem Schuldner ganz oder teilweise verzichten, zusagt, daß die erlassenen Schulden aus dem zukünftigen ordentlichen Gewinn oder dem Liquidationserlös zurückbezahlt werden. Zu einem Buchgewinn führt dieser Sanierungsvorgang jedoch nur dann, wenn durch das Versprechen keine passivierungspflichtige Schuld (z. B. Besserungsscheine, Genußrecht) begründet wird.

Da das Eigenkapital keine Verzinsung beansprucht, kann eine Umwandlung von Fremdkapital in Eigenkapital die Sanierung günstig beeinflussen. Die Stärkung der Eigenkapitalbasis ist jedoch im allgemeinen mit einem einschneidenden Eingriff in die Struktur der betrieblichen Willensbildung verbunden.

Im übrigen stehen einer notleidenden Gesellschaft grundsätzlich alle Fremdfinanzierungsmöglichkeiten, die von einer ertragskräftigen Unternehmung in Anspruch genommen werden könnten, ebenfalls zur Verfügung. Dabei kommen besonders die Wandelschuldverschreibung und die Gewinnschuldverschreibung den Bedürfnissen der Anleger nach Risikobegrenzung entgegen, weil die Begebung dieser Wertpapiere an besondere Sicherheitsvoraussetzungen, die nur sanierungsfähige Gesellschaften erbringen können, geknüpft sind.

2.424 Finanzielle Sanierungsmaßnahmen der Fremdkapitalgeber im Rahmen des gerichtlichen Vergleichsverfahrens

2.424.1 Vergleichsarten und Durchführung des Vergleichs

Dem Schuldner bietet sich neben der Möglichkeit eines **freiwilligen außergerichtlichen Vergleichs** durch Einzelvereinbarungen mit allen Gläubigern auch die Möglichkeit einer **gesetzlich geregelten Einigung.** Der Vorteil eines freiwilligen Vergleichs (Akkord) liegt grundsätzlich in der geringeren Publizitätswirkung, dafür muß aber, da es sich um einen freien Vertrag zwischen den Vergleichsgläubigern und dem Vergleichsschuldner handelt, eine größere Rechtsunsicherheit (Bestimmungen des BGB) als beim gesetzlich geregelten Vergleichsverfahren nach der Vergleichsordnung in Kauf genommen werden.

Das Vergleichsverfahren dient dabei der kollektiven Abwicklung der Verbindlichkeiten des Schuldners mit dem Ziel, den Konkurs abzuwenden und den Gewerbebetrieb des Schuldners zu erhalten (*Castan,* Vergleichsverfahren, Sp. 5696). Dieser Zweck wird besonders im sog. **Zwangsvergleich** (§§ 173ff. KO) zwischen dem Gemeinschuldner und den einfachen Konkursgläubigern deutlich, denn hierbei tritt an die Stelle der Konkursverteilung der Vergleich, der damit das Konkursverfahren aufhebt (§ 190 KO) und auch sanierungsunwillige, nicht bevorrechtigte Gläubiger zu finanziellen Zugeständnissen zwingt (§ 193 KO). Die verschiedenen **Arten des Vergleichs** zeigt die folgende Übersicht:

Arten des Vergleichs	
Unterscheidung nach dem Inhalt	Unterscheidung nach dem Zustandekommen bzw. nach der Abwicklung
– Stundungsvergleich – Erlaßvergleich – Liquidationsvergleich – Treuhandvergleich	– Freiwilliger Vergleich bzw. Zwangsvergleich – Außergerichtlicher Vergleich bzw. gerichtlicher Vergleich

Sowohl der **Stundungsvergleich** (Moratorium), ein befristeter Zahlungsaufschub, als auch der **Erlaßvergleich,** eine Herabsetzung der Schulden bei sofortiger Zahlung, sind in ihrer reinen Form nur selten anzutreffen. In der Regel werden im Vergleichsvorschlag beide Möglichkeiten miteinander kombiniert. Die beiden anderen Arten des Vergleichs stellen Sonderformen dar, denn ihre

Folgen sollten gerade mit dem Vergleichsverfahren ausgeschlossen werden: So wird beim **Liquidationsvergleich** der Gewerbebetrieb eingestellt, um das Unternehmen innerhalb angemessener Frist zugunsten der Gläubiger aufzulösen; beim **Treuhandvergleich** verliert der Schuldner die Verfügungsgewalt über sein Vermögen, da diese einem Treuhänder übertragen wird.

Der Antrag auf Eröffnung des Vergleichsverfahrens kann nur vom Schuldner beim zuständigen Gericht gestellt werden (§ 2, Abs. 1 VerglO). Voraussetzung hierzu ist die **Konkursreife** (§ 2, Abs. 1 VerglO), also die Zahlungsunfähigkeit bzw. bei Kapitalgesellschaften oder Personenunternehmen, bei denen keine natürliche Person voll haftet, auch die Überschuldung sowie die **Vergleichswürdigkeit** des Schuldners. Zur Beweisführung hat der Schuldner dem Antrag eine detaillierte Vermögensübersicht (**Vergleichsbilanz;** § 5, Abs. 1 VerglO), ein genaues Gläubiger- und Schuldnerverzeichnis (§ 6 VerglO) und, sofern er zur Buchführung verpflichtet war, die Eröffnungsbilanz, Jahresabschlüsse und sonstige Vermögensübersichten (§ 5, Abs. 2 VerglO) der letzten drei Jahre beizufügen. Daneben muß der Antrag einen **Vergleichsvorschlag** enthalten, der Aufschluß über die Form und Höhe der Schuldenbegleichung gibt. Dabei muß den Gläubigern ein **Mindestsatz** von 35% ihrer Forderungen in bar (§ 7, Abs. 1, 3 VerglO) gewährt werden. Diese Regelung gilt auch für den Liquidationsvergleich (§ 7, Abs. 4 VerglO). Erstreckt sich die Stundungsfrist über mehr als ein Jahr, so erhöht sich die Mindestquote auf 40%, Zeiträume über achtzehn Monate bedingen eine Quote von mehr als 40% (§ 7, Abs. 2 VerglO). Da das Gericht anhand der Vergleichsbilanz die Sanierungsfähigkeit und die Möglichkeiten zur Deckung der Vergleichsquote beurteilen soll, sind bei ihrer Erstellung, im Gegensatz zu den Bilanzen im freiwilligen Sanierungsverfahren, besondere Gliederungs- und Bewertungskriterien zu beachten (s. Teil C, Abschn. 2.424.2 und 2.424.3, S. 796ff.).

Am Vergleichsverfahren sind allerdings nur die persönlichen Gläubiger (**Vergleichsgläubiger**) beteiligt, die im Konkursfall nur eine nicht bevorrechtigte Forderung (§ 61, Abs. 1, Nr. 6 KO) geltend machen können. Alle übrigen Gläubiger (sog. nichtbeteiligte Gläubiger; absonderungsberechtigte Gläubiger) sind also voll zu befriedigen (§§ 26, 27 VerglO). Zu den Vergleichsgläubigern zählen auch jene Gläubiger, die ihr Vorrecht erst innerhalb der letzten dreißig Tage vor Antragstellung durch Zwangsvollstreckungsmaßnahmen erworben haben (§ 28 VerglO).

Vor Eröffnung des Verfahrens hat das Gericht den Eröffnungsantrag und den Vergleichsvorschlag zu prüfen. Dazu ist auch die zuständige Berufsvertretung gutachterlich anzuhören (§ 14 VerglO). Zudem sind durch einen vom Gericht zu bestimmenden vorläufigen Verwalter die Vergleichswürdigkeit und -fähigkeit, insbesondere die Ursachen des Zusammenbruchs, die Angemessenheit des Vergleichsvorschlags und die Aussichten für eine ordnungsgemäße Abwicklung des Verfahrens zu prüfen. Kommt das Gericht dabei zu einem ablehnenden Beschluß, so ist von Amts wegen über den **Anschlußkonkurs** (§§ 102ff. VerglO) zu entscheiden (§ 19, Abs. 1 VerglO).

Wird hingegen das Verfahren eröffnet, benennt das Gericht einen **Vergleichsverwalter** und beraumt die **Gläubigerversammlung** an (§ 20 VerglO), die über den Vergleichsvorschlag abstimmt (§ 74 VerglO). Danach ist der Vorschlag angenommen, wenn die Mehrheit der Vergleichsgläubiger, die zugleich 75% der Forderungen repräsentieren müssen, den Vorschlag billigen. Liegt die Vergleichsquote unter 50%, so muß, um die Gleichbehandlung aller Vergleichsgläubiger zu gewährleisten, auf die Mehrheit der zustimmenden Gläubiger sogar ein Anteil von 80% der Forderungen entfallen (§ 74 VerglO). Der Beschluß bedarf der Bestätigung durch das Gericht (§ 78 VerglO) und ist damit für und gegen alle Vergleichsgläubiger wirksam (§ 82 VerglO). Die erlassenen Schulden gelten als endgültig erloschen.

Der Vergleichsverwalter hat die ordnungsgemäße Durchführung des Vergleichs zu überwachen (§ 96, Abs. 2 VerglO). Kommt der Schuldner seinen Verpflichtungen nicht nach, so leben die Forderungen wieder auf (§ 9 VerglO) und es ist von Amts wegen über den Anschlußkonkurs zu entscheiden (§ 96, Abs. 5 VerglO). Ist der Vergleich den Bestimmungen gemäß beendet, wird das Verfahren aufgehoben (§ 96, Abs. 4 VerglO).

2.424.2 Gliederungsprinzipien der Vergleichsbilanz

Die **Vergleichsbilanz** soll unter Sichtbarmachung der Haftungsverhältnisse einen sicheren Einblick in die Vermögenslage gewährleisten. Eine zweckentsprechende Gliederung, die diesen Gesichtspunkten Rechnung trägt, kann nicht nur von wirtschaftlichen Grundsätzen geprägt sein, sondern muß auch den rechtlichen Bedingungen genügen.

Wie in der Konkursbilanz (vgl. Teil C, Abschn. 3.2, S. 850ff.) sind auch hier verschiedene **Gläubigergruppen** zu berücksichtigen (Aussonderungsrechte, § 26, Abs. 1 VerglO; Absonderungsrechte, § 26, Abs. 1 VerglO; Aufrechnungsrechte, § 54 VerglO; Massekosten bzw. -schulden, § 26, Abs. 2 VerglO; Vorrechte, § 26, Abs. 1 VerglO). Da mit der Vergleichsbilanz nur festgestellt werden soll, für welche Gläubiger der Vergleichsvorschlag gilt, kann auf eine so weitreichende Untergliederung, wie sie für die Konkursbilanzen notwendig ist (vgl. Teil C Abschn. 3.212, S. 853ff.), verzichtet werden. Es reicht daher aus, wenn die Bilanz nach **Vergleichsgläubigern** und **nichtbeteiligten Gläubigern** unterscheidet.

Beispiel:

Die XY-AG hat Waren im Wert von 10.000 unter Eigentumsvorbehalt geliefert.

Buchungssätze:

Verbindlichkeiten aus Lieferungen und Leistungen	10.000	**an**	Nichtbeteiligte Gläubiger	10.000
Nicht verfügbare Vermögensgegenstände	10.000	**an**	Waren	10.000

Dies kann im handelsrechtlichen Gliederungsschema für Kapitalgesellschaften durch entsprechende Vorspalten berücksichtigt werden. Daneben erweist sich die folgende, nach Rechtsbezügen geordnete Vergleichsbilanz jedoch als übersichtlicher:

A	Vergleichsbilanz P
Nicht verfügbare Vermögensgegenstände	Eigenkapital
Verfügbare Vermögensgegenstände	Nichtbeteiligte Gläubiger
Vergleichsabwicklungskonto	Vergleichsgläubiger

Das **Vergleichsabwicklungskonto** erfaßt sämtliche während des Verfahrens entstehende Aufwendungen und Erträge und, falls vorhanden, den Verlustvortrag.

Beispiel:

Die A-OHG bietet den Vergleichsgläubigern (Schulden: 120.000) eine Vergleichsquote von 35% bei barer Zahlung. Die Vergleichsgläubiger stimmen zu.

Erlaß:

Vergleichsgläubiger	78.000	**an**	Vergleichsabwicklungskonto	78.000

Zahlung:

Vergleichsgläubiger	42.000	**an**	Kasse/Bank	42.000

Da ein Schuldenerlaß zu erheblichen Vergleichsgewinnen führt, kann das Vergleichsabwicklungskonto auch auf der Passivseite der Vergleichsbilanz angesiedelt sein. Nach Abschluß des Verfahrens wird der Saldo des Vergleichsabwicklungskontos bei Kapitalgesellschaften und Genossenschaften auf das GuV-Konto (das weiterhin zur Erfassung der **laufenden** erfolgswirksamen Geschäftsvorfälle geführt werden muß) umgebucht, bei Einzelunternehmen und Personengesellschaften direkt mit den Eigenkapitalkonten verrechnet.

2.424.3 Bewertungsgrundsätze der Vergleichsbilanz

Das Bewertungsproblem gewinnt bei der Erstellung von Vergleichsbilanzen zentrale Bedeutung, denn die Bilanz soll dem Gericht Anhaltspunkte liefern, ob das Vergleichsangebot angemessen und im Verfahrenszeitraum erfüllbar ist. Eine falsche Bewertung in der Vergleichsbilanz kann somit zu einer ungerechtfertigten Fortführung des Betriebes und damit zu einer weiteren Schädigung der Gläubiger führen. Die Bewertung sollte deshalb dem Zweck des Vergleichsverfahrens entsprechend zu **Zeitwerten** bei Unterstellung des **Going-concern-Prinzips** (§ 252, Abs. 1, Nr. 2 HGB) erfolgen. Dadurch wird gewährleistet, daß weder stille Rücklagen noch überhöhte Ansätze mit Wertberichtigungen den Einblick in die Vermögenslage erschweren. Eine Bewertung zum **Zerschlagungswert,** der nicht notwendigerweise dem Wert im Konkursfall entspricht, erscheint immer dann sinnvoll, wenn Teile des Betriebsvermögens veräußert werden sollen, um aus dem Erlös den Vergleichsverpflichtungen nachzukommen. Die dabei auftretenden Bewertungsdifferenzen können über das Vergleichsabwicklungskonto gebucht werden.

Beispiel:

Ein zum nicht betriebsnotwendigen Betriebsvermögen zählendes Grundstück (Buchwert: 150.000) soll zur Abdeckung der Vergleichsquote veräußert werden. Vorsichtiger Schätzpreis: 180.000.

Buchungssatz:

Verfügbares Vermögen 30.000 **an** Vergleichsabwicklungskonto 30.000

2.425 Fortführungsgesellschaften

Eine Sanierung ohne Zuführung neuer Fremdmittel ist häufig nicht durchführbar. Sind aber die Gläubiger nicht zu weiteren Zuzahlungen bereit, so kann ein Unternehmen oftmals nur noch mittels Übernahme durch eine Fortführungsgesellschaft gerettet werden. Dabei sind unter den Begriff der **Fortführungsgesellschaften** alle jene Gesellschaften subsumierbar, die der Erhaltung zumindest des (technisch-organisatorischen) Betriebes notleidender Unternehmen dienen und im einzelnen in den folgenden Ausprägungen auftreten können (*Groß*, Sanierung, S. 131ff., 255ff.):

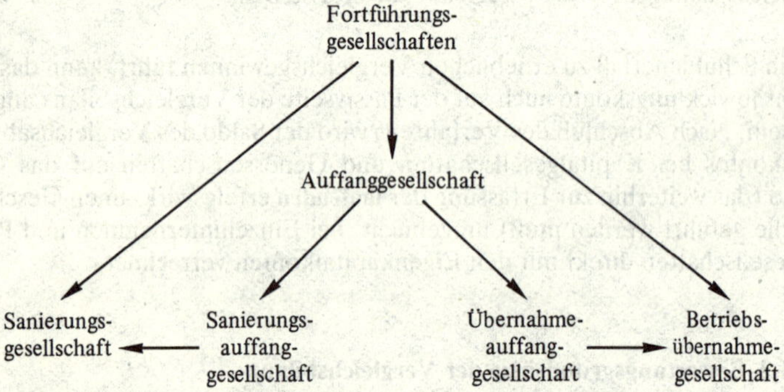

Systematik der Fortführungsgesellschaften

Mit der **Sanierungsgesellschaft** wird nicht nur versucht, den technisch-organisatorischen Produktionsbetrieb, sondern auch die rechtlich-finanzielle Einheit des ganzen Unternehmens zu erhalten. Die Verfolgung dieser Absicht setzt aber voraus, daß sich neue kapitalkräftige Gesellschafter zur Übernahme des Unternehmens bereit finden. Letztere kann unter Wahrung der Rechtsidentität erfolgen, indem die neuen Gesellschafter bestehende Beteiligungen oder im Rahmen von Kapitalerhöhungen entstehende junge Anteile übernehmen. Die Kapitalzuführungen werden dabei häufig von formwechselnden Umwandlungen begleitet. Darüber hinaus sind aber auch Vermögensübertragungen im Wege der errichtenden und verschmelzenden Umwandlung möglich, mit dem Zweck, die Kapitalstruktur zu verbessern (vgl. dazu auch Teil C, Abschn. 2.2 und 2.3, S. 708ff. und 749ff.). Da in diesen Fällen die Sanierungsgesellschaft in die Rechtsstellung der übertragenden Gesellschaft tritt, haftet sie auch für die übernommenen Altverbindlichkeiten. Eine Umgründung, bei der eine

Übernahme der bestehenden Verbindlichkeiten nur bei ausdrücklicher Einzelübertragung erfolgt, scheitert dagegen oftmals bereits daran, daß besicherte Gläubiger in das Vermögen mit der Konsequenz hineinvollstrecken, daß damit dem Unternehmen die Betriebsgrundlage entzogen ist.

Bei einer **Betriebsübernahmegesellschaft** wird dagegen nur der technisch-organisatorische Teil des Unternehmens übertragen. Für die Kapitalgeber der Betriebsübernahmegesellschaft ist es wichtig, nicht in Haftungslagen für Altverbindlichkeiten hineingezogen zu werden. Die Übernahme des Betriebs erfolgt durch Einzelrechtsnachfolge im Wege des Kaufs, der Abtretung oder Übereignung von Vermögensgegenständen und Rechten. Da bei dieser, auf das Produktionsvermögen konzentrierten Übernahme i. d. R. nicht alle Wirtschaftsgüter die Gesellschaft wechseln und deshalb auch keineswegs sämtliche bestehenden Verbindlichkeiten übernommen werden, sind hier noch stärker als im Falle der Umgründung Durchsetzungswiderstände von Seiten der Gläubiger zu erwarten.

Auffanggesellschaften kommen ebenfalls in den Ausprägungen der Sanierungs- und der Betriebsübernahmeauffanggesellschaft vor. Die typischen Merkmale einer Auffanggesellschaft sind die nur pachtweise oder treuhänderische Fortführung des Unternehmens bzw. des Betriebs sowie die Möglichkeit des Haftungsausschlusses gegenüber den Gläubigern. Da Auffanggesellschaften somit primär der uneigennützigen Befriedigung bestehender Gläubigeransprüche und der geregelten Abwicklung eines gerichtlichen oder freiwilligen Vergleichs dienen, zählen zu den Gründern ausschließlich Gläubiger. Die Uneigennützigkeit schließt jedoch keineswegs eine sofortige oder spätere Beteiligung am sanierten Unternehmen aus. Obwohl Auffanggesellschaften nur von Gläubigern für Gläubiger betrieben werden, können auch hier einzelne nicht am Vergleich beteiligte Gläubiger die Sanierung durch Vollstreckungsmaßnahmen in Frage stellen.

Sanierungsauffanggesellschaften führen ihre Geschäfte regelmäßig im eigenen Namen auf Rechnung des notleidenden Unternehmens. Das setzt jedoch nicht zwingend voraus, daß die Sanierungsauffanggesellschaft alle Geschäftsbereiche des Unternehmens übernimmt; es sind vielmehr durchaus Trennungen in reine Besitz-(Produktions-), Finanzierungs- oder Vertriebsgesellschaften denkbar. Auf diese Weise kann z. B. auch vermieden werden, daß Verpflichtungen aus bestehenden Arbeitsverhältnissen (§ 613a BGB), insbesondere im kostenintensiven Sozialplanbereich, vom Krisenunternehmen auf die Sanierungsgesellschaft überwälzt werden.

Betriebsübernahmeauffanggesellschaften übernehmen den Betrieb eines insolventen Unternehmens grundsätzlich nur in Pacht. Damit führen sie den Betrieb sowohl in eigenem Namen als auch auf eigene Rechnung fort, wobei auch in diesem Fall zur Vermeidung der Rechtsfolgen des § 613a BGB die Produktionsstätte nicht zwingend in die Auffanggesellschaft eingegliedert werden muß.

2.426 Praxisbeispiele

Um eine nachhaltige Gesundung eines notleidenden Unternehmens herbeizuführen, bedarf es stets einer auf den **speziellen** Fall zugeschnittenen Kombination der dargestellten Sanierungsmaßnahmen. Um zu veranschaulichen, wie vielgestaltig sich Sanierungen in der Realität darstellen können, sollen im folgenden zwei spektakuläre Fälle der Praxis, die Sanierungen der Neckermann KGaA und des AEG-Telefunken Konzerns, in ihren wesentlichen Elementen nachvollzogen werden.

Sanierung Neckermann KGaA

Durch die vorwiegend aus Umsatzrückgängen und Produktivitätsverschlechterungen resultierenden, durch überhöhte Lagerbestände und erhebliche Preiszugeständnisse zunehmenden Verluste und durch die Einflußnahme verschiedener Großgläubiger sah sich die Unternehmensleitung des Versandhauses gezwungen, der Ende 1976 gegebenen hohen Existenzgefährdung der Firma durch eine Neuordnung der Kapitalstruktur und Beteiligung einer Sanierungsgesellschaft, der Karstadt AG, zu begegnen. Grundlage dafür bildeten die Beschlüsse auf der ordentlichen Hauptversammlung vom 2. 6. 1977 und die am 28. 8. 1977 rückwirkend (§ 234 AktG) zum 31. 12. 1976 durchgeführte Kapitalherabsetzung mit anschließender Kapitalerhöhung. Gleichzeitig wurde eine formwechselnde Umwandlung in eine AG vorgenommen.

Zur Beseitigung der Unterbilanz 1976 in Höhe von 222 Mio. (Grundkapital 122,4 Mio.) wurden vor der Kapitalherabsetzung zunächst offene Rücklagen in Höhe von 83,6 Mio. aufgelöst. Die anschließend vorgenommene Herabsetzung des Grundkapitals in vereinfachter Form (§§ 229ff. AktG) erfolgte jeweils durch Nennbetragsreduzierung und Anteilszusammenlegung: Die Kommanditaktionäre J. und P. Neckermann mußten eine Herabsetzung der von ihnen gehaltenen Anteile am Grundkapital in Höhe von 33,9 Mio. im Verhältnis 7 : 1 hinnehmen; die im Streubesitz befindlichen Anteile in Höhe von insgesamt 88,5 Mio. wurden dagegen im Verhältnis 3 : 1 herabgesetzt. Der daraus sich ergebende Buchgewinn (Ertrag aus der Kapitalherabsetzung) betrug 88,05 Mio. (122,4 Mio. Grundkapital vor Kapitalherabsetzung abzüglich 34,35 Mio. Grundkapital nach Kapitalherabsetzung). Darüber hinaus erklärten sich die Gläubiger des Versandhauses, insbesondere die Kreditinstitute, bereit, 50,3 Mio. ihrer Forderungen zu erlassen und bis zum Jahr 1979 möglicherweise entstehende Verluste bis zu einer Höchstgrenze von 129,7 Mio. abzudecken.

Damit waren die zur Bilanzbereinigung notwendigen Buchgewinne erbracht. Gleichzeitig erholte sich der Kurswert der Aktie soweit, daß eine Kapitalerhöhung unter Ausschluß des gesetzlichen Bezugsrechts der Kommanditaktionäre im Verhältnis 1 : 3 (= 103,05 Mio.) zum Emissionskurs von 165% durchgeführt werden konnte. Durch diese Maßnahme flossen dem Unternehmen neue Finanzmittel in Höhe von 170,03 Mio. zu; das Grundkapital nach der Kapitalerhöhung betrug 137,4 Mio., die Rücklagen 66,98 Mio.

Den Altaktionären wurden jedoch nur junge Aktien zum Nennwert von 41,22 Mio. im Bezugsverhältnis 5 : 6 (bezogen auf das zusammengelegte Grundkapital) angeboten. Für die restlichen jungen Aktien im Nominalwert von 61,82 Mio. wurde das Bezugsrecht ausgeschlossen, um somit der Karstadt AG die Übernahme dieses Anteils zu ermöglichen.

Im Zuge des Reorganisationsverfahrens ergaben sich im Jahr 1980 Verluste in Höhe von 65 Mio., so daß 1981 ein zusätzlicher Kapitalschnitt notwendig wurde. Die Hauptversammlung beschloß daher eine Kapitalherabsetzung im Verhältnis 2 : 1 von 137,4 Mio. auf 68,7 Mio. und eine gleichzeitige Kapitalerhöhung im Verhältnis 1 : 1, um den ursprünglichen Kapitalbestand wieder herzustellen. Dabei wurde den freien Aktionären kein Bezugsrecht eingeräumt, die jungen Aktien also voll von der Karstadt AG übernommen. Darüber hinaus unterbreitete die Karstadt AG den freien Aktionären vor den Kapitaländerungsmaßnahmen ein Übernahmeangebot von 82,50 pro Aktie im Nennwert von 50. Die Karstadt AG konnte somit ihre Beteiligung auf ca. 90 v. H. des Grundkapitals erhöhen.

Sanierung AEG-Telefunken AG

Die Sanierung des AEG-Telefunken Konzerns war notwendig geworden, nachdem erhebliche Verluste, vor allem im Kernkraftwerks- und Haushaltsgerätebereich des Konzerns, im Jahre 1979 das Grundkapital um mehr als die Hälfte aufgezehrt hatten. Der in diesem Fall unverzüglich einzuberufenden außerordentlichen Hauptversammlung (§ 92, Abs. 1 AktG) wurde am 15. 1. 1980 ein Sanierungskonzept zur Beschlußfassung vorgelegt, das zunächst eine rein privatwirtschaftliche, außergerichtliche Sanierung vorsah und einen dreifachen Maßnahmenkatalog umfaßte:

1. **Strukturmaßnahmen** einschließlich Kooperationsobjekte
   Hierzu bestand die Absicht, ergebnisschwache Arbeitsgebiete innerhalb der Unternehmensbereiche des Konzerns entweder abzubauen bzw. aufzugeben oder durch Realisierung von Ausbauplänen auf eine tragfähigere Basis zu stellen.

2. **Rationalisierungsmaßnahmen**
   Die zu diesem Zweck entwickelten Kostensenkungsprogramme sollten eine nachhaltige Verbesserung des Kostengefüges des Unternehmens bewirken und hatten vor allem Einsparungen auf dem Personalsektor (Orientierungsgröße für den Personalabbau bis Ende 1980: 13000 Mitarbeiter) und im Materialbereich (beeinflußbares Einkaufsvolumen im Inlandskonzern ca. 4 Mrd.) zum Inhalt.

3. **Kapitalmaßnahmen**
   Die in der außerordentlichen Hauptversammlung am 15. 1. 1980 rückwirkend auf den 31. 12. 1979 zu beschließenden Maßnahmen sahen vor:
   a) **Kapitalherabsetzung** in vereinfachter Form (§§ 229ff. AktG) im Verhältnis 3 : 1 durch Zusammenlegung von Aktien (§ 226 AktG)
   b) **Kapitalerhöhung** im Verhältnis 1 : 1 durch Ausgabe neuer Inhaberaktien zum Ausgabebetrag von 150 je Aktie unter Ausschluß des gesetzlichen Bezugsrechts. Die Ausstattung der jungen Aktien mit einem Agio von 200% und die beim damaligen Börsenkurs (36,2) ausgeschlossene Plazierungsmöglichkeit am Kapitalmarkt erforderte die Übernahme der gesamten Aktien durch ein Bankenkonsortium.

   Die Auswirkungen der Sanierungsmaßnahmen auf das Eigenkapital traten wie folgt in Erscheinung:

AEG-Telefunken (31. 12. 1979)

Grundkapital vor/nach Maßnahmen

Grundkapital vor Maßnahme	930 Mio.
Kapitalherabsetzung 3 : 1	− 620 Mio.
Grundkapital nach Herabsetzung	310 Mio.
Kapitalerhöhung 1 : 1	+ 310 Mio.
Grundkapital nach Maßnahme	620 Mio.

Rücklagen vor/nach Maßnahmen

Rücklagen vor Auflösung	499 Mio.
Auflösung der alten Rücklagen	− 499 Mio.
Rücklagen nach Auflösung	0
Rücklagen-Zuführung aus Agio	+ 620 Mio.
Auflösung der Rücklagen aus Agio (zur Verlustabdeckung)	− 138 Mio.
Neue Rücklagen nach Maßnahmen	482 Mio.
Eigenkapital nach Maßnahmen	rd. 1,1 Mrd.

Bilanzergebnis zum 31. 12. 1979

Bilanzverlust 1979 vor Maßnahmen

Jahresfehlbetrag	962 Mio.
Verlustvortrag aus Vorjahr	295 Mio.
Bilanzverlust	1.257 Mio.

Ausgleich des Bilanzverlustes

Kapitalherabsetzung 3 : 1	620 Mio.
Auflösung der alten Rücklagen	499 Mio.
Auflösung der Rücklagen aus Agio (zur Verlustabdeckung)	138 Mio.
Ertrag aus diesen Maßnahmen	1.257 Mio.
Bilanzergebnis 1979 nach diesen Maßnahmen	± 0

c) Aufnahme eines unbesicherten **Optionsschuldscheindarlehens** unter Ausschluß des Bezugsrechts der Aktionäre in Höhe von 155 Mio., mit der Maßgabe der Optionsrechtsausübung frühestens zwei Jahre nach Darlehensaufnahme im Verhältnis 2 : 1 gegen Zahlung des Optionspreises von 150 je Aktie zu nominal 50. Der Optionspreis entspricht damit dem Ausgabekurs der jungen Aktien aus der Kapitalerhöhung. Die zur Bezugsrechtsausübung erforderliche **bedingte Kapitalerhöhung** betrug somit 77,5 Mio.

Darüber hinaus bemühte sich die AEG um die Ausgabe eines **Schuldscheindarlehens** mit einem Volumen zwischen 200 und 450 Mio., um auch Gläubiger in das Sanierungsverfahren einzubinden, die sich an den bisherigen Kapitalmaßnahmen nicht beteiligt hatten. Insgesamt flossen der AEG aus beiden Darlehen ca. 470 Mio. zu.

Zur Abwendung der Zahlungsunfähigkeit vereinbarte die AEG mit Kreditgebern die **Prolongation** eines langfristigen 2 Mrd. Kredits um acht Jahre, verbunden mit einer Zinsreduktion von 2%-Punkten über zwei Jahre und einer Tilgungsaussetzung für drei Jahre. Zusätzliche liquide Mittel flossen der Firma durch den **Verkauf von Beteiligungen** und durch den **Abschluß von Kooperationsverträgen** zu. Die dazu unumgängliche Trennung auch von besonders ertragsstarken Zweigen des Konzerns ermöglichte **Veräußerungsgewinne** in der Größenordnung von 600 bis 700 Mio.

Auch ein **Gläubigerverzicht** in Höhe von 240 Mio. konnte jedoch die schließlich Anfang August 1982 zutage getretene **Zahlungsunfähigkeit** der AEG-Telefunken AG nicht mehr verhindern. Der Vorstand gelangte nach Beratungen mit Aufsichtsrat und Bankenkonsortium zu der Überzeugung, daß eine Aufnahme weiterer Kredite nicht mehr möglich und auch nicht mehr zulässig war. Am 9. 8. 1982 wurde daher der Antrag auf Eröffnung des **gerichtlichen Vergleichsverfahrens** über das Vermögen der AEG-Telefunken AG zur Abwendung des Konkurses gestellt. Gegenstand des vom Vorstand gestellten Antrags war kein Liquidationsvergleich, sondern ein **Forderungserlaßvergleich,** der die Fortführung des Unternehmens vorsah. Durch den Vergleich sollten die zu erwartenden Verluste ausgeglichen und das Unternehmen in die Lage versetzt werden, die Sanierung in dem dafür erforderlichen Zeitraum durchzuführen.

Die Eröffnung des **Vergleichsverfahrens** war jedoch mehrfach in Frage gestellt, da die Abwicklung des Verfahrens das Zusammenwirken von Gläubigern, Banken und Staat erforderlich machte. Die folgende **Chronologie** gibt eindrucksvoll Aufschluß über die einzelnen Phasen des Vergleichs (in Anlehnung an Handelsblatt v. 29./30. 10. 1982, S. 13f.).

Chronologie des AEG-Telefunken-Vergleichs:

9. August 1982
Vergleichsantrag beim Amtsgericht Frankfurt am Main. Die wesentlichen Punkte sind:

- Die Gesellschaft ist zahlungsunfähig.

1. Die Kreditlinien sind soweit ausgeschöpft, daß eine Bedienung der fälligen Verbindlichkeiten nicht mehr möglich ist.
2. Es hat sich jedoch erwiesen, daß das vom Vorstand verfolgte Sanierungskonzept ohne die Stundungs- und Erlaßwirkung des angestrebten Vergleichs in einer überschaubaren Zeit nicht realisierbar ist. Dies gilt insbesondere, weil der in Aussicht genommene Kooperationspartner General Electric Company sich als nicht mehr interessiert erklärt hat.

- Den Gläubigern wird folgender Vergleich unterbreitet:

1. Haupt- und Nebenforderungen, die insgesamt nicht mehr als 10.000 betragen, werden . . . voll befriedigt.
2. Alle übrigen Forderungen erhalten eine Quote von 40%, mindestens aber 10.000.
3. Vergleichsforderungen, die nicht erlassen sind, werden bis zum Ablauf von 18 Monaten seit Bestätigung des Vergleiches bar befriedigt.

- Durch den Vergleich sollen die zu erwartenden Verluste für die Jahre 1982 und 1983 ausgeglichen und die Gesellschaft in die Lage versetzt werden, die Sanierung in dem hierfür erforderlichen Zeitraum durchzuführen und damit eine größtmögliche Zahl von Arbeitsplätzen auf Dauer zu erhalten und zu sichern.
- Unverzüglich nachgereicht werden:

1. Eine Übersicht des Vermögensstandes der Gesellschaft.
2. Verzeichnisse der Gläubiger und Schuldner.

Besonderheiten: Die knappe Fassung des Vergleichsantrags erfolgte, wie später zu erfahren war, in der Hoffnung, Zeit gewinnen zu können. Durch die Ausschöpfung der möglichen Fristen sollte die Eröffnung des Vergleichs bis zum Jahresende 1982 und damit der Vergleichstermin bis Mitte 1984 hinausgeschoben werden. Gegen diese – später aufgegebene – Taktik wandten sich erfahrene Insolvenzfachleute. Die volle Befriedigung der Kleingläubigerforderungen bis 10.000 sowie die Begünstigung der Forderungen bis 25.000 sollte die Zustimmung zum Vergleichsverfahren erleichtern.
Nicht vom Vergleichsverfahren betroffen sind die Tochtergesellschaften der AEG-Telefunken.

10. August
200 Mio. Soforthilfe. Die Konsortialführungsbanken (Dresdner Bank, Deutsche Bank und WestLB) leisten 200 Mio. des von der AEG gewünschten 1,1 Mrd. Masse-Kredits. Über die „restlichen" 900 Mio. wird im Konsortium noch gerungen.
Bestellung des vorläufigen Vergleichsverwalters.

12. August
Vertrauenswerbung bei ausländischen Finanziers durch den AEG-Vorstand, der in Zürich vor den Vertretern von etwa 50 Gläubigern und Banken, bei denen der AEG-Konzern weltweit etwa 1,8 Mrd. Schulden hat, um Stillhalten bittet. Da die Mutter für etwa 1,5 Mrd. Darlehen der Auslandstöchter bürgt, hätten die Auslandsbanken wegen des Vergleichsantrages des Bürgen die Möglichkeit, ihre Forderungen sofort fälligzustellen. Da die Auslandstöchter kaum sofort voll zurückzahlen könnten, wäre durch die dann auf die Mutter durchschlagenden Ansprüche auch der AEG-Vergleich gefährdet.

15. August
Antrag auf Bundesbürgschaft. Die AEG reicht bei der Bundesregierung einen Antrag auf eine Bundesbürgschaft von 1,1 Mrd. ein.
Erste Konturen der „neuen AEG". Der Vorstand verfolgt mit dem Vergleich eine Umstellung des Firmenkonzepts auf eine „technische AEG" mit den ertragsmäßig zukunftsträchtigen Kernbereichen. Für die anderen Bereiche sollen Kooperationspartner gesucht werden. Als besonderes Problem erweist sich der Bereich Haushaltsgeräte, da der vorläufige Vergleichsverwalter nicht bereit ist, Mittel für diesen durch Überkapazitäten gekennzeichneten Sektor zur Verfügung zu stellen.

17. August
Kursverlust wegen Konkursgerücht
An den Börsen fällt der Kurs um über 20%, da gemunkelt wird, die Banken würden sich nicht über den 1,1 Mrd. Masse-Kredit einigen. Erst auf Drängen

der Presse wird klargestellt, daß der vorläufige Vergleichsverwalter die Rechte des endgültigen Vergleichsverwalters besitzt und damit ein Masse-Darlehen aufnehmen kann, von dem bereits 550 Mio. zur Verfügung stünden.

Bonn sieht Bürgschaftsvoraussetzung erfüllt. Diese Erklärung des Bundesfinanzministers gilt allerdings für die – vor Vergleichsantrag beantragte – 600 Mio. Exportbürgschaft. Daneben wolle man, so der Minister, auch weitere Bürgschaftsanträge „wohlwollend" prüfen. Gemeint war damit der am 15. August eingereichte Antrag über 1,1 Mrd.

Finanzbedarf „eher über 2 Mrd.". Aufsehen erregt ein Interview des Aufsichtsratsvorsitzenden der AEG, die Gesellschaft habe über den angestrebten 1,1 Mrd. Masse-Kredit hinaus einen Finanzbedarf von etwa einer weiteren Mrd. Zu diesem Zeitpunkt war der Antrag auf die Bundesbürgschaft noch nicht bekannt.

18. August

Exportbürgschaft steht bereit. Der Bundesfinanzminister erklärt, daß die 600 Mio. Exportbürgschaft für die AEG bereitsteht. Die Banken geben sich wegen des (ähnlich wie bei Hermes-Krediten) verlangten 15%-igen Selbstbehalts zurückhaltend. Erst jetzt wird der AEG-Antrag auf „bis zu 1,1 Mrd. Bundesbürgschaft" bekannt. Allerdings bleibt das Verhalten der Auslandsbanken, die sich am 12. August nicht voll überzeugt fühlten, offen.

18./19. August

Krisensitzung der Banken. Die Konsortialbanken beschließen, den 1,1 Mrd. Masse-Kredit bis zum 30. 6. 1986 unter folgenden Konditionen zu gewähren:

1. 700 Mio. sofort (wobei 550 Mio. als Vorauskasse zu diesem Zeitpunkt bereits zugeflossen sind).
2. Weitere 400 Mio., wenn der Bund eine 100%-Bürgschaft über ein zusätzliches Darlehen von 1,1 Mrd. übernimmt.
3. Das bundesverbürgte Darlehen muß „gleichrangig und gleichwertig" mit dem ersten unbesicherten Masse-Darlehen sein.
4. Belegschaft und Gewerkschaften müssen die notwendigen Sanierungsmaßnahmen mittragen.

20. August

Unstimmigkeiten zwischen Bund, Banken, Ländern und Belegschaft. Der Bund will sich erst nach einem Gutachten entscheiden, ob er die Bürgschaft übernimmt. Außerdem verlangt er 50% Rückbürgschaft der Länder.

Stimmung der Länder gespalten: Während einige Bundesländer zur Rückbürgschaft bereit sind, äußern vor allem Niedersachsen, Baden-Württemberg und Berlin Bedenken, da man direkt Landesbürgschaften an AEG-Töchter geben will bzw. sich durch die Sanierung überproportional betroffen sieht.

29./30. August

Gutachten positiv. Erste Gerüchte kursieren, daß das Gutachten der Wirtschaftsprüfungsgesellschaft – von dem der Bund seine Bürgschaft abhängig macht – positiv ausfällt.

1. September

Bonn stimmt Bundesbürgschaft zu. Das Kabinett nimmt die vom Finanzminister und vom Wirtschaftsminister vorgeschlagene 1,1 Mrd. Bundesbürgschaft „zustimmend zur Kenntnis". Grundlage dafür war das Prüfergutachten. Es enthält

u. a. folgende Stellungnahme: Ausgegangen wird davon, daß die AEG für die Vergleichserfüllung 2,66 Mrd. Finanzbedarf hat. Diese Summe wird zwischenzeitlich (erheblich) überschritten. Ein notwendiges 4 Mrd. Polster sollen die 1,2 Mrd. gestundeten „Quotenforderungen" (was von den früheren Bankverbindlichkeiten aus der Zeit vor Vergleichsantrag nach dem Vergleich bleibt) sowie die beiden 1,1 Mrd. unbesicherten und 1,1 Mrd. bundesverbürgten Masse-Darlehen plus die 600 Mio. Exportbürgschaft schaffen.

Bedenken gegen Bürgschaft. Von politischen und gewerblichen Kreisen wird die Bundesbürgschaft teilweise als wettbewerbsverzerrend empfunden.

2. September

Verstimmung bei den Banken. Details über die Bedingungen des Bundes für seine Bürgschaft verstimmen die Banken.

5. September

Der **Bundeswirtschaftsminister warnt die Konsortialbanken,** die Bundesbürgschaft zu „zerreden" und damit neue Unsicherheiten entstehen zu lassen.

14. September

Banken gewähren Rest des Masse-Darlehens. Nach sechsstündigen Beratungen beschließt das Konsortium, die noch ausstehenden 400 Mio. des unbesicherten 1,1 Mrd. Darlehens zu gewähren. Außerdem zeigt sich eine erste Mehrheit auch für das zweite bundesverbürgte Masse-Darlehen.

7. Oktober

Unsicherheiten über die Bundesbürgschaft. Die aus dem Verkauf der Marke Neff an ein Konkurrenzunternehmen erwachsende Gefahr für die Haushaltsgerätesanierung löst Unsicherheiten hinsichtlich des Bestands der Bundesbürgschaft aus.

10. Oktober

Bundesbürgschaft bereitgestellt. Der neue Bundesfinanzminister unterschreibt die 1,1 Mrd. Bundesbürgschaft für die AEG angesichts der neuen Gefahr (s. o.). Gleichzeitig wird die Bundesregierung mit den Banken über die Konditionen der 600 Mio. Exportbürgschaft einig.

13. Oktober

Vergleich gesichert. Erstmals erklärt der AEG-Vorstand definitiv, daß die Finanzierung des Vergleichs gesichert ist.

31. Oktober

Eröffnung des Vergleichs.

18. März 1983

Bestätigung des von der Gläubigerversammlung angenommenen Vergleichsvorschlags durch das Vergleichsgericht. Mit Wirkung des Vergleichs wird die AEG von ca. 2,6 Mrd. Verbindlichkeiten, darunter ca. 1,6 Mrd. Pensionsrückstellungen, entlastet.

18. September 1984

Erfüllung der Vergleichsbedingungen und **Abschluß** des Verfahrens.

2.43 Steuerliche Behandlung der Sanierung

Mit der finanziellen Sanierung wird das Ziel verfolgt, eine formell ausgewiesene Unterbilanz durch Gewinn zu bereinigen. Ein Schuldenerlaß berührt zwingend den betrieblichen Bereich und führt deshalb zu einer Erhöhung des Betriebsvermögens. Grundsätzlich unterliegt eine erfolgswirksame Vermögensmehrung gemäß der Steuersystematik der Ertragsbesteuerung und würde, wenn der Sanierungsgewinn steuerpflichtig wäre, zu einem Abfluß liquider Mittel führen. Damit wäre ein Großteil der Sanierungen wegen des fiskalischen Eingriffs zum Scheitern verurteilt. Da die Besteuerung an die wirtschaftliche Leistungsfähigkeit der natürlichen und juristischen Person anknüpft, sind **echte Sanierungsgewinne steuerfrei.**

Der Begriff der Sanierung ist allerdings gesetzlich nicht normiert. Insofern sind alle Maßnahmen, die ein Unternehmen vor dem Zusammenbruch bewahren und darüber hinaus geeignet sind, die Ertragsfähigkeit wieder herzustellen, als Sanierung aufzufassen (BFH v. 26. 11. 1980, BStBl. II 1981, S. 181). Leistungen, die durch die Anteilseigner im Falle der reinen (buchmäßigen) Sanierung erbracht werden, stellen somit keine echten Erträge dar und unterliegen insoweit auch nicht der Besteuerung. Dazu zählen sowohl die aus Kapitalherabsetzung als auch durch Einziehung eigener Aktien entstehenden (Buch-)Gewinne.

Die durch die **Gläubigersanierung** erzielten Gewinne sind, da es sich um echte Gewinne im Sinne der steuerlichen Gewinndefinition (§ 4, Abs. 1 EStG) handelt, an sich steuerbar, durch gesetzliche Regelung in § 3, Nr. 66 EStG aber steuerfrei gestellt, wenn die folgenden Voraussetzungen erfüllt werden (BFH v. 25. 10. 1963, BStBl. III 1964, S. 122):

- Allgemeiner Gläubigerakkord
  Alle Gläubiger müssen in gleichem Umfang auf ihre Forderungen verzichten. Unschädlich ist, wenn Kleingläubiger (z.B. bis 1.000 DM) voll befriedigt werden.
- Sanierungsbedürftigkeit
  Objektive Merkmale, insbesondere die Ertragslage, die Höhe des Betriebsvermögens vor und nach der Sanierung und das Verhältnis der flüssigen Mittel zur Schuldenlast, müssen erkennen lassen, daß Liquidität und Rentabilität des Unternehmens gefährdet sind und ohne Sanierungshilfe ein Zusammenbruch zu befürchten ist. Allerdings ist eine Sanierungsbedürftigkeit auch dann zu bejahen, wenn der Schuldenerlaß eine schuldenfreie Liquidation des Unternehmens gewährleistet (RFH v. 16. 12. 1936, RStBl. 1937, S. 436).
- Sanierungswürdigkeit und Sanierungsabsicht
  Der Schuldennachlaß muß in der Absicht erfolgen, daß dadurch die Sanierung erreicht wird, d.h. er muß geeignet sein, den Weiterbestand des Unternehmens zu gewährleisten, also eine wirtschaftliche Fundierung herbeizuführen, die es wieder zahlungs- und ertragsfähig macht.

Die Steuerfreiheit eines Sanierungsgewinnes ist daher in Frage zu stellen, wenn die Wiederherstellung der Ertragsfähigkeit nicht aufgrund des Forderungsverzichts, sondern erst durch die Zuführung neuen Eigenkapitals ermöglicht wird. Da Sanierungsgewinne steuerfrei gestellt werden, sind sie weder mit laufenden

Verlusten noch mit einem Verlustvortrag zu verrechnen (BFH v. 15. 7. 1968, BStBl. II 1968, S. 666). Allerdings sind auch **Sanierungskosten,** die mit steuerfreien Einnahmen in unmittelbarem Zusammenhang stehen, nicht als Betriebsausgaben absetzbar. Abzugsfähig bleiben dagegen Kosten, die nur mittelbar mit der Entstehung des Sanierungsgewinns in Verbindung stehen, wie z.B. Beratungskosten oder Kosten aus der Umstellung der Organisation (*Herrmann/Heuer/Raupach,* Kommentar, Lfg. 97, Anm. 32 zu § 3c EStG).

Gesellschaftsteuerbare Vorgänge liegen sowohl beim Erwerb von Gesellschaftsrechten bei Kapitalerhöhungen von Kapitalgesellschaften als auch bei allen anderen Leistungen in Form von Zuzahlungen vor. Allerdings sind diese Vorgänge von der Gesellschaftsteuer **befreit,** soweit sie zur Deckung einer Überschuldung oder zur Deckung eines Verlustes an dem durch Gesellschaftsvertrag oder Satzung festgesetzten Kapital erforderlich sind (§ 7, Abs. 2, Nr. 1 KVStG).

Durch den Schuldenerlaß im gerichtlichen oder außergerichtlichen Vergleichsverfahren ergeben sich bei der **Umsatzbesteuerung** keinerlei Vergünstigungen. Sofern umsatzsteuerpflichtige Verbindlichkeiten erlassen werden und die darauf berechnete Umsatzsteuer als Vorsteuer verbucht wurde, ist eine Korrektur erforderlich, da sich durch den Vergleich die Bemessungsgrundlage geändert hat (§ 17, Abs. 2 i. V. m. § 17, Abs. 1, Nr. 2 UStG).

Beispiel:

Den Vergleichsgläubigern wird im gerichtlichen Verfahren eine Quote von 50% zugesichert. Unter den Schulden befinden sich Verbindlichkeiten aus Lieferungen und Leistungen in Höhe von 11.000. Die einberechnete Umsatzsteuer wurde als Vorsteuer verbucht.

Bei einer Vergleichsquote von 50% ergibt sich ein Erlaß von 5.500. Die darin enthaltene Umsatzsteuer in Höhe von 500 ist zu berichtigen.

Buchungssatz:

Vergleichsgläubiger	5.500	**an**	Vergleichsabwicklungskonto	5.000
			Nichtbeteiligte Gläubiger (Vorsteuer)	500

Dabei ist zu beachten, daß die Vorsteuerverbindlichkeit mit einem Vorrecht ausgestattet ist, also auf Konto Nichtbeteiligte Gläubiger verbucht werden muß.

Durch die Gründung einer **Fortführungsgesellschaft** ergeben sich darüber hinaus eine Reihe steuerlicher Konsequenzen, die denen bei der Umwandlung oder Fusion von Unternehmen entsprechen (vgl. im einzelnen Teil C, Abschn. 2.23, S. 717ff.). Dabei sind die Folgen des Realisierungszwangs stiller Reserven bei bestimmten Umwandlungsformen allerdings weniger weitreichend, da Krisenunternehmen die Reserven im allgemeinen bereits bis zur steuer- und handelsrechtlichen Höchstgrenze aufgelöst haben. Häufig wird der Teilwertansatz sogar erhebliche Nachholabschreibungen und damit Verluste in größerem Umfang nach sich ziehen. Dies wirkt sich besonders nachteilig aus, wenn die Verluste und etwaige Verlustvorträge wegen fehlender Personenidentität nicht auf die Fortführungsgesellschaft übertragen werden können. Da bei Betriebsübernahmegesellschaften das notleidende Unternehmen aufgelöst und nur der Betrieb gerettet wird, entsteht für das körperschaftsteuerliche verwendbare Eigenkapital (§ 29 KStG) oftmals eine endgültige (Definitiv-)Belastung, weil keine Ausschüttungen mehr an die Gesellschafter möglich sind (vgl. Teil C, Abschn. 3.14, S. 833ff.).

Darüber hinaus konnten seit der Einfügung des § 6d EStG im Rahmen des Haushaltbegleitgesetzes 1982 Sanierungs- und Betriebsübernahmegesellschaften (nicht Auffanggesellschaften), die in der Zeit vom 30. 9. 1982 bis 1. 1. 1987 einen notleidenden inländischen Betrieb oder Teilbetrieb erworben haben, eine gewinnmindernde steuerfreie Rücklage (**Sanierungsrücklage**) in Höhe von 30 v. H. bzw., wenn die Umsatzerlöse der Fortführungsgesellschaft weniger als 50 Millionen Deutsche Mark betragen, von 40 v. H. der Anschaffungskosten der Kapitalanlage bilden (§ 6d, Abs. 1 EStG). Der Ansatz der Rücklage ist allerdings an die **Bedingungen** geknüpft (§ 6d, Abs. 3, Nr. 1 bis 4 EStG), daß

- der Betrieb oder Teilbetrieb im Jahre des Erwerbs stillgelegt oder zumindest von der Stillegung bedroht ist,
- die Kapitalanlage den Fortbestand des Betriebes sichert,
- durch die Kapitalanlage die bestehenden Dauerarbeitsplätze nachhaltig erhalten bleiben,
- die Kapitalanlage für die Wettbewerbsverhältnisse unbedenklich ist,
- die Fortführungsgesellschaft, um Konzentrationsbestrebungen marktbeherrschender Unternehmen zu unterbinden, lediglich über ein Umsatzvolumen von höchstens 200 Millionen Deutsche Mark verfügt,
- die Fortführungsgesellschaft die Gewinnermittlung nach den §§ 4, Abs. 1 bzw. 5 EStG vornimmt,
- die steuerfreie Rücklage auch in der Handelsbilanz der Fortführungsgesellschaft angesetzt wird, so daß die Bildung und Auflösung der Rücklage kontrolliert werden kann.

Die Rücklage ist spätestens nach sechs Jahren zu mindestens 20 v. H. pro Jahr gewinnerhöhend aufzulösen (§ 6d, Abs. 4 EStG). Eine zwischenzeitliche Stillegung oder Veräußerung des Betriebs (nicht einzelner Wirtschaftsgüter) oder eine Abschreibung der Beteiligung (Kapitalanlage) auf den niedrigeren Teilwert, führt zu einem vorzeitigen Wegfall und zur Gewinnrealisation der steuerfreien Rücklage (§ 6d, Abs. 4, Nr. 1 und 2 EStG).

2.44 Chronologie der Buchungstechnik

Die Vielfalt der Sanierungsfälle und ihre Abwicklung im einzelnen lassen ein schematisches Vorgehen bei der Verbuchung nicht zu. Dennoch ist die buchmäßige Behandlung der Sanierung durch folgende grundsätzliche Schrittfolge zu kennzeichnen:

Außergerichtliche Abwicklung der Sanierung

- Erstellen der Sanierungseröffnungsbilanz (Nachweis der **Sanierungsbedürftigkeit**)

- Eröffnen der Konten mit Hilfe des Eröffnungsbilanzkontos
- Erfassung der Umbewertungen auf dem Neubewertungskonto
- Abschluß des Neubewertungskontos über das Sanierungs(erfolgs-)konto
- Buchung der Sanierungsgewinne aus Kapitalherabsetzung, Kapitalerhöhung und Zuzahlung der Anteilseigner sowie Schuldenerlaß der Gläubiger auf dem Sanierungskonto
- Verwendung des Sanierungsgewinns durch Abbuchung vom Sanierungskonto
- Berichtigung der Vorsteuerkonten
- Abschluß der Konten mit Hilfe des Schlußbilanzkontos
- Aufstellen der Sanierungsschlußbilanz (Ausweis des **Sanierungsergebnisses**).

Gerichtliche Abwicklung der Sanierung durch Vergleich

Aufstellung der **Vergleichsbilanz**

- Umgliederung der Verbindlichkeiten in Nichtbeteiligte Gläubiger und Vergleichsgläubiger
- Umgliederung des Vermögens in Verfügbares und Nicht verfügbares Vermögen
- Übertragung eines evtl. Verlustes auf das Vergleichsabwicklungskonto
- Gegebenenfalls: Neubewertung einzelner Vermögensgegenstände mit Erfolgsverbuchung über das Vergleichsabwicklungskonto
- Berichtigung der Vorsteuer nach der vorgeschlagenen Vergleichsquote und Umgliederung auf Nichtbeteiligte Gläubiger
- Aufstellen der Vergleichsbilanz;

Vergleichsvorgänge

- Erfassung sämtlicher Vergleichsaufwendungen und -erträge auf dem Vergleichsabwicklungskonto
- Verbuchung der ordentlichen Aufwendungen und Erträge über das Gewinn- und Verlustkonto
- Strikte Trennung der vor dem Vergleich entstandenen Verbindlichkeiten und der während des Verfahrens eingegangenen Verbindlichkeiten
- Auszahlung der Vergleichsquoten an die Vergleichsgläubiger;

Aufstellung der **Vergleichsschlußbilanz**

- Abschluß des Vergleichsabwicklungskontos über das Gewinn- und Verlustkonto bzw. bei Einzelunternehmen und Personengesellschaften über die Eigenkapitalkonten
- Aufstellen der Vergleichsschlußbilanz.

Übungsbeispiele:

Übungsbeispiel 1: Außergerichtliche Sanierung

Die Versandhandels-AG (Versa-AG), Ulm, hat nachfolgende Sanierungseröffnungsbilanz erstellt:

Sanierungseröffnungsbilanz der Fa. Versa-AG zum 30. 6. 19 . .

A		P	
A. Anlagevermögen		A. Eigenkapital	
Sachanlagen	3.880.000	Gezeichnetes Kapital	5.000.000
Finanzanlagen	75.000	Kapitalrücklage	45.000
B. Umlaufvermögen		Bilanzverlust	– 2.750.000
Vorratsvermögen	1.650.000	B. Verbindlichkeiten	
Forderungen	585.000	Anleihen	850.000
Flüssige Mittel	60.000	Bankschulden	1.755.000
		Kreditoren	1.350.000
	6.250.000		6.250.000

Die Hauptversammlung beschließt eine vereinfachte Kapitalherabsetzung im Verhältnis 5 : 2, alternativ Zuzahlung von 60%. 50% der Aktionäre üben das Umtauschangebot aus, 40% zahlen zu, 10% haben sich nicht entschieden. Diese Aktien wurden nach § 226, Abs. 1 AktG für kraftlos erklärt, in neue Aktien getauscht und zum Börsenkurs von 120% nach der Sanierung verkauft (§ 226, Abs. 3 AktG); dafür entstanden Spesen in Höhe von 20.000 (gemäß § 226, Abs. 2 AktG sind bei der Aufforderung zur Aktieneinreichung die Modalitäten des § 64, Abs. 2 AktG zu beachten).

Gleichzeitig wurde eine Kapitalerhöhung um 1.500.000 beschlossen. Die Ausgabe der jungen Aktien erfolgt über ein Bankenkonsortium zu 110%. Nach Abzug der Ausgabekosten werden 1.550.000 dem Bankkonto (Flüssige Mittel) der Gesellschaft gutgeschrieben.

Der Sanierungsaufwand beträgt 35.000.

Aufgaben:

a) Geben Sie die Buchungssätze für die Sanierung an.
b) Stellen Sie das Sanierungskonto in T-Kontenform dar.
c) Erstellen Sie die Sanierungsschlußbilanz.

Lösung:

a) **Buchungssätze:**

– Zusammenlegung der Aktien zum Nennwert von 2.500.000:

Gezeichnetes Kapital	1.500.000	**an**	Sanierungskonto	1.500.000

– Zuzahlung auf Nominalkapital 2.000.000:

Flüssige Mittel	1.200.000	**an**	Sanierungskonto	1.200.000

– Kraftloserklärung von Anteilen im Wert von 500.000:

Gezeichnetes Kapital	500.000	**an**	Sanierungskonto	300.000
			Sonstige Verbindlichkeiten	200.000

– Gutschrift für den Verkauf der Neuaktien:

Flüssige Mittel	220.000	**an**	Gezeichnetes Kapital	200.000
			Sonstige Verbindlichkeiten	20.000

– Auszahlung an die Aktionäre:

Sonstige Verbindlichkeiten	220.000	**an**	Flüssige Mittel	220.000

– Begebung junger Aktien, Nennwert 1.500.000, zu 110%:

Konto der Aktionäre	1.650.000	**an**	Gezeichnetes Kapital	1.500.000
			Kapitalrücklage	150.000

– Übernahme der Aktien durch das Bankenkonsortium:

Flüssige Mittel	1.550.000			
Sanierungskonto	100.000	**an**	Konto der Aktionäre	1.650.000

– Sanierungskosten 35.000:

Sanierungskonto	35.000	**an**	Flüssige Mittel	35.000

– Verwendung des Sanierungsgewinns:

Sanierungskonto	2.865.000	**an**	Bilanzverlust	2.750.000
			Kapitalrücklage	115.000

b) **Sanierungs(erfolgs-)konto:**

S Sanierungskonto H

Konto der Aktionäre	100.000	Gezeichnetes Kapital	1.500.000
Flüssige Mittel	35.000	Flüssige Mittel	1.200.000
Bilanzverlust	2.750.000	Gezeichnetes Kapital	300.000
Kapitalrücklage	115.000		
	3.000.000		3.000.000

c) **Bilanz nach Sanierung:**

A Sanierungsschlußbilanz der Fa. Versa-AG zum 30. 9. 19 . . P

A. Anlagevermögen		A. Eigenkapital	
Sachanlagen	3.880.000	Gezeichnetes Kapital	4.700.000
Finanzanlagen	75.000	Kapitalrücklage	310.000
B. Umlaufvermögen		B. Verbindlichkeiten	
Vorratsvermögen	1.650.000	Anleihen	850.000
Forderungen	585.000	Bankschulden	1.755.000
Flüssige Mittel	2.775.000	Kreditoren	1.350.000
	8.965.000		8.965.000

Übungsbeispiel 2: Außergerichtliche Sanierung

Die Familien-Aktiengesellschaft Leinenweberei Eßlingen AG hat folgende Jahresbilanz (= Sanierungseröffnungsbilanz) erstellt:

A Bilanz der Fa. Leinenweberei Eßlingen AG zum 31. 12. 19.. P

A. Ausstehende Einlagen	50.000	A. Eigenkapital	
B. Anlagevermögen		Gezeichnetes Kapital	2.000.000
Grundstücke und Bauten	1.800.000	Kapitalrücklage	200.000
		Andere Gewinnrücklagen	50.000
Technische Anlagen und Maschinen	2.460.000	Bilanzverlust	− 1.050.000
		B. Rückstellungen	365.000
Finanzanlagen	100.000	C. Verbindlichkeiten	
C. Umlaufvermögen			
Vorräte	340.000	Verbindlichkeiten gegenüber Kreditinstituten	2.200.000
Forderungen aus Lieferungen und Leistungen	130.000	Verbindlichkeiten aus Lieferungen und Leistungen	1.005.000
Flüssige Mittel	70.000	Sonstige Verbindlichkeiten	180.000
	4.950.000		4.950.000

Es wurden folgende Sanierungsmaßnahmen beschlossen:

- Einforderung der ausstehenden Einlagen.
- Teilabdeckung des Bilanzverlustes durch Rücklagenauflösung.
- Gläubigerinanspruchnahme (Warenlieferanten): Die Kleingläubiger mit Forderungen von insgesamt 5.000 werden voll befriedigt. Die drei Großgläubiger verzichten auf 30% ihrer Forderungen.
- Bei den unter Passiva B. ausgewiesenen Rückstellungen handelt es sich ausschließlich um Rückstellungen für Pensionsanwartschaften. Die Pensionszusagen sind unter dem Vorbehalt erteilt, daß bei nachhaltiger Verschlechterung der wirtschaftlichen Verhältnisse ein Widerruf der Zusagen erfolgen kann. Von dieser Möglichkeit wird Gebrauch gemacht.
- Soweit zur weiteren Verlustabdeckung erforderlich, Zuzahlung der Anteilseigner à fonds perdu.
- Emission einer 5%igen Anleihe im Nennwert von 1.500.000. Ausgabekurs 95%, Rückzahlung zu 103%. 80% des gezeichneten Betrags gehen auf dem Bankkonto zur Tilgung des Kredits ein. Die Emissionskosten trägt die Bank.

Aufgaben:

a) Wie ist zu buchen (Buchungssätze)?
b) Wie sieht die Bilanz nach durchgeführter Sanierung aus?

Lösung:

a) **Buchungssätze:**

- Einzahlung der ausstehenden Einlagen:

Flüssige Mittel	50.000	**an**	Ausstehende Einlagen	50.000

- Rücklagenauflösung:

Kapitalrücklage	200.000			
Andere Gewinnrücklagen	50.000	**an**	Entnahmen aus Rücklagen	250.000
Entnahmen aus Rücklagen	250.000	**an**	Sanierungskonto	250.000

– Befriedigung der Kleingläubiger und Teilerlaß durch Großgläubiger:

Verbindlichkeiten aus Lieferungen und Leistungen	305.000	**an**	Flüssige Mittel	5.000
			Sanierungskonto	300.000

– Auflösung der Pensionsrückstellung:

Rückstellungen	365.000	**an**	Sanierungskonto	365.000

– Zuzahlung der Aktionäre:

Flüssige Mittel	135.000	**an**	Sanierungskonto	135.000

– Anleiheemission nach § 250, Abs. 3 HGB:

Anleiheeinzahlungskonto	1.425.000			
Ausgabedisagio	75.000			
Rückzahlungsagio	45.000	**an**	Anleihe	1.545.000

– Einzahlung der Anleihe:

Verbindlichkeiten gegenüber Kreditinstituten	1.140.000	**an**	Anleiheeinzahlungskonto	1.140.000

– Abschluß der Vorkonten:

Aktive Rechnungsabgrenzungsposten	120.000	**an**	Ausgabedisagio	75.000
			Rückzahlungsagio	45.000
Sonstige Forderungen	285.000	**an**	Anleiheeinzahlungskonto	285.000

– Abschluß des Sanierungskontos

Sanierungskonto	1.050.000	**an**	Bilanzverlust	1.050.000

b) **Bilanz nach Sanierung**

A Sanierungsschlußbilanz der Fa. Leinenweberei Eßlingen AG P

A. Anlagevermögen		A. Eigenkapital	
Grundstücke und Bauten	1.800.000	Gezeichnetes Kapital	2.000.000
Technische Anlagen und Maschinen	2.460.000	B. Verbindlichkeiten	
Finanzanlagen	100.000	Anleihen	1.545.000
B. Umlaufvermögen		Verbindlichkeiten gegenüber Kreditinstituten	1.060.000
Vorräte	340.000	Verbindlichkeiten aus Lieferungen und Leistungen	700.000
Forderungen aus Lieferungen und Leistungen	130.000	Sonstige Verbindlichkeiten	180.000
Flüssige Mittel	250.000		
Sonstige Forderungen	285.000		
C. Aktive RAP	120.000		
	5.485.000		5.485.000

Übungsbeispiel 3: Außergerichtliche Sanierung

Die Systembau Stuttgart AG hat zu Beginn der Sanierung folgende Bilanz erstellt:

A Bilanz der Fa. Systembau Stuttgart AG zum 31. 12. 19 . . P

A. Anlagevermögen		A. Eigenkapital	
Grundstücke und Bauten	360.000	Gezeichnetes Kapital	400.000
Technische Anlagen und Maschinen	1.692.000	Kapitalrücklage	12.000
Betriebs- und Geschäftsausstattung	393.000	Bilanzverlust	– 268.000
Finanzanlagen	80.000	B. Verbindlichkeiten	
B. Umlaufvermögen		Verbindlichkeiten gegenüber Kreditinstituten	1.880.000
Fertige Bauten	250.000	Verbindlichkeiten aus Lieferungen und Leistungen	795.000
Halbfertige Bauten und Vorräte	1.230.000	Verbindlichkeiten aus der Annahme gezogener Wechsel	490.000
Forderungen aus Lieferungen und Leistungen	75.000	Erhaltene Anzahlungen	1.065.000
Kasse, Bank, Postscheck	341.000	Sonstige Verbindlichkeiten	47.000
	4.421.000		4.421.000

Die nach § 92, Abs. 1 AktG einberufene Hauptversammlung hat folgende Sanierungsbeschlüsse gefaßt:

- Erwerb eigener Aktien nach §§ 71, Abs. 1, Nr. 6; 237, Abs. 1 AktG zum Kurs von 50%. Dafür wurden über Bank 25.000 aufgewendet (ohne Spesen).
- Verkauf der Frischbetonwerkanlage, die in der Bilanzposition „Technische Anlagen und Maschinen" mit einem Buchwertanteil von 752.000 enthalten ist und einen Veräußerungserlös von 1.000.000 erzielt.
- Zusammenlegung der restlichen Aktien im Verhältnis 7 : 4 oder alternativ Zuzahlung von 25 je Anteil (Mindestnennbetrag 50) gegen Umwandlung der Stammaktien in Vorzugsaktien mit 5% kumulativer Vorzugsdividende. ⅘ der Aktionäre wählen die Zusammenlegung, der Rest zahlt zu.
- Der Sanierungsgewinn soll wie folgt verwendet werden:
  (1) Zur Abdeckung der Unterbilanz.
  (2) Zur Deckung der Sanierungskosten, die mit 25.000 sofort anfallen und mit 30.000 später bezahlt werden.
  (3) Für Nachholabschreibungen/Abwertungen:
    - Geschäftsbauten (Buchwertanteil ⅔) in Höhe von 10%.
    - Technische Anlagen und Maschinen 5% auf den Buchwert (Verkauf Frischbetonwerkanlage beachten).
    - Finanzanlagen auf 60.000.
    - Bildung einer Garantierückstellung für fertige Bauten: Umsatz des Vorjahres 4.500.000, Garantieaufwand 135.000.
  (4) Ein etwa verbleibender Restbetrag ist der Kapitalrücklage zuzuweisen.
- Bis auf einen Bestand von 450.000 sollen die flüssigen Mittel zur Abdeckung der Verbindlichkeiten gegenüber Kreditinstituten verwendet werden.

Aufgaben:

Erstellen Sie:

a) die Buchungssätze für die Sanierungsmaßnahmen,
b) das Sanierungskonto in T-Kontenform,
c) die Sanierungsschlußbilanz für die Systembau Stuttgart AG.

Lösung:

a) Buchungssätze

– Erwerb eigener Aktien zum Zwecke der Kapitalherabsetzung:

Eigene Aktien	25.000	**an**	Kasse, Bank, Postscheck	25.000
Gezeichnetes Kapital	50.000	**an**	Eigene Aktien	25.000
			Sanierungskonto	25.000

– Verkauf der Frischbetonwerkanlage:

Kasse, Bank, Postscheck	1.000.000	**an**	Technische Anlagen und Maschinen	752.000
			Sanierungskonto	248.000

– Zusammenlegung der Aktien:

Gezeichnetes Kapital	120.000	**an**	Sanierungskonto	120.000

– Zuzahlung und Umwandlung in Vorzugsaktien:

Kasse, Bank, Postscheck	35.000			
Gezeichnetes Kapital; Stammaktien	70.000	**an**	Gezeichnetes Kapital; Vorzugsaktien	70.000
			Sanierungskonto	35.000

– Abdeckung der Unterbilanz:

Sanierungskonto	268.000	**an**	Bilanzverlust	268.000

– Sanierungskosten:

Sanierungskonto	55.000	**an**	Kasse, Bank, Postscheck	25.000
			Sonstige Verbindlichkeiten	30.000

– Nachholabschreibungen und Abwertungen:

Sanierungskonto	98.500	**an**	Grundstücke und Bauten	24.000
			Technische Anlagen und Maschinen	47.000
			Finanzanlagen	20.000
			Rückstellungen	7.500

– Einstellung in die Kapitalrücklage:

Sanierungskonto	6.500	**an**	Kapitalrücklage	6.500

– Verwendung der flüssigen Mittel:

Verbindlichkeiten gegenüber Kreditinstituten	876.000	**an**	Kasse, Bank, Postscheck	876.000

b) **Sanierungskonto**

S	Sanierungskonto		H
Bilanzverlust	268.000	Gezeichnetes Kapital	25.000
Kasse, Bank, Postscheck und		Kasse, Bank, Postscheck	248.000
Sonstige Verbindlichkeiten	55.000	Gezeichnetes Kapital	120.000
Grundstücke und		Kasse, Bank, Postscheck	35.000
Bauten	24.000		
Technische Anlagen und			
Maschinen	47.000		
Finanzanlagen	20.000		
Rückstellungen	7.500		
Kapitalrücklage	6.500		
	428.000		428.000

c) **Sanierungsschlußbilanz:**

A	Sanierungsschlußbilanz der Fa. Systembau Stuttgart AG zum 31. 3. 19 . .		P
A. Anlagevermögen		A. Eigenkapital	
Grundstücke und		Gezeichnetes Kapital	
Bauten	336.000	Stammaktien	160.000
Technische Anlagen und		Vorzugsaktien	70.000
Maschinen	893.000	Kapitalrücklage	18.500
Betriebs- und		B. Rückstellungen	7.500
Geschäftsausstattung	393.000	C. Verbindlichkeiten	
Finanzanlagen	60.000	Verbindlichkeiten gegen-	
B. Umlaufvermögen		über Kreditinstituten	1.004.000
Fertige Bauten	250.000	Verbindlichkeiten aus	
Halbfertige Bauten und		Lieferungen und	
Vorräte	1.230.000	Leistungen	795.000
Forderungen aus Liefe-		Verbindlichkeiten aus der	
rungen und Leistungen	75.000	Annahme gezogener	
Kasse, Bank, Postscheck	450.000	Wechsel	490.000
		Erhaltene Anzahlungen	1.065.000
		Sonstige Verbind-	
		lichkeiten	77.000
	3.687.000		3.687.000

Übungsbeispiel 4: Gerichtliche Sanierung durch Vergleich
(mit Umsatzsteuerberichtigung)

Die Kleingerätefabrik X ist wegen des Konkurses ihres Hauptabnehmers in Zahlungsschwierigkeiten geraten. Der alleinige Inhaber X erstellt die auf S. 818 abgebildete Zwischenbilanz.

Daraufhin beantragt X am 9. 5. 19 . . das Vergleichsverfahren beim Amtsgericht. Bei der Aufstellung der Vergleichsbilanz berücksichtigt er folgende Tatbestände:

(1) Ein Grundstück (Buchwert: 11.500) soll, da es zum nicht betriebsnotwendigen Vermögen zählt, als Bauland veräußert werden. Voraussichtlicher Erlös 15.500. Die übrigen Grundstücke sind mit Hypotheken belastet.
(2) Die Maschinen sind veraltet; ihr Wert beträgt 8.000.
(3) 30% der Forderungen sind der Bank still zediert.
(4) Die Rohstoffe wurden unter Eigentumsvorbehalt geliefert (USt beachten).

(5) Ein ungesicherter Warengläubiger hat am 6. 5. Waren im Wert von 12.000 pfänden lassen (Beachte § 28 VerglO).
(6) Die Verfahrenskosten belaufen sich überschlägig auf 2.000.

Die Miete unterliegt nach § 9 UStG nicht der Steuerbefreiung.

X schlägt den Vergleichsgläubigern eine Quote von 50% vor, die am 9. 11. 19 . . zu zahlen ist.

A Zwischenbilanz der Kleingerätefabrik X vom 2. 5. 19 . . P

I. Anlagevermögen		I. Eigenkapital (Einlagen)	35.000
Gebäude und Grundstücke	22.000	II. Langfristige Verbindl.	
Maschinen	10.000	Bankschulden	17.000
Fuhrpark	8.000	Hypotheken	10.500
Betriebs- und Geschäftsausstattung	2.000	III. Kurzfristige Verbindl.	
II. Umlaufvermögen		Verbindlichkeiten aus Lieferungen und Leistungen	25.000
Rohstoffe	12.000	Mietschulden	4.700
Waren	24.000	Löhne und Gehälter	10.000
Forderungen aus Lieferungen und Leistungen	26.500	Kammerbeiträge	2.000
Kasse/Bank	5.700	Umsatzsteuer	8.000
III. Verlust	2.000		
	112.200		112.200

Aufgaben:

a) Erstellen Sie die Vergleichsbilanz. Weisen Sie die umgegliederten Vermögenspositionen, die Gläubigeransprüche und das Vergleichsabwicklungskonto in T-Kontenform aus.
b) Beurteilen Sie den Vergleichsvorschlag.
c) Erstellen Sie die Vergleichsschlußbilanz unter Berücksichtigung folgender Vorgänge:
   (7) Die Vergleichsgläubiger stimmen zu.
   (8) Die Waren werden veräußert; Preis: 24.000 + 10% USt (Banküberweisung).
   (9) Die Rohstoffe werden zu Waren weiterverarbeitet und verkauft; Preis: 15.000 + 10% USt. Entstandene Lohnkosten 2.000. Zahlungseingang durch Überweisung.
   (10) Forderungen werden eingezogen.
   (11) Die Gläubiger (vor Vergleichsverfahren) werden ausgezahlt.

Lösung:

a) **Buchungssätze:**

(1) a) Nicht verfügbare Vermögensgegenstände	10.500			
Verfügbare Vermögensgegenstände	15.500	**an**	Gebäude und Grundstücke	22.000
			Vergleichsabwicklungskonto	4.000

b) Hypotheken	10.500	**an**	Nichtbeteiligte Gläubiger	10.500
(2) Verfügbare Vermögensgegenstände	8.000			
Vergleichsabwicklungskonto	2.000	**an**	Maschinen	10.000
(3) a) Nicht verfügbare Vermögensgegenstände	7.950	**an**	Forderungen aus Lieferungen und Leistungen	7.950
b) Bankschulden	17.000	**an**	Nichtbeteiligte Gläubiger	7.950
			Vergleichsgläubiger	9.050
(4) a) Nicht verfügbare Vermögensgegenstände	12.000	**an**	Rohstoffe	12.000
b) Verbindlichkeiten aus Lieferungen und Leistungen	13.200	**an**	Nichtbeteiligte Gläubiger	13.200

(5) Nach § 28 VerglO gilt dieser Gläubiger nur als Vergleichsgläubiger, daher keine Umbuchung auf Nichtbeteiligte Gläubiger.

(6) Vergleichsabwicklungskonto	2.000	**an**	Nichtbeteiligte Gläubiger	2.000

Zusätzlich sind folgende Buchungen durchzuführen:

(aa) Verfügbare Vermögensgegenstände	58.250	**an**	Fuhrpark	8.000
			Betriebs- und Geschäftsausstattung	2.000
			Waren	24.000
			Forderungen aus Lieferungen und Leistungen	18.550
			Kasse/Bank	5.700
(bb) Vergleichsabwicklungskonto	2.000	**an**	Verlust	2.000
(cc) Verbindlichkeiten aus Lieferungen und Leistungen	11.800			
Mietschulden	4.700	**an**	Vergleichsgläubiger	16.500
(dd) Löhne und Gehälter	10.000			
Kammerbeiträge	2.000			
Umsatzsteuer	8.000	**an**	Nichtbeteiligte Gläubiger	20.000

Außerdem ist die bereits verbuchte Vorsteuer gemäß dem Vergleichsvorschlag zu korrigieren. In den Verbindlichkeiten gegenüber Vergleichsgläubigern sind folgende Vorsteueranteile enthalten:

Verbindlichkeit	Vorsteuer	Entgeltanteil	gesamte Verbindl.
Bankschulden	–	9.050	9.050
Verbindlichkeiten aus Lieferungen und Leistungen	1.073	10.727	11.800
Mietschulden	427	4.273	4.700
	1.500	24.050	25.550

Bei einem Erlaß von 50% Entgeltanteil muß die Vorsteuer im gleichen Verhältnis berichtigt werden. Da diese Verbindlichkeit mit einem Vorrecht ausgestattet ist (§ 61 KO), wird gebucht:

(ee) Vergleichsgläubiger	750	**an**	Nichtbeteiligte Gläubiger	750

Kontenmäßige Darstellung:

Verfügbare Vermögensgegenstände

(1a)	15.500	VB	81.750
(2)	8.000		
(aa)	58.250		
	81.750		81.750

Nicht verfügbare Vermögensgegenstände

(1a)	10.500	VB	30.450
(3a)	7.950		
(4a)	12.000		
	30.450		30.450

Nichtbeteiligte Gläubiger

VB	54.400	10.500	(1b)
		7.950	(3b)
		13.200	(4b)
		2.000	(6)
		20.000	(dd)
		750	(ee)
	54.400	54.400	

Vergleichsgläubiger

(ee)	750	9.050	(3b)
VB	24.800	16.500	(cc)
	25.550	25.550	

Vergleichsabwicklungskonto

(2)	2.000		4.000	(1a)
(6)	2.000	VB	2.000	
(bb)	2.000			
	6.000		6.000	

A	Vergleichsbilanz (VB) der Kleingerätefabrik X zum 9. 5. 19..		P
Nicht verfügbare Vermögensgegenstände	30.450	Eigenkapital (Einlagen)	35.000
Verfügbare Vermögensgegenstände	81.750	Nichtbeteiligte Gläubiger	54.400
Vergleichsabwicklungskonto	2.000	Vergleichsgläubiger	24.800
	114.200		114.200

b) Der Betrieb kann nur dann leistungsfähig erhalten werden, wenn zur restlichen Schuldentilgung Erlöse verwendet werden, die aus dem normalen Wiedergeldwerdungsprozeß des Umlaufvermögens stammen.

Umlaufvermögen	
– Rohstoffe	12.000
– Waren	24.000
– Forderungen	26.500
– Kasse/Bank	5.700
Summe	68.200
./. Nichtbeteiligte Gläubiger	54.400
verbleiben	13.800

Da der Betrieb nicht gänzlich auf Mittel des Umlaufvermögens verzichten kann, erscheint eine Quote von 50% gerechtfertigt.

c) **Buchungssätze:**

(7) Vergleichsgläubiger	12.400	an	Vergleichsabwicklungskonto	12.400
(8) Kasse/Bank	26.400	an	Verfügbare Vermögensgegenstände	24.000
			Umsatzsteuer	2.400
(9) a) Waren	14.000	an	Nicht verfügbare Vermögensgegenstände	12.000
			Löhne und Gehälter	2.000
b) Kasse/Bank	16.500	an	Waren	15.000
			Umsatzsteuer	1.500
(10) Kasse/Bank	26.500	an	Nicht verfügbare Vermögensgegenstände	7.950
			Verfügbare Vermögensgegenstände	18.550
(11) Nichtbeteiligte Gläubiger	54.400			
Vergleichsgläubiger	12.400	an	Kasse/Bank	61.100
			Verfügbare Vermögensgegenstände	5.700

Außerdem sind folgende Abschlußbuchungen notwendig:

(ff) Vergleichsabwicklungskonto	10.400	an	GuV	10.400
(gg) Waren	1.000	an	GuV	1.000
(hh) GuV	11.400	an	Eigenkapital (Einlagen)	11.400

Kontenmäßige Darstellung:

Nicht verfügbare Vermögensgegenstände

VB	30.450		12.000 (9)
			7.950 (10)
		VSB	10.500
	30.450		30.450

Verfügbare Vermögensgegenstände

VB	81.750		24.000 (8)
			18.550 (10)
			5.700 (11)
		VSB	33.500
	81.750		81.750

Nichtbeteiligte Gläubiger

(11)	54.400	VB	54.400
	54.400		54.400

Vergleichsgläubiger

(7)	12.400	VB	24.800
(11)	12.400		
	24.800		24.800

Vergleichsabwicklungskonto

VB	2.000		12.400 (7)
(ff)	10.400		
	12.400		12.400

A Vergleichsschlußbilanz (VSB) der Kleingerätefabrik X zum 9. 11. 19 . . P

Nicht verfügbare Vermögensgegenstände	10.500	Eigenkapital (Einlagen)	46.400
Verfügbare Vermögensgegenstände	33.500	Lohn- und Gehaltsverbindlichkeiten	2.000
Kasse/Bank	8.300	Umsatzsteuer	3.900
	52.300		52.300

Ergänzende Literatur zu: 2.4 Sanierungs- und Vergleichsbilanzen

Arians, Sonderbilanzen, S. 194–217
Bitz, Übungen, S. 127–130; 150–155
Flessner, Sanierung, S. 206–296
Groß, Sanierung, S. 22–602
Hahn/Werner, Bilanzsicherheit, Teil B, S. 311–332
Heinen, Handelsbilanzen, S. 494–495; 518–521
Hess/Fechner, Sanierungshandbuch, S. 1–216
Horvàth u. a., Buchführung III, S. 163–213; 249–283
Pausenberger, Sanierung, S. 665–685
Potthoff, Sanierung, Sp. 1558–1568
Stüdemann, Vergleich, Sp. 2190–2198
Wöhe/Bilstein, Unternehmensfinanzierung, S. 90–95
Zybon, Sanierung, Sp. 3493–3500

3. Sonderbilanzen zur Unternehmensauflösung

3.1 Liquidationsbilanzen

3.11 Formen und Inhalte der Liquidation

Die Liquidation kann zunächst als umfassender Begriff für den Tatbestand der Beendigung der Erwerbstätigkeit eines Unternehmens (**Auflösung, Liquidation im weiteren Sinne**) verstanden werden: Sie beinhaltet dann eine **planmäßige Veräußerung** von Vermögensgegenständen mit dem Zweck, einen daraus resultierenden Veräußerungserlös zur Abdeckung von Gläubiger- und schließlich Anteilseigneransprüchen zu verwenden. Das folgende Schema zeigt die verschiedenen Inhalte der Liquidation im weiteren Sinne (*Vormbaum*, Finanzierung, S. 541):

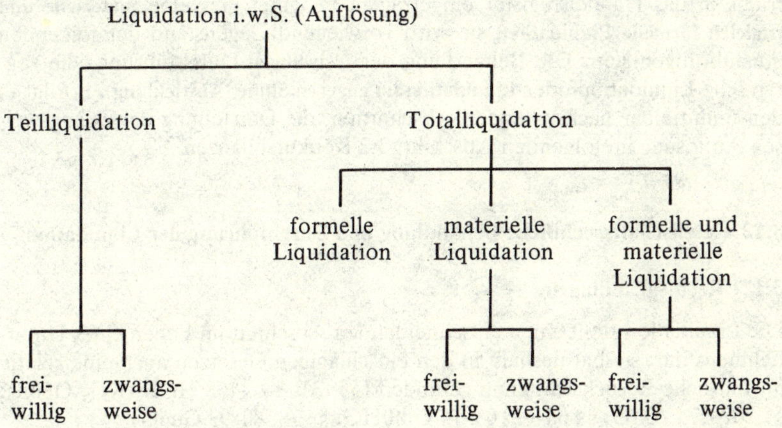

Der **Teilliquidation** liegt die Auflösung und Verflüssigung (Versilberung) von Teilbereichen eines Unternehmens, der **Totalliquidation** die Veräußerung des gesamten Unternehmens zugrunde. Eine Teilliquidation kann **freiwillig** durch Gesellschafterbeschluß oder **zwangsweise** durch Geltendmachung von Gläubigersicherheitsrechten erfolgen. Sie führt in der Regel zu einer Einschränkung der wirtschaftlichen Tätigkeit, der rechtliche Fortbestand der Firma ist jedoch nicht gefährdet.

Die **formelle Liquidation** als eine Form der Totalliquidation wurde bereits im Rahmen der Umwandlungs(Umgründungs-)bilanzen angesprochen (s. Teil C, Abschn. 2.1 und 2.2, S. 676ff. und 708ff.); ihr liegt der formalrechtliche Vorgang des Vermögens- und Schuldenübergangs auf eine andere Rechtsform zugrunde (Einzelrechtsnachfolge). Eine ausschließlich **materielle Liquidation** liegt vor, wenn nach Einstellung der wirtschaftlichen Tätigkeit eine Veräußerung des Vermögens und die Rückzahlung der Kapitaleinlagen erfolgen, ohne daß der rechtliche Rahmen des Unternehmens davon betroffen wird. Materielle Liquidationen können sowohl **freiwillig** als auch **zwangsweise** (Einzelvollstreckung durch Gläubiger) durchgeführt werden. Während bei Einzelunternehmen und Personengesellschaften materielle Liquidationen ohne formelle Liquidation möglich sind, trifft dies für (vermögenslose) Kapitalgesellschaften nur ausnahmsweise zu, da hier die Löschung im Handelsregister von Amts wegen erfolgen kann (§ 2, Abs. 1; § 3 Gesetz über die Auflösung und Löschung von Gesellschaften und Genossenschaften v. 9. 10. 1934, RGBl. I, S. 914, geändert durch das Bilanzrichtlinien-Gesetz v. 19. 12. 85, BGBl. I 1985, S. 2355). Eine Vermögenslosigkeit wird insbesondere dann angenommen, wenn die Gesellschaft entgegen handelsrechtlicher Verpflichtungen in drei aufeinanderfolgenden Jahren ihren Jahresabschluß und mit ihm offenzulegende Unterlagen ganz oder teilweise nicht bekanntgemacht und zum Handelsregister eingereicht hat und die Offenlegung auch nicht innerhalb von sechs Monaten bewirkt, nachdem das Gericht die Absicht der Löschung mitgeteilt hat.

Wird mit der materiellen Liquidation auch die Beendigung des Geschäftsbetriebs in das Handelsregister eingetragen, bedeutet dies eine **materielle und zugleich formelle Liquidation;** sie wird vorwiegend Gegenstand der folgenden Ausführungen sein. Die Behandlung der **freiwilligen** Durchführung, die sog. typische Liquidation oder **Liquidation im engeren Sinne (Abwicklung),** erfolgt in den unmittelbar nachstehenden Abschnitten, die Darstellung der zwangsweisen Auflösung im folgenden Abschnitt 3.2 Konkursbilanzen.

3.12 Gesellschaftsrechtliche Behandlung und Durchführung der Liquidation

3.121 Rechtsgrundlagen

Die Liquidation stellt einen einschneidenden Abschnitt im Leben eines Unternehmens dar; sie hat deshalb in den einschlägigen Gesetzen auch eine relativ ausführliche Berücksichtigung gefunden (§§ 131, 145–158 HGB (KG, OHG); §§ 262–274 AktG; §§ 60–62, 65–74 GmbHG; §§ 78, 80–93 GenG).

Das Aktiengesetz unterscheidet zwischen dem formalrechtlichen Vorgang der **Auflösung** (§§ 262, 263 AktG) und der materiellen Beendigung des Geschäftsbetriebs durch den Vorgang der Liquidation oder **Abwicklung** (§§ 264–273 AktG). Mit der Auflösung endet der eigentliche Geschäftszweck: Die ehemals werbende Gesellschaft geht in eine **Abwicklungsgesellschaft** über, was nach außen durch den Zusatz „i. L." (= in Liquidation) im Firmennamen dokumentiert wird.

Als **gesetzliche Gründe** für eine Auflösung kommen im wesentlichen in Frage: Der Ablauf der in Satzung oder Gesellschaftsvertrag bestimmten **Zeit,** der qualifizierte **Auflösungsbeschluß** der Hauptversammlung oder der Gesellschafter und die **gerichtliche Verfügungsentscheidung** (§ 131 HGB, § 262 AktG, § 60 GmbHG, §§ 78, 79 GenG).

Der neue Rechnungsabschnitt der Abwicklung wird mit einer **Liquidationseröffnungsbilanz** eingeleitet (§ 154 HGB, § 270 AktG, § 71 GmbHG, § 89 GenG). Die Aufstellung erfolgt wie bei der laufenden Jahresbilanz anhand einer körperlichen Aufnahme der Vermögensgegenstände und der Verbindlichkeiten (s. Teil A, Abschn. 2.1, S. 35ff.). Dabei sind die Grundsätze ordnungsmäßiger Inventur zu berücksichtigen. Die aktienrechtliche Abwicklungseröffnungsbilanz bedarf zudem eines die Ansätze erläuternden Berichts.

Die Abwickler (**Liquidatoren**) sind im allgemeinen mit den bisherigen gesetzlichen Vertretern identisch. Allerdings sind Personen, die innerhalb der letzten fünf Jahre wegen eines Konkursdelikts bestraft worden sind oder gegen die ein Berufsverbot ergangen ist, als Liquidatoren ausgeschlossen (§ 265, Abs. 2 i.V.m. § 76, Abs. 3 AktG; § 66, Abs. 4 i.V.m. § 6, Abs. 2 GmbHG). Die Aufgabe der Abwickler besteht darin, die laufenden Geschäfte abzuschließen, die Forderungen einzuziehen, das Vermögen zu veräußern sowie die Gläubiger zu befriedigen (§ 149 HGB, § 268, Abs. 1 AktG, § 70 GmbHG, § 88 GenG). Für **Kapitalgesellschaften** und **Genossenschaften** ist zu jedem Geschäftsjahresabschluß während des Abwicklungszeitraums ein **Zwischen-Jahresabschluß** (Bilanz, Gewinn- und Verlustrechnung und Anhang) und ein Lagebericht zu erstellen, um den Einblick in die gegenwärtige Vermögens-, Finanz- und Ertragslage zu ermöglichen (§ 270 AktG, § 71 GmbHG). Dabei soll der Lagebericht über den Stand und Fortschritt der Abwicklung informieren. Die Jahresabschlüsse sind grundsätzlich prüfungspflichtig. Das Gericht kann jedoch von einer Prüfung absehen, sofern die Verhältnisse der Gesellschaft überschaubar und die Gesellschafter- und Gläubigerinteressen gewahrt sind (§ 270, Abs. 3 AktG; § 71, Abs. 3 GmbHG).

Zum Abschluß der Liquidationsperiode muß nach § 154 HGB eine **Schlußbilanz,** nach § 273, Abs. 1 AktG eine **Schlußrechnung** (keine GuV-Rechnung), aufgestellt werden, aus der, nach vorhergegangener Befriedigung der Gläubiger aus dem Liquidationserlös, die Ansprüche der Anteilseigner an den liquiden Mitteln hervorgehen. Der Schlußrechnung kommt damit weniger der Charakter einer Statusbilanz als vielmehr der einer Einnahmen-Ausgaben-Rechnung zu. Für die GmbH und die eG ist ein solcher Abschluß zwar nicht vorgeschrieben, er muß aber, da er für eine ordnungsgemäße Rechenschaftslegung der Liquidatoren unerläßlich ist, gefordert werden.

Ist die Abwicklung beendet und das liquide Vermögen an die Anteilseigner verteilt, erfolgt die **Löschung** der Firma im Handelsregister.

Für Personengesellschaften sind die gesetzlichen Liquidationsvorschriften nachgiebiges Recht; sie sind durch Gesellschafterbeschluß abänderbar (§ 145, Abs. 1 HGB). Ein besonderer Schutz von Interessen Dritter ist nicht notwendig, weil die Gesellschafter gemäß § 159, Abs. 1 HGB bis fünf Jahre nach der Auflösung für Verbindlichkeiten persönlich und unmittelbar haften. Um den **Gläubigerschutz** auch bei Kapitalgesellschaften und Genossenschaften sicherzustellen, sind hier die Gesetzesnormen zwingend anzuwenden: Die Gläubiger müssen in den Gesellschaftsblättern aufgefordert werden, ihre Ansprüche geltend zu machen (dreimalige Aufforderung nach § 267 AktG; § 65, Abs. 2 GmbHG; § 82, Abs. 2 GenG). Der Anspruch verfällt auch dann nicht, wenn sich ein bekannter Gläubiger nicht meldet (§ 272, Abs. 2 AktG; § 73, Abs. 2 GmbHG; § 90, Abs. 2 GenG). Eine Kapitalrückzahlung darf erst nach Tilgung der Verbindlichkeiten und Einhaltung einer Sperrfrist von einem Jahr erfolgen (§ 272, Abs. 1 AktG; § 73, Abs. 1 GmbHG; § 90, Abs. 1 GenG).

3.122 Gliederungsprinzipien

Seit dem Inkrafttreten des Bilanzrichtlinien-Gesetzes haben Aktiengesellschaften, Gesellschaften mit beschränkter Haftung und Genossenschaften die Gliederungsvorschriften des regulären Jahresabschlusses verbindlich anzuwenden (§ 270, Abs. 2 AktG; § 71, Abs. 2 GmbHG; § 87, Abs. 1 i. V. m. § 33 GenG und §§ 336ff. HGB). Danach muß die Gliederung den Grundsätzen ordnungsmäßiger Buchführung und Bilanzierung entsprechen und dazu beitragen, ein den tatsächlichen Verhältnissen entsprechendes Bild der Vermögens-, Finanz- und Ertragslage zu vermitteln (§ 264, Abs. 2 HGB). Dem wird am besten dadurch Rechnung getragen, daß die allgemeinen Gliederungskriterien des § 265 HGB und die speziellen Ausweisvorschriften der §§ 266ff. HGB Anwendung finden, weil damit die Vergleichbarkeit der Liquidationsbilanzen mit den bisherigen regulären Jahresbilanzen gewährleistet ist.

Allerdings ist von diesen Regelungen immer dann abzuweichen, wenn sie für die Liquidationsbilanz keine geeignete Ausweisform darstellen (*Sarx,* Bilanzkommentar, S. 1372). Dies gilt insbesondere für den Ausweis des Eigenkapitals, dessen Komponenten: Gezeichnetes Kapital, Kapitalrücklage, Gewinnrücklagen, Gewinn- bzw. Verlustvortrag und Jahresüberschuß bzw. -fehlbetrag zweckmäßigerweise zu der Position **Abwicklungskapital** zusammengefaßt werden. Das bisherige Gezeichnete Kapital sollte aber aus Informationsgründen durch einen Klammerzusatz vermerkt werden. Darüber hinaus können auch die nicht eingeforderten ausstehenden Einlagen und die eigenen Anteile aufgrund ihres überwiegenden Korrekturcharakters mit dem Abwicklungskapital verrechnet werden.

Beispiel:

Am 31. 5. 19 . . beschließt die Hauptversammlung der XY-AG, die Gesellschaft wegen der schlechten Ertragsaussichten zum 1. 6. 19 . . zu liquidieren.

A Verkürzte Handelsbilanz der XY-AG zum 31. 5. 19 . . P

Ausstehende Einlagen	50.000	Gezeichnetes Kapital	300.000
davon eingefordert 10.000		Gewinnrücklagen	
Anlagevermögen	300.000	Gesetzliche Rücklage	30.000
Sonstiges Umlaufvermögen	200.000	Andere Gewinnrücklagen	85.000
Eigene Aktien zum Nennwert	5.000	Jahresfehlbetrag	– 10.000
		Fremdkapital	150.000
	555.000		555.000

Umbuchungen für die Abwicklungseröffnungsbilanz:

Gezeichnetes Kapital	300.000	**an**	Abwicklungskapitalkonto	300.000
Gesetzliche Rücklage	30.000	**an**	Abwicklungskapitalkonto	30.000
Andere Gewinnrücklagen	85.000	**an**	Abwicklungskapitalkonto	85.000
Abwicklungskapitalkonto	10.000	**an**	Jahresfehlbetrag	10.000
Abwicklungskapitalkonto	5.000	**an**	Eigene Aktien	5.000
Abwicklungskapitalkonto	40.000	**an**	Ausstehende Einlagen	40.000

A Verkürzte Liquidationseröffnungsbilanz zum 1. 6. 19.. P

Ausstehende Einlagen	10.000	Abwicklungskapital	360.000
davon eingefordert 10.000		Fremdkapital	150.000
Anlagevermögen	300.000		
Sonstiges Umlaufvermögen	200.000		
	510.000		510.000

Diese Änderungen des Bilanzgliederungsschemas haben in der Literatur zum Teil heftige Kritik hervorgerufen (*Bauch,* Abwicklungsbilanzen, S. 977ff.). Wurden z.B. Vorzugsaktien ausgegeben, die bei der Verteilung des Gesellschaftsvermögens Vorrechte einräumen, büßt die Liquidationsbilanz durch die Zusammenfassung der Eigenkapitalpositionen zum Abwicklungskapital erheblich an Aussagefähigkeit ein. In diesem Fall sollte der Einblick in die Vermögenslage durch einen Vermerk unter der Bilanz verbessert werden.

Auch die Verrechnung der ausstehenden Einlagen auf das Grundkapital und der eigenen Aktien erscheint infolge der Doppelnatur dieser Posten nicht unproblematisch, denn einerseits können sie als Korrekturposten zum Grundkapital, andererseits jedoch als Vermögensgegenstand aufgefaßt werden. Eine Umbuchung auf das Abwicklungskapitalkonto kann deshalb nur dann sinnvoll sein, wenn der Korrekturcharakter überwiegt. Deshalb wurde im obigen Beispiel auf eine Verrechnung der eingeforderten ausstehenden Einlagen, da sie Forderungen, also Vermögensgegenstände, darstellen, verzichtet.

Bei der Verrechnung eigener Aktien können, wenn Buchwert und Nennwert der Aktien auseinanderfallen, Aufrechnungsdifferenzen entstehen, die sich dann als Buchgewinn bzw. Buchverlust in der Liquidationsbilanz niederschlagen.

3.123 Bewertungsgrundsätze

Das Hauptproblem bei der Erstellung von Liquidationsbilanzen besteht in der „abwicklungsadäquaten“ Bewertung der Vermögensgegenstände. Obwohl die für die Unternehmensfortführung geltenden Bewertungsregeln eigentlich nur eingeschränkt angewendet werden können, weil Liquidationsbilanzen Informationen über **Zerschlagungswerte** liefern sollen, verweisen sowohl das Aktiengesetz als auch das GmbH-Gesetz auf die Bewertungsvorschriften des regulären Jahresabschlusses (§ 270, Abs. 2 AktG; § 71, Abs. 2 GmbHG), allerdings mit der einengenden Spezifikation, daß Wirtschaftsgüter des Anlagevermögens, die nicht mehr dem Geschäftsbetrieb dienen und innerhalb eines übersehbaren Zeitraums veräußert werden sollen, wie Umlaufvermögen zu bewerten sind. In diesen Fällen gilt somit das Niederstwertprinzip, mit der Folge, daß Tages- bzw. Marktpreise anzusetzen sind (§ 253, Abs. 3 HGB). Für Kapitalgesellschaften ergibt sich mit der Umbewertung die Pflicht, die Bewertungsgrundsätze im Anhang offenzulegen. Die Anschaffungs- oder Herstellungskosten dürfen jedoch keinesfalls überschritten werden (§ 253, Abs. 1 HGB). Die Anlehnung an das Anschaffungswertprinzip wird damit begründet, daß die Liquidation nur in Ausnahmefällen zu einer sofortigen Einstellung des Geschäftsbetriebs führe (BR-Drucksache 257/83 v. 3. 6. 1983, S. 107).

Diese Argumentation erweist sich jedoch nicht als stichhaltig; sie verkennt das Zielkriterium der **Abwicklungsbilanz,** denn mit dem Übergang in die Liquidationsphase ändert sich auch der Gesellschaftszweck (*Moxter,* Abwicklungsbilanzen, S. 475). Es gilt nunmehr, das Vermögen bestmöglich zu veräußern, vorrangig die Schulden zu tilgen und schließlich das Restvermögen an die Gesellschafter zu verteilen. Zutreffende Informationen über das Schuldentilgungspotential und das verteilungsfähige Vermögen vermag nur eine vollständige, von den Aktivierungs- und Passivierungswahlrechten der Jahresabschlußbilanz befreite und an die voraussichtlichen Veräußerungserlöse angelehnte Vermögens-(Status-)bilanz zu liefern. Eine durch die Bewertung wirksame Ausschüttungssperre wie bei Jahresabschlußbilanzen ist wegen der Priorität der Gläubigerbefriedigung bei Liquidationsbilanzen nicht notwendig.

Besonders problematisch erweist sich die Anbindung an die Bewertungsvorschriften des regulären Jahresabschlusses bei der Dotierung von **Rückstellungen.** § 249, Abs. 3 HGB unterbindet nämlich eine Passivierung sonstiger Rückstellungen. In die Liquidationsbilanz können somit nur noch Rückstellungen nach § 249, Abs. 1 HGB, also für ungewisse Verbindlichkeiten und drohende Verluste aus schwebenden Geschäften, eingestellt werden. Zwar wird durch diese Regelung der überwiegende Anteil der Abwicklungsaufwendungen, wie z. B. Sozialplanansprüche, erfaßt, eine vollständige Passivierung aller Abwicklungsaufwendungen ist dagegen ausgeschlossen.

Ebenso unausgewogen erscheint das Passivierungswahlrecht für Pensionsrückstellungen, die auf Zusagen vor dem 1. 1. 1987 beruhen. Nach der alten Fassung des Aktiengesetzes hätte in diesem Fall das Passivierungswahlrecht einer -pflicht weichen müssen. Die uneingeschränkte Geltung des Einführungsgesetzes zum HGB verhindert aber einen zwingenden Übergang auf ein Passivierungsgebot.

Dagegen findet das Beibehaltungswahlrecht für **Wertaufholungen** nach § 280, Abs. 2 HGB keine Anwendung, weil die Abwicklung als einheitlicher Vorgang aufgefaßt und damit die Besteuerungsperiode mit dem Abwicklungszeitraum zusammenfällt. Darüber hinaus existiert für diesen Abschnitt die umgekehrte Maßgeblichkeit nicht. Zuschreibungen können also in der Handelsbilanz regelmäßig steuerunschädlich vorgenommen werden.

Die Umbewertungen erfolgen dabei zu Lasten eines **Neubewertungskontos,** das dann bei Kapitalgesellschaften über das Abwicklungskapitalkonto, bei Personengesellschaften bzw. Einzelunternehmen über die einzelnen Kapitalkonten abgeschlossen wird.

Beispiel:

Die Abwicklungsbilanz der XY-AG zum 1. 1. 19 . . soll durch Umbewertung der Ansätze der letzten Handelsbilanz erstellt werden.

A — Verkürzte Handelsbilanz der XY-AG zum 31. 12. 19 . . — P

A		P	
Grundstücke und Bauten	200.000	Gezeichnetes Kapital	300.000
Technische Anlagen	150.000	Gewinnrücklagen	50.000
Umlaufvermögen	200.000	Fremdkapital	200.000
	550.000		550.000

- Der voraussichtliche Veräußerungserlös der Grundstücke und Bauten beträgt bei vorsichtiger Schätzung 400.000, Anschaffungskosten 300.000.
- Ein Drittel der technischen Anlagen besteht aus unverkäuflichen Spezialaggregaten, deren Schrottwert gerade die Abbruchkosten deckt.
- Ein selbstentwickeltes Patent der Firma wird nach vorsichtiger Schätzung auf 30.000 taxiert.

Buchungssätze:

Grundstücke und Bauten	100.000	**an**	Neubewertungskonto	100.000
Neubewertungskonto	50.000	**an**	Technische Anlagen	50.000

Der nach dem Aktiengesetz a. F. noch mögliche Ansatz selbsterstellter immaterieller Anlagegüter darf gemäß § 248 HGB nicht mehr erfolgen.

Gezeichnetes Kapital	300.000			
Gewinnrücklagen	50.000	**an**	Abwicklungskapitalkonto	350.000
Neubewertungskonto	50.000	**an**	Abwicklungskapitalkonto	50.000

Daraus ergibt sich folgende Abwicklungseröffnungsbilanz:

A Abwicklungseröffnungsbilanz der XY-AG zum 1. 1. 19 . . P

Grundstücke und Bauten	300.000	Abwicklungskapital	400.000
Technische Anlagen	100.000	Fremdkapital	200.000
Umlaufvermögen	200.000		
	600.000		600.000

Eine Neubewertung kann grundsätzlich zu jeder folgenden Liquidationsjahresbilanz erforderlich sein, wobei jedoch die Kontinuität der Bewertungsmethode (nicht des Ansatzes) gewahrt bleiben sollte.

Für Kapitalgesellschaften ergibt sich mit der Umbewertung die Pflicht, die Bewertungsgrundsätze im Anhang offenzulegen.

3.13 Praxisbeispiel

Liquidationsvergleich der Deutsche Dampfschiffahrts-Gesellschaft „Hansa" AG

Die in den sechziger Jahren aufgebauten **Transportüberkapazitäten** im Seehandel, steigende Ölpreise und starker Dollarverfall belasteten die Ertragslage der Deutsche Dampfschiffahrts-Gesellschaft „Hansa", Aktiengesellschaft Bremen erheblich. Als zusätzlich zu Beginn der achtziger Jahre, bedingt durch die Revolution im Iran und den Ausbruch des Iran-Irakkrieges, das wichtigste Fahrgebiet des Unternehmens stark schrumpfte, mußten umfangreiche **Sanierungsmaßnahmen** eingeleitet werden. So wurde im ersten Halbjahr 1980 eine **Kapitalherabsetzung** von 60 Mio. auf 10 Mio. mit gleichzeitiger **Kapitalerhöhung** auf 40 Mio. durchgeführt. Durch anhaltende Verluste wurde das neue Grundkapital allerdings bereits im Laufe des Sommers wieder aufgezehrt; **Übernahmeverhandlungen** mit der Hapag-Lloyd AG scheiterten, weil dazu umfangreiche Forderungsverzichte der Kreditinstitute und der öffentlichen Hand notwendig gewesen wären. Im August 1980 stand fest, daß eine Sanierung wegen der ungünstigen Ertragsperspektiven zum Scheitern verurteilt war. Wegen der drohenden Überschuldung wurde am 18. August 1980 die Eröffnung eines gerichtlichen **Vergleichsverfahrens** beantragt. Am 28. Oktober 1980 wurde dem Amtsgericht Bremen folgender Vergleichsvorschlag eingereicht:

- Die Vergleichsschuldnerin überläßt ihr gesamtes Vermögen den Gläubigern zur Verwertung.
- Der durch die Verwertung des Vermögens nicht gedeckte Teil der Forderungen wird erlassen. Dieser Erlaß erstreckt sich jedoch nicht auf den an 35 vom Hundert der Forderungen fehlenden Betrag.
- Die Vergleichsschuldnerin erteilt dem Vergleichsverwalter bzw. Sachverwalter der Gläubiger unwiderruflich unbeschränkte umfassende Vollmacht, das Vermögen der Schuldnerin zu verwerten (sogenannte unechte Treuhänderschaft).

Da das deutsche Vergleichsrecht einen Schutz vor Zwangsvollstreckung während des Vergleichs nur im Inland garantiert, wurde eine außerordentlich schnelle Liquidation der weltweit operierenden Flotte vorgenommen und der Schiffahrtsbetrieb eingestellt. Auch die Grundstücke, Gebäude und Teile der Beteiligungen wurden veräußert.

Nach Prüfung der Antragsunterlagen und Anhörung der Handelskammer in Bremen **eröffnete** das Amtsgericht in Bremen durch Beschluß vom 24. November 1980 das Vergleichsverfahren als **Liquidationsvergleich.** Der Vergleichsverwalter wurde in seinem Amt bestätigt.

Ein dem Gericht am 7. November 1980 vorgelegter Status und die bis dahin erzielten Abwicklungsergebnisse machten deutlich, daß die am Vergleich beteiligten Gläubiger mit einer Quote von mindestens 35% befriedigt werden können, sofern die geordnete Liquidation im Rahmen eines gerichtlichen Vergleichsverfahrens fortgeführt wird. Auf einer Gläubigerversammlung am 18. Juni 1981 wurde von den anwesenden stimmberechtigten Gäubigern der **Vergleich** mit großer Mehrheit **angenommen.** Das Gericht bestätigte durch Beschluß vom gleichen Tage den Vergleich.

Am 24. Mai 1982 beschlossen die Aktionäre die **Auflösung** der Gesellschaft zum 31. Mai 1982. Die Aktivitäten der Liquidationsgesellschaft konzentrierten sich besonders auf das Eintreiben von Außenständen, was im Inland fast vollständig gelang, im Ausland jedoch voraussichtlich mehrere Jahre in Anspruch nehmen wird.

Zum 1. Juli wurde die auf S. 831 dargestellte **Liquidationseröffnungsbilanz** erstellt.

Da noch die Vorschriften des § 270 AktG a. F. anzuwenden waren, wurde die Bilanzkontinuität durchbrochen, das Vermögen also zu **Zeitwerten** angesetzt. Dadurch konnte der Verlust um 23,3 Mio. Buchgewinne verringert werden. Die durch den Erlaß von Verbindlichkeiten erzielten Erträge führten schließlich zu einem Liquidationskapital von Null.

Das anschließende Rumpfgeschäftsjahr 1982 schloß mit einem Überschuß von 2,1 Mio., so daß die bilanzmäßige Vergleichsquote auf 38,1% stieg. Es ergab sich die auf S. 832 dargestellte **Liquidationszwischenbilanz.**

Deutsche Dampfschiffahrts-Gesellschaft „Hansa" Aktiengesellschaft i. L. Bremen
Liquidations-Eröffnungsbilanz zum 1. Juni 1982

AKTIVA

	DM	DM
I. Zur Veräußerung bestimmtes Anlagevermögen		
A. **Sachanlagen**		
1. Grundstücke und grundstücksgleiche Rechte mit Geschäftsbauten		1,00
2. Betriebs- und Geschäftsausstattung		30.468.00
		30.469.00
B. **Finanzanlagen**		
1. Beteiligungen	18.827.111,00	
2. Ausleihungen mit einer Laufzeit von mindestens vier Jahren	17.915,62	
(davon durch Grundpfandrechte gesichert: DM 0,00)		18.845.026,62
		18.875.495,62
II. Umlaufvermögen		
Andere Gegenstände des Umlaufvermögens		
1. Forderungen aus Lieferungen und Leistungen	3.783.038,96	
(davon mit einer Restlaufzeit von mehr als einem Jahr: DM 0,00).		
2. Kassenbestand	88,13	
3. Guthaben bei Kreditinstituten	16.546.732,46	
(davon besonderen Verfügungsbeschränkungen unterliegend: DM 257.653,30)		
4. Wertpapiere	22.139.960,00	
5. Forderungen an verbundene Unternehmen	24.547,66	
6. Sonstige Vermögensgegenstände	7.114.383,71	49.608.750,92
III. Rechnungsabgrenzungsposten		7.650,94
		68.491.897,48

PASSIVA

	Grundkapital DM	Bilanzverlust: Vor Minderung gem. Vergleich DM	Bilanzverlust: Minderung gem. Vergleich DM	DM
I. Liquidationskapital				
Stand 31. 5. 1982	40.000.000,00	– 120.938.649,70	55.904.279,38	– 25.034.370,32
Veränderungen durch Neubewertungen in der Liquidations-Eröffnungsbilanz	0,00	23.218.000,00	1.816.370,32	25.034.370,32
Stand 1. 6. 1982	40.000.000,00	– 97.720.649,70	57.720.649,70	0,00
		DM	DM	
II. Rückstellungen (andere)			35.468.284,91	
Minderung gem. Vergleich			– 11.286.753,56	24.181.531,35
III. Verbindlichkeiten mit einer Laufzeit von mindestens vier Jahren				
Sonstige Verbindlichkeiten (davon durch Grundpfandrechte gesichert: DM 0,00; vor Ablauf von vier Jahren fällig: DM 107.462,44)				107.462.44
IV. Andere Verbindlichkeiten				
1. Verbindlichkeiten aus Lieferungen und Leistungen		9.951.964,73		
Minderung gem. Vergleich		–4.936.904,89	5.015.059,84	
2. Verbindlichkeiten gegenüber Kreditinstituten		16.254.919,33		
Minderung gem. Vergleich		– 10.251.533,71	6.003.385,62	
3. Verbindlichkeiten gegenüber verbundenen Unternehmen			15.361.797,43	
4. Sonstige Verbindlichkeiten		49.068.118,34		
Minderung gem. Vergleich		– 31.245.457,54	17.822.660,80	44.202.903,69
				68.491.897,48

Bilanzvermerk: Verbindlichkeiten aus Bürgschaften DM 5.000,00
(davon zugunsten verbundener Unternehmen: DM 0,00)

Deutsche Dampfschiffahrts-Gesellschaft „Hansa" Aktiengesellschaft i. L., Bremen
Liquidations-Zwischenbilanz zum 31. Dezember 1982

AKTIVA

	Stand 1. 6. 1982 DM		Z = Zugang A = Abgang V = durch Verschmelzung DM	Abschreibung DM	Stand 31. 12. 1982 DM
I. Zur Veräußerung bestimmtes Anlagevermögen					
A. **Sachanlagen**					
1. Grundstücke und grundstücksgleiche Rechte mit Geschäftsbauten	1,00		0,00	0,00	1,00
2. Betriebs- und Geschäftsausstattung	30.468,00	A	3.362,83	12.378,17	14.727,00
	30.469,00	A	3.362,83	12.378,17	14.728,00
B. **Finanzanlagen**					
1. Beteiligungen	18.827.111,00	A ZV AV	1,00 3.249.901,00 5.727.001,00	0,00	16.350.010,00
2. Ausleihungen mit einer Laufzeit von mindestens vier Jahren (davon durch Grundpfandrechte gesichert: DM 0,00)	17.915,62	A	2.315,62	0,00	15.600,00
	18.875.495,62	A ZV AV	5.679,45 3.249.901,00 5.727.001,00	12.378,17	16.380.338,00
II. Umlaufvermögen					
Andere Gegenstände des Umlaufvermögens					
1. Forderungen aus Lieferungen und Leistungen (davon mit einer Restlaufzeit von mehr als einem Jahr: DM 0,00)				3.252.059,98	
2. Kassenbestand				1.003,10	
3. Guthaben bei Kreditinstituten (davon besonderen Verfügungsbeschränkungen unterliegend: DM 111.462,44)				3.290.022,38	
4. Wertpapiere				38.685.157,50	
5. Forderungen an verbundene Unternehmen				1.907,94	
6. Sonstige Vermögensgegenstände				4.692.217,07	49.922.367,97
III. Rechnungsabgrenzungsposten					43.800,00
					66.346.505,97

PASSIVA

	Grundkapital DM	Bilanzverlust: Vor Minderung gem. Vergleich DM	Bilanzverlust: Minderung gem. Vergleich DM	DM
I. Liquidationskapital				
Stand 1. 6. 1982	40.000.000,00	– 97.720.649,70	57.720.649,70	0,00
Überschuß 1. 6. – 31. 12. 1982	0,00	2.111.588,92	– 2.111.588,92	0,00
Stand 31. 12. 1982	40.000.000,00	– 95.609.060,78	55.609.060,78	0,00
		DM	DM	
II. Rückstellungen (andere)			34.227.276,08	
Minderung gem. Vergleich			– 10.715.254,31	23.512.021,77
III. Verbindlichkeiten mit einer Laufzeit von mindestens vier Jahren				
Sonstige Verbindlichkeiten (davon durch Grundpfandrechte gesichert: DM 0,00; vor Ablauf von vier Jahren fällig: DM 107.462,44)				107.462,44
IV. Andere Verbindlichkeiten				
1. Verbindlichkeiten aus Lieferungen und Leistungen		10.437.441,98		
Minderung gem. Vergleich		– 5.003.147,20	5.434.294,78	
2. Verbindlichkeiten gegenüber Kreditinstituten		15.904.919,33		
Minderung gem. Vergleich		– 9.852.312,91	6.052.606,42	
3. Verbindlichkeiten gegenüber verbundenen Unternehmen			12.203.908,77	
4. Sonstige Verbindlichkeiten		49.074.558,15		
Minderung gem. Vergleich		– 30.038.346,36	19.036.211,79	42.727.021,76
				66.346.505,97

Bilanzvermerk: Verbindlichkeiten aus Bürgschaften DM 5.000,00
(davon zugunsten verbundener Unternehmen: DM 0,00)

Im Jahr 1983 wurde eine erste **Abschlagzahlung** von 20% auf die jetzt rechnerisch 38,3% betragende Vergleichsquote geleistet. Zudem wurde der überwiegende Teil der nicht unter den Vergleich fallenden Verbindlichkeiten beglichen. Im Rahmen der Abwicklung fand parallel eine **Liquidation der Beteiligungsgesellschaften** statt. Zum Teil wurde dies im Wege der Verschmelzung mit der Muttergesellschaft bewerkstelligt. Auch der Verkauf der Niederlassungen konnte mit Ausnahme der Iran-, Pakistan- und Indienniederlassungen erfolgreich abgeschlossen werden, so daß am Jahresende ein Überschuß von 0,7 Mio. vorlag. Damit konnte die auf S. 834 dargestellte **Liquidationszwischenbilanz** zum 31. 12. 1983 erstellt werden.

Anfang 1984 erfolgte eine weitere **Abschlagzahlung** von 15% der Vergleichsquote. Die letzten Beteiligungen wurden im Laufe des Jahres verkauft oder verschmolzen. Damit besaß die Liquidationsgesellschaft praktisch keinerlei Sachvermögen mehr.

Die Abwicklung erbrachte in den Jahren 1984/85 zusätzliche Überschüsse von 12 Mio. Auf diese Weise konnten wiederum 10% der Vergleichsforderungen erfüllt werden, wodurch sich die Vergleichsquote auf nunmehr 45% erhöhte. Bis zum Abschluß des Vergleichsverfahrens, das mit Wirkung der Handelsregistereintragung vom 25. Juli 1989 aufgehoben wurde, konnte die Vergleichsquote noch auf 60% gesteigert werden. Durch die Aufhebung des Insolvenzverfahrens wurde zugleich auch die letzte formale Voraussetzung für die Beendigung des Liquidationsverfahrens geschaffen, so daß Ende 1989 eine Löschung der Gesellschaft beim Registergericht durch den Abwickler erwirkt werden konnte.

3.14 Steuerliche Behandlung der Liquidation

Die Liquidation einer **Einzelunternehmung** oder **Personengesellschaft** wird einkommensteuerlich als **Betriebsaufgabe** bezeichnet und der **Veräußerung** des Betriebes gleichgestellt (§ 16, Abs. 3 EStG). Eine Betriebsaufgabe ist immer dann anzunehmen, wenn der Betrieb aufgehört hat, als selbständiger wirtschaftlicher Organismus zu bestehen (Abschn. 139, Abs. 2 EStR). Die steuerliche Behandlung der Liquidation, respektive eines Liquidations-(Veräußerungs-)gewinns, orientiert sich folglich bei Einzel- und Personenunternehmen an den Bestimmungen des § 16 EStG.

Zur Ermittlung eines Veräußerungsgewinns ist ein Vermögensvergleich erforderlich (§ 4, Abs. 1; § 5 EStG). Dazu muß der Wert der einzelnen, dem Betrieb gewidmeten Wirtschaftsgüter bestimmt werden. Bei Einzelveräußerung werden die jeweils erzielten **Verkaufspreise,** bei Überführung der Wirtschaftsgüter in das Privatvermögen die **gemeinen Werte** zugrundegelegt. Der **Veräußerungsgewinn** ergibt sich dann als Differenz zwischen der Summe der so bestimmten Werte abzüglich eventueller Veräußerungskosten und dem Buchwert des Betriebsvermögens im Zeitpunkt der Veräußerung. Zu versteuern sind jedoch nach § 16, Abs. 4 EStG nur Veräußerungsgewinne über 30.000 DM. Dieser **Freibetrag** verringert sich allerdings, wenn der Gewinn 100.000 DM überschreitet, um den über 100.000 DM hinausgehenden Betrag, so daß der Veräußerungsgewinn ab 130.000 DM der vollen Besteuerung unterliegt.

Deutsche Dampfschiffahrts-Gesellschaft „Hansa" Aktiengesellschaft i. L., Bremen
Liquidations-Zwischenbilanz zum 31. Dezember 1983

AKTIVA

	Stand 1. 1. 1983 DM	Z = Zugang A = Abgang DM	Abschreibung DM	Stand 31. 12. 1983 DM
I. Zur Veräußerung bestimmtes Anlagevermögen				
A. Sachanlagen				
1. Grundstücke und grundstücksgleiche Rechte mit Geschäftsbauten	1,00	0,00	0,00	1,00
2. Betriebs- und Geschäftsausstattung	14.727,00 A	1.100,00	10.491,00	3.136,00
	14.728,00 A	1.100,00	10.491,00	3.137,00
B. Finanzanlagen				
1. Beteiligungen	16.350.010,00 A	15.850.004,00	0,00	500.006,00
2. Ausleihungen mit einer Laufzeit von mindestens vier Jahren	15.600,00 A	15.600,00	0,00	0,00
	16.380.338,00 A	15.866.704,00	10.491,00	503.143,00
II. Umlaufvermögen				
Andere Gegenstände des Umlaufvermögens				
1. Forderungen aus Lieferungen und Leistungen (davon mit einer Restlaufzeit von mehr als einem Jahr: DM 0,00)			207.448,05	
2. Kassenbestand			58,76	
3. Guthaben bei Kreditinstituten (davon besonderen Verfügungsbeschränkungen unterliegend: DM 111.462,44)			2.563.572,71	
4. Wertpapiere			27.531.140,00	
5. Sonstige Vermögensgegenstände			4.952.902,26	35.255.121,78
III. Rechnungsabgrenzungsposten				39.000,00
				35.797.264,78

PASSIVA

	Grundkapital DM	Bilanzverlust Vor Minderung gem. Vergleich DM	Bilanzverlust Minderung gem. Vergleich DM	DM
I. Liquidationskapital				
Stand 1. 1. 1983	40.000.000,00	– 95.609.060,78	55.609.060,78	0,00
Überschuß 1983	0,00	729.214,24	– 729.214,24	0,00
Stand 31. 12. 1983	40.000.000,00	– 94.879.846,54	54.879.846,54	0,00
		DM	DM	
II. Rückstellungen (andere)			26.372.788,63	
Minderung gem. Vergleich			– 7.222.517,09	19.150.271,54
III. Verbindlichkeiten mit einer Laufzeit von mindestens vier Jahren				
Sonstige Verbindlichkeiten (davon durch Grundpfandrechte gesichert: DM 0,00; vor Ablauf von vier Jahren fällig: DM 107.462,44)				107.462,44
IV. Andere Verbindlichkeiten				
1. Verbindlichkeiten aus Lieferungen und Leistungen		6.811.403,70		
Minderung gem. Vergleich		– 5.088.459,37	1.722.944,33	
2. Verbindlichkeiten gegenüber Kreditinstituten		12.723.935,46		
Minderung gem. Vergleich		– 9.807.522,50	2.916.412,96	
3. Verbindlichkeiten gegenüber verbundenen Unternehmen			51.634,86	
4. Sonstige Verbindlichkeiten		44.609.886,23		
Minderung gem. Vergleich		– 32.761.347,58	11.848.538,65	16.539.530,80
				35.797.264,78

Bilanzvermerk: Verbindlichkeiten aus Bürgschaften DM 4.167,00
(davon zugunsten verbundener Unternehmen: DM 0,00)

Beispiel:

Summe der erzielten Verkaufserlöse	500.000
./. Veräußerungskosten	20.000
Nettoverkaufserlös	480.000
./. Summe der Buchwerte des Betriebsvermögens	360.000
Veräußerungsgewinn	120.000
./. Freibetrag gemäß § 16, Abs. 4 EStG	10.000
Bemessungsgrundlage für die ESt	110.000
Berechnung des Freibetrags:	
Freibetrag	30.000
./. (Veräußerungsgewinn ./. 100.000)	20.000
Freibetrag gemäß § 16, Abs. 4 EStG	10.000

Gibt der Gewerbetreibende den Betrieb aus Altersgründen (Vollendung des 55. Lebensjahres) oder wegen Berufsunfähigkeit auf, so wird ein Freibetrag von 120.000 DM eingeräumt, der Minderungsbetrag setzt erst bei Veräußerungsgewinnen von 300.000 DM ein (§ 16, Abs. 4, Satz 3 EStG).

Der Zweck dieser Regelung besteht in der Begrenzung der durch die konzentrierte Aufdeckung stiller Reserven und durch den progressiven Einkommensteuertarif bedingten Steuermehrbelastung. Da es sich hierbei um außerordentliche Einkünfte handelt, kann nach § 34, Abs. 2 i. V. m. § 34, Abs. 1 EStG die Besteuerung der Bemessungsgrundlage pro Steuerpflichtigem bis zu einem Betrag von insgesamt 30 Mio. DM im Kalenderjahr zudem zum **begünstigten (halben durchschnittlichen) Steuersatz** erfolgen; über 30 Mio. DM hinausgehende Teilbeträge unterliegen dem allgemeinen Steuertarif. Die Grenze von 30 Mio. DM gilt jeweils nur für ein Kalenderjahr; das gilt auch dann, wenn sich eine Betriebsaufgabe über zwei Kalenderjahre erstreckt.

Voraussetzung für die Vergünstigungen der §§ 16 und 34 EStG ist allerdings die Aufgabe des Betriebs innerhalb eines **angemessenen** Zeitraums. „Angemessen“ heißt dabei, daß die Aufgabehandlungen als **einheitlicher** Vorgang gewertet werden können (BFH v. 16. 9. 1966, BStBl. III 1967, S. 70). Eine allmähliche Liquidation, evtl. über Jahre hinweg, kann deshalb die Verwehrung der grundsätzlich für diesen Zweck vorgesehenen steuerlichen Erleichterungen zur Folge haben.

Im Gegensatz zu steuerpflichtigen juristischen Personen werden steuerpflichtige **natürliche Personen** auch während der Liquidationsphase steuerlich veranlagt. Obwohl dies auf erhebliche praktische Schwierigkeiten stößt (Bewertungsprobleme usw.), ist diese Vorgehensweise durch die Notwendigkeit der Berücksichtigung der individuellen Rahmenbedingungen der Steuerpflichtigen (Familienstand, Sonderausgaben etc.) begründet.

Die Liquidation einer unbeschränkt steuerpflichtigen **Kapitalgesellschaft** (§ 1, Abs. 1 KStG) wird nach § 11 KStG in Anlehnung an die aktienrechtliche Terminologie als Auflösung und Abwicklung bezeichnet. Eine Abhängigkeit der Steuerbilanz von der Handelsbilanz ist allerdings während der Abwicklung grundsätzlich nicht mehr gegeben, da die periodische Veranlagung für das jeweilige Kalenderjahr durch eine einmalige, für den **gesamten Abwicklungszeitraum** geltende Veranlagung ersetzt wird. Dauert die Abwicklung jedoch länger als drei Jahre, so kann die Finanzbehörde eine Zwischenveranlagung vornehmen (§ 11, Abs. 1 KStG). Dies wird regelmäßig dann der Fall sein, wenn sich der Liquidationszeitraum unbegründet lang ausdehnt, insbesondere aber dann, wenn der Verdacht einer Scheinabwicklung besteht.

Der zu versteuernde Gewinn (**Abwicklungsgewinn**) wird durch einen Vergleich des Abwicklungsanfangs- und des Abwicklungsendvermögens im Zeitpunkt der tatsächlichen und rechtlichen Beendigung der Liquidation errechnet (§ 11, Abs. 2 KStG). Dabei ist das Anfangsvermögen um den Gewinn des vorangegangenen Wirtschaftsjahres zu kürzen, der erst im Abwicklungszeitraum ausgeschüttet wird, um damit eine unzulässige Erhöhung des Liquidationsanfangsvermögens zu verhindern (§ 11, Abs. 4 KStG). Somit bleiben lediglich das Grund- bzw. Stammkapital und die bereits versteuerten Gewinnanteile steuerfrei, während die aufgedeckten stillen Reserven, dem Zweck des Gesetzes entsprechend, in vollem Umfang der Besteuerung unterliegen. Liquidationsgewinne dienen durchweg der Ausschüttung; das Körperschaftsteuerrecht sieht dafür generell einen Steuersatz von 36% vor. Da jedoch auch einbehaltene Gewinne früherer Perioden im Rahmen der Liquidation ausgeschüttet werden, muß also bei ab 1977 gebildeten ungemildert belasteten Eigenkapitalanteilen eine Entlastung vorgenommen werden, die den ausschüttbaren Betrag erhöht. Hierbei ist zu beachten, daß ein zwischen Anfang 1977 und Ende 1989 gebildeter (insgesamt positiver) Teilbetrag EK 56, d. h. zur Ausschüttung verwendbares Eigenkapital, das der Besteuerung von 56% unterlegen hat, nach der Senkung des körperschaftsteuerlichen Normaltarifs ab dem Veranlagungszeitraum 1990 für eine Übergangszeit von fünf Jahren beizubehalten ist. Im Falle einer Weiterführung des vorhandenen Bestandes an EK 56 ergibt sich eine Tilgung durch künftige Ausschüttungen in Verbindung mit der Beibehaltung des bisherigen Hifo-Prinzips (§ 28, Abs. 3 KStG). Ein zum Ende des letzten Wirtschaftsjahres, das vor dem 1. 1. 1995 abläuft, eventuell noch vorhandener Bestand an EK 56 ist in EK 50 und EK 02 umzugliedern (§ 54, Abs. 11 KStG; zur Umgliederung vgl. *Bareis/Geiger/Höflacher,* Körperschaftsteuerreform, S. 313f.). Im Zuge einer Liquidation ausgeschüttete Teilbeträge EK 56 bzw. EK 50, bewirken eine Entlastung (KSt-Minderung) von $^{20}/_{44}$ ($^{5}/_{11}$) bzw. $^{14}/_{50}$ ($^{7}/_{25}$). Eine völlige Entlastung des verwendbaren Eigenkapitals kommt jedoch insoweit nicht in Frage, als das Abwicklungsvermögen nach Befriedigung der Verbindlichkeiten nicht mehr zur **Auskehrung** des gesamten verwendbaren Eigenkapitals ausreicht. Dies ist immer dann der Fall, wenn Abwicklungsverluste oder im Konkurs die laufenden Verluste das Nennkapital übersteigen und ein Verlustrücktrag nicht vorgenommen werden kann. Es kommt somit zu einer endgültigen (Definitiv-)Belastung von Teilen oder des gesamten verwendbaren Eigenkapitals.

Eine ausschließliche Betrachtung der Gesellschaftsebene macht die steuerlichen Konsequenzen der Liquidation einer Kapitalgesellschaft nur unzureichend transparent. Durch das körperschaftsteuerliche Anrechnungsverfahren und die steuerliche Begünstigung einer Betriebsaufgabe, ist letztlich die Belastung auf der **Gesellschafterebene** von ausschlaggebender Bedeutung. Werden die Anteile der Liquidationsgesellschaft dabei im **Betriebsvermögen** gehalten, so erhöhen sich bei einer positiven Differenz zwischen dem Liquidationserlös und den Buchwerten der Wirtschaftsgüter die Einkünfte aus Gewerbebetrieb (§ 20,

Abs. 3 i. V. m. § 20, Abs. 1, Satz 1 EStG). Die Freibetragsregelung des § 16, Abs. 4 EStG und die Tarifvergünstigungen des § 34, Abs. 1 EStG können jedoch nur dann in Anspruch genommen werden, wenn der Gesellschafter im Besitz aller Anteile der Kapitalgesellschaft ist. Befinden sich die Anteile dagegen im **Privatvermögen,** erhöhen sich die Einkünfte aus Kapitalvermögen um das anteilige verwendbare Eigenkapital und den darauf ruhenden Körperschaftsteueranrechnungsanspruch. Handelt es sich bei den Anteilen allerdings um eine wesentliche Beteiligung i. S. des § 17, Abs. 1 EStG, resultieren aus der Differenz zwischen dem um das anteilige EK 04 vermehrten Nennkapital und den Anschaffungskosten Einkünfte aus Gewerbebetrieb, für die der Freibetrag gemäß § 17, Abs. 3 EStG sowie bis zu einem Betrag von 30 Mio. DM im Kalenderjahr die Tarifvergünstigung des § 34, Abs. 1 EStG in Anspruch genommen werden können.

Beispiel:

Die unbeschränkt steuerpflichtige XY-AG weist die nachfolgend abgebildete steuerliche Abwicklungsanfangsbilanz aus.

A — Abwicklungsanfangsbilanz XY-AG — P

A		P	
Verschiedene Aktiva	650.000	Eigenkapital	
		Nennkapital (Einlagen)	150.000
		verwendbares EK 56	160.000
		verwendbares EK 50	60.000
		verwendbares EK 36	50.000
		steuerfreie Vermögensmehrungen EK 02	80.000
		Verbindlichkeiten	150.000
	650.000		650.000

Da sich aus der Veräußerung der verschiedenen Aktiva nur Erlöse in Höhe von 300.000 erzielen lassen, entsteht ein Abwicklungsverlust in Höhe von 350.000. Nach Tilgung der Verbindlichkeiten entspricht das Abwicklungsendvermögen genau den Einlagen der Kapitalgesellschaft. Es ergibt sich folgende Abwicklungsendbilanz:

A — Abwicklungsendbilanz XY-AG — P

A		P	
Abwicklungsendvermögen (Bankguthaben)	150.000	Eigenkapital	
		Nennkapital (Einlagen)	–
		verwendbares EK 56	150.000
		verwendbares EK 50	–
		verwendbares EK 36	–
		steuerfreie Vermögensmehrungen EK 02	–
	150.000		150.000

Diese Abwicklungsendbilanz entsteht dadurch, daß der Abwicklungsverlust von 350.000 durch die Fortschreibung der Eigenkapitalgliederung nach § 30, Abs. 1 KStG ausschließlich mit EK 02 zu verrechnen ist.

Ein negativer Teilbetrag bei EK 02 darf nach § 41, Abs. 4 KStG zunächst mit dem Nennkapital verrechnet werden. Verbleibt ein negativer Bestand, so gelten die mit Körperschaftsteuer belasteten Teilbeträge in der Reihenfolge als gemindert, in der ihre Belastung zunimmt (**Auskehrung**):

EK 02 (80.000 ./. 350.000) = ./. 270.000	→ ./. 150.000 Nennkapital	→ Endbestand	0
	→ ./. 50.000 EK 36	→ Endbestand	0
	→ ./. 60.000 EK 50	→ Endbestand	0
	→ ./. 10.000 EK 56	→ Endbestand	150.000

Hieraus resultieren für Anteile, die im Privatvermögen gehalten werden, in Abhängigkeit davon, ob es sich um eine wesentliche oder unwesentliche Beteiligung handelt, folgende steuerliche Konsequenzen:

	wesentliche Beteiligung	unwesentliche Beteiligung
EK 56	150.000	150.000
+ KSt-Minderung $^5/_{11}$	68.182	68.182
= Bardividende	218.182	218.182
+ Anrechnungsanspruch $^9/_{16}$	122.727	122.727
= Einkünfte aus Kapitalvermögen	340.909	340.909
Nennkapital	0	–
./. Anschaffungskosten	150.000	–
= Einkünfte aus Gewerbebetrieb	– 150.000	0
+ Einkünfte aus Kapitalvermögen	340.909	340.909
= Gesamteinkünfte	190.909	340.909

Wird die Ausschüttungsbelastung von 36 v. H. hergestellt, ergibt sich eine Entlastung von 68.182 = 150.000 · $^5/_{11}$. Die auf der Ausschüttung lastende Körperschaftsteuer kann bei den Anteilseignern auf die persönliche Einkommensteuerschuld angerechnet werden. Dieses Verfahren bedeutet jedoch auch, daß die Körperschaftsteuer des mit dem Abwicklungsverlust aufgerechneten verwendbaren Eigenkapitals (50.000 EK 36; 60.000 EK 50; 10.000 EK 56) endgültig (definitiv) belastend wirkt.

Die Auskehrung körperschaftsteuerbelasteter Einkommensteile könnte allerdings durch Umgestaltung des Eigenkapitals gemildert bzw. sogar vermieden werden. Eine Kapitalzuführung, die das Nennkapital oder den Teilbetrag EK 04 erhöht, schützt nämlich das belastete Eigenkapital vor der Auskehrung (sog. **Leg ein – Hol zurück-Verfahren**). Entspricht dann das nicht ausschüttungsbelastete Eigenkapital dem negativen Teilbetrag EK 02, wird eine Definitivbelastung vollständig vermieden. Diese Kapitalerhöhungen sind aber generell gesellschaftsteuerpflichtig. Trägt die Kapitalgesellschaft die Gesellschaftsteuer, so stellt sie eine Betriebsausgabe dar, die den Verlust der Gesellschaft entsprechend erhöht (350.000 + 0,01 × 120.000 = 351.200). Um den negativen Teilbetrag EK 02 zu decken, muß daher die Einlage um die aus ihr resultierende Gesellschaftsteuer erhöht werden (120.000 × (1 + 0,01) = 121.200). Es ergibt sich somit folgende **Eigenkapitalgliederung:**

	Ausgangs-situation	+ Zugang/ ./. Abgang	Umbuchung	Ausschüttungs-potential
Nennkapital	150.000		− 150.000	0
EK 04		+ 121.200	− 121.200	0
EK 02	80.000	− 351.200	+ 271.200	0
EK 36	50.000			50.000
EK 50	60.000			60.000
EK 56	160.000			160.000

Aus der anschließenden Ausschüttung der verbleibenden Teilbeträge EK 36, EK 50 und EK 56 resultieren auf der **Gesellschafterebene,** je nach Beteiligungsverhältnis, folgende einkommensteuerpflichtige Gesamteinkünfte:

	wesentliche Beteiligung	unwesentliche Beteiligung
EK 56	160.000	160.000
+ KSt-Minderung 5/11	72.727	72.727
+ EK 50	60.000	60.000
+ KSt-Minderung 7/25	16.800	16.800
+ EK 36	50.000	50.000
= Bardividende	359.527	359.527
+ Anrechnungsanspruch 9/16	202.234	202.234
= Einkünfte aus Kapitalvermögen	561.761	561.761
Nennkapital + EK 04	0	–
./. Anschaffungskosten	271.200	–
= Einkünfte aus Gewerbebetrieb	− 271.200	–
+ Einkünfte aus Kapitalvermögen	561.761	561.761
= Gesamteinkünfte	290.561	561.761
./. Gesamteinkünfte (ohne Leg ein-Hol zurück)	190.909	340.909
= Erhöhung der Gesamteinkünfte	99.652	220.852

Gegenüber der Nichteinlage verfügen die Gesellschafter über Zahlungsüberschüsse vor Steuern in Höhe der zusätzlichen KSt-Minderungen und KSt-Anrechnungsansprüche abzüglich der Gesellschaftsteuer:

	50.000 EK 36	× 9/16	= 28.125
+	60.000 EK 50	× 1/1	= 60.000
+	10.000 EK 56	× 14/11	= 12.727
./.	120.000	× 1/100	= 1.200
	Zahlungsüberschuß vor Steuern durch Einlage		= 99.652

Wie der obigen Aufstellung zu entnehmen ist, entspricht bei einer wesentlichen Beteiligung die Erhöhung der Zahlungsüberschüsse gerade der Erhöhung der Gesamteinkünfte. Die Besteuerung kann also, da die Einkommensteuersätze stets unter 100% liegen, niemals die Erhöhung der Zahlungsüberschüsse aufzehren. Damit ist die Anwendung des **Leg ein – Hol zurück-Verfahrens** bei wesentlichen Beteiligungen immer empfehlenswert.

Bei unwesentlichen Beteiligungen muß dagegen überprüft werden, ob die zusätzlichen Zahlungsüberschüsse vor Steuern durch die Steuerbelastungen der erhöhten

Gesamteinkünfte kompensiert oder gar überkompensiert werden. Dazu werden die zusätzlichen Zahlungsüberschüsse ins Verhältnis zu den erhöhten Gesamteinkünften gesetzt.

$$\frac{99.652}{220.852} \times 100 = 45{,}12\%$$

Sofern der persönliche Einkommen-Kirchensteuersatz des Gesellschafters unter 45,12% liegt, ist in diesem Fall auch bei einer unwesentlichen Beteiligung das Leg ein – Hol zurück – Verfahren vorteilhaft.

Werden im Rahmen der Liquidation Verbindlichkeiten erlassen, um eine schuldenfreie Abwicklung zu ermöglichen, so ist der hieraus resultierende Sanierungsgewinn steuerfrei gestellt (§ 3, Nr. 66 EStG i. V. m. RFH v. 16. 12. 1936, RStBl. 1937, S. 436).

Die Gewerbesteuer knüpft an die Bemessungsgrundlagen Gewerbeertrag und Gewerbekapital an. Dabei wird jedoch nur die **Gewerbeertragsteuer** durch die Liquidation beeinflußt. Während für Einzelunternehmen und Personengesellschaften mit der völligen Einstellung der werbenden Tätigkeit die Gewerbeertragsteuerpflicht endet (Abschn. 22, Abs. 1 GewStR), bleiben Kapitalgesellschaften bis zur endgültigen Aufgabe oder Abwicklung Steuergegenstand (§ 4, Abs. 1 GewStDV), da Kapitalgesellschaften kraft ihrer Rechtsform gewerbesteuerpflichtig sind (§ 2, Abs. 2 GewStG). Maßgebend für die Besteuerung ist der in der Liquidationsphase entstandene Gewerbeertrag, der gemäß § 7 GewStG dem Abwicklungsgewinn des Körperschaftsteuergesetzes entspricht. Wenn die Liquidation mehrere Jahre erfordert, hat eine Verteilung des Gewerbeertrages auf den Abwicklungszeitraum zu erfolgen (§ 16 GewStDV).

Wird eine Einzelunternehmung oder Personengesellschaft allmählich, ohne Aufgabe der werbenden Tätigkeit, liquidiert, erlischt die Gewerbesteuerpflicht nicht. Es findet jedoch – im Gegensatz zur Kapitalgesellschaft – eine jährliche Veranlagung statt, weil § 16 GewStDV für Einzelunternehmen und Personengesellschaften nicht anwendbar ist (*Förster,* Liquidationsbilanz, S. 150).

Durch die Liquidation erfährt eine Unternehmung keinerlei **umsatzsteuerliche** Vergünstigungen, denn bei der Veräußerung des Vermögens handelt es sich um einen steuerpflichtigen Leistungsaustausch im Sinne des § 1 UStG (Ausnahme: Befreiungsvorschriften des § 4 UStG). Damit unterliegt die Unternehmung i. L. den allgemeinen Bestimmungen des Umsatzsteuergesetzes. Als Bemessungsgrundlage dienen bei Einzelveräußerung der Wirtschaftsgüter an Dritte die erzielten Nettoentgelte. Bei Überführung einzelner Gegenstände in das Privatvermögen wird der Einkaufspreis zuzüglich Nebenkosten bzw. werden die Selbstkosten dieser Güter zur Besteuerung herangezogen. Die nach der Liquidation erfolgende Geldausschüttung zählt dagegen nicht zu den umsatzsteuerpflichtigen Geschäften (*Brönner,* Besteuerung, S. 992).

3.15 Chronologie der Buchungstechnik

Die Erstellung von Liquidationsbilanzen erfordert eine Reihe von buchtechnischen Besonderheiten, deren Ablauf im allgemeinen an nachstehender Schrittfolge ausgerichtet ist.

Aufstellen der **Liquidationseröffnungsbilanz:**

- Zusammenfassung der Eigenkapitalkonten der Kapitalgesellschaften und Genossenschaften zum Abwicklungskapitalkonto
- Erfassen der Umbewertungen des Vermögens und der Verbindlichkeiten auf dem Neubewertungskonto
- Abschluß dieses Kontos bei Kapitalgesellschaften und Genossenschaften über das Abwicklungskapitalkonto, bei Personengesellschaften und Einzelunternehmen anteilsmäßig über die Eigenkapitalkonten
- Aufstellen der Liquidationseröffnungsbilanz.

Abwicklungsvorgänge:

- Veräußerung des Vermögens mit Erfassung sämtlicher Aufwendungen und Erträge auf dem Liquidationsabwicklungskonto
- Tilgung der Verbindlichkeiten
- Verbuchung der Liquidationskosten auf dem Liquidationsabwicklungskonto.

Aufstellen der **Liquidationsschlußbilanz:**

- Abschluß des Liquidationsabwicklungskontos bei Kapitalgesellschaften und Genossenschaften über das Abwicklungskapitalkonto, bei Personengesellschaften und Einzelunternehmen anteilsmäßig über die Eigenkapitalkonten
- Berechnung der

$$\text{Liquidationsquote} = \frac{\text{Liquidationserlös}}{\text{Kapitalanteile zum Nennwert}} \cdot 100$$

  bei Kapitalgesellschaften und Genossenschaften (Kürzung der Bezugsgröße um eigene Aktien, soweit diese Korrekturcharakter besitzen)
- Aufstellen der Liquidationsschlußbilanz.

Auszahlung der **Liquidationsdividende** an die Anteilseigner bzw. Inhaber des Unternehmens.

Übungsbeispiele:

Übungsbeispiel 1:

Die Hauptversammlung der XY-AG beschließt mit qualifizierter Mehrheit die Auflösung des Unternehmens zum 1. 10. 19 . ..

Die Handelsbilanz zum 30. 9. 19 . . stellt die Grundlage für die Liquidation dar:

A	Handelsbilanz der XY-AG zum 30. 9. 19..		P
A. Ausstehende Einlagen davon eingefordert 5.000	20.000	A. Eigenkapital	
		I. Gezeichnetes Kapital	800.000
B. Anlagevermögen		II. Gewinnrücklagen	
I. Immaterielle Vermögensgegenstände	50.000	Gesetzliche Rücklage	80.000
II. Sachanlagen		Rücklage für eigene Aktien	8.000
Grundstücke	200.000	Andere Gewinnrücklagen	192.000
Maschinen	700.000		
III. Finanzanlagen	100.000	III. Jahresfehlbetrag	– 50.000
C. Umlaufvermögen		B. Rückstellungen	50.000
I. Vorräte		C. Verbindlichkeiten	
Roh-, Hilfs- und Betriebsstoffe	500.000	I. Verbindlichkeiten gegenüber Kreditinstituten	300.000
Fertige Erzeugnisse	100.000	II. Verbindlichkeiten aus Lieferungen und Leistungen	539.000
II. Forderungen und sonstige Vermögensgegenstände	200.000	III. Schuldwechsel	10.000
III. Wertpapiere			
Eigene Aktien	8.000		
IV. Kasse/Bank	50.000		
D. Rechnungsabgrenzungsposten	1.000		
	1.929.000		1.929.000

Aufgaben:

a) Wer ist Abwickler?

b) Erstellen Sie die Abwicklungseröffnungsbilanz unter Berücksichtigung der nachstehenden Gegebenheiten; stellen Sie hierzu Neubewertungs- und Abwicklungskapitalkonto in T-Kontenform auf.
   - Die Grundstücke enthalten stille Rücklagen, ihr voraussichtlicher Veräußerungserlös beträgt 400.000 (Anschaffungskosten 200.000).
   - Die Maschinen sind veraltet und wurden infolge der Verlustsituation zu gering abgeschrieben; ihr vermutlicher Veräußerungserlös beträgt 380.000.
   - Die Firma besitzt Patente aus eigener Forschung, ihr Wert wird mit 100.000 taxiert.
   - Die langfristigen Verbindlichkeiten beinhalten ein Disagio, das gemäß § 250, Abs. 3 HGB unter den aktiven Rechnungsabgrenzungsposten in die Bilanz eingestellt wurde. Durch die Liquidation kann die Rückzahlung der Verbindlichkeiten früher erfolgen, so daß 700 des Disagios hinfällig werden.
   - Die Fertigerzeugnisse können voraussichtlich nur zum Preis von 70.000 abgesetzt werden.
   - Die eigenen Aktien wurden zum Nennwert bilanziert.

c) Buchen Sie die mit der Abwicklung einhergehenden, nachstehenden Geschäftsvorfälle, und erstellen Sie das Abwicklungskapitalkonto, das Liquidationsabwicklungskonto und die Liquidationsschlußbilanz. Errechnen Sie die Liquidationsquote.
   - Die Fertigerzeugnisse werden zum Preis von 45.000 veräußert. Der Ausgleich erfolgt durch Banküberweisung.
   - Barverkauf der sonstigen Vermögensgegenstände; Buchwert 100.000, Erlös: 90.000.
   - Die Finanzanlagen werden von der Hausbank zum Kurswert von 110.000 übernommen, der Betrag gutgeschrieben.

- Es gelingt, die noch nicht bezahlten Roh-, Hilfs- und Betriebsstoffe an die Lieferanten für 75% der Anschaffungspreise zurückzugeben.
- Die Maschinen finden keine Käufer, erzielen aber einen Schrotterlös von 250.000; Ausgleich durch Banküberweisung.
- Von den Forderungen in Höhe von 100.000 gehen nur 80% bei der Bank ein, der Rest ist uneinbringlich.
- Die ausstehenden eingeforderten Einlagen werden überwiesen.
- Die Grundstücke werden zum Preis von 500.000, die immateriellen Anlagewerte zum Preis von 200.000 veräußert. Das Geld wird der Hausbank angewiesen.
- Alle Verbindlichkeiten und Schuldwechsel werden getilgt, wobei die Verbindlichkeiten von mehr als fünf Jahren zu ihrem Rückzahlungswert passiviert wurden. Das Disagio von 300 wurde aktiviert.
- Die gesamten Rückstellungen betreffen Steuerrückstellungen, die aber wegen der günstigen Veräußerungsmöglichkeiten nicht ausreichend sind. Es müssen 70.000 überwiesen werden.
- Personalkosten und sonstige Aufwendungen in Höhe von 10.000 werden bar beglichen.
- Der Liquidator erhält eine Vergütung von 20.000 durch Bankscheck.

Lösung:

a) Da über die Liquidatoren keine besonderen Angaben gemacht werden, gilt der bisherige gesetzliche Vertreter der AG, also der Vorstand, als Abwickler.

b) Buchungssätze:

Neubewertungsbuchungen:

(1) Eine Zuschreibung ist wegen Geltung des Anschaffungswertprinzips für die Grundstücke nicht zulässig.

(2) Neubewertungskonto	320.000	an	Maschinen	320.000

(3) Für die selbsterstellten immateriellen Anlagewerte besteht nach § 248, Abs. 2 HGB ein Bilanzierungsverbot, das auch für die Liquidationsbilanz gilt.

(4) a) Verbindlichkeiten (Laufzeit mindestens 5 Jahre)	700	an	Neubewertungskonto	700
b) Neubewertungskonto	700	an	Aktive Rechnungsabgrenzung	700
(5) Neubewertungskonto	30.000	an	Fertige Erzeugnisse	30.000

Umgliederungen:

(6) Gezeichnetes Kapital	800.000			
Gesetzliche Rücklage	80.000			
Rücklage für eigene Aktien	8.000			
Andere Gewinnrücklagen	192.000	an	Abwicklungskapitalkonto	1.080.000
(7) Abwicklungskapitalkonto	73.000	an	Ausstehende Einlagen	15.000

		Eigene Aktien	8.000
		Bilanzverlust	50.000

Abschluß des Neubewertungskontos:

(8) Abwicklungskapital-konto	350.000	**an**	Neubewertungskonto	350.000

Neubewertungskonto

Soll		Haben	
(2)	320.000	700	(4a)
(4b)	700	350.000	(8)
(5)	30.000		
	350.700	350.700	

Abwicklungskapitalkonto

Soll		Haben	
(7)	73.000	1.080.000	(6)
(8)	350.000		
AEB	657.000		
	1.080.000	1.080.000	

A — Abwicklungseröffnungsbilanz (AEB) der XY-AG zum 1. 10. 19 . . — P

Aktiva		Passiva	
A. Ausstehende Einlagen davon eingefordert 5.000	5.000	A. Abwicklungskapitalkonto	657.000
B. Anlagevermögen		B. Rückstellungen	50.000
I. Immaterielle Vermögensgegenstände	50.000	C. Verbindlichkeiten	
II. Sachanlagen		I. Verbindlichkeiten gegenüber Kreditinstituten	299.300
Grundstücke	200.000	II. Verbindlichkeiten aus Lieferungen und Leistungen	539.000
Maschinen	380.000	III. Schuldwechsel	10.000
III. Finanzanlagen	100.000		
C. Umlaufvermögen			
I. Vorräte			
Roh-, Hilfs-, und Betriebsstoffe	500.000		
Fertige Erzeugnisse	70.000		
II. Forderungen und sonstige Vermögensgegenstände	200.000		
III. Kasse/Bank	50.000		
D. Rechnungsabgrenzungsposten	300		
	1.555.300		1.555.300

c) Buchungssätze:

Durchführung der Liquidation:

(1) Bank/Kasse	45.000			
Liquidationsabwicklungskonto	25.000	**an**	Fertige Erzeugnisse	70.000
(2) Bank/Kasse	90.000			
Liquidationsabwicklungskonto	10.000	**an**	Sonstige Vermögensgegenstände	100.000
(3) Bank/Kasse	110.000	**an**	Finanzanlagen	100.000
			Liquidationsabwicklungskonto	10.000

(4)	Verbindlichkeiten aus Lieferungen und Leistungen	375.000			
	Liquidations-abwicklungskonto	125.000	**an**	Roh-, Hilfs- und Betriebsstoffe	500.000
(5)	Bank/Kasse	250.000			
	Liquidations-abwicklungskonto	130.000	**an**	Maschinen	380.000
(6)	Bank/Kasse	80.000			
	Liquidations-abwicklungskonto	20.000	**an**	Forderungen	100.000
(7)	Bank/Kasse	5.000	**an**	Ausstehende Einlagen	5.000
(8)	Bank/Kasse	700.000	**an**	Grundstücke	200.000
				Immaterielle Anlagewerte	50.000
				Liquidations-abwicklungskonto	450.000
(9)	Verbindlichkeiten (Laufzeit mindestens 5 Jahre)	299.300			
	Verbindlichkeiten aus Lieferungen und Leistungen	164.000			
	Schuldwechsel	10.000			
	Liquidations-abwicklungskonto	300	**an**	Bank/Kasse	473.300
				Aktive Rechnungsabgrenzung	300
(10)	Steuerrückstellung	50.000			
	Liquidations-abwicklungskonto	20.000	**an**	Bank/Kasse	70.000
(11)	Liquidations-abwicklungskonto	10.000	**an**	Bank/Kasse	10.000
(12)	Liquidations-abwicklungskonto	20.000	**an**	Bank/Kasse	20.000

Abschlußbuchung des Liquidationsabwicklungskontos:

(13)	Liquidations-abwicklungskonto	99.700	**an**	Abwicklungskapitalkonto	99.700

Abwicklungskapitalkonto

LSB	756.700	AB	657.000
		(13)	99.700
	756.700		756.700

Liquidationsabwicklungskonto

(1)	25.000	10.000	(3)
(2)	10.000	450.000	(8)
(4)	125.000		
(5)	130.000		
(6)	20.000		
(9)	300		
(10)	20.000		
(11)	10.000		
(12)	20.000		
(13)	99.700		
	460.000	460.000	

A Liquidationsschlußbilanz (LSB) der XY-AG zum 31. 12. 19.. P

Bank/Kasse	756.700	Abwicklungskapital	756.700
	756.700		756.700

Berechnung der Liquidationsquote:

Das ursprüngliche Gezeichnete Kapital betrug 800.000. Hiervon ist der Nennwert des Bestands an eigenen Aktien abzuziehen. Um die Liquidationsquote nicht durch die vorgenommene Verrechnung mit den ausstehenden Einlagen zu verzerren, sind zum Abwicklungskapital 15.000 hinzuzurechnen. Da die sich ergebende Liquidationsquote von 97,44% $\left(= \frac{756.700 + 15.000}{792.000}\right)$ die verrechneten ausstehenden Anteile nicht abdeckt, sind Nachforderungen in Höhe von 384 an die Besitzer der nicht eingezahlten Aktien zu stellen.

Übungsbeispiel 2:

Die Gesellschafter der Firma Speiser und Co. beschließen die Auflösung ihres Unternehmens zum 1. 1. 19... Die dem Gesellschafterbeschluß vorangegangene Jahresabschlußbilanz hat folgendes Aussehen:

A Jahresabschlußbilanz der Fa. Speiser und Co. zum 31. 12. 19.. P

I. Anlagevermögen		I. Kapital	
Grundstücke und Gebäude	220.000	A. Speiser	105.411
Maschinen	90.000	B. Kohl	70.274
Geschäftsausstattung	40.000	C. Lang	35.137
II. Umlaufvermögen		II. Verbindlichkeiten	
Waren	34.400	Hypothek	80.000
Wertpapiere	42.000	Warenschulden	174.600
Wechsel	13.600	Wechselschulden	22.578
Forderungen	38.000	III. Passive Rechnungsabgrenzung	
Bankguthaben	5.600	Hypothekenzinsen	3.200
Kasse	12.000	Versicherungsbeiträge	8.000
III. Aktive Rechnungsabgrenzung			
Miete	3.600		
	499.200		499.200

Aufgaben:

a) Erstellen Sie die Liquidationseröffnungsbilanz unter Berücksichtigung folgender Umbewertungsvorgänge, wobei das Neubewertungskonto und die Kapitalkonten der Gesellschafter in T-Kontenform aufzustellen sind:
   - Die Grundstücke und Gebäude sind um 60.000 unterbewertet.
   - In den Maschinen stecken stille Reserven in Höhe von 20.000.
   - Die Geschäftsausstattung ist veraltet. Sie ist auf einen Wert von 24.000 abzuschreiben.
   - Die Waren können voraussichtlich nur für 30.400 veräußert werden.
   - Wegen Kursverfall sind die Wertpapiere nur mit 32.800 anzusetzen.
   - Es wird mit einem Forderungsausfall von 17.200 gerechnet.

Die Höher- und Minderbewertungen sind dem Verhältnis der Kapitalkonten entsprechend auf die Gesellschafter aufzuteilen.

b) Wie lauten die Buchungssätze für die nachstehenden Abwicklungsvorgänge? Weisen Sie das Liquidationsabwicklungskonto in T-Kontenform aus und erstellen Sie die Liquidationsschlußbilanz.

- Die Grundstücke und Gebäude wurden für 220.000 bar verkauft bei Übernahme der darauf lastenden Hypothek durch den Erwerber.
- Es gelingt, die Maschinen insgesamt für 120.000 an ein Konkurrenzunternehmen zu veräußern. Der Ausgleich erfolgt durch Banküberweisung.
- A. Speiser übernimmt von den Einrichtungsgegenständen 2 Schreibmaschinen zum Gesamtpreis von 1.200 (Buchwert 1.020), eine Buchungsmaschine zu 1.600 (Buchwert 1.260) und eine Rechenmaschine zu 1.400 (Buchwert 1.500).
- Wechsel in Höhe von 6.800, die im Liquidationszeitraum fällig werden, werden an die Lieferanten in Zahlung gegeben.
- Der Barverkauf sämtlicher Warenvorräte erbringt einen Erlös von 21.400.
- Das Bankkonto wird durch Barabhebung aufgelöst. Die Bank hatte der Gesellschaft Zinsen in Höhe von 320 gutgeschrieben und das Konto mit 240 für Provision und Spesen belastet.
- Die fälligen Versicherungsbeiträge in Höhe von 18.400, Miete in Höhe von 3.800 sowie Hypothekenzinsen in Höhe von 3.200 werden bar beglichen.
- Die Wertpapiere werden zum Tageskurswert für 28.400 veräußert.
- Die Versteigerung der restlichen Einrichtungsgegenstände bringt einen Barerlös von 14.400.
- Die ausstehenden Forderungen werden in Höhe von 17.600 in bar bezahlt. Der Rest ist uneinbringlich.
- Die Schuldwechsel in Höhe von 22.578 werden in bar eingelöst.
- Für fällige Wechsel werden 6.800 eingenommen.
- Die Warenverbindlichkeiten werden voll eingelöst.
- Die Kosten der Liquidation betragen 16.500 und werden bar beglichen.

Lösung:

a) Buchungssätze:

Neubewertungsbuchungen:

(1) Grundstücke und Gebäude	60.000	**an**	Neubewertungskonto	60.000
(2) Maschinen	20.000	**an**	Neubewertungskonto	20.000
(3) Neubewertungskonto	16.000	**an**	Geschäftsausstattung	16.000
(4) Neubewertungskonto	4.000	**an**	Waren	4.000
(5) Neubewertungskonto	9.200	**an**	Wertpapiere	9.200
(6) Neubewertungskonto	17.200	**an**	Forderungen	17.200

Abschluß des Neubewertungskontos:

(7) Neubewertungskonto	33.600	**an**	Kapital A. Speiser	16.800
			Kapital B. Kohl	11.200
			Kapital C. Lang	5.600

Neubewertungskonto

(3)	16.000	60.000	(1)
(4)	4.000	20.000	(2)
(5)	9.200		
(6)	17.200		
(7)	33.600		
	80.000	80.000	

Kapital A. Speiser

AEB	122.211	AB	105.411
			16.800 (7)
	122.211		122.211

Kapital B. Kohl

AEB	81.474	AB	70.274
			11.200 (7)
	81.474		81.474

Kapital C. Lang

AEB	40.737	AB	35.137
			5.600 (7)
	40.737		40.737

Abwicklungs(Liquidations-)eröffnungsbilanz (AEB)
der Fa. Speiser und Co. zum 1. 1. 19..

A			P
I. Anlagevermögen		I. Kapital	
Grundstücke und Gebäude	280.000	A. Speiser	122.211
Maschinen	110.000	B. Kohl	81.474
Geschäftsausstattung	24.000	C. Lang	40.737
II. Umlaufvermögen		II. Verbindlichkeiten	
Waren	30.400	Hypothek	80.000
Wertpapiere	32.800	Warenschulden	174.600
Wechsel	13.600	Wechselschulden	22.578
Forderungen	20.800	III. Passive Rechnungsabgrenzung	
Bankguthaben	5.600	Hypothekenzinsen	3.200
Kasse	12.000	Versicherungsbeiträge	8.000
III. Aktive Rechnungsabgrenzung			
Miete	3.600		
	532.800		532.800

b) Buchungssätze:

Eröffnungsbuchungen:

Miete	3.600	an	Aktive Rechnungsabgrenzung	3.600
Passive Rechnungsabgrenzung	3.200	an	Hypothekenzinsen	3.200
Passive Rechnungsabgrenzung	8.000	an	Versicherungsbeiträge	8.000

Durchführung der Liquidation:

(1) Kasse	220.000			
Hypothek	80.000	an	Grundstücke und Gebäude	280.000
			Liquidationsabwicklungskonto	20.000

(2) Bank	120.000	**an**	Maschinen	110.000
			Liquidationsabwicklungskonto	10.000
(3) Privat A. Speiser	4.200	**an**	Geschäftsausstattung	3.780
			Liquidationsabwicklungskonto	420
(4) Verbindlichkeiten	6.800	**an**	Wechsel	6.800
(5) Kasse	21.400			
Liquidationsabwicklungskonto	9.000	**an**	Waren	30.400
(6) Kasse	125.680	**an**	Bank	125.600
			Liquidationsabwicklungskonto	80
(7) a) Versicherungsbeiträge	18.400	**an**	Kasse	18.400
Liquidationsabwicklungskonto	10.400	**an**	Versicherungsbeiträge	10.400
b) Miete	3.800	**an**	Kasse	3.800
Liquidationsabwicklungskonto	7.400	**an**	Miete	7.400
c) Hypothekenzinsen	3.200	**an**	Kasse	3.200
(8) Kasse	28.400			
Liquidationsabwicklungskonto	4.400	**an**	Wertpapiere	32.800
(9) Kasse	14.400			
Liquidationsabwicklungskonto	5.820	**an**	Geschäftsausstattung	20.220
(10) Kasse	17.600			
Liquidationsabwicklungskonto	3.200	**an**	Forderungen	20.800
(11) Wechselschulden	22.578	**an**	Kasse	22.578
(12) Kasse	6.800	**an**	Wechsel	6.800
(13) Warenschulden	167.800	**an**	Kasse	167.800
(14) Liquidationsabwicklungskonto	16.500	**an**	Kasse	16.500

Abschluß des Liquidationsabwicklungskontos:
Verlustverteilung im Verhältnis der Kapitalanteile (3:2:1)

(15) Privat A. Speiser	13.110			
Privat B. Kohl	8.740			
Privat C. Lang	4.370	**an**	Liquidationsabwicklungskonto	26.220

Um zu gewährleisten, daß alle Gesellschafter im Verhältnis des Gewinnverteilungsschlüssels an den im Liquidationsergebnis enthaltenen aufgelösten stillen Rücklagen partizipieren, ist es vorteilhaft, einen entsprechenden Verteilungsschlüssel für das Liquidationsergebnis im Gesellschaftsvertrag festzulegen.

Abschluß der Privatkonten:

(16) Kapital A. Speiser	17.310	**an**	Privat A. Speiser	17.310
(17) Kapital B. Kohl	8.740	**an**	Privat B. Kohl	8.740
(18) Kapital C. Lang	4.370	**an**	Privat C. Lang	4.370

S Liquidationsabwicklungskonto H

S		H	
(5)	9.000	20.000	(1)
(7a)	10.400	10.000	(2)
(7b)	7.400	420	(3)
(8)	4.400	80	(6)
(9)	5.820	26.220	(15)
(10)	3.200		
(14)	16.500		
	56.720	56.720	

A Liquidationsschlußbilanz P

A		P	
Kasse	214.002	Liquidationskap.	
		A. Speiser	104.901
		B. Kohl	72.734
		C. Lang	36.367
	214.002		214.002

Ergänzende Literatur zu: 3.1 Liquidationsbilanzen

Egle u. a., Rechnungswesen, S. 266–271
Greifzu, Der praktische Fall, S. 384–391
Hahn/Werner, Bilanzsicherheit, Teil B, S. 332–347
Heinen, Handelsbilanzen, S. 496–499
Horváth u. a., Buchführung III, S. 319–348
Schedlbauer, Sonderprüfungen, S. 188–204
Wöhe/Bilstein, Unternehmensfinanzierung, S. 117–120

3.2 Konkursbilanzen

3.21 Abwicklung und Durchführung des Konkurses

3.211 Grundlagen

Im Unterschied zum freiwilligen und auf außergerichtlicher Basis ablaufenden Verfahren der Liquidation endet die Erwerbstätigkeit beim Konkurs unfreiwillig und auf gesetzlicher Grundlage. Der Konkurs ist folglich ein **gerichtliches Verfahren** zur **zwangsweisen,** gesetzlich geregelten Auflösung eines Unternehmens mit dem Ziel, alle persönlichen Gläubiger der Firma (**Konkursgläubiger**), die einen begründeten Vermögensanspruch gegen den gemeinsamen Schuldner (**Gemeinschuldner**) haben, gemeinschaftlich zu befriedigen (§ 3, Abs. 1 KO). Um diesem Zweck gerecht zu werden, muß das (Real-)Vermögen der Verfügung des Gemeinschuldners entzogen und in Geld umgesetzt werden; sodann sind die teilnahmeberechtigten Gläubiger festzustellen, um ihnen den zustehenden Anteil auszuzahlen.

Gesetzliche Grundlage hierzu ist das zwingende Recht der **Konkursordnung** vom 10. 2. 1877 i. d. F. v. 20. 5. 1898 sowie die ergänzenden Bestimmungen des HGB (besonders zweites Buch), des AktG, des GmbHG und des GenG. Danach kann das Konkursverfahren vom Gericht (§ 103, Abs. 1 KO) auf Antrag des Gemeinschuldners oder eines Konkursgläubigers (§ 103, Abs. 2 KO) eröffnet werden, wenn **Zahlungsunfähigkeit** vorliegt, insbesondere wenn die Zahlungseinstellung bereits erfolgt ist (§ 102 KO). Bei Kapitalgesellschaften und Genossenschaften tritt noch die **Überschuldung** als Konkursgrund hinzu (§§ 207, 209, 213 KO; § 92, Abs. 2 AktG; § 64, Abs. 1 GmbHG; § 98, Abs. 1, Nr. 2 GenG). Seit 1976 ist der Kreis der Unternehmen, für die der Überschuldungstatbestand gilt, auf die offene Handelsgesellschaft und die Kommanditgesellschaft ausgedehnt worden, wenn der vollhaftende Gesellschafter keine natürliche Person ist (z. B. GmbH & Co KG, § 209 KO; § 130 a, Abs. 1 HGB; § 177 a i. V. m. § 130 a, Abs. 1 HGB).

Beispiel:

Wegen eines Konjunktureinbruchs erwirtschaftet die XY-AG steigende Verluste. Der Vorstand stellt deshalb eine Zwischenbilanz auf:

A	Zwischenbilanz der XY-AG zum 31. 6. 19 . .		P
Anlagevermögen	2.000.000	Gezeichnetes Kapital	2.000.000
Umlaufvermögen	800.000	Rücklagen	200.000
Verlust	1.200.000	Fremdkapital	1.800.000
	4.000.000		4.000.000

Ermittlung des Reinvermögens:

Gesamtvermögen	2.800.000
./. Schulden	1.800.000
Überdeckung (Reinvermögen)	1.000.000

Die Zwischenbilanz weist zwar eine **buchmäßige Unterbilanz** im Sinne von § 92, Abs. 1 AktG aus, da das Grundkapital und die Rücklagen, die nach herrschender Meinung einzubeziehen sind (*IdW*, WP-Handbuch 85/86 I, S. 1367), zur Hälfte aufgezehrt sind, eine **Überschuldungsbilanz** liegt jedoch nicht vor, da die Schulden vom Vermögen gedeckt werden.

Da sich die Geschäftslage ständig verschlechtert, ergibt sich zum Geschäftsjahresschluß folgende Handelsbilanz:

A	Verkürzte Handelsbilanz der XY-AG zum 31. 12. 19 . .		P
Anlagevermögen	800.000	Gezeichnetes Kapital	2.000.000
Umlaufvermögen	700.000	Rücklagen	200.000
Verlust	2.300.000	Fremdkapital	1.600.000
	3.800.000		3.800.000

Ermittlung des Reinvermögens:

Gesamtvermögen	1.500.000
./. Schulden	1.600.000
Unterdeckung (negatives Reinvermögen)	100.000

Da nunmehr die Schulden das Vermögen übersteigen, liegt eine **wirtschaftliche Unterbilanz,** also eine Überschuldung, vor. Der Vorstand ist gemäß § 92, Abs. 2 AktG verpflichtet, den Konkurs zu beantragen. Ob zur Feststellung der Überschuldung **Unternehmensfortführungswerte** (going-concern-Prinzip) oder aber **Zerschlagungswerte** angesetzt werden müssen, ist strittig. Die Literatur favorisiert derzeit die **zweistufige Überschuldungsprüfung,** welche dieser Bewertungsentscheidung eine betriebswirtschaftliche Fortbestehensanalyse voranstellt (vgl. *IdW,* WP-Handbuch 85/86, S. 1370f.).

Die wenig präzisen Umschreibungen der **Konkursauslöser** haben zu einem weitgehenden Funktionsverlust des Insolvenzrechts beigetragen. Der Bundesminister der Justiz hat deshalb 1978 eine Kommission eingesetzt, die eine umfassende **Reform des Insolvenzrechts** erarbeiten sollte. Die Ergebnisse der Kommissionsarbeit wurden in zwei Berichten Ende 1984 und Ende 1985 dargestellt. Der Bundesminister der Justiz hat dann im August 1988 einen ersten Diskussionsentwurf und Anfang November 1989 den **Referentenentwurf** eines Gesetzes zur Reform des Insolvenzrechts veröffentlicht, die in wesentlichen Teilen auf den Vorarbeiten der Kommission für Insolvenzrecht beruhen. Der Referentenentwurf schlägt letztlich ein **einheitliches** Insolvenzverfahren vor, für das im Gegensatz zum Vorschlag der Reformkommission, der eine Einmündung in ein Reorganisations- oder Liquidationsverfahren vorsah, während des gesamten Verfahrens einheitliche Rechtsregeln gelten. Dabei werden die Auslöser insofern erweitert, als Zahlungsunfähigkeit bereits dann anzunehmen ist, wenn der Schuldner **voraussichtlich** nicht in der Lage sein wird, die bestehenden Zahlungsverpflichtungen im Zeitpunkt der Fälligkeit zu erfüllen (**drohende Zahlungsunfähigkeit,** § 20 EInsO). Abweichend vom Kommissionsvorschlag wird dieser Eröffnungsgrund allerdings auf den Fall des Schuldnerantrags beschränkt. Eine weitere Abweichung besteht darin, daß gemäß § 21, Abs. 2 EInsO der Tatbestand der **Überschuldung** vorliegt, wenn das Vermögen des Schuldners die bestehenden Verbindlichkeiten nicht mehr deckt. Diese Definition entspricht dem geltenden Überschuldungsbegriff und vermeidet die Schwierigkeiten, die sich durch die von der Reformkommission vorgeschlagene modifizierte zweistufige Überschuldungsprüfung ergeben hätten (vgl. *Uhlenbruck,* Insolvenzordnung, S. 434f.). Zur Feststellung der Überschuldung dürfen, entsprechend der schon bisher favorisierten Auffassung, deshalb nur dann **Fortführungswerte** angesetzt werden, wenn die Fortführung des Unternehmens auch tatsächlich beabsichtigt ist und das Unternehmen wirtschaftlich lebensfähig erscheint, andernfalls sind die **Zerschlagungswerte** zugrunde zu legen (s. *Bundesminister der Justiz,* Referentenentwurf, Begründung zu den einzelnen Vorschriften, S. 20).

Stellt der Gemeinschuldner den **Antrag auf Eröffnung des Konkursverfahrens,** so hat er diesem zur Feststellung der Konkursmasse und der Anspruchsberechtigten ein Vermögensverzeichnis (**Konkursstatus**) mit Angabe von Aus- und Absonderungsrechten sowie eine Aufstellung der Gläubiger und Schuldner mit Nennung der einzelnen Beträge beizufügen (§ 104 KO). Aufgrund dieser Unterlagen kann das Gericht entscheiden, ob eine Konkurseröffnung gerechtfertigt erscheint, oder aber, falls die durch das Konkursverfahren entstehenden Kosten aus der Konkursmasse nicht beglichen werden können, der Eröffnungsantrag **mangels Masse** abgewiesen werden muß.

Mit der Konkurseröffnung erlischt das Verwaltungs- und Verfügungsrecht des Gemeinschuldners über die Konkursmasse (§ 6, Abs. 1 KO) und wird einem vom Gericht zu bestimmenden (§ 110, Abs. 1 KO) **Konkursverwalter** übertragen (§ 6, Abs. 2 KO). Alle nach der Konkurseröffnung eingegangenen Rechtsgeschäfte und Handlungen des Gemeinschuldners sind damit nichtig. Darüber hinaus kann der Konkursverwalter auch frühere Rechtsgeschäfte anfechten, wenn sich aus ihnen ein gläubigerschädigendes Verhalten ableitet. Die nachfolgend abgebildete Tabelle zeigt diese Anfechtungsgrundlagen:

Anfechtung von Rechtshandlungen			
Konkurs-anfechtung	Absichts-anfechtung	Schenkungs-anfechtung	Darlehens-anfechtung
§ 30 KO	§ 31 KO	§ 32 KO	§ 32a KO
Anfechtbar: 1. Nach Zahlungseinstellung oder Konkursantrag erfolgte Rechtsgeschäfte und Rechtshandlungen, die Konkursgläubiger benachteiligen, und dem anderen Teil die Konkurssituation bekannt war. 2. Entsprechende Rechtshandlungen, auch rückwirkend bis 10 Tage vor Konkurssituation, die einem Gläubiger ohne Rechtsgrund Sicherung oder Befriedigung gewähren, wenn er nicht gutgläubig war (Beweispflicht).	Anfechtbar: 1. Rechtshandlungen, die in der Absicht der Gläubigerbenachteiligung vorgenommen wurden. 2. Verträge, die in gläubigerschädigender Absicht vor Konkurseröffnung mit Verwandten abgeschlossen wurden.	Anfechtbar: 1. Schenkungen des letzten Jahres, außer gebräuchlichen Gelegenheitsgeschenken 2. Unentgeltliche Verfügungen der letzten zwei Jahre zugunsten des Ehegatten.	Anfechtbar: 1. Rechtshandlungen, die dem Gläubiger eines Darlehens gemäß § 32a GmbHG eine Besicherung einräumen. 2. Rechtshandlungen, die dem Gläubiger eines Darlehens gemäß § 32a GmbHG eine Befriedigung im letzten Jahr vor Konkurseröffnung gewähren.
Folge: Rückgabe zur Konkursmasse, evtl. strafrechtliche Verfolgung gemäß §§ 283c, d StGB	Folge: Rückgabe zur Konkursmasse, evtl. strafrechtliche Verfolgung gemäß § 283 StGB	Folge: Rückgabe zur Konkursmasse, evtl. strafrechtliche Verfolgung gemäß §§ 283c, d StGB	Folge: Wegfall des Kreditvorrechts bzw. Rückgabe zur Konkursmasse

Die eigentliche Aufgabe des Konkursverwalters besteht in der schnellst- und bestmöglichen Verwertung der Konkursmasse (§ 117, Abs. 1 KO) sowie der Verteilung des Veräußerungserlöses (§ 161, Abs. 1 KO). Er hat im Rahmen der treuhänderischen Verwaltung des Konkursvermögens Rechenschaft zu legen. Bei Konkurseröffnung sind die einzelnen, zur Konkursmasse zählenden Gegenstände durch körperliche Aufnahme nach den Grundsätzen ordnungsmäßiger Inventur unter Angabe ihres Wertes zu ermitteln (§ 123, Abs. 1 KO); daraus ist ein Inventar und eine Bilanz zu erstellen (§ 124 KO). Nach erfolgter Abwicklung ist die Ordnungsmäßigkeit des Konkursverfahrens durch eine Schlußrechnung auf rein monetärer Basis zu dokumentieren. Die Einnahmen bzw. Ausgaben sind zu belegen und gegebenenfalls zu erläutern (§ 86 KO).

3.212 Gliederungsprinzipien

Grundsätzlich sollen alle Konkursgläubiger, da es sich bei ihnen um eine Verlustgemeinschaft handelt, am Liquidationserlös **gleichmäßig** im Verhältnis der einzelnen Forderungen beteiligt werden (Grundsatz der gleichmäßigen Gläubigerbehandlung). Dies gilt jedoch nicht für Gläubiger, die einen **gesicherten** oder **bevorrechtigten** Vermögensanspruch gegen den Gemeinschuldner haben. Es ist deshalb erforderlich, daß der Aufbau der Konkursbilanz diesem Gesichtspunkt Rechnung trägt und die Ansprüche der verschieden berechtigten Gläubiger aufzeigt.

Teilt man die Gläubiger nach der Art ihrer Forderungen ein, so kann hieraus ein vereinfachtes Schema einer Konkursbilanz abgeleitet werden:

Aktiva — Vereinfachte Konkursbilanz (Konkursstatus) — Passiva

Aktiva	Passiva
Vermögen	**Schulden**
Aussonderungsberechtigtes Vermögen	Aussonderungsberechtigte Gläubiger
Absonderungsberechtigtes Vermögen	Absonderungsberechtigte Gläubiger
Aufrechnungsberechtigtes Vermögen	Aufrechnungsberechtigte Gläubiger
Verfügbares Vermögen (Konkursmasse)	Massegläubiger
Gesamtverlust (Konkursabwicklungskonto)	Konkursgläubiger – Bevorrechtigte Konkursgläubiger – Nicht bevorrechtigte Konkursgläubiger

Die jeweiligen Inhalte, Besonderheiten und die nötigen Buchungen der einzelnen Bilanzpositionen gehen aus der auf S. 856f. abgebildeten Tabelle hervor.

Nach der Entscheidung des Bundesarbeitsgerichts vom 13. 12. 1978 gelten die Vorschriften des **Betriebsverfassungsgesetzes** über Interessenausgleich, Sozialplan und Nachteilsausgleich (§§ 111 bis 113 BetrVG) auch im Konkurs des Unternehmens. Der Konkursverwalter hat daher, unabhängig davon, ob die Betriebsänderung vor oder nach der Konkurseröffnung stattgefunden hat, einen **Interessenausgleich** zu versuchen und einen **Sozialplan** aufzustellen (BAG v. 13. 12. 78, BB 79, S. 267ff.). Die vom Bundesarbeitsgericht vorgenommene Einordnung der Sozialplanansprüche mit Rang vor Nr. 1 des § 61, Abs. 1 KO, wurde jedoch vom Bundesverfassungsgericht aufgehoben (BVG v. 19. 10. 1983, BB 84, S. 141ff.). Forderungen aus Sozialplänen sind daher grundsätzlich unter die einfachen Konkursforderungen nach § 61, Abs. 1, Nr. 6 KO zu subsumieren. Da diese Einordnung der Sozialplanforderungen nach Auffassung des Gesetzgebers nicht deren sozialer Bedeutung entsprach, hat das **Gesetz über den Sozialplan im Konkurs- und Vergleichsverfahren** v. 20. 2. 1985 (BGBl. I 1985, S. 369f.) in Form eines Zeitgesetzes, dessen Geltungsdauer derzeit bis Ende 1991 befristet ist, eine Zwischenlösung gebracht. Danach genießen allerdings nur Forderungen aus Sozialplänen, die nicht früher als drei Monate vor dem Antrag auf Eröffnung eines Konkursverfahrens aufgestellt worden sind, das Vorrecht des § 61, Abs. 1, Nr. 1 KO. Die Entstehung und die Durchsetzung dieser Ansprüche wird aber durch absolute bzw. relative Obergrenzen (§§ 2 u. 4 SozplG) beschränkt.

Häufig wird die Gliederung auf der Aktivseite der Konkursbilanz noch durch einen **Ergänzungsposten** erweitert, bei dem es sich insbesondere um das der Zwangsvollstreckung unterliegende Privatvermögen des Gemeinschuldners, etwaige Nachschußpflichten einzelner Gesellschafter oder Genossen (ausstehende Einlagen sind zwingend einzufordern) sowie um Ansprüche aus Bürgschaften handelt. Die Gegenbuchung dieser Vermögensgegenstände oder -rechte erfolgt auf dem **Konkursabwicklungskonto,** einem einzurichtenden Ergebnissammelkonto, das neben den Eigenkapitalkonten und den Verlusten sämtliche erfolgswirksamen Buchungsvorfälle erfaßt.

Die Gliederung der Konkursbilanz folgt streng dem Kriterium der **rechtlichen** Zugehörigkeit der Vermögensgegenstände. Daneben wird aber auch gefordert, das Gliederungsschema der Handelsbilanz im Konkursstatus beizubehalten. In diesem Fall wäre allerdings eine zusätzliche Aufgliederung der einzelnen Bilanzpositionen nach ihrer rechtlichen Zugehörigkeit in Vor- bzw. Nachspalten notwendig, die nach folgendem Muster vorzunehmen wäre:

Bilanzpositionen	Buchwerte	Zerschlagungswerte	Aussonderungspflichtig	Absonderungspflichtig	Aufrechnungspflichtig	Massegläubiger	Konkursgläubiger
Grundstücke . . .							

Obwohl beide Gliederungsprinzipien in Ermangelung gesetzlicher Bestimmungen angewendet werden können, ist die konsequente Gliederung nach der rechtlichen Zugehörigkeit der Vermögensgegenstände vorzuziehen, da sie den speziellen Zwecken der Konkursbilanz und den Bilanzierungsgrundsätzen der Übersichtlichkeit und Klarheit eher gerecht wird.

Offen ist auch die Frage, ob die Konkursbilanz als **Bruttorechnung** alle Vermögensgegenstände zu erfassen hat oder aber als **Nettorechnung** nur die unbelasteten und nicht aussonderungspflichtigen Gegenstände ausweisen muß. Im Interesse eines möglichst hohen Informationswertes der Konkursbilanz sollte die Bruttorechnung angewendet werden. Ein detailliertes und aussagefähiges Gliederungsschema könnte der Konkursbilanz auf S. 858 entsprechen (*Heinen,* Handelsbilanzen, S. 513ff.).

Beispiel:

Die verkürzte Handelsbilanz der XY-OHG zum 31. 12. 19.. ist zu einer Konkursbilanz umzugliedern.

A — Verkürzte Handelsbilanz der XY-OHG zum 31.12.19.. — P

Grundstücke	50.000	Einlage X	40.000
Betriebs- und Geschäftsausstattung (BGA)	5.000	Einlage Y	40.000
Darlehensforderung	1.500	Stille Beteiligung	6.000
Waren	40.000	Steuerrückstellung	10.000
Sonstige Aktiva	80.000	Mietverbindlichkeiten	5.000
Verlust	114.500	Lohn- und Gehaltsschulden	20.000
		Verbindlichkeiten aus Lieferungen und Leistungen	100.000
		Sonstige Verbindlichkeiten	70.000
	291.000		291.000

Gläubiger, deren Befriedigung aus einem **bestimmten** Gegenstand der Konkursmasse erfolgt			Gläubiger, deren Ansprüche **vorweg** zu befriedigen sind		Gläubiger, deren Ansprüche aus der **restlichen** Konkursmasse zu befriedigen sind	
Aussonderungsberechtigte Gläubiger: Rechtliche Eigentümer von Vermögensgegenständen im Besitz des Gemeinschuldners	Absonderungsberechtigte Gläubiger: Anspruch aus besonderen Sicherungsrechten	Aufrechnungsberechtigte Gläubiger: Aufrechnungsbefugnis gemäß §§ 387 ff. BGB	Massegläubiger		Konkursgläubiger	
			Massekosten	Masseschulden	Bevorrechtigte Gläubiger	Gewöhnliche Gläubiger
§§ 43-46 KO	§§ 47-52 KO	§§ 53-56 KO	§ 58 KO	§ 59 KO	§ 61, Nr. 1-5 KO	§ 61, Nr. 6 KO
Unter Eigentumsvorbehalt (§ 455 BGB) oder verlängertem Eigentumsvorbehalt gelieferte Vermögensgegenstände; Kommissionsware; zedierte Forderungen	Gesichert durch Grundpfandrechte: Hypotheken, Grundschuld, gesetzliche Pfandrechte von Vermietern und Verpächtern Vertragliche Pfandrechte: Lombard, Sicherungsübereignungen	Gläubiger brauchen die Forderungen nicht geltend zu machen, wenn sie Aufrechnung erklären.	1. Gerichtskosten 2. Ausgaben für Verwaltung, Verwertung und Verteilung der Masse 3. Unterstützung für Gemeinschuldner	1. Ansprüche aus Geschäften u. Handlungen des Konkursverwalters 2. Ansprüche aus zweiseitigen Verträgen, deren Erfüllung zur Konkursmasse zu erfolgen hat oder für die Zeit nach Verfahrenseröffnung erfolgen muß (Miete)	Rangfolge: 1. Löhne, Gehälter u.ä. aus dem letzten Jahr 2. Forderungen öffentlicher Kassen 3. Forderungen von Kirchen, Schulen, Versicherungen gegen Feuer u.a. 4. Forderungen von Ärzten, Apotheken u.ä.	Alle übrigen Verbindlichkeiten

	Besonderheiten: Liegt der Veräußerungserlös über dem Forderungsanspruch, gehört der Mehrerlös zur Masse, ein Mindererlös begründet nur einen gewöhnlichen Gläubigeranspruch			3. Ansprüche aus rechtloser Bereicherung der Masse 4. Ausstehende Arbeitsentgelte der letzten 6 Monate	5. Forderungen von Kindern u. Mündeln, deren Vermögen der Gemeinschuldner verwaltet	
			Besonderheiten: Reicht die Masse nicht zur Befriedigung aller Massegläubiger aus, so gilt folgende Reihenfolge: Masseschulden Nr. 1, 2; Massekosten Nr. 1, 2; Masseschulden Nr. 3, 4 und Massekosten Nr. 3			
Buchung: – Aktivbuchg: Aussonderungsgüter an Aktivkonten – Passivbuchg.: Verbindlichkeit an Aussonderungsgläubiger	Buchung: – Aktivbuchg.: Absonderungsgüter an Aktivkonten – Passivbuchg.: Verbindlichkeit an Absonderungsgläubiger	Buchung: – Aktivbuchg.: Aufrechnungsgüter an Aktivkonten – Passivbuchg.: Verbindlichkeit an Aufrechnungsgläubiger	Buchung: Nur Passivbuchung: Verbindlichkeit an Massekosten, weil kein bestimmter Vermögensgegenstand gegenübersteht	Buchung: Nur Passivbuchung: Verbindlichkeit an Masseschulden	Buchung: Nur Passivbuchung: Verbindlichkeit an Vorrechtsgläubiger (5 Konten)	Buchung: Weiterführen der bisherigen Passivkonten

Konkursanspruchsberechtigte und Konkursbesonderheiten

A	Konkursbilanz	P

A (Aktiva)	P (Passiva)
A. Nicht verfügbare Vermögensgegenstände I. Auszusondernde Vermögensgegenstände 1. Mit Eigentumsvorbehalt behaftete Gegenstände 2. Kommissionsware II. Abzusondernde Vermögensgegenstände 1. Hypothekarisch belastete Gegenstände 2. Mit einem Pfandrecht behaftete Gegenstände a) Mit vertraglichem Pfandrecht behaftete Gegenstände b) Mit gesetzlichem Pfandrecht behaftete Gegenstände 3. Sicherungsübereignete Gegenstände 4. Forderungen, gegenüber denen aufgerechnet werden kann B. Verfügbare Vermögensgegenstände I. Eigentliche Konkursmasse 1. Einzeln verwertbare Vermögensgegenstände 2. Als Ganzes verwertbare Betriebseinrichtungen 3. Voraussichtliche Ansprüche aus Anfechtung II. Ergänzungsposten 1. Privatvermögen 2. Voraussichtliche Einnahmen aus Nachschußverpflichtungen 3. Ansprüche aus Bürgschaften	A. Gesicherte Forderungen I. Forderungen aussonderungsberechtigter Gläubiger II. Forderungen absonderungsberechtigter Gläubiger 1. Hypothekarisch gesicherte Forderungen 2. Pfandrechtlich gesicherte Forderungen a) Durch vertragliches Pfandrecht gesicherte Forderungen b) Durch gesetzliches Pfandrecht gesicherte Forderungen 3. Durch Sicherungsübereignung gesicherte Forderungen 4. Aufrechnungsberechtigte Forderungen B. Ungesicherte Forderungen I. Forderungen der Massegläubiger 1. Rückstellung für Masseschulden 2. Rückstellung für Massekosten II. Forderungen der eigentlichen Konkursgläubiger 1. Forderungen der bevorrechtigten Konkursgläubiger 2. Forderungen der einfachen Konkursgläubiger

Gliederung der Konkursbilanz

Der Umgliederung liegen folgende Angaben zugrunde:

(1) In der Konkursmasse befinden sich unter Eigentumsvorbehalt gelieferte unbezahlte Waren im Wert von 20.000.

(2) Das Unternehmen gewährte dem stillen Gesellschafter Z ein Darlehen in Höhe von 1.500; Z erklärte Aufrechnung.

(3) Die Lohn- und Gehaltsschulden stammen aus den ersten 6 Monaten vor Verfahrenseröffnung und werden vom Arbeitsamt nach dem Arbeitsförderungsgesetz (Gesetz über Konkursausfallgeld v. 17. 7. 1974, BGBl. I, S. 1481) vorgelegt. Damit wird das Arbeitsamt zu einem bevorrechtigten Konkursgläubiger. Fällt die Forderung aus, muß die Berufsgenossenschaft die Beträge erstatten (§ 186b AFG).

(4) Der Vermieter macht von seinem Pfändungsrecht an den eingebrachten Gegenständen der Betriebs- und Geschäftsausstattung gemäß § 559 BGB Gebrauch.

(5) Das pfändbare Vermögen der Gesellschafter X und Y beträgt insgesamt 20.000.

Buchungssätze:

(1) a) Aussonderungsgüter	20.000	**an**	Waren	20.000
b) Verbindlichkeiten aus Lieferungen und Leistungen	20.000	**an**	Aussonderungsgläubiger	20.000
(2) a) Stille Beteiligung	6.000	**an**	Aufrechnungsgläubiger	1.500
			Einfache Konkursgläubiger	4.500
b) Aufrechnungsgüter	1.500	**an**	Darlehensforderung	1.500
(3) Lohn- und Gehaltsschulden	20.000	**an**	Bevorrechtigte Konkursgläubiger	20.000
(4) a) Absonderungsgüter	5.000	**an**	Betriebs- und Geschäftsausstattung	5.000
b) Mietverbindlichkeiten	5.000	**an**	Absonderungsgläubiger	5.000
(5) Verfügbare Vermögensgegenstände	20.000	**an**	Konkursabwicklungskonto	20.000
(6) Einlage X	40.000			
Einlage Y	40.000	**an**	Konkursabwicklungskonto	80.000
(7) Konkursabwicklungskonto	114.500	**an**	Verlust	114.500
(8) Steuerrückstellung	10.000	**an**	Bevorrechtigte Konkursgläubiger	10.000
(9) Verfügbare Vermögensgegenstände	150.000	**an**	Grundstücke	50.000
			Waren	20.000
			Sonstige Aktiva	80.000
(10) Sonstige Verbindlichkeiten	70.000			
Verbindlichkeiten aus Lieferungen und Leistungen	80.000	**an**	Einfache Konkursgläubiger	150.000

Die buchmäßige Darstellung der Umgliederung erfolgt in der Regel als Vermögens- und Schuldenübersicht **(Konkurstabelle),** die vom Konkursverwalter nach Konkurseröffnung zu erstellen ist, und aus der eine **vorläufige** Schätzung der voraussichtlichen Konkursquote möglich wird (vgl. S. 860).

Konkurstabelle

Lf. Nr.	Gegenstand	Betrag	Aussonderungsgüter	Absonderungsgüter	Aufrechnungsgüter	Verfügb. Vermög.-gegenst. (Konkursmasse)	Aussonderungsgläub.	Absonderungsgläub.	Aufrechnungsgläub.	Bevorrechtigte Konk.-gläub.	Einfache Konkursgläub.	Konkursabwickl.-konto
1	Grundstücke	50.000				(9) 50.000						
2	BGA	5.000		(4a) 5.000								
3	Darlehensforderung	1.500			(2b) 1.500							
4	Waren	40.000	(1a) 20.000			(9) 20.000						
5	Sonstige Aktiva	80.000				(9) 80.000						
6	Verlust	114.500										(7)./.114.500
7	Einlage X	40.000										(6) 40.000
8	Einlage Y	40.000										(6) 40.000
9	Stille Beteiligung	6.000							(2a) 1.500		(2a) 4.500	
10	Steuerrückstellung	10.000								(8) 10.000		
11	Mietverbindl.	5.000						(4b) 5.000				
12	Lohn u. Geh.	20.000								(3) 20.000		
13	Verbindl. aus Lief. u. Leist.	100.000					(1b) 20.000				(10) 80.000	
14	Sonstige Verbindl.	70.000									(10) 70.000	
						(5) 20.000						(5) 20.000
			20.000	5.000	1.500	170.000	20.000	5.000	1.500	30.000	154.500	./.14.500

Aus der Konkurstabelle ist folgende Konkurseröffnungsbilanz zu entwickeln:

A	Konkurseröffnungsbilanz der XY-OHG zum 31.12.19 . .		P
Aussonderungsgüter	20.000	Aussonderungsgläubiger	20.000
Absonderungsgüter	5.000	Absonderungsgläubiger	5.000
Aufrechnungsgüter	1.500	Aufrechnungsgläubiger	1.500
Verfügbares Vermögen		Konkursgläubiger	
(Konkursmasse)	170.000	Bevorrechtigte Gläubiger	30.000
Konkursabwicklungskonto	14.500	Einfache Gläubiger	154.500
	211.000		211.000

Nach Bedienung der bevorrechtigten Konkursgläubiger ergeben Konkurstabelle und Konkurseröffnungsbilanz eine voraussichtliche Konkursdividende von 90,6% zugunsten der einfachen (nicht bevorrechtigten) Konkursgläubiger.

3.213 Bewertungsgrundsätze

Aus der spezifischen Aufgabenstellung der Konkursbilanz, das veräußerungsfähige, der Verteilung dienende Vermögen aufzuzeigen, ergibt sich, daß die Bewertungsvorschriften des regulären Jahresabschlusses für die Erstellung der Konkursbilanz ungeeignet sind. Damit sind die Bewertungsprobleme bei der Erstellung des Konkursstatus ähnlich gelagert wie bei den Liquidationsbilanzen (vgl. S. 827ff.).

Grundsätzlich muß die Bewertung noch vorsichtiger als in den Liquidationsbilanzen erfolgen, da die Risiken durch die größere Zerschlagungsgeschwindigkeit und die Umstände einer Zwangsveräußerung ungleich höher sind. Soweit erforderlich, darf der Konkursverwalter deshalb nach § 123, Abs. 1 KO einen Sachverständigen zur Wertfeststellung hinzuziehen. Die bei der Fixierung der Veräußerungsschätzwerte auftretenden Umbewertungsverluste bzw. -gewinne werden auf einem Neubewertungskonto oder direkt auf dem **Konkursabwicklungskonto** erfaßt und beeinflussen somit unmittelbar den Stand der Überschuldung des Unternehmens.

3.22 Praxisbeispiel

Konkursverfahren der Beton- und Monierbau AG

Die einschneidenden Konsequenzen, die mit der Einleitung eines Konkursverfahrens auf das Unternehmen einwirken, wie Zerstörung von Geschäftsverbindungen, schlagartige Entwertung des Unternehmensvermögens, erheblicher Prestigeverlust der Unternehmensleitung, führen häufig dazu, daß die notwendige Konkursantragstellung mit allen, teilweise sogar ungesetzlichen Mitteln hinausgezögert wird. Wie vielschichtig die Problemstrukturen im Vorfeld der Insolvenz gelagert sein können, läßt sich eindrucksvoll am Konkurs der Beton- und Monierbau AG nachweisen: Die Anfang der siebziger Jahre einsetzende rückläufige Inlandsbaukonjunktur versuchte das Management mit einer teilweise sehr unkontrollierten Ausweitung der Bauleistungen im Ausland zu kompensieren. Die damit verbundenen erheblichen Risiken, gepaart mit ernstlichen Mängeln im internen Steuerungs- und Kontrollsystem des Unternehmens, führten schließlich 1974 zu existenzbedrohenden Betriebsverlusten und Liquiditätsentzügen.

Chronologie des Beton- und Monierbau AG-Konkurses:
(Zusammengestellt nach dem Bericht des Konkursverwalters vom 3. September 1979 und Mitteilungen der Wirtschaftspresse)

3. Mai 1977
Bei der Jahresabschlußprüfung stellt die Wirtschaftsprüfungsgesellschaft fest, daß der Bestand des Unternehmens gefährdet ist. In Ausübung seiner **Redepflicht** gemäß § 166 Abs. 2 AktG a. F. unterrichtet der Wirtschaftsprüfer erstmals den Aufsichtsratsvorsitzenden von der prekären wirtschaftlichen Situation.

1. Juli 1977
Der bisherige Hauptgesellschafter, die Rütgerswerke AG, und auch die Westdeutsche Landesbank (West LB) trennen sich von zusammen 44% des Aktienkapitals und veräußern es an die niederländische Ogem N. V. Holding, wobei dem Erwerber die wirtschaftliche Situation der Beton- und Monierbau AG offensichtlich nicht ausreichend bekannt ist.

20. September 1977
Die finanzielle Lage der Beton- und Monierbau AG verschärft sich erheblich. Die Geschäftsleitung bittet daher die West LB um Forfaitierung von Forderungen in Höhe von 40,121 Mio. Das Ausfallrisiko soll vereinbarungsgemäß nicht von der Bank getragen werden, sondern bei der Beton- und Monierbau AG verbleiben.

19. Oktober 1977
Krisensitzung der Beton- und Monierbau AG mit der West LB: Dabei wird deutlich, daß das Kreditengagement der West LB direkt 130,985 Mio., indirekt 127,278 Mio., also insgesamt 258,263 Mio. ausmacht. Zur Sicherstellung des künftigen, nicht unerheblichen Finanzbedarfs werden keine endgültigen Beschlüsse gefaßt. Andiskutiert werden jedoch als Alternativen echte Forfaitierungsgeschäfte am Bankplatz Zürich sowie ein landesverbürgtes Darlehen in Höhe von 30 Mio. Die Bürgschaftsalternative bleibt jedoch umstritten, da man negative Einflüsse auf den Ruf der Beton- und Monierbau AG erwartet.

23./24. November 1977
Die Ogem N. V. Holding verlangt in einem Gespräch mit der West LB unter der Teilnahme des Vorstandsvorsitzenden der Beton- und Monierbau AG die vollständige finanzielle Absicherung des Krisenunternehmens, insbesondere die Umwandlung der Hälfte der Landesbankforderungen in langfristiges Kapital bzw. Eigenkapital. Die Ogem N. V. Holding erklärt sich bereit, akquisitorisch und managementmäßig zu helfen, lehnt aber ein zusätzliches finanzielles Engagement strikt ab; sie informiert sogar darüber, daß mit der Rütgerswerke AG eine Vereinbarung getroffen worden sei, daß bei Fallieren der Beton- und Monierbau AG die Ogem N. V. Holding verlustfrei bleibt.

15. Dezember 1977
Es wird die Bildung eines **Finanzausschusses** beschlossen.

22. Dezember 1977
Der Finanzausschuß errechnet, daß im Januar 1978 ein kurzfristiger Finanzbedarf von ca. 350–360 Mio. existiert.

30. Dezember 1977
Die West LB legt ein **Finanzierungskonzept** bestehend aus drei Teilen vor:

1. Der **Kontokorrentkredit** wird von 20 Mio. auf 40 Mio. aufgestockt, die Termingelder um 10 Mio. erhöht.
2. Das die Auslandsgeschäfte finanzierende Bankenkonsortium soll einen **unechten Konsortialkredit** über 300 Mio. für 15 Monate bereitstellen.
3. Es soll eine **Landesbürgschaft** über 100 Mio. beantragt werden.

31. Dezember 1977
Aus der Buchführung wird ersichtlich, daß das scheinbar stark ausgeweitete Finanzengagement der West LB in Wirklichkeit in erheblichem Umfang, nämlich um 106 Mio., zurückgeführt worden ist. So wurden allein die Kontokorrentkredite in der Zeit von 21. bis 31. Dezember von 87 auf 14 Mio. verringert. Zudem mußte die Beton- und Monierbau AG forfaitierte Forderungen in Höhe von 33 Mio. zurückkaufen. Die Verbindlichkeiten sind bis Jahresultimo von 98 Mio. auf 157 Mio. gestiegen.

13. Januar 1978
Die **Sitzung des Bankenkonsortiums** ist durch eine erhebliche Verunsicherung der beteiligten Banken gekennzeichnet. Die Konsortialteilnehmer gehen schließlich ohne Ergebnis auseinander. Die West LB als Konsortialführer wird sogar aufgefordert, Scheckeingänge einzubehalten und nur zweckgebunden für einzelne Geschäfte wieder freizugeben. Es kann allerdings durchgesetzt werden, daß die Zahlung der Januargehälter in Höhe von 11 Mio. freigegeben wird.

20. Januar 1978
Die Konsortialpartner des Saudi-Arabien Avals sind bereit, einen 100 Mio. Barkredit einzuräumen, wenn die Ogem N. V. Holding für 3 bis 6 Monate eine Patronatserklärung abgibt und eine Landesbürgschaft über 100 Mio. beantragt wird, auf die der Kredit später umzuschulden ist.

25. Januar 1978
Die Ogem N. V. Holding lehnt jede Erklärung zur Übernahme einer **Patronatserklärung** ab. Der bisherige Aufsichtsratsvorsitzende tritt daraufhin zurück, um die Ogem N. V. Holding in die Verantwortung zu zwingen.
Deutlich wird, daß dem Kreditbedarf im Februar in Höhe von ca. 360 Mio. nur 192 Mio. an Kreditlinien gegenüberstehen. Der überschießende Betrag soll durch Hergabe von Wechseln an Lieferanten gedeckt werden.

30. Januar 1978
Das von der Landesregierung mit dem **Bürgschaftsgutachten** beauftragte Wirtschaftsprüfungsunternehmen legt seinen Bericht vor. Das Gutachten beruht allerdings nicht auf einer eigenständigen Prüfung des Unternehmens vor Ort, sondern beschränkt sich auf eine kritische Durchsicht der von der Beton- und Monierbau AG angeforderten und bereits von der West LB geprüften Unterlagen.

21. Februar 1978
Die Landesregierung macht ihre Entscheidung über die Vergabe einer **Bürgschaft** von der Prolongation kurzfristiger Kredite in Höhe von mindestens 190 Mio. für die Dauer von 15 Monaten abhängig. Der Konsortialführer der Banken entschließt sich, die Prolongation zu bestätigen.

22. Februar 1978
Die West LB gibt einen ersten Teilbetrag von 22 Mio. aus dem 100. Mio. landesverbürgten Kredit frei, obwohl die Bürgschaftsurkunde noch nicht vorliegt.

23. Februar 1978
Bei einem weiteren Zahlungsstopp muß die Beton- und Monierbau-AG mit **Zwangsmaßnahmen** der Gläubiger rechnen. In der Aufsichtsratssitzung wird daher erstmals die Frage aufgeworfen, ob die Gesellschaft konkursreif infolge von Zahlungsunfähigkeit sei.
Am gleichen Tag wird die Verfügung über die Bürgschaft vom Landesfinanzminister wegen neuer Informationen über die Beton- und Monierbautochter MCC in Nigeria ausgesetzt.

8. März 1978
Der Haushalts- und Finanzausschuß der Landesregierung **genehmigt die Bürgschaft.**
Die Beton- und Monierbau AG bittet die West LB um Valutierung weiterer 28 Mio., so daß bereits zum Vergabezeitpunkt 50% der Landesbürgschaft verbraucht sind. Der Vorstandsvorsitzende wird vom Aufsichtsrat unbefristet in den Urlaub geschickt, der Vorstand durch drei Führungskräfte der Ogem N. V. Holding verstärkt.

15. März 1978
Es werden weitere 20 Mio. angefordert.

22. März 1978
Zum Abbau einer **Zahlungsstockung** werden weitere 15 Mio. aus der Bürgschaft angefordert.

10. April 1978
Die Finanzplanung weist für die Monate April bis Juni wiederum **äußerste Anspannungen** aus.

3. Mai 1978
Ein neuer Aufsichtsratsvorsitzender wird gewählt.

26. Juni 1978
Die Wirtschaftsprüfungsgesellschaft macht wiederum von ihrer **Redepflicht** Gebrauch und weist den Aufsichtsratsvorsitzenden darauf hin, daß die Ertrags- und Finanzlage der Gesellschaft eine Fortführung nicht gewährleistet. Ein Testat will der Wirtschaftsprüfer erst erteilen, wenn durch eine Kapitalerhöhung von ca. 100 Mio. der Fortbestand des Unternehmens gesichert ist.

12. Juli 1978
In der Aufsichtsratssitzung wird eine **Liquiditätslücke** von 77 Mio. offenbar, so daß die Gesellschaft zu diesem Zeitpunkt zahlungsunfähig im Sinne des Insolvenzrechts ist.

13. Juli 1978
Der Bundesfinanzminister stellt eine **Bürgschaft** in Höhe von 50 Mio. in Aussicht unter der Bedingung, daß eine Kapitalerhöhung in Höhe von nominell 62,5 Mio. durchgeführt wird, eine Absicherung und Vorfinanzierung der Emission in Höhe von 88,75 Mio. durch die Banken und die Ogem N. V. Holding erfolgt und die Bürgschaft durch die Forderungen der Beton- und Monierbau AG an ihre nigerianische Tochter MCC abgesichert wird.

14. Juli 1978
Die **Ausfallbürgschaft** des Bundes wird zugesagt.

17. Juli 1978
Der Bürgschaftsantrag wird gestellt.

28. Juli 1978
Der Bürgschaftsvertrag wird geschlossen.

10. August 1978
Ein neuer Vorstandsvorsitzender wird berufen.

4. Oktober 1978
Die ordentliche Hauptversammlung der Beton- und Monierbau AG beschließt, das Grundkapital von 25 Mio. auf 24,872 Mio. herabzusetzen und gleichzeitig um 62,5 Mio. auf 87,372 Mio. zu erhöhen. Es handelt sich dabei um nominell 37,5 Mio. Stammaktien zum Kurs von 120% und nominell 25 Mio. Vorzugsaktien zum Kurs von 175%. Die Stammaktien sollen den Aktionären im Verhältnis 2 : 3, die Vorzugsaktien im Verhältnis 1 : 1 angeboten werden. Die **Kapitalerhöhung** wird

rückwirkend auf das Geschäftsjahr 1977 beschlossen. Durch den Ausweis des Agios in den Rücklagen will die Gesellschaft, deren Altrücklagen durch Verluste völlig aufgezehrt sind, nach außen hin ihre Sanierungsfähigkeit demonstrieren.

7. November 1978
Veröffentlichung des Prospekts über die **Zulassung** der jungen Aktien aus der Kapitalerhöhung.

26. März 1979
Es erfolgt ein Gespräch mit der Wirtschaftsprüfungsgesellschaft, in dessen Verlauf der zu erwartende Bilanzverlust in Höhe von 231 Mio. erörtert wird. Die West LB unterbreitet Vorschläge, wie der Verlust unter Beteiligung des Landes, der Banken und der Großaktionäre auszugleichen sei.

29. März 1979
Der Vorstand der Beton- und Monierbau AG bittet die Vorstände der Börsen, den **Kurs der Aktie** befristet **auszusetzen.** Die Banken vereinbaren ein Sanierungskonzept.

2. April 1979
Die West LB verweigert die Annahme des Sanierungskonzepts.

3. April 1979
Der Haushalts- und Finanzausschuß des Landes lehnt aufgrund des Vetos der Landesbank eine Verhandlung über den Sanierungsvorschlag ab. Daraufhin stellt der Vorstand des damals fünftgrößten deutschen Baukonzerns (Bauleistung 1978: 1,7 Mrd. DM, davon 1,1 Mrd. DM im Ausland; rd. 18000 Beschäftigte, davon im Inland 5500) um 17.10 Uhr den **Konkursantrag** beim Amtsgericht.

29. Mai 1979
Die Bemühungen des vom Konkursgericht bestellten **Sequesters,** einen Teil der Auslandsbauprojekte mit Unterstützung des Bundeswirtschaftsministeriums und der beteiligten Banken masseförderlich abzuwickeln, scheitern am Widerstand der West LB.

31. Mai 1979
Aus dem **vorläufigen Konkursstatus** des Sequesters geht hervor, daß die **Konkursverfahrenskosten gedeckt** sind. Nach der Bedienung der Aus- und Absonderungsrechte verbleibt eine **freie Masse** von 99,270 Mio., der Konkursforderungen mit Vorrecht in Höhe von 98,726 Mio. und ohne Vorrecht in Höhe von voraussichtlich 594,999 Mio. gegenüberstehen. Somit reicht die **Teilungsmasse** nur zur 70%-Befriedigung der **bevorrechtigten** Konkursforderungen gemäß Rang 1 (Löhne und Gehälter für das letzte Jahr vor Verfahrenseröffnung) aus.

1. Juni 1979
Das Amtsgericht **eröffnet** das Konkursverfahren.

3. September 1979
Vorlage des Konkursverwalterberichts zum Stand der Konkursabwicklung. Der **Konkursverwalter** schlägt vor, die West LB wegen Gläubigerbenachteiligung zu verklagen. Sollte der **Klage** stattgegeben und die Sicherungsrechte der West LB in Höhe von 70,638 Mio. für unwirksam erklärt werden, könnten daraus zumindest die bevorrechtigten Forderungen und eventuell eine Konkursdividende gezahlt werden.

30. Juni 1981
Die Klage wird vom Oberlandesgericht **abgewiesen.**

26. März 1984
Die Entscheidung des Oberlandesgerichts wird durch den Bundesgerichtshof **aufgehoben** und eine ergänzende Beweisaufnahme durch das Oberlandesgericht angeord-

net. Es soll zum einen die Gläubigerbenachteiligungsabsicht nochmals überprüft und zum anderen der Haftung aus einer möglichen vorsätzlichen Konkursverschleppung nachgegangen werden.

16. Mai 1986
Der Konkursverwalter erzielt vor dem Landgericht Düsseldorf einen **Teilerfolg.** Danach wird die West LB verurteilt, ca. 5,3 Mio. und 10% Zinsen seit dem 7. November 1978 zu zahlen. Nach Ansicht des Gerichts widersprach die Vorfinanzierung der Kapitalerhöhung und die Rückführung der daraus resultierenden Kredite durch den späteren Mittelzufluß den Vorschriften des Aktiengesetzes zur Bareinlage. Die Emissionsbanken müssen daher ihren Einlageverpflichtungen noch nachkommen. Der niedrige Betrag erklärt sich daraus, daß der Konkursverwalter aus Kostengründen nur einen Teil der Kapitalerhöhungsforderungen eingeklagt hat. Die West LB kündigt allerdings eine **Berufung** an.

31. Dezember 1987
Im **Konkursstatus** zum 31. 12. 87 werden Liquidationswerte von 331 Mio. ausgewiesen. Abzüglich noch vorhandener Sonderrechte über 205 Mio. verbleibt eine freie Masse von 126 Mio. Nach Zurechnung der Einnahmen aus der Tätigkeit des Konkursverwalters (u. a. Mieten, Zinsen) beträgt die vorläufig zu verwertende **Teilungsmasse** zum Stichtag 167 Mio. Davon gehen für Masseschulden 101 Mio. und für Massekosten 9,5 Mio. ab, womit knapp 57 Mio. verbleiben.

31. Dezember 1988
Nach Ablösung weiterer **bevorrechtigter** Forderungen vor allem im Personalbereich stehen noch knapp 8 Mio. zur Verfügung; größere Einnahmen aus der Verwertungstätigkeit des Konkursverwalters waren 1988 nicht zu erwarten.

3. April 1989
Genau zehn Jahre nach Eröffnung des Konkursverfahrens nähert sich dieses seinem Ende. Die vor Gericht noch anhängigen drei Verfahren betreffend die Ansprüche der Konkursmasse auf Rückzahlung von Darlehensrückführungen der BuM an die WestLB Ende 1977 über 71 Mio., betreffend die nochmalige Einzahlung des von der WestLB gezeichneten Betrages der Kapitalerhöhung von BuM im Jahr 1978 über 35 Mio. und betreffend die Ansprüche wegen Nichtigkeit der aus Anlaß des landesverbürgten Darlehens Anfang 1978 der WestLB gewährten Sicherheit über 110 Mio., sollen durch **außergerichtlichen Vergleich** zwischen dem Konkursverwalter und der WestLB beendet werden.

23. Oktober 1989
Die außergerichtliche Einigung ist perfekt. Es wird erwartet, daß aus dem Vergleich (Streitwert rd. 210 Mio.) etwa 100 Mio. der Konkursmasse zufließen werden. Zuzüglich weiterer Einnahmen aus der Verwertungstätigkeit des Konkursverwalters wird eine Verfügungsmasse von etwa 120 Mio. erwartet. Bei Gesamtforderungen von mittlerweile ca. 1 Mrd. zeichnet sich damit eine **Quote** auch für die **nichtbevorrechtigten** Gläubiger in der Höhe zwischen 10% und 15% ab.

3.23 Steuerliche Behandlung des Konkurses

Da es sich beim Konkurs um eine – wenn auch zwangsweise durchgeführte – Liquidation handelt, kann zur Darstellung der steuerlichen Auswirkungen grundsätzlich auf die Ausführungen zu den Liquidationsbilanzen verwiesen werden (vgl. S. 833ff.). Die Vergünstigungen, die das Einkommensteuer- bzw. Körperschaftsteuergesetz bei einer Unternehmensauflösung anbietet, könnten wegen des relativ kurzen Abwicklungszeitraums zwar durchweg in Anspruch genommen werden, aufgrund der zumeist masselosen Konkurse besitzen diese Steuererleichterungen jedoch nur theoretischen Charakter. Schwerer wiegt, daß die auf dem verwendbaren Eigenkapital von Kapitalgesellschaften ruhende Körperschaftsteuer in Ermangelung von Ausschüttungen nicht ausgekehrt werden kann (vgl. im einzelnen Teil C, Abschn. 3.14, S. 836ff.) und so ein indirektes Vorrecht des Fiskus die verteilungsmäßige Masse schmälert.

Bei der Ermittlung der **Umsatzsteuerschuld** sind jedoch gewisse Besonderheiten zu beachten, die sich vor allem aus dem Transfer zwischen Konkursverwalter und Gläubigern ergeben. Anhand einiger ausgewählter Sachverhalte soll dies deutlich gemacht werden.

Die Verwertung der Konkursmasse durch den Konkursverwalter unterliegt, soweit nicht die Befreiungsvorschriften des § 4 UStG greifen, der vollen Umsatzsteuerpflicht. Während die bis zur Konkurseröffnung angefallene Umsatzsteuerschuld lediglich eine **bevorrechtigte** Forderung im Sinne des § 61, Abs. 1, Nr. 2 KO darstellt, gehört die aus den Geschäften des Konkursverwalters resultierende Umsatzsteuerschuld zu den **Massekosten** (§ 58, Nr. 2 KO).

Werden von den Gläubigern Sicherungsrechte geltend gemacht, entsteht durch die Lieferung des Gegenstands an den Sicherungsnehmer ein steuerpflichtiger Umsatz. Wird dabei das der Besteuerung unterliegende Entgelt nicht um die Verwertungskosten des Sicherungsnehmers vermindert, so schuldet das Konkursunternehmen nach § 14, Abs. 2 UStG auch den Mehrbetrag (BFH v. 31. 5. 1972, BStBl. II 1972, S. 809).

Veräußert der Sicherungsnehmer die sicherungsübereigneten Sachen selbst (§ 127, Abs. 2, Satz 1 KO), entstehen dadurch zwei steuerbare Umsätze, wobei jedoch der Sicherungsnehmer die durch die Lieferung an ihn entstandene Umsatzsteuerschuld als Vorsteuer absetzen kann (§ 15 UStG). Er ist berechtigt, seine Forderung sowohl aus dem Nettoverkaufserlös des Vermögensgegenstands als auch aus der darauf zu erhebenden Umsatzsteuer zu befriedigen, denn zivilrechtlich ist auch die Steuerschuld als Entgelt im Sinne des § 433, Abs. 2 i. V. m. § 1247 BGB anzusehen.

Beispiel:

Der Sicherungsnehmer verkauft die ihm vom Konkursverwalter gelieferten Waren (erster steuerbarer Umsatz) zum Nettopreis von 12.000. Der zu zahlende Bruttopreis beträgt folglich:

Waren	12.000
+ 10% USt	1.200
Bruttopreis	13.200

Der Sicherungsnehmer befriedigt hiermit seine Forderung gegen das Konkursunternehmen und übersendet dem Konkursverwalter folgende Abrechnung:

Absonderungsberechtigte Forderung	13.200
./. Warenerlös	12.000
./. darauf entfallende USt	1.200
Verbleibende Forderung	0

Damit schulden sowohl Sicherungsnehmer als auch Konkursverwalter der Finanzbehörde 1.200 Umsatzsteuer. Der Sicherungsnehmer kann sie mit dem Vorsteueranspruch aus dem ersten steuerpflichtigen Umsatz verrechnen, der Konkursverwalter hat die Umsatzsteuerschuld als Massekosten vorweg zu befriedigen.

Analog hierzu ist die Einziehung einer zur Sicherung abgetretenen Warenforderung durch den Sicherungsnehmer zu behandeln. Auch hier hat der Konkursverwalter keinen Anspruch auf die im Forderungsbetrag enthaltene Umsatzsteuer.

Veräußert hingegen der Konkursverwalter die sicherungsübereigneten Gegenstände (§ 127, Abs. 1, Satz 2 KO), so kann der Sicherungsnehmer seine Ansprüche nur aus dem Nettoerlös, nicht jedoch aus der Umsatzsteuer befriedigen, denn diese zählt hierbei zu den Kosten des Pfandverkaufs und muß somit gemäß § 48 KO vorrangig aus dem Erlös gedeckt werden.

Bucht ein Gläubiger wegen voraussichtlicher Uneinbringlichkeit die Forderung an das Konkursunternehmen und damit die einbezogene Umsatzsteuer aus (§ 17, Abs. 1, Nr. 1 UStG), so kann die Finanzverwaltung verlangen, daß der Gemeinschuldner den in Anspruch genommenen Vorsteuerabzug aus unbezahlten Lieferantenrechnungen in dem Maße berichtigt, wie dies die Gläubiger tun (§ 17, Abs. 2 i. V. m. § 17, Abs. 1, Nr. 2 UStG). Da eine endgültige Berichtigung erst nach Abschluß des Verfahrens erfolgen kann, muß der volle Vorsteuerbetrag als aufschiebend bedingte Forderung (§ 67 KO) in die Konkurstabelle eingetragen werden.

Beispiel:

Das Verfahren gegen die XY-OHG endet am 5. 5. 19 . . mit folgender Schlußrechnung:

A Konkursverteilungsbilanz der XY-OHG zum 5.5.19 . . P

A		P	
Kasse/Bank	24.795	Massekosten	780
Konkursabwicklungskonto	32.370	Masseschulden	2.350
		Konkursgläubiger	
		Bevorrechtigte Gläubiger	7.340
		Einfache Gläubiger	46.695
	57.165		57.165

Die Forderungen der einfachen Konkursgläubiger beruhen ausschließlich auf Lieferungen und Leistungen, so daß in ihnen ein Vorsteueranteil von 10% = 4.245 (Faktor 0,0909) enthalten ist. Von den Nettoforderungen fallen 32.370 aus. Auf diesen Verlust ist die Vorsteuer in Höhe von 3.237 zu berichtigen, so daß der effektive Verlust der einfachen Konkursgläubiger wegen der bevorrechtigten Forderung des Finanzamtes 35.607 beträgt. Es ist zu buchen:

Einfache Konkursgläubiger	35.607	**an**	Konkursabwicklungskonto	32.370
			Bevorrechtigte Gläubiger (Finanzamt)	3.237

Damit ergibt sich folgende Verteilung der Massegüter (Konkursmasse):

Massekosten	780
Masseschulden	2.350
Bevorrechtigte Konkursgläubiger	10.577
Einfache Konkursgläubiger	11.088
= Kasse/Bank	24.795

3.24 Chronologie der Buchungstechnik

Grundsätzlich werden zur buchmäßigen Abwicklung und Durchführung des Konkurses die folgenden rechentechnischen Schritte zu vollziehen sein.

Aufstellung des **Konkursstatus:**

- Übertragung der verschiedenen Gläubigeransprüche auf entsprechende Gläubigerkonten
- Übertragung bestimmter Vermögensgegenstände auf Konten besonders gesicherter Güter
- Übertragung der Eigenkapitalanteile und des Verlustes auf das Konkursabwicklungskonto
- Neubewertung der Gegenstände mit Verbuchung über ein Neubewertungskonto oder direkt über das Konkursabwicklungskonto
- Einfordern ausstehender Gesellschafteranteile
- Gegebenenfalls: Berichtigung der Vorsteuer
- Aufstellen des Konkursstatus;

Abwicklungsvorgänge:

- Veräußerung des Vermögens mit Erfassung der dabei anfallenden Aufwendungen und Erträge auf dem Konkursabwicklungskonto
- Verbuchung der Abwicklungskosten als Masseschulden bzw. Massekosten
- Durchführung der Aus- bzw. Absonderungen und der Aufrechnungen
- Zuführung der Mehrerlöse zur Konkursmasse, Verbuchung der Mindererlöse als einfache Konkursforderung;

Erstellung der **Konkurs-Verteilungsrechnung:**

- Vorsteuerberichtigung und Umbuchung auf bevorrechtigte Gläubiger
- Aufstellen der Verteilungsrechnung
- Errechnen der endgültigen Konkursdividende nach der Formel

$$\left(\frac{\text{Restmasse}}{\text{einfache Konkursgläubiger}} \cdot 100\right);$$

Auszahlung der **Konkursdividende.**

Übungsbeispiele:

Übungsbeispiel 1:

Die Großhandlung Herbert Heer beantragt am 1. 4. 19. . die Eröffnung des Konkursverfahrens wegen Zahlungsunfähigkeit. Die zum 31. 3. 19. . aufgestellte Zwischenbilanz zeigt folgendes Bild:

A	Zwischenbilanz Fa. Heer zum 31.3.19 . .		P
Geschäftsausstattung	58.300	Eigenkapital Heer	30.600
Fuhrpark	46.400	Darlehen	22.000
Darlehen	40.000	Lieferantenverbindlichkeiten	108.800
Warenvorräte	106.500	Akzepte	82.700
Warenforderungen	83.200	Bankverbindlichkeiten	74.400
Besitzwechsel		Sonstige Verbindlichkeiten	38.700
(nicht diskontfähig)	22.000		
Kasse	800		
	357.200		357.200

Der Konkursverwalter kommt zu folgenden Feststellungen:

(1) Die Betriebs- und Geschäftsausstattung läßt sich voraussichtlich zu 20% des Buchwertes veräußern.

(2) Ein unter Eigentumsvorbehalt zum Anschaffungspreis von 16.000 (Buchwert 12.000) gekaufter VW-Transporter ist noch mit Abzahlungsakzepten in Höhe von 10.000 belastet. Der restliche Fuhrpark erbringt nach Schätzung durch einen Kfz-Sachverständigen noch etwa 50% des Buchwertes.

(3) Die Darlehensforderung erscheint nur zu 30% realisierbar.

(4) Der Anteil der unter Eigentumsvorbehalt gekauften Waren beträgt 60%. Der Liquidationswert der Restvorräte liegt bei 40%.

(5) Die Warenforderungen sind zu 80% sicherungshalber an die Bank abgetreten worden.

(6) Bei den Besitzwechseln ist ein Ausfallrisiko von 20% zu berücksichtigen.

(7) Für die Darlehensschuld besteht keine Sicherheit.

(8) Die Sonstigen Verbindlichkeiten enthalten:

noch nicht entrichtete Beiträge für Sozialversicherung	7.200
noch nicht abgeführte Steuern	14.500
noch nicht bezahlte städtische Gebühren	3.100

(9) Die Schlußabrechnung der Bank weist für Zinsen und Provisionen einen Betrag von 4.700 aus.

(10) Heer ist Eigentümer eines Privatgrundstücks mit einem Wert von 60.000, belastet mit einer Hypothek von 30.000. Ein Interessent übernimmt das Grundstück einschließlich Belastung zu 40.000 gegen Barzahlung.

(11) Die pfändbaren Gegenstände der Wohnungseinrichtung von Heer haben einen Schätzwert von 4.000. Sie werden gegen Bareinzahlung von 5.000 an dessen Schwiegermutter übereignet.

(12) Dem Gemeinschuldner und dessen Familie wird für die Dauer des Konkursverfahrens als Unterstützung für den Lebensunterhalt ein Betrag von 4.800 bewilligt.

(13) Die Ansprüche, die aus der Abwicklung durch den Konkursverwalter entstehen, werden auf 14.000 taxiert.

Aufgaben:

a) Entwickeln Sie, ausgehend von der Bilanz zum 31. 3., den Konkursstatus. Die Aussonderungs-, Absonderungs- und Massegüter sowie die Aussonderungs-, Absonderungs-, Masse-, bevorrechtigten und (einfachen) Konkursgläubiger sind auf besonderen Konten zu erfassen. Die erfolgsmäßige Konkursabwicklung ist auf dem Konkursabwicklungskonto zu zeigen. Die Umsatzsteuer bleibt außer Ansatz.

b) Wie hoch ist die voraussichtliche Konkursquote für die ungesicherten Gläubiger?

Lösung:

a) Buchungssätze:

(1)	Massegüter (verfügbares Vermögen)	11.660			
	Konkursabwicklungskonto	46.640	**an**	Geschäftsausstattung	58.300
(2)	Aussonderungsgüter	10.000	**an**	Fuhrpark	10.000
	Akzepte	10.000	**an**	Aussonderungsgläubiger	10.000
	Massegüter	18.200	**an**	Fuhrpark	36.400
	Konkursabwicklungskonto	18.200			
(3)	Massegüter	12.000			
	Konkursabwicklungskonto	28.000	**an**	Darlehensforderung	40.000
(4)	Aussonderungsgüter	63.900	**an**	Warenvorräte	63.900
	Lieferantenverbindlichkeiten	63.900	**an**	Aussonderungsgläubiger	63.900
	Massegüter	17.040	**an**	Warenvorräte	42.600
	Konkursabwicklungskonto	25.560			
(5)	Absonderungsgüter	66.560	**an**	Warenforderungen	66.560
	Bankverbindlichkeiten	66.560	**an**	Absonderungsgläubiger	66.560
(6)	Konkursabwicklungskonto	4.400	**an**	Besitzwechsel	4.400
(7)	Darlehensschuld	22.000	**an**	Einfache Konkursgläubiger	22.000
(8)	Sonstige Verbindlichkeiten	24.800	**an**	Bevorrechtigte Gläubiger (Sozialversicherung)	7.200
				Bevorrechtigte Gläubiger (Steuern)	14.500
				Bevorrechtigte Gläubiger (Gebühren)	3.100
(9)	Konkursabwicklungskonto	4.700	**an**	Bankverbindlichkeiten	4.700
(10)	Privatgrundstück	60.000	**an**	Eigenkapital Heer	60.000
	Eigenkapital Heer	30.000	**an**	Hypothek Privatgrundstück	30.000
	Kasse	40.000			
	Hypothek Privatgrundstück	30.000	**an**	Privatgrundstück	60.000
				Konkursabwicklungskonto	10.000

(11)	Wohnungseinrichtung Heer	4.000	**an**	Eigenkapital Heer	4.000
	Kasse	5.000	**an**	Wohnungseinrichtung Heer	4.000
				Konkursabwicklungskonto	1.000
(12)	Konkursabwicklungskonto	4.800	**an**	Massegläubiger (Massekosten)	4.800
(13)	Konkursabwicklungskonto	14.000	**an**	Massegläubiger (Masseschulden)	14.000
(14)	Massegüter	16.640	**an**	Warenforderungen	16.640
(15)	Massegüter	17.600	**an**	Besitzwechsel	17.600
(16)	Massegüter	45.800	**an**	Kasse	45.800
(17)	Eigenkapital	64.600	**an**	Konkursabwicklungskonto	64.600
(18)	Lieferantenverbindlichk.	44.900	**an**	Einfache Konkursgläubiger	44.900
(19)	Akzepte	72.700	**an**	Einfache Konkursgläubiger	72.700
(20)	Bankverbindlichkeiten	12.540	**an**	Einfache Konkursgläubiger	12.540
(21)	Sonstige Verbindlichkeiten	13.900	**an**	Einfache Konkursgläubiger	13.900

Die ausgewählten Konten zeigen danach folgendes Bild:

Aussonderungsgüter

(2)	10.000	KS	73.900
(4)	63.900		
	73.900		73.900

Aussonderungsgläubiger

KS	73.900		10.000 (2)
			63.900 (4)
	73.900		73.900

Absonderungsgüter

(5)	66.560	KS	66.560

Absonderungsgläubiger

KS	66.560		66.560 (5)

Massegüter

(1)	11.660	KS	138.940
(2)	18.200		
(3)	12.000		
(4)	17.040		
(14)	16.640		
(15)	17.600		
(16)	45.800		
	138.940		138.940

Massegläubiger

KS	18.800	Massekosten	4.800 (12)
		Masseschul.	14.000 (13)
	18.800		18.800

Bevorrechtigte Gläubiger

KS	24.800		7.200 (8)
			14.500 (8)
			3.100 (8)
	24.800		24.800

Einfache Konkursgläubiger

KS	166.040		22.000 (7)
			44.900 (18)
			72.700 (19)
			12.540 (20)
			13.900 (21)
	166.040		166.040

Konkursabwicklungskonto

(1)	46.640		10.000 (10)
(2)	18.200		1.000 (11)
(3)	28.000		64.600 (17)
(4)	25.560	KS	70.700
(6)	4.400		
(9)	4.700		
(12)	4.800		
(13)	14.000		
	146.300		146.300

Konkursstatus (KS)

A		P		
Aussonderungsgüter	73.900	Aussonderungsgläubiger		73.900
Absonderungsgüter	66.560	Absonderungsgläubiger		66.560
Massegüter	138.940	Massegläubiger		
Konkursabwicklungskonto	70.700	Massekosten	4.800	
		Masseschulden	14.000	18.800
		Bevorrechtigte Gläubiger		24.800
		Konkursgläubiger		166.040
	350.100			350.100

b) Konkursverteilung:

- Aus- und Absonderungsgüter an die Aus- und Absonderungsgläubiger
- Verteilung der unbesicherten Masse:

Massegüter	138.940
./. Massegläubiger	18.800
	120.140
./. Bevorrechtigte Gläubiger	24.800
Restmasse	95.340

Konkursdividende $\frac{95.340}{166.040} \cdot 100 = 57{,}42\%$

Übungsbeispiel 2:

Wegen andauernder Verluste erstellt der Vorstand der XY-AG am 31. 1. 19.. eine Zwischenbilanz:

A Zwischenbilanz der XY-AG zum 31. 1. 19.. P

A		P	
I. Ausstehende Einlagen	10.000	I. Gezeichnetes Kapital	100.000
davon eingefordert 2.000		II. Rücklagen	20.000
II. Anlagevermögen		III. Langfristiges Fremdkapital	
Grundstücke	50.000	Hypothekenverbindl.	25.000
Maschinen	20.000	Bankschulden	100.000
Betriebs- und Geschäftsausstattung	10.010	IV. Kurzfristiges Fremdkapital	
III. Umlaufvermögen		Lieferantenverbindl.	250.000
Rohstoffe	30.000	Umsatzsteuer	2.000
Fertigwaren	40.000	Sonstige Verbindl.	20.000
Forderungen	50.000		
Besitzwechsel	2.000		
Vorsteuer	3.000		
Kasse/Bank	1.990		
IV. Verlust	300.000		
	517.000		517.000

Aufgaben (unter Berücksichtigung der Umsatzsteuer):

a) Prüfen Sie, ob ein Konkurstatbestand erfüllt ist.

b) Erstellen Sie die Konkurseröffnungsbilanz und berücksichtigen Sie die folgenden Vorgänge und Tatbestände. Weisen Sie die unterschiedlichen Gläubigeransprüche und das Konkursabwicklungskonto auf T-Konten aus.

(1) Die unbezahlten Rohstoffe wurden unter Eigentumsvorbehalt geliefert und befinden sich noch in der XY-AG (berücksichtigen Sie die USt).

(2) Die Firma Z ist aufrechnungsberechtigt. Sie schuldet der XY-AG aus Lieferungen und Leistungen 5.000 und hat 7.000 aus Lieferungen und Leistungen zu fordern.

(3) Die Grundstücke sind mit Hypotheken belastet.

(4) Ein Teil der Forderungen (10.000) ist zugunsten der Bankschulden zediert worden.

(5) Der Vermieter pfändet die Betriebs- und Geschäftsausstattung; die Mietrückstände betragen 10.010.

(6) Es bestehen Lohnforderungen für das letzte Jahr vor Konkurseröffnung von 8.000, davon für die letzten 6 Monate 3.000.

(7) Außerdem stellt der Konkursverwalter fest, daß die Maschinen aus bilanztaktischen Gründen zu wenig abgeschrieben wurden. Ihr Veräußerungswert beträgt höchstens 9.000.

(8) Die ausstehenden Einlagen müssen eingefordert werden.

(9) Die restlichen Sonstigen Verbindlichkeiten stellen Gewerbesteuerschulden dar.

c) Vollziehen Sie die Abwicklung unter Berücksichtigung der folgenden Vorgänge:

(10) Die unter Eigentumsvorbehalt gelieferten Rohstoffe werden zurückgenommen.

(11) Die Firma Z erklärt Aufrechnung.

(12) Die Grundstücke werden vom Konkursverwalter für die Hypothekengläubiger zum Preis von 45.000 zuzüglich 4.500 USt verkauft. Der Betrag wird überwiesen, die Hypothekenbelastung getilgt.
(13) Die Bank zieht die zedierten Forderungen ein, wobei jedoch 1.100 ausfallen.
(14) Der Vermieter verkauft die Betriebs- und Geschäftsausstattung zum Preis von 10.010 inkl. USt und behält beides zur Tilgung seiner Forderung ein.
(15) Die eingeforderten Ausstehenden Einlagen gehen auf der Bank ein.
(16) Die Gerichtskosten betragen 1.500, der Konkursverwalter beansprucht 3.000. Die Zahlungen erfolgen später.
(17) Der Konkursverwalter zieht die Forderungen und die Wechsel ein. Von den Forderungen fallen 5.500 aus, der Rest geht auf dem Bankkonto ein.
(18) Die Maschinen werden zum Preis von 9.000 zuzüglich 10% USt, die Fertigwaren zum Preis von 35.000 zuzüglich 10% USt veräußert. Begleichung durch Banküberweisung.

Lösung:

a) Da es sich bei dem Unternehmen um eine Kapitalgesellschaft handelt, ist der Konkurstatbestand der Überschuldung gegeben.

Vermögen	217.000
./. Schulden	397.000
Überschuldung	180.000

b) Buchungssätze:

(1)	a) Aussonderungsgüter	30.000	an	Rohstoffe	30.000
	b) Lieferantenverbindlichkeiten	33.000	an	Aussonderungsgläubiger	33.000
(2)	a) Aufrechnungsgüter	5.000	an	Forderungen	5.000
	b) Lieferantenverbindlichkeiten	7.000	an	Aufrechnungsgläubiger	5.000
				Einfache Konkursgläubiger	2.000
(3)	a) Absonderungsgüter	50.000	an	Grundstücke	50.000
	b) Hypothekenverbindlichkeiten	25.000	an	Absonderungsgläubiger	25.000
(4)	a) Aussonderungsgüter	10.000	an	Forderungen	10.000
	b) Bankschulden	100.000	an	Aussonderungsgläubiger	10.000
				Einfache Konkursgläubiger	90.000
(5)	a) Absonderungsgüter	10.010	an	Betriebs- und Geschäftsausstattung	10.010
	b) Sonstige Verbindlichkeiten	10.010	an	Absonderungsgläubiger	10.010
(6)	Sonstige Verbindlichkeiten	8.000	an	Masseschulden	3.000
				Bevorrechtigte Gläubiger (Löhne)	5.000

(7) Konkursabwicklungskonto	11.000	**an**	Maschinen	11.000
(8) Eingeforderte Ausstehende Einlagen	8.000	**an**	Ausstehende Einlagen	8.000
(9) Sonstige Verbindlichkeiten	1.990	**an**	Bevorrechtigte Gläubiger (Gewerbesteuer)	1.990

Außerdem sind folgende Buchungen notwendig:

aa) Konkursabwicklungskonto	300.000	**an**	Verlust	300.000
bb) Gezeichnetes Kapital	100.000			
Rücklagen	20.000	**an**	Konkursabwicklungskonto	120.000
cc) Umsatzsteuer	2.000	**an**	Bevorrechtigte Gläubiger (USt)	2.000
dd) Lieferantenverbindlichkeiten	210.000	**an**	Einfache Konkursgläubiger	210.000

Die gefragten T-Konten sind in Aufgabenteil c) dargestellt.

A Konkurseröffnungsbilanz der XY-AG zum 31.1.19 . . P

Aussonderungsgüter	40.000	Aussonderungsgläubiger	43.000
Absonderungsgüter	60.010	Absonderungsgläubiger	35.010
Aufrechnungsgüter	5.000	Aufrechnungsgläubiger	5.000
Verfügbare Masse		Masseschulden	3.000
Eingeforderte Ausstehende Einlagen	10.000	Bevorrechtigte Konkursgläubiger	
Maschinen	9.000	Löhne	5.000
Fertigwaren	40.000	USt	2.000
Forderungen	35.000	Gewerbesteuer	1.990
Besitzwechsel	2.000	Konkursgläubiger	302.000
Kasse/Bank	1.990		
Vorsteuer	3.000		
Überschuldung	191.000		
	397.000		397.000

c) Buchungssätze:

(10) Aussonderungsgläubiger	33.000	**an**	Aussonderungsgüter	30.000
			Vorsteuer	3.000
(11) Aufrechnungsgläubiger	5.000	**an**	Aufrechnungsgüter	5.000
(12) a) Kasse/Bank	49.500			
Konkursabwicklungskonto	5.000	**an**	Absonderungsgüter	50.000
			Massekosten	4.500
b) Absonderungsgläubiger	25.000	**an**	Bank/Kasse	25.000

(13) Aussonderungsgläubiger	10.000			
Konkursabwicklungskonto	1.000			
Bevorrechtigte Gläubiger (USt)	100	**an**	Aussonderungsgüter	10.000
			Einfache Konkursgläubiger	1.100
(14) Absonderungsgläubiger	10.010			
Konkursabwicklungskonto	910	**an**	Absonderungsgüter	10.010
			Massekosten	910
(15) Kasse/Bank	10.000	**an**	Eingeforderte Ausstehende Einlagen	10.000
(16) Konkursabwicklungskonto	4.500	**an**	Massekosten	4.500
(17) Kasse/Bank	31.500			
Konkursabwicklungskonto	5.000			
Bevorrechtigte Gläubiger (USt)	500	**an**	Forderungen	35.000
			Besitzwechsel	2.000
(18) Kasse/Bank	48.400			
Konkursabwicklungskonto	5.000	**an**	Maschinen	9.000
			Fertigwaren	40.000
			Massekosten	4.400

Nach Verbuchung der Geschäftsvorfälle läßt sich die **vorläufige** Konkursverteilungsbilanz erstellen:

A Vorläufige Konkursverteilungsbilanz der XY-AG P

Kasse/Bank	116.390	Massekosten	14.310
Konkursabwicklungskonto	212.410	Masseschulden	3.000
		Bevorrechtigte Gläubiger	8.390
		Einfache Konkursgläubiger	303.100
	328.800		328.800

Aus der Verteilungsbilanz ist zu ersehen, daß ein Teil der Forderungen der einfachen Konkursgläubiger ausfällt. Damit tritt eine umsatzsteuerliche Entgeltänderung ein, die die Gläubiger zur Berichtigung der Umsatzsteuer berechtigt (§ 17, Abs. 2 UStG), mit der Folge, daß auch der Konkursverwalter die Vorsteuer ausfallanteilig korrigieren muß. Die Berechnung der Ausfallanteile stößt jedoch auf Schwierigkeiten, weil der an das Finanzamt zurückzuführende Vorsteuerausfallanteil eine bevorrechtigte Forderung darstellt und somit unmittelbar die verteilungsfähige Masse beeinflußt. Zur Lösung dieses Interdependenzenproblems ist daher ein Simultanansatz notwendig.

Die verteilungsfähige Masse (VM) berechnet sich dabei nach folgender Gleichung:

VM = Kasse/Bank – Massekosten – Masseschulden – Bevorrechtigte Gläubiger – Ausfallanteil der Vorsteuer (AV)

VM = 116.390 – 14.310 – 3.000 – 8.390 – AV

Zur Berechnung von AV ist zunächst der Vorsteueranteil aus den Forderungen der einfachen Konkursgläubiger zu bestimmen. Der Bankschuldenanteil enthält keine USt, so daß die Ansprüche der einfachen Konkursgläubiger getrennt werden müssen:

Bankschuldenanspruch	91.100,—	Nettoentgeltanspruch 283.827,27
Lieferantenanspruch	192.727,27	
Vorsteueranspruch	19.272,73	
Einfache Konkursgläubiger	303.100,—	

AV ist wiederum von der endgültigen Konkursquote (q) abhängig:

$$AV = (1 - q) \cdot 19.272{,}73$$

Die Konkursquote errechnet sich, indem die verteilungsfähige Masse (VM) in das Verhältnis zum Bruttoentgeltanspruch (BA) gesetzt wird:

$$q = \frac{VM}{BA}$$

$$q = \frac{116.390 - 14.310 - 3.000 - 8.390 - (1 - q) \cdot 19.272{,}73}{303.100}$$

Nach Auflösung der Gleichung ergibt sich eine Konkursquote von:

$q = 25{,}16\%$ und somit ein Vorsteuerausfallanteil von:

$$AV = (1 - 0{,}2516) \cdot 19.272{,}73 = 14.423{,}71$$

Es ist daher abschließend zu buchen:

(19) Konto Einfache Konkursgläubiger	226.833,71	**an**	Konkursabwicklungskonto	212.410
			Bevorrechtigte Gläubiger (USt)	14.423,71

Die Verbuchung sämtlicher Konkursvorgänge führt zu folgenden (ausgewählten) Konteninhalten:

Aussonderungsgüter

(1a)	30.000	30.000	(10)
(4a)	10.000	10.000	(13)
	40.000	40.000	

Absonderungsgüter

(3a)	50.000	50.000	(12a)
(5a)	10.010	10.010	(14)
	60.010	60.010	

Aufrechnungsgüter

(2a)	5.000	5.000	(11)
	5.000	5.000	

Aussonderungsgläubiger

(10)	33.000	33.000	(1b)
(13)	10.000	10.000	(4b)
	43.000	43.000	

Absonderungsgläubiger

(12b)	25.000	25.000	(3b)
(14)	10.010	10.010	(5b)
	35.010	35.010	

Aufrechnungsgläubiger

(11)	5.000	5.000	(2b)
	5.000	5.000	

Bevorrecht. Gläubiger Löhne

KVR	5.000	5.000	(6)
	5.000	5.000	

Bevorrecht. Gläubiger USt

(13)	100	2.000	(cc)
(17)	500	14.423,71	(19)
KVR	15.823,71		
	16.423,71	16.423,71	

Bevorrecht. Gläubiger Steuern

KVR	1.990	1.990	(9)
	1.990	1.990	

Masseschulden

KVR	3.000	3.000	(6)
	3.000	3.000	

Massekosten

KVR	14.310	4.500	(12a)
		910	(14)
		4.500	(16)
		4.400	(18)
	14.310	14.310	

Einfache Konkursgläubiger

(19)	226.833,71	2.000	(2b)
		90.000	(4b)
KVR	76.266,29	210.000	(dd)
		1.100	(13)
	303.100	303.100	

Konkursabwicklungskonto

(7)	11.000	120.000	(bb)
(aa)	300.000	212.410	(19)
(12a)	5.000		
(13)	1.000		
(14)	910		
(16)	4.500		
(17)	5.000		
(18)	5.000		
	332.410	332.410	

Damit ergibt sich als **endgültige** Konkursverteilungsrechnung:

Massekosten	14.310
Masseschulden	3.000
Bevorrechtigte Gläubiger	22.813,71
Einfache Konkursgläubiger	76.266,29
	116.390

Ergänzende Literatur zu: 3.2 Konkursbilanzen

Egle u. a., Rechnungswesen, S. 257–266
Greifzu, Rechnungswesen, S. 296–304
Heinen, Handelsbilanzen, S. 511–518
Horváth u. a., Buchführung III, S. 284–318
Kresse, Aufgaben, S. 77–84
Petto, Bilanzbuchhalter, S. 331–338
Uhlenbruck, Insolvenzrecht, S. 64–76; 118–133
Veit, Konkursrechnungslegung, S. 7–204

Abkürzungsverzeichnis

AB	Anfangsbestand
Abb.	Abbildung
Abs.	Absatz
Abschn.	Abschnitt(e)
AbzG	Gesetz betreffend die Abzahlungsgeschäfte(Abzahlungsgesetz)
AfA	Absetzung für Abnutzung
AfaA	Absetzung für außergewöhnliche Abnutzung
AFG	Arbeitsförderungsgesetz
AG	Aktiengesellschaft
AktG	Aktiengesetz
Anm.	Anmerkung
AO	Abgabenordnung
Art.	Artikel
Aufl.	Auflage
AuslinvG	Gesetz über steuerliche Maßnahmen bei Auslandsinvestitionen der deutschen Wirtschaft (Auslandsinvestitionsgesetz)
AVG	Angestelltenversicherungsgesetz
Ba	Beschaffung aktuell (Zeitschrift)
BAB	Betriebsabrechnungsbogen
BAG	Bundesarbeitsgericht
BB	Betriebs-Berater (Zeitschrift)
Bd.(e)	Band, Bände
BdF	Bundesminister der Finanzen
BDI	Bundesverband der deutschen Industrie
BetrVG	Betriebsverfassungsgesetz
BewG	Bewertungsgesetz
BFH	Bundesfinanzhof
BFuP	Betriebswirtschaftliche Forschung und Praxis (Zeitschrift)
BG	Bilanzgewinn
BGA	Betriebs- und Geschäftsausstattung
BGB	Bürgerliches Gesetzbuch
BGBl.	Bundesgesetzblatt
BGH	Bundesgerichtshof
BGHZ	Entscheidungen des Bundesgerichtshofes in Zivilsachen
BMWF	Bundesminister für Wirtschaft und Finanzen
BR-Drucksache	Bundesratsdrucksache
BRG	Entwurf eines Gesetzes zur Durchführung der Vierten, Siebenten und Achten Richtlinie des Rates der Europäischen Gemeinschaften zur Koordinierung des Gesellschaftsrechts (Bilanzrichtlinien-Gesetz)
BStBl.	Bundessteuerblatt
BT-Drucksache	Bundestagsdrucksache
BÜVO	Beitragsüberwachungsverordnung
BVG	Bundesverfassungsgericht

DB . . . . Der Betrieb (Zeitschrift)
DBW . . . . Die Betriebswirtschaft (Zeitschrift)
dergl. . . . . dergleichen
d. h. . . . . das heißt
DStR . . . . Deutsches Steuer-Recht (Zeitschrift)
DStZ . . . . Deutsche Steuer-Zeitung (Zeitschrift)

EB. . . . . Endbestand/Eröffnungsbilanz
EBK . . . . Eröffnungsbilanzkonto
e. G.. . . . . eingetragene Genossenschaft
EK . . . . Eigenkapital
EInsO . . . . Entwurf einer Insolvenzordnung
ER-Nr. . . . . Einkaufsrechnungs-Nummer
EStDV . . . . Einkommensteuer-Durchführungsverordnung
EStG . . . . Einkommensteuergesetz
EStR . . . . Einkommensteuer-Richtlinien
evtl. . . . . eventuell

f.. . . . . folgende
Fa . . . . Firma
FA. . . . . Finanzamt
FAMA . . . . Fachausschuß für moderne Abrechnungssysteme
ff. . . . . fortfolgende
FIBOR. . . . . Frankfurt Interbank Offered Rate
FN. . . . . Fachnachrichten des Instituts der Wirtschaftsprüfer
FR. . . . . Finanz-Rundschau (Zeitschrift)

GbR . . . . Gesellschaft bürgerlichen Rechts
GenG. . . . . Gesetz betreffend die Erwerbs- und Wirtschaftsgenossenschaften (Genossenschaftsgesetz)
Ges.. . . . . Gesetz
GESt . . . . Gewerbeertragsteuer
GewStDV . . . . Gewerbesteuer-Durchführungsverordnung
GewStG . . . . Gewerbesteuergesetz
GewStR . . . . Gewerbesteuer-Richtlinien
ggf. . . . . gegebenenfalls
GKR . . . . Gemeinschaftskontenrahmen industrieller Verbände
GKSt . . . . Gewerbekapitalsteuer
GmbH . . . . Gesellschaft mit beschränkter Haftung
GmbHG . . . . Gesetz betreffend die Gesellschaften mit beschränkter Haftung
GmbHR . . . . GmbH-Rundschau (Zeitschrift)
GoB . . . . Grundsätze ordnungsmäßiger Buchführung und Bilanzierung
GoDV . . . . Grundsätze ordnungsmäßiger Datenverarbeitung
GoS . . . . Grundsätze ordnungsmäßiger Speicherbuchführung
GrESt . . . . Grunderwerbsteuer
GRB . . . . Gemeinschafts-Richtlinien für die Buchführung
GWB . . . . Gesetz gegen Wettbewerbsbeschränkungen
GuV . . . . Gewinn- und Verlustkonto(-rechnung)

HdWW. . . . . Handwörterbuch der Wirtschaftswissenschaften
HFA des IdW . . . . Hauptfachausschuß des Instituts der Wirtschaftsprüfer
HGB . . . . Handelsgesetzbuch
HK . . . . Herstellungskosten

hrsg. . . . . herausgegeben
HV . . . . Hauptversammlung
HWB . . . . Handwörterbuch der Betriebswirtschaft [4. Aufl., hrsg. von E. Grochla und W. Wittmann, 3 Bde., Reihe: Enzyklopädie der Betriebswirtschaftslehre, Bde. I/1–I/3, Stuttgart 1974–1976]
HWF . . . . Handwörterbuch der Finanzwirtschaft [hrsg. von H. E. Büschgen, Reihe: Enzyklopädie der Betriebswirtschaftslehre, Bd. VI, Stuttgart 1976]
HWP . . . . Handwörterbuch des Personalwesens [hrsg. von E. Gaugler, Reihe: Enzyklopädie der Betriebswirtschaftslehre, Bd. V, Stuttgart 1975]
HWR . . . . Handwörterbuch des Rechnungswesens [hrsg. von E. Kosiol, Reihe: Enzyklopädie der Betriebswirtschaftslehre, Bd. III, 1. Aufl., Stuttgart 1970; 2. Aufl., Stuttgart 1981]

i. d. F. v. . . . . in der Fassung vom
IdW . . . . Institut der Wirtschaftsprüfer in Deutschland e. V.
i. d. R. . . . . in der Regel
IKR . . . . Industriekontenrahmen
i. L. . . . . in Liquidation
inkl. . . . . inklusive
InvHG . . . . Investitionshilfegesetz
i. V. m. . . . . in Verbindung mit

KapErhG . . . . Gesetz über die Kapitalerhöhung aus Gesellschaftsmitteln und über die Verschmelzung von Gesellschaften mit beschränkter Haftung (Kapitalerhöhungsgesetz)
KG . . . . Kommanditgesellschaft
KGaA . . . . Kommanditgesellschaft auf Aktien
KO . . . . Konkursordnung
KRP . . . . Kostenrechnungs-Praxis (Zeitschrift)
KStG . . . . Körperschaftsteuergesetz
KVStG . . . . Kapitalverkehrsteuergesetz
KWG . . . . Gesetz über das Kreditwesen

lfd. . . . . laufend
LIBOR . . . . London Interbank Offered Rate
LSÖ . . . . Leitsätze für die Preisermittlung aufgrund der Selbstkosten bei Leistungen für öffentliche Auftraggeber
LSP . . . . Leitsätze für die Preisermittlung aufgrund von Selbstkosten
LStDV . . . . Lohnsteuer-Durchführungsverordnung
LStR . . . . Lohnsteuer-Richtlinien
lt. . . . . laut
LZB . . . . Landeszentralbank

ME . . . . Mengeneinheiten
MwSt . . . . Mehrwertsteuer

N. F. . . . . Neue Folge

OHG . . . . Offene Handelsgesellschaft
o. J. . . . . ohne Jahr
OP. . . . . Offene Posten

p. a.	pro anno
PdR	Praxis des Rechnungswesens
Pos.	Position
PublG	Gesetz über die Rechnungslegung von bestimmten Unternehmen und Konzernen (Publizitätsgesetz)
RAP	Rechnungsabgrenzungsposten
RegEnt	Regierungsentwurf
RFH	Reichsfinanzhof
RGBl	Reichsgesetzblatt
RGE	Entscheidungen des Reichsgerichts in Zivilsachen
RStBl	Reichssteuerblatt
RVO	Reichsversicherungsordnung
s.	siehe
S.	Seite
SachBezV	Verordnung über den Wert der Sachbezüge in der Sozialversicherung (Sachbezugsverordnung)
SBK	Schlußbilanzkonto
Sp	Spalte
SparPG	Sparprämiengesetz
StBauFG	Gesetz über städtebauliche Sanierungs- und Entwicklungsmaßnahmen in den Gemeinden (Städtebauförderungsgesetz)
StGB	Strafgesetzbuch
SteuerStud	Steuer und Studium (Zeitschrift)
StuW	Steuer und Wirtschaft (Zeitschrift)
Tz	Textziffer
u. a.	unter anderem
UmwG	Umwandlungsgesetz
UmwStG	Gesetz über steuerliche Maßnahmen bei Änderung der Unternehmensform (Umwandlungsteuergesetz)
UR	Umsatzsteuer-Rundschau (Zeitschrift)
Urt.	Urteil
USt	Umsatzsteuer
UStDV	Umsatzsteuer-Durchführungsverordnung
UStG	Umsatzsteuergesetz
UStR	Umsatzsteuer-Richtlinien
UV	Umlaufvermögen
VerglO	Vergleichsordnung
VermBG	Gesetz zur Förderung der Vermögensbildung der Arbeitnehmer (Vermögensbildungsgesetz)
vgl.	vergleiche
v. H.	vom Hundert
VPöA	Verordnung über die Preise bei öffentlichen Aufträgen
v. T.	vom Tausend
VVaG	Versicherungsverein auf Gegenseitigkeit
WA	Warenausgang
WE	Wareneingang (-einkauf)
WiKG	Gesetz zur Bekämpfung der Wirtschaftskriminalität
WiSt	Wirtschaftswissenschaftliches Studium (Zeitschrift)

WoPG . . . . Wohnungsbau-Prämiengesetz
WPg . . . . Die Wirtschaftsprüfung (Zeitschrift)
WP-Handbuch . . . . Wirtschaftsprüfer-Handbuch
WV . . . . Warenverkauf

ZfB . . . . Zeitschrift für Betriebswirtschaft
ZfbF . . . . Zeitschrift für betriebswirtschaftliche Forschung
ZfhF . . . . Zeitschrift für handelswissenschaftliche Forschung
ZIP . . . . Zeitschrift für Wirtschaftsrecht
ZonenRFG . . . . . . Gesetz zur Förderung des Zonenrandgebietes (Zonenrandförderungsgesetz)

Literaturverzeichnis

Adam, D.: Entscheidungsorientierte Kostenbewertung, Wiesbaden 1970.

Adler, H.: Die Abwicklungsbilanzen der Kapitalgesellschaft, 2. Aufl., Stuttgart 1956.

Adler, H./Düring, W./Schmaltz, K. (ADS): Rechnungslegung und Prüfung der Aktiengesellschaft, Bd. 1: Rechnungslegung, 4. Aufl., Stuttgart 1968 (zitiert mit Seitenangaben).

–: Rechnungslegung und Prüfung der Unternehmen, Kommentar zum HGB, AktG, GmbHG, PublG nach den Vorschriften des Bilanzrichtlinien-Gesetzes, 5. Aufl., Stuttgart 1987 (zitiert mit Paragraph und Anmerkungsnummer).

Agthe, K.: Stufenweise Fixkostendeckung im System des Direct Costing, in: ZfB 1959, S. 404–418.

–: Zur stufenweisen Fixkostendeckung, in: ZfB 1959, S. 742–748.

Alt, W.: Was Lohnbuchhalter wissen müssen, 11. Aufl., Stuttgart 1988.

Andres, K./Egle, K./Köhl, H./Reuther, A.: IKR (Industriekontenrahmen): Theorie und Praxis des industriellen Rechnungswesens, Wuppertal 1973.

Angermann, A.: Industrie-Kontenrahmen (IKR), 2. Aufl., Berlin 1975.

Arbeitskreis Diercks der Schmalenbach Gesellschaft: Der Verrechnungspreis in der Plankostenrechnung, in: ZfbF 1964, S. 613–668.

Arians, G.: Sonderbilanzen, 2. Aufl., Köln u. a. 1985.

AWV, Arbeitsgemeinschaft für wirtschaftliche Verwaltung e. V., AWV-Arbeitskreis 9.4: EDV-Buchführung in der Praxis, Beiträge zur Verfahrensdokumentation, Berlin 1984.

Bähr, G./Fischer-Winkelmann, W. F.: Buchführung und Jahresabschluß, 2. Aufl., Wiesbaden 1987.

Baetge, J./Ballwieser, W.: Ansatz und Ausweis von Leasingobjekten in Handels- und Steuerbilanz, in: DBW 1978, S. 3–19.

Bäuerle, P.: Finanzbuchführung und EDV, Diskussionsbeitrag Nr. 23 der Universität Hohenheim, Stuttgart–Hohenheim 1987.

Banse, K.: Abschreibung, in: HWR, Sp. 26–41.

Bareis, P./Geiger, A./Höflacher, S.: Überlegungen zur Steuerreform 1990, in: GmbHR 1988, S. 312–318

Bauch, G.: Zur Gliederung und Bewertung der Abwicklungsbilanzen (§ 270 AktG), in: DB 1973, S. 977–981.

Baumbach, A./Duden, K./Hopt, K. J.: Handelsgesetzbuch, 28. Aufl., München 1989.

Baur, W.: Sanierungen. Wege aus Unternehmenskrisen, Wiesbaden 1978.

BdF: Finanznachrichten 62/78 vom 27. 12. 1978.

BDI, Betriebswirtschaftlicher Ausschuß des Bundesverbandes der Deutschen Industrie: Industrie-Kontenrahmen – IKR –, 6. Aufl., Bergisch Gladbach 1973.

–: Industrie-Kontenrahmen – IKR –, Neufassung 1986 in Anpassung an das Bilanzrichtlinien-Gesetz (BiRiLiG), Tiefgliederung, hrsg. vom *Bundesverband der Deutschen Industrie e. V.*, 2. Aufl., Köln/Bergisch Gladbach 1986.

Bea, F. X.: Die Grundzüge der Plankostenrechnung, in: WiSt 1972, S. 525–529.

–: Bewertung, handels- und steuerrechtliche, in: HWB, 4. Aufl., 1. Bd., Sp. 821–833.

–: Umsatzsteuern, in: HdWW, S. 27–40.

Bechtel, W.: Einführung in die moderne Finanzbuchführung, 3. Aufl., München/Wien 1989.

Beckmann, L./Pausenberger, E.: Gründungen, Umwandlungen, Fusionen, Sanierungen, Wiesbaden 1961.

Bellinger, B.: Gründung, in: HWB, 4. Aufl., 2. Bd., Sp. 1722–1728.

Bieg, H.: Möglichkeiten betrieblicher Altersversorgung aus betriebswirtschaftlicher Sicht, in: StuW 1983, S. 40–54.

Bieg, H.: Ermessensentscheidungen beim Handelsbilanzausweis von „Finanzanlagen" und „Wertpapieren des Umlaufvermögens" – auch nach neuem Bilanzrecht? in: DB, Beilage Nr. 24/85 zu Heft Nr. 41 v. 11. 10. 85, S. 2–16.

Biergans, E.: Einkommensteuer und Steuerbilanz, 4. Aufl., München 1988.

Bitz, M.: Übungen in Betriebswirtschaftslehre, 2. Aufl., München 1984.

Bödefeld, R./Bolk, W./Deppe, E./Peitz, G.: Lehrbuch für die Ausbildung im Steuerrecht und in Buchführung, 11. Aufl., Herne/Berlin 1987.

Böhm, H. H./Wille, P.: Deckungsbeitragsrechnung, Grenzpreisrechnung und Optimierung, 6. Aufl., München 1977.

Börner, D./Krawitz, N.: Steuerbilanzpolitik, 2. Aufl., Herne/Berlin 1988.

Böttcher, C./Zartmann, H./Kandler, G.: Wechsel der Unternehmensform, 4. Aufl., Stuttgart 1982.

Bolk, W./Reiß, W.: Zur umsatzsteuerlichen Behandlung des Kommissionsgeschäftes und seiner Bilanzierung, in: DStZ 1980, S. 385–391.

Bordewin, A.: Leasing im Steuerrecht: ein Leitfaden für die Praxis, 3. Aufl., Stuttgart 1989.

Bornhofen, M./Busch, E.: Buchführung 1, 3. Aufl., Wiesbaden 1989.

Brönner, H.: Die Besteuerung der Gesellschaften, des Gesellschafterwechsels und der Umwandlungen, 16. Aufl., Stuttgart 1988.

Buchner, R.: Buchführung und Jahresabschluß, München 1988.

Budde, W. D./Karig, K. P.: Kommentierung zu § 248 und § 280 HGB, in: Beck'scher Bilanzkommentar. Der Jahresabschluß nach Handels- und Steuerrecht, hrsg. von *W. D. Budde* u. a., München 1986.

Bühler, O.: Steuerrecht der Gesellschaften und Konzerne, 3. Aufl., Berlin/Frankfurt a. M. 1956.

Büschgen, H.: Finanzinnovationen – Ein Überblick, in: Neue Instrumente an den Finanzmärkten: Geldpolitische und bankenaufsichtliche Aspekte, (Hrsg.) *A. Gutowski,* Berlin 1988.

Bundesminister der Justiz: Gesetz zur Reform des Insolvenzrechts: Diskussionsentwurf, Köln 1988.

–: Gesetz zur Reform des Insolvenzrechts; Referentenentwurf, Bonn 1989.

Bundesminister der Justiz (Hrsg.): Erster Bericht der Kommission für Insolvenzrecht, Köln 1985.

–: Zweiter Bericht der Kommission für Insolvenzrecht, Köln 1986.

Bundesrat (Hrsg.): Bundesrats-Drucksache 257/83 vom 3. 6. 1983.

Bundessteuerberaterkammer: Zum Ausweis des Eigenkapitals in der Handelsbilanz der Personengesellschaft, in: DStR, Beiheft zu Heft Nr. 1/2 v. 19. 1. 1990, S. 5–8.

Bundestag (Hrsg.): Bundestags-Drucksache 7/3441 vom 1. 4. 1975.

–: Bundestags-Drucksache 10/4268 vom 18. 11. 1985.

Busse von Colbe, W./Laßmann, G.: Betriebswirtschaftstheorie, Bd. 1: Grundlagen, Produktions- und Kostentheorie, 3. Aufl., Berlin u. a. 1986.

Bussmann, K. F.: Industrielles Rechnungswesen, 2. Aufl., Stuttgart 1979.

Castan, E.: Rechnungslegung der Unternehmung, 2. Aufl., München 1984.

Castan, H.-A.: Vergleichsverfahren, in: HWB, 3. Aufl., hrsg. von *H. Seischab/K. Schwantag,* 4. Bd., Stuttgart 1962, Sp. 5695–5700.

Chmielewicz, K.: Betriebliches Rechnungswesen 1: Finanzrechnung und Bilanz, 3. Aufl., Reinbek 1982.
–: Betriebliches Rechnungswesen 2: Erfolgsrechnung, 2. Aufl., Reinbek 1981.
Clemm, H./Nonnenmacher, R.: Kommentierung zu § 249 HGB, in: Beck'scher Bilanzkommentar. Der Jahresabschluß nach Handels- und Steuerrecht, hrsg. von *W. D. Budde* u. a., München 1986.
–: Überlegungen zur Finanzierung von Swapgeschäften in: Handelsrecht und Steuerrecht: Festschrift für G. Döller, hrsg. von *F. Klein* u. a., Düsseldorf 1988.
Coenenberg, A. G. unter Mitarbeit von *Brandi, E./Eifler, G./Schmidt, F.:* Jahresabschluß und Jahresabschlußanalyse, 10. Aufl., Landsberg 1988.
Coenenberg, A. G./Hille, K.: Latente Steuern im Einzel- und Konzernabschluß, in: DBW 1979, S. 601–621.

Däumler, K.-D.: Betriebliche Finanzwirtschaft: Darstellung, Fragen und Aufgaben, Antworten und Lösungen, Tabellen für die Zinsfaktoren, 4. Aufl., Herne/Berlin 1989.
Demuth, M.: Fremdkapitalbeschaffung durch Finanzinnovationen, Wiesbaden 1988.
Deutsch, P.: Grundfragen der Finanzierung im Rahmen der betrieblichen Finanzwirtschaft, 2. Aufl., Wiesbaden 1967.
Dirrigl, H.: Die Gewinnverteilungsrechnung der Kapitalgesellschaft, in: WiSt 1981, S. 49–55.
–: Die Angemessenheit des Umtauschverhältnisses bei einer Verschmelzung als Problem der Verschmelzungsprüfung und der gerichtlichen Überprüfung (Teil I), in: WPg. 1989, S. 413–421.
–: Die Angemessenheit des Umtauschverhältnisses bei einer Verschmelzung als Problem der Verschmelzungsprüfung und der gerichtlichen Überprüfung (Teil II), in: WPg. 1989, S. 454–462.
Döring, U.: Kostensteuern, Stuttgart 1984.
Dorn, G.: Betriebsbuchhaltung, in: HWB, 4. Aufl., 1. Bd., Sp. 557–566.
Düsseldorfer Treuhand-Gesellschaft Altenburg & Tewes AG (Hrsg.): Steuerreform 1990 – Auswirkungen und Gestaltungshinweise, Hamburg 1988.

Efferoth, M./Horváth, P.: Einführung in die doppelte Buchführung, eine programmierte Unterweisung, Teil I, Bd. 1 der Schriftenreihe Betriebliches Rechnungswesen in programmierter Form, hrsg. von *K. F. Bussmann,* 3. Aufl., Wiesbaden 1981.
Egle, K./Junge, R./Reuther, A./Andres, K./Köhl, H.: Rechnungswesen der Unternehmung, 5. Aufl., Wuppertal 1974.
Egner, H.: Die Gewinn- und Verlustrechnung, in: Beck'sches Handbuch der Rechnungslegung, hrsg. von *E. Castan* u. a., München 1987, B 30.
Eilenberger, G.: Betriebliches Rechnungswesen, 3. Aufl., München/Wien 1986.
Eisele, W.: Zielvorstellungen und Gestaltungsprinzipien des neuen Industriekontenrahmens, in: ZfB 1973, S. 617–642.
–: Betriebswirtschaftliche Kapitaltheorie und Unternehmensentwicklung, Stuttgart 1974.
–: Bilanzen, Systematik der, in: HWR, 2. Aufl., hrsg. von *E. Kosiol u. a.,* Stuttgart 1981, Sp. 205–215.
–: Buchhaltungs- und Kontentheorien, in: HWR, 2. Aufl., hrsg. von *E. Kosiol u. a.,* Stuttgart 1981, Sp. 340–354.
–: Plankostenrechnung für die Beschaffung, in: Ba 1981, Nr. 10, S. 80–87, Nr. 12, S. 38–41.
–: Rechnungswesen, in: Allgemeine Betriebswirtschaftslehre, Bd. 2: Führung, hrsg. von *F. X. Bea* u. a., 4. Aufl., Stuttgart/New York 1989, S. 189–337.

Eisele, W./Kühn, M.: Sonderbilanzen, in: WiSt 1984, S. 269–277.
Eisele, W./Leypoldt, H.: Konzeption einer erfolgs- und liquiditätsorientierten Kostenrechnung für den Handelsbetrieb, in: KRP 1977, S. 277–288.
–: Fallbeispiel einer erfolgs- und liquiditätsorientierten Kostenrechnung im Handelsbetrieb, in: KRP 1978, S. 25–32.
Ellerich, M.: Wertaufholung und latente Steuern, in: BB 1985, S. 26–31.
Endres, D.: Die Besteuerung gesellschaftsrechtlicher Vermögensübertragungen, Frankfurt/Bern 1982.
Engelhardt, W./Raffée, H.: Grundzüge der doppelten Buchhaltung, Teil I, 2. Aufl., Wiesbaden 1971.

Fachausschuß für moderne Abrechnungssysteme (FAMA) beim Institut der Wirtschaftsprüfer e. V.: Prüfung von EDV-Buchführungen, Stellungnahme 1/1974, in: WPg 1974, S. 83–91.
–: Zur Auslegung der Grundsätze ordnungsmäßiger Buchführung beim Einsatz von EDV-Anlagen im Rechnungswesen, Stellungnahme 1/1975, in: WPg 1975, S. 555–559.
–: Die Datenverarbeitung als Prüfungshilfsmittel, Stellungnahme 1/1978, in: WPg 1978, S. 208–217.
–: Bundesdatenschutzgesetz und Jahresabschlußprüfung, Stellungnahme 1/1979, in: WPg 1979, S. 440–441.
–: Grundsätze ordnungsmäßiger Buchführung bei computergestützten Verfahren und deren Prüfung, Entwurf einer Verlautbarung 1/1987, in: WPg 1987, S. 1–35.
Falterbaum, H.: Mehrwertsteuerbuchungen, 4. Aufl., Achim 1970.
Falterbaum, H./Beckmann, M.: Buchführung und Bilanz, 13. Aufl., Achim 1989.
Fasold, W.: Maßgeblichkeitsgrundsatz, Umwandlung und Gliederungsrechnung, in: DB 1977, S. 1015–1017.
Federmann, R.: Bilanzierung nach Handels- und Steuerrecht, 7. Aufl., Bielefeld 1989.
Figge, G.: Sozialversicherungs-Handbuch für die Praxis: das Beitrags- und Versicherungsrecht der Kranken- und Rentenversicherung sowie der Arbeitsförderung, 5. Aufl., Köln 1989.
Fischer, J./Heß, O./Seebauer, G.: Buchführung und Kostenrechnung, Leipzig o. J. (1939).
Fischer, W.: Die Überschuldungsbilanz, Köln u. a. 1980.
Flasse, G./Gräve, G./Hanschmann, R./Heßhaus, W.: Buchhaltung 1, System der doppelten Buchhaltung, Wiesbaden 1977.
–: Buchhaltung 2, Organisation und besondere Buchungsfälle, Wiesbaden 1977.
Flessner, A.: Sanierung und Reorganisation, Tübingen 1982.
Fluri, H.: Wertaufholungsgebot: Voraussetzungen und Anwendungen in der buchhalterischen Praxis, in: BB 1988, S. 1146–1150.
Förster, W.: Die Liquidationsbilanz, 2. Aufl., Köln 1988.
Forster, K.-H.: Überlegungen zur Bewertung in Abwicklungsabschlüssen, in: Wirtschaftsfragen der Gegenwart, Festschrift für C. H. Barz, hrsg. von *R. Fischer, Ph. Möhring* und *H. Westermann,* Berlin/New York 1974, S. 335–346.
Freericks, W.: Bilanzierungsfähigkeit und Bilanzierungspflicht in Handels- und Steuerbilanz, Köln/Berlin/Bonn/München 1976.
Freidank, C.-C.: Kostenrechnung, München/Wien 1986.
Frotscher, G.: Steuerreform 1990: Kurzkommentar für den Steuerfachmann, Freiburg i. Br. 1988

Gabele, E.: Buchführung, Einführung in die manuelle und PC-gestützte Buchhaltung und Jahresabschlußerstellung, München/Wien 1987.

Geissler, E./Breul, K.: Mehrwertsteuer, 5. Aufl., Stuttgart 1973.
Glade A./Steinfeld G.: Umwandlungssteuergesetz 1977, Gesetz über steuerliche Maßnahmen bei Änderung der Unternehmensform, Kommentar, 3. Aufl., Herne/Berlin 1980.
Glogowski, E.: Neue Finanzdienstleistungen: dt. Bankenmärkte im Wandel, Wiesbaden 1986.
Götzinger, M./Michael, H.: Kosten- und Leistungsrechnung, 4. Aufl., Heidelberg 1988.
Greifzu, J.: Das Rechnungswesen, hrsg. von *R. Lembcke/H. Schöning,* 13. Aufl., Wiesbaden 1975.
–: Der praktische Fall, hrsg. von *R. Lembcke/H. Schöning,* 8. Aufl., Wiesbaden 1982.
Greine, J./Wilms, K.: Dialogfinanzbuchhaltung, in: WiSt 1984, S. 327–333.
Groh, M.: Bilanzierung öffentlicher Zuschüsse, in: DB 1988, S. 2417–2421.
Groß, P. J.: Sanierung durch Fortführungsgesellschaften, 2. Aufl., Köln 1988.
–: Fortführungsgesellschaften, in: Konkurs-, Treuhand- und Schiedsgerichtswesen 1982, S. 355–376.
Gutenberg, E.: Grundlagen der Betriebswirtschaftslehre, 1. Bd.: Die Produktion, 24. Aufl., Berlin/Heidelberg/New York 1983.

Haase, K. D.: Finanzbuchhaltung, 4. Aufl., Düsseldorf 1985.
–: Buchführung (Buchhaltung), in: HWB, 4. Aufl., 1. Bd., Sp. 998–1011.
Haase, K. D./Brandl, W.: Einführung in das betriebliche Rechnungswesen – programmiert, Bd. 2, Finanzbuchhaltung II, Düsseldorf 1972.
Haberstock, L.: Grundzüge der Kosten- und Erfolgsrechnung, 3. Aufl., München 1982.
–: Kostenrechnung I, Einführung, 8. Aufl., Hamburg 1987.
–: Kostenrechnung II, (Grenz-)Plankostenrechnung, 7. Aufl., Hamburg 1986.
Haeger, B.: Zur Berichterstattung über unterlassene Zuschreibungen i.S.d. § 280 Abs. 2 HGB, in: BB 1989, S. 386–393.
Hahn, W./Lenz, H./Tunnissen, W.: Die Buchführung der Industriebetriebe, 50. Aufl., Bad Homburg/Berlin/Zürich 1976.
Hahn, H./Werner, C.: Wegweiser zur Bilanzsicherheit, Teil A, 25. Aufl., Bad Homburg 1985.
–: Wegweiser zur Bilanzsicherheit, Teil B, 23. Aufl., Bad Homburg 1984.
Hanisch, H.: Jahresabschlußprüfung bei Datenbanksystemen, Frankfurt am Main/Bern/New York 1986.
–: EDV-Prüfung bei Datenbanksystemen (Teil I), in: WPg 1986, S. 405–413.
–: EDV-Prüfung bei Datenbanksystemen (Teil II), in: WPg 1986, S. 437–445.
Hansen, H. R.: Wirtschaftsinformatik I, 5. Aufl., Stuttgart/New York 1986.
Harms, J. E.: Fälle mit Lösungen zum Bilanzrecht: Aktiengesellschaft, Kommanditgesellschaft auf Aktien, Gesellschaft mit beschränkter Haftung, 4. Aufl., Herne/Berlin 1988.
Harms, J. E./Küting, K.: Latente Steuern nach dem Regierungsentwurf des Bilanzrichtlinie-Gesetzes, in: BB 1982, S. 837–846.
Harms, J. E./Küting, K./Weber, C.-P.: Die Wertaufholungskonzeption des neuen Bilanzrechts, in: DB 1986, S. 653–661.
Hauptfachausschuß (HFA) des Instituts der Wirtschaftsprüfer e. V.: Zur Verschmelzungsprüfung nach § 340b Abs. 4 AktG, Stellungnahme 6/1988, in: WPg 1989, S. 42–44.
Heinen, E.: Betriebswirtschaftliche Kostenlehre, 6. Aufl., Wiesbaden 1983.
–: Einführung in die Betriebswirtschaftslehre, 9. Aufl., Wiesbaden 1985.
–: Kostenrechnung, in: HWB, 4. Aufl., 2. Bd., Sp. 2313–2331.
–: Handelsbilanzen, 12. Aufl., Wiesbaden 1986.

Heinhold, M.: Buchführung in Fallbeispielen, 4. Aufl., Stuttgart 1989.
–: Der Jahresabschluß, München/Wien 1987.
Herrmann, C./Heuer, G./Raupach, A.: Kommentar zur Einkommensteuer und Körperschaftsteuer einschließlich Nebengesetze, 19. Aufl., Köln 1979.
Hess, H./Fechner, D.: Sanierungshandbuch, Darmstadt 1987.
Hintner, O.: Bilanz und Status, in: ZfB 1960, S. 523–539.
Hofbauer, M. A.: Die Bilanzierung von Zulagen und Zuschüssen, in: BB 1976, S. 653–661.
Hoffmann, W.-D.: Praxisorientierte Einführung in die Rechnungslegungsvorschriften des Regierungsentwurfs zum Bilanzrichtlinie-Gesetz, in: BB 1983, Beilage 1/83.
Holdt, W.: Buchführung und Bilanzierung, Stuttgart/Berlin/Köln/Mainz 1978.
Holzer, H. P.: Direct (Variable) Costing, in: HWR, Sp. 412–418.
Horváth, P./Bonin, H./Gaydoul, P./Gryselka, D.: Einführung in die doppelte Buchführung – Eine programmierte Unterweisung – Teil III, hrsg. von *K. F. Bussmann/J. Bottler/P. Horváth/H. Kargl,* Wiesbaden 1978.
Horváth, P./Petsch, M./Weihe, M.: Standard-Anwendungssoftware für das Rechnungswesen, 2. Aufl., München 1986.
Huch, B.: Einführung in die Kostenrechnung, 8. Aufl., Würzburg/Wien 1986.
Hübner, H.: Wechsel, in: HWF, Sp. 1809–1815.
Hülshoff, F.: Kosten- und Leistungsrechnung industrieller Betriebe, Wiesbaden 1974.
Hummel, S./Männel, W.: Kostenrechnung 1, Grundlagen, Aufbau und Anwendung, 4. Aufl., Wiesbaden 1986.
–: Kostenrechnung 2, Moderne Verfahren und Systeme, 3. Aufl., Wiesbaden 1983.

Institut der Wirtschaftsprüfer (IdW) in Deutschland e. V.: Fachnachrichten 1984, S. 4–6.
–: Gemeinsame Stellungnahme zum Entwurf eines Bilanzrichtlinien-Gesetzes, in: WPg 1985, S. 537–553.
–: Wirtschaftsprüfer-Handbuch 1985/86, Bd. I (WP-Handbuch 85/86 I), Düsseldorf 1985.
–: Wirtschaftsprüfer-Handbuch 1985/86, Bd. II (WP-Handbuch 85/86 II), Düsseldorf 1986.
Institut für Interne Revision (IIR), Arbeitskreis „Revision bei elektronischer Datenverarbeitung": Revision der elektronischen Datenverarbeitung, 4. Aufl., Berlin 1982.
–: Wirtschaftlichkeitsaspekte bei der Anwendungsprogrammierung aus der Sicht der Revision, in: Zeitschrift für Interne Revision 1985, S. 19–33.
–: Revisionsaspekte beim Einsatz von Personal-Computern (PC), in: Zeitschrift für Interne Revision 1986, S. 218–224.

Jäger, W.: Gründung, in: HWF, Sp. 787–794.
Jost, H.: Kosten- und Leistungsrechnung, 5. Aufl., Wiesbaden 1988.
Juretzek, W.: Umsatzsteuergesetz, Mehrwertsteuerkommentar, 8. Aufl., Ludwigshafen 1967.

Kafitz, F./Lindner, W.: Buchführung für Fachhandel/Einzelhandel, Wiesbaden 1977.
Kern, W.: Industriebetriebslehre, in: HWB, 4. Aufl., 2. Bd., Sp. 1849–1858.
Kilger, W.: Kurzfristige Erfolgsrechnung, Wiesbaden 1962.
–: Plankostenrechnung, in: HWB, 4. Aufl., 2. Bd., Sp. 2984–3001.
–: Plankostenrechnung, in: HWR, Sp. 1342–1358.

–: Flexible Plankostenrechnung und Deckungsbeitragsrechnung, 9. Aufl., Wiesbaden 1988.

–: Einführung in die Kostenrechnung, 3. Aufl., Wiesbaden 1987.

Kilger, W./Scheer, A.-W. (Hrsg.): Rechnungswesen und EDV, Würzburg/Wien 1983.

Klimmer, W. A.: Repetitorium der Buchführung, 2. Aufl., Wiesbaden 1970.

Kloock, J./Sieben, G./Schildbach, Th.: Kosten- und Leistungsrechnung, 4. Aufl., Düsseldorf 1987.

Kobs, E.: Bilanzen und Ergänzungsbilanzen bei Personengesellschaften, 7. Aufl., Herne/Berlin 1982.

–: Änderungen der Unternehmensformen im Bilanzsteuerrecht. Ein Handbuch zur Rechtsformwahl unter Berücksichtigung des Bilanzrichtlinien-Gesetzes, 5. Aufl., Herne/Berlin 1986.

–: Bilanzierung bei Umwandlungen, 2. Aufl., Herne/Berlin 1987.

Koch, H.: Grundprobleme der Kostenrechnung, Köln/Opladen 1966.

Körner, W.: Bilanzsteuerrecht in der Praxis, 7. Aufl., Herne/Berlin 1986.

Korth, H.-M.: Kontierungs-Handbuch 1989, 2. Aufl., München 1989.

Kosiol, E.: Pagatorische Bilanz, Berlin 1976.

–: Buchhaltung als Erfolgs-, Bestands- und Finanzrechnung. Grundlagen, Verfahren, Anwendungen, Berlin/New York 1977.

–: Kosten- und Leistungsrechnung. Grundlagen, Verfahren, Anwendungen, Berlin/New York 1979.

Kotsch-Faßhauer, L./Leuz, N.: Praxis der Umstellung von Buchführung und Abschluß auf das neue Bilanzrecht, 2. Aufl., Stuttgart 1988.

Kraft, A.: Kölner Kommentar zum AktG, Bd. 1, 1. Lieferung, hrsg. von *W. Zöllner,* Köln/Berlin/Bonn/München 1970.

Kresse, W.: 500 Aufgaben und Erläuterungen aus der Neuen Schule des Bilanzbuchhalters, Bd. 3, 4. Aufl., Stuttgart 1978.

–: Die neue Schule des Bilanzbuchhalters, Bd. I, 4. Aufl., Stuttgart 1978.

Kresse, W./Döring, J.: So bucht man nach dem neuen Industriekontenrahmen. Eine Einführung für Schule und Praxis, Ausgabe B, 2. Aufl., Stuttgart 1976.

Kresse, W./Kotsch-Faßhauer, L./Leuz, N.: Neues Bilanzieren, Prüfen und Buchen nach dem Bilanzrichtlinien-Gesetz, 2. Aufl., Stuttgart 1988.

Kresse, W./Püschel, H.: Fallkommentar zur Umsatzsteuer, 2. Aufl., Stuttgart 1974.

Kropff, B.: Aktiengesetz (Textausgabe des Aktiengesetzes und des Einführungsgesetzes zum Aktiengesetz vom 6. 9. 1965 mit Begründung des Regierungsentwurfs, Bericht des Rechtsausschusses des Deutschen Bundestags), Düsseldorf 1965.

Krümmel, H.-J.: Grundsätze der Finanzplanung, in: ZfB 1964, S. 225–240.

Kube, V.: Leistungserfassung im Industriebetrieb, in: Moderne Kostenrechnung, hrsg. von *H. Jacob,* Wiesbaden 1978, S. 63–106.

Kühnau, M.: Finanzierungsvorgänge, Buchungstechnik der, in: HWR, 2. Aufl., Sp. 516–535.

–: Kontenrahmen und Kontenplan, in: HWB, 4. Aufl., 2. Bd., Sp. 2198–2218.

Küting, K.: Offene Fragen der Wertaufholung im neuen Bilanzrecht (Teil I), in: DStR 1989, S. 227–232.

–: Offene Fragen der Wertaufholung im neuen Bilanzrecht (Teil II); in: DStR 1989, S. 270–276.

Küting, K./Haeger, B.: Die Auswirkungen des Steuerreformgesetzes 1990 auf die handelsbilanzielle Rechnungslegung, in: BB 1988, S. 591–601.

Küting, K./Weber, C.-P.: Handbuch der Rechnungslegung. Kommentar zur Bilanzierung und Prüfung, 2. Aufl., Stuttgart 1987.

Kupsch, P.: Bilanzierung öffentlicher Zuwendungen, in: WPg. 1984, S. 369–377.

Kußmaul, H.: Zero-Bonds, in: WiSt 1989, S. 15–19.

Langen, H.: Grundlagen einer betriebswirtschaftlichen Dispositions- und Grundrechnung, in: ZfB 1983, S. 753–773.

Laux, H.: Das novellierte fünfte Vermögensbildungsgesetz, Heidelberg 1989.

Lechner, K.: Rechnungstheorie der Unternehmung, in: HWR, Sp. 1502–1510.

Leffson, U.: Buchführung und Bilanzierung, Grundsätze ordnungsmäßiger, in: HWR, Sp. 307–314.

–: Die Grundsätze ordnungsmäßiger Buchführung, 7. Aufl., Düsseldorf 1987.

Leffson, U./Baetge, J.: Buchführungsvorschriften, allgemeine, in: HWR, Sp. 314–319.

Lehmann, H.: Konsortial- und Partizipationsgeschäfte, Rechnungswesen der, in: HWR, Sp. 827–833.

Lerbinger, P.: Zins- und Währungsswaps, Wiesbaden 1988.

Loos, G.: Umwandlung von Kapitalgesellschaften auf Personengesellschaften oder natürliche Personen, in: BB 1977, S. 139–141.

Lutter, M.: Kölner Kommentar zum AktG, Bd. 2, 3. Lieferung, hrsg. von *W. Zöllner,* Köln/Berlin/Bonn/München 1971.

Männel, W.: Zur Gestaltung der Erlösrechnung, in: Entwicklungslinien der Kosten- und Erlösrechnung, hrsg. von *K. Chmielewicz,* Stuttgart 1983, S. 119–150.

Mathiak, W.: Rechtsprechung zum Bilanzsteuerrecht, in: DStR 1989, S. 232–237.

Mellerowicz, K.: Planung und Plankostenrechnung, Bd. 2, Freiburg i. Br. 1973.

–: Kosten und Kostenrechnung I, 5. Aufl., Berlin/New York 1973.

–: Kosten und Kostenrechnung II, 1. Teil, 5. Aufl., Berlin/New York 1974.

–: Neuzeitliche Kalkulationsverfahren, 6. Aufl., Freiburg i. Br. 1977.

Mellerowicz, K./Brönner, H.: Rechnungslegung und Gewinnverwendung der Aktiengesellschaft, Berlin 1970.

Menrad, S.: Kosten und Leistung, in: HWR, Sp. 870–879.

–: Kosten und Leistung, in: HWB, 4. Aufl., 2. Bd., Sp. 2280–2290.

–: Rechnungswesen, Göttingen 1978.

Meyer zu Lösebeck, H.: Zur Verschmelzungsprüfung – Anmerkungen zum Beitrag von Dirrigl –, in: WPg 1989, S. 499–501.

Michel, R./Torspecken, H. D.: Grundlagen der Kostenrechnung, Kostenrechnung I, 2. Aufl., München/Wien 1984.

–: Neuere Formen der Kostenrechnung, Kostenrechnung II, 2. Aufl., München/Wien 1986.

Möllers, P.: Buchhaltung und Abschluß, 2. Aufl., Würzburg/Wien 1987.

Moews, D.: Die Betriebsbuchhaltung im Industrie-Kontenrahmen (IKR), Berlin 1973.

Moxter, A.: Anschaffungswertprinzip für Abwicklungsbilanzen? Eine Stellungnahme zu § 270 AktG, in: WPg 1982, S. 473–476.

–: Grundsätze ordnungsmäßiger Unternehmensbewertung, 2. Aufl., Wiesbaden 1983.

–: Bilanzlehre, Bd. II: Einführung in das neue Bilanzrecht, 3. Aufl., Wiesbaden 1986.

Müller, R.: Buchführung und EDV, Zürich 1977.

Münstermann, H.: Unternehmensrechnung, Wiesbaden 1969.

Niehus, R. J./Scholz, W.: Rechnungslegung und Prüfung der GmbH nach neuem Recht, Berlin/New York 1982.

Nomina (Hrsg.): ISIS Personal Computer Report, Bd. 2.1, Juli bis Dezember, München 1989.

–: ISIS Software Report, Bd. 2.1, Juli bis Dezember, München 1989.

Nowak, P.: Kostenrechnungssysteme in der Industrie, 2. Aufl., Köln/Opladen 1961.

Olfert, K.: Kostenrechnung, 7. Aufl., Ludwigshafen 1987.

Pankow, M./Schmidt-Wendt, D.: Kommentierung zu § 255 HGB, in: Beck'scher Bilanzkommentar. Der Jahresabschluß nach Handels- und Steuerrecht, hrsg. von *W. D. Budde* u. a., München 1986.
Pankow, M./Gutike, H.: Kommentierung zu § 268 HGB, in: Beck'scher Bilanzkommentar. Der Jahresabschluß nach Handels- und Steuerrecht, hrsg. von *W. D. Budde* u. a., München 1986.
Pausenberger, E.: Die finanzielle Sanierung, in: Finanzierungshandbuch, hrsg. von *H. Janberg,* 2. Aufl., Wiesbaden 1970, S. 655–685.
–: Fusion, in: HWB, 4. Aufl., 1. Bd., Sp. 1603–1614.
Peemöller, V. H./März, Th.: Sonderbilanzen, Heidelberg/Wien 1986.
Peez, L.: Grundsätze ordnungsmäßiger Datenverarbeitung im Rechnungswesen, 2. Aufl., Wiesbaden 1977.
Pelzel, G.: Kontenrahmen als Mittel der Betriebssteuerung, Wiesbaden 1975.
Perridon, L./Steiner, M.: Finanzwirtschaft der Unternehmung, 5. überarb. Aufl., München 1988.
Peter, K./Bornhaupt, K. J. von/Körner, W.: Ordnungsmäßigkeit der Buchführung – Anforderungen an Buchführung und Aufzeichnungen, 8. Aufl., Herne/Berlin 1987.
Petermann, G.: Handelsbetriebe, Rechnungswesen der, in: HWB, 4. Aufl., 2. Bd., Sp. 1744–1752.
Petto, E.: Der Bilanzbuchhalter, 3. Aufl., Bad Homburg/Berlin/Zürich o. J.
Plaut, H. G.: Die Plankostenrechnung in der Praxis des Betriebes, in: ZfB 1951, S. 531–543.
–: Die Grenz-Plankostenrechnung I, II, in: ZfB 1953, S. 347–363, S. 402–413.
–: Unternehmenssteuerung mit Hilfe der Voll- oder Grenzplankostenrechnung, in: ZfB 1961, S. 460–482.
Potthoff, E.: Sanierung, in: HWF, Sp. 1558–1568.

Rätsch, H.: Fusion, in: HWF, Sp. 665–674.
Rasche, W.: Kostenrechnung und Kalkulation, Stuttgart u. a. 1980.
Rau, G. u. a.: Kommentar zum Umsatzsteuergesetz, 3. Aufl., Köln 1967/83.
Reblin, E.: Von der Stapelverarbeitung zum interaktiven Dialogsystem im Rechnungswesen, in: Rechnungswesen und EDV, hrsg. von *W. Kilger/A.-W. Scheer,* Würzburg/Wien 1983, S. 70–88.
Riebel, P.: Das Rechnen mit Einzelkosten und Deckungsbeiträgen, in: ZfhF, N. F., 1959, S. 213–238.
–: Die Preiskalkulation auf Grundlage von „Selbstkosten" oder von relativen Einzelkosten und Deckungsbeiträgen, in: ZfbF 1964, S. 549–612.
–: Deckungsbeitragsrechnung, in: HWR, Sp. 383–400.
–: Kuppelprodukte, Kalkulation der, in: HWR, Sp. 994–1006.
–: Einzelkosten- und Deckungsbeitragsrechnung. Grundfragen einer markt- und entscheidungsorientierten Unternehmensrechnung, 5. Aufl., Wiesbaden 1985.
Ritter, K. E.: Investitionshilfegesetz, in: WiSt 1984, S. 580–582.
Rittner, F.: Die werdende juristische Person, Tübingen 1973.
Rölle, H.: Ordnungsmäßige Buchführungssysteme bei automatisierter Datenverarbeitung, Wiesbaden 1972.
Ruchti, H.: Die Abschreibung. Ihre grundsätzliche Bedeutung als Aufwandsfaktor, Ertragsfaktor und Finanzierungsfaktor, Stuttgart 1953.
–: Konten, in: HWB, 3. Aufl., hrsg. von *H. Seischab/K. Schwantag,* 2. Bd., Stuttgart 1957/58, Sp. 3250–3255.
–: Abschreibungen, in: HWF, Sp. 4–11.
Russ, A.: Costing, Kosten-, Leistungs- und Erfolgsrechnung mit Datenbanken, in:

Rechnungswesen und EDV, hrsg. von *W. Kilger/A.-W. Scheer,* Würzburg/Wien 1984, S. 231–255.

Sarx, M.: Kommentierung zu § 272 HGB, in: Beck'scher Bilanzkommentar. Der Jahresabschluß nach Handels- und Steuerrecht, hrsg. von *W. D. Budde* u. a., München 1986.
–: Ausgewählte Sonderbilanzen, Anhang 3, in: Beck'scher Bilanzkommentar. Der Jahresabschluß nach Handels- und Steuerrecht, hrsg. von *W. D. Budde* u. a., München 1986.
Sauerland, H.: Umsatzsteuer, 16. Aufl., Düsseldorf 1987.
Schär, J. F.: Einführung in das Wesen der doppelten Buchhaltung auf wirtschaftlicher und mathematischer Grundlage für Ingenieure und andere gebildete Techniker, Sonderdruck aus der Elektrotechnischen Zeitschrift 1910, Hefte 15, 46 und 47, Berlin 1911.
Scharnweber, H.: Buchführung und Jahresabschluß, München 1976.
Schedlbauer, H.: Sonderprüfungen, Stuttgart 1984.
Scheer, A.-W.: Einsatz von Datenbanksystemen im Rechnungswesen – Überblick und Entwicklungstendenzen, in: ZfbF 1981, S. 490–507.
Scherrer, G.: Kostenrechnung, Stuttgart/New York 1983.
Schiederer, D.: Grundlehrgang der doppelten Buchführung, Teil 1, Stuttgart 1983.
Schildbach, Th.: Der handelsrechtliche Jahresabschluß, Berlin 1987.
Schlegelberger, F.: Handelsgesetzbuch, Kommentar von *E. Geßler, W. Hefermehl, W. Hildenbrandt, G. Schröder,* 5. Aufl., Bd. I, München 1973.
Schmalenbach, E.: Der Kontenrahmen, in: ZfhF 1927, S. 385– 402, 433–475.
–: Kostenrechnung und Preispolitik, 8. Aufl., Köln/Opladen 1963.
Schmick, H.: EDV-Buchführung, in: Beck'sches Handbuch der Rechnungslegung, hrsg. von *E. Castan* u. a., München 1987, A 121.
Schmidt, H.: Buchführung und Steuerbilanz, Wiesbaden 1974.
Schmidt, K.: Liquidationsbilanzen und Konkursbilanzen, Heidelberg 1989
Schmolke, S./Deitermann, M.: Kaufmännische Buchführung für Wirtschaftsschulen, 2. Teil, 4. Aufl., Darmstadt 1968.
Schmorleiz, W.: Bilanzierung von Leasing-Verträgen in der Steuerbilanz, in: WiSt 1980, S. 392–396.
Schneider, D.: Geschichte der Buchhaltung und Bilanzierung, in: HWR, 2. Aufl., hrsg. von *E. Kosiol* u. a., Stuttgart 1981, Sp. 616–630.
–: Allgemeine Betriebswirtschaftslehre, 3. Aufl., München/Wien 1987.
Schneider, E.: Industrielles Rechnungswesen, 5. Aufl., Tübingen 1969.
Schönfeld, H.-M.: Kostenrechnung I, 7. Aufl., Stuttgart 1974.
Schöttler, J./Spulak, R.: Technik des betrieblichen Rechnungswesens, 4. Aufl., München 1988.
Schultz, R.: Genossenschaften, in: HWB, 1. Bd., Sp. 1623–1632.
Schulze, H. H.: Kontenrahmen und Kontenplan, in: HWR, Stuttgart 1970, Sp. 839–849.
Schulze, H. W.: Lohn- und Gehaltsabrechnung, in: HWP, Sp. 1238–1242.
Schulze zur Wiesche, D.: Einbringung eines Betriebes, Teilbetriebes, Mitunternehmeranteils in eine GmbH, in: GmbH-Rundschau 1981, S. 60–67, 88–96.
Schuppenhauer, R.: Checkliste für die EDV-Prüfung, Düsseldorf 1985.
–: Grundsätze für eine ordnungsmäßige Datenverarbeitung, 3. Aufl., Düsseldorf 1989.
–: GoDV und FAMA-Stellungnahme 1/1987 – überflüssige Unruhestifter oder notwendige Ordnungsregeln, in: WPg 1989, S. 545–555.
Schwarz, H.: Betriebsbuchhaltung, in: HWR, 2. Aufl., Sp. 126–141.
Schwarze, A.: Ausweis und Bewertung neuer Finanzierungsinstrumente in der Bankbilanz, Berlin 1989.

Schweitzer, M.: Struktur und Funktion der Bilanz, Berlin 1972.
Schweitzer, M./Küpper, H.-U.: Systeme der Kostenrechnung, 4. Aufl., Landsberg 1985.
Seischab, H.: Kalkulation und Preispolitik, Leipzig 1944.
Selchert, F. W.: Prüfungen anläßlich der Gründung, Umwandlung, Fusion und Beendigung von Unternehmungen, Düsseldorf 1977.
–: Anpassung der Buchhaltung nach dem Bilanzrichtlinien-Gesetz, Stuttgart 1986.
Siegel, T.: Wertaufholung (Zuschreibung) in: Beck'sches Handbuch der Rechnungslegung, hrsg. von *E. Castan,* u. a., München 1987, B 169.
Sölter, A./Zimmerer, C. (Hrsg.): Handbuch der Unternehmenszusammenschlüsse, München 1972.
Splitter, H./Kropp, H.: Kaufmännische Buchführung, 2. Teil, 12. Aufl., Wolfenbüttel 1973.
Stahlknecht, P. (Hrsg.): EDV-Systeme im Finanz- und Rechnungswesen, Berlin u. a. 1982.
Stehli, R. H.: Mathematische Betrachtungen über die doppelte Buchhaltung, Zürich 1968.
Steinbach, A.: Die Rechnungslegungsvorschriften des Aktiengesetzes 1965, Wiesbaden 1973.
Streim, H.: Grundzüge der handels- und steuerrechtlichen Bilanzierung, Stuttgart/Berlin/Köln/Mainz 1988.
Stüdemann, K.: Konkurs und Vergleich, in: HWB, 4. Aufl., 2. Bd., Sp. 2190–2198.
Stützel, W.: Bemerkungen zur Bilanztheorie, in: ZfB 1967, S. 314–340.
Süchting, J.: Finanzmanagement, Theorie und Politik der Unternehmensfinanzierung, 5. Aufl., Wiesbaden 1989.
Szyperski, N./Nathusius, K.: Probleme der Unternehmungsgründung, Stuttgart 1977.

Tanski, J.: Abwicklung und Buchungstechnik bei Kommissionsgeschäften, in: PdR 1989, Gruppe 4, S. 129–156.

Uhlenbruck, W.: Insolvenzrecht, Bonn 1983.
–: Die GmbH & Co. KG in Krise, Konkurs und Vergleich, 2. Aufl., Köln 1988.
–: Grundzüge des Entwurfs einer neuen Insolvenzordnung, in: BB 1989, S. 433–441.

Veit, K.-R.: Die Konkursrechnungslegung, Köln u. a. 1982.
–: Zur Bilanzierung von Organisationsausgaben und Gründungsausgaben nach künftigem Recht, in: WPg 1984, S. 65–70.
Virkkunen, H.: Das Rechnungswesen im Dienste der Leitung, Helsinki 1956.
Vollmer, L.: Die originäre und die abgeleitete Firma, in: Juristische Arbeitsblätter 1984, S. 333–340.
Vormbaum, H.: Grundlagen des betrieblichen Rechnungswesens, Stuttgart/Berlin/Köln/Mainz 1977.
–: Finanzierung der Betriebe, 7. Aufl., Wiesbaden 1986.
Voß, H.: Umgründung – Umwandlung, in: HWF, Sp. 1727–1740.

Wagner, F. W.: Zum „Schatteneffekt" der Vermögensteuer bei Kapitalgesellschaften, in: FR 1978, S. 480–481.
–: Bewertungsprinzipien, in: Betriebswirtschaftliche Gesetze, Effekte und Prinzipien, hrsg. von *G. Schanz,* München 1979, S. 209–211.
Wagner, F. W./Dirrigl, H.: Die Steuerplanung der Unternehmung, Stuttgart/New York 1980.

Weber, H. K.: Betriebswirtschaftliches Rechnungswesen, 2. Aufl., München 1978.
–: Betriebswirtschaftliches Rechnungswesen, Bd. 1, 3. Aufl., München 1988.
Wedell, H.: Grundlagen des betriebswirtschaftlichen Rechnungswesens, 5. Aufl., Herne/Berlin 1988.
Weiss, M.: Buchungen beim Kommissionsgeschäft, in: SteuerStud 1989, S. 184–188.
Weller, H. P./Fischer, H.: Bestandsveränderungen an Erzeugnissen als Ergebniskorrektur, in: Wirtschaft und Gesellschaft im Beruf 1989, S. 225–231.
Wessel, H. H.: Die Firmengründung, 5. Aufl., Heidelberg 1987.
Westermann, H.: Personengesellschaftsrecht, 4. Aufl., Köln 1979.
Widmann, S./Mayer, R.: Umwandlungsrecht, Kommentar, 2. Aufl., Bonn 1981.
Wilkens, K.: Kosten- und Leistungsrechnung, 6. Aufl., München/Wien 1988.
Wöhe, G.: Betriebswirtschaftliche Steuerlehre II, 1. Halbband, 4. Aufl., München 1982.
–: Betriebswirtschaftliche Steuerlehre II, 2. Halbband, 3. Aufl., München 1982.
–: Betriebswirtschaftliche Steuerlehre I, 2. Halbband, 6. Aufl., München 1986.
–: Einführung in die Allgemeine Betriebswirtschaftslehre, 16. Aufl., München 1986.
–: Bilanzierung und Bilanzpolitik, 7. Aufl., München 1987.
–: Betriebswirtschaftliche Steuerlehre I, 1. Halbband, 6. Aufl., München 1988.
Wöhe, G./Bieg, H.: Grundzüge der betriebswirtschaftlichen Steuerlehre, 2. Aufl., München 1984.
Wöhe, G./Bilstein, J.: Grundzüge der Unternehmensfinanzierung, 5. Aufl. München 1988.
Wörner, G.: Handels- und Steuerbilanz – nach neuem Recht –, 3. Aufl., Landsberg 1987.
Woltmann, A./Heigl, A.: Umwandlung, in: HWB, 4. Aufl., 3. Bd., Sp. 4017–4026.

Zimmermann, G.: Grundzüge der Kostenrechnung, 3. Aufl., Stuttgart u. a. 1985.
Zybon, A.: Sanierung, in: HWB, 4. Aufl., 3. Bd., Sp. 3493–3500.

Urteile und Erlasse

BAG vom 13. 12. 1978, BB 1979, S. 267–272.

BdF vom 17. 9. 1968, BStBl. I 1968, S. 1121–1122.

BdF vom 19. 4. 1971, BStBl. I 1971, S. 264–266.

BdF vom 21. 3. 1972, BStBl. I 1972, S. 188–189.

BdF vom 13. 12. 1973, DB 1973, S. 2485–2486.

BdF vom 22. 12. 1975, BB 1976, S. 72–73.

BdF vom 23. 5. 1977, BStBl. I 1977, S. 309–312.

BdF vom 21. 11. 1977, BStBl. I 1977, S. 619–622.

BdF vom 20. 12. 1977, BStBl. I 1978, S. 8–16.

BdF vom 12. 4. 1978, BStBl. I 1978, S. 184–188.

BdF vom 16. 6. 1978, BStBl. I 1978, S. 235–247.

BdF vom 5. 7. 1978, BStBl. I 1978, S. 250–254.

BdF vom 26. 2. 1979, BStBl. I 1979, S. 146–149.

BdF vom 10. 7. 1980, BStBl. I 1980, S. 418–420.

BdF vom 8. 5. 1981, BStBl. I 1981, S. 308–310.

BdF vom 14. 6. 1982, BStBl. I 1982, S. 624.

BdF vom 15. 10. 1982, BStBl. I 1982, S. 806.

BdF vom 29. 4. 1983, DB 1983, Beilage 12/83.

BdF vom 1. 2. 1984, BStBl. I 1984, S. 155–157.

BdF vom 11. 4. 1984, BStBl. I 1984, S. 261.

BdF vom 1. 4. 1986, BStBl. I 1986, S. 149–151.

BdF vom 15. 4. 1986, BStBl. I 1986, S. 164–169.

BdF vom 5. 3. 1987, BStBl. I 1987, S. 394.

BFH vom 19. 8. 1958, BStBl. III 1958, S. 468–471.

BFH vom 9. 9. 1958, BStBl. III 1958, S. 48–49.

BFH vom 15. 1. 1959, BStBl. III 1959, S. 143–144.

BFH vom 25. 10. 1963, BStBl. III 1964, S. 122–123.

BFH vom 12. 3. 1964, BStBl. III 1964, S. 290–291.

BFH vom 8. 4. 1964, BStBl. III 1964, S. 306–307.

BFH vom 3. 7. 1964, BStBl. III 1964, S. 548–550.

BFH vom 9. 10. 1964, BStBl. III 1965, S. 198–199.

BFH vom 12. 5. 1966, BStBl. III 1966, S. 371–374.

BFH vom 16. 9. 1966, BStBl. III 1967, S. 70–73.

BFH vom 14. 12. 1966, BStBl. III 1967, S. 247–249.

BFH vom 16. 2. 1967, BStBl. III 1967, S. 222–225.

BFH vom 16. 3. 1968, BStBl. II 1968, S. 527–533.

BFH vom 15. 7. 1968, BStBl. II 1968, S. 666–669.

BFH vom 26. 1. 1970, BStBl. II 1970, S. 264–273.

BFH vom 1. 10. 1970, BStBl. II 1971, S. 34.

BFH vom 31. 5. 1972, BStBl. II 1972, S. 809–810.

BFH vom 13. 12. 1973, BStBl. II 1974, S. 191–192.

BFH vom 24. 9. 1974, BStBl. II 1975, S. 78–79.

BFH vom 12. 3. 1976, BStBl. II 1976, S. 524–527.

BFH vom 15. 7. 1976, BStBl. II 1976, S. 748–750.

BFH vom 13. 10. 1976, BStBl. II 1977, S. 260–261.

BFH vom 22. 6. 1977, BStBl. II 1977, S. 798–802.

BFH vom 21. 12. 1977, BStBl. II 1978, S. 346–347.
BFH vom 12. 1. 1978, BStBl. II 1978, S. 348–352.
BFH vom 8. 2. 1978, BStBl. II 1978, S. 320–322.
BFH vom 18. 7. 1979, BStBl. II 1979, S. 683–685.
BFH vom 19. 3. 1980, BStBl. II 1980, S. 380–381.
BFH vom 20. 3. 1980, BStBl. II 1980, S. 297–299.
BFH vom 26. 6. 1980, BStBl. II 1980, S. 506–509.
BFH vom 23. 7. 1980, BStBl. II 1981, S. 62–63.
BFH vom 10. 11. 1980, BStBl. II 1981, S. 164–170.
BFH vom 26. 11. 1980, BStBl. II 1981, S. 181–184.
BFH vom 26. 11. 1980, BStBl. II 1981, S. 253–255.
BFH vom 18. 12. 1980, BStBl. II 1981, S. 197.
BFH vom 23. 6. 1981, BStBl. II 1982, S. 622–624.
BFH vom 29. 4. 1982, BStBl. II 1982, S. 568.
BFH vom 29. 4. 1982, BStBl. II 1982, S. 738–741.
BFH vom 23. 11. 1983, FR 1984, S. 148–150.
BFH vom 24. 11. 1983, BStBl. II 1984, S. 301–303.
BFH vom 24. 5. 1984, BStBl. II 1984, S. 747–751.
BFH vom 25. 11. 1986, BStBl. II 1986, S. 278.
BFH vom 14. 7. 1988, BStBl. II 1989, S. 189–192.
BFH vom 18. 8. 1988, BStBl. II 1989, S. 306–308.
BFH vom 13. 10. 1988, BStBl. II 1989, S. 7–9.
BGH vom 12. 7. 1956, BGHZ Bd. 21, S. 242–247.
BGH vom 27. 2. 1961, BGHZ Bd. 34, S. 324–338.
BGH vom 12. 2. 1973, DB 1973, S. 1739–1740.
BGH vom 22. 5. 1989, ZIP 1989, S. 980–986.
BMWF vom 3. 11. 1971, BStBl. I 1971, S. 548.
BVG vom 19. 10. 1983, BB 1984, S. 141–143.
BVG vom 6. 11. 1984, BB 1984, S. 2047–2050.
RFH vom 16. 12. 1936, RStBl. Nr. 22, 1937, S. 436–437.
RGE vom 15. 10. 1902, Bd. 52, Neue Folge 2. Bd., Leipzig 1903, S. 287–295.

Stichwortverzeichnis